Collins

gem

Collins
Italian
Dictionary

HarperCollins Publishers
Westerhill Road
Bishopbriggs
Glasgow
G64 2QT
Great Britain

Seventh edition 2006

Reprint 10 9 8 7 6 5

ISBN 978-0-00-722400-5

Collins Gem® is a registered
trademark of HarperCollins
Publishers Limited

www.collinslanguage.com

A catalogue record for this book is
available from the British Library

HarperCollins Publishers,
10 East 53rd Street,
New York, NY 10022

COLLINS GEM ITALIAN DICTIONARY.
Sixth US Edition 2005

ISBN 978-0-00-712624-8

www.harpercollins.com

HarperCollins books may be
purchased for educational, business,
or sales promotional use. For
information, please write to: Special
Markets Department, HarperCollins
Publishers, 10 East 53rd Street,
New York, NY 10022

Typeset by Thomas Callan

Printed in Italy by
LEGO Spa, Lavis (Trento), ITALY

Acknowledgements
We would like to thank those
authors and publishers who kindly
gave permission for copyright
material to be used in the Collins
Word Web. We would also like to
thank Times Newspapers Ltd for
providing valuable data.

CONTRIBUTORS
G. Bacchelli, M. Clari,
J. Littlejohn, M. Noble, L. Riu

BASED ON THE FIRST EDITION BY
Catherine E. Love, P.L. Rossi,
D.M. Chaplin, F. Villa, E. Bilucaglia

INDICE		CONTENTS

INTRODUZIONE

Vi ringraziamo di aver scelto il Dizionario inglese Collins Gem e ci auguriamo che esso si riveli uno strumento utile e piacevole da usare nello studio, in vacanza e sul lavoro.

In questa introduzione troverete alcuni suggerimenti per aiutarvi a trarre il massimo beneficio dal vostro nuovo dizionario, ricco non solo per il suo ampio lemmario ma anche per il gran numero di informazioni contenute in ciascuna voce.

All'inizio del dizionario troverete l'elenco delle abbreviazioni usate nel testo e una guida alla pronuncia. Troverete inoltre un utile elenco delle forme dei verbi irregolari inglesi e italiani, seguito da una sezione finale con i numeri, l'ora e la data.

Come usare il dizionario Collins Gem

Per imparare ad usare in modo efficace il dizionario è importante comprendere la funzione delle differenziazioni tipografiche, dei simboli e delle abbreviazioni usati nel testo. Vi forniamo pertanto qui di seguito alcuni chiarimenti in merito a tali convenzioni.

I lemmi

Sono le parole in **neretto** elencate in ordine alfabetico. Il primo e l'ultimo lemma di ciascuna pagina appaiono al margine superiore.

Dove opportuno, informazioni sull'ambito d'uso o il livello di formalità di certe parole vengono fornite tra parentesi in corsivo e spesso in forma abbreviata dopo l'indicazione della categoria grammaticale (es. (*Comm*), (*inf*)).

In certi casi più parole con radice comune sono raggruppate sotto lo stesso lemma. Tali parole appaiono in neretto ma in un carattere leggermente ridotto (es. **acceptance**).

Esempi d'uso del lemma sono a loro volta in neretto ma in un carattere diverso dal lemma (es. **to be cold**).

La trascrizione fonetica

La trascrizione fonetica che illustra la corretta pronuncia del lemma è tra parentesi quadre e segue immediatamente il lemma (es. knee [niː]). L'elenco dei simboli fonetici è alle pagine xii-xiii.

Le traduzioni

Le traduzioni sono in carattere tondo e, quando il lemma ha più di un significato, le traduzioni sono separate da un punto e virgola. Spesso diverse traduzioni di un lemma sono introdotte da una o più parole in corsivo tra parentesi tonde. La loro funzione è di chiarire a quale significato del lemma si riferisce la traduzione. Possono essere sinonimi, indicazioni di ambito d'uso o di registro del lemma (es. party (*Pol*), (*team*), (*celebration*); laid back (*inf*) ecc.).

Le 'parole chiave'

Un trattamento particolare è stato riservato a quelle parole che, per frequenza d'uso o complessità, necessitano una strutturazione più chiara ed esauriente (es. da, di, avere in italiano, at, to, be, this in inglese). Frecce e numeri vi guidano attraverso le varie distinzioni grammaticali e di significato; ulteriori informazioni sono fornite in corsivo tra parentesi.

Informazioni grammaticali

Le parti del discorso (noun, adjective ecc.) sono espresse da abbreviazioni convenzionali in corsivo (*n*, *adj* ecc.) e seguono la trascrizione fonetica del lemma.

Eventuali ulteriori informazioni grammaticali, come ad esempio le forme di un verbo irregolare o il plurale irregolare di un sostantivo, precedono tra parentesi la parte del discorso (es. give (*pt* **gave**, *pp* **given**) *vt*; man [...] (*pl* **men**) *n*).

INTRODUCTION

We are delighted that you have decided to buy the Collins Gem Italian Dictionary and hope you will enjoy and benefit from using it at school, at home, on holiday or at work.

This introduction gives you a few tips on how to get the most out of your dictionary – not simply from its comprehensive wordlist but also from the information provided in each entry. This will help you to read and understand modern Italian, as well as communicate and express yourself in the language.

The dictionary begins by listing the abbreviations used in the text and illustrating the sounds shown by the phonetic symbols. You will also find Italian and English verb tables, followed by a section on numbers and time expressions.

Using your Collins Gem dictionary

A wealth of information is presented in the dictionary, using various typefaces, sizes of type, symbols, abbreviations and brackets. The various conventions and symbols used are explained in the following sections.

Headwords

The words you look up in a dictionary – "headwords" – are listed alphabetically. They are printed in **bold type** for rapid identification. The two headwords appearing at the top of each page indicate the first and last word dealt with on the page in question.

Information about the usage or form of certain headwords is given in brackets after the part of speech. This usually appears in abbreviated form and in italics (e.g. (*fam*), (*Comm*)).

Where appropriate, words related to headwords are grouped in the same entry (e.g. **illustrare, illustrazione**) in a slightly smaller bold type than the headword.

Common expressions in which the headword appears are shown in a different bold roman type (e.g. **aver freddo**).

Phonetic spellings

Where the phonetic spelling of headwords (indicating their pronunciation) is given, it will appear in square brackets immediately after the headword (e.g. **calza** ['kaltsa]). A list of these symbols is given on pages xii-xiii.

Translations

Headword translations are given in ordinary type and, where more than one meaning or usage exists, these are separated by a semi-colon. You will often find other words in italics in brackets before the translations. These offer suggested contexts in which the headword might appear (e.g. **duro** (*pietra*) or (*lavoro*)) or provide synonyms (e.g. **duro** (*ostinato*)).

"Key" words ◯

Special status is given to certain Italian and English words which are considered as "key" words in each language. They may, for example, occur very frequently or have several types of usage (e.g. **da, di, avere** in Italian, **at, to, be, this** in English). A combination of arrows and numbers helps you to distinguish different parts of speech and different meanings. Further helpful information is provided in brackets and italics.

Grammatical information

Parts of speech are given in abbreviated form in italics after the phonetic spellings of headwords (e.g. *vt, av, cong*).

Genders of Italian nouns are indicated as follows: *sm* for a masculine and *sf* for a feminine noun. Feminine and irregular plural forms of nouns are also shown (e.g. **uovo**, (*pl(f)*) **uova**; **dottore, essa**).

Feminine adjective endings are given, as are plural forms (e.g. **opaco, a, chi, che**).

ABBREVIAZIONI		ABBREVIATIONS
abbreviazione	*abbr*	abbreviation
aggettivo	*adj*	adjective
amministrazione	*Admin*	administration
avverbio	*adv*	adverb
aeronautica, viaggi aerei	*Aer*	flying, air travel
aggettivo	*ag*	adjective
agricoltura	*Agr*	agriculture
amministrazione	*Amm*	administration
anatomia	*Anat*	anatomy
architettura	*Archit*	architecture
articolo determinativo	*art def*	definite article
articolo indeterminativo	*art indef*	indefinite article
attributivo	*attrib*	attributive
ausiliare	*aus, aux*	auxiliary
automobile	*Aut*	motor car and motoring
avverbio	*av*	adverb
aeronautica, viaggi aerei	*Aviat*	flying, air travel
biologia	*Biol*	biology
botanica	*Bot*	botany
inglese britannico	*BRIT*	British English
consonante	*C*	consonant
chimica	*Chim, Chem*	chemistry
commercio, finanza	*Comm*	commerce, finance
comparativo	*compar*	comparative
informatica	*Comput*	computing
congiunzione	*cong, conj*	conjunction
edilizia	*Constr*	building
sostantivo usato come aggettivo, ma mai con funzione predicativa	*cpd*	compound element: noun used as adjective and which cannot follow the noun it qualifies
cucina	*Cuc, Culin*	cookery
davanti a	*dav*	before

ABBREVIAZIONI		ABBREVIATIONS
articolo determinativo	*def art*	definite article
determinativo; articolo, aggettivo dimostrativo o indefinito ecc	*det*	determiner: article, demonstrative etc
diminutivo	*dimin*	diminutive
diritto	*Dir*	law
economia	*Econ*	economics
edilizia	*Edil*	building
elettricità, elettronica	*Elettr, Elec*	electricity, electronics
esclamazione	*escl, excl*	exclamation
femminile	*f*	feminine
familiare (! da evitare)	*fam(!)*	colloquial usage (! particularly offensive)
ferrovia	*Ferr*	railways
senso figurato	*fig*	figurative use
fisiologia	*Fisiol*	physiology
fotografia	*Fot*	photography
verbo inglese la cui particella è inseparabile dal verbo	*fus*	(phrasal verb) where the particle cannot be separated from the main verb
nella maggior parte dei sensi; generalmente	*gen*	in most or all senses; generally
geografia, geologia	*Geo*	geography, geology
geometria	*Geom*	geometry
storia, storico	*Hist*	history, historical
impersonale	*impers*	impersonal
articolo indeterminativo	*indef art*	indefinite article
familiare (! da evitare)	*inf(!)*	colloquial usage (! particularly offensive)
infinito	*infin*	infinitive
informatica	*Inform*	computing

ABBREVIAZIONI		ABBREVIATIONS
insegnamento, sistema scolastico e universitario	Ins	schooling, schools and universities
invariabile	inv	invariable
irregolare	irreg	irregular
grammatica, linguistica	Ling	grammar, linguistics
maschile	m	masculine
matematica	Mat(h)	mathematics
termine medico, medicina	Med	medical term, medicine
il tempo, meteorologia	Meteor	the weather, meteorology
maschile o femminile	m/f	masculine or feminine
esercito, linguaggio militare	Mil	military matters
musica	Mus	music
sostantivo	n	noun
nautica	Naut	sailing, navigation
numerale (aggettivo, sostantivo)	num	numeral adjective or noun
	o.s.	oneself
peggiorativo	peg, pej	derogatory, pejorative
fotografia	Phot	photography
fisiologia	Physiol	physiology
plurale	pl	plural
politica	Pol	politics
participio passato	pp	past participle
preposizione	prep	preposition
pronome	pron	pronoun
psicologia, psichiatria	Psic, Psych	psychology, psychiatry
tempo passato	pt	past tense
qualcosa	qc	
qualcuno	qn	
religione, liturgia	Rel	religions, church service
sostantivo	s	noun
	sb	somebody

ABBREVIAZIONI		ABBREVIATIONS
insegnamento, sistema scolastico e universitario	Scol	schooling, schools and universities
singolare	sg	singular
soggetto (grammaticale)	sog	(grammatical) subject
	sth	something
congiuntivo	sub	subjunctive
soggetto (grammaticale)	subj	(grammatical) subject
superlativo	superl	superlative
termine tecnico, tecnologia	Tecn, Tech	technical term, technology
telecomunicazioni	Tel	telecommunications
tipografia	Tip	typography, printing
televisione	TV	television
tipografia	Typ	typography, printing
università	Univ	university
inglese americano	US	American English
vocale	V	vowel
verbo	vb	verb
verbo o gruppo verbale con funzione intransitiva	vi	verb or phrasal verb used intransitively
verbo pronominale o riflessivo	vpr	pronominal or reflexive verb
verbo o gruppo verbale con funzione transitiva	vt	verb or phrasal verb used transitively
zoologia	Zool	zoology
marchio registrato	®	registered trademark
introduce un'equivalenza culturale	≈	introduces a cultural equivalent

TRASCRIZIONE FONETICA

Consonanti		Consonants

NB **p, b, t, d, k, g** sono seguite da un'aspirazione in inglese.

NB **p, b, t, d, k, g** are not aspirated in Italian.

Italiano	Simbolo	English
padre	p	puppy
bambino	b	baby
tutto	t	tent
dado	d	daddy
cane che	k	cork kiss chord
gola ghiro	g	gag guess
sano	s	so rice kiss
svago esame	z	cousin buzz
scena	ʃ	sheep sugar
	ʒ	pleasure beige
pece lanciare	tʃ	church
giro gioco	dʒ	judge general
afa faro	f	farm raffle
vero bravo	v	very rev
	θ	thin maths
	ð	that other
letto ala	l	little ball
gli	ʎ	million
rete arco	r	rat rare
ramo madre	m	mummy comb
no fumante	n	no ran
gnomo	ɲ	canyon
	ŋ	singing bank
	h	hat reheat
buio piacere	j	yet
uomo guaio	w	wall bewail
	x	loch

Varie		Miscellaneous

per l'inglese: la "r" finale viene pronunciata se seguita da una vocale

r

precede la sillaba accentata

ˈ

precedes the stressed syllable

PHONETIC TRANSCRIPTION

Vocali		Vowels
NB La messa in equivalenza di certi suoni indica solo una rassomiglianza approssimativa.		NB The pairing of some vowel sounds only indicates approximate equivalence.
vino idea	i iː	heel bead
	ɪ	hit pity
stella edera	e	
epoca eccetto	ɛ	set tent
mamma amore	a æ	bat apple
	ɑː	after car calm
	ɑ̃	fiancé
	ʌ	fun cousin
müsli	y	
	ə	over above
	əː	urn fern work
rosa occhio	ɔ	wash pot
	ɔː	born cork
ponte ognuno	o	
föhn	ø	
utile zucca	u	full soot
	uː	boon lewd
Dittonghi		Diphthongs
	ɪə	beer tier
	ɛə	tear fair there
	eɪ	date plaice day
	aɪ	life buy cry
	au	owl foul now
	əu	low no
	ɔɪ	boil boy oily
	uə	poor tour

xiii

ITALIAN PRONUNCIATION

Vowels

Where the vowel **e** or the vowel **o** appears in a stressed syllable it can be either open [ɛ], [ɔ] or closed [e], [o]. As the open or closed pronunciation of these vowels is subject to regional variation, the distinction is of little importance to the user of this dictionary. Phonetic transcription for headwords containing these vowels will therefore only appear where other pronunciation difficulties are present.

Consonants

c before "e" or "i" is pronounced like the "*tch*" in match.

ch is pronounced like the "*k*" in "kit".

g before "e" or "i" is pronounced like the "*j*" in "jet".

gh is pronounced like the "*g*" in "get".

gl before "e" or "i" is normally pronounced like the "*lli*" in "million", and in a few cases only like the "*gl*" in "glove".

gn is pronounced like the "*ny*" in "canyon"

sc before "e" or "i" is pronounced "*sh*".

z is pronounced like the "*ts*" in "stetson", or like the "*d's*" in "bird's-eye".

Headwords containing the above consonants and consonantal groups have been given full phonetic transcription in this dictionary.

NB All double written consonants in Italian are fully sounded: e.g. the *tt* in "tutto" is pronounced as in "hat trick".

ITALIAN VERB FORMS

1 Gerundio 2 Participio passato 3 Presente 4 Imperfetto 5 Passato remoto
6 Futuro 7 Condizionale 8 Congiuntivo presente 9 Congiuntivo passato
10 Imperativo

andare 3 vado, vai, va, andiamo, andate, vanno 6 andrò *ecc.* 8 vada 10 va'!, vada!, andate!, vadano!

apparire 2 apparso 3 appaio, appari *o* apparisci, appare *o* apparisce, appaiono *o* appariscono 5 apparvi *o* apparsi, apparisti, apparve *o* apparì *o* apparse, apparvero *o* apparirono *o* apparsero 8 appaia *o* apparisca

aprire 2 aperto 3 apro 5 aprii, apristi 8 apra

AVERE 3 ho, hai, ha, abbiamo, avete, hanno 5 ebbi, avesti, ebbe, avemmo, aveste, ebbero 6 avrò *ecc.* 8 abbia *ecc.* 10 abbi!, abbia!, abbiate!, abbiano!

bere 1 bevendo 2 bevuto 3 bevo *ecc.* 4 bevevo *ecc.* 5 bevvi *o* bevetti, bevesti 6 berrò *ecc.* 8 beva *ecc.* 9 bevessi *ecc.*

cadere 5 caddi, cadesti 6 cadrò *ecc.*

cogliere 2 colto 3 colgo, colgono 5 colsi, cogliesti 8 colga

correre 2 corso 5 corsi, corresti

cuocere 2 cotto 3 cuocio, cociamo, cuociono 5 cossi, cocesti

dare 3 do, dai, dà, diamo, date, danno 5 diedi *o* detti, desti 6 darò *ecc.* 8 dia *ecc.* 9 dessi *ecc.* 10 da'!, dai!, date!, diano!

dire 1 dicendo 2 detto 3 dico, dici, dice, diciamo, dite, dicono 4 dicevo *ecc.* 5 dissi, dicesti 6 dirò *ecc.* 8 dica, diciamo, diciate, dicano 9 dicessi *ecc.* 10 di'!, dica!, dite!, dicano!

dolere 3 dolgo, duoli, duole, dolgono 5 dolsi, dolesti 6 dorrò *ecc.* 8 dolga

dovere 3 devo *o* debbo, devi, deve, dobbiamo, dovete, devono *o* debbono 6 dovrò *ecc.* 8 debba, dobbiamo, dobbiate, devano *o* debbano

ESSERE 2 stato 3 sono, sei, è, siamo,

siete, sono 4 ero, eri, era, eravamo, eravate, erano 5 fui, fosti, fu, fummo, foste, furono 6 sarò *ecc.* 8 sia *ecc.* 9 fossi, fossi, fosse, fossimo, foste, fossero 10 sii!, sia!, siate!, siano!

fare 1 facendo 2 fatto 3 faccio, fai, fa, facciamo, fate, fanno 4 facevo *ecc.* 5 feci, facesti 6 farò *ecc.* 8 faccia *ecc.* 9 facessi *ecc.* 10 fa'!, faccia!, fate!, facciano!

FINIRE 1 finendo 2 finito 3 finisco, finisci, finisce, finiamo, finite, finiscono 4 finivo, finivi, finiva, finivamo, finivate, finivano 5 finii, finisti, finì, finimmo, fineste, finirono 6 finirò, finirai, finirà, finiremo, finirete, finiranno 7 finirei, finiresti, finirebbe, finiremmo, finireste, finirebbero 8 finisca, finisca, finisca, finiamo, finiate, finiscano 9 finissi, finissi, finisse, finissimo, finiste, finissero 10 finisci!, finisca!, finite!, finiscano!

giungere 2 giunto 5 giunsi, giungesti

leggere 2 letto 5 lessi, leggesti

mettere 2 messo 5 misi, mettesti

morire 2 morto 3 muoio, muori, muore, moriamo, morite, muoiono 6 morirò *o* morrò *ecc.* 8 muoia

muovere 2 mosso 5 mossi, movesti

nascere 2 nato 5 nacqui, nascesti

nuocere 2 nuociuto 3 nuoccio, nuoci, nuoce, nociamo *o* nuociamo, nuocete, nuocciono 4 nuocevo *ecc.* 5 nocqui, nuocesti 6 nuocerò *ecc.* 8 nuoccia

offrire 2 offerto 3 offro 5 offersi *o* offrii, offristi 8 offra

parere 2 parso 3 paio, paiamo, paiono 5 parvi *o* parsi, paresti 6 parrò *ecc.* 8 paia, paiamo, paiate, paiano

PARLARE 1 parlando 2 parlato 3 parlo, parli, parla, parliamo, parlate, parlano 4 parlavo, parlavi, parlava, parlavamo, parlavate, parlavano 5 parlai, parlasti, parlò, parlammo, parlaste, parlarono 6 parlerò, parlerai, parlerà, parleremo, parlerete, parleranno 7 parlerei, parleresti, parlerebbe, parleremmo, parlereste, parlerebbero 8 parli, parli, parli, parliamo, parliate, parlino 9 parlassi, parlassi, parlasse, parlassimo, parlaste, parlassero 10 parla!, parli!, parlate!, parlino!

piacere 2 piaciuto 3 piaccio, piacciamo, piacciono 5 piacqui, piacesti 8 piacci ecc.

porre 1 ponendo 2 posto 3 pongo, poni, pone, poniamo, ponete, pongono 4 ponevo ecc. 5 posi, ponesti 6 porrò ecc. 8 ponga, poniamo, poniate, pongano 9 ponessi ecc.

potere 3 posso, puoi, può, possiamo, potete, possono 6 potrò ecc. 8 possa, possiamo, possiate, possano

prendere 2 preso 5 presi, prendesti

ridurre 1 riducendo 2 ridotto 3 riduco ecc. 4 riducevo ecc. 5 ridussi, riducesti 6 ridurrò ecc. 8 riduca ecc. 9 riducessi ecc.

riempire 1 riempiendo 3 riempio, riempi, riempie, riempiono

rimanere 1 rimanendo 2 rimango, rimangono 5 rimasi, rimanesti 6 rimarrò ecc. 8 rimanga

rispondere 2 risposto 5 risposi, rispondesti

salire 3 salgo, sali, salgono 8 salga

sapere 3 so, sai, sa, sappiamo, sapete, sanno 5 seppi, sapesti 6 saprò ecc. 8 sappia ecc. 10 sappi!, sappia!, sappiate!, sappiano!

scrivere 2 scritto 5 scrissi, scrivesti

sedere 3 siedo, siedi, siede, siedono 8 sieda

spegnere 2 spento 3 spengo, spengono 5 spensi, spegnesti 8 spenga

stare 2 stato 3 sto, stai, sta, stiamo, state, stanno 5 stetti, stesti 6 starò ecc. 8 stia ecc. 9 stessi ecc. 10 sta'!, stia!, state!, stiano!

tacere 2 taciuto 3 taccio, tacciono 5 tacqui, tacesti 8 taccia

tenere 3 tengo, tieni, tiene, tengono 5 tenni, tenesti 6 terrò ecc. 8 tenga

trarre 1 traendo 2 tratto 3 traggo, trai, trae, traiamo, traete, traggono 4 traevo ecc. 5 trassi, traesti 6 trarrò ecc. 8 tragga 9 traessi ecc.

udire 3 odo, odi, ode, odono 8 oda

uscire 3 esco, esci, esce, escono 8 esca

valere 2 valso 3 valgo, valgono 5 valsi, valesti 6 varrò ecc. 8 valga

vedere 2 visto o veduto 5 vidi, vedesti 6 vedrò ecc.

VENDERE 1 vendendo 2 venduto 3 vendo, vendi, vende, vendiamo, vendete, vendono 4 vendevo, vendevi, vendeva, vendevamo, vendevate, vendevano 5 vendei o vendetti, vendesti, vendé o vendette, vendemmo, vendeste, venderono o vendettero 6 venderò, venderai, venderà, venderemo, venderete, venderanno 7 venderei, venderesti, venderebbe, venderemmo, vendereste, venderebbero 8 venda, venda, venda, vendiamo, vendiate, vendano 9 vendessi, vendessi, vendesse, vendessimo, vendeste, vendessero 10 vendi!, venda!, vendete!, vendano!

venire 2 venuto 3 vengo, vieni, viene, vengono 5 venni, venisti 6 verrò ecc. 8 venga

vivere 2 vissuto 5 vissi, vivesti

volere 3 voglio, vuoi, vuole, vogliamo, volete, vogliono 5 volli, volesti 6 vorrò ecc. 8 voglia ecc. 10 vogli!, voglia!, vogliate!, vogliano!

ENGLISH VERB FORMS

present	pt	pp	present	pt	pp
arise	arose	arisen	feed	fed	fed
awake	awoke	awoken	feel	felt	felt
be (am, is, are; being)	was, were	been	fight	fought	fought
			find	found	found
bear	bore	born(e)	flee	fled	fled
beat	beat	beaten	fling	flung	flung
become	became	become	fly	flew	flown
begin	began	begun	forbid	forbade	forbidden
bend	bent	bent	forecast	forecast	forecast
bet	bet, betted	bet, betted	forget	forgot	forgotten
			forgive	forgave	forgiven
bid (at auction, cards)	bid	bid	forsake	forsook	forsaken
			freeze	froze	frozen
bid (say)	bade	bidden	get	got	got, (US) gotten
bind	bound	bound			
bite	bit	bitten	give	gave	given
bleed	bled	bled	go (goes)	went	gone
blow	blew	blown	grind	ground	ground
break	broke	broken	grow	grew	grown
breed	bred	bred	hang	hung	hung
bring	brought	brought	hang (execute)	hanged	hanged
build	built	built	have (has; having)	had	had
burn	burnt, burned	burnt, burned	hear	heard	heard
burst	burst	burst	hide	hid	hidden
buy	bought	bought	hit	hit	hit
can	could	(been able)	hold	held	held
cast	cast	cast	hurt	hurt	hurt
catch	caught	caught	keep	kept	kept
choose	chose	chosen	kneel	knelt, kneeled	knelt, kneeled
cling	clung	clung			
come	came	come	know	knew	known
cost	cost	cost	lay	laid	laid
cost (work out price of)	costed	costed	lead	led	led
			lean	leant, leaned	leant, leaned
creep	crept	crept			
cut	cut	cut	leap	leapt, leaped	leapt, leaped
deal	dealt	dealt			
dig	dug	dug	learn	learnt, learned	learnt, learned
do (does)	did	done			
draw	drew	drawn	leave	left	left
dream	dreamed, dreamt	dreamed, dreamt	lend	lent	lent
			let	let	let
drink	drank	drunk	lie (lying)	lay	lain
drive	drove	driven	light	lit, lighted	lit, lighted
dwell	dwelt	dwelt			
eat	ate	eaten	lose	lost	lost
fall	fell	fallen	make	made	made

xvii

present	pt	pp	present	pt	pp
may	might	—	spell	spelt,	spelt,
mean	meant	meant			spelled	spelled
meet	met	met	spend	spent	spent
mistake	mistook	mistaken	spill	spilt,	spilt,
mow	mowed	mown,			spilled	spilled
		mowed	spin	spun	spun
must	(had to)	(had to)	spit	spat	spat
pay	paid	paid	split	split	split
put	put	put	spoil	spoiled,	spoiled,
quit	quit,	quit,			spoilt	spoilt
	quitted	quitted			
read	read	read	spread	spread	spread
rid	rid	rid	spring	sprang	sprung
ride	rode	ridden	stand	stood	stood
ring	rang	rung	steal	stole	stolen
rise	rose	risen	stick	stuck	stuck
run	ran	run	sting	stung	stung
saw	sawed	sawed,	stink	stank	stunk
		sawn	stride	strode	stridden
say	said	said	strike	struck	struck,
see	saw	seen			stricken
seek	sought	sought	strive	strove	striven
sell	sold	sold	swear	swore	sworn
send	sent	sent	sweep	swept	swept
set	set	set	swell	swelled	swollen,
sew	sewed	sewn			swelled
shake	shook	shaken	swim	swam	swum
shear	sheared	shorn,	swing	swung	swung
		sheared	take	took	taken
shed	shed	shed	teach	taught	taught
shine	shone	shone	tear	tore	torn
shoot	shot	shot	tell	told	told
show	showed	shown	think	thought	thought
shrink	shrank	shrunk	throw	threw	thrown
shut	shut	shut	thrust	thrust	thrust
sing	sang	sung	tread	trod	trodden
sink	sank	sunk	wake	woke,	woken,
sit	sat	sat		waked	waked
slay	slew	slain			
sleep	slept	slept	wear	wore	worn
slide	slid	slid	weave	wove,	woven,
sling	slung	slung		weaved	weaved
slit	slit	slit			
smell	smelt,	smelt,	wed	wedded,	wedded,
	smelled	smelled		wed	wed
sow	sowed	sown,	weep	wept	wept
		sowed	win	won	won
			wind	wound	wound
speak	spoke	spoken	wring	wrung	wrung
speed	sped,	sped,	write	wrote	written
	speeded	speeded			

I NUMERI		NUMBERS
uno(a)	1	one
due	2	two
tre	3	three
quattro	4	four
cinque	5	five
sei	6	six
sette	7	seven
otto	8	eight
nove	9	nine
dieci	10	ten
undici	11	eleven
dodici	12	twelve
tredici	13	thirteen
quattordici	14	fourteen
quindici	15	fifteen
sedici	16	sixteen
diciassette	17	seventeen
diciotto	18	eighteen
diciannove	19	nineteen
venti	20	twenty
ventuno	21	twenty-one
ventidue	22	twenty-two
ventitré	23	twenty-three
ventotto	28	twenty-eight
trenta	30	thirty
quaranta	40	forty
cinquanta	50	fifty
sessanta	60	sixty
settanta	70	seventy
ottanta	80	eighty
novanta	90	ninety
cento	100	a hundred
cento uno	101	a hundred and one
duecento	200	two hundred
mille	1000	a thousand
milleduecentodue	1202	one thousand two hundred and two
cinquemila	5000	five thousand
un milione	1000000	a million

I NUMERI	NUMBERS
primo(a)	first, 1st
secondo(a)	second, 2nd
terzo(a)	third, 3rd
quarto(a)	fourth, 4th
quinto(a)	fifth, 5th
sesto(a)	sixth, 6th
settimo(a)	seventh
ottavo(a)	eighth
nono(a)	ninth
decimo(a)	tenth
undicesimo(a)	eleventh
dodicesimo(a)	twelfth
tredicesimo(a)	thirteenth
quattordicesimo(a)	fourteenth
quindicesimo(a)	fifteenth
sedicesimo(a)	sixteenth
diciassettesimo(a)	seventeenth
diciottesimo(a)	eighteenth
diciannovesimo(a)	nineteenth
ventesimo(a)	twentieth
ventunesimo(a)	twenty-first
ventiduesimo(a)	twenty-second
ventitreesimo(a)	twenty-third
ventottesimo(a)	twenty-eighth
trentesimo(a)	thirtieth
centesimo(a)	hundredth
centunesimo(a)	hundred-and-first
millesimo(a)	thousandth
milionesimo(a)	millionth

Frazioni	Fractions
mezzo	half
terzo	third
due terzi	two thirds
quarto	quarter
quinto	fifth
zero virgola cinque, 0,5	(nought) point five, 0.5
tre virgola quattro, 3,4	three point four, 3.4
dieci per cento	ten per cent
cento per cento	a hundred per cent

Esempi	Examples
abita al numero dieci	he lives at number 10
si trova nel capitolo sette, a pagina sette	it's in chapter 7, on page 7
abita al terzo piano	he lives on the 3rd floor
arrivò quarto	he came in 4th
scala uno a venticinquemila	scale 1:25,000

L'ORA

che ora è?, che ore sono?

è ..., sono ...

mezzanotte	midnight
l'una (di notte)	one o'clock (in the morning), one (a.m.)
le tre del mattino	three o'clock (in the morning), three (a.m.)
l'una e cinque	five past one
l'una e dieci	ten past one
l'una e un quarto, l'una e quindici	a quarter past one, one fifteen
l'una e venticinque	twenty-five past one, one twenty-five
l'una e mezzo *or* mezza, l'una e trenta	half past one, one thirty
le due meno venticinque, l'una e trentacinque	twenty-five to two, one thirty-five
le due meno venti, l'una e quaranta	twenty to two, one forty
le due meno un quarto, l'una e tre quarti	a quarter to two, one forty-five
le due meno dieci, l'una e cinquanta	ten to two, one fifty
le dodici, mezzogiorno	twelve o'clock, midday, noon
l'una, le tredici	one o'clock (in the afternoon), one (p.m.)
le sette (di sera), le diciannove	seven o'clock (in the evening), seven (p.m.)

a che ora?

a mezzanotte	at midnight
all'una, alle tredici	at one o'clock
fra venti minuti	in twenty minutes
venti minuti fa	twenty minutes ago

THE TIME

what time is it?

it's ...

LA DATA	DATES
oggi	today
ogni giorno, tutti i giorni	every day
ieri	yesterday
stamattina	this morning
domani notte; domani sera	tomorrow night
l'altroieri notte; l'altroieri sera	the night before last
l'altroieri	the day before yesterday
ieri notte; ieri sera	last night
due giorni/sei anni fa	two days/six years ago
domani pomeriggio	tomorrow afternoon
dopodomani	the day after tomorrow
tutti i giovedì, di or il giovedì	every Thursday, on Thursdays
ci va di or il venerdì	he goes on Fridays
"chiuso il mercoledì"	"closed on Wednesdays"
dal lunedì al venerdì	from Monday to Friday
per giovedì, entro giovedì	by Thursday
un sabato di marzo	one Saturday in March
tra una settimana	in a week's time
martedì a otto	a week next or on Tuesday
questa/la prossima/la scorsa settimana	this/next/last week
tra due settimane, tra quindici giorni	in two weeks or a fortnight
lunedì a quindici	two weeks on Monday
il primo/l'ultimo venerdì del mese	the first/last Friday of the month
il mese prossimo	next month
l'anno scorso	last year
il primo giugno	the 1st of June, June first
il due ottobre	the 2nd of October or October 2nd
sono nato nel 1987	I was born in 1987
il suo compleano è il 5 giugno	his birthday is on June 5th (BRIT) or 5th June (US)
il 18 agosto	on 18th August (BRIT) or August 18 (US)
nel '96	in '96
nella primavera del '94	in the Spring of '94
dal 19 al 3	from the 19th to the 3rd
quanti ne abbiamo oggi?	what's the date? or what date is it today?

oggi è il 15	today's date is the 15th or today is the 15th
1988 - millenovecentottantotto	1988 - nineteen eighty-eight
2005 - duemilacinque	2005 - two thousand and five
10 anni esatti	10 years to the day
alla fine del mese	at the end of the month
la settimana del 30/7	week ending 30/7
giornalmente or al giorno	daily
settimanalmente or alla settimana	weekly
mensilmente, al mese	monthly
annualmente or all'anno	annually
due volte alla settimana/al mese/ all'anno	twice a week/month/year
bimestralmente	bi-monthly
nel 4 a.C.	in 4 B.C. or B.C. 4
nel 79 d.C.	in 79 A.D or A.D. 79
nel tredicesimo secolo	in the 13th century
negli anni '80	in or during the 80s
nel 1990 e rotti	in 1990 something
La data nelle lettere	**Headings of letters**
9 ottobre 2004	9th October 2004 or 9 October 2004

ITALIANO - INGLESE
ITALIAN - ENGLISH

a

A abbr (= autostrada) ≈ M (motorway)

a
(a + il = al, a + lo = allo, a + l' = all',
a + la = alla, a + i = ai, a + gli = agli, a + le
= alle) prep

1 (stato in luogo) at; (: in) in; **essere alla
stazione** to be at the station; **essere a
casa/a scuola/a Roma** to be at home/
at school/in Rome; **è a 10 km da qui** it's
10 km from here, it's 10 km away

2 (moto a luogo) to; **andare a casa/a
scuola** to go home/to school

3 (tempo) at; (epoca, stagione) in; **alle
cinque** at five (o'clock); **a
mezzanotte/Natale** at midnight/
Christmas; **al mattino** in the morning;
a maggio/primavera in May/spring; **a
cinquant'anni** at fifty (years of age); **a
domani!** see you tomorrow!

4 (complemento di termine); **dare qc a
qn** to give sth to sb

5 (mezzo, modo) with, by; **a piedi/
cavallo** on foot/horseback; **fatto a
mano** made by hand, handmade; **una
barca a motore** a motorboat; **a uno a
uno** one by one; **all'italiana** in the Italian
way, in the Italian fashion

6 (rapporto) a, per; (: con prezzi) at;
prendo 850 euro al mese I get 850
euros a o per month; **pagato a ore** paid
by the hour; **vendere qc a 2 euro il chilo**
to sell sth at 2 euros a o per kilo

abbagli'ante [abbaʎ'ʎante] ag
dazzling; **abbaglianti** smpl (Aut):
accendere gli abbaglianti to put
one's headlights on full (BRIT) o high
(US) beam

abbagli'are [abbaʎ'ʎare] vt to dazzle;
(illudere) to delude

abbai'are vi to bark

abbando'nare vt to leave, abandon,
desert; (trascurare) to neglect;
(rinunciare a) to abandon, give up;
abbandonarsi vpr to let o.s. go;
abbandonarsi a (ricordi, vizio) to give
o.s. up to

abbas'sare vt to lower; (radio) to turn
down; **abbassarsi** vpr (chinarsi) to
stoop; (livello, sole) to go down; (fig:
umiliarsi) to demean o.s.; **~ i fari** (Aut)
to dip o dim (US) one's lights

ab'basso escl **~ il re!** down with the
king!

abbas'tanza [abbas'tantsa] av (a
sufficienza) enough; (alquanto) quite,
rather, fairly; **non è ~ furbo** he's not
shrewd enough; **un vino ~ dolce** quite
a sweet wine; **averne ~ di qn/qc** to
have had enough of sb/sth

ab'battere vt (muro, casa) to pull
down; (ostacolo) to knock down;
(albero) to fell; (: vento) to bring down;
(bestia da macello) to slaughter;
(cane, cavallo) to destroy, put down;
(selvaggina, aereo) to shoot down;
(fig: malattia, disgrazia) to lay low;
abbattersi vpr (avvilirsi) to lose heart;
abbat'tuto, -a ag (fig) depressed

abba'zia [abbat'tsia] sf abbey

'abbia vb vedi **avere**

abbi'ente ag well-to-do, well-off;
abbienti smpl **gli abbienti** the
well-to-do

abbiglia'mento [abbiʎʎa'mento]
sm dress no pl; (indumenti) clothes pl;
(industria) clothing industry

abbi'nare vt **~ (a)** to combine (with)

abboc'care vi (pesce) to bite; (tubi)
to join; **~ (all'amo)** (fig) to swallow

the bait

abbona'mento sm subscription; *(alle ferrovie ecc)* season ticket; **fare l'~** to take out a subscription (*o* season ticket)

abbo'narsi vpr **~ a un giornale** to take out a subscription to a newspaper; **~ al teatro/alle ferrovie** to take out a season ticket for the theatre/the train

abbon'dante ag abundant, plentiful; *(giacca)* roomy

abbon'danza [abbon'dantsa] sf abundance; plenty

abbor'dabile ag *(persona)* approachable; *(prezzo)* reasonable

abbotto'nare vt to button up, do up

abbracci'are [abbrat'tʃare] vt to embrace; *(persona)* to hug, embrace; *(professione)* to take up; *(contenere)* to include; **abbracciarsi** vpr to hug *o* embrace (one another); **ab'braccio** sm hug, embrace

abbrevi'are vt to shorten; *(parola)* to abbreviate

abbreviazi'one [abbrevjat'tsjone] sf abbreviation

abbron'zante [abbron'dzante] ag tanning, sun cpd

abbronzarsi vpr to tan, get a tan

abbron'zato, -a [abbron'dzato] ag (sun)tanned

abbrusto'lire vt *(pane)* to toast; *(caffè)* to roast; **abbrustolirsi** vpr to toast; *(fig: al sole)* to soak up the sun

abbuf'farsi vpr *(fam)*: **~ (di qc)** to stuff o.s. (with sth)

abdi'care vi to abdicate; **~ a** to give up, renounce

a'bete sm fir (tree); **abete rosso** spruce

'abile ag *(idoneo)*: **~ (a qc/a fare qc)** fit (for sth/to do sth); *(capace)* able; *(astuto)* clever; *(accorto)* skilful; **~ al servizio militare** fit for military service; **abilità** sf inv ability; cleverness; skill

a'bisso sm abyss, gulf

abi'tante sm/f inhabitant

abi'tare vt to live in, dwell in ▸ vi **~ in campagna/a Roma** to live in the country/in Rome; **dove abita?** where do you live?; **abitazi'one** sf residence; house

'abito sm dress no pl; *(da uomo)* suit; *(da donna)* dress; *(portamento, disposizione, Rel)* habit; **abiti** smpl *(vestiti)* clothes; **in ~ da sera** in evening dress

abitu'ale ag usual, habitual; *(cliente)* regular

abitual'mente av usually, normally

abitu'are vt **~ qn a** to get sb used *o* accustomed to; **abituarsi a** to get used to, accustom o.s. to

abitudi'nario, -a ag of fixed habits ▸ sm/f regular customer

abi'tudine sf habit; **aver l'~ di fare qc** to be in the habit of doing sth; **d'~** usually; **per ~** from *o* out of habit

abo'lire vt to abolish; *(Dir)* to repeal

abor'tire vi *(Med)* to miscarry, have a miscarriage; *(: deliberatamente)* to have an abortion; *(fig)* to miscarry, fail; **a'borto** sm miscarriage; abortion

ABS [abiεsε] sigla m (= Anti-Blockier System) ABS

'abside sf apse

abu'sare vi **~ di** to abuse, misuse; *(alcool)* to take to excess; *(approfittare, violare)* to take advantage of

abu'sivo, -a ag unauthorized, unlawful; *(occupante)* **~ (di una casa)** squatter

Attenzione! In inglese esiste la parola **abusive** che però vuol dire *ingiurioso*.

a.C. av abbr (= avanti Cristo) B.C.

a'cacia, -cie [a'katʃa] sf *(Bot)* acacia

ac'cadde vb vedi **accadere**

acca'demia *sf (società)* learned society; *(scuola: d'arte, militare)* academy

acca'dere *vb impers* to happen, occur

accal'dato *ag* hot

accalo'rarsi *vpr (fig)* to get excited

accampa'mento *sm* camp

accamparsi *vpr* to camp

acca'nirsi *vpr (infierire)* to rage; *(ostinarsi)* to persist; **acca'nito, -a** *ag (odio, gelosia)* fierce, bitter; *(lavoratore)* assiduous, dogged; *(fumatore)* inveterate

ac'canto *av* near, nearby; **~ a** *prep* near, beside, close to

accanto'nare *vt (problema)* to shelve; *(somma)* to set aside

accappa'toio *sm* bathrobe

accarez'zare [akkaret'tsare] *vt* to caress, stroke, fondle; *(fig)* to toy with

acca'sarsi *vpr* to set up house; to get married

accasci'arsi [akkaʃ'ʃarsi] *vpr* to collapse; *(fig)* to lose heart

accat'tone, -a *sm/f* beggar

accaval'lare *vt (gambe)* to cross

acce'care [attʃe'kare] *vt* to blind ▶ *vi* to go blind

ac'cedere [at'tʃedere] *vi* **~ a** to enter; *(richiesta)* to grant, accede to

accele'rare [attʃele'rare] *vt* to speed up ▶ *vi (Aut)* to accelerate; **~ il passo** to quicken one's pace; **accele'ratore** *sm (Aut)* accelerator

ac'cendere [at'tʃɛndere] *vt (fuoco, sigaretta)* to light; *(luce, televisione)* to put on, switch on, turn on; *(Aut: motore)* to switch on; *(Comm: conto)* to open; *(fig: suscitare)* to inflame, stir up; **ha da ~?** have you got a light?; **non riesco ad ~ il riscaldamento** I can't turn the heating on; **accen'dino, accendi'sigaro** *sm* (cigarette) lighter

accen'nare [attʃen'nare] *vt (Mus)* to pick out the notes of; to hum ▶ *vi* **~ a**

(fig: alludere a) to hint at; *(: far atto di)* to make as if; **~ un saluto (con la mano)** to make as if to wave; *(col capo)* to half nod; **accenna a piovere** it looks as if it's going to rain

ac'cenno [at'tʃɛnno] *sm (cenno)* sign; nod; *(allusione)* hint

accensi'one [attʃen'sjone] *sf (vedi verbo)* lighting; switching on; opening; *(Aut)* ignition

ac'cento [at'tʃɛnto] *sm* accent; *(Fonetica, fig)* stress; *(inflessione)* tone *(of voice)*

accentu'are [attʃentu'are] *vt* to stress, emphasize; **accentuarsi** *vpr* to become more noticeable

accerchi'are [attʃer'kjare] *vt* to surround, encircle

accerta'mento [attʃerta'mento] *sm* check; assessment

accer'tare [attʃer'tare] *vt* to ascertain; *(verificare)* to check; *(reddito)* to assess; **accertarsi** *vpr* **accertarsi (di)** to make sure (of)

ac'ceso, -a [at'tʃeso] *pp di* **accendere** ▶ *ag* lit; on; open; *(colore)* bright

acces'sibile [attʃes'sibile] *ag (luogo)* accessible; *(persona)* approachable; *(prezzo)* reasonable

ac'cesso [at'tʃɛsso] *sm (anche Inform)* access; *(Med)* attack, fit; *(impulso violento)* fit, outburst

acces'sori *smpl* accessories

ac'cetta [at'tʃetta] *sf* hatchet

accet'tabile [attʃet'tabile] *ag* acceptable

accet'tare [attʃet'tare] *vt* to accept; **accettate carte di credito?** do you accept credit cards?; **~ di fare qc** to agree to do sth; **accettazi'one** *sf* acceptance; *(locale di servizio pubblico)* reception; **accettazione bagagli** *(Aer)* check-in (desk)

acchiap'pare [akkjap'pare] *vt* to catch

acciaie'ria [attʃaje'ria] sf steelworks sg

acci'aio [at'tʃajo] sm steel

acciden'tato, -a [attʃiden'tato] ag (terreno ecc) uneven

accigli'ato, -a [attʃiʎ'ʎato] ag frowning

ac'cingersi [at'tʃindʒersi] vpr **~ a fare qc** to be about to do sth

acciuf'fare [attʃuf'fare] vt to seize, catch

acci'uga, -ghe [at'tʃuga] sf anchovy

ac'cludere vt to enclose

accocco'larsi vpr to crouch

accogli'ente [akkoʎ'ʎɛnte] ag welcoming, friendly

ac'cogliere [ak'koʎʎere] vt (ricevere) to receive; (dare il benvenuto) to welcome; (approvare) to agree to, accept; (contenere) to hold, accommodate

ac'colgo ecc vb vedi **accogliere**

ac'colsi ecc vb vedi **accogliere**

accoltel'lare vt to knife, stab

accomoda'mento sm agreement, settlement

accomo'dante ag accommodating

accomodarsi vpr (sedersi) to sit down; (entrare) to come in; **s'accomodi!** (venga avanti) come in!; (si sieda) take a seat!

accompagna'mento [akkompaɲɲa'mento] sm (Mus) accompaniment

accompa'gnare [akkompaɲ'ɲare] vt to accompany, come o go with; (Mus) to accompany; (unire) to couple; **~ la porta** to close the door gently

accompagna'tore, -trice sm/f companion; **~ turistico** courier

acconcia'tura [akkontʃa'tura] sf hairstyle

accondiscen'dente [akkondiʃʃen'dɛnte] ag affable

acconsen'tire vi **~ (a)** to agree o consent (to)

acconten'tare vt to satisfy; **accontentarsi** vpr **accontentarsi di** to be satisfied with, content o.s. with

ac'conto sm part payment; **pagare una somma in ~** to pay a sum of money as a deposit

acco'rato, -a ag heartfelt

accorci'are [akkor'tʃare] vt to shorten; **accorciarsi** vpr to become shorter

accor'dare vt to reconcile; (colori) to match; (Mus) to tune; (Ling): **~ qc con qc** to make sth agree with sth; (Dir) to grant; **accordarsi** vpr to agree, come to an agreement; (colori) to match

ac'cordo sm agreement; (armonia) harmony; (Mus) chord; **essere d'~** to agree; **andare d'~** to get on well together; **d'~!** all right!, agreed!; **accordo commerciale** trade agreement

ac'corgersi [ak'kordʒersi] vpr **~ di** to notice; (fig) to realize

ac'correre vi to run up

ac'corto, -a pp di **accorgersi ▸** ag shrewd; **stare ~** to be on one's guard

accos'tare vt (avvicinare): **~ qc a** to bring sth near to, put sth near to; (avvicinarsi a) to approach; (socchiudere: imposte) to half-close; (: porta) to leave ajar ▸ vi (Naut) to come alongside; **accostarsi** vpr **accostarsi a** to draw near, approach; (fig) to support

accredi'tare vt (notizia) to confirm the truth of; (Comm) to credit; (diplomatico) to accredit

ac'credito sm (Comm: atto) crediting; (: effetto) credit

accucci'arsi [akkut'tʃarsi] vpr (cane) to lie down

accu'dire vt (anche: vi **~ a**) to attend to

accumu'lare vt to accumulate; **accumularsi** vpr to accumulate; (Finanza) to accrue

accu'rato, -a ag (diligente) careful; (preciso) accurate

ac'cusa sf accusation; (Dir) charge; **la pubblica ~** the prosecution

accu'sare vt **~ qn di qc** to accuse sb of sth; (Dir) to charge sb with sth; **~ ricevuta di** (Comm) to acknowledge receipt of

accusa'tore, -'trice sm/f accuser ▶ sm (Dir) prosecutor

a'cerbo, -a [a'tʃerbo] ag bitter; (frutta) sour, unripe; (persona) immature

'acero ['atʃero] sm maple

a'cerrimo, -a [a'tʃerrimo] ag very fierce

a'ceto [a'tʃeto] sm vinegar

ace'tone [atʃe'tone] sm nail varnish remover

A.C.I. ['atʃi] sigla m = **Automobile Club d'Italia**

'acido, -a [a'tʃido] ag (sapore) acid, sour; (Chim) acid ▶ sm (Chim) acid

'acino [a'tʃino] sm berry; **acino d'uva** grape

'acne sf acne

'acqua sf water; (pioggia) rain; **acque** sfpl (di mare, fiume ecc) waters; **fare ~** (Naut) to leak, take in water; **~ in bocca!** mum's the word!; **acqua corrente** running water; **acqua dolce/salata** fresh/salt water; **acqua minerale/potabile/tonica** mineral/drinking/tonic water; **acque termali** thermal waters

a'cquaio sf sink

acqua'ragia [akkwa'radʒa] sf turpentine

a'cquario sm aquarium; (dello zodiaco): **A~** Aquarius

acquascooter [akkwas'kuter] sm inv Jet Ski®

ac'quatico, -a, -ci, -che ag aquatic; (Sport, Scienza) water cpd

acqua'vite sf brandy

acquaz'zone [akkwat'tsone] sm

cloudburst, heavy shower

acque'dotto sm aqueduct; waterworks pl, water system

acque'rello sm watercolour

acqui'rente sm/f purchaser, buyer

acquis'tare vt to purchase, buy; (fig) to gain; **a'cquisto** sm purchase; **fare acquisti** to go shopping

acquo'lina sf **far venire l'~ in bocca a qn** to make sb's mouth water

a'crobata, -i, -e sm/f acrobat

a'culeo sm (Zool) sting; (Bot) prickle

a'cume sm acumen, perspicacity

a'custico, -a, ci, che ag acoustic ▶ sf (scienza) acoustics sg; (di una sala) acoustics pl; **cornetto ~** ear trumpet;

apparecchio ~ hearing aid

a'cuto, -a ag (appuntito) sharp, pointed; (suono, voce) shrill, piercing; (Mat, Ling, Med) acute; (fig: dolore, desiderio) intense; (: perspicace) acute, keen

a'dagio [a'dadʒo] av slowly ▶ sm (Mus) adagio; (proverbio) adage, saying

adatta'mento sm adaptation

adat'tare vt to adapt; (sistemare) to fit; **adattarsi** vpr **adattarsi (a)** (ambiente, tempi) to adapt (to); (essere adatto) to be suitable (for)

a'datto, -a ag **~ (a)** suitable (for), right (for)

addebi'tare vt **~ qc a qn** to debit sb with sth

ad'debito sm (Comm) debit

adden'tare vt to bite into

adden'trarsi vpr **~ in** to penetrate, go into

addestra'mento sm training

addes'trare vt to train

ad'detto, -a ag **~ a** (persona) assigned to; (oggetto) intended for ▶ sm employee; (funzionario) attaché; **gli addetti ai lavori** authorized personnel; (fig) those in the know; **addetto commerciale** commercial attaché; **addetto stampa** press attaché

ad'dio sm, escl goodbye, farewell

addirit'tura av (veramente) really, absolutely; (perfino) even; (direttamente) directly, right away

addi'tare vt to point out; (fig) to expose

addi'tivo sm additive

addizi'one sf addition

addob'bare vt to decorate; **ad'dobbo** sm decoration

addolo'rare vt to pain, grieve; **addolorarsi (per)** to be distressed (by)

addolo'rato, -a ag distressed, upset; **l'Addolorata** (Rel) Our Lady of Sorrows

ad'dome sm abdomen

addomesti'care vt to tame

addomi'nale ag abdominal; **(muscoli mpl) addominali** stomach muscles

addormen'tare vt to put to sleep; **addormentarsi** vpr to fall asleep, go to sleep

ad'dosso av on; **mettersi ~ il cappotto** to put one's coat on; **~ a** (sopra) on; (molto vicino) right next to; **stare ~ a qn** (fig) to breathe down sb's neck; **dare ~ a qn** (fig) to attack sb

adeguarsi vpr to adapt

adegu'ato, -a ag adequate; (conveniente) suitable; (equo) fair

a'dempiere vt to fulfil, carry out

ade'rente ag adhesive; (vestito) close-fitting ▶ sm/f follower

ade'rire vt (stare attaccato) to adhere, stick; **~ a** to adhere to, stick to; (fig: società, partito) to join; (: opinione) to support; (richiesta) to agree to

adesi'one sf adhesion; (fig) agreement, acceptance; **ade'sivo, -a** ag, sm adhesive

a'desso av (ora) now; (or ora, poco fa) just now; (tra poco) any moment now

adia'cente [adja'tʃɛnte] ag adjacent

adi'bire vt (usare): **~ qc a** to turn sth into

adole'scente [adoleʃˈʃɛnte] ag, sm/f adolescent

adope'rare vt to use

ado'rare vt to adore; (Rel) to adore, worship

adot'tare vt to adopt; (decisione, provvedimenti) to pass; **adot'tivo, -a** ag (genitori) adoptive; (figlio, patria) adopted; **adozi'one** sf adoption; **adozione a distanza** child sponsorship

adri'atico, -a, -ci, -che ag Adriatic ▶ sm **l'A~, il mare A~** the Adriatic, the Adriatic Sea

adu'lare vt to adulate, flatter

a'dultero, -a ag adulterous ▶ sm/f adulterer (adulteress)

a'dulto, -a ag adult; (fig) mature ▶ sm adult, grown-up

a'ereo, -a ag air cpd; (radice) aerial ▶ sm aerial; (aeroplano) plane; **aereo da caccia** fighter (plane); **aereo di linea** airliner; **aereo a reazione** jet (plane); **ae'robica** sf aerobics sg; **aero'nautica** sf (scienza) aeronautics sg; **aeronautica militare** air force

aero'porto sm airport; **all'~ per favore** to the airport, please

aero'sol sm inv aerosol

'afa sf sultriness

af'fabile ag affable

affaccen'dato, -a [affatˈtʃenˈdato] ag (persona) busy

affacci'arsi [affatˈtʃarsi] vpr **~ (a)** to appear (at)

affa'mato, -a ag starving; (fig): **~ (di)** eager (for)

affan'noso, -a ag (respiro) difficult; (fig) troubled, anxious

af'fare sm (faccenda) matter, affair; (Comm) piece of business, (business) deal; (occasione) bargain; (Dir) case;

(fam: cosa) thing; **affari** *smpl (Comm)* business *sg*; **Ministro degli Affari esteri** Foreign Secretary *(BRIT)*, Secretary of State *(US)*

affasci'nante [affaʃʃi'nante] *ag* fascinating

affasci'nare [affaʃʃi'nare] *vt* to bewitch; *(fig)* to charm, fascinate

affati'care *vt* to tire; **affaticarsi** *vpr (durar fatica)* to tire o.s. out;

affati'cato, -a *ag* tired

af'fatto *av* completely; **non ...** ~ not ... at all; **niente** ~ not at all

affer'mare *vt (dichiarare)* to maintain, affirm; **affermarsi** *vpr* to assert o.s., make one's name known;

affer'mato, -a *ag* established, well-known; **affermazi'one** *sf* affirmation, assertion; *(successo)* achievement

affer'rare *vt* to seize, grasp; *(fig: idea)* to grasp; **afferrarsi** *vpr* **afferrarsi a** to cling to

affet'tare *vt (tagliare a fette)* to slice; *(ostentare)* to affect

affet'trice [affetta'tritʃe] *sf* meat slicer

affet'tivo, -a *ag* emotional, affective

af'fetto *sm* affection; **affettu'oso, -a** *ag* affectionate

affezio'narsi [affettsjo'narsi] *vpr* ~ **a** to grow fond of

affezio'nato, -a [affettsjo'nato] *ag* ~ **a qn/qc** fond of sb/sth; *(attaccato)* attached to sb/sth

affia'tato, -a *ag* **essere molto affiatati** to get on very well

affib'bi'are *vt (fig: dare)* to give

affi'dabile *ag* reliable

affida'mento *sm (Dir: di bambino)* custody; *(fiducia)* **fare ~ su qn** to rely on sb; **non dà nessun** ~ he's not to be trusted

affi'dare *vt* ~ **qc o qn a qn** to entrust sth o sb to sb; **affidarsi** *vpr* **affidarsi a**

to place one's trust in

affi'lare *vt* to sharpen

affi'lato, -a *ag (gen)* sharp; *(volto, naso)* thin

affin'ché [affin'ke] *cong* in order that, so that

affit'tare *vt (dare in affitto)* to let, rent (out); *(prendere in affitto)* to rent; **af'fitto** *sm* rent; *(contratto)* lease

af'fliggere [af'fliddʒere] *vt* to torment; **affliggersi** *vpr* to grieve

af'flissi *ecc vb vedi* **affliggere**

afflosci'arsi [afloʃ'ʃarsi] *vpr* to go limp

afflu'ente *sm* tributary

affo'gare *vt, vi* to drown

affol'lare *vt* to crowd; **affollarsi** *vpr* to crowd; **affol'lato, -a** *ag* crowded

affon'dare *vt* to sink

affran'care *vt* to free, liberate; *(Amm)* to redeem; *(lettera)* to stamp; *(: meccanicamente)* to frank *(BRIT)*, meter *(US)*

af'fresco, -schi *sm* fresco

affret'tarsi *vpr* to hurry; ~ **a fare qc** to hurry o hasten to do sth

affret'tato, -a *ag (veloce: passo, ritmo)* quick, fast; *(frettoloso: decisione)* hurried, hasty; *(: lavoro)* rushed

affron'tare *vt (pericolo ecc)* to face; *(nemico)* to confront; **affrontarsi** *vpr (reciproco)* to come to blows

affumi'cato, -a *ag (prosciutto, aringa ecc)* smoked

affuso'lato, -a *ag* tapering

Af'ganistan *sm* l'~-Afghanistan

a'foso, -a *ag* sultry, close

'Africa *sf* l'~-Africa; **afri'cano, -a** *ag, sm/f* African

a'genda [a'dʒɛnda] *sf* diary

> Attenzione! In inglese esiste la parola agenda che però vuol dire ordine del giorno.

a'gente [a'dʒɛnte] *sm* agent; **agente di cambio** stockbroker; **agente**

di polizia police officer; **agente segreto** secret agent; **agen'zia** sf agency; (*succursale*) branch; **agenzia immobiliare** estate agent's (office) (BRIT), real estate office (US); **agenzia di collocamento/stampa** employment/press agency; **agenzia viaggi** travel agency

agevo'lare [adʒevo'lare] vt to facilitate, make easy

agevolazi'one [adʒevolat'tsjone] sf (*facilitazione economica*) facility; **agevolazione di pagamento** payment on easy terms; **agevolazioni creditizie** credit facilities; **agevolazioni fiscali** tax concessions

a'gevole [a'dʒevole] ag easy; (*strada*) smooth

agganci'are [aggan'tʃare] vt to hook up; (*Ferr*) to couple

ag'geggio [ad'dʒeddʒo] sm gadget, contraption

agget'tivo [addʒet'tivo] sm adjective

agghiacci'ante [aggjat'tʃante] ag chilling

aggior'nare [addʒor'nare] vt (*opera, manuale*) to bring up-to-date; (*seduta ecc*) to postpone; **aggiornarsi** vpr to bring (o keep) o.s. up-to-date; **aggior'nato, -a** ag up-to-date

aggi'rare [addʒi'rare] vt to go round; (*fig: ingannare*) to trick; **aggirarsi** vpr to wander about; **il prezzo s'aggira sul milione** the price is around the million mark

aggi'ungere [ad'dʒundʒere] vt to add

aggi'unsi ecc [ad'dʒunsi] vb vedi **aggiungere**

aggius'tare [addʒus'tare] vt (*accomodare*) to mend, repair; (*riassettare*) to adjust; (*fig: lite*) to settle

aggrap'parsi vpr **~ a** to cling to

aggra'vare vt (*aumentare*) to increase;

(*appesantire: anche fig*) to weigh down, make heavy; (*pena*) to make worse; **aggravarsi** vpr to worsen, become worse

aggre'dire vt to attack, assault

aggressi'one sf aggression; (*atto*) attack, assault

aggres'sivo, -a ag aggressive

aggres'sore sm aggressor, attacker

aggrot'tare vt **~ le sopracciglia** to frown

aggrovigli'arsi vpr (*fig*) to become complicated

aggu'ato sm trap; (*imboscata*) ambush; **tendere un ~ a qn** to set a trap for sb

agguer'rito, -a ag fierce

agi'ato, -a [a'dʒato] ag (*vita*) easy; (*persona*) well-off, well-to-do

'agile [a'dʒile] ag agile, nimble

'agio [a'dʒo] sm ease, comfort; **mettersi a proprio ~** to make o.s. at home o comfortable; **agi** smpl comforts; **mettersi a proprio ~** to make o.s. at home o comfortable; **dare ~ a qn di fare qc** to give sb the chance of doing sth

a'gire [a'dʒire] vi to act; (*esercitare un'azione*) to take effect; (*Tecn*) to work, function; **~ contro qn** (*Dir*) to take action against sb

agi'tare [adʒi'tare] vt (*bottiglia*) to shake; (*mano, fazzoletto*) to wave; (*fig: turbare*) to disturb; (: *incitare*) to stir (up); (: *dibattere*) to discuss; **agitarsi** vpr (*mare*) to be rough; (*malato, dormitore*) to toss and turn; (*bambino*) to fidget; (*emozionarsi*) to get upset; (*Pol*) to agitate; **agi'tato, -a** ag rough; restless; fidgety; upset, perturbed

'aglio [a'ʎʎo] sm garlic

a'gnello [aɲ'ɲello] sm lamb

'ago (pl **'aghi**) sm needle

ago'nistico, -a, -ci, -che ag athletic; (*fig*) competitive

agopun'tura sf acupuncture

a'gosto sm August

a'grario, -a ag agrarian, agricultural; (riforma) land cpd

a'gricolo, -a ag agricultural, farm cpd; **agricol'tore** sm farmer; **agricol'tura** sf agriculture, farming

agri'foglio [agri'fɔʎʎo] sm holly

agritu'rismo sm farm holidays pl

agrodolce ag bittersweet; (salsa) sweet and sour

a'grume sm (spesso al pl: pianta) citrus; (: frutto) citrus fruit

a'guzzo, -a [a'guttso] ag sharp

'ahi escl (dolore) ouch!

'Aia sf l'~ the Hague

'aids abbr m o f Aids

airbag sm inv air bag

ai'rone sm heron

aiu'ola sf flower bed

aiu'tante sm/f assistant ▶ sm (Mil) adjutant; (Naut) master-at-arms; **aiutante di campo** aide-de-camp

aiu'tare vt to help; ~ qn (a fare) to help sb (to do); **aiutarsi** vr to help each other; ~ qn in qc/a fare qc to help sb with sth/to do sth; **può aiutarmi?** can you help me?

ai'uto sm help, assistance, aid; (aiutante) assistant; **venire in ~ di qn** to come to sb's aid; **aiuto chirurgo** assistant surgeon

'ala (pl 'ali) sf wing; **fare ~** to fall back, make way; **ala destra/sinistra** (Sport) right/left wing

ala'bastro sm alabaster

'alano sm Great Dane

'alba sf dawn

alba'nese ag, sm/f, sm Albanian

Alba'nia sf l'~ Albania

albe'rato, -a ag (viale, piazza) lined with trees, tree-lined

al'bergo, -ghi sm hotel; **albergo della gioventù** youth hostel

'albero sm tree; (Naut) mast; (Tecn)

shaft; **albero genealogico** family tree; **albero a gomiti** crankshaft; **albero maestro** mainmast; **albero di Natale** Christmas tree; **albero di trasmissione** transmission shaft

albi'cocca, -che sf apricot

'album sm album; **album da disegno** sketch book

al'bume sm albumen

'alce ['altʃe] sm elk

alcol sm inv = **alcool**

al'colico, -a, -ci, -che ag alcoholic ▶ sm alcoholic drink

alcoliz'zato, -a [alcolid'dzato] sm/f alcoholic

'alcool sm inv alcohol

al'cuno, -a (det: dav sm: **alcun** + C, V, **alcuno** + s impura, gn, pn, ps, x, z; dav sf: **alcuna** + C, **alcun'** + V) det (nessuno): **non ... ~** no, not any; **alcuni, e** det pl some, a few; **alcuni, e** det pl some, a few; **non c'è alcuna fretta** there's no hurry, there isn't any hurry; **senza alcun riguardo** without any consideration ▶ pron pl **alcuni, e** some, a few

alfa'betico, -a, ci, che ag alphabetical

alfa'beto sm alphabet

'alga, -ghe sf seaweed no pl, alga

'algebra ['aldʒebra] sf algebra

Alge'ria [aldʒe'ria] sf l'~ Algeria

alge'rino, -a [aldʒe'rino] ag, sm/f Algerian

ali'ante sm (Aer) glider

'alibi sm inv alibi

a'lice [a'litʃe] sf anchovy

ali'eno, -a (avverso): ~ (da) opposed (to), averse (to) ▶ sm/f alien

alimen'tare vt to feed; (Tecn) to supply; (fig) to sustain ▶ ag food cpd; **alimentari** smpl foodstuffs; (anche: **negozio di alimentari**) grocer's shop; **alimentazi'one** sf feeding; supplying; sustaining; (gli alimenti) diet

a'liquota *sf* share; (*d'imposta*) rate; **aliquota d'imposta** tax rate

alis'cafo *sm* hydrofoil

'alito *sm* breath

all. *abbr* (= *allegato*) encl.

allaccia'mento [allattʃa'mento] *sm* (*Tecn*) connection

allacci'are [allat'tʃare] *vt* (*scarpe*) to tie, lace (up); (*cintura*) to do up, fasten; (*luce, gas*) to connect; (*amicizia*) to form

allaccia'tura [allattʃa'tura] *sf* fastening

alla'gare *vt* to flood; **allagarsi** *vpr* to flood

allar'gare *vt* to widen; (*vestito*) to let out; (*aprire*) to open; (*fig: dilatare*) to extend; **allargarsi** *vpr* (*gen*) to widen; (*scarpe, pantaloni*) to stretch; (*fig: problema, fenomeno*) to spread

allar'mare *vt* to alarm

al'larme *sm* alarm; **allarme aereo** air-raid warning

allat'tare *vt* to feed

alle'anza [alle'antsa] *sf* alliance

alle'arsi *vpr* to form an alliance; **alle'ato, -a** *ag* allied ▸ *sm/f* ally

alle'gare *vt* (*accludere*) to enclose; (*Dir: citare*) to cite, adduce; (*denti*) to set on edge; **alle'gato, -a** *ag* enclosed ▸ *sm* enclosure; (*di e-mail*) attachment; **in allegato** enclosed

allegge'rire [alleddʒe'rire] *vt* to lighten, make lighter; (*fig: lavoro, tasse*) to reduce

alle'gria *sf* gaiety, cheerfulness

al'legro, -a *ag* cheerful, merry; (*un po' brillo*) merry, tipsy; (*vivace: colore*) bright ▸ *sm* (*Mus*) allegro

allena'mento *sm* training

alle'nare *vt* to train; **allenarsi** *vpr* to train; **alle'natore** *sm* (*Sport*) trainer, coach

allen'tare *vt* to slacken; (*disciplina*) to relax; **allentarsi** *vpr* to become slack;

(*ingranaggio*) to work loose

aller'gia, -'gie [aller'dʒia] *sf* allergy; **al'lergico, -a, -ci, -che** *ag* allergic; **sono allergico alla penicillina** I'm allergic to penicillin

alles'tire *vt* (*cena*) to prepare; (*esercito, nave*) to equip, fit out; (*spettacolo*) to stage

allet'tante *ag* attractive, alluring

alle'vare *vt* (*animale*) to breed, rear; (*bambino*) to bring up

allevi'are *vt* to alleviate

alli'bito, -a *ag* astounded

alli'evo *sm* pupil; (*apprendista*) apprentice; (*Mil*) cadet

alliga'tore *sm* alligator

alline'are *vt* (*persone, cose*) to line up; (*Tip*) to align; (*fig: economia, salari*) to adjust, align; **allinearsi** *vpr* to line up; (*fig: a idee*): **allinearsi a** to come into line with

al'lodola *sf* (sky)lark

alloggi'are [allod'dʒare] *vt* to accommodate ▸ *vi* to live; **al'loggio** *sm* lodging, accommodation (*BRIT*), accommodations (*US*)

allonta'nare *vt* to send away, send off; (*impiegato*) to dismiss; (*pericolo*) to avert, remove; (*estraniare*) to alienate; **allontanarsi** *vpr* **allontanarsi (da)** to go away (from); (*estraniarsi*) to become estranged (from)

al'lora *av* (*in quel momento*) then ▸ *cong* (*in questo caso*) well then; (*dunque*) well then, so; **la gente d'~** people then o in those days; **da ~ in poi** from then on

al'loro *sm* laurel

'alluce ['allutʃe] *sm* big toe

alluci'nante [allutʃi'nante] *ag* awful; (*fam*) amazing

allucinazi'one [allutʃinat'tsjone] *sf* hallucination

al'ludere *vi* **~ a** to allude to, hint at

allu'minio *sm* aluminium (*BRIT*), aluminum (*US*)

allun'gare vt to lengthen; (distendere) to prolong, extend; (diluire) to water down; **allungarsi** vpr to lengthen; (ragazzo) to stretch, grow taller; (sdraiarsi) to lie down, stretch out

al'lusi'one sf hint, allusion

al'lusi'one → vedi **alludere**

alluvi'one sf flood

al'meno av at least ▶ cong (se) – if only; **(se) − piovesse!** if only it would rain!

a'logeno, -a [a'lɔdʒɛno] ag **lampada alogena** halogen lamp

a'lone sm halo

'Alpi sfpl **le −** the Alps

alpi'nismo sm mountaineering, climbing; **alpi'nista, -i, -e** sm/f mountaineer, climber

al'pino, -a ag Alpine; mountain cpd; **alpini** smpl (Mil) Italian Alpine troops

alt escl halt!, stop!

alta'lena sf (a funi) swing; (in bilico) seesaw

al'tare sm altar

alter'nare vt to alternate; **alternarsi** vpr to alternate; **alterna'tiva** sf alternative; **alterna'tivo, -a** ag alternative

al'terno, -a ag alternate; **a giorni alterni** on alternate days, every other day

al'tero, -a ag proud

al'tezza [al'tettsa] sf height; width, breadth; depth; pitch; (Geo) latitude; (titolo) highness; (fig: nobiltà) greatness; **essere all'− di** to be on a level with; (fig) to be up to o equal to

al'ticcio, -a, -ci, -ce [al'tittʃo] ag tipsy

alti'tudine sf altitude

'alto, -a ag high; (persona) tall; (tessuto) wide, broad; (sonno, acque) deep; (suono) high(-pitched); (Geo) upper; (settentrionale) northern ▶ sm top (part) ▶ av high; (parlare) aloud,

loudly; **il palazzo è − 20 metri** the building is 20 metres high; **ad alta voce** aloud; **a notte alta** in the dead of night; **in −** up, upwards; at the top; **dall'− in o al basso** up and down; **degli alti e bassi** (fig) ups and downs; **alta fedeltà** high fidelity, hi-fi; **alta finanza/società** high finance/ society; **alta moda** haute couture

altopar'lante sm loudspeaker

altopi'ano (pl **altipi'ani**) sm plateau, upland plain

altret'tanto, -a av, pron as much; (pl) as many ▶ av equally; **tanti auguri! —grazie,** − all the best! — thank you, the same to you

altri'menti av otherwise

O 'altro, -a
  det

1 (diverso) other, different; **questa è un'altra cosa** that's another o a different thing

2 (supplementare) other; **prendi un altro cioccolatino** have another chocolate; **hai avuto altre notizie?** have you had any more o any other news?

3 (nel tempo): **l'altro giorno** the other day; **l'altr'anno** last year; **l'altro ieri** the day before yesterday; **domani l'altro** the day after tomorrow; **quest'altro mese** next month

4: **d'altra parte** on the other hand

▶ pron

1 (persona, cosa diversa o supplementare): **un altro, un'altra** another (one); **lo farà un altro** someone else will do it; **altri, e** others; **gli altri** (la gente) others, other people; **l'uno e l'altro** both (of them); **aiutarsi l'un l'altro** to help one another; **da un giorno all'altro** from day to day; (nel giro di 24 ore) from one day to the next; (da un momento all'altro) any day now

2 (sostantivato: solo maschile)

something else; (: *in espressioni interrogative*) anything else; **non ho altro da dire** I have nothing else o I don't have anything else to say; **più che altro** above all; **se non altro** at least; **tra l'altro** among other things; **ci mancherebbe altro!** that's all we need!; **non faccio altro che lavorare** I do nothing but work; **contento?** —**altro che!** are you pleased? — and how!; *vedi* **senza**; **noialtri**; **voialtri**; **tutto**

al'trove *av* elsewhere, somewhere else

altru'ista, -i, -e *ag* altruistic

a'lunno, -a *sm/f* pupil

alve'are *sm* hive

al'zare [al'tsare] *vt* to raise, lift; (*issare*) to hoist; (*costruire*) to build, erect; **alzarsi** *vpr* to rise; (*dal letto*) to get up; (*crescere*) to grow tall (o taller); **~ le spalle** to shrug one's shoulders; **alzarsi in piedi** to stand up, get to one's feet

a'maca, -che *sf* hammock

amalga'mare *vt* to amalgamate; **amalgamarsi** *vpr* to amalgamate

a'mante *ag* **~ di** (*musica ecc*) fond of ▶ *sm/f* lover/mistress

a'mare *vt* to love; (*amico, musica, sport*) to like; **amarsi** *vpr* to love each other

amareggi'ato, -a [amared'dʒato] *ag* upset, saddened

ama'rena *sf* sour black cherry

ama'rezza [ama'rettsa] *sf* bitterness

a'maro, -a *ag* bitter ▶ *sm* bitterness; (*liquore*) bitters *pl*

amaz'zonico, -a, ci, che [amad'dzɔniko] *ag* Amazonian; Amazon *cpd*

ambasci'ata [ambaʃ'ʃata] *sf* embassy; (*messaggio*) message; **ambascia'tore, -'trice** *sm/f* ambassador/ambassadress

ambe'due *ag inv* **~ i ragazzi** both boys

▶ *pron inv* both

ambienta'lista, -i, e *ag* environmental ▶ *sm/f* environmentalist

ambien'tare *vt* to acclimatize; (*romanzo, film*) to set; **ambientarsi** *vpr* to get used to one's surroundings

ambi'ente *sm* environment; (*fig: insieme di persone*) milieu; (*stanza*) room

am'biguo, -a *ag* ambiguous

ambizi'one [ambit'tsjone] *sf* ambition; **ambizi'oso, -a** *ag* ambitious

'ambo *ag inv* both ▶ *sm* (*al gioco*) double

'ambra *sf* amber; **ambra grigia** ambergris

ambu'lante *ag* itinerant ▶ *sm* peddler

ambu'lanza [ambu'lantsa] *sf* ambulance; **chiamate un ~** call an ambulance

ambula'torio *sm* (*studio medico*) surgery

A'merica *sf* **l'~** America; **l'~ latina** Latin America; **ameri'cano, -a** *ag, sm/f* American

ami'anto *sm* asbestos

ami'chevole [ami'kevole] *ag* friendly

ami'cizia [ami'tʃittsja] *sf* friendship; **amicizie** *sfpl* (*amici*) friends

a'mico, -a, ci, -che *sm/f* friend; (*fidanzato*) boyfriend/girlfriend; **amico del cuore** bosom friend

'amido *sm* starch

ammac'care *vt* (*pentola*) to dent; (*persona*) to bruise

ammacca'tura *sf* dent; bruise

ammaes'trare *vt* (*animale*) to train

ammai'nare *vt* to lower, haul down

amma'larsi *vpr* to fall ill; **amma'lato, -a** *ag* ill, sick ▶ *sm/f* sick person; (*paziente*) patient

ammanet'tare *vt* to handcuff

ammas'sare *vt* (*ammucchiare*)

to amass; (*raccogliere*) to gather together; **ammassarsi** *vpr* to pile up; to gather

ammat'tire *vi* to go mad

ammaz'zare [ammat'tsare] *vt* to kill; **ammazzarsi** *vpr* (*uccidersi*) to kill o.s.; (*rimanere ucciso*) to be killed; **ammazzarsi di lavoro** to work o.s. to death

am'mettere *vt* to admit; (*riconoscere: fatto*) to acknowledge, admit; (*permettere*) to allow, accept; (*supporre*) to suppose

amminis'trare *vt* to run, manage; (*Rel, Dir*) to administer; **amministra'tore** *sm* administrator; (*di condominio*) flats manager; **amministratore delegato** managing director; **amministrazi'one** *sf* management; administration

ammi'raglio [ammi'raʎʎo] *sm* admiral

ammi'rare *vt* to admire; **ammirazi'one** *sf* admiration

am'misi *ecc vb vedi* **ammettere**

ammobili'ato, -a *ag* furnished

am'mollo *sm* **lasciare in ~** to leave to soak

ammo'niaca *sf* ammonia

ammo'nire *vt* (*avvertire*) to warn; (*rimproverare*) to admonish; (*Dir*) to caution

ammonizi'one [ammonit'tsjone] *sf* (*monito: anche Sport*) warning; (*rimprovero*) reprimand; (*Dir*) caution

ammon'tare *vi* **~ a** to amount to ▶ *sm* (*totale*) amount

ammorbi'dente *sm* fabric conditioner

ammorbi'dire *vt* to soften

ammortizza'tore *sm* (*Aut, Tecn*) shock-absorber

ammucchi'are [ammuk'kjare] *vt* to pile up, accumulate

ammuf'fire *vi* to go mouldy (*BRIT*) o moldy (*US*)

ammuto'lire *vi* to be struck dumb

amne'sia *sf* amnesia

amnis'tia *sf* amnesty

'amo *sm* (*Pesca*) hook; (*fig*) bait

a'more *sm* love; **amori** *smpl* love affairs; **il tuo bambino è un ~** your baby's a darling; **fare l'~ o all'~** to make love; **per ~ o per forza** by hook or by crook; **amor proprio** self-esteem, pride

amo'roso, -a *ag* (*affettuoso*) loving, affectionate; (*d'amore: sguardo*) amorous; (*: poesia, relazione*) love *cpd*

'ampio, -a *ag* wide, broad; (*spazioso*) spacious; (*abbondante: vestito*) loose; (*: gonna*) full; (*: spiegazione*) ample, full

am'plesso *sm* intercourse

ampli'are *vt* (*ingrandire*) to enlarge; (*allargare*) to widen; **ampliarsi** *vpr* to grow, increase

amplifica'tore *sm* (*Tecn, Mus*) amplifier

ampu'tare *vt* (*Med*) to amputate

A.N. *sigla f* (= Alleanza Nazionale) *Italian right-wing party*

anabbaglianti *smpl* dipped (*BRIT*) o dimmed (*US*) headlights

anaboliz'zante *ag* anabolic ▶ *sm* anabolic steroid

anal'colico, -a, -ci, -che *ag* non-alcoholic ▶ *sm* soft drink

analfa'beta, -i, -e *ag, sm/f* illiterate

anal'gesico, -a, -ci, -che [anal'dʒɛziko] *ag, sm* analgesic

a'nalisi *sf inv* analysis; (*Med: esame*) test; **analisi del sangue** blood test *sg*

analiz'zare [analid'dzare] *vt* to analyse; (*Med*) to test

a'nalogo, -a, -ghi, -ghe *ag* analogous

'ananas *sm inv* pineapple

anar'chia [anar'kia] *sf* anarchy;

a'narchico, -a, -ci, -che ag anarchic(al) ▸ sm/f anarchist

anarco-insurreziona'lista ag anarcho-revolutionary

'A.N.A.S. sigla f (= Azienda Nazionale Autonoma delle Strade) national roads department

anato'mia sf anatomy

'anatra sf duck

'anca, -che sf (Anat) hip

'anche ['anke] cong (inoltre, pure) also, too; (perfino) even; **vengo anch'io** I'm coming too; **~ se** even if

an'cora av still; (di nuovo) again; (di più) some more; (persino) ~ **più forte** even stronger; **non** ~ not yet; ~ **una volta** once more, once again; ~ **un po'** a little more; (di tempo) a little longer

an'dare sm a lungo ~ in the long run ▸ vi to go; (essere adatto): ~ **a** to suit; (piacere): **il suo comportamento non mi va** I don't like the way he behaves; **ti va di ~ al cinema?** do you feel like going to the cinema?; **andarsene** to go away; **questa camicia va lavata** this shirt needs a wash o should be washed; ~ **in macchina/aereo** to go by car/plane; ~ **a fare qc** to go and do sth; ~ **a pescare/sciare** to go fishing/skiing; ~ **a male** to go bad; **come va?** (lavoro, progetto) how are things?; **come va?** —**bene, grazie!** how are you? — fine, thanks!; **va fatto entro oggi** it's got to be done today; **ne va della nostra vita** our lives are at stake; **an'data** sf going; (viaggio) outward journey; **biglietto di sola andata** single (BRIT) o one-way ticket; **biglietto di andata e ritorno** return (BRIT) o a round-trip (US) ticket

andrò ecc vb vedi **andare**

a'neddoto sm anecdote

a'nello sm ring; (di catena) link; **anelli** smpl (Ginnastica) rings

a'nemico, -a, -ci, -che ag anaemic

aneste'sia sf anaesthesia

'angelo ['andʒelo] sm angel; **angelo custode** guardian angel

anghe'ria [ange'ria] sf vexation

angli'cano, -a ag Anglican

anglo'sassone ag Anglo-Saxon

'angolo sm corner; (Mat) angle; **angolo cottura** (di appartamento ecc) cooking area

an'goscia, -sce [an'goʃʃa] sf deep anxiety, anguish no pl

angu'illa sf eel

an'guria sf watermelon

'anice ['anitʃe] sm (Cuc) aniseed; (Bot) anise

'anima sf soul; (abitante) inhabitant; **non c'era ~ viva** there wasn't a living soul; **anima gemella** soul mate

ani'male sm, ag animal; **animale domestico** pet

anna'cquare vt to water down, dilute

annaffi'are vt to water; **annaffia'toio** sm watering can

an'nata sf year; (importo annuo) annual amount; **vino d'** ~ vintage wine

anne'gare vt, vi to drown

anne'rire vt to blacken ▸ vi to become black

annien'tare vt to annihilate, destroy

anniver'sario sm anniversary; **anniversario di matrimonio** wedding anniversary

'anno sm year; **ha 8 anni** he's 8 (years old)

anno'dare vt to knot, tie; (fig: rapporto) to form

annoi'are vt to bore; **annoiarsi** vpr to be bored

> Attenzione! In inglese esiste il verbo to annoy che però vuol dire dare fastidio a.

anno'tare vt (registrare) to note, note down; (commentare) to annotate annu'ale *ag* annual

annu'ire *vi* to nod; *(acconsentire)* to agree

annul'lare *vt* to annihilate, destroy; *(contratto, francobollo)* to cancel; *(matrimonio)* to annul; *(sentenza)* to quash; *(risultati)* to declare void

annunci'are [annun'tʃare] *vt* to announce; *(dar segni rivelatori)* to herald

an'nuncio [an'nuntʃo] *sm* announcement; *(fig)* sign; **annunci economici** classified advertisements, small ads; **annunci mortuari** *(colonna)* obituary column; **annuncio pubblicitario** advertisement

'annuo, -a *ag* annual, yearly

annu'sare *vt* to sniff, smell; ~ **tabacco** to take snuff

a'nomalo, -a *ag* anomalous

a'nonimo, -a *ag* anonymous ▸ *sm (autore)* anonymous writer *(o painter ecc)*; **società anonima** *(Comm)* joint stock company

anores'sia *sf* anorexia

ano'ressico, -a, ci, che *ag* anorexic

anor'male *ag* abnormal ▸ *sm/f* subnormal person

ANSA *sigla f (= Agenzia Nazionale Stampa Associata)* press agency

'ansia *sf* anxiety

ansi'mare *vi* to pant

ansi'oso, -a *ag* anxious

'anta *sf (di finestra)* shutter; *(di armadio)* door

An'tartide *sf* l'~ Antarctica

an'tenna *sf (Radio, TV)* aerial; *(Zool)* antenna, feeler; *(Naut)* yard; **antenna parabolica** satellite dish

ante'prima *sf* preview; **anteprima di stampa** *(Inform)* print preview

anteri'ore *ag (ruota, zampa)* front; *(fatti)* previous, preceding

antiade'rente *ag* non-stick

antibi'otico, -a, -ci, -che *ag, sm* antibiotic

anti'camera *sf* anteroom; **fare ~** to wait (for an audience)

antici'pare [antitʃi'pare] *vt (consegna, visita)* to bring forward, anticipate; *(somma di denaro)* to pay in advance; *(notizia)* to disclose ▸ *vi* to be ahead of time; **an'ticipo** *sm* anticipation; *(di denaro)* advance; **in anticipo** early, in advance; **occorre che prenoti in anticipo?** do I need to book in advance?

an'tico, -a, -chi, -che *ag (quadro, mobili)* antique; *(dell'antichità)* ancient; **all'antica** old-fashioned

anticoncezio'nale [antikontʃettsjo'nale] *sm* contraceptive

anticonfor'mista, -i, -e *ag, sm/f* nonconformist

anti'corpo *sm* antibody

antidolo'rifico, -ci *sm* painkiller

anti'doping *sm* drug testing ▸ *ag inv* **test ~** drugs *(BRIT) o* drug *(US)* test

an'tifona *sf (Mus, Rel)* antiphon; **capire l'~** *(fig)* to take the hint

anti'forfora *ag inv* anti-dandruff

anti'furto *sm* anti-theft device

anti'gelo [anti'dʒelo] *ag inv* **(liquido) ~** *(per motore)* antifreeze; *(per cristalli)* de-icer

antiglobalizzazione [antiglobalidd zat'tsjone] *ag inv* **movimento ~** anti-globalization movement

An'tille *sfpl* **le ~** the West Indies

antin'cendio [antin'tʃendjo] *ag inv* fire *cpd*

anti'nebbia *sm inv (anche: **faro ~**: Aut)* fog lamp

antinfiamma'torio, -a *ag, sm* anti-inflammatory

antio'rario [antio'rarjo] *ag* **in senso ~** anticlockwise

anti'pasto *sm* hors d'œuvre

antipa'tia sf antipathy, dislike; **anti'patico, -a, -ci, -che** ag unpleasant, disagreeable

antiproi'ettile ag inv bulletproof

antiquari'ato sm antique trade; **un oggetto d'~** an antique

anti'quario sm antique dealer

anti'quato, -a ag antiquated, old-fashioned

anti'rughe ag inv (crema, prodotto) anti-wrinkle

antitraspi'rante ag antiperspirant

anti'vipera ag inv **siero ~** remedy for snake bites

antivirus [anti'virus] sm inv antivirus software no pl ▶ ag inv antivirus

antolo'gia, -'gie [antolo'dʒia] sf anthology

anu'lare ag ring cpd ▶ sm third finger

'anzi ['antsi] av (invece) on the contrary; (o meglio) or rather, or better still

anzi'ano, -a [an'tsjano] ag old; (Amm) senior ▶ sm/f old person; senior member

anziché [antsi'ke] cong rather than

a'patico, -a, -ci, -che ag apathetic

'ape sf bee

aperi'tivo sm apéritif

aperta'mente av openly

a'perto, -a pp di **aprire** ▶ ag open; **all'~** in the open (air); **è ~ al pubblico?** is it open to the public?; **quando è ~ il museo?** when is the museum open?

aper'tura sf opening; (ampiezza) width; (Fot) aperture; **apertura alare** wing span; **apertura mentale** open-mindedness

ap'nea sf immergersi in **~** to dive without breathing apparatus

a'postrofo sm apostrophe

ap'paio ecc vb vedi **apparire**

ap'palto sm (Comm) contract; **dare/prendere in ~ un lavoro** to let out/undertake a job on contract

appannarsi vpr to mist over; to grow dim

apparecchi'are [apparek'kjare] vt to prepare; (tavola) to set ▶ vi to set the table

appa'recchio [appa'rekkjo] sm piece of apparatus, device; (aeroplano) aircraft inv; **apparecchio acustico** hearing aid; **apparecchio telefonico** telephone; **apparecchio televisivo** television set

appa'rente ag apparent

appa'rire vi to appear; (sembrare) to seem, appear

apparta'mento sm flat (BRIT), apartment (US)

appar'tarsi vpr to withdraw

appar'tenere vi **~ a** to belong to

appas'sio'nare vt to thrill; (commuovere) to move; **appassionarsi** vpr **appassionarsi a qc** to take a great interest in sth; **appassio'nato, -a** ag passionate; (entusiasta): **appassionato (di)** keen (on)

appas'sire vi to wither

appas'sito, -a ag dead

ap'pello sm roll-call; (implorazione, Dir) appeal; **fare ~ a** to appeal to

ap'pena av (a stento) hardly, scarcely; (solamente, da poco) just ▶ cong as soon as; (non) **~ furono arrivati ...** as soon as they had arrived ...; **~ ... che o quando** no sooner ... than

ap'pendere vt to hang (up)

appen'dice [appen'ditʃe] sf appendix; **romanzo d'~** popular serial

appendi'cite [appendi'tʃite] sf appendicitis

Appen'nini smpl **gli ~** the Apennines

appesan'tire vt to make heavy; **appesantirsi** vpr to grow stout

appe'tito sm appetite

appic'care vt **~ il fuoco a** to set fire to, set on fire

appicci'care [appittʃi'kare] vt to stick; **appiccicarsi** vpr to stick; (fig: persona) to cling

appiso'larsi vpr to doze off

applau'dire vt, vi to applaud; **ap'plauso** sm applause

appli'care vt to apply; (regolamento) to enforce; **applicarsi** vpr to apply o.s.

appoggi'are [appod'dʒare] vt (mettere contro): ~ qc a qc to lean o rest sth against sth; (fig: sostenere) to support; **appoggiarsi** vpr **appoggiarsi a** to lean against; (fig) to rely upon; **ap'poggio** sm support

apposita'mente av specially; (apposta) on purpose

ap'posito, -a ag appropriate

ap'posta av on purpose, deliberately

appos'tarsi vpr to lie in wait

ap'prendere vt (imparare) to learn

appren'dista, -i, -e sm/f apprentice

apprensi'one sf apprehension

apprez'zare [appret'tsare] vt to appreciate

appro'dare vi (Naut) to land; (fig): **non ~ a nulla** to come to nothing

approfit'tare vi **~ di** to make the most of; (peg) to take advantage of

approfon'dire vt to deepen; (fig) to study in depth

appropri'ato, -a ag appropriate

approssima'tivo, -a ag approximate, rough; (impreciso) inexact, imprecise

appro'vare vt (condotta, azione) to approve of; (candidato) to pass; (progetto di legge) to approve

appunta'mento sm appointment; (amoroso) date; **darsi ~** to arrange to meet (one another); **ho un ~ con...** I have an appointment with...; **vorrei prendere un ~** I'd like to make an appointment

ap'punto sm note; (rimprovero) reproach ▶ av (proprio) exactly, just;

per l'~!, ~! exactly!

apribot'tiglie [apribot'tiʎʎe] sm inv bottle opener

a'prile sm April

a'prire vt to open; (via, cadavere) to open up; (gas, luce, acqua) to turn on ▶ vi to open; **aprirsi** vpr to open; **aprirsi a qn** to confide in sb, open one's heart to sb; **a che ora aprite?** what time do you open?

apris'catole sm inv tin (BRIT) o can opener

APT sigla f (= Azienda di Promozione) ≈ tourist board

aquagym [akkwa'dʒim] sf aquaerobics

'aquila sf (Zool) eagle; (fig) genius

aqui'lone sm (giocattolo) kite; (vento) North wind

A/R abbr = **andata e ritorno** (biglietto) return ticket (BRIT), round-trip ticket (US)

A'rabia Sau'dita sf l'~ Saudi Arabia

'arabo, -a ag, sm/f Arab ▶ sm (Ling) Arabic

a'rachide [a'rakide] sf peanut

ara'gosta sf crayfish; lobster

a'rancia, -ce [a'rantʃa] sf orange; **aranci'ata** sf orangeade; **aranci'one** ag inv (color) **arancione** bright orange

a'rare vt to plough (BRIT), plow (US)

a'ratro sm plough (BRIT), plow (US)

a'razzo [a'rattso] sm tapestry

arbi'trare vt (Sport) to referee; to umpire; (Dir) to arbitrate

arbi'trario, -a ag arbitrary

'arbitro sm arbiter, judge; (Dir) arbitrator; (Sport) referee; (: Tennis, Cricket) umpire

ar'busto sm shrub

archeolo'gia [arkeolo'dʒia] sf arch(a)eology; **arche'ologo, -a, -gi, -ghe** sm/f arch(a)eologist

architet'tare [arkitet'tare] vt (fig: ideare) to devise; (: macchinare) to plan, concoct

archi'tetto [arki'tetto] *sm* architect;
architet'tura *sf* architecture

ar'chivio [ar'kivjo] *sm* archives *pl*;
(*Inform*) file

'arco *sm* (*arma, Mus*) bow; (*Archit*) arch;
(*Mat*) arc

arcoba'leno *sm* rainbow

arcu'ato, -a *ag* curved, bent

'ardere *vt, vi* to burn

ar'desia *sf* slate

'area *sf* area; (*Edil*) land, ground; **area
di rigore** (*Sport*) penalty area; **area di
servizio** (*Aut*) service area

a'rena *sf* arena; (*per corride*) bullring;
(*sabbia*) sand

are'narsi *vpr* to run aground

argente'ria [ardʒente'ria] *sf*
silverware, silver

Argen'tina [ardʒen'tina] *sf* **l'~**
Argentina; **argen'tino, -a** *ag, sm/f*
Argentinian

ar'gento [ar'dʒɛnto] *sm* silver;
argento vivo quicksilver

ar'gilla [ar'dʒilla] *sf* clay

'argine [ar'dʒine] *sm* embankment,
bank; (*diga*) dyke, dike

argo'mento *sm* argument; (*motivo*)
motive; (*materia, tema*) subject

'aria *sf* (*espressione, aspetto*) air,
look; (*Mus: melodia*) tune; (*di opera*)
aria; **mandare all'~ qc** to ruin o upset
sth; **all'~ aperta** in the open (air)

'arido, -a *ag* arid

arieggi'are [arjed'dʒare] *vt* (*cambiare
aria*) to air; (*imitare*) to imitate

ari'ete *sm* ram; (*Mil*) battering ram;
(*dello zodiaco*): **A-** Aries

a'ringa, -ghe *sf* herring *inv*

arit'metica *sf* arithmetic

'arma, -i *sf* weapon, arm; (*parte
dell'esercito*) arm; **chiamare alle armi**
to call up (BRIT), draft (US); **sotto le
armi** in the army (*o* forces); **alle armi!**
to arms!; **arma atomica/nucleare**

atomic/nuclear weapon; **arma da
fuoco** firearm; **armi di distruzione
di massa** weapons of mass
destruction

arma'dietto *sm* (*di medicinali*)
medicine cabinet; (*in palestra ecc*)
locker; (*in cucina*) (kitchen) cupboard

ar'madio *sm* cupboard; (*per abiti*)
wardrobe; **armadio a muro** built-in
cupboard

ar'mato, -a *ag* **- (di)** (*anche fig*)
armed (with) ▶ *sf* (*Mil*) army; (*Naut*)
fleet; **rapina a mano armata** armed
robbery

arma'tura *sf* (*struttura di sostegno*)
framework; (*impalcatura*) scaffolding;
(*Storia*) armour *no pl*, suit of armour

armis'tizio [armis'tittsjo] *sm*
armistice

armo'nia *sf* harmony

ar'nese *sm* tool, implement; (*oggetto
indeterminato*) thing, contraption;
male in ~ (*malvestito*) badly dressed;
(*di salute malferma*) in poor health;
(*povero*) down-at-heel

'arnia *sf* hive

a'roma, -i *sm* aroma; fragrance;
aromi *smpl* (*Cuc*) herbs and spices;
aromatera'pia *sf* aromatherapy

'arpa *sf* (*Mus*) harp

arrabbi'are *vi* (*cane*) to be affected
with rabies; **arrabbiarsi** *vpr* (*essere
preso dall'ira*) to get angry, fly into a
rage; **arrabbi'ato, -a** *ag* rabid, with
rabies; furious, angry

arrampi'carsi *vpr* to climb (up)

arrangi'arsi *vpr* to manage, do the
best one can

arreda'mento *sm* (*studio*) interior
design; (*mobili ecc*) furnishings *pl*

arre'dare *vt* to furnish

ar'rendersi *vpr* to surrender

arres'tare *vt* (*fermare*) to stop, halt;
(*catturare*) to arrest; **arrestarsi**
vpr (*fermarsi*) to stop; **ar'resto** *sm*

(*cessazione*) stopping; (*fermata*) stop; (*cattura*, *Med*) arrest; **subire un arresto** to come to a stop o standstill; **mettere agli arresti** to place under arrest; **arresti domiciliari** house arrest *sg*

arre'trare *vt*, *vi* to withdraw; **arre'trato, -a** *ag* (*lavoro*) behind schedule; (*paese*, *bambino*) backward; (*numero di giornale*) back *cpd*; **arretrati** *smpl* arrears

arric'chire [arrik'kire] *vt* to enrich; **arricchirsi** *vpr* to become rich

arri'vare *vi* to arrive; (*accadere*) to happen, occur; **~ a** (*livello, grado ecc*) to reach; **a che ora arriva il treno da Londra?** what time does the train from London arrive?; **non ci arrivo** I can't reach it; (*fig: non capisco*) I can't understand it

arrive'derci [arrive'dertʃi] *escl* goodbye!

arri'vista, -i, -e *sm/f* go-getter

ar'rivo *sm* arrival; (*Sport*) finish, finishing line

arro'gante *ag* arrogant

arros'sire *vi* (*per vergogna, timidezza*) to blush, flush; (*per gioia, rabbia*) to flush

arros'tire *vt* to roast; (*pane*) to toast; (*ai ferri*) to grill

ar'rosto *sm, ag inv* roast

arroto'lare *vt* to roll up

aroton'dare *vt* (*forma, oggetto*) to round; (*stipendio*) to add to; (*somma*) to round off

arruggi'nito, -a [arruddʒi'nito] *ag* rusty

'arsi *vb vedi* **ardere**

'arte *sf* art; (*abilità*) skill

ar'teria *sf* artery; **arteria stradale** main road

'artico, -a, -ci, -che *ag* Arctic

articolazi'one *sf* articulation; (*Anat*, *Tecn*) joint

ar'ticolo *sm* article; **articolo di fondo**

(*Stampa*) leader, leading article

artifici'ale [artifi'tʃale] *ag* artificial

artigia'nato [artidʒa'nato] *sm* craftsmanship; craftsmen *pl*

artigi'ano, -a [arti'dʒano] *sm/f* craftsman/woman

ar'tista, -i, -e *sm/f* artist; **ar'tistico, -a, -ci, -che** *ag* artistic

ar'trite *sf* (*Med*) arthritis

a'scella [aʃʃella] *sf* (*Anat*) armpit

ascen'dente [aʃʃen'dɛnte] *sm* ancestor; (*fig*) ascendancy; (*Astr*) ascendant

ascen'sore [aʃʃen'sore] *sm* lift

a'scesso [aʃʃɛsso] *sm* (*Med*) abscess

asciuga'pelli [aʃʃuga'kapelli] *sm* hair-drier

asciu'gamano [aʃʃuga'mano] *sm* towel

asciu'gare [aʃʃu'gare] *vt* to dry; **asciugarsi** *vpr* to dry o.s.; (*diventare asciutto*) to dry

asci'utto, -a [aʃʃutto] *ag* dry; (*fig: magro*) lean; (: *burbero*) curt; **restare a bocca asciutta** (*fig*) to be disappointed

ascol'tare *vt* to listen to

as'falto *sm* asphalt

'Asia *sf* l'~ Asia; **asi'atico, -a, -ci, -che** *ag, sm/f* Asiatic, Asian

a'silo *sm* refuge, sanctuary; **~ (d'infanzia)** nursery(-school); **asilo nido** crèche; **asilo politico** political asylum

'asino *sm* donkey, ass

ASL *sigla f* (= *Azienda Sanitaria Locale*) local health centre

'asma *sf* asthma

as'parago, -gi *sm* asparagus *no pl*

aspet'tare *vt* to wait for; (*anche Comm*) to await; (*aspettarsi*) to expect
▶ *vi* to wait; **aspettami, per favore** wait for me, please

as'petto *sm* (*apparenza*) aspect, appearance, look; (*punto di vista*) point of view; **di bell'~** good-looking

aspira'polvere sm inv vacuum cleaner

aspi'rare vt (respirare) to breathe in, inhale; (apparecchi) to suck (up) ▶ vi ~ **a** to aspire to

aspi'rina sf aspirin

'aspro, -a ag (sapore) sour, tart; (odore) acrid, pungent; (voce, clima, fig) harsh; (superficie) rough; (paesaggio) rugged

assaggi'are [assad'dʒare] vt to taste; **posso assaggiarlo?** can I have a taste?; **assaggino** [assad'dʒino] sm **assaggini** (Cuc) selection of first courses; **solo un assaggino** just a little

as'sai av (molto) a lot, much; (: con ag) very; (a sufficienza) enough ▶ ag inv (quantità) a lot of, much; (numero) a lot of, many; **~ contento** very pleased

as'salgo ecc vb vedi **assalire**

assa'lire vt to attack, assail

assal'tare vt (Mil) to storm; (banca) to raid; (treno, diligenza) to hold up

as'salto sm attack, assault

assassi'nare vt to murder; (fig) to ruin; **assas'sino, -a** ag murderous ▶ sm/f murderer; assassin

'asse sm (Tecn) axle; (Mat) axis ▶ sf board; **asse da stiro** ironing board

asse'diare vt to besiege

asse'gnare [assen'nare] vt to assign, allot; (premio) to award

as'segno [as'senno] sm allowance; (anche: **~ bancario**) cheque (BRIT), check (US); **contro ~** cash on delivery; **posso pagare con un ~?** can I pay by cheque?; **assegno circolare** bank draft; **assegni familiari** child benefit no pl; **assegno sbarrato** crossed cheque; **assegno di viaggio** traveller's cheque; **assegno a vuoto** dud cheque; **assegno di malattia/di invalidità** sick pay/disability benefit

assem'blea sf assembly

assen'tarsi vpr to go out

as'sente ag absent; (fig) faraway, vacant; **as'senza** sf absence

asse'tato, -a ag thirsty, parched

assicu'rare vt (accertare) to ensure; (infondere certezza) to assure; (fermare, legare) to make fast, secure; (fare un contratto di assicurazione) to insure; **assicurarsi** vpr (accertarsi): **assicurarsi (di)** to make sure (of); (contro il furto ecc): **assicurarsi (contro)** to insure o.s. (against); **assicurazi'one** sf assurance; insurance

assi'eme av (insieme) together; **~ a** (together) with

assil'lare vt to pester, torment

assis'tente sm/f assistant; **assistente sociale** social worker; **assistente di volo** (Aer) steward/ stewardess

assis'tenza [assis'tentsa] sf assistance; **~ ospedaliera** free hospital treatment; **~ sociale** welfare services pl; **assistenza sanitaria** health service

as'sistere vt (aiutare) to assist, help; (curare) to treat ▶ vi **~ (a qc)** (essere presente) to be present (at sth), to attend (sth)

'asso sm ace; **piantare qn in ~** to leave sb in the lurch

associ'are [asso'tʃare] vt to associate; **associarsi** vpr to enter into partnership; **associarsi a** to become a member of, join; (dolori, gioie) to share in; **~ qn alle carceri** to take sb to prison

associazi'one [assotʃat'tsjone] sf association; (Comm) association, society; **~ a delinquere** (Dir) criminal association

as'solsi ecc vb vedi **assolvere**

assoluta'mente av absolutely

asso'luto, -a ag absolute

assoluzi'one[assolut'tsjone] *sf* (*Dir*) acquittal; (*Rel*) absolution

as'solvere*vt* (*Dir*) to acquit; (*Rel*) to absolve; (*adempiere*) to carry out, perform

assomigli'are[assomiʎ'ʎare] *vi* **~ a** to resemble, look like; **assomigliarsi***vpr* to look alike; (*nel carattere*) to be alike

asson'nato, -a*ag* sleepy

asso'pirsi*vpr* to doze off

assor'bente*ag* absorbent ▸ *sm*; **assorbente interno**tampon; **assorbente esterno/igienico** sanitary towel

assor'bire*vt* to absorb

assor'dare*vt* to deafen

assorti'mento*sm* assortment

assor'tito, -a*ag* assorted; matched, matching

assuefazi'one[assuefat'tsjone] *sf* (*Med*) addiction

as'sumere*vt* (*impiegato*) to take on, engage; (*responsabilità*) to assume, take upon o.s.; (*contegno, espressione*) to assume, put on; (*droga*) to consume

as'sunsi*vc vb vedi* **assumere**

assurdità*sf inv* absurdity; **dire delle ~** to talk nonsense

as'surdo, -a*ag* absurd

'asta*sf* pole; (*vendita*) auction

as'temio, -a*ag* teetotal ▸ *sm/f* teetotaller

| Attenzione! In inglese esiste la parola *abstemious* che però vuol dire *moderato*.

aste'nersi*vpr* **~ (da)** to abstain (from), refrain (from); (*Pol*) to abstain (from)

aste'risco, -schi*sm* asterisk

'astice['astitʃe] *sm* lobster

astig'matico, -a, ci, che*ag* astigmatic

asti'nenza[asti'nɛntsa] *sf* abstinence; **essere in crisi di ~** to suffer from withdrawal symptoms

as'tratto, -a*ag* abstract

'astro...*prefisso*; **astrolo'gia** [astrolo'dʒia] *sf* astrology; **astro'nauta, -i, -esm/f** astronaut; **astro'nave***sf* space ship; **astrono'mia***sf* astronomy; **astro'nomico, -a, -ci, -che***ag* astronomic(al)

as'tuccio[as'tuttʃo] *sm* case, box, holder

as'tuto, -a*ag* astute, cunning, shrewd

A'tene*sf* Athens

'ateo, -a*ag, sm/f* atheist

at'lante*sm* atlas

at'lantico, -a, -ci, -che*ag* Atlantic ▸ *sm* **l'A~, (l')Oceano A~** the Atlantic, the Atlantic Ocean

at'leta, -i, -esm/f athlete; **at'letica** *sf* athletics *sg*; **atletica leggera**track and field events *pl*; **atletica pesante** weightlifting and wrestling

atmos'fera*sf* atmosphere

a'tomico, -a, -ci, -che*ag* atomic; (*nucleare*) atomic, atom *cpd*; nuclear

'atomo*sm* atom

'atrio*sm* entrance hall, lobby

a'troce[a'trotʃe] *ag* (*che provoca orrore*) dreadful; (*terribile*) atrocious

attac'cante*sm/f* (*Sport*) forward

attacca'panni*sm* hook, peg; (*mobile*) hall stand

attac'care*vt* (*unire*) to attach; (*cucendo*) to sew on; (*far aderire*) to stick (on); (*appendere*) to hang (up); (*assalire: anche fig*) to attack; (*iniziare*) to begin, start; (*fig: contagiare*) to pass on ▸ *vi* to stick, adhere; **attaccarsi** *vpr* to stick, adhere; (*trasmettersi per contagio*) to be contagious; (*afferrarsi*): **attaccarsi (a)** to cling (to); (*fig: affezionarsi*): **attaccarsi (a)** to become attached (to); **~ discorso** to start a conversation; **at'tacco, -chi***sm* (*azione offensiva: anche fig*) attack; (*Med*) attack, fit; (*Sci*) binding; (*Elettr*) socket

atteggia'mento [atteddʒa'mento] sm attitude

at'tendere vt to wait for, await ▸ vi – **a** to attend to

atten'dibile ag (storia) credible; (testimone) reliable

atten'tato sm attack; ~ **alla vita di qn** attempt on sb's life

at'tento, -a ag attentive; (accurato) careful, thorough; **stare ~ a qc** to pay attention to sth; **~!** be careful!

attenzi'one [atten'tsjone] sf attention; **~!** watch out!, be careful!; **attenzioni** sfpl (premure) attentions; **fare ~ a** to watch out for; **coprire qn di attenzioni** to lavish attentions on sb

atter'raggio [atter'raddʒo] sm landing

atter'rare vt to bring down ▸ vi to land

at'tesa sf waiting; (tempo trascorso aspettando) wait; **essere in ~ di qc** to be waiting for sth

at'tesi ecc vb vedi **attendere**

at'teso, -a pp di **attendere**

'attico, -ci sm attic

attil'lato, -a ag (vestito) close-fitting

'attimo sm moment; **in un ~** in a moment

atti'rare vt to attract

atti'tudine sf (disposizione) aptitude; (atteggiamento) attitude

attività sf inv activity; (Comm) assets pl

at'tivo, -a ag active; (Comm) profit-making, credit cpd ▸ sm (Comm) assets pl; **in ~** in credit

'atto sm act; (azione, gesto) action, act, deed; (Dir: documento) deed, document; **atti** smpl (di congressi ecc) proceedings; **mettere in ~** to put into action; **fare ~ di fare qc** to make as if to do sth; **atto di morte/di nascita** death/birth certificate

at'tore, -'trice sm/f actor/actress

at'torno av round, around, about; **~ a** round, around, about

attrac'care vt, vi (Naut) to dock, berth

at'tracco, -chi sm (Naut) docking no pl; berth

at'trae ecc vb vedi **attrarre**

attra'ente ag attractive

at'traggo ecc vb vedi **attrarre**

at'trarre vt to attract

at'trassi ecc vb vedi **attrarre**

attraver'sare vt to cross; (città, bosco, fig: periodo) to go through; (fiume) to run through

attra'verso prep through; (da una parte all'altra) across

attrazi'one [attrat'tsjone] sf attraction

at'trezzo sm tool, instrument; (Sport) piece of equipment

at'trice [at'tritʃe] sf vedi **attore**

attu'ale ag (presente) present; (di attualità) topical; **attualità** sf inv topicality; (avvenimento) current event; **attual'mente** av at the moment, at present

> Attenzione! In inglese esiste la parola **actual** che però vuol dire **effettivo**.
>
> Attenzione! In inglese esiste la parola **actually** che però vuol dire **effettivamente** oppure **veramente**.

attu'are vt to carry out

attu'tire vt to deaden, reduce

'audio sm (TV, Radio, Cine) sound

audiovi'sivo, -a ag audiovisual

audizi'one [audit'tsjone] sf hearing; (Mus) audition

augu'rare vt to wish; **augurarsi qc** to hope for sth

au'guri smpl best wishes; **fare gli ~ a qn** to give sb one's best wishes; **tanti ~!** best wishes!; (per compleanno) happy birthday!

'aula sf (scolastica) classroom;

(*universitaria*) lecture theatre; (*di edificio pubblico*) hall

aumen'tare *vt, vi* to increase; **au'mento** *sm* increase

au'rora *sf* dawn

ausili'are *ag, sm, sm/f* auxiliary

Aus'tralia *sf* l'~ Australia; **australi'ano, -a** *ag, sm/f* Australian

'Austria *sf* l'~ Austria; **aus'triaco, -a, -ci, -che** *ag, sm/f* Austrian

au'tentico, -a, -ci, -che *ag* authentic, genuine

au'tista, -i *sm* driver

'auto *sf inv* car

autoabbron'zante *sm, ag* self-tan

autoade'sivo, -a *ag* self-adhesive ▸ *sm* sticker

autobio'grafico, -a, ci, che *ag* autobiographic(al)

'autobus *sm inv* bus

auto'carro *sm* lorry (BRIT), truck

autocertificazi'one [autotʃertifikat'tsjone] *sf* self-declaration

autodistrut'tivo, -a *ag* self-destructive

auto'gol *sm inv* own goal

au'tografo, -a *ag, sm* autograph

auto'grill® *sm inv* motorway restaurant

auto'matico, -a, -ci, -che *ag* automatic ▸ *sm* (*bottone*) snap fastener; (*fucile*) automatic

auto'mobile *sf* (motor) car

automobi'lista, -i, -e *sm/f* motorist

autono'leggio *sm* car hire

autono'mia *sf* autonomy; (*di volo*) range

au'tonomo, -a *ag* autonomous, independent

autop'sia *sf* post-mortem, autopsy

auto'radio *sf inv* (*apparecchio*) car radio; (*autoveicolo*) radio car

au'tore, -'trice *sm/f* author

autoreggente [autored'dʒɛnte] *ag*

calze autoreggenti hold ups

auto'revole *ag* authoritative; (*persona*) influential

autoricari'cabile *ag* **scheda ~** top-up card

autori'messa *sf* garage

autorità *sf inv* authority

autoriz'zare [autorid'dzare] *vt* (*permettere*) to authorize; (*giustificare*) to allow, sanction

autos'contro *sm* dodgem car (BRIT), bumper car (US)

autoscu'ola *sf* driving school

autos'tima *sf* self-esteem

autos'top *sm* hitchhiking; **autostop'pista, -i, -e** *sm/f* hitchhiker

autos'trada *sf* motorway (BRIT), highway (US); **autostrada informatica** information superhighway

- **autostrade**
- You have to pay to use Italian
- motorways. They are indicated by an
- "A" followed by a number on a green
- sign. The speed limit on Italian
- motorways is 130 kph.

auto'velox® *sm inv* (police) speed camera

autovet'tura *sf* (motor) car

au'tunno *sm* autumn

avam'braccio [avam'brattʃo] (*pl* (*f*) **-cia**) *sm* forearm

avangu'ardia *sf* vanguard

a'vanti *av* (*stato in luogo*) in front; (*moto: andare, venire*) forward; (*tempo: prima*) before ▸ *prep* (*luogo*): **~ a** before, in front of; (*tempo*): **~ Cristo** before Christ ▸ *escl* (*entrate*) come (o go) in!; (*Mil*) forward!; (*coraggio*) come on! ▸ *sm inv* (*Sport*) forward; **~ e indietro** backwards and forwards; **andare ~** to go forward; (*continuare*) to go on; (*precedere*) to go (on) ahead; (*orologio*) to be fast; **essere ~ negli studi** to be well advanced with one's studies

avan'zare [avan'tsare] vt (spostare in avanti) to move forward, advance; (domanda) to put forward; (promuovere) to promote; (essere creditore): ~ qc a qn to be owed sth by sb ▶ vi (andare avanti) to move forward, advance; (progredire) to make progress; (essere d'avanzo) to be left, remain

ava'ria sf (guasto) damage; (: meccanico) breakdown

a'varo, -a ag avaricious, miserly
▶ sm miser

O **a'vere**
sm (Comm) credit; **gli averi** (ricchezze) wealth sg
▶ vt

1 (possedere) to have; **ha due bambini/una bella casa** she has (got) two children/a lovely house; **ha i capelli lunghi** he has (got) long hair; **non ho da mangiare/bere** I've (got) nothing to eat/drink, I don't have anything to eat/drink

2 (indossare) to wear, have on; **aveva una maglietta rossa** he was wearing o he had on a red tee-shirt; **ha gli occhiali** he wears o has glasses

3 (ricevere) to get; **hai avuto l'assegno?** did you get o have you had the cheque?

4 (età, dimensione) to be; **ha 9 anni** he is 9 (years old); **la stanza ha 3 metri di lunghezza** the room is 3 metres in length; vedi **fame; paura** ecc

5 (tempo): **quanti ne abbiamo oggi?** what's the date today?; **ne hai per molto?** will you be long?

6 (fraseologia): **avercela con qn** to be angry with sb; **cos'hai?** what's wrong o what's the matter (with you)?; **non ha niente a che vedere o fare con me** it's got nothing to do with me
▶ vb aus

1 to have; **aver bevuto/mangiato** to have drunk/eaten

2 (+ da + infinito): **avere da fare qc** to have to do sth; **non hai che da chiederlo** you only have to ask him

aviazi'one [avjat'tsjone] sf aviation; (Mil) air force

'avido, -a ag eager; (peg) greedy

avo'cado sm avocado

a'vorio sm ivory

Avv. abbr= **avvocato**

avvantaggi'are [avvantad'dʒare] vt to favour; **avvantaggiarsi** vpr **avvantaggiarsi negli affari/sui concorrenti** to get ahead in business/of one's competitors

avvele'nare vt to poison

av'vengo ecc vb vedi **avvenire**

avveni'mento sm event

avve'nire vi, vb impers to happen, occur ▶ sm future

av'venni ecc vb vedi **avvenire**

avven'tato, -a ag rash, reckless

avven'tura sf adventure; (amorosa) affair

avventu'rarsi vpr to venture

avventu'roso, -a ag adventurous

avve'rarsi vpr to come true

av'verbio sm adverb

avverrò ecc vb vedi **avvenire**

avver'sario, -a ag opposing ▶ sm opponent, adversary

avver'tenza [avver'tentsa] sf (ammonimento) warning; (cautela) care; (premessa) foreword; **avvertenze** sfpl (istruzioni per l'uso) instructions

avverti'mento sm warning

avver'tire vt (avvisare) to warn; (rendere consapevole) to inform, notify; (percepire) to feel

avvi'are vt (mettere sul cammino) to direct; (impresa, trattative) to begin, start; (motore) to start; **avviarsi** vpr to set off, set out

avvici'nare [avvitʃi'nare] vt to bring near; (trattare con: persona) to approach; **avvicinarsi** vpr **avvicinarsi (a qn/qc)** to approach (sb/sth), draw near (to sb/sth)

avvi'lito, -a ag discouraged

avvin'cente ag captivating

avvi'sare vt (far sapere) to inform; (mettere in guardia) to warn; **av'viso** sm warning; (annuncio) announcement; (: affisso) notice; (inserzione pubblicitaria) advertisement; **a mio avviso** in my opinion; **avviso di chiamata** (servizio) call waiting; (segnale) call waiting signal; **avviso di garanzia** (Dir) notification of impending investigation and of the right to name a defence lawyer)

> Attenzioni! In inglese esiste la parola advice che però vuol dire consiglio.

avvis'tare vt to sight

avvi'tare vt to screw down (o in)

avvo'cato, -'essa sm/f (Dir) barrister (BRIT), lawyer; (fig) defender, advocate

av'volgere [av'voldʒere] vt to roll up; (avviluppare) to wrap up; **avvolgersi** vpr (avvilupparsi) to wrap o. s. up; **avvol'gibile** sm roller blind (BRIT), blind

av'volsi ecc vb vedi **avvolgere**

avvol'toio sm vulture

aza'lea [addza'lea] sf azalea

azi'enda [ad'dzjɛnda] sf business, firm, concern; **azienda agricola** farm

azi'one [at'tsjone] sf action; (Comm) share

a'zoto [ad'dzɔto] sm nitrogen

azzar'dare [addzar'dare] vt (soldi, vita) to risk, hazard; (domanda, ipotesi) to hazard, venture; **azzardarsi** vpr **azzardarsi a fare** to dare (o) to do

az'zardo [ad'dzardo] sm risk

azzec'care [attsek'kare] vt (risposta ecc) to get right

azzuf'farsi [attsuf'farsi] vpr to come to blows

az'zurro, -a [ad'dzurro] ag blue ▶ sm (colore) blue; **gli azzurri** (Sport) the Italian national team

b

'babbo sm (fam) dad, daddy; **Babbo Natale** Father Christmas

baby-sitter ['beibisitə'] sm/f inv baby-sitter

'bacca, -che sf berry

baccà sm dried salted cod; (fig: peg) dummy

bac'chetta [bak'ketta] sf (verga) stick, rod; (di direttore d'orchestra) baton; (di tamburo) drumstick; **~ magica** magic wand

ba'checa, -che [ba'kɛka] sf (mobile) showcase, display case; (Univ, in ufficio) notice board (BRIT), bulletin board (US)

baci'are [ba'tʃare] vt to kiss; **baciarsi** vpr to kiss (one another)

baci'nella [batʃi'nɛlla] sf basin

ba'cino [ba'tʃino] sm basin; (Mineralogia) field, bed; (Anat) pelvis; (Naut) dock

'bacio ['batʃo] sm kiss

'baco, -chi sm worm; **baco da seta** silkworm

ba'dare vi (fare attenzione) to take care,

be careful; (occuparsi di): ~ a to look after, take care of; (dar ascolto): ~ a to pay attention to; **bada ai fatti tuoi!** mind your own business!

'baffi smpl moustache sg; (di animale) whiskers; **ridere sotto i ~** to laugh up one's sleeve; **leccarsi i ~** to lick one's lips

bagagli'aio [bagaʎˈʎaːjo] sm luggage van (BRIT) o car (US); (Aut) boot (BRIT), trunk (US)

ba'gaglio [baˈgaʎʎo] sm luggage no pl, baggage no pl; **fare/disfare i bagagli** to pack/unpack; **i nostri bagagli non sono arrivati** our luggage has not arrived; **può mandare qualcuno a prendere i nostri bagagli?** could you send someone to collect our luggage?; **bagaglio a mano** hand luggage

bagli'ore [baʎˈʎoːre] sm flash, dazzling light; **un ~ di speranza** a ray of hope

ba'gnante [baɲˈɲante] smf bather

ba'gnare [baɲˈɲare] vt to wet; (inzuppare) to soak; (innaffiare) to water; (fiume) to flow through; (: mare) to wash, bathe; **bagnarsi** vpr to get wet; (al mare) to go swimming o bathing; (in vasca) to have a bath

ba'gnato, -a [baɲˈɲato] ag wet

ba'gnino [baɲˈɲino] sm lifeguard

'bagno [ˈbaɲɲo] sm bath; (stanza) bathroom; (toilette) toilet; **bagni** smpl (stabilimento) baths; **fare il ~** to have a bath; (nel mare) to go swimming o bathing; **dov'è il ~?** where's the toilet?; **fare il ~ a qn** to give sb a bath; **mettere a ~** to soak; **~ schiuma** bubble bath

bagnoma'ria [baɲɲomaˈria] sm **cuocere a ~** to cook in a double saucepan

bagnoschi'uma [baɲɲoskjˈuma] sm inv bubble bath

'baia sf bay

balbet'tare vi to stutter, stammer; (bimbo) to babble ▸ vt to stammer out

bal'canico, -a, ci, che ag Balkan

bal'cone sm balcony; **avete una camera con ~?** do you have a room with a balcony?

bal'doria sf **fare ~** to have a riotous time

ba'lena sf whale

ba'leno sm flash of lightning; **in un ~** in a flash

bal'lare vt, vi to dance

balle'rina sf dancer; ballet dancer; (scarpa) ballet shoe

balle'rino sm dancer; ballet dancer

bal'letto sm ballet

'ballo sm dance; (azione) dancing no pl; **essere in ~** (fig: persona) to be involved; (: cosa) to be at stake

balne'are ag seaside cpd; (stagione) bathing

'balsamo sm (aroma) balsam; (lenimento, fig) balm

bal'zare [balˈtsare] vi to bounce; (lanciarsi) to jump, leap; **'balzo** sm bounce; jump, leap; (del terreno) crag

bam'bina ag, sf vedi **bambino**

bam'bino sm child

'bambola sf doll

bambù sm bamboo

ba'nale ag banal, commonplace

ba'nana sf banana

'banca, -che sf bank; **banca dati** data bank

banca'rella sf stall

banca'rotta sf bankruptcy; **fare ~** to go bankrupt

ban'chetto [banˈketto] sm banquet

banchi'ere [banˈkjɛre] sm banker

ban'china [banˈkina] sf (di porto) quay; (per pedoni, ciclisti) path; (di stazione) platform; **~ cedevole** (Aut) soft verge (BRIT) o shoulder (US)

'banco, -chi sm bench; (di negozio) counter; (di mercato) stall; (di officina) (work-)bench; (*Geo*, *banca*) bank; **banco di corallo** coral reef; **banco degli imputati** dock; **banco di prova** (*fig*) testing ground; **banco dei testimoni** witness box; **banco dei pegni** pawnshop; **banco di nebbia** bank of fog

'**Bancomat**® *sm inv* automated banking; (*tessera*) cash card

banco'nota *sf* banknote

'banda *sf* band; (*di stoffa*) band, stripe; (*lato*, *parte*) side; **~ perforata** punch tape

bandi'era *sf* flag, banner

ban'dito *sm* outlaw, bandit

'bando *sm* proclamation; (*esilio*) exile, banishment; **~ alle chiacchiere!** that's enough talk!; **bando di concorso** announcement of a competition

bar *sm inv* bar

'**bara** *sf* coffin

ba'racca, -che *sf* shed, hut; (*peg*) hovel; **mandare avanti la ~** to keep things going

ba'rare *vi* to cheat

ba'ratro *sm* abyss

ba'ratto *sm* barter

ba'rattolo *sm* (*di latta*) tin; (*di vetro*) jar; (*di coccio*) pot

'**barba** *sf* beard; **farsi la ~** to shave; **farla in ~ a qn** (*fig*) to do sth to sb's face; **che ~!** what a bore!

barbabi'etola *sf* beetroot (BRIT), beet (US); **barbabietola da zucchero** sugar beet

barbi'ere *sm* barber

bar'bone *sm* (*cane*) poodle; (*vagabondo*) tramp

'**barca, -che** *sf* boat; **barca a motore** motorboat; **barca a remi** rowing boat; **barca a vela** sail(ing) boat

barcol'lare *vi* to stagger

ba'rella *sf* (*lettiga*) stretcher

ba'rile *sm* barrel, cask

ba'rista, -i, -e *sm/f* barman/maid; (*proprietario*) bar owner

ba'rocco, -a, -chi, -che *ag*, *sm* baroque

ba'rometro *sm* barometer

ba'rone *sm* baron; **baro'nessa** *sf* baroness

'**barra** *sf* bar; (*Naut*) helm; (*linea grafica*) line, stroke

bar'rare *vt* to bar

barri'carsi *vpr* to barricade o.s.

barri'era *sf* barrier; (*Geo*) reef

ba'ruffa *sf* scuffle

barzel'letta [bardzel'letta] *sf* joke, funny story

ba'sare *vt* to base, found; **basarsi** *vpr*: **basarsi su** (*fatti*, *prove*) to be based o founded on; (: *persona*) to base one's arguments on

'**basco, -a, -schi, -sche** *ag* Basque ▶ *sm* (*copricapo*) beret

'**base** *sf* base; (*fig*: *fondamento*) basis; (*Pol*) rank and file; **di ~** basic; **in ~ a** on the basis of, according to; **a ~ di caffè** coffee-based

'**baseball** ['beisbɔːl] *sm* baseball

ba'sette *sfpl* sideburns

ba'silica, -che *sf* basilica

ba'silico *sm* basil

basket ['basket] *sm* basketball

bas'sista, -i, -e *sm/f* bass player

'**basso, -a, -a** ag low; (*di statura*) short; (*meridionale*) southern ▶ *sm* bottom, lower part; (*Mus*) bass; **la bassa Italia** southern Italy

bassorili'evo *sm* bas-relief

bas'sotto, -a *ag* squat ▶ *sm* (*cane*) dachshund

'**basta** *escl* (that's) enough!, that will do!

bas'tardo, -a *ag* (*animale*, *pianta*) hybrid, crossbreed; (*persona*) illegitimate, bastard; (*peg*) ▶ *sm/f* illegitimate child, bastard (*peg*)

bas'tare *vi*, *vb impers* to be enough,

be sufficient; **~ a qn** to be enough for sb; **basta chiedere o che chieda a un vigile** you have only to o need only ask a policeman; **basta così, grazie** that's enough, thanks

basto'nare vt to beat, thrash

baston'cino [baston'tʃino] sm (Sci) ski pole; **bastoncini di pesce** fish fingers

bas'tone sm stick; **~ da passeggio** walking stick

bat'taglia [bat'taʎʎa] sf battle; fight

bat'tello sm boat

bat'tente sm (imposta: di porta) wing, flap; (: di finestra) shutter; (batacchio: di porta) knocker; (: di orologio) hammer; **chiudere i battenti** (fig) to shut up shop

'battere vt to beat; (grano) to thresh; (percorrere) to scour ▷ vi (bussare) to knock; (urtare): **~ contro** to hit o strike against; (pioggia, sole) to beat down; (cuore) to beat; (Tennis) to serve; **battersi** vpr to fight; **~ le mani** to clap; **~ i piedi** to stamp one's feet; **~ a macchina** to type; **~ bandiera italiana** to fly the Italian flag; **~ in testa** (Aut) to knock; **in un batter d'occhio** in the twinkling of an eye

batte'ria sf battery; (Mus) drums pl

bat'terio sm bacterium

batte'rista, -i, -e sm/f drummer

bat'tesimo sm (rito) baptism; christening

battez'zare [batted'dzare] vt to baptize; to christen

batti'panni sm inv carpet-beater

battis'trada sm inv (di pneumatico) tread; (di gara) pacemaker

'battito sm beat, throb; **battito cardiaco** heartbeat

bat'tuta sf blow; (di macchina da scrivere) stroke; (Mus) bar; beat; (Teatro) cue; (frase spiritosa) witty remark; (di caccia) beating; (Polizia) combing, scouring; (Tennis) service

ba'tuffolo sm wad

ba'ule sm trunk; (Aut) boot (BRIT), trunk (US)

'bava sf (di animale) slaver, slobber; (di lumaca) slime; (di vento) breath

bava'glino [bavaʎ'ʎino] sm bib

ba'vaglio [ba'vaʎʎo] sm gag

'bavero sm collar

ba'zar [bad'dzar] sm inv bazaar

BCE sigla f (= Banca centrale europea) ECB

be'ato, -a ag blessed; (fig) happy; **~ te!** lucky you!

bec'care vt to peck; (fig: raffreddore) to catch; **beccarsi** vpr (fig) to squabble; **beccarsi qc** to catch sth

beccherò ecc [bekke'rɔ] vb vedi **beccare**

'becco, -chi sm beak, bill; (di caffettiera ecc) spout; lip

be'fana sf hag, witch; **la B~** old woman who, according to legend, brings children their presents at the Epiphany; (Epifania) Epiphany

○ **Befana**
○ The **Befana** is a national holiday on
○ the feast of the Epiphany. It takes
○ its name from **la Befana**, the old
○ woman who, according to legend,
○ comes down the chimney
○ during the night leaving gifts for
○ children who have been good, and
○ coal for those who have not.

bef'fardo, -a ag scornful, mocking

'begli ['beʎʎi] ag vedi **bello**

'bei ag vedi **bello**

beige [bɛʒ] ag inv beige

bel ag vedi **bello**

be'lare vi to bleat

'belga, -gi, -ghe ag, sm/f Belgian

'Belgio ['bɛldʒo] sm il **~** Belgium

'bella sf (Sport) decider; vedi anche **bello**

bel'lezza [bel'lettsa] sf beauty

○ **'bello, -a**
(ag: dav sm **bel** + C, **bell'** +V, **bello** + s impura, gn, pn, ps, x, z, pl **bei** + C, **begli** +

s impura ecc o V) *ag*

1 (*oggetto, donna, paesaggio*) beautiful, lovely; (*uomo*) handsome; (*tempo*) beautiful, fine, lovely; **le belle arti** fine arts

2 (*quantità*): **una bella cifra** a considerable sum of money; **un bel niente** absolutely nothing

3 (*rafforzativo*): **è una truffa bella e buona!** it's a real fraud!; **è bell'e finito** it's already finished

▶ *sm*

1 (*bellezza*) beauty; (*tempo*) fine weather

2 **adesso viene il bello** now comes the best bit; **sul più bello** at the crucial point; **cosa fai di bello?** are you doing anything interesting?

▶ *av* **fa bello** the weather's fine, it's fine

'belva *sf* wild animal

belve'dere *sm inv* panoramic viewpoint

benché [ben'ke] *cong* although

'benda *sf* bandage; (*per gli occhi*) blindfold; **ben'dare** *vt* to bandage; to blindfold

'bene *av* well; (*completamente, affatto*): **è ben difficile** it's very difficult ▶ *ag inv* **gente** ~ well-to-do people ▶ *sm* good; **beni** *smpl* (*averi*) property *sg*, estate *sg*; **io sto ~/poco** ~ I'm well/not very well; **va** ~ all right; **volere un** ~ **dell'anima a qn** to love sb very much; **un uomo per** ~ a respectable man; **fare** ~ to do the right thing; **fare** ~ **a** (*salute*) to be good for; **fare del** ~ **a qn** to do sb a good turn; **beni di consumo** consumer goods

bene'detto, -a *app di* **benedire** ▶ *ag* blessed, holy

bene'dire *vt* to bless; to consecrate

benedu'cato, -a *ag* well-mannered

benefi'cenza [benefi'tʃentsa] *sf* charity

bene'ficio [bene'fitʃo] *sm* benefit; **con**

~ d'inventario (*fig*) with reservations

be'nessere *sm* well-being

benes'tante *ag* well-to-do

be'nigno, -a [be'ninɲo] *ag* kind, kindly; (*critica ecc*) favourable; (*Med*) benign

benve'nuto, -a *ag, sm* welcome; **dare il ~ a qn** to welcome sb

ben'zina [ben'dzina] *sf* petrol (*BRIT*), gas (*US*); **fare** ~ to get petrol (*BRIT*) o gas (*US*); **sono rimasto senza** ~ I have run out of petrol (*BRIT*) o gas (*US*);
benzina verde unleaded (petrol);
benzi'naio *sm* petrol (*BRIT*) o gas (*US*) pump attendant

'bere *vt* to drink; **darla a ~ a qn** (*fig*) to fool sb; **vuoi qualcosa da ~?** would you like a drink?

ber'lina *sf* (*Aut*) saloon (car) (*BRIT*), sedan (*US*)

Ber'lino *sf* Berlin

ber'muda *smpl* (*calzoncini*) Bermuda shorts

ber'noccolo *sm* bump; (*inclinazione*) flair

ber'retto *sm* cap

berrò *ecc vb vedi* **bere**

ber'saglio [ber'saʎʎo] *sm* target

besciamella [beʃʃa'mella] *sf* béchamel sauce

bes'temmia *sf* curse; (*Rel*) blasphemy

bestemmi'are *vi* to curse, swear; to blaspheme ▶ *vt* to curse, swear at; to blaspheme

'bestia *sf* animal; **andare in** ~ (*fig*) to fly into a rage; **besti'ale** *ag* beastly; animal *cpd*; (*fam*): **fa un freddo bestiale** it's bitterly cold; **besti'ame** *sm* livestock; (*bovino*) cattle *pl*

be'tulla *sf* birch

be'vanda *sf* drink, beverage

'bevo *ecc vb vedi* **bere**

be'vuto, -a *app di* **bere**

'bevvi *ecc vb vedi* **bere**

bianche'ria [bjanke'ria] *sf* linen; **~ da**

donna ladies' underwear, lingerie;
biancheria femminile lingerie;
biancheria intima underwear
bi'anco, -a, -chi, -che ag white; (*non scritto*) blank ▸ *sm* white; (*intonaco*) whitewash ▸ *sm/f* white, white man/ woman; in ~ (*foglio, assegno*) blank; (*notte*) sleepless; **in ~ e nero** (TV, Fot) black and white; **mangiare in ~** to follow a bland diet; **pesce in ~** boiled fish; **andare in ~** (*non riuscire*) to fail; **bianco dell'uovo** egg-white
biasi'mare *vt* to disapprove of, censure
'Bibbia *sf* (*anche fig*) bible
bibe'ron *sm inv* feeding bottle
'bibita *sf* (soft) drink
biblio'teca, -che *sf* library; (*mobile*) bookcase
bicarbo'nato *sm* ~ (**di sodio**) bicarbonate (of soda)
bicchi'ere [bik'kjɛre] *sm* glass
bici'cletta [bitʃi'kletta] *sf* bicycle; **andare in ~** to cycle
bidè *sm inv* bidet
bi'dello, -a *sm/f* (*Ins*) janitor
bi'done *sm* drum, can; (*anche*: ~ **dell'immondizia**) (dust)bin; (*fam: truffa*) swindle; **fare un ~ a qn** (*fam*) to let sb down; to cheat sb
bien'nale *ag* biennial
● **Biennale di Venezia**
● The **Biennale di Venezia** is an
● international contemporary art
● festival, which takes place every
● two years at Giardini in Venice. In
● its current form, it includes exhibits
● by artists from the many countries
● taking part, a thematic exhibition
● and a section for young artists.
bifamili'are *sf* = semi-detached house
bifor'carsi *vpr* to fork
bigiotte'ria [bidʒotte'ria] *sf* costume jewellery; (*negozio*) jeweller's (selling

only costume jewellery)
bigliet'taio, -a *sm/f* (*in treno*) ticket inspector; (*in autobus*) conductor
bigliette'ria [biʎʎette'ria] *sf* (*di stazione*) ticket office; booking office; (*di teatro*) box office
bigli'etto [biʎ'ʎetto] *sm* (*per viaggi, spettacoli ecc*) ticket; (*cartoncino*) card; (*anche*: ~ **di banca**) (bank)note; **biglietto d'auguri** greetings card; **biglietto da visita** visiting card; **biglietto di andata e ritorno** return (ticket), round-trip ticket (US); **biglietto di sola andata** single (ticket)
bignè [bin'ɲe] *sm inv* cream puff
bigo'dino *sm* roller, curler
bi'gotto, -a *ag* over-pious ▸ *sm/f* church fiend
bi'kini *sm inv* bikini
bi'lancia, -ce [bi'lantʃa] *sf* (*pesa*) scales *pl*; (*di precisione*) balance; (*dello zodiaco*): **B~** Libra; **bilancia commerciale** balance of trade; **bilancia dei pagamenti** balance of payments
bi'lancio [bi'lantʃo] *sm* (*Comm*) balance(-sheet); (*statale*) budget; **fare il ~ di** (*fig*) to assess; **bilancio consuntivo** (final) balance; **bilancio preventivo** budget
bili'ardo *sm* billiards *sg*; billiard table
bi'lingue *ag* bilingual
bilo'cale *sm* two-room flat (Brit) o apartment (US)
bi'nario, -a *ag* (*sistema*) binary ▸ *sm* (*railway*) track o line; (*piattaforma*) platform; **da che ~ parte il treno per Londra?** which platform does the train for London go from?; **binario morto** dead-end track
bi'nocolo *sm* binoculars *pl*
bio... *prefisso*: **biodegra'dabile** *ag* biodegradable; **biodi'namico, -a, -ci, -che** *ag* biodynamic; **biogra'fia** *sf*

biography; **biolo'gia** sf biology

bio'logico, -a, -ci, -che ag (scienze, fenomeni ecc]) biological; (agricoltura, prodotti) organic; **guerra biologica** biological warfare

bi'ondo, -a ag blond, fair

biotecnologia [bioteknolo'dʒia] sf biotechnology

biri'chino, -a [biri'kino] ag mischievous ▶ sm/f scamp, little rascal

bi'rillo sm skittle (BRIT), pin (US)

'biro® sf inv biro®

'birra sf beer; **a tutta ~** (fig) at top speed; **birra chiara/scura** ≈ lager/ stout; **birre'ria** sf ≈ bierkeller

bis escl, sm inv encore

bis'betico, -a, -ci, -che ag ill-tempered, crabby

bisbigli'are [bisbiʎ'ʎare] vt, vi to whisper

'bisca, -sche sf gambling-house

'biscia, -sce ['biʃʃa] sf snake; **biscia d'acqua** grass snake

biscot'tato, -a ag crisp; **fette biscottate** rusks

bis'cotto sm biscuit

bisessu'ale [bizessu'ale] ag, sm/f bisexual

bis'tecca, -che sf steak, beefsteak

bisticci'are [bistit'tʃare] vi to quarrel, bicker; **bisticciarsi** vpr to quarrel, bicker

'bisturi sm scalpel

'bivio sm fork; (fig) dilemma

biz'zarro, -a [bid'dzarro] ag bizarre, strange

blate'rare vi to chatter

blin'dato, -a ag armoured

bloc'care vt to block; (isolare) to isolate, cut off; (porto) to blockade; (prezzi, beni) to freeze; (meccanismo) to jam; **bloccarsi** vpr (motore) to stall; (freni, porta) to jam, stick; (ascensore) to stop, get stuck

blocche'rò ecc [blokke'rɔ] vb vedi **bloccare**

bloc'chetto [blok'ketto] sm notebook; (di biglietti) book

'blocco, -chi sm block; (Mil) blockade; (dei fitti) restriction; (quaderno) pad; (fig: unione) coalition; (il bloccare) blocking; isolating, cutting-off; blockading; freezing; jamming; **in ~** (nell'insieme) as a whole; (Comm) in bulk; **blocco cardiaco** cardiac arrest; **blocco stradale** road block

blu ag inv, sm dark blue

'blusa sf (camiciotto) smock; (camicetta) blouse

'boa sm inv (Zool) boa constrictor; (sciarpa) feather boa ▶ sf buoy

bo'ato sm rumble, roar

bob [bɔb] sm inv bobsleigh

'bocca, -che sf mouth; **in ~ al lupo!** good luck!

boc'caccia, -ce [bok'kattʃa] sf (malalingua) gossip; **fare le boccacce** to pull faces

boc'cale sm jug; **boccale da birra** tankard

boc'cetta [bot'tʃetta] sf small bottle

'boccia, -ce ['bɔttʃa] sf bottle; (da vino) decanter, carafe; (palla) bowl; **gioco delle bocce** bowls sg

bocci'are [bot'tʃare] vt (proposta, progetto) to reject; (Ins) to fail; (Bocce) to hit

bocci'olo [bot'tʃɔlo] sm bud

boc'cone sm mouthful, morsel

boicot'tare vt to boycott

'bolla sf bubble; (Med) blister; **bolla**

di consegna (Comm) delivery note; **bolla papale** papal bull

bol'lente ag boiling; boiling hot

bol'letta sf bill; (ricevuta) receipt; **essere in ~** to be hard up

bollet'tino sm bulletin; (Comm) note; **bollettino meteorologico** weather report; **bollettino di spedizione** consignment note

bollicina [bolli'tʃina] sf bubble

bol'lire vt, vi to boil

bolli'tore sm (Cuc) kettle; (per riscaldamento) boiler

'bollo sm stamp; **bollo per patente** driving licence tax; **bollo postale** postmark

'bomba sf bomb; **bomba atomica** atom bomb; **bomba a mano** hand grenade; **bomba ad orologeria** time bomb

bombarda'mento sm bombardment; bombing

bombar'dare vt to bombard; (da aereo) to bomb

'bombola sf cylinder

bombo'letta sf aerosol

bomboni'era sf box of sweets (as souvenir at weddings, first communions etc)

bo'nifico, -ci sm (riduzione, abbuono) discount; (versamento a terzi) credit transfer

bontà sf goodness; (cortesia) kindness; **aver la ~ di fare qc** to be good o kind enough to do sth

borbot'tare vi to mumble

'borchia ['borkja] sf stud

bor'deaux [bor'dɔ] ag inv, sm inv maroon

'bordo sm (Naut) ship's side; (orlo) edge; (striscia di guarnizione) border, trim; **a ~ di** (nave, aereo) aboard, on board; (macchina) in

bor'ghese [bor'geze] ag (spesso peg) middle-class; bourgeois; **abito ~** civilian dress

'borgo, -ghi sm (paesino) village; (quartiere) district; (sobborgo) suburb

boro'talco sm talcum powder

bor'raccia, -ce [bor'rattʃa] sf canteen, water-bottle

'borsa sf bag; (anche: ~ da signora) handbag; (Econ): **la B~ (valori)** the Stock Exchange; **borsa dell'acqua calda** hot-water bottle; **borsa nera** black market; **borsa della spesa** shopping bag; **borsa di studio** grant; **borsel'lino** sm purse; **bor'setta** sf handbag

'bosco, -schi sm wood

bos'niaco, -a, -ci, che ag, sm/f Bosnian

'Bosnia Erze'govina ['bɔsnja erdze'govina] sf **la ~** Bosnia Herzegovina

Bot, bot sigla m inv (= buono ordinario del Tesoro) short-term Treasury bond

bo'tanica sf botany

bo'tanico, -a, -ci, -che ag botanical ▶ sm botanist

'botola sf trap door

'botta sf blow; (rumore) bang

'botte sf barrel, cask

bot'tega, -ghe sf shop; (officina) workshop

bot'tiglia [bot'tiʎʎa] sf bottle; **bottiglie'ria** sf wine shop

bot'tino sm (di guerra) booty; (di rapina, furto) loot

'botto sm bang; crash; **di ~** suddenly

bot'tone sm button; **attaccare ~ a qn** (fig) to buttonhole sb

bo'vino, -a ag bovine; **bovini** smpl cattle

box [bɔks] sm inv (per cavalli) horsebox; (per macchina) lock-up; (per macchina da corsa) pit; (per bambini) playpen

boxe [bɔks] sf boxing

'boxer ['bɔkser] sm inv (cane) boxer ▶ smpl (mutande): **un paio di ~** a pair of boxer shorts

BR sigla fpl = **Brigate Rosse**

brac'cetto [brat'tʃetto] sm **a ~** arm in arm

braccia'letto sm bracelet, bangle

bracci'ata [brat'tʃata] sf (nel nuoto) stroke

'braccio ['brattʃo] (pl(f) **braccia**) sm (Anat) arm; (pl) (m) bracci: di gru, fiume) arm; (: di edificio) wing; **braccio di mare** sound; **bracci'olo** sm (appoggio) arm

'bracco, -chi sm hound

'brace ['bratʃe] sf embers pl

braci'ola [bra'tʃɔla] sf (Cuc) chop

'branca, -che sf branch

'branchia ['brankja] sf (Zool) gill

'branco, -chi sm (di cani, lupi) pack; (di pecore) flock; (peg: di persone) gang, pack

bran'dina sf camp bed (BRIT), cot (US)

'brano sm piece; (di libro) passage

Bra'sile sm il ~ Brazil; **brasili'ano, -a** ag, sm/f Brazilian

'bravo, -a ag (abile) clever, capable, skilful; (buono) good, honest; (: bambino) good; (coraggioso) brave; **~!** well done!; (a teatro) bravo!

bra'vura sf cleverness, skill

Bre'tagna [bre'taɲɲa] sf la ~ Brittany

bre'tella sf (Aut) link; **bretelle** sfpl (di calzoni) braces

bretone ag, sm/f Breton

'breve ag brief, short; **in ~** in short

brevet'tare vt to patent

bre'vetto sm patent; **brevetto di pilotaggio** pilot's licence (BRIT) o license (US)

'bricco, -chi sm jug; **bricco del caffè** coffeepot

briciola ['britʃola] sf crumb

'briciolo ['britʃolo] sm (specie fig) bit

'briga, -ghe sf (fastidio) trouble, bother; **pigliarsi la ~ di fare qc** to take the trouble to do sth

bri'gata sf (Mil) brigade; (gruppo) group, party; **Brigate Rosse** (Pol) Red Brigades

'briglia ['briʎʎa] sf rein; **a ~ sciolta** at full gallop; (fig) at full speed

bril'lante ag bright; (anche fig) brilliant; (che luccica) shining ▶ sm diamond

bril'lare vi to shine; (mina) to blow up ▶ vt (mina) to set off

'brillo, -a ag merry, tipsy

'brina sf hoarfrost

brin'dare vi **a qn/qc** to drink to o toast sb/sth

'brindisi sm inv toast

bri'oche [bri'ɔʃ] sf inv brioche

bri'tannico, -a, -ci, -che ag British

'brivido sm shiver; (di ribrezzo) shudder; (fig) thrill

brizzo'lato, -a [brittso'lato] ag (persona) going grey; (barba, capelli) greying

'brocca, -che sf jug

'broccoli smpl broccoli sg

'brodo sm broth; (per cucinare) stock; **brodo ristretto** consommé

bron'chite [bron'kite] sf (Med) bronchitis

bronto'lare vi to grumble; (tuono, stomaco) to rumble

'bronzo ['brondzo] sm bronze

'browser ['brauzer] sm inv (Inform) browser

brucia'pelo [brutʃa'pelo] **a ~** av point-blank

bruci'are [bru'tʃare] vt to burn; (scottare) to scald ▶ vi to burn; **bruciarsi** vpr to burn o.s.; (fallire) to ruin one's chances; **~ le tappe** (fig) to shoot ahead; **bruciarsi la carriera** to ruin one's career

'bruco, -chi sm caterpillar; grub

bru'folo sm pimple, spot

'brullo, -a ag bare, bleak

'bruno, -a ag brown, dark; (persona)

dark(-haired)

'brusco, -a, -schi, -sche ag (sapore) sharp; (modi, persona) brusque, abrupt; (movimento) abrupt, sudden

bru'sio sm buzz, buzzing

bru'tale ag brutal

'brutto, -a ag ugly; (cattivo) bad; (malattia, strada, affare) nasty, bad; ~ **tempo** bad weather

Bru'xelles [bry'sɛl] sf Brussels

BSE [biɛsse'e] sigla f (= encefalopatia spongiforme bovina) BSE

'buca, -che sf hole; (avvallamento) hollow; **buca delle lettere** letterbox

buca'neve sm inv snowdrop

bu'care vt (forare) to make a hole (or holes) in; (pungere) to pierce; (biglietto) to punch; **bucarsi** vpr (di eroina) to mainline; ~ **una gomma** to have a puncture

bu'cato sm (operazione) washing; (panni) wash, washing

'buccia, -ce ['buttʃa] sf skin, peel

bucherò ecc [buke'rɔ] vb vedi **bucare**

'buco, -chi sm hole

bud'dismo sm Buddhism

bu'dino sm pudding

'bue sm inv ox; **carne di** ~ beef

bu'fera sf storm

'buffo, -a ag funny; (Teatro) comic

bu'gia, -'gie [bu'dʒia] sf lie; **dire una** ~ to tell a lie; **bugi'ardo, -a** ag lying, deceitful ▶ sm/f liar

'buio, -a ag dark ▶ sm dark, darkness

'bulbo sm (Bot) bulb; **bulbo oculare** eyeball

Bulga'ria sf la ~ Bulgaria

'bulgaro, -a ag, sm/f, sm Bulgarian

buli'mia sf bulimia; **bu'limico, -a, -ci, -che** ag bulimic

bul'lone sm bolt

buona'notte escl good night! ▶ sf **dare la ~ a** to say good night to

buona'sera escl good evening!

buongi'orno [bwon'dʒorno] escl good morning (o afternoon)!

buongus'taio, -a sm/f gourmet

⭕ **bu'ono, -a**

(ag: dav sm **buon** + C o V, buono + s impura, gn, pn, ps, x, z; dav sf **buon'** + V) ag

1 (gen) good; **un buon pranzo/ ristorante** a good lunch/restaurant; **(stai) buono!** behave!

2 (benevolo): **buono (con)** good (to), kind (to)

3 (giusto, valido) right; **al momento buono** at the right moment

4 (adatto): **buono a/da** fit for/to; **essere buono a nulla** to be no good o use at anything

5 (auguri): **buon anno!** happy New Year!; **buon appetito!** enjoy your meal!; **buon compleanno!** happy birthday!; **buon divertimento!** have a nice time!; **buona fortuna!** good luck!; **buon riposo!** sleep well!; **buon viaggio!** bon voyage!, have a good trip!

6 : **a buon mercato** cheap; **di buon'ora** early; **buon senso** common sense; **alla buona** ag simple

▶ av in a simple way, without any fuss

▶ sm

1 (bontà) goodness, good

2 (Comm) voucher, coupon; **buono di cassa** cash voucher; **buono di consegna** delivery note; **buono del Tesoro** Treasury bill

buon'senso sm = **buon senso**

burat'tino sm puppet

'burbero, -a ag surly, gruff

buro'cratico, -a, -ci, -che ag bureaucratic

burocra'zia [burokrat'tsia] sf bureaucracy

bur'rasca, -sche sf storm

'burro sm butter

bur'rone sm ravine

bus'sare vi to knock

'bussola sf compass

'busta sf (da lettera) envelope;

(*astuccio*) case; **in ~ aperta/chiusa** in an unsealed/sealed envelope; **busta paga** pay packet

busta'rella *sf* bribe, backhander

bus'tina *sf* (*piccola busta*) envelope; (*di cibi, farmaci*) sachet; (*Mil*) forage cap; **bustina di tè** tea bag

'**busto** *sm* bust; (*indumento*) corset, girdle; **a mezzo ~** (*foto*) half-length

but'tare *vt* to throw; (*anche*: **~ via**) to throw away; **~ giù** (*scritto*) to scribble down; (*cibo*) to gulp down; (*edificio*) to pull down, demolish; (*pasta, verdura*) to put into boiling water; **buttarsi** *vpr* (*saltare*) to jump; **buttarsi dalla finestra** to jump out of the window

byte ['bait] *sm inv* byte

C

ca'bina *sf* (*di nave*) cabin; (*da spiaggia*) beach hut; (*di autocarro, treno*) cab; (*di aereo*) cockpit; (*di ascensore*) cage; **cabi'nato** cabin cruiser; **cabina di pilotaggio** cockpit; **cabina telefonica** call o (*tele*)phone box

ca'cao *sm* cocoa

'**caccia** ['katt∫a] *sf* hunting; (*con fucile*) shooting; (*inseguimento*) chase; (*cacciagione*) game ▶ *sm inv* (*aereo*) fighter; (*nave*) destroyer; **caccia grossa** big-game hunting; **caccia all'uomo** manhunt

cacci'are [kat't∫are] *vt* to hunt; (*mandar via*) to chase away; (*ficcare*) to shove, stick ▶ *vi* to hunt; **cacciarsi** *vpr* where has my bag got to?; **cacciarsi nei guai** to get into trouble; **cacciare ~ fuori** *qc* to whip o pull sth out; **~ un urlo** to let out a yell; **caccia'tore** *sm* hunter; **cacciatore di frodo** poacher

caccia'vite [katt∫a'vite] *sm inv* screwdriver

'**cactus** *sm inv* cactus

ca'davere *sm* (*dead*) body, corpse

'**caddi** *ecc vb vedi* **cadere**

ca'denza [ka'dɛntsa] *sf* cadence; (*ritmo*) rhythm; (*Mus*) cadenza

ca'dere *vi* to fall; (*denti, capelli*) to fall out; (*tetto*) to fall in; **questa gonna cade bene** this skirt hangs well; **lasciar ~** (*anche fig*) to drop; (*anche*: **~ dal sonno**) to be falling asleep on one's feet; **~ dalle nuvole** (*fig*) to be taken aback

cadrò *ecc vb vedi* **cadere**

ca'duta *sf* fall; **la ~ dei capelli** hair loss

caffè *sm inv* coffee; (*locale*) café; **caffè corretto** espresso coffee with a shot of spirits; **caffè macchiato** coffee with a dash of milk; **caffè macinato** ground coffee

caffe'latte *sm inv* white coffee

caffet'tiera *sf* coffeepot

'**cagna** ['kaɲɲa] *sf* (*Zool, peg*) bitch

CAI *sigla m* = Club Alpino Italiano

cala'brone *sm* hornet

cala'maro *sm* squid

cala'mita *sf* magnet

calamità *sf inv* calamity, disaster

ca'lare *vt* (*far discendere*) to lower; (*Maglia*) to decrease ▶ *vi* (*discendere*) to go (o come) down; (*tramontare*) to set, go down; **~ di peso** to lose weight

cal'cagno [kal'kaɲɲo] *sm* heel

cal'care *sm* (*incrostazione*) (lime)scale

'**calce** ['kalt∫e] *sm* **in ~** at the foot of the

page ▶ sf lime; **calce viva** quicklime

calci'are [kal'tʃare] vt, vi to kick; **calcia'tore** sm footballer

'calcio ['kaltʃo] sm (pedata) kick; (sport) football, soccer; (di pistola, fucile) butt; (Chim) calcium; **calcio d'angolo** (Sport) corner (kick); **calcio di punizione** (Sport) free kick; **calcio di rigore** penalty

calco'lare vt to calculate, work out, reckon; (ponderare) to weigh (up); **calcola'tore, -'trice** ag calculating ▶ sm calculator; (fig) calculating person; **calcolatore elettronico** computer; **calcola'trice** sf calculator

'calcolo sm (anche Mat) calculation; (infinitesimale ecc) calculus; (Med) stone; **fare i propri calcoli** (fig) to weigh the pros and cons; **per ~** out of self-interest

cal'daia sf boiler

'caldo, -a ag warm; (molto caldo) hot; (fig: appassionato) keen; hearty ▶ sm heat; **ho ~** I'm warm; I'm hot; **fa ~** it's warm; it's hot

caleidos'copio sm kaleidoscope

calen'dario sm calendar

'calibro sm (di arma) calibre, bore; (Tecn) callipers pl; (fig) calibre; **di grosso ~** (fig) prominent

'calice ['kalitʃe] sm goblet; (Rel) chalice

Cali'fornia sf California

californi'ano, -a ag Californian

calligra'fia sf (scrittura) handwriting; (arte) calligraphy

'callo sm callus; (ai piedi) corn

'calma sf calm

cal'mante sm tranquillizer

cal'mare vt to calm; (lenire) to soothe; **calmarsi** vpr to grow calm, calm down; (vento) to abate; (dolori) to ease

'calmo, -a ag calm, quiet

'calo sm (Comm: di prezzi) fall; (: di volume) shrinkage; (: di peso) loss

ca'lore sm warmth; heat; **in ~** (Zool)

on heat

calo'ria sf calorie

calo'rifero sm radiator

calo'roso, -a ag warm

calpes'tare vt to tread on, trample on; **"è vietato ~ l'erba"** "keep off the grass"

ca'lunnia sf slander; (scritta) libel

cal'vizie [kal'vittsje] sf baldness

'calvo, -a ag bald

'calza ['kaltsa] sf (di donna) stocking; (da uomo) sock; **fare la ~** to knit; **calze di nailon** nylons, (nylon) stockings

calza'maglia [kaltsaˈmaʎʎa] sf tights pl; (per danza, ginnastica) leotard

calzet'tone [kaltset'tone] sm heavy knee-length sock

cal'zino [kal'tsino] sm sock

calzo'laio [kaltsoˈlajo] sm shoemaker; (che ripara scarpe) cobbler

calzon'cini [kaltsonˈtʃini] smpl shorts; **calzoncini da bagno** (swimming) trunks

cal'zone [kal'tsone] sm trouser leg; (Cuc) savoury turnover made with pizza dough; **calzoni** smpl (pantaloni) trousers (BRIT), pants (US)

camale'onte sm chameleon

cambia'mento sm change

cambi'are vt to change; (modificare) to alter, change; (barattare): **~ (qc con qn/qc)** to exchange (sth with sb/for sth) ▶ vi to change, alter; **cambiarsi** vpr (d'abito) to change; **~ casa** to move (house); **~ idea** to change one's mind; **~ treno** to change trains; **dove posso ~ dei soldi?** where can I change some money?; **ha da ~?** have you got any change?; **posso cambiarlo, per favore?** could I exchange this, please?

cambiava'lute sm inv exchange office

'cambio sm change; (modifica) alteration, change; (scambio, Comm) exchange; (corso dei cambi) rate of exchange); (Tecn, Aut) gears pl; **in ~ di** in exchange for; **dare il ~ a qn** to take over from sb

'camera sf room; (anche: **~ da letto**) bedroom; (Pol) chamber, house; **camera ardente** mortuary chapel; **camera d'aria** inner tube; (di pallone) bladder; **camera di commercio** Chamber of Commerce; **Camera dei Deputati** Chamber of Deputies, ≈ House of Commons (BRIT), ≈ House of Representatives (US); **camera a gas** gas chamber; **camera a un letto/due letti** single/twin-bedded room; **camera matrimoniale** double room; **camera oscura** (Fot) dark room

> Attenzione! In inglese esiste la parola camera, che però significa macchina fotografica.

came'rata, -i, -e sm/f companion, mate ▸ sf dormitory

cameri'era sf (domestica) maid; (che serve a tavola) waitress; (che fa le camere) chambermaid

cameri'ere sm (man) servant; (di ristorante) waiter

came'rino sm (Teatro) dressing room

'camice ['kamitʃe] sm (Rel) alb; (per medici ecc) white coat

cami'cetta [kami'tʃetta] sf blouse

ca'micia, -cie [ka'mitʃa] sf (da uomo) shirt; (da donna) blouse; **camicia di forza** straitjacket; **camicia da notte** (da donna) nightdress; (da uomo) nightshirt

cami'netto sm hearth, fireplace

ca'mino sm chimney; (focolare) fireplace, hearth

'camion sm inv lorry (BRIT), truck (US)

camio'nista, -i sm lorry driver (BRIT), truck driver (US)

cam'mello sm (Zool) camel; (tessuto) camel hair

cammi'nare vi to walk; (funzionare)

to work, go

cam'mino sm walk; (sentiero) path; (itinerario, direzione, tragitto) way; **mettersi in ~** to set o start off

camo'milla sf camomile; (infuso) camomile tea

ca'moscio [ka'moʃʃo] sm chamois; **di ~** (scarpe, borsa) suede cpd

cam'pagna [kam'paɲɲa] sf country, countryside; (Pol, Comm, Mil) campaign; **in ~** in the country; **andare in ~** to go to the country; **fare una ~** to campaign; **campagna pubblicitaria** advertising campaign

cam'pana sf bell; (anche: **~ di vetro**) bell jar; **campa'nello** (all'uscio, da tavola) bell

campa'nile sm bell tower, belfry

cam'peggio sm camping; (terreno) camp site; **fare (del) ~** to go camping

'camper ['kamper] sm inv motor caravan (BRIT), motor home (US)

campio'nario, -a ag fiera **campionaria** trade fair ▸ sm collection of samples

campio'nato sm championship

campi'one, -'essa sm/f (Sport) champion ▸ sm (Comm) sample

'campo sm field; (Mil) field; (accampamento) camp; (spazio delimitato: sportivo ecc) ground; field; (di quadro) background; **i campi** (campagna) the countryside; **campo da aviazione** airfield; **campo di battaglia** (Mil, fig) battlefield; **campo di concentramento** concentration camp; **campo da golf** golf course; **campo profughi** refugee camp; **campo sportivo** sports ground; **campo da tennis** tennis court; **campo visivo** field of vision

'Canada sm **il ~** Canada; **cana'dese** ag, sm/f Canadian ▸ sf (anche: **tenda canadese**) ridge tent

ca'naglia [ka'naʎʎa] sf rabble, mob;

(*persona*) scoundrel, rogue

ca'nale sm (*anche fig*) channel; (*artificiale*) canal

'canapa sf hemp; **canapa indiana** (*droga*) cannabis

cana'rino sm canary

cancel'lare [kantʃel'lare] vt (*con la gomma*) to rub out, erase; (*con la penna*) to strike out; (*annullare*) to annul, cancel; (*disdire*) to cancel

cancelle'ria [kantʃelle'ria] sf chancery; (*materiale per scrivere*) stationery

can'cello [kan'tʃɛllo] sm gate

'cancro sm (*Med*) cancer; (*dello zodiaco*): **C~** Cancer

candeg'gina [kanded'dʒina] sf bleach

can'dela sf candle; **candela (di accensione)** (*Aut*) spark(ing) plug

cande'labro sm candelabra

candeli'ere sm candlestick

candi'dare vt to present as candidate; **candidarsi** vpr to present o.s. as candidate

candi'dato, -a sm/f candidate; (*aspirante a una carica*) applicant

'candido, -a ag white as snow; (*puro*) pure; (*sincero*) sincere, candid

can'dito, -a ag candied

'cane sm dog; (*di pistola, fucile*) cock; **fa un freddo** ~ it's bitterly cold; **non c'era un ~** there wasn't a soul; **cane da caccia/da guardia** hunting/guard dog; **cane lupo** Alsatian; **cane pastore** sheepdog

ca'nestro sm basket

can'guro sm kangaroo

ca'nile sm kennel; (*di allevamento*) kennels pl; **canile municipale** dog pound

'canna sf (*di pianta*) reed; (*: indica, da zucchero*) cane; (*bastone*) stick, cane; (*di fucile*) barrel; (*di organo*) pipe; (*fam: droga*) joint; **canna fumaria** chimney

flue; **canna da pesca** (fishing) rod; **canna da zucchero** sugar cane

cannel'loni smpl pasta tubes stuffed with sauce and baked

cannocchi'ale [kannok'kjale] sm telescope

can'none sm (*Mil*) gun; (*Storia*) cannon; (*tubo*) pipe, tube; (*piega*) box pleat; (*fig*) ace

can'nuccia, -ce [kan'nuttʃa] sf (drinking) straw

ca'noa sf canoe

'canone sm canon, criterion; (*mensile, annuo*) rent; fee

canot'taggio [kanot'taddʒo] sm rowing

canotti'era sf vest

ca'notto sm small boat, dinghy; canoe

can'tante sm/f singer

can'tare vt, vi to sing; **cantau'tore, -'trice** sm/f singer-composer

canti'ere sm (*Edil*) (building) site; (*cantiere navale*) shipyard

can'tina sf cellar; (*bottega*) wine shop; **cantina sociale** cooperative winegrowers' association

| Attenzione! In inglese esiste la parola canteen, che però significa mensa.

'canto sm song; (*arte*) singing; (*Rel*) chant; chanting; (*poesia*) poem, lyric; (*parte di una poesia*) canto; (*parte, lato*): **da un ~** on the one hand; **d'altro ~** on the other hand

canzo'nare [kantso'nare] vt to tease

can'zone [kan'tsone] sf song; (*Poesia*) canzone

'caos sm inv chaos; **ca'otico, -a, -ci, -che** ag chaotic

CAP sigla m = **codice di avviamento postale**

ca'pace [ka'patʃe] ag able, capable; (*ampio, vasto*) large, capacious; **sei ~ di farlo?** can you o are you able to do it?; **capacità** sf inv ability; (Dir, di recipiente) capacity

ca'panna sf hut

capan'none sm (Agr) barn; (fabbricato industriale) (factory) shed

ca'parbio, -a ag stubborn

ca'parra sf deposit, down payment

ca'pello sm hair; **capelli** smpl (capigliatura) hair sg

ca'pezzolo [ka'pettsolo] sm nipple

ca'pire vt to understand; **non capisco** I don't understand

capi'tale ag (mortale) capital; (fondamentale) main, chief ▸ sf (città) capital ▸ sm (Econ) capital

capi'tano sm captain

capi'tare vi (giungere casualmente) to happen to go, find o.s.; (accadere) to happen; (presentarsi: cosa) to turn up, present itself ▸ vb impers to happen; **mi è capitato un guaio** I've had a spot of trouble

capi'tello sm (Archit) capital

ca'pitolo sm chapter

capi'tombolo sm headlong fall, tumble

'capo sm head; (persona) head, leader; (: in ufficio) head, boss; (: in tribù) chief; (di oggetti) head; top; end; (Geo) cape; **andare a ~** to start a new paragraph; **da ~** over again; **capo di bestiame** head inv of cattle; **capo di vestiario** item of clothing; **Capo d'anno** sm New Year; **capo'giro** sm dizziness no pl; **capola'voro, -i** sm masterpiece; **capo'linea** (pl **capi'linea**) sm terminus; **capostazi'one** (pl **capistazi'oni**) sm station master

capo'tavola (pl(m) **capi'tavola**) pl(f) inv sm/f (persona) head of the table; **sedera a ~** to sit at the head of the table

capo'volgere [kapo'vold3ere] vt to overturn; (fig) to reverse; **capovolgersi** vpr to overturn; (barca)

to capsize; (fig) to be reversed

'cappa sf (mantello) cape, cloak; (del camino) hood

cap'pella sf (Rel) chapel

cap'pello sm hat

'cappero sm caper

cap'pone sm capon

cap'potto sm (over)coat

cappuc'cino [kapput'tʃino] sm (frate) Capuchin monk; (bevanda) cappuccino, frothy white coffee

cap'puccio [kap'puttʃo] sm (copricapo) hood; (della biro) cap

'capra sf (she-)goat

ca'priccio [ka'prittʃo] sm caprice, whim; (bizza) tantrum; **fare i capricci** to be very naughty; **capricci'oso, -a** ag (capricioso, whimsical; naughty

Capri'corno sm Capricorn

capri'ola sf somersault

capri'olo sm roe deer

'capro sm ~ **espiatorio** scapegoat

ca'prone sm billy-goat

'capsula sf capsule; (di arma, per bottiglie) cap

cap'tare vt (Radio, TV) to pick up; (cattivarsi) to gain, win

carabini'ere sm member of Italian military police force

- **carabinieri**
- Originally part of the armed forces,
- the **carabinieri** are police who
- perform both military and civil
- duties. They include paratroopers
- and mounted divisions.

ca'raffa sf carafe

Ca'raibi smpl **il mar dei ~** the Caribbean (Sea)

cara'mella sf sweet

ca'rattere sm character; (caratteristica) characteristic, trait; **avere un buon ~** to be good-natured; **carattere jolly** wild card; **caratte'ristica, -che** sf characteristic, trait, peculiarity.

caratte'ristico, -a, -ci, -che *ag* characteristic

car'bone *sm* coal

carbu'rante *sm* (motor) fuel

carbura'tore *sm* carburettor

carce'rato, -a [kartʃe'rato] *sm/f* prisoner

'carcere ['kartʃere] *sm* prison; (*pena*) imprisonment

carci'ofo [kar'tʃɔfo] *sm* artichoke

cardel'lino *sm* goldfinch

car'diaco, -a, -ci, -che *ag* cardiac, heart *cpd*

cardi'nale *ag, sm* cardinal

'cardine *sm* hinge

'cardo *sm* thistle

ca'rente *ag* **~ di** lacking in

cares'tia *sf* famine; (*penuria*) scarcity, dearth

ca'rezza [ka'rettsa] *sf* caress

'carica, -che *sf* (*mansione ufficiale*) office, position; (*Mil, Tecn, Elettr*) charge; **ha una forte ~ di simpatia** he's very likeable; *vedi anche* **carico**

caricabatte'ria *sm inv* battery charger

cari'care *vt* (*merce, Inform*) to load; (*orologio*) to wind up; (*batteria, Mil*) to charge

'carico, -a, -chi, -che *ag* (*che porta un peso*): **~ di** loaded o laden with; (*fucile*) loaded; (*orologio*) wound up; (*batteria*) charged; (*colore*) deep; (*caffè, tè*) strong ▶ *sm* (*il caricare*) loading; (*ciò che si carica*) load; (*fig: peso*) burden, weight; **persona a ~** dependent; **essere a ~ di** qn (*spese ecc*) to be charged to sb

'carie *sf* (*dentaria*) decay

ca'rino, -a *ag* (*grazioso*) lovely, pretty, nice; (*riferito a uomo, anche simpatico*) nice

carità *sf* charity; **per ~!** (*escl di rifiuto*) good heavens, no!

carnagi'one [karna'dʒone] *sf* complexion

'carne *sf* flesh; (*bovina, ovina ecc*) meat; **non mangio ~** I don't eat meat; **carne di maiale/manzo/pecora** pork/beef/mutton; **carne in scatola** tinned o canned meat; **carne tritata** o **macinata** mince (*BRIT*), hamburger meat (*US*), minced (*BRIT*) o ground (*US*) meat

carne'vale *sm* carnival

- **carnevale**
- **Carnevale** is the period between
- Epiphany (Jan. 6th) and the
- beginning of Lent. People wear
- fancy dress, and there are parties,
- processions of floats and bonfires. It
- culminates immediately before Lent
- in the festivities of **martedì grasso**
- (Shrove Tuesday).

'caro, -a *ag* (*amato*) dear; (*costoso*) dear, expensive; **è troppo ~** it's too expensive

ca'rogna [ka'rɔɲɲa] *sf* carrion; (*anche: fig: fam*) swine

ca'rota *sf* carrot

caro'vana *sf* caravan

car'poni *av* on all fours

car'rabile *ag* suitable for vehicles; **"passo ~"** "keep clear"

carreggi'ata [karred'dʒata] *sf* carriageway (*BRIT*), (road)way

car'rello *sm* trolley; (*Aer*) undercarriage; (*Cinema*) dolly; (*di macchina da scrivere*) carriage

carri'era *sf* career; **fare ~** to get on; **a gran ~** at full speed

carri'ola *sf* wheelbarrow

'carro *sm* cart, wagon; **carro armato** tank; **carro attrezzi** breakdown van

car'rozza [kar'rottsa] *sf* carriage, coach

carrozze'ria [karrottse'ria] *sf* body, coachwork (*BRIT*); (*officina*) coachbuilder's workshop (*BRIT*), body shop

carroz'zina [karrot'tsina] *sf* pram (*BRIT*), baby carriage (*US*)

'**carta** *sf* paper; (*al ristorante*) menu; (*Geo*) map; plan; (*documento*) card; (*costituzione*) charter; **carte** *sfpl* (*documenti*) papers, documents; **alla ~** (*al ristorante*) à la carte; **carta assegni** bank card; **carta assorbente** blotting paper; **carta bollata** o **da bollo** official stamped paper; **carta (da gioco)** playing card; **carta di credito** credit card; **carta (geografica)** map; **carta d'identità** identity card; **carta igienica** toilet paper; **carta d'imbarco** (*Aer*, *Naut*) boarding card; **carta da lettere** writing paper; **carta da pacchi** wrapping paper; **carta da parati** wallpaper; **carta libera** (*Amm*) unstamped paper; **carta stradale** road map; **carta verde** (*Aut*) green card; **carta vetrata** sandpaper; **carta di visita** visiting card

car'taccia, -ce [kar'tattʃa] *sf* waste paper

carta'pesta *sf* papier-mâché

car'tella *sf* (*scheda*) card; (*Inform*, *custodia*: *di cartone*) folder; (: *di uomo d'affari ecc*) briefcase; (: *di scolaro*) schoolbag, satchel; **cartella clinica** (*Med*) case sheet

cartel'lino *sm* (*etichetta*) label; (*su porta*) notice; (*scheda*) card; **timbrare il ~** (*all'entrata*) to clock in; (*all'uscita*) to clock out; **cartellino di presenza** clock card, timecard

car'tello *sm* sign; (*pubblicitario*) poster; (*stradale*) sign, signpost; (*Econ*) cartel; (*in dimostrazioni*) placard; **cartello stradale** sign; **cartel'lone** *sm* (*della tombola*) scoring frame; (*Teatro*) playbill; **tenere il cartellone** (*spettacolo*) to have a long run; **cartellone pubblicitario** advertising poster

car'tina *sf* (*Aut*, *Geo*) map; **può indicarmelo sulla ~?** can you show it to me on the map?

car'toccio [kar'tottʃo] *sm* paper bag

cartole'ria *sf* stationer's (shop)

carto'lina *sf* postcard; **cartolina postale** ready-stamped postcard

car'tone *sm* cardboard; (*Arte*) cartoon; **cartoni animati** (*Cinema*) cartoons

car'tuccia, -ce [kar'tuttʃa] *sf* cartridge

'**casa** *sf* house; (*in senso astratto*) home; (*Comm*) firm, house; **essere a ~** to be at home; **vado a ~ mia/tua** I'm going home/to your house; **vino della ~** house wine; **casa di cura** nursing home; **casa editrice** publishing house; **Casa delle Libertà** centre-right coalition; **casa di riposo** (old people's) home, care home; **case popolari** ≈ council houses (*o* flats) (*BRIT*); ≈ public housing units (*US*); **casa dello studente** student hostel

ca'sacca, -che *sf* military coat; (*di fantino*) blouse

casa'linga, -ghe *sf* housewife

casa'lingo, -a, -ghi, -ghe *ag* household, domestic; (*fatto a casa*) home-made; (*semplice*) homely; (*amante della casa*) home-loving

cas'care *vi* to fall; **cas'cata** *sf* fall; (*d'acqua*) cascade, waterfall

cascherò *ecc* [kaske'rɔ] *vb vedi* **cascare**

'**casco, -schi** *sm* helmet; (*del parrucchiere*) hair-drier; (*di banane*) bunch; **casco blu** (*Mil*) blue helmet (*UN soldier*)

casei'ficio [kazei'fitʃo] *sm* creamery

ca'sella *sf* pigeon-hole; **casella postale** post office box

ca'sello *sm* (*di autostrada*) toll-house

ca'serma *sf* barracks *pl*

ca'sino (*fam*) *sm* brothel; (*confusione*)

row, racket

casinò sm inv casino

'caso sm chance; (fatto, vicenda) event, incident; (possibilità) possibility; (Med, Ling) case; **a ~ at** random; **per ~** by chance, by accident; **in ogni ~, in tutti i casi** in any case, at any rate; **al ~** should the opportunity arise; **nel ~ che** in case; **~ mai** if by chance; **caso limite** borderline case

caso'lare sm cottage

'caspita escl (di sorpresa) good heavens!; (di impazienza) for goodness' sake!

'cassa sf case, crate, box; (bara) coffin; (mobile) chest; (involucro: di orologio ecc) case; (macchina) cash register, till; (luogo di pagamento) checkout (counter); (fondo) fund; (istituto bancario) bank; **cassa automatica prelievi** cash dispenser; **cassa continua** night safe; **cassa mutua** o **malattia** health insurance scheme; **cassa integrazione: mettere in cassa integrazione ≈** to lay off; **cassa di risparmio** savings bank; **cassa toracica** (Anat) chest

cassa'forte (pl **casse'forti**) sf safe; **lo potrebbe mettere nella ~?** could you put this in the safe, please?

cassa'panca (pl **cassa'panche** o **casse'panche**) sf settle

casseru'ola sf saucepan

cas'setta sf box; (per registratore) cassette; (Cinema, Teatro) box-office takings pl; **film di ~** box-office draw; **cassetta di sicurezza** strongbox; **cassetta delle lettere** letterbox

cas'setto sm drawer

cassi'ere, -a sm/f cashier; (di banca) teller

casso'netto sm wheelie-bin

cas'tagna [kas'taɲɲa] sf chestnut

cas'tagno [kas'taɲɲo] sm chestnut (tree)

cas'tano, -a ag chestnut (brown)

cas'tello sm castle; (Tecn) scaffolding

casti'gare vt to punish; **cas'tigo, -ghi** sm punishment

cas'toro sm beaver

casu'ale ag chance cpd; (Inform) random cpd

cataliz'zatore [kataliddza'tore] sm (anche fig) catalyst; (Aut) catalytic converter

ca'talogo, -ghi sm catalogue

catarifran'gente [katarifran'dʒɛnte] sm (Aut) reflector

ca'tarro sm catarrh

ca'tastrofe sf catastrophe, disaster

catego'ria sf category

ca'tena sf chain; **catena di montaggio** assembly line; **catene da neve** (Aut) snow chains; **cate'nina** sf (gioiello) (thin) chain

cate'ratta sf cataract; (chiusa) sluice-gate

ca'tino sm basin

ca'trame sm tar

'cattedra sf teacher's desk; (di docente) chair

catte'drale sf cathedral

catti'veria sf malice, spite; naughtiness; (atto) spiteful act; (parole) malicious o spiteful remark

cat'tivo, -a ag bad; (malvagio) bad, wicked; (turbolento: bambino) bad, naughty; (: mare) rough; (odore, sapore) nasty, bad

cat'tolico, -a, -ci, -che ag, sm/f (Roman) Catholic

cattu'rare vt to capture

'causa sf cause; (Dir) lawsuit, case, action; **a ~ di, per ~ di** because of; **fare** o **muovere ~ a qn** to take legal action against sb

cau'sare vt to cause

cau'tela sf caution, prudence

'cauto, -a ag cautious, prudent

cauzi'one [kaut'tsjone] sf security;

(*Dir*) bail

'cava *sf* quarry

caval'care *vt* (*cavallo*) to ride; (*muro*) to sit astride; (*ponte*) to span; **caval'cata** *sf* ride; (*gruppo di persone*) riding party

cavalca'via *sm inv* flyover

cavalci'oni [kaval't∫oni]: **a ~ di** *prep* astride

cavali'ere *sm* rider; (*feudale, titolo*) knight; (*soldato*) cavalryman; (*al ballo*) partner

caval'letta *sf* grasshopper

caval'letto *sm* (*Fot*) tripod; (*da pittore*) easel

ca'vallo *sm* horse; (*Scacchi*) knight; (*Aut: anche: ~ vapore*) horsepower; (*dei pantaloni*) crotch; **a ~** on horseback; **a ~ di** astride, straddling; **cavallo di battaglia** (*fig*) hobby-horse; **cavallo da corsa** racehorse; **cavallo a dondolo** rocking horse

ca'vare *vt* (*togliere*) to draw out, extract, take out; (*: giacca, scarpe*) to take off; (*: fame, sete, voglia*) to satisfy; **cavarsela** to manage, get on all right; (*scamparla*) to get away with it

cava'tappi *sm inv* corkscrew

ca'verna *sf* cave

'cavia *sf* guinea pig

cavi'ale *sm* caviar

ca'viglia [ka'viʎʎa] *sf* ankle

'cavo, -a *ag* hollow ▶ *sm* (*Anat*) cavity; (*corda, Elettr, Tel*) cable

cavo'letto *sm* **~ di Bruxelles** Brussels sprout

cavolfi'ore *sm* cauliflower

'cavolo *sm* cabbage; (*fam*): **non m'importa un ~** I don't give a damn

'cazzo ['kattso] *sm* (*fam!: pene*) prick (!); **non gliene importa un ~** (*fig fam!*) he doesn't give a damn about it; **fatti i cazzi tuoi** (*fig fam!*) mind your own damn business

C.C.D. *sigla m* (= *Centro Cristiano*

Democratico) Italian political party of the centre

CD *sm inv* CD; (*lettore*) CD player

CD-Rom [t∫idi'rɔm] *sm inv* CD-ROM

C.D.U. *sigla m* (= *Cristiano Democratici Uniti*) Italian centre-right political party

ce [t∫e] *pron, av vedi* **ci**

Ce'cenia [t∫e't∫enja] *sf* **la ~** Chechnya

ce'ceno, -a [t∫e't∫eno] *sm/f, ag* Chechen

'ceco, -a, -chi, -che ['t∫εko] *ag, sm/f* Czech; **la Repubblica Ceca** the Czech Republic

'cedere ['t∫εdere] *vt* (*concedere: posto*) to give up; (*Dir*) to transfer, make over ▶ *vi* (*cedere*) to give way, subside; **~ (a)** to surrender (to), yield (to), give in (to)

'cedola ['t∫εdola] *sf* (*Comm*) coupon; voucher

'ceffo ['t∫εffo] (*peg*) *sm* ugly mug

cef'fone [t∫ef'fone] *sm* slap, smack

cele'brare [t∫ele'brare] *vt* to celebrate

'celebre ['t∫εlebre] *ag* famous, celebrated

ce'leste [t∫e'lεste] *ag* celestial; heavenly; (*colore*) sky-blue

'celibe ['t∫εlibe] *ag* single, unmarried

'cella ['t∫εlla] *sf* cell; **cella frigorifera** cold store

'cellula ['t∫εllula] *sf* (*Biol, Elettr, Pol*) cell; **cellu'lare** *sm* cellphone

cellu'lite [t∫ellu'lite] *sf* cellulite

cemen'tare [t∫emen'tare] *vt* (*anche fig*) to cement

ce'mento [t∫e'mento] *sm* cement; **cemento armato** reinforced concrete

'cena ['t∫ena] *sf* dinner; (*leggera*) supper

ce'nare [t∫e'nare] *vi* to dine, have dinner

'cenere ['t∫enere] *sf* ash

'cenno ['t∫enno] *sm* (*segno*) sign, signal; (*gesto*) gesture; (*col capo*) nod;

(con la mano) wave; (allusione) hint, mention; (breve esposizione) short account; **far ~ di sì/no** to nod (one's head)/shake one's head

censi'mento [tʃensi'mento] *sm* census

cen'sura [tʃen'sura] *sf* censorship; censor's office; (*fig*) censure

cente'nario, -a [tʃente'narjo] *ag* (*che ha cento anni*) hundred-year-old; (*che ricorre ogni cento anni*) centennial, centenary *cpd* ▶ *sm/f* centenarian ▶ *sm* centenary

cen'tesimo, -a [tʃen'tezimo] *ag, sm* hundredth; (*di euro, dollaro*) cent

cen'tigrado, -a [tʃen'tigrado] *ag* centigrade; **20 gradi centigradi** 20 degrees centigrade

cen'timetro [tʃen'timetro] *sm* centimetre

centi'naio [tʃenti'najo] (*pl*(*f*) **-aia**) *sm* **un ~ (di)** a hundred; about a hundred

'cento ['tʃɛnto] *num* a hundred, one hundred

cento'mila ['tʃɛnto'mila] *num* a one hundred thousand; **te l'ho detto ~ volte** (*fig*) I've told you a thousand times

cen'trale [tʃen'trale] *ag* central ▶ *sf*; **centrale telefonica** (telephone) exchange; **centrale elettrica** electric power station; **centrali'nista** *sm/f* operator; **centra'lino** *sm* (telephone) exchange; (*di albergo ecc*) switchboard; **centralizzato, -a** [tʃentralid'dzato] *ag* central

cen'trare [tʃen'trare] *vt* to hit the centre of; (*Tecn*) to centre

cen'trifuga [tʃen'trifuga] *sf* spin-drier

'centro ['tʃɛntro] *sm* centre; **centro civico** civic centre; **centro commerciale** shopping centre; (*città*) shopping centre

'ceppo ['tʃeppo] *sm* (*di albero*) stump; (*pezzo di legno*) log

'cera ['tʃera] *sf* wax; (*aspetto*) appearance

ce'ramica, -che [tʃe'ramika] *sf* ceramic; (*Arte*) ceramics *sg*

cerbi'atto [tʃer'bjatto] *sm* (*Zool*) fawn

cer'care [tʃer'kare] *vt* to look for, search for ▶ *vi* ~ **di fare qc** to try to do sth; **stiamo cercando un albergo/ristorante** we're looking for a hotel/restaurant

cercherò *ecc* [tʃerke'rɔ] *vb vedi* **cercare**

'cerchia ['tʃerkja] *sf* circle

cerchi'etto [tʃer'kjetto] *sm* (*per capelli*) hairband

'cerchio ['tʃerkjo] *sm* circle; (*giocattolo, di botte*) hoop

cereali [tʃere'ali] *smpl* cereal *sg*

ceri'monia [tʃeri'monja] *sf* ceremony

ce'rino [tʃe'rino] *sm* wax match

'cernia ['tʃernja] *sf* (*Zool*) stone bass

cerni'era [tʃer'njera] *sf* hinge; **cerniera lampo** zip (fastener) (*BRIT*), zipper (*US*)

'cero ['tʃero] *sm* (church) candle

ce'rotto [tʃe'rɔtto] *sm* sticking plaster

certa'mente [tʃerta'mente] *av* certainly

certifi'cato *sm* certificate; **certificato medico** medical certificate; **certificato di nascita/di morte** birth/death certificate

'certo, -a
['tʃerto] *ag* (*sicuro*) **certo (di/che)** certain *o* sure (of/that)
▶ *det*
1 (*tale*) certain; **un certo signor Smith** a (certain) Mr Smith
2 (*qualche: con valore intensivo*) some; **dopo un certo tempo** after some time; **un fatto di una certa importanza** a matter of some importance; **di una certa età** past one's prime, not so young
▶ *pron* **certi, e** *pl* some
▶ *av* (*certamente*) certainly; (*senz'altro*)

of course; **di certo** certainly; **no (di) certo!, certo no!** certainly not!; **sì certo** yes indeed, certainly

cer'vello, -i [tʃer'vɛllo] (*Anat*) (*pl(f)* **-a**) *sm* brain; **cervello elettronico** computer

'cervo, -a ['tʃervo] *sm/f* stag/doe ▶ *sm* deer; **cervo volante** stag beetle

ces'puglio [tʃes'puʎʎo] (*Anat*) bush

ces'sare [tʃes'sare] *vi*, *vt* to stop, cease; **~ di fare qc** to stop doing sth

ces'tino [tʃes'tino] *sm* basket; (*per la carta straccia*) wastepaper basket; **cestino da viaggio** (*Ferr*) packed lunch (*o* dinner)

'cesto ['tʃesto] *sm* basket

'ceto ['tʃeto] *sm* (social) class

cetrio'lino [tʃetrio'lino] *sm* gherkin

cetri'olo [tʃetri'olo] *sm* cucumber

Cfr. *abbr* (= *confronta*) cf

CGIL *sigla f* (= *Confederazione Generale italiana del Lavoro*) trades union organization

chat line [tʃæt'laɛn] *sf inv* chat room

chattare [tʃat'tare] *vi* (*Inform*) to chat online

che [ke] *pron*

1 (*relativo: persona: soggetto*) who; (: *oggetto, animale*) which, that; (: *cosa, animale*) which, that; **il ragazzo che è venuto** the boy who came; **l'uomo che io vedo** the man (whom) I see; **il libro che è sul tavolo** the book which *o* that is on the table; **il libro che vedi** the book (which *o* that) you see; **la sera che ti ho visto** the evening I saw you

2 (*interrogativo, esclamativo*) what; **che (cosa) fai?** what are you doing?; **a che (cosa) pensi?** what are you thinking about?; **non sa che (cosa) fare** he doesn't know what to do; **ma che dici!** what are you saying!

3 (*indefinito*): **quell'uomo ha un che di losco** there's something suspicious

about that man; **un certo non so che** an indefinable something
▶ *det*

1 (*interrogativo: tra tanti*) what; (: *tra pochi*) which; **che tipo di film preferisci?** what sort of film do you prefer?; **che vestito ti vuoi mettere?** what (*o* which) dress do you want to put on?

2 (*esclamativo: seguito da aggettivo*) how; (: *seguito da sostantivo*) what; **che buono!** how delicious!; **che bel vestito!** what a lovely dress!
▶ *cong*

1 (*con proposizioni subordinate*) that; **credo che verrà** I think he'll come; **voglio che tu studi** I want you to study; **so che tu c'eri** I know (that) you were there; **non che, non che sia sbagliato, ma ...** not that it's wrong, but ...

2 (*finale*) so that; **vieni qua, che ti veda** come here, so (that) I can see you

3 (*temporale*): **arrivai che eri già partito** you had already left when I arrived; **sono anni che non lo vedo** I haven't seen him for years

4 (*in frasi imperative, concessive*): **che venga pure!** let him come by all means!; **che tu sia benedetto!** may God bless you!

5 (*comparativo: con più, meno*) than; *vedi anche* **più**; **meno**; **così** *ecc*

chemiotera'pia [kemjotera'pia] *sf* chemotherapy

chero'sene [kero'zɛne] *sm* kerosene

chi [ki] *pron*

1 (*interrogativo: soggetto*) who; (: *oggetto*) who, whom; **chi è?** who is it?; **di chi è questo libro?** whose book is this?, whose is this book?; **con chi parli?** who are you talking to?; **a chi pensi?** who are you thinking about?; **chi di voi?** which of you?; **non so a chi**

rivolgermi I don't know who to ask **2** (*relativo*) whoever, anyone who; **dillo a chi vuoi** tell whoever you like **3** (*indefinito*): **chi ... chi ...** some ... others ...; **chi dice una cosa, chi dice un'altra** some say one thing, others say another

chiacchie'rare [kjakkje'rare] *vi* to chat; (*discorrere futilmente*) to chatter; (*far pettegolezzi*) to gossip; **chi'acchiere** *sfpl* **fare due o quattro chiacchiere** to have a chat

chia'mare [kja'mare] *vt* to call; (*rivolgersi a qn*) to call (in), send for; **chiamarsi** *vpr* (*aver nome*) to be called; **come ti chiami?** what's your name?; **mi chiamo Paolo** my name is Paolo, I'm called Paolo; **~ alle armi** to call up; **~ in giudizio** to summon; **chia'mata** *sf* (*Tel*) call; (*Mil*) call-up

chia'rezza [kja'rettsa] *sf* clearness; clarity

chia'rire [kja'rire] *vt* to make clear; (*fig*: *spiegare*) to clear up, explain

chi'aro, -a [*kjaro*] *ag* clear; (*luminoso*) clear, bright; (*colore*) pale, light

chi'asso [*kjasso*] *sm* uproar, row

chi'ave [*kjave*] *sf ag inv* key *cpd*; **posso avere la mia ~?** can I have my key?; **chiave d'accensione** (*Aut*) ignition key; **chiave di volta** keystone; **chiave inglese** monkey wrench

chi'azza [kjattsa] *sf* stain; splash

'chicco, -chi [kikko] *sm* grain; (*di caffè*) bean; **chicco d'uva** grape

chi'edere [kjedere] *vt* (*per sapere*) to ask; (*per avere*) to ask for *vi* – **di qn** to ask after sb; (*al telefono*) to ask for o want sb; **~ qc a qn** to ask sb sth; to ask sb for sth; **chiedersi** *vpr* **chiedersi** (**se**) to wonder (whether)

chi'esa [kjeza] *sf* church

chi'esi ecc [kjezi] *vb vedi* **chiedere**

chi'glia [kiʎʎa] *sf* keel

'chilo [kilo] *sm* kilo; **chi'lometro** *sm* kilometre

'chimica [kimika] *sf* chemistry

'chimico, -a, -ci, -che [kimiko] *ag* chemical ▸ *sm/f* chemist

chi'nare [ki'nare] *vt* to lower, bend; **chinarsi** *vpr* to stoop, bend

chi'occiola [kjɔttʃola] *sf* snail; (*di indirizzo e-mail*) at sign, @; **scala a ~** spiral staircase

chi'odo [kjɔdo] *sm* nail; (*fig*) obsession; **chiodo di garofano** (*Cuc*) clove

chi'osco, -schi [kjɔsko] *sm* kiosk, stall

chi'ostro [kjɔstro] *sm* cloister

chiro'mante [kiro'mante] *sm/f* palmist

chirur'gia [kirur'dʒia] *sf* surgery; **chirurgia estetica** cosmetic surgery; **chi'rurgo, -ghi o gi** *sm* surgeon

chissà [kis'sa] *av* who knows, I wonder

chi'tarra [ki'tarra] *sf* guitar

chitar'rista, -i, e [kitar'rista] *sm/f* guitarist, guitar player

chi'udere [kjudere] *vt* to close, shut; (*luce, acqua*) to put off, turn off; (*definitivamente*: *fabbrica*) to close down, shut down; (*strada*) to close; (*recingere*) to enclose; (*porre termine a*) to end ▸ *vi* to close, shut; to close down, shut down; to end; **chiudersi** *vpr* to shut o close; (*ritirarsi*: *anche fig*) to shut o.s. away; (*ferita*) to close up; **a che ora chiudete?** what time do you close?

chi'unque [ki'unkwe] *pron* (*relativo*) whoever; (*indefinito*) anyone, anybody; **~ sia** whoever it is

'chiusi ecc [kjusi] *vb vedi* **chiudere**

chi'uso, -a [kjuso] *pp di* **chiudere** ▸ *sf* (*di corso d'acqua*) sluice, lock; (*recinto*) enclosure; (*di discorso ecc*) conclusion, ending; **chiu'sura** *sf* (*vedi*

chiudere) closing; shutting; closing o shutting down; enclosing; putting o turning off; ending; *(dispositivo)* catch; fastening; fastener; **chiusura lampo®** zip (fastener) (BRIT), zipper (US)

C.I. *abbr* = **carta d'identità**

ci [tʃi] *(dav lo, la, li, le, ne diventa* **ce)** *pron*
1 *(personale: complemento oggetto)* us; *(: a noi: complemento di termine)* (to) us; *(: riflessivo)* ourselves; *(: reciproco)* each other, one another; *(impersonale)*: **ci si veste** we get dressed; **ci ha visti** he's seen us; **non ci ha dato niente** he gave us nothing; **ci vestiamo** we get dressed; **ci amiamo** we love one another o each other
2 *(dimostrativo: di ciò, su ciò, in ciò ecc)* about *(o con o of o it)*; **non so cosa farci** I don't know what to do about it; **che c'entro io?** what have I got to do with it?
▶ *av* *(qui)* here; *(lì)* there; *(moto attraverso luogo)*: **ci passa sopra un ponte** a bridge passes over it; **non ci passa più nessuno** nobody comes this way any more; **esserci** *vedi* **essere**

cia'batta [tʃam'bella] *sf* slipper; *(pane)* ciabatta

ciam'bella [tʃam'bella] *sf* (*Cuc*) ring-shaped cake; *(salvagente)* rubber ring

ci'ao [tʃao] *escl* (*all'arrivo*) hello!; *(alla partenza)* cheerio! (BRIT), bye!

cias'cuno, -a [tʃas'kuno] *(det: dav sm:* **ciascun** +C, V, **ciascuno** +s impura, gn, pn, ps, x, z; *dav sf:* **ciascuna** +C, **ciascun'** +V) *det* every, each; *(ognī)* every
▶ *pron* each (one); *(tutti)* everyone, everybody

ci'barie [tʃi'barje] *sfpl* foodstuffs

cibernauta, -i, -e [tʃiber'nauta] *sm/f* Internet surfer

ciberspazio [tʃiber'spattsjo] *sm* cyberspace

'cibo [tʃibo] *sm* food

ci'cala [tʃi'kala] *sf* cicada

cica'trice [tʃika'tritʃe] *sf* scar

'cicca [tʃikka] *sf* cigarette end

'ciccia [tʃittʃa] *(fam) sf* fat

cicci'one, -a [tʃit'tʃone] *sm/f (fam)* fatty

cicla'mino [tʃikla'mino] *sm* cyclamen

ci'clismo [tʃi'klizmo] *sm* cycling; **ci'clista, -i, -e** *sm/f* cyclist

'ciclo [tʃiklo] *sm* cycle; *(di malattia)* course

ciclomo'tore [tʃiklomo'tore] *sm* moped

ci'clone [tʃi'klone] *sm* cyclone

ci'cogna [tʃi'konɲa] *sf* stork

ci'eco, -a, -chi, -che [tʃɛko] *ag* blind
▶ *sm/f* blind man/woman

ci'elo [tʃɛlo] *sm* sky; *(Rel)* heaven

'cifra [tʃifra] *sf (numero)* figure; numeral; *(somma di denaro)* sum, figure; *(monogramma)* monogram, initials *pl*; *(codice)* code, cipher

'ciglio, -i [tʃiʎʎo] *(delle palpebre) (pl(f)* **ciglia)** *sm (margine)* edge, verge; *(eye)lash; (eye)lid; (sopracciglio)* eyebrow

'cigno [tʃinɲo] *sm* swan

cigo'lare [tʃigo'lare] *vi* to squeak, creak

'Cile [tʃile] *sm* **il ~** Chile

ci'leno, -a [tʃi'lɛno] *ag, sm/f* Chilean

cili'egia, -gie o -ge [tʃi'ljedʒa] *sf* cherry

cili'egia [tʃilje'dʒina] *sf* glacé cherry

cilin'drata [tʃilin'drata] *sf (Aut)* (cubic) capacity; **una macchina di grossa ~** a big-engined car

ci'lindro [tʃi'lindro] *sm* cylinder; *(cappello)* top hat

'cima [tʃima] *sf (sommità)* top; *(di monte)* top, summit; *(estremità)* end; **in ~ a** at the top of; **da ~ a fondo** from top to bottom; *(fig)* from beginning to end

'cimice ['tʃimitʃe] sf (Zool) bug; (puntina) drawing pin (BRIT), thumbtack (US)

cimini'era [tʃimi'njɛra] sf chimney; (di nave) funnel

cimi'tero [tʃimi'tero] sm cemetery

'Cina ['tʃina] sf **la ~** China

cin'cin [tʃin'tʃin] escl cheers!

'cinema ['tʃinema] sm inv cinema

ci'nese [tʃi'nese] ag, sm/f, sm Chinese inv

'cinghia ['tʃingja] sf strap; (cintura, Tecn) belt

cinghi'ale [tʃin'gjale] sm wild boar

cinguet'tare [tʃingwet'tare] vi to twitter

'cinico, -a, -ci, -che ['tʃiniko] ag cynical ▶ sm/f cynic

cin'quanta [tʃin'kwanta] num fifty; **cinquan'tesimo, -a** num fiftieth

cinquan'tina [tʃinkwan'tina] sf (serie): **una ~ (di)** about fifty; (età): **essere sulla ~** to be about fifty

'cinque ['tʃinkwe] num five; **avere ~ anni** to be five (years old); **il ~ dicembre 1998** the fifth of December 1998; **alle ~ (ora)** at five (o'clock)

cinque'cento [tʃinkwe'tʃento] num five hundred ▶ sm **il C~** the sixteenth century

cin'tura [tʃin'tura] sf belt; **cintura di salvataggio** lifebelt (BRIT), life preserver (US); **cintura di sicurezza** (Aut, Aer) safety o seat belt

cintu'rino [tʃintu'rino] sm strap; ~ **dell'orologio** watch strap

ciò [tʃɔ] pron this; that; ~ **che** what; ~ **nonostante** o **nondimeno** nevertheless, in spite of that

ci'occa, -che ['tʃɔkka] sf (di capelli) lock

ciocco'lata [tʃokko'lata] sf chocolate; (bevanda) (hot) chocolate; **cioccola'tino** sm chocolate

cioè [tʃo'ɛ] av that is (to say)

ci'otola ['tʃɔtola] sf bowl

ci'ottolo ['tʃɔttolo] sm pebble; (di strada) cobble(stone)

ci'polla [tʃi'polla] sf onion; (di tulipano ecc) bulb

cipol'lina [tʃipol'lina] sf **cipolline sottaceto** pickled onions

ci'presso [tʃi'presso] sm cypress (tree)

'cipria ['tʃiprja] sf (face) powder

'Cipro ['tʃipro] sm Cyprus

'circa ['tʃirka] av about, roughly ▶ prep about, concerning; **a mezzogiorno ~** about midday

'circo, -chi ['tʃirko] sm circus

circo'lare [tʃirko'lare] vi to circulate; (Aut) to drive (along), move (along) ▶ ag circular ▶ sf (Amm) circular; (di autobus) circle (line)

'circolo ['tʃirkolo] sm circle

circon'dare [tʃirkon'dare] vt to surround; **circondarsi** vpr **circondarsi di** to surround o.s. with

circonvallazi'one [tʃirkonvallat'tsjone] sf ring road (BRIT), beltway (US); (per evitare una città) by-pass

circos'petto, -a [tʃirkos'petto] ag circumspect, cautious

circos'tante [tʃirkos'tante] ag surrounding, neighbouring

circos'tanza [tʃirkos'tantsa] sf circumstance; (occasione) occasion

cir'cuito [tʃir'kuito] sm circuit

CISL sigla f (= Confederazione Italiana Sindacati Lavoratori) trades union organization

cis'terna [tʃis'tɛrna] sf tank, cistern

'cisti ['tʃisti] sf cyst

cis'tite [tʃis'tite] sf cystitis

ci'tare [tʃi'tare] vt (Dir) to summon; (autore) to quote; (a esempio, modello) to cite

ci'tofono [tʃi'tɔfono] sm entry phone; (in uffici) intercom

città [tʃit'ta] sf inv town; (importante)

city; **città universitaria** university campus

cittadi'nanza [tʃittadi'nantsa] *sf* citizens *pl*; (*Dir*) citizenship

citta'dino, -a [tʃitta'dino] *ag* town *cpd*; city *cpd* ▶ *sm/f* (*di uno Stato*) citizen; (*abitante di città*) townsman, city dweller

ci'uccio ['tʃuttʃo] *sm* (*fam*) comforter, dummy (*BRIT*), pacifier (*US*)

ci'uffo ['tʃuffo] *sm* tuft

ci'vetta [tʃi'vetta] *sf* (*Zool*) owl; (*fig: donna*) coquette, flirt ▶ *ag inv* **auto~ nave~** decoy car/ship

'civico, -a, -ci, -che ['tʃiviko] *ag* civic; (*museo*) municipal, town *cpd*; city *cpd*

ci'vile [tʃi'vile] *ag* civil; (*non militare*) civilian; (*nazione*) civilized ▶ *sm* civilian

civiltà [tʃivil'ta] *sf* civilization; (*cortesia*) civility

'clacson *sm inv* (*Aut*) horn

clandes'tino, -a *ag* clandestine; (*Pol*) underground, clandestine; (*immigrato*) illegal ▶ *sm/f* stowaway; (*anche:* **immigrato ~**) illegal immigrant

'classe *sf* class; **di ~** (*fig*) with class; of excellent quality; **classe operaia** working class; **classe turistica** economy class

'classico, -a, -ci, -che *ag* classical; (*tradizionale: moda*) classic(al) ▶ *sm* classic; classical author

clas'sifica *sf* classification; (*Sport*) placings *pl*

classifi'care *vt* to classify; (*candidato, compito*) to grade; **classificarsi** *vpr* to be placed

'clausola *sf* (*Dir*) clause

clavi'cembalo [klavi'tʃembalo] *sm* harpsichord

cla'vicola *sf* (*Anat*) collar bone

clic'care *vi* (*Inform*): **~ su** to click on

cli'ente *sm/f* customer, client

'clima, -i *sm* climate; **climatizzatore** *sm* air conditioning system

'clinica, -che *sf* (*scienza*) clinical medicine; (*casa di cura*) clinic, nursing home; (*settore d'ospedale*) clinic

'coca *sf* (*bibita*) Coke®; (*droga*) cocaine

clo'nare *vt* to clone; **clonazione** [klona'tsjone] *sf* cloning

'cloro *sm* chlorine

club *sm inv* club

c.m. *abbr* = **corrente mese**

cm *abbr* (= *centimetro*) cm

coalizi'one [koalit'tsjone] *sf* coalition

'COBAS *sigla mpl* (= *Comitati di base*) independent trades unions

coca'ina *sf* cocaine

cocci'nella [kottʃi'nella] *sf* ladybird (*BRIT*), ladybug (*US*)

cocci'uto, -a [kot'tʃuto] *ag* stubborn, pigheaded

'cocco, -chi *sm* (*pianta*) coconut palm; (*frutto*): **noce di ~** coconut ▶ *sm/f* (*fam*) darling

cocco'drillo *sm* crocodile

cocco'lare *vt* to cuddle, fondle

cocerò *ecc* [kotʃe'ro] *vb vedi* **cuocere**

co'comero *sm* watermelon

'coda *sf* tail; (*fila di persone, auto*) queue (*BRIT*), line (*US*); (*di abito*) train; **con la ~ dell'occhio** out of the corner of one's eye; **mettersi in ~** to queue (up) (*BRIT*), line up (*US*); to join the queue (*BRIT*) o line (*US*); **coda di cavallo** (*acconciatura*) ponytail

co'dardo, -a *ag* cowardly ▶ *sm/f* coward

'codice ['koditʃe] *sm* code; **codice di avviamento postale** postcode (*BRIT*), zip code (*US*); **codice a barre** bar code; **codice civile** civil code; **codice fiscale** tax code; **codice penale** penal code; **codice segreto** (*di tessera magnetica*) PIN (number); **codice della strada** highway code

coe'rente *ag* coherent

coe'taneo, -a ag, sm/f contemporary

'cofano sm (Aut) bonnet (BRIT), hood (US); (forziere) chest

'cogliere ['kɔʎʎere] vt (fiore: frutto) to pick, gather; (sorprendere) to catch, surprise; (bersaglio) to hit; (fig: momento opportuno ecc) to grasp, seize, take; (: capire) to grasp; **~ qn in flagrante o in fallo** to catch sb red-handed

co'gnato, -a [koɲ'ɲato] sm/f brother-/sister-in-law

co'gnome [koɲ'ɲome] sm surname

coinci'denza [kointʃi'dɛntsa] sf coincidence; (Ferr, Aer, di autobus) connection

coin'cidere [koin'tʃidere] vi to coincide

coin'volgere [koin'vɔldʒere] vt **~ in** to involve in

cola'pasta sm inv colander

co'lare vt (liquido) to strain; (pasta) to drain; (oro fuso) to pour ▶ vi (sudore) to drip; (botte) to leak; (cera) to melt; **~ a picco** vt, vi (nave) to sink

colazi'one [kolat'tsjone] sf breakfast; **fare ~** to have breakfast; **a che ora è servita la ~?** what time is breakfast?

co'lera sm (Med) cholera

'colgo ecc vb vedi **cogliere**

'colica sf (Med) colic

co'lino sm strainer

'colla sf glue; (di farina) paste

collabo'rare vi to collaborate; **~ a** to collaborate on; (giornale) to contribute to; **collabora'tore, -'trice** sm/f collaborator; contributor; **collaboratore esterno** freelance; **collaboratrice familiare** home help

col'lana sf necklace; (collezione) collection, series

col'lant [kɔ'lã] sm inv tights pl

col'lare sm collar

col'lasso sm (Med) collapse

collau'dare vt to test, try out

col'lega, -ghi, -ghe sm/f colleague

collega'mento sm connection; (Mil) liaison

colle'gare vt to connect, join, link; **collegarsi** vpr (Radio, TV) to link up; **collegarsi con** (Tel) to get through to

col'legio [kol'lɛdʒo] sm college; (convitto) boarding school; **collegio elettorale** (Pol) constituency

'collera sf anger

col'lerico, -a, -ci, -che ag quick-tempered, irascible

col'letta sf collection

col'letto sm collar

collezio'nare [kollettsjo'nare] vt to collect

collezi'one [kollet'tsjone] sf collection

col'lina sf hill

col'lirio sm eyewash

'collo sm neck; (di abito) neck, collar; (pacco) parcel; **collo del piede** instep

colloca'mento sm (impiego) employment; (disposizione) placing, arrangement

collo'care vt (libri, mobili) to place; (Comm: merce) to find a market for

collocazi'one [kollokat'tsjone] sf placing; (di libro) classification

col'loquio sm conversation, talk; (ufficiale, per un lavoro) interview; (Ins) preliminary oral exam

col'mare vt **~ di** (anche fig) to fill with; (dare in abbondanza) to load o overwhelm with

co'lombo, -a sm/f dove; pigeon

co'lonia sf colony; (per bambini) holiday camp; **(acqua di) ~** = (eau de) cologne

co'lonna sf column; **colonna sonora** (Cinema) sound track; **colonna vertebrale** spine, spinal column

colon'nello sm colonel

colo'rante sm colouring

colo'rare vt to colour; (disegno) to colour in

co'lore sm colour; **a colori** in colour, colour cpd; **farne di tutti i colori** to get up to all sorts of mischief; **vorrei un~ diverso** I'd like a different colour

colo'rito, -a ag coloured; (viso) rosy, pink; (linguaggio) colourful ▶ sm (tinta) colour; (carnagione) complexion

'colpa sf fault; (biasimo) blame; (colpevolezza) guilt; (azione colpevole) offence; (peccato) sin; **di chi è la ~?** whose fault is it?; **è ~ sua** it's his fault; **per ~ di** through, owing to; **col'pevole** ag guilty

col'pire vt to hit, strike; (fig) to strike; **rimanere colpito da qc** to be amazed o struck by sth

'colpo sm (urto) knock; (: affettivo) blow, shock; (: aggressivo) blow; (di pistola) shot; (Med) stroke; (rapina) raid; **di ~** suddenly; **fare ~** to make a strong impression; **colpo d'aria** chill; **colpo in banca** bank job o raid; **colpo basso** (Pugilato, fig) punch below the belt; **colpo di fulmine** love at first sight; **colpo di grazia** coup de grâce; **colpo di scena** (Teatro) coup de théâtre; (fig) dramatic turn of events; **colpo di sole** sunstroke; **colpo di Stato** coup d'état; **colpo di telefono** phone call; **colpo di testa** (sudden) impulse o whim; **colpo di vento** gust (of wind); **colpi di sole** (nei capelli) highlights

'colsi ecc vb vedi **cogliere**

coltel'lata sf stab

col'tello sm knife; **coltello a serramanico** clasp knife

colti'vare vt to cultivate; (verdura) to grow, cultivate

'colto, -a pp di **cogliere** ▶ ag (istruito) cultured, educated

'coma sm inv coma

comanda'mento sm (Rel)

commandment

coman'dante sm (Mil) commander, commandant; (di reggimento) commanding officer; (Naut, Aer) captain

coman'dare vi to be in command ▶ vt to command; (imporre) to order, command; **~ a qn di fare** to order sb to do

combaci'are [kombat'ʃare] vi to meet; (fig: coincidere) to coincide

com'battere vt, vi to fight

combi'nare vt to combine; (organizzare) to arrange; (fam: fare) to make, cause; **combinazi'one** sf combination; (caso fortuito) coincidence; **per combinazione** by chance

combus'tibile ag combustible
▶ sm fuel

'come
av

◻ **1** (alla maniera di) like; **ti comporti come lui** you behave like him o like he does; **bianco come la neve** (as) white as snow; **come se** as if, as though

◻ **2** (in qualità di) as; **lavora come autista** he works as a driver

◻ **3** (interrogativo) how; **come ti chiami?** what's your name?; **come stai?** how are you?; **com'è il tuo amico?** what is your friend like?; **come?** (prego?) pardon?, sorry?; **come mai?** how come?; **come mai non ci hai avvertiti?** why on earth didn't you warn us?

◻ **4** (esclamativo) **come sei bravo!** how clever you are!; **come mi dispiace!** I'm terribly sorry!

▶ *cong*

◻ **1** (in che modo) how; **mi ha spiegato come l'ha conosciuto** he told me how he met him

◻ **2** (correlativo) as; (con comparativi di maggioranza) than; **non è bravo come pensavo** he isn't as clever as I thought;

è meglio di come pensassi it's better than I thought

3 (appena che, quando) as soon as; **come arrivò, iniziò a lavorare** as soon as he arrived, he set to work; vedi **così**; **tanto**

'**comico, -a, -ci, -che** ag (Teatro) comic; (buffo) comical ▶ sm (attore) comedian, comic actor

cominci'are [komin'tʃare] vt, vi to begin, start; **~ a fare/col fare** to begin to do/by doing; **a che ora comincia il film?** when does the film start?

comi'tato sm committee

comi'tiva sf party, group

co'mizio [ko'mittsjo] sm (Pol) meeting, assembly

com'media sf comedy; (opera teatrale) play; (: che fa ridere) comedy; (fig) playacting no pl

commemo'rare vt to commemorate

commen'tare vt to comment on; (testo) to annotate; (Radio, TV) to give a commentary on

commerci'ale [kommer'tʃale] ag commercial, trading; (peg) commercial

commercia'lista, -i, e [kommertʃa'lista] sm/f (laureato) graduate in economics and commerce; (consulente) business consultant

commerci'ante [kommer'tʃante] sm/f trader, dealer; (negoziante) shopkeeper

commerci'are [kommer'tʃare] vt, vi ~ **in** to deal o trade in

com'mercio [kom'mertʃo] sm trade, commerce; **essere in ~** (prodotto) to be on the market o on sale; **essere nel ~** (persona) to be in business; **commercio al dettaglio/all'ingrosso** retail/wholesale trade; **commercio elettronico** e-commerce

com'messo, -a pp di **commettere** ▶ sm/f shop assistant (BRIT), sales clerk (US) ▶ sm (impiegato) clerk; **commesso viaggiatore** commercial traveller

commes'tibile ag edible

com'mettere vt to commit

com'misi ecc vb vedi **commettere**

commissari'ato sm (Amm) commissionership; (: sede) commissioner's office; **commissariato di polizia** police station

commis'sario sm commissioner; (di pubblica sicurezza) ≈ (police) superintendent (BRIT), ≈ (police) captain (US); (Sport) steward; (membro di commissione) member of a committee o board

commissi'one sf (incarico) errand; (comitato, percentuale) commission; (Comm: ordinazione) order; **commissioni** sfpl (acquisti) shopping sg; **commissioni bancarie** bank charges; **commissione d'esame** examining board

com'mosso, -a pp di **commuovere**

commo'vente ag moving

commozi'one [kommot'tsjone] sf emotion, deep feeling; **commozione cerebrale** (Med) concussion

commu'overe vt to move, affect; **commuoversi** vpr to be moved

como'dino sm bedside table

comodità sf inv comfort; convenience

'**comodo, -a** ag comfortable; (facile) easy; (conveniente) convenient; (utile) useful, handy ▶ sm comfort; convenience; **con ~** at one's convenience o leisure; **fare il proprio ~** to do as one pleases; **far ~** to be useful o handy

compa'gnia [kompaɲ'ɲia] sf company; (gruppo) gathering

com'pagno, -a [kom'paɲɲo]

sm/f (di classe, gioco) companion; (Pol) comrade

com'paio ecc vb vedi **comparire**

compa'rare vt to compare

compara'tivo, -a ag, sm comparative

compa'rire vi to appear

com'parvi ecc vb vedi **comparire**

compassi'one sf compassion, pity; avere ~ di qn to feel sorry for sb, to pity sb

com'passo sm (pair of) compasses pl; callipers pl

compa'tibile ag (scusabile) excusable; (conciliabile, Inform) compatible

compa'tire vt (aver compassione di) to sympathize with, feel sorry for; (scusare) to make allowances for

com'patto, -a ag compact; (roccia) solid; (folla) dense; (fig: gruppo, partito) united

compen'sare vt (equilibrare) to compensate for, make up for; ~ qn di (rimunerare) to pay o remunerate sb for; (risarcire) to pay compensation to sb for; (fig: fatiche, dolori) to reward sb for; com'penso sm compensation payment, remuneration; reward; in compenso (d'altra parte) on the other hand

compe'rare vt = **comprare**

'compere sfpl fare ~ to do the shopping

compe'tente ag competent; (mancia) apt, suitable

com'petere vi to compete, vie; (Dir: spettare): ~ a to lie within the competence of; competizi'one sf competition

compi'angere [kom'pjandʒere] vt to sympathize with, feel sorry for

'compiere vt (concludere) to finish, complete; (adempiere) to carry out, fulfil; compiersi vpr (avverarsi) to be fulfilled, come true; ~ gli anni to have one's birthday

compi'lare vt (modulo) to fill in; (dizionario, elenco) to compile

'compito sm (incarico) task, duty; (dovere) duty; (Ins) exercise; (: a casa) piece of homework; fare i compiti to do one's homework

comple'anno sm birthday

complessità sf complexity

comples'sivo, -a ag (globale) comprehensive, overall; (totale: cifra) total

com'plesso, -a ag complex ▶ sm (Psic, Edil) complex; (Mus: corale) ensemble; (: orchestrina) band; (: di musica pop) group; in o nel ~ on the whole; complesso alberghiero hotel complex; complesso edilizio building complex; complesso vitaminico vitamin complex

completa'mente av completely

comple'tare vt to complete

com'pleto, -a ag complete; (teatro, autobus) full ▶ sm suit; al ~ full; (tutti presenti) all present; completo da sci ski suit

compli'care vt to complicate; complicarsi vpr to become complicated

'complice ['komplitʃe] sm/f accomplice

complicità [komplitʃi'ta] sf inv complicity; un sorriso/uno sguardo di ~ a knowing smile/look

complimen'tarsi vpr ~ con to congratulate

compli'mento sm compliment; complimenti smpl (cortesia eccessiva) ceremony sg; (ossequi) regards, compliments; complimenti! congratulations!; senza complimenti! don't stand on ceremony!; make yourself at home!; help yourself!

complot'tare vi to plot, conspire

com'plotto sm plot, conspiracy

com'pone ecc vb vedi **comporre**

compo'nente sm/f member ▸ sm component

com'pongo ecc vb vedi **comporre**

componi'mento sm (Dir) settlement; (Ins) composition; (poetico, teatrale) work

com'porre vt (musica, testo) to compose; (mettere in ordine) to arrange; (Dir: lite) to settle; (Tip) to set; (Tel) to dial; **comporsi** vpr **comporsi di** to consist of, be composed of

comporta'mento sm behaviour

compor'tare vt (implicare) to involve; **comportarsi** vpr to behave

com'posi ecc vb vedi **comporre**

composi'tore, -'trice sm/f composer; (Tip) compositor, typesetter

com'posto, -a pp di **comporre** ▸ ag (persona) composed, self-possessed; (: decoroso) dignified; (formato da più elementi) compound cpd ▸ sm compound

com'prare vt to buy; **dove posso ~ delle cartoline?** where can I buy some postcards?

com'prendere vt (contenere) to comprise, consist of; (capire) to understand

compren'sibile ag understandable

comprensi'one sf understanding

compren'sivo, -a ag (prezzo): **~ di** inclusive of; (indulgente) understanding

> Attenzione! In inglese esiste la parola comprehensive, che però in genere significa completo.

com'preso, -a pp di **comprendere** ▸ ag (incluso) included; **il servizio è ~?** is service included?

com'pressa sf (Med: garza) compress; (: pastiglia) tablet; vedi anche **compresso**

com'primere vt (premere) to press;

(Fisica) to compress; (fig) to repress

compro'messo, -a pp di **compromettere** ▸ sm compromise

compro'mettere vt to compromise; **compromettersi** vpr to compromise o.s.

com'puter sm inv computer

comu'nale ag municipal, town cpd, ≈ borough cpd

co'mune ag common; (consueto) common, everyday; (di livello medio) average; (ordinario) ordinary ▸ sm (Amm) town council; (: sede) town hall ▸ sf (di persone) commune; **fuori del ~** out of the ordinary; **avere in ~** to have in common, share; **mettere in ~** to share

comuni'care vt (notizia) to pass on, convey; (malattia) to pass on; (ansia ecc) to communicate; (trasmettere: calore ecc) to transmit, communicate; (Rel) to administer communion to ▸ vi to communicate

comuni'cato sm communiqué; **comunicato stampa** press release

comunicazi'one [komunikat'tsjone] sf communication; (annuncio) announcement; (Tel): **dare la ~ a qn** to put sb through; **ottenere la ~** to get through; **comunicazione (telefonica)** (telephone) call

comuni'one sf communion; **comunione di beni** (Dir) joint ownership of property

comu'nismo sm communism

comuni'tà sf inv community; **Comunità Europea** European Community

co'munque cong however, no matter how ▸ av (in ogni modo) in any case; (tuttavia) however, nevertheless

con prep with; **partire col treno** to leave by train; **~ mio grande stupore** to my great astonishment; **~ tutto ciò** for all that

con'cedere [kon'tʃedere] *vt (accordare)* to grant; *(ammettere)* to admit, concede; **concedersi qc** to treat o.s. to sth, to allow o.s. sth

concentrarsi *vpr* to concentrate

concentrazi'one *sf* concentration

conce'pire [kontʃe'pire] *vt (bambino)* to conceive; *(progetto, idea)* to conceive (of); *(metodo, piano)* to devise

con'certo [kon'tʃɛrto] *sm (Mus)* concert; *(: componimento)* concerto

con'cessi *ecc* [kon'tʃɛssi] *vb vedi* **concedere**

con'cetto [kon'tʃɛtto] *sm (pensiero, idea)* concept; *(opinione)* opinion

concezi'one [kontʃet'tsjone] *sf* conception

con'chiglia [kon'kiʎʎa] *sf* shell

conci'are [kon'tʃare] *vt (pelli)* to tan; *(tabacco)* to cure; *(fig: ridurre in cattivo stato)* to reduce; **conciarsi** *vr (sporcarsi)* to get in a mess; *(vestirsi male)* to dress badly

concili'are [kontʃi'ljare] *vt* to reconcile; *(contravvenzione)* to pay on the spot; *(sonno)* to be conducive to, induce; **conciliarsi qc** to gain o win sth (for o.s.); **conciliarsi qn** to win sb over; **conciliarsi con** to be reconciled with

con'cime [kon'tʃime] *sm* manure; *(chimico)* fertilizer

con'ciso, -a [kon'tʃizo] *ag* concise, succinct

concitta'dino, -a [kontʃitta'dino] *sm/f* fellow citizen

con'cludere *vt* to conclude; *(portare a compimento)* to conclude, finish, bring to an end; *(operare positivamente)* to achieve ▶ *vi (essere convincente)* to be conclusive; **concludersi** *vpr* to come to an end, close

concor'dare *vt (tregua, prezzo)* to agree on; *(Ling)* to make agree ▶ *vi* to agree

con'corde *ag (d'accordo)* in agreement; *(simultaneo)* simultaneous

concor'rente *sm/f* competitor; *(Ins)* candidate; **concor'renza** *sf* competition

concorrenzi'ale [konkorren'tsjale] *ag* competitive

con'correre *vi ~ (in) (Mat)* to converge o meet (in); **~ (a) (competere)** to compete (for); (*: Ins: a una cattedra)* to apply (for); *(partecipare: a un'impresa)* to take part in), contribute (to); **con'corso, -a** *pp di* **concorrere** ▶ *sm* competition; *(Ins)* competitive examination; **concorso di colpa** *(Dir)* contributory negligence

con'creto, -a *ag* concrete

con'danna *sf* sentence; conviction; condemnation

condan'nare *vt (Dir)*: **~ a** to sentence to; **~ per** to convict of; *(disapprovare)* to condemn

conden'sare *vt* to condense

condi'mento *sm* seasoning; dressing

con'dire *vt* to season; *(insalata)* to dress

condi'videre *vt* to share

condizio'nale [kondittsjo'nale] *ag* conditional ▶ *sm (Ling)* conditional ▶ *sf (Dir)* suspended sentence

condizio'nare [kondittsjo'nare] *vt* to condition; **ad aria condizionata** air-conditioned; **condiziona'tore** *sm* air conditioner

condizi'one [kondit'tsjone] *sf* condition

condogli'anze [kondoʎ'ʎantse] *sfpl* condolences

condo'minio *sm* joint ownership; *(edificio)* jointly-owned building

con'dotta *sf (modo di comportarsi)* conduct, behaviour; *(di un affare ecc)* handling; *(di acqua)* piping; *(incarico sanitario)* country medical practice controlled by a local authority

condu'cente [kondu'tʃɛnte] *sm* driver
con'duco *ecc vb vedi* **condurre**
con'durre *vt* to conduct; (*azienda*) to manage; (*accompagnare: bambino*) to take; (*automobile*) to drive; (*trasportare: acqua, gas*) to convey, conduct; (*fig*) to lead ▶ *vi* to lead
con'dussi *ecc vb vedi* **condurre**
confe'renza [konfe'rɛntsa] *sf* (*discorso*) lecture; (*riunione*) conference; **conferenza stampa** press conference
con'ferma *sf* confirmation
confer'mare *vt* to confirm
confes'sare *vt* to confess; **confessarsi** *vpr* to confess; **andare a confessarsi** (*Rel*) to go to confession
con'fetto *sm* sugared almond; (*Med*) pill

> Attenzione! In inglese esiste la parola confetti, che però significa coriandoli.

confet'tura *sf* (*gen*) jam; (*di arance*) marmalade
confezio'nare [konfettsjo'nare] *vt* (*vestito*) to make (up); (*merci, pacchi*) to package
confezi'one [konfet'tsjone] *sf* (*di abiti: da uomo*) tailoring; (*: da donna*) dressmaking; (*imballaggio*) packaging; **confezioni per signora** ladies' wear; **confezioni da uomo** menswear; **confezione regalo** gift pack
confic'care *vt* ~ **qc in** to hammer o drive sth into; **conficcarsi** *vpr* to stick
confi'dare *vi* ~ **in** to confide in, rely on ▶ *vt* to confide; **confidarsi con qn** to confide in sb
configu'rare *vt* (*Inform*) to set
configurazi'one [konfigurat'tsjone] *sf* configuration; (*Inform*) setting
confi'nare *vi* ~ **con** to border on ▶ *vt* (*Pol*) to intern; (*fig*) to confine
Confin'dustria *sigla f* (= *Confederazione*

Generale dell'Industria Italiana) employers' association; ≈ CBI (BRIT)
con'fine *sm* boundary; (*di paese*) border, frontier
confis'care *vt* to confiscate
con'flitto *sm* conflict
conflu'enza [konflu'ɛntsa] *sf* (*di fiumi*) confluence; (*di strade*) junction
con'fondere *vt* to mix up, confuse; (*imbarazzare*) to embarrass; **confondersi** *vpr* (*mescolarsi*) to mingle; (*turbarsi*) to be confused; (*sbagliare*) to get mixed up
confor'tare *vt* to comfort, console
confron'tare *vt* to compare
con'fronto *sm* comparison; **in o a ~ di** in comparison with, compared to; **nei miei (o tuoi ecc) confronti** towards me (o you ecc)
con'fusi *ecc vb vedi* **confondere**
confusi'one *sf* confusion; (*chiasso*) racket, noise; (*imbarazzo*) embarrassment
con'fuso, -a *pp di* **confondere** ▶ *ag* (*vedi confondere*) confused; embarrassed
conge'dare [kondʒe'dare] *vt* to dismiss; (*Mil*) to demobilize; **congedarsi** *vpr* to take one's leave
con'gegno *sm* device, mechanism
conge'lare [kondʒe'lare] *vt* to freeze; **congelarsi** *vpr* to freeze; **congela'tore** *sm* freezer
congesti'one [kondʒes'tjone] *sf* congestion
conget'tura [kondʒet'tura] *sf* conjecture
con'giungere [kon'dʒundʒere] *vt* to join (together); **congiungersi** *vpr* to join (together)
congiunti'vite [kondʒunti'vite] *sf* conjunctivitis
congiun'tivo [kondʒun'tivo] *sm* (*Ling*) subjunctive
congi'unto, -a [kon'dʒunto] *pp di*

congiungere ▶ *ag* (unito) joined
▶ *sm/f* relative

congiunzi'one [kondʒun'tsjone] *sf*
(Ling) conjunction

congi'ura [kon'dʒura] *sf* conspiracy

congratu'larsi *vpr* **~ con qn per qc** to
congratulate sb on sth

congratulazi'oni
[kongratulat'tsjoni] *sfpl*
congratulations

con'gresso *sm* congress

C.O.N.I. *sigla m* (= Comitato Olimpico
Nazionale Italiano) Italian Olympic
Games Committee

coni'are *vt* to mint, coin; (fig) to coin

co'niglio [ko'niʎʎo] *sm* rabbit

coniu'gare (Ling) to conjugate;
coniugarsi *vpr* to get married

coniuge ['kɔnjudʒe] *sm/f* spouse

connazio'nale [konnattsjo'nale]
sm/f fellow-countryman/woman

connessi'one *sf* connection

con'nettere *vt* to connect, join ▶ *vi*
(fig) to think straight

'cono *sm* cone; **cono gelato** ice-
cream cone

co'nobbi *ecc vb vedi* **conoscere**

cono'scente [kono'ʃʃɛnte] *sm/f*
acquaintance

cono'scenza [kono'ʃʃɛntsa] *sf* (il
sapere) knowledge *no pl*; (persona)
acquaintance; (facoltà sensoriale)
consciousness *no pl*; **perdere ~** to lose
consciousness

co'noscere [ko'noʃʃere] *vt* to know; **ci
siamo conosciuti a Firenze** we (first)
met in Florence; **conoscersi** *vpr* to
know o.s.; (reciproco) to know each
other; (incontrarsi) to meet; **~ qn di
vista** to know sb by sight; **farsi ~** (fig)
to make a name for o.s.; **conosci'uto,
-a** *pp di* **conoscere** ▶ *ag* well-known

con'quista *sf* conquest

conquis'tare *vt* to conquer; (fig) to
gain, win

consa'pevole *ag* **~ di** aware o
conscious of

'conscio, -a, -sci, -sce ['kɔnʃo] *ag* **~ di**
aware o conscious of

consecu'tivo, -a *ag* consecutive;
(successivo: giorno) following, next

con'segna [kon'seɲɲa] *sf* delivery;
(merce consegnata) consignment;
(custodia) care, custody; (Mil: ordine)
orders *pl*; (: punizione) confinement to
barracks; **pagamento alla ~** cash on
delivery; **dare qc in ~ a qn** to entrust
sth to sb

conse'gnare [konseɲ'ɲare] *vt* to
deliver; (affidare) to entrust, hand
over; (Mil) to confine to barracks

consegu'enza [konse'gwɛntsa] *sf*
consequence; **per o di ~** consequently

con'senso *sm* approval, consent;
consenso informato informed
consent

consen'tire *vi* **~ a** to consent o agree
to ▶ *vt* to allow, permit

con'serva *sf* (Cuc) preserve;
conserva di frutta jam; **conserva di
pomodoro** tomato purée

conser'vante *sm* (per alimenti)
preservative

conser'vare *vt* (Cuc) to preserve;
(custodire) to keep; (: dalla distruzione
ecc) to preserve, conserve

conserva'tore, -'trice *sm/f* (Pol)
conservative

conserva'torio *sm* (di musica)
conservatory

conservazi'one [konservat'tsjone] *sf*
preservation; conservation

conside'rare *vt* to consider; (reputare)
to consider, regard; **considerarsi** *vpr*
to consider o.s.

consigli'are [konsiʎ'ʎare] *vt*
(persona) to advise; (metodo, azione)
to recommend, advise, suggest; **mi
può ~ un buon ristorante?** can you
recommend a good restaurant?;

con'siglio sm (suggerimento) advice no pl, piece of advice; (assemblea) council; **consiglio d'amministrazione** board; **Consiglio d'Europa** Council of Europe; **Consiglio dei Ministri** (Pol): **il Consiglio dei Ministri** = the Cabinet

consis'tente ag thick; solid; (fig) sound, valid

con'sistere vi - **in** to consist of

conso'lare ag consular ▶ vt (confortare) to console, comfort; (rallegrare) to cheer up; **consolarsi** vpr to be comforted; to cheer up

conso'lato sm consulate

consolazi'one [konsolat'tsjone] sf consolation, comfort

'console sm consul

conso'nante sf consonant

'consono, -a ag ~ **a** consistent with, consonant with

con'sorte sm/f consort

consta'tare vt to establish, verify

consu'eto, -a ag habitual, usual

consu'lente sm/f consultant

consul'tare vt to consult; **consultarsi** vpr **consultarsi con qn** to seek the advice of sb

consul'torio sm ~ **familiare** family planning clinic

consu'mare vt (logorare: abiti, scarpe) to wear out; (usare) to consume, use up; (mangiare, bere) to consume; (Dir) to consummate; **consumarsi** vpr to wear out; to be used up; (anche fig) to be consumed; (combustibile) to burn out

con'tabile ag accounts cpd, accounting ▶ sm/f accountant

contachi'lometri [kontaki'lometri] sm inv = mileometer

conta'dino, -a sm/f countryman/ woman, farm worker; (peg) peasant

contagi'are [konta'dʒare] vt to infect

contagi'oso, -a ag infectious; contagious

contagocce [konta'gottʃe] sm inv (Med) dropper

contami'nare vt to contaminate

con'tante sm cash; **pagare in contanti** to pay cash; **non ho contanti** I haven't got any cash

con'tare vt to count; (considerare) to consider ▶ vi to count, be of importance; ~ **su qn** to count o rely on sb; ~ **di fare qc** to intend to do sth; **conta'tore** sm meter

contat'tare vt to contact

con'tatto sm contact

'conte sm count

conteggi'are [konted'dʒare] vt to charge, put on the bill

con'tegno [kon'teɲɲo] sm (comportamento) behaviour; (atteggiamento) attitude; **darsi un** ~ to act nonchalant; to pull o.s. together

contemporanea'mente av simultaneously; at the same time

contempo'raneo, -a ag, sm/f contemporary

conten'dente sm/f opponent, adversary

conte'nere vt to contain; **conteni'tore** sm container

conten'tezza [konten'tettsa] sf contentment

con'tento, -a ag pleased, glad; ~ **di** pleased with

conte'nuto sm contents pl; (argomento) content

con'tessa sf countess

contes'tare vt (Dir) to notify; (fig) to dispute

con'testo sm context

continen'tale ag, sm/f continental

conti'nente ag continent ▶ sm (Geo) continent; (: terra ferma) mainland

contin'gente [kontin'dʒɛnte] ag contingent ▶ sm (Comm) quota; (Mil) contingent

continua'mente av (senza interruzione) continuously, nonstop; (ripetutamente) continually

continu'are vt to continue (with), go on with ▸ vi to continue, go on; ~ a fare qc to go on o continue doing sth

continuità sf continuity

con'tinuo, -a ag (numerazione) continuous; (pioggia) continual, constant; (Elettr): **corrente continua** direct current; **di ~** continually

'conto sm (calcolo) calculation; (Comm, Econ) account; (di ristorante, albergo) bill; (fig: stima) consideration, esteem; **il ~, per favore** can I have the bill, please?; **lo metta sul mio ~** put it on my bill; **fare i conti con qn** to settle one's account with sb; **fare ~ su qn/qc** to count o rely on sb; **rendere ~ a qn di qc** to be accountable to sb for sth; **tener ~ di qn/qc** to take sb/sth into account; **per ~ di** on behalf of; **per ~ mio** as far as I'm concerned; **a conti fatti, in fin dei conti** all things considered; **conto corrente** current account; **conto alla rovescia** countdown

con'torno sm (linea) outline, contour; (ornamento) border; (Cuc) vegetables pl

con'torto, -a pp di **contorcere**

contrabbandi'ere, -a sm/f smuggler

contrab'bando sm smuggling, contraband; **merce di ~** contraband, smuggled goods pl

contrab'basso sm (Mus) (double) bass

contraccambi'are vt (favore ecc) to return

contraccet'tivo, -a [kontratʃetˈtivo] ag, sm contraceptive

contrac'colpo sm rebound; (di arma da fuoco) recoil; (fig) repercussion

contrad'dire vt to contradict; **contraddirsi** vpr to contradict o.s.; (uso reciproco: persone) to contradict

each other o one another; (: testimonianze ecc) to be contradictory

contraf'fare vt (persona) to mimic; (alterare: voce) to disguise; (firma) to forge, counterfeit

contraria'mente av ~ a contrary to

contrari'are vt (contrastare) to thwart, oppose; (irritare) to annoy, bother

con'trario, -a ag opposite; (sfavorevole) unfavourable ▸ sm opposite; **essere ~ a qc** (persona) to be against sth; **in caso ~** otherwise; **avere qc in ~** to have some objection; **al ~** on the contrary

contrasse'gnare [kontrassenˈɲare] vt to mark

contras'tare vt (avversare) to oppose; (impedire) to bar; (negare: diritto) to contest, dispute ▸ vi ~ **(con)** (essere in disaccordo) to contrast (with); (lottare) to struggle (with)

contrat'tacco sm counterattack

contrat'tare vt, vi to negotiate

contrat'tempo sm hitch

con'tratto, -a pp di **contrarre** ▸ sm contract

contravvenzi'one [kontravvenˈtsjone] sf contravention; (ammenda) fine

contrazi'one [kontratˈtsjone] sf contraction; (di prezzi ecc) reduction

contribu'ente sm/f taxpayer; ratepayer (BRIT), property tax payer (US)

contribu'ire vi to contribute

'contro prep against; ~ **di me/lui** against me/him; **pastiglie ~ la tosse** throat lozenges; ~ **pagamento** (Comm) on payment ▸ prefisso: **controfi'gura** sf (Cinema) double

control'lare vt (accertare) to check; (sorvegliare) to watch, control; (tenere nel proprio potere, fig: dominare) to control; **controllarsi** vpr to control o.s.; **con'trollo** sm check; watch; control; **controllo delle nascite** birth control; **control'lore** sm (Ferr, Autobus) (ticket) inspector

contro'luce [kontro'lutʃe] sf inv (Fot) backlit shot ▸ av **(in)** ~ against the light; (fotografare) into the light

contro'mano av **guidare** ~ to drive on the wrong side of the road; (in un senso unico) to drive the wrong way up a one-way street

controprodu'cente [kontroprodu'tʃente] ag counterproductive

contro'senso sm (contraddizione) contradiction in terms; (assurdità) nonsense

controspio'naggio [kontrospio'naddʒo] sm counterespionage

contro'versia sf (Dir) controversy; (Dir) dispute

contro'verso, -a ag controversial

contro'voglia [kontro'vɔλλa] av unwillingly

contusi'one sf (Med) bruise

convale'scente [konvaleʃ'ʃente] ag, sm/f convalescent

convali'dare vt (Amm) to validate; (fig: sospetto, dubbio) to confirm

con'vegno [kon'veɲɲo] sm (incontro) meeting; (congresso) convention, congress; (luogo) meeting place

conve'nevoli smpl civilities

conveni'ente ag suitable; (vantaggioso) profitable; (: prezzo) cheap

> Attenzione! In inglese esiste la parola **convenient**, che però significa **comodo**.

conve'nire vi (riunirsi) to gather, assemble; (concordare) to agree; (tornare utile) to be worthwhile ▸ vb impers **conviene fare questo** it is advisable to do this; **conviene**

andarsene we should go; **ne convengo** I agree

con'vento sm (di frati) monastery; (di suore) convent

convenzio'nale [konventsjo'nale] ag conventional

convenzi'one sf (Dir) agreement; (nella società) convention

conver'sare vi to have a conversation, converse

conversazi'one [konversat'tsjone] sf conversation; **fare** ~ to chat, have a chat

conversi'one sf conversion; **conversione ad U** (Aut) U-turn

conver'tire vt (trasformare) to change; (Pol, Rel) to convert; **convertirsi** vpr **convertirsi (a)** to be converted (to)

con'vesso, -a ag convex

convin'cente [konvin'tʃente] ag convincing

con'vincere [kon'vintʃere] vt to convince; ~ **qn di qc** to convince sb of sth; ~ **qn a fare qc** to persuade sb to do sth; **convincersi** vpr **convincersi (di qc)** to convince o.s. (of sth); ~ **qn di qc** to convince sb of sth; ~ **qn a fare qc** to convince sb to do sth

convi'vente sm/f common-law husband/wife

con'vivere vi to live together

convo'care vt to call, convene; (Dir) to summon

convulsi'one sf convulsion

coope'rare vi ~ **(a)** to cooperate (in); **coopera'tiva** sf cooperative

coordi'nare vt to coordinate

co'perchio [ko'perkjo] sm cover; (di pentola) lid

co'perta sf cover; (di lana) blanket; (da viaggio) rug; (Naut) deck

coper'tina sf (Stampa) cover, jacket

co'perto, -a pp di **coprire** ▸ ag covered; (cielo) overcast ▸ sm place setting; (posto a tavola) place; (al

ristorante) cover charge; **~ di** covered in o with

coper'tone sm (Aut) rubber tyre

coper'tura sf (anche Econ, Mil) cover; (di edificio) roofing

'copia sf copy; **brutta/bella ~** rough/final copy

copi'are vt to copy

copi'one sm (Cinema, Teatro) script

'coppa sf (bicchiere) goblet; (per frutta, gelato) dish; (trofeo) cup, trophy; **coppa dell'olio** sm sump (BRIT) o pan (US)

'coppia sf (di persone) couple; (di animali, Sport) pair

coprifu'oco, -chi sm curfew

copri'letto sm bedspread

copripiu'mino sm duvet cover

co'prire vt to cover; (occupare: carica, posto) to hold; **coprirsi** vpr (cielo) to cloud over; (vestirsi) to wrap up, cover up; (Econ) to cover o.s.; **coprirsi di** (macchie, muffa) to become covered in

coque [kɔk] sf **uovo alla ~** boiled egg

co'raggio [ko'raddʒo] sm courage, bravery; **~!** (forza!) come on!; (animo) cheer up!

co'rallo sm coral

Co'rano sm (Rel) Koran

co'razza [ko'rattsa] sf armour; (di animali) carapace, shell; (Mil) armour(-plating)

'corda sf cord; (fune) rope; (spago, Mus) string; **dare ~ a qn** to let sb have his (o her) way; **tenere sulla ~ qn** to keep sb on tenterhooks; **tagliare la ~** to slip away, sneak off; **corda vocale** vocal cords

cordi'ale ag cordial, warm ▶ sm (bevanda) cordial

'cordless ['kɔːdlɪs] sm inv cordless phone

cor'done sm cord, string; (linea: di polizia) cordon; **cordone ombelicale** umbilical cord

Co'rea sf la **~** Korea

coreogra'fia sf choreography

cori'andolo sm (Bot) coriander; **coriandoli** smpl confetti sg

cor'nacchia [kor'nakkja] sf crow

corna'musa sf bagpipes pl

cor'netta sf (Mus) cornet; (Tel) receiver

cor'netto sm (Cuc) croissant; (gelato) cone

cor'nice [kor'nitʃe] sf frame; (fig) setting, background

cornici'one [korni'tʃone] sm (di edificio) ledge; (Archit) cornice

'corno (pl(f)-a) sm (Zool) horn; (pl(m) -i: Mus) horn; **fare le corna a qn** to be unfaithful to sb

Corno'vaglia [korno'vaʎʎa] sf la **~** Cornwall

cor'nuto, -a ag (con corna) horned; (fam!: marito) cuckolded ▶ sm (fam!) cuckold; (: insulto) bastard (!)

'coro sm chorus; (Rel) choir

co'rona sf crown; (di fiori) wreath

'corpo sm body; (militare, diplomatico) corps inv; **prendere ~** to take shape; **a ~ a ~** hand-to-hand; **corpo di ballo** corps de ballet; **corpo insegnante** teaching staff

corpora'tura sf build, physique

cor'reggere [kor'reddʒere] vt to correct; (compiti) to correct, mark

cor'rente ag (acqua: di fiume) flowing; (: di rubinetto) running; (moneta, prezzo) current; (comune) everyday ▶ sm **essere al ~ (di)** to be well-informed (about); **mettere al ~ (di)** to inform (of) ▶ sf (d'acqua) current, stream; (spiffero) draught; (Elettr, Meteor) current; (fig) trend, tendency; **la vostra lettera del 5 ~ mese** (Comm) your letter of the 5th of this month; **corrente alternata/continua** alternate/direct current; **corrente'mente** av commonly;

parlare una lingua correntemente to speak a language fluently

'correre vi to run; (precipitarsi) to rush; (partecipare a una gara) to race, run; (fig: diffondersi) to go round ► vt (Sport: gara) to compete in; (rischio) to run; (pericolo) to face; **~ dietro a qn** to run after sb; **corre voce che ...** it is rumoured that ...

cor'ressi ecc vb vedi **correggere**

correzi'one [korret'tsjone] sf correction; marking; **correzione di bozze** proofreading

corri'doio sm corridor; (in aereo, al cinema) aisle; **vorrei un posto sul ~** I'd like an aisle seat

corri'dore sm (Sport) runner; (: su veicolo) racer

corri'era sf coach (BRIT), bus

corri'ere sm (diplomatico, di guerra, postale) courier; (Comm) carrier

corri'mano sm handrail

corrispon'dente ag corresponding ► sm/f correspondent

corrispon'denza [korrispon'dentsa] sf correspondence

corris'pondere vi (equivalere): **~ (a)** to correspond (to) ► vt (stipendio) to pay; (fig: amore) to return

cor'rodere vt to corrode

cor'rompere vt to corrupt; (comprare) to bribe

cor'roso, -a pp di **corrodere**

cor'rotto, -a pp di **corrompere** ► ag corrupt

corru'gare vt to wrinkle; **~ la fronte** to knit one's brows

cor'ruppi ecc vb vedi **corrompere**

corruzi'one [korrut'tsjone] sf corruption; bribery

'corsa sf running no pl; (gara) race; (di autobus, taxi) journey, trip; **fare una ~** to run, dash; (Sport) to run a race; **corsa campestre** cross-country race

'corsi ecc vb vedi **correre**

cor'sia sf (Aut, Sport) lane; (di ospedale) ward

'Corsica sf **la ~** Corsica

cor'sivo sm cursive (writing); (Tip) italics pl

'corso, -a pp di **correre** ► sm course; (strada cittadina) main street; (di unità monetaria) circulation; (di titoli, valori) rate, price; **in ~** in progress, under way; (annata) current; **corso d'acqua** river, stream; (artificiale) waterway; **corso d'aggiornamento** refresher course; **corso serale** evening class

'corte sf (cortile) (court)yard; (Dir, regale) court; **fare la ~ a qn** to court sb; **corte marziale** court-martial

cor'teccia, -ce [kor'tettʃa] sf bark

corteggi'are [korted'dʒare] vt to court

cor'teo sm procession

cor'tese ag courteous; **corte'sia** sf courtesy; **per cortesia ...** excuse me, please ...

cor'tile sm (court)yard

cor'tina sf curtain; (anche fig) screen

'corto, -a ag short; **essere a ~ di qc** to be short of sth; **corto circuito** short-circuit

'corvo sm raven

'cosa sf thing; (faccenda) affair, matter, business no pl; **(che) ~?** what?; **(che) cos'è?** what is it?; **a ~ pensi?** what are you thinking about?

'coscia, -sce ['kɔʃʃa] sf thigh; **coscia di pollo** (Cuc) chicken leg

cosci'ente [koʃʃɛnte] ag conscious; **~ di** conscious o aware of

co'sì
av

1 (in questo modo) like this, (in) this way; (in tal modo) so; **le cose stanno così** this is the way things stand; **non ho detto così!** I didn't say that!; **come stai? — (e) così** how are you? — so-so; **e così via** and so on; **per così dire** so to speak

2 (*tanto*) so; **così lontano** so far away; **un ragazzo così intelligente** such an intelligent boy

▶ *ag inv* (*tale*): **non ho mai visto un film così** I've never seen such a film

▶ *cong*

1 (*perciò*) so, therefore

2: **così ... come as ... as; non è così bravo come te** he's not as good as you; **così ... che** so ... that

cosid'detto, -a *ag* so-called

cos'metico, -a, -ci, -che *ag, sm* cosmetic

cos'pargere [kos'pardʒere] *vt* ~ **di** to sprinkle with

cos'picuo, -a *ag* considerable, large

cospi'rare *vi* to conspire

'cossi *ecc vb vedi* **cuocere**

'costa *sf* (*tra terra e mare*) coast(line); (*litorale*) shore; (*Anat*) rib; **la C~ Azzurra** the French Riviera

cos'tante *ag* constant; (*persona*) steadfast ▶ *sf* constant

cos'tare *vi, vt* to cost; **quanto costa?** how much does it cost?; **~ caro** to be expensive, cost a lot

cos'tata *sf* (*Cuc*) large chop

costeggi'are [kosted'dʒare] *vt* to be close to; to run alongside

cos'tiero, -a *ag* coastal, coast *cpd*

costitu'ire *vt* (*comitato, gruppo*) to set up, form; (*elementi, parti: comporre*) to make up, constitute; (*rappresentare*) to constitute; (*Dir*) to appoint; **costituirsi** *vpr* **costituirsi alla polizia** to give o.s. up to the police

costituzi'one [kostitut'tsjone] *sf* setting up; building up; constitution

'costo *sm* cost; **a ogni o qualunque ~, a tutti i costi** at all costs

'costola *sf* (*Anat*) rib

cos'toso, -a *ag* expensive, costly

cos'tringere [kos'trindʒere] *vt* ~ **qn a fare qc** to force sb to do sth

costru'ire *vt* to construct, build;

costruzi'one *sf* construction, building

cos'tume *sm* (*uso*) custom; (*foggia di vestire, indumento*) costume; **costume da bagno** bathing o swimming costume (BRIT), swimsuit; (*da uomo*) bathing o swimming trunks *pl*

co'tenna *sf* bacon rind

coto'letta *sf* (*di maiale, montone*) chop; (*di vitello, agnello*) cutlet

co'tone *sm* cotton; **cotone idrofilo** cotton wool (BRIT), absorbent cotton (US)

'cotta *sf* (*fam: innamoramento*) crush

'cottimo *sm* **lavorare a ~** to do piecework

'cotto, -a *pp di* **cuocere** *ag* cooked; (*fam: innamorato*) head-over-heels in love; **ben ~** (*carne*) well done

cot'tura *sf* cooking; (*in forno*) baking; (*in umido*) stewing

co'vare *vt* to hatch; (*fig: malattia*) to be sickening for; (*: odio, rancore*) to nurse ▶ *vi* (*fuoco, fig*) to smoulder

'covo *sm* den

co'vone *sm* sheaf

'cozza ['kottsa] *sf* mussel

coz'zare [kot'tsare] *vi* ~ **contro** to bang into, collide with

'crampo *sm* cramp; **ho un ~ alla gamba** I've got cramp in my leg

'cranio *sm* skull

cra'tere *sm* crater

cra'vatta *sf* tie

cre'are *vt* to create

'crebbi *ecc vb vedi* **crescere**

cre'dente *sm/f* (*Rel*) believer

cre'denza [kre'dɛntsa] *sf* belief; (*armadio*) sideboard

'credere *vt* to believe ▶ *vi* ~ **in, ~ a** to believe in; ~ **qn onesto** to believe sb (*to be*) honest; ~ **che** to believe o think that; **credersi furbo** to think one is clever

'credito sm (anche Comm) credit; (reputazione) esteem, repute; **comprare a ~** to buy on credit

'crema sf cream; (con uova, zucchero ecc) custard; **crema pasticciera** confectioner's custard; **crema solare** sun cream

cre'mare vt to cremate

'crepa sf crack

cre'paccio [kre'pattʃo] sm large crack, fissure; (di ghiacciaio) crevasse

crepacu'ore sm broken heart

cre'pare vi (fam: morire) to snuff it, kick the bucket; **~ dalle risa** to split one's sides laughing

crêpe [krɛp] sf inv pancake

cre'puscolo sm twilight, dusk

'crescere ['kreʃʃere] vi to grow ▶ vt (figli) to raise

'cresima sf (Rel) confirmation

'crespo, -a ag (capelli) frizzy; (tessuto) puckered ▶ sm crêpe

'cresta sf crest; (di polli, uccelli) crest, comb

'creta sf chalk; clay

creti'nata sf (fam): **dire/fare una ~** to say/do a stupid thing

cre'tino, -a ag stupid ▶ sm/f idiot, fool

CRI sigla f = **Croce Rossa Italiana**

cric sm inv (Tecn) jack

'cri'ceto [kri'tʃeto] sm hamster

crimi'nale ag, sm/f criminal

criminalità sf crime; **criminalità organizzata** organized crime

'crimine sm (Dir) crime

crip'tare vt (TV: programma) to encrypt

crisan'temo sm chrysanthemum

'crisi sf inv crisis; (Med) attack, fit; **crisi di nervi** attack o fit of nerves

cris'tallo sm crystal; **cristalli liquidi** liquid crystals

cristia'nesimo sm Christianity

cristi'ano, -a ag, sm/f Christian

'Cristo sm Christ

cri'terio sm criterion; (buon senso) (common) sense

'critica, -che sf criticism; **la ~** (attività) criticism; (persone) the critics pl; vedi anche **critico**

criti'care vt to criticize

'critico, -a, -ci, -che ag critical ▶ sm critic

cro'ato, -a ag, sm/f Croatian, Croat

Croa'zia [kroa'tsja] sf Croatia

croc'cante ag crisp, crunchy

'croce [krotʃe] sf cross; **in ~** (di traverso) crosswise; (fig) on tenterhooks; **Croce Rossa** Red Cross

croci'ata [kro'tʃata] sf crusade

croci'era [kro'tʃɛra] sf (viaggio) cruise; (Archit) transept

croci'fisso, -a pp di **crocifiggere**

crol'lare vi to collapse; **'crollo** sm collapse; (di prezzi) slump, sudden fall; **crollo in Borsa** slump in prices on the Stock Exchange

cro'mato, -a ag chromium-plated

'cromo sm chrome, chromium

'cronaca, -che sf (Stampa) news sg; (: rubrica) column; (TV, Radio) commentary; **fatto o episodio di ~** news item; **cronaca nera** crime news sg; crime column

'cronico, -a, -ci, -che ag chronic

cro'nista, -i sm (Stampa) reporter

cro'nometro sm chronometer; (a scatto) stopwatch

'crosta sf crust

cros'tacei [kros'tatʃei] smpl shellfish

cros'tata sf (Cuc) tart

cros'tino sm (Cuc) crouton; (: da antipasto) canapé

cruci'ale [kru'tʃale] ag crucial

cruci'verba sm inv crossword (puzzle)

cru'dele ag cruel

'crudo, -a ag (non cotto) raw; (aspro) harsh, severe

cru'miro (peg) sm blackleg (BRIT), scab

'crusca sf bran

crus'cotto sm (Aut) dashboard

CSI sigla f inv (= Comunità Stati Indipendenti) CIS

CSM [tʃiɛsse'ɛmme] sigla m (= consiglio superiore della magistratura) Magistrates' Board of Supervisors

'**Cuba** sf Cuba

cu'bano, -a ag, sm/f Cuban

cu'betto sm; **cubetto di ghiaccio** ice cube

cu'bico, -a, -ci, -che ag cubic

cu'bista, -i, -e ag Cubist ▸ sf (in discoteca) podium dancer

'**cubo, -a** ag cube ▸ sm cube; **elevare al ~** (Mat) to cube

cuc'cagna [kuk'kaŋɲa] sf **paese della ~** land of plenty; **albero della ~** greasy pole (fig)

cuc'cetta [kut'tʃetta] sf (Ferr) couchette; (Naut) berth

cucchia'iata [kukkja'jata] sf spoonful

cucchia'ino [kukkja'ino] sm teaspoon; coffee spoon

cucchi'aio [kuk'kjajo] sm spoon

'**cuccia, -ce** ['kuttʃa] sf dog's bed; **a ~!** down!

'**cucciolo** ['kuttʃolo] sm cub; (di cane) puppy

cu'cina [ku'tʃina] sf (locale) kitchen; (arte culinaria) cooking, cookery; (le vivande) food, cooking; (apparecchio) cooker; **cucina componibile** fitted kitchen; **cuci'nare** vt to cook

cu'cire [ku'tʃire] vt to sew, stitch; **cuci'trice** sf stapler

cucù sm inv cuckoo

'**cuffia** sf bonnet, cap; (da infermiera) cap; (da bagno) (bathing) cap; (per ascoltare) headphones pl, headset

cu'gino, -a [ku'dʒino] sm/f cousin

O '**cui** pron

1 (nei complementi indiretti: persona) whom; (: oggetto, animale) which; **la persona/le persone a cui accennavi** the person/people you were referring

to o to whom you were referring; **i libri di cui parlavo** the books I was talking about o about which I was talking; **il quartiere in cui abito** the district where I live; **la ragione per cui** the reason why

2 (inserito tra articolo e sostantivo) whose; **la donna i cui figli sono scomparsi** the woman whose children have disappeared; **il signore, dal cui figlio ho avuto il libro** the man from whose son I got the book

culi'naria sf cookery

'**culla** sf cradle

cul'lare vt to rock

'**culmine** sm top, summit

'**culo** (fam!) sm arse (BRIT!), ass (US!); (fig: fortuna): **aver ~** to have the luck of the devil

'**culto** sm (religione) religion; (adorazione) worship, adoration; (venerazione: anche fig) cult

cul'tura sf culture; education, learning; **cultu'rale** ag cultural

cultu'rismo sm body-building

cumula'tivo, -a ag cumulative; (prezzo) inclusive; (biglietto) group cpd

'**cumulo** sm (mucchio) pile, heap; (Meteor) cumulus

cu'netta sf (avvallamento) dip; (di scolo) gutter

cu'ocere ['kwɔtʃere] vt (alimenti) to cook; (mattoni ecc) to fire ▸ vi to cook; **~ al forno** (pane) to bake; (arrosto) to roast; **cu'oco, -a, -chi, -che** sm/f cook; (di ristorante) chef

cu'oio sm leather; **cuoio capelluto** scalp

cu'ore sm heart; **cuori** smpl (Carte) hearts; **avere buon ~** to be kind-hearted; **stare a ~ a qn** to be important to sb

'**cupo, -a** ag dark; (suono) dull; (fig) gloomy, dismal

'**cupola** sf dome; cupola

'**cura** sf care; (Med: trattamento) (course of) treatment; **aver ~ di** (occuparsi di) to look after; **a ~ di** (libro) edited by; **cura dimagrante** diet

cu'**rare** vt (malato, malattia) to treat; (: guarire) to cure; (aver cura di) to take care of; (testo) to edit; **curarsi** vpr to take care of o.s.; (Med) to follow a course of treatment; **curarsi di** to pay attention to

curio'**sare** vi to look round, wander round; (tra libri) to browse; **~ nei negozi** to look o wander round the shops

curiosità sf inv curiosity; (cosa rara) curio, curiosity

curi'**oso, -a** ag curious; **essere ~ di** to be curious about

cur'**sore** sm (Inform) cursor

'**curva** sf curve; (stradale) bend, curve

cur'**vare** vt to bend ▶ vi (veicolo) to take a bend; (strada) to bend, curve; **curvarsi** vpr to bend; (legno) to warp

'**curvo, -a** ag curved; (piegato) bent

cusci'**netto** [kuʃʃi'netto] sm pad; (Tecn) bearing ▶ ag inv **stato ~** buffer state; **cuscinetto a sfere** ball bearing

cu'**scino** [kuʃʃino] sm cushion; (guanciale) pillow

cus'**tode** sm/f keeper, custodian

cus'**todia** sf care; (Dir) custody; (astuccio) case, holder

custo'**dire** vt (conservare) to keep; (assistere) to look after, take care of; (fare la guardia) to guard

CV abbr = cavallo vapore; h.p.

cyber**caffè** [tʃiberka'fɛ] sm inv cybercafé

cyber**nauta, -i, -e** sm/f Internet surfer

cyber**spazio** sm cyberspace

d

d

da (da+il = **dal**, da+lo = **dallo**, da+l' = **dall'**, da+la = **dalla**, da+i = **dai**, da+gli = **dagli**, da+le = **dalle**) prep

1 (agente) by; **dipinto da un grande artista** painted by a great artist

2 (causa) with; **tremare dalla paura** to tremble with fear

3 (stato in luogo) at; **abito da lui** I'm living at his house o with him; **sono dal giornalaio/da Francesco** I'm at the newsagent's/Francesco's (house)

4 (moto a luogo) to; (moto per luogo) through; **vado da Pietro/dal giornalaio** I'm going to Pietro's (house)/to the newsagent's; **sono passati dalla finestra** they came in through the window

5 (provenienza, allontanamento) from; **arrivare/partire da Milano** to arrive/depart from Milan; **scendere dal treno/dalla macchina** to get off the train/out of the car; **si trova a 5 km da qui** it's 5 km from here

6 (tempo: durata) for; (: a partire da: nel passato) since; (: nel futuro) from; **vivo qui da un anno** I've been living here for a year; **è dalle 3 che ti aspetto** I've been waiting for you since 3 (o'clock); **da oggi in poi** from today onwards; **da bambino** as a child, when I (o he ecc) was a child

7 (modo, maniera) like; **comportarsi da uomo** to behave like a man; **l'ho fatto**

da me I did it (by) myself

8 (*descrittivo*): **una macchina da corsa** a racing car; **una ragazza dai capelli biondi** a girl with blonde hair; **un vestito da 60 euro** a 60 euros dress

dà *vb vedi* **dare**

dac'capo *av* (*di nuovo*) (once) again; (*dal principio*) all over again, from the beginning

'dado *sm* (*da gioco*) dice o die; (*Cuc*) stock (BRIT) o bouillon (US) cube; (*Tecn*) (screw)nut; **dadi** *smpl* (*game of*) dice; **giocare a dadi** to play dice

'daino *sm* (*fallow*) deer *inv*; (*pelle*) buckskin

dal'tonico, -a, -ci, -che *ag* colourblind

'dama *sf* lady; (*nei balli*) partner; (*gioco*) draughts *sg* (BRIT), checkers *sg* (US)

damigi'ana [dami'dʒana] *sf* demijohn

da'nese *ag* Danish ▸ *sm/f* Dane ▸ *sm* (*Ling*) Danish

Dani'marca *sf* la ~ Denmark

dannazi'one *sf* damnation

danneggi'are [danned'dʒare] *vt* to damage; (*rovinare*) to spoil; (*nuocere*) to harm

'danno *sm* damage; (*a persona*) harm, injury; **danni** *smpl* (*Dir*) damages; **dan'noso, -a** *ag* **dannoso (a, per)** harmful (to), bad (for)

Da'nubio *sm* il ~ the Danube

'danza [dantsa] *sf* la ~ dancing; **una ~ a dance**

dan'zare [dan'tsare] *vt, vi* to dance

dapper'tutto *av* everywhere

dap'prima *av* at first

'dare *sm* (*Comm*) debit ▸ *vt* to give; (*produrre: frutti, suono*) to produce ▸ *vi* (*guardare*): **~ su** to look (out) onto; **darsi** *vpr* **darsi a** to dedicate o.s. to; **darsi al commercio** to go into business; **darsi al bere** to take to drink; **~ da mangiare a qn** to give sb

sth to eat; **~ per certo qc** to consider sth certain; **~ per morto qn** to give sb up for dead; **darsi per vinto** to give in

'data *sf* date; **~ limite d'utilizzo** or **di consumo** best-before date; **data di nascita** date of birth; **data di scadenza** expiry date

'dato, -a *ag* (*stabilito*) given ▸ *sm* datum; **dati** *smpl* data *pl*; **~ che** given that; **un ~ di fatto** a fact; **dati sensibili** personal information

da'tore, -'trice *sm/f*; **datore di lavoro** employer

'dattero *sm* date

dattilogra'fia *sf* typing

datti'lografo, -a *sm/f* typist

da'vanti *av* in front; (*dirimpetto*) opposite ▸ *ag* *inv* front ▸ *sm* front; **~ a** in front of; facing, opposite; (*in presenza di*) before, in front of

davan'zale [davan'tsale] *sm* windowsill

dav'vero *av* really, indeed

d.C. *adv abbr* (= *dopo Cristo*) A.D.

'dea *sf* goddess

'debbo *ecc vb vedi* **dovere**

'debito, -a *ag* due, proper ▸ *sm* debt; (*Comm: dare*) debit; **a tempo ~** at the right time

'debole *ag* weak, feeble; (*suono*) faint; (*luce*) dim ▸ *sm* weakness; **debo'lezza** *sf* weakness

debut'tare *vi* to make one's debut

deca'denza [deka'dɛntsa] *sf* decline; (*Dir*) loss, forfeiture

decaffei'nato, -a *ag* decaffeinated

decapi'tare *vt* to decapitate, behead

decappot'tabile *ag, sf* convertible

de'cennio [de'tʃɛnnjo] *sm* decade

de'cente [de'tʃɛnte] *ag* decent, respectable, proper; (*accettabile*) satisfactory, decent

de'cesso [de'tʃɛsso] *sm* death

de'cidere [de'tʃidere] *vt* **~ qc** to decide

on sth; (*questione, lite*) to settle sth; ~ **di fare/che** to decide to do/that; ~ **di qc** (*cosa*) to determine sth; **decidersi (a fare)** to decide (to do), make up one's mind (to do)

deci'frare [detʃi'frare] *vt* to decode; (*fig*) to decipher, make out

deci'male [detʃi'male] *ag* decimal

'decimo, -a ['detʃimo] *num* tenth

de'cina [de'tʃina] *sf* ten; (*circa dieci*): **una ~ (di)** about ten

de'cisi *ecc* [de'tʃizi] *vb vedi* **decidere**

decisi'one [detʃi'zjone] *sf* decision; **prendere una ~** to make a decision

deci'sivo, -a [detʃi'zivo] *ag* (*gen*) decisive; (*fattore*) deciding

de'ciso, -a [de'tʃizo] *pp di* **decidere**

decli'nare *vi* (*pendio*) to slope down; (*fig: diminuire*) to decline ▶ *vt* to decline

declinazi'one *sf* (*Ling*) declension

de'clino *sm* decline

decodifica'tore *sm* (*Tel*) decoder

decol'lare *vi* (*Aer*) to take off; **de'collo** *sm* take-off

deco'rare *vt* to decorate; **decorazi'one** *sf* decoration

de'creto *sm* decree; **decreto legge** decree with the force of law

'dedica, -che *sf* dedication

dedi'care *vt* to dedicate; **dedicarsi a** to devote o.s. to

dedicherò *ecc* [dedike'rɔ] *vb vedi* **dedicare**

'dedito, -a *ag* ~ **a** (*studio ecc*) dedicated *o* devoted to; (*vizio*) addicted to

de'duco *ecc vb vedi* **dedurre**

de'durre *vt* (*concludere*) to deduce; (*defalcare*) to deduct

de'dussi *ecc vb vedi* **dedurre**

defici'ente [defi'tʃɛnte] *ag* (*mancante*): ~ **di** deficient in; (*insufficiente*) insufficient ▶ *sm/f* mental defective; (*peg: cretino*) idiot

'deficit ['dɛfitʃit] *sm inv* (*Econ*) deficit

defi'nire *vt* to define; (*risolvere*) to settle; **defini'tiva sf in ~** (*dopotutto*) in the end; (*dunque*) hence; **defini'tivo, -a** *ag* definitive, final; **defini'zi'one** *sf* definition; settlement

defor'mare *vt* (*alterare*) to put out of shape; (*corpo*) to deform; (*pensiero, fatto*) to distort; **deformarsi** *vpr* to lose its shape

de'forme *ag* deformed; disfigured

de'funto, -a *ag* late *cpd* ▶ *sm/f* deceased

degene'rare *vi* to degenerate

de'gente [de'dʒɛnte] *sm/f* (*in ospedale*) in-patient

deglu'tire *vt* to swallow

de'gnare [deɲ'ɲare] *vt* ~ **qn della propria presenza** to honour sb with one's presence; **degnarsi** *vpr* **degnarsi di fare qc** to deign *o* condescend to do sth

'degno, -a [deɲ'ɲo] *ag* dignified; ~ **di** worthy of; ~ **di lode** praiseworthy

de'grado *sm*; **degrado urbano** urban decline

'delega, -ghe *sf* (*procura*) proxy

dele'terio, -a *ag* damaging; (*per salute ecc*) harmful

del'fino *sm* (*Zool*) dolphin; (*Storia*) dauphin; (*fig*) probable successor

deli'cato, -a *ag* delicate; (*salute*) delicate, frail; (*fig: gentile*) thoughtful, considerate; (: *che dimostra tatto*) tactful

delin'quente *sm/f* criminal, delinquent; **delinquente abituale** regular offender, habitual offender; **delin'quenza** *sf* criminality, delinquency; **delinquenza minorile** juvenile delinquency

deli'rare *vi* to be delirious, rave; (*fig*) to rave

de'lirio *sm* delirium; (*ragionamento insensato*) raving; (*fig*): **andare/**

mandare in ~ to go/send into a frenzy

de'litto sm crime

delizi'oso, -a ag delightful; (cibi) delicious

delta'plano sm hang-glider; **volo col ~** hang-gliding

delu'dente ag disappointing

de'ludere vt to disappoint; **delusi'one** sf disappointment; **de'luso, -a** pp di **deludere**

'demmo vb vedi **dare**

demo'cratico, -a, -ci, -che ag democratic

democra'zia [demokrat'tsia] sf democracy

demo'lire vt to demolish

de'monio sm demon, devil; **il D~** the Devil

de'naro sm money

densità sf inv density

'denso, -a ag thick, dense

den'tale ag dental

'dente sm tooth; (di forchetta) prong; **al ~** (Cuc: pasta) al dente; **denti del giudizio** wisdom teeth; **denti da latte** milk teeth; **denti'era** sf (set of) false teeth pl

denti'fricio [denti'fritʃo] sm toothpaste

den'tista, -i, -e sm/f dentist

'dentro av inside; (in casa) indoors; (fig: nell'intimo) inwardly ▶ prep **~ (a)** in; **piegato in ~** folded over; **qui/lì ~** in here/there; **~ di sé** (pensare, brontolare) to oneself

de'nuncia, -ce o **cie** [de'nuntʃa] sf denunciation; declaration; **denuncia dei redditi** (income) tax return

denunci'are [denun'tʃare] vt to denounce; (dichiarare) to declare; (persona, smarrimento ecc) report; **vorrei ~ un furto** I'd like to report a theft

denu'trito, -a ag undernourished

denutrizi'one [denutrit'tsjone] sf malnutrition

deodo'rante sm deodorant

depe'rire vi to waste away

depi'larsi vpr **~ (le gambe)** (con rasoio) to shave (one's legs); (con ceretta) to wax (one's legs)

depila'torio, -a ag hair-removing cpd, depilatory

dépli'ant [depli'ɑ̃] sm inv leaflet; (opuscolo) brochure

deplo'revole ag deplorable

de'pone, de'pongo ecc vb vedi **deporre**

de'porre vt (depositare) to put down; (rimuovere: da una carica) to remove; (: re) to depose; (Dir) to testify

depor'tare vt to deport

de'posi ecc vb vedi **deporre**

deposi'tare vt (gen, Geo, Econ) to deposit; (lasciare) to leave; (merci) to store; **depositarsi** vpr (sabbia, polvere) to settle

de'posito sm deposit; (luogo) warehouse; depot; (: Mil) depot; **deposito bagagli** left-luggage office

deposizi'one [depozit'tsjone] sf deposition; (da una carica) removal

depra'vato, -a ag depraved ▶ sm/f degenerate

depre'dare vt to rob, plunder

depressi'one sf depression

de'presso, -a pp di **deprimere** ▶ ag depressed

deprez'zare [depret'tsare] vt (Econ) to depreciate

depri'mente ag depressing

de'primere vt to depress

depu'rare vt to purify

depu'tato sm (Pol) deputy, ≈ Member of Parliament (BRIT), ≈ Member of Congress (US)

deragli'are [deraʎ'ʎare] vi to be derailed; **far ~** to derail

de'ridere vt to mock, deride

de'risi ecc vb vedi **deridere**

de'riva sf (Naut, Aer) drift; **andare alla ~** (anche fig) to drift

deri'vare vi **~ da** to derive from ▶ vt to derive; (corso d'acqua) to divert

derma'tologo, -a, -gi, -ghe sm/f dermatologist

deru'bare vt to rob

des'crivere vt to describe; **descrizi'one** sf description

de'serto, -a ag deserted ▶ sm (Geo) desert; **isola deserta** desert island

deside'rare vt to want, wish for; (sessualmente) to desire; **~ fare/che qn faccia** to want o wish to do/sb to do; **desidera fare una passeggiata?** would you like to go for a walk?

desi'derio sm wish; (più intenso, carnale) desire

deside'roso, -a ag **~ di** longing o eager for

desi'nenza [dezi'nɛntsa] sf (Ling) ending, inflexion

de'sistere vi **~ da** to give up, desist from

deso'lato, -a ag (paesaggio) desolate; (persona: spiacente) sorry

'dessi ecc vb vedi **dare**

'deste ecc vb vedi **dare**

desti'nare vt to destine; (assegnare) to appoint, assign; (indirizzare) to address; **~ qca qn** to intend o give sth to sb, intend sb to have sth; **destina'tario, -a** sm/f (di lettera) addressee

destinazi'one [destinat'tsjone] sf destination; (uso) purpose

des'tino sm destiny, fate

destitu'ire vt to dismiss, remove

'destra sf (mano) right hand; (parte) right (side); (Pol): **la ~** the Right; **a ~** (essere) on the right; (andare) to the right

destreggi'arsi [destred'dʒarsi] vpr to manoeuvre (BRIT), maneuver (US)

des'trezza [des'trettsa] sf skill, dexterity

'destro, -a ag right, right-hand

dete'nuto, -a sm/f prisoner

deter'gente [deter'dʒɛnte] ag (crema, latte) cleansing ▶ sm cleanser

> Attenzione! In inglese esiste la parola detergent che però significa detersivo.

determi'nare vt to determine

determina'tivo, -a ag determining; **articolo ~** (Ling) definite article

determi'nato, -a ag (gen) certain; (particolare) specific; (risoluto) determined, resolute

deter'sivo sm detergent

detes'tare vt to detest, hate

de'trae, de'traggo ecc vb vedi **detrarre**

de'trarre vt **~ (da)** to deduct (from), take away (from)

de'trassi ecc vb vedi **detrarre**

'detta sf **a ~ di** according to

det'taglio [det'taʎʎo] sm detail; (Comm): **il ~** retail; **al ~** (Comm) retail; separately

det'tare vt to dictate; **~ legge** (fig) to lay down the law; **det'tato** sm dictation

'detto, -a pp di **dire** ▶ ag (soprannominato) called, known as; (già nominato) above-mentioned ▶ sm saying; **~ fatto** no sooner said than done

devas'tare vt to devastate; (fig) to ravage

devi'are vi **~ (da)** to turn off (from) ▶ vt to divert; **deviazi'one** sf (anche Aut) diversion

'devo ecc vb vedi **dovere**

de'volvere vt (Dir) to transfer, devolve

de'voto, -a ag (Rel) devout, pious; (affezionato) devoted

devozi'one [devot'tsjone] sf devoutness; (anche Rel) devotion

di
(*di+il* = **del**, *di+lo* = **dello**, *di+l'* = **dell'**, *di+la* = **della**, *di+i* = **dei**, *di+gli* = **degli**, *di+le** = **delle**) *prep*

1 (*possesso, specificazione*) of; (*composto da, scritto da*) by; **la macchina di Paolo/ mio fratello** Paolo's/my brother's car; **un amico di mio fratello** a friend of my brother's, one of my brother's friends; **un quadro di Botticelli** a painting by Botticelli

2 (*caratterizzazione, misura*) of; **una casa di mattoni** a brick house, a house made of bricks; **un orologio d'oro** a gold watch; **un bimbo di 3 anni** a child of 3, a 3-year-old child

3 (*causa, mezzo, modo*) with; **tremare di paura** to tremble with fear; **morire di cancro** to die of cancer; **spalmare di burro** to spread with butter

4 (*argomento*) about, of; **discutere di sport** to talk about sport

5 (*luogo: provenienza*) from; out of; **essere di Roma** to be from Rome; **uscire di casa** to come out of o leave the house

6 (*tempo*) in; **d'estate/d'inverno** in (the) summer/winter; **di notte** by night, at night; **di mattina/sera** in the morning/evening; **di lunedì** on Mondays

▶ *det* (*una certa quantità di*) some; (: *negativo*) any; (*interrogativo*) any; some; **del pane** (some) bread; **delle caramelle** (some) sweets; **degli amici miei** some friends of mine; **vuoi del vino?** do you want some o any wine?

dia'bete *sm* diabetes *sg*

dia'betico, -a, ci, che *ag, sm/f* diabetic

dia'framma, -i *sm* (*divisione*) screen; (*Anat, Fot, contraccettivo*) diaphragm

di'agnosi [di'aɲɲozi] *sf* diagnosis *sg*

diago'nale *ag, sf* diagonal

dia'gramma, -i *sm* diagram

dia'letto *sm* dialect

di'alisi *sf* dialysis *sg*

di'alogo, -ghi *sm* dialogue

dia'mante *sm* diamond

di'ametro *sm* diameter

diaposi'tiva *sf* transparency, slide

di'ario *sm* diary

diar'rea *sf* diarrhoea

di'avolo *sm* devil

di'battito *sm* debate, discussion

'dice [dit∫e] *vb vedi* **dire**

di'cembre [di't∫ɛmbre] *sm* December

dice'ria [dit∫e'ria] *sf* rumour, piece of gossip

dichia'rare [dikja'rare] *vt* to declare; **dichiararsi** *vpr* to declare o.s.; (*innamorato*) to declare one's love; **dichiararsi vinto** to acknowledge defeat; **dichiarazi'one** *sf* declaration; **dichiarazione dei redditi** statement of income; (*modulo*) tax return

dician'nove [dit∫an'nɔve] *num* nineteen

dias'sette [dit∫as'sɛtte] *num* seventeen

dici'otto [di't∫ɔtto] *num* eighteen

dici'tura [dit∫i'tura] *sf* words *pl*, wording

'dico *ecc vb vedi* **dire**

didasca'lia *sf* (*di illustrazione*) caption; (*Cine*) subtitle; (*Teatro*) stage directions *pl*

di'eci ['djɛt∫i] *num* ten

di'edi *ecc vb vedi* **dare**

'diesel [dizal] *sm inv* diesel engine

dies'sino, -a *sm/f* member of the DS political party

di'eta *sf* diet; **essere a ~** to be on a diet

di'etro *av* behind; (*in fondo*) at the back
▶ *prep* behind; (*tempo: dopo*) after ▶ *sm* back, rear ▶ *ag inv* back *cpd*; **le zampe di ~** the hind legs; **~ richiesta** on demand; (*scritta*) on application

di'fendere *vt* to defend; **difendersi** *vpr* (*cavarsela*) to get by; **difendersi**

da/contro to defend o.s. from/against; **difendersi dal freddo** to protect o.s. from the cold; **difen'sore, -a**sm/f defender; **avvocato difensore** counsel for the defence; **di'fesa**sf defence

di'fesiecc vb vedi **difendere**

di'fettosm (mancanza): **~ di** lack of; shortage of; (di fabbricazione) fault, flaw, defect; (morale) fault, failing, defect; (fisico) defect; **far ~** to be lacking; **in ~** at fault; in the wrong; **difet'toso, -a**ag defective, faulty

diffe'renteag different

diffe'renza[diffe'rɛntsa] sf difference; **a ~ di** unlike

diffe'rirevt to postpone, defer ▶ vi to be different

diffe'ritasf in **~** (trasmettere) prerecorded

dif'ficile[dif'fitʃile] ag difficult; (persona) hard to please, difficult (to please); (poco probabile): **è ~ che sia libero** it is unlikely that he'll be free ▶ sm difficult part; difficulty; **difficoltà**sf inv difficulty

diffi'denteag suspicious, distrustful

diffi'denzasf suspicion, distrust

dif'fonderevt (luce, calore) to diffuse; (notizie) to spread, circulate; **diffondersi**vpr to spread

dif'fusiecc vb vedi **diffondere**

dif'fuso, -app di **diffondere** ▶ ag (malattia, fenomeno) widespread

'diga, -ghesf dam; (portuale) breakwater

dige'rente[didʒe'rɛnte] ag (apparato) digestive

dige'rire[didʒe'rire] vt to digest; **digesti'one**sf digestion; **diges'tivo, -a**ag digestive ▶ sm (after-dinner) liqueur

digi'tale[didʒi'tale] ag digital; (delle dita) finger cpd, digital ▶ sf (Bot) foxglove

digi'tare[didʒi'tare] vt, vi (Inform) to key (in)

digiu'nare[didʒu'nare] vi to starve o.s.; (Rel) to fast; **digi'uno, -a**ag essere digiuno not to have eaten ▶ sm fast; **a digiuno** on an empty stomach

dignità[diɲɲi'ta] sf inv dignity

'DIGOS['digos] sigla f (= Divisione Investigazioni Generali e Operazioni Speciali) police department dealing with political security

digri'gnare[digriɲ'ɲare] vt **~ i denti** to grind one's teeth

dilapi'darevt to squander, waste

dila'tarevt to dilate; (gas) to cause to expand; (passaggio, cavità) to open (up); **dilatarsi**vpr to dilate; (Fisica) to expand

dilazio'nare[dilattsjo'nare] vt to delay, defer

di'lemma, -ism dilemma

dilet'tantesm/f dilettante; (anche Sport) amateur

dili'gente[dili'dʒɛnte] ag (scrupoloso) diligent; (accurato) careful, accurate

dilu'irevt to dilute

dilun'garsivpr (fig): **~ su** to talk at length on a point

dilu'viarevb impers to pour (down)

di'luviosm downpour; (inondazione, fig) flood

dima'granteag slimming cpd

dima'grirevi to get thinner, lose weight

dime'narevt to wave, shake; **dimenarsi**vpr to toss and turn; (fig) to struggle; **~ la coda** (cane) to wag its tail

dimensi'onesf dimension; (grandezza) size

dimenti'canza[dimenti'kantsa] sf forgetfulness; (errore) oversight, slip; **per ~** inadvertently

dimenti'carevt to forget; **ho dimenticato la chiave/il passaporto**

I forgot the key/my passport;
dimenticarsi vpr **dimenticarsi di qc** to forget sth

dimesti'chezza [dimesti'kettsa] sf familiarity

di'mettere vt ~ **qn da** to dismiss sb from; (dall'ospedale) to discharge sb from; **dimettersi** vpr **dimettersi (da)** to resign (from)

dimez'zare [dimed'dzare] vt to halve

diminu'ire vt to reduce, diminish; (prezzi) to bring down, reduce ▶ vi to decrease, diminish; (rumore) to die down, die away; (prezzi) to fall, go down

diminu'tivo, **-a** ag, sm diminutive

diminuzi'one sf decreasing, diminishing

di'misi ecc vb vedi **dimettere**

dimissi'oni sfpl resignation sg; **dare** o **presentare le ~** to resign, hand in one's resignation

dimos'trare vt to demonstrate, show; (provare) to prove, demonstrate; **dimostrarsi** vpr **dimostrarsi molto abile** to show o.s. o prove to be very clever; **dimostra 30 anni** he looks about 30 (years old); **dimostrazi'one** sf demonstration; proof

di'namica sf dynamics sg

di'namico, **-a**, **-ci**, **-che** ag dynamic

dina'mite sf dynamite

'dinamo sf inv dynamo

dino'sauro sm dinosaur

din'torni smpl outskirts; **nei ~ di** in the vicinity o neighbourhood of

'dio (pl **'dei**) sm god; **D~** God; **gli dei** the gods; **D~ mio!** my goodness!, my God!

diparti'mento sm department

dipen'dente ag dependent ▶ sm/f employee; **dipendente statale** state employee

di'pendere vi ~ **da** to depend on; (finanziariamente) to be dependent on;

(derivare) to come from, be due to

di'pesi ecc vb vedi **dipendere**

di'pingere [di'pindʒere] vt to paint

di'pinsi ecc vb vedi **dipingere**

di'pinto, **-a** pp di **dipingere** ▶ sm painting

di'ploma, **-i** sm diploma

diplo'matico, **-a**, **-ci**, **-che** ag diplomatic ▶ sm diplomat

diploma'zia [diplomat'tsia] sf diplomacy

di'porto: **imbarcazione da ~** sf pleasure craft

dira'dare vt to thin (out); (visite) to reduce, make less frequent; **diradarsi** vpr to disperse; (nebbia) to clear (up)

di're vt to say; (segreto, fatto) to tell; ~ **qc a qn** to tell sb sth; ~ **a qn di fare qc** to tell sb to do sth; ~ **di sì/no** to say yes/no; **si dice che ...** they say that ...; **si~bbe che ...** it looks (o sounds) as though ...; **dica, signora?** (in un negozio) yes, Madam, can I help you?; **come si dice in inglese ...?** what's the English (word) for ...?

di'ressi ecc vb vedi **dirigere**

di'retta sf vedi **diretto**

di'retto, **-a** pp di **dirigere** ▶ ag direct ▶ sm (Ferr) through train

diret'tore, **-'trice** sm/f (di azienda) director: manager/ess; (di scuola elementare) head (teacher) (BRIT), principal (US); **direttore d'orchestra** conductor; **direttore vendite** sales director o manager

direzi'one [diret'tsjone] sf board of directors; management; (senso di movimento) direction; **in ~ di** in the direction of, towards

diri'gente [diri'dʒente] sm/f executive; (Pol) leader ▶ ag **classe ~** ruling class

di'rigere [di'ridʒere] vt to direct; (impresa) to run, manage; (Mus) to conduct; **dirigersi** vpr **dirigersi verso**

o **a** to make o head for

dirim'petto av opposite; **~ a** opposite, facing

di'ritto, -a ag straight; (onesto) straight, upright ▸ av straight, directly; **andare ~** to go straight on ▸ sm right side; (Tennis) forehand; (Maglia) plain stitch; (prerogativa) right; (leggi, scienza): **il ~** law; **diritti** smpl (tasse) duty sg; **stare ~** to stand up straight; **aver ~ a qc** to be entitled to sth; **diritti d'autore** royalties

dirotta'mento sm; **dirottamento (aereo)** hijack

dirot'tare vt (nave, aereo) to change the course of; (aereo sotto minaccia) to hijack; (traffico) to divert ▸ vi (nave, aereo) to change course; **dirotta'tore, -'trice** sm/f hijacker

di'rotto, -a ag (pioggia) torrential; (pianto) unrestrained; **piovere a ~** to pour; **piangere a ~** to cry one's heart out

di'rupo sm crag, precipice

di'sabile sm/f disabled person ▸ ag disabled; **i disabili** the disabled

disabi'tato, -a ag uninhabited

disabitu'arsi vpr **~ a** to get out of the habit of

disac'cordo sm disagreement

disadat'tato, -a ag (Psic) maladjusted

disa'dorno, -a ag plain, unadorned

disagi'ato, -a [diza'dʒato] ag poor, needy; (vita) hard

di'sagio [di'zadʒo] sm discomfort; (disturbo) inconvenience; (fig: imbarazzo) embarrassment; **essere a ~** to be ill at ease

disappro'vare vt to disapprove of; **disapprovazi'one** sf disapproval

disap'punto sm disappointment

disar'mare vt, vi to disarm; **di'sarmo** sm (Mil) disarmament

di'sastro sm disaster

disas'troso, -a ag disastrous

disat'tento, -a ag inattentive; **disattenzi'one** sf carelessness, lack of attention

disavven'tura sf misadventure, mishap

dis'capito sm **a ~ di** to the detriment of

dis'carica, -che sf (di rifiuti) rubbish tip o dump

di'scendere [diʃʃendere] vt to go (o come) down ▸ vi to go (o come) down; (strada) to go down; (smontare) to get off; **~ da** (famiglia) to be descended from; **~ dalla macchina/dal treno** to get out of the car/out of o off the train; **~ da cavallo** to dismount, get off one's horse

di'scesa [diʃʃesa] sf descent; (pendio) slope; **in ~** (strada) downhill cpd, sloping; **discesa libera** (Sci) downhill (race)

disci'plina [diʃʃiplina] sf discipline

'disco, -schi sm disc; (Sport) discus; (fonografico) record; (Inform) disk; **disco orario** (Aut) parking disc; **disco rigido** (Inform) hard disk; **disco volante** flying saucer

disco'grafico, -a, ci, che ag record cpd, recording cpd ▸ sm record producer; **casa discografica** record(ing) company

dis'correre vi **~ (di)** to talk (about)

dis'corso, -a pp di **discorrere** ▸ sm speech; (conversazione) conversation, talk

disco'teca, -che sf (raccolta) record library; (locale) disco

discre'panza [diskre'pantsa] sf disagreement

dis'creto, -a ag discreet; (abbastanza buono) reasonable, fair

discriminazi'one [diskriminat'tsjone] sf discrimination

dis'cussi *ecc vb vedi* **discutere**

discussi'one *sf* discussion; (*litigio*) argument; **fuori ~** out of the question

dis'cutere *vt* to discuss, debate; (*contestare*) to question ▶ *vi* (*conversare*): **~ (di)** to discuss; (*litigare*) to argue

dis'detta *sf* (*di prenotazione ecc*) cancellation; (*sfortuna*) bad luck

dis'dire *vt* (*prenotazione*) to cancel; (*Dir*): **~ un contratto d'affitto** to give notice (to quit); **vorrei ~ la mia prenotazione** I want to cancel my booking

dise'gnare [disep'ɲare] *vt* to draw; (*progettare*) to design; (*fig*) to outline

disegna'tore, -'trice *sm/f* designer

di'segno [di'seɲɲo] *sm* drawing; design; outline; **disegno di legge** (*Dir*) bill

diser'bante *sm* weed-killer

diser'tare *vt, vi* to desert

dis'fare *vt* to undo; (*valigie*) to unpack; (*meccanismo*) to take to pieces; (*neve*) to melt; **disfarsi** *vpr* to come undone; (*neve*) to melt; **~ il letto** to strip the bed; **disfarsi di qn** (*liberarsi*) to get rid of sb; **dis'fatto, -a** *pp di* **disfare**

dis'gelo [diz'dʒɛlo] *sm* thaw

dis'grazia [diz'grattsja] *sf* (*sventura*) misfortune; (*incidente*) accident, mishap

disgu'ido *sm* hitch; **disguido postale** error in postal delivery

disgus'tare *vt* to disgust

dis'gusto *sm* disgust; **disgus'toso, -a** *ag* disgusting

disidra'tare *vt* to dehydrate

disimpa'rare *vt* to forget

disinfet'tante *ag, sm* disinfectant

disinfet'tare *vt* to disinfect

disini'bito, -a *ag* uninhibited

disinstal'lare *vt* (*software*) to uninstall

disinte'grare *vt, vi* to disintegrate;

disintegrarsi *vpr* to disintegrate

disinte'ssarsi *vpr* – **di** to take no interest in

disinte'resse *sm* indifference; (*generosità*) unselfishness

disintossi'carsi *vpr* to clear out one's system; (*alcolizzato, drogato*) to be treated for alcoholism (*o drug addiction*)

disin'volto, -a *ag* casual, free and easy

dismi'sura *sf* excess; **a ~** to excess, excessively

disoccu'pato, -a *ag* unemployed ▶ *sm/f* unemployed person; **disoccupazi'one** *sf* unemployment

diso'nesto, -a *ag* dishonest

disordi'nato, -a *ag* untidy; (*privo di misura*) irregular, wild

di'sordine *sm* (*confusione*) disorder, confusion; (*sregolatezza*) debauchery; **disordini** *smpl* (*Pol ecc*) disorder *sg*; (*tumulti*) riots

disorien'tare *vt* to disorientate

disorien'tato, -a *ag* disorientated

'dispari *ag inv* odd, uneven

dis'parte: **in ~** *av* (*da lato*) aside, apart; **tenersi o starsene in ~** to keep to o.s., hold o.s. aloof

dispen'dioso, -a *ag* expensive

dis'pensa *sf* pantry, larder; (*mobile*) sideboard; (*Dir*) exemption; (*Rel*) dispensation; (*fascicolo*) number, issue

dispe'rato, -a *ag* (*persona*) in despair; (*caso, tentativo*) desperate

disperazi'one *sf* despair

dis'perdere *vt* (*disseminare*) to disperse; (*Mil*) to scatter, rout; (*fig: consumare*) to waste, squander; **disperdersi** *vpr* to disperse; to scatter; **dis'perso, -a** *pp di* **disperdere** ▶ *sm/f* missing person

dis'petto *sm* spite *no pl*, spitefulness *no pl*; **fare un ~ a qn** to play a

(nasty) trick on sb; **a ~ di** in spite of;
dispet'toso, -a ag spiteful
dispia'cere [dispja'tʃere] sm
(rammarico) regret, sorrow; (dolore)
grief; **dispiaceri** smpl (preoccupazioni)
troubles, worries vi **~ a** to displease
vb impers **mi dispiace (che)** I am
sorry (that); **le dispiace se...?** do you
mind if...?
dis'pone, dis'pongo ecc vb vedi
disporre
dispo'nibile ag available
dis'porre vt (sistemare) to arrange;
(preparare) to prepare; (Dir) to order;
(persuadere): **~ qn a** to incline o dispose
sb towards ▶ vi (decidere) to decide;
(usufruire): **~ di** to use, have at one's
disposal; (essere dotato): **~ di** to have
dis'posi ecc vb vedi **disporre**
disposi'tivo sm (meccanismo) device
disposizi'one [dispozit'tsjone] sf
arrangement, layout; (stato d'animo)
mood; (tendenza) bent, inclination;
(comando) order; (Dir) provision,
regulation; **a ~ di qn** at sb's disposal
dis'posto, -a pp di **disporre**
disprez'zare [dispret'tsare] vt to
despise
dis'prezzo [dis'prettso] sm contempt
'disputa sf dispute, quarrel
dispu'tare vt (contendere) to dispute,
contest; (gara) to take part in ▶ vi to
quarrel; **~ di** to discuss; **disputarsi qc**
to fight for sth
'disse vb vedi **dire**
dissente'ria sf dysentery
dissen'tire vi **~ (da)** to disagree (with)
disse'tante ag refreshing
'dissi vb vedi **dire**
dissimu'lare vt (fingere) to dissemble;
(nascondere) to conceal
dissi'pare vt to dissipate;
(scialacquare) to squander, waste
dissu'adere vt **~ qn da** to dissuade
sb from

distac'care vt to detach, separate;
(Sport) to leave behind; **distaccarsi**
vpr to be detached; (fig) to stand out;
distaccarsi da (fig: allontanarsi) to
grow away from
dis'tacco, -chi sm (separazione)
separation; (fig: indifferenza)
detachment; (Sport): **vincere con un ~
di ...** to win by a distance of ...
dis'tante av far away ▶ ag **~ (da)**
distant (from), far away (from)
dis'tanza [dis'tantsa] sf distance
distanzi'are [distan'tsjare] vt to
space out, place at intervals; (Sport) to
outdistance; (fig: superare) to outstrip,
surpass
dis'tare vi **distiamo pochi
chilometri da Roma** we are only a
few kilometres (away) from Rome;
quanto dista il centro da qui? how far
is the town centre?
dis'tendere vt (coperta) to spread out;
(gambe) to stretch (out); (mettere a
giacere) to lay; (rilassare: muscoli, nervi)
to relax; **distendersi** vpr (rilassarsi) to
relax; (sdraiarsi) to lie down
dis'tesa sf expanse, stretch
dis'teso, -a pp di **distendere**
distil'lare vt to distil
distille'ria sf distillery
dis'tinguere vt to distinguish;
distinguersi vpr (essere riconoscibile) to
be distinguished; (emergere) to stand
out, be conspicuous, distinguish o.s.
dis'tinta sf (nota) note; (elenco) list;
distinta di versamento pay-in slip
distin'tivo, -a ag distinctive,
distinguishing ▶ sm badge
dis'tinto, -a pp di **distinguere** ▶ ag
(dignitoso ed elegante) distinguished;
"distinti saluti" (in lettera) yours
faithfully
distinzi'one [distin'tsjone] sf
distinction
dis'togliere [dis'tɔʎʎere] vt **~ da** to

take away from; (fig) to dissuade from

distorsi'one sf (Med) sprain; (Fisica, Ottica) distortion

dis'trarre vt to distract; (divertire) to entertain, amuse; **distrarsi** vpr (non fare attenzione) to be distracted, let one's mind wander; (svagarsi) to amuse o enjoy o.s.; **dis'tratto, -a** pp di **distrarre ▸** ag absent-minded; (disattento) inattentive; **distrazi'one** sf absent-mindedness; inattention; (svago) distraction, entertainment

dis'tretto sm district

distribu'ire vt to distribute; (Carte) to deal (out); (posta) to deliver; (lavoro) to allocate, assign; (ripartire) to share out; **distribu'tore** sm (di benzina) petrol (BRIT) o gas (US) pump; (Aut, Elettr) distributor; **distributore automatico** vending machine

distri'care vt to disentangle, unravel; **districarsi** vpr (tirarsi fuori): **districarsi da** to get out of, disentangle o.s. from

dis'truggere [dis'truddʒere] vt to destroy; **distruzi'one** sf destruction

distur'bare vt to disturb, trouble; (sonno, lezioni) to disturb, interrupt; **disturbarsi** vpr to put o.s. out

dis'turbo sm trouble, bother, inconvenience; (indisposizione) (slight) disorder, ailment; **scusi il ~** I'm sorry to trouble you

disubbidi'ente ag disobedient

disubbi'dire vi **- (a qn)** to disobey (sb)

disu'mano, -a ag inhuman

di'tale sm thimble

'dito (pl(f) **'dita**) sm finger; (misura) finger, finger's breadth; **dito (del piede)** toe

'ditta sf firm, business

ditta'tore sm dictator

ditta'tura sf dictatorship

dit'tongo, -ghi sm diphthong

di'urno, -a ag day cpd, daytime cpd

'diva sf vedi **divo**

di'vano sm sofa; divan; **divano letto** bed settee, sofa bed

divari'care vt to open wide

di'vario sm difference

diven'tare vi to become; **- famoso/ professore** to become famous/a teacher

diversifi'care vt to diversify, vary; to differentiate; **diversificarsi** vpr diversificarsi (per) to differ (in)

diversità sf inv difference, diversity; (varietà) variety

diver'sivo sm diversion, distraction

di'verso, -a ag (differente): **- (da)** different (from); **diversi, -e** det pl several, various; (Comm) sundry pron pl several (people), many (people)

diver'tente ag amusing

diverti'mento sm amusement, pleasure; (passatempo) pastime, recreation

diver'tire vt to amuse, entertain; **divertirsi** vpr to amuse o enjoy o.s.

di'videre vt (anche Mat) to divide; (distribuire, ripartire) to divide (up), split (up); **dividersi** vpr (separarsi) to separate; (strade) to fork

divi'eto sm prohibition; "**- di sosta**" (Aut) "no parking"

divinco'larsi vpr to wriggle, writhe

di'vino, -a ag divine

di'visa sf (Mil ecc) uniform; (Comm) foreign currency

di'visi ecc vb vedi **dividere**

divisi'one sf division

'divo, -a sm/f star

divo'rare vt to devour

divorzi'are [divor'tsjare] vi **- (da qn)** to divorce (sb)

di'vorzio [di'vortsjo] sm divorce

divul'gare vt to divulge, disclose; (rendere comprensibile) to popularize

dizio'nario [ditsjo'narjo] sm dictionary

DJ [di'dʒei] sigla m/f (= Disk Jockey) DJ

do sm (Mus) C; (: solfeggiando) do(h)

dobbi'amo vb vedi **dovere**

D.O.C. [dɔk] abbr (= denominazione di origine controllata) label guaranteeing the quality of wine

'doccia, -ce ['dottʃa] sf (bagno) shower; **fare la ~** to have a shower

do'cente [do'tʃɛnte] ag teaching ▶ sm/f teacher; (di università) lecturer

'docile ['dɔtʃile] ag docile

documen'tario sm documentary

documen'tarsi vpr ~ (su) to gather information o material (about)

docu'mento sm document; **documenti** smpl (d'identità ecc) papers

dodi'cesimo, -a [dodi'tʃɛzimo] num twelfth

'dodici ['doditʃi] num twelve

do'gana sf (ufficio) customs pl; (tassa) (customs) duty; **passare la ~** to go through customs; **dogani'ere** sm customs officer

'doglie ['dɔʎʎe] sfpl (Med) labour sg, labour pains

'dolce ['doltʃe] ag sweet; (carattere, persona) gentle, mild; (fig: mite: clima) mild; (non ripido: pendio) gentle ▶ sm (sapore dolce) sweetness, sweet taste; (Cuc: portata) sweet, dessert; (: torta) cake; **dolcifi'cante** sm sweetener

'dollaro sm dollar

Dolo'miti sfpl **le ~** the Dolomites

do'lore sm (fisico) pain; (morale) sorrow, grief; **dolo'roso, -a** ag painful; sorrowful, sad

do'manda sf (interrogazione) question; (richiesta) demand; (: cortese) request; (Dir: richiesta scritta) application; (Econ): **la ~** demand; **fare una ~** to ask sb a question; **fare ~ (per un lavoro)** to apply (for a job)

doman'dare vt (per avere) to ask for; (per sapere) to ask; (esigere) to demand; **domandarsi** vpr to wonder; to ask o.s.; **~ qc a qn** to ask sb for sth; to

do'mani av tomorrow ▶ sm **il ~** (il futuro) the future; (il giorno successivo) the next day; **~ l'altro** the day after tomorrow

do'mare vt to tame

doma'tore, -'trice sm/f (gen) tamer; **domatore di cavalli** horsebreaker; **domatore di leoni** lion tamer

domat'tina av tomorrow morning

do'menica, -che [do'menika] sf Sunday; **di o la ~** on Sundays

do'mestico, -a, -ci, -che ag domestic ▶ sm/f servant; domestic

domi'cilio [domi'tʃiljo] sm (Dir) domicile, place of residence

domi'nare vt to dominate; (fig: sentimenti) to control, master ▶ vi to be in the dominant position

do'nare vt to give, present; (per beneficenza ecc) to donate ▶ vi (fig): **~ a** to suit, become; **~ sangue** to give blood; **dona'tore, -'trice** sm/f donor; **donatore di sangue/di organi** blood/organ donor

dondo'lare vt (cullare) to rock; **dondolarsi** vpr to swing, sway; **'dondolo** sm **sedia/cavallo a dondolo** rocking chair/horse

'donna sf woman; **donna di casa** housewife; home-loving woman; **donna di servizio** maid

donnai'olo sm ladykiller

'donnola sf weasel

'dono sm gift

doping ['dɔpiŋ] sm doping

'dopo av (tempo) afterwards; (più tardi) later; (luogo) after, next ▶ prep after ▶ cong (temporale): **~ aver studiato** after having studied; **~ mangiato va a dormire** after having eaten o after a meal he goes for a sleep ▶ ag inv **il giorno ~** the following day; **un anno ~** a year later; **~ di me/lui** after me/him; **~, a ~!** see you later!

dopo'barba sm inv after-shave
dopodo'mani av the day after tomorrow
doposci [dopoʃʃi] sm inv après-ski outfit
dopo'sole sm inv aftersun (lotion)
dopo'tutto av (tutto considerato) after all
doppi'aggio [dop'pjaddʒo] sm (Cinema) dubbing
doppi'are vt (Naut) to round; (Sport) to lap; (Cinema) to dub
'doppio, -a ag double; (fig: falso) double-dealing, deceitful ▶ sm (quantità): il ~ (di) twice as much (o many), double the amount (o number) of; (Sport) doubles pl ▶ av double
doppi'one sm duplicate (copy)
doppio'petto sm double-breasted jacket
dormicchi'are [dormik'kjare] vi to doze
dormigli'one, -a [dormiʎ'ʎone] sm/f sleepyhead
dor'mire vt, vi to sleep; **andare a ~** to go to bed; **dor'mita** sf **farsi una dormita** to have a good sleep
dormi'torio sm dormitory
dormi'veglia [dormi'veʎʎa] sm drowsiness
'dorso sm back; (di montagna) ridge, crest; (di libro) spine; **a ~ di cavallo** on horseback
do'sare vt to measure out; (Med) to dose
'dose sf quantity, amount; (Med) dose
do'tato, -a ag ~ **di** (attrezzature) equipped with; (bellezza, intelligenza) endowed with; **un uomo ~** a gifted man
'dote sf (di sposa) dowry; (assegnata a un ente) endowment; (fig) gift, talent
Dott. abbr (= dottore) Dr.
dotto'rato sm degree; **dottorato di**

ricerca doctorate, doctor's degree
dot'tore, -essa sm/f doctor; **chiamate un ~** call a doctor

● **dottore**
● In Italy, anyone who has a degree
● in any subject can use the title
● **dottore**. Thus a person who
● is addressed as **dottore** is not
● necessarily a doctor of medicine.

dot'trina sf doctrine
Dott.ssa abbr (= dottoressa) Dr.
'dove av (gen) where; (in cui) where, in which; (dovunque) wherever ▶ cong (mentre, laddove) whereas; ~ **sei?/vai?** where are you?/are you going?; **dimmi dov'è** tell me where it is; **di ~ sei?** where are you from?; **per ~ si passa?** which way should we go?; **la città ~ abito** the town where o in which I live; **siediti ~ vuoi** sit wherever you like
do'vere sm (obbligo) duty ▶ vt (essere debitore): ~ **qc (a qn)** to owe (sb) sth ▶ vi (seguito dall'infinito: obbligo) to have to; **rivolgersi a chi di ~** to apply to the appropriate authority o person; **lui deve farlo** he has to do it, he must do it; **quanto le devo?** how much do I owe you?; **è dovuto partire** he had to leave; **ha dovuto pagare** he had to pay; (: intenzione): **devo partire domani** I'm (due) to leave tomorrow; (: probabilità): **deve essere tardi** it must be late; **come si deve** (lavorare, comportarsi) properly; **una persona come si deve** a respectable person
dove'roso, -a ag (right and) proper
dovrò ecc vb vedi **dovere**
do'vunque av (in qualunque luogo) wherever; (dappertutto) everywhere; ~ **io vada** wherever I go
do'vuto, -a ag ~ **a** due to
doz'zina [dod'dzina] sf dozen; **una ~ di uova** a dozen eggs
dozzi'nale [doddzi'nale] ag cheap,

second-rate

'drago, -ghi sm dragon

'dramma, -i sm drama; **dram'matico, -a, -ci, -che** ag dramatic

'drastico, -a, -ci, -che ag drastic

'dritto, -a ag, av = **diritto**

'droga, -ghe sf (sostanza aromatica) spice; (stupefacente) drug; **droghe leggere/pesanti** soft/hard drugs

drogarsi vr to take drugs

dro'gato, -a sm/f drug addict

droghe'ria [droge'ria] sf grocer's shop (BRIT), grocery (store) (US)

drome'dario sm dromedary

DS [di'esse] sigla mpl (= Democratici di Sinistra) Italian left-wing party

'dubbio, -a ag (incerto) doubtful, dubious; (ambiguo) dubious ▶ sm (incertezza) doubt; **avere il ~ che** to be afraid that, suspect that; **mettere in ~ qc** to question sth

dubi'tare vi ~ **di** to doubt; (risultato) to be doubtful of

Dub'lino sf Dublin

'duca, -chi sm duke

du'chessa [du'kessa] sf duchess

'due num two

due'cento [due'tʃɛnto] num two hundred ▶ sm **il D~** the thirteenth century

due'pezzi [due'pɛttsi] sm (costume da bagno) two-piece swimsuit; (abito femminile) two-piece suit

'dunque cong (perciò) so, therefore; (riprendendo il discorso) well (then) ▶ sm inv **venire al ~** to come to the point

du'omo sm cathedral

▌ Attenzione! In inglese esiste la parola dome, che però significa cupola.

dupli'cato sm duplicate

'duplice ['duplitʃe] ag double, twofold; **in ~ copia** in duplicate

du'rante prep during

du'rare vi to last; ~ **fatica a** to have difficulty in

du'rezza [du'rettsa] sf hardness; stubbornness; harshness; toughness

'duro, -a ag (pietra, lavoro, materasso, problema) hard; (persona: ostinato) stubborn, obstinate; (severo) harsh, hard; (voce) harsh; (carne) tough ▶ sm hardness; (difficoltà) hard part; (persona) tough guy; **tener ~** to stand firm, hold out; **~ d'orecchi** hard of hearing

DVD [divu'di] sigla m (= digital versatile (or) video disc) DVD; (lettore) DVD player

e

e (davV spesso **ed**) cong and; **e lui?** what about him?; **e compralo!** well buy it then!

E abbr (= est) E

è vb vedi **essere**

eb'bene cong well (then)

'ebbi ecc vb vedi **avere**

e'braico, -a, -ci, -che ag Hebrew, Hebraic ▶ sm (Ling) Hebrew

e'breo, -a ag Jewish ▶ sm/f Jew/ess

EC abbr (= Eurocity) fast train connecting Western European cities

ecc. av abbr (= eccetera) etc

eccel'lente [ettʃel'lɛnte] ag excellent

ec'centrico, -a, -ci, -che [et'tʃɛntriko] ag eccentric

ecces'sivo, -a [ettʃes'sivo] ag excessive

ec'cesso [et'tʃɛsso] sm excess; **all'~** (gentile, generoso) to excess, excessively; **eccesso di velocità** (Aut) speeding

ec'cetera [et'tʃetera] av et cetera, and so on

ec'cetto [et'tʃetto] prep except, with the exception of; **~ che** except, other than; **~ che (non)** unless

eccezio'nale [ettʃetsjo'nale] ag exceptional

eccezi'one [ettʃet'tsjone] sf exception; (Dir) objection; **a ~ di** with the exception of, except for; **d'~** exceptional

ecci'tare [ettʃi'tare] vt (curiosità, interesse) to excite, arouse; (folla) to incite; **eccitarsi** vpr to get excited; (sessualmente) to become aroused

'ecco av (per dimostrare): **~ il treno!** here's o here comes the train!; (dav pron): **~mi!** here I am!; **~ne uno!** here's one (of them)!; (dav pp): **~ fatto!** there, that's it done!

ec'come av rather; **ti piace? — ~!** do you like it? — I'll say! o and how! o rather! (BRIT)

e'clisse sf eclipse

'eco (pl(m) **'echi**) sm o f echo

ecogra'fia sf (Med) scan

ecolo'gia [ekolo'dʒia] sf ecology

eco'logico, -a, ci, che [eko'lɔdʒiko] ag ecological

econo'mia sf economy; (scienza) economics sg; (risparmio: azione) saving; **fare ~** to economize, make economies; **eco'nomico, -a, -ci, -che** ag economic; (poco costoso) economical

ecstasy ['ɛkstazi] sf Ecstasy

'edera sf ivy

e'dicola sf newspaper kiosk o stand (US)

edi'ficio [edi'fitʃo] sm building

e'dile ag building cpd

Edim'burgo sf Edinburgh

edi'tore, -'trice ag publishing cpd
▶ sm/f publisher

Attenzione! In inglese esiste la parola **editor**, che però significa **redattore**.

edizi'one [edit'tsjone] sf edition; (tiratura) printing; **edizione straordinaria** special edition

edu'care vt to educate; (gusto, mente) to train; **~ qn a fare** to train sb to do; **edu'cato, -a** ag polite, well-mannered; **educazi'one** sf education; (familiare) upbringing; (comportamento) (good) manners pl; **educazione fisica** (Ins) physical training o education

Attenzione! In inglese esiste la parola **educated**, che però significa **istruito**.

educherò ecc [eduke'rɔ] vb vedi **educare**

effemi'nato, -a ag effeminate

efferve'scente [efferveʃ'ʃɛnte] ag effervescent

effet'tivo, -a ag (reale) real, actual; (impiegato, professore) permanent; (Mil) regular ▶ sm (Mil) strength; (di patrimonio ecc) sum total

ef'fetto sm effect; (Comm: cambiale) bill; (fig: impressione) impression; **in effetti** in fact, actually; **effetto serra** greenhouse effect; **effetti personali** personal effects, personal belongings

effi'cace [effi'katʃe] ag effective

effici'ente [effi'tʃɛnte] ag efficient

E'geo [e'dʒɛo] sm **l'~, il mare ~** the Aegean (Sea)

E'gitto [e'dʒitto] sm **l'~** Egypt

egizi'ano, -a [edʒit'tsjano] ag, sm/f Egyptian

'egli ['eʎʎi] pron he; **~ stesso** he himself

ego'ismo sm selfishness, egoism;

ego'ista, -i, -e *ag* selfish, egoistic ▶ *sm/f* egoist

Egr. *abbr* = **egregio**

e'gregio, -a, -gi, -gie [e'grɛdʒo] *ag* (*nelle lettere*): **E~ Signore** Dear Sir

E.I. *abbr* = **Esercito Italiano**

elabo'rare *vt* (*progetto*) to work out, elaborate; (*dati*) to process

elasticiz'zato, -a [elastiʧid'dzato] *ag* stretch *cpd*

e'lastico, -a, -ci, -che *ag* elastic; (*fig*: *andatura*) springy; (: *decisione, vedute*) flexible ▶ *sm* (*di gomma*) rubber band; (*per il cucito*) elastic no pl

ele'fante *sm* elephant

ele'gante *ag* elegant

e'leggere [e'lɛddʒere] *vt* to elect

elemen'tare *ag* elementary; **le (scuole) elementari** *sfpl* primary (BRIT) o grade (US) school

ele'mento *sm* element; (*parte componente*) element, component, part; **elementi** *smpl* (*della scienza ecc*) elements, rudiments

ele'mosina *sf* charity, alms *pl*; **chiedere l'~** to beg

elen'care *vt* to list

elencherò ecc *vb vedi* **elencare**

e'lenco, -chi *sm* list; **elenco telefonico** telephone directory

e'lessi ecc *vb vedi* **eleggere**

eletto'rale *ag* electoral, election *cpd*

elet'tore, -'trice *sm/f* voter, elector

elet'trauto *sm inv* workshop for car electrical repairs; (*tecnico*) car electrician

elettri'cista, -i [elettri'ʃista] *sm* electrician

elettricità [elettritʃi'ta] *sf* electricity

e'lettrico, -a, -ci, -che *ag* electric(al)

elettriz'zante [elettrid'dzante] *ag* (*fig*) electrifying, thrilling

elettriz'zare [elettrid'dzare] *vt* to electrify; **elettrizzarsi** *vpr* to become

charged with electricity

e'lettro... *prefisso*

elettrodo'mestico, -a, -ci, -che *ag* **apparecchi elettrodomestici** domestic (electrical) appliances;

elet'tronico, -a, -ci, -che *ag* electronic

elezi'one [elet'tsjone] *sf* election; **elezioni** *sfpl* (*Pol*) election(s)

'elica, -che *sf* propeller

eli'cottero *sm* helicopter

elimi'nare *vt* to eliminate

elisoc'corso *sm* helicopter ambulance

el'metto *sm* helmet

elogi'are [elo'dʒare] *vt* to praise

elo'quente *ag* eloquent

e'ludere *vt* to evade

e'lusi ecc *vb vedi* **eludere**

e-mail [i'meil] *sf inv* (*messaggio, sistema*) e-mail ▶ *ag inv* (*indirizzo*) e-mail

emargi'nato, -a [emardʒi'nato] *sm/f* outcast; **emarginazione** [emardʒinat'tsjone] *sf* marginalization

embri'one *sm* embryo

emenda'mento *sm* amendment

emer'genza [emer'dʒɛntsa] *sf* emergency; **in caso di ~** in an emergency

e'mergere [e'mɛrdʒere] *vi* to emerge; (*sommergibile*) to surface; (*fig*: *distinguersi*) to stand out

e'mersi ecc *vb vedi* **emergere**

e'mettere *vt* (*suono, luce*) to give out, emit; (*onde radio*) to send out; (*assegno, francobollo, ordine*) to issue

emi'crania *sf* migraine

emi'grare *vi* to emigrate

emis'fero *sm* hemisphere; **emisfero australe** southern hemisphere; **emisfero boreale** northern hemisphere

e'misi ecc *vb vedi* **emettere**

emit'tente *ag* (*banca*) issuing; (*Radio*)

broadcasting, transmitting ▸ sf (*Radio*) transmitter

emorra'gia, -'gie [emorra'dʒia] sf haemorrhage

emor'roidi sfpl haemorrhoids pl (*BRIT*), hemorrhoids pl (*US*)

emo'tivo, -a ag emotional

emozio'nante [emottsjo'nante] ag exciting, thrilling

emozionare [emottsjo'nare] vt (*commuovere*) to move; (*agitare*) to make nervous; (*elettrizzare*) to excite; **emozionarsi** vpr to be moved; to be nervous; to be excited; **emozionato, -a** [emottsjo'nato] ag (*commosso*) moved; (*agitato*) nervous; (*elettrizzato*) excited

emozi'one [emot'tsjone] sf emotion; (*agitazione*) excitement

enciclope'dia [entʃiklope'dia] sf encyclopaedia

endove'noso, -a ag (*Med*) intravenous

'E.N.E.L. ['enel] sigla m (= *Ente Nazionale per l'Energia Elettrica*) national electricity company

ener'getico, -a, ci, che [ener'dʒetiko] ag (*risorse, crisi*) energy cpd; (*sostanza, alimento*) energy-giving

ener'gia, -'gie [ener'dʒia] sf (*Fisica*) energy; (*fig*) energy, strength, vigour; **energia eolica** wind power; **energia solare** solar energy, solar power; **e'nergico, -a, -ci, -che** ag energetic, vigorous

'enfasi sf emphasis; (*peg*) bombast, pomposity

en'nesimo, -a ag (*Mat, fig*) nth; **per l'ennesima volta** for the umpteenth time

e'norme ag enormous, huge

'ente sm (*istituzione*) body, board, corporation; (*Filosofia*) being; **enti pubblici** public bodies; **ente di ricerca** research organization

en'trambi, -e pron pl both (of them) ▸ ag pl ~ **i ragazzi** both boys, both of the boys

en'trare vi to go (o come) in; ~ **in** (*luogo*) to enter, go (o come) into; (*trovar posto, poter stare*) to fit into; (*essere ammesso a: club ecc*) to join, become a member of; ~ **in automobile** to get into the car; **far ~ qn** (*visitatore ecc*) to show sb in; **questo non c'entra** (*fig*) that's got nothing to do with it; **en'trata** sf entrance, entry; **dov'è l'entrata?** where's the entrance?; **entrate** sfpl (*Comm*) receipts, takings; (*Econ*) income sg

'entro prep (*temporale*) within

entusias'mare vt to excite, fill with enthusiasm; **entusiasmarsi** vpr **entusiasmarsi (per qc/qn)** to become enthusiastic (about sth/sb); **entusi'asmo** sm enthusiasm; **entusi'asta, -i, -e** ag enthusiastic ▸ sm/f enthusiast

epa'tite sf hepatitis

epide'mia sf epidemic

epiles'sia sf epilepsy

epi'lettico, -a, ci, che ag, sm/f epileptic

epi'sodio sm episode

'epoca, -che sf (*periodo storico*) age, era; (*tempo*) time; (*Geo*) age

ep'pure cong and yet, nevertheless

EPT sigla m (= *Ente Provinciale per il Turismo*) district tourist bureau

equa'tore sm equator

equazi'one [ekwat'tsjone] sf (*Mat*) equation

e'questre ag equestrian

equi'librio sm balance, equilibrium; **perdere l'equilibrare** to lose one's balance

e'quino, -a ag horse cpd, equine

equipaggia'mento [ekwipadd3a'mento] sm (*operazione:*

di nave) equipping, fitting out; (: *di spedizione, esercito*) equipping, kitting out; (*attrezzatura*) equipment

equipaggi'are [ekwipad'dʒare] vt (*di persone*) to man; (*di mezzi*) to equip; **equipaggiarsi** vpr to equip o.s.; **equi'paggio** sm crew

equitazi'one [ekwitat'tsjone] sf (horse-)riding

equiva'lente ag, sm equivalent

e'quivoco, -a, -ci, -che ag equivocal, ambiguous; (*sospetto*) dubious ▶ sm misunderstanding; **a scanso di equivoci** to avoid any misunderstanding; **giocare sull'~** to equivocate

'equo, -a ag fair, just

'era sf era

'era ecc vb vedi **essere**

'erba sf grass; **in ~** (*fig*) budding; **erbe aromatiche** herbs; **erba medica** lucerne; **er'baccia, -ce** sf weed

erboriste'ria sf (*scienza*) study of medicinal herbs; (*negozio*) herbalist's (shop)

e'rede sm/f heir; **eredità** sf (*Dir*) inheritance; (*Biol*) heredity; **lasciare qc in eredità a qn** to leave o bequeath sth to sb; **eredi'tare** vt to inherit; **eredi'tario, -a** ag hereditary

ere'mita, -i sm hermit

er'gastolo sm (*Dir: pena*) life imprisonment

'erica sf heather

er'metico, -a, -ci, -che ag hermetic

'ernia sf (*Med*) hernia

'ero vb vedi **essere**

e'roe sm hero

ero'gare vt (*somme*) to distribute; (*gas, servizi*) to supply

e'roico, -a, -ci, -che ag heroic

ero'ina sf heroine; (*droga*) heroin

erosi'one sf erosion

e'rotico, -a, -ci, -che ag erotic

er'rato, -a ag wrong

er'rore sm error, mistake; (*morale*) error; **per ~** by mistake; **ci dev'essere un ~** there must be some mistake; **errore giudiziario** miscarriage of justice

eruzi'one [erut'tsjone] sf eruption

esacer'bare [ezatʃer'bare] vt to exacerbate

esage'rare [ezadʒe'rare] vt to exaggerate ▶ vi to exaggerate; (*eccedere*) to go too far

esal'tare vt to exalt; (*entusiasmare*) to excite, stir

e'same sm examination; (*Ins*) exam, examination; **fare** o **dare un ~** to sit o take an exam; **esame di guida** driving test; **esame del sangue** blood test

esami'nare vt to examine

esaspe'rare vt to exasperate; to exacerbate

esatta'mente av exactly; accurately, precisely

esat'tezza [ezat'tettsa] sf exactitude, accuracy, precision

e'satto, -a pp di **esigere** ▶ ag (*calcolo, ora*) correct, right, exact; (*preciso*) accurate, precise; (*puntuale*) punctual

esau'dire vt to grant, fulfil

esauri'ente ag exhaustive

esauri'mento sm exhaustion; **esaurimento nervoso** nervous breakdown

esau'rire vt (*stancare*) to exhaust, wear out; (*provviste, miniera*) to exhaust; **esaurirsi** vpr to exhaust o.s., wear o.s. out; (*provviste*) to run out; **esau'rito, -a** ag exhausted; (*merci*) sold out; **registrare il tutto esaurito** (*Teatro*) to have a full house; **e'sausto, -a** ag exhausted

'esca (*pl* **'esche**) sf bait

'esce [ɛʃʃe] vb vedi **uscire**

eschi'mese [eski'mese] ag, sm/f

Eskimo

'esci ['eʃʃi] *vb vedi* **uscire**

escla'mare *vi* to exclaim, cry out

esclama'tivo, -a *ag* **punto ~** exclamation mark

esclamazi'one *sf* exclamation

es'cludere *vt* to exclude

es'clusi *ecc vb vedi* **escludere**

esclusi'one *sf* exclusion; **a ~ di, fatta ~ per** except (for), apart from; **senza ~ (alcuna)** without exception; **procedere per ~** to follow a process of elimination; **senza ~ di colpi** (*fig*) with no holds barred; **esclusione sociale** social exclusion

esclu'siva *sf* (*Dir, Comm*) exclusive *o* sole rights *pl*

esclusiva'mente *av* exclusively, solely

esclu'sivo, -a *ag* exclusive

es'cluso, -a *pp di* **escludere**

'esco *vb vedi* **uscire**

escogi'tare [eskodʒi'tare] *vt* to devise, think up

'escono *vb vedi* **uscire**

escursi'one *sf* (*gita*) excursion, trip; (: *a piedi*) hike, walk; (*Meteor*) range; **escursione termica** temperature range

esecuzi'one [ezekut'tsjone] *sf* execution, carrying out; (*Mus*) performance; **esecuzione capitale** execution

esegu'ire *vt* to carry out, execute; (*Mus*) to perform, execute

e'sempio *sm* example; **per ~** for example, for instance; **fare un ~** to give an example; **esem'plare** *ag* exemplary ▶ *sm* example; (*copia*) copy

eserci'tare [ezertʃi'tare] *vt* (*professione*) to practise (*BRIT*), practice (*US*); (*allenare: corpo, mente*) to exercise, train; (*diritto*) to exercise; (*influenza, pressione*) to exert; **esercitarsi** *vpr* to practise;

esercitarsi alla lotta to practise fighting

e'sercito [e'zertʃito] *sm* army

eser'cizio [ezer'tʃittsjo] *sm* practice; exercising; (*fisico: di matematica*) exercise; (*Econ*) financial year; (*azienda*) business, concern; **in ~** (*medico ecc*) practising; **esercizio pubblico** (*Comm*) commercial concern

esi'bire *vt* to exhibit, display; (*documenti*) to produce, present; **esibirsi** *vpr* (*attore*) to perform; (*fig*) to show off; **esibizi'one** *sf* exhibition; (*di documento*) presentation; (*spettacolo*) show, performance

esi'gente [ezi'dʒɛnte] *ag* demanding

e'sigere [e'zidʒere] *vt* (*pretendere*) to demand; (*richiedere*) to demand, require; (*imposte*) to collect

'esile (*persona*) slender, slim; (*stelo*) thin; (*voce*) faint

esili'are *vt* to exile; **e'silio** *sm* exile

esis'tenza [ezis'tɛntsa] *sf* existence

e'sistere *vi* to exist

esi'tare *vi* to hesitate

'esito *sm* result, outcome

'esodo *sm* exodus

eson'erare *vt* to exempt

e'sordio *sm* debut

esor'tare *vt* **~ qn a fare** to urge sb to do

e'sotico, -a, -ci, -che *ag* exotic

es'pandere *vt* to expand; (*confini*) to extend; (*influenza*) to extend, spread; **espandersi** *vpr* to expand; **espansi'one** *sf* expansion; **espansione di memoria** (*Inform*) memory upgrade; **espan'sivo, -a** *ag* expansive, communicative

espatri'are *vi* to leave one's country

espedi'ente *sm* expedient

es'pellere *vt* to expel

esperi'enza [espe'rjɛntsa] *sf* experience

esperi'mento *sm* experiment
es'perto, -a *ag, sm* expert
espi'rare *vt, vi* to breathe out
es'plicito, -a [es'plitʃito] *ag* explicit
es'plodere *vi (anche fig)* to explode
  ▶ *vt* to fire
esplo'rare *vt* to explore
esplosi'one *sf* explosion
es'pone *ecc vb vedi* **esporre**
es'pongo, es'poni *ecc vb vedi*
  esporre
es'porre *vt (merci)* to display; *(quadro)*
  to exhibit, show; *(fatti, idee)* to
  explain, set out; *(persona, vita, Fot)*
  to expose; **esporsi** *vpr* **esporsi a** *(sole,*
  pericolo) to expose o.s. to; *(critiche)* to
  lay o.s. open to
espor'tare *vt* to export
es'pose *ecc vb vedi* **esporre**
esposizi'one [espozit'tsjone] *sf*
  displaying; setting
  out; *(anche Fot)* exposure; *(mostra)*
  exhibition; *(narrazione)* explanation,
  exposition
es'posto, -a *pp di* **esporre** ▶ *ag ~*
  a nord facing north ▶ *sm (Amm)*
  statement, account; *(: petizione)*
  petition
espressi'one *sf* expression
espres'sivo, -a *ag* expressive
es'presso, -a *pp di* **esprimere** ▶ *ag*
  express ▶ *sm (lettera)* express letter;
  (anche: **treno ~**) express train; *(anche:*
  caffè ~) espresso
es'primere *vt* to express; **esprimersi**
  vpr to express o.s.
es'pulsi *ecc vb vedi* **espellere**
espulsi'one *sf* expulsion
es'senza [es'sentsa] *sf* essence
essenzi'ale *ag* essential; **l'essenziale**
  the main o most important thing

O **'essere**
  sm being; **essere umano** human
  being
  ▶ *vb copulativo*

1 *(con attributo, sostantivo)* to be; **sei**
  giovane/simpatico you are o you're
  young/nice; **è medico** he is o he's a
  doctor
2 *(+ di: appartenere)* to be; **di chi è la**
  penna? whose pen is it?; **è di Carla** it is
  o it's Carla's, it belongs to Carla
3 *(+ di: provenire)* to be; **è di Venezia** he
  is o he's from Venice
4 *(data, ora)*: **è il 15 agosto/lunedì** it is
  o it's the 15th of August/Monday; **che**
  ora è?, che ore sono? what time is it?; **è**
  l'una it is o it's one o'clock; **sono le due**
  it is o it's two o'clock
5 *(costare)*: **quant'è?** how much is it?;
  sono 10 euro it's o it's 10 euros
  ▶ *vb aus*

1 *(attivo)*: **essere arrivato/venuto** to
  have arrived/come; **è gia partita** she
  has already left
2 *(passivo)* to be; **essere fatto da** to
  be made by; **è stata uccisa** she has
  been killed
3 *(riflessivo)*: **si sono lavati** they
  washed, they got washed
4 *(+ da + infinito)*: **è da farsi subito** it
  must be o is to be done immediately
  ▶ *vi*

1 *(esistere, trovarsi)* to be; **sono a casa**
  I'm at home; **essere in piedi/seduto** to
  be standing/sitting
2: **esserci**: **c'è** there is; **ci sono** there
  are; **che c'è?** what's the matter?, what
  is it?; **ci sono!** *(fig: ho capito)* I get it!;
  vedi anche ci
  ▶ *vb impers* **è tardi/Pasqua** it's late/
  Easter; **è possibile che venga** he may
  come; **è così** that's the way it is

'essi *pron mpl vedi* **esso**
'esso, -a *pron* it; *(riferito a persona:*
  soggetto) he/she; *(: complemento)*
  him/her
est *sm* east
es'tate *sf* summer
esteri'ore *ag* outward, external

es'terno, -a ag (porta, muro) outer, outside; (scala) outside; (alunno, impressione) external ▶ sm outside, exterior ▶ sm/f (allievo) day pupil; **all'~** outside; **per uso ~** for external use only; **esterni** smpl (Cinema) location shots

'estero, -a ag foreign ▶ sm **all'~** abroad

es'teso, -a pp di **estendere** ▶ ag extensive, large; **scrivere per ~** to write in full

es'tetico, -a, -ci, -che ag aesthetic ▶ sf (disciplina) aesthetics sg; (bellezza) attractiveness; **este'tista, -i, -e** sm/f beautician

es'tinguere vt to extinguish, put out; (debito) to pay off; **estinguersi** vpr to go out; (specie) to become extinct

es'tinsi ecc vb vedi **estinguere**

estin'tore sm (fire) extinguisher

estinzi'one sf putting out; (di specie) extinction

estir'pare vt (pianta) to uproot, pull up; (fig: vizio) to eradicate

es'tivo, -a ag summer cpd

es'torcere [es'tɔrtʃere] vt **~ qc (a qn)** to extort sth (from sb)

estradizi'one [estradit'tsjone] sf extradition

es'trae, es'traggo ecc vb vedi **estrarre**

es'traneo, -a ag foreign ▶ sm/f stranger; **rimanere ~ a qc** to take no part in sth

es'trarre vt to extract; (minerali) to mine; (sorteggiare) to draw

es'trassi ecc vb vedi **estrarre**

estrema'mente av extremely

estre'mista, -i, e sm/f extremist

estremità sf inv extremity, end ▶ sfpl (Anat) extremities

es'tremo, -a ag extreme; (ultimo: ora, tentativo) final, last ▶ sm extreme; (di pazienza, forze) limit, end; **estremi** smpl (Amm: dati essenziali) details,

particulars; **l'~ Oriente** the Far East

estro'verso, -a ag, sm extrovert

età sf inv age; **all'~ di 8 anni** at the age of 8, at 8 years of age; **ha la mia ~** he (o she) is the same age as me o as I am; **raggiungere la maggiore ~** to come of age; **essere in ~ minore** to be under age

'etere sm ether

eternità sf eternity

e'terno, -a ag eternal

etero'geneo, -a [etero'dʒɛneo] ag heterogeneous

eterosessu'ale ag, sm/f heterosexual

'etica sf ethics sg; vedi anche **etico**

eti'chetta [eti'ketta] sf label; (cerimoniale) **l'~** etiquette

'etico, -a, -ci, -che ag ethical

eti'lometro sm Breathalyzer®

etimolo'gia, -'gie [etimolo'dʒia] sf etymology

Eti'opia sf l'~ Ethiopia

'etnico, -a, -ci, -che ag ethnic

e'trusco, -a, -schi, -sche ag, sm/f Etruscan

'ettaro sm hectare (= 10,000 m²)

'etto sm abbr (= ettogrammo) 100 grams

etto'grammo sm (o invia divisa) euro

Eu'ropa sf l'~ Europe

europarlamen'tare sm/f Member of the European Parliament, MEP

euro'peo, -a ag, sm/f European

euta'nasia sf euthanasia

evacu'are vt to evacuate

e'vadere vi (fuggire): **~ da** to escape from ▶ vt (sbrigare) to deal with, dispatch; (tasse) to evade

evapo'rare vi to evaporate

e'vasi ecc vb vedi **evadere**

evasi'one sf (vedi evadere) escape; dispatch; **evasione fiscale** tax evasion

eva'sivo, -a ag evasive

e'vaso, -a pp di **evadere** ▶ sm escapee

e'vento sm event

eventu'ale *ag* possible
Attenzione! In inglese esiste la parola eventual, che però significa *finale*.

eventual'mente *av* if necessary
Attenzione! In inglese esiste la parola eventually, che però significa *alla fine*.

evi'dente *ag* evident, obvious

evidente'mente *av* evidently; (*palesemente*) obviously, evidently

evi'tare *vt* to avoid; ~ **di fare** to avoid doing; ~ **qc a qn** to spare sb sth

evoluzi'one [evolut'tsjone] *sf* evolution

e'volversi *vpr* to evolve

ev'viva *escl* hurrah!; ~ **il re!** long live the king!, hurrah for the king!

ex *prefisso* ex, former

'extra *ag inv* first-rate; top-quality ▶ *sm inv* extra; **extracomuni'tario, -a** *ag* from outside the EC ▶ *sm/f* non-EC citizen

extrater'restre *ag, sm/f* extraterrestrial

f

fa *vb vedi* **fare** ▶ **sm inv** (*Mus*) F; (: *solfeggiando la scala*) fa ▶ *av* **10 anni fa** 10 years ago

'fabbrica *sf* factory; **fabbri'care** *vt* to build; (*produrre*) to manufacture,

make; (*fig*) to fabricate, invent
Attenzione! In inglese esiste la parola fabric, che però significa *stoffa*.

fac'cenda [fat'tʃɛnda] *sf* matter, affair; (*cosa da fare*) task, chore

fac'chino [fak'kino] *sm* porter

'faccia, -ce [fattʃa] *sf* face; (*di moneta, medaglia*) side; **faccia a faccia** face to face

facci'ata [fat'tʃata] *sf* façade; (*di pagina*) side

'faccio [fattʃo] *vb vedi* **fare**

fa'cessi *ecc* [fa'tʃessi] *vb vedi* **fare**

fa'cevo *ecc* [fa'tʃevo] *vb vedi* **fare**

'facile [fatʃile] *ag* easy; (*disposto*): ~ **a** inclined to, prone to; (*probabile*): **è ~ che piova** it's likely to rain

facoltà *sf inv* faculty; (*autorità*) power

facolta'tivo, -a *ag* optional; (*fermata d'autobus*) request *cpd*

'faggio [fadd3o] *sm* beech

fagi'ano [fa'dʒano] *sm* pheasant

fagio'lino [fadʒo'lino] *sm* French (BRIT) o string bean

fagi'olo [fa'dʒɔlo] *sm* bean

'fai *vb vedi* **fare**

'fai-da-'te *sm inv* DIY, do-it-yourself

'falce [faltʃe] *sf* scythe; **falci'are** *vt* to cut; (*fig*) to mow down

falcia'trice [faltʃa'tritʃe] *sf* (*per fieno*) reaping machine; (*per erba*) mowing machine

'falco, -chi *sm* hawk

'falda *sf* layer, stratum; (*di cappello*) brim; (*di cappotto*) tails *pl*; (*di monte*) lower slope; (*di tetto*) pitch

fale'gname [falen'name] *sm* joiner

falli'mento *sm* failure; bankruptcy

fal'lire *vi* (*non riuscire*): ~ **(in)** to fail (in); (*Dir*) to go bankrupt ▶ *vt* (*colpo, bersaglio*) to miss

'fallo *sm* error, mistake; (*imperfezione*) defect, flaw; (*Sport*) foul; fault; **senza ~** without fail

falò sm inv bonfire

falsifi'care vt to forge; (monete) to forge, counterfeit

'falso, -a ag false; (errato) wrong; (falsificato) forged; fake; (: oro, gioielli) imitation cpd ▶ sm forgery; **giurare il ~** to commit perjury

'fama sf fame; (reputazione) reputation, name

'fame sf hunger; **aver ~** to be hungry

fa'miglia [faˈmiʎʎa] sf family

famili'are ag (della famiglia) family cpd; (ben noto) familiar; (rapporti, atmosfera) friendly; (Ling) informal, colloquial ▶ sm/f relative, relation

fa'moso, -a ag famous, well-known

fa'nale sm (Aut) light, lamp (BRIT); (luce stradale, Naut) light; (di faro) beacon

fa'natico, -a, -ci, -che ag fanatical; (del teatro, calcio ecc): **~ di o per** mad o crazy about ▶ sm/f fanatic; (tifoso) fan

'fango, -ghi sm mud

'fanno vb vedi **fare**

fannul'lone, -a sm/f idler, loafer

fantasci'enza [fantaʃˈʃɛntsa] sf science fiction

fanta'sia sf fantasy, imagination; (capriccio) whim, caprice ▶ ag inv vestito ~ patterned dress

fan'tasma, -i sm ghost, phantom

fan'tastico, -a, -ci, -che ag fantastic; (potenza, ingegno) imaginative

fan'tino sm jockey

fara'butto sm crook

fard sm inv blusher

'fare
sm

1 (modo di fare): **con fare distratto** absent-mindedly; **ha un fare simpatico** he has a pleasant manner

2: **sul far del giorno/della notte** at daybreak/nightfall

▶ vt

1 (fabbricare, creare) to make; (: casa) to build; (: assegno) to make out; **fare un pasto/una promessa/un film** to make a meal/a promise/a film; **fare rumore** to make a noise

2 (effettuare: lavoro, attività, studi) to do; (: sport) to play; **cosa fa?** (adesso) what are you doing?; (di professione) what do you do?; **fare psicologia/italiano** (Ins) to do psychology/Italian; **fare un viaggio** to go on a trip o journey; **fare una passeggiata** to go for a walk; **fare la spesa** to do the shopping

3 (funzione) to be; (Teatro) to play, be; **fare il medico** to be a doctor; **fare il malato** (fingere) to act the invalid

4 (suscitare: sentimenti): **fare paura a qn** to frighten sb; **(non) fa niente** (non importa) it doesn't matter

5 (ammontare): **3 più 3 fa 6** 3 and 3 are o make 6; **fanno 3 euro** that's 3 euros; **Roma fa 2.000.000 di abitanti** Rome has 2,000,000 inhabitants; **che ora fai?** what time do you make it?

6 (+ infinito): **far fare qc a qn** (obbligare) to make sb do sth; (permettere) to let sb do sth; **fammi vedere** let me see; **far partire il motore** to start (up) the engine; **far riparare la macchina/costruire una casa** to get o have the car repaired/a house built

7: **farsi: farsi una gonna** to make o.s. a skirt; **farsi un nome** to make a name for o.s.; **farsi la permanente** to get a perm; **farsi tagliare i capelli** to get one's hair cut; **farsi operare** to have an operation

8 (fraseologia): **farcela** to succeed, manage; **non ce la faccio più** I can't go on; **ce la faremo** we'll make it; **me l'hanno fatta!** (imbrogliare) I've been done!; **lo facevo più giovane** I thought he was younger; **fare sì/no con la testa** to nod/shake one's head

▶ vi

1 (*agire*) to act, do; **fate come volete** do as you like; **fare presto** to be quick; **fare da** to act as; **non c'è niente da fare** it's no use; **saperci fare con qn/qc** to know how to deal with sb/sth; **faccia pure!** go ahead!

2 (*dire*) to say; **"davvero?" fece** "really?" he said

3: **fare per** (*essere adatto*) to be suitable for; **fare per fare qc** to be about to do sth; **fece per andarsene** he made as if to leave

4: **farsi: si fa così** you do it like this, this is the way it's done; **non si fa così!** (*rimprovero*) that's no way to behave!; **la festa non si fa** the party is off

5: **fare a gara con qn** to compete o vie with sb; **fare a pugni** to come to blows; **fare in tempo a fare** to be in time to do

▶ *vb impers* **fa bel tempo** the weather is fine; **fa caldo/freddo** it's hot/cold; **fa notte** it's getting dark

▶ *vpr* **farsi**

1 (*diventare*) to become; **farsi prete** to become a priest; **farsi grande/vecchio** to grow tall/old

2 (*spostarsi*): **farsi avanti/indietro** to move forward/back

3 (*fam: drogarsi*) to be a junkie

far'falla *sf* butterfly

fa'rina *sf* flour

farma'cia, -'cie [farma'tʃia] *sf* pharmacy; (*negozio*) chemist's (shop) (BRIT), pharmacy; **farma'cista, -i, -e** *sm/f* chemist (BRIT), pharmacist

'farmaco, -ci *o* **chi** *sm* drug, medicine

'faro *sm* (*Naut*) lighthouse; (*Aer*) beacon; (*Aut*) headlight

'fascia, -sce ['faʃʃa] *sf* band, strip; (*Med*) bandage; (*di sindaco, ufficiale*) sash; (*parte di territorio*) strip, belt; (*di contribuenti ecc*) group, band; **essere in fasce** (*anche fig*) to be in one's infancy; **fascia oraria** time band

fasci'are [faʃ'ʃare] *vt* to bind; (*Med*) to bandage

fa'scicolo [faʃ'ʃikolo] *sm* (*di documenti*) file, dossier; (*di rivista*) issue, number; (*opuscolo*) booklet, pamphlet

'fascino [faʃ'ʃino] *sm* charm, fascination

fa'scismo [faʃ'ʃizmo] *sm* fascism

'fase *sf* phase; (*Tecn*) stroke; **fuori** ~ (*motore*) rough

fa'stidio *sm* bother, trouble; **dare** ~ **a qn** to bother o annoy sb; **sento** ~ **allo stomaco** my stomach's upset; **avere fastidi con la polizia** to have trouble o bother with the police; **fastidi'oso, -a** *ag* annoying, tiresome

> Attenzione! In inglese esiste la parola *fastidious*, che però significa *pignolo*.

'fata *sf* fairy

fa'tale *ag* fatal; (*inevitabile*) inevitable; (*fig*) irresistible

fa'tica, -che *sf* hard work, toil; (*sforzo*) effort; (*di metalli*) fatigue; **a** ~ **with** difficulty; **fare** ~ **a fare qc** to have a job doing sth; **fati'coso, -a** *ag* tiring, exhausting; (*lavoro*) laborious

'fatto, -a *pp di* **fare** ▶ *ag* **un uomo** ~ a grown man; **a mano/in casa** hand-/home-made ▶ *sm* fact; (*azione*) deed; (*avvenimento*) event, occurrence; (*di romanzo, film*) action, story; **cogliere qn sul** ~ to catch sb red-handed; **il** ~ **sta o è che** the fact remains o is that; **in** ~ **di** as for, as far as ... is concerned

fat'tore *sm* (*Agr*) farm manager; (*Mat, elemento costitutivo*) factor; **fattore di protezione** (*di lozione solare*) factor; **vorrei una crema solare con** ~ **di protezione 15** I'd like a factor 15 suntan cream

fatto'ria *sf* farm; farmhouse

> Attenzione! In inglese esiste la parola *factory*, che però significa *fabbrica*.

fatto'rino *sm* errand-boy; (*di ufficio*)

office-boy; (*d'albergo*) porter

fat'tura *sf* (Comm) invoice; (*di abito*) tailoring; (*malia*) spell

fattu'rato *sm* (Comm) turnover

'fauna *sf* fauna

'fava *sf* broad bean

'favola *sf* (*fiaba*) fairy tale; (*d'intento morale*) fable; (*fandonia*) yarn; **favo'loso, -a** *ag* fabulous; (*incredibile*) incredible

fa'vore *sm* favour; **per ~** please; **fare un ~ a** qn to do sb a favour

favo'rire *vt* to favour; (*il commercio, l'industria, le arti*) to promote, encourage; **vuole ~?** won't you help yourself?; **favorisca in salotto** please come into the sitting room

fax *sm inv* fax; **mandare** qc **via ~** to fax sth

fazzo'letto [fattso'letto] *sm* handkerchief; (*per la testa*) (head)scarf; **fazzoletto di carta** tissue

feb'braio *sm* February

'febbre *sf* fever; **aver la ~** to have a high temperature; **febbre da fieno** hay fever

'feci *ecc* ['fɛtʃi] *vb vedi* **fare**

fecondazi'one [fekondat'tsjone] *sf* fertilization; **fecondazione artificiale** artificial insemination

fe'condo, -a *ag* fertile

'fede *sf* (*credenza*) belief, faith; (*Rel*) faith; (*fiducia*) faith, trust; (*fedeltà*) loyalty; (*anello*) wedding ring; (*attestato*) certificate; **aver ~ in** qn to have faith in sb; **in buona/cattiva ~** in good/bad faith; **"in ~"** (*Dir*) "in witness whereof"; **fe'dele** *ag* **fedele (a)** faithful (to) ▶ *sm/f* follower; **i fedeli** (*Rel*) the faithful

'federa *sf* pillowslip, pillowcase

fede'rale *ag* federal

'fegato *sm* liver; (*fig*) guts *pl*, nerve

'feice ['feltʃe] *sf* fern

fe'lice [fe'litʃe] *ag* happy; (*fortunato*) lucky; **felicità** *sf* happiness

felici'tarsi [felitʃi'tarsi] *vpr* (*congratularsi*): **~ con** qn **per** qc to congratulate sb on sth

fe'lino, -a *ag, sm* feline

'felpa *sf* sweatshirt

'femmina *sf* (*Zool, Tecn*) female; (*figlia*) girl, daughter; (*spesso peg*) woman; **femmi'nile** *ag* feminine; (*sesso*) female; (*lavoro, giornale, moda*) woman's ▶ *sm* (*Ling*) feminine

'femore *sm* thighbone, femur

fe'nomeno *sm* phenomenon

feri'ale *ag* **giorno ~** weekday

'ferie *sfpl* holidays (BRIT), vacation *sg* (US); **andare in ~** to go on holiday *o* vacation

fe'rire *vt* to injure; (*deliberatamente: Mil ecc*) to wound; (*colpire*) to hurt; **ferirsi** *vpr* to hurt o.s., injure o.s; **fe'rita** *sf* injury, wound; **fe'rito, -a** *sm/f* wounded *o* injured man/woman

fer'maglio [fer'maʎʎo] *sm* clasp; (*per documenti*) clip

fer'mare *vt* to stop, halt; (*Polizia*) to detain, hold ▶ *vi* to stop; **fermarsi** *vpr* to stop, halt; **fermarsi a fare** qc to stop to do sth; **può fermarsi qui/all'angolo?** could you stop here/at the corner?

fer'mata *sf* stop; **fermata dell'autobus** bus stop

fer'menti *smpl* **~ lattici** probiotic bacteria

fer'mezza [fer'mettsa] *sf* (*fig*) firmness, steadfastness

'fermo, -a *ag* still, motionless; (*veicolo*) stationary; (*orologio*) not working; (*saldo: anche fig*) firm; (*voce, mano*) steady ▶ *escl* stop!; **keep still!** ▶ *sm* (*chiusura*) catch, lock; (*Dir*): **fermo di polizia** police detention

fe'roce [fe'rɔtʃe] *ag* (*animale*) fierce, ferocious; (*persona*) cruel, fierce;

(*fame, dolore*) raging; **le bestie feroci** wild animals

ferra'gosto *sm* (*festa*) feast of the Assumption; (*periodo*) August holidays *pl*

● Ferragosto
● **Ferragosto**, August 15th, is a
● national holiday. Marking the Feast
● of the Assumption, its origins are
● religious but in recent years it has
● simply become the most important
● public holiday of the summer
● season. Most people take some
● extra time off work and head out of
● town to the holiday resorts.

ferra'menta *sfpl* negozio di ~ ironmonger's (*BRIT*), hardware shop *o* store (*US*)

'**ferro** *sm* iron; **una bistecca ai ferri** a grilled steak; **ferro battuto** wrought iron; **ferro da calza** knitting needle; **ferro di cavallo** horseshoe; **ferro da stiro** iron

ferro'via *sf* railway (*BRIT*), railroad (*US*); **ferrovi'ario, -a** *ag* railway *cpd* (*BRIT*), railroad *cpd* (*US*); **ferrovi'ere** *sm* railwayman (*BRIT*), railroad man (*US*)

'**fertile** *ag* fertile

'**fesso, -a** *pp di* **fendere** ► *ag* (*fam: sciocco*) crazy, cracked

fes'sura *sf* crack, split; (*per gettone, moneta*) slot

'**festa** *sf* (*religiosa*) feast; (*pubblica*) holiday; (*compleanno*) birthday; (*onomastico*) name day; (*ricevimento*) celebration, party; **far ~** to have a holiday; **to live it up; far ~ a qn** to give sb a warm welcome

festeggi'are [fested'dʒare] *vt* to celebrate; (*persona*) to have a celebration for

fes'tivo, -a *ag* (*atmosfera*) festive; **giorno ~** holiday

'**feto** *sm* foetus (*BRIT*), fetus (*US*)

'**fetta** *sf* slice

fettuc'cine [fettut'tʃine] *sfpl* (*Cuc*) ribbon-shaped pasta

FF.SS. *abbr* = **Ferrovie dello Stato**

FI *sigla* = **Firenze** ► *abbr* (= Forza Italia) Italian centre-right political party

fi'aba *sf* fairy tale

fi'acca *sf* weariness; (*svogliatezza*) listlessness

fi'acco, -a, -chi, -che *ag* (*stanco*) tired, weary; (*svogliato*) listless; (*debole*) weak; (*mercato*) slack

fi'accola *sf* torch

fi'ala *sf* phial

fi'amma *sf* flame

fiam'mante *ag* (*colore*) flaming; **nuovo ~** brand new

fiam'mifero *sm* match

fiam'mingo, -a, -ghi, -ghe *ag* Flemish ► *sm/f* Fleming ► *sm* (*Ling*) Flemish; **i Fiamminghi** the Flemish

fi'anco, -chi *sm* side; (*Mil*) flank; **di ~** sideways, from the side; **a ~ a ~** side by side

fi'asco, -schi *sm* flask; (*fig*) fiasco; **fare ~** to fail

fia'tare *vi* (*fig: parlare*): **senza ~** without saying a word

fi'ato *sm* breath; (*resistenza*) stamina; **avere il ~ grosso** to be out of breath; **prendere ~** to catch one's breath

'fibbia *sf* buckle

'fibra *sf* fibre; (*fig*) constitution

fic'care *vt* to push, thrust, drive; **ficcarsi** *vpr* (*andare a finire*) to get to **ficcherò** ecc [fikke'rɔ] *vb vedi* **ficcare**

'fico, -chi *sm* (*pianta*) fig tree; (*frutto*) fig; **fico d'India** prickly pear; **fico secco** dried fig

fidanza'mento [fidantsa'mento] *sm* engagement

fidan'zarsi [fidan'tsarsi] *vpr* to get engaged; **fidan'zato, -a** *sm/f* fiancé/fiancée

fi'darsi *vpr* ~ **di** to trust; **fi'dato, -a** *ag* reliable, trustworthy

fi'ducia [fi'dutʃa] *sf* confidence, trust; **incarico di** ~ position of trust, responsible position; **persona di** ~ reliable person

fie'nile *sm* barn; hayloft

fi'eno *sm* hay

fi'era *sf* fair

fi'ero, -a *ag* proud; *(audace)* bold

fifa *(fam)* *sf* **aver** ~ to have the jitters

fig. *abbr* (= *figura*) fig

'figlia ['fiʎʎa] *sf* daughter

figli'astro, -a [fiʎ'ʎastro] *sm/f* stepson/daughter

'figlio ['fiʎʎo] *sm* son; *(senza distinzione di sesso)* child; **figlio di papà** spoilt, wealthy young man; **figlio unico** only child

fi'gura *sf* figure; *(forma, aspetto esterno)* form, shape; *(illustrazione)* picture, illustration; **far** ~ to look smart; **fare una brutta** ~ to make a bad impression

figu'rina *sf* figurine; *(cartoncino)* picture card

'fila *sf* row, line; *(coda)* queue; *(serie)* series, string; **di** ~ in succession; **fare la** ~ to queue; **in** ~ **indiana** in single file

fi'lare *vt* to spin ▶ *vi (baco, ragno)* to spin; *(formaggio fuso)* to go stringy; *(discorso)* to hang together; *(fam: amoreggiare)* to go steady; *(muoversi a forte velocità)* to go at full speed; ~ **diritto** *(fig)* to toe the line; ~ **via** to dash off

filas'trocca, -che *sf* nursery rhyme

filate'lia *sf* philately, stamp collecting

fi'letto *sm (di vite)* thread; *(di carne)* fillet

fili'ale *ag* filial ▶ *sf (di impresa)* branch

film *sm inv* film

'filo *sm (anche fig)* thread; *(filato)* yarn; *(metallico)* wire; *(di lama, rasoio)* edge;

per ~ **e per segno** in detail; **con un** ~ **di voce** in a whisper; **filo d'erba** blade of grass; **filo interdentale** dental floss; **filo di perle** string of pearls; **filo spinato** barbed wire

fi'lone *sm (di minerali)* seam, vein; *(pane)* = Vienna loaf; *(fig)* trend

filoso'fia *sf* philosophy; **fi'losofo, -a** *sm/f* philosopher

fil'trare *vt, vi* to filter

'filtro *sm* filter; **filtro dell'olio** *(Aut)* oil filter

fi'nale *ag* final ▶ *sm (di opera)* end, ending; *(: Mus)* finale ▶ *sf (Sport)* final; **final'mente** *av* finally, at last

fi'nanza [fi'nantsa] *sf* finance; **finanze** *sfpl (di individuo, Stato)* finances

finché [fin'ke] *cong (per tutto il tempo che)* as long as; *(fino al momento in cui)* until; **aspetta** ~ **io (non) sia ritornato** wait until I get back

'fine *ag (lamina, carta)* thin; *(capelli, polvere)* fine; *(vista, udito)* keen, sharp; *(persona: raffinata)* refined, distinguished; *(osservazione)* subtle ▶ *sf* end ▶ *sm* aim, purpose; *(esito)* result, outcome; **secondo** ~ ulterior motive; **in** ~ **alla** ~ in the end, finally

fi'nestra *sf* window; **fines'trino** *sm* window; **vorrei un posto vicino al finestrino** I'd like a window seat

'fingere ['findʒere] *vt* to feign; *(supporre)* to imagine, suppose; **fingersi ubriaco/pazzo** to pretend to be drunk/mad; ~ **di fare** to pretend to do

fi'nire *vt* to finish ▶ *vi* to finish, end; **quando finisce lo spettacolo?** when does the show finish?; ~ **di fare** *(compiere)* to finish doing; *(smettere)* to stop doing; ~ **in galera** to end up o finish up in prison

finlan'dese *ag, sm (Ling)* Finnish ▶ *sm/f* Finn

Fin'landia sf la ~ Finland

'fino, -a ag (capelli, seta) fine; (oro) pure; (fig: acuto) shrewd ▶ av (spesso troncato in fin: pure, anche) even ▶ prep (spesso troncato in fin: tempo): **fin quando?** till when?; (: luogo): **fin qui** as far as here; ~ **a** (tempo) until, till; (luogo) as far as, (up) to; **fin da domani** from tomorrow onwards; **fin da ieri** since yesterday; **fin dalla nascita** from o since birth

fi'nocchio [fi'nɔkkjo] sm fennel; (fam: peg: omosessuale) queer

fi'nora av up till now

'finsi ecc vb vedi **fingere**

'finta sf pretence, sham; (Sport) feint; **far ~ (di fare)** to pretend (to do)

'finto, -a pp di **fingere** ▶ ag false; artificial

finzi'one [fin'tsjone] sf pretence, sham

fi'occo, -chi sm (di nastro) bow; (di stoffa, lana) flock; (di neve) flake; (Naut) jib; **coi fiocchi** (fig) first-rate; **fiocchi di avena** oatflakes; **fiocchi di granturco** cornflakes

fi'ocina ['fjɔtʃina] sf harpoon

fi'oco, -a, -chi, -che ag faint, dim

fi'onda sf catapult

fio'raio, -a sm/f florist

fio're sm flower; **fiori** smpl (Carte) clubs; **a fior d'acqua** on the surface of the water; **avere i nervi a fior di pelle** to be on edge; **fior di latte** cream; **fiori di campo** wild flowers

fioren'tino, -a ag Florentine

fio'retto sm (Scherma) foil

fio'rire vi (rosa) to flower; (albero) to blossom; (fig) to flourish

Fi'renze [fi'rentse] sf Florence

'firma sf signature

▌ Attenzione! In inglese esiste la parola **firm**, che però significa **ditta**.

fir'mare vt to sign; **un abito firmato** a designer suit; **dove devo ~?** where do I sign?

fisar'monica, -che sf accordion

fis'cale ag fiscal, tax cpd; **medico ~** doctor employed by Social Security to verify cases of sick leave

fischi'are [fis'kjare] vi to whistle ▶ vt to whistle; (attore) to boo, hiss

fischi'etto [fis'kjetto] sm (strumento) whistle

fischio ['fiskjo] sm whistle

'fisco sm tax authorities pl, ≈ Inland Revenue (BRIT), ≈ Internal Revenue Service (US)

'fisica sf physics sg

'fisico, -a, -ci, -che ag physical ▶ sm/f physicist ▶ sm physique

fisiotera'pia sf physiotherapy

fisiotera'pista sm/f physiotherapist

fis'sare vt to fix, fasten; (guardare intensamente) to stare at; (data, condizioni) to fix, establish, set; (prenotare) to book; **fissarsi vpr fissarsi su** (sguardo, attenzione) to focus on; (fig: idea) to become obsessed with

'fisso, -a ag fixed; (stipendio, impiego) regular ▶ av **guardare ~ qc/qn** to stare at sth/sb

'fitta sf sharp pain; vedi anche **fitto**

fit'tizio, -a ag fictitious, imaginary

'fitto, -a ag thick, dense; (pioggia) heavy ▶ sm depths pl, middle; (affitto, pigione) rent

fi'ume sm river

fiu'tare vt to smell, sniff; (animale) to scent; (fig: inganno) to get wind of, smell; **~ tabacco/cocaina** to take snuff/cocaine

fla'grante ag **cogliere qn in ~** to catch sb red-handed

fla'nella sf flannel

flash [flaʃ] sm inv (Fot) flash; (giornalistico) newsflash

'flauto sm flute

fles'sibile ag pliable; (fig: che si adatta)

flexible

flessibilità sf (anche fig) flexibility

flessi'one sf (gen) bending; (Ginnastica: a terra) sit-up; (: in piedi) forward bend; (: sulle gambe) knee-bend; (diminuzione) slight drop, slight fall; (Ling) inflection; **fare una ~** to bend; **una ~ economica** a downward trend in the economy

'**flettere** vt to bend

'**flipper** sm inv pinball machine

F.lli abbr (= fratelli) Bros.

'**flora** sf flora

'**florido, -a** ag flourishing; (fig) glowing with health

'**floscio, -a, -sci, -sce** ['flɔʃʃo] ag (cappello) floppy, soft; (muscoli) flabby

'**flotta** sf fleet

'**fluido, -a** ag, sm fluid

flu'oro sm fluorine

'**flusso** sm flow; (Fisica, Med) flux; **~ e ri~** ebb and flow

fluvi'ale ag river cpd, fluvial

FMI sigla m (= Fondo Monetario Internazionale) IMF

'**foca, -che** sf (Zool) seal

fo'caccia, -ce [fo'kattʃa] sf kind of pizza; (dolce) bun

'**foce** ['fotʃe] sf (Geo) mouth

foco'laio sm (Med) centre of infection; (fig) hotbed

foco'lare sm hearth, fireside; (Tecn) furnace

'**fodera** sf (di vestito) lining; (di libro, poltrona) cover

'**fodero** sm (di spada) scabbard; (di pugnale) sheath; (di pistola) holster

'**foga** sf enthusiasm, ardour

'**foglia** ['fɔʎʎa] sf leaf; **foglia d'argento/d'oro** silver/gold leaf

'**foglio** ['fɔʎʎo] sm (di carta) sheet (of paper); (di metallo) sheet; **foglio di calcolo** (Inform) spreadsheet; **foglio rosa** (Aut) provisional licence; **foglio di via** (Dir) expulsion order; **foglio**

volante pamphlet

'**fogna** ['foɲɲa] sf drain, sewer

föhn [fø:n] sm inv hair dryer

'**folla** sf crowd, throng

'**folle** ag mad, insane; (Tecn) idle; **in ~** (Aut) in neutral

fol'lia sf folly, foolishness; foolish act; (pazzia) madness, lunacy

'**folto, -a** ag thick

fon sm inv hair dryer

fondamen'tale ag fundamental, basic

fonda'mento sm foundation; **fondamenta** sfpl (Edil) foundations

fon'dare vt to found; (fig: dar base): **~ qc su** to base sth on

fon'dente ag **cioccolato ~** plain o dark chocolate

'**fondere** vt (neve) to melt; (metallo) to fuse, melt; (fig: colori) to merge, blend; (: imprese, gruppi) to merge ▶ vi to melt; **fondersi** vpr to melt; (fig: partiti, correnti) to unite, merge

'**fondo, -a** ag deep ▶ sm (di recipiente, pozzo) bottom; (di stanza) back; (quantità di liquido che resta, deposito) dregs pl; (sfondo) background; (unità immobiliare) property, estate; (somma di denaro) fund; (Sport) long-distance race; **fondi** smpl (denaro) funds; **a notte fonda** at dead of night; **in ~ a** at the bottom of; at the back of; (strada) at the end of; **andare a ~** (nave) to sink; **conoscere a ~** to know inside out; **dar ~ a** (fig: provviste, soldi) to use up; **in ~** (fig) after all, all things considered; **andare fino in ~ a** (fig) to examine thoroughly; **a ~ perduto** (Comm) without security; **fondi di magazzino** unsold stock sg; **fondi di caffè** coffee grounds; **fondo comune di investimento** investment trust

fondo'tinta sm inv (cosmetico) foundation

fo'netica sf phonetics sg

fon'tana sf fountain

'fonte sf spring, source; (fig) source ▶ sm; **fonte battesimale** (Rel) font; **fonte energetica** source of energy

fo'raggio [fo'raddʒo] sm fodder, forage

fo'rare vt to pierce, make a hole in; (pallone) to burst; (biglietto) to punch; **~ una gomma** to burst a tyre (BRIT) o tire (US)

'forbici ['fɔrbitʃi] sfpl scissors

'forca, -che sf (Agr) fork, pitchfork; (patibolo) gallows sg

for'chetta [for'ketta] sf fork

for'cina [for'tʃina] sf hairpin

fo'resta sf forest

foresti'ero, -a ag foreign ▶ sm/f foreigner

'forfora sf dandruff

'forma sf form; (aspetto esteriore) form, shape; (Dir: procedura) procedure; (per calzature) last; (stampo da cucina) mould

formag'gino [formad'dʒino] sm processed cheese

for'maggio [for'maddʒo] sm cheese

for'male ag formal

for'mare vt to form, shape, make; (numero di telefono) to dial; (fig: carattere) to mould; **formarsi** vpr to form, take shape; **for'mato** sm format, size; **formazi'one** sf formation; (fig: educazione) training; **formazione professionale** vocational training

for'mica¹, -che sf ant

formica²®ª ['fɔrmika] sf (materiale) Formica®

formi'dabile ag powerful, formidable; (straordinario) remarkable

'formula sf formula; **formula di cortesia** courtesy form

formu'lare vt to formulate; to express

for'naio sm baker

for'nello sm (elettrico, a gas) ring; (di pipa) bowl

for'nire vt **~ qn di qc, ~ qc a qn** to provide o supply sb with sth, supply sth to sb

'forno sm (di cucina) oven; (panetteria) bakery; (Tecn: per calce ecc) kiln; (: per metalli) furnace; **forno a microonde** microwave oven

'foro sm (buco) hole; (Storia) forum; (tribunale) (law) court

'forse av perhaps, maybe; (circa) about; **essere in ~** to be in doubt

'forte ag strong; (suono) loud; (spesa) considerable, great; (passione, dolore) great, deep ▶ av strongly; (velocemente) fast; (a voce alta) loud(ly); (violentemente) hard ▶ sm (edificio) fort; (specialità) forte, strong point; **essere ~ in qc** to be good at sth

for'tezza [for'tettsa] sf (morale) strength; (luogo fortificato) fortress

for'tuito, -a ag fortuitous, chance

for'tuna sf (destino) fortune, luck; (buona sorte) success, fortune; (eredità, averi) fortune; **per ~** luckily, fortunately; **di ~** makeshift, improvised; **atterraggio di ~** emergency landing; **fortu'nato, -a** ag lucky, fortunate; (coronato da successo) successful

'forza ['fɔrtsa] sf strength; (potere) power; (Fisica) force; **forze** sfpl (fisiche) strength sg; (Mil) forces escl come on!; **per ~** against one's will; (naturalmente) of course; **a viva ~** by force; **a ~ di** by dint of; **~ maggiore** circumstances beyond one's control; **la ~ pubblica** the police pl; **forze armate** armed forces; **forze dell'ordine** the forces of law and order; **Forza Italia** Italian centre-right political party; **forza di pace** peacekeeping force

for'zare [for'tsare] vt to force; **~ qn a fare** to force sb to do

for'zista, -i, e [for'tsista] *ag* of Forza Italia ▶ *sm/f* member (o supporter) of Forza Italia

fos'chia [fos'kia] *sf* mist, haze

'fosco, -a, -schi, -sche *ag* dark, gloomy

'fosforo *sm* phosphorous

'fossa *sf* pit; (*di cimitero*) grave; **fossa biologica** septic tank

fos'sato *sm* ditch; (*di fortezza*) moat

fos'setta *sf* dimple

'fossi *ecc vb vedi* **essere**

'fossile *ag, sm* fossil

'fosso *sm* ditch; (*Mil*) trench

'foste *ecc vb vedi* **essere**

'foto *sf* photo: **può farci una ~, per favore?** would you take a picture of us, please? ▶ *prefisso*: **foto ricordo** souvenir photo; **foto tessera** passport(-type) photo; **foto'camera** *sf* **fotocamera digitale** digital camera; **foto'copia** *sf* photocopy; **fotocopi'are** *vt* to photocopy; **fotocopia'trice** [fotokopja'tritʃe] *sf* photocopier; **fotogra'fare** *vt* to photograph; **fotogra'fia** *sf* (*procedimento*) photography; (*immagine*) photograph; **fare una fotografia** to take a photograph; **una fotografia a colori/in bianco e nero** a colour/black and white photograph; **foto'grafico, -a, ci, che** *ag* photographic; **macchina fotografica** camera; **fo'tografo, -a** *sm/f* photographer; **fotoro'manzo** *sm* romantic picture story

fou'lard [fu'lar] *sm inv* scarf

fra *prep* = **tra**

'fradicio, -a, -ci, -ce ['fraditʃo] *ag* (*molto bagnato*) soaking (wet); **ubriaco ~** blind drunk

'fragile ['fradʒile] *ag* fragile; (*fig: salute*) delicate

'fragola *sf* strawberry

fra'grante *ag* fragrant

frain'tendere *vt* to misunderstand

fram'mento *sm* fragment

'frana *sf* landslide; (*fig: persona*): **essere una ~** to be useless

fran'cese [fran'tʃeze] *ag* French ▶ *sm/f* Frenchman/woman ▶ *sm* (*Ling*) French; **i Francesi** the French

'Francia ['frantʃa] *sf* **la ~** France

'franco, -a, -chi, -che *ag* (*Comm*) free; (*sincero*) frank, open, sincere ▶ *sm* (*moneta*) franc; **farla franca** (*fig*) to get off scot-free; **prezzo ~ fabbrica** ex-works price; **franco di dogana** duty-free

franco'bollo *sm* (postage) stamp

'frangia, -ge ['frandʒa] *sf* fringe

frap'pé *sm* milk shake

'frase *sf* (*Ling*) sentence; (*locuzione, espressione, Mus*) phrase; **frase fatta** set phrase

'frassino *sm* ash (tree)

frastagli'ato, -a [frasta'ʎʎato] *ag* (*costa*) indented, jagged

frastor'nare *vt* to daze; to befuddle

frastu'ono *sm* hubbub, din

'frate *sm* friar, monk

fratel'lastro *sm* stepbrother; (*con genitore in comune*) half-brother

fra'tello *sm* brother; **fratelli** *smpl* brothers; (*nel senso di fratelli e sorelle*) brothers and sisters

fra'terno, -a *ag* fraternal, brotherly

frat'tempo *sm* **nel ~** in the meantime, meanwhile

frat'tura *sf* fracture; (*fig*) split, break

frazi'one [frat'tsjone] *sf* fraction; (*di comune*) small town

'freccia, -ce ['frettʃa] *sf* arrow; **freccia di direzione** (*Aut*) indicator

fred'dezza [fred'dettsa] *sf* coldness

'freddo, -a *ag, sm* cold; **fa ~** it's cold; **aver ~** to be cold; **a ~** (*fig*) deliberately; **freddo'loso, -a** *ag* sensitive to the cold

fre'gare *vt* to rub; (*fam: truffare*) to

take in, cheat; (: *rubare*) to swipe, pinch; **fregarsene** (*fam!*): **chi se ne frega?** who gives a damn (about it?)

fregherò ecc ['fregeˈrɔ] vb vedi **fregare**

fre'nare vt (*veicolo*) to slow down; (*cavallo*) to rein in; (*lacrime*) to restrain, hold back ▶ vi to brake; **frenarsi** vpr (*fig*) to restrain o.s., control o.s.

'freno sm brake; (*morso*) bit; **tenere a ~** to restrain; **freno a disco** disc brake; **freno a mano** handbrake

frequen'tare vt (*scuola, corso*) to attend; (*locale, bar*) to go to, frequent; (*persone*) to see (often)

frequen'tato, -a ag (*locale*) busy

fre'quente ag frequent; **di ~** frequently

fres'chezza [fresˈkettsa] sf freshness

'fresco, -a, -schi, -sche ag fresh; (*temperatura*) cool; (*notizia*) recent, fresh ▶ sm **godere il ~** to enjoy the cool air; **stare ~** (*fig*) to be in for it; **mettere al ~** to put in a cool place

'fretta sf hurry, haste; **in ~** in a hurry; **in ~ e furia** in a mad rush; **aver ~** to be in a hurry

'friggere ['friddʒere] vt to fry ▶ vi (*olio ecc*) to sizzle

'frigido, -a ['fridʒido] ag (*Med*) frigid

'frigo sm fridge

frigo'bar sm inv minibar

frigo'rifero, -a ag refrigerating ▶ sm refrigerator

fringu'ello sm chaffinch

'frissi ecc vb vedi **friggere**

frit'tata sf omelette; **fare una ~** (*fig*) to make a mess of things

frit'tella sf (*Cuc*) fritter

'fritto, -a pp di **friggere** ▶ ag fried ▶ sm fried food; **fritto misto** mixed fry

frit'tura sf (*Cuc*): **frittura di pesce** mixed fried fish

'frivolo, -a ag frivolous

frizi'one [fritˈtsjone] sf friction; (*sulla*

pelle) rub, rub-down; (*Aut*) clutch

friz'zante [friˈdzante] ag (*anche fig*) sparkling

fro'dare vt to defraud, cheat

'frode sf fraud; **frode fiscale** tax evasion

'fronda sf (leafy) branch; (*di partito politico*) internal opposition; **fronde** sf pl (*di albero*) foliage sg

fron'tale ag frontal; (*scontro*) head-on

'fronte sf (*Anat*) forehead; (*di edificio*) front, façade ▶ sm (*Mil, Pol, Meteor*) front; **a ~, di ~** facing, opposite; **di ~ a** (*posizione*) opposite, facing, in front of; (*a paragone di*) compared with

fronti'era sf border, frontier

'frottola sf fib

fru'gare vi to rummage ▶ vt to search

frugherò ecc [frugeˈrɔ] vb vedi **frugare**

frul'lare vt (*Cuc*) to whisk ▶ vi (*uccelli*) to flutter; **frul'lato** sm milk shake; fruit drink; **frulla'tore** sm electric mixer

fru'mento sm wheat

fru'scio [fruʃˈʃio] sm rustle; rustling; (*di acque*) murmur

'frusta sf whip; (*Cuc*) whisk

frus'tare vt to whip

frus'trato, -a ag frustrated

'frutta sf fruit; (*portata*) dessert; **frutta candita** candied fruit; **frutta secca** dried fruit

frut'tare vi to bear dividends, give a return

frut'teto sm orchard

frutti'vendolo, -a sm/f greengrocer (BRIT), produce dealer (US)

'frutto sm fruit; (*fig: risultato*) result(s); (*Econ: interesse*) interest; (: *reddito*) income; **frutti di bosco** berries; **frutti di mare** seafood sg

FS abbr = **Ferrovie dello Stato**

fu vb vedi **essere** ▶ ag inv **il fu Paolo Bianchi** the late Paolo Bianchi

fuci'lare [futʃiˈlare] vt to shoot

fu'cile [fu'tʃile] *sm* rifle, gun; (*da caccia*) shotgun, gun

'fucsia *sf* fuchsia

'fuga *sf* escape, flight; (*di gas, liquidi*) leak; (*Mus*) fugue; **fuga di cervelli** brain drain

fug'gire [fud'dʒire] *vi* to flee, run away; (*fig: passar veloce*) to fly ▸ *vt* to avoid

'fui *vb vedi* **essere**

fu'liggine [fu'liddʒine] *sf* soot

'fulmine *sm* thunderbolt; lightning *no pl*

fu'mare *vi* to smoke; (*emettere vapore*) to steam ▸ *vt* to smoke; **le dà fastidio se fumo?** do you mind if I smoke?;

fuma'tore, -'trice *sm/f* smoker

fu'metto *sm* comic strip; **giornale** *sm*, **a fumetti** comic

'fummo *vb vedi* **essere**

'fumo *sm* smoke; (*vapore*) steam; (*il fumare tabacco*) smoking; **fumi** *smpl* (*industriali ecc*) fumes; **i fumi dell'alcool** the after-effects of drink; **vendere ~** to deceive, cheat; **fumo passivo** passive smoking

'fune *sf* rope, cord; (*più grossa*) cable

'funebre *ag* (*rito*) funeral; (*aspetto*) gloomy, funereal

fune'rale *sm* funeral

'fungere ['fundʒere] *vi* **~ da** to act as

'fungo, -ghi *sm* fungus; (*commestibile*) mushroom; **fungo velenoso** toadstool

funico'lare *sf* funicular railway

funi'via *sf* cable railway

'funsi *ecc vb vedi* **fungere**

funzio'nare [funtsjo'nare] *vi* to work, function; (*fungere*): **~ da** to act as; **come funziona?** how does this work?; **la TV non funziona** the TV isn't working

funzio'nario [funtsjo'narjo] *sm* official; **funzionario statale** civil servant

funzi'one [fun'tsjone] *sf* function; (*carica*) post, position; (*Rel*) service; **in ~** (*meccanismo*) in operation; **in ~ di** (*come*) as; **fare la ~ di qn** (*farne le veci*) to take sb's place

fu'oco, -chi *sm* fire; (*fornello*) ring; (*Fot, Fisica*) focus; **dare ~ a qc** to set fire to sth; **far ~** (*sparare*) to fire; **al ~!** fire!; **fuoco d'artificio** firework

fuorché [fwor'ke] *cong, prep* except

fu'ori *av* outside; (*all'aperto*) outdoors, outside; (*fuori di casa, Sport*) out; (*esclamativo*) get out! ▸ *prep ~* (**di**) out of, outside ▸ *sm* outside; **lasciar ~ qc/qn** to leave sth/sb out; **far ~ qn** (*fam*) to kill sb, do sb in; **essere ~ di sé** to be beside o.s.; **~ luogo** (*inopportuno*) out of place, uncalled for; **~ mano** out of the way, remote; **~ pericolo** out of danger; **~ uso** old-fashioned; obsolete; **fuorigi'oco** *sm* offside; **fuori'strada** *sm* (*Aut*) cross-country vehicle

'furbo, -a *ag* clever, smart; (*peg*) cunning

fu'rente *ag ~* (**contro**) furious (with)

fur'fante *sm* rascal, scoundrel

fur'gone *sm* van

'furia *sf* (*ira*) fury, rage; (*fig: impeto*) fury, violence; (*fretta*) rush; **a ~ di** by dint of; **andare su tutte le furie** to get into a towering rage; **furi'bondo, -a** *ag* furious

furi'oso, -a *ag* furious

'furono *vb vedi* **essere**

fur'tivo, -a *ag* furtive

'furto *sm* theft; **vorrei denunciare un ~** I'd like to report a theft; **furto con scasso** burglary

'fusa *sfpl* **fare le ~** to purr

fu'seaux *smpl inv* leggings

'fusi *ecc vb vedi* **fondere**

fu'sibile *sm* (*Elettr*) fuse

fusi'one *sf* (*di metalli*) fusion, melting; (*colata*) casting; (*Comm*) merger; (*fig*) merging

'fuso, -a pp di **fondere** ▶ sm (Filatura) spindle; **fuso orario** time zone

fus'tino sm (di detersivo) tub

'fusto sm stem; (Anat, di albero) trunk; (recipiente) drum, can

fu'turo, -a ag, sm future

g

'gabbia sf cage; (da imballaggio) crate; **gabbia dell'ascensore** lift (BRIT) o elevator (US) shaft; **gabbia toracica** (Anat) rib cage

gabbi'ano sm (sea)gull

gabi'netto sm (Med ecc) consulting room; (Pol) ministry; (WC) toilet, lavatory; (Ins: di fisica ecc) laboratory

'gaffe [gaf] sf inv blunder

ga'lante ag gallant, courteous; (avventura) amorous

ga'lassia sf galaxy

ga'lera sf (Naut) galley; (prigione) prison

'galla sf a ~ afloat; **venire a** ~ to surface, come to the surface; (fig: verità) to come out

galleggi'are [galled'dʒare] vi to float

galle'ria sf (traforo) tunnel; (Archit, d'arte) gallery; (Teatro) circle; (strada coperta con negozi) arcade

'Galles sm il ~ Wales

gal'lina sf hen

'gallo sm cock

galop'pare vi to gallop

ga'loppo sm gallop; **al o di** ~ at a gallop

'gamba sf leg; (asta: di lettera) stem; **in** ~ (in buona salute) well; (bravo, sveglio) bright, smart; **prendere qc sotto** ~ (fig) to treat sth too lightly

gambe'retto sm shrimp

'gambero sm (di acqua dolce) crayfish; (di mare) prawn

'gambo sm stem; (di frutta) stalk

'gamma sf (Mus) scale; (di colori, fig) range

'gancio ['gantʃo] sm hook

'gara sf competition; (Sport) competition; contest; match; (: corsa) race; **fare a** ~ to compete, vie

ga'rage [ga'raʒ] sm inv garage

garan'tire vt to guarantee; (debito) to stand surety for; (dare per certo) to assure

garan'zia [garan'tsia] sf guarantee; (pegno) security

gar'bato, -a ag courteous, polite

gareggi'are [gared'dʒare] vi to compete

garga'rismo sm gargle; **fare i gargarismi** to gargle

ga'rofano sm carnation; **chiodo di** ~ clove

'garza ['gardza] sf (per bende) gauze

gar'zone [gar'dzone] sm (di negozio) boy

gas sm inv gas; **sento odore di** ~ I can smell gas; **a tutto** ~ at full speed; **dare** ~ (Aut) to accelerate

ga'solio sm diesel (oil)

gas'sato, -a ag fizzy

gast'rite sf gastritis

gastrono'mia sf gastronomy

gat'tino sm kitten

'gatto, -a sm/f cat, tomcat/she-cat; **gatto delle nevi** (Aut, Sci) snowcat; **gatto selvatico** wildcat

'gazza ['gaddza] sf magpie

gel [dʒɛl] *sm inv* gel

ge'lare [dʒe'lare] *vt, vi, vb impers* to freeze

gelate'ria [dʒelate'ria] *sf* ice-cream shop

gela'tina [dʒela'tina] *sf* gelatine; **gelatina esplosiva** dynamite; **gelatina di frutta** fruit jelly

ge'lato, -a [dʒe'lato] *ag* frozen ▶ *sm* ice cream

'gelido, -a ['dʒɛlido] *ag* icy, ice-cold

'gelo ['dʒɛlo] *sm (temperatura)* intense cold; *(brina)* frost; *(fig)* chill

gelo'sia [dʒelo'sia] *sf* jealousy

ge'loso, -a [dʒe'loso] *ag* jealous

'gelso ['dʒɛlso] *sm* mulberry (tree)

gelso'mino [dʒelso'mino] *sm* jasmine

ge'mello, -a [dʒe'mɛllo] *ag, sm/f* twin; **gemelli** *smpl (di camicia)* cufflinks; *(dello zodiaco)*: **Gemelli** Gemini *sg*

ge'mere ['dʒɛmere] *vi* to moan, groan; *(cigolare)* to creak

'gemma ['dʒɛmma] *sf (Bot)* bud; *(pietra preziosa)* gem

gene'rale [dʒene'rale] *ag, sm* general; **in ~** *(per sommi capi)* in general terms; *(di solito)* usually, in general

gene'rare [dʒene'rare] *vt (dar vita)* to give birth to; *(produrre)* to produce; *(causare)* to arouse; *(Tecn)* to produce, generate; **generazi'one** *sf* generation

'genere ['dʒɛnere] *sm* kind, type, sort; *(Biol)* genus; *(merce)* article, product; *(Ling)* gender; *(Arte, Letteratura)* genre; **in ~** generally, as a rule; **genere umano** mankind; **generi alimentari** foodstuffs

ge'nerico, -a, -ci, -che [dʒe'nɛriko] *ag* generic; *(vago)* vague, imprecise

'genero ['dʒɛnero] *sm* son-in-law

gene'roso, -a [dʒene'roso] *ag* generous

ge'netica [dʒe'nɛtika] *sf* genetics *sg*

ge'netico, -a, -ci, -che [dʒe'nɛtiko]

ag genetic

gen'giva [dʒen'dʒiva] *sf (Anat)* gum

geni'ale [dʒen'jale] *ag (persona)* of genius; *(idea)* ingenious, brilliant

'genio ['dʒɛnjo] *sm* genius; **andare a ~ a qn** to be to sb's liking, appeal to sb

geni'tore [dʒeni'tore] *sm* parent, father o mother; **i miei genitori** my parents, my father and mother

gen'naio [dʒen'najo] *sm* January

'Genova ['dʒɛnova] *sf* Genoa

'gente ['dʒɛnte] *sf* people *pl*

gen'tile [dʒen'tile] *ag (persona, atto)* kind; *(: garbato)* courteous, polite; *(nelle lettere)*: **G~ Signore** Dear Sir; *(: sulla busta)*: **G~ Signor Fernando Villa** Mr Fernando Villa

genu'ino, -a [dʒenu'ino] *ag (prodotto)* natural; *(persona, sentimento)* genuine, sincere

geogra'fia [dʒeogra'fia] *sf* geography

geolo'gia [dʒeolo'dʒia] *sf* geology

ge'ometra, -i, -e [dʒe'ometra] *sm/f (professionista)* surveyor

geome'tria [dʒeome'tria] *sf* geometry

ge'ranio [dʒe'ranjo] *sm* geranium

gerar'chia [dʒerar'kia] *sf* hierarchy

'gergo, -ghi ['dʒɛrgo] *sm* jargon; slang

geria'tria [dʒerja'tria] *sf* geriatrics *sg*

Ger'mania [dʒer'manja] *sf* **la ~** Germany; **la ~ occidentale/orientale** West/East Germany

'germe ['dʒɛrme] *sm* germ; *(fig)* seed

germogli'are [dʒermoʎ'ʎare] *vi* to sprout; to germinate

gero'glifico, -ci [dʒero'glifiko] *sm* hieroglyphic

ge'rundio [dʒe'rundjo] *sm* gerund

'gesso ['dʒɛsso] *sm* chalk; *(Scultura, Med, Edil)* plaster; *(statua)* plaster figure; *(minerale)* gypsum

gesti'one [dʒes'tjone] *sf* management

ges'tire [dʒes'tire] *vt* to run, manage

'gesto ['dʒɛsto] *sm* gesture

Gesù [dʒe'zu] *sm* Jesus

gesu'ita, -i [dʒezu'ita] *sm* Jesuit

get'tare [dʒet'tare] *vt* to throw; (*anche*: ~ **via**) to throw away o out; (*Scultura*) to cast; (*Edil*) to lay; (*acqua*) to spout; (*grido*) to utter; **gettarsi** *vpr* **gettarsi in** (*fiume*) to flow into; ~ **uno sguardo su** to take a quick look at

'getto ['dʒetto] *sm* (*di gas, liquido, Aer*) jet; **a ~ continuo** uninterruptedly; **di ~** (*fig*) straight off, in one go

get'tone [dʒet'tone] *sm* token; (*per giochi*) counter; (: *roulette ecc*) chip; **gettone telefonico** telephone token

ghiacci'aio [gjat'tʃajo] *sm* glacier

ghiacci'ato, -a *ag* frozen; (*bevanda*) ice-cold

ghi'accio [ɡjatt'ʃo] *sm* ice

ghiacci'olo [gjat'tʃɔlo] *sm* icicle; (*tipo di gelato*) ice lolly (*BRIT*), Popsicle® (*US*)

ghi'aia ['gjaja] *sf* gravel

ghi'anda ['gjanda] *sf* (*Bot*) acorn

ghi'andola ['gjandola] *sf* gland

ghi'otto, -a ['gjotto] *ag* greedy; (*cibo*) delicious, appetizing

ghir'landa [gir'landa] *sf* garland, wreath

'ghiro ['giro] *sm* dormouse

'ghisa ['giza] *sf* cast iron

già [dʒa] *av* already; (*ex, in precedenza*) formerly ▶ *escl* of course!, yes indeed!

gi'acca ['dʒakka] *sf* jacket; **giacca a vento** windcheater (*BRIT*), windbreaker (*US*)

giacché [dʒak'ke] *cong* since, as

giac'cone [dʒak'kone] *sm* heavy jacket

gi'ada ['dʒada] *sf* jade

giagu'aro [dʒa'gwaro] *sm* jaguar

gi'allo [dʒallo] *ag* yellow; (*carnagione*) sallow ▶ *sm* yellow; (*anche*: **romanzo ~**) detective novel; (*anche*: **film ~**) detective film; **giallo dell'uovo** yolk

Giamaica [dʒa'maika] *sf* la ~ Jamaica

Giap'pone [dʒap'pone] *sm* Japan; **giappo'nese** *ag, sm/f, sm* Japanese *inv*

giardi'naggio [dʒardi'naddʒo] *sm* gardening

giardini'ere, -a [dʒardi'njere] *sm/f* gardener

giar'dino [dʒar'dino] *sm* garden; **giardino d'infanzia** nursery school; **giardino pubblico** public gardens *pl*, (public) park; **giardino zoologico** zoo

giavel'lotto [dʒavel'lɔtto] *sm* javelin

gigabyte [dʒiga'bait] *sm inv* gigabyte

gi'gante, -'essa [dʒi'gante] *sm/f* giant ▶ *ag* giant, gigantic; (*Comm*) giant-size

'giglio ['dʒiʎʎo] *sm* lily

gilè [dʒi'le] *sm inv* waistcoat

gin [dʒin] *sm inv* gin

gine'cologo, -a, -gi, -ghe [dʒine'kɔlogo] *sm/f* gynaecologist

gi'nepro [dʒi'nepro] *sm* juniper

gi'nestra [dʒi'nestra] *sf* (*Bot*) broom

Gi'nevra [dʒi'nevra] *sf* Geneva

gin'nastica *sf* gymnastics *sg*; (*esercizio fisico*) keep-fit exercises; (*Ins*) physical education

gi'nocchio [dʒi'nɔkkjo] (*pl(m)* **gi'nocchi**, *o pl(f)* **gi'nocchia**) *sm* knee; **stare in ~** to kneel, be on one's knees; **mettersi in ~** to kneel (down)

gio'care [dʒo'kare] *vt* to play; (*scommettere*) to stake, wager, bet; (*ingannare*) to take in ▶ *vi* to play; (*a roulette ecc*) to gamble; (*fig*) to play a part, be important; ~ **a** (*gioco, sport*) to play; (*cavalli*) to bet on; **giocarsi la carriera** to put one's career at risk; **gioca'tore, -'trice** *sm/f* player; gambler

gio'cattolo [dʒo'kattolo] *sm* toy

giocherò [dʒoke'rɔ] *vb vedi* **giocare**

gi'oco, -chi [dʒoko] *sm* game; (*divertimento, Tecn*) play; (*al casinò*) gambling; (*Carte*) hand; (*insieme di* *pezzi ecc necessari per un gioco*) set; **per ~ for** fun; **fare il doppio ~ con qn to** double-cross sb; **i Giochi Olimpici the** Olympic Games; **gioco d'azzardo** game of chance; **gioco degli scacchi** chess set

giocoli'ere [dʒoko'ljɛre] *sm* juggler

gi'oia ['dʒɔja] *sf* joy, delight; (*pietra preziosa*) jewel, precious stone

gioiel'leria [dʒojelle'ria] *sf* jeweller's craft; jeweller's (shop)

gioiell'iere, -a [dʒojel'ljɛre] *sm/f* jeweller

gioi'ello [dʒo'jɛllo] *sm* jewel, piece of jewellery; **i miei gioielli** my jewels o jewellery; **gioielli** *smpl* (*anelli, collane ecc*) jewellery; **i gioielli della Corona** the crown jewels

Gior'dania [dʒor'danja] *sf* la ~ Jordan

giorna'laio, -a [dʒorna'lajo] *sm/f* newsagent (*BRIT*), newsdealer (*US*)

gior'nale [dʒor'nale] *sm* (*news*) paper; (*diario*) journal, diary; (*Comm*) journal; **giornale di bordo** log; **giornale radio** radio news sg

giornali'ero, -a [dʒorna'ljɛro] *ag* daily; (*che varia: umore*) changeable ▶ *sm* day labourer

giorna'lismo [dʒorna'lizmo] *sm* journalism

giorna'lista, -i, -e [dʒorna'lista] *sm/f* journalist

gior'nata [dʒor'nata] *sf* day; **giornata lavorativa** working day

gior'no ['dʒorno] *sm* day; (*opposto alla notte*) day, daytime; (*anche: luce del ~*) daylight; **al ~ per** day; **di ~ by** day; **al ~ d'oggi** nowadays

gi'ostra [dʒɔstra] *sf* (*per bimbi*) merry-go-round; (*torneo storico*) joust

gio'vane ['dʒovane] *ag* young; (*aspetto*) youthful ▶ *sm/f* youth/girl, young man/woman; **i giovani** young people

gio'vare [dʒo'vare] *vi* a ~ (*essere utile*)

to be useful to; (*far bene*) to be good for ▶ *vb impers* (*essere bene, utile*) to be useful; **giovarsi di qc** to make use of sth

giovedì [dʒove'di] *sm inv* Thursday; **di** o **il ~ on** Thursdays

gioventù [dʒoven'tu] *sf* (*periodo*) youth; (*i giovani*) young people *pl*, youth

G.I.P. [dʒip] *sigla m inv* (= *Giudice per le Indagini Preliminari*) judge for preliminary enquiries

gira'dischi [dʒira'diski] *sm inv* record player

gi'raffa [dʒi'raffa] *sf* giraffe

gi'rare [dʒi'rare] *vt* (*far ruotare*) to turn; (*percorrere, visitare*) to go round; (*Cinema*) to shoot; to make; (*Comm*) to endorse ▶ *vi* to turn; (*più veloce*) to spin; (*andare in giro*) to wander, go around; **girarsi** *vpr* to turn; **~ attorno a** to go round; to revolve round; **al prossimo incrocio giri a destra/ sinistra** turn right/left at the next junction; **far ~ la testa a qn** to make sb dizzy; (*fig*) to turn sb's head

girar'rosto [dʒirar'rɔsto] *sm* (*Cuc*) spit

gira'sole [dʒira'sole] *sm* sunflower

gi'revole [dʒi'revole] *ag* revolving, turning

gi'rino [dʒi'rino] *sm* tadpole

'giro ['dʒiro] *sm* (*circuito, cerchio*) circle; (*di chiave, manovella*) turn; (*viaggio*) tour, excursion; (*passeggiata*) stroll, walk; (*in macchina*) drive; (*in bicicletta*) ride; (*Sport: della pista*) lap; (*di denaro*) circulation; (*Carte*) hand; (*Tecn*) revolution; **prendere in ~ qn** (*fig*) to pull sb's leg; **fare un ~ to** go for a walk (*o a drive o a ride, ecc*); **andare in ~ to** go about, walk around; **a stretto ~ di posta** by return of post; **nel ~ di un mese** in a month's time; **essere nel ~** (*fig*) to belong to a circle (of friends); **giro d'affari** (*Comm*) turnover; **giro**

di parole circumlocution; **giro di prova** (Aut) test drive; **giro turistico** sightseeing tour; **giro'collo** sm a

girocollo crew-neck cpd

gironzo'lare [dʒirondzo'lare] vi to stroll about

'gita ['dʒita] sf excursion, trip; **fare una ~** to go for a trip, go on an outing

gi'tano, -a [dʒi'tano] sm/f gipsy

giù [dʒu] av down; (dabbasso) downstairs; **in ~** downwards, down; **~ di lì** (pressappoco) thereabouts; **bambini dai 6 anni in ~** children aged 6 and under; **~ per, cadere ~ per le scale** to fall down the stairs; **essere ~** (fig: di salute) to be run down; (: di spirito) to be depressed

giub'botto [dʒub'bɔtto] sm jerkin; **giubbotto antiproiettile** bulletproof vest; **giubbotto salvagente** life jacket

giudi'care [dʒudi'kare] vt to judge; (accusato) to try; (lite) to arbitrate in; **~ qn/qc bello** to consider sb/sth (to be) beautiful

gi'udice ['dʒuditʃe] sm judge; **giudice conciliatore** justice of the peace; **giudice istruttore** examining (BRIT) o committing (US) magistrate; **giudice popolare** member of a jury

giu'dizio [dʒu'dittsjo] sm judgment; (opinione) opinion; (Dir) judgment, sentence; (: processo) trial; (: verdetto) verdict; **aver ~** to be wise o prudent; **citare in ~** to summons

gi'ugno ['dʒuɲɲo] sm June

gi'ungere ['dʒundʒere] vi to arrive ▶ vt (mani ecc) to join; **~ a** to arrive at, reach

gi'ungla ['dʒungla] sf jungle

gi'unsi ecc ['dʒunsi] vb vedi **giungere**

giura'mento [dʒura'mento] sm oath; **giuramento falso** perjury

giu'rare [dʒu'rare] vt to swear ▶ vi to swear, take an oath

giu'ria [dʒu'ria] sf jury

giu'ridico, -a, -ci, -che [dʒu'ridiko] ag legal

giustifi'care [dʒustifi'kare] vt to justify; **giustificazi'one** sf justification; (Ins) (note of) excuse

gius'tizia [dʒus'tittsja] sf justice; **giustizi'are** vt to execute, put to death

gi'usto, -a ['dʒusto] ag (equo) fair, just; (vero) true, correct; (adatto) right, suitable; (preciso) exact, correct ▶ av (esattamente) exactly, precisely; (per l'appunto, appena) just; **arrivare ~** to arrive just in time; **ho ~ bisogno di te** you're just the person I need

glaci'ale [gla'tʃale] ag glacial

gli [ʎi] (dav V, s impura, gn, pn, ps, x, z) det mpl the ▶ pron (a lui) to him; (a esso) to it; (in coppia con lo, la, li, le, ne: a lui, a lei, a loro ecc): **~ele do** I'm giving them to him (o her o them); vedi anche **il**

glo'bale [glo'bale] ag overall

'globo sm globe

'globulo sm (Anat): **globulo rosso/ bianco** red/white corpuscle

'gloria sf glory

'gnocchi ['nɔkki] smpl (Cuc) small dumplings made of semolina pasta o potato

'gobba sf (Anat) hump; (protuberanza) bump

'gobbo, -a ag hunchbacked; (ricurvo) round-shouldered ▶ sm/f hunchback

'goccia, -ce ['gottʃa] sf drop; **goccio'lare** vi, vt to drip

go'dere vi (compiacersi): **~ (di)** to be delighted (at), rejoice (at); (trarre vantaggio): **~ di** benefit from ▶ vt to enjoy; **godersi la vita** to enjoy life; **godersela** to have a good time, enjoy o.s.

godrò ecc vb vedi **godere**

'goffo, -a ag clumsy, awkward

'gola sf (Anat) throat; (golosità)

gluttony, greed; (*di camino*) flue; (*di monte*) gorge; **fare ~** (*anche fig*) to tempt

golf *sm inv* (*Sport*) golf; (*maglia*) cardigan

'golfo *sm* gulf

go'loso, -a *ag* greedy

gomi'tata *sf* **dare una ~ a qn** to elbow sb; **farsi avanti a (forza o furia di) gomitate** to elbow one's way through; **fare a gomitate per qc** to fight to get sth

'gomito *sm* elbow; (*di strada ecc*) sharp bend

go'mitolo *sm* ball

'gomma *sf* rubber; (*per cancellare*) rubber, eraser; (*di veicolo*) tyre (BRIT), tire (US); **gomma americana o da masticare** chewing gum; **gomma a terra** flat tyre (BRIT) o tire (US); **ho una ~ a terra** I've got a flat tyre; **gom'mone** *sm* rubber dinghy

gonfi'are *vt* (*pallone*) to blow up, inflate; (*dilatare, ingrossare*) to swell; (*fig: notizia*) to exaggerate; **gonfiarsi** *vpr* to swell; (*fiume*) to rise; **'gonfio, -a** *ag* swollen; (*stomaco*) bloated; (*vela*) full; **gonfi'ore** *sm* swelling

'gonna *sf* skirt; **gonna pantalone** culottes *pl*

'gorgo, -ghi *sm* whirlpool

gorgogli'are [gorgoʎ'ʎare] *vi* to gurgle

go'rilla *sm inv* gorilla; (*guardia del corpo*) bodyguard

'gotico, -a, ci, che *ag, sm* Gothic

'gotta *sf* gout

gover'nare *vt* (*stato*) to govern, rule; (*pilotare, guidare*) to steer; (*bestiame*) to tend, look after

go'verno *sm* government

GPL *sigla m* (= *Gas di Petrolio Liquefatto*) LPG

GPS *sigla m* (= *Global Positioning System*) GPS

graci'dare [gratʃi'dare] *vi* to croak

'gracile ['gratʃile] *ag* frail, delicate

gradazi'one [gradat'tsjone] *sf* (*sfumatura*) gradation; **gradazione alcolica** alcoholic content, strength

gra'devole *ag* pleasant, agreeable

gradi'nata *sf* flight of steps; (*in teatro, stadio*) tiers *pl*

gra'dino *sm* step; (*Alpinismo*) foothold

gra'dire *vt* (*accettare con piacere*) to accept; (*desiderare*) to wish, like; **gradisce una tazza di tè?** would you like a cup of tea?

'grado *sm* (*Mat, Fisica ecc*) degree; (*stadio*) degree, level; (*Mil, sociale*) rank; **essere in ~ di fare** to be in a position to do

gradu'ale *ag* gradual

graf'fetta *sf* paper clip

graffi'are *vt* to scratch; **graffiarsi** *vpr* to get scratched; (*con unghie*) to scratch o.s.

'graffio *sm* scratch

gra'fia *sf* spelling; (*scrittura*) handwriting

'grafico, -a, -ci, -che *ag* graphic ▶ *sm* graph; (*persona*) graphic designer

gram'matica, -che *sf* grammar

'grammo *sm* gram(me)

'grana *sf* (*granello, di minerali, corpi spezzati*) grain; (*fam: seccatura*) trouble; (: *soldi*) cash ▶ *sm inv* Parmesan (cheese)

gra'naio *sm* granary, barn

gra'nata *sf* (*proiettile*) grenade

Gran Bre'tagna [-bre'taɲɲa] *sf* **la ~** Great Britain

'granchio ['grankjo] *sm* crab; (*fig*) blunder; **prendere un ~** (*fig*) to blunder

'grande (*qualche volta gran* + *C*, **grand'** + *V*) *ag* (*grosso, largo, vasto*) big, large; (*alto*) tall; (*lungo*) long; (*in sensi astratti*) great ▶ *sm/f* (*persona adulta*) adult, grown-up; (*chi ha ingegno e potenza*) great man/woman; **fare le cose in ~** to do things in style; **una gran bella donna** a very beautiful woman; **non è una gran cosa** o **un gran che** it's nothing special; **non ne so gran che** I don't know very much about it

gran'dezza [gran'dettsa] *sf* (*dimensione*) size; magnitude; (*fig*) greatness; **in ~ naturale** life-size(d)

grandi'nare *vb impers* to hail

'grandine *sf* hail

gra'nello *sm* (*di cereali, uva*) seed; (*di frutta*) pip; (*di sabbia, sale ecc*) grain

gra'nito *sm* granite

'grano *sm* (*in quasi tutti i sensi*) grain; (*frumento*) wheat; (*di rosario, collana*) bead; **grano di pepe** peppercorn

gran'turco *sm* maize

'grappa *sf* rough, strong brandy

'grappolo *sm* bunch, cluster

gras'setto *sm* (*Tip*) bold (type)

'grasso, -a *ag* fat; (*cibo*) fatty; (*pelle*) greasy; (*terreno*) rich; (*fig: guadagno, annata*) plentiful ▶ *sm* (*di persona, animale*) fat; (*sostanza che unge*) grease

'grata *sf* grating

gra'ticola *sf* grill

'gratis *av* free, for nothing

grati'tudine *sf* gratitude

'grato, -a *ag* grateful; (*gradito*) pleasant, agreeable

gratta'capo *sm* worry, headache

grattaci'elo [gratta'tfɛlo] *sm* skyscraper

gratta e vinci ['gratta e 'vintʃi] *sm inv* (*biglietto*) scratchcard; (*lotteria*) scratchcard lottery

grat'tare *vt* (*pelle*) to scratch; (*raschiare*) to scrape; (*pane, formaggio, carote*) to grate; (*fam: rubare*) to pinch ▶ *vi* (*stridere*) to grate; (*Aut*) to grind; **grattarsi** *vpr* to scratch o.s.; **grattarsi la pancia** (*fig*) to twiddle one's thumbs

grat'tugia, -gie [grat'tudʒa] *sf* grater; **grattugi'are** *vt* to grate; **pane**

grattugiato breadcrumbs *pl*

gra'tuito, -a *ag* free; (*fig*) gratuitous

'grave *ag* (*danno, pericolo, peccato ecc*) grave, serious; (*responsabilità*) heavy, grave; (*contegno*) grave, solemn; (*voce, suono*) deep, low-pitched; (*Ling*): **accento ~** grave accent; **un malato ~** a person who is seriously ill

grave'mente *av* (*ammalato, ferito*) seriously

gravi'danza [gravi'dantsa] *sf* pregnancy

gravità *sf* seriousness; (*anche Fisica*) gravity

gra'voso, -a *ag* heavy, onerous

'grazia ['grattsja] *sf* grace; (*favore*) favour; (*Dir*) pardon

'grazie ['grattsje] *escl* thank you!; **~ mille!** o **tante!** o **infinite!** thank you very much!; **~ a** thanks to

grazi'oso, -a [grat'tsjoso] *ag* charming, delightful; (*gentile*) gracious

'Grecia ['grɛtʃa] *sf* **la ~** Greece; **'greco, -a, -ci, -che** *ag*, *sm/f*, *sm* Greek

'gregge ['greddʒe] (*pl(f) -i*) *sm* flock

grembi'ule *sm* apron; (*sopravveste*) overall

'grembo *sm* lap; (*ventre della madre*) womb

'grezzo, -a ['greddzo] *ag* raw, unrefined; (*diamante*) rough, uncut; (*tessuto*) unbleached

gri'dare *vi* (*per chiamare*) to shout, cry (out); (*strillare*) to scream, yell ▶ *vt* to shout (out), yell (out); **~ aiuto** to cry o shout for help

'grido (*pl(m) -i*, o *pl(f) -a*) *sm* shout, cry; scream, yell; (*di animale*) cry; **di ~** famous

'grigio, -a, -gi, -gie ['gridʒo] *ag*, *sm* grey

'griglia ['griʎʎa] *sf* (*per arrostire*) grill; (*Elettr*) grid; (*inferriata*) grating; **alla ~** (*Cuc*) grilled

gril'letto sm trigger

'grillo sm (Zool) cricket; (fig) whim

'grinta sf grim expression; (Sport) fighting spirit

gris'sino sm bread-stick

Groen'landia sf la ~ Greenland

gron'daia sf gutter

gron'dare vi to pour; (essere bagnato): ~ **di** to be dripping with ▸ vt to drip with

'groppa sf (di animale) back, rump; (fam: dell'uomo) back, shoulders pl

gros'sezza [gros'settsa] sf size; thickness

gros'sista, -i, -e sm/f (Comm) wholesaler

'grosso, -a ag big, large; (di spessore) thick; (grossolano: anche fig) coarse; (grave, insopportabile) serious, great; (tempo, mare) rough ▸ sm **il ~ di** the bulk of; **un pezzo ~** (fig) a VIP, a bigwig; **farla grossa** to do something very stupid; **dirle grosse** to tell tall stories; **sbagliarsi di ~** to be completely wrong

'grotta sf cave; grotto

grot'tesco, -a, -schi, -sche ag grotesque

gro'viglio [gro'viλλo] sm tangle; (fig) muddle

gru sf inv crane

'gruccia, -ce ['gruttʃa] sf (per camminare) crutch; (per abiti) coat-hanger

'grumo sm (di sangue) clot; (di farina ecc) lump

'gruppo sm group; **gruppo sanguigno** blood group

GSM sigla m (= Global System for Mobile Communication) GSM

guada'gnare [gwada'ɲare] vt (ottenere) to gain; (soldi, stipendio) to earn; (vincere) to win; (raggiungere) to reach

gua'dagno [gwa'daɲɲo] sm earnings

pl; (Comm) profit; (vantaggio, utile) advantage, gain; **guadagno lordo/netto** gross/net earnings pl

gu'ado sm ford; **passare a ~** to ford

gu'ai escl ~ **a te** (o lui ecc)! woe betide you (o him ecc)!

gu'aio sm trouble, mishap; (inconveniente) trouble, snag

gua'ire vi to whine, yelp

gu'ancia, -ce ['gwantʃa] sf cheek

guanci'ale [gwan'tʃale] sm pillow

gu'anto sm glove

guarda'linee sm inv (Sport) linesman

guar'dare vt (con lo sguardo: osservare) to look at; (film, televisione) to watch; (custodire) to look after, take care of ▸ vi to look; (badare): ~ **a** to pay attention to; (luoghi: esser orientato): ~ **a** to face; **guardarsi** vpr to look at o.s.; **guardarsi da** (astenersi) to refrain from; (stare in guardia) to beware of; **guardarsi dal fare** to take care not to do; **guarda di non sbagliare** try not to make a mistake; ~ **a vista qn** to keep a close watch on sb

guarda'roba sm inv wardrobe; (locale) cloakroom

gu'ardia sf (individuo, corpo) guard; (sorveglianza) watch; **fare la ~ a qc/qn** to guard sth/sb; **stare in ~** (fig) to be on one's guard; **di ~** (medico) on call; **guardia carceraria** (prison) warder; **guardia del corpo** bodyguard; **Guardia di finanza** (corpo) customs pl; (persona) customs officer; **guardia medica** emergency doctor service

⁂ **Guardia di finanza**

⁂ The **Guardia di Finanza** is a
⁂ military body which deals with
⁂ infringements of the laws governing
⁂ income tax and monopolies. It
⁂ reports to the Ministers of Finance,
⁂ Justice or Agriculture, depending on
⁂ the function it is performing.

guardi'ano, -a sm/f (di carcere)

warder; (*di villa ecc*) caretaker; (*di museo*) custodian; (*di zoo*) keeper; **guardiano notturno** night watchman

guarigi'one [gwari'dʒone] *sf* recovery

gua'rire *vt* (*persona, malattia*) to cure; (*ferita*) to heal ▶ *vi* to recover, be cured; to heal (up)

guar'nire *vt* (*ornare: abiti*) to trim; (*Cuc*) to garnish

guasta'feste *sm/f inv* spoilsport

guastarsi *vpr* (*cibo*) to go bad; (*meccanismo*) to break down; (*tempo*) to change for the worse

gu'asto, -a *ag* (*non funzionante*) broken; (: *telefono ecc*) out of order; (*andato a male*) bad, rotten; (: *dente*) decayed, bad; (*fig: corrotto*) depraved ▶ *sm* breakdown; (*avaria*) failure; **guasto al motore** engine failure

gu'erra *sf* war; (*tecnica: atomica, chimica ecc*) warfare; **fare la ~ (a)** to wage war (against); **guerra mondiale** world war; **guerra preventiva** preventive war

'gufo *sm* owl

gu'ida *sf* (*libro*) guidebook; (*persona*) guide; (*comando, direzione*) guidance, direction; (*Aut*) driving; (*tappeto: di tenda, cassetto*) runner; **avete una ~ in italiano?** do you have a guidebook in Italian?; **c'è una ~ che parla italiano?** is there an Italian-speaking guide?; **guida a destra/a sinistra** (*Aut*) right-/left-hand drive; **guida telefonica** telephone directory; **guida turistica** tourist guide

gui'dare *vt* to guide; (*squadra, rivolta*) to lead; (*auto*) to drive; (*aereo, nave*) to pilot; **sai ~?** can you drive?; **guida'tore, -trice** *sm/f* (*conducente*) driver

guin'zaglio [gwin'tsaʎʎo] *sm* leash, lead

'guscio ['guʃʃo] *sm* shell

gus'tare *vt* (*cibi*) to taste; (: *assaporare con piacere*) to savour; (*fig*) to enjoy, savour; (*fig*) to enjoy, appreciate ▶ *vi* **~ a** to please; **non mi gusta affatto** I don't like it at all

'gusto *sm* taste; (*sapore*) flavour; (*godimento*) enjoyment; **che gusti avete?** which flavours do you have?; **al ~ di fragola** strawberry-flavoured; **mangiare di ~** to eat heartily; **prenderci ~: ci ha preso ~** he's acquired a taste for it, he's got to like it; **gus'toso, -a** *ag* tasty; (*fig*) agreeable

h

H, h ['akka] *sf o m inv* (*lettera*) H, h ▶ *abbr* (= *ora*) hr; (= *etto, altezza*) h; **H come hotel** = H for Harry (*BRIT*), H for How (*US*)

ha'cker [ha'kaᵃ] *sm inv* hacker

ha, 'hai [a, ai] *vb vedi* **avere**

hall [hɔl] *sf inv* hall, foyer

hamburger [am'burger] *sm inv* (*carne*) hamburger; (*panino*) burger

'handicap ['handikap] *sm inv* handicap; **handicap'pato, -a** *ag* handicapped ▶ *sm/f* handicapped person, disabled person

'hanno ['anno] *vb vedi* **avere**

hard discount [ardi'kaunt] *sm inv* discount supermarket

hard disk[ar'disk] *sm inv* hard disk
hardware['ardwer] *sm inv* hardware
hascisch[aʃ'fiʃ] *sm* hashish
Hawaii[a'vai] *sfpl* le ~ Hawaii *sg*
help[ɛlp] *sm inv* (*Inform*) help
'herpes['ɛrpes] *sm* (*Med*) herpes *sg*;
  herpes zostershingles *sg*
'hi-fi['haifai] *sm inv, ag inv* hi-fi
ho[ɔ] *vb vedi* **avere**
'hobby['hɔbi] *sm inv* hobby
'hockey['hɔki] *sm* hockey; **hockey su**
  ghiaccioice hockey
home page['houm 'peidʒ] *sf inv*
  home page
Hong Kong['ɔkɔg] *sf* Hong Kong
'hostess['houstis] *sf inv* air hostess
  (*BRIT*) o stewardess
hot dog['hɔtdɔg] *sm inv* hot dog
ho'telsm inv hotel
humour['hju:mə] *sm inv* (sense of)
  humour
'humussm humus
husky['aski] *sm inv* (*cane*) husky *m inv*

---

idet mpl the
ICabbr (= Intercity) Intercity
ICI['itʃi] sigla f(= Imposta Comunale sugli
  Immobili) ≈ Council Tax
i'conasf (Rel, Inform, fig) icon
i'deasfidea; (opinione) opinion, view;
  (ideale) ideal; **dare l'~ di** to seem,

---

look like; **neanche** o **neppure per ~!**
certainly not!; **idea fissa**obsession
ide'aleag, sm ideal
ide'arevt (immaginare) to think up,
conceive; (progettare) to plan
i'dentico, -a, -ci, -cheag identical
identifi'carevt to identify;
  identificarsivpr **identificarsi (con)**
  to identify o.s. (with)
identitàsf inv identity
ideolo'gia, -'gie[ideolo'dʒia] sf
ideology
idio'matico, -a, -ci, -cheag
idiomatic; **frase idiomatica** idiom
idi'ota, -i, -eag idiotic ▶ sm/fidiot
'idolosm idol
idoneitàsf suitability
i'doneo, -aag ~ **a** suitable for, fit for;
  (Mil) fit for; (qualificato) qualified for
i'drantesm hydrant
idra'tanteag moisturizing ▶ sm
moisturizer
i'draulico, -a, -ci, -cheag hydraulic
  ▶ sm plumber
idroe'lettrico, -a, -ci, -cheag
hydroelectric
i'drofilo, -aag vedi **cotone**
i'drogeno[i'drɔdʒeno] sm hydrogen
idrovo'lantesm seaplane
i'enasf hyena
i'eriav, sm yesterday; **il giornale di ~**
yesterday's paper; **~ l'altro** the day
before yesterday; **~ sera** yesterday
evening
igi'ene[i'dʒene] sf hygiene; **igiene**
pubblicapublic health; **igi'enico, -a,**
-ci, -heag hygienic; (salubre) healthy
i'gnaro, -a[iɲ'naro] ag ~ **di** unaware
of, ignorant of
i'gnobile[iɲ'nɔbile] ag despicable,
vile
igno'rante[iɲɲo'rante] ag ignorant
igno'rare[iɲɲo'rare] vt (non sapere,
conoscere) to be ignorant o unaware
of, not to know; (fingere di non vedere,

sentire) to ignore

i'gnoto, -a [iɲ'ɲɔto] *ag* unknown

il
(*pl(m)* **i**; diventa **lo** (*pl* **gli**) *davanti a*
s impura, gn, pn, ps, x, z; f **la** (*pl* **le**)) *det m*

1 the; **il libro/lo studente/l'acqua**
the book/the student/the water; **gli
scolari** the pupils

2 (*astrazione*): **il coraggio/l'amore/la
giovinezza** courage/love/youth

3 (*tempo*): **il mattino/la sera** in the
morning/evening; **il venerdì** *ecc*
(*abitualmente*) on Fridays *ecc*; (*quel
giorno*) on (the) Friday *ecc*; **la settimana
prossima** next week

4 (*distributivo*) a, an; **2 euro il chilo/
paio** 2 euros a o per kilo/pair

5 (*partitivo*) some, any: **hai messo lo
zucchero?** have you added sugar?; **hai
comprato il latte?** did you buy (some
o any) milk?

6 (*possesso*): **aprire gli occhi** to open
one's eyes; **rompersi la gamba** to break
one's leg; **avere i capelli neri/il naso
rosso** to have dark hair/a red nose

7 (*con nomi propri*): **il Petrarca**
Petrarch; **il Presidente Bush** President
Bush; **dov'è la Francesca?** where's
Francesca?

8 (*con nomi geografici*): **il Tevere** the
Tiber; **l'Italia** Italy; **il Regno Unito** the
United Kingdom; **l'Everest** Everest

ille'gale *ag* illegal

illeg'gibile [illed'dʒibile] *ag* illegible

ille'gittimo, -a [ille'dʒittimo] *ag*
illegitimate

il'leso, -a *ag* unhurt, unharmed

illimi'tato, -a *ag* boundless;
unlimited

ill.mo *abbr* = **illustrissimo**

il'ludere *vt* to deceive, delude;
illudersi *vpr* to deceive o.s., delude
o.s.

illumi'nare *vt* to light up, illuminate;
(*fig*) to enlighten; **illuminarsi** *vpr*

to light up; ~ **a giorno** to floodlight;
illuminazi'one *sf* lighting;
illumination; floodlighting; (*fig*) flash
of inspiration

il'lusi *ecc vb vedi* **illudere**

illusi'one *sf* illusion; **farsi delle
illusioni** to delude o.s.; **illusione
ottica** optical illusion

il'luso, -a *pp di* **illudere**

illus'trare *vt* to illustrate;
illustrazi'one *sf* illustration

il'lustre *ag* eminent, renowned;
illus'trissimo, -a *ag* (*negli indirizzi*)
very revered

imbal'laggio [imbal'laddʒo] *sm*
packing *no pl*

imbal'lare *vt* to pack; (*Aut*) to race

imbalsa'mare *vt* to embalm

imbambo'lato, -a *ag* (*sguardo*)
vacant, blank

imbaraz'zante [imbarat'tsante] *ag*
embarrassing, awkward

imbaraz'zare [imbarat'tsare] *vt*
(*mettere a disagio*) to embarrass;
(*ostacolare movimenti*) to hamper

imbaraz'zato, -a [imbarat'tsato] *ag*
embarrassed; **avere lo stomaco ~** to
have an upset stomach

imba'razzo [imba'rattso] *sm*
(*disagio*) embarrassment; (*perplessità*)
puzzlement, bewilderment;
imbarazzo di stomaco indigestion

imbar'care *vt* (*passeggeri*) to embark;
(*merci*) to load; **imbarcarsi** *vpr*
imbarcarsi su to board; **imbarcarsi
per l'America** to sail for America;
imbarcarsi in (*fig: affare ecc*) to
embark on

imbarcazi'one [imbarkat'tsjone]
sf (small) boat, (small) craft *inv*;
imbarcazione di salvataggio
lifeboat

im'barco, -chi *sm* embarkation;
loading; boarding; (*banchina*) landing
stage

imbas'tire vt (cucire) to tack; (fig: abbozzare) to sketch, outline

im'battersi vpr ~ **in** (incontrare) to bump o run into

imbat'tibile ag unbeatable, invincible

imbavagli'are [imbavaʎˈʎare] vt to gag

imbe'cille [imbeˈtʃille] ag idiotic ▶ sm/f idiot; (Med) imbecile

imbian'care vt to whiten; (muro) to whitewash ▶ vi to become o turn white

imbian'chino [imbjanˈkino] sm (house) painter, painter and decorator

imboc'care vt (bambino) to feed; (entrare: strada) to enter, turn into

imbocca'tura sf mouth; (di strada, porto) entrance; (Mus, del morso) mouthpiece

imbos'cata sf ambush

imbottigli'are [imbottiʎˈʎare] vt to bottle; (Naut) to blockade; (Mil) to hem in; **imbottigliarsi** vpr to be stuck in a traffic jam

imbot'tire vt to stuff; (giacca) to pad; **imbottirsi** vpr **imbottirsi di** (rimpinzarsi) to stuff o.s. with; **imbot'tito, -a** ag stuffed; (giacca) padded; **panino imbottito** filled roll

imbra'nato, -a ag clumsy, awkward ▶ sm/f clumsy person

imbrogli'are [imbroʎˈʎare] vt to mix up; (fig: raggirare) to deceive, cheat; (: confondere) to confuse, mix up; **imbrogli'one, -a** sm/f cheat, swindler

imbronci'ato, -a ag sulky

imbu'care vt to post; **dove posso ~ queste cartoline?** where can I post these cards?

imbur'rare vt to butter

im'buto sm funnel

imi'tare vt to imitate; (riprodurre) to copy; (assomigliare) to look like

immagazzi'nare [immagaddziˈnare] vt to store

immagi'nare [immadʒiˈnare] vt to imagine; (supporre) to suppose; (inventare) to invent; **s'immagini!** don't mention it!, not at all!; **immaginazi'one** sf imagination; (cosa immaginata) fancy

im'magine [imˈmadʒine] sf image; (rappresentazione grafica, mentale) picture

imman'cabile ag certain; unfailing

im'mane ag (smisurato) enormous; (spaventoso) terrible

immangi'abile [immanˈdʒabile] ag inedible

immatrico'lare vt to register; **immatricolarsi** vpr (Ins) to matriculate, enrol

imma'turo, -a ag (frutto) unripe; (persona) immature; (prematuro) premature

immedesi'marsi vpr ~ **in** to identify with

immediata'mente av immediately, at once

immedi'ato, -a ag immediate

im'menso, -a ag immense

im'mergere [imˈmɛrdʒere] vt to immerse, plunge; **immergersi** vpr to plunge; (sommergibile) to dive, submerge; (dedicarsi a): **immergersi in** to immerse o.s. in

immeri'tato, -a ag undeserved

immersi'one sf immersion; (di sommergibile) submersion, dive; (di palombaro) dive

im'mettere vt ~ **(in)** to introduce (into); ~ **dati in un computer** to enter data on a computer

immi'grato, -a sm/f immigrant

immi'nente ag imminent

immischiarsi vpr ~ **in** to interfere o meddle in

im'mobile ag motionless, still;

immobili'are ag (Dir) property cpd

immon'dizia [immon'dittsja] sf dirt, filth; (spesso al pl: spazzatura, rifiuti) rubbish no pl, refuse no pl

immo'rale ag immoral

immor'tale ag immortal

im'mune ag (esente) exempt; (Med, Dir) immune

immu'tabile ag immutable, unchanging

impacchet'tare [impakket'tare] vt to pack up

impacci'ato, -a ag awkward, clumsy; (imbarazzato) embarrassed

im'pacco, -chi sm (Med) compress

impadro'nirsi vpr ~ di to seize, take possession of; (fig: apprendere a fondo) to master

impa'gabile ag priceless

impa'lato, -a ag (fig) stiff as a board

impalca'tura sf scaffolding

impalli'dire vi to turn pale; (fig) to fade

impa'nato, -a ag (Cuc) coated in breadcrumbs

impanta'narsi vpr to sink (in the mud); (fig) to get bogged down

impappi'narsi vpr to stammer, falter

impa'rare vt to learn

impar'tire vt to bestow, give

imparzi'ale [impar'tsjale] ag impartial, unbiased

impas'sibile ag impassive

impas'tare vt (pasta) to knead

impastic'carsi vpr to pop pills

im'pasto sm (l'impastare: di pane) kneading; (: di cemento) mixing; (pasta) dough; (anche fig) mixture

im'patto sm impact

impau'rire vt to scare, frighten ▶ vi (anche: impaurirsi) to become scared o frightened

impazi'ente [impat'tsjɛnte] ag impatient

impaz'zata [impat'tsata] sf all'~ (precipitosamente) at breakneck speed

impaz'zire [impat'tsire] vi to go mad; ~ per qn/qc to be crazy about sb/sth

impec'cabile ag impeccable

impedi'mento sm obstacle, hindrance

impe'dire vt (vietare): ~ a qn di fare to prevent sb from doing; (ostruire) to obstruct; (impacciare) to hamper, hinder

impegnarsi [impeɲ'ɲarsi] vpr (vincolarsi): ~ a fare to undertake to do; (mettersi risolutamente): ~ in qc to devote o.s. to sth; ~ con qn (accordarsi) to come to an agreement with sb

impegna'tivo, -a ag binding; (lavoro) demanding, exacting

impe'gnato, -a ag (occupato) busy; (fig: romanzo, autore) committed, engagé

im'pegno [im'peɲɲo] sm (obbligo) obligation; (promessa) promise, pledge; (zelo) diligence, zeal; (compito, d'autore) commitment

impel'lente ag pressing, urgent

impen'narsi vpr (cavallo) to rear up; (Aer) to nose up; (fig) to bridle

impensie'rire vt to worry; **impensierirsi** vpr to worry

impera'tivo, -a ag, sm imperative

impera'tore, -'trice sm/f emperor/empress

imperdo'nabile ag unforgivable, unpardonable

imper'fetto, -a ag imperfect ▶ sm (Ling) imperfect (tense)

imperi'ale ag imperial

imperi'oso, -a ag (persona) imperious; (motivo, esigenza) urgent, pressing

imperme'abile ag waterproof ▶ sm raincoat

im'pero sm empire; (forza, autorità) rule, control

imperso'nale ag impersonal

imperso'nare vt to personify; (Teatro)

to play, act (the part of)
imperter'rito, -a *ag* fearless,
undaunted; impassive
imperti'nente *ag* impertinent
'impeto *sm* (*moto, forza*) force,
impetus; (*assalto*) onslaught; (*fig:
impulso*) impulse; (: *slancio*) transport;
con ~ energetically; vehemently
impet'tito, -a *ag* stiff, erect
impetu'oso, -a *ag* (*vento*) strong,
raging; (*persona*) impetuous
impi'anto *sm* (*installazione*)
installation; (*apparecchiature*) plant;
(*sistema*) system; **impianto elettrico**
wiring; **impianto di risalita** (Sci)
ski lift; **impianto di riscaldamento**
heating system; **impianto sportivo**
sports complex
impic'care *vt* to hang; **impiccarsi** *vpr*
to hang o.s.
impicciarsi [impit't∫arsi] *vpr*
(*immischiarsi*): **~ (in)** to meddle (in);
impicciati degli affari tuoi! mind
your own business!
impicci'one, -a [impit't∫one] *sm/f*
busybody
impie'gare *vt* (*usare*) to use, employ;
(*spendere: denaro, tempo*) to spend;
(*investire*) to invest; **impie'gato, -a**
sm/f employee
impi'ego, -ghi *sm* (*uso*) use;
(*occupazione*) employment; (*posto
di lavoro*) (regular) job, post; (Econ)
investment
impieto'sire *vt* to move to pity;
impietosirsi *vpr* to be moved to pity
impigli'arsi *vpr* to get caught up *o*
entangled
impi'grirsi *vpr* to grow lazy
impli'care *vt* to imply; (*coinvolgere*)
to involve
im'plicito, -a [im'plit∫ito] *ag* implicit
implo'rare *vt* to implore; (*pietà ecc*)
to beg for
impolve'rarsi *vpr* to get dusty

im'pone *ecc vb vedi* **imporre**
impo'nente *ag* imposing, impressive
im'pongo *ecc vb vedi* **imporre**
impo'nibile *ag* taxable ▶ *sm* taxable
income
impopo'lare *ag* unpopular
im'porre *vt* to impose; (*costringere*)
to force, make; (*far valere*) to impose,
enforce; **imporsi** *vpr* (*persona*)
to assert o.s.; (*cosa: rendersi necessario*)
to become necessary; (*aver successo:
moda, attore*) to become popular; **~
a qn di fare** to force sb to do, make
sb do
impor'tante *ag* important;
impor'tanza *sf* importance;
dare importanza a qc to attach
importance to sth; **darsi importanza**
to give o.s. airs
impor'tare *vt* (*introdurre dall'estero*) to
import ▶ *vi* to matter, be important
▶ *vb impers* (*essere necessario*) to be
necessary; (*interessare*) to matter; **non
importa!** it doesn't matter!; **non me
ne importa!** I don't care!
im'porto *sm* (*total*) amount
importu'nare *vt* to bother
im'posi *ecc vb vedi* **imporre**
imposizi'one [impozit'tsjone] *sf*
imposition; order, command; (*onere,
imposta*) tax
imposses'sarsi *vpr*: **~ di** to seize, take
possession of
impos'sibile *ag* impossible; **fare l'~** to
do one's utmost, do all one can
im'posta *sf* (*di finestra*) shutter; (*tassa*)
tax; **imposta sul reddito** income tax;
imposta sul valore aggiunto value
added tax (BRIT), sales tax (US)
impos'tare *vt* (*imbucare*) to post;
(*preparare*) to plan, set out; (*avviare*) to
begin, start off; (*voce*) to pitch
impostazi'one [impostat'tsjone]
sf (*di lettera*) posting (BRIT), mailing
(US); (*di problema, questione*)

formulation, statement; *(di lavoro)* organization, planning; *(di attività)* setting up; *(Mus: di voce)* pitch; **impostazioni** *sfpl (di computer)* settings

impo'tente *ag* weak, powerless; *(anche Med)* impotent

imprati'cabile *ag (strada)* impassable; *(campo da gioco)* unplayable

impre'care *vi* to curse, swear; **~ contro** to hurl abuse at

imprecazi'one [imprekat'tsjone] *sf* abuse, curse

impre'gnare [impreɲ'ɲare] *vt* **~ (di)** *(imbevere)* to soak o impregnate (with); *(riempire)* to fill (with)

imprendi'tore *sm (industriale)* entrepreneur; *(appaltatore)* contractor; **piccolo ~** small businessman

im'presa *sf (iniziativa)* enterprise; *(azione)* exploit; *(azienda)* firm, concern

impressio'nante *ag* impressive; upsetting

impressio'nare *vt* to impress; *(turbare)* to upset; *(Fot)* to expose; **impressionarsi** *vpr* to be easily upset

impressi'one *sf* impression; *(fig: sensazione)* sensation, feeling; *(stampa)* printing; **fare ~** *(colpire)* to impress; *(turbare)* to frighten, upset; **fare buona/cattiva ~ a** to make a good/bad impression on

impreve'dibile *ag* unforeseeable; *(persona)* unpredictable

impre'visto, -a *ag* unexpected, unforeseen ▶ *sm* unforeseen event; **salvo imprevisti** unless anything unexpected happens

imprigio'nare [impridʒo'nare] *vt* to imprison

impro'babile *ag* improbable, unlikely

im'pronta *sf* imprint, impression;

sign; *(di piede, mano)* print; *(fig)* mark, stamp; **impronta digitale** fingerprint

improvvisa'mente *av* suddenly; unexpectedly

improvvi'sare *vt* to improvise

improv'viso, -a *ag (imprevisto)* unexpected; *(subitaneo)* sudden; **all'~** unexpectedly; suddenly

impru'dente *ag* unwise, rash

impu'gnare [impuɲ'ɲare] *vt* to grasp, grip; *(Dir)* to contest

impul'sivo, -a *ag* impulsive

im'pulso *sm* impulse

impun'tarsi *vpr* to stop dead, refuse to budge; *(fig)* to be obstinate

impu'tato, -a *sm/f (Dir)* accused, defendant

in

(*in + il* = **nel**, *in + lo* = **nello**, *in + l'* = **nell'**, *in + la* = **nella**, *in + i* = **nei**, *in + gli* = **negli**, *in + le* = **nelle**) *prep*

1 *(stato in luogo)* in; **vivere in Italia/ città** to live in Italy/town; **essere in casa/ufficio** to be at home/the office; **se fossi in te** if I were you

2 *(moto a luogo)* to; (: *dentro*) into; **andare in Germania/città** to go to Germany/town; **andare in ufficio** to go to the office; **entrare in macchina/ casa** to get into the car/go into the house

3 *(tempo)* in; **nel 1989** in 1989; **in giugno/estate** in June/summer

4 *(modo, maniera)* in; **in silenzio** in silence; **in abito da sera** in evening dress; **in guerra** at war; **in vacanza** on holiday; **Maria Bianchi in Rossi** Maria Rossi née Bianchi

5 *(mezzo)* by; **viaggiare in autobus/ treno** to travel by bus/train

6 *(materia)* made of; **in marmo** made of marble, marble *cpd*; **una collana in oro** a gold necklace

7 *(misura)* in; **siamo in quattro** there

are four of us; **in tutto** in all
8 *(fine)*: **dare in dono** to give as a gift;
spende tutto in alcool he spends all
his money on drink; **in onore di** in
honour of

inabi'tabile *ag* uninhabitable

inacces'sibile [inatt∫es'sibile]
ag (luogo) inaccessible; *(persona)*
unapproachable

inaccet'tabile [inatt∫et'tabile] *ag*
unacceptable

ina'datto, -a *ag ~ (a)* unsuitable *o*
unfit *(for)*

inadegu'ato, -a *ag* inadequate

inaffi'dabile *ag* unreliable

inami'dato, -a *ag* starched

inar'care *vt (schiena)* to arch;
(sopracciglia) to raise

inaspet'tato, -a *ag* unexpected

inas'prire *vt (disciplina)* to tighten up,
make harsher; *(carattere)* to embitter;
inasprirsi *vpr* to become harsher; to
become bitter; to become worse

inattac'cabile *ag (anche fig)*
unassailable; *(alibi)* cast-iron

inatten'dibile *ag* unreliable

inat'teso, -a *ag* unexpected

inattu'abile *ag* impracticable

inau'dito, -a *ag* unheard of

inaugu'rare *vt* to inaugurate, open;
(monumento) to unveil

inaugurazi'one [inaugurat'tsjone] *sf*
inauguration; unveiling

incal'lito, -a *ag* calloused; *(fig)*
hardened, inveterate; *(: insensibile)*
hard

incande'scente [inkandeʃʃente] *ag*
incandescent, white-hot

incan'tare *vt* to enchant, bewitch;
incantarsi *vpr (rimanere intontito)*
to be spellbound; to be in a daze;
(meccanismo: bloccarsi) to jam;
incan'tevole *ag* charming,
enchanting

in'canto *sm* spell, charm,

enchantment; *(asta)* auction; **come
per ~** as if by magic; **mettere all'~** to
put up for auction

inca'pace [inka'patʃe] *ag* incapable

incarce'rare [inkartʃe'rare] *vt* to
imprison

incari'care *vt ~ qn di fare* to give
sb the responsibility of doing;
incaricarsi di to take care *o* charge of

in'carico, -chi *sm* task, job

incarta'mento *sm* dossier, file

incar'tare *vt* to wrap (in paper)

incas'sare *vt (merce)* to pack (in
cases); *(gemma: incastonare)* to set;
(Econ: riscuotere) to collect; *(Pugilato:
colpi)* to take, stand up to; **in'casso**
sm cashing, encashment; *(introito)*
takings *pl*

incas'trare *vt* to fit in, insert; *(fig:
intrappolare)* to catch; **incastrarsi** *vpr
(combaciare)* to fit together; *(restare
bloccato)* to become stuck

incate'nare *vt* to chain up

in'cauto, -a *ag* imprudent, rash

inca'vato, -a *ag* hollow; *(occhi)*
sunken

incendi'are [intʃen'djare] *vt* to set fire
to; **incendiarsi** *vpr* to catch fire, burst
into flames

in'cendio [in'tʃendjo] *sm* fire

incene'rire [intʃene'rire] *vt* to burn
to ashes, incinerate; **incenerirsi** *vpr*
to be burnt to ashes; **inceneri'tore**
[intʃeneri'tore] *sm*
incinerator

in'censo [in'tʃenso] *sm* incense

incensu'rato, -a [intʃensu'rato] *ag
(Dir)*: **essere ~** to have a clean record

incenti'vare [intʃenti'vare] *vt
(produzione, vendite)* to boost; *(persona)*
to motivate

incen'tivo [intʃen'tivo] *sm* incentive

incep'parsi *vpr* to jam

incer'tezza [intʃer'tettsa] *sf*
uncertainty

in'certo, -a [in'tʃerto] *ag* uncertain;
(irresoluto) undecided, hesitating ▶ *sm*
uncertainty

in'cetta [in'tʃetta] sf buying up; **fare ~ di qc** to buy up sth

inchi'esta [in'kjɛsta] sf investigation, inquiry

inchinarsi vpr to bend down; (per riverenza) to bow; (: donna) to curtsy

inchio'dare [inkjo'dare] vt to nail (down); **~ la macchina** (Aut) to jam on the brakes

inchi'ostro [in'kjɔstro] sm ink; **inchiostro simpatico** invisible ink

inciam'pare [intʃam'pare] vi to trip, stumble

inci'dente [intʃi'dɛnte] sm accident; **ho avuto un ~** I've had an accident; **incidente automobilistico o d'auto** car accident; **incidente diplomatico** diplomatic incident

in'cidere [in'tʃidere] vi **~ su** to bear upon, affect ▶ vt (tagliare incavando) to cut into; (Arte) to engrave; to etch; (canzone) to record

in'cinta [in'tʃinta] ag f pregnant

incipri'are [intʃi'prjare] vt to powder

incipriarsi vpr to powder one's face

in'circa [in'tʃirka] av **all'~** more or less, very nearly

in'cisi ecc [in'tʃizi] vb vedi **incidere**

incisi'one [intʃi'zjone] sf cut; (disegno) engraving; etching; (registrazione) recording; (Med) incision

in'ciso, -a [in'tʃizo] pp di **incidere** ▶ sm **per ~** incidentally, by the way

inci'tare [intʃi'tare] vt to incite

inci'vile [intʃi'vile] ag uncivilized; (villano) impolite

incl. abbr (= incluso) encl.

incli'nare vt to tilt; **inclinarsi** vpr (barca) to list; (aereo) to bank

in'cludere vt to include; (accludere) to enclose; **in'cluso, -a** pp di **includere** ▶ ag included; enclosed

incoe'rente ag incoherent; (contraddittorio) inconsistent

in'cognita [in'kɔɲɲita] sf (Mat, fig) unknown quantity

in'cognito, -a [in'kɔɲɲito] ag unknown ▶ sm **in ~** incognito

incol'lare vt to glue, gum; (unire con colla) to stick together

inco'lore ag colourless

incol'pare vt **~ qn di** to charge sb with

in'colto, -a ag (terreno) uncultivated; (trascurato: capelli) neglected; (persona) uneducated

in'colume ag safe and sound, unhurt

incom'benza [inkom'bɛntsa] sf duty, task

in'combere vi (sovrastare minacciando): **~ su** to threaten, hang over

incomin'ciare [inkomin'tʃare] vi, vt to begin, start

incompe'tente ag incompetent

incompi'uto, -a ag unfinished, incomplete

incom'pleto, -a ag incomplete

incompren'sibile ag incomprehensible

inconce'pibile [inkontʃe'pibile] ag inconceivable

inconcili'abile [inkontʃi'ljabile] ag irreconcilable

inconclu'dente ag inconclusive; (persona) ineffectual

incondizio'nato, -a [inkondittsjo'nato] ag unconditional

inconfon'dibile ag unmistakable

inconsa'pevole ag **~ di** unaware of, ignorant of

in'conscio, -a, -sci, -sce [in'kɔnʃo] ag unconscious ▶ sm (Psic): **l'~** the unconscious

inconsis'tente ag insubstantial; unfounded

inconsu'eto, -a ag unusual

incon'trare vt to meet; (difficoltà) to meet with; **incontrarsi** vpr to meet

in'contro av **~ a** (verso) towards ▶ sm meeting; (Sport) match; meeting; **incontro di calcio** football match

inconveni'ente sm drawback, snag

incoraggia'mento
[inkoraddʒa'mento] sm
encouragement

incoraggi'are [inkorad'dʒare] vt to
encourage

incornici'are [inkorni'tʃare] vt to
frame

incoro'nare vt to crown

in'correre vi ~ **in** to meet with, run
into

incosci'ente [inkoʃ'ʃente]
ag (inconscio) unconscious;
(irresponsabile) reckless, thoughtless

incre'dibile ag incredible,
unbelievable

in'credulo, -a ag incredulous,
disbelieving

incremen'tare vt to increase; (dar
sviluppo a) to promote

incre'mento sm (sviluppo)
development; (aumento numerico)
increase, growth

incresci'oso, -a [inkreʃ'ʃoso] ag
(incidente ecc) regrettable

incrimi'nare vt (Dir) to charge

incri'nare vt to crack; (fig: rapporti,
amicizia) to cause to deteriorate;
incrinarsi vpr to crack; to deteriorate

incroci'are [inkro'tʃare] vt to cross;
(incontrare) to meet ▶ vi (Naut, Aer)
to cruise; **incrociarsi** vpr (strade)
to cross, intersect; (persone, veicoli)
to pass each other; ~ **le braccia/le
gambe** to fold one's arms/cross
one's legs

in'crocio [in'krotʃo] sm (anche Ferr)
crossing; (di strade) crossroads

incuba'trice [inkuba'tritʃe] sf
incubator

'incubo sm nightmare

incu'rabile ag incurable

incu'rante ag ~ **(di)** heedless (of),
careless (of)

incurio'sire vt to make curious;

incuriosirsi vpr to become curious

incursi'one sf raid

incur'vare vt to bend, curve;
incurvarsi vpr to bend, curve

incus'todito, -a ag unguarded,
unattended

in'cutere vt ~ **timore/rispetto a qn**
to strike fear into sb/command sb's
respect

'indaco sm indigo

indaffa'rato, -a ag busy

inda'gare vt to investigate

in'dagine [in'dadʒine] sf
investigation, inquiry; (ricerca)
research, study; **indagine di
mercato** market survey

indebi'tarsi vpr to run o get into debt

indebo'lire vt, vi (anche: **indebolirsi**)
to weaken

inde'cente [inde'tʃente] ag indecent

inde'ciso, -a [inde'tʃizo] ag
indecisive; (irresoluto) undecided

indefi'nito, -a ag (anche Ling)
indefinite; (impreciso, non determinato)
undefined

in'degno, -a [in'denno] ag (atto)
shameful; (persona) unworthy

indemoni'ato, -a ag possessed (by
the devil)

in'denne ag unhurt, uninjured

indenniz'zare [indennid'dzare] vt to
compensate

indetermina'tivo, -a ag (Ling)
indefinite

'India sf l'~ India; **indi'ano, -a**
ag Indian ▶ sm/f (d'India) Indian;
(d'America) Native American,
(American) Indian

indi'care vt (mostrare) to show,
indicate; (: col dito) to point to,
point out; (consigliare) to suggest,
recommend; **indica'tivo, -a** ag
indicative ▶ sm (Ling) indicative
(mood); **indicazi'one** sf indication;
(informazione) piece of information

'indice ['inditʃe] *sm* index; *(fig)* sign; *(dito)* index finger, forefinger; **indice di gradimento** *(Radio, TV)* popularity rating

indicherò *ecc* [indike'rɔ] *vb vedi* **indicare**

indi'cibile [indi'tʃibile] *ag* inexpressible

indietreggi'are [indietred'dʒare] *vi* to draw back, retreat

indi'etro *av* back; *(guardare)* behind, back; *(andare, cadere: anche:* **all'~)** backwards; **rimanere ~** to be left behind; **essere ~** *(col lavoro)* to be behind; *(orologio)* to be slow; **rimandare qc ~** to send sth back

indi'feso, -a *ag (città ecc)* undefended; *(persona)* defenceless

indiffe'rente *ag* indifferent

in'digeno, -a [in'didʒeno] *ag* indigenous, native ▶ *sm/f* native

indigesti'one [indidʒes'tjone] *sf* indigestion

indi'gesto, -a [indi'dʒesto] *ag* indigestible

indi'gnare [indiɲ'ɲare] *vt* to fill with indignation; **indignarsi** *vpr* to get indignant

indimenti'cabile *ag* unforgettable

indipen'dente *ag* independent

in'dire *vt (concorso)* to announce; *(elezioni)* to call

indi'retto, -a *ag* indirect

indiriz'zare [indirit'tsare] *vt (dirigere)* to direct; *(mandare)* to send; *(lettera)* to address

indi'rizzo [indi'rittso] *sm* address; *(direzione)* direction; *(avvio)* trend, course; **il mio ~ è...** my address is ...

indis'creto, -a *ag* indiscreet

indis'cusso, -a *ag* unquestioned

indispen'sabile *ag* indispensable, essential

indispet'tire *vt* to irritate, annoy ▶ *vi (anche:* **indispettirsi)** to get irritated

o annoyed

indivi'duale *ag* individual

indivi'duare *vt (dar forma distinta a)* to characterize; *(determinare)* to locate; *(riconoscere)* to single out

indi'viduo *sm* individual

indizi'ato, -a *ag* suspected ▶ *sm/f* suspect

in'dizio [in'dittsjo] *sm (segno)* sign, indication; *(Polizia)* clue; *(Dir)* piece of evidence

'indole *sf* nature, character

indolen'zito, -a [indolen'tsito] *ag* stiff, aching; *(intorpidito)* numb

indo'lore *ag* painless

indo'mani *sm* **l'~** the next day, the following day

Indo'nesia [indo'nɛzja] *sf* **l'~** Indonesia

indos'sare *vt (mettere indosso)* to put on; *(avere indosso)* to have on; **indossa'tore, -'trice** *sm/f* model

indottri'nare *vt* to indoctrinate

indovi'nare *vt (scoprire)* to guess; *(immaginare)* to imagine, guess; *(il futuro)* to foretell; **indovi'nello** *sm* riddle

indubbia'mente *av* undoubtedly

in'dubbio, -a *ag* certain, undoubted

in'duco *ecc vb vedi* **indurre**

indugi'are [indu'dʒare] *vi* to take one's time, delay

in'dugio [in'dudʒo] *sm (ritardo)* delay; **senza ~** without delay

indul'gente [indul'dʒɛnte] *ag* indulgent; *(giudice)* lenient

indu'mento *sm* article of clothing, garment

indu'rire *vt* to harden ▶ *vi (anche:* **indurirsi)** to harden, become hard

in'durre *vt* **~ qn a fare qc** to induce o persuade sb to do sth; **~ qn in errore** to mislead sb

in'dussi *ecc vb vedi* **indurre**

in'dustria *sf* industry; **industri'ale** *ag* industrial ▶ *sm* industrialist

inecce'pibile [inettʃe'pibile] *ag* unexceptionable

i'nedito, -a *ag* unpublished

ine'rente *ag* ~ **a** concerning, regarding

i'nerme *ag* unarmed; defenceless

inerpi'carsi *vpr* ~ **(su)** to clamber (up)

i'nerte *ag* inert; (*inattivo*) indolent, sluggish

ine'satto, -a *ag* (*impreciso*) inexact; (*erroneo*) incorrect; (*Amm: non riscosso*) uncollected

inesis'tente *ag* non-existent

inesperi'enza [inespe'rjentsa] *sf* inexperience

ines'perto, -a *ag* inexperienced

inevi'tabile *ag* inevitable

i'nezia [i'nettsja] *sf* trifle, thing of no importance

infagot'tare *vt* to bundle up, wrap up; **infagottarsi** *vpr* to wrap up

infal'libile *ag* infallible

infa'mante *ag* defamatory

in'fame *ag* infamous; (*fig: cosa, compito*) awful, dreadful

infan'gare *vt* to cover with mud; (*fig: reputazione*) to sully; **infangarsi** *vpr* to get covered in mud; to be sullied

infan'tile *ag* child *cpd*; childlike; (*adulto, azione*) childish; **letteratura** ~ children's books *pl*

in'fanzia [in'fantsja] *sf* childhood; (*bambini*) children *pl*; **prima** ~ babyhood, infancy

infari'nare *vt* to cover with (o sprinkle with o dip in) flour; **infarina'tura** *sf* (*fig*) smattering

in'farto *sm* (*Med*) heart attack

infas'tidire *vt* to annoy, irritate; **infastidirsi** *vpr* to get annoyed o irritated

infati'cabile *ag* tireless, untiring

in'fatti *cong* actually, as a matter of fact

▌ Attenzione! In inglese esiste

▌ l'espressione *in fact* che però vuol dire in *effetti*.

infatu'arsi *vpr* ~ **di** to become infatuated with, fall for

infe'dele *ag* unfaithful

infe'lice [infe'litʃe] *ag* unhappy; (*sfortunato*) unlucky, unfortunate; (*inopportuno*) inopportune, ill-timed; (*mal riuscito: lavoro*) bad, poor

inferi'ore *ag* lower; (*per intelligenza, qualità*) inferior ▶ *sm/f* inferior; ~ **a** (*numero, quantità*) less o smaller than; (*meno buono*) inferior to; ~ **alla media** below average; **inferiorità** *sf* inferiority

inferme'ria *sf* infirmary; (*di scuola, nave*) sick bay

infermi'ere, -a *sm/f* nurse

infermità *sf inv* illness; infirmity; **infermità mentale** mental illness; (*Dir*) insanity

in'fermo, -a *ag* (*ammalato*) ill; (*debole*) infirm

infer'nale *ag* infernal; (*proposito, complotto*) diabolical

in'ferno *sm* hell

inferri'ata *sf* grating

infes'tare *vt* to infest

infet'tare *vt* to infect; **infettarsi** *vpr* to become infected; **infezi'one** *sf* infection

infiam'mabile *ag* inflammable

infiam'mare *vt* to set alight; (*fig, Med*) to inflame; **infiammarsi** *vpr* to catch fire; (*Med*) to become inflamed; **infiammazi'one** *sf* (*Med*) inflammation

infie'rire *vi* ~ **su** (*fisicamente*) to attack furiously; (*verbalmente*) to rage at

infi'lare *vt* (*ago*) to thread; (*mettere: chiave*) to insert; (: *anello, vestito*) to slip o put on; (*strada*) to turn into, take; **infilarsi** *vpr* **infilarsi in** to slip into; (*indossare*) to slip on; ~ **l'uscio** to slip in; to slip out

infil'trarsi *vpr* to penetrate, seep through; (*Mil*) to infiltrate

infil'zare [infil'tsare] *vt* (*infilare*) to string together; (*trafiggere*) to pierce

'infimo, -a *ag* lowest

in'fine *av* finally; (*insomma*) in short

infinità *sf* infinity; (*in quantità*): **un' ~ di** an infinite number of

infi'nito, -a *ag* infinite; (*Ling*) infinitive ▶ *sm* infinity; (*Ling*) infinitive; **all'~** (*senza fine*) endlessly

infinocchi'are [infinok'kjare] (*fam*) *vt* to hoodwink

infischi'arsi [infis'kjarsi] *vpr* ~ **di** not to care about

in'fisso, -a (*pp*) *di* **infiggere** *sm* fixture; (*di porta, finestra*) frame

inflazi'one [inflat'tsjone] *sf* inflation

in'fliggere [in'fliddʒere] *vt* to inflict

in'flissi *ecc vb vedi* **infliggere**

influ'ente *ag* influential; **influ'enza** *sf* influence; (*Med*) influenza, flu

influen'zare [influen'tsare] *vt* to influence, have an influence on

influ'ire *vi* ~ **su** to influence

in'flusso *sm* influence

infon'dato, -a *ag* unfounded, groundless

in'fondere *vt* ~ **qc in qn** to instill sth in sb

infor'mare *vt* to inform, tell; **informarsi** *vpr* **informarsi (di** *o* **su)** to inquire (about)

infor'matica *sf* computer science

informa'tivo, -a *ag* informative

infor'mato, -a *ag* informed; **tenersi ~** to keep o.s. (well-)informed

informa'tore *sm* informer

informazi'one [informat'tsjone] *sf* piece of information; **prendere informazioni sul conto di qn** to get information about sb; **chiedere un'~** to ask for (some) information

in'forme *ag* shapeless

informico'larsi *vpr* to have pins and needles

infor'nato, -a *ag* injured, hurt ▶ *sm/f* injured person

infor'tunio *sm* accident; **infortunio sul lavoro** industrial accident, accident at work

infra'dito *sm inv* (*calzatura*) flip flop (BRIT), thong (US)

infrazi'one [infrat'tsjone] *sf* ~ **a** breaking of, violation of

infredda'tura *sf* slight cold

infred'dolito, -a *ag* cold, chilled

infu'ori *av* out; **all'~** outwards; **all'~ di** (*eccetto*) except, with the exception of

infuri'arsi *vpr* to fly into a rage

infusi'one *sf* infusion

in'fuso, -a *pp di* **infondere** ▶ *sm* infusion

Ing. *abbr* = **ingegnere**

ingaggi'are [ingad'dʒare] *vt* (*assumere con compenso*) to take on, hire; (*Sport*) to sign on; (*Mil*) to engage

ingan'nare *vt* to deceive; (*fisco*) to cheat; (*eludere*) to dodge, elude; (*fig: tempo*) to while away ▶ *vi* (*apparenza*) to be deceptive; **ingannarsi** *vpr* to be mistaken, be wrong

in'ganno *sm* deceit, deception; (*azione*) trick; (*menzogna, frode*) cheat, swindle; (*illusione*) illusion

inge'gnarsi [indʒen'narsi] *vpr* to do one's best, try hard; ~ **per vivere** to live by one's wits

inge'gnere [indʒen'nɛre] *sm* engineer; ~ **civile/navale** civil/ naval engineer; **ingegne'ria** *sf* engineering; **ingegnere genetica** genetic engineering

in'gegno [in'dʒenno] *sm* (*intelligenza*) intelligence, brains *pl*; (*capacità creativa*) ingenuity; (*disposizione*) talent; (*abilità*) bent; **inge'gnoso, -a** *ag* ingenious, clever

ingelo'sire [indʒelo'zire] *vt* to make jealous ▶ *vi* (*anche*: **ingelosirsi**) to become jealous

in'gente [in'dʒɛnte] *ag* huge, enormous

ingenuità [indʒenui'ta] *sf* ingenuousness

in'genuo, -a [in'dʒɛnuo] *ag* naïve ▌ Attenzione! In inglese esiste la parola *ingenious*, che però significa *ingegnoso*.

inge'rire [indʒe'rire] *vt* to ingest

inges'sare [indʒes'sare] *vt* (*Med*) to put in plaster; **ingessa'tura** *sf* plaster

Inghil'terra [ingil'tɛrra] *sf* **l'~** England

inghiot'tire [ingjot'tire] *vt* to swallow

ingial'lire [indʒal'lire] *vi* to go yellow

inginocchi'arsi [indʒinok'kjarsi] *vpr* to kneel (down)

ingiù [in'dʒu] *av* down, downwards

ingi'uria [in'dʒurja] *sf* insult; (*fig*: *danno*) damage

ingius'tizia [indʒus'tittsja] *sf* injustice

ingi'usto, -a [in'dʒusto] *ag* unjust, unfair

in'glese *ag* English ▶ *sm/f* Englishman/woman ▶ *sm* (*Ling*) English; **gli inglesi** the English; **andarsene o filare all'~** to take French leave

ingoi'are *vt* to gulp (down); (*fig*) to swallow (up)

ingol'farsi *vpr* to flood

ingom'brante *ag* cumbersome

ingom'brare *vt* (*strada*) to block; (*stanza*) to clutter up

in'gordo, -a *ag* ~ **di** greedy for; (*fig*) greedy o avid for

in'gorgo, -ghi *sm* blockage, obstruction; (*anche:* ~ **stradale**) traffic jam

ingoz'zarsi *vpr* ~ **(di)** to stuff o.s. (with)

ingra'naggio [ingra'naddʒo] *sm* (*Tecn*) gear; (*di orologio*) mechanism;

gli ingranaggi della burocrazia the bureaucratic machinery

ingra'nare *vi* to mesh, engage ▶ *vt* to engage; **~ la marcia** to get into gear

ingrandi'mento *sm* enlargement; extension

ingran'dire *vt* (*anche Fot*) to enlarge; (*estendere*) to extend; (*Ottica, fig*) to magnify ▶ *vi* (*anche:* **ingrandirsi**) to become larger o bigger; (*aumentare*) to grow, increase; (*espandersi*) to expand

ingras'sare *vt* to make fat; (*animali*) to fatten; (*lubrificare*) to oil, lubricate ▶ *vi* (*anche:* **ingrassarsi**) to get fat, put on weight

in'grato, -a *ag* ungrateful; (*lavoro*) thankless, unrewarding

ingredi'ente *sm* ingredient

in'gresso *sm* (*porta*) entrance; (*atrio*) hall; (*l'entrare*) entrance, entry; (*facoltà di entrare*) admission; **ingresso libero** admission free

ingros'sare *vt* to increase; (*folla, livello*) to swell ▶ *vi* (*anche:* **ingrossarsi**) to increase; to swell

in'grosso *av* **all'~** (*Comm*) wholesale; (*all'incirca*) roughly, about

ingua'ribile *ag* incurable

'inguine *sm* (*Anat*) groin

ini'bire *vt* to forbid, prohibit; (*Psic*) to inhibit; **inibirsi** *vpr* to restrain o.s.

ini'bito, -a *ag* inhibited ▶ *sm/f* inhibited person

iniet'tare *vt* to inject; **iniezi'one** *sf* injection

ininterrotta'mente *av* non-stop, continuously

ininter'rotto, -a *ag* unbroken; uninterrupted

inizi'ale [init'tsjale] *ag, sf* initial

inizi'are [init'tsjare] *vi, vt* to begin, start; **a che ora inizia il film?** when does the film start?; **~ qn a** to initiate sb into; (*pittura ecc*) to introduce sb to; **~ a fare qc** to start doing sth

inizia'tiva [inittsja'tiva] *sf* initiative;
  iniziativa privata private enterprise
i'nizio [i'nittsjo] *sm* beginning; **all'~** at
  the beginning, at the start; **dare ~ a
  qc** to start sth, get sth going
innaffi'are *ecc* = **annaffiare** *ecc*
innamo'rarsi *vpr* ~ **(di qn)** to fall
  in love (with sb); **innamo'rato, -a**
  ag (*che nutre amore*): **innamorato
  (di)** in love (with); (*appassionato*):
  innamorato di very fond of ▶ *sm/f*
  lover; sweetheart
innanzi'tutto *av* first of all
in'nato, -a *ag* innate
innatu'rale *ag* unnatural
inne'gabile *ag* undeniable
innervo'sire *vt* ~ **qn** to get on sb's
  nerves; **innervosirsi** *vpr* to get
  irritated o upset
innes'care *vt* to prime
'inno *sm* hymn; **inno nazionale**
  national anthem
inno'cente [inno'tʃɛnte] *ag* innocent
in'nocuo, -a *ag* innocuous, harmless
innova'tivo, -a *ag* innovative
innume'revole *ag* innumerable
inol'trare *vt* (*Amm*) to pass on,
  forward
i'noltre *av* besides, moreover
inon'dare *vt* to flood
inoppor'tuno, -a *ag* untimely,
  ill-timed; inappropriate; (*momento*)
  inopportune
inorri'dire *vt* to horrify ▶ *vi* to be
  horrified
inosser'vato, -a *ag* (*non notato*)
  unobserved; (*non rispettato*) not
  observed, not kept
inossi'dabile *ag* stainless
INPS *sigla m* (= *Istituto Nazionale
  Previdenza Sociale*) social security service
inqua'drare *vt* (*foto, immagine*) to
  frame; (*fig*) to situate, set
inqui'eto, -a *ag* restless; (*preoccupato*)
  worried, anxious

inqui'lino, -a *sm/f* tenant
inquina'mento *sm* pollution
inqui'nare *vt* to pollute
insabbi'are *vt* (*fig: pratica*) to shelve;
  insabbiarsi *vpr* (*arenarsi: barca*) to run
  aground; (*fig: pratica*) to be shelved
insac'cati *smpl* (*Cuc*) sausages
insa'lata *sf* salad; **insalata mista**
  mixed salad; **insalata russa** (*Cuc*)
  Russian salad (*comprised of cold diced
  cooked vegetables in mayonnaise*);
  insalati'era *sf* salad bowl
insa'nabile *ag* (*piaga*) which cannot
  be healed; (*situazione*) irremediable;
  (*odio*) implacable
insa'puta *sf* **all'~ di qn** without sb
  knowing
inse'diarsi *vpr* to take up office;
  (*popolo, colonia*) to settle
inse'gna [in'seɲɲa] *sf* sign; (*emblema*)
  sign, emblem; (*bandiera*) flag, banner
insegna'mento [inseɲɲa'mento]
  sm teaching
inse'gnante [inseɲ'ɲante] *ag*
  teaching ▶ *sm/f* teacher
inse'gnare [inseɲ'ɲare] *vt, vi* to teach;
  ~ qn qc to teach sb sth; **~ qn a fare
  qc** to teach sb (how) to do sth
insegui'mento *sm* pursuit, chase
insegui're *vt* to pursue, chase
insena'tura *sf* inlet, creek
insen'sato, -a *ag* senseless, stupid
insen'sibile *ag* (*nervo*) insensible;
  (*persona*) indifferent
inse'rire *vt* to insert; (*Elettr*) to
  connect; (*allegare*) to enclose;
  (*annuncio*) to put in, place; **inserirsi**
  vpr (*fig*): **inserirsi in** to become part of
inservi'ente *sm/f* attendant
inserzi'one [inser'tsjone] *sf* insertion;
  (*avviso*) advertisement; **fare un'~ sul
  giornale** to put an advertisement in
  the paper
insetti'cida, -i [insetti'tʃida] *sm*
  insecticide

in'setto sm insect

insi'curo, -a ag insecure

insi'eme av together ▶ prep **~ a** o **con** together with ▶ sm whole; (Mat, servizio, assortimento) set; (Moda) ensemble, outfit; **tutti ~** all together; **tutto ~** all together; (in una volta) at one go; **nell'~** on the whole; **d'~** (veduta ecc) overall

in'signe [in'siɲɲe] ag (persona) famous, distinguished; (città, monumento) notable

insignifi'cante [insiɲɲifi'kante] ag insignificant

insinu'are vt (introdurre) **~ qc in** to slip o slide sth into; (fig) to insinuate, imply; **insinuarsi** vpr **insinuarsi in** to seep into; (fig) to creep into; to worm one's way into

in'sipido, -a ag insipid

insis'tente ag insistent; persistent

in'sistere vi **~ su qc** to insist on sth; **~ in qc/a fare** (perseverare) to persist in sth/in doing

insoddis'fatto, -a ag dissatisfied

insoffe'rente ag intolerant

insolazi'one [insolat'tsjone] sf (Med) sunstroke

inso'lente ag insolent

in'solito, -a ag unusual, out of the ordinary

inso'luto, -a ag (non risolto) unsolved

in'somma av (in conclusione) in short; (dunque) well ▶ escl for heaven's sake!

in'sonne ag sleepless; **in'sonnia** sf insomnia, sleeplessness

insonno'lito, -a ag sleepy, drowsy

insoppor'tabile ag unbearable

in'sorgere [in'sordʒere] vi (ribellarsi) to rise up, rebel; (apparire) to come up, arise

in'sorsi ecc vb vedi **insorgere**

insospet'tire vt to make suspicious ▶ vi (anche: **insospettirsi**) to become suspicious

inspi'rare vt to breathe in, inhale

in'stabile ag (carico, indole) unstable; (tempo) unsettled; (equilibrio) unsteady

instal'lare vt to install

instan'cabile ag untiring, indefatigable

instau'rare vt to introduce, institute

insuc'cesso [insut'tʃɛsso] sm failure, flop

insuffici'ente [insuffi'tʃɛnte] ag insufficient; (compito, allievo) inadequate; **insuffici'enza** sf insufficiency; inadequacy; (Ins) fail; **insufficienza di prove** (Dir) lack of evidence; **insufficienza renale** renal insufficiency

insu'lina sf insulin

in'sulso, -a ag (sciocco) inane, silly; (persona) dull, insipid

insul'tare vt to insult, affront

in'sulto sm insult, affront

intac'care vt (fare tacche) to cut into; (corrodere) to corrode; (fig: cominciare ad usare: risparmi) to break into; (: ledere) to damage

intagli'are [intaʎ'ʎare] vt to carve

in'tanto av (nel frattempo) meanwhile, in the meantime; (per cominciare) just to begin with; **~ che** while

inta'sare vt to choke (up), block (up); (Aut) to obstruct, block; **intasarsi** vpr to become choked o blocked

intas'care vt to pocket

in'tatto, -a ag intact; (puro) unsullied

intavo'lare vt to start, enter into

inte'grale ag complete; (pane, farina) wholemeal (BRIT), whole-wheat (US); (Mat): **calcolo ~** integral calculus

inte'grante ag **parte ~** integral part

inte'grare vt to complete; (Mat) to integrate; **integrarsi** vpr (persona) to become integrated

integra'tore sm **integratori alimentari** nutritional supplements

integrità *sf* integrity

'integro, -a *ag* (intatto, intero) complete, whole; (retto) upright

intelaia'tura *sf* frame; (fig) structure, framework

intel'letto *sm* intellect;

intellettu'ale *ag, sm/f* intellectual

intelli'gente [intelli'dʒɛnte] *ag* intelligent

intem'perie *sfpl* bad weather *sg*

in'tendere *vt* (avere intenzione): ~ **fare qc** to intend o mean to do sth; (comprendere) to understand; (udire) to hear; (significare) to mean; **intendersi** *vpr* (conoscere): **intendersi di** to know a lot about, be a connoisseur of; (accordarsi) to get on (well); **intendersela con qn** (avere una relazione amorosa) to have an affair with sb; **intendi'tore, -'trice** *sm/f* connoisseur, expert

inten'sivo, -a *ag* intensive

in'tenso, -a *ag* intense

in'tento, -a *ag* (teso, assorto): ~ **(a)** intent (on), absorbed (in) ▶ *sm* aim, purpose

intenzio'nale [intentsjo'nale] *ag* intentional

intenzi'one [inten'tsjone] *sf* intention; (Dir) intent; **avere ~ di fare qc** to intend to do sth, have the intention of doing sth

interat'tivo, -a *ag* interactive

intercet'tare [intertʃet'tare] *vt* to intercept

intercity [ɪntəsi'tɪ] *sm inv* (Ferr) ≈ intercity (train)

inter'detto, -a *pp di* **interdire** ▶ *ag* forbidden, prohibited; (sconcertato) dumbfounded ▶ *sm* (Rel) interdict

interes'sante *ag* interesting; **essere in stato~** to be expecting (a baby)

interes'sare *vt* to interest; (concernere) to concern, be of interest to; (far intervenire): ~ **qn a** to draw

sb's attention to ▶ *vi* ~ **a** to interest, matter to; **interessarsi** *vpr* (mostrare interesse): **interessarsi a** to take an interest in, be interested in; (occuparsi): **interessarsi di** to take care of

inte'resse *sm* (anche Comm) interest

inter'faccia, -ce [inter'fattʃa] *sf* (Inform) interface

interfe'renza [interfe'rentsa] *sf* interference

interfe'rire *vi* to interfere

interiezi'one [interjet'tsjone] *sf* exclamation, interjection

interi'ora *sfpl* entrails

interi'ore *ag* interior, inner, inside, internal; (fig) inner

inter'medio, -a *ag* intermediate

inter'nare *vt* (arrestare) to intern; (Med) to commit (to a mental institution)

inter'nauta *sm/f* Internet user

internazio'nale [internattsjo'nale] *ag* international

'Internet ['internet] *sf* Internet; **in ~** on the Internet

in'terno, -a *ag* (di dentro) internal, interior, inner; (: mare) inland; (nazionale) domestic; (allievo) boarding ▶ *sm* inside, interior; (di paese) interior; (fodera) lining; (di appartamento) flat (number); (Tel) extension ▶ *sm/f* (Ins) boarder;

interni *smpl* (Cinema) interior shots; **all'~** inside; **Ministero degli Interni** Ministry of the Interior, ≈ Home Office (BRIT), Department of the Interior (US)

in'tero, -a *ag* (integro, intatto) whole, entire; (completo, totale) complete; (numero) whole; (non ridotto: biglietto) full; (latte) full-cream

interpel'lare *vt* to consult

interpre'tare *vt* to interpret;

in'terprete *sm/f* interpreter;

(*Teatro*) actor/actress, performer; (*Mus*) performer; **ci potrebbe fare da interprete?** could you act as an interpreter for us?

interregio'nale[interredʒo'nale] *sm* train that travels between two or more regions of Italy, stopping frequently

interro'garevt to question; (*Ins*) to test; **interrogazi'one**sf questioning no pl; (*Ins*) oral test

inter'romperevt to interrupt; (*studi, trattative*) to break off, interrupt; **interrompersi**vpr to break off, stop

interrut'toresm switch

interruzi'one[interrut'tsjone] sf interruption; break

interur'banasf trunk o long-distance call

inter'vallosm interval; (*spazio*) space, gap

interve'nirevi (*partecipare*): **~ a** to take part in; (*intromettersi: anche Pol*) to intervene; (*Med: operare*) to operate; **inter'vento** sm participation; (*intromissione*) intervention; (*Med*) operation; **fare un intervento nel corso di** (*dibattito, programma*) to take part in

inter'vistasf interview; **intervis'tare**vt to interview

intes'tarevt (*lettera*) to address; (*proprietà*): **~ a** to register in the name of; **~ un assegno a qn** to make out a cheque to sb

intes'tato, -aag (*proprietà, casa, conto*) in the name of; (*assegno*) made out to; **carta intestata** headed paper

intes'tinosm (*Anat*) intestine

intimidazi'one[intimidat'tsjone] sf intimidation

intimi'direvt to intimidate ▶ vi (*intimidirsi*) to grow shy

intimitàsf intimacy; privacy; (*familiarità*) familiarity

'intimo, -aag intimate; (*affetti, vita*)

private; (*fig: profondo*) inmost ▶ sm (*persona*) intimate o close friend; (*dell'animo*) bottom, depths pl; **parti intime** (*Anat*) private parts

in'tingolosm sauce; (*pietanza*) stew

intito'larevt to give a title to; (*dedicare*) to dedicate; **intitolarsi**vpr (*libro, film*) to be called

intolle'rabileag intolerable

intolle'ranteag intolerant

in'tonaco, -ci o -chism plaster

into'narevt (*canto*) to start to sing; (*armonizzare*) to match; **intonarsi** vpr (*colori*) to go together; **intonarsi a** (*carnagione*) to suit; (*abito*) to go with, match

inton'tito, -aag stunned, dazed; **~ dal sonno** stupid with sleep

in'topposm stumbling block, obstacle

in'tornoav around; **~ a** (*attorno a*) around; (*riguardo, circa*) about

intossi'carevt to poison; **intossicazi'one**sf poisoning

intralci'are[intral'tʃare] vt to hamper, hold up

intransi'tivo, -aag, sm intransitive

intrapren'denteag enterprising, go-ahead

intra'prenderevt to undertake

intrat'tabileag intractable

intratte'nerevt to entertain; to engage in conversation; **intrattenersi**vpr to linger; **intrattenersi su qc** to dwell on sth

intrave'derevt to catch a glimpse of; (*fig*) to foresee

intrecci'are[intret'tʃare] vt (*capelli*) to plait, braid; (*intessere: anche fig*) to weave, interweave, intertwine; **intri'gante**ag scheming ▶ sm/f schemer, intriguer

in'trinseco, -a, -ci, -cheag intrinsic

in'triso, -aag ~ (**di**) soaked (in)

intro'durrevt to introduce; (*chiave*

ecc): ~ **qc in** to insert sth into; (*persone: far entrare*) to enter in; **introdursi** *vpr* (*moda, tecniche*) to be introduced; **introdursi in** (*persona: penetrare*) to enter; (: *entrare furtivamente*) to steal *o* slip into; **introduzi'one** *sf* introduction

in'troito *sm* income, revenue

intro'mettersi *vpr* to interfere, meddle; (*interporsi*) to intervene

in'truglio [in'truʎʎo] *sm* concoction

intrusi'one *sf* intrusion; interference

in'truso, -a *sm/f* intruder

intu'ire *vt* to perceive by intuition; (*rendersi conto*) to realize; **in'tuito** *sm* intuition; (*perspicacia*) perspicacity

inu'mano, -a *ag* inhuman

inumi'dire *vt* to dampen, moisten; **inumidirsi** *vpr* to become damp *o* wet

i'nutile *ag* useless; (*superfluo*) pointless, unnecessary

inutil'mente *av* unnecessarily; (*senza risultato*) in vain

inva'dente *ag* (*fig*) interfering, nosey

inva'dere *vt* to invade; (*affollare*) to swarm into, overrun; (*acque*) to flood

inva'ghirsi [inva'girsi] *vpr* ~ **di** to take a fancy to

invalidità *sf* infirmity; disability; (*Dir*) invalidity

in'valido, -a *ag* (*infermo*) infirm, invalid; (*al lavoro*) disabled; (*Dir: nullo*) invalid ▶ *sm/f* invalid; disabled person

in'vano *av* in vain

invasi'one *sf* invasion

inva'sore, invadi'trice [invadi'tritʃe] *ag* invading ▶ *sm* invader

invecchi'are [invek'kjare] *vi* (*persona*) to grow old; (*vino, popolazione*) to age; (*moda*) to become dated ▶ *vt* to age; (*far apparire più vecchio*) to make look older

in'vece [in'vetʃe] *av* instead; (*al contrario*) on the contrary; ~ **di** instead of

inve'ire *vi* ~ **contro** to rail against

inven'tare *vt* to invent; (*pericoli, pettegolezzi*) to make up, invent

inven'tario *sm* inventory; (*Comm*) stocktaking *no pl*

inven'tore *sm* inventor

invenzi'one [inven'tsjone] *sf* invention; (*bugia*) lie, story

inver'nale *ag* winter *cpd*; (*simile all'inverno*) wintry

in'verno *sm* winter

invero'simile *ag* unlikely

inversi'one *sf* inversion; reversal; **"divieto d'~"** (*Aut*) "no U-turns"

in'verso, -a *ag* opposite; (*Mat*) inverse ▶ *sm* contrary, opposite; **in senso ~** in the opposite direction; **in ordine ~** in reverse order

inver'tire *vt* to invert, reverse; ~ **la marcia** (*Aut*) to do a U-turn

investi'gare *vt, vi* to investigate; **investiga'tore, -'trice** *sm/f* investigator, detective; **investigatore privato** private investigator

investi'mento *sm* (*Econ*) investment

inves'tire *vt* (*denaro*) to invest; (*veicolo: pedone*) to knock down; (: *altro veicolo*) to crash into; (*apostrofare*) to assail; (*incaricare*): ~ **qn di** to invest sb with

invi'are *vt* to send; **invi'ato, -a** *sm/f* envoy; (*Stampa*) correspondent; **inviato speciale** (*Pol*) special envoy; (*di giornale*) special correspondent

in'vidia *sf* envy; **invidi'are** *vt* **invidiare qn (per qc)** to envy sb for sth; **invidiare qc a qn** to envy sb sth; **invidi'oso, -a** *ag* envious

in'vio, -'vii *sm* sending; (*insieme di merci*) consignment; (*tasto*) Return (key), Enter (key)

invipe'rito, -a *ag* furious

invi'sibile *ag* invisible

invi'tare vt to invite; **~ qn a fare** to invite sb to do; **invi'tato, -a** sm/f guest; **in'vito** sm invitation

invo'care vt (chiedere: aiuto, pace) to cry out for; (appellarsi: la legge, Dio) to appeal to, invoke

invogli'are [invoʎ'ʎare] vt **~ qn a fare** to tempt sb to do, induce sb to do

involon'tario, -a ag (errore) unintentional; (gesto) involuntary

invol'tino sm (Cuc) roulade

in'volto sm (pacco) parcel; (fagotto) bundle

invo'lucro sm cover, wrapping

inzup'pare [intsup'pare] vt to soak; **inzupparsi** vpr to get soaked

'io pron **I ▶** sm inv **l'~** the ego, the self; **~ stesso(a)** I myself

i'odio sm iodine

l'onio sm **lo ~, il mar ~** the Ionian (Sea)

iper'mercato sm hypermarket

ipertensi'one sf high blood pressure, hypertension

iper'testo sm hypertext

ip'nosi sf hypnosis; **ipnotiz'zare** vt to hypnotize

ipocri'sia sf hypocrisy

i'pocrita, -i, -e ag hypocritical **▶** sm/f hypocrite

ipo'teca, -che sf mortgage

i'potesi sf inv hypothesis

'ippica sf horseracing

'ippico, -a, -ci, -che ag horse cpd

ippocas'tano sm horse chestnut

ip'podromo sm racecourse

ippo'potamo sm hippopotamus

'ipsilon sf o m inv (lettera) Y, y; (: dell'alfabeto greco) epsilon

IR abbr (= Interregionale) long distance train which stops frequently

ira'cheno, -a [ira'kɛno] ag, sm/f Iraqi

I'ran sm **l'~** Iran

irani'ano, -a ag, sm/f Iranian

I'raq sm **l'~** Iraq

'iride sf (arcobaleno) rainbow; (Anat,

Bot) iris

'iris sm inv iris

Ir'landa sf **l'~** Ireland; **l'~ del Nord** Northern Ireland, Ulster; **la Repubblica d'~** Eire, the Republic of Ireland; **irlan'dese** ag Irish **▶** sm/f Irishman/woman; **gli Irlandesi** the Irish

iro'nia sf irony; **i'ronico, -a, -ci, -che** ag ironic(al)

irragio'nevole [irradʒo'nevole] ag irrational; unreasonable

irrazio'nale [irrattsjo'nale] ag irrational

irre'ale ag unreal

irrego'lare ag irregular; (terreno) uneven

irremo'vibile ag (fig) unshakeable, unyielding

irrequi'eto, -a ag restless

irresis'tibile ag irresistible

irrespon'sabile ag irresponsible

irri'gare vt (annaffiare) to irrigate; (fiume ecc) to flow through

irrigi'dire [irridʒi'dire] vt to stiffen; **irrigidirsi** vpr to stiffen

irri'sorio, -a ag derisory

irri'tare vt (mettere di malumore) to irritate, annoy; (Med) to irritate; **irritarsi** vpr (stizzirsi) to become irritated o annoyed; (Med) to become irritated

ir'rompere vi **~ in** to burst into

irru'ente ag (fig) impetuous, violent

ir'ruppi ecc vb vedi **irrompere**

irruzi'one [irrut'tsjone] sf **fare~ in** to burst into; (polizia) to raid

is'crissi ecc vb vedi **iscrivere**

is'critto, -a pp di **iscrivere ▶** sm/f member; **per o in~** in writing

is'crivere vt to register, enter; (persona): **~ (a)** to register (in), enrol (in); **iscriversi** vpr **iscriversi (a)** (club, partito) to join; (università) to register o enrol (at); (esame, concorso)

to register o enter (for); **iscrizi'one**
sf (epigrafe ecc) inscription; (a scuola,
società) enrolment, registration;
(registrazione) registration

Is'lam sm l'~ Islam

Is'landa sf l'~ Iceland

islan'dese ag Icelandic ▶ sm/f
Icelander ▶ sm (Ling) Icelandic

'isola sf island; **isola pedonale** (Aut)
pedestrian precinct

isola'mento sm isolation; (Tecn)
insulation

iso'lante ag insulating ▶ sm insulator

iso'lare vt to isolate; (Tecn) to
insulate; (: acusticamente) to
soundproof; **isolarsi** vpr to isolate
o.s.; **iso'lato, -a** ag isolated; insulated
▶ sm (gruppo di edifici) block

ispet'tore sm inspector

ispezio'nare [ispettsjo'nare] vt to
inspect

'ispido, -a ag bristly, shaggy

ispi'rare vt to inspire

Isra'ele sm l'~ Israel; **israeli'ano, -a**
ag, sm/f Israeli

is'sare vt to hoist

istan'taneo, -a ag instantaneous ▶ sf
(Fot) snapshot

is'tante sm instant, moment; **all'~,
sull'~** instantly, immediately

is'terico, -a, -ci, -che ag hysterical

isti'gare vt to incite

is'tinto sm instinct

istitu'ire vt (fondare) to institute,
found; (porre: confronto) to establish;
(intraprendere: inchiesta) to set up

isti'tuto sm institute; (di università)
department; (ente, Dir) institution;
istituto di bellezza beauty salon;
istituto di credito bank, banking
institution; **istituto di ricerca**
research institute

istituzi'one [istitut'tsjone] sf
institution

'istmo sm (Geo) isthmus

'istrice ['istritfe] sm porcupine

istru'ito, -a ag educated

istrut'tore, -'trice sm/f instructor
▶ ag **giudice ~** vedi **giudice**

istruzi'one sf education; training;
(direttiva) instruction; **istruzioni**
sfpl (norme) instructions; **istruzioni
per l'uso** instructions for use; **~
obbligatoria** (Scol) compulsory
education

l'Italia sf l'~ Italy

itali'ano, -a ag Italian ▶ sm/f Italian
▶ sm (Ling) Italian; **gli Italiani** the
Italians

itine'rario sm itinerary

'ittico, -a, -ci, -che ag fish cpd;
fishing cpd

lugos'lavia = **Jugoslavia**

IVA ['iva] sigla f (= imposta sul valore
aggiunto) VAT

J

jazz [dʒaz] sm jazz

jeans [dʒinz] smpl jeans

jeep® [dʒip] sm inv jeep

'jogging ['dʒɔgin] sm jogging; **fare ~**
to go jogging

'jolly ['dʒɔli] sm inv joker

joystick [dʒois'tik] sm inv joystick

ju'do [dʒu'dɔ] sm judo

Jugos'lavia [jugoz'lavja] sf (Storia):
la ~ Yugoslavia; **la ex~** former

Yugoslavia; **jugos'lavo, -a** *ag, sm/f* (*Storia*) Yugoslav(ian)

k

K, k ['kappa] *sf* o *m inv* (*lettera*) K, k ▶ *abbr* (= *kilo-, chilo-*) k; (*Inform*) K; **K come Kursaal** ≈ K for King
kamikaze [kami'kaddze] *sm inv* kamikaze
karaoke [ka'raɔkɛ] *sm inv* karaoke
karatè *sm* karate
ka'yak [ka'jak] *sm inv* kayak
Kenia ['kɛnja] *sm il* ~ Kenya
kg *abbr* (= *chilogrammo*) kg
'killer *sm inv* gunman, hired gun
kitsch [kitʃ] *sm* kitsch
'kiwi ['kiwi] *sm inv* kiwi fruit
km *abbr* (= *chilometro*) km
K.O. [kappa'o] *sm inv* knockout
ko'ala [ko'ala] *sm inv* koala (bear)
koso'varo, -a [koso'varo] *ag, sm/f* Kosovan
Ko'sovo *sm* Kosovo
'krapfen *sm inv* (*Cuc*) doughnut
Kuwait [ku'vait] *sm il* ~ Kuwait

l' *det vedi* **la**; **lo**; **il**
la (*dav V* **l'**) *det f* the ▶ *pron* (*oggetto: persona*) her; (: *cosa*) it; (: *forma di cortesia*) you; *vedi anche* **il**
là *av* there; **di là** (*da quel luogo*) from there; (*in quel luogo*) in there; (*dall'altra parte*) over there; **di là di** beyond; **per di là** that way; **più in là** further on; (*tempo*) later on; **fatti in là** move up; **là dentro/sopra/sotto** in/up (*o* on)/under there; *vedi anche* **quello**
'labbro (*pl(f)* **labbra**) (*solo nel senso Anat*) *sm* lip
labi'rinto *sm* labyrinth, maze
labora'torio *sm* (*di ricerca*) laboratory; (*di arti, mestieri*) workshop; **laboratorio linguistico** language laboratory
labori'oso, -a *ag* (*faticoso*) laborious; (*attivo*) hard-working
'lacca, -che *sf* lacquer
'laccio ['lattʃo] *sm* noose; (*legaccio, tirante*) lasso; (*di scarpa*) lace; **laccio emostatico** tourniquet
lace'rare [latʃe'rare] *vt* to tear to shreds, lacerate; **lacerarsi** *vpr* to tear
'lacrima *sf* tear; **in lacrime** in tears; **lacri'mogeno, -a** *ag* gas **lacrimogeno** tear gas
la'cuna *sf* (*fig*) gap
'ladro *sm* thief
laggiù [lad'dʒu] *av* down there; (*di là*) over there
la'gnarsi [laɲ'narsi] *vpr* ~ **(di)** to

complain (about)

'lago, -ghi sm lake

la'guna sf lagoon

'laico, -a, -ci, -che ag (apostolato) lay; (vita) secular; (scuola) non-denominational ▶ sm/f layman/ woman

lama sm inv (Zool) llama; (Rel) lama ▶ sf blade

lamentarsi vpr (emettere lamenti) to moan, groan; (rammaricarsi): ~ (di) to complain (about)

lamen'tela sf complaining no pl

la'metta sf razor blade

'lamina sf (lastra sottile) thin sheet (o layer o plate); **lamina d'oro** gold leaf; gold foil

'lampada sf lamp; **lampada a gas** gas lamp; **lampada da tavolo** table lamp

lampa'dario sm chandelier

lampa'dina sf light bulb; **lampadina tascabile** pocket torch (BRIT) o flashlight (US)

lam'pante ag (fig: evidente) crystal clear, evident

lampeggi'are [lamped'dʒare] vi (luce, fari) to flash ▶ vb impers **lampeggia** there's lightning; **lampeggia'tore** sm (Aut) indicator

lampi'one sm street light o lamp (BRIT)

'lampo sm (Meteor) flash of lightning; (di luce: fig) flash

lam'pone sm raspberry

'lana sf wool; **pura ~ vergine** pure new wool; **lana d'acciaio** steel wool; **lana di vetro** glass wool

lan'cetta [lan'tʃetta] sf (indice) pointer, needle; (di orologio) hand

'lancia [ˈlantʃa] sf (arma) lance; (: picca) spear; (di pompa antincendio) nozzle; (imbarcazione) launch; **lancia di salvataggio** lifeboat

lanciafi'amme [lantʃaˈfjamme] sm inv flamethrower

lanci'are [lanˈtʃare] vt to throw, hurl, fling; (Sport) to throw; (far partire: automobile) to get up to full speed; (bombe) to drop; (razzo, prodotto, moda) to launch; **lanciarsi** vpr **lanciarsi contro/su** to throw o hurl o fling o.s. against/on; **lanciarsi in** (fig) to embark on

lanci'nante [lantʃiˈnante] ag (dolore) shooting, throbbing; (grido) piercing

'lancio [ˈlantʃo] sm throwing no pl; throw; dropping no pl; drop; launching no pl; launch; **lancio del disco** (Sport) throwing the discus; **lancio del peso** putting the shot

languido, -a ag (fiacco) languid, weak; (tenero, malinconico) languishing

lan'terna sf lantern; (faro) lighthouse

'lapide sf (di sepolcro) tombstone; (commemorativa) plaque

'lapsus sm inv slip

'lardo sm bacon fat, lard

lar'ghezza [larˈgettsa] sf width; breadth; looseness; generosity; **larghezza di vedute** broad-mindedness

'largo, -a, -ghi, -ghe ag wide; broad; (maniche) wide; (abito: troppo ampio) loose; (fig) generous ▶ sm width; breadth; (mare aperto): **il ~** the open sea ▶ sf **stare** o **tenersi alla larga (da qn/qc)** to keep one's distance (from sb/sth), keep away (from sb/sth); **~ due metri** two metres wide; **~ di spalle** broad-shouldered; **di larghe vedute** broad-minded; **su larga scala** on a large scale; **di manica larga** generous, open-handed; **al ~ di Genova** off (the coast of) Genoa; **farsi ~ tra la folla** to push one's way through the crowd

'larice [ˈlaritʃe] sm (Bot) larch

larin'gite [larinˈdʒite] sf laryngitis

'larva sf larva; (fig) shadow

la'sagne [la'zaɲɲe] sfpl lasagna sg

lasci'are [laʃʃare] vt to leave; (abbandonare) to leave, abandon, give up; (cessare di tenere) to let go of ▶ vb aus ~ **fare qn** to let sb do; ~ **andare** o **correre** o **perdere** to let things go their own way; ~ **stare qc/qn** to leave sth/sb alone; **lasciarsi** vpr (persone) to part; (coppia) to split up; **lasciarsi andare** to let o.s. go

'laser ['lazer] ag, sm inv (raggio) ~ laser (beam)

lassa'tivo, -a ag, sm laxative

'lasso sm; **lasso di tempo** interval, lapse of time

lassù av up there

'lastra sf (di pietra) slab; (di metallo, Fot) plate; (di ghiaccio, vetro) sheet; (radiografica) X-ray (plate)

lastri'cato sm paving

late'rale ag lateral, side cpd; (uscita, ingresso ecc) side cpd ▶ sm (Calcio) half-back

la'tino, -a ag, sm Latin

lati'tante sm/f fugitive (from justice)

lati'tudine sf latitude

'lato, -a ag (fig) wide, broad ▶ sm side; (fig) aspect, point of view; **in senso ~** broadly speaking

'latta sf tin (plate); (recipiente) tin, can

lat'tante ag unweaned

'latte sm milk; **latte detergente** cleansing milk o lotion; **latte intero** full-cream milk; **latte a lunga conservazione** UHT milk, long-life milk; **latte magro** o **scremato** skimmed milk; **latte in polvere** dried o powdered milk; **latte solare** suntan lotion; **latti'cini** smpl dairy products

lat'tina sf (di birra ecc) can

lat'tuga, -ghe sf lettuce

'laurea sf degree; **laurea in ingegneria** engineering degree; **laurea in lettere** = arts degree

○ **laurea**
● The **laurea** is awarded to students
● who successfully complete their
● degree courses. Traditionally,
○ this takes between four and six
● years; a major element of the final
● examinations is the presentation
● and discussion of a dissertation.
○ A shorter, more vocational course
● of study, taking from two to three
● years, is also available; at the end of
○ this time students receive a diploma
● called the **laurea breve**.

laure'arsi vpr to graduate

laure'ato, -a ag, sm/f graduate

'lauro sm laurel

'lauto, -a ag (pranzo, mancia) lavish

'lava sf lava

la'vabo sm washbasin

la'vaggio [la'vaddʒo] sm washing no pl; **lavaggio del cervello** brainwashing no pl; **lavaggio a secco** dry-cleaning

la'vagna [la'vaɲɲa] sf (Geo) slate; (di scuola) blackboard

la'vanda sf (anche Med) wash; (Bot) lavender; **lavande'ria** sf laundry; **lavanderia automatica** launderette; **lavanderia a secco** dry-cleaner's; **lavan'dino** sm sink

lavapi'atti sm/f dishwasher

la'vare vt to wash; **lavarsi** vpr to wash, have a wash; ~ **a secco** to dry-clean; **lavarsi le mani/i denti** to wash one's hands/clean one's teeth

lava'secco sm o f inv dry cleaner's

lavasto'viglie [lavasto'viλλe] sm o f inv (macchina) dishwasher

lava'trice [lava'tritʃe] sf washing machine

lavo'rare vi to work; (fig: bar, studio ecc) to do good business ▶ vt to work; **lavorarsi qn** (persuaderlo) to work on sb; ~ **a** to work on; ~ **a maglia** to knit; **lavora'tivo, -a** ag working;

lavora'tore, -'trice sm/f worker ▸ ag working

la'voro sm work; (occupazione) job, work no pl; (opera) piece of work, job; (Econ) labour; **che ~ fa?** what do you do?; **lavori forzati** hard labour sg; **lavoro interinale** o **in affitto** temporary work

le det fpl the ▸ pron (oggetto) them; (: a lei, a essa) (to) her; (: forma di cortesia) (to) you; vedi anche **il**

le'ale ag loyal; (sincero) sincere; (onesto) fair

'lecca 'lecca sm inv lollipop

leccapi'edi (peg) sm/f inv toady, bootlicker

lec'care vt to lick; (gatto: latte ecc) to lick o lap up; (fig) to flatter; **leccarsi i baffi** to lick one's lips

leccherò ecc [lekke'rɔ] vb vedi **leccare**

'leccio ['lettʃo] sm holm oak, ilex

leccor'nia sf titbit, delicacy

'lecito, -a ['lɛtʃito] ag permitted, allowed

'lega, -ghe sf league; (di metalli) alloy

le'gaccio [le'gattʃo] sm string, lace

le'gale ag legal ▸ sm lawyer; **legaliz'zare** vt to authenticate; (regolarizzare) to legalize

le'game sm (corda, fig: affettivo) tie, bond; (nesso logico) link, connection

le'gare vt (prigioniero, capelli, cane) to tie (up); (libro) to bind; (Chim) to alloy; (fig: collegare) to bind, join ▸ vi (far lega) to unite; (fig) to get on well

le'genda [le'dʒɛnda] sf (di carta geografica ecc) = **leggenda**

'legge ['leddʒe] sf law

leg'genda [led'dʒenda] sf (narrazione) legend; (di carta geografica ecc) key, legend

'leggere ['lɛddʒere] vt, vi to read

legge'rezza [leddʒe'rettsa] sf lightness; thoughtlessness; fickleness

leg'gero, -a [led'dʒɛro] ag light; (agile, snello) nimble, agile, light; (tè, caffè) weak; (fig: non grave, piccolo) slight; (: spensierato) thoughtless; (: incostante) fickle; free and easy; **alla leggera** thoughtlessly

leg'gio, -'gii [led'dʒio] sm lectern; (Mus) music stand

legherò ecc [lege'rɔ] vb vedi **legare**

legisla'tivo, -a [ledʒizla'tivo] ag legislative

legisla'tura [ledʒizla'tura] sf legislature

le'gittimo, -a [le'dʒittimo] ag legitimate; (fig: giustificato, lecito) justified, legitimate; **legittima difesa** (Dir) self-defence

'legna ['leɲɲa] sf firewood

'legno ['leɲɲo] sm wood; (pezzo di legno) piece of wood; **di ~** wooden; **legno compensato** plywood

'lei pron (soggetto) she; (oggetto: per dare rilievo, con preposizione) her; (forma di cortesia: anche: **L~**) you ▸ sm **dare del ~ a qn** to address sb as "lei"; **~ stessa** she herself; you yourself

‖ **lei**

‖ **lei** is the third person singular pronoun. It is used in Italian to address an adult whom you do not know or with whom you are on formal terms.

lenta'mente av slowly

'lente sf (Ottica) lens sg; **lenti a contatto** o **corneali** contact lenses; **lenti (a contatto) morbide/rigide** soft/hard contact lenses; **lente d'ingrandimento** magnifying glass; **lenti** sfpl (occhiali) lenses

len'tezza [len'tettsa] sf slowness

len'ticchia [len'tikkja] sf (Bot) lentil

len'tiggine [len'tiddʒine] sf freckle

'lento, -a ag slow; (molle: fune) slack; (non stretto: vite, abito) loose ▸ sm (ballo) slow dance

'lenza ['lɛntsa] *sf* fishing-line

lenzu'olo [len'tswɔlo] *sm* sheet

le'one *sm* lion; (*dello zodiaco*): **L-** Leo

lepo'rino, -a *ag* labbro ~ harelip

'lepre *sf* hare

'lercio, -a, -ci, -cie ['lɛrtʃo] *ag* filthy

lesi'one *sf* (*Med*) lesion; (*Dir*) injury, damage; (*Edil*) crack

les'sare *vt* (*Cuc*) to boil

'lessi *ecc vb vedi* **leggere**

'lessico, -ci *sm* vocabulary; lexicon

'lesso, -a *ag* boiled ▶ *sm* boiled meat

le'tale *ag* lethal; fatal

leta'maio *sm* dunghill

le'tame *sm* manure, dung

le'targo, -ghi *sm* lethargy; (*Zool*) hibernation

'lettera *sf* letter; **lettere** *sfpl* (*letteratura*) literature *sg*; (*studi umanistici*) arts (subjects); **alla ~** literally; **in lettere** in words, in full

letteral'mente *av* literally

lette'rario, -a *ag* literary

lette'rato, -a *ag* well-read, scholarly

lettera'tura *sf* literature

let'tiga, -ghe *sf* (*barella*) stretcher

let'tino *sm* cot (BRIT), crib (US); **lettino solare** sunbed

'letto, -a *pp di* **leggere** ▶ *sm* bed; **andare a ~** to go to bed; **letto a castello** bunk beds *pl*; **letto a una piazza** single; **letto a due piazze** *o* **matrimoniale** double bed

let'tore, -'trice *sm/f* reader; (*Ins*) (foreign language) assistant (BRIT), (foreign) teaching assistant (US) ▶ *sm* (*Tecn*): ~ **ottico** optical character reader; **lettore CD** CD player; **lettore DVD** DVD player

let'tura *sf* reading

Attenzione! In inglese esiste la parola *lecture*, che però significa *lezione* oppure *conferenza*.

leuce'mia [leutʃe'mia] *sf* leukaemia

'leva *sf* lever; (*Mil*) conscription; **far ~**

su qn to work on sb; **leva del cambio** (*Aut*) gear lever

le'vante *sm* east; (*vento*) East wind; **il L-** the Levant

le'vare *vt* (*occhi, braccio*) to raise; (*sollevare, togliere: tassa, divieto*) to lift; (*indumenti*) to take off, remove; (*rimuovere*) to take away; (: *dal di sopra*) to take off; (: *dal di dentro*) to take out

leva'toio, -a *ag* **ponte ~** drawbridge

lezi'one [let'tsjone] *sf* lesson; (*Univ*) lecture; **fare ~** to teach; to lecture; **dare una ~ a qn** to teach sb a lesson; **lezioni private** private lessons

li *pron pl* (*oggetto*) them

lì *av* there; **di** *o* **da lì** from there; **per di lì** that way; **di lì a pochi giorni** a few days later; **lì per lì** there and then; at first; **essere lì (lì) per fare** to be on the point of doing, be about to do; **lì dentro** in there; **lì fuori** under there; **lì sopra** on there; up there; *vedi anche* **quello**

liba'nese *ag, sm/f* Lebanese *inv*

Li'bano *sm* **il ~** the Lebanon

'libbra *sf* (*peso*) pound

li'beccio [li'bettʃo] *sm* south-west wind

li'bellula *sf* dragonfly

libe'rale *ag, sm/f* liberal

liberaliz'zare [liberalid'dzare] *vt* to liberalize

libe'rare *vt* (*rendere libero: prigioniero*) to release; (: *popolo*) to free, liberate; (*sgombrare: passaggio*) to clear; (: *stanza*) to vacate; (*produrre: energia*) to release; **liberarsi** *vpr* **liberarsi di qc/ qn** to get rid of sth/sb; **liberazi'one** *sf* liberation, freeing; release; rescuing

■ Liberazione
● The **Liberazione** is a national
● holiday which falls on April 25th.
● It commemorates the liberation
● of Italy at the end of the Second
● World War.

'libero, -a *ag* free; *(strada)* clear; *(non occupato: posto ecc)* vacant; free; not taken; empty; not engaged; **~ di fare qc** free to do sth; **~ da** free from; **è ~ questo posto?** is this seat free?; **~ arbitrio** free will; **~ professionista** self-employed professional person; **~ scambio** free trade; **libertà** *sf inv* freedom; *(tempo disponibile)* free time ▶ *sfpl (licenza)* liberties; **in libertà provvisoria/vigilata** released without bail/on probation

'Libia *sf* la **~** Libya; **'libico, -a, -ci, -che** *ag*, *sm/f* Libyan

li'bidine *sf* lust

li'braio *sm* bookseller

li'brarsi *vpr* to hover

libre'ria *sf (bottega)* bookshop; *(mobile)* bookcase

Attenzione! In inglese esiste la parola *library*, che però significa *biblioteca*.

li'bretto *sm* booklet; *(taccuino)* notebook; *(Mus)* libretto; **libretto degli assegni** cheque book; **libretto di circolazione** *(Aut)* logbook; **libretto di risparmio** (savings) bank-book, passbook; **libretto universitario** student's report book

'libro *sm* book; **libro di cassa** cash book; **libro mastro** ledger; **libro paga** payroll; **libro di testo** textbook

li'cenza *sf (permesso)* permission, leave; *(di pesca, caccia, circolazione)* permit, licence; *(Mil)* leave; *(Ins)* school leaving certificate; *(libertà)* liberty; licence; licentiousness; **andare in ~** *(Mil)* to go on leave

licenzia'mento *[litʃentsja'mento] sm* dismissal

licenzi'are *[litʃen'tsjare] vt (impiegato)* to dismiss; *(Comm: per eccesso di personale)* to make redundant; *(Ins)* to award a certificate to; **licenziarsi**

vpr (impiegato) to resign, hand in one's notice; *(Ins)* to obtain one's school-leaving certificate

li'ceo *[li'tʃɛo] sm (Ins)* secondary *(BRIT)* o high *(US)* school *(for 14- to 19-year-olds)*

'lido *sm* beach, shore

Liechtenstein *['liktənstain] sm* il **~** Liechtenstein

li'eto, -a *ag* happy, glad; **"molto ~"** *(nelle presentazioni)* "pleased to meet you"

li'eve *ag* light; *(di poco conto)* slight; *(sommesso: voce)* faint, soft

lievi'tare *vi (anche fig)* to rise ▶ *vt* to leaven

li'evito *sm* yeast; **lievito di birra** brewer's yeast

'ligio, -a, -gi, -gie *['lidʒo] ag* faithful, loyal

'lilla *sm inv* lilac

'lillà *sm inv* lilac

'lima *sf* file; **lima da unghie** nail file

limacci'oso, -a *[limat'tʃoso] ag* slimy; muddy

li'mare *vt* to file (down); *(fig)* to polish

limi'tare *vt* to limit, restrict; *(circoscrivere)* to bound, surround; **limitarsi** *vpr* **limitarsi nel mangiare** to limit one's eating; **limitarsi a qc/a fare qc** to limit o.s. to sth/to doing sth

'limite *sm* limit; *(confine)* border, boundary; **limite di velocità** speed limit

limo'nata *sf* lemonade *(BRIT)*, (lemon) soda *(US)*; lemon squash *(BRIT)*, lemonade *(US)*

li'mone *sm (pianta)* lemon tree; *(frutto)* lemon

'limpido, -a *ag* clear; *(acqua)* limpid, clear

'lince *['lintʃe] sf* lynx

linci'are *vt* to lynch

'linea *sf* line; *(di mezzi pubblici di*

trasporto: itinerario) route; (: *servizio*)
service; **a grandi linee** in outline;
mantenere la ~ to look after one's
figure; **aereo di ~** airliner; **nave di ~**
liner; **volo di ~** scheduled flight; **linea
aerea** airline; **linea di partenza/
d'arrivo** (*Sport*) starting/finishing
line; **linea di tiro** line of fire

linea'menti *smpl* features; (*fig*)
outlines

line'are *ag* linear; (*fig*) coherent,
logical

line'etta *sf* (*trattino*) dash; (*d'unione*)
hyphen

lin'gotto *sm* ingot, bar

lingua *sf* (*Anat, Cuc*) tongue; (*idioma*)
language; **mostrare la ~** to stick out
one's tongue; **di ~ italiana** Italian-
speaking; **che lingue parla?** what
languages do you speak? **una ~ di
terra** a spit of land; **lingua madre**
mother tongue

lingu'aggio [lin'gwaddʒo] *sm*
language

lingu'etta [lin'gwɛtta] *sf* (*di strumento*) reed; (*di
scarpa, Tecn*) tongue; (*di busta*) flap

'lino *sm* (*pianta*) flax; (*tessuto*) linen

li'noleum *sm inv* linoleum, lino

liposuzi'one [liposut'tsjone] *sf*
liposuction

lique'fatto, -a *pp di* **liquefare**

liqui'dare *vt* (*società, beni: persona:
uccidere*) to liquidate; (*persona:
sbarazzarsene*) to get rid of; (*conto,
problema*) to settle; (*Comm: merce*)
to sell off, clear; **liquidazi'one** *sf*
liquidation; settlement; clearance
sale

liquidità *sf* liquidity

'liquido, -a *ag, sm* liquid; **liquido per
freni** brake fluid

liqui'rizia [likwi'rittsja] *sf* liquorice

li'quore *sm* liqueur

'lira *sf* (*Storia: unità monetaria*) lira;
(*Mus*) lyre; **lira sterlina** pound

sterling

'lirico, -a, -ci, -che *ag* lyric(al); (*Mus*)
lyric; **cantante/teatro ~** opera
singer/house

Lis'bona *sf* Lisbon

'lisca, -sche *sf* (*di pesce*) fishbone

lisci'are [liʃʃare] *vt* to smooth; (*fig*)
to flatter

'liscio, -a, -sci, -sce ['liʃʃo] *ag*
smooth; (*capelli*) straight; (*mobile*)
plain; (*bevanda alcolica*) neat; (*fig*)
straightforward, simple ▷ *av* **andare ~**
to go smoothly; **passarla liscia** to get
away with it

'liso, -a *ag* worn out, threadbare

'lista *sf* (*elenco*) list; **lista elettorale**
electoral roll; **lista delle spese**
shopping list; **lista dei vini** wine list;
lista delle vivande menu

lis'tino *sm* list; **listino dei cambi**
(foreign) exchange rate; **listino dei
prezzi** price list

'lite *sf* quarrel, argument; (*Dir*) lawsuit

liti'gare *vi* to quarrel; (*Dir*) to litigate

li'tigio [li'tidʒo] *sm* quarrel

lito'rale *ag* coastal, coast *cpd* ▷ *sm*
coast

'litro *sm* litre

livel'lare *vt* to level, make level

li'vello *sm* level; (*fig*) level, standard;
ad alto ~ (*fig*) high-level; **livello del
mare** sea level

'livido, -a *ag* livid; (*per percosse*)
bruised, black and blue; (*cielo*) leaden
▷ *sm* bruise

Li'vorno *sf* Livorno, Leghorn

'lizza ['littsa] *sf* lists *pl*; **scendere in ~**
to enter the lists

lo (*dav s impura, gn, pn, ps, x, z; dav* l') *
det m the ▷ pron* (*oggetto: persona*) him;
(: *cosa*) it; **lo sapevo** I knew it; **lo so** I
know; **sii buono, anche se lo non è**
be good, even if he isn't; *vedi anche* **il**

lo'cale *ag* local ▷ *sm* room; (*luogo
pubblico*) premises *pl*; **locale**

notturno nightclub; **località** sf inv locality

lo'canda sf inn

locomo'tiva sf locomotive

locuzi'one [lokut'tsjone] sf phrase, expression

lo'dare vt to praise

'lode sf praise; (Ins): **laurearsi con 110 e ~** ≈ to graduate with a first-class honours degree (BRIT), graduate summa cum laude (US)

'loden sm inv (stoffa) loden; (cappotto) loden overcoat

lo'devole ag praiseworthy

loga'ritmo sm logarithm

'loggia, -ge ['lɔddʒa] sf (Archit) loggia; (circolo massonico) lodge; **loggi'one** sm (di teatro): **il loggione** the Gods sg

'logico, -a, -ci, -che ['lɔdʒiko] ag logical

logo'rare vt to wear out; (sciupare) to waste; **logorarsi** vpr to wear out; (fig) to wear o.s. out

'logoro, -a ag (stoffa) worn out, threadbare; (persona) worn out

Lombar'dia sf **la ~** Lombardy

lom'bata sf (taglio di carne) loin

lom'brico, -chi sm earthworm

londi'nese ag London cpd ▶ sm/f Londoner

'Londra sf London

lon'gevo, -a [lon'dʒevo] ag long-lived

longi'tudine [londʒi'tudine] sf longitude

lonta'nanza [lonta'nantsa] sf distance; absence

lon'tano, -a ag (distante) distant, faraway; (assente) absent; (vago: sospetto) slight, remote; (tempo: remoto) far-off, distant; (parente) distant, remote ▶ av far; **è lontana la casa?** is it far to the house?, is the house far from here?; **è un chilometro** it's a kilometre away o a kilometre from here; **più ~** farther; **da o di ~** from a distance; **~ da** a long way from; **è molto ~ da qui?** is it far from here?; **alla lontana** slightly, vaguely

lo'quace [lo'kwatʃe] ag talkative, loquacious; (fig: gesto ecc) eloquent

'lordo, -a ag dirty, filthy; (peso, stipendio) gross

'loro pron pl (oggetto, con preposizione) them; (complemento di termine) to them; (soggetto) they; (forma di cortesia: anche: **L~**) you; to you; **il(la) ~, i(le) ~** det their; (forma di cortesia: anche: **L~**) your ▶ pron theirs; (forma di cortesia: anche: **L~**) yours; **~ stessi(e)** they themselves; you yourselves

'losco, -a, -schi, -sche ag (fig) shady, suspicious

'lotta sf struggle, fight; (Sport) wrestling; **lotta libera** all-in wrestling; **lot'tare** vi to fight, struggle; to wrestle

lotte'ria sf lottery; (di gara ippica) sweepstake

'lotto sm (gioco) (state) lottery; (parte) lot; (Edil) site

● **Lotto**
● The **Lotto** is an official lottery run by the Italian Finance Ministry.
● It consists of a weekly draw of numbers and is very popular.

lozi'one [lot'tsjone] sf lotion

lubrifi'cante sm lubricant

lubrifi'care vt to lubricate

luc'chetto [luk'ketto] sm padlock

lucci'care [luttʃi'kare] vi to sparkle, glitter, twinkle

'luccio [luttʃo] sm (Zool) pike

'lucciola ['luttʃola] sf (Zool) firefly; glowworm

'luce ['lutʃe] sf light; (finestra) window; **alla ~ di** by the light of; **fare ~ su qc** (fig) to shed o throw light on sth; **~ del sole/della luna** sun/moonlight

lucer'nario [lutʃer'narjo] sm skylight

lu'certola [lu'tʃertola] sf lizard

luci'dare [lutʃiˈdare] vt to polish

lucida'trice [lutʃidaˈtritʃe] sf floor polisher

'lucido, -a [ˈlutʃido] ag shining, bright; (lucidato) polished; (fig) lucid ▶ sm shine, lustre; (disegno) tracing; **lucido per scarpe** shoe polish

'lucro sm profit, gain

'luglio [ˈluʎʎo] sm July

'lugubre ag gloomy

'lui pron (soggetto) he; (oggetto: per dare rilievo, con preposizione) him; **~ stesso** he himself

lu'maca, -che sf slug; (chiocciola) snail

lumi'noso, -a ag (che emette luce) luminous; (cielo, colore, stanza) bright; (sorgente) of light, light cpd; (fig: sorriso) bright, radiant

'luna sf moon; **luna nuova/piena** new/full moon; **luna di miele** honeymoon; **siamo in ~ di miele** we're on honeymoon

'luna park sm inv amusement park, funfair

lu'nare ag lunar, moon cpd

lu'nario sm almanac; **sbarcare il ~** to make ends meet

lu'natico, -a, -ci, -che ag whimsical, temperamental

lunedì sm inv Monday; **di o il ~** on Mondays

lun'ghezza [lunˈɡettsa] sf length; **lunghezza d'onda** (Fisica) wavelength

'lungo, -a, -ghi, -ghe ag long; (lento: persona) slow; (diluito: caffè, brodo) weak, watery, thin ▶ sm length ▶ prep along; **~ 3 metri** 3 metres long; **a ~ for** a long time; **a ~ andare** in the long run; **di gran lunga** (molto) by far; **andare in ~ o per le lunghe** to drag on; **saperla lunga** to know what's what; **in ~ e in largo** far and wide, all over; **~ il corso dei secoli** throughout the centuries

lungo'mare sm promenade

lu'notto sm (Aut) rear o back window; **lunotto termico** heated rear window

lu'ogo, -ghi sm place; (posto: di incidente ecc) scene, site; (punto, passo di libro) passage; **in ~ di** instead of; **in primo ~** in the first place; **aver ~** to take place; **dar ~ a** to give rise to; **luogo di nascita** birthplace; (Amm) place of birth; **luogo di provenienza** place of origin; **luogo comune** commonplace

'lupo, -a sm/f wolf

'luppolo sm (Bot) hop

'lurido, -a ag filthy

lusin'gare vt to flatter

Lussem'burgo sm (stato): **il ~** Luxembourg ▶ sf (città) Luxembourg

'lusso sm luxury; **di ~** luxury cpd; **lussu'oso, -a** ag luxurious

lus'suria sf lust

lus'trino sm sequin

'lutto sm mourning; **essere in/ portare il ~** to be in/wear mourning

m. abbr = mese; metro; miglia; monte

ma cong but; **ma insomma!** for goodness sake!; **ma no!** of course not!

'macabro, -a ag gruesome, macabre

macché [mak'ke] *escl* not at all!, certainly not!

macche'roni [makke'roni] *smpl* macaroni *sg*

'**macchia** ['makkja] *sf* stain, spot; *(chiazza di diverso colore)* spot, splash, patch; *(tipo di boscaglia)* scrub; **alla ~** *(fig)* in hiding; **macchi'are** *vt (sporcare)* to stain, mark; **macchiarsi** *vpr (persona)* to get o.s. dirty; *(stoffa)* to stain; to get stained o marked

macchi'ato, -a [mak'kjato] *ag (pelle, pelo)* spotted; **~ di** stained with; **caffè ~** coffee with a dash of milk

'**macchina** ['makkina] *sf* machine; *(motore, locomotiva)* engine; *(automobile)* car; *(fig: meccanismo)* machinery; **andare in ~** *(Aut)* to go by car; *(Stampa)* to go to press; **macchina da cucire** sewing machine; **macchina fotografica** camera; **macchina da presa** cine o movie camera; **macchina da scrivere** typewriter; **macchina a vapore** steam engine

macchi'nario [makki'narjo] *sm* machinery

macchi'nista, -i [makki'nista] *sm (di treno)* engine-driver; *(di nave)* engineer

Macedonia [matʃe'dɔnja] *sf* la **~** Macedonia

mace'donia [matʃe'dɔnja] *sf* fruit salad

macel'laio [matʃel'lajo] *sm* butcher

macelle'ria *sf* butcher's (shop)

ma'cerie [ma'tʃerje] *sfpl* rubble *sg*, debris *sg*

ma'cigno [ma'tʃiɲɲo] *sm (masso)* rock, boulder

maci'nare [matʃi'nare] *vt* to grind; *(carne)* to mince *(BRIT)*, grind *(US)*

macrobi'otico, -a *ag* macrobiotic ▶ *sf* macrobiotics *sg*

Ma'donna *sf (Rel)* Our Lady

mador'nale *ag* enormous, huge

'**madre** *sf* mother; *(matrice di bolletta)* counterfoil ▶ *ag inv* mother *cpd*; **ragazza ~** unmarried mother; **scena ~** *(Teatro)* principal scene; *(fig)* terrible scene

madre'lingua *sf* mother tongue, native language

madre'perla *sf* mother-of-pearl

ma'drina *sf* godmother

maestà *sf inv* majesty

ma'estra *sf vedi* **maestro**

maes'trale *sm* north-west wind, mistral

ma'estro, -a *sm/f (Ins: anche: ~ di scuola o elementare)* primary *(BRIT)* o grade school *(US)* teacher; *(esperto)* expert ▶ *sm (artigiano, fig: guida)* master; *(Mus)* maestro ▶ *ag (principale)* main; *(di grande abilità)* masterly, skilful; **maestra d'asilo** nursery teacher; **~ di cerimonie** master of ceremonies

mafia *sf* Mafia

'**maga** *sf* sorceress

ma'gari *escl (esprime desiderio)*: **~ fosse vero!** if only it were true!; **ti piacerebbe andare in Scozia? —~!** would you like to go to Scotland? — and how! ▶ *av (anche)* even; *(forse)* perhaps

magaz'zino [magad'dzino] *sm* warehouse; **grande ~** department store

> Attenzione! In inglese esiste la parola *magazine* che però significa *rivista*.

'**maggio** ['maddʒo] *sm* May

maggio'rana [maddʒo'rana] *sf (Bot)* (sweet) marjoram

maggio'ranza [maddʒo'rantsa] *sf* majority

maggior'domo [maddʒor'dɔmo] *sm* butler

maggi'ore [mad'dʒore] *ag*

(*comparativo: più grande*) bigger,
larger; taller; greater; (: *più vecchio:
sorella, fratello*) older, elder; (: *di grado
superiore*) senior; (: *più importante:
Mil, Mus*) major; (*superlativo*)
biggest, largest; tallest; greatest;
▶ oldest, eldest ▶ sm/f (*di grado*)
superior; (*di età*) elder; (*Mil*) major;
(: *Aer*) squadron leader; **la maggior
parte** the majority; **andare per la
~** (*cantante ecc*) to be very popular;
maggio'renne *ag* of age ▶ *sm/f*
person who has come of age

ma'gia [ma'dʒia] *sf* magic;
'**magico, -a, -ci, -che** *ag* magic; (*fig*)
fascinating, charming, magical

magis'trato [madʒis'trato] *sm*
magistrate

'**maglia** ['maʎʎa] *sf* stitch; (*lavoro ai
ferri*) knitting *no pl*; (*tessuto, Sport*)
jersey; (*maglione*) jersey, sweater; (*di
catena*) link; (*di rete*) mesh; **maglia
diritta/rovescia** plain/purl;
magli'etta *sf* (*canottiera*) vest; (*tipo
camicia*) T-shirt

magli'one *sm* sweater, jumper

ma'gnetico, -a, -ci, -che *ag*
magnetic

ma'gnifico, -a, -ci, -che
[maɲ'ɲifiko] *ag* magnificent,
splendid; (*ospite*) generous

ma'gnolia [maɲ'ɲɔlja] *sf* magnolia

'**mago, -ghi** *sm* (*stregone*) magician,
wizard; (*illusionista*) magician

ma'grezza [ma'grettsa] *sf* thinness

'**magro, -a** *ag* (*very*) thin, skinny;
(*carne*) lean; (*formaggio*) low-fat; (*fig:
scarso, misero*) meagre, poor;
(: *meschino: scusa*) poor, lame;
mangiare di ~ not to eat meat

'**mai** *av* (*nessuna volta*) never; (*talvolta*)
ever; **non ... ~** never; **~ più** never
again; **non sono ~ stato in Spagna**
I've never been to Spain; **come ~?** why
(*o how*) on earth? **chi/dove/quando
~?** whoever/wherever/whenever?

mai'ale *sm* (*Zool*) pig; (*carne*) pork

maio'nese *sf* mayonnaise

'**mais** *sm inv* maize

mai'uscolo, -a *ag* (*lettera*) capital;
(*fig*) enormous, huge

mala'fede *sf* bad faith

malan'dato, -a *ag* (*persona: di
salute*) in poor health; (: *di condizioni
finanziarie*) badly off; (*trascurato*)
shabby

ma'lanno *sm* (*disgrazia*) misfortune;
(*malattia*) ailment

mala'pena *sf* **a ~** hardly, scarcely

ma'laria *sf* (*Med*) malaria

ma'lato, -a *ag* ill, sick; (*gamba*) bad;
(*pianta*) diseased ▶ *sm/f* sick person;
(*in ospedale*) patient; **malat'tia** *sf*
(*infettiva ecc*) illness, disease; (*cattiva
salute*) illness, sickness; (*di pianta*)
disease

mala'vita *sf* underworld

mala'voglia [mala'vɔʎʎa] *sf* **di ~**
unwillingly, reluctantly

Mala'ysia *sf* Malaysia

mal'concio, -a, -ci, -ce [mal'kontʃo]
ag in a sorry state

malcon'tento *sm* discontent

malcos'tume *sm* immorality

mal'destro, -a *ag* (*inabile*) inexpert,
inexperienced; (*goffo*) awkward

'**male** *av* badly ▶ *sm* (*ciò che è ingiusto,
disonesto*) evil; (*danno, svantaggio*)
harm; (*sventura*) misfortune; (*dolore
fisico, morale*) pain, ache; **di ~ in
peggio** from bad to worse; **sentirsi
~** to feel ill; **far ~** (*dolere*) to hurt; **far
alla salute** to be bad for one's health;
far del ~ a qn to hurt o harm sb;
restare o rimanere ~ to be sorry; to
be disappointed; to be hurt; **andare
a ~** to go bad; **come non c'è ~**
how are you? — not bad; **avere mal
di gola/testa** to have a sore throat/a
headache; **aver ~ ai piedi** to have sore

feet; **mal d'auto** carsickness; **mal di cuore** heart trouble; **male di dente** toothache; **mal di mare** seasickness

male'detto, -a pp di **maledire** ▶ ag cursed, damned; (fig: fam) damned, blasted

male'dire vt to curse; **maledizi'one** sf curse; **maledizione!** damn it!

maledu'cato, -a ag rude, ill-mannered

maleducazi'one [maledukat'tsjone] sf rudeness

ma'lefico, -a, -ci, -che ag (influsso, azione) evil

ma'lessere sm indisposition, slight illness; (fig) uneasiness

malfa'mato, -a ag notorious

malfat'tore, -'trice sm/f wrongdoer

mal'fermo, -a ag unsteady, shaky; (salute) poor, delicate

mal'grado prep in spite of, despite ▶ cong although; **mio** (o **tuo ecc**) ~ against my (o your ecc) will

ma'ligno, -a [ma'liɲɲo] ag (malvagio) malicious, malignant; (Med) malignant

malinco'nia sf melancholy, gloom; **malin'conico, -a, -ci, -che** ag melancholy

malincu'ore: a ~ av reluctantly, unwillingly

malin'teso, -a ag misunderstood; (riguardo, senso del dovere) mistaken, wrong ▶ sm misunderstanding; **c'è stato un ~** there's been a misunderstanding

ma'lizia [ma'littsja] sf (malignità) malice; (furbizia) cunning; (espediente) trick; **malizi'oso, -a** ag malicious; cunning; (vivace, birichino) mischievous

malme'nare vt to beat up

ma'locchio [ma'lɔkkjo] sm evil eye

ma'lora sf andare in ~ to go to the dogs

ma'lore sm (sudden) illness

mal'sano, -a ag unhealthy

'malta sf (Edil) mortar

mal'tempo sm bad weather

'malto sm malt

maltrat'tare vt to ill-treat

malu'more sm bad mood; (irritabilità) bad temper; (discordia) ill feeling; **di ~** in a bad mood

'malva sf (Bot) mallow ▶ ag, sm inv mauve

mal'vagio, -a, -gi, -gie [mal'vadʒo] ag wicked, evil

malvi'vente sm criminal

malvolenti'eri av unwillingly, reluctantly

'mamma sf mummy, mum; ~ **mia!** my goodness!

mam'mella sf (Anat) breast; (di vacca, capra ecc) udder

mam'mifero sm mammal

ma'nata sf (colpo) slap; (quantità) handful

man'canza [man'kantsa] sf lack; (carenza) shortage, scarcity; (fallo) fault; (imperfezione) failing, shortcoming; **per~ di tempo** through lack of time; **in ~ di meglio** for lack of anything better

man'care vi (essere insufficiente) to be lacking; (venir meno) to fail; (sbagliare) to be wrong, make a mistake; (non esserci) to be missing, not to be there; (essere lontano) ~ **(da)** to be away (from) ▶ vt to miss; ~ **di** to lack; ~ **a** (promessa) to fail to keep; **tu mi manchi** I miss you; **mancò poco che morisse** he very nearly died; **mancano ancora 10 sterline** we're still £10 short; **manca un quarto alle 6** it's a quarter to 6

mancherò ecc [manke'rɔ] vb vedi **mancare**

'mancia, -ce ['mantʃa] sf tip; **quanto devo lasciare di ~?** how much should I tip?; **~ competente** reward

manci'ata [man'tʃata] *sf* handful

man'cino, -a [man'tʃino] *ag (braccio)* left; *(persona)* left-handed; *(fig)* underhand

manda'rancio [manda'rantʃo] *sm* clementine

man'dare *vt* to send; *(far funzionare: macchina)* to drive; *(emettere)* to send out; *(: grido)* to give, utter, let out; **~ a chiamare qn** to send for sb; **~ avanti** *(fig: famiglia)* to provide for; *(: fabbrica)* to run, look after; **~ giù** to send down; *(anche fig)* to swallow; **~ via** to send away; *(licenziare)* to fire

manda'rino *sm* mandarin (orange); *(cinese)* mandarin

man'data *sf (quantità)* lot, batch; *(di chiave)* turn; **chiudere a doppia ~** to double-lock

man'dato *sm (incarico)* commission; *(Dir: provvedimento)* warrant; *(di deputato ecc)* mandate; *(ordine di pagamento)* postal o money order; **mandato d'arresto** warrant for arrest

man'dibola *sf* mandible, jaw

'mandorla *sf* almond; **mandorlo** *sm* almond tree

'mandria *sf* herd

maneggi'are [maned'dʒare] *vt (creta, cera)* to mould, work, fashion; *(arnesi, utensili)* to handle; *(: adoperare)* to use; *(fig: persone, denaro)* to handle, deal with; **ma'neggio** *sm* moulding; handling; use; *(intrigo)* plot, scheme; *(per cavalli)* riding school

ma'nesco, -a, -schi, -sche *ag* free with one's fists

ma'nette *sfpl* handcuffs

manga'nello *sm* club

mangi'are [man'dʒare] *vt* to eat; *(intaccare)* to eat into o away; *(Carte, Scacchi ecc)* to take ▸ *vi* to eat ▸ *sm* eating; *(cibo)* food; *(cucina)* cooking;

possiamo ~ qualcosa? can we have something to eat?; **mangiarsi le parole** to mumble; **mangiarsi le unghie** to bite one's nails

man'gime [man'dʒime] *sm* fodder

'mango, -ghi *sm* mango

ma'nia *sf (Psic)* mania; *(fig)* obsession, craze; **ma'niaco, -a, -ci, -che** *ag* suffering from a mania; **maniaco (di)** obsessed (by), crazy (about)

'manica *sf* sleeve; *(fig: gruppo)* gang, bunch; *(Geo)*: **la M~, il Canale della M~** the (English) Channel; **essere di ~ larga/stretta** to be easy-going/ strict; **manica a vento** *(Aer)* wind sock

mani'chino [mani'kino] *sm (di sarto, vetrina)* dummy

'manico, -ci *sm* handle; *(Mus)* neck

mani'comio *sm* mental hospital; *(fig)* madhouse

mani'cure *sm o f inv* manicure ▸ *sf inv* manicurist

mani'era *sf* way, manner; *(stile)* style, manner; **maniere** *sfpl (comportamento)* manners; **in ~ che** so that; **in ~ da** so as to; **in tutte le maniere** at all costs

manifes'tare *vt* to show, display; *(esprimere)* to express; *(rivelare)* to reveal, disclose ▸ *vi* to demonstrate; **manifestazi'one** *sf* show, display; expression; *(sintomo)* sign, symptom; *(dimostrazione pubblica)* demonstration; *(cerimonia)* event

mani'festo, -a *ag* obvious, evident ▸ *sm* poster, bill; *(scritto ideologico)* manifesto

ma'niglia [ma'niʎʎa] *sf* handle; *(sostegno: negli autobus ecc)* strap

manipo'lare *vt* to manipulate; *(alterare: vino)* to adulterate

man'naro: lupo ~ *sm* werewolf

'mano, -i *sf* hand; *(strato: di vernice ecc)* coat; **di prima ~** *(notizia)* first-hand;

di seconda ~ second-hand; **man ~ little by little**, gradually; **man ~ che** as; **darsi** o **stringersi la ~** to shake hands; **mettere le mani avanti** (fig) to safeguard o.s.; **restare a mani vuote** to be left empty-handed; **venire alle mani** to come to blows; **a ~** by hand; **mani in alto!** hands up!

mano'dopera sf labour

ma'nometro sm gauge, manometer

mano'mettere vt (alterare) to tamper with; (aprire indebitamente) to break open illegally

ma'nopola sf (dell'armatura) gauntlet; (guanto) mitt; (di impugnatura) hand-grip; (pomello) knob

manos'critto, -a ag handwritten ▶ sm manuscript

mano'vale sm labourer

mano'vella sf (Tecn) crank

ma'novra sf manoeuvre (BRIT), maneuver (US); (Ferr) shunting

man'sarda sf attic

mansi'one sf task, duty, job

man'sueto, -a ag gentle, docile

man'tello sm cloak; (fig: di neve ecc) blanket, mantle; (Zool) coat

mante'nere vt to maintain; (adempiere: promesse) to keep, abide by; (provvedere a) to support, maintain; **mantenersi** vpr **mantenersi calmo/giovane** to stay calm/young

'Mantova sf Mantua

manu'ale ag manual ▶ sm (testo) manual, handbook

ma'nubrio sm handle; (di bicicletta ecc) handlebars pl; (Sport) dumbbell

manutenzi'one [manuten'tsjone] sf maintenance, upkeep; (d'impianti) maintenance, servicing

'manzo ['mandzo] sm (Zool) steer; (carne) beef

'mappa sf (Geo) map; **mappa'mondo** sm map of the world; (globo girevole)

globe

mara'tona sf marathon

'marca, -che sf (Comm: di prodotti) brand; (contrassegno, scontrino) ticket, check; **prodotto di ~** (di buona qualità) high-class product; **marca da bollo** official stamp

mar'care vt (munire di contrassegno) to mark; (a fuoco) to brand; (Sport: gol) to score; (: avversario) to mark; (accentuare) to stress; **~ visita** (Mil) to report sick

marcherò ecc [marke'rɔ] vb vedi **marcare**

mar'chese, -a [mar'keze] sm/f marquis o marquess/marchioness

marchi'are [mar'kjare] vt to brand

'marcia, -ce ['martʃa] sf (anche Mus, Mil) march; (funzionamento) running; (il camminare) walking; (Aut) gear; **mettere in ~** to start; **mettersi in ~** to get moving; **far ~ indietro** (Aut) to reverse; (fig) to back-pedal

marciapi'ede [martʃa'pjede] sm (di strada) pavement (BRIT), sidewalk (US); (Ferr) platform

marci'are [mar'tʃare] vi to march; (andare: treno, macchina) to go; (funzionare) to run, work

'marcio, -a, -ci, -ce ['martʃo] ag (frutta, legno) rotten, bad; (Med) festering; (fig) corrupt, rotten

mar'cire [mar'tʃire] vi (andare a male) to go bad, rot; (suppurare) to fester; (fig) to rot, waste away

'marco, -chi sm (unità monetaria) mark

'mare sm sea; **in ~** at sea; **andare al ~** (in vacanza ecc) to go to the seaside; **il M~ del Nord** the North Sea

ma'rea sf tide; **alta/bassa ~** high/low tide

mareggi'ata [mared'dʒata] sf heavy sea

mare'moto sm seaquake

maresci'allo [mareʃ'ʃallo] sm (Mil)

marshal; (: *sottufficiale*) warrant officer

marga'rina *sf* margarine

marghe'rita [marge'rita] *sf* (ox-eye) daisy, marguerite; (*di stampante*) daisy wheel

'margine ['mardʒine] *sm* margin; (*di bosco, via*) edge, border

mariju'ana [mæri'wa:nə] *sf* marijuana

ma'rina *sf* navy; (*costa*) coast; (*quadro*) seascape; **marina mercantile/militare** navy/merchant navy (BRIT) o marine (US)

mari'naio *sm* sailor

mari'nare *vt* (*Cuc*) to marinate; **~ la scuola** to play truant

ma'rino, -a *ag* sea *cpd*, marine

mario'netta *sf* puppet

ma'rito *sm* husband

ma'rittimo, -a *ag* maritime, sea *cpd*

marmel'lata *sf* jam; (*di agrumi*) marmalade

mar'mitta *sf* (*recipiente*) pot; (*Aut*) silencer; **marmitta catalitica** catalytic converter

'marmo *sm* marble

mar'motta *sf* (*Zool*) marmot

maroc'chino, -a [marok'kino] *ag, sm/f* Moroccan

Ma'rocco *sm* **il ~** Morocco

mar'rone *ag inv* brown ▶ *sm* (*Bot*) chestnut

| Attenzione! In inglese esiste la parola **maroon**, che però indica un altro colore, il rosso bordeaux.

mar'supio *sm* pouch; (*per denaro*) bum bag; (*per neonato*) sling

marte'dì *sm inv* Tuesday; **di o il ~** on Tuesdays; **martedì grasso** Shrove Tuesday

martel'lare *vt* to hammer ▶ *vi* (*pulsare*) to throb; (: *cuore*) to thump

mar'tello *sm* hammer; (: *di uscio*) knocker; **martello pneumatico** pneumatic drill

'martire *sm/f* martyr

mar'xista, -i, -e *ag, sm/f* Marxist

marza'pane [martsa'pane] *sm* marzipan

'marzo ['martso] *sm* March

mascal'zone [maskal'tsone] *sm* rascal, scoundrel

mas'cara *sm inv* mascara

ma'scella [maʃ'ʃella] *sf* (*Anat*) jaw

'maschera ['maskera] *sf* mask; (*travestimento*) disguise; (: *per un ballo ecc*) fancy dress; (*Teatro, Cinema*) usher/usherette; (*personaggio del teatro*) stock character; **masche'rare** *vt* to mask; (*travestire*) to disguise; to dress up; (*fig: celare*) to hide, conceal; (*Mil*) to camouflage; **mascherarsi da** to disguise o.s. as; to dress up as; (*fig*) to masquerade as

mas'chile [mas'kile] *ag* masculine; (*sesso, popolazione*) male; (*abiti*) men's; (*per ragazzi: scuola*) boys'

mas'chilista, -i, -e *ag, sm/f* (*uomo*) (male) chauvinist, sexist; (*donna*) sexist

maschio, -a ['maskjo] *ag* (*Biol*) male; (*virile*) manly ▶ *sm* (*anche Zool, Tecn*) male; (*uomo*) man; (*ragazzo*) boy; (*figlio*) son

masco'lino, -a *ag* masculine

'massa *sf* mass; (*di errori ecc*): **una ~ di** heaps of, masses of; (*di gente*) mass, multitude; (*Elettr*) earth; **in ~** (*Comm*) in bulk; (*tutti insieme*) en masse; **adunata in ~** mass meeting; **di ~** (*cultura, manifestazione*) mass *cpd*

mas'sacro *sm* massacre, slaughter; (*fig*) mess, disaster

massaggi'are [massad'dʒare] *vt* to massage

mas'saggio [mas'saddʒo] *sm* massage; **massaggio cardiaco** cardiac massage

mas'saia *sf* housewife

masse'rizie [masse'rittsje] *sfpl* (household) furnishings

mas'siccio, -a, -ci, -ce [mas'sittʃo] *ag* (oro, legno) solid; (palazzo) massive; (corporatura) stout ▶ *sm* (Geo) massif

'massima *sf* (sentenza, regola) maxim; (Meteor) maximum temperature; **in linea di ~** generally speaking; *vedi* **massimo**

massi'male *sm* maximum

'massimo, -a *ag, sm* maximum; **al ~** at (the) most

'masso *sm* rock, boulder

masteriz'zare [masterid'dzare] *vt* (CD, DVD) to burn

masterizza'tore [masteriddza'tore] *sm* CD burner o writer

masti'care *vt* to chew

'mastice ['mastitʃe] *sm* mastic; (per vetri) putty

mas'tino *sm* mastiff

ma'tassa *sf* skein

mate'matica *sf* mathematics *sg*

mate'matico, -a, -ci, -che *ag* mathematical ▶ *sm/f* mathematician

materas'sino gonfiabile air bed

mate'rasso *sm* mattress; **materasso a molle** spring o interior-sprung mattress

ma'teria *sf* (Fisica) matter; (Tecn, Comm) material, matter *no pl*; (disciplina) subject; (argomento) subject matter, material; **in ~ di** (per quanto concerne) on the subject of; **materie prime** raw materials

materi'ale *ag* material; (fig: grossolano) rough, rude ▶ *sm* material; (insieme di strumenti ecc) equipment *no pl*, materials *pl*

maternità *sf* motherhood, maternity; (reparto) maternity ward

ma'terno, -a *ag* (amore, cura ecc) maternal, motherly; (nonno) maternal; (lingua, terra) mother *cpd*

ma'tita *sf* pencil; **matite colorate** coloured pencils; **matita per gli occhi** eyeliner (pencil)

ma'tricola *sf* (registro) register; (numero) registration number; (nell'università) freshman, fresher

ma'trigna [ma'trinna] *sf* stepmother

matrimoni'ale *ag* matrimonial, marriage *cpd*

matri'monio *sm* marriage, matrimony; (durata) marriage, married life; (cerimonia) wedding

mat'tina *sf* morning

'matto, -a *ag* mad, crazy; (fig: falso) false, imitation ▶ *sm/f* madman/woman; **avere una voglia matta di qc** to be dying for sth

mat'tone *sm* brick; (fig): **questo libro/film è un ~** this book/film is heavy going

matto'nella *sf* tile

matu'rare *vi* (anche: **maturarsi**: frutta, grano) to ripen; (ascesso) to come to a head; (fig: persona, idea, Econ) to mature ▶ *vt* to ripen, to (make) mature

maturità *sf* maturity; (di frutta) ripeness, maturity; (Ins) school-leaving examination, ≈ GCEA-levels (BRIT)

ma'turo, -a *ag* mature; (frutto) ripe, mature

max. *abbr* (= massimo) max

maxischermo [maxis'kermo] *sm* giant screen

'mazza ['mattsa] *sf* (bastone) club; (martello) sledge-hammer; (Sport: da golf) club; (: da baseball, cricket) bat

maz'zata [mat'tsata] *sf* (anche fig) heavy blow

'mazzo ['mattso] *sm* (di fiori, chiavi ecc) bunch; (di carte da gioco) pack

me *pron* me; **me stesso(a)** myself; **sei bravo quanto me** you are as clever as I (am) o as me

mec'canico, -a, -ci, -che ag
mechanical ▸ sm mechanic; **può
mandare un ~?** can you send a
mechanic?

mecca'nismo sm mechanism

me'daglia [meˈdaʎʎa] sf medal

me'desimo, -a ag same; (in persona):
io ~ l myself

'media sf average; (Mat) mean; (Ins:
voto) end-of-term average; **le medie**
sfpl = **scuola media**; **in ~** on average;
vedi anche **medio**

medi'ante prep by means of

media'tore, -'trice sm/f mediator;
(Comm) middle man, agent

medi'care vt to treat; (ferita) to dress

medi'cina [mediˈtʃina] sf medicine;
medicina legale forensic medicine

'medico, -a, -ci, -che ag medical
▸ sm doctor; **chiamate un ~** call a
doctor; **medico generico** general
practitioner, GP

medie'vale ag medieval

'medio, -a ag average; (punto, ceto)
middle; (altezza, statura) medium ▸ sm
(dito) middle finger; **licenza media**
leaving certificate awarded at the end of
3 years of secondary education; **scuola
media** first 3 years of secondary school

medi'ocre ag mediocre, poor

medi'tare vt to ponder over, meditate
on; (progettare) to plan, think out ▸ vi
to meditate

mediter'raneo, -a ag
Mediterranean; **il (mare) M~** the
Mediterranean (Sea)

me'dusa sf (Zool) jellyfish

'mega'byte sm inv (Comput) megabyte

me'gafono sm megaphone

'meglio [ˈmɛʎʎo] av, ag inv better; (con
senso superlativo) best ▸ sm (la cosa
migliore) best; **il ~ the** best (thing); **faresti
~ ad andartene** you had better leave;
alla ~ as best one can; **andar di bene
in ~ to** get better and better; **fare del**

proprio ~ to do one's best; **per il ~ for**
the best; **aver la ~ su qn** to get the
better of sb

'mela sf apple; **mela cotogna** quince

mela'grana sf pomegranate

melan'zana [melanˈdzana] sf
aubergine (BRIT), eggplant (US)

melato'nina sf melatonin

'melma sf mud, mire

'melo sm apple tree

melo'dia sf melody

me'lone sm (musk)melon

'membro sm member (pl(f)**membra**)
(arto) limb

memo'randum sm inv memorandum

me'moria sf memory; **memorie** sfpl
(opera autobiografica) memoirs; **a ~
(imparare, sapere)** by heart; **a ~ d'uomo**
within living memory

mendi'cante sm/f beggar

Ⓞ 'meno
av

1 (in minore misura) less; **dovresti
mangiare meno** you should eat less,
you shouldn't eat so much

2 (comparativo): **meno ... di** not as ...
as, less ... than; **sono meno alto di te**
I'm not as tall as you (are), I'm less tall
than you (are); **meno ... che** not as ...
as, less ... than; **meno che mai** less
than ever; **è meno intelligente che
ricco** he's more rich than intelligent;
meno fumo più mangio the less I
smoke the more I eat

3 (superlativo) least; **il meno dotato
degli studenti** the least gifted of the
students; **è quello che compro meno
spesso** it's the one I buy least often

4 (Mat) minus; **8 meno 5** 8 minus 5, 8
take away 5; **sono le 8 meno un quarto**
it's a quarter to 8; **meno 5 gradi** 5
degrees below zero, minus 5 degrees; **1
euro in meno** 1 euro less

5 (fraseologia): **quanto meno poteva
telefonare** he could at least have

phoned; **non so se accettare o meno** I don't know whether to accept or not; **fare a meno di qc/qn** to do without sth/sb; **non potevo fare a meno di ridere** I couldn't help laughing; **meno male!** thank goodness!; **meno male che sei arrivato** it's a good job that you've come

▶ *ag inv (tempo, denaro)* less; *(errori, persone)* fewer; **ha fatto meno errori di tutti** he made fewer mistakes than anyone, he made the fewest mistakes of all

▶ *sm inv*

1 : **il meno** *(il minimo)* the least; **parlare del più e del meno** to talk about this and that

2 *(Mat)* minus

▶ *prep (eccetto)* except (for), apart from; **a meno che,** unless; **a meno che non piova** unless it rains; **non posso, a meno di prendere ferie** I can't, unless I take some leave

meno'pausa *sf* menopause

'mensa *sf (locale)* canteen; *(: Mil)* mess; *(: nelle università)* refectory

men'sile *ag* monthly ▶ *sm (periodico)* monthly (magazine); *(stipendio)* monthly salary

'mensola *sf* bracket; *(ripiano)* shelf; *(Archit)* corbel

'menta *sf* mint; *(anche:* ~ **piperita)** peppermint; *(bibita)* peppermint cordial; *(caramella)* mint, peppermint

men'tale *ag* mental; **mentalità** *sf inv* mentality

'mente *sf* mind; **imparare/sapere qc a** ~ to learn/know sth by heart; **avere in** ~ **qc** to have sth in mind; **passare di** ~ **a qn** to slip sb's mind

men'tire *vi* to lie

'mento *sm* chin

'mentre *cong (temporale)* while; *(avversativo)* whereas

menù *sm inv* menu; **ci può portare il** ~? could we see the menu?; **menù turistico** set menu

menzio'nare [mentsjoˈnare] *vt* to mention

men'zogna [menˈtsɔɲɲa] *sf* lie

mera'viglia [meraˈviʎʎa] *sf* amazement, wonder; *(persona, cosa)* marvel, wonder; **a** ~ perfectly, wonderfully; **meravigli'are** *vt* to amaze, astonish; **meravigliarsi (di)** to marvel (at); *(stupirsi)* to be amazed (at), be astonished (at); **meravigli'oso, -a** *ag* wonderful, marvellous

mer'cante *sm* merchant; **mercante d'arte** art dealer

merca'tino *sm (rionale)* local street market; *(Econ)* unofficial stock market

mer'cato *sm* market; **mercato dei cambi** exchange market; **mercato nero** black market

'merce [ˈmɛrtʃe] *sf* goods *pl*, merchandise

mercé [merˈtʃe] *sf* mercy

merce'ria [mertʃeˈria] *sf (articoli)* haberdashery (BRIT), notions *pl* (US); *(bottega)* haberdasher's shop (BRIT), notions store (US)

mercoledì *sm inv* Wednesday; **di** o **il** ~ on Wednesdays; **mercoledì delle Ceneri** Ash Wednesday

mer'curio *sm* mercury

'merda *(fam!)* *sf* shit (!)

me'renda *sf* afternoon snack

meren'dina *sf* snack

meridi'ana *sf (orologio)* sundial

meridi'ano, -a *ag* meridian; midday *cpd*, noonday ▶ *sm* meridian

meridio'nale *ag* southern ▶ *sm/f* southerner

meridi'one *sm* south

me'ringa, -ghe *sf (Cuc)* meringue

meri'tare *vt* to deserve, merit ▶ *vb impers* **merita andare** it's worth going

meri'tevole *ag* worthy

'merito *sm* merit; (*valore*) worth; **in ~ a** as regards, with regard to; **dare ~ a qn di** to give sb credit for; **finire a pari ~** to finish joint first (*o* second *ecc*): to tie

mer'letto *sm* lace

'merlo *sm* (*Zool*) blackbird; (*Archit*) battlement

mer'luzzo [mer'luttso] *sm* (*Zool*) cod

mes'chino, -a [mes'kino] *ag* wretched; (*scarso*) scanty, poor; (*persona: gretta*) mean; (: *limitata*) narrow-minded, petty

mesco'lare *vt* to mix; (*vini, colori*) to blend; (*mettere in disordine*) to mix up, muddle up; (*carte*) to shuffle

'mese *sm* month

'messa *sf* (*Rel*) mass; (*il mettere*): **messa in moto** starting; **messa in piega** set; **messa a punto** (*Tecn*) adjustment; (*Aut*) tuning; (*fig*) clarification; **messa in scena = messinscena**

messag'gero [messad'dʒero] *sm* messenger

messaggino [messad'dʒino] *sm* (*di telefonino*) text (message)

mes'saggio [mes'saddʒo] *sm* message; **posso lasciare un ~?** can I leave a message?; **ci sono messaggi per me?** are there any messages for me?; **messaggio di posta elettronica** e-mail message

messag'gistica [messad'dʒistica] *sf* **~ immediata** (*Inform*) instant messaging; **programma di ~ immediata** instant messenger

mes'sale *sm* (*Rel*) missal

messi'cano, -a *ag, sm/f* Mexican

'Messico *sm* **il ~** Mexico

messin'scena [messin'ʃena] *sf* (*Teatro*) production

'messo, -a *pp di* **mettere ▶** *sm* messenger

mesti'ere *sm* (*professione*) job; (: *manuale*) trade; (: *artigianale*) craft; (*fig: abilità nel lavoro*) skill, technique; **essere del ~** to know the tricks of the trade

'mestolo *sm* (*Cuc*) ladle

mestruazi'one [mestruat'tsjone] *sf* menstruation

'meta *sf* destination; (*fig*) aim, goal

metà *sf inv* half; (*punto di mezzo*) middle; **dividere qc a o per ~** to divide sth in half, halve sth; **fare a ~ (di qc con qn)** to go halves (with sb in sth); **a ~ prezzo** at half price; **a ~ strada** halfway

meta'done *sm* methadone

me'tafora *sf* metaphor

me'tallico, -a, -ci, -che *ag* (*di metallo*) metal *cpd*; (*splendore, rumore ecc*) metallic

me'tallo *sm* metal

metalmec'canico, -a, -ci, -che *ag* engineering *cpd* ▶ *sm* engineering worker

me'tano *sm* methane

me'ticcio, -a, -ci, -ce [me'tittʃo] *sm/f* half-caste, half-breed

me'todico, -a, -ci, -che *ag* methodical

'metodo *sm* method

'metro *sm* metre; (*nastro*) tape measure; (*asta*) (metre) rule

metropoli'tana *sf* underground, subway

'mettere *vt* to put; (*abito*) to put on; (: *portare*) to wear; (*installare*: *telefono*) to put in; (*fig: provocare*): **~ fame/allegria a qn** to make sb hungry/happy; (*supporre*): **mettiamo che ...** let's suppose *o* say that ...; **mettersi** *vpr* (*persona*) to put o.s.; (*oggetto*) to go; (*disporsi: faccenda*) to turn out; **mettersi a sedere** to sit down; **mettersi a letto** to get into bed; (*per malattia*) to take to one's bed; **mettersi il cappello** to put on one's hat; **mettersi a** (*cominciare*) to begin to, start to; **mettersi al lavoro** to set to work; **mettersi con qn** (*in società*) to team up with sb; (*in coppia*) to start going out with sb; **metterci: metterci molta cura/molto tempo** to take a lot of care/a lot of time; **ci ho messo 3 ore per venire** it's taken me 3 hours to get here; **mettercela tutta** to do one's best; **~ a tacere qn/qc** to keep sb/sth quiet; **~ su casa** to set up house; **~ su un negozio** to start a shop; **~ via** to put away

mezza'notte [meddza'nɔtte] *sf* midnight

'mezzo, -a ['meddzo] *ag* half; **un ~ litro/panino** half a litre/roll ▶ *av* half-; **~ morto** half-dead ▶ *sm* (*metà*) half; (*parte centrale: di strada ecc*) middle; (*per raggiungere un fine*) means *sg*; (*veicolo*) vehicle; (*nell'indicare l'ora*): **le nove e ~** half past nine; **~giorno e ~** half past twelve; **mezzi** *smpl* (*possibilità economiche*) means; **di mezza età** middle-aged; **un soprabito di mezza stagione** a spring (*o* autumn) coat; **di ~** middle, in the middle; **andarci di ~** (*patir danno*) to suffer; **levarsi** *o* **togliersi di ~** to get out of the way; **in ~ a** in the middle of; **per** *o* **a ~ di** by means of; **mezzi di comunicazione di massa** mass media *pl*; **mezzi pubblici** public transport *sg*; **mezzi di trasporto** means of transport

mezzogi'orno [meddzo'dʒorno] *sm* midday, noon; **a ~** at 12 (o'clock) *o* midday *o* noon; **il ~ d'Italia** southern Italy

mi (*dav lo, la, li, le, ne diventa* **me**) *pron* (*oggetto*) me; (*complemento di termine*) to me; (*riflessivo*) myself ▶ *sm* (*Mus*) E; (: *solfeggiando la scala*) mi

miago'lare *vi* to miaow, mew

'mica *av* (*fam*): **non ... ~** not ... at all; **non sono ~ stanco** I'm not a bit tired; **non sarà ~ partito?** he wouldn't have left, would he?; **~ male** not bad

'miccia, -ce ['mittʃa] *sf* fuse

micidi'ale [mitʃi'djale] *ag* fatal; (*dannosissimo*) deadly

micro'fibra *sf* microfibre

mi'crofono *sm* microphone

micros'copio *sm* microscope

mi'dollo (*pl(f)* **midolla**) *sm* (*Anat*) marrow; **midollo osseo** bone marrow

mi'ele *sm* honey

'miglia ['miʎʎa] *sfpl di* **miglio**

migli'aio [miʎ'ʎajo] (*pl(f)* **migliaia**) *sm* thousand; **un ~ (di)** about a thousand; **a migliaia** by the thousand, in thousands

'miglio ['miʎʎo] (*pl(f)* **miglia**) (*Bot*) millet (*pl(f)* **miglia**) (*unità di misura*) mile; **~ marino** *o* **nautico** nautical mile

migliora'mento [miʎʎora'mento] *sm* improvement

miglio'rare [miʎʎo'rare] *vt, vi* to improve

migli'ore [miʎ'ʎore] *ag* (*comparativo*) better; (*superlativo*) best ▶ *sm* **il ~** the best (thing) ▶ *sm/f* **il(la) ~** the best (person); **il miglior vino di questa regione** the best wine in this area

'mignolo ['miɲɲolo] *sm* (*Anat*) little finger, pinkie; (: *dito del piede*) little toe

Mi'lano *sf* Milan

miliar'dario, -a *sm/f* millionaire

mili'ardo *sm* thousand million, billion (US)

mili'one *sm* million; **mille euro** one thousand euros

mili'tante *ag, sm/f* militant

mili'tare *vi* (*Mil*) to be a soldier, serve; (*fig: in un partito*) to be a militant ▶ *ag* military ▶ *sm* serviceman; **fare il ~** to do one's military service

'mille (*pl* **mila**) *num* a *o* one thousand;

dieci mila ten thousand

mil'lennio sm millennium

millepi'edi sm inv centipede

mil'lesimo, -a ag, sm thousandth

milli'grammo sm milligram(me)

mil'limetro sm millimetre

'milza ['miltsa] sf (Anat) spleen

mimetiz'zare [mimetid'dzare] vt to camouflage; **mimetizzarsi** vpr to camouflage o.s.

'mimo sm (attore, componimento) mime

mi'mosa sf mimosa

min. abbr (= minuto, minimo) min

'mina sf (esplosiva) mine; (di matita) lead

mi'naccia, -ce [mi'nattʃa] sf threat; **minacci'are** vt to threaten; **minacciare qn di morte** to threaten to kill sb; **minacciare di fare qc** to threaten to do sth

mi'nare vt (Mil) to mine; (fig) to undermine

mina'tore sm miner

mine'rale ag, sm mineral

mine'rario, -a ag (delle miniere) mining; (dei minerali) ore cpd

mi'nestra sf soup; **minestra in brodo** noodle soup; **minestra di verdure** vegetable soup

minia'tura sf miniature

mini'bar sm inv minibar

mini'era sf mine

mini'gonna sf miniskirt

'minimo, -a ag minimum, least, slightest; (piccolissimo) very small, slight; (il più basso) lowest, minimum ▶ sm minimum; **al ~** at least; **girare al ~** (Aut) to idle

minis'tero sm (Pol, Rel) ministry; (governo) government; **M~ delle Finanze** Ministry of Finance, ≈ Treasury

mi'nistro sm (Pol, Rel) minister

mino'ranza [mino'rantsa] sf minority

mi'nore ag (comparativo) less; (più piccolo) smaller; (numero) lower; (inferiore) lower, inferior; (meno importante) minor; (più giovane) younger; (superlativo) least; smallest; lowest; youngest ▶ sm/f = **minorenne**

mino'renne ag under age ▶ sm/f minor, person under age

mi'nuscolo, -a ag (scrittura, carattere) small; (piccolissimo) tiny ▶ sf small letter

mi'nuto, -a ag tiny, minute; (pioggia) fine; (corporatura) delicate, fine ▶ sm (unità di misura) minute; **al ~** (Comm) retail

'mio (f'mia, pl mi'ei or'mie) det il ~, la **mia** ecc my ▶ pron il ~, la **mia** ecc mine; **i miei** my family; **un ~ amico** a friend of mine

'miope ag short-sighted

'mira sf (anche fig) aim; **prendere la ~** to take aim; **prendere di ~ qn** (fig) to pick on sb

mi'racolo sm miracle

mi'raggio [mi'raddʒo] sm mirage

mi'rare vi ~ **a** to aim at

mi'rino sm (Tecn) sight; (Fot) viewer, viewfinder

mir'tillo sm bilberry (BRIT), blueberry (US), whortleberry

mi'scela [miʃʃela] sf mixture; (di caffè) blend

'mischia ['miskja] sf scuffle; (Rugby) scrum, scrummage

mis'cuglio [mis'kuʎʎo] sm mixture, hotchpotch, jumble

'mise vb vedi **mettere**

mise'rabile ag (infelice) miserable, wretched; (povero) poverty-stricken; (di scarso valore) miserable

mi'seria sf extreme poverty; (infelicità) misery

miseri'cordia sf mercy, pity

'misero, -a ag miserable, wretched; (povero) poverty-stricken;

(*insufficiente*) miserable

'misi vb vedi **mettere**

mi'sogino [mi'zɔdʒino] sm misogynist

'missile sm missile

missio'nario, -a ag, sm/f missionary

missi'one sf mission

misteri'oso, -a ag mysterious

mis'tero sm mystery

'misto, -a ag mixed; (*scuola*) mixed, coeducational ▶ sm mixture

mis'tura sf mixture

mi'sura sf measure; (*misurazione, dimensione*) measurement; (*taglia*) size; (*provvedimento*) measure, step; (*moderazione*) moderation; (*Mus*) time; (: *divisione*) bar; (*fig: limite*) bounds pl, limit; **nella ~ in cui** inasmuch as, insofar as; (*fatto*) **su ~** made to measure

misu'rare vt (*ambiente, stoffa*) to measure; (*terreno*) to survey; (*abito*) to try on; (*pesare*) to weigh; (*fig: parole ecc*) to weigh up; (: *spese, cibo*) to limit ▶ vi to measure; **misurarsi** vpr **misurarsi con qn** to have a confrontation with sb; to compete with sb

'mite ag mild

'mitico, -a, -ci, -che ag mythical

'mito sm myth; **mitolo'gia, -'gie** sf mythology

'mitra sf (*Rel*) mitre ▶ sm inv (*arma*) sub-machine gun

mit'tente sf sender

mm abbr (= millimetro) mm

'mobile ag mobile; (*parte di macchina*) moving; (*Dir: bene*) movable, personal ▶ sm (*arredamento*) piece of furniture; **mobili** smpl (*mobilia*) furniture sg

mocas'sino sm moccasin

'moda sf fashion; **alla ~, di ~** fashionable, in fashion

modalità sf inv formality

mo'della sf model

mo'dello sm model; (*stampo*) mould ▶ ag inv model cpd

'modem sm inv modem

modera'tore, -'trice sm/f moderator

mo'derno, -a ag modern

mo'desto, -a ag modest

'modico, -a, -ci, -che ag reasonable, moderate

mo'difica, -che sf modification

modifi'care vt to modify, alter

'modo sm way, manner; (*mezzo*) means, way; (*occasione*) opportunity; (*Ling*) mood; (*Mus*) mode; **modi** smpl (*comportamento*) manners; **a suo ~, a ~ suo** in his own way; **ad ogni ~** anyway; **di o in ~ che** so that; **in ~ da** so as to; **in tutti i modi** at all costs; (*comunque sia*) anyway; (*in ogni caso*) in any case; **in qualche ~** somehow or other; **per ~ di dire** so to speak; **modo di dire** turn of phrase

'modulo sm (*modello*) form; (*Archit, lunare, di comando*) module

'mogano sm mahogany

'mogio, -a, -gi, -gie ['mɔdʒo] ag down in the dumps, dejected

'moglie ['moʎʎe] sf wife

mo'ine sfpl cajolery sg; (*leziosità*) affectation sg

mo'lare sm (*dente*) molar

'mole sf mass; (*dimensioni*) size; (*edificio grandioso*) massive structure

moles'tare vt to bother, annoy; **mo'lestia** sf annoyance, bother; **recar molestia a qn** to bother sb; **molestie sessuali** sexual harassment sg

'molla sf spring; **molle** sfpl (*per camino*) tongs

mol'lare vt to release, let go; (*Naut*) to ease; (*fig: ceffone*) to give ▶ vi (*cedere*) to give in

'molle ag soft; (*muscoli*) flabby

mol'letta sf (*per capelli*) hairgrip; (*per*

panni stesi) clothes peg

'mollica, -che sf crumb, soft part

mol'lusco, -schi sm mollusc

'molo sm mole, breakwater; jetty

moltipli'care vt to multiply;
multiplicarsi vpr to multiply;
to increase in number;
moltiplicazi'one sf multiplication

O **'molto, -a**
det (quantità) a lot of, much;
(numero) a lot of, many; **molto pane/
carbone** a lot of bread/coal; **molta
gente** a lot of people, many people;
molti libri a lot of books, many books;
non ho molto tempo I haven't got
much time; **per molto (tempo)** for a
long time
▶ av

1 a lot, (very) much; **viaggia molto**
he travels a lot; **non viaggia molto** he
doesn't travel much o a lot

2 (intensivo: con aggettivi, avverbi)
very; (: con participio passato) (very)
much; **molto buono** very good; **molto
migliore, molto meglio** much o a
lot better
▶ pron much, a lot

momentanea'mente av at the
moment, at present

momen'taneo, -a ag momentary,
fleeting

mo'mento sm moment; **da
un ~ all'altro** at any moment;
(all'improvviso) suddenly; **al ~ di fare**
just as I was (o you were o he was ecc)
doing; **per il ~** for the time being; **dal
~ che** ever since; (dato che) since; **a
momenti** (da un momento all'altro) any
time o moment now; (quasi) nearly

'monaca, -che sf nun

'Monaco sf Monaco; **Monaco (di
Baviera)** Munich

'monaco, -ci sm monk

monar'chia sf monarchy

monas'tero sm (di monaci)
monastery; (di monache) convent

mon'dano, -a ag (anche fig) worldly;
(anche: **dell'alta società**) society cpd;
fashionable

mondi'ale ag (campionato, popolazione)
world cpd; (influenza) world-wide

'mondo sm world; (grande quantità):
un ~ di lots of, a host of; **il bel ~** high
society

mo'nello, -a sm/f street urchin;
(ragazzo vivace) scamp, imp

mo'neta sf coin; (Econ: valuta)
currency; (denaro spicciolo) (small)
change; **moneta estera** foreign
currency; **moneta legale** legal
tender

mongol'fiera sf hot-air balloon

'monitor sm inv (Tecn, TV) monitor

monolo'cale sm studio flat

mono'polio sm monopoly

mono'tono, -a ag monotonous

monovo'lume ag inv, sf inv
(**automobile**) people carrier, MPV

mon'sone sm monsoon

monta'carichi [monta'kariki] sm inv
hoist, goods lift

mon'taggio [mon'taddʒo] sm (Tecn)
assembly; (Cinema) editing

mon'tagna [mon'taɲɲa] sf mountain;
(zona montuosa): **la ~** the
mountains pl; **andare in ~** to go to the
mountains; **montagne russe** roller
coaster sg, big dipper sg (BRIT)

monta'naro, -a ag mountain cpd
▶ sm/f mountain dweller

mon'tano, -a ag mountain cpd;
alpine

mon'tare vt to go (o come) up;
(cavallo) to ride; (apparecchiatura) to
set up, assemble; (Cuc) to whip; (Zool)
to cover; (incastonare) to mount, set;
(Cinema) to edit; (Fot) to mount ▶ vi
to go (o come) up; (a cavallo): **~ bene/
male** to ride well/badly; (aumentare di
livello, volume) to rise

monta'tura sf assembling no pl; (di occhiali) frames pl; (di gioiello) mounting, setting; (fig): **montatura pubblicitaria** publicity stunt

'monte sm mountain; **a ~** upstream; **mandare a ~ qc** to upset sth, cause sth to fail; **il M~ Bianco** Mont Blanc; **monte di pietà** pawnshop; **monte premi** prize

mon'tone sm (Zool) ram; **carne di ~** mutton

montu'oso, -a ag mountainous

monu'mento sm monument

mo'quette [mɔ'ket] sf inv fitted carpet

'mora sf (del rovo) blackberry; (del gelso) mulberry; (Dir) delay; (: somma) arrears pl

mo'rale ag moral ▶ sf (scienza) ethics sg, moral philosophy; (complesso di norme) moral standards pl, morality; (condotta) morals pl; (insegnamento morale) moral ▶ sm morale; **essere giù di ~** to be feeling down

'morbido, -a ag soft; (pelle) soft, smooth

> Attenzione! In inglese esiste la parola morbid, che però significa morboso.

mor'billo sm (Med) measles sg

'morbo sm disease

mor'boso, -a ag (fig) morbid

'mordere vt to bite; (addentare) to bite into

mori'bondo, -a ag dying, moribund

mo'rire vi to die; (abitudine, civiltà) to die out; **~ di fame** to die of hunger; (fig) to be starving; **~ di noia/paura** to be bored/scared to death; **fa un caldo da ~** it's terribly hot

mormo'rare vi to murmur; (brontolare) to grumble

'moro, -a ag dark(-haired), dark(-complexioned)

'morsa sf (Tecn) vice; (fig: stretta) grip

morsi'care vt to nibble (at), gnaw (at); (insetto) to bite

'morso, -a pp di **mordere** ▶ sm bite; (di insetto) sting; (parte della briglia) bit; **morsi della fame** pangs of hunger

morta'della sf (Cuc) mortadella (type of salted pork meat)

mor'taio sm mortar

mor'tale ag, sm mortal

'morte sf death

'morto, -a pp di **morire** ▶ ag dead ▶ sm/f dead man/woman; **i morti** the dead; **fare il ~** (nell'acqua) to float on one's back; **il Mar M~** the Dead Sea

mo'saico, -ci sm mosaic

'Mosca sf Moscow

'mosca, -sche sf fly; **mosca cieca** blind-man's-buff

mosce'rino [moʃʃe'rino] sm midge, gnat

mos'chea [mos'kɛa] sf mosque

'moscio, -a, -sci, -sce ['mɔʃʃo] ag (fig) lifeless

mos'cone sm (Zool) bluebottle; (barca) pedalo; (: a remi) kind of pedalo with oars

'mossa sf movement; (nel gioco) move

'mossi ecc vb vedi **muovere**

'mosso, -a pp di **muovere** ▶ ag (mare) rough; (capelli) wavy; (Fot) blurred

mos'tarda sf mustard; **mostarda di Cremona** pickled fruit with mustard

'mostra sf exhibition, show; (ostentazione) show; **in ~** on show; **far ~ di** (fingere) to pretend; **far ~ di sé** to show off

mos'trare vt to show; **può mostrarmi dov'è, per favore?** can you show me where it is, please?

'mostro sm monster; **mostru'oso, -a** ag monstrous

mo'tel sm inv motel

moti'vare vt (causare) to cause; (giustificare) to justify, account for

mo'tivo sm (causa) reason, cause; (movente) motive; (letterario) (central) theme; (disegno) motif, design, pattern; (Mus) motif; **per quale ~?** why?, for what reason?

'moto sm (anche Fisica) motion; (movimento, gesto) movement; (esercizio fisico) exercise; (sommossa) rising, revolt; (commozione) feeling, impulse ▶ sf inv (motocicletta) motorbike; **mettere in ~** to set in motion; (Aut) to start up

motoci'clista, -i, -e sm/f motorcyclist

mo'tore, -'trice ag motor; (Tecn) driving ▶ sm engine, motor; **a ~** motor cpd, power-driven; **~ a combustione interna/a reazione** internal combustion/jet engine; **motore di ricerca** (Inform) search engine; **moto'rino** sm moped; **motorino di avviamento** (Aut) starter

motos'cafo sm motorboat

'motto sm (battuta scherzosa) witty remark; (frase emblematica) motto, maxim

'mouse ['maus] sm inv (Inform) mouse

mo'vente sm motive

movi'mento sm movement; (fig) activity, hustle and bustle; (Mus) tempo, movement

mozi'one [mot'tsjone] sf (Pol) motion

mozza'rella [mottsa'rella] sf mozzarella, a moist Neapolitan curd cheese

mozzi'cone [mottsi'kone] sm stub, butt, end; (anche: **~ di sigaretta**) cigarette end

'mucca, -che sf cow;**mucca pazza** mad cow disease

'mucchio ['mukkjo] sm pile, heap; (fig): **un ~ di** lots of, heaps of

'muco, -chi sm mucus

'muffa sf mould, mildew

mug'gire [mud'dʒire] vi (vacca) to low, moo; (toro) to bellow; (fig) to roar

mu'ghetto [mu'getto] sm lily of the valley

mu'lino sm mill;**mulino a vento** windmill

'mulo sm mule

'multa sf fine

multi'etnico, -a, -ci, -che ag multiethnic

multirazziale [multirat'tsjale] ag multiracial

multi'sala ag inv multiscreen

multivitami'nico, -a, -ci, -che ag **complesso ~** multivitamin

'mummia sf mummy

'mungere ['mundʒere] vt (anche fig) to milk

munici'pale [munitʃi'pale] ag municipal; town cpd

muni'cipio [muni'tʃipjo] sm town council, corporation; (edificio) town hall

munizi'oni [munit'tsjoni] sfpl (Mil) ammunition sg

'munsi ecc vb vedi **mungere**

mu'oio ecc vb vedi **morire**

mu'overe vt to move; (ruota, macchina) to drive; (sollevare: questione, obiezione) to raise, bring up; (: accusa) to make, bring forward;**muoversi** vpr to move; **muoviti!** hurry up!, get a move on!

'mura sfpl vedi **muro**

mu'rale ag wall cpd; mural

mura'tore sm mason; bricklayer

'muro sm wall

'muschio ['muskjo] sm (Zool) musk; (Bot) moss

musco'lare ag muscular, muscle cpd

'muscolo sm (Anat) muscle

mu'seo sm museum

museru'ola sf muzzle

'musica sf music;**musica da ballo/camera** dance/chamber music; **musi'cale** ag musical;**musi'cista, -i, -e** sm/f musician

'müsli ['mysli] sm muesli

'muso sm muzzle; (di auto, aereo) nose; **tenere il ~** to sulk

mussul'mano, -a ag, sm/f Muslim, Moslem

'muta sf (di animali) moulting; (di serpenti) sloughing; (per immersioni subacquee) diving suit; (gruppo di cani) pack

mu'tande sfpl (da uomo) (under)pants

'muto, -a ag (Med) dumb; (emozione, dolore, Cinema) silent; (Ling) silent, mute; (carta geografica) blank; **~ per lo stupore** ecc speechless with amazement ecc

'mutuo, -a ag (reciproco) mutual ▸ sm (Econ) (long-term) loan

n

N abbr (= nord) N

n. abbr (= numero) no

'nafta sf naphtha; (per motori diesel) diesel oil

nafta'lina sf (Chim) naphthalene; (tarmicida) mothballs pl

'naia sf (Mil) slang term for national service

na'if [na'if] ag inv naïve

'nanna sf (linguaggio infantile): **andare a ~** to go to beddy-byes

'nano, -a ag, sm/f dwarf

napole'tano, -a ag, sm/f Neapolitan

'Napoli sf Naples

nar'ciso [nar'tʃizo] sm narcissus

nar'cotico, -ci sm narcotic

na'rice [na'ritʃe] sf nostril

nar'rare vt to tell the story of, recount; **narra'tiva** sf (branca letteraria) fiction

na'sale ag nasal

'nascere ['naʃʃere] vi (bambino) to be born; (pianta) to come o spring up; (fiume) to rise, have its source; (sole) to rise; (dente) to come through; (fig: derivare, conseguire): **~ da** to arise from, be born out of; **è nata nel 1952** she was born in 1952; **'nascita** sf birth

nas'condere vt to hide, conceal; **nascondersi** vpr to hide; **nascon'diglio** sm hiding place; **nascon'dino** sm (gioco) hide-and-seek; **nas'cosi** ecc vb vedi **nascondere**; **nas'costo, -a** pp di **nascondere** ▸ ag hidden; **di nascosto** secretly

na'sello sm (Zool) hake

'naso sm nose

'nastro sm ribbon; (magnetico, isolante, Sport) tape; **nastro adesivo** adhesive tape; **nastro trasportatore** conveyor belt

nas'turzio [nas'turtsjo] sm nasturtium

na'tale ag of one's birth ▸ sm (Rel): **N~** Christmas; (giorno della nascita) birthday; **nata'lizio, -a** ag (del Natale) Christmas cpd

'natica, -che sf (Anat) buttock

'nato, -a pp di **nascere** ▸ ag **un attore ~** a born actor; **nata Pieri** née Pieri

na'tura sf nature; **pagare in ~** to pay in kind; **natura morta** still life

natu'rale ag natural

natural'mente av naturally; (certamente, sì) of course

natu'rista, -i, e ag, sm/f naturist, nudist

naufra'gare vi (nave) to be wrecked; (persona) to be shipwrecked; (fig) to fall through; **'naufrago, -ghi** *sm* castaway, shipwreck victim

'nausea *sf* nausea; **nause'ante** *ag* (*odore*) nauseating; (*sapore*) disgusting; (*fig*) sickening

'nautico, -a, -ci, -che *ag* nautical

na'vale *ag* naval

na'vata *sf* (*anche*: **~ centrale**) nave; (*anche*: **~ laterale**) aisle

'nave *sf* ship, vessel; **nave cisterna** tanker; **nave da guerra** warship; **nave passeggeri** passenger ship

na'vetta *sf* shuttle; (*servizio di collegamento*) shuttle (service)

navi'cella [navi'tʃɛlla] *sf* (*di aerostato*) gondola; **navicella spaziale** spaceship

navi'gare *vi* to sail; **~ in Internet** to surf the Net; **navigazi'one** *sf* navigation

nazio'nale [nattsjo'nale] *ag* national ▶ *sf* (*Sport*) national team; **nazionalità** *sf inv* nationality

nazi'one [nat'tsjone] *sf* nation

naziskin ['nɑːtsiskin] *sm inv* Nazi skinhead

NB *abbr* (= nota bene) NB

ne *pron*

1 (*di lui, lei, loro*) of him/her/them; about him/her/them; **ne riconosco la voce** I recognize his (*o* her) voice

2 (*di questa, quella cosa*) of it; about it; **ne voglio ancora** I want some more (of it *o* them); **non parliamone più!** let's not talk about it any more!

3 (*con valore partitivo*): **hai dei libri?** **—sì, ne ho** have you any books? — yes, I have (some); **hai del pane? —no, non ne ho** have you any bread? — no, I haven't any; **quanti anni hai? —ne ho 17** how old are you? — I'm 17

▶ *av* (*moto da luogo: da lì*) from there; **ne vengo ora** I've just come from there

né *cong* **né ... né** neither ... nor; **né**

l'uno né l'altro lo vuole neither of them wants it; **non parla né l'italiano né il tedesco** he speaks neither Italian nor German, he doesn't speak either Italian or German; **non piove né nevica** it isn't raining or snowing

ne'anche [ne'anke] *av, cong* not even; **non ... ~** not even; **~ se volesse potrebbe venire** he couldn't come even if he wanted to; **non l'ho visto —~ io** I didn't see him — neither did I *o* I didn't either; **~ per idea** *o* **sogno!** not on your life!

'nebbia *sf* fog; (*foschia*) mist

necessaria'mente [netʃessarja'mente] *av* necessarily

neces'sario, -a [netʃes'sarjo] *ag* necessary

necessità [netʃessi'ta] *sf inv* necessity; (*povertà*) need, poverty

necro'logio [nekro'lɔdʒo] *sm* obituary notice

ne'gare *vt* to deny; (*rifiutare*) to refuse; **~ di aver fatto/che** to deny having done/that; **nega'tivo, -a** *ag, sf, sm* negative

negherò *ecc* [nege'rɔ] *vb vedi* **negare**

negli'gente [negli'dʒente] *ag* negligent, careless

negozi'ante [negot'tsjante] *sm/f* trader, dealer; (*bottegaio*) shopkeeper (*BRIT*), storekeeper (*US*)

negozi'are [negot'tsjare] *vt* to negotiate ▶ *vi* **~ in** to trade *o* deal in; **negozi'ato** *sm* negotiation

ne'gozio [ne'gɔttsjo] *sm* (*locale*) shop (*BRIT*), store (*US*)

'negro, -a *ag, sm/f* Negro

ne'mico, -a, -ci, -che *ag* hostile; (*Mil*) enemy *cpd* ▶ *sm/f* enemy; **essere ~ di** to be strongly averse *o* opposed to

nem'meno *av, cong* = **neanche**

'neo *sm* mole; (*fig*) (slight) flaw

'neon *sm* (*Chim*) neon

neo'nato, -a *ag* newborn ▶ *sm/f*

newborn baby

neozelan'dese [neoddzelan'dese] *ag* New Zealand *cpd* ▸ *sm/f* New Zealander

'Nepal *sm* il ~ Nepal

nep'pure *av, cong* =neanche

'nero, -a *ag* black; (*scuro*) dark ▸ *sm* black; **il Mar N~** the Black Sea

'nervo *sm* (Anat) nerve; (Bot) vein; **avere i nervi** to be on edge; **dare sui nervi a qn** to get on sb's nerves; **ner'voso, -a** *ag* nervous; (*irritabile*) irritable ▸ *sm* (fam): **far venire il nervoso a qn** to get on sb's nerves

'nespola *sf* (Bot) medlar; (*fig*) blow, punch

'nesso *sm* connection, link

🅞 **nes'suno, -a**
(*det: dav sm* **nessun** +C, V, **nessuno** +s impura, gn, pn, ps, x, z; *dav sf* **nessuna** +C, **nessun'** +V) *det*

1 (*non uno*) no; (, *espressione negativa* +) any; **non c'è nessun libro** there isn't any book, there is no book; **nessun altro** no one else, nobody else; **nessun'altra cosa** nothing else; **in nessun luogo** nowhere

2 (*qualche*) any; **hai nessuna obiezione?** do you have any objections?
▸ *pron*

1 (*non uno*) no one, nobody; (, *espressione negativa* +) any(one); (: *cosa*) none; (, *espressione negativa* +) any; **nessuno è venuto, non è venuto nessuno** nobody came

2 (*qualcuno*) anyone, anybody; **ha telefonato nessuno?** did anyone phone?

net'tare *vt* to clean

net'tezza [net'tettsa] *sf* cleanness, cleanliness; **nettezza urbana** cleansing department

'netto, -a *ag* (*pulito*) clean; (*chiaro*) clear, clear-cut; (*deciso*) definite;

(Econ) net

nettur'bino *sm* dustman (BRIT), garbage collector (US)

neu'trale *ag* neutral

'neutro, -a *ag* neutral; (Ling) neuter ▸ *sm* (Ling) neuter

'neve *sf* snow; **nevi'care** *vb impers* to snow; **nevi'cata** *sf* snowfall

ne'vischio [ne'viskjo] *sm* sleet

ne'voso, -a *ag* snowy; snow-covered

nevral'gia [nevral'dʒia] *sf* neuralgia

nevras'tenico, -a, -ci, -che *ag* (Med) neurasthenic; (*fig*) hot-tempered

ne'vrosi *sf* neurosis

ne'vrotico, -a, ci, che *ag, sm/f* (anche *fig*) neurotic

'nicchia ['nikkja] *sf* niche; (*naturale*) cavity, hollow; **nicchia di mercato** (Comm) niche market

nicchi'are [nik'kjare] *vi* to shilly-shally, hesitate

'nichel ['nikel] *sm* nickel

nico'tina *sf* nicotine

'nido *sm* nest; **a ~ d'ape** (*tessuto ecc*) honeycomb *cpd*

🅞 **ni'ente**
pron

1 (*nessuna cosa*) nothing; **niente può fermarlo** nothing can stop him; **niente di niente** absolutely nothing; **nient'altro** nothing else; **nient'altro che** nothing but, just, only; **niente affatto** not at all, not in the least; **come se niente fosse** as if nothing had happened; **cose da niente** trivial matters; **per niente** (*gratis, invano*) for nothing

2 (*qualcosa*): **hai bisogno di niente?** do you need anything?

3 : **non ... niente** nothing; (*espressione negativa* +) anything; **non ho visto niente** I saw nothing, I didn't see anything; **non ho niente da dire** I have nothing o haven't anything to say
▸ *sm* nothing; **un bel niente** absolutely

nothing; **basta un niente per farla piangere** the slightest thing is enough to make her cry
▶ av (in nessuna misura): **non ... niente** not ... at all; **non è (per) niente buono** it isn't good at all

Ni'geria [ni'dʒɛrja] sf **la ~** Nigeria

'ninfa sf nymph

nin'fea sf water lily

ninna-'nanna sf lullaby

'ninnolo sm (gingillo) knick-knack

ni'pote sm/f (di zii) nephew/niece; (di nonni) grandson/daughter, grandchild

'nitido, -a ag clear; (specchio) bright

ni'trire vi to neigh

ni'trito sm (di cavallo) neighing no pl; neigh; (Chim) nitrite

nitroglice'rina [nitrogliʧe'rina] sf nitroglicerine

no av (risposta) no; **vieni o no?** are you coming or not?; **perché no?** why not?; **lo conosciamo? — tu no ma io sì** do we know him? — you don't but I do; **verrai, no?** you'll come, won't you?

'nobile ag noble ▶ sm/f noble, nobleman/woman

'nocca, -che sf (Anat) knuckle

'noccio ecc ['nɔttʃo] vb vedi **nuocere**

nocci'ola [nott'ʃɔla] ag inv (colore) hazel, light brown ▶ sf hazelnut

noccio'lina [nottʃo'lina] sf; **nocciolina americana** peanut

'nocciolo ['nɔttʃolo] sm (di frutto) stone; (fig) heart, core

'noce ['noʧe] sm (albero) walnut tree ▶ sf (frutto) walnut; **noce di cocco** coconut; **noce moscata** nutmeg

no'cevo ecc [no'ʧevo] vb vedi **nuocere**

no'civo, -a [no'ʧivo] ag harmful, noxious

'nocqui ecc vb vedi **nuocere**

'nodo sm (di cravatta, legname, Naut) knot; (Aut, Ferr) junction; (Med, Astr, Bot) node; (fig: legame) bond, tie;

(: punto centrale) heart, crux; **avere un ~ alla gola** to have a lump in one's throat

no-'global sm/f anti-globalization protester ▶ ag (movimento, manifestante) anti-globalization

'noi pron (soggetto) we; (oggetto: per dare rilievo, con preposizione) us; **~ stessi(e)** we ourselves; (oggetto) ourselves

'noia sf boredom; (disturbo, impaccio) bother no pl, trouble no pl; **avere qn/qc a ~** not to like sb/sth; **mi è venuto a ~** I'm tired of it; **dare ~ a** to annoy; **avere delle noie con qn** to have trouble with sb

noi'oso, -a ag boring; (fastidioso) annoying, troublesome

> Attenzione! In inglese esiste la parola **noisy**, che però significa **rumoroso**.

noleggi'are [noled'dʒare] vt (prendere a noleggio) to hire (BRIT), rent; (dare a noleggio) to hire out (BRIT), rent (out); (aereo, nave) to charter; **vorrei ~ una macchina** I'd like to hire a car; **no'leggio** sm hire (BRIT), rental; charter

'nomade ag nomadic ▶ sm/f nomad

'nome sm name; (Ling) noun; **in/a ~ di** in the name of; **di o per ~ (chiamato)** called, named; **conoscere qn di ~** to know sb by name; **nome d'arte** stage name; **nome di battesimo** Christian name; **nome di famiglia** surname

no'mignolo [no'miɲɲolo] sm nickname

'nomina sf appointment

nomi'nale ag nominal; (Ling) noun cpd

nomi'nare vt to name; (eleggere) to appoint; (citare) to mention

nomina'tivo, -a ag (Ling) nominative; (Econ) registered ▶ sm (Ling: anche: **caso ~**) nominative (case); (Amm) name

non av not ► prefisso non-; vedi **affatto**; **appena** ecc

nonché [non'ke] cong (tanto più, tanto meno) let alone; (e inoltre) as well as

noncu'rante ag ~ **(di)** careless (of), indifferent (to)

'nonno, -a sm/f grandfather/ mother; (in senso più familiare) grandma/grandpa; **i nonni** smpl the grandparents

non'nulla sm inv un ~ nothing, a trifle

'nono, -a ag, sm ninth

nonos'tante prep in spite of, notwithstanding ► cong although, even though

nontiscordardimé sm inv (Bot) forget-me-not

nord sm North ► ag inv north; northern; **il Mare del N~** the North Sea; **nor'dest** sm north-east; **nor'dovest** sm north-west

'norma sf (principio) norm; (regola) regulation, rule; (consuetudine) custom, rule; **a ~ di legge** according to law, as laid down by law; **norme per l'uso** instructions for use; **norme di sicurezza** safety regulations

nor'male ag normal; standard cpd

normal'mente av normally

norve'gese [norve'dʒese] ag, sm/f, sm Norwegian

Nor'vegia [nor'vedʒa] sf la ~ Norway

nostal'gia [nostal'dʒia] sf (di casa, paese) homesickness; (del passato) nostalgia

nos'trano, -a ag local; national; home-produced

'nostro, -a det **il (la) ~(-a)** ecc our ► pron **il (la) ~(-a)** ecc ours ► sm **il ~** our money; our belongings; **i nostri** our family; our own people; **è dei nostri** he's one of us

'nota sf (segno) mark; (comunicazione scritta, Mus) note; (fattura) bill; (elenco) list; **degno di ~** noteworthy, worthy of note

no'taio sm notary

no'tare vt (segnare: errori) to mark; (registrare) to note (down), write down; (rilevare, osservare) to note, notice; **farsi ~** to get o.s. noticed

no'tevole ag (talento) notable, remarkable; (peso) considerable

no'tifica, -che sf notification

no'tizia [no'tittsja] sf (piece of) news sg; (informazione) piece of information; **notizi'ario** sm (Radio, TV, Stampa) news sg

'noto, -a ag (well-)known

notorietà sf fame; notoriety

no'torio, -a ag well-known; (peg) notorious

not'tambulo, -a sm/f night-bird; (fig)

not'tata sf night

'notte sf night; **di ~** at night; (durante la notte) in the night, during the night; **notte bianca** sleepless night

not'turno, -a ag nocturnal; (servizio, guardiano) night cpd

no'vanta num ninety; **novan'tesimo, -a** num ninetieth

'nove num nine

nove'cento [nove'tʃɛnto] num nine hundred ► sm **il N~** the twentieth century

no'vella sf (Letteratura) short story

no'vello, -a ag (piante, patate) new; (insalata, verdura) early; (sposo) newly-married

no'vembre sm November

novità sf inv novelty; (innovazione) innovation; (cosa originale, insolita) something new; (notizia) (piece of) news sg; **le ~ della moda** the latest fashions

nozi'one [not'tsjone] sf notion, idea

'nozze ['nɔttse] sfpl wedding sg, marriage sg; **nozze d'argento/d'oro** silver/golden wedding sg

'nubile ag (donna) unmarried, single

'nuca sf nape of the neck

nucle'are ag nuclear

'nucleo sm nucleus; (gruppo) team, unit, group; (Mil, Polizia) squad; **nucleo familiare** family unit

nu'dista, -i, -e sm/f nudist

'nudo, -a ag (persona) bare, naked, nude; (membra) bare, naked; (montagna) bare ▶ sm (Arte) nude

'nulla pron, av = **niente** ▶ sm = **il nulla** nothing

nullità sf inv nullity; (persona) nonentity

'nullo, -a ag useless, worthless; (Dir) null (and void); (Sport): **incontro ~** draw

nume'rale ag, sm numeral

nume'rare vt to number

nu'merico, -a, -ci, -che ag numerical

'numero sm number; (romano, arabo) numeral; (di spettacolo) act, turn; **numero civico** house number; **numero di scarpe** shoe size; **numero di telefono** telephone number; **nume'roso, -a** ag numerous, many; (con sostantivo sg) large

nu'occio ecc ['nwɔttʃo] vb vedi **nuocere**

nu'ocere ['nwɔtʃere] vi: **~ a** to harm, damage

nu'ora sf daughter-in-law

nuo'tare vi to swim; (galleggiare: oggetti) to float; **nuota'tore, -'trice** sm/f swimmer; **nu'oto** sm swimming

nu'ova sf (notizia) (piece of) news sg; vedi anche **nuovo**

nuova'mente av again

Nu'ova Ze'landa [-dze'landa] sf la ~ New Zealand

nu'ovo, -a ag new; **di ~** again; **~ fiammante** o **di zecca** brand-new

nutri'ente ag nutritious, nourishing

nutri'mento sm food, nourishment

nu'trire vt to feed; (fig: sentimenti) to

harbour, nurse; **nutrirsi** vpr **nutrirsi di** to feed on, to eat

'nuvola sf cloud; **nuvo'loso, -a** ag cloudy

nuzi'ale [nut'tsjale] ag nuptial; wedding cpd

'nylon ['nailən] sm nylon

O

o (dav V spesso **od**) cong or; **o ... o** either ... or; **o l'uno o l'altro** either (of them)

O abbr (= ovest) W

'oasi sf inv oasis

obbedi'ente ecc = **ubbidiente** ecc

obbli'gare vt (costringere): **~ qn a fare** to force o oblige sb to do; (Dir) to bind; **obbliga'torio, -a** ag compulsory, obligatory; **'obbligo, -ghi** sm obligation; (dovere) duty; **avere l'obbligo di fare** to be obliged to do; **essere d'obbligo** (discorso, applauso) to be called for

o'beso, -a ag obese

obiet'tare vt: **~ che** to object that; **~ su qc** to object to sth, raise objections concerning sth

obiet'tivo, -a ag objective ▶ sm (Ottica, Fot) lens sg, objective; (Mil, fig) objective

obiet'tore sm objector; **obiettore di coscienza** conscientious objector

obiezi'one [objet'tsjone] sf objection

obi'torio sm morgue, mortuary

o'bliquo, -a ag oblique; (inclinato) slanting; (fig) devious, underhand

oblite'rare vt (biglietto) to stamp; (francobollo) to cancel

oblò sm inv porthole

'oboe sm (Mus) oboe

'oca (pl **'oche**) sf goose

occasi'one sf (caso favorevole) opportunity; (causa, motivo, circostanza) occasion; (Comm) bargain; **d'~** (a buon prezzo) bargain cpd; (usato) secondhand

occhi'aia [ok'kjaja] sf **avere le occhiaie** to have shadows under one's eyes

occhi'ali [ok'kjali] smpl glasses, spectacles; **occhiali da sole/da vista** sunglasses/(prescription) glasses

occhi'ata [ok'kjata] sf look, glance; **dare un'~ a** to have a look at

occhi'ello [ok'kjɛllo] sm buttonhole; (asola) eyelet

'occhio ['ɔkkjo] sm eye; **~!** careful!, watch out!; **a ~ nudo** with the naked eye; **a quattr'occhi** privately, tête-à-tête; **dare all'~ o nell'~ a qn** to catch sb's eye; **fare l'~ a qc** to get used to sth; **tenere d'~ qn** to keep an eye on sb; **vedere di buon/mal ~ qc** to look favourably/unfavourably on sth

occhio'lino [okkjo'lino] sm **fare l'~ a qn** to wink at sb

occiden'tale [ottʃiden'tale] ag western ▶ sm/f Westerner

occi'dente [ottʃi'dɛnte] sm west; (Pol): **l'O~** the West; **a ~** in the west

occor'rente ag necessary ▶ sm all that is necessary

occor'renza [okkor'rentsa] sf necessity, need; **all'~** in case of need

oc'correre vi to be needed, be required ▶ vb impers **occorre farlo** it must be done; **occorre che tu parta** you must leave, you'll have to leave;

mi occorrono i soldi I need the money Attenzione! In inglese esiste il verbo to occur, che però significa succedere.

oc'culto, -a ag hidden, concealed; (scienze, forze) occult

occu'pare vt to occupy; (manodopera) to employ; (ingombrare) to occupy, take up; **occuparsi** vpr to occupy o.s., keep o.s. busy; (impiegarsi) to get a job; **occuparsi di** (interessarsi) to take an interest in; (prendersi cura di) to look after, take care of; **occu'pato, -a** ag (Mil, Pol) occupied; (persona: affaccendato) busy; (posto, sedia) taken; (toilette, Tel) engaged; **la linea è occupata** the line's engaged; **è occupato questo posto?** is this seat taken?; **occupazi'one** sf occupation; (impiego, lavoro) job; (Econ) employment

o'ceano [o'tʃeano] sm ocean

'ocra sf ochre

OCSE sigla f (= Organizzazione per la Cooperazione e lo Sviluppo Economico) OECD (Organization for Economic Cooperation and Development)

ocu'lare ag ocular, eye cpd; **testimone ~** eye witness

ocu'lato, -a ag (attento) cautious, prudent; (accorto) shrewd

ocu'lista, -i, -e sm/f eye specialist, oculist

odi'are vt to hate, detest

odi'erno, -a ag today's, of today; (attuale) present

'odio sm hatred; **avere in ~ qc/qn** to hate o detest sth/sb; **odi'oso, -a** ag hateful, odious

odo'rare vt (annusare) to smell; (profumare) to perfume, scent ▶ vi ~ **(di)** to smell (of)

o'dore sm smell; **odori** smpl (Cuc) (aromatic) herbs

of'fendere vt to offend; (violare) to

break, violate; (*insultare*) to insult; (*ferire*) to hurt;**offendersi** *vpr* (*con senso reciproco*) to insult one another; (*risentirsi*): **offendersi (di)** to take offence (at), be offended (by)

offe'rente *sm* (*in aste*): **al maggior ~** to the highest bidder

of'ferta *sf* offer; (*donazione, anche Rel*) offering; (*in gara d'appalto*) tender; (*in aste*) bid; (*Econ*) supply; **fare un'~** to make an offer; to tender; to bid; **"offerte d'impiego"** "situations vacant";**offerta speciale** special offer

of'fesa *sf* insult, affront; (*Mil*) attack; (*Dir*) offence; *vedi anche* **offeso**

of'feso, -a *pp di* **offendere** ▸ *ag* offended; (*fisicamente*) hurt, injured ▸ *sm/f* offended party; **essere ~ con qn** to be annoyed with sb; **parte offesa** (*Dir*) plaintiff

offi'cina [offi'tʃina] *sf* workshop

of'frire *vt* to offer;**offrirsi** *vpr* (*proporsi*) to offer (o.s.), volunteer; (*occasione*) to present itself; (*esporsi*): **offrirsi a** to expose o.s. to; **ti offro da bere** I'll buy you a drink

offus'care *vt* to obscure, darken; (*fig: intelletto*) to dim, cloud; (: *fama*) to obscure, overshadow;**offuscarsi** *vpr* to grow dark; to cloud, grow dim; to be obscured

ogget'tivo, -a [oddʒet'tivo] *ag* objective

og'getto [od'dʒetto] *sm* object; (*materia, argomento*) subject (matter); **oggetti smarriti** lost property *sg*

'oggi ['ɔddʒi] *av* today; **~ a otto** a week today;**oggigi'orno** *av* nowadays

OGM *sigla m* (= *organismo geneticamente modificato*) GMO

'ogni ['oɲɲi] *det* every, each; (*tutti*) all; (*con valore distributivo*) every; **~ uomo è mortale** all men are mortal; **viene**

~ due giorni he comes every two days; **~ cosa** everything; **ad ~ costo** at all costs, at any price; **in ~ luogo** everywhere; **~ tanto** every so often; **~ volta che** every time that

Ognis'santi [oɲɲis'santi] *sm* All Saints' Day

o'gnuno [oɲ'ɲuno] *pron* everyone, everybody

O'landa *sf* l'~ Holland;**olan'dese** *ag* Dutch ▸ *sm* (*Ling*) Dutch ▸ *sm/f* Dutchman/woman; **gli Olandesi** the Dutch

ole'andro *sm* oleander

oleo'dotto *sm* oil pipeline

ole'oso, -a *ag* oily; (*che contiene olio*) oil-yielding

ol'fatto *sm* sense of smell

oli'are *vt* to oil

oli'era *sf* oil cruet

Olim'piadi *sfpl* Olympic games; **o'limpico, -a, -ci, -che** *ag* Olympic

'olio *sm* oil; **sott'~** (*Cuc*) in oil; **~ di fegato di merluzzo** cod liver oil; **olio d'oliva** olive oil;**olio di semi** vegetable oil

o'liva *sf* olive;**o'livo** *sm* olive tree

'olmo *sm* elm

OLP *sigla f* (= *Organizzazione per la Liberazione della Palestina*) PLO

ol'traggio [ol'traddʒo] *sm* outrage; offence, insult; **~ a pubblico ufficiale** (*Dir*) insulting a public official; **oltraggio al pudore** (*Dir*) indecent behaviour

ol'tranza [ol'trantsa] *sf* a **~** to the last, to the bitter end

'oltre *av* (*più in là*) further; (*di più: aspettare*) longer, more ▸ *prep* (*di là da*) beyond, over, on the other side of; (*più di*) more than, over; (*in aggiunta a*) besides; (*eccetto*): **~ a** except, apart from;**oltrepas'sare** *vt* to go beyond, exceed

o'maggio [o'maddʒo] *sm* (*dono*)

gift; (segno di rispetto) homage, tribute; **omaggi** smpl (complimenti) respects; **rendere ~ a** to pay homage o tribute to; **in ~** (copia, biglietto) complimentary

ombe'lico, -chi sm navel

'ombra sf (zona non assolata, fantasma) shade; (sagoma scura) shadow; **sedere all'~** to sit in the shade; **restare nell'~** (fig) to remain in obscurity

om'brello sm umbrella; **ombrel'lone** sm beach umbrella

om'bretto sm eye shadow

O.M.C. sigla f (= Organizzazione Mondiale del Commercio) WTO

ome'lette [ɔma'lɛt] sf inv omelet(te)

ome'lia sf (Rel) homily, sermon

omeopa'tia sf homoeopathy

omertà sf conspiracy of silence

o'mettere vt to omit, leave out; **~ di fare** to omit o fail to do

omi'cida, -i, -e [omi'tʃida] ag homicidal, murderous ▶ sm/f murderer/eress

omi'cidio [omi'tʃidjo] sm murder; **omicidio colposo** culpable homicide

o'misi ecc vb vedi **omettere**

omissi'one sf omission; **omissione di soccorso** (Dir) failure to stop and give assistance

omogeneiz'zato [omodʒeneid'dzato] sm baby food

omo'geneo, -a [omo'dʒɛneo] ag homogeneous

o'monimo, -a sm/f namesake ▶ sm (Ling) homonym

omosessu'ale ag, sm/f homosexual

O.M.S. sigla f (= Organizzazione Mondiale della Sanità) WHO

On. abbr (Pol) = **onorevole**

'onda sf wave; **mettere o mandare in ~** (Radio, TV) to broadcast; **andare in ~** (Radio, TV) to go on the air; **onde corte/lunghe/medie** short/long/medium wave

'onere sm burden; **oneri fiscali** taxes

onestà sf honesty

o'nesto, -a ag (probo, retto) honest; (giusto) fair; (casto) chaste, virtuous

ONG sigla f inv **Organizzazione Non Governativa** NGO

onnipo'tente ag omnipotent

ono'mastico, -ci sm name-day

ono'rare vt to honour; (far onore a) to do credit to

ono'rario, -a ag honorary ▶ sm fee

o'nore sm honour; **in ~ di** in honour of; **fare gli onori di casa** to play host (o hostess); **fare ~ a** to honour; (pranzo) to do justice to; (famiglia) to be a credit to; **farsi ~** to distinguish o.s.; **ono'revole** ag honourable ▶ sm/f (Pol) ≈ Member of Parliament (BRIT), ≈ Congressman/woman (US)

on'tano sm (Bot) alder

'O.N.U. ['ɔnu] sigla f (= Organizzazione delle Nazioni Unite) UN, UNO

o'paco, -a, -chi, -che ag (vetro) opaque; (metallo) dull, matt

o'pale sm o f opal

'opera sf work; (azione rilevante) action, deed, work; (Mus) work; opus; (: melodramma) opera; (: teatro) opera house; (ente) institution, organization; **opere pubbliche** public works; **opera d'arte** work of art; **opera lirica** (grand) opera

ope'raio, -a ag working-class; workers' ▶ sm/f worker; **classe operaia** working class

ope'rare vt to carry out, make; (Med) to operate on ▶ vi to operate, work; (rimedio) to act, work; (Med) to operate; **operarsi** vpr (Med) to have an operation; **operarsi d'appendicite** to have one's appendix out; **operazi'one** sf operation

ope'retta sf (Mus) operetta, light opera

opini'one sf opinion; **opinione**

pubblica public opinion
'oppio *sm* opium
op'pongo *ecc vb vedi* **opporre**
op'porre *vt* to oppose; **opporsi** *vpr*
 opporsi (a qc) to oppose (sth); to
 object (to sth); **~ resistenza/un**
 rifiuto to offer resistance/refuse
opportu'nista, -i, -e *sm/f*
 opportunist
opportunità *sf inv* opportunity;
 (convenienza) opportuneness,
 timeliness
oppor'tuno, -a *ag* timely, opportune
op'posi *ecc vb vedi* **opporre**
opposizi'one [oppozit'tsjone] *sf*
 opposition; *(Dir)* objection
op'posto, -a *pp di* **opporre** ▶ *ag*
 opposite; *(opinioni)* conflicting ▶ *sm*
 opposite, contrary; **all'~ on the**
 contrary
oppressi'one *sf* oppression
oppri'mente *ag (caldo, noia)*
 oppressive; *(persona)* tiresome;
 (deprimente) depressing
op'primere *vt (premere, gravare)* to
 weigh down; *(estenuare: caldo)* to
 suffocate, oppress; *(tiranneggiare:
 popolo)* to oppress
op'pure *cong* or (else)
op'tare *vi* **~ per** to opt for or
o'puscolo *sm* booklet, pamphlet
opzi'one [op'tsjone] *sf* option
'ora *sf (60 minuti)* hour; *(momento)*
 time; **che ~ è?, che ore sono?**
 what time is it?; **a che ~ apre il**
 museo/negozio? what time does the
 museum/shop open?; **non veder l'~**
 di fare to long to do, look forward to
 doing; **di buon'~** early; **alla buon'~!** at
 last!; **~ legale** *o* **estiva** summer time
 (BRIT), daylight saving time *(US)*; **ora**
 di cena dinner time; **ora locale** local
 time; **ora di pranzo** lunchtime; **ora**
 di punta *(Aut)* rush hour
o'racolo *sm* oracle

o'rale *ag, sm* oral
o'rario, -a *ag* hourly; *(fuso, segnale)*
 time *cpd*; *(velocità)* per hour ▶ *sm*
 timetable, schedule; *(di ufficio, visite
 ecc)* hours *pl*, time(s *pl*); **in ~** on time
o'rata *sf (Zool)* sea bream
ora'tore, -'trice *sm/f* speaker; orator
'orbita *sf (Astr, Fisica)* orbit; *(Anat)*
 (eye-)socket
or'chestra [or'kɛstra] *sf* orchestra
orchi'dea [orki'dɛa] *sf* orchid
or'digno [or'diɲɲo] *sm (esplosivo)*
 explosive device
ordi'nale *ag, sm* ordinal
ordi'nare *vt (mettere in ordine)* to
 arrange, organize; *(Comm)* to order;
 (prescrivere: medicina) to prescribe;
 (comandare): **posso ~ per favore?** can
 I order now please?; **~ a qn di fare qc**
 to order *o* command sb to do sth; *(Rel)*
 to ordain
ordi'nario, -a *ag (comune)* ordinary;
 everyday; standard; *(grossolano)*
 coarse, common ▶ *sm* ordinary; *(Ins: di
 università)* full professor
ordi'nato, -a *ag* tidy, orderly
ordinazi'one [ordinat'tsjone] *sf*
 (Comm) order; *(Rel)* ordination;
 eseguire qc su ~ to make sth to order
'ordine *sm* order; *(carattere)*: **d'~**
 pratico of a practical nature;
 all'~ *(Comm: assegno)* to order; **di**
 prim'~ first-class; **fino a nuovo**
 ~ until further notice; **essere in ~**
 (documenti) to be in order; *(stanza,
 persona)* to be tidy; **mettere in ~** to
 put in order, tidy (up); **l'~ pubblico**
 law and order; **ordini (sacri)** *(Rel)*
 holy orders; **ordine del giorno** *(di
 seduta)* agenda; *(Mil)* order of the day;
 ordine di pagamento *(Comm)* order
 for payment
orec'chino [orek'kino] *sm* earring
o'recchio [o'rekkjo] *(pl(f)* **o'recchie)**
 sm (Anat) ear

orecchi'oni [orek'kjoni] *smpl (Med)* mumps *sg*

o'refice [o'refitfe] *sm* goldsmith; jeweller;**orefice'ria** *sf (arte)* goldsmith's art; *(negozio)* jeweller's (shop)

'orfano, -a *ag* orphan(ed) ▶ *sm/f* orphan; ~ **di padre/madre** fatherless/ motherless

orga'netto *sm* barrel organ; *(fam: armonica a bocca)* mouth organ; *(: fisarmonica)* accordion

or'ganico, -a, -ci, -che *ag* organic ▶ *sm* personnel, staff

organi'gramma, -i *sm* organization chart

orga'nismo *sm (Biol)* organism; *(corpo umano)* body; *(Amm)* body, organism

organiz'zare [organid'dzare] *vt* to organize;**organizzarsi** *vpr* to get organized;**organizzazi'one** *sf* organization

'organo *sm* organ; *(di congegno)* part; *(portavoce)* spokesman, mouthpiece

'orgia, -ge ['ɔrdʒa] *sf* orgy

or'goglio [or'ɡoʎʎo] *sm* pride; **orgogli'oso, -a** *ag* proud

orien'tale *ag* oriental; eastern; east

orienta'mento *sm* positioning; orientation; direction; **senso di ~** sense of direction; **perdere l'~** to lose one's bearings;**orientamento professionale** careers guidance

orientarsi *vpr* to find one's bearings; *(fig: tendere)* to tend, lean; *(: indirizzarsi)*: ~ **verso** to take up, go in for

ori'ente *sm* east; **l'O~** the East, the Orient; **a ~** in the east

o'rigano *sm* oregano

origi'nale [oridʒi'nale] *ag* original; *(bizzarro)* eccentric ▶ *sm* original

origi'nario, -a [oridʒi'narjo] *ag* original; **essere ~ di** to be a native of; *(provenire da)* to originate from; to be native to

o'rigine [o'ridʒine] *sf* origin; **all'~** originally; **d'~ inglese** of English origin; **dare ~ a** to give rise to

origli'are [oriʎ'ʎare] *vi* ~ **(a)** to eavesdrop (on)

o'rina *sf* urine

ori'nare *vi* to urinate ▶ *vt* to pass

orizzon'tale [oriddzon'tale] *ag* horizontal

oriz'zonte [orid'dzonte] *sm* horizon

'orlo *sm* edge, border; *(di recipiente)* rim, brim; *(di vestito ecc)* hem

'orma *sf (di persona)* footprint; *(di animale)* track; *(impronta, traccia)* mark, trace

or'mai *av* by now, by this time; *(adesso)* now; *(quasi)* almost, nearly

ormeggi'are [ormed'dʒare] *vt (Naut)* to moor

or'mone *sm* hormone

orna'mentale *ag* ornamental, decorative

or'nare *vt* to adorn, decorate;**ornarsi** *vpr* **ornarsi (di)** to deck o.s. (out) (with)

ornitolo'gia [ornitolo'dʒia] *sf* ornithology

'oro *sm* gold; **d'~, in ~** gold *cpd*; **d'~** *(colore, occasione)* golden; *(persona)* marvellous

oro'logio [oro'lɔdʒo] *sm* clock; *(da tasca, da polso)* watch;**orologio al quarzo** quartz watch;**orologio da polso** wristwatch

o'roscopo *sm* horoscope

or'rendo, -a *ag (spaventoso)* horrible, awful; *(bruttissimo)* hideous

or'ribile *ag* horrible

or'rore *sm* horror; **avere in ~ qn/qc** to loathe o detest sb/sth; **mi fanno ~** I loathe o detest them

orsacchi'otto [orsak'kjɔtto] *sm* teddy bear

'orso *sm* bear;**orso bruno/bianco**

brown/polar bear

or'taggio [or'taddʒo] sm vegetable

or'tensia sf hydrangea

or'tica, -che sf (stinging) nettle

orti'caria sf nettle rash

'orto sm vegetable garden, kitchen garden; (Agr) market garden (BRIT), truck farm (US); **orto botanico** botanical garden(s) (pl)

orto'dosso, -a ag orthodox

ortogra'fia sf spelling

orto'pedico, -a, -ci, -che ag orthopaedic ▶ sm orthopaedic specialist

orzai'olo [ordza'jɔlo] sm (Med) stye

'orzo ['ɔrdzo] sm barley

o'sare vt, vi to dare; ~ **fare** to dare (to) do

oscenità [oʃʃeni'ta] sf inv obscenity

o'sceno, -a [oʃʃɛno] ag obscene; (ripugnante) ghastly

oscil'lare [oʃʃil'lare] vi (pendolo) to swing; (dondolare: al vento ecc) to rock; (variare) to fluctuate; (Tecn) to oscillate; (fig): ~ **fra** to waver o hesitate between

oscu'rare vt to darken, obscure; (fig) to obscure; **oscurarsi** vpr (cielo) to darken, cloud over; (persona): **si oscurò in volto** his face clouded over

oscurità sf (vedi ag) darkness, obscurity

os'curo, -a ag dark; (fig) obscure; humble, lowly ▶ sm **all'~** in the dark; **tenere qn all'~ di qc** to keep sb in the dark about sth

ospe'dale sm hospital; **dov'è l'~ più vicino?** where's the nearest hospital?

ospi'tale ag hospitable

ospi'tare vt to give hospitality to; (albergo) to accommodate

'ospite sm/f (persona che ospita) host/hostess; (persona ospitata) guest

os'pizio [os'pittsjo] sm (per vecchi ecc) home

osser'vare vt to observe, watch; (esaminare) to examine; (notare, rilevare) to notice, observe; (Dir: la legge) to observe, respect; (mantenere: silenzio) to keep, observe; **far~ qc a sb** to point sth out to sb; **osservazi'one** sf observation; (di legge ecc) observance; (considerazione critica) observation, remark; (rimprovero) reproof; **in osservazione** under observation

ossessio'nare vt to obsess, haunt; (tormentare) to torment, harass

ossessi'one sf obsession

os'sia cong that is, to be precise

os'sido sm oxide; **ossido di carbonio** carbon monoxide

ossige'nare [ossidʒe'nare] vt to oxygenate; (decolorare) to bleach; **acqua ossigenata** hydrogen peroxide

os'sigeno sm oxygen

'osso (pl (f) ossa) (nel senso Anat) sm bone; **d'~** (bottone ecc) of bone, bone cpd; **osso di seppia** cuttlebone

ostaco'lare vt to block, obstruct

os'tacolo sm obstacle; (Equitazione) hurdle, jump

os'taggio [os'taddʒo] sm hostage

os'tello sm; **ostello della gioventù** youth hostel

osten'tare vt to make a show of, flaunt

oste'ria sf inn

os'tetrico, -a, -ci, -che ag obstetric ▶ sm obstetrician

'ostia sf (Rel) host; (per medicinali) wafer

'ostico, -a, -ci, -che ag (fig) harsh; hard, difficult; unpleasant

os'tile ag hostile

osti'narsi vpr to insist, dig one's heels in; ~ **a fare** to persist (obstinately) in doing; **osti'nato, -a** ag (caparbio) obstinate; (tenace) persistent, determined

'ostrica, -che sf oyster

Attenzione! In inglese esiste la parola ostrich, che però significa struzzo.

ostru'ire vt to obstruct, block

o'tite sf ear infection

ot'tanta num eighty

ot'tavo, -a num eighth

otte'nere vt to obtain, get; (risultato) to achieve, obtain

'ottica sf (scienza) optics sg; (Fot: lenti, prismi ecc) optics pl

'ottico, -a, -ci, -che ag (della vista: nervo) optic; (dell'ottica) optical ▸ sm optician

ottima'mente av excellently, very well

otti'mismo sm optimism; **otti'mista, -i, -e** sm/f optimist

'ottimo, -a ag excellent, very good

'otto num eight

ot'tobre sm October

otto'cento [otto'tʃɛnto] num eight hundred ▸ sm l'O~ the nineteenth century

ot'tone sm brass; **gli ottoni** (Mus) the brass

ottu'rare vt to close (up); (dente) to fill; **il lavandino è otturato** the sink is blocked; **otturarsi** vpr to become o get blocked up; **otturazi'one** sf closing (up); (dentaria) filling

ot'tuso, -a ag (Mat, fig) obtuse; (suono) dull

o'vaia sf (Anat) ovary

o'vale ag, sm oval

o'vatta sf cotton wool; (per imbottire) padding, wadding

'ovest sm west

o'vile sm pen, enclosure

ovulazi'one [ovulat'tsjone] sf ovulation

'ovulo sm (Fisiol) ovum

o'vunque av = **dovunque**

ovvi'are vi ~ a to obviate

'ovvio, -a ag obvious

ozi'are [ot'tsjare] vi to laze, idle

'ozio ['ɔttsjo] sm idleness; (tempo libero) leisure; **ore d'~** leisure time; **stare in ~ to be idle**

o'zono [o'dzɔno] sm ozone

p

P abbr (= parcheggio) P; (Aut: = principiante) L

p. abbr (= pagina) p

pac'chetto [pak'ketto] sm packet; **pacchetto azionario** (Comm) shareholding

'pacco, -chi sm parcel; (involto) bundle; **pacco postale** parcel

'pace ['patʃe] sf peace; **darsi ~** to resign o.s.; **fare la ~ con** to make it up with

pa'cifico, -a, -ci, -che [pa'tʃifiko] ag (persona) peaceable; (vita) peaceful; (fig: indiscusso) indisputable; (: ovvio) obvious, clear ▸ sm **il P~, l'Oceano P~** the Pacific (Ocean)

paci'fista, -i, -e [patʃi'fista] sm/f pacifist

pa'della sf frying pan; (per infermi) bedpan

padigli'one [padiʎ'ʎone] sm pavilion

'Padova sf Padua

'padre sm father

pa'drino sm godfather

padro'nanza [padro'nantsa] sf

command, mastery

pa'drone, -a sm/f master/mistress; (proprietario) owner; (datore di lavoro) employer; essere ~ di sé to be in control of o.s.; padrone(a) di casa master/mistress of the house; (per gli inquilini) landlord/lady

pae'saggio [pae'zadd3o] sm landscape

pa'ese sm (nazione) country, nation; (terra) country, land; (villaggio) village, (small) town; i Paesi Bassi the Netherlands; paese di provenienza country of origin

'paga, -ghe sf pay, wages pl

paga'mento sm payment

pa'gare vt to pay; (acquisto, fig: colpa) to pay for; (contraccambiare) to repay, pay back ▶ vi to pay; quanto l'hai pagato? how much did you pay for it?; posso ~ con la carta di credito? can I pay by credit card?; ~ in contanti to pay cash

pa'gella [pa'dʒɛlla] sf (Ins) report card

paghe'rò [page'rɔ] sm inv acknowledgement of a debt, IOU

'pagina ['padʒina] sf page; pagine bianche phone book, telephone directory; pagine gialle Yellow Pages

'paglia ['paʎʎa] sf straw

pagli'accio [paʎ'ʎattʃo] sm clown

pagli'etta [paʎ'ʎetta] sf (cappello per uomo) (straw) boater; (per tegami ecc) steel wool

pa'gnotta [paɲ'ɲɔtta] sf round loaf

'paio (pl(f) 'paia) sm pair; un ~ di (alcuni) a couple of

'Pakistan sm il ~ Pakistan

'pala sf shovel; (di remo, ventilatore, elica) blade; (di ruota) paddle

pa'lato sm palate

pa'lazzo [pa'lattso] sm (reggia) palace; (edificio) building; palazzo di giustizia courthouse; palazzo dello sport sports stadium

'palco, -chi sm (Teatro) box; (tavolato) platform, stand; (ripiano) layer

palco'scenico, -ci [palkoʃ'ʃɛniko] sm (Teatro) stage

pa'lese ag clear, evident

Pales'tina sf la ~ Palestine

palesti'nese ag, sm/f Palestinian

pa'lestra sf gymnasium; (esercizio atletico) exercise, training; (fig) training ground, school

pa'letta sf spade; (per il focolare) shovel; (del capostazione) signalling disc

pa'letto sm stake, peg; (spranga) bolt

'palio sm (gara): il P~ horse race run at Siena; mettere qc in ~ to offer sth as a prize

● palio

● The palio is a horse race which takes

● place in a number of Italian towns,

● the most famous being the one in

● Siena. This is usually held twice a

● year on July 2nd and August 16th

● in the Piazza del Campo in Siena.

● 10 of the 17 contrade or districts

● take part, each represented by a

● horse and rider. The winner is the

● first horse to complete the course,

● whether it has a rider or not.

'palla sf ball; (pallottola) bullet; palla di neve snowball; palla ovale rugby ball; pallacanestro sf basketball; palla'mano sf handball; pallanu'oto sf water polo; palla'volo sf volleyball

palleggi'are [palled'dʒare] vi (Calcio) to practise with the ball; (Tennis) to knock up

pallia'tivo sm palliative; (fig) stopgap measure

'pallido, -a ag pale

pal'lina sf (bilia) marble

pallon'cino [pallon'tʃino] sm balloon; (lampioncino) Chinese lantern

pal'lone sm (palla) ball; (Calcio) football; (aerostato) balloon; gioco

del ~ football
pal'lottola sf pellet; (proiettile) bullet
'palma sf (Anat) = **palmo**; (Bot, simbolo) palm; **palma da datteri** date palm
'palmo sm (Anat) palm; **restare con un ~ di naso** to be badly disappointed
'palo sm (legno appuntito) stake; (sostegno) pole; **fare da o il ~** (fig) to act as look-out
palom'baro sm diver
pal'pare vt to feel, finger
'palpebra sf eyelid
pa'lude sf marsh, swamp
pan'cetta [pan'tʃetta] sf (Cuc) bacon
pan'china [pan'kina] sf garden seat; (di giardino pubblico) (park) bench
'pancia, -ce [ˈpantʃa] sf belly, stomach; **mettere o fare ~** to be getting a paunch; **avere mal di ~** to have stomachache o a sore stomach
panci'otto [pan'tʃɔtto] sm waistcoat
'pancreas sm inv pancreas
'panda sm inv panda
'pane sm bread; (pagnotta) loaf (of bread); (forma): **un ~ di burro** a pat of butter; **guadagnarsi il ~** to earn one's living; **pane a cassetta** sliced bread; **pane di Spagna** sponge cake; **pane integrale** wholemeal bread; **pane tostato** toast
panette'ria sf (forno) bakery; (negozio) baker's (shop), bakery
panetti'ere, -a sm/f baker
panet'tone sm a kind of spiced brioche with sultanas, eaten at Christmas
pangrat'tato sm breadcrumbs pl
'panico, -a, -ci, -che ag, sm panic
pani'ere sm basket
pani'ficio [pani'fitʃo] sm (forno) bakery; (negozio) baker's (shop), bakery
pa'nino sm roll; **panino caldo** toasted sandwich; **panino imbottito** filled roll; sandwich
'panna sf (Cuc) cream; (Tecn) = **panne**;

panna da cucina cooking cream;
panna montata whipped cream
'panne sf inv essere in ~ (Aut) to have broken down
pan'nello sm panel; **pannello solare** solar panel
'panno sm cloth; **panni** smpl (abiti) clothes; **mettiti nei miei panni** (fig) put yourself in my shoes
pan'nocchia [pan'nɔkkja] sf (di mais ecc) ear
panno'lino sm (per bambini) nappy (BRIT), diaper (US)
pano'rama, -i sm panorama
panta'loni smpl trousers (BRIT), pants (US), pair sg, of trousers o pants
pan'tano sm bog
pan'tera sf panther
pan'tofola sf slipper
'Papa, -i sm pope
papà sm inv dad(dy)
pa'pavero sm poppy
'pappa sf baby cereal; **pappa reale** royal jelly
pappa'gallo sm parrot; (fig: uomo) Romeo, wolf
pa'rabola sf (Mat) parabola; (Rel) parable
para'bolico, -a, ci, che ag (Mat) parabolic; vedi anche **antenna**
para'brezza [para'breddza] sm inv (Aut) windscreen (BRIT), windshield (US)
paraca'dute sm inv parachute
para'diso sm paradise
parados'sale ag paradoxical
para'fulmine sm lightning conductor
pa'raggi [pa'raddʒi] smpl nei ~ in the vicinity, in the neighbourhood
parago'nare vt ~ con/a to compare with/to
para'gone sm comparison; (esempio analogo) analogy, parallel; **reggere al ~** to stand comparison

pa'ragrafo sm paragraph

pa'ralisi sf paralysis

paral'lelo, -a ag parallel ▶ sm (Geo) parallel; (comparazione): **fare un ~ tra** to draw a parallel between

para'lume sm lampshade

pa'rametro sm parameter

para'noia sf paranoia; **para'noico, -a, -ci, -che** ag, sm/f paranoid

para'occhi [para'ɔkki] smpl blinkers

para'petto sm balustrade

pa'rare vt (addobbare) to adorn, deck; (proteggere) to shield, protect; (scansare: colpo) to parry; (Calcio) to save ▶ vi **dove vuole andare a ~?** what are you driving at?

pa'rata sf (Sport) save; (Mil) review, parade

para'urti sm inv (Aut) bumper

para'vento sm folding screen; **fare da ~ a qn** (fig) to shield sb

par'cella [par'tʃɛlla] sf account, fee (of lawyer etc)

parcheggi'are [parked'dʒare] vt to park; **posso ~ qui?** can I park here?; **parcheggiatore, -trice** [parkeddʒa'tore] sm/f (Aut) parking attendant

par'cheggio sm parking no pl; (luogo) car park; (singolo posto) parking space

par'chimetro [par'kimetro] sm parking meter

'parco, -chi sm park; (spazio per deposito) depot; (complesso di veicoli) fleet

par'cometro sm (pay-and-display) ticket machine

pa'recchio, -a [pa'rekkjo] det quite a lot of; (tempo) quite a lot of, a long

pareggi'are [pared'dʒare] vt to make equal; (terreno) to level, make level; (bilancio, conti) to balance ▶ vi (Sport) to draw; **pa'reggio** sm (Econ) balance; (Sport) draw

pa'rente sm/f relative, relation

Attenzione! In inglese esiste la parola **parent**, che però significa **genitore**.

paren'tela sf (vincolo di sangue, fig) relationship

pa'rentesi sf (segno grafico) bracket, parenthesis; (frase incisa) parenthesis; (digressione) parenthesis, digression

pa'rere sm (opinione) opinion; (consiglio) advice, opinion; **a mio ~** in my opinion ▶ vi to seem, appear ▶ vb impers **pare che** it seems o appears that, they say that; **mi pare che** it seems to me that; **mi pare di sì** I think so; **fai come ti pare** do as you like; **che ti pare del mio libro?** what do you think of my book?

pa'rete sf wall

'pari ag inv (uguale) equal, same; (in giochi) equal; (drawn, tied; (Mat) even ▶ sm inv (Pol: di Gran Bretagna) peer ▶ sm/f inv peer, equal; **copiato ~ ~** copied word for word; **alla ~** on the same level; **ragazza alla ~** au pair girl; **mettersi alla ~ con** to place o.s. on the same level as; **mettersi in ~ con** to catch up with; **andare di ~ passo con qn** to keep pace with sb

Pa'rigi [pa'ridʒi] sf Paris

pari'gino, -a [pari'dʒino] ag, sm/f Parisian

parità sf parity, equality; (Sport) draw, tie

parlamen'tare ag parliamentary ▶ sm/f ≈ Member of Parliament (BRIT), ≈ Congressman/woman (US) ▶ vi to negotiate, parley

parla'mento sm parliament

○ The Italian **Parlamento** is made
○ up of two chambers, the **Camera**
○ **dei deputati** and the **Senato**.
○ Parliamentary elections are held
○ every 5 years.

parlan'tina (fam) sf talkativeness;

avere ~ to have the gift of the gab

par'lare vi to speak, talk; (confidare
cose segrete) to talk ▶ vt to speak; **~ (a
qn) di** to speak o talk (to sb) about;
posso ~ con...? can I speak to ...?;
parla italiano? do you speak Italian?;
non parlo inglese I don't speak
English

parmigi'ano [parmi'dʒano] sm
(grana) Parmesan (cheese)

pa'rola sf word; (facoltà) speech;
parole sfpl (chiacchiere) talk sg;
chiedere la ~ to ask permission to
speak; **prendere la ~** to take the floor;
parola d'onore word of honour;
parola d'ordine (Mil) password;
parole incrociate crossword (puzzle)
sg; **paro'laccia, -ce** sf bad word,
swearword

parrò ecc vb vedi **parere**

par'rocchia [par'rɔkkja] sf parish,
parish church

par'rucca, -che sf wig

parrucchi'ere, -a [parruk'kjere] sm/f
hairdresser ▶ sm barber

'parte sf part; (lato) side; (quota
spettante a ciascuno) share; (direzione)
direction; (Pol) party; faction; (Dir)
party; **a ~** ag separate; ▶ av separately;
scherzi a ~ joking aside; **a ~ ciò** apart
from that; **da ~** (in disparte) to one
side, aside; **d'altra ~** on the other
hand; **da ~ di** (per conto di) on behalf
of; **da ~ mia** as far as I'm concerned,
as for me; **da ~ a ~** right through;
da ogni ~ on all sides, everywhere;
(moto da luogo) from all sides; **da
nessuna ~** nowhere; **da questa ~** (in
questa direzione) this way; **prendere ~
a qc** to take part in sth; **mettere da
~** to put aside; **mettere qn a ~ di**
to inform sb of

parteci'pare [partetʃi'pare] vi **~ a** to
take part in, participate in; (utili ecc)
to share in; (spese ecc) to contribute

to; (dolore, successo di qn) to share (in)

parteggi'are [parted'dʒare] vi **~ per**
to side with, be on the side of

par'tenza [par'tentsa] sf departure;
(Sport) start; **essere in ~** to be about to
leave, be leaving

parti'cipio [parti'tʃipjo] sm participle

partico'lare ag (specifico) particular;
(proprio) personal, private; (speciale)
special, particular; (caratteristico)
distinctive, characteristic; (fuori
dal comune) peculiar ▶ sm detail,
particular; **in ~** in particular,
particularly

par'tire vi to go, leave; (allontanarsi)
to go (o drive ecc) away o off; (petardo,
colpo) to go off; (fig: avere inizio, Sport)
to start; **sono partita da Roma alle
7** I left Rome at 7; **a che ora parte il
treno/l'autobus?** what time does
the train/bus leave?; **il volo parte
da Ciampino** the flight leaves from
Ciampino; **a ~ da** from

par'tita sf (Comm) lot, consignment;
(Econ: registrazione) entry, item; (Carte,
Sport: gioco) game; (: competizione)
match, game; **partita di caccia**
hunting party; **partita IVA** VAT
registration number

par'tito sm (Pol) party; (decisione)
decision, resolution; (persona da
maritare) match

'parto sm (Med) delivery, (child)birth;
labour

'parvi ecc vb vedi **parere**

parzi'ale [par'tsjale] ag (limitato)
partial; (non obiettivo) biased, partial

pasco'lare vt, vi to graze

'pascolo sm pasture

'Pasqua sf Easter; **Pas'quetta** sf
Easter Monday

pas'sabile ag fairly good, passable

pas'saggio [pas'saddʒo] sm passing
no pl, passage; (traversata) crossing
no pl, passage; (luogo, prezzo della

traversata, brano di libro ecc) passage; (*su veicolo altrui*) lift (BRIT), ride; (*Sport*) pass; **di ~** (*persona*) passing through; **può darmi un ~ fino alla stazione?** can you give me a lift to the station?; **passaggio a livello** level (BRIT) o grade (US) crossing; **passaggio pedonale** pedestrian crossing

passamòn'tagna [passamon'taɲɲa] *sm inv* balaclava

pas'sante *sm/f* passer-by ▶ *sm* loop

passa'porto *sm* passport

pas'sare *vi* (*andare*) to go; (*veicolo, pedone*) to pass (by), go by; (*fare una breve sosta: postino ecc*) to come, call; (: *amico: per fare una visita*) to call o drop in; (*sole, aria, luce*) to get through; (*trascorrere: giorni, tempo*) to pass, go by; (*fig: proposta di legge*) to be passed; (: *dolore*) to pass, go away; (*Carte*) to pass ▶ *vt* (*attraversare*) to cross; (*trasmettere: messaggio*): **~ qc a qn** to pass sth on to sb; (*dare*): **~ qc a qn** to pass sth to sb, give sb sth; (*trascorrere: tempo*) to spend; (*superare: esame*) to pass; (*triturare: verdura*) to strain; (*approvare*) to pass, approve; (*oltrepassare, sorpassare: anche fig*) to go beyond, pass; (*fig: subire*) to go through; **mi passa il sale/l'olio per favore?** could you pass the salt/oil please?; **~ da ... a** to pass from ... to; **~ di padre in figlio** to be handed down o to pass from father to son; **~ per** (*anche fig*) to go through; **~ per stupido/un genio** to be taken for a fool/a genius; **~ sopra** (*anche fig*) to pass over; **~ attraverso** (*anche fig*) to go through; **~ alla storia** to pass into history; **~ a un esame** to go up (to the next class) after an exam; **~ inosservato** to go unnoticed; **~ di moda** to go out of fashion; **le passo il Signor X** (*al telefono*) here is Mr X; I'm putting you through to Mr X; **lasciar**

~ qn/qc to let sb/sth through; **come te la passi?** how are you getting on o along?

passa'tempo *sm* pastime, hobby

pas'sato, -a *ag* past; (*sfiorito*) faded ▶ *sm* past; (*Ling*) past (tense); **passato prossimo/remoto** (*Ling*) present perfect/past historic; **passato di verdura** (*Cuc*) vegetable purée

passeg'gero, -a [passed'dʒero] *ag* passing ▶ *sm/f* passenger

passeggi'are [passed'dʒare] *vi* to go for a walk; (*in veicolo*) to go for a drive; **passeggi'ata** *sf* walk; drive; (*luogo*) promenade; **fare una passeggiata** to go for a walk (o drive); **passeg'gino** *sm* pushchair (BRIT), stroller (US)

passe'rella *sf* footbridge; (*di nave, aereo*) gangway; (*pedana*) catwalk

'passero *sm* sparrow

passi'one *sf* passion

pas'sivo, -a *ag* passive ▶ *sm* (*Ling*) passive; (*Econ*) debit; (: *complesso dei debiti*) liabilities *pl*

'passo *sm* step; (*andatura*) pace; (*rumore*) (foot)step; (*orma*) footprint; (*passaggio, fig: brano*) passage; (*valico*) pass; **a ~ d'uomo** at walking pace; **~ (a) ~** step by step; **fare due** o **quattro passi** to go for a walk o a stroll; **di questo ~** at this rate; **"passo carraio"** "vehicle entrance — keep clear"

'pasta *sf* (*Cuc*) dough; (: *impasto per dolce*) pastry; (: *anche:* **~ alimentare**) pasta; (*massa molle di materia*) paste; (*fig: indole*) nature; **paste** *sfpl* (*pasticcini*) pastries; **pasta in brodo** noodle soup; **pasta sfoglia** puff pastry o paste (US)

pastasci'utta [pastaʃʃutta] *sf* pasta

pas'tella *sf* batter

pas'tello *sm* pastel

pasticce'ria [pastittʃe'ria] *sf* (*pasticcini*) pastries *pl*, cakes *pl*; (*negozio*) cake shop; (*arte*) confectionery

pasticci'ere, -a [pastit'tʃere] *sm/f* pastrycook; confectioner

pastic'cino [pastit'tʃino] *sm* petit four

pas'ticcio [pas'tittʃo] *sm* (*Cuc*) pie; (*lavoro disordinato, imbroglio*) mess; **trovarsi nei pasticci** to get into trouble

pas'tiglia [pas'tiʎʎa] *sf* pastille, lozenge

pas'tina *sf* small pasta shapes used in soup

'pasto *sm* meal

pas'tore *sm* shepherd; (*Rel*) pastor, minister; (*anche*: **cane ~**) sheepdog; **pastore tedesco** (*Zool*) Alsatian, German shepherd

pa'tata *sf* potato **patate fritte** chips (*BRIT*), French fries **pata'tine** *sfpl* (*potato*) crisps **patatine fritte** chips (*US*)

pa'tente *sf* licence **patente di guida** driving licence (*BRIT*), driver's license (*US*) **patente a punti** driving licence with penalty points

> Attenzione! In inglese esiste la parola patent, che però significa *brevetto*.

pater'nità *sf* paternity, fatherhood

pa'tetico, -a, -ci, -che *ag* pathetic; (*commovente*) moving, touching

pa'tibolo *sm* gallows *sg*, scaffold

pa'tina *sf* (*su rame ecc*) patina; (*sulla lingua*) fur, coating

pa'tire *vt, vi* to suffer

pa'tito, -a *sm/f* enthusiast, fan, lover

patolo'gia [patolo'dʒia] *sf* pathology

'patria *sf* homeland

pa'trigno [pa'triɲɲo] *sm* stepfather

patri'monio *sm* estate, property; (*fig*) heritage

pa'trono *sm* (*Rel*) patron saint; (*socio di patronato*) patron; (*Dir*) counsel

patteggi'are [patted'dʒare] *vt, vi* to negotiate; (*Dir*) to plea-bargain

patti'naggio [patti'naddʒo] *sm* skating **pattinaggio a rotelle/sul ghiaccio** roller-/ice-skating

patti'nare *vi* to skate; **~ sul ghiaccio** to ice-skate **pattina'tore, -'trice** *sm/f* skater; **'pattino** *sm* skate; (*di slitta*) runner; (*Aer*) skid; (*Tecn*) sliding block; **pattini in linea** Rollerblades®; **pattini da ghiaccio/a rotelle** ice/roller skates

'patto *sm* (*accordo*) pact, agreement; (*condizione*) term, condition; **a ~ che** on condition that

pat'tuglia [pat'tuʎʎa] *sf* (*Mil*) patrol

pattu'ire *vt* to reach an agreement on

pattumi'era *sf* (dust)bin (*BRIT*), ashcan (*US*)

pa'ura *sf* fear; **aver ~ di/di fare/che** to be frightened o afraid of/of doing/ that; **far ~ a** to frighten; **per ~ di/che** for fear of/that **pau'roso, -a** *ag* (*che fa paura*) frightening; (*che ha paura*) fearful, timorous

'pausa *sf* (*sosta*) break; (*nel parlare, Mus*) pause

pavi'mento *sm* floor

> Attenzione! In inglese esiste la parola pavement, che però significa *marciapiede*.

pa'vone *sm* peacock

pazien'tare [pattsjen'tare] *vi* to be patient

pazi'ente [pat'tsjente] *ag, sm/f* patient **pazi'enza** *sf* patience

paz'zesco, -a, -schi, -sche [pat'tsesko] *ag* mad, crazy

paz'zia [pat'tsia] *sf* (*Med*) madness, insanity; (*azione*) folly; (*di azione, decisione*) madness, folly

'pazzo, -a [pattso] *ag* (*Med*) mad, insane; (*strano*) wild, mad ▶ *sm/f* madman/woman; **~ di** (*gioia, amore ecc*) mad o crazy with; **~ per qc/qn** mad o crazy about sth/sb

PC [pi'tʃi] *sigla m inv* (= *personal computer*) PC; **PC portatile** laptop

pec'care *vi* to sin; *(fig)* to err

pec'cato *sm* sin; **è un ~ che** it's a pity that; **che ~!** what a shame *o* pity!

peccherò *ecc* [pekke'rɔ] *vb vedi* **peccare**

'pece ['petʃe] *sf* pitch

Pe'chino [pe'kino] *sf* Beijing

'pecora *sf* sheep **peco'rino** *sm* sheep's milk cheese

pe'daggio [pe'daddʒo] *sm* toll

peda'gogia [pedago'dʒia] *sf* pedagogy, educational methods *pl*

peda'lare *vi* to pedal; *(andare in bicicletta)* to cycle

pe'dale *sm* pedal

pe'dana *sf* footboard; *(Sport: nel salto)* springboard; *(: nella scherma)* piste

pe'dante *ag* pedantic ▶ *sm/f* pedant

pe'data *sf* *(impronta)* footprint; *(colpo)* kick; **prendere a pedate qn/qc** to kick sb/sth

pedi'atra, -i, -e *sm/f* paediatrician

pedi'cure *sm/f inv* chiropodist

pe'dina *sf* *(della dama)* draughtsman *(BRIT)*, draftsman *(US)*; *(fig)* pawn

pedi'nare *vt* to shadow, tail

pedo'filo, -a *ag, sm/f* paedophile

pedo'nale *ag* pedestrian

pe'done, -a *sm/f* pedestrian ▶ *sm* *(Scacchi)* pawn

'peggio ['peddʒo] *av, ag inv* worse ▶ *sm o f il o la ~* the worst; **alla ~** at worst, if the worst comes to the worst **peggio'rare** *vt* to make worse, worsen ▶ *vi* to grow worse, worsen **peggi'ore** *ag* *(comparativo)* worse; *(superlativo)* worst ▶ *sm/f* **il(la) peggiore** the worst (person)

'pegno ['peɲo] *sm* *(Dir)* security, pledge; *(nei giochi di società)* forfeit; *(fig)* pledge, token; **dare in ~ qc** to pawn sth

pe'lare *vt* *(spennare)* to pluck; *(spellare)* to skin; *(sbucciare)* to peel; *(fig)* to make pay through the nose

pe'lato, -a *ag* **pomodori pelati** tinned tomatoes

'pelle *sf* skin; *(di animale)* skin, hide; *(cuoio)* leather; **avere la ~ d'oca** to have goose pimples *o* goose flesh

pellegri'naggio [pellegri'naddʒo] *sf* pilgrimage

pelle'rossa *(pl* **pelli'rosse***) sm/f* Red Indian

pelli'cano *sm* pelican

pel'liccia, -ce [pel'littʃa] *sf* *(mantello di animale)* coat, fur; *(indumento)* fur coat **pelliccia ecologica** fake fur

pel'licola *sf* *(membrana sottile)* film, layer; *(Fot, Cinema)* film

'pelo *sm* hair; *(pelame)* coat, hair; *(pelliccia)* fur; *(di tappeto)* pile; *(di liquido)* surface; **per un ~: per un ~ non ho perduto il treno** I very nearly missed the train; **c'è mancato un ~ che affogasse** he escaped drowning by the skin of his teeth **pe'loso, -a** *ag* hairy

'peltro *sm* pewter

pe'luche [pe'lyʃ] *sm* plush; **giocattoli di ~** soft toys

pe'luria *sf* down

'pena *sf* *(Dir)* sentence; *(punizione)* punishment; *(sofferenza)* sadness *no pl*, sorrow; *(fatica)* trouble *no pl*, effort; *(difficoltà)* difficulty; **far ~** to be pitiful; **mi fai ~** I feel sorry for you; **prendersi *o* darsi la ~ di fare** to go to the trouble of doing **pena di morte** death sentence **pena pecuniaria** fine; **pe'nale** *ag* penal

pen'dente *ag* hanging; leaning ▶ *sm* *(ciondolo)* pendant; *(orecchino)* drop earring

'pendere *vi* *(essere appeso)* **~ da** to hang from; *(essere inclinato)* to lean; *(fig: incombere)*: **~ su** to hang over

pen'dio, -'dii *sm* slope, slant; *(luogo in pendenza)* slope

'pendola *sf* pendulum clock

pendo'lare sm/f commuter

pendo'lino sm high-speed train

pene'trante ag piercing, penetrating

pene'trare vi to come o get in ▸ vt to penetrate; ~ **in** to enter; (proiettile) to penetrate; (: acqua, aria) to go o come into

penicil'lina [penitʃil'lina] sf penicillin

pe'nisola sf peninsula

penitenzi'ario [peniten'tsjarjo] sm prison

'penna sf (di uccello) feather; (per scrivere) pen; **penne** sfpl (Cuc) quills (type of pasta); **penna a sfera** ballpoint pen; **penna stilografica** fountain pen

penna'rello sm felt(-tip) pen

pen'nello sm brush; (per dipingere) (paint)brush; **a ~** (perfettamente) to perfection, perfectly; **pennello per la barba** shaving brush

pe'nombra sf half-light, dim light

pen'sare vi to think ▸ vt to think; (inventare, escogitare) to think out; ~ **a** to think of; (amico, vacanze) to think of o about; (problema) to think about; ~ **di fare qc** to think of doing sth; **ci penso io** I'll see to it o take care of it

pensi'ero sm thought; (modo di pensare, dottrina) thinking no pl; (preoccupazione) worry, care, trouble; **stare in ~ per qn** to be worried about sb; **pensie'roso, -a** ag thoughtful

'pensile ag hanging

pensio'nato, -a sm/f pensioner

pensi'one sf (al prestatore di lavoro) pension; (vitto e alloggio) board and lodging; (albergo) boarding house; **andare in ~** to retire; **mezza ~** half board; **pensione completa** full board

pen'tirsi vpr ~ **di** to repent of; (rammaricarsi) to regret, be sorry for

'pentola sf pot; **pentola a pressione** pressure cooker

pe'nultimo, -a ag last but one (BRIT),

next to last, penultimate

penzo'lare [pendzo'lare] vi to dangle, hang loosely

'pepe sm pepper; **pepe in grani/ macinato** whole/ground pepper

peperon'cino [peperon'tʃino] sm chilli pepper

pepe'rone sm pepper, capsicum; (piccante) chilli

pe'pita sf nugget

per
prep

1 (moto attraverso luogo) through; **i ladri sono passati per la finestra** the thieves got in (o out) through the window; **l'ho cercato per tutta la casa** I've searched the whole house o all over the house for it

2 (moto a luogo) for, to; **partire per la Germania/il mare** to leave for Germany/the sea; **il treno per Roma** the Rome train, the train for o to Rome

3 (stato in luogo): **seduto/sdraiato per terra** sitting/lying on the ground

4 (tempo) for; **per anni/lungo tempo** for years/a long time; **per tutta l'estate** throughout the summer, all summer long; **lo rividi per Natale** I saw him again at Christmas; **lo faccio per lunedì** I'll do it for Monday

5 (mezzo, maniera) for; **per lettera/via aerea/ferrovia** by letter/airmail/rail; **prendere qn per un braccio** to take sb by the arm

6 (causa, scopo) for; **assente per malattia** absent because of o through o owing to illness; **ottimo per il mal di gola** excellent for sore throats

7 (limitazione) for; **è troppo difficile per lui** it's too difficult for him; **per quel che mi riguarda** as far as I'm concerned; **per poco che sia** however little it may be; **per questa volta ti perdono** I'll forgive you this time

8 (prezzo, misura) for; (distributivo) a,

per; **venduto per 3 milioni** sold for 3 million; **1 euro per persona** 1 euro a o per person; **uno per volta** one at a time; **uno per uno** one by one; **5 per cento** 5 per cent; **3 per 4 fa 12** 3 times 4 equals 12; **dividere/moltiplicare 12 per 4** to divide/multiply 12 by 4

9 (*in qualità di*); (*al posto di*) for; **avere qn per professore** to have sb as a teacher; **ti ho preso per Mario** I mistook you for Mario, I thought you were Mario; **dare per morto qn** to give sb up for dead

10 (*seguito da vb: finale*): **per fare qc** so as to do sth, in order to do sth; (*: causale*): **per aver fatto qc** for having done sth; (*: consecutivo*): **è abbastanza grande per andarci da solo** he's big enough to go on his own

'pera *sf* pear

per'bene *ag inv* respectable, decent ▶ *av* (*con cura*) properly, well

percentu'ale [pertʃentu'ale] *sf* percentage

perce'pire [pertʃe'pire] *vt* (*sentire*) to perceive; (*ricevere*) to receive

O **perché**
[per'ke] *av* why; **perché no?** why not?; **perché non vuoi andarci?** why don't you want to go?; **spiegami perché l'hai fatto** tell me why you did it
▶ *cong*

1 (*causale*) because; **non posso uscire perché ho da fare** I can't go out because o as I've a lot to do

2 (*finale*) in order that, so that; **te lo do perché tu lo legga** I'm giving it to you so (that) you can read it

3 (*consecutivo*): **è troppo forte perché si possa batterlo** he's too strong to be beaten
▶ *sm inv* reason; **il perché di** the reason for

perciò [per'tʃɔ] *cong* so, for this (o

that) reason

per'correre *vt* (*luogo*) to go all over; (*: paese*) to travel up and down, go all over; (*distanza*) to cover

per'corso, -a *pp di* **percorrere** ▶ *sm* (*tragitto*) journey; (*tratto*) route

percu'otere *vt* to hit, strike

percussi'one *sf* percussion; **strumenti a ~** (*Mus*) percussion instruments

'perdere *vt* to lose; (*lasciarsi sfuggire*) to miss; (*sprecare: tempo, denaro*) to waste ▶ *vi* to lose; (*serbatoio ecc*) to leak; **perdersi** *vpr* (*smarrirsi*) to get lost; (*svanire*) to disappear, vanish; **mi sono perso** I'm lost; **ho perso il portafoglio/passaporto** I've lost my wallet/passport; **abbiamo perso il treno** we missed our train; **saper ~** to be a good loser; **lascia ~!** forget it!, never mind!

perdi'giorno [perdi'dʒorno] *sm/f inv* idler, waster

'perdita *sf* loss; (*spreco*) waste; (*fuoriuscita*) leak; **siamo in ~** (*Comm*) we are running at a loss; **a ~ d'occhio** as far as the eye can see

perdo'nare *vt* to pardon, forgive; (*scusare*) to excuse, pardon

per'dono *sm* forgiveness; (*Dir*) pardon

perduta'mente *av* desperately, passionately

pe'renne *ag* eternal, perpetual, perennial; (*Bot*) perennial

perfetta'mente *av* perfectly; **sai ~ che ...** you know perfectly well that ...

per'fetto, -a *ag* perfect ▶ *sm* (*Ling*) perfect (tense)

perfeziona'mento *sm* ~ **(di)** improvement (in), perfection (of); **corso di ~** proficiency course

perfezio'nare [perfettsjo'nare] *vt* to improve, perfect; **perfezionarsi** *vpr* to improve

perfezi'one [perfet'tsjone] *sf* perfection

per'fino *av* even

perfo'rare *vt* to perforate, to punch a hole (o holes) in; *(banda, schede)* to punch; *(trivellare)* to drill

perga'mena *sf* parchment

perico'lante *ag* precarious

pe'ricolo *sm* danger; **mettere in ~** to endanger, put in danger **perico'loso, -a** *ag* dangerous

perife'ria *sf (di città)* outskirts *pl*

pe'rifrasi *sf* circumlocution

pe'rimetro *sm* perimeter

peri'odico, -a, -ci, -che *ag* periodic(al); *(Mat)* recurring ▸ *sm* periodical

pe'riodo *sm* period

peripe'zie [peripet'tsie] *sfpl* ups and downs, vicissitudes

pe'rito, -a *ag* expert, skilled ▸ *sm/f* expert; *(agronomo, navale)* surveyor; **perito chimico** qualified chemist

peri'zoma, -i [peri'dzoma] *sm* G-string

'perla *sf* pearl **per'lina** *sf* bead

perlus'trare *vt* to patrol

perma'loso, -a *ag* touchy

perma'nente *ag* permanent ▸ *sf* permanent wave, perm; **perma'nenza** *sf* permanence; *(soggiorno)* stay

perme'are *vt* to permeate

per'messo, -a *pp di* **permettere** ▸ *sm (autorizzazione)* permission, leave; *(dato a militare, impiegato)* leave; *(licenza)* licence, permit; *(Mil: foglio)* pass; **~?, è ~?** *(posso entrare?)* may I come in?; *(posso passare?)* excuse me **permesso di lavoro/pesca** work/fishing permit **permesso di soggiorno** residence permit

per'mettere *vt* to allow, permit; **~ a qn qc/di fare qc** to allow sb sth/to do sth; **permettersi qc/di fare qc**

to allow o.s. sth/to do sth; *(avere la possibilità)* to afford sth/to do sth

per'misi *ecc vb vedi* **permettere**

per'nacchia [per'nakkja] *(fam) sf* **fare una ~** to blow a raspberry

per'nice [per'nitʃe] *sf* partridge

'perno *sm* pivot

pernot'tare *vi* to spend the night, stay overnight

'pero *sm* pear tree

però *cong* *(ma)* but; *(tuttavia)* however, nevertheless

perpendico'lare *ag, sf* perpendicular

per'plesso, -a *ag* perplexed; uncertain, undecided

perqui'sire *vt* to search; **perquisizi'one** *sf (police)* search

'perse *ecc vb vedi* **perdere**

persecuzi'one [persekut'tsjone] *sf* persecution

persegui'tare *vt* to persecute

perseve'rante *ag* persevering

'persi *ecc vb vedi* **perdere**

persi'ana *sf* shutter **persiana avvolgibile** roller shutter

per'sino *av* = **perfino**

persis'tente *ag* persistent

'perso, -a *pp di* **perdere**

per'sona *sf* person; *(qualcuno)*: **una ~** someone, somebody; *(espressione interrogativa +)* anyone o anybody

perso'naggio [perso'naddʒo] *sm (persona ragguardevole)* personality, figure; *(tipo)* character, individual; *(Letteratura)* character

perso'nale *ag* personal ▸ *sm* staff; personnel; *(figura fisica)* build **personalità** *sf inv* personality

perspi'cace [perspi'katʃe] *ag* shrewd, discerning

persu'adere *vt* **~ qn (di qc/a fare)** to persuade sb (of sth/to do sth)

per'tanto *cong* *(quindi)* so, therefore

'pertica, -che *sf* pole

perti'nente *ag* **~ (a)** relevant (to),

pertinent (to)

per'tosse *sf* whooping cough

perturbazi'one [perturbat'tsjone] *sf* disruption; perturbation; **perturbazione atmosferica** atmospheric disturbance

per'vadere *vt* to pervade

per'verso, -a *ag* depraved; perverse

perver'tito, -a *sm/f* pervert

p.es. *abbr* (= per esempio) e.g.

pe'sante *ag* heavy; **è troppo ~** it's too heavy

pe'sare *vt* to weigh ▸ *vi* (avere un peso) to weigh; (essere pesante) to be heavy; (fig) to carry weight; **~ su** (fig) to lie heavy on; to influence; to hang over **pesarsi** *vpr* to weigh o.s.; **~ le parole** to weigh one's words; **~ sulla coscienza** to weigh on sb's conscience; **mi pesa ammetterlo** I don't like admitting it; **tutta la responsabilità pesa su di lui** all the responsibility rests on him; **è una situazione che mi pesa** I find the situation difficult; **il suo parere pesa molto** his opinion counts for a lot

'pesca (pl **pesche**) (: frutto) *sf* peach; (il pescare) fishing; **andare a ~** to go fishing; **~ con la lenza** angling **pesca di beneficenza** (lotteria) lucky dip

pes'care *vt* (pesce) to fish for; to catch; (qc nell'acqua) to fish out; (fig: trovare) to get hold of, find; **andare a ~** to go fishing

pesca'tore *sm* fisherman; angler

'pesce ['peʃʃe] *sm* fish *gen inv*; **Pesci** (dello zodiaco) Pisces **pesce d'aprile!** April Fool! **pesce rosso** goldfish; **pesce spada** swordfish **pesce'cane** *sm* shark

pesche'reccio [peske'rettʃo] *sm* fishing boat

pesche'ria [peske'ria] *sf* fishmonger's (shop) (BRIT), fish store (US)

pescherò *ecc* [peske'rɔ] *vb vedi*

pescare

'peso *sm* weight; (Sport) shot; **rubare sul ~** to give short weight; **essere di ~ a qn** (fig) to be a burden to sb **peso lordo/netto** gross/net weight; **peso massimo/medio** (Pugilato) heavy/middleweight

pessi'mismo *sm* pessimism; **pessi'mista, -i, -e** *ag* pessimistic ▸ *sm/f* pessimist

'pessimo, -a *ag* very bad, awful

pes'tare *vt* to tread on, trample on; (sale, pepe) to grind; (uva, aglio) to crush; (fig: picchiare): **~ qn** to beat sb up

'peste *sf* plague; (persona) nuisance, pest

pes'tello *sm* pestle

'petalo *sm* (Bot) petal

pe'tardo *sm* firecracker, banger (BRIT)

petizi'one [petit'tsjone] *sf* petition

petroli'era *sf* (nave) oil tanker

pe'trolio *sm* oil, petroleum; (per lampada, fornello) paraffin

▌ Attenzione! In inglese esiste la parola **petrol** che però significa *benzina*.

petto *sm* chest; (seno) breast, bust; (Cuc: di carne bovina) brisket; (: di pollo ecc) breast; **a doppio ~** (abito) double-breasted

petu'lante *ag* insolent

'pezza ['pettsa] *sf* piece of cloth;

pettego'lare *vi* to gossip

pettego'lezzo [pettego'leddzo] *sm* gossip *no pl*; **fare pettegolezzi** to gossip

pet'tegolo, -a *ag* gossipy ▸ *sm/f* gossip

petti'nare *vt* to comb (the hair of) **pettinarsi** *vpr* to comb one's hair **pettina'tura** *sf* (acconciatura) hairstyle

'pettine *sm* comb; (Zool) scallop

petti'rosso *sm* robin

(toppa) patch; *(cencio)* rag, cloth
pez'zente [pet'tsɛnte] *sm/f* beggar
'pezzo [pettso] *sm (gen)* piece;
(brandello, frammento) piece, bit; *(di macchina, arnese ecc)* part; *(Stampa)* article; *(di tempo):* **aspettare un ~** to wait quite a while o some time; **in o a pezzi** in pieces; **andare in pezzi** to break into pieces; **un bel ~ d'uomo** a fine figure of a man; **abito a due pezzi** two-piece suit; **pezzo di cronaca** *(Stampa)* report; **pezzo grosso** *(fig)* bigwig; **pezzo di ricambio** spare part
pi'accio *ecc* [pjattʃo] *vb vedi* **piacere**
pia'cente [pja'tʃɛnte] *ag* attractive
pia'cere [pja'tʃere] *vi* to please; **una ragazza che piace** a likeable girl; an attractive girl; **~ a: mi piace** I like it; **quei ragazzi non mi piacciono** I don't like those boys; **gli ~bbe andare al cinema** he would like to go to the cinema ▸ *sm* pleasure; *(favore)* favour; **"~!"** *(nelle presentazioni)* "pleased to meet you!"; **~ (di conoscerla)** nice to meet you; **con ~** certainly, with pleasure; **per ~!** please; **fare un ~ a qn** to do sb a favour; **pia'cevole** *ag* pleasant, agreeable
pi'acqui *ecc vb vedi* **piacere**
pi'aga, -ghe *sf (lesione)* sore; *(ferita: anche fig)* wound; *(fig: flagello)* scourge, curse; *(: persona)* pest, nuisance
piagnuco'lare [pjaɲɲuko'lare] *vi* to whimper
pianeggi'ante [pjaned'dʒante] *ag* flat, level
piane'rottolo *sm* landing
pia'neta *sm (Astr)* planet
pi'angere ['pjandʒere] *vi* to cry, weep; *(occhi)* to water ▸ *vt* to cry, weep; *(lamentare)* to bewail, lament; **~ la morte di qn** to mourn sb's death
pianifi'care *vt* to plan
pia'nista, -i, -e *sm/f* pianist
pi'ano, -a *ag (piatto)* flat, level;

(Mat) plane; *(chiaro)* clear, plain
▸ *av (adagio)* slowly; *(a bassa voce)* softly; *(con cautela)* slowly, carefully ▸ *sm (Mat)* plane; *(Geo)* plain; *(livello)* level, plane; *(di edificio)* floor; *(programma)* plan; *(Mus)* piano; **a che ~ si trova?** what floor is it on?; **pian ~** very slowly; *(poco a poco)* little by little; **in primo/secondo ~** in the foreground/background; **di primo ~** *(fig)* prominent, high-ranking
piano'forte *sm* piano, pianoforte
piano'terra *sm inv* ground floor
pi'ansi *ecc vb vedi* **piangere**
pi'anta *sf (Bot)* plant; *(Anat: anche: ~ del piede)* sole (of the foot); *(grafico)* plan; *(topografica)* map; **in ~ stabile** on the permanent staff; **pian'tare** *vt* to plant; *(conficcare)* to drive o hammer in; *(tenda)* to put up, pitch; *(fig: lasciare)* to leave, desert; **piantarsi** *vpr* **piantarsi davanti a qn** to plant o.s. in front of sb; **piantala!** *(fam)* cut it out!
pianter'reno *sm* = **pianoterra**
pia'nura *sf* plain
pi'astra *sf* plate; *(di pietra)* slab; *(di fornello)* hotplate; **panino alla ~ =** toasted sandwich; **piastra di registrazione** tape deck
pias'trella *sf* tile
pias'trina *sf (Mil)* identity disc
piatta'forma *sf (anche fig)* platform
piat'tino *sm* saucer
pi'atto, -a *ag* flat; *(fig: scialbo)* dull ▸ *sm (recipiente, vivanda)* dish; *(portata)* course; *(parte piana)* flat (part); **piatti** *smpl (Mus)* cymbals; **piatto fondo** soup dish; **piatto forte** main course; **piatto del giorno** dish of the day, plat du jour; **piatto del giradischi** turntable; **piatto piano** dinner plate
pi'azza ['pjattsa] *sf* square; *(Comm)* market; **far ~ pulita** to make a clean sweep; **piazza d'armi** *(Mil)* parade ground; **piaz'zale** *sm* (large) square

piaz'zola [pjat'tsɔla] *sf* (*Aut*) lay-by; (*di tenda*) pitch

pic'cante *ag* hot, pungent; (*fig*) racy; biting

pic'chetto [pik'ketto] *sm* (*Mil, di scioperanti*) picket; (*di tenda*) peg

picchi'are [pik'kjare] *vt* (*persona: colpire*) to hit, strike; (: *prendere a botte*) to beat (up); (*battere*) to beat; (*sbattere*) to bang ⊳ *vi* (*bussare*) to knock; (: *con forza*) to bang; (*colpire*) to hit, strike; (*sole*) to beat down; **picchi'ata** *sf* (*Aer*) dive

'picchio [ˈpikkjo] *sm* woodpecker

pic'cino, -a [pit'tʃino] *ag* tiny, very small

picci'one [pit'tʃone] *sm* pigeon

'picco, -chi *sm* peak; **a ~** vertically

'piccolo, -a *ag* small; (*oggetto, mano, di età: bambino*) small, little; (*dav sostantivo: di breve durata: viaggio*) short; (*fig*) mean, petty ⊳ *sm/f* child, little one

pic'cone *sm* pick(-axe)

pic'cozza [pik'kɔttsa] *sf* ice-axe

pic'nic *sm inv* picnic

pi'docchio [pi'dɔkkjo] *sm* louse

pi'ede *sm* foot; (*di mobile*) leg; **in piedi** standing; **a piedi** on foot; **a piedi nudi** barefoot; **su due piedi** (*fig*) at once; **prendere ~** (*fig*) to gain ground, catch on; **sul ~ di guerra** (*Mil*) ready for action; **piede di porco** crowbar

pi'ega, -ghe *sf* (*piegatura, Geo*) fold; (*di gonna*) pleat; (*di pantaloni*) crease; (*grinza*) wrinkle, crease; **prendere una brutta ~** (*fig*) to take a turn for the worse

pie'gare *vt* to fold; (*braccia, gambe, testa*) to bend ⊳ *vi* to bend; **piegarsi** *vpr* to bend; (*fig*): **piegarsi (a)** to yield (to), submit (to)

piegherò *ecc* [pjege'rɔ] *vb vedi* **piegare**

pie'ghevole *ag* pliable, flexible; (*porta*) folding

Pie'monte *sm* **il ~** Piedmont

pi'ena *sf* (*di fiume*) flood, spate

pi'eno, -a *ag* full; (*muro, mattone*) solid ⊳ *sm* (*colmo*) height, peak; (*carico*) full load; **~ di** full of; **in ~ giorno** in broad daylight; **il ~, per favore** (*Aut*) fill it up, please

piercing [ˈpirsiŋ] *sm* piercing; **farsi il ~ all'ombelico** to have one's navel pierced

pietà *sf* pity; (*Rel*) piety; **senza ~** pitiless, merciless; **avere ~ di** (*compassione*) to pity, feel sorry for; (*misericordia*) to have pity on, have mercy on

pie'tanza [pje'tantsa] *sf* dish, course

pie'toso, -a *ag* (*compassionevole*) pitying, compassionate; (*che desta pietà*) pitiful

pi'etra *sf* stone; **pietra preziosa** precious stone, gem

'piffero *sm* (*Mus*) pipe

pigi'ama, -i [pi'dʒama] *sm* pyjamas *pl*

pigli'are [piʎ'ʎare] *vt* to take, grab; (*afferrare*) to catch

'pigna [ˈpiɲɲa] *sf* pine cone

pi'gnolo, -a [piɲ'ɲɔlo] *ag* pernickety

pi'grizia [pi'grittsja] *sf* laziness

'pigro, -a *ag* lazy

PIL *sigla m* (= *prodotto interno lordo*) GDP

'pila *sf* (*catasta, di ponte*) pile; (*Elettr*) battery; (*torcia*) torch (BRIT), flashlight

pi'lastro *sm* pillar

'pile ['pail] *sm inv* fleece

'pillola *sf* pill; **prendere la ~** to be on the pill

pi'lone *sm* (*di ponte*) pier; (*di linea elettrica*) pylon

pi'lota, -i, -e *sm/f* pilot; (*Aut*) driver ⊳ *ag inv* pilot *cpd*; **pilota automatica** automatic pilot

pinaco'teca, -che *sf* art gallery

pi'neta *sf* pinewood

ping-pong [piŋ'pɔŋ] *sm* table tennis

pingu'ino *sm* (*Zool*) penguin

'**pinna** sf (di pesce) fin; (di cetaceo, per nuotare) flipper

'**pino** sm pine (tree);**pi'nolo** sm pine kernel

'**pinza** ['pintsa] sf pliers pl; (Med) forceps pl; (Zool) pincer

pinzette [pin'tsette] sfpl tweezers

pi'**oggia**, **-ge** ['pjɔddʒa] sf rain; **pioggia acida** acid rain

pi'**olo** sm peg; (di scala) rung

piom'**bare** vi to fall heavily; (gettarsi con impeto): **~ su** to fall upon, assail ▶ vt (dente) to fill;**piomba'tura** sf (di dente) filling

piom'**bino** sm (sigillo) (lead) seal; (del filo a piombo) plummet; (Pesca) sinker

pi'**ombo** sm (Chim) lead; **a ~** (cadere) straight down; **senza ~** (benzina) unleaded

pionie're, **-a** sm/f pioneer

pi'**oppo** sm poplar

pi'**overe** vb impers to rain ▶ vi (fig: scendere dall'alto) to rain down; (lettere, regali) to pour into; **pioviggi'nare** vb impers to drizzle;**pio'voso**, **-a** ag rainy

pi'**ovra** sf octopus

pi'**ovve** ecc vb vedi **piovere**

'**pipa** sf pipe

pipì (fam) sf **fare ~** to have a wee (wee)

pipi'**strello** sm (Zool) bat

pi'**ramide** sf pyramid

pi'**rata**, **-i** sm pirate;**pirata della strada** hit-and-run driver;**pirata informatica** hacker

Pire'**nei** smpl i **the** Pyrenees

pi'**romane** sm/f pyromaniac; arsonist

pi'**roscafo** sm steamer, steamship

pisci'**are** [piʃ'ʃare] (fam!) vi to piss (!), pee (!)

pi'**scina** [piʃ'ʃina] sf (swimming) pool; (stabilimento) (swimming) baths pl

pi'**sello** sm pea

piso'**lino** sm nap

'**pista** sf (traccia) track, trail; (di stadio) track; (di pattinaggio) rink; (da sci) run;

(Aer) runway; (di circo) ring;**pista da ballo** dance floor

pis'**tacchio** [pis'takkjo] sm pistachio (tree); pistachio (nut)

pis'**tola** sf pistol, gun

pis'**tone** sm piston

pi'**tone** sm python

pit'**tore**, **-trice** sm/f painter; pitto'**resco**, **-a**, **-schi**, **-sche** ag picturesque

pit'**tura** sf painting;**pittu'rare** vt to paint

più av

1 (in maggiore quantità) more; **più del solito** more than usual; **in più, di più** more; **ne voglio di più** I want some more; **ci sono 3 persone in più** there are 3 more o extra people; **più o meno** more or less; **per di più** (inoltre) what's more, moreover

2 (comparativo) more; (aggettivo corto +) ...er; **più ... di/che** more ... than; **lavoro più di te/Paola** I work harder than you/Paola; **è più intelligente che ricco** he's more intelligent than rich

3 (superlativo) most; (aggettivo corto +) ...est; **il più grande/intelligente** the biggest/most intelligent; **è quello che compro più spesso** that's the one I buy most often; **al più presto** as soon as possible; **al più tardi** at the latest

4 (negazione): **non ... più** no more, no longer; **non ho più soldi** I've got no more money, I don't have any more money; **non lavoro più** I'm no longer working, I don't work any more; **a più non posso** (gridare) at the top of one's voice; (correre) as fast as one can

5 (Mat) plus; **4 più 5 fa 9** 4 plus 5 equals 9; **più 5 gradi** 5 degrees above freezing, plus 5

▶ prep plus

▶ ag inv

1 = **più ... (di)** more ... than); **più**

denaro/tempo more money/time; **più persone di quante ci aspettassimo** more people than we expected **2** (*numerosi, diversi*) several; **l'aspettai per più giorni** I waited for it for several days
▶ *sm*
1 (*la maggior parte*): **il più è fatto** most of it is done **2** (*Mat*) plus (sign) **3** : **i più** the majority

pi'uma *sf* feather; **piu'mino** *sm* (eider)down; (*per letto*) eiderdown; (*: tipo danese*) duvet, continental quilt; (*giacca*) quilted jacket (*with goose-feather padding*); (*per cipria*) powder puff; (*per spolverare*) feather duster

piut'tosto *av* rather; **~ che** (*anziché*) rather than

'pizza ['pittsa] *sf* pizza; **pizze'ria** *sf* place where pizzas are made, sold or eaten

pizzi'care [pittsi'kare] *vt* (*stringere*) to nip, pinch; (*pungere*) to sting; to bite; (*Mus*) to pluck ▶ *vi* (*prudere*) to itch, be itchy; (*cibo*) to be hot o spicy

'pizzico, -chi ['pittsiko] *sm* (*pizzicotto*) pinch, nip; (*piccola quantità*) pinch, dash; (*d'insetto*) sting; bite

pizzi'cotto [pittsi'kotto] *sm* pinch, nip

'pizzo ['pittso] *sm* (*merletto*) lace; (*barbetta*) goatee beard

plagi'are [pla'dʒare] *vt* (*copiare*) to plagiarize

plaid [pled] *sm inv* (*travelling*) rug (*BRIT*), lap robe (*US*)

pla'nare *vi* (*Aer*) to glide

'plasma *sm* plasma

plas'mare *vt* to mould, shape

'plastica, -che *sf* (*arte*) plastic arts *pl*; (*Med*) plastic surgery; (*sostanza*) plastic; **plastica facciale** face lift

'platano *sm* plane tree

pla'tea *sf* (*Teatro*) stalls *pl*

'platino *sm* platinum

plau'sibile *ag* plausible

pleni'lunio *sm* full moon

'plettro *sm* plectrum

pleu'rite *sf* pleurisy

'plico, -chi *sm* (*pacco*) parcel; **in ~ a parte** (*Comm*) under separate cover

plo'tone *sm* (*Mil*) platoon; **plotone d'esecuzione** firing squad

plu'rale *ag, sm* plural

PM *abbr* (*Pol*) = **Pubblico Ministero**; (= *Polizia Militare*) MP (*Military Police*)

pneu'matico, -a, -ci, -che *ag* inflatable; pneumatic ▶ *sm* (*Aut*) tyre (*BRIT*), tire (*US*)

po' *av, sm vedi* **poco**

○ **'poco, -a, -chi, -che**
ag (*quantità*) little, not much; (*numero*) few, not many; **poco pane/denaro/spazio** little o not much bread/money/space; **poche persone/idee** few o not many people/ideas; **ci vediamo tra poco** (*sottinteso: tempo*) see you soon
▶ *av*
1 (*in piccola quantità*) little, not much; (*numero limitato*) few, not many; **guadagna poco** he doesn't earn much, he earns little

2 (*con ag, av*) (a) little, not very; **sta poco bene** he isn't very well; **è poco più vecchia di lui** she's a little o slightly older than him

3 (*tempo*): **poco dopo/prima** shortly afterwards/before; **il film dura poco** the film doesn't last very long; **ci vediamo molto poco** we don't see each other very often, we hardly ever see each other

4 : **un po'** a little, a bit; **è un po' corto** it's a little o a bit short; **arriverà fra un po'** he'll arrive shortly o in a little while

5 : **a dir poco** to say the least; **a poco a poco** little by little; **per poco non cadevo** I nearly fell; **è una cosa da poco** it's nothing, it's of no importance; **una persona da poco** a worthless person

▶ *pron* (a) little

po'dere *sm* (*Agr*) farm

'podio *sm* dais, platform; (*Mus*) podium

po'dismo *sm* (*Sport*) track events *pl*

poe'sia *sf* (*arte*) poetry; (*componimento*) poem

po'eta, -'essa *sm/f* poet/poetess

poggi'are [pod'dʒare] *vt* to lean, rest; (*posare*) to lay, place; **poggia'testa** *inv* (*Aut*) headrest

'poggio ['pɔddʒo] *sm* hillock, knoll

'poi *av* then; (*alla fine*) finally, at last; **e ~** (*inoltre*) and besides; **questa ~ (è bella)!** (*ironico*) that's a good one!

poiché [poi'ke] *cong* since, as

'poker *sm* poker

po'lacco, -a, -chi, -che *ag* Polish ▶ *sm/f* Pole

po'lare *ag* polar

po'lemica, -che *sf* controversy

po'lemico, -a, -ci, -che *ag* polemic(al), controversial

po'lenta *sf* (*Cuc*) sort of thick porridge made with maize flour

'polio(mie'lite) *sf* polio(myelitis)

'polipo *sm* polyp

polisti'rolo *sm* polystyrene

po'litica, -che *sf* politics *sg*; (*linea di condotta*) policy; (*anche*: **politico**); **politica'mente** *av* politically; **politicamente corretto** politically correct

po'litico, -a, -ci, -che *ag* political ▶ *sm/f* politician

poli'zia [poli'tsia] *sf* police; **polizia giudiziaria** = Criminal Investigation Department (*BRIT*), ≈ Federal Bureau of Investigation (US); **polizia stradale** traffic police; **polizi'esco, -a, -schi, -sche** *ag* police *cpd*; (*film, romanzo*) detective *cpd*; **polizi'otto** *sm* policeman; **cane poliziotto** police dog; **donna poliziotto** policewoman; **poliziotto di quartiere** local police

officer

● **polizia di stato**
● The function of the **polizia di stato**
● is to maintain public order, to
● uphold the law and prevent and
● investigate crime. They are a civil
● body, reporting to the Minister of
● the Interior.

'polizza ['pɔlittsa] *sf* (*Comm*) bill; **~ di assicurazione** insurance policy; **polizza di carico** bill of lading

pol'laio *sm* henhouse

'pollice ['pollitʃe] *sm* thumb

'polline *sm* pollen

'pollo *sm* chicken

pol'mone *sm* lung; **polmone d'acciaio** (*Med*) iron lung; **polmo'nite** *sf* pneumonia; **polmonite atipica** SARS

'polo *sm* (*Geo, Fisica*) pole; (*gioco*) polo; **polo nord/sud** North/South Pole

Po'lonia *sf* la ~ Poland

'polpa *sf* flesh, pulp; (*carne*) lean meat

pol'paccio [pol'pattʃo] *sm* (*Anat*) calf

polpas'trello *sm* fingertip

pol'petta *sf* (*Cuc*) meatball

'polpo *sm* octopus

pol'sino *sm* cuff

'polso *sm* (*Anat*) wrist; (*pulsazione*) pulse; (*fig: forza*) drive, vigour

pol'trire *vi* to laze about

pol'trona *sf* armchair; (*Teatro: posto*) seat in the front stalls (*BRIT*) o orchestra (US)

'polvere *sf* dust; (*sostanza ridotta minutissima*) powder, dust; **latte in ~** dried o powdered milk; **caffè in ~** instant coffee; **sapone in ~** soap powder; **polvere da sparo/pirica** gunpowder

po'mata *sf* ointment, cream

po'mello *sm* knob

pome'riggio [pome'riddʒo] *sm* afternoon

'pomice ['pomitʃe] *sf* pumice

'**pomo** sm (mela) apple; (ornamentale) knob; (di sella) pommel; **pomo d'Adamo** (Anat) Adam's apple

pomo'doro sm tomato; **pomodori pelati** skinned tomatoes

'**pompa** sf pump; (sfarzo) pomp (and ceremony); **pompe funebri** funeral parlour sg (BRIT), undertaker's sg; **pompa di benzina** petrol (BRIT) o gas (US) pump; (distributore) filling o gas (US) station; **pom'pare** vt to pump; (trarre) to pump out; (gonfiare d'aria) to pump up

pom'pelmo sm grapefruit
pompi'ere sm fireman
po'nente sm west
pongo, poni ecc vb vedi **porre**
'**ponte** sm bridge; (di nave) deck; (: anche - **di comando**) bridge; (impalcatura) scaffold; **fare il ~** (fig) to take the extra day off (between 2 public holidays); **governo ~** interim government; **ponte aereo** airlift; **ponte levatoio** drawbridge; **ponte sospeso** suspension bridge
pon'tefice [pon'tefitʃe] sm (Rel) pontiff

'**popcorn** ['pɔpkɔːn] sm inv popcorn
popo'lare ag popular; (quartiere, clientela) working-class ▶ vt (rendere abitato) to populate; **popolarsi** vpr to fill with people, get crowded; **popolazi'one** sf population
'**popolo** sm people
'**poppa** sf (di nave) stern; (seno) breast
porcel'lana [portʃel'lana] sf porcelain, china; piece of china
porcel'lino, -a [portʃel'lino] sm/f piglet; **porcellino d'India** guinea pig
porche'ria [porke'ria] sf filth, muck; (fig: oscenità) obscenity; (: azione disonesta) dirty trick; (: cosa mal fatta) rubbish
por'cile [por'tʃile] sm pigsty
por'cino, -a [por'tʃino] ag of pigs,

pork cpd ▶ sm (fungo) type of edible mushroom

'**porco, -ci** sm pig; (carne) pork
porcos'pino sm porcupine
'porgere ['pɔrdʒere] vt to hand, give; (tendere) to hold out

pornogra'fia sf pornography; **porno'grafico, -a, -ci, -che** ag pornographic
'**poro** sm pore
'porpora sf purple
'porre vt (mettere) to put; (collocare) to place; (posare) to lay (down), put (down); (fig: supporre): **poniamo (il caso) che ...** let's suppose that ...
'**porro** sm (Bot) leek; (Med) wart
'**porsi** ecc vb vedi **porgere**
'**porta** sf door; (Sport) goal; **porta'bagagli** sm inv (facchino) porter; (Aut, Ferr) luggage rack; **porta-CD** [portatʃi'di] sm inv (mobile) CD rack; (astuccio) CD holder; **porta'cenere** sm inv ashtray; **portachi'avi** sm inv keyring; **porta'erei** sf inv (nave) aircraft carrier; **portafi'nestra** (pl **portefi'nestre**) sf French window; **porta'foglio** sm wallet; (Pol, Borsa) portfolio; **non trovo il portafoglio** I can't find my wallet; **portafor'tuna** sm inv lucky charm; mascot
por'tale sm (di chiesa, Inform) portal
porta'mento sm carriage, bearing
portamo'nete sm inv purse
por'tante ag (muro ecc) supporting, load-bearing
portan'tina sf sedan chair; (per ammalati) stretcher
portaom'brelli sm inv umbrella stand
porta'pacchi [porta'pakki] sm inv (di moto, bicicletta) luggage rack
por'tare vt (sostenere, sorreggere: peso, bambino, pacco) to carry; (indossare: abito, occhiali) to wear; (: capelli lunghi) to have; (avere: nome, titolo) to

have, bear; (recare): **~ qc a qn** to take
(o bring) sth to sb; (fig: sentimenti)
to bear

portasiga'rette sm inv cigarette case

por'tata sf (vivanda) course; (Aut)
carrying (o loading) capacity; (di
arma) range; (volume d'acqua) (rate of)
flow; (fig: limite) scope, capability; (di
importanza) impact, import; **alla ~ di
tutti** (conoscenza) within everybody's
capabilities; (prezzo) within
everybody's means; **a/fuori ~ (di)**
within/out of reach (of); **a ~ di mano**
within (arm's) reach

por'tatile ag portable

por'tato, -a ag (incline): **~ a** inclined
o apt to

portau'ovo sm inv eggcup

porta'voce [porta'votʃe] sm/f inv
spokesman/woman

por'tento sm wonder, marvel

porti'era sf (Aut) door

porti'ere sm (portinaio) concierge,
caretaker; (di hotel) porter; (nel calcio)
goalkeeper

porti'naio, -a sm/f concierge,
caretaker

portine'ria sf caretaker's lodge

'porto, -a pp di **porgere** ▶ sm (Naut)
harbour, port ▶ sm inv port (wine);
porto d'armi (documento) gun licence

Porto'gallo sm il ~ Portugal;
porto'ghese ag, sm/f, sm Portuguese
inv

por'tone sm main entrance, main
door

portu'ale ag harbour cpd, port cpd
▶ sm dock worker

porzi'one [por'tsjone] sf portion,
share; (di cibo) portion, helping

'posa sf (Fot) exposure; (atteggiamento,
di modello) pose

po'sare vt to put (down), lay (down)
▶ vi (ponte, edificio, teoria): **~ su** to rest
on; (Fot: atteggiarsi) to pose **posarsi**

vpr (aereo) to land; (uccello) to alight;
(sguardo) to settle

po'sata sf piece of cutlery

pos'critto sm postscript

'posi ecc vb vedi **porre**

posi'tivo, -a ag positive

posizi'one [pozit'tsjone] sf position;
prendere ~ (fig) to take a stand; **luci di
~** (Aut) sidelights

pos'porre vt to place after; (differire)
to postpone, defer

posse'dere vt to own, possess;
(qualità, virtù) to have, possess

posses'sivo, -a ag possessive

pos'sesso sm ownership no pl;
possession

posses'sore sm owner

pos'sibile ag possible ▶ sm **fare tutto
il ~** to do everything possible; **nei
limiti del ~** as far as possible; **al più
tardi ~** as late as possible **possibilità**
sf inv possibility ▶ sfpl (mezzi) means;
aver la possibilità di fare to be
in a position to do; to have the
opportunity to do

possi'dente sm/f landowner

pos'siedo ecc vb vedi **possedere**

'posso ecc vb vedi **potere**

'posta sf (servizio) post, postal
service; (corrispondenza) post,
mail; (ufficio postale) post office;
(nei giochi d'azzardo) stake; **Poste**
sfpl (amministrazione) post office;
c'è ~ per me? are there any letters
for me?; **ministro delle Poste e
Telecomunicazioni** Postmaster
General; **posta aerea** airmail; **posta
elettronica** E-mail, e-mail; **electronic
mail; posta ordinaria** ≈ second-class
mail; **posta prioritaria** ≈ first-class
post; **pos'tale** ag postal, post
office cpd

posteggi'are [posted'dʒare] vt, vi to
park; **pos'teggio** sm car park (BRIT),
parking lot (US); (di taxi) rank (BRIT),

stand (US)

'poster sm inv poster

posteri'ore ag (dietro) back; (dopo) later ▶ sm: **posteriori** smpl: **a posteriori** (fig) after the event

postici'pare [postitʃi'pare] vt to defer, postpone

pos'tino sm postman (BRIT), mailman (US)

'posto, -a pp di **porre** ▶ sm (sito, posizione) place; (impiego) job; (spazio libero) room, space; (di parcheggio) space; (sedile: al teatro, in treno ecc) seat; (Mil) post; **a ~** (in ordine) in place, tidy; (fig) settled; (: persona) reliable; **vorrei prenotare due posti** I'd like to book two seats; **al ~ di** in place of; **sul ~** on the spot; **mettere a ~** to tidy (up), put in order; (faccende) to straighten out; **posto di blocco** roadblock; **posto di lavoro** job; **posti in piedi** (in teatro, in autobus) standing room; **posto di polizia** police station

po'tabile ag drinkable; **acqua ~** drinking water

po'tare vt to prune

po'tassio sm potassium

po'tente ag (nazione) strong, powerful; (veleno, farmaco) potent, strong; **po'tenza** sf power; (forza) strength

potenzi'ale [poten'tsjale] ag, sm potential

○ **po'tere**

   sm power; **al potere** (partito ecc) in power; **potere d'acquisto** purchasing power

▶ vb aus

1 (essere in grado di) can, to be able to; **non ha potuto ripararlo** he couldn't o he wasn't able to repair it; **non è potuto venire** he couldn't o he wasn't able to come; **spiacente di non poter aiutare** sorry not to be able to help

2 (avere il permesso) can, may, to be allowed to; **posso entrare?** can o may I

come in?; **si può sapere dove sei stato?** where on earth have you been?

3 (eventualità) may, might, could; **potrebbe essere vero** it might o could be true; **può aver avuto un incidente** he may o might o could have had an accident; **può darsi** perhaps; **può darsi o essere che non venga** he may o might not come

4 (augurio): **potessi almeno parlargli!** if only I could speak to him!

5 (suggerimento): **potresti almeno scusarti!** you could at least apologize! ▶ vt can, to be able to; **può molto per noi** he can do a lot for us; **non ne posso più** (per stanchezza) I'm exhausted; (per rabbia) I can't take any more

potrò ecc vb vedi **potere**

'povero, -a ag poor; (disadorno) plain, bare ▶ sm/f poor man/woman; **i poveri** the poor; **~ di** lacking in, having little; **povertà** sf poverty

poz'zanghera [pot'tsangera] sf puddle

'pozzo ['pottso] sm well; (cava: di carbone) pit; (di miniera) shaft; **pozzo petrolifero** oil well

P.R.A. sm sigla m (= Pubblico Registro Automobilistico) ≈ DVLA

pran'zare [pran'dzare] vi to dine, have dinner; to lunch, have lunch

'pranzo ['prandzo] sm dinner; (a mezzogiorno) lunch

'prassi sf usual procedure

'pratica, -che sf practice; (esperienza) experience; (conoscenza) knowledge, familiarity; (tirocinio) training, (Amm: affare) matter, case; (: incartamento) file, dossier; **in ~** (praticamente) in practice; **mettere in ~** to put into practice

prati'cabile ag (progetto) practicable, feasible; (luogo) passable, practicable

pratica'mente av (in modo pratico) in a practical way, practically; (quasi) practically, almost

prati'care vt to practise; (Sport: tennis ecc) to play; (: nuoto, scherma ecc) to go in for; (eseguire: apertura, buco) to make; **~ uno sconto** to give a discount

'pratico, -a, -ci, -che ag practical; **~ di** (esperto) experienced o skilled in; (familiare) familiar with

'prato sm meadow; (di giardino) lawn

preav'viso sm notice; **telefonata con ~** personal o person to person call

pre'cario, -a ag precarious; (Ins) temporary

precauzi'one [prekaut'tsjone] sf caution, care; (misura) precaution

prece'dente [pretʃe'dɛnte] ag previous ▸ sm precedent; **il discorso/film ~** the previous o preceding speech/film; **senza precedenti** unprecedented; **precedenti penali** criminal record sg; **prece'denza** sf priority, precedence; (Aut) right of way

pre'cedere [pre'tʃɛdere] vt to precede, go o come before

precipi'tare [pretʃipi'tare] vi (cadere) to fall headlong; (fig: situazione) to get out of control ▸ vt (gettare dall'alto in basso) to hurl, fling; (fig: affrettare) to rush; **precipitarsi** vpr (gettarsi) to hurl o fling o.s.; (affrettarsi) to rush; **precipi'toso, -a** ag (caduta, fuga) headlong; (fig: avventato) rash, reckless; (: affrettato) hasty, rushed

preci'pizio [pretʃi'pittsjo] sm precipice; **a ~** (fig: correre) headlong

precisa'mente [pretʃiza'mente] av (gen) precisely; (con esattezza) exactly

preci'sare [pretʃi'zare] vt to state, specify; (spiegare) to explain (in detail)

precisi'one [pretʃi'zjone] sf precision, accuracy

pre'ciso, -a ag (esatto) precise; (accurato) accurate, precise;

(deciso: idee) precise, definite; (uguale): **2 vestiti precisi** 2 dresses exactly the same; **sono le 9 precise** it's exactly 9 o'clock

pre'cludere vt to block, obstruct

pre'coce [pre'kɔtʃe] ag early; (bambino) precocious; (vecchiaia) premature

precon'cetto [prekon'tʃetto] sm preconceived idea, prejudice

precur'sore sm forerunner, precursor

'preda sf (bottino) booty; (animale, fig) prey; **essere ~ di** to fall prey to; **essere in ~ a** to be prey to

'predica, -che sf sermon; (fig) lecture, talking-to

predi'care vt, vi to preach

predi'cato sm (Ling) predicate

predi'letto, -a pp di **prediligere** ▸ ag, sm/f favourite

predi'ligere [predi'lidʒere] vt to prefer, have a preference for

pre'dire vt to foretell, predict

predis'porre vt to get ready, prepare; **~ qn a qc** to predispose sb to sth

predizi'one [predit'tsjone] sf prediction

prefazi'one [prefat'tsjone] sf preface, foreword

prefe'renza [prefe'rɛntsa] sf preference

prefe'rire vt to prefer, like better; **~ il caffè al tè** to prefer coffee to tea, like coffee better than tea

pre'figgersi [pre'fiddʒersi] vpr **~ uno scopo** to set o.s. a goal

pre'fisso, -a pp di **prefiggere** ▸ sm (Ling) prefix; (Tel) dialling (BRIT) o dial (US) code; **qual è il ~ telefonico di Londra?** what is the dialling code for London?

pre'gare vi to pray ▸ vt (Rel) to pray to; (implorare) to beg; (chiedere): **~ qn di fare** to ask sb to do; **farsi ~** to need coaxing o persuading

pre'gevole [pre'dʒevole] ag valuable

preghe'rò ecc [pregeˈrɔ] vb vedi **pregare**

preghi'era [preˈgjɛra] sf (Rel) prayer; (domanda) request

pregi'ato, -a [preˈdʒato] ag (di valore) valuable; **vino** ~ vintage wine

'pregio [ˈprɛdʒo] sm (stima) esteem, regard; (qualità) (good) quality, merit; (valore) value, worth

pregiudi'care [predʒudiˈkare] vt to prejudice, harm, be detrimental to

pregiu'dizio [preduˈdittsjo] sm (idea errata) prejudice; (danno) harm no pl

'prego escl (a chi ringrazia) don't mention it!; (invitando qn ad accomodarsi) please sit down!; (invitando qn ad andare prima) after you!

pregus'tare vt to look forward to

prele'vare vt (denaro) to withdraw; (campione) to take; (polizia) to take, capture

preli'evo sm (di denaro) withdrawal; (Med): **fare un ~ (di)** to take a sample (of); **prelievo di sangue**: **fare un ~ di sangue** to take a blood sample

prelimi'nare ag preliminary

'premere vt to press ▶ vi ~ **su** to press down on; (fig) to put pressure on; ~ **a** (fig: importare) to matter to

pre'mettere vt to put before; (dire prima) to start by saying, state first

premi'are vt to give a prize to; (fig: merito, onestà) to reward

premiazi'one [premjatˈtsjone] sf prize giving

'premio sm prize; (ricompensa) reward; (Comm) premium; (Amm: indennità) bonus

pre'misi ecc vb vedi **premettere**

premu'nirsi vpr ~ **di** to provide o.s. with; ~ **contro** to protect o.s. from, guard o.s. against

pre'mura sf (fretta) haste, hurry; (riguardo) attention, care; **premure** sfpl (attenzioni, cure) care sg; **aver ~** to

be in a hurry; **far ~ a qn** to hurry sb; **usare ogni ~ nei riguardi di qn** to be very attentive to sb; **premu'roso, -a** ag thoughtful, considerate

'prendere vt to take; (andare a prendere) to get, fetch; (ottenere) to get; (guadagnare) to get, earn; (catturare: ladro, pesce) to catch; (collaboratore, dipendente) to take on; (passeggero) to pick up; (chiedere: somma, prezzo) to charge, ask; (trattare: persona) to handle ▶ vi (colla, cemento) to set; (pianta) to take; (fuoco: nel camino) to catch; (voltare): ~ **a destra** to turn (to the) right; **prendersi** vpr (azzuffarsi): **prendersi a pugni** to come to blows; **dove si prende il traghetto per...** where do we get the ferry to ...; **prendi qualcosa?** (da bere, da mangiare) would you like something to eat (o drink)?; **prendo un caffè** I'll have a coffee; ~ **qn/qc per** (scambiare) to take sb/sth for; ~ **fuoco** to catch fire; ~ **parte a** to take part in; **prendersi cura di qn/qc** to look after sb/sth; **prendersela** (adirarsi) to get annoyed; (preoccuparsi) to get upset, worry

preno'tare vt to book, reserve; **vorrei ~ una camera doppia** I'd like to book a double room; **ho prenotato un tavolo al nome di ...** I booked a table in the name of ...; **prenotazi'one** sf booking, reservation; **ho confermato la prenotazione per fax/e-mail** I confirmed my booking by fax/e-mail

preoccu'pare vt to worry; to preoccupy; **preoccuparsi** vpr **preoccuparsi di qn/qc** to worry about sb/sth; **preoccuparsi per qn** to be anxious for sb; **preoccupazi'one** sf worry, anxiety

prepa'rare vt to prepare; (esame, concorso) to prepare for; **prepararsi** vpr (vestirsi) to get ready; **prepararsi**

a qc/a fare to get ready o prepare (o.s.) for sth/to do; ~ **da mangiare** to prepare a meal; **prepara'tivi** smpl preparations

preposizi'one [prepozit'tsjone] sf (Ling) preposition

prepo'tente ag (persona) domineering, arrogant; (bisogno, desiderio) overwhelming, pressing ▶ sm/f bully

'**presa** sf taking no pl; catching no pl; (di città) capture; (indurimento: di cemento) setting; (appiglio, Sport) hold; (di acqua, gas) (supply) point; (piccola quantità: di sale ecc) pinch; (Carte) trick; **far ~** (colla) to set; **far ~ sul pubblico** to catch the public's imagination; **essere alle prese con** (fig) to be struggling with; **presa d'aria** air inlet; **presa (di corrente)** (Elettr) socket; (: al muro) point

pre'sagio [pre'zadʒo] sm omen

'**presbite** ag long-sighted

pres'crivere vt to prescribe

'**prese** ecc vb vedi **prendere**

presen'tare vt to present; (far conoscere): ~ **qn (a)** to introduce sb (to); (Amm: inoltrare) to submit; **presentarsi** vpr (recarsi, farsi vedere) to present o.s., appear; (farsi conoscere) to introduce o.s.; (occasione) to arise; **presentarsi come candidato** (Pol) to stand as a candidate; **presentarsi bene/male** to have a good/poor appearance

pre'sente ag present; (questo) this ▶ sm present; **i presenti** those present; **aver ~ qc/qn** to remember sth/sb; **presenti** (persone) people present; **aver ~ qc/qn** to remember sth/sb; **tenere ~ qn/qc** to keep sth/sb in mind

presenti'mento sm premonition

pre'senza [pre'zɛntsa] sf presence; (aspetto esteriore) appearance;

presenza di spirito presence of mind

pre'sepio, pre'sepe sm crib

preser'vare vt to protect; to save; **preserva'tivo** sm sheath, condom

'**presi** ecc vb vedi **prendere**

pre'side sm/f (Ins) head (teacher) (BRIT), principal (US); (di facoltà universitaria) dean; **preside di facoltà** (Univ) dean of faculty

presi'dente sm (Pol) president; (di assemblea, Comm) chairman; **presidente del consiglio** prime minister

presi'edere vt to preside over ▶ vi ~ **a** to direct, be in charge of

pressap'poco av about, roughly

pres'sare vt to press

pressi'one sf pressure; **far ~ su qn** to put pressure on sb; **pressione sanguigna** blood pressure; **pressione atmosferica** atmospheric pressure

'**presso** av (vicino) nearby, close at hand ▶ prep (vicino a) near; (accanto a) beside, next to; (in casa di): ~ **qn** at sb's home; (nelle lettere) care of, c/o; (alle dipendenze di): **lavora ~ di noi** he works for o with us ▶ smpl **nei pressi di** near, in the vicinity of

pres'tante ag good-looking

pres'tare vt ~ (qc a qn) to lend (sb sth o sth to sb); **prestarsi** vpr (offrirsi): **prestarsi a fare** to offer to do; (essere adatto): **prestarsi a** to lend itself to, be suitable for; **mi può ~ dei soldi?** can you lend me some money?; ~ **aiuto** to lend a hand; ~ **attenzione** to pay attention; ~ **fede a qc/qn** to give credence to sth/sb; ~ **orecchio** to listen; **prestazi'one** sf (Tecn, Sport) performance

prestigia'tore, -'trice [prestidʒa'tore] sm/f conjurer

pres'tigio [pres'tidʒo] sm (fama) prestige; (illusione): **gioco di ~**

conjuring trick

'prestito sm lending no pl; loan; **dar in ~ to** lend; **prendere in ~** to borrow

'presto av (tra poco) soon; (in fretta) quickly; (di buon'ora) early; **a ~** see you soon; **fare ~ a fare qc** to hurry up and do sth; (non costare fatica) to have no trouble doing sth; **si fa ~ a criticare** it's easy to criticize

pre'sumere vt to presume, assume

pre'sunsi ecc vb vedi **presumere**

presuntu'oso, -a ag presumptuous

presunzi'one [prezun'tsjone] sf presumption

'prete sm priest

preten'dente sm/f pretender ▶ sm (corteggiatore) suitor

pre'tendere vt (esigere) to demand, require; (sostenere) : **~ che** to claim that; **pretende di aver sempre ragione** he thinks he's always right ▌Attenzione! In inglese esiste il verbo *to pretend*, che però significa *far finta*.

pre'tesa sf (esigenza) claim, demand; (presunzione, sfarzo) pretentiousness; **senza pretese** unpretentious

pre'testo sm pretext, excuse

preva'lere vi to prevail

preve'dere vt (indovinare) to foresee; (presagire) to foretell; (considerare) to make provision for

preve'nire vt (anticipare) to forestall; to anticipate; (evitare) to avoid, prevent

preven'tivo, -a ag preventive ▶ sm (Comm) estimate

prevenzi'one [preven'tsjone] sf prevention; (preconcetto) prejudice

previ'dente ag showing foresight, prudent; **previ'denza** sf foresight; **istituto di previdenza** provident institution; **previdenza sociale** social security (BRIT), welfare (US)

pre'vidi ecc vb vedi **prevedere**

previsi'one sf forecast, prediction; **previsioni meteorologiche** weather forecast sg; **previsioni del tempo** weather forecast sg

pre'visto, -a pp di **prevedere** ▶ sm **più/meno del ~** more/less than expected

prezi'oso, -a [pret'tsjoso] ag precious; invaluable ▶ sm jewel; valuable

prez'zemolo [pret'tsemolo] sm parsley

'prezzo ['prettso] sm price; **prezzo d'acquisto/di vendita** buying/selling price

prigi'one [pri'dʒone] sf prison; **prigioni'ero, -a** ag captive ▶ sm/f prisoner

'prima sf (Teatro) first night; (Cinema) première; (Aut) first gear; vedi anche **primo** ▶ av before; (in anticipo) in advance, beforehand; (per l'addietro) at one time, formerly; (più presto) sooner, earlier; (in primo luogo) first ▶ cong : **~ di fare/che parta** before doing/he leaves; **~ di** before; **~ o poi** sooner or later

pri'mario, -a ag primary; (principale) chief, leading, primary ▶ sm (Med) chief physician

prima'tista, -i, -e sm/f (Sport) record holder

pri'mato sm supremacy; (Sport) record

prima'vera sf spring

primi'tivo, -a ag primitive; original

pri'mizie [pri'mittsje] sfpl early produce sg

'primo, -a ag first; (fig) initial; basic; prime ▶ sm/f first (one) ▶ sm (Cuc) first course; (in date): **il ~ luglio** the first of July; **le prime ore del mattino** the early hours of the morning; **ai primi di maggio** at the beginning of May; **viaggiare in prima** to travel first-class; **in ~ luogo** first of all, in the first place; **di prim'ordine** o **prima qualità**

first-class, first-rate; **in un ~ tempo** at first; **prima donna** leading lady; *(di opera lirica)* prima donna

primordi'ale *ag* primordial

'primula *sf* primrose

princi'pale [printʃi'pale] *ag* main, principal ▶ *sm* manager, boss

principal'mente [printʃipal'mente] *av* mainly, principally

'principe ['printʃipe] *sm* prince; **principe ereditario** crown prince; **princi'pessa** *sf* princess

principi'ante [printʃi'pjante] *sm/f* beginner

prin'cipio [prin'tʃipjo] *sm* (inizio) beginning, start; *(origine)* origin, cause; *(concetto, norma)* principle; **al ~** = at first; **per ~** on principle; **principi** *smpl* (concetti fondamentali) principles; **una questione di ~** a matter of principle

priorità *sf* priority

priori'tario, -a *ag* having priority, of utmost importance

pri'vare *vt*: **~ qn di** to deprive sb of; **privarsi di** to go o do without

pri'vato, -a *ag* private ▶ *sm/f* private citizen; **in ~** in private

privile'giare [privile'dʒare] *vt* to grant a privilege to

privilegi'ato, -a [privile'dʒato] *ag* (individuo, classe) privileged; *(trattamento, Comm: credito)* preferential; **azioni ~e** preference shares *(BRIT)*, preferred stock *(US)*

privi'legio [privi'lɛdʒo] *sm* privilege

'privo, -a *ag*: **~ di** without, lacking

pro *prep* for, on behalf of ▶ *sm inv* (utilità) advantage, benefit; **a che ~?** what's the use?; **il ~ e il contro** the pros and cons

pro'babile *ag* probable, likely; **probabilità** *sf inv* probability

probabil'mente *av* probably

pro'blema, -i *sm* problem

pro'boscide [pro'bɔʃʃide] *sf* (di elefante) trunk

pro'cedere [pro'tʃɛdere] *vi* to proceed; *(comportarsi)* to behave; *(iniziare)*: **~ a** to start; **~ contro** *(Dir)* to start legal proceedings against; **proce'dura** *sf* (Dir) procedure

proces'sare [protʃes'sare] *vt* (Dir) to try

processi'one [protʃes'sjone] *sf* procession

pro'cesso [pro'tʃɛsso] *sm* (Dir) trial; **proceedings** *pl*; *(metodo)* process

pro'cinto [pro'tʃinto] *sm* **in ~ di fare** about to do, on the point of doing

procla'mare *vt* to proclaim

procre'are *vt* to procreate

procu'rare *vt*: **~ qc a qn** *(fornire)* to get o obtain sth for sb; *(causare: noie ecc)* to bring o give sb sth

pro'digio [pro'didʒo] *sm* marvel, wonder; *(persona)* prodigy

pro'dotto, -a *pp di* **produrre** ▶ *sm* product; **prodotti agricoli** farm produce *sg*

pro'duco *ecc vb vedi* **produrre**

pro'durre *vt* to produce

pro'dussi *ecc vb vedi* **produrre**

produzi'one *sf* production; *(rendimento)* output

Prof. *abbr* (= professore) Prof

profa'nare *vt* to desecrate

profes'sare *vt* to profess; *(medicina ecc)* to practise

professio'nale *ag* professional

professi'one *sf* profession; **professio'nista, -i, -e** *sm/f* professional

profes'sore, -'essa *sm/f* (Ins) teacher; *(: di università)* lecturer; *(: titolare di cattedra)* professor

pro'filo *sm* profile; *(breve descrizione)* sketch, outline; **di ~** in profile

pro'fitto *sm* advantage, profit, benefit; *(fig: progresso)* progress;

(Comm) profit
profondità sf inv depth
pro'fondo, -a ag deep; (rancore, meditazione) profound ▶ sm depth(s pl), bottom; **quanto è profonda l'acqua?** how deep is the water?; **~8 metri** 8 metres deep
'profugo, -a, -ghi, -ghe sm/f refugee
profu'mare vt to perfume ▶ vi to be fragrant; **profumarsi** vpr to put on perfume o scent
profu'mato, -a ag (fiore, aria) fragrant; (fazzoletto, saponetta) scented; (pelle) sweet-smelling; (persona) with perfume on
profume'ria sf perfumery; (negozio) perfume shop
pro'fumo sm (prodotto) perfume, scent; (fragranza) scent, fragrance
proget'tare vt (edificio) to plan, design; **pro'getto** sm plan; (idea) plan, project; **progetto di legge** bill
pro'gramma, -i sm programme; (TV, Radio) programmes pl; (Ins) syllabus, curriculum; (Inform) program
program'mare vt (TV, Radio) to put on; (Inform) to program; (Econ) to plan; **programma'tore, -'trice** sm/f (Inform) computer programmer
progre'dire vi to progress, make progress
pro'gresso sm progress no pl; **fare progressi** to make progress
proi'bire vt to forbid, prohibit
proiet'tare vt (gen, Geom, Cinema) to project; (: presentare) to show, screen; (luce, ombra) to throw, cast, project; **proi'ettile** sm projectile, bullet (o shell ecc); **proiet'tore** sm (Cinema) projector; (Aut) headlamp; (Mil) searchlight; **proiezi'one** sf (Cinema) projection; showing
prolife'rare vi (fig) to proliferate
pro'lunga, -ghe sf (di cavo ecc)

extension
prolun'gare vt (discorso, attesa) to prolong; (linea, termine) to extend
prome'moria sm inv memorandum
pro'messa sf promise
pro'mettere vt to promise ▶ vi to be o look promising; **~ a qn di fare** to promise sb that one will do
promi'nente ag prominent
pro'misi ecc vb vedi **promettere**
promon'torio sm promontory, headland
promozi'one [promot'tsjone] sf promotion
promu'overe vt to promote
proni'pote sm/f (di nonni) great-grandchild, great-grandson/granddaughter; (di zii) great-nephew/niece
pro'nome sm (Ling) pronoun
pron'tezza [pron'tettsa] sf readiness; quickness, promptness
'pronto, -a ag ready; (rapido) fast, quick, prompt; **quando saranno pronte le mie foto?** when will my photos be ready?; **~!** (Tel) hello!; **~ all'ira** quick-tempered; **pronto soccorso** (cure) first aid; (reparto) A&E (BRIT), ER (US)
prontu'ario sm manual, handbook
pro'nuncia [pro'nuntʃa] sf pronunciation
pronunci'are [pronun'tʃare] vt (parola, sentenza) to pronounce; (dire) to utter; (discorso) to deliver; **come si pronuncia?** how do you pronounce it?
propa'ganda sf propaganda
pro'pendere vi **~ per** to favour, lean towards
propi'nare vt to administer
pro'porre vt (suggerire): **~ qc (a qn)** to suggest sth (to sb); (candidato) to put forward; (legge, brindisi) to propose; **~ di fare** to suggest o propose doing;

proporsi di fare to propose o intend to do; **proporsi una meta** to set o.s. a goal

proporzio'nale [proportsjo'nale] *ag* proportional

proporzi'one [propor'tsjone] *sf* proportion; **in ~ a** in proportion to:**proporzioni** *sfpl (dimensioni)* proportions; **di vaste proporzioni** huge

pro'posito *sm (intenzione)* intention, aim; *(argomento)* subject, matter; **a ~ di** regarding, with regard to; **di ~** *(apposta)* deliberately, on purpose; **a ~** by the way; **capitare a ~** *(cosa, persona)* to turn up at the right time

proposizi'one [propozit'tsjone] *sf (Ling)* clause; *(: concetto)* sentence

pro'posta *sf* proposal; *(suggerimento)* suggestion:**proposta di legge** bill

proprietà *sf inv (ciò che si possiede)* property *gen no pl,* estate; *(caratteristica)* property; *(correttezza)* correctness:**proprietà privata** private property:**proprie'tario, -a** *sm/f* owner; *(di albergo ecc)* proprietor, owner; *(per l'inquilino)* landlord/lady

'proprio, -a *ag (possessivo)* own's; *(: impersonale)* one's; *(esatto)* exact, correct, proper; *(senso, significato)* literal; *(Ling: nome)* proper; *(particolare)*: **~ di** characteristic of, peculiar to ▸ *av (precisamente)* just, exactly; *(davvero)* really; *(affatto)*: **non ... ~** not ... at all; **l'ha visto con i (suoi) propri occhi** he saw it with his own eyes

proro'gare *vt* to extend; *(differire)* to postpone, defer

'prosa *sf* prose

pro'sciogliere [proʃʃɔʎʎere] *vt* to release; *(Dir)* to acquit

prosciu'gare [proʃu'gare] *vt (terreni)* to drain, reclaim:**prosciugarsi** *vpr* to dry up

prosci'utto [proʃʃutto] *sm* ham; **prosciutto cotto/crudo** cooked/cured ham

prosegui'mento *sm* continuation; **buon ~!** all the best!; *(a chi viaggia)* enjoy the rest of your journey!

prosegu'ire *vt* to carry on with, continue ▸ *vi* to carry on, go on

prospe'rare *vi* to thrive

prospet'tare *vt (esporre)* to point out, show:**prospettarsi** *vpr* to look, appear

prospet'tiva *sf (Arte)* perspective; *(veduta)* view; *(fig: previsione, possibilità)* prospect

pros'petto *sm (Disegno)* elevation; *(veduta)* view, prospect; *(facciata)* façade, front; *(tabella)* table; *(sommario)* summary:**prospetto informativo** prospectus

prossimità *sf* nearness, proximity; **in ~ di** near (to), close to

'prossimo, -a *ag (vicino)*: **~ a** near (to), close to; *(che viene subito dopo)* next; *(parente)* close ▸ *sm* neighbour, fellow man

prostitu'irsi *vpr* to prostitute o.s.

prosti'tuta *sf* prostitute

protago'nista, -i, -e *sm/f* protagonist

pro'teggere [pro'teddʒere] *vt* to protect

prote'ina *sf* protein

pro'tendere *vt* to stretch out

pro'testa *sf* protest

protes'tante *ag, sm/f* Protestant

protes'tare *vt, vi* to protest

pro'tetto, -a *pp di* **proteggere**

protezi'one [protet'tsjone] *sf* protection; *(patrocinio)* patronage

pro'totipo *sm* prototype

pro'trarre *vt (prolungare)* to prolong; **protrarsi** *vpr* to go on, continue

protube'ranza [protube'rantsa] *sf* protuberance, bulge

'**prova** *sf (esperimento, cimento)* test, trial; *(tentativo)* attempt, try; *(Mat, testimonianza, documento ecc)* proof; *(Dir)* evidence *no pl*, proof; *(Ins)* exam, test; *(Teatro)* rehearsal; *(di abito)* fitting; **a ~ di** *(in testimonianza di)* as proof of; **a ~ di fuoco** fireproof; **fino a ~ contraria** until it is proved otherwise; **mettere alla ~** to put to the test; **giro di ~** test o trial run;**prova generale** *(Teatro)* dress rehearsal

pro'**vare** *vt (sperimentare)* to test; *(tentare)* to try, attempt; *(assaggiare)* to try, taste; *(sperimentare in sé)* to experience; *(sentire)* to feel; *(cimentare)* to put to the test; *(dimostrare)* to prove; *(abito)* to try on; **~ a fare** to try o attempt to do

proveni'**enza** [prove'njɛntsa] *sf* origin, source

prove'**nire** *vi* **~ da** to come from

pro'**venti** *smpl* revenue *sg*

pro'**verbio** *sm* proverb

pro'**vetta** *sf* test tube; **bambino in ~** test-tube baby

pro'**vider** [pro'vaider] *sm inv (Inform)* service provider

pro'**vincia, -ce o cie** [pro'vintʃa] *sf* province

pro'**vino** *sm (Cinema)* screen test; *(campione)* specimen

provo'**cante** *ag (attraente)* provocative

provo'**care** *vt (causare)* to cause, bring about; *(eccitare: riso, pietà)* to arouse; *(irritare, sfidare)* to provoke; **provocazi'one** *sf* provocation

provve'**dere** *vi (disporre)*: **~ (a)** to provide (for); *(prendere un provvedimento)* to take steps, act; **provvedi'mento** *sm* measure; *(di previdenza)* precaution

provvi'**denza** [provvi'dɛntsa] *sf* **la ~** providence

provvigi'**one** [provvi'dʒone] *sf*

(Comm) commission

provvi'**sorio, -a** *ag* temporary

prov'**viste** *sfpl* supplies

'**prua** *sf (Naut)* bow(s) *(pl)*, prow

pru'**dente** *ag* cautious, prudent; *(assennato)* sensible, wise;**pru'denza** *sf* prudence, caution; wisdom

prudere *vi* to itch, be itchy

prugna ['pruɲɲa] *sf* plum;**prugna secca** prune

pru'**rito** *sm* itchiness *no pl*; itch

P.S. *abbr (= postscriptum)* P.S.; *(Polizia)* **= Pubblica Sicurezza**

pseu'**donimo** *sm* pseudonym

psica'**nalisi** *sf* psychoanalysis

psicana'**lista, -i, -e** *sm/f* psychoanalyst

'**psiche** ['psike] *sf (Psic)* psyche

psichi'**atra, -i, -e** [psi'kjatra] *sm/f* psychiatrist;**psichi'atrico, -a, -ci, -che** *ag* psychiatric

psicolo'**gia** [psikolo'dʒia] *sf* psychology;**psico'logico, -a, -ci, -che** *ag* psychological;**psi'cologo, -a, -gi, -ghe** *sm/f* psychologist

psico'**patico, -a, -ci, -che** *ag* psychopathic ► *sm/f* psychopath

pubbli'**care** *vt* to publish

pubblicazi'**one** [pubblikat'tsjone] *sf* publication

pubblici'**tà** [pubblitʃi'ta] *sf (diffusione)* publicity; *(attività)* advertising; *(annunci nei giornali)* advertisements *pl*

'**pubblico, -a, -ci, -che** *ag* public; *(statale: scuola ecc)* state *cpd* ► *sm* public; *(spettatori)* audience; **in ~** in public; **P~ Ministero** Public Prosecutor's Office; **la Pubblica Sicurezza** the police;**pubblico funzionario** civil servant

'**pube** *sm (Anat)* pubis

puber'**tà** *sf* puberty

'**pudico, -a, -ci, -che** *ag* modest

pu'**dore** *sm* modesty

pue'**rile** *ag* childish

pugi'lato [pudʒi'lato] sm boxing
'pugile ['pudʒile] sm boxer
pugna'lare [puɲɲa'lare] vt to stab
pu'gnale [pun'ɲale] sm dagger
'pugno ['puɲɲo] sm fist; (colpo) punch; (quantità) fistful
'pulce ['pultʃe] sf flea
pul'cino [pul'tʃino] sm chick
pu'lire vt to clean; (lucidare) to polish; **pu'lito, -a** ag (anche fig) clean; (ordinato) neat, tidy; **puli'tura** sf cleaning; **pulitura a secco** dry cleaning; **puli'zia** sf cleaning; cleanness; **fare le pulizie** to do the cleaning o the housework; **pulizia etnica** ethnic cleansing
'pullman sm inv coach
pul'lover sm inv pullover, jumper
pullu'lare vi to swarm, teem
pul'mino sm minibus
'pulpito sm pulpit
pul'sante sm (push-)button
pul'sare vi to pulsate, beat
pul'viscolo sm fine dust; **pulviscolo atmosferico** specks pl of dust
'puma sm inv puma
pun'gente [pun'dʒente] ag prickly; stinging; (anche fig) biting
'pungere ['pundʒere] vt to prick; (insetto, ortica) to sting; (: freddo) to bite
pungigli'one [pundʒiʎ'ʎone] sm sting
pu'nire vt to punish; **punizi'one** sf punishment; (Sport) penalty
'punsi ecc vb vedi **pungere**
'punta sf point; (parte terminale) tip, end; (di monte) peak; (di dito) promontory; (minima parte) touch, trace; **in ~ di piedi** on tip-toe; **ore di ~** peak hours; **uomo di ~** front-rank o leading man
pun'tare vt (piedi a terra, gomiti sul tavolo) to plant; (dirigere: pistola) to point; (scommettere) to bet ▶ vi (mirare): **~ a** to aim at; (: su (dirigersi)

to head o make for; (fig: contare) to count o rely on
pun'tata sf (gita) short trip; (scommessa) bet; (parte di opera) instalment; **romanzo a puntate** serial
punteggia'tura [puntedʒa'tura] sf (Ling) punctuation
pun'teggio [pun'teddʒo] sm score
puntel'lare vt to support
pun'tello sm prop, support
pun'tina sf; **puntina da disegno** drawing pin
pun'tino sm dot; **fare qc a ~** to do sth properly
'punto, -a pp di **pungere** ▶ sm (segno, macchiolina) dot; (Ling) full stop; (di indirizzo e-mail) dot; (Mat, momento, di punteggio: fig: argomento) point; (posto) spot; (a scuola) mark; (nel cucire, nella maglia, Med) stitch ▶ av **non ... ~** not at all; **punto cardinale** point of the compass, cardinal point; **punto debole** weak point; **punto esclamativo** exclamation mark; **punto interrogativo** question mark; **punto nero** (comedone) blackhead; **punto di partenza** (anche fig) starting point; **punto di riferimento** landmark; (fig) point of reference; **punto (di) vendita** retail outlet; **punto e virgola** semicolon; **punto di vista** (fig) point of view
puntu'ale ag punctual
pun'tura sf (di ago) prick; (Med) puncture; (: iniezione) injection; (dolore) sharp pain; **puntura d'insetto** sting, bite

> Attenzione! In inglese esiste la parola puncture, che si usa per indicare la foratura di una gomma.

punzecchi'are [puntsek'kjare] vt to prick; (fig) to tease
può ecc, **-pu'oi** vb vedi **potere**
pu'pazzo [pu'pattso] sm puppet

pu'pilla *sf* (Anat) pupil

purché [pur'ke] *cong* provided that, on condition that

'**pure** *cong* (tuttavia) and yet, nevertheless; (*anche se*) even if ▶ *av* (*anche*) too, also; **pur di** (*al fine di*) just to; **faccia ~!** go ahead!, please do!

purè *sm* (Cuc) purée; (: *di patate*) mashed potatoes

pu'rezza [pu'rettsa] *sf* purity

pur'gante *sm* (Med) purgative, purge

purga'torio *sm* purgatory

purifi'care *vt* to purify; (*metallo*) to refine

'**puro, -a** *ag* pure; (*acqua*) clear, limpid; (*vino*) undiluted; **puro'sangue** *sm/f inv* thoroughbred

pur'troppo *av* unfortunately

pus *sm* pus

'**pustola** *sf* pimple

puti'ferio *sm* rumpus, row

putre'fatto, -a *pp di* **putrefare**

put'tana (fam!) *sf* whore (!)

puz'zare [put'tsare] *vi* to stink

'**puzzo** ['puttso] *sm* stink, foul smell

'puzzola ['puttsola] *sf* polecat

puzzo'lente [puttso'lente] *ag* stinking

pvc [pivi'tʃi] *sigla m* (= *polyvinyl chloride*) PVC

---

q

q *abbr* (= *quintale*) q

qua *av* here; **in ~** (*verso questa parte*) this way; **da un anno in ~** for a year now; **da~nd o in ~?** since when?; **per di ~** (*passare*) this way; **al di ~ di** (*fiume, strada*) on this side of; **~ dentro/fuori** ecc in/out here ecc; *vedi anche* **questo**

qua'derno *sm* notebook; (*per scuola*) exercise book

qua'drante *sm* quadrant; (*di orologio*) face

qua'drare *vi* (*bilancio*) to balance, tally; (*descrizione*) to correspond ▶ *vt* (Mat) to square; **non mi quadra** I don't like it; **qua'drato, -a** *ag* square; (*fig: equilibrato*) level-headed, sensible; (: *peg*) square ▶ *sm* (Mat) square; (*Pugilato*) ring; **5 al quadrato** 5 squared

quadri'foglio [kwadri'fɔʎʎo] *sm* four-leaf clover

quadri'mestre *sm* (*periodo*) four-month period; (*Ins*) term

'**quadro** *sm* (*pittura*) painting, picture; (*quadrato*) square; (*tabella*) table, chart; (*Tecn*) board, panel; (*Teatro*) scene; (*fig: scena, spettacolo*) sight; (: *descrizione*) outline, description; **quadri** *smpl* (Pol) party organizers; (*Mil*) cadres; (*Comm*) managerial staff; (*Carte*) diamonds

'**quadruplo, -a** *ag, sm* quadruple

quaggiù [kwad'dʒu] *av* down here

'**quaglia** ['kwaʎʎa] *sf* quail

'qualche ['kwalke] *det*

1 some, a few; (*in interrogative*) any; **ho comprato qualche libro** I've bought some o a few books; **qualche volta** sometimes; **hai qualche sigaretta?** have you any cigarettes?

2 (*uno*): **c'è qualche medico?** is there a doctor?; **in qualche modo** somehow

3 (*un certo, parecchio*) some; **un personaggio di qualche rilievo** a figure of some importance

4 : **qualche cosa = qualcosa**

qual'cosa *pron* something; (*in espressioni interrogative*) anything; **qualcos'altro** something else; anything else; **~ di nuovo** something new; anything new; **~ da mangiare** something to eat; anything to eat; **c'è ~ che non va?** is there something o anything wrong?

qual'cuno *pron* (*persona*) someone, somebody; (: *in espressioni interrogative*) anyone, anybody; (*alcuni*) some; **~ è favorevole a noi** some are on our side; **qualcun altro** someone o somebody else; anyone o anybody else

'quale (*spesso troncato in* **qual**) *det*

1 (*interrogativo*) what; (: *scegliendo tra due o più cose o persone*) which; **quale uomo/denaro?** what man/money?, which man/money?; **quali sono i tuoi programmi?** what are your plans?; **quale stanza preferisci?** which room do you prefer?

2 (*relativo: come*): **il risultato fu quale ci si aspettava** the result was as expected

3 (*esclamativo*) what; **quale disgrazia!** what bad luck!

▶ *pron*

1 (*interrogativo*) which; **quale dei due scegli?** which of the two do you want?

2 (*relativo*): **il (la) quale** (*persona: soggetto*) who; (: *oggetto, con preposizione*) whom; (*cosa*) which; (*possessivo*) whose; **suo padre, il quale è avvocato, ...** his father, who is a lawyer, ...; **il signore con il quale parlavo** the gentleman to whom I was speaking; **l'albergo al quale ci siamo fermati** the hotel where we stayed o which we stayed at; **la signora della quale ammiriamo la bellezza** the lady whose beauty we admire

3 (*relativo: in elenchi*) such as, like; **piante quali l'edera** plants like o such as ivy; **quale sindaco di questa città** as mayor of this town

qua'lifica, -che *sf* qualification; (*titolo*) title

qualifi'cato, -a *ag* (*dotato di qualifica*) qualified; (*esperto, abile*) skilled; **non mi ritengo ~ per questo lavoro** I don't think I'm qualified for this job; **è un medico molto ~** he is a very distinguished doctor

qualificazi'one *sf* **gara di ~** (*Sport*) qualifying event

qualità *sf inv* quality; **in ~ di** in one's capacity as

qua'lora *cong* in case, if

qual'siasi *det inv* = **qualunque**

qua'lunque *det inv* any; (*quale che sia*) whatever; (*discriminativo*) whichever; (*posposto: mediocre*) poor, indifferent; ordinary; **mettiti un vestito ~** put on any old dress; **~ cosa** anything; **~ cosa accada** whatever happens; **a ~ costo** at any cost, whatever the cost; **l'uomo ~** the man in the street; **~ persona** anyone, anybody

'quando *cong, av* when; **~ sarò ricco** when I'm rich; **da ~** (*dacché*) since; (*interrogativo*): **da ~ sei qui?** how long have you been here?; **quand'anche** even if

quantità *sf inv* quantity; (*gran*

numero): **una ~ di** a great deal of; a lot of; **in grande ~** in large quantities

ⓞ 'quanto, -a *det*

1 *(interrogativo: quantità)* how much; (: *numero)* how many; **quanto pane/denaro?** how much bread/money?; **quanti libri/ragazzi** how many books/boys?; **quanto tempo?** how long?; **quanti anni hai?** how old are you?

2 *(esclamativo)*: **quante storie!** what a lot of nonsense!; **quanto tempo sprecato!** what a waste of time!

3 *(relativo: quantità)* as much ... as; (: *numero)* as many ... as; **ho quanto denaro mi occorre** I have as much money as I need; **prendi quanti libri vuoi** take as many books as you like
▶ *pron*

1 *(interrogativo: quantità)* how much; (: *numero)* how many; (: *tempo)* how long; **quanto mi dai?** how much will you give me?; **quanti me ne hai portati?** how many did you bring me?; **da quanto sei qui?** how long have you been here?; **quanti ne abbiamo oggi?** what's the date today?

2 *(relativo: quantità)* as much as; (: *numero)* as many as; **farò quanto posso** I'll do as much as I can; **possono venire quanti sono stati invitati** all those who have been invited can come
▶ *av*

1 *(interrogativo: con ag, av)* how; (: *con vb)* how much; **quanto stanco ti sembra?** how tired did he seem to you?; **quanto corre la tua moto?** how fast can your motorbike go?; **quanto costa?** how much does it cost?; **quant'è?** how much is it?

2 *(esclamativo: con ag, av)* how; (: *con vb)* how much; **quanto sono felice!** how happy I am!; **sapessi quanto abbiamo camminato!** if you knew how far we've walked!; **studierò quanto posso** I'll study as much as all I can; **quanto prima** as soon as possible

3 : **in quanto** *(in qualità di)* as; *(perché, per il fatto che)* as, since; **(in) quanto a** *(per ciò che riguarda)* as for, as regards

4 : **per quanto** *(nonostante, anche se)* however; **per quanto si sforzi, non ce la farà** try as he may, he won't manage it; **per quanto sia brava, fa degli errori** however good she may be, she makes mistakes; **per quanto io sappia** as far as I know

qua'ranta *num* forty

quaran'tena *sf* quarantine

quaran'tesimo, -a *num* fortieth

quaran'tina *sf* **una ~ (di)** about forty

'quarta *sf (Aut)* fourth (gear); *vedi anche* **quarto**

quar'tetto *sm* quartet(te)

quar'tiere *sm* district, area; *(Mil)* quarters *pl*; **quartier generale** headquarters *pl*

'quarto, -a *ag* fourth ▶ *sm* fourth; *(quarta parte)* quarter; **le 6 e un ~** a quarter past six; **quarti di finale** quarter final; **quarto d'ora** quarter of an hour

'quarzo ['kwartso] *sm* quartz

'quasi *av* almost, nearly; ▶ *cong (anche:* **~ che)** as if; **(non) ... ~ mai** hardly ever; **~ ~ me ne andrei** I've half a mind to leave

quas'sù *av* up here

quat'tordici [kwat'torditʃi] *num* fourteen

quat'trini *smpl* money *sg*, cash *sg*

'quattro *num* four; **in ~ e quatt'otto** in less than no time; **quattro'cento** *num* four hundred ▶ *sm* il **Quattrocento** the fifteenth century

ⓞ 'quello, -a *(dav sm* **quel** *+C,* **quell'** *+V,* **quello** *+ s impura, gn, pn, ps, x, z; pl* **quei** *+C,* **quegli** *+V o s impura, gn, pn, ps, x, z; dav*

sf quella + C, quell' +V; **pl** quelle) **det**
that; those **pl**; **quella casa** that house;
quegli uomini those men; **voglio
quella camicia** (lì o là) I want that shirt
▸ **pron**
1 (*dimostrativo*) that (one), those
(ones) **pl**; (*ciò*) that; **conosci quella?**
do you know that woman?; **prendo
quello bianco** I'll take the white one;
chi è quello? who's that?; **prendi
quello** (lì o là) take that one (there);
2 (*relativo*): **quello/a che** (*persona*)
the one (who); (*cosa*) the one (which),
the one (that); **quelli(e) che** (*persone*)
those who; (*cose*) those which; **è lui
quello che non voleva venire** he's the
one who didn't want to come; **ho fatto
quello che potevo** I did what I could
'**quercia, -ce** ['kwɛrtʃa] **sf** oak (tree);
(*legno*) oak
que'rela **sf** (Dir) (legal) action
que'sito **sm** question, query; problem
questio'nario **sm** questionnaire
questi'one **sf** problem, question;
(*controversia*) issue; (*litigio*) quarrel;
in ~ in question; **è ~ di tempo** it's a
matter o question of time

O '**questo, -a**
det
1 (*dimostrativo*) this; these **pl**; **questo
libro** (qui o qua) this book; **io prendo
questo cappotto, tu quello** I'll
take this coat, you take that one;
quest'oggi today; **questa sera** this
evening
2 (*enfatico*): **non fatemi più prendere
di queste paure** don't frighten me like
that again
▸ **pron** (*dimostrativo*) this (one); these
(ones) **pl**; (*ciò*) this; **prendo questo**
(qui o qua) I'll take this one; **preferisci
questi o quelli?** do you prefer these
(ones) or those (ones)?; **questo
intendevo io** this is what I meant;
vengono Paolo e Luca: questo da

Roma, quello da Palermo Paolo and
Luca are coming: the former from
Palermo, the latter from Rome
ques'tura **sf** police headquarters **pl**
qui **av** here; **da o di ~ from here**; **di ~ in
avanti** from now on; **di ~ a poco/una
settimana** in a little while/a week's
time; **~ dentro/sopra/vicino** in/up/
near here; **vedi anche questo**
quie'tanza [kwje'tantsa] **sf** receipt
qui'ete **sf** quiet, quietness; calmness;
stillness; peace
qui'eto, **-a ag** quiet; (*notte*) calm, still;
(*mare*) calm
'quindi **av** then ▸ **cong** therefore, so
'quindici ['kwinditʃi] **num** fifteen; **~
giorni** a fortnight (BRIT), two weeks
quindi'cina [kwindi'tʃina] **sf** (*serie*):
una ~ (di) about fifteen; **fra una ~ di
giorni** in a fortnight
quinta **sf** vedi **quinto**
quin'tale **sm** quintal (100 kg)
'quinto, **-a** vedi **quinto**
quiz [kwidz] **sm inv** (*domanda*)
question; (*anche*): **gioco a ~** quiz game
'quota **sf** (*parte*) quota, share; (*Aer*)
height, altitude; (*Ippica*) odds
pl; **prendere/perdere ~** (*Aer*) to
gain/lose height o altitude; **quota
d'iscrizione** enrolment fee; (*a club*)
membership fee
quotidi'ano, **-a ag** daily; (*banale*)
everyday ▸ **sm** (*giornale*) daily (paper)
quozi'ente [kwot'tsjente] **sm** (Mat)
quotient; **quoziente d'intelligenza**
intelligence quotient, IQ

r

R, r ['εrre] *sf o m* (lettera) R, r; **R come Roma** ≈ R for Robert (BRIT), R for Roger (US)

'rabbia *sf* (ira) anger, rage; (accanimento, furia) fury; (Med: idrofobia) rabies *sg*

rab'bino *sm* rabbi

rabbi'oso, -a *ag* angry, furious; (facile all'ira) quick-tempered; (forze, acqua ecc) furious, raging; (Med) rabid, mad

rabbo'nire *vt* to calm down

rabbrivi'dire *vi* to shudder, shiver `

raccapez'zarsi [rakkapet'tsarsi] *vpr* **non ~** to be at a loss

raccapricci'ante [rakkaprit'tʃante] *ag* horrifying

raccatta'palle *sm inv* (Sport) ballboy

raccat'tare *vt* to pick up

rac'chetta [rak'ketta] *sf* (per tennis) racket; (per ping-pong) bat; **racchetta da neve** snowshoe; **racchetta da sci** ski stick

racchi'udere [rak'kjudere] *vt* to contain

rac'cogliere [rak'kʎʎere] *vt* to collect; (raccattare) to pick up; (frutti, fiori) to pick, pluck; (Agr) to harvest; (approvazione, voti) to win

rac'colta *sf* collecting *no pl*; collection; (Agr) harvesting *no pl*, gathering *no pl*; harvest, crop; (adunata) gathering; **raccolta differenziata** (dei rifiuti) separate collection of different kinds of household waste

rac'colto, -a *pp di* **raccogliere** ▸ *ag* (persona: pensoso) thoughtful; (luogo: appartato) secluded, quiet ▸ *sm* (Agr) crop, harvest

raccoman'dabile *ag* (highly) commendable; **è un tipo poco ~** he is not to be trusted

raccoman'dare *vt* to recommend; (affidare) to entrust; (esortare): **~ a qn di non fare** to tell o warn sb not to do; **raccoman'data** *sf* (anche: **lettera raccomandata**) recorded-delivery letter

raccon'tare *vt* **~ (a qn)** (dire) to tell (sb); (narrare) to relate (to sb), tell (sb) about; **rac'conto** *sm* telling *no pl*, relating *no pl*; (fatto raccontato) story, tale; **racconti per bambini** children's stories

rac'cordo *sm* (Tecn: giunto) connection, joint; (Aut): **raccordo anulare** (Aut) ring road (BRIT), beltway (US); **raccordo autostradale** slip road (BRIT), entrance o exit) ramp (US); **raccordo ferroviario** siding; **raccordo stradale** link road

racimo'lare [ratʃimo'lare] *vt* (fig) to scrape together, glean

'rada *sf* (natural) harbour

'radar *sm* radar

raddoppi'are *vt, vi* to double

raddriz'zare [raddrit'tsare] *vt* to straighten; (fig: correggere) to put straight, correct

'radere *vt* (barba) to shave off; (mento) to shave; (fig: rasentare) to graze; to skim; **radersi** *vpr* to shave (o.s.); **~ al suolo** to raze to the ground

radi'are *vt* to strike off

radia'tore *sm* radiator

radiazi'one [radjat'tsjone] *sf* (Fisica) radiation; (cancellazione) striking off

radi'cale *ag* radical ▸ *sm* (Ling) root

ra'dicchio [ra'dikkjo] *sm* chicory

ra'dice [ra'ditʃe] sf root

'radio sf inv radio ▶ sm (Chim) radium; **radioat'tivo, -a** ag radioactive; **radio'cronaca, -che** sf radio commentary;**radiogra'fia** sf radiography; (foto) X-ray photograph

radi'oso, -a ag radiant

radios'veglia [radjoz'veʎʎa] sf radio alarm

'rado, -a ag (capelli) sparse, thin; (visite) infrequent; **di ~** rarely

radu'nare vt to gather, assemble; **radunarsi** vpr to gather, assemble

ra'dura sf clearing

raf'fermo, -a ag stale

'raffica, -che sf (Meteor) gust (of wind); (di colpi: scarica) burst of gunfire

raffigu'rare vt to represent

raffi'nato, -a ag refined

raffor'zare [raffor'tsare] vt to reinforce

raffredda'mento sm cooling

raffred'dare vt to cool; (fig) to dampen, have a cooling effect on; **raffreddarsi** vpr to grow cool o cold; (prendere un raffreddore) to catch a cold; (fig) to cool (off)

raffred'dato, -a ag (Med): **essere ~** to have a cold

raffred'dore sm (Med) cold

raf'fronto sm comparison

'rafia sf (fibra) raffia

rafting ['rafting] sm white-water rafting

ra'gazza [ra'gattsa] sf girl; (fam: fidanzato) girlfriend; **nome da ~** maiden name;**ragazza madre** unmarried mother

ra'gazzo [ra'gattso] sm boy; (fam: fidanzato) boyfriend;**ragazzi** smpl (figli) kids; **ciao ragazzi!** (gruppo) hi guys!

raggi'ante [rad'dʒante] ag radiant, shining

'raggio ['raddʒo] sm (di sole ecc) ray; (Mat, distanza) radius; (di ruota ecc) spoke;**raggio d'azione** range;**raggi X** X-rays

raggi'rare [raddʒi'rare] vt to take in, trick

raggi'ungere [rad'dʒundʒere] vt to reach; (persona: riprendere) to catch up (with); (bersaglio) to hit; (fig: meta) to achieve

raggomito'larsi vpr to curl up

raggranel'lare vt to scrape together

raggrup'pare vt to group (together)

ragiona'mento [radʒona'mento] sm reasoning no pl; arguing no pl; argument

ragio'nare [radʒo'nare] vi to reason; **~ di** (discorrere) to talk about

ragi'one [ra'dʒone] sf reason; (dimostrazione, prova) argument, reason; (diritto) right; **aver ~** to be right; **aver ~ di qn** to get the better of sb; **dare ~ a qn** to agree with sb; to prove sb right; **perdere la ~** to become insane; (fig) to take leave of one's senses; **in ~ di** at the rate of; to the amount of; according to; **a o con ~** rightly, justly; **a ragion veduta** after due consideration;**ragione sociale** (Comm) corporate name

ragione'ria [radʒone'ria] sf accountancy; accounts department

ragio'nevole [radʒo'nevole] ag reasonable

ragioni'ere, -a [radʒo'njere] sm/f accountant

ragli'are [raʎ'ʎare] vi to bray

ragna'tela [raɲɲa'tela] sf cobweb, spider's web

'ragno ['raɲɲo] sm spider

ragù sm inv (Cuc) meat sauce; stew

RAI-TV [raiti'vu] sigla f = **Radio televisione italiana**

ralle'grare vt to cheer up;**rallegrarsi** vpr to cheer up; (provare allegrezza) to rejoice; **rallegrarsi con qn** to congratulate sb

rallen'tare vt to slow down; (fig) to lessen, slacken ▶ vi to slow down

rallenta'tore sm (Cinema) slow-motion camera; **al ~** (anche fig) in slow motion

raman'zina [raman'dzina] sf lecture, telling-off

'**rame** sm (Chim) copper

rammari'carsi vpr ~ **(di)** (rincrescersi) to be sorry (about), regret; (lamentarsi) to complain (about)

rammen'dare vt to mend; (calza) to darn

'**ramo** sm branch

ramo'scello [ramoʃ'ʃello] sm twig

'**rampa** sf flight (of stairs); **rampa di lancio** launching pad

rampi'cante ag (Bot) climbing

'**rana** sf frog

ran'cido, -a ['rantʃido] ag rancid

ran'core sm rancour, resentment

ran'dagio, -a, -gi, -gie oge [ran'dadʒo] ag (gatto, cane) stray

ran'dello sm club, cudgel

'**rango, -ghi** sm (condizione sociale, Mil, riga) rank

rannicchi'arsi [rannik'kjarsi] vpr to crouch, huddle

rannuvo'larsi vpr to cloud over, become overcast

'**rapa** sf (Bot) turnip

ra'pace [ra'patʃe] ag (animale) predatory; (fig) rapacious, grasping ▶ sm bird of prey

ra'pare vt (capelli) to crop, cut very short

rapida'mente av quickly, rapidly

rapidità sf speed

'**rapido, -a** ag fast; (esame, occhiata) quick, rapid ▶ sm (Ferr) express (train)

rapi'mento sm kidnapping; (fig) rapture

ra'pina sf robbery; **rapina in banca** bank robbery; **rapina a mano**

armata armed robbery; **rapi'nare** vt to rob; **rapina'tore, -'trice** sm/f robber

ra'pire vt (cose) to steal; (persone) to kidnap; (fig) to enrapture, delight; **rapi'tore, -'trice** sm/f kidnapper

rap'porto sm (resoconto) report; (legame) relationship; (Mat, Tecn) ratio; **rapporti sessuali** sexual intercourse sg

rappre'saglia [rappre'saʎʎa] sf reprisal, retaliation

rappresen'tante sm/f representative

rappresen'tare vt to represent; (Teatro) to perform; **rappresentazi'one** sf representation; performing no pl; (spettacolo) performance

rara'mente av seldom, rarely

rare'fatto, -a ag rarefied

'**raro, -a** ag rare

ra'sare vt (barba ecc) to shave off; (siepi, erba) to trim, cut; **rasarsi** vpr to shave (o.s.)

raschi'are [ras'kjare] vt to scrape; (macchia, fango) to scrape off ▶ vi to clear one's throat

ra'sente prep ~ **(a)** close to, very near

'**raso, -a** pp di **radere** ▶ ag (barba) shaved; (capelli) cropped; (con misure di capacità) level; (pieno: bicchiere) full to the brim ▶ sm (tessuto) satin; **un cucchiaio ~** a level spoonful; **raso terra** close to the ground

ra'soio sm razor; **rasoio elettrico** electric shaver o razor

ras'segna [ras'seɲɲa] sf (Mil) inspection, review; (esame) inspection; (resoconto) review, survey; (pubblicazione letteraria ecc) review; (mostra) exhibition, show; **passare in ~** (Mil, fig) to review

rassegnarsi vpr (accettare): ~ **(a qc/a fare)** to resign o.s. (to sth/to doing)

rassicu'rare vt to reassure

rasso'dare vt to harden, stiffen; **rassodarsi** vpr to harden, to strengthen

rassomigli'anza [rassomiʎˈʎantsa] sf resemblance

rassomigli'are [rassomiʎˈʎare] vi ~ **a** to resemble, look like

rastrel'lare vt to rake; (fig: perlustrare) to comb

ras'trello sm rake

'rata sf (quota) instalment; **pagare a rate** to pay by instalments o on hire purchase (BRIT)

ratifi'care vt (Dir) to ratify

'ratto sm (Dir) abduction; (Zool) rat

rattop'pare vt to patch

rattris'tare vt to sadden; **rattristarsi** vpr to become sad

'rauco, -a, -chi, -che ag hoarse

rava'nello sm radish

ravi'oli smpl ravioli sg

ravvi'vare vt to revive; (fig) to brighten up, enliven

razio'nale [rattsjoˈnale] ag rational

razio'nare [rattsjoˈnare] vt to ration

razi'one [rattˈsjone] sf ration; (porzione) portion, share

'razza ['rattsa] sf race; (Zool) breed; (discendenza, stirpe) stock, race; (sorta) sort, kind

razzi'ale [rattˈsjale] ag racial

raz'zismo [ratˈtsizmo] sm racism, racialism

raz'zista, -i, -e [ratˈtsista] ag, sm/f racist, racialist

'razzo ['raddzo] sm rocket

R.C. sigla m (= partito della Rifondazione Comunista) left-wing Italian political party

re sm inv king; (Mus) D; (: solfeggiando) re

rea'gire [reaˈdʒire] vi to react

re'ale ag real; (di, da re) royal ▸ sm il ~ reality

realiz'zare [realidˈdzare] vt (progetto ecc) to realize, carry out; (sogno, desiderio) to realize, fulfil; (scopo) to achieve; (Comm: titoli ecc) to realize; (Calcio ecc) to score; **realizzarsi** vpr to be realized

real'mente av really, actually

realtà sf inv reality

re'ato sm offence

reat'tore sm (Fisica) reactor; (Aer: aereo) jet; (: motore) jet engine

reazio'nario, -a [reattsjoˈnarjo] ag (Pol) reactionary

reazi'one [reatˈtsjone] sf reaction

'rebus sm inv rebus; (fig) puzzle; enigma

recapi'tare vt to deliver

re'capito sm (indirizzo) address; (consegna) delivery; **recapito a domicilio** home delivery (service); **recapito telefonico** phone number

re'cedere [reˈtʃɛdere] vi to withdraw

recensi'one [retʃenˈsjone] sf review

re'cente [reˈtʃɛnte] ag recent; **di ~** recently; **recente'mente** av recently

re'cidere [reˈtʃidere] vt to cut off, chop off

recin'tare [retʃinˈtare] vt to enclose, fence off

re'cinto [reˈtʃinto] sm enclosure; (ciò che recinge) fence; surrounding wall

recipi'ente [retʃiˈpjɛnte] sm container

re'ciproco, -a, -ci, -che [reˈtʃiproko] ag reciprocal

'recita ['rɛtʃita] sf performance

reci'tare [retʃiˈtare] vt (poesia, lezione) to recite; (dramma) to perform; (ruolo) to play o act (the part of)

recla'mare vi to complain ▸ vt (richiedere) to demand

re'clamo sm complaint

recli'nabile ag (sedile) reclining

reclusi'one sf (Dir) imprisonment

'recluta sf recruit

re'condito, -a ag secluded; (fig) secret, hidden

'record ag inv record cpd ▶ sm inv
record; **in tempo ~, a tempo di ~** in
record time; **detenere il ~ di** to hold
the record for; **record mondiale**
world record

recriminazi'one [rekriminat'tsjone]
sf recrimination

recupe'rare vt (rientrare in possesso di)
to recover, get back; (tempo perduto) to
make up for; (Naut) to salvage;
(: naufraghi) to rescue; (delinquente) to
rehabilitate; **~ lo svantaggio** (Sport)
to close the gap

redargu'ire vt to rebuke

re'dassi ecc vb vedi **redigere**

red'ditizio, -a [reddi'tittsjo] ag
profitable

'reddito sm income; (dello Stato)
revenue; (di un capitale) yield

re'digere [re'didʒere] vt to write;
(contratto) to draw up

'redini sfpl reins

'reduce ['rɛdutʃe] ag ~ **da** returning
from, back from ▶ sm/f survivor

refe'rendum sm inv referendum

refe'renze [refe'rentse] sfpl references

re'ferto sm medical report

rega'lare vt to give (as a present),
make a present of

re'galo sm gift, present

re'gata sf regatta

'reggia, -ge ['rɛddʒa] sf royal palace

reggi'calze [reddʒi'kaltse] sm inv
suspender belt

reggi'mento [reddʒi'mento] sm (Mil)
regiment

reggi'seno [reddʒi'seno] sm bra

re'gia, -'gie [re'dʒia] sf (TV, Cinema
ecc) direction

re'gime [re'dʒime] sm (Pol) regime;
(Dir: aureo, patrimoniale ecc) system;
(Med) diet; (Tecn) (engine) speed

re'gina [re'dʒina] sf queen

regio'nale [redʒo'nale] ag regional
▶ sm local train (stopping frequently)

regi'one [re'dʒone] sf region;
(territorio) region, district, area

re'gista, -i, -e [re'dʒista] sm/f (TV,
Cinema ecc) director

regis'trare [redʒis'trare] vt (Amm)
to register; (Comm) to enter; (notare)
to note, take note of; (canzone,
conversazione: strumento di misura) to
record; (mettere a punto) to adjust,
regulate; (bagagli) to check in;

registra'tore sm (strumento) recorder,
register; (magnetofono) tape recorder;
registratore di cassa cash register;
registratore a cassette cassette
recorder

re'gistro [re'dʒistro] sm (libro, Mus,
Tech) register; ledger; logbook; (Dir)
registry

re'gnare [reɲ'ɲare] vi to reign, rule

'regno ['reɲɲo] sm kingdom; (periodo)
reign; (fig) realm; **il R~ Unito** the
United Kingdom; **regno animale/
vegetale** animal/vegetable kingdom

'regola sf rule; **a ~ d'arte** duly;
perfectly; **in ~** in order

rego'labile ag adjustable

regola'mento sm (complesso di norme)
regulations pl; (di debito) settlement;
regolamento di conti (fig) settling
of scores

rego'lare ag regular; (in regola:
domanda) in order, lawful ▶ vt to
regulate, control; (apparecchio) to
adjust, regulate; (questione, conto,

debito) to settle; **regolarsi** vpr (*moderarsi*): **regolarsi nel bere/nello spendere** to control one's drinking/spending; (*comportarsi*) to behave, act

rela'tivo, -a ag relative

relazi'one [relat'tsjone] sf (*fra cose, persone*) relation(ship); (*resoconto*) report, account

rele'gare vt to banish; (*fig*) to relegate

religi'one [reli'dʒone] sf religion

re'liquia sf relic

re'litto sm wreck; (*fig*) down-and-out

re'mare vi to row

remini'scenze [reminiʃ'ʃɛntse] sfpl reminiscences

remis'sivo, -a ag submissive, compliant

'remo sm oar

re'moto, -a ag remote

'rendere vt (*ridare*) to return, give back; (: *saluto ecc*) to return; (*produrre*) to yield, bring in; (*esprimere, tradurre*) to render; **~ qc possibile** to make sth possible; **rendersi** vpr **rendersi utile** to make o.s. useful; **rendersi conto di qc** to realize sth; **~ qc possibile** to make sth possible; **~ grazie a qn** to give thanks to sb; **~ omaggio a qn** to pay homage to sb; **~ un servizio a qn** to do sb a service; **~ una testimonianza** to give evidence; **non so se rendo l'idea** I don't know if I'm making myself clear

rendi'mento sm (*reddito*) yield; (*di manodopera, Tecn*) efficiency; (*capacità di produrre*) output; (*di studenti*) performance

'rendita sf (*di individuo*) private o unearned income; (*Comm*) revenue; **rendita annua** annuity

'rene sm kidney

'renna sf reindeer inv

re'parto sm department, section; (*Mil*) detachment

repel'lente ag repulsive

repen'taglio [repen'taʎʎo] sm **mettere a ~** to jeopardize, risk

repen'tino, -a ag sudden, unexpected

reper'torio sm (*Teatro*) repertory; (*elenco*) index, (alphabetical) list

'replica, -che sf repetition; reply, answer; (*obiezione*) objection; (*Teatro, Cinema*) repeat performance; (*copia*) replica

repli'care vt (*ripetere*) to repeat; (*rispondere*) to answer, reply

repressi'one sf repression

re'presso, -a pp di **reprimere**

re'primere vt to suppress, repress

re'pubblica, -che sf republic

reputazi'one [reputat'tsjone] sf reputation

requi'sire vt to requisition

requi'sito sm requirement

'resa sf (*l'arrendersi*) surrender; (*restituzione, rendimento*) return; **resa dei conti** rendering of accounts; (*fig*) day of reckoning

'resi ecc vb vedi **rendere**

resi'dente ag resident; **residenzi'ale** ag residential

re'siduo, -a ag residual, remaining ▸ sm remainder; (*Chim*) residue

'resina sf resin

resis'tente ag (*che resiste*): **~ a** resistant to; (*forte*) strong; (*duraturo*) long-lasting, durable; **~ al caldo** heat-resistant; **resis'tenza** sf resistance; (*di persona: fisica*) stamina, endurance; (: *mentale*) endurance, resistance

● **Resistenza**

● The **Resistenza** in Italy fought
● against the Nazis and the Fascists
● during the Second World War.
● Members of the **Resistenza**
● spanned a wide political spectrum
● and played a vital role in the
● Liberation and in the formation of
● the new democratic government at
● the end of the war.

re'sistere vi to resist; ~ **a** (assalto, tentazioni) to resist; (dolore: pianta) to withstand; (non patir danno) to be resistant to

reso'conto sm report, account

res'pingere [res'pindʒere] vt to drive back, repel; (rifiutare) to reject; (Ins: bocciare) to fail

respi'rare vi to breathe; (fig) to get one's breath; to breathe again ▶ vt to breathe (in), inhale; **respirazi'one** sf breathing; **respirazione artificiale** artificial respiration; **res'piro** sm breathing no pl; (singolo atto) breath; (fig) respite, rest; **mandare un respiro di sollievo** to give a sigh of relief

respon'sabile ag responsible ▶ sm/f person responsible; (capo) person in charge; ~ **di** responsible for; (Dir) liable for; **responsabilità** sf inv responsibility; (legale) liability

res'ponso sm answer

'ressa sf crowd, throng

'ressi ecc vb vedi **reggere**

res'tare vi (rimanere) to remain, stay; (avanzare) to be left, remain; ~ **orfano/cieco** to become or be left an orphan/become blind; ~ **d'accordo** to agree; **non resta più niente** there's nothing left; **restano pochi giorni** there are only a few days left

restau'rare vt to restore

res'tio, -a, -'tii, -'tie ag ~ **a** reluctant to

restitu'ire vt to return, give back; (energie, forze) to restore

'resto sm remainder, rest; (denaro) change; (Mat) remainder; **resti** smpl (di cibo) leftovers; (di città) remains; **del** ~ moreover, besides; **tenga pure il** ~ keep the change; **resti mortali** (mortal) remains

res'tringere [res'trindʒere] vt to reduce; (vestito) to take in; (stoffa) to shrink; (fig) to restrict, limit;

restringersi vpr (strada) to narrow; (stoffa) to shrink

'rete sf net; (fig) trap, snare; (di recinzione) wire netting; (Aut, Ferr, di spionaggio ecc) network; **segnare una** ~ (Calcio) to score a goal; **la R**~ the Web; **rete ferroviaria** railway network; **rete del letto** (sprung) bed base; **rete stradale** road network; **rete (televisiva)** (sistema) network; (canale) channel

reti'cente [reti'tʃɛnte] ag reticent

retico'lato sm grid; (rete) wire netting; (di filo spinato) barbed wire (fence)

re'tina sf (Anat) retina

re'torico, -a, -ci, -che ag rhetorical

retribu'ire vt to pay

'retro sm inv back ▶ av (dietro): **vedi** ~ see over(leaf)

retro'cedere [retro'tʃɛdere] vi to withdraw ▶ vt (Calcio) to relegate; (Mil) to degrade

retro'grado, -a ag (fig) reactionary, backward-looking

retro'marcia [retro'martʃa] sf (Aut) reverse; (: dispositivo) reverse gear

retro'scena [retro'ʃɛna] sm inv (Teatro) backstage; **i** ~ (fig) the behind-the-scenes activities

retrovi'sore sm (Aut) (rear-view) mirror

'retta sf (Mat) straight line; (di convitto) charge for bed and board; (fig: ascolto): **dar** ~ **a** to listen to, pay attention to

rettango'lare ag rectangular

ret'tangolo, -a ag right-angled ▶ sm rectangle

ret'tifica, -che sf rectification, correction

'rettile sm reptile

retti'lineo, -a ag rectilinear

'retto, -a pp di **reggere** ▶ ag straight; (Mat): **angolo** ~ right angle; (onesto) honest, upright; (giusto, esatto) correct, proper, right

ret'tore sm (Rel) rector; (di università) ≈ chancellor

reuma'tismo sm rheumatism

revisi'one sf auditing no pl; audit; servicing no pl; overhaul; review; revision; **revisione di bozze** proofreading

revi'sore sm; **revisore di bozze** proofreader; **revisore di conti** auditor

revival [ri'vaival] sm inv revival

'revoca sf revocation

revo'care vt to revoke

re'volver sm inv revolver

ri'abbia ecc vb vedi **riavere**

riabili'tare vt to rehabilitate

rianimazi'one [rianimat'tsjone] sf (Med) resuscitation; **centro di ~** intensive care unit

ria'prire vt to reopen, open again; **riaprirsi** vpr to reopen, open again

ri'armo sm (Mil) rearmament

rias'sumere vt (riprendere) to resume; (impiegare di nuovo) to re-employ; (sintetizzare) to summarize; **rias'sunto, -a** pp di **riassumere** ▶ sm summary

riattac'care vt (attaccare di nuovo): **~ (a)** (manifesto, francobollo) to stick back (on); (bottone) to sew back (on); (quadro, chiavi) to hang back up (on); **~ (il telefono o il ricevitore)** to hang up (the receiver)

ria'vere vt to have again; (avere indietro) to get back; (riacquistare) to recover; **riaversi** vpr to recover

riba'dire vt (fig) to confirm

ri'balta sf flap; (Teatro: proscenio) front of the stage; (fig) limelight; **luci della ~** footlights pl

ribal'tabile ag (sedile) tip-up

ribal'tare vt, vi (anche: **ribaltarsi**) to turn over, tip over

ribas'sare vt to lower, bring down ▶ vi

to come down, fall

ri'battere vt to return, hit back; (confutare) to refute; **~ che** to retort that

ribel'larsi vpr: **~ (a)** to rebel (against); **ri'belle** ag (soldati) rebel; (ragazzo) rebellious ▶ sm/f rebel

'ribes sm inv currant; **ribes nero** blackcurrant; **ribes rosso** redcurrant

ri'brezzo [ri'breddzo] sm disgust, loathing; **far~a** to disgust

ribut'tante ag disgusting, revolting

rica'dere vi to fall again; (scendere a terra: fig: nel peccato ecc) to fall back; (vestiti, capelli ecc) to hang (down); (riversarsi: fatiche, colpe): **~ su** to fall on; **rica'duta** sf (Med) relapse

rica'mare vt to embroider

ricambi'are vt to change again; (contraccambiare) to repay, return; **ri'cambio** sm exchange, return; (Fisiol) metabolism

ri'camo sm embroidery

ricapito'lare vt to recapitulate, sum up

ricari'care vt (arma, macchina fotografica) to reload; (pipa) to refill; (orologio) to rewind; (batteria) to recharge

ricat'tare vt to blackmail; **ri'catto** sm blackmail

rica'vare vt (estrarre) to draw out, extract; (ottenere) to obtain, gain

ric'chezza [rik'kettsa] sf wealth; (fig) richness

'riccio, -a ['rittʃo] ag curly ▶ sm (Zool) hedgehog; **riccio di mare** sea urchin; **'ricciolo** sm curl

'ricco, -a, -chi, -che ag rich; (persona, paese) wealthy ▶ sm/f rich man/woman; **i ricchi** the rich; **~ di** full of; rich in

ri'cerca, -che [ri'tʃerka] sf search; (indagine) investigation, inquiry; (studio) research; **la ~** research; **una ~** piece of research; **ricerca di mercato** market research

ricer'care [ritʃer'kare] vt (motivi, cause) to look for, try to determine; (successo, piacere) to pursue; (onore, gloria) to seek; **ricer'cato, -a** ag (apprezzato) much sought-after; (affettato) studied, affected ▸ sm/f (Polizia) wanted man/woman

ricerca'tore, -'trice [ritʃerka'tore] sm/f (Ins) researcher

ri'cetta [ri'tʃetta] sf (Med) prescription; (Cuc) recipe; **mi può fare una ~ medica?** could you write me a prescription?

ricettazi'one [ritʃettat'tsjone] sf (Dir) receiving (stolen goods)

ri'cevere [ri'tʃevere] vt to receive; (stipendio, lettera) to get, receive; (accogliere: ospite) to welcome; (vedere: cliente, rappresentante ecc) to see; **ricevi'mento** sm receiving no pl; (festa) reception; **ricevi'tore** sm (Tecn) receiver; **rice'vuta** sf receipt; **posso avere una ricevuta, per favore?** can I have a receipt, please?; **ricevuta fiscale** receipt for tax purposes; **ricevuta di ritorno** (Posta) advice of receipt

richia'mare [rikja'mare] vt (chiamare indietro, ritelefonare) to call back; (ambasciatore, truppe) to recall; (rimproverare) to reprimand; (attirare) to attract, draw; **può ~ più tardi?** can you call back later?; **richiamarsi a** (riferirsi a) to refer to

richi'edere [ri'kjedere] vt to ask again for; (chiedere indietro): **~ qc** to ask for sth back; (chiedere: per sapere) to ask; (: per avere) to ask for; (Amm: documenti) to apply for; (esigere) to need, require; **richi'esta** sf (domanda) request; (Amm) application, request; (esigenza) demand, request; **a richiesta** on request

rici'clare [ritʃi'klare] vt to recycle

'ricino ['ritʃino] sm **olio di ~** castor oil

ricogni'zione [rikoɲɲi'tsjone] sf (Mil) reconnaissance; (Dir) recognition, acknowledgement

ricominci'are [rikomin'tʃare] vt, vi to start again, begin again

ricom'pensa sf reward

ricompen'sare vt to reward

riconciliarsi vpr to be reconciled

ricono'scente ag grateful

rico'noscere [riko'noʃʃere] vt to recognize; (Dir: figlio, debito) to acknowledge; (ammettere: errore) to admit, acknowledge

rico'perto, -a pp di **ricoprire**

ricopi'are vt to copy

rico'prire (coprire) to cover; (occupare: carica) to hold

ricor'dare vt to remember, recall; (richiamare alla memoria): **~ qc a qn** to remind sb of sth; **ricordarsi** vpr **ricordarsi (di)** to remember; **ricordarsi di qc/di aver fatto** to remember sth/having done

ri'cordo sm memory; (regalo) keepsake, souvenir; (di viaggio) souvenir

ricor'rente ag recurrent, recurring; **ricor'renza** sf recurrence; (festività) anniversary

ri'correre vi (ripetersi) to recur; **~ a** (rivolgersi) to turn to; (: Dir) to appeal to; (servirsi di) to have recourse to

ricostitu'ente ag (Med): **cura ~** tonic

ricostru'ire vt (casa) to rebuild; (fatti) to reconstruct

ri'cotta sf soft white unsalted cheese made from sheep's milk

ricove'rare vt to give shelter to; **~ qn in ospedale** to admit sb to hospital

ri'covero sm shelter, refuge; (Mil) shelter; (Med) admission (to hospital)

ricreazi'one [rikreat'tsjone] sf

recreation, entertainment; (*Ins*) break

ri'credersi *vpr* to change one's mind

ridacchi'are [ridak'kjare] *vi* to snigger

ri'dare *vt* to return, give back

'ridere *vi* to laugh; (*deridere, beffare*): ~ **di** to laugh at, make fun of

ri'dicolo, -a *ag* ridiculous, absurd

ridimensio'nare *vt* to reorganize; (*fig*) to see in the right perspective

ri'dire *vt* to repeat; (*criticare*) to find fault with; to object to; **trova sempre qualcosa da** ~ he always manages to find fault

ridon'dante *ag* redundant

ri'dotto, -a *pp di* **ridurre** ▶ *ag* (*biglietto*) reduced; (*formato*) small

ri'duco *ecc vb vedi* **ridurre**

ri'durre *vt* (*anche Chim, Mat*) to reduce; (*prezzo, spese*) to cut, reduce; (*accorciare: opera letteraria*) to abridge; (: *Radio, TV*) to adapt; **ridursi** *vpr* (*diminuirsi*) to be reduced, shrink; **ridursi a** to be reduced to; **ridursi pelle e ossa** to be reduced to skin and bone; **ri'dussi** *ecc vb vedi* **ridurre**; **ridut'tore** *sm* (*Elec*) adaptor; **riduzi'one** *sf* reduction; abridgement; adaptation; **ci sono riduzioni per i bambini/gli studenti?** is there a reduction for children/ students?

ri'ebbi *ecc vb vedi* **riavere**

riem'pire *vt* to fill (up); (*modulo*) to fill in o out; **riempirsi** *vpr* to fill (up); ~ **qc di** to fill sth (up) with

rien'tranza [rien'trantsa] *sf* recess; indentation

rien'trare *vi* (*entrare di nuovo*) to go (o come) back in; (*tornare*) to return; (*fare una rientranza*) to go in, curve inwards; to be indented; (*riguardare*): ~ **in** to be included among, form part of

riepilo'gare *vt* to summarize ▶ *vi* to

recapitulate

ri'esco *ecc vb vedi* **riuscire**

ri'fare *vt* to do again; (*ricostruire*) to make again; (*nodo*) to tie again, do up again; (*imitare*) to imitate, copy; **rifarsi** *vpr* (*risarcirsi*): **rifarsi di** to make up for; (*vendicarsi*): **rifarsi di qc su qn** to get one's own back on sb for sth; (*riferirsi*): **rifarsi a** to go back to; to follow; ~ **il letto** to make the bed; **rifarsi una vita** to make a new life for o.s.

riferi'mento *sm* reference; **in o con ~ a** with reference to

rife'rire *vt* (*riportare*) to report ▶ *vi* to do a report; **riferirsi** *vpr* **riferirsi a** to refer to

rifi'nire *vt* to finish off, put the finishing touches to

rifiu'tare *vt* to refuse; ~ **di fare** to refuse to do; **rifi'uto** *sm* refusal; **rifiuti** *smpl* (*spazzatura*) rubbish *sg*, refuse *sg*

rifles'sione *sf* (*Fisica, meditazione*) reflection; (*il pensare*) thought, reflection; (*osservazione*) remark

rifles'sivo, -a *ag* (*persona*) thoughtful, reflective; (*Ling*) reflexive

ri'flesso, -a *pp di* **riflettere** ▶ *sm* (*di luce, allo specchio*) reflection; (*Fisiol*) reflex; **di o per** ~ indirectly

riflessologia [riflesso'lodʒia] *sf* reflexology

ri'flettere *vt* to reflect ▶ *vi* to think; **rifflettersi** *vpr* to be reflected; ~ **su** to think over

riflet'tore *sm* reflector; (*proiettore*) floodlight; searchlight

ri'flusso *sm* flowing back; (*della marea*) ebb; **un'epoca di** ~ an era of nostalgia

ri'forma *sf* reform; **la R** ~ (*Rel*) the Reformation

riforma'torio *sm* (*Dir*) community home (*BRIT*), reformatory (*US*)

riforni'mento *sm* supplying, providing; restocking; **rifornimenti**

smpl (provviste) supplies, provisions
rifor'nire *vt (provvedere)*: ~ **di** to supply o provide with; *(fornire di nuovo: casa ecc)* to restock; **rifornirsi** *vpr* **rifornirsi di qc** to stock up on sth

rifugi'arsi *[rifu'dʒarsi] vpr* to take refuge; **rifugi'ato, -a** *sm/f* refugee

ri'fugio *[ri'fudʒo] sm* refuge, shelter; *(in montagna)* shelter; **rifugio antiaereo** air-raid shelter

'riga, -ghe *sf* line; *(striscia)* stripe; *(di persone, cose)* line, row; *(regolo)* ruler; *(scriminatura)* parting; **mettersi in** ~ to line up; **a righe** *(foglio)* lined; *(vestito)* striped

ri'gare *vt (foglio)* to rule ▶ *vi* ~ **diritto** *(fig)* to toe the line

rigatti'ere *sm* junk dealer

righe'rò *ecc [rige'rɔ] vb vedi* **rigare**

'rigido, -a *['ridʒido] ag* rigid, stiff; *(membra ecc: indurite)* stiff; *(Meteor)* harsh, severe; *(fig)* strict

rigogli'oso, -a *[rigoʎ'ʎoso] ag (pianta)* luxuriant; *(fig: commercio, sviluppo)* thriving

ri'gore *sm (Meteor)* harshness, rigours *pl*; *(fig)* severity, strictness; *(anche:* **calcio di ~**) penalty; **di ~** compulsory; **a rigor di termini** strictly speaking

riguar'dare *vt* to look at again; *(considerare)* to regard, consider; *(concernere)* to regard, concern; **riguardarsi** *vpr (aver cura di sé)* to look after o.s.

rigu'ardo *sm (attenzione)* care; *(considerazione)* regard, respect; **~ a** concerning, with regard to; **non aver riguardi nell'agire/nel parlare** to act/speak freely

rilasci'are *[rilaʃ'ʃare] vt (rimettere in libertà)* to release; *(Amm: documenti)* to issue

rilassarsi *vpr* to relax; *(fig: disciplina)* to become slack

rile'gare *vt (libro)* to bind

ri'leggere *[ri'lɛddʒere] vt* to reread, read again; *(rivedere)* to read over

ri'lento: **a ~** *av* slowly

rile'vante *ag* considerable, important

rile'vare *vt (ricavare)* to find; *(notare)* to notice; *(mettere in evidenza)* to point out; *(venire a conoscere: notizia)* to learn; *(raccogliere: dati)* to gather, collect; *(Topografia)* to survey; *(Mil)* to relieve; *(Comm)* to take over

rili'evo *sm (Arte, Geo)* relief; *(fig: rilevanza)* importance; *(Topografia)* survey; **dar ~ a o mettere in ~ qc** *(fig)* to bring sth out, highlight sth

rilut'tante *ag* reluctant

'rima *sf* rhyme; *(verso)* verse

riman'dare *vt* to send again; *(restituire, rinviare)* to send back, return; *(differire)*: **~ qc a** to postpone sth o put sth off (till); *(fare riferimento)*: **~ qn a** to refer sb to; **essere rimandato** *(Ins)* to have to repeat one's exams

ri'mando *sm (rinvio)* return; *(dilazione)* postponement; *(riferimento)* cross-reference

rima'nente *ag* remaining ▶ *sm* rest, remainder; **i rimanenti** *(persone)* the rest of them, the others

rima'nere *vi (restare)* to remain, stay; *(avanzare)* to be left, remain; *(restare stupito)* to be amazed; *(restare, mancare)*: **rimangono poche settimane a Pasqua** there are only a few weeks left till Easter; **rimane da vedere se** it remains to be seen whether; *(diventare)*: **~ vedovo** to be left a widower; *(trovarsi)*: **~ sorpreso** to be surprised

rimangi'are *[riman'dʒare] vt* to eat again; **~rsi la parola/una promessa** *(fig)* to go back on one's word/one's promise

ri'mango *ecc vb vedi* **rimanere**

rimargi'narsi vpr to heal

rimbal'zare [rimbal'tsare] vi to
bounce back, rebound; (proiettile) to
ricochet

rimbam'bito, -a ag senile, in one's
dotage

rimboc'care vt (coperta) to tuck in;
(maniche, pantaloni) to turn o roll up

rimbom'bare vi to resound

rimbor'sare vt to pay back, repay

rime'diare vi ~ **a** to remedy ▶ vt (fam:
procurarsi) to get o scrape together

ri'medio sm (medicina) medicine;
(cura, fig) remedy, cure

ri'mettere vt (mettere di nuovo) to
put back; (indossare di nuovo): ~ **qc**
to put sth back on, put sth on again;
(affidare) to entrust; (: decisione) to
refer; (condonare) to remit; (Comm:
merci) to deliver; (: denaro) to remit;
(vomitare) to bring up; (perdere: anche:
rimetterci) to lose; **rimettersi al
bello** (tempo) to clear up; **rimettersi
in salute** vb get better, recover one's
health

ri'misi ecc vb vedi **rimettere**

'rimmel ® sm inv mascara

rimoder'nare vt to modernize

rimor'chiare [rimor'kjare] vt to tow;
(fig: ragazza) to pick up

ri'morchio [ri'mɔrkjo] sm tow;
(veicolo) trailer

ri'morso sm remorse

rimozi'one [rimot'tsjone] sf removal;
(da un impiego) dismissal; (Psic)
repression

rimpatri'are vi to return home ▶ vt
to repatriate

rimpi'angere [rim'pjandʒere] vt to
regret; (persona) to miss; **rimpi'anto,
-a** pp di **rimpiangere** ▶ sm regret

rimpiaz'zare [rimpjat'tsare] vt to
replace

rimpiccio'lire [rimpittʃo'lire]
vt to make smaller ▶ vi (anche:

rimpicciolirsi) to become smaller

rimpinzarsi [rimpin'tsarsi] vpr ~ **(di
qc)** to stuff o.s. (with sth)

rimprove'rare vt to rebuke,
reprimand

rimu'overe vt to remove; (destituire)
to dismiss

Rinasci'mento [rinaʃʃi'mento] sm **il ~**
the Renaissance

ri'nascita [ri'naʃʃita] sf rebirth, revival

rinca'rare vt to increase the price of
▶ vi to go up, become more expensive

rinca'sare vi to go home

rinchi'udere [rin'kjudere] vt to
shut (o lock) up; **rinchiudersi** vpr
rinchiudersi in to shut o.s. up in;
rinchiudersi in se stesso to withdraw
into o.s.

rin'correre vt to chase, run after;
rin'corsa sf short run

rin'crescere [rin'kreʃʃere] vb impers
mi rincresce che/di non poter fare
I'm sorry that/I can't do, I regret
that/being unable to do

rinfacci'are [rinfat'tʃare] vt (fig): ~ **qc
a qn** to throw sth in sb's face

rinfor'zare [rinfor'tsare] vt to
reinforce, strengthen ▶ vi (anche:
rinforzarsi) to grow stronger

rinfres'care vt (atmosfera, temperatura)
to cool (down); (abito, pareti) to
freshen up ▶ vi (tempo) to grow cooler;
rinfrescarsi vpr (ristorarsi) to refresh
o.s.; (lavarsi) to freshen up; **rin'fresco,
-schi** sm (festa) party; **rinfreschi** smpl
refreshments

rin'fusa sf **alla ~** in confusion,
higgledy-piggledy

ringhi'are [rin'gjare] vi to growl, snarl

ringhi'era [rin'gjɛra] sf railing; (delle
scale) banister(s) (pl)

ringiova'nire [rindʒova'nire] vt
(vestito, acconciatura ecc): ~ **qn** to make
sb look younger; (: vacanze ecc) to
rejuvenate ▶ vi (anche: **ringiovanirsi**)

to become (o look) younger

ringrazia'mento
[ringrattsja'mento] sm thanks pl

ringrazi'are [ringrat'tsjare] vt to
thank; **~ qn di qc** to thank sb for sth

rinne'gare vt (fede) to renounce;
(figlio) to disown, repudiate

rinnova'mento sm renewal;
(economico) revival

rinno'vare vt to renew; (ripetere) to
repeat, renew

rinoce'ronte [rinotʃe'ronte] sm
rhinoceros

rino'mato, -a ag renowned,
celebrated

rintracci'are [rintrat'tʃare] vt to
track down

rintro'nare vi to boom, roar ▶ vt
(assordare) to deafen; (stordire) to stun

rinunci'are [rinun'tʃare] vi **~** to give
up, renounce; **~ a fare qc** to give up
doing sth

rinvi'are vt (rimandare indietro) to
send back, return; (differire): **~ qc (a)**
to postpone sth o put sth off (till); to
adjourn sth (till); (fare un rimando):
qn a to refer sb to

rin'vio, -'vii sm (rimando) return;
(differimento) postponement; (: di
seduta) adjournment; (in un testo)
cross-reference; **rinvio a giudizio**
(Dir) indictment

riò ecc vb vedi **riavere**

ri'one sm district, quarter

riordi'nare vt (rimettere in ordine) to
tidy; (riorganizzare) to reorganize

riorganiz'zare [riorganid'dzare] vt
to reorganize

ripa'gare vt to repay

ripa'rare vt (proteggere) to protect,
defend; (correggere: male, torto) to
make up for; (: errore) to put right;
(aggiustare) to repair ▶ vi (mettere
rimedio): **~ a** to make up for; **ripararsi**
vpr (rifugiarsi) to take refuge o shelter;

dove lo posso far **~**? where can I get
this repaired?; **riparazi'one** sf (di un
torto) reparation; (di guasto, scarpe)
repairing no pl; repair; (risarcimento)
compensation

ri'paro sm (protezione) shelter,
protection; (rimedio) remedy

ripar'tire vt (dividere) to divide up;
(distribuire) to share out ▶ vi to set off
again; to leave again

ripas'sare vi to come (o go) back ▶ vt
(scritto, lezione) to go over (again)

ripen'sare vi to think; (cambiare
pensiero) to change one's mind;
(tornare col pensiero): **~ a** to recall

ripercu'otersi vpr **~ su** (fig) to have
repercussions on

ripercussi'one sf (fig): **avere una**
~ o delle ripercussioni su to have
repercussions on

ripes'care vt (pesce) to catch again;
(persona, cosa) to fish out; (fig:
ritrovare) to dig out

ri'petere vt to repeat; (ripassare) to
go over; **può ~ per favore?** can you
repeat that please?; **ripetizi'one**
sf repetition; (di lezione) revision;
ripetizi'oni sfpl (Ins) private tutoring
o coaching sg

ripi'ano sm (di mobile) shelf

ri'picca sf per **~** out of spite

'ripido, -a ag steep

ripie'gare vt to refold; (piegare più
volte) to fold (up) ▶ vi (Mil) to retreat,
fall back; (fig: accontentarsi): **~ su** to
make do with

ripi'eno, -a ag full; (Cuc) stuffed;
(: panino) filled ▶ sm (Cuc) stuffing

ri'pone, ri'pongo ecc vb vedi **riporre**

ri'porre vt (porre al suo posto) to put
back, replace; (mettere via) to put
away; (fiducia, speranza): **~ qc in qn** to
place o put sth in sb

ripor'tare vt (portare indietro) to bring
(o take) back; (riferire) to report;

(*citare*) to quote; (*vittoria*) to gain; (*successo*) to have; (*Mat*) to carry; **riportarsi a** (*anche fig*) to go back to; (*riferirsi a*) to refer to; **~ danni** to suffer damage

ripo'sare vt, vi to rest; **riposarsi** vpr to rest

ri'posi ecc vb vedi **riporre**

ri'poso sm rest; (*Mil*): ~! at ease!; **a ~** (*in pensione*) retired; **giorno di ~** day off

ripos'tiglio [ripos'tiΛΛo] sm lumber-room

ri'prendere vt (*prigioniero, fortezza*) to recapture; (*prendere indietro*) to take back; (*ricominciare: lavoro*) to resume; (*andare a prendere*) to fetch, come back for; (*riassumere: impiegati*) to take on again, re-employ; (*rimproverare*) to tell off; (*restringere: abito*) to take in; (*Cinema*) to shoot; **riprendersi** vpr to recover; (*correggersi*) to correct o.s.; **ri'presa** sf recapture; resumption; (*economica, da malattia, emozione*) recovery; (*Aut*) acceleration no pl; (*Teatro, Cinema*) rerun; (*Cinema: presa*) shooting no pl; shot; (*Sport*) second half; (*Pugilato*) round; **a più riprese** on several occasions, several times; **ripresa cinematografica** shot

ripristi'nare vt to restore

ripro'durre vt to reproduce; **riprodursi** vpr (*Biol*) to reproduce; (*riformarsi*) to form again

ripro'vare vt (*provare di nuovo: gen*) to try again; (*vestito*) to try on again; (*: sensazione*) to experience again ▸ vi (*tentare*): **~ (a fare qc)** to try (to do sth) again; **riproverò più tardi** I'll try again later

ripudi'are vt to repudiate, disown

ripu'gnante [ripuɲ'ɲante] ag disgusting, repulsive

ri'quadro sm square; (*Archit*) panel

ri'saia sf paddy field

risa'lire vi (*ritornare in su*) to go back up; **~ a** (*ritornare con la mente*) to go back to; (*datare da*) to date back to, go back to

risal'tare vi (*fig: distinguersi*) to stand out; (*Archit*) to project, jut out

risa'puto, -a ag: **è ~ che ...** everyone knows that ..., it is common knowledge that ...

risarci'mento [risartʃi'mento] sm **~ (di)** compensation (for); **risarcimento danni** damages

risar'cire [risar'tʃire] vt (*cose*) to pay compensation for; (*persona*): **~ qn di qc** to compensate sb for sth

ri'sata sf laugh

riscalda'mento sm heating; **riscaldamento centrale** central heating

riscal'dare vt (*scaldare*) to heat; (*: mani, persona*) to warm; (*minestra*) to reheat; **riscaldarsi** vpr to warm up

ris'catto sm ransom; redemption

rischia'rare vt (*illuminare*) to light up; (*colore*) to make lighter; **rischiararsi** vpr (*tempo*) to clear up; (*cielo*) to clear; (*fig: volto*) to brighten up; **rischiararsi la voce** to clear one's throat

rischi'are [ris'kjare] vt to risk ▸ vi **~ di fare qc** to risk o run the risk of doing sth

rischio ['riskjo] sm risk; **rischi'oso, -a** ag risky, dangerous

riscia'cquare [riʃʃa'kware] vt to rinse

riscon'trare vt (*rilevare*) to find

ris'cuotere vt (*ritirare: somma*) to collect; (*: stipendio*) to draw, collect; (*assegno*) to cash; (*fig: successo ecc*) to win, earn

'rise ecc vb vedi **ridere**

risenti'mento sm resentment

risen'tire vt to hear again; (*provare*) to feel ▸ vi **~ di** to feel o show) the effects of; **risentirsi** vpr **risentirsi di o per** to

take offence at, resent; **risen'tito, -a**
ag resentful

ri'serbo sm reserve

ri'serva sf reserve; (di caccia, pesca)
preserve; (restrizione, di indigeni)
reservation; **di ~** (provviste ecc) in
reserve

riser'vare vt (tenere in serbo) to
keep, put aside; (prenotare) to book,
reserve; **ho riservato un tavolo a
nome...** I booked a table in the name
of ...; **riser'vato, -a** ag (prenotato:
fig: persona) reserved; (confidenziale)
confidential

'risi ecc vb vedi **ridere**

ri'siedere vi ~ **a** o **in** to reside in

'risma sf (di carta) ream; (fig) kind, sort

'riso (pl(f) **risa**) (: il ridere) sm il ~
laughter; (pianta) rice ▸ pp di **ridere**

riso'lino sm snigger

ri'solsi ecc vb vedi **risolvere**

ri'solto, -a pp di **risolvere**

riso'luto, -a ag determined, resolute

risoluzi'one [risolut'tsjone] sf solving
no pl; (Mat) solution; (decisione, di
schermo, immagine) resolution

ri'solvere vt (difficoltà, controversia) to
resolve; (problema) to solve; (decidere):
~ di fare to resolve to do; **risolversi**
vpr (decidersi): **risolversi a fare** to
make up one's mind to do; (andare a
finire): **risolversi in** to end up, turn
out; **risolversi in nulla** to come to
nothing

riso'nanza [riso'nantsa] sf
resonance; **aver vasta ~** (fig: fatto ecc)
to be known far and wide

ri'sorgere [ri'sordʒere] vi to rise
again; **risorgi'mento** sm revival;
il Risorgimento (Storia) the
Risorgimento

● **Risorgimento**
● The **Risorgimento** was the
● political movement which led to
● the proclamation of the Kingdom

of Italy in 1861, and eventually to
● unification in 1871.

ri'sorsa sf expedient, resort; **risorse
umane** human resources

ri'sorsi ecc vb vedi **risorgere**

ri'sotto sm (Cuc) risotto

risparmi'are vt to save; (non uccidere)
to spare ▸ vi to save; **~ qc a qn** to
spare sb sth

ris'parmio sm saving no pl; (denaro)
savings pl; **risparmi** smpl (denaro)
savings

rispec'chiare [rispek'kjare] vt to
reflect

rispet'tabile ag respectable

rispet'tare vt to respect; **farsi ~** to
command respect

rispet'tivo, -a ag respective

ris'petto sm respect; **rispetti** smpl
(saluti) respects, regards; **~ a** (in
paragone a) compared to; (in relazione
a) as regards, as for

ris'pondere vi to answer, reply;
(freni) to respond; **~ a** (domanda) to
answer, reply to; (persona) to answer;
(invito) to reply to; (provocazione:
veicolo, apparecchio) to respond to;
(corrispondere a) to correspond to;
(: speranze, bisogno) to answer; **~ di**
to answer for; **ris'posta** sf answer,
reply; **in risposta a** in reply to

'rissa sf brawl

ris'tampa sf reprinting no pl; reprint

risto'rante sm restaurant; **mi può
consigliare un buon ~?** can you
recommend a good restaurant?

ris'tretto, -a pp da **restringere** ▸ ag
(racchiuso) enclosed, hemmed in;
(angusto) narrow; (limitato): **~ (a)**
restricted o limited to; (Cuc: brodo)
thick; (: caffè) extra strong

ristruttu'rare vt (azienda) to
reorganize; (edificio) to restore;
(appartamento) to alter; (crema,
balsamo) to repair

risucchi'are [risukˈkjare] vt to suck in

risul'tare vi (dimostrarsi) to prove (to be), turn out (to be); (riuscire): ~ **vincitore** to emerge as the winner; ~ **da** (provenire) to result from, be the result of; **mi risulta che ...** I understand that ...; **non mi risulta** not as far as I know; **risul'tato** sm result

risuo'nare vi (rimbombare) to resound

risurrezi'one [risurretˈtsjone] sf (Rel) resurrection

risusci'tare [risuʃʃiˈtare] vt to resuscitate, restore to life; (fig) to revive, bring back ▶ vi to rise (from the dead)

ris'veglio [rizˈveʎʎo] sm waking up; (fig) revival

ris'volto sm (di giacca) lapel; (di pantaloni) turn-up; (di manica) cuff; (di tasca) flap; (di libro) inside flap; (fig) implication

ritagli'are [ritaʎˈʎare] vt (tagliar via) to cut out

ritar'dare vi (persona, treno) to be late; (orologio) to be slow ▶ vt (rallentare) to slow down; (impedire) to delay, hold up; (differire) to postpone, delay

ri'tardo sm delay; (di persona aspettata) lateness no pl; (fig: mentale) backwardness; **in ~** late; **il volo ha due ore di ~** the flight is two hours late; **scusi il ~** sorry I'm late

ri'tegno [riˈteɲɲo] sm restraint

rite'nere vt (trattenere) to hold back; (: somma) to deduct; (giudicare) to consider, believe

ri'tengo, ri'tenni ecc vb vedi **ritenere**

riterrò, ritiene ecc vb vedi **ritenere**

riti'rare vt to withdraw; (Pol: richiamare) to recall; (andare a prendere: pacco ecc) to collect, pick up; **ritirarsi** vpr to withdraw; (da un'attività) to retire; (stoffa) to shrink; (marea) to recede

'**ritmo** sm rhythm; (fig) rate; (: della vita) pace, tempo

'**rito** sm rite; **di ~** usual, customary

ritoc'care vt (disegno, fotografia) to touch up; (testo) to alter

ritor'nare vi to return, go (o come) back, to get back; (ripresentarsi) to recur; (ridiventare): ~ **ricco** to become rich again ▶ vt (restituire) to return, give back; **quando ritorniamo?** when do we get back?

ritor'nello sm refrain

ri'torno sm return; **essere di ~** to be back; **avere un ~ di fiamma** (Aut) to backfire; (fig: persona) to be back in love again

ri'trarre vt (trarre indietro, via) to withdraw; (distogliere: sguardo) to turn away; (rappresentare) to portray, depict; (ricavare) to get, obtain

ritrat'tare vt (disdire) to retract, take back; (trattare nuovamente) to deal with again

ri'tratto, -a pp di **ritrarre** ▶ sm portrait

ritro'vare vt to find; (salute) to regain; (persona) to find; to meet again; **ritrovarsi** vpr (essere, capitare) to find o.s.; (raccapezzarsi) to find one's way; (con senso reciproco) to meet (again)

'**ritto, -a** ag (in piedi) standing, on one's feet; (levato in alto) erect, raised; (: capelli) standing on end; (posto verticalmente) upright

ritu'ale ag, sm ritual

riuni'one sf (adunanza) meeting; (riconciliazione) reunion

riu'nire vt (ricongiungere) to join (together); (riconciliare) to reunite, bring together (again); **riunirsi** vpr (adunarsi) to meet; (tornare insieme) to be reunited

riu'scire [riuʃˈʃire] vi (uscire di nuovo) to go out again, go back out; (aver esito: fatti, azioni) to go, turn

out; (aver successo) to succeed, be
successful; (essere, apparire) to be,
prove; (raggiungere il fine) to manage,
succeed; ~ **a fare qc** to manage to do o
succeed in doing o to be able to do sth
'**riva** sf (di fiume) bank; (di lago, mare)
shore
ri'**vale** sm/f rival; **rivalità** sf rivalry
rivalu'**tare** vt (Econ) to revalue
rive'**dere** vt to see again; (ripassare) to
revise; (verificare) to check
rivedrò ecc vb vedi **rivedere**
rive'**lare** vt to reveal; (divulgare) to
reveal, disclose; (dare indizio) to reveal,
show; **rivelarsi** vpr (manifestarsi) to
be revealed; **rivelarsi onesto** ecc to
prove to be honest ecc; **rivelazi'one**
sf revelation
rivendi'**care** vt to claim, demand
rivendi'**tore**, -'**trice** sm/f retailer;
rivenditore autorizzato (Comm)
authorized dealer
ri'**verbero** sm (di luce, calore)
reflection; (di suono) reverberation
rivesti'**mento** sm covering; coating
rives'**tire** vt to dress again; (ricoprire)
to cover; to coat; (fig: carica) to hold
ri'**vidi** ecc vb vedi **rivedere**
ri'**vincita** [ri'vintʃita] sf (Sport) return
match; (fig) revenge
ri'**vista** sf review; (periodico)
magazine, review; (Teatro) revue;
variety show
ri'**volgere** [ri'vɔldʒere] vt (attenzione,
sguardo) to turn, direct; (parole)
to address; **rivolgersi** vpr to turn
round; (fig: dirigersi per informazioni):
rivolgersi a to go and see, speak to;
(: ufficio) to enquire at
ri'**volsi** ecc vb vedi **rivolgere**
ri'**volta** sf revolt, rebellion
rivol'**tella** sf revolver
rivoluzio'**nare** [rivoluttsjo'nare] vt to
revolutionize
rivoluzio'**nario**, -a

[rivoluttsjo'narjo] ag, sm/f
revolutionary
rivoluzi'**one** [rivolut'tsjone] sf
revolution
riz'**zare** [rit'tsare] vt to raise, erect;
rizzarsi vpr to stand up; (capelli) to
stand on end
'**roba** sf stuff, things pl; (possessi, beni)
belongings pl, things pl, possessions
pl; ~ **da mangiare** things pl to eat,
food; ~ **da matti** sheer madness o
lunacy
'**robot** sm inv robot
ro'**busto**, -a ag robust, sturdy; (solido:
catena) strong
roc'**chetto** [rok'ketto] sm reel, spool
'**roccia**, -ce [rɔttʃa] sf rock; **fare ~**
(Sport) to go rock climbing
'**roco**, -a, chi, che ag hoarse
ro'**daggio** [ro'daddʒo] sm running
(BRIT) o breaking (US) in; **in ~** running
(BRIT) o breaking (US) in
rodi'**tore** sm (Zool) rodent
rodo'**dendro** sm rhododendron
ro'**gnone** [roɲ'ɲone] sm (Cuc) kidney
'**rogo**, -ghi sm (per cadaveri) (funeral)
pyre; (supplizio): **il ~** the stake
rol'**lio** sm roll(ing)
'**Roma** sf Rome
Roma'**nia** sf la ~ Romania
ro'**manico**, -a, -ci, -che ag
Romanesque
ro'**mano**, -a ag, sm/f Roman
ro'**mantico**, -a, -ci, -che ag
romantic
romanzi'**ere** [roman'dzjere] sm
novelist
ro'**manzo**, -a [ro'mandzo] ag (Ling)
romance cpd ▷ sm novel; **romanzo**
d'appendice serial (story); **romanzo**
giallo/poliziesco detective story;
romanzo rosa romantic novel
'**rombo** sm rumble, thunder, roar;
(Mat) rhombus; (Zool) turbot; brill
'**rompere** vt to break; (fidanzamento)

to break off ▶ vi to break; **rompersi** vpr
to break; **mi rompe le scatole** (fam) he
(o she) is a pain in the neck; **rompersi
un braccio** to break an arm; **mi si è
rotta la macchina** my car has broken
down; **rompis'catole** (fam) sm/f inv
pest, pain in the neck

'**rondine** sf (Zool) swallow

ron'zare [ron'dzare] vi to buzz, hum

ron'zio [ron'dzio] sm buzzing

'**rosa** sf rose ▶ ag inv, sm pink; **ro'sato,
-a** ag pink, rosy ▶ sm (vino) rosé (wine)

rosicchi'are [rosik'kjare] vt to gnaw
(at); (mangiucchiare) to nibble (at)

rosma'rino sm rosemary

roso'lare vt (Cuc) to brown

roso'lia sf (Med) German measles
sg, rubella

ro'sone sm rosette; (vetrata) rose
window

'**rospo** sm (Zool) toad

ros'setto sm (per labbra) lipstick

'**rosso, -a** ag, sm, sf red; **ro'sato, -a**
ag pink, rosy ▶ sm (vino) rosé (wine) il
mar R~
the Red Sea; **rosso d'uovo** egg yolk

rosticce'ria [rostitt∫e'ria] sf shop
selling roast meat and other cooked food

ro'taia sf rut (road); (Ferr) rail

ro'tella sf small wheel; (di mobile)
castor

roto'lare vt, vi to roll; **rotolarsi** vpr to
roll (about)

'**rotolo** sm roll; **andare a rotoli** (fig) to
go to rack and ruin

ro'tondo, -a ag round

'**rotta** sf (Aer, Naut) course, route; (Mil)
rout; **a ~ di collo** at breakneck speed;
essere in ~ con qn to be on bad terms
with sb

rotta'mare vt to scrap

rottama'zione [rottama'tsjone] sf
(come incentivo) the scrapping of old
vehicles in return for incentives

rot'tame sm fragment, scrap, broken
bit; **rottami** smpl (di nave, aereo ecc)
wreckage sg

'**rotto, -a** pp di **rompere** ▶ ag broken;
(calzoni) torn, split; **per il ~ della cuffia**
by the skin of one's teeth

rot'tura sf breaking no pl; break;
breaking off; (Med) fracture, break

rou'lotte [ru'lɔt] sf caravan

ro'vente ag red-hot

ro'vere sm oak

ro'vescia [ro've∫a] sf **alla ~** upside-
down; inside-out; **oggi mi va tutto
alla ~** everything is going wrong (for
me) today

rovesci'are [rove∫'∫are] vt (versare
in giù) to pour; (: accidentalmente) to
spill; (capovolgere) to turn upside
down; (gettare a terra) to knock down;
(: fig: governo) to overthrow; (piegare
all'indietro: testa) to throw back;
rovesciarsi vpr (sedia, macchina) to
overturn; (barca) to capsize; (liquido)
to spill; (fig: situazione) to be reversed

ro'vescio, -sci [ro've∫∫o] sm other
side, wrong side; (della mano) back;
(di moneta) reverse; (pioggia) sudden
downpour; (fig) setback; (Maglia:
anche: **punto ~**) purl (stitch); (Tennis)
backhand (stroke); **a ~** upside-
down; inside-out; **capire qc a ~** to
misunderstand sth

ro'vina sf ruin; **andare in ~** (andare a
pezzi) to collapse; (fig) to go to rack
and ruin; **rovine** sfpl (ruderi) ruins;
mandare in ~ to ruin

rovi'nare vi to collapse, fall down ▶ vt
(danneggiare: fig) to ruin; **rovinarsi** vpr
(persona) to ruin o.s.; (oggetto, vestito)
to be ruined

rovis'tare vt (casa) to ransack; (tasche)
to rummage in (o through)

'**rovo** sm (Bot) blackberry bush,
bramble bush

'**rozzo, -a** ['roddzo] ag rough, coarse

ru'bare vt to steal; **~ qc a qn** to steal
sth from sb; **mi hanno rubato il
portafoglio** my wallet has been

stolen

rubi'netto sm tap, faucet (US)

ru'bino sm ruby

ru'brica, -che sf (Stampa) column; (quadernetto) index book; address book; **rubrica d'indirizzi** address book; **rubrica telefonica** list of telephone numbers

rudere sm (rovina) ruins pl

rudimen'tale ag rudimentary, basic

rudi'menti smpl rudiments; basic principles; basic knowledge sg

ruffi'ano sm pimp

'ruga, -ghe sf wrinkle

'ruggine ['ruddʒine] sf rust

rug'gire [rud'dʒire] vi to roar

rugi'ada [ru'dʒada] sf dew

ru'goso, -a ag wrinkled

rul'lino sm (Fot) spool; (: pellicola) film; **vorrei un ~ da 36 pose** I'd like a 36-exposure film

'rullo sm (di tamburi) roll; (arnese cilindrico, Tip) roller; **rullo compressore** steam roller; **rullo di pellicola** roll of film

rum sm rum

ru'meno, -a ag, sm/f, sm Romanian

rumi'nare vt (Zool) to ruminate

ru'more sm **un ~** a noise, a sound; **il ~** noise; **non riesco a dormire a causa del ~** I can't sleep for the noise; **rumo'roso, -a** ag noisy

> Attenzione! In inglese esiste la parola *rumour*, che però significa *voce* nel senso *diceria*.

ru'olo sm (Teatro: fig) role, part; (elenco) roll, register, list; **di ~** permanent, on the permanent staff

ru'ota sf wheel; **ruota anteriore/posteriore** front/back wheel; **ruota di scorta** spare wheel

ruo'tare vt, vi to rotate

rupe sf cliff

'ruppi ecc vb vedi **rompere**

ru'rale ag rural, country cpd

ru'scello [ruʃʃello] sm stream

'ruspa sf excavator

rus'sare vi to snore

'Russia sf la ~ Russia; **'russo, -a** ag, sm/f, sm Russian

'rustico, -a, -ci, -che ag rustic; (fig) rough, unrefined

rut'tare vi to belch; **'rutto** sm belch

'ruvido, -a ag rough, coarse

S

S. abbr (= sud) S; (= santo) St

sa vb vedi **sapere**

'sabato sm Saturday; **di** o **il ~** on Saturdays

'sabbia sf sand; **sabbie mobili** quicksand(s); **sabbi'oso, -a** ag sandy

'sacca, -che sf bag; (bisaccia) haversack; **sacca da viaggio** travelling bag

sacca'rina sf saccharin(e)

sacch'eggi'are [sakked'dʒare] vt to sack, plunder

sac'chetto [sak'ketto] sm (small) bag, (small) sack; **sacchetto di carta/di plastica** paper/plastic bag

'sacco, -chi sm bag; (per carbone ecc) sack; (Anat, Biol) sac; (tela) sacking; (saccheggio) sack(ing); (fig: grande quantità): **un ~ di** lots of, heaps of; **sacco a pelo** sleeping bag; **sacco per i rifiuti** bin bag

sacer'dote [satʃer'dɔte] sm priest

sacrifi'care vt to sacrifice; **sacrificarsi** vpr to sacrifice o.s.; (privarsi di qc) to make sacrifices

sacri'ficio [sakri'fitʃo] sm sacrifice

'sacro, -a ag sacred

'sadico, -a, -ci, -che ag sadistic ▶ sm/f sadist

sa'etta sf arrow; (fulmine) thunderbolt; flash of lightning

sa'fari sm inv safari

sag'gezza [sad'dʒettsa] sf wisdom

'saggio, -a, -gi, -ge ['saddʒo] ag wise ▶ sm (persona) sage; (esperimento) test; (fig: prova) proof; (campione) sample; (scritto) essay

Sagit'tario [sadʒit'tarjo] sm Sagittarius

'sagoma sf (profilo) outline, profile; (forma) form, shape; (Tecn) template; (bersaglio) target; (fig: persona) character

'sagra sf festival

sagres'tano sm sacristan; sexton

sagres'tia sf sacristy

Sa'hara [sa'ara] sm **il (deserto del) ~** the Sahara (Desert)

'sai vb vedi **sapere**

'sala sf hall; (stanza) room; (Cinema: Yyy: di proiezione) cinema; **sala d'aspetto** waiting room; **sala da ballo** ballroom; **sala giochi** amusement arcade; **sala operatoria** operating theatre; **sala da pranzo** dining room; **sala per concerti** concert hall

sa'lame sm salami no pl, salami sausage

sala'moia sf (Cuc) brine

sa'lato, -a ag (sapore) salty; (Cuc) salted, salt cpd; (fig: prezzo) steep, stiff

sal'dare vt (congiungere) to join, bind; (parti metalliche) to solder; (: con saldatura autogena) to weld; (conto) to settle, pay

'saldo, -a ag (resistente, forte) strong, firm; (fermo) firm, steady, stable; (fig) firm, steadfast ▶ sm (svendita) sale; (di conto) settlement; (Econ) balance; **saldi** smpl (Comm) sales; **essere ~ nella propria fede** (fig) to stick to one's guns

'sale sm salt; (fig): **ha poco ~ in zucca** he doesn't have much sense; **sale fino** table salt; **sale grosso** cooking salt

'salgo ecc vb vedi **salire**

'salice ['salitʃe] sm willow; **salice piangente** weeping willow

sali'ente ag salient, main

sali'era sf salt cellar

sa'lire vi to go (o come) up; (aereo ecc) to climb, go up; (passeggero) to get on; (sentiero, prezzi, livello) to go up, rise ▶ vt (scale, gradini) to go (o come) up; **~ su** to climb (up); **~ sul treno/ sull'autobus** to board the train/the bus; **~ in macchina** to get into the car; **sa'lita** sf climb, ascent; (erta) hill, slope; **in salita** ag, av uphill

'saliva sf saliva

'salma sf corpse

'salmo sm psalm

sal'mone sm salmon

sa'lone sm (stanza) sitting room, lounge; (in albergo) lounge; (su nave) lounge, saloon; (mostra) show, exhibition; **salone di bellezza** beauty salon

sa'lotto sm lounge, sitting room; (mobilio) lounge suite

sal'pare vi (Naut) to set sail; (anche: **~ l'ancora**) to weigh anchor

'salsa sf (Cuc) sauce; **salsa di pomodoro** tomato sauce

sal'siccia, -ce [sal'sittʃa] sf pork sausage

sal'tare vi to jump, leap; (esplodere) to blow up, explode; (: valvola) to blow; (venir via) to pop off; (non aver luogo: corso ecc) to be cancelled ▶ vt to jump (over), leap (over); (fig: pranzo, capitolo) to skip, miss (out); (Cuc) to sauté; **far ~** to blow up; to burst open; **~ fuori** (fig: apparire all'improvviso) to turn up

saltel'lare vi to skip; to hop

'salto sm jump; (Sport) jumping; **fare un ~** to jump, leap; **fare un ~ da qn** to pop over to sb's (place); **salto in alto/ lungo** high/long jump; **salto con l'asta** pole vaulting; **salto mortale** somersault

saltu'ario, -a ag occasional, irregular

sa'lubre ag healthy, salubrious

salume'ria sf delicatessen

sa'lumi smpl salted pork meats

salu'tare ag healthy; (fig) salutary, beneficial ▶ vt (incontrandosi) to greet; (congedandosi) to say goodbye to; (Mil) to salute

sa'lute sf health; **~!** (a chi starnutisce) bless you!; (nei brindisi) cheers!; **bere alla ~ di qn** to drink (to) sb's health

sa'luto sm (gesto) wave; (parola) greeting; (Mil) salute

salvada'naio sm money box, piggy bank

salva'gente [salva'dʒɛnte] sm (Naut) lifebuoy; (ciambella) life belt; (giubbotto) life jacket; (stradale) traffic island

salvaguar'dare vt to safeguard

sal'vare vt to save; (trarre da un pericolo) to rescue; (proteggere) to protect; **salvarsi** vpr to save o.s.; to escape; **salvaschermo** [salvas'kermo] sm (Inform) screen saver; **salvaslip** [salva'zlip] sm inv panty liner; **salva'taggio** sm rescue

'salve (fam) escl hi!

'salvia sf (Bot) sage

salvi'etta sf napkin; **salvietta umidificata** baby wipe

'salvo, -a ag safe, unhurt, unharmed; (fuori pericolo) safe, out of danger ▶ sm **in ~** safe ▶ prep (eccetto)

except; **mettere qc in ~** to put sth in a safe place; **~ che** (a meno che) unless; (eccetto che) except (that); **~ imprevisti** barring accidents

sam'buco sm elder (tree)

'sandalo sm (Bot) sandalwood; (calzatura) sandal

'sangue sm blood; **farsi cattivo ~** to fret, get in a state; **sangue freddo** (fig) sang-froid, calm; **a ~ freddo** in cold blood; **sangui'nare** vi to bleed

sanità sf health; (salubrità) healthiness; **Ministero della S~** Department of Health; **sanità mentale** sanity

sani'tario, -a ag health cpd; (condizioni) sanitary ▶ sm (Amm) doctor; **sanitari** smpl (impianti) bathroom o sanitary fittings

'sanno vb vedi **sapere**

'sano, -a ag healthy; (denti, costituzione) healthy, sound; (integro) whole, unbroken; (fig: politica, consigli) sound; **~ di mente** sane; **di sana pianta** completely, entirely; **~ e salvo** safe and sound

'santo, -a ag holy; (fig) saint ▶ sm/f saint; **la Santa Sede** the Holy See

santu'ario sm sanctuary

sanzi'one [san'tsjone] sf sanction; (penale, civile) sanction, penalty

sa'pere vt to know; (essere capace di): **so nuotare** I know how to swim, I can swim ▶ vi **~ di** (aver sapore) to taste of; (aver odore) to smell of ▶ sm knowledge; **far ~ qc a qn** to inform sb about sth, let sb know sth; **mi sa che non sia vero** I don't think that's true; **non lo so** I don't know; **non so l'inglese** I don't speak English; **sa dove posso...?** do you know where I can...?

sa'pone sm soap; **sapone da bucato** washing soap

sa'pore sm taste, flavour; **sapo'rito, -a** ag tasty

sappi'amo vb vedi **sapere**

saprò ecc vb vedi **sapere**

sarà ecc vb vedi **essere**

saraci'nesca [saratʃi'neska] sf (serranda) rolling shutter

sar'castico, -a, ci, che ag sarcastic

Sar'degna [sar'deɲɲa] sf **la ~** Sardinia

sar'dina sf sardine

sa'rei ecc vb vedi **essere**

SARS sigla f (Med: = severe acute respiratory syndrome) SARS

'sarta sf vedi **sarto**

'sarto, -a sm/f tailor/dressmaker

'sasso sm stone; (ciottolo) pebble; (masso) rock

sas'sofono sm saxophone

sas'soso, -a ag stony; pebbly

'Satana sm Satan

sa'tellite sm, ag satellite

'satira sf satire

'sauna sf sauna

sazi'are [sat'tsjare] vt to satisfy, satiate; **saziarsi** vpr **saziarsi (di)** to eat one's fill (of); (fig): **saziarsi di** to grow tired o weary of

'sazio, -a [sat'tsjo] ag **~ (di)** sated (with), full (of); (fig: stufo) fed up (with), sick (of); **sono ~** I'm full (up)

sba'dato, -a ag careless, inattentive

sbadigli'are [zbadiʎ'ʎare] vi to yawn; **sba'diglio** sm yawn

sbagli'are [zbaʎ'ʎare] vt to make a mistake in, get wrong ▶ vi to make a mistake, be mistaken, be wrong; (operare in modo non giusto) to err; **sbagliarsi** vpr to make a mistake, be mistaken, be wrong; **~ strada/la mira** to take the wrong road/miss one's aim

sbagli'ato, -a [zbaʎ'ʎato] ag (gen) wrong; (compito) full of mistakes; (conclusione) erroneous

'sbaglio sm mistake, error; (morale)

error; **fare uno ~** to make a mistake

sbal'dire vt to stun, amaze ▶ vi to be stunned, be amazed

sbal'zare [zbal'tsare] vt to throw, hurl ▶ vi (balzare) to bounce; (saltare) to leap, bound

sban'dare vi (Naut) to list; (Aer) to bank; (Aut) to skid

sba'raglio [zba'raʎʎo] sm rout; defeat; **gettarsi allo ~** to risk everything

sbaraz'zarsi [zbarat'tsarsi] vpr **~ di** to get rid of, rid o.s. of

sbar'care vt (passeggeri) to disembark; (merci) to unload ▶ vi to disembark

'sbarra sf bar; (di passaggio a livello) barrier; (Dir): **presentarsi alla ~** to appear before the court

sbar'rare vt (strada ecc) to block, bar; (assegno) to cross; **~ il passo** to bar the way; **~ gli occhi** to open one's eyes wide

'sbattere vt (porta) to slam, bang; (tappeti, ali, Cuc) to beat; (urtare) to knock, hit ▶ vi (porta, finestra) to bang; (agitarsi: ali, vele ecc) to flap; **me ne sbatto!** (fam) I don't give a damn!

sba'vare vi to dribble; (colore) to smear, smudge

'sberla sf slap

sbia'dire vi, vt to fade; **sbia'dito, -a** ag faded; (fig) colourless, dull

sbian'care vt to whiten; (tessuto) to bleach ▶ vi (impallidire) to grow pale o white

sbirci'ata [zbir'tʃata] sf **dare una ~ a qc** to glance at sth, have a look at sth

sblo'care vt to unblock, free; (freno) to release; (prezzi, affitti) to decontrol; **sbloccarsi** vpr (gen) to become unblocked; (passaggio, strada) to clear, become unblocked

sboc'care vi **~ in** (fiume) to flow into; (strada) to lead into; (persona) to come (out) into; (fig: concludersi) to end (up) in

sboc'cato, -a *ag* (persona) foul-mouthed; (linguaggio) foul

sbocci'are [zbot'tʃare] *vi* (fiore) to bloom, open (out)

sbol'lire *vi* (fig) to cool down, calm down

'sbornia (fam) *sf* **prendersi una ~** to get plastered

sbor'sare *vt* (denaro) to pay out

sbot'tare *vi* – **in una risata/per la collera** to burst out laughing/explode with anger

sbotto'nare *vt* to unbutton, undo

sbrai'tare *vi* to yell, bawl

sbra'nare *vt* to tear to pieces

sbricio'lare [zbritʃo'lare] *vt* to crumble; **sbriciolarsi** *vpr* to crumble

sbri'gare *vt* to deal with; **sbrigarsi** *vpr* to hurry (up)

'sbronza ['zbrontsa] (fam) *sf* (ubriaco): **prendersi una ~** to get plastered

sbron'zarsi [zbron'tsarsi] *vpr* (fam) to get sozzled

'sbronzo, -a ['zbrontso] (fam) *ag* plastered

sbruf'fone, -a *sm/f* boaster

sbu'care *vi* to come out, emerge; (improvvisamente) to pop out (o up)

sbucci'are [zbut'tʃare] *vt* (arancia, patata) to peel; (piselli) to shell; **sbucciarsi un ginocchio** to graze one's knee

sbucherò *ecc* [zbuke'rɔ] *vb vedi* **sbucare**

sbuf'fare *vi* (persona, cavallo) to snort; (ansimare) to puff, pant; (treno) to puff

sca'broso, -a *ag* (fig: difficile) difficult, thorny; (: imbarazzante) embarrassing; (: sconcio) indecent

scacchi *smpl* (gioco) chess *sg*; **a ~** (tessuto) check(ed)

scacchi'era [skak'kjɛra] *sf* chessboard

scacci'are [skat'tʃare] *vt* to chase away (o out), drive away (o out)

'scaddi *ecc vb vedi* **scadere**

sca'dente *ag* shoddy, of poor quality

sca'denza [ska'dɛntsa] *sf* (di cambiale, contratto) maturity; (di passaporto) expiry date; **a breve/lunga ~** short-/long-term; **data di ~** expiry date

sca'dere *vi* (contratto ecc) to expire; (debito) to fall due; (valore, forze, peso) to decline, go down

sca'fandro *sm* (di palombaro) diving suit; (di astronauta) space-suit

scaf'fale *sm* shelf; (mobile) set of shelves

'scafo *sm* (Naut, Aer) hull

scagio'nare [skadʒo'nare] *vt* to exonerate, free from blame

'scaglia ['skaʎʎa] *sf* (Zool) scale; (scheggia) chip, flake

scagli'are [skaʎ'ʎare] *vt* (lanciare: anche fig) to hurl, fling; **scagliarsi** (anche: vr): **scagliarsi su** o **contro** to hurl o fling o.s. at; (fig) to rail at

'scala *sf* (a gradini ecc) staircase, stairs *pl*; (a pioli, di corda) ladder; (Mus, Geo, di colori, valori, fig) scale; **scale** *sfpl* (scalinata) stairs; **su vasta ~/~ ridotta** on a large/small scale; **~ mobile** (dei salari) index-linked pay scale; **scala a libretto** stepladder; **scala mobile** escalator; (Econ) sliding scale

Scala

Milan's world-famous **la Scala** theatre first opened its doors in 1778 with a performance of Salieri's opera, "L'Europa riconosciuta". It suffered serious damage in the bombing of Milan in 1943 and reopened in 1946 with a concert conducted by Toscanini. It also has a famous classical dance school.

sca'lare *vt* (Alpinismo, muro) to climb, scale; (debito) to scale down, reduce

scalda'bagno [skalda'baɲɲo] *sm* water-heater

scal'dare *vt* to heat; **scaldarsi** *vpr* to

warm up, heat up; *(al fuoco, al sole)* to warm o.s.; *(fig)* to get excited

scal'fire vt to scratch

scali'nata sf staircase

sca'lino sm *(anche fig)* step; *(di scala a pioli)* rung

'**scalo** sm *(Naut)* slipway; *(: porto d'approdo)* port of call; *(Aer)* stopover; **fare ~ (a)** *(Naut)* to call (at), put in (at); *(Aer)* to land (at), make a stop (at); **~ merci** *(Ferr)* goods (BRIT) o freight yard

scalop'pina sf *(Cuc)* escalope

scal'pello sm chisel

scal'pore sm noise, row; **far ~** *(notizia)* to cause a sensation o a stir

'**scaltro, -a** ag cunning, shrewd

'**scalzo, -a** ['skaltso] ag barefoot

scambi'are vt to exchange; *(confondere)*: **~ qn/qc per** to take o mistake sb/sth for; **mi hanno scambiato il cappello** they've given me the wrong hat; **scambiarsi** vpr *(auguri, confidenze, visite)* to exchange; **~ qn/qc per** *(confondere)* to mistake sth/sb for

'**scambio** sm exchange; *(Ferr)* points pl; **fare (uno) ~** to make a swap

scampa'gnata [skampaɲ'ɲata] sf trip to the country

scam'pare vt *(salvare)* to rescue, save; *(evitare: morte, prigione)* to escape ▶ vi **~ (a qc)** to survive (sth), escape (sth); **scamparla bella** to have a narrow escape

'**scampo** sm *(salvezza)* escape; *(Zool)* prawn; **cercare ~ nella fuga** to seek safety in flight

'**scampolo** sm remnant

scana'latura sf *(incavo)* channel, groove

scandagli'are [skandaʎ'ʎare] vt *(Naut)* to sound; *(fig)* to sound out; to probe

scandaliz'zare [skandalid'dzare] vt

to shock, scandalize; **scandalizzarsi** vpr to be shocked

'**scandalo** sm scandal

Scandi'navia sf **la ~** Scandinavia; **scandi'navo, -a** ag, sm/f Scandinavian

scanner ['skanner] sm inv *(Inform)* scanner

scansafa'tiche [skansafa'tike] sm/f inv idler, loafer

scan'sare vt *(rimuovere)* to move (aside), shift; *(schivare: schiaffo)* to dodge; *(sfuggire)* to avoid; **scansarsi** vpr to move aside

scan'sia sf shelves pl; *(per libri)* bookcase

'**scanso** sm **a ~ di** in order to avoid, as a precaution against

scanti'nato sm basement

scapacci'one [skapat'tʃone] sm clout

scapes'trato, -a ag dissolute

'**scapola** sf shoulder blade

'**scapolo** sm bachelor

scappa'mento sm *(Aut)* exhaust

scap'pare vi *(fuggire)* to escape; *(andare via in fretta)* to rush off; **lasciarsi ~ un'occasione** to let an opportunity go by; **~ di prigione** to escape from prison; **~ di mano** *(oggetto)* to slip out of one's hands; **~ di mente a qn** to slip sb's mind; **mi scappò detto** I let it slip; **scappa'toia** sf way out

scara'beo sm beetle

scarabocchi'are [skarabok'kjare] vt to scribble, scrawl; **scara'bocchio** sm scribble, scrawl

scara'faggio [skara'faddʒo] sm cockroach

scaraman'zia [skaraman'tsia] sf **per ~** for luck

scaraven'tare vt to fling, hurl; **scaraventarsi** vpr to fling o.s.

scarce'rare [skartʃe'rare] vt to release (from prison)

scardi'nare vt ~ **una porta** to take a door off its hinges

scari'care vt (*merci, camion ecc*) to unload; (*passeggeri*) to set down, put off; (*arma*) to unload; (: *sparare, Elettr*) to discharge; (*corso d'acqua*) to empty, pour; (*fig: liberare da un peso*) to unburden, relieve; (*da Internet*) to download; **scaricarsi** vpr (*orologio*) to run o wind down; (*batteria, accumulatore*) to go flat o dead; (*fig: rilassarsi*) to unwind; (: *sfogarsi*) to let off steam

scarico, -a, -chi, -che ag unloaded; (*orologio*) run down; (*accumulatore*) dead, flat ▶ sm (*di merci, materiali*) unloading; (*di immondizie*) dumping, tipping (BRIT); (*Tecn: deflusso*) draining; (: *dispositivo*) drain; (*Aut*) exhaust

scarlat'tina sf scarlet fever

scar'latto, -a ag scarlet

'scarpa sf shoe; **scarpe da ginnastica/tennis** gym/tennis shoes

scar'pata sf escarpment

scarpi'era sf shoe rack

scar'pone sm boot; **scarponi da montagna** climbing boots; **scarponi da sci** ski-boots

scarseggi'are [skarsed'dʒare] vi to be scarce; ~ **di** to be short of, lack

'scarso, -a ag (*insufficiente*) insufficient, meagre; (*povero: annata*) poor, lean; (*Ins: voto*) poor; ~ **di** lacking in; **3 chili scarsi** just under 3 kilos, barely 3 kilos

scar'tare vt (*pacco*) to unwrap; (*idea*) to reject; (*Mil*) to declare unfit for military service; (*carta da gioco*) to discard; (*Calcio*) to dodge (past) ▶ vi to swerve

'scarto sm (*cosa scartata: anche Comm*) reject; (*di veicolo*) swerve; (*differenza*) gap, difference

scassi'nare vt to break, force

scate'nare vt (*fig*) to incite, stir up; **scatenarsi** vpr (*temporale*) to break; (*rivolta*) to break out; (*persona: infuriarsi*) to rage

'scatola sf box; (*di latta*) tin (BRIT), can; **cibi in ~** tinned (BRIT) o canned foods; **scatola cranica** cranium; **scato'lone** sm (*big*) box

scat'tare vt (*fotografia*) to take ▶ vi (*congegno, molla ecc*) to be released; (*balzare*) to spring up; (*Sport*) to put on a spurt; (*fig: per l'ira*) to fly into a rage; ~ **in piedi** to spring to one's feet

'scatto sm (*dispositivo*) release; (: *di arma da fuoco*) trigger mechanism; (*rumore*) click; (*balzo*) jump, start; (*Sport*) spurt; (: *di ira ecc*) fit; (: *di stipendio*) increment; **di ~** suddenly

scaval'care vt (*ostacolo*) to pass (o climb) over; (*fig*) to get ahead of, overtake

sca'vare vt (*terreno*) to dig; (*legno*) to hollow out; (*pozzo, galleria*) to bore; (*città sepolta ecc*) to excavate

'scavo sm excavating no pl; excavation

'scegliere [ʃeʎʎere] vt to choose, select

sce'icco, -chi [ʃe'ikko] sm sheik

'scelgo ecc [ʃelgo] vb vedi **scegliere**

scel'lino [ʃel'lino] sm shilling

'scelta [ʃelta] sf choice; selection; **di prima** ~ top grade o quality; **frutta o formaggio a** ~ choice of fruit or cheese

'scelto, -a [ʃelto] pp di **scegliere** ▶ ag (*gruppo*) carefully selected; (*frutta, verdura*) choice, top quality; (*Mil: specializzato*) crack cpd, highly skilled

'scemo, -a [ʃemo] ag stupid, silly

'scena [ʃena] sf (gen) scene; (*palcoscenico*) stage; **le scene** (*fig: teatro*) the stage; **fare una** ~ to make a scene; **andare in** ~ to be staged o put on o performed; **mettere in** ~ to stage

sce'nario [ʃe'narjo] sm scenery; (*di film*) scenario

sce'nata [ʃe'nata] sf row, scene

'scendere ['ʃɛndere] vi to go (o come)
down; (strada, sole) to go down; (notte)
to fall; (passeggero: fermarsi) to get
out, alight; (fig: temperatura, prezzi)
to go o come down, fall, drop ▶ vt
(scale, pendio) to go (o come) down; ~
dalle scale to go (o come) down the
stairs; ~ **dal treno** to get off o out of
the train; **dove devo ~?** where do I get
off?; ~ **dalla macchina** to get out of
the car; ~ **da cavallo** to dismount, get
off one's horse

sceneggi'ato [ʃened'dʒato] sm
television drama

'scettico, -a, -ci, -che ['ʃɛttiko] ag
sceptical

'scettro ['ʃɛttro] sm sceptre

'scheda ['skɛda] sf (index) card;
scheda elettorale ballot paper;
scheda ricaricabile (Tel) top-up
card; **scheda telefonica** phone card;
sche'dario sm file; (mobile) filing
cabinet

sche'dina [ske'dina] sf ≈ pools
coupon (BRIT)

'scheggia, -ge ['skeddʒa] sf splinter,
sliver

'scheletro ['skeletro] sm skeleton

'schema, -i ['skɛma] sm (diagramma)
diagram, sketch; (progetto, abbozzo)
outline, plan

'scherma ['skerma] sf fencing

scher'maglia [sker'maʎʎa] sf (fig)
skirmish

'schermo ['skermo] sm shield, screen;
(Cinema, TV) screen

scher'nire [sker'nire] vt to mock,
sneer at

scher'zare [sker'tsare] vi to joke

'scherzo ['skertso] sm joke; (tiro) trick;
(Mus) scherzo; **è uno ~!** (una cosa facile)
it's child's play!, it's easy!; **per ~** in jest;
for a joke o a laugh; **fare un brutto ~ a**
qn to play a nasty trick on sb

schiaccia'noci [skjattʃa'notʃi] sm inv
nutcracker

schiacci'are [skjat'tʃare] vt (dito)
to crush; (noci) to crack; ~ **un**
pisolino to have a nap; **schiacciarsi**
vpr (appiattirsi) to get squashed;
(frantumarsi) to get crushed

schiaffeggi'are [skjaffed'dʒare]
vt to slap

schi'affo ['skjaffo] sm slap

schiantarsi vpr to break (up), shatter

schia'rire [skja'rire] vt to lighten,
make lighter; **schiarirsi** vpr to
grow lighter; (tornar sereno) to clear,
brighten up; **schiarirsi la voce** to
clear one's throat

schiavitù [skjavi'tu] sf slavery

schi'avo, -a ['skjavo] sm/f slave

schi'ena [skjɛna] sf (Anat) back;
schie'nale sm (di sedia) back

schi'era [skjɛra] sf (Mil) rank; (gruppo)
group, band

schiera'mento [skjera'mento] sm
(Mil, Sport) formation; (fig) alliance

schie'rare [skje'rare] vt (esercito) to
line up, draw up, marshal; **schierarsi**
vpr to line up; (fig): **schierarsi con**
o **dalla parte di/contro qn** to take side
with/oppose sb

schifo ['skifo] sm disgust; **fare ~**
(essere fatto male, dare pessimi risultati)
to be awful; **mi fa ~** it makes me sick,
it's disgusting; **quel libro è uno ~**
that book's rotten; **schi'foso, -a** ag
disgusting, revolting; (molto scadente)
rotten, lousy

schioc'care [skjok'kare] vt (frusta) to
crack; (dita) to snap; (lingua) to click; ~
le labbra to smack one's lips

schiudersi vpr to open

schi'uma ['skjuma] sf foam; (di
sapone) lather; (di latte) froth; (fig:
feccia) scum

schi'vare [ski'vare] vt to dodge, avoid

'schivo, -a ['skivo] ag (ritroso) stand-

offish, reserved; (timido) shy
schiz'zare [skit'tsare] vt (spruzzare) to spurt, squirt; (sporcare) to splash, spatter; (fig: abbozzare) to sketch ▶ vi to spurt, squirt; (saltar fuori) to dart up (o off ecc)

schizzi'noso, -a [skittsi'noso] ag fussy, finicky

'schizzo ['skittso] sm (di liquido) spurt; splash, spatter; (abbozzo) sketch

sci [ʃi] sm (attrezzo) ski; (attività) skiing; **sci d'acqua** water-skiing; **sci di fondo** cross-country skiing, ski touring (US); **sci nautico** water-skiing

'scia ['ʃia] (pl **scie**) sf (di imbarcazione) wake; (di profumo) trail

scià [ʃa] sm inv shah

sci'abola ['ʃabola] sf sabre

scia'callo [ʃa'kallo] sm jackal

sciac'quare [ʃak'kware] vt to rinse

scia'gura [ʃa'gura] sf disaster, calamity; misfortune

scialac'quare [ʃalak'kware] vt to squander

sci'albo, -a ['ʃalbo] ag pale, dull; (fig) dull, colourless

sci'alle ['ʃalle] sm shawl

scia'luppa [ʃa'luppa] sf: **scialuppa di salvataggio** lifeboat

sci'ame ['ʃame] sm swarm

sci'are [ʃi'are] vi to ski

sci'arpa ['ʃarpa] sf scarf; (fascia) sash

scia'tore, -'trice [ʃia'tore] sm/f skier

sci'atto, -a ['ʃatto] ag (persona) slovenly, unkempt

scien'tifico, -a, -ci, -che [ʃen'tifiko] ag scientific

sci'enza ['ʃentsa] sf science; (sapere) knowledge; **scienze** sfpl (Ins) science sg; **scienze naturali** natural sciences; **scienzi'ato, -a** sm/f scientist

'scimmia ['ʃimmja] sf monkey

scimpanzé [ʃimpan'tse] sm inv chimpanzee

scin'tilla [ʃin'tilla] sf spark;
scintil'lare vi to spark; (acqua, occhi) to sparkle

scioc'chezza [ʃok'kettsa] sf stupidity no pl; stupid o foolish thing; **dire sciocchezze** to talk nonsense

sci'occo, -a, -chi, -che ['ʃokko] ag stupid, foolish

sci'ogliere ['ʃɔʎʎere] vt (nodo) to untie; (capelli) to loosen; (persona, animale) to untie, release; (fig: persona): **~ da** to release from; (neve) to melt; (nell'acqua: zucchero ecc) to dissolve; (fig: mistero) to solve; (porre fine a: contratto) to cancel; (: società, matrimonio) to dissolve; (: riunione) to bring to an end; **sciogliersi** vpr to loosen, come untied; to melt; to dissolve; (assemblea ecc) to break up; **~ i muscoli** to limber up; **sciogilingua** [ʃoʎʎi'lingwa] sm inv tongue-twister

sci'olgo ecc ['ʃɔlgo] vb vedi **sciogliere**

sci'olto, -a ['ʃɔlto] pp di **sciogliere** ▶ ag loose; (agile) agile, nimble; supple; (disinvolto) free and easy; **versi sciolti** (Poesia) blank verse

sciope'rare [ʃope'rare] vi to strike, go on strike

sci'opero ['ʃopero] sm strike; **fare ~** to strike; **sciopero bianco** work-to-rule (BRIT), slowdown (US); **sciopero selvaggio** wildcat strike; **sciopero a singhiozzo** on-off strike

scio'via [ʃio'via] sf ski lift

scip'pare [ʃip'pare] vt **~ qn** to snatch sb's bag; **mi hanno scippato** they snatched my bag

sci'rocco [ʃi'rokko] sm sirocco

sci'roppo [ʃi'roppo] sm syrup

'scisma, -i ['ʃizma] sm (Rel) schism

scissi'one [ʃis'sjone] sf (anche fig) split, division; (Fisica) fission

sciu'pare [ʃu'pare] vt (abito, libro, appetito) to spoil, ruin; (tempo, denaro) to waste

scivo'lare [ʃivo'lare] vi to slide o glide along; (involontariamente) to slip, slide; **'scivolo** sm slide; (Tecn) chute; **scivo'loso, -a** ag slippery

scle'rosi sf sclerosis

scoc'care vt (freccia) to shoot ▶ vi (guizzare) to shoot up; (battere: ora) to strike

scoccherò ecc [skokke'rɔ] vb vedi **scoccare**

scocci'are [skot'tʃare] (fam) vt to bother, annoy; **scocciarsi** vpr to be bothered o annoyed

sco'della sf bowl

scodinzo'lare [skodintso'lare] vi to wag its tail

scogli'era [skoʎ'ʎɛra] sf reef; cliff
'scoglio ['skoʎʎo] sm (al mare) rock

scoi'attolo sm squirrel

scola'pasta sm inv colander

scolapi'atti sm inv drainer (for plates)

sco'lare ag età scolare e school age ▶ vt to drain ▶ vi to drip

scola'resca sf schoolchildren pl, pupils pl

sco'laro, -a sm/f pupil, schoolboy/girl

⬛ Attenzione! In inglese esiste la parola scholar, che però significa studioso.

sco'lastico, -a, -ci, -che ag school cpd; scholastic

scol'lato, -a ag (vestito) low-cut, low-necked; (donna) wearing a low-cut dress (o blouse ecc)

scolla'tura sf neckline

scolle'gare vt (fili, apparecchi) to disconnect

'scolo sm drainage

scolo'rire vt to fade; to discolour; **scolorirsi** vpr to fade; to become discoloured; (impallidire) to turn pale

scol'pire vt to carve, sculpt

scombusso'lare vt to upset

scom'messa sf bet, wager

scom'mettere vt, vi to bet

scomo'dare vt to trouble, bother; to disturb; **scomodarsi** vpr to put o.s. out; **scomodarsi a fare** to go to the bother o trouble of doing

'scomodo, -a ag uncomfortable; (sistemazione, posto) awkward, inconvenient

scompa'rire vi (sparire) to disappear, vanish; (fig) to be insignificant

scomparti'mento sm compartment; **uno ~ per non-fumatori** a non-smoking compartment

scompigli'are [skompiʎ'ʎare] vt (cassetto, capelli) to mess up, disarrange; (fig: piani) to upset

scomuni'care vt to excommunicate

'sconcio, -a, -ci, -ce ['skontʃo] ag (osceno) indecent, obscene ▶ sm disgrace

scon'figgere [skon'fiddʒere] vt to defeat, overcome

sconfi'nare vi to cross the border; (in proprietà privata) to trespass; (fig): **~ da** to stray o digress from

scon'fitta sf defeat

scon'forto sm despondency

sconge'lare [skondʒe'lare] vt to defrost

scongiu'rare [skondʒu'rare] vt (implorare) to entreat, beseech, implore; (eludere: pericolo) to ward off, avert; **scongi'uro** sm entreaty; (esorcismo) exorcism; **fare gli scongiuri** to touch wood (BRIT), knock on wood (US)

scon'nesso, -a ag incoherent

sconosci'uto, -a [skonoʃ'ʃuto] ag unknown; new, strange ▶ sm/f stranger; unknown person

sconsigli'are [skonsiʎ'ʎare] vt ~ **qc a qn** to advise sb against sth; ~ **qn dal fare qc** to advise sb not to do o against doing sth

sconso'lato, -a ag inconsolable; desolate

scon'tare vt (Comm: detrarre) to deduct; (: debito) to pay off; (: cambiale) to discount; (pena) to serve; (colpa, errori) to pay for, suffer for

scon'tato, -a ag (previsto) foreseen, taken for granted; **dare per ~ che** to take it for granted that

scon'tento, -a ag ~ **(di)** dissatisfied (with) ▶ sm dissatisfaction

'sconto sm discount; **fare uno ~** to give a discount; **ci sono sconti per studenti?** are there discounts for students?

scon'trarsi vpr (treni ecc) to crash, collide; (venire ad uno scontro, fig) to clash; **~ con** to crash into, collide with

scon'trino sm ticket; (di cassa) receipt; **potrei avere lo ~ per favore?** can I have a receipt, please?

'scontro sm clash, encounter; crash, collision

scon'troso, -a ag sullen, surly; (permaloso) touchy

sconveni'ente ag unseemly, improper

scon'volgere [skon'vɔldʒere] vt to throw into confusion, upset; (turbare) to shake, disturb, upset; **scon'volto, -a** pp di **sconvolgere**

scooter ['skuter] sm inv scooter

'scopa sf broom; (Carte) Italian card game; **scopa're** vt to sweep

sco'perta sf discovery

sco'perto, -a pp di **scoprire** ▶ ag uncovered; (capo) uncovered, bare; (macchina) open; (Mil) exposed, without cover; (conto) overdrawn

'scopo sm aim, purpose; **a che ~?** what for?

scoppi'are vi (spaccarsi) to burst; (esplodere) to explode; (fig) to break out; **~ in pianto** o **a piangere** to burst out crying; **~ dalle risa** o **dal ridere** to split one's sides laughing

scoppiet'tare vi to crackle

'scoppio sm explosion; (di tuono, arma ecc) crash, bang; (di risa, ira) fit, outburst; (: di guerra) outbreak; **a ~ ritardato** delayed-action

sco'prire vt to discover; (liberare da ciò che copre) to uncover; (: monumento) to unveil; **scoprirsi** vpr to put on lighter clothes; (fig) to give o.s. away

scoraggi'are [skoradʒare] vt to discourage; **scoraggiarsi** vpr to become discouraged, lose heart

scorcia'toia [skortʃa'toja] sf short cut

'scorcio ['skortʃo] sm (Arte) foreshortening; (di secolo, periodo) end, close; **scorcio panoramico** vista

scor'dare vt to forget; **scordarsi** vpr **scordarsi di qc/di fare** to forget sth/to do

'scorgere ['skɔrdʒere] vt to make out, distinguish, see

scorpacci'ata [skorpat'ʃata] sf **fare una ~ (di)** to stuff o.s. (with), eat one's fill (of)

scorpi'one sm scorpion; (dello zodiaco): **S~** Scorpio

'scorrere vt (giornale, lettera) to run o skim through ▶ vi (liquido, fiume) to run, flow; (fune) to run; (cassetto, porta) to slide easily; (tempo) to pass (by)

scor'retto, -a ag incorrect; (sgarbato) impolite; (sconveniente) improper

scor'revole ag (porta) sliding; (fig: stile) fluent, flowing

'scorsi ecc vb vedi **scorgere**

'scorso, -a pp di **scorrere** ▶ ag last

scor'soio, -a ag nodo ~ noose

'scorta sf (di personalità, convoglio) escort; (provvista) supply, stock

scor'tese ag discourteous, rude

'scorza ['skɔrdza] sf (di albero) bark; (di agrumi) peel, skin

sco'sceso, -a [skoʃ'ʃeso] ag steep

'scossa sf jerk, jolt, shake; (Elettr, fig) shock; **scossa di terremoto** earth tremor

'scosso, -a pp di **scuotere** ▶ ag (turbato) shaken, upset

scos'tante ag (fig) off-putting (BRIT), unpleasant

scotch [skɔtʃ] sm inv (whisky) Scotch; (nastro adesivo) Scotch tape®, Sellotape®

scot'tare vt (ustionare) to burn; (: con liquido bollente) to scald ▶ vi to burn; (caffè) to be too hot; **scottarsi** vpr to burn/scald o.s.; (fig) to have one's fingers burnt; **scotta'tura** sf burn; scald

'scotto, -a ag overcooked ▶ sm (fig): **pagare lo ~ (di)** to pay the penalty (for)

sco'vare vt to drive out, flush out; (fig) to discover

'Scozia ['skɔttsja] sf la ~ Scotland; **scoz'zese** ag Scottish ▶ sm/f Scot

scredi'tare vt to discredit

screen saver ['skriːn'seɪvər] sm inv (Inform) screen saver

scre'mato, -a ag skimmed; **parzialmente ~** semi-skimmed

screpo'lato, -a ag (labbra) chapped; (muro) cracked

'screzio ['skrettsjo] sm disagreement

scricchio'lare [skrikkjo'lare] vi to creak, squeak

'scrigno ['skriɲɲo] sm casket

scrimina'tura sf parting

'scrissi ecc vb vedi **scrivere**

'scritta sf inscription

'scritto, -a pp di **scrivere** ▶ ag written ▶ sm writing; (lettera) letter, note

scrit'toio sm writing desk

scrit'tore, -'trice sm/f writer

scrit'tura sf (Comm) entry; (contratto) contract; (Rel): **la Sacra S~** the Scriptures pl

scrittu'rare vt (Teatro, Cinema) to sign up, engage; (Comm) to enter

scriva'nia sf desk

'scrivere vt to write; **come si scrive?** how is it spelt?, how do you write it?

scroc'cone, -a sm/f scrounger

'scrofa sf (Zool) sow

scrol'lare vt to shake; **scrollarsi** vpr (anche fig) to give o.s. a shake; (anche: **~ le spalle/il capo**) to shrug one's shoulders/shake one's head

'scrupolo sm scruple; (meticolosità) care, conscientiousness

scrupo'loso, -a ag scrupulous; conscientious

scru'tare vt to scrutinize; (intenzioni, causa) to examine, scrutinize

scu'cire [sku'tʃire] vt (orlo ecc) to unpick, undo; **scucirsi** vpr to come unstitched

scude'ria sf stable

scu'detto sm (Sport) (championship) shield; (distintivo) badge

'scudo sm shield

sculacci'are [skulat'tʃare] vt to spank

scul'tore, -'trice sm/f sculptor

scul'tura sf sculpture

scu'ola sf school; **scuola elementare/materna** primary (BRIT) o grade (US) /nursery school; **scuola guida** driving school; **scuola media** secondary (BRIT) o high (US) school; **scuola dell'obbligo** compulsory education; **scuola tecnica** technical college; **scuole serali** evening classes, night school sg

scu'otere vt to shake

'scure sf axe

'scuro, -a ag dark; (fig: espressione) grim ▶ sm darkness; dark colour; (imposta) (window) shutter; **verde/rosso** ecc ~ dark green/red ecc

'scusa sf apology; (pretesto) excuse; **chiedere ~ a qn (per)** to apologize to sb (for); **chiedo ~** I'm sorry; (disturbando ecc) excuse me

scu'sare vt to excuse; **scusarsi** vpr

scusarsi (di) to apologize (for);
(mi) scusi I'm sorry; (per richiamare l'attenzione) excuse me

sde'gnato, -a [zdeɲ'ɲato] ag indignant, angry

'sdegno ['zdeɲɲo] sm scorn, disdain

dolci'nato, -a [zdoltʃi'nato] ag mawkish, oversentimental

sdrai'arsi vpr to stretch out, lie down

'sdraio sm sedia a ~ deck chair

sdruccio'levole [zdruttʃo'levole] ag slippery

se
pron vedi **si**

♦ cong

1 (condizionale, ipotetica) if: se nevica non vengo I won't come if it snows; sarei rimasto se me l'avessero chiesto I would have stayed if they'd asked me; non puoi fare altro se non telefonare all you can do is phone; se mai if, if ever; siamo noi se mai che le siamo grati it is we who should be grateful to you; se no (altrimenti) or (else), otherwise

2 (in frasi dubitative, interrogative indirette) if, whether; non so se scrivere o telefonare I don't know whether o if I should write or phone

sé pron (gen) oneself; (esso, essa, lui, lei, loro) itself; himself; herself; themselves; sé stesso(a) pron oneself; itself; himself; herself

seb'bene cong although, though

sec. abbr (= secolo) c

'secca sf (del mare) shallows pl; vedi anche **secco**

sec'care vt to dry; (prosciugare) to dry up; (fig: importunare) to annoy, bother ▶ vi to dry; to dry up; seccarsi vpr to dry; to dry up; (fig) to grow annoyed

sec'cato, -a ag (fig: infastidito) bothered, annoyed; (: stufo) fed up

secca'tura sf (fig) bother no pl, trouble no pl

secche'rò ecc [sekke'rɔ] vb vedi **seccare**

secchi'ello sm bucket; secchiello del ghiaccio ice bucket

'secchio ['sekkjo] sm bucket, pail

'secco, -a, -chi, -che ag dry; (fichi, pesce) dried; (foglie, ramo) withered; (magro: persona) thin, skinny; (fig: risposta, modo di fare) curt, abrupt; (: colpo) clean, sharp ▶ sm (siccità) drought; restarci ~ (fig: morire sul colpo) to drop dead; mettere in ~ (barca) to beach; rimanere a ~ (fig) to be left in the lurch

seco'lare ag age-old, centuries-old; (laico, mondano) secular

'secolo sm century; (epoca) age

se'conda sf (Aut) second (gear); viaggiare in ~ to travel second-class; vedi anche **secondo; seconda colazione** lunch

secon'dario, -a ag secondary

se'condo, -a ag second ▶ sm second; (di pranzo) main course ▶ prep according to; (nel modo prescritto) in accordance with; ~ me in my opinion, to my mind; di seconda mano second-hand; a seconda di according to; in accordance with; seconda classe second-class

'sedano sm celery

seda'tivo, -a, sm, sedative

'sede sf seat; (di ditta) head office; (di organizzazione) headquarters pl; sede centrale head office; sede sociale registered office

seden'tario, -a ag sedentary

se'dere vi to sit, be seated

'sedia sf chair; sedia elettrica electric chair; sedia a rotelle wheelchair

'sedici ['seditʃi] num sixteen

se'dile sm seat; (panchina) bench

sedu'cente [sedu'tʃɛnte] ag seductive; (proposta) very attractive

se'durre vt to seduce

se'duta sf session, sitting; (riunione)

meeting; **seduta spiritica** séance;
seduta stante (fig) immediately
seduzi'one [sedut'tsjone] sf
seduction; (fascino) charm, appeal
SEeO abbr (= salvo errori e omissioni)
E and OE
'sega, -ghe sf saw
'segale sf rye
se'gare vt to saw; (recidere) to saw off
'seggio ['sɛddʒo] sm seat; **seggio
elettorale** polling station
'seggiola ['sɛddʒola] sf chair;
seggio'lone sm (per bambini)
highchair
seggio'via [sɛddʒo'via] sf chairlift
segherò ecc [sege'rɔ] vb vedi **segare**
segna'lare [seɲɲa'lare] vt (manovra
ecc) to signal; to indicate; (annunciare)
to announce; to report; (fig: far
conoscere) to point out; (: persona) to
single out
se'gnale [seɲ'ɲale] sm signal;
(cartello) signal; **segnale acustico**
acoustic o sound signal; **segnale
d'allarme** alarm; (Ferr) communication
cord; **segnale orario** (Radio) time
signal; **segnale stradale** road sign
segna'libro [seɲɲa'libro] sm (anche
Inform) bookmark
se'gnare [seɲ'ɲare] vt to mark;
(prendere nota) to note; (indicare) to
indicate, mark; (Sport: goal) to score
'segno ['seɲɲo] sm (impronta,
contrassegno) mark; (limite) limit,
bounds pl; (bersaglio) target; **fare –
di sì/no** to nod (one's head)/shake
one's head; **fare – a qn** to motion
(to) sb to stop; **cogliere o colpire nel
–** (fig) to hit the mark; **segno
zodiacale** star sign
segre'tario, -a sm/f secretary;
segretario comunale town clerk;
Segretario di Stato Secretary of
State
segrete'ria sf (di ditta, scuola)

(secretary's) office; (d'organizzazione
internazionale) secretariat; (Pol ecc:
carica) office of Secretary; **segreteria
telefonica** answering service
se'greto, -a ag secret ▶ sm secret;
secrecy no pl; **in –** in secret, secretly
segu'ace [seg'watʃe] sm/f follower,
disciple
segu'ente ag following, next
segu'ire vt to follow; (frequentare:
corso) to attend ▶ vi to follow;
(continuare: testo) to continue
segui'tare vt to continue, carry on
with ▶ vi to continue, carry on
'seguito sm (scorta) escort,
retinue; (discepoli) followers pl;
(favore) following; (continuazione)
continuation; (conseguenza) result; **di
–** at a stretch, on end; **in –** later on; **in
– a, a – di** following; (a causa di) as a
result of, owing to
'sei vb vedi **essere** ▶ num six
sei'cento [sei'tʃɛnto] num six hundred
▶ sm **il S–** the seventeenth century
selci'ato [sel'tʃato] sm cobbled surface
selezio'nare [selettsjo'nare] vt to
select
selezi'one [selet'tsjone] sf selection
'sella sf saddle
sel'lino sm saddle
selvag'gina [selvad'dʒina] sf (animali)
game
sel'vaggio, -a, -gi, -ge [sel'vaddʒo]
ag wild; (tribù) savage, uncivilized;
(fig) savage, brutal ▶ sm/f savage
sel'vatico, -a, -ci, -che ag wild
se'maforo sm (Aut) traffic lights pl
sem'brare vi to seem ▶ vb impers:
sembra che it seems that; **mi sembra
che** it seems to me that, I think (that);
– di essere to seem to be
'seme sm seed; (sperma) semen;
(Carte) suit
se'mestre sm half-year, six-month
period

semifi'nale sf semifinal

semi'freddo sm ice-cream cake

semi'nare vt to sow

semi'nario sm seminar; (Rel) seminary

seminter'rato sm basement; (appartamento) basement flat

'semola sf; **semola di grano duro** durum wheat

semo'lino sm semolina

'semplice ['semplitʃe] ag simple; (di un solo elemento) single

'sempre av always; (ancora) still; **posso ~ tentare** I can always o still try; **da ~** always; **per ~** forever; **una volta per ~** once and for all; **~ che** provided (that); **~ più** more and more; **~ meno** less and less

sempre'verde ag, sm o f (Bot) evergreen

'senape sf (Cuc) mustard

se'nato sm senate; **sena'tore, -'trice** sm/f senator

'senno sm judgment, (common) sense; **col ~ di poi** with hindsight

'seno sm (Anat: petto, mammella) breast; (: grembo, fig) womb; (: cavità) sinus

sen'sato, -a ag sensible

sensazio'nale [sensattsjo'nale] ag sensational

sensazi'one [sensat'tsjone] sf feeling, sensation; **avere la ~ che** to have a feeling that; **fare ~** to cause a sensation, create a stir

sen'sibile ag sensitive; (ai sensi) perceptible; (rilevante, notevole) appreciable, noticeable; **~ a** sensitive to

> Attenzione! In inglese esiste la parola *sensible*, che però significa *ragionevole*.

'senso sm (Fisiol, istinto) sense; (impressione, sensazione) feeling, sensation; (significato) meaning,

sense; (direzione) direction; **sensi** smpl (coscienza) consciousness sg; (sensualità) senses; **ciò non ha ~** that doesn't make sense; **fare ~ a** (ripugnare) to disgust, repel; **in ~ orario/antiorario** clockwise/anticlockwise; **senso di colpa** sense of guilt; **senso comune** common sense; **senso unico** (strada) one-way; **senso vietato** (Aut) no entry

sensu'ale ag sensual; sensuous

sen'tenza [sen'tɛntsa] sf (Dir) sentence; (massima) maxim

senti'ero sm path

sentimen'tale ag sentimental; (vita, avventura) love cpd

senti'mento sm feeling

senti'nella sf sentry

sen'tire vt (percepire al tatto, fig) to feel; (udire) to hear; (ascoltare) to listen to; (odore) to smell; (avvertire con il gusto, assaggiare) to taste **▶ vi ~ di** (avere sapore) to taste of; (avere odore) to smell of; **sentirsi** vpr (uso reciproco) to be in touch; **sentirsi bene/male** to feel well/unwell o ill; **non mi sento bene** I don't feel well; **sentirsi di fare qc** (essere disposto) to feel like doing sth

sen'tito, -a ag (sincero) sincere, warm; **per ~ dire** by hearsay

'senza ['sɛntsa] prep, cong without; **~ dir nulla** without saying a word; **fare ~ qc** to do without sth; **~ di me** without me; **~ che io lo sapessi** without me o my knowing; **senz'altro** of course, certainly; **~ dubbio** no doubt; **~ scrupoli** unscrupulous; **~ amici** friendless

sepa'rare vt to separate; (dividere) to divide; (tenere distinto) to distinguish; **separarsi** vpr (coniugi) to separate, part; (amici) to part, leave each other; **separarsi da** (coniuge) to separate o part from; (amico, socio) to part

company with; (oggetto) to part with; **sepa'rato, -a** ag (letti, conto ecc) separate; (coniugi) separated
seppel'lire vt to bury
'seppi ecc vb vedi **sapere**
'seppia sf cuttlefish ▶ ag inv sepia
se'quenza [se'kwɛntsa] sf sequence
seques'trare vt (Dir) to impound; (rapire) to kidnap; **se'questro** sm (Dir) impoundment; **sequestro di persona** kidnapping
'sera sf evening; **di ~** in the evening; **domani ~** tomorrow evening, tomorrow night; **se'rale** ag evening cpd; **se'rata** sf evening; (ricevimento) party
ser'bare vt to keep; (mettere da parte) to put aside; **~ rancore/odio verso qn** to bear sb a grudge/hate sb
serba'toio sm tank; (cisterna) cistern
'Serbia sf la ~ Serbia
'serbo ag Serbian ▶ sm/f Serbian, Serb ▶ sm (Ling) Serbian; (il serbare): **mettere/tenere o avere in ~ qc** to put/keep sth aside
se'reno, -a ag (tempo, cielo) clear; (fig) serene, calm
ser'gente [ser'dʒɛnte] sm (Mil) sergeant
'serie sf inv (successione) series inv; (gruppo, collezione) set; (Sport) division; league; (Comm): **modello di ~/fuori ~** standard/custom-built model; **in ~** in quick succession; (Comm) mass cpd
serietà sf seriousness; reliability
'serio, -a ag serious; (impiegato) responsible, reliable; (ditta, cliente) reliable, dependable; **sul ~** (davvero) really, truly; (seriamente) seriously, in earnest
ser'pente sm snake; **serpente a sonagli** rattlesnake
'serra sf greenhouse; hothouse
ser'randa sf roller shutter
serra'tura sf lock

server ['sɛrver] sm inv (Inform) server
ser'vire vt to serve; (clienti: al ristorante) to wait on; (: al negozio) to serve, attend to; (fig: giovare) to aid, help; (Carte) to deal ▶ vi (Tennis) to serve; (essere utile): **~ a qn** to be of use to sb; **~ a qc/a fare** (utensile ecc) to be used for sth/for doing; **~ (a qn) da** to serve as (for sb); **servirsi** vpr (usare): **servirsi di** to use; (prendere: cibo): **servirsi (di)** to help o.s. (to); (essere cliente abituale): **servirsi da** to be a regular customer at, go to
'servi'tore sm servant
servi'tù sf servitude, slavery; (Dir) easement
ser'vizio [ser'vittsjo] sm service; (al ristorante: sul conto) service (charge); (Stampa, TV, Radio) report; (da tè, caffè ecc) set, service; **servizi** smpl (di casa) kitchen and bathroom; (Econ) services; **essere di ~** to be on duty; **fuori ~** (telefono ecc) out of order; **~ compreso** service included; **servizio militare** military service; **servizio di posate** set of cutlery; **servizi segreti** secret service sg; **servizio da tè** tea set
'servo, -a sm/f servant
ses'santa num sixty; **sessan'tesimo, -a** num sixtieth
sessi'one sf session
'sesso sm sex; **sessu'ale** ag sexual, sex cpd
ses'tante sm sextant
'sesto, -a ag, sm sixth
'seta sf silk
'sete sf thirst; **avere ~** to be thirsty
'setola sf bristle
'setta sf sect
set'tanta num seventy; **settan'tesimo, -a** num seventieth
set'tare vt (Inform) to set up
'sette num seven
sette'cento [sette'tʃɛnto] num seven hundred ▶ sm **il S~** the eighteenth

century

set'tembre sm September

settentrio'nale ag northern

settentri'one sm north

setti'mana sf week; **settima'nale** ag, sm weekly

● **settimana bianca**

● **Settimana bianca** is the name given to a week-long winter-sports holiday taken by many Italians some time in the skiing season.

'settimo, -a ag, sm seventh

set'tore sm sector

severità sf severity

se'vero, -a ag severe

sevizi'are [sevit'tsjare] vt to torture

sezio'nare [settsjo'nare] vt to divide into sections; (Med) to dissect

sezi'one [set'tsjone] sf section

sfacchi'nata [sfakki'nata] sf (fam) chore, drudgery no pl

sfacci'ato, -a [sfat'tʃato] ag (maleducato) cheeky, impudent; (vistoso) gaudy

sfa'mare vt to feed; (cibo) to fill; **sfamarsi** vpr to satisfy one's hunger, fill o.s. up

sfasci'are [sfaʃ'ʃare] vt (ferita) to unbandage; (distruggere) to smash, shatter; **sfasciarsi** vpr (rompersi) to smash, shatter

sfavo'revole ag unfavourable

'sfera sf sphere

sfer'rare vt (fig: colpo) to land, deal; (: attacco) to launch

'sfida sf challenge

sfi'dare vt to challenge; (fig) to defy, brave

sfi'ducia [sfi'dutʃa] sf distrust, mistrust

sfi'gato, -a (fam) ag (sfortunato) unlucky

sfigu'rare vt (persona) to disfigure; (quadro, statua) to deface ▶ vi (far cattiva figura) to make a bad impression

sfi'lare vt (ago) to unthread; (abito, scarpe) to slip off ▶ vi (truppe) to march past; (atleti) to parade; **sfilarsi** vpr (perle ecc) to come unstrung; (orlo, tessuto) to fray; (calza) to run, ladder; **sfi'lata** sf march past; parade; **sfilata di moda** fashion show

'sfinge ['sfindʒe] sf sphinx

sfi'nito, -a ag exhausted

sfio'rare vt to brush (against); (argomento) to touch upon

sfio'rire vi to wither, fade

sfo'cato, -a ag (Fot) out of focus

sfoci'are [sfo'tʃare] vi – **in** to flow into; (fig: malcontento) to develop into

sfode'rato, -a ag (vestito) unlined

sfogarsi vpr (sfogare la propria rabbia) to give vent to one's anger; (confidarsi): ~ **(con)** to pour out one's feelings (to); **non sfogarti su di me!** don't take your bad temper out on me!

sfog'giare [sfod'dʒare] vt, vi to show off

'sfoglia ['sfɔʎʎa] sf sheet of pasta dough; **pasta ~** (Cuc) puff pastry

sfogli'are [sfoʎ'ʎare] vt (libro) to leaf through

'sfogo, -ghi sm (eruzione cutanea) rash; (fig) outburst; **dare ~ a** (fig) to give vent to

sfon'dare vt (porta) to break down; (scarpe) to wear a hole in; (cesto, scatola) to burst, knock the bottom out of; (Mil) to break through ▶ vi (riuscire) to make a name for o.s.

'sfondo sm background

sfor'mato sm (Cuc) type of soufflé

sfor'tuna sf misfortune, ill luck no pl; **avere ~** to be unlucky; **sfortu'nato, -a** ag unlucky; (impresa, film) unsuccessful

sforzarsi vpr – di o a o **per fare** to try hard to do

'sforzo ['sfɔrtso] sm effort; (tensione

eccessiva, Tecn) strain; **fare uno ~ to make an effort**

sfrat'tare *vt* to evict; **'sfratto** *sm* eviction

sfrecci'are [sfret'tʃare] *vi* to shoot o flash past

sfre'gare *vt (strofinare)* to rub; *(graffiare)* to scratch; **sfregarsi le mani** to rub one's hands; **~ un fiammifero** to strike a match

sfregi'are [sfre'dʒare] *vt* to slash, gash; *(persona)* to disfigure; *(quadro)* to deface

sfre'nato, -a *ag (fig)* unrestrained, unbridled

sfron'tato, -a *ag* shameless

sfrutta'mento *sm* exploitation

sfrut'tare *vt (terreno)* to overwork, exhaust; *(miniera)* to exploit, work; *(fig: operai, occasione, potere)* to exploit

sfug'gire [sfud'dʒire] *vi* to escape; **~ a** *(custode)* to escape (from); *(morte)* to escape; **~ a qn** *(dettaglio, nome)* to escape sb; **~ di mano a qn** to slip out of sb's hand (*o* hands)

sfu'mare *vt (colori, contorni)* to soften, shade off ▶ *vi* to shade (off), fade; *(fig: svanire)* to vanish, disappear; *(: speranze)* to come to nothing

sfuma'tura *sf* shading off *no pl*; *(tonalità)* shade, tone; *(fig)* touch, hint

sfuri'ata *sf (scatto di collera)* fit of anger; *(rimprovero)* sharp rebuke

sga'bello *sm* stool

sgabuz'zino [zgabud'dzino] *sm* lumber room

sgambet'tare *vi* to kick one's legs about

sgam'betto *sm* **far lo ~ a qn** to trip sb up; *(fig)* to oust sb

sganci'are [zgan'tʃare] *vt* to unhook; *(Ferr)* to uncouple; *(bombe: da aereo)* to release, drop; *(fig: fam: soldi)* to fork out; **sganciarsi** *vpr (fig)*: **sganciarsi (da)** to get away (from)

sganghe'rato, -a [zgange'rato] *ag (porta)* off its hinges; *(auto)* ramshackle; *(risata)* wild, boisterous

sgar'bato, -a *ag* rude, impolite

'sgarbo *sm* **fare uno ~ a qn** to be rude to sb

sgargi'ante [zgar'dʒante] *ag* gaudy, showy

sgattaio'lare *vi* to sneak away *o* off

sge'lare [zdʒe'lare] *vi, vt* to thaw

sghignaz'zare [zgiɲɲat'tsare] *vi* to laugh scornfully

sgob'bare *(fam) vi (scolaro)* to swot; *(operaio)* to slog

sgombe'rare *vt (tavolo, stanza)* to clear; *(piazza, città)* to clear ▶ *vi* to move

'sgombro, -a *ag* **~ (di)** clear (of), free (from) ▶ *sm (Zool)* mackerel; *(anche:* **sgombero**) clearing; vacating; evacuation; *(: trasloco)* removal

sgonfi'are *vt* to let down, deflate; **sgonfiarsi** *vpr* to go down

'sgonfio, -a *ag (pneumatico, pallone)* flat

'sgorbio *sm* blot; scribble

sgra'devole *ag* unpleasant, disagreeable

sgra'dito, -a *ag* unpleasant, unwelcome

sgra'nare *vt (piselli)* to shell; **~ gli occhi** to open one's eyes wide

sgranchire [zgran'kire] *vt (anche:* **sgranchirsi**) to stretch; **~ le gambe** to stretch one's legs

sgranocchi'are [zgranok'kjare] *vt* to munch

'sgravio *sm* **~ fiscale** tax relief

sgrazi'ato, -a [zgrat'tsjato] *ag* clumsy, ungainly

sgri'dare *vt* to scold

sgual'cire [zgwal'tʃire] *vt* to crumple (up), crease

sgual'drina *(peg) sf* slut

sgu'ardo *sm (occhiata)* look, glance;

(espressione) look (in one's eye)

sguaz'zare [zgwat'tsare] vi (nell'acqua) to splash about; (nella melma) to wallow; **~ nell'oro** to be rolling in money

sguinzagli'are [zgwintsaʎ'ʎare] vt to let off the leash; (fig: persona): **~ qn dietro a qn** to set sb on sb

sgusci'are [zguʃ'ʃare] vt to shell ▶ vi (sfuggire di mano) to slip; **~ via** to slip o slink away

'shampoo ['ʃampo] sm inv shampoo

shiatsu [ʃi'atstsu] sm inv shiatsu

shock [ʃɔk] sm inv shock

si

(dav lo, la, li, le, ne diventa **se**) pron

1 (riflessivo: maschile) himself; (: femminile) herself; (: neutro) itself; (: impersonale) oneself; (: pl) themselves; **lavarsi** to wash (oneself); **si è tagliato** he has cut himself; **si credono importanti** they think a lot of themselves

2 (riflessivo: con complemento oggetto): **lavarsi le mani** to wash one's hands; **si sta lavando i capelli** he (o she) is washing his (o her) hair

3 (reciproco) one another, each other; **si amano** they love one another o each other

4 (passivo): **si ripara facilmente** it is easily repaired

5 (impersonale): **si dice che ...** they o people say that ...; **si vede che è vecchio** one o you can see that it's old

6 (noi) we; **tra poco si parte** we're leaving soon

sì av yes; **un giorno sì e uno no** every other day

'sia cong **~ ... ~** (o ... o): **~ che lavori, ~ che non lavori** whether he works or not; (tanto ... quanto): **verranno ~ Luigi ~ suo fratello** both Luigi and his brother will be coming

si'amo vb vedi **essere**

si'cario sm hired killer

sicché [sik'ke] cong (perciò) so (that), therefore; (e quindi) (and) so

siccità [sittʃi'ta] sf drought

sic'come cong since, as

Si'cilia [si'tʃilja] sf la **~** Sicily

si'cura sf safety catch; (Aut) safety lock

sicu'rezza [siku'rettsa] sf safety; security; (fiducia) confidence; (certezza) certainty; **di ~** safety cpd; **la ~ stradale** road safety

si'curo, -a ag safe; (ben difeso) secure; (fiducioso) confident; (certo) sure, certain; (notizia, amico) reliable; (esperto) skilled ▶ av (anche: **di ~**) certainly; **essere/mettere al ~** to be safe/put in a safe place; **~ di sé** self-confident, sure of o.s.; **sentirsi ~** to feel safe o secure

si'edo ecc vb vedi **sedere**

si'epe sf hedge

si'ero sm (Med) serum; **sieronega'tivo, -a** ag HIV-negative; **sieroposi'tivo, -a** ag HIV-positive

si'ete vb vedi **essere**

si'filide sf syphilis

Sig. abbr (= signore) Mr

siga'retta sf cigarette

'sigaro sm cigar

Sigg. abbr (= signori) Messrs

sigil'lare [sidʒil'lare] vt to seal

si'gillo [si'dʒillo] sm seal

'sigla sf initials pl; acronym, abbreviation; **sigla automobilistica** abbreviation of province on vehicle number plate; **sigla musicale** signature tune

Sig.na abbr (= signorina) Miss

signifi'care [siɲɲifi'kare] vt to mean; **signifi'cato** sm meaning

si'gnora [siɲ'ɲora] sf lady; **la ~ X** Mrs X; **buon giorno S~/Signore/Signorina** good morning; (deferente) good morning Madam/Sir/Madam; (quando si conosce il nome) good morning Mrs/Mr/Miss X; **Gentile S~/Signore/Signorina** (in una lettera) Dear Madam/Sir/Madam; **il signor Rossi e ...** Mr Rossi and his wife; **signore e signori** ladies and gentlemen

si'**gnore** [sin'nore] sm gentleman; (padrone) lord, master; (Rel): **il S~** the Lord; **il signor X** Mr X; **i signori Bianchi** (coniugi) Mr and Mrs Bianchi; vedi anche **signora**

signo'**rile** [sinno'rile] ag refined

signo'**rina** [sinno'rina] sf young lady; **la ~ X** Miss X; vedi anche **signora**

Sig.ra abbr (= signora) Mrs

silenzia'**tore** [silentsja'tore] sm silencer

si'**lenzio** [si'lentsjo] sm silence; **fare ~** to be quiet, stop talking; **silenzi'oso, -a** ag silent, quiet

si'**licio** [si'litʃo] sm silicon

sili'**cone** sm silicone

'**sillaba** sf syllable

si'**luro** sm torpedo

simboleggi'**are** [simboled'dʒare] vt to symbolize

'**simbolo** sm symbol

'**simile** ag (analogo) similar; (di questo tipo): **un uomo ~** such a man, a man like this; **libri simili** such books; **~ a** similar to; **i suoi simili** one's fellow men; one's peers

simme'**tria** sf symmetry

simpa'**tia** sf (qualità) pleasantness; (inclinazione) liking; **avere ~ per qn** to like sb, have a liking for sb; **sim'patico, -a, -ci, -che** ag (persona) nice, pleasant, likeable; (casa, albergo ecc) nice, pleasant

> ⚠ Attenzione! In inglese esiste la parola sympathetic, che però significa comprensivo.

simpatiz'**zare** [simpatid'dzare] vi **~ con** to take a liking to

simu'**lare** vt to sham, simulate; (Tecn) to simulate

simul'**taneo, -a** ag simultaneous

sina'**goga, -ghe** sf synagogue

since'**rità** [sintʃeri'ta] sf sincerity

sin'**cero, -a** [sin'tʃero] ag sincere; genuine; heartfelt

sinda'**cale** ag (trade-)union cpd

sinda'**cato** sm (di lavoratori) (trade) union; (Amm, Econ, Dir) syndicate, trust, pool

'**sindaco, -ci** sm mayor

sinfo'**nia** sf (Mus) symphony

singhioz'**zare** [singjot'tsare] vi to sob; to hiccup

singhi'**ozzo** [sin'gjottso] sm sob; (Med) hiccup; **avere il ~** to have the hiccups; **a ~** (fig) by fits and starts

single ['singol] ag inv, sm/f inv single

singo'**lare** (di insolito) remarkable, singular; (Ling) singular ▶ sm (Ling) singular; (Tennis): **~ maschile/femminile** men's/women's singles

'**singolo, -a** ag single, individual ▶ sm (persona) individual; (Tennis) **= singolare**

si'**nistra** sf (Pol) left (wing); **a ~** on the left; (direzione) to the left

si'**nistro, -a** ag left, left-hand; (fig) sinister ▶ sm (incidente) accident

si'**nonimo, -a** ag synonym; **~ di** synonymous with

sin'**tassi** sf syntax

'**sintesi** sf synthesis; (riassunto) summary, résumé

sin'**tetico, -a, -ci, -che** ag synthetic

sintetiz'**zare** [sintetid'dzare] vt to synthesize; (riassumere) to summarize

sinto'**matico, -a, -ci, -che** ag symptomatic

'**sintomo** sm symptom

sintonizzarsi vpr **~ su** to tune in to

si'**pario** sm (Teatro) curtain

si'**rena** sf (apparecchio) siren; (nella mitologia, fig) siren, mermaid

'**Siria** sf **la ~** Syria

si'ringa, -ghe *sf* syringe

'sismico, -a, -ci, -che *ag* seismic

sis'tema, -i *sm* system; method, way; **sistema nervoso** nervous system; **sistema operativo** (*Inform*) operating system; **sistema solare** solar system

siste'mare *vt* (*mettere a posto*) to tidy, put in order; (*risolvere: questione*) to sort out, settle; (*procurare un lavoro a*) to find a job for; (*dare un alloggio a*) to settle, find accommodation for; **sistemarsi** *vpr* (*problema*) to be settled; (*persona: trovare alloggio*) to find accommodation (*BRIT*) o accommodations (*US*); (: *trovarsi un lavoro*) to get fixed up with a job; **ti sistemo io!** I'll soon sort you out!

siste'matico, -a, -ci, -che *ag* systematic

sistemazi'one [sistemat'tsjone] *sf* arrangement, order; settlement; employment; accommodation (*BRIT*), accommodations (*US*)

'sito *sm* ▸ **Internet** website

situazi'one [situat'tsjone] *sf* situation

ski-lift ['ski:lift] *sm inv* ski tow

slacci'are [zlat'tʃare] *vt* to undo, unfasten

slanci'ato, -a [zlan'tʃato] *ag* slender

s'lancio [zlantʃo] *sm* dash, leap; (*fig*) surge; **di ~** impetuously

'slavo, -a *ag* Slav(onic), Slavic

sle'ale *ag* disloyal; (*concorrenza ecc*) unfair

sle'gare *vt* to untie

slip [zlip] *sm inv* briefs *pl*

'slitta *sf* sledge; (*trainata*) sleigh

slit'tare *vi* to slip, slide; (*Aut*) to skid

s.l.m. *abbr* (= *sul livello del mare*) a.s.l.

slo'gare *vt* (*Med*) to dislocate

slogg'iare [zlod'dʒare] *vt* (*inquilino*) to turn out ▸ *vi* to move out

Slo'vacchia [zlo'vakkja] *sf* Slovakia

slo'vacco, -a, -chi, -che *ag, sm/f* Slovak

Slovenia [zlo'vɛnja] *sf* Slovenia

slo'veno, -a *ag, sm/f* Slovene, Slovenian ▸ *sm* (*Ling*) Slovene

smacchi'are [zmak'kjare] *vt* to remove stains from; **smacchia'tore** *sm* stain remover

s'macco, -chi *sm* humiliating defeat

smagli'ante [zmaʎ'ʎante] *ag* brilliant, dazzling

smaglia'tura [zmaʎʎa'tura] *sf* (*su maglia, calza*) ladder; (*della pelle*) stretch mark

smalizi'ato, -a [smalit'tsjato] *ag* shrewd, cunning

smalti'mento *sm* (*di rifiuti*) disposal

smal'tire *vt* (*merce*) to sell off; (*rifiuti*) to dispose of; (*cibo*) to digest; (*peso*) to lose; (*rabbia*) to get over; **~ la sbornia** to sober up

s'malto *sm* (*anche: di denti*) enamel; (*per ceramica*) glaze; **smalto per unghie** nail varnish

smantel'lare *vt* to dismantle

smarri'mento *sm* loss; (*fig*) bewilderment; dismay

smar'rire *vt* to lose; (*non riuscire a trovare*) to mislay; **smarrirsi** *vpr* (*perdersi*) to lose one's way, get lost; (: *oggetto*) to go astray

smasche'rare [zmaske'rare] *vt* to unmask

SME *sigla m* (= *Sistema Monetario Europeo*) EMS (*European Monetary System*)

smen'tire (*negare*) to deny; (*testimonianza*) to refute; **smentirsi** *vpr* to be inconsistent

sme'raldo *sm* emerald

s'messo, -a *pp di* **smettere**

s'mettere *vt* to stop; (*vestiti*) to stop wearing ▸ *vi* to stop, cease; **~ di fare** to stop doing

s'milzo, -a ['zmiltso] *ag* thin, lean

sminu'ire vt to diminish, lessen; (fig) to belittle

sminuz'zare [zminut'tsare] vt to break into small pieces; to crumble

'smisi ecc vb vedi **smettere**

smis'tare vt (pacchi ecc) to sort; (Ferr) to shunt

smisu'rato, -a ag boundless, immeasurable; (grandissimo) immense, enormous

smoking ['sməukɪŋ] sm inv dinner jacket

smon'tare vt (mobile, macchina ecc) to take to pieces, dismantle; (fig: scoraggiare) to dishearten ▶ vi (scendere: da cavallo) to dismount; (: da treno) to get off; (terminare il lavoro) to stop (work); **smontarsi** vpr to lose heart; to lose one's enthusiasm

'smorfia sf grimace; (atteggiamento lezioso) simpering; **fare smorfie** to make faces; to simper

'smorto, -a ag (viso) pale, wan; (colore) dull

smor'zare [zmor'tsare] vt (suoni) to deaden; (colori) to tone down; (luce) to dim; (sete) to quench; (entusiasmo) to dampen; **smorzarsi** vpr (suono, luce) to fade; (entusiasmo) to dampen

SMS sigla m inv (= short message service) text (message)

smu'overe vt to move, shift; (fig: commuovere) to move; (: dall'inerzia) to rouse, stir

snatu'rato, -a ag inhuman, heartless

'snello, -a ag (agile) agile; (svelto) slender, slim

sner'vante ag (attesa, lavoro) exasperating

snob'bare vt to snub

sno'dare vt (rendere agile, mobile) to loosen; **snodarsi** vpr to come loose; (articolarsi) to bend; (strada, fiume) to wind

sno'dato, -a ag (articolazione, persona)

flexible; (fune ecc) undone

so vb vedi **sapere**

sobbar'carsi vpr ~ **a** to take on, undertake

'sobrio, -a ag sober

socchi'udere [sok'kjudere] vt (porta) to leave ajar; (occhi) to half-close; **socchi'uso, -a** pp di **socchiudere**

soc'correre vt to help, assist

soccorri'tore, -'trice sm/f rescuer

soc'corso, -a pp di **soccorrere** ▶ sm help, aid, assistance; **soccorso stradale** breakdown service

soci'ale [so'tʃale] ag social; (di associazione) club cpd, association cpd

socia'lismo [sotʃa'lizmo] sm socialism; **socia'lista, -i, -e** ag, sm/f socialist

società [sotʃe'ta] sf inv society; (sportiva) club; (Comm) company; ~ **a responsabilità limitata** type of limited liability company; **società per azioni** limited (BRIT) o incorporated (US) company

soci'evole [so'tʃevole] ag sociable

'socio [sɔ'tʃo] sm (Dir, Comm) partner; (membro di associazione) member

'soda sf (Chim) soda; (bibita) soda (water)

soddisfa'cente [soddisfa'tʃente] ag satisfactory

soddis'fare vt, vi ~ **a** to satisfy; (impegno) to fulfil; (debito) to pay off; (richiesta) to meet, comply with; **soddis'fatto, -a** pp di **soddisfare** ▶ ag satisfied; **soddisfatto di** happy o satisfied with; pleased with; **soddisfazi'one** sf satisfaction

'sodo, -a ag firm, hard; (uovo) hard-boiled ▶ av (picchiare, lavorare) hard; (dormire) soundly

sofà sm inv sofa

soffe'renza [soffe'rentsa] sf suffering

sof'ferto, -a pp di **soffrire**

soffi'are vt to blow; (notizia, segreto)

to whisper ▶ vi to blow; (sbuffare) to puff (and blow); **soffiarsi il naso** to blow one's nose; **~ qc/qn a qn** (fig) to pinch o steal sth/sb from sb; **~ via qc** to blow sth away

soffi'ata sf (fam) tip-off; **fare una ~ alla polizia** to tip off the police

'soffice ['sɔffitʃe] ag soft

'soffio sm (di vento) breath; **soffio al cuore** heart murmur

sof'fitta sf attic

sof'fitto sm ceiling

soffo'cante ag suffocating, stifling

soffo'care vi (anche: **soffocarsi**) to suffocate, choke ▶ vt to suffocate, choke; (fig) to stifle, suppress

sof'frire vt to suffer, endure; (sopportare) to bear, stand ▶ vi to suffer; to be in pain; **~ (di) qc** (Med) to suffer from sth

sof'fritto, -a pp di **soffriggere** ▶ sm (Cuc) fried mixture of herbs, bacon and onions

sofisti'cato, -a ag sophisticated; (vino) adulterated

'software ['sɔftwɛə] sm **~ applicativo** applications package

sog'gettivo, -a [soddʒet'tivo] ag subjective

sog'getto, -a [sod'dʒetto] ag **~ a** (sottomesso) subject to; (esposto: a variazioni, danni ecc) subject o liable to ▶ sm subject

soggezi'one [soddʒet'tsjone] sf subjection; (timidezza) awe; **avere ~ di qn** to stand in awe of sb; to be ill at ease in sb's presence

soggi'orno sm (invernale, marino) stay; (stanza) living room

'soglia ['sɔʎʎa] sf doorstep; (anche fig) threshold

sogli'ola ['sɔʎʎola] sf (Zool) sole

so'gnare [soɲ'ɲare] vt, vi to dream; **~ a occhi aperti** to daydream

'sogno ['soɲɲo] sm dream

'soia sf (Bot) soya

sol sm (Mus) G; (: solfeggiando) so(h)

so'laio sm (soffitta) attic

sola'mente av only, just

so'lare ag solar, sun cpd

'solco, -chi sm (scavo, fig: ruga) furrow; (incavo) rut, track; (di disco) groove

sol'dato sm soldier; **soldato semplice** private

soldi smpl (denaro) money sg; **non ho ~** I haven't got any money

'sole sm sun; (luce) sun(light); (tempo assolato) sun(shine); **prendere il ~** to sunbathe

soleggi'ato, -a [soled'dʒato] ag sunny

so'lenne ag solemn

soli'dale ag **essere ~ (con)** to be in agreement (with)

solidarietà sf solidarity

'solido, -a ag solid; (forte, robusto) sturdy, solid; (fig: ditta) sound, solid ▶ sm (Mat) solid

so'lista, -i, -e ag solo ▶ sm/f soloist

solita'mente av usually, as a rule

soli'tario, -a ag (senza compagnia) solitary, lonely; (solo, isolato) solitary, lone; (deserto) lonely ▶ sm (gioiello, gioco) solitaire

'solito, -a ag usual; **essere ~ fare** to be in the habit of doing; **di ~** usually; **più tardi del ~** later than usual; **come al ~** as usual

soli'tudine sf solitude

sol'letico sm tickling; **soffrire il ~** to be ticklish

solleva'mento sm raising; lifting; revolt; **sollevamento pesi** (Sport) weight-lifting

solle'vare vt to lift, raise; (fig: persona: alleggerire) **~ (da)** to relieve (of); (: dar conforto) to comfort, relieve; (: questione) to raise; (: far insorgere) to stir (to revolt); **sollevarsi** vpr to rise; (fig: riprendersi) to recover; (: ribellarsi) to rise up

solli'evo sm relief; (conforto) comfort

'solo, -a ag alone; (in senso spirituale: isolato) lonely; (unico) only: **un ~ libro** only one book, a single book; (con ag numerale): **veniamo noi tre soli** just o only the three of us are coming ▶ av (soltanto) only, just; **non ~ ... ma anche** not only ... but also; **fare qc da ~** to do sth (all) by oneself

sol'tanto av only

so'lubile ag (sostanza) soluble

soluzi'one [solut'tsjone] sf solution

sol'vente ag, sm solvent

so'maro sm ass, donkey

somigli'anza [somiˈʎantsa] sf resemblance

somigli'are [somiˈʎare] vi **~ a** to be like, resemble; (nell'aspetto fisico) to look like; **somigliarsi** vpr to be o look alike

'somma sf (Mat) sum; (di denaro) sum (of money)

som'mare vt to add up; (aggiungere) to add; **tutto sommato** all things considered

som'mario, -a ag (racconto, indagine) brief; (giustizia) summary ▶ sm summary

sommer'gibile [sommer'dʒibile] sm submarine

som'merso, -a pp di **sommergere**

sommità sf inv summit, top; (fig) height

som'mossa sf uprising

'sonda sf (Med, Meteor, Aer) probe; (Mineralogia) drill ▶ ag inv **pallone m ~** weather balloon

son'daggio [son'daddʒo] sm sounding; probe; boring, drilling; (indagine) survey; **sondaggio d'opinioni** opinion poll

son'dare vt (Naut) to sound; (atmosfera, piaga) to probe; (Mineralogia) to bore, drill; (fig: opinione ecc) to survey, poll

so'netto sm sonnet

son'nambulo, -a sm/f sleepwalker

sonnel'lino sm nap

son'nifero sm sleeping drug (o pill)

'sonno sm sleep; **prendere ~** to fall asleep; **aver ~** to be sleepy

'sono vb vedi **essere**

so'noro, -a ag (ambiente) resonant; (voce) sonorous, ringing; (onde, film) sound cpd

sontu'oso, -a ag sumptuous; lavish

sop'palco, -chi sm mezzanine

soppor'tare vt (subire: perdita, spese) to bear, sustain; (soffrire: dolore) to bear, endure; (cosa: freddo) to withstand; (persona: freddo, vino) to take; (tollerare) to put up with, tolerate

> Attenzione! In inglese esiste il verbo to support, che però non significa sopportare.

sop'primere vt (carica, privilegi, testimone) to do away with; (pubblicazione) to suppress; (parola, frase) to delete

'sopra prep (gen) on; (al di sopra di, più in alto di) above; over; (riguardo a) on, about ▶ av on top; (attaccato, scritto) on it; (al di sopra) above; (al piano superiore) upstairs; **donne ~ i 30 anni** women over 30 (years of age); **abito di ~** I live upstairs; **dormirci ~** (fig) to sleep on it

so'prabito sm overcoat

soprac'ciglio [soprat'tʃiʎʎo] (pl (f) **soprac'ciglia**) sm eyebrow

sopraf'fare vt to overcome, overwhelm

sopral'luogo, -ghi sm (di esperti) inspection; (di polizia) on-the-spot investigation

sopram'mobile sm ornament

soprannatu'rale ag supernatural

sopran'nome sm nickname

so'prano, -a sm/f (persona) soprano

▶ *sm* (voce) soprano

soprappensi'ero *av* lost in thought

sopras'salto *sm di* ~ with a start; suddenly

soprasse'dere *vi* ~ **a** to delay, put off

soprat'tutto *av* (anzitutto) above all; (specialmente) especially

sopravvalu'tare *vt* to overestimate

soprav'vento *sm* **avere/prendere il** ~ **su** to have/get the upper hand over

sopravvis'suto, -a *pp di* **sopravvivere**

soprav'vivere *vi* to survive; (continuare a vivere): ~ **(in)** to live on (in); ~ **a** (incidente ecc) to survive; (persona) to outlive

so'pruso *sm* abuse of power; **subire un** ~ to be abused

soq'quadro *sm* **mettere a** ~ to turn upside-down

sor'betto *sm* sorbet, water ice

sor'dina *sf in* ~ softly, (fig) on the sly

'sordo, -a *ag* deaf; (rumore) muffled; (dolore) dull; (odio, rancore) veiled ▶ *sm/f* deaf person; **sordo'muto, -a** *ag* deaf-and-dumb ▶ *sm/f* deaf-mute

so'rella *sf* sister; **sorel'lastra** *sf* stepsister; (con genitore in comune) half-sister

sor'gente [sor'dʒɛnte] *sf* (d'acqua) spring; (di fiume, Fisica, fig) source

'sorgere ['sordʒere] *vi* to rise; (scaturire) to spring, rise; (fig: difficoltà) to arise

sorni'one, -a *ag* sly

sorpas'sare *vt* (Aut) to overtake; (fig) to surpass; (: eccedere) to exceed, go beyond; ~ **in altezza** to be higher than; (persona) to be taller than

sorpren'dente *ag* surprising

sor'prendere *vt* (cogliere: in flagrante ecc) to catch; (stupire) to surprise; **sorprendersi** *vpr* **sorprendersi (di)** to be surprised (at); **sor'presa** *sf* surprise; **fare una sorpresa a qn** to

give sb a surprise; **sor'preso, -a** *pp di* **sorprendere**

sor'reggere [sor'rɛddʒere] *vt* to support, hold up; (fig) to sustain; **sorreggersi** *vpr* (tenersi ritto) to stay upright

sor'ridere *vi* to smile; **sor'riso, -a** *pp di* **sorridere** ▶ *sm* smile

'sorsi *ecc vb vedi* **sorgere**

'sorso *sm* sip

'sorta *sf* sort, kind; **di** ~ whatever, of any kind, at all

'sorte *sf* (fato) fate, destiny; (evento fortuito) chance; **tirare a** ~ to draw lots

sor'teggio [sor'teddʒo] *sm* draw

sorve'gliante [sorveʎ'ʎante] *sm/f* (di carcere) guard, warder (BRIT); (di fabbrica ecc) supervisor

sorvegli'anza [sorveʎ'ʎantsa] *sf* watch; supervision; (Polizia, Mil) surveillance

sorvegli'are [sorveʎ'ʎare] *vt* (bambino, bagagli, prigioniero) to watch, keep an eye on; (malato) to watch over; (territorio, casa) to watch e keep watch over; (lavori) to supervise

sorvo'lare *vt* (territorio) to fly over ▶ *vi* ~ **su** (fig) to skim over

S.O.S. *sigla m* mayday, SOS

'sosia *sm inv* double

sos'pendere *vt* (appendere) to hang (up); (interrompere, privare di una carica) to suspend; (rimandare) to defer; (appendere) to hang

sospet'tare *vt* to suspect ▶ *vi* ~ **di** to suspect; (diffidare) to be suspicious of

sos'petto, -a *ag* suspicious ▶ *sm* suspicion; **sospet'toso, -a** *ag* suspicious

sospi'rare *vi* to sigh ▶ *vt* to long for, yearn for; **sos'piro** *sm* sigh

'sosta *sf* (fermata) stop, halt; (pausa) pause, break; **senza** ~ non-stop, without a break

sostan'tivo *sm* noun, substantive

sos'tanza [sos'tantsa] *sf* substance;
sostanze *sfpl (ricchezze)* wealth *sg*,
possessions; **in ~** in short, to sum up

sos'tare *vi (fermarsi)* to stop *(for a
while)*, stay; *(fare una pausa)* to take
a break

sos'tegno [sos'teɲɲo] *sm* support

soste'nere *vt* to support; *(prendere
su di sé)* to take on, bear; *(resistere)*
to withstand, stand up to; *(affermare)*:
~ che to maintain that; **sostenersi**
vpr to hold o.s. up, support o.s.; *(fig)*
to keep up one's strength; **~ gli esami**
to sit exams

sostenta'mento *sm* maintenance,
support

sostitu'ire *vt (mettere al posto di)*: **~ qn/
qc a** to substitute sb/sth for; *(prendere
il posto di: persona)* to substitute for;
(: cosa) to take the place of

sosti'tuto, -a *sm/f* substitute

sostituzi'one [sostitut'tsjone] *sf*
substitution; **in ~ di** as a substitute
for, in place of

sotta'ceti [sotta'tʃeti] *smpl* pickles

sot'tana *sf (sottoveste)* underskirt;
(gonna) skirt; *(Rel)* soutane, cassock

sotter'fugio [sotter'fudʒo] *sm*
subterfuge

sotter'raneo, -a *ag* underground
▶ *sm* cellar

sotter'rare *vt* to bury

sot'tile *ag* thin; *(figura, caviglia)* thin,
slim, slender; *(fine: polvere, capelli)*
fine; *(fig: leggero)* light; *(: vista)* sharp,
keen; *(: olfatto)* fine, discriminating;
(: mente) subtle; shrewd ▶ *sm* non
andare per il ~ not to mince matters

sottin'teso, -a *pp di* **sottintendere**
▶ *sm* allusion; **parlare senza
sottintesi** to speak plainly

'sotto *prep (gen)* under; *(più in basso
di)* below ▶ *av* underneath, beneath;
below; **(al piano) di ~** downstairs; **~
forma di** in the form of; **~ il monte**

at the foot of the mountain; **siamo
~ Natale** it's nearly Christmas;
~ la pioggia/il sole in the rain/
sun/(shine); **~ terra** underground;
chiuso ~ vuoto vacuum-packed

sotto'fondo *sm* background;
sottofondo musicale background
music

sottoline'are *vt* to underline; *(fig)* to
emphasize, stress

sotto'marino, -a *ag (flora)*
submarine; *(cavo, navigazione)*
underwater ▶ *sm (Naut)* submarine

sottopas'saggio [sottopas'saddʒo]
sm (Aut) underpass; *(pedonale)*
subway, underpass

sotto'porre *vt (costringere)* to subject;
(fig: presentare) to submit; **sottoporsi**
vpr to submit; **sottoporsi a** *(subire)*
to undergo

sottos'critto, -a *pp di* **sottoscrivere**

sotto'sopra *av* upside-down

sotto'terra *av* underground

sotto'titolo *sm* subtitle

sottovalu'tare *vt* to underestimate

sotto'veste *sf* underskirt

sotto'voce [sotto'votʃe] *av* in a low
voice

sottovu'oto *av* **confezionare ~** to
vacuum-pack ▶ *ag* **confezione f~**
vacuum packed

sot'trarre *vt (Mat)* to subtract, take
away; **~ qn/qc a** *(togliere)* to remove
sb/sth from; *(salvare)* to save o rescue
sb/sth from; **sottrarsi** *vpr* **sottrarsi a**
(sfuggire) to escape; *(evitare)* to avoid;
sottrazi'one *sf* subtraction; removal

souve'nir [suv(ə)'nir] *sm inv* souvenir

sovi'etico, -a, -ci, -che *ag* Soviet
▶ *sm/f* Soviet citizen

sovrac'carico, -a, -chi, che *ag* **~ (di)**
overloaded (with) ▶ *sm* excess load; **~
di lavoro** extra work

sovraffol'lato, -a *ag* overcrowded

sovrannatu'rale ag
= **soprannatu'rale**

so'vrano, -a ag sovereign; (fig: sommo) supreme ▶ sm/f sovereign, monarch

sovrap'porre vt to place on top of, put on top of

sovvenzi'one [sovven'tsjone] sf subsidy, grant

'sozzo, -a ['sottso] ag filthy, dirty

S.P.A. abbr = **società per azioni**

spac'care vt to split, break; (legna) to chop; **spaccarsi** vpr to split, break; **spacca'tura** sf split

spaccherò ecc [spakke'rɔ] vb vedi **spaccare**

spacci'are [spat'tʃare] vt (vendere) to sell (off); (mettere in circolazione) to circulate; (droga) to peddle, push; **spacciarsi** vpr **spacciarsi per** (farsi credere) to pass o.s. off as, pretend to be; **spaccia'tore, -'trice** sm/f (di droga) pusher; (di denaro falso) dealer; **'spaccio** sm (di merce rubata, droga); **spaccio (di)** trafficking (in); **spaccio (di)** passing (of); (vendita) sale; (bottega) shop

'spacco, -chi sm (fenditura) split, crack; (strappo) tear; (di gonna) slit

spac'cone sm/f boaster, braggart

'spada sf sword

spae'sato, -a ag disorientated, lost

spa'ghetti [spa'getti] smpl (Cuc) spaghetti sg

'Spagna ['spaɲɲa] sf la ~ Spain; **spa'gnolo, -a** ag Spanish ▶ sm/f Spaniard ▶ sm (Ling) Spanish; **gli Spagnoli** the Spanish

'spago, -ghi sm string, twine

spai'ato, -a ag (calza, guanto) odd

spalan'care vt to open wide; **spalancarsi** vpr to open wide

spa'lare vt to shovel

'spalla sf shoulder; (fig: Teatro) stooge; **spalle** sfpl (dorso) back

spalli'era sf (di sedia ecc) back; (di letto: da capo) head(board); (: da piedi) foot(board); (Ginnastica) wall bars pl

spal'lina sf (bretella) strap; (imbottitura) shoulder pad

spal'mare vt to spread

'spalti smpl (di stadio) terracing

'spandere vt to spread; (versare) to pour (out)

spa'rare vt to fire ▶ vi (far fuoco) to fire; (tirare) to shoot; **spara'toria** sf exchange of shots

sparecchi'are [sparek'kjare] vt ~ **(la tavola)** to clear the table

spa'reggio [spa'reddʒo] sm (Sport) play-off

'spargere ['spardʒere] vt (sparpagliare) to scatter; (versare: vino) to spill; (: lacrime, sangue) to shed; (diffondere) to spread; (emanare) to give off (o out); **spargersi** vpr to spread

spa'rire vi to disappear, vanish

spar'lare vi ~ **di** to run down, speak ill of

'sparo sm shot

spar'tire vt (eredità, bottino) to share out; (avversari) to separate

spar'tito sm (Mus) score

sparti'traffico sm inv (Aut) central reservation (BRIT), median (strip) (US)

sparvi'ero sm (Zool) sparrowhawk

spasi'mante sm suitor

spassio'nato, -a ag dispassionate, impartial

'spasso sm (divertimento) amusement, enjoyment; **andare a ~** to go out for a walk; **essere a ~** (fig) to be out of work; **mandare qn a ~** (fig) to give sb the sack

'spatola sf spatula; (di muratore) trowel

spa'valdo, -a ag arrogant, bold

spaventa'passeri sm inv scarecrow

spaven'tare vt to frighten, scare; **spaventarsi** vpr to be frightened, be scared; to get a fright; **spa'vento** *sm* fear, fright; **far scappare a qn** to give sb a fright; **spaven'toso, -a** *ag* frightening, terrible; *(fig: fam)* tremendous, fantastic

spazientirsi [spattsjen'tirsi] *vpr* to lose one's patience

'spazio ['spattsjo] *sm* space; **spazio aereo** airspace; **spazi'oso, -a** *ag* spacious

spazzaca'mino [spattsaka'mino] *sm* chimney sweep

spazza'neve [spattsa'neve] *sm inv* snowplough

spaz'zare [spat'tsare] *vt* to sweep; *(foglie ecc)* to sweep up; *(cacciare)* to sweep away; **spazza'tura** *sf* sweepings *pl*; *(immondizia)* rubbish; **spaz'zino** *sm* street sweeper

'spazzola ['spattsola] *sf* brush; **spazzola da capelli** hairbrush; **spazzola per abiti** clothesbrush; **spazzo'lare** *vt* to brush; **spazzo'lino** *sm* (small) brush; **spazzolino da denti** toothbrush

specchi'arsi [spek'kjarsi] *vpr* to look at o.s. in a mirror; *(riflettersi)* to be mirrored, be reflected

specchi'etto [spek'kjetto] *sm* *(tabella)* table, chart; **specchietto da borsetta** pocket mirror; **specchietto retrovisore** *(Aut)* rear-view mirror

'specchio ['spekkjo] *sm* mirror

speci'ale [spe'tʃale] *ag* special; **specia'lista, -i, -e** *sm/f* specialist; **specialità** *sf inv* speciality; *(branca di studio)* special field, speciality; **vorrei assaggiare una specialità del posto** I'd like to try a local speciality; **special'mente** *av* especially, particularly

'specie ['spetʃe] *sf inv* *(Biol, Bot, Zool)* species *inv*; *(tipo)* kind, sort ▶ *av* especially, particularly; **una ~ di** a kind of; **fare ~ a qn** to surprise sb; **la ~**

umana mankind

specifi'care [spetʃifi'kare] *vt* to specify, state

spe'cifico, -a, -ci, -che [spe'tʃifiko] *ag* specific

specu'lare *vi* ~ **su** *(Comm)* to speculate in; *(sfruttare)* to exploit; *(meditare)* to speculate on; **speculazi'one** *sf* speculation

spe'dire *vt* to send

'spegnere ['spɛɲɲere] *vt* *(fuoco, sigaretta)* to put out, extinguish; *(apparecchio elettrico)* to turn o switch off; *(gas)* to turn off; *(fig: suoni, passioni)* to stifle; *(debito)* to extinguish; **spegnersi** *vpr* to go out; *(morire)* to pass away; **puoi ~ la luce?** could you switch off the light?; **non riesco a ~ il riscaldamento** I can't turn the heating off

spellarsi *vpr* to peel

'spendere *vt* to spend

'spengo *ecc vb vedi* **spegnere**

'spensi *ecc vb vedi* **spegnere**

spensie'rato, -a *ag* carefree

'spento, -a *pp di* **spegnere** ▶ *ag* *(suono)* muffled; *(colore)* dull; *(sigaretta)* out; *(civiltà, vulcano)* extinct

spe'ranza [spe'rantsa] *sf* hope

spe'rare *vt* to hope for ▶ *vi* ~ **in** to trust in; ~ **che/di fare** to hope that/to do; **lo spero, spero di sì** I hope so

sper'duto, -a *ag* *(isolato)* out-of-the-way; *(persona: smarrita, a disagio)* lost

sperimen'tale *ag* experimental

sperimen'tare *vt* to experiment with, test; *(fig)* to test, put to the test

'sperma, -i *sm* sperm

spe'rone *sm* spur

sperpe'rare *vt* to squander

'spesa *sf* *(somma di denaro)* expense; *(costo)* cost; *(acquisto)* purchase; *(fam: acquisto del cibo quotidiano)* shopping; **spese postali** postage *sg*; **spese di viaggio** travelling expenses

'spesso, -a ag (fitto) thick; (frequente) frequent ▶ av often; **spesse volte** frequently, often

spes'sore sm thickness

Spett. abbr vedi **spettabile**

spet'tabile (abbr: **Spett.**: in lettere) also ~ **Ditta X** Messrs X and Co.

spet'tacolo sm (rappresentazione) performance, show; (vista, scena) sight; **dare ~ di sé** to make an exhibition o a spectacle of o.s.

spet'tare vi ~ **a** (decisione) to be up to; (stipendio) to be due to; **spetta a te decidere** it's up to you to decide

spetta'tore, -'trice sm/f (Cinema, Teatro) member of the audience; (di avvenimento) onlooker, witness

spette'golare vi to gossip

spetti'nato, -a ag dishevelled

'spettro sm (fantasma) spectre; (Fisica) spectrum

'spezie ['spɛttsje] sfpl (Cuc) spices

spez'zare [spet'tsare] vt (rompere) to break; (fig: interrompere) to break up; **spezzarsi** vpr to break

spezza'tino [spettsa'tino] sm (Cuc) stew

spezzet'tare [spettset'tare] vt to break up (o chop) into small pieces

'spia sf spy; (confidente della polizia) informer; (Elettr) indicating light; warning light; (foro) peep-hole; (fig: sintomo) sign, indication

spia'cente [spja'tʃɛnte] ag sorry; **essere ~ di qc/di fare qc** to be sorry about sth/for doing sth

spia'cevole [spja'tʃevole] ag unpleasant

spi'aggia, -ge ['spjaddʒa] sf beach; **spiaggia libera** public beach

spia'nare vt (terreno) to level, make level; (edificio) to raze to the ground; (pasta) to roll out; (rendere liscio) to smooth (out)

spi'are vt to spy on

spi'azzo ['spjattso] sm open space; (radura) clearing

'spicchio ['spikkjo] sm (di agrumi) segment; (di aglio) clove; (parte) piece, slice

spicci'arsi vpr to hurry up

'spiccioli smpl (small) change; **mi dispiace, non ho ~** sorry, I don't have any change

'spicco, -chi sm **di ~** outstanding; (tema) main, principal; **fare ~** to stand out

spie'dino sm (utensile) skewer; (pietanza) kebab

spi'edo sm (Cuc) spit

spie'gare vt (far capire) to explain; (tovaglia) to unfold; (vele) to unfurl; **spiegarsi** vpr to explain o.s., make o.s. clear; **~ qc a qn** to explain sth to sb; **spiegazi'one** sf explanation

spiegherò ecc [spjege'rɔ] vb vedi **spiegare**

spie'tato, -a ag ruthless, pitiless

spiffe'rare (fam) vt to blurt out, blab

'spiffero sm draught (BRIT), draft (US)

'spiga, -ghe sf (Bot) ear

spigli'ato, -a [spiʎ'ʎato] ag self-possessed, self-confident

'spigolo sm corner; (Mat) edge

'spilla sf brooch; (da cravatta, cappello) pin; **~ di sicurezza** o **da balia** safety pin

'spillo sm pin; **spillo da balia** o **di sicurezza** safety pin

spi'lorcio, -a, -ci, -ce [spi'lortʃo] ag mean, stingy

'spina sf (Bot) thorn; (Zool) spine, prickle; (di pesce) bone; (Elettr) plug; (di botte) bunghole; **birra alla ~** draught beer; **spina dorsale** (Anat) backbone

spinaci [spi'natʃi] smpl spinach sg

spi'nello sm (Droga: gergo) joint

'spingere [spindʒere] vt to push; (condurre: anche fig) to drive; (stimolare): **~ qn a fare** to urge o press

spi'noso, -a *ag* thorny, prickly

'spinsi *ecc vb vedi* **spingere**

'spinta *sf* (*urto*) push; (*Fisica*) thrust; (*fig: stimolo*) incentive, spur; (: *appoggio*) string-pulling *no pl*; **dare una ~ a qn** (*fig*) to pull strings for sb

'spinto, -a *pp di* **spingere**

spio'naggio [spio'nadd͡ʒo] *sm* espionage, spying

spion'cino [spion'tʃino] *sm* peephole

spi'raglio [spi'raʎʎo] *sm* (*fessura*) chink, narrow opening; (*raggio di luce, fig*) glimmer, gleam

spi'rale *sf* spiral; (*contraccettivo*) coil; **a ~** spiral(-shaped)

spiri'tato, -a *ag* possessed; (*fig: persona, espressione*) wild

spiri'tismo *sm* spiritualism

'spirito *sm* (*Rel, Chim, disposizione d'animo, di legge ecc, fantasma*) spirit; (*pensieri, intelletto*) mind; (*arguzia*) wit; (*umorismo*) humour, wit; **lo S~ Santo** the Holy Spirit o Ghost

spirito'saggine [spirito'sadd͡ʒine] *sf* witticism; (*peg*) wisecrack

spiri'toso, -a *ag* witty

spiritu'ale *ag* spiritual

'splendere *vi* to shine

'splendido, -a *ag* splendid; (*splendente*) shining; (*sfarzoso*) magnificent, splendid

splen'dore *sm* splendour; (*luce intensa*) brilliance, brightness

spogli'are [spoʎ'ʎare] *vt* (*svestire*) to undress; (*privare, fig: depredare*): **~ qn di qc** to deprive sb of sth; (*togliere ornamenti: anche fig*): **~ qn/qc di** to strip sb/sth of; **spogliarsi** *vpr* to undress, strip; **spogliarsi di** (*ricchezze ecc*) to deprive o.s. of, give up; (*pregiudizi*) to rid o.s. of; **spoglia'rello** [spoʎʎa'rello] *sm* striptease; **spoglia'toio** *sm* dressing room; (*di scuola ecc*) cloakroom; (*Sport*)

changing room

'spola *sf* (*bobina di filo*) cop; **fare la ~ (fra)** to go to and fro o shuttle (between)

spolve'rare *vt* (*anche Cuc*) to dust; (*con spazzola*) to brush; (*con battipanni*) to beat; (*fig*) to polish off ▸ *vi* to dust

spon'taneo, -a *ag* spontaneous; (*persona*) unaffected, natural

spor'care *vt* to dirty, make dirty; (*fig*) to sully, soil; **sporcarsi** *vpr* to get dirty

spor'cizia [spor'tʃittsja] *sf* (*stato*) dirtiness; (*sudiciume*) dirt, filth; (*cosa sporca*) dirt *no pl*, something dirty

'sporco, -a, -chi, -che *ag* dirty, filthy

spor'genza [spor'd͡ʒɛntsa] *sf* projection

'sporgere ['spɔrd͡ʒere] *vt* to put out, stretch out ▸ *vi* (*venire in fuori*) to stick out; **sporgersi** *vpr* to lean out; **~ querela contro qn** (*Dir*) to take legal action against sb

'sporsi *ecc vb vedi* **sporgere**

sport *sm inv* sport

spor'tello *sm* (*di treno, auto ecc*) door; (*di banca, ufficio*) window, counter; **sportello automatico** (*Banca*) cash dispenser, automated telling machine

spor'tivo, -a *ag* (*gara, giornale, centro*) sports *cpd*; (*persona*) sporty; (*abito*) casual; (*spirito, atteggiamento*) sporting

'sposa *sf* bride; (*moglie*) wife

sposa'lizio [spoza'littsjo] *sm* wedding

spo'sare *vt* to marry; (*fig: idea, fede*) to espouse; **sposarsi** *vpr* to get married, marry; **sposarsi con qn** to marry sb, get married to sb; **spo'sato, -a** *ag* married

'sposo *sm* (*bride*)groom; (*marito*) husband

spos'sato, -a *ag* exhausted, weary

spos'tare *vt* to move, shift; (*cambiare: orario*) to change; **spostarsi** *vpr* to move; **può ~ la macchina, per favore?** can you move your car please?

'spranga, -ghe sf (sbarra) bar

spre'care vt to waste

spre'gevole [spre'dʒevole] ag contemptible, despicable

'spremere vt to squeeze

spremia'grumi sm inv lemon squeezer

spre'muta sf fresh juice; **spremuta d'arancia** fresh orange juice

sprez'zante [spret'tsante] ag scornful, contemptuous

sprofon'dare vi to sink; (casa) to collapse; (suolo) to give way, subside

spro'nare vt to spur (on)

sproporzio'nato, -a [sproportsjo'nato] ag disproportionate, out of all proportion

sproporzi'one [spropor'tsjone] sf disproportion

spro'posito sm blunder; **a ~** at the wrong time; (rispondere, parlare) irrelevantly

sprovve'duto, -a ag inexperienced, naïve

sprov'visto, -a ag (mancante): **~ di** lacking in, without; **alla sprovvista** unawares

spruz'zare [sprut'tsare] vt (a nebulizzazione) to spray; (aspergere) to sprinkle; (inzaccherare) to splash

'spugna ['spuɲɲa] sf (Zool) sponge; (tessuto) towelling

'spuma sf (schiuma) foam; (bibita) fizzy drink

spu'mante sm sparkling wine

spun'tare vt (coltello) to break the point of; (capelli) to trim ▶ vi (uscire: germogli) to sprout; (: capelli) to begin to grow; (: denti) to come through; (apparire) to appear (suddenly)

spun'tino sm snack

'spunto sm (Teatro, Mus) cue; (fig)

starting point; **dare lo ~ a** (fig) to give rise to

spu'tare vt to spit out; (fig) to belch (out) ▶ vi to spit

'squadra sf (strumento) (set) square; (gruppo) team, squad; (di operai) gang, squad; (Mil) squad; (: Aer, Naut) squadron; (Sport) team; **lavoro a squadre** teamwork

squagli'arsi [skwaʎ'ʎarsi] vpr to melt; (fig) to sneak off

squa'lifica sf disqualification

squalifi'care vt to disqualify

squal'lido, -a ag wretched, bleak

'squalo sm shark

'squama sf scale

squarcia'gola [skwartʃa'gola]: **a ~** av at the top of one's voice

squattri'nato, -a ag penniless

squili'brato, -a ag (Psic) unbalanced

squil'lante ag shrill

squil'lare vi (campanello, telefono) to ring (out); (tromba) to blare; **'squillo** sm ring, ringing no pl; blare; **ragazza f squillo** inv call girl

squi'sito, -a ag exquisite; (cibo) delicious; (persona) delightful

squit'tire vi (uccello) to squawk; (topo) to squeak

sradi'care vt to uproot; (fig) to eradicate

srego'lato, -a ag (senza ordine: vita) disorderly; (smodato) immoderate; (dissoluto) dissolute

S.r.l. abbr = **società a responsabilità limitata**

sroto'lare vt, **sroto'larsi** ▶ vpr to unroll

SS sigla = **strada statale**

S.S.N. abbr = Servizio Sanitario Nazionale) ≈ NHS

sta ecc vb vedi **stare**

'stabile ag stable, steady; (tempo: non variabile) settled; (Teatro: compagnia) resident ▶ sm (edificio) building

stabili'mento sm (edificio) establishment; (fabbrica) plant, factory

stabi'lire vt to establish; (fissare: prezzi, data) to fix; (decidere) to decide; **stabilirsi** vpr (prendere dimora) to settle

stac'care vt (levare) to detach, remove; (separare: anche fig) to separate, divide; (strappare) to tear off (o out); (scandire: parole) to pronounce clearly; (Sport) to leave behind; **staccarsi** vpr (bottone ecc) to come off; (scostarsi): **staccarsi (da)** to move away (from); (fig: separarsi): **staccarsi da** to leave; **non ~ gli occhi da qn** not to take one's eyes off sb

'stadio sm (Sport) stadium; (periodo, fase) phase, stage

'staffa sf (di sella, Tecn) stirrup; **perdere le staffe** (fig) to fly off the handle

staf'fetta sf (messo) dispatch rider; (Sport) relay race

stagio'nale ag seasonal

stagio'nato, -a [stadʒo'nato] ag (vedi vb) seasoned; matured; (scherzoso: attempato) getting on in years

stagi'one [sta'dʒone] sf season; **alta/bassa ~** high/low season

stagista, -i, -e [sta'd[ɡh]ista] sm/f trainee, intern (US)

'stagno, -a ['staɲɲo] ag watertight; (a tenuta d'aria) airtight ▸ sm (acquitrino) pond; (Chim) tin

sta'gnola [sta'ɲɲola] sf tinfoil

'stalla sf (per bovini) cowshed; (per cavalli) stable

stal'lone sm stallion

stamat'tina av this morning

stam'becco, -chi sm ibex

'stampa sf (Tip, Fot: tecnica) printing; (impressione, copia fotografica) print; (insieme di quotidiani, giornalisti ecc) press

stam'pante sf (Inform) printer

stam'pare vt to print; (pubblicare) to publish; (coniare) to strike, coin; (imprimere: anche fig) to impress

stam'patello sm block letters pl

stam'pella sf crutch

'stampo sm mould; (fig: indole) type, kind, sort

sta'nare vt to drive out

stan'care vt to tire, make tired; (annoiare) to bore; (infastidire) to annoy; **stancarsi** vpr to get tired, tire o.s. out; **stancarsi (di)** to grow weary (of), grow tired (of)

stan'chezza [stan'kettsa] sf tiredness, fatigue

'stanco, -a, -chi, -che ag tired; **~ di** tired of, fed up with

stan'ghetta [stan'ɡetta] sf (di occhiali) leg; (Mus, di scrittura) bar

'stanno vb vedi **stare**

sta'notte av tonight; (notte passata) last night

'stante prep **a sé ~** (appartamento, casa) independent, separate

stan'tio, -a, -'tii, -'tie ag stale; (burro) rancid; (fig) old

stan'tuffo sm piston

'stanza ['stantsa] sf room; (Poesia) stanza; **stanza da bagno** bathroom; **stanza da letto** bedroom

stap'pare vt to uncork; to uncap

'stare vi (restare in un luogo) to stay, remain; (abitare) to stay, live; (essere situato) to be, be situated; (anche: ~ **in piedi**) to be, stand; (essere, trovarsi) to be; (dipendere): **se stesse in me** if it were up to me, if it depended on me; (seguito da gerundio): **sta studiando** he's studying; **starci** (esserci spazio): **nel baule non ci sta più niente** there's no more room in the boot; (accettare) to accept; **ci stai?** is that okay with you?; **~ a** (attenersi a) to follow, stick to; (seguito dall'infinito): **stiamo a discutere** we're talking; (toccare *a*): **sta a te giocare** it's your turn to play; **~ per fare qc** to be about to do sth; **come sta?** how are you?; **io sto bene/male** I'm very well/not very well; **~ a qn** (*abiti ecc*) to fit sb; **queste scarpe mi stanno strette** these shoes are tight for me; **il rosso ti sta bene** red suits you

starnu'tire *vi* to sneeze; **star'nuto** *sm* sneeze

sta'sera *av* this evening, tonight

sta'tale *ag* state *cpd*; government *cpd* ▶ *sm/f* state employee, local authority employee; (*nell'amministrazione*) ≈ civil servant; **strada statale** ≈ trunk (*Brit*) *o* main road

sta'tista, -i *sm* statesman

sta'tistica *sf* statistics *sg*

'stato, -a *pp di* **essere; stare** ▶ *sm* (*condizione*) state, condition; (*Pol*) (*Dir*) state; **essere in ~ d'accusa** (*Dir*) to be committed for trial; **~ d'assedio/d'emergenza** state of siege/emergency; **~ civile** (*Amm*) marital status; **gli Stati Uniti (d'America)** the United States (of America); **stato d'animo** mood; **stato maggiore** (*Mil*) staff

'statua *sf* statue

statuni'tense *ag* United States *cpd*, of the United States

sta'tura *sf* (*Anat*) height, stature; (*fig*) stature

sta'tuto *sm* (*Dir*) statute; constitution

sta'volta *av* this time

stazio'nario, -a [stattsjo'narjo] *ag* stationary; (*fig*) unchanged

stazi'one [stat'tsjone] *sf* station; (*balneare, termale*) resort; **stazione degli autobus** bus station; **stazione balneare** seaside resort; **stazione ferroviaria** railway (*Brit*) *o* railroad (*US*) station; **stazione invernale** winter sports resort; **stazione di polizia** police station (*in small town*);

stazione di servizio service *o* petrol (*Brit*) *o* filling station

'stecca, -che *sf* stick; (*di ombrello*) rib; (*di sigarette*) carton; (*Med*) splint; (*stonatura*): **fare una ~** to sing (*o* play) a wrong note

stec'cato *sm* fence

'stella *sf* star; **stella alpina** (*Bot*) edelweiss; **stella cadente** shooting star; **stella di mare** (*Zool*) starfish

'stelo *sm* stem; (*asta*) rod; **lampada a ~** standard lamp

'stemma, -i *sm* coat of arms

'stemmo *vb vedi* **stare**

stempi'ato, -a *ag* with a receding hairline

'stendere *vt* (*braccia, gambe*) to stretch (out); (*tovaglia*) to spread (out); (*bucato*) to hang out; (*mettere a giacere*) to lay (down); (*spalmare: colore*) to spread; (*mettere per iscritto*) to draw up; **stendersi** *vpr* (*coricarsi*) to stretch out, lie down; (*estendersi*) to extend, stretch

stenogra'fia *sf* shorthand

sten'tare *vi* **~ a fare** to find it hard to do, have difficulty doing

'stento *sm* (*fatica*) difficulty; **stenti** *smpl* (*privazioni*) hardship *sg*, privation *sg*; **a ~** with difficulty, barely

'sterco *sm* dung

stereo ['stereo] *ag inv* stereo ▶ *sm inv* (*impianto*) stereo

'sterile *ag* sterile; (*terra*) barren; (*fig*) futile, fruitless

steriliz'zare [sterilid'dzare] *vt* to sterilize

ster'lina *sf* pound (sterling)

stermi'nare *vt* to exterminate, wipe out

stermi'nato, -a *ag* immense; endless

ster'minio *sm* extermination, destruction

'sterno *sm* (*Anat*) breastbone

ste'roide *sm* steroid

ster'zare [ster'tsare] *vt*, *vi* (Aut) to steer; **'sterzo** *sm* steering; (*volante*) steering wheel

'stessi *ecc vb vedi* **stare**

'stesso, -a *ag* same; (*rafforzativo*: *in persona, proprio*): **il re ~** the king himself *o in persona* ► *pron* **lo(la) ~(a)** the same (one); **i suoi stessi avversari lo ammirano** even his enemies admire him; **fa lo ~** it doesn't matter; **per me è lo ~** it's all the same to me, it doesn't matter to me; *vedi* **io**; **tu** *ecc*

ste'sura *sf* drafting *no pl*, drawing up *no pl*; draft

'stetti *ecc vb vedi* **stare**

'stia *ecc vb vedi* **stare**

sti'lare *vt* to draw up, draft

'stile *sm* style; **stile libero** freestyle; **sti'lista, -i** *sm* designer

stilo'grafica, -che *ag* (*anche*: **penna ~**) fountain pen

'stima *sf* esteem; valuation; assessment, estimate

sti'mare *vt* (*persona*) to esteem, hold in high regard; (*terreno, casa ecc*) to value; (*stabilire in misura approssimativa*) to estimate, assess; (*ritenere*): **~ che** to consider that; **stimarsi fortunato** to consider o.s. (to be) lucky

stimo'lare *vt* to stimulate; (*incitare*): **~ qn (a fare)** to spur sb on (to do)

'stimolo *sm* (*anche fig*) stimulus

'stingere ['stindʒere] *vt*, *vi* (*anche*: **stingersi**) to fade; **'stinto, -a** *pp di* **stingere**

sti'pare *vt* to cram, pack; **stiparsi** *vpr* (*accalcarsi*) to crowd, throng

sti'pendio *sm* salary

'stipite *sm* (*di porta, finestra*) jamb

stipu'lare *vt* (*redigere*) to draw up

sti'rare *vt* (*abito*) to iron; (*distendere*) to stretch; (*strappare*: *muscolo*) to strain; **stirarsi** *vpr* to stretch (o.s.)

stiti'chezza [stiti'kettsa] *sf* constipation

'stitico, -a, -ci, -che *ag* constipated

'stiva *sf* (*di nave*) hold

sti'vale *sm* boot

'stizza ['stittsa] *sf* anger, vexation

'stoffa *sf* material, fabric; (*fig*): **aver la ~ di** to have the makings of

'stomaco, -chi *sm* stomach; **dare di ~** to vomit, be sick

sto'nato, -a *ag* (*persona*) off-key; (*strumento*) off-key, out of tune

stop *sm inv* (Tel) stop; (Aut: *cartello*) stop sign; (: *fanalino d'arresto*) brake-light

'storcere ['stɔrtʃere] *vt* to twist; **storcersi** *vpr* to writhe, twist; **~ il naso** (*fig*) to turn up one's nose; **storcersi la caviglia** to twist one's ankle

stor'dire *vt* (*intontire*) to stun, daze; **stor'dito, -a** *ag* stunned

'storia *sf* (*scienza, avvenimenti*) history; (*racconto, bugia*) story; (*faccenda, questione*) business *no pl*; (*pretesto*) excuse, pretext; **storie** *sfpl* (*smancerie*) fuss *sg*; **'storico, -a, -ci, -che** *ag* historic(al) ► *sm* historian

stori'one *sm* (Zool) sturgeon

'stormo *sm* (*di uccelli*) flock

'storpio, -a *ag* crippled, maimed

'storsi *ecc vb vedi* **storcere**

'storta *sf* (*distorsione*) sprain, twist

'storto, -a *pp di* **storcere** ► *ag* (*chiodo*) twisted, bent; (*gamba, quadro*) crooked

sto'viglie [sto'viʎʎe] *sfpl* dishes *pl*, crockery

'strabico, -a, -ci, -che *ag* squint-eyed; (*occhi*) squint

strac'chino [strak'kino] *sm* type of soft cheese

stracci'are [strat'tʃare] *vt* to tear; **stracciarsi** *vpr* to tear

'straccio, -a, -ci, -ce ['strattʃo] *ag*: **carta straccia** waste paper ► *sm* (per pulire) cloth, duster; **stracci** smpl (peg: indumenti) rags; **si è ridotto a uno** ~ he's worn himself out; **non ha uno ~ di lavoro** he's not got a job of any sort

'**strada** sf road; (di città) street; (cammino, via, fig) way; **che ~ devo prendere per andare a ...?** which road do I take for ...?; **farsi** ~ (fig) to do well for o.s.; **essere fuori** ~ (fig) to be on the wrong track; **facendo** ~ **strada senza uscita** dead end; **stra'dale** pg road cpd

strafalci'one [strafal'tʃone] sm blunder, howler

stra'fare vi to overdo it

strafot'tente ag è ~ he doesn't give a damn, he couldn't care less

'strage ['stradʒe] sf massacre, slaughter

stralu'nato, -a ag (occhi) rolling; (persona) beside o.s., very upset

'strambo, -a ag strange, queer

strampa'lato, -a ag odd, eccentric

stra'nezza [stra'nettsa] sf strangeness

strango'lare vt to strangle

strani'ero, -a ag foreign ▸ sm/f foreigner

  Attenzione! In inglese esiste la parola *stranger*, che però significa *sconosciuto* oppure *estraneo*.

'strano, -a ag strange, odd

straordi'nario, -a ag extraordinary; (treno ecc) special ▸ sm (lavoro) overtime

strapi'ombo sm overhanging rock; **a** ~ overhanging

strap'pare vt (gen) to tear, rip; (pagina ecc) to tear off, tear out; (sradicare) to pull up; (togliere): ~ **qc a qn** to snatch sth from sb; (fig) to wrest sth from sb; **strapparsi** vpr (lacerarsi) to rip, tear; (rompersi) to break; **strapparsi un muscolo** to tear a muscle

'**strappo** sm pull, tug; tear, rip; **fare uno strappo alla regola** to make an exception to the rule; **strappo muscolare** torn muscle

stari'pare vi to overflow

'strascico, -chi ['straʃiko] sm (di abito) train; (consequenza) after-effect

strata'gemma, -i [strata'dʒemma] sm stratagem

strate'gia, -'gie [strate'dʒia] sf strategy; stra'tegico, -a, -ci, -che ag strategic

'strato sm layer; (rivestimento) coat, coating; (Geo, fig) stratum; (Meteor) stratus; **strato d'ozono** ozone layer

strat'tone sm tug, jerk; **dare uno** ~ **a qc** to tug o jerk sth, give sth a tug o jerk

strava'gante ag odd, eccentric

stra'volto, -a pp di **stravolgere**

'strazio [straʦjo] sm torture; (fig: cosa fatta male): **essere uno** ~ to be appalling

'strega, -ghe sf witch

stre'gare vt to bewitch

stre'gone sm (mago) wizard; (di tribù) witch doctor

strepi'toso, -a ag clamorous, deafening; (fig: successo) resounding

stres'sante ag stressful

stres'sato, -a ag under stress

stretch [stretʃ] ag inv stretch

'stretta sf (di mano) grasp; (finanziaria) squeeze; (fig: dolore, turbamento) pang; **una ~ di mano** a handshake; **essere alle strette** to have one's back to the wall; vedi anche **stretto**

stretta'mente av tightly; (rigorosamente) strictly

'stretto, -a pp di **stringere** ▸ ag (corridoio, limiti) narrow; (gonna, scarpe, nodo, curva) tight; (intimo: parente, amico) close; (rigoroso: osservanza) strict; (preciso: significato) precise, exact ▸ sm (braccio di mare) strait; **a denti stretti** with clenched teeth;

lo ~ necessario the bare minimum;
stret'toia sf bottleneck; (fig) tricky
situation
stri'ato, -a ag streaked
'stridulo, -a ag shrill
stril'lare vt, vi to scream, shriek;
  'strillo sm scream, shriek
strimin'zito, -a [strimin'tsito] ag
  (misero) shabby; (magro) skinny
strimpel'lare vt (Mus) to strum
'stringa, -ghe sf lace
strin'gato, -a ag (fig) concise
'stringere ['strindʒere] vt (avvicinare
  due cose) to press (together), squeeze
  (together); (tenere stretto) to hold
  tight, clasp, clutch; (pugno, mascella,
  denti) to clench; (labbra) to compress;
  (avvitare) to tighten; (abito) to take
  in; (scarpe) to pinch, be tight for; (fig:
  concludere: patto) to make; (: accelerare:
  passo, tempo) to quicken ▸ vi (strada) to
  narrow; (: abito) to be tight; (tempo: incalzare)
  to be pressing
  'strinsi ecc vb vedi **stringere**
'striscia, -sce ['striʃʃa] sf (di carta,
  tessuto ecc) strip; (riga) stripe; **strisce
  (pedonali)** zebra crossing sg
strisci'are [striʃʃare] vt (piedi) to
  drag; (muro, macchina) to graze ▸ vi to
  crawl, creep
  'striscio ['striʃʃo] sm graze; (Med)
  smear; **colpire di ~** to graze
strisci'one [striʃʃone] sm banner
strito'lare vt to grind
striz'zare ['striddzare] vt (panni) to
  wring (out); **~ l'occhio** to wink
'strofa sf strophe
strofi'naccio [strofi'nattʃo] sm
  duster, cloth; (per piatti) dishcloth;
  (per pavimenti) floorcloth
strofi'nare vt to rub
stron'care vt to break off; (fig:
  ribellione) to suppress, put down;
  (: film, libro) to tear to pieces
'stronzo ['strontso] sm (sterco) turd;

(fig fam!: persona) shit (!)
stroz'zare [strot'tsare] vt (soffocare) to
  choke, strangle
struccarsi vpr to remove one's
  make-up
strumen'tale ag (Mus) instrumental
strumentaliz'zare
  [strumentalid'dzare] vt to exploit,
  use to one's own ends
stru'mento sm (arnese, fig)
  instrument, tool; (Mus) instrument;
  ~ a corda o **ad arco/a fiato** stringed/
  wind instrument
'strutto sm lard
strut'tura sf structure
'struzzo ['struttso] sm ostrich
stuc'care vt (muro) to plaster; (vetro)
  to putty; (decorare con stucchi) to
  stucco
'stucco, -chi sm plaster; (di vetri)
  putty; (ornamentale) stucco; **rimanere
  di ~** (fig) to be dumbfounded
stu'dente, -'essa sm/f student;
  (scolaro) pupil, schoolboy/girl
studi'are vt to study
'studio sm studying; (ricerca, saggio,
  stanza) study; (di professionista) office;
  (di artista, Cinema, TV, Radio) studio;
  studi smpl (Ins) studies; **studio
  medico** doctor's surgery (BRIT) o
  office (US)
studi'oso, -a ag studious, hard-
  working ▸ sm/f scholar
'stufa sf stove; **stufa elettrica**
  electric fire o heater
stu'fare vt (Cuc) to stew; (fig: fam) to
  bore; **stufarsi** vpr (fam): **stufarsi (di)**
  (fig) to get fed up (with); **'stufo, -a**
  (fam) ag **essere stufo di** to be fed up
  with, be sick and tired of
stu'oia sf mat
stupe'cente stupefa'tʃente] ag
  stunning, astounding ▸ sm drug,
  narcotic
stupe'fatto, -a pp di **stupefare**

stu'pendo, -a *ag* marvellous, wonderful

stupi'daggine [stupi'daddʒine] *sf* stupid thing (to do o say)

stupidità *sf* stupidity

'stupido, -a *ag* stupid

stu'pire *vt* to amaze, stun ▶ *vi* **stupirsi**; **~ (di)** to be amazed (at), be stunned (by)

stu'pore *sm* amazement, astonishment

stu'prare *vt* to rape

'stupro *sm* rape

stu'rare *vt* (*lavandino*) to clear

stuzzica'denti [stuttsika'denti] *sm* toothpick

stuzzi'care [stuttsi'kare] *vt* (*ferita ecc*) to poke (at), prod (at); (*fig*) to tease; (*: appetito*) to whet; (*: curiosità*) to stimulate; **~ i denti** to pick one's teeth

O su

(*su +il = sul*, *su +lo = sullo*, *su +l' = sull'*, *su +la = sulla*, *su +i = sui*, *su +gli = sugli*, *su +le = sulle*) *prep*

1 (*gen*) on; (*moto so no*) on(to); (*in cima a*) on (top of); **mettilo sul tavolo** put it on the table; **un paesino sul mare** a village by the sea

2 (*argomento*) about, on; **un libro su Cesare** a book on o about Caesar

3 (*circa*) about; **costerà sui 3 milioni** it will cost about 3 million; **una ragazza sui 17 anni** a girl of about 17 (years of age)

4: **su misura** made to measure; **su richiesta** on request; **3 casi su dieci** 3 cases out of 10

▶ *av*

1 (*in alto, verso l'alto*) up; **vieni su** come on up; **guarda su** look up; **su le mani!** hands up!; **in su** (*verso l'alto*) up(wards); (*in poi*) onwards; **dai 20 anni in su** from the age of 20 onwards

2 (*addosso*) on; **cos'hai su?** what have you got on?

▶ *escl* come on!; **su coraggio!** come on, cheer up!

su'bacqueo, -a *ag* underwater ▶ *sm* skin-diver

sub'buglio [sub'buʎʎo] *sm* confusion, turmoil

'subdolo, -a *ag* underhand, sneaky

suben'trare *vi* ~ **a qn in qc** to take over sth from sb

su'bire *vt* to suffer, endure

'subito *av* immediately, at once, straight away

subodo'rare *vt* (*insidia ecc*) to smell, suspect

subordi'nato, -a *ag* subordinate; (*dipendente*): **~ a** dependent on, subject to

suc'cedere [sut'tʃedere] *vi* (*prendere il posto di qn*): **~ a** to succeed; (*venire dopo*): **~ a** to follow; (*accadere*) to happen; **cos'è successo?** what happened?; **succes'sivo, -a** *ag* successive; **suc'cesso, -a** *pp di* **succedere** ▶ *sm* (*esito*) outcome; (*buona riuscita*) success; **di successo** (*libro, personaggio*) successful

succhi'are [suk'kjare] *vt* to suck (up); **succhi'otto** *sm* (*per bambino*) dummy (*BRIT*), pacifier (*US*), comforter (*US*)

suc'cinto, -a [sut'tʃinto] *ag* (*discorso*) succinct; (*abito*) brief

'succo, -chi *sm* juice; (*fig*) essence, gist; **succo di frutta/pomodoro** fruit/tomato juice

succur'sale *sf* branch (office)

sud *sm* south ▶ *ag inv* south; (*lato*) south, southern

Su'dafrica *sm* ~ South Africa; **sudafri'cano, -a** *ag*, *sm/f* South African

Suda'merica *sm* il ~ South America

su'dare *vi* to perspire, sweat; **~ freddo** to come out in a cold sweat

su'dato, -a *ag* (*persona, mani*) sweaty;

(fig: denaro) hard-earned ▸ sf (anche fig) sweat; **una vittoria sudata** a hard-won victory; **ho fatto una bella sudata per finirlo in tempo** it was a real sweat to get it finished in time

suddi'videre vt to subdivide

su'dest sm south-east

'sudicio, -a, -ci, -ce ['suditʃo] ag dirty, filthy

su'dore sm perspiration, sweat

su'dovest sm south-west

suffici'ente [suffi'tʃɛnte] ag enough, sufficient; (borioso) self-important; (Ins) satisfactory; **suffici'enza** sf self-importance; pass mark; **a sufficienza** enough; **ne ho avuto a sufficienza!** I've had enough of this!

suf'fisso sm (Ling) suffix

suggeri'mento [sudʤeri'mento] sm suggestion; (consiglio) piece of advice, advice no pl

sugge'rire [sudʤe'rire] vt (risposta) to tell; (consigliare) to advise; (proporre) to suggest; (Teatro) to prompt

suggestio'nare [sudʤestjo'nare] vt to influence

sugges'tivo, -a [sudʤes'tivo] ag (paesaggio) evocative; (teoria) interesting, attractive

'sughero ['sugero] sm cork

'sugo, -ghi sm (succo) juice; (di carne) gravy; (condimento) sauce; (fig) gist, essence

sui'cida, -i, -e [sui'tʃida] ag suicidal ▸ sm/f suicide

suici'darsi [suitʃi'darsi] vpr to commit suicide

sui'cidio [sui'tʃidjo] sm suicide

su'ino, -a ag **carne suina** pork ▸ sm pig

sul'tano, -a sm/f sultan/sultana

'suo (f'sua, pl'sue, su'oi) det **il ~, la sua** ecc (di lui) his; (di lei) her; (di esso) its; (con valore indefinito) one's, his/her; (anche: **S~**: forma di cortesia) your ▸ pron

il ~, la sua ecc his; hers; yours; **i ~ i** his (o her o one's o your) family

su'ocero, -a ['swɔtʃero] sm/f father/mother-in-law

su'ola sf (di scarpa) sole

su'olo sm (terreno) ground; (terra) soil

suo'nare vt (Mus) to play; (campana) to ring; (ore) to strike; (clacson, allarme) to sound ▸ vi to play; (telefono, campana) to ring; (ore) to strike; (clacson, fig: parole) to sound

suone'ria sf alarm

su'ono sm sound

su'ora sf (Rel) sister

'super sf (anche: **benzina ~**) ≈ four-star (petrol) (BRIT), premium (US)

supe'rare vt (oltrepassare: limite) to exceed, surpass; (percorrere) to cover; (attraversare: fiume) to cross; (sorpassare: veicolo) to overtake; (fig: essere più bravo di) to surpass, outdo; (: difficoltà) to overcome; (: esame) to get through; **~ qn in altezza/peso** to be taller/heavier than sb; **ha superato la cinquantina** he's over fifty (years of age)

su'perbia sf pride; **su'perbo, -a** ag proud; (fig) magnificent, superb

superfici'ale [superfi'tʃale] ag superficial

super'ficie, -ci [super'fitʃe] sf surface

su'perfluo, -a ag superfluous

superi'ore ag (piano, arto, classi) upper; (più elevato: temperatura, livello): **~ (a)** higher (than); (migliore): **~ (a)** superior (to)

superla'tivo, -a ag, sm superlative

supermer'cato sm supermarket

su'perstite ag surviving ▸ sm/f survivor

superstizi'one [superstit'tsjone] sf superstition; **superstizi'oso, -a** ag superstitious

super'strada sf ≈ (toll-free) motorway

su'pino, -a *ag* supine

supplemen'tare *ag* extra; (*treno*) relief *cpd*; (*entrate*) additional

supple'mento *sm* supplement

sup'plente *sm/f* temporary member of staff, supply (*o* substitute) teacher

'supplica, -che *sf* (*preghiera*) plea; (*domanda scritta*) petition, request

suppli'care *vt* to implore, beseech

sup'plizio [sup'plittsjo] *sm* torture

sup'pongo, sup'poni *ecc vb vedi* **supporre**

sup'porre *vt* to suppose

sup'porto *sm* (*sostegno*) support

sup'posta *sf* (*Med*) suppository

su'premo, -a *ag* supreme

surge'lare [surdʒe'lare] *vt* to (deep-) freeze

surge'lato, -a [surdʒe'lato] *ag* (deep-)frozen ▸ *smpl* **i surgelati** frozen food *sg*

'sur'plus *sm inv* (*Econ*) surplus

surriscal'dare *vt* to overheat

suscet'tibile [suʃʃet'tibile] *ag* (*sensibile*) touchy, sensitive

susci'tare [suʃʃi'tare] *vt* to provoke, arouse

su'sina *sf* plum

susseguirsi *vpr* to follow one another

sus'sidio *sm* subsidy; **sussidi didattici** teaching aids

sussul'tare *vi* to shudder

sussur'rare *vt*, *vi* to whisper, murmur; **sus'surro** *sm* whisper, murmur

svagarsi *vpr* to amuse o.s.; to enjoy o.s.

'svago, -ghi *sm* (*riposo*) relaxation; (*ricreazione*) amusement; (*passatempo*) pastime

svaligi'are [zvali'dʒare] *vt* to rob, burgle (*BRIT*), burglarize (*US*)

svalutarsi *vpr* (*Econ*) to be devalued

svalutazi'one *sf* devaluation

sva'nire *vi* to disappear, vanish

svantaggi'ato, -a [zvantad'dʒato] *ag* at a disadvantage

svan'taggio [zvan'taddʒo] *sm* disadvantage; (*inconveniente*) drawback, disadvantage

svari'ato, -a *ag* varied; various

'svastica *sf* swastika

sve'dese *ag* Swedish ▸ *sm/f* Swede ▸ *sm* (*Ling*) Swedish

'sveglia ['zveʎʎa] *sf* waking up; (*orologio*) alarm (clock); **sveglia telefonica** alarm call

svegli'are [zveʎ'ʎare] *vt* to wake up; (*fig*) to awaken, arouse; **svegliarsi** *vpr* to wake up; (*fig*) to be revived, reawaken; **vorrei essere svegliato alle 7, per favore** could I have an alarm call at 7 am, please?

'sveglio, -a ['zveʎʎo] *ag* awake; (*fig*) quick-witted

sve'lare *vt* to reveal

'svelto, -a *ag* (*passo*) quick; (*mente*) quick, alert; **alla svelta** quickly

'svendere *vt* to sell off, clear

'svendita *sf* (*Comm*) (clearance) sale

'svengo *ecc vb vedi* **svenire**

sveni'mento *sm* fainting fit, faint

sve'nire *vi* to faint

sven'tare *vt* to foil, thwart

sven'tato, -a *ag* (*distratto*) scatterbrained; (*imprudente*) rash

svento'lare *vt*, *vi* to wave, flutter

sven'tura *sf* misfortune

sverrò *ecc vb vedi* **svenire**

sves'tire *vt* to undress; **svestirsi** *vpr* to get undressed

'Svezia ['zvettsja] *sf* la ~ Sweden

svi'are *vt* to divert; (*fig*) to lead astray

svi'gnarsela [zviɲ'narsela] *vpr* to slip away, sneak off

svilup'pare *vt* to develop; **svilupparsi** *vpr* to develop; **può ~ questo rullino?** can you develop this film?

svi'luppo *sm* development

'svincolo sm (stradale) motorway (BRIT) o expressway (US) intersection

'svista sf oversight

svi'tare vt to unscrew

'Svizzera ['zvittsera] sf la ~ Switzerland

'svizzero, -a ['zvittsero] ag, sm/f Swiss

svogli'ato, -a [zvoʎ'ʎato] ag listless; (pigro) lazy

'svolgere ['zvoldʒere] vt to unwind; (srotolare) to unroll; (fig: argomento) to develop; (: piano, programma) to carry out; **svolgersi** vpr to unwind; to unroll; (fig: aver luogo) to take place; (: procedere) to go on

'svolsi ecc vb vedi **svolgere**

'svolta sf (atto) turning no pl; (curva) turn, bend; (fig) turning-point

svol'tare vi to turn

svuo'tare vt to empty (out)

T, t [ti] sf o m inv (lettera) T, t; **T come Taranto** ≈ T for Tommy

t abbr = **tonnellata**

tabacche'ria [tabakke'ria] sf tobacconist's (shop)

- **tabaccheria**
- **Tabaccherie** sell cigarettes and tobacco and can easily be identified by their sign, a large white "T" on

a black background. You can buy postage stamps and bus tickets at a **tabaccheria** and some also sell newspapers.

ta'bacco, -chi sm tobacco

ta'bella sf (tavola) table; (elenco) list

tabel'lone sm (pubblicitario) billboard; (con orario) timetable board

TAC sigla f (Med: = Tomografia Assiale Computerizzata) CAT

tac'chino [tak'kino] sm turkey

'tacco, -chi sm heel; **tacchi a spillo** stiletto heels

taccu'ino sm notebook

ta'cere [ta'tʃere] vi to be silent o quiet; (smettere di parlare) to fall silent ▶ vt to keep to oneself, say nothing about; **far ~ qn** to make sb be quiet; (fig) to silence sb

ta'chimetro [ta'kimetro] sm speedometer

'tacqui ecc vb vedi **tacere**

ta'fano sm horsefly

'taglia ['taʎʎa] sf (statura) height; (misura) size; (riscatto) ransom; (ricompensa) reward; **taglia forte** (di abito) large size

taglia'carte [taʎʎa'karte] sm inv paperknife

tagli'ando [taʎ'ʎando] sm coupon

tagli'are [taʎ'ʎare] vt to cut; (recidere, interrompere) to cut off; (intersecare) to cut across, intersect; (carne) to carve; (vini) to blend ▶ vi to cut; (prendere una scorciatoia) to take a short-cut; **tagliarsi** vpr to cut o.s.; **mi sono tagliato** I've cut myself; ~ **corto** (fig) to cut short; ~ **la corda** (fig) to sneak off; ~ **i ponti (con)** (fig) to break off relations (with); ~ **la strada a qn** to cut across sb; **mi sono tagliato** I've cut myself

taglia'telle [taʎʎa'telle] sfpl tagliatelle pl

taglia'unghie [taʎʎa'ungje] sm inv

nail clippers pl

tagli'ente [taʎˈʎɛnte] ag sharp

'taglio [ˈtaʎʎo] sm cutting no pl; cut; (parte tagliente) cutting edge; (di abito) cut, style; (di stoffa: lunghezza) length; (di vini) blending; **di ~** on edge, edgeways; **banconote di piccolo/grosso ~** notes of small/large denomination; **taglio cesareo** Caesarean section

tailan'dese ag, sm/f, sm Thai

Tai'landia sf la **~** Thailand

'talco sm talcum powder

○ **'tale**
  det

1 (simile, così grande) such; **un(a) tale ... such (a) ...**; **non accetto tali discorsi** I won't allow such talk; **è di una tale arroganza** he is so arrogant; **fa una tale confusione!** he makes such a mess!

2 (persona o cosa indeterminata) such-and-such; **il giorno tale all'ora tale** on such-and-such a day at such-and-such a time; **la tal persona** that person; **ha telefonato una tale Giovanna** somebody called Giovanna phoned

3 (nelle similitudini): **tale ... tale** like ... like; **tale padre tale figlio** like father, like son; **hai il vestito tale quale il mio** your dress is just *o* exactly like mine

▶ pron (indefinito: persona): **un(a) tale** someone; **quel** *o* **quella) tale** that person, that man (*o* woman); **il tal dei tali** what's-his-name

tale'bano sm Taliban

ta'lento sm talent

talis'mano sm talisman

tallon'cino [tallonˈtʃino] sm counterfoil

tal'lone sm heel

tal'mente av so

'talpa sf (Zool) mole

tal'volta av sometimes, at times

tambu'rello sm tambourine

tam'buro sm drum

Ta'migi [taˈmidʒi] sm il **~** the Thames

tampo'nare vt (otturare) to plug; (urtare: macchina) to crash *o* ram into

tam'pone sm (Med) wad, pad; (per timbri) ink-pad; (respingente) buffer; **tampone assorbente** tampon

'tana sf lair, den

'tanga sm inv G-string

tan'gente [tanˈdʒɛnte] ag (Mat): **~ a** tangential to ▶ sf tangent; (quota) share

tangenzi'ale [tandʒenˈtsjale] sf (Aut) bypass

'tanica sf (contenitore) jerry can

○ **'tanto, -a**
  det

1 (molto: quantità) a lot of, much; (: numero) a lot of, many; (così tanto: quantità) so much, such a lot of; (: numero) so many, such a lot of; **tante volte** so many times, so often; **tanti auguri!** all the best!; **tante grazie** many thanks; **tanto tempo** so long, such a long time; **ogni tanti chilometri** every so many kilometres

2 **tanto ... quanto** (quantità) as much ... as; (numero) as many ... as; **ho tanta pazienza quanta ne hai tu** I have as much patience as you have *o* as you; **ha tanti amici quanti nemici** he has as many friends as he has enemies

3 (rafforzativo): much; **ho aspettato per tanto tempo** I waited so long *o* for such a long time

▶ pron

1 (molto) much, a lot; (così tanto) so much, such a lot; **tanti, e** many, a lot; so many, such a lot; **credevo ce ne fosse tanto** I thought there was (such) a lot, I thought there was plenty

2 **tanto quanto** (denaro) as much as; (cioccolatini) as many as; **ne ho tanto quanto basta** I have as much as I need; **due volte tanto** twice as much

3 (*indeterminato*) so much; **tanto per l'affitto, tanto per il gas** so much for the rent, so much for the gas; **costa un tanto al metro** it costs so much per metre; **di tanto in tanto, ogni tanto** every so often; **tanto vale che ...** I (*o we ecc*) may as well ...; **tanto meglio!** so much the better!; **tanto peggio per lui!** so much the worse for him!

▶ *av*

1 (*molto*) very; **vengo tanto volentieri** I'd be very glad to come; **non ci vuole tanto a capirlo** it doesn't take much to understand it

2 (*così tanto: con ag, av*) so; (: *con vb*) so much, such a lot; **è tanto bella!** she's so beautiful!; **non urlare tanto** don't shout so much; **sto tanto meglio adesso** I'm so much better now; **tanto ... che** so ... (that); **tanto ... da** so ... as

3 : **tanto ... quanto** as ... as; **conosco tanto Carlo quanto suo padre** I know both Carlo and his father; **non è poi tanto complicato quanto sembri** it's not as difficult as it seems; **tanto più insisti, tanto più non mollerà** the more you insist, the more stubborn he'll be; **quanto più ... tanto meno** the more ... the less

4 (*solamente*) just; **tanto per cambiare/scherzare** just for a change/a joke; **una volta tanto** for once

5 (*a lungo*) (for) long
▶ *cong* after all

'tappa *sf* (*luogo di sosta, fermata*) stop, halt; (*parte di un percorso*) stage, leg; (*Sport*) lap; **a tappe** in stages

tap'pare *vt* to plug, stop up; (*bottiglia*) to cork; **tapparsi** *vpr* **tapparsi in casa** to shut o.s. up at home; **tapparsi la bocca** to shut up; **tapparsi le orecchie** to turn a deaf ear

tappa'rella *sf* rolling shutter

tappe'tino *sm* (*per auto*) car mat;

tappetino antiscivolo (*da bagno*) non-slip mat

tap'peto *sm* carpet; (*anche:* **tappetino**) rug; (*Sport*) **andare al ~** to go down for the count; **mettere sul ~** (*fig*) to bring up for discussion

tappez'zare *vt* (*con carta*) to paper; (*rivestire*): **~ qc (di)** to cover sth (with); **tappezze'ria** *sf* (*tessuto*) tapestry; (*carta da parati*) wallpaper; (*arte*) upholstery; **far da tappezzeria** (*fig*) to be a wallflower

'tappo *sm* stopper; (*in sughero*) cork

tar'dare *vi* to be late ▶ *vt* to delay; **~ a fare** to delay doing

'tardi *av* late; **più ~** later (on); **al più ~** at the latest; **sul ~** (*verso sera*) late in the day; **far ~** to be late; (*restare alzato*) to stay up late; **è troppo ~** it's too late

'targa, -ghe *sf* plate; (*Aut*) number (*BRIT*) *o* license (*US*) plate; **tar'ghetta** *sf* (*su bagaglio*) name tag; (*su porta*) nameplate

ta'riffa *sf* (*gen*) rate, tariff; (*di trasporti*) fare; (*elenco*) price list; tariff

'tarlo *sm* woodworm

'tarma *sf* moth

tarocchi *smpl* (*gioco*) tarot *sg*

tarta'ruga, -ghe *sf* tortoise; (*di mare*) turtle; (*materiale*) tortoiseshell

tar'tina *sf* canapé

tar'tufo *sm* (*Bot*) truffle

'tasca, -sche *sf* pocket; **tas'cabile** *ag* (*libro*) pocket *cpd*

'tassa *sf* (*imposta*) tax; (*doganale*) duty; (*per iscrizione: a scuola ecc*) fee; **tassa di circolazione** road tax; **tassa di soggiorno** tourist tax

tas'sare *vt* to tax; to levy a duty on

tas'sello *sm* plug; wedge

tassì *sm inv* = **taxi**; **tas'sista, -i, -e** *sm/f* taxi driver

'tasso *sm* (*di natalità, d'interesse ecc*) rate; (*Bot*) yew; (*Zool*) badger; **tasso di cambio/d'interesse** rate of exchange/interest

tas'tare vt to feel; **~ il terreno** (fig) to see how the land lies

tasti'era sf keyboard

'tasto sm key; (tatto) touch, feel

tas'toni av procedere (a)~ to grope one's way forward

'tatto sm (senso) touch; (fig) tact; **duro al~** hard to the touch; **aver~** to be tactful, have tact

tatu'aggio [tatu'addʒo] sm tattooing; (disegno) tattoo

tatu'are vt to tattoo

'tavola sf table; (asse) plank, board; (lastra) tablet; (quadro) panel (painting); (illustrazione) plate; **tavola calda** snack bar; **tavola rotonda** (fig) round table; **tavola a vela** windsurfer

tavo'letta sf tablet, bar; **a ~** (Aut) flat out

tavo'lino sm small table; (scrivania) desk

'tavolo sm table; **un ~ per 4 per favore** a table for 4, please

'taxi sm inv taxi; **può chiamarmi un ~ per favore?** can you call me a taxi, please?

'tazza ['tattsa] sf cup; **una ~ di caffè/tè** a cup of coffee/tea; **tazza da tè/caffè** tea/coffee cup

TBC abbr f (= tubercolosi) TB

te pron (soggetto: in forme comparative, oggetto) you

tè sm inv tea; (trattenimento) tea party

tea'trale ag theatrical

te'atro sm theatre

techno ['tekno] ag inv (musica) techno

'tecnica, -che sf technique; (tecnologia) technology

'tecnico, -a, -ci, -che ag technical ▶ sm/f technician

tecnolo'gia [teknolo'dʒia] sf technology

te'game sm (Cuc) pan

'tegola sf tile

tei'era sf teapot

tel. abbr (= telefono) tel

'tela sf (tessuto) cloth; (per vele, quadri) canvas; (dipinto) canvas, painting; **di ~** (calzoni) (heavy) cotton cpd; (scarpe, borsa) canvas cpd; **tela cerata** oilcloth

te'laio sm (apparecchio) loom; (struttura) frame

tele'camera sf television camera

teleco'mando sm remote control

tele'cronaca sf television report

telefo'nare vi to telephone, ring; to make a phone call ▶ vt to telephone; **~ a** to phone up, ring up, call up

telefo'nata sf (telephone) call; **~ a carico del destinatario** reverse charge (BRIT) o collect (US) call

tele'fonico, -a, -ci, -che ag (tele)phone cpd

telefon'ino sm mobile phone

te'lefono sm telephone; **telefono a gettoni** pay phone

telegior'nale [teledʒor'nale] sm television news (programme)

tele'gramma, -i sm telegram

telela'voro sm teleworking

Tele'pass® sm inv automatic payment card for use on Italian motorways

telepa'tia sf telepathy

teles'copio sm telescope

teleselezi'one [teleselet'tsjone] sf direct dialling

telespetta'tore, -'trice sm/f (television) viewer

tele'vendita sf teleshopping

televisi'one sf television

televi'sore sm television set

'tema, -i sm theme; (Ins) essay, composition

te'mere vt to fear, be afraid of; (essere sensibile a: freddo, calore) to be sensitive to ▶ vi to be afraid; (essere *preoccupato*): ~ **per** to worry about, fear for; ~ **di/che** to be afraid of/that

temperama'tite *sm inv* pencil sharpener

tempera'mento *sm* temperament

tempera'tura *sf* temperature

tempe'rino *sm* penknife

tem'pesta *sf* storm; **tempesta di sabbia/neve** sand/snowstorm

'**tempia** *sf* (Anat) temple

'**tempio** *sm* (edificio) temple

'**tempo** *sm* (Meteor) weather; (cronologico) time; (epoca) time, times *pl*; (di film, gioco: parte) part; (Mus) time; (: battuta) beat; (Ling) tense; **che ~ fa?** what's the weather like?; **un ~** once; ~ **fa** some time ago; **al ~ stesso** o **a un ~** at the same time; **per ~** early; **ha fatto il suo ~** it has had its day; **primo/secondo ~** (Teatro) first/second part; (Sport) first/second half; **in ~ utile** in due time o course; **a ~ pieno** full-time; **tempo libero** free time

tempo'rale *ag* temporal ▶ *sm* (Meteor) (thunder)storm

tempo'raneo, -a *ag* temporary

te'nace [te'natʃe] *ag* strong, tough; (fig) tenacious

te'naglie [te'naʎʎe] *sfpl* pincers *pl*

'**tenda** *sf* (riparo) awning; (di finestra) curtain; (per campeggio ecc) tent

ten'denza [ten'dentsa] *sf* tendency; (orientamento) trend; **avere ~ a** o **per qc** to have a bent for sth

'**tendere** *vt* (allungare al massimo) to stretch, draw tight; (porgere: mano) to hold out; (fig: trappola) to lay, set ▶ *vi* ~ **qc/a fare** to tend towards sth/to do; ~ **l'orecchio** to prick up one's ears; **il tempo tende al caldo** the weather is getting hot; **un blu che tende al verde** a greenish blue

'**tendine** *sm* tendon, sinew

ten'done *sm* (da circo) tent

'**tenebre** *sfpl* darkness *sg*

te'nente *sm* lieutenant

te'nere *vt* to hold; (conservare, mantenere) to keep; (ritenere, considerare) to consider; (spazio: occupare) to take up, occupy; (seguire: strada) to keep to ▶ *vi* to hold; (colori) to be fast; (dare importanza): ~ **a** to care about; ~ **a fare** to want to do, be keen to do; **tenersi** *vpr* (stare in una determinata posizione) to stand; (stimarsi) to consider o.s.; (aggrapparsi): **tenersi a** to hold on to; (attenersi): **tenersi a** to stick to; ~ **una conferenza** to give a lecture; ~ **conto di qc** to take sth into consideration; ~ **presente qc** to bear sth in mind

'**tenero, -a** *ag* tender; (pietra, cera, colore) soft; (fig) tender, loving

'**tengo** *ecc vb vedi* **tenere**

'**tenni** *ecc vb vedi* **tenere**

'**tennis** *sm* tennis

ten'nista, -i, e *sm/f* tennis player

te'nore *sm* (tono) tone; (Mus) tenor; **tenore di vita** (livello) standard of living

tensi'one *sf* tension

ten'tare *vt* (indurre) to tempt; (provare): ~ **qc/di fare** to attempt o try sth/to do; **tenta'tivo** *sm* attempt; **tentazi'one** *sf* temptation

tenten'nare *vi* to shake, be unsteady; (fig) to hesitate, waver

ten'toni *av* **andare a ~** (anche fig) to grope one's way

'**tenue** *ag* (sottile) fine; (colore) soft; (fig) slender, slight

te'nuta *sf* (capacità) capacity; (divisa) uniform; (abito) dress; (Agr) estate; **a ~ d'aria** airtight; **tenuta di strada** roadholding power

teolo'gia [teolo'dʒia] *sf* theology

teo'ria *sf* theory

te'pore *sm* warmth

tep'pista, -i *sm* hooligan

tera'pia sf therapy; **terapia intensiva** intensive care

tergicris'tallo [terdʒikris'tallo] sm windscreen (BRIT) o windshield (US) wiper

tergiver'sare [terdʒiver'sare] vi to shilly-shally

ter'male ag thermal; **stazione sf ~** spa

'terme sfpl thermal baths

termi'nale ag, sm terminal

termi'nare vt to end; (lavoro) to finish ▸ vi to end

'termine sm term; (fine, estremità) end; (di territorio) boundary, limit; **contratto a ~** (Comm) forward contract; **a breve/lungo ~** short-/long-term; **parlare senza mezzi termini** to talk frankly, not to mince one's words

ter'mometro sm thermometer

'termos sm inv = **thermos®**

termosi'fone sm radiator

ter'mostato sm thermostat

'terra sf (gen, Elettr) earth; (sostanza) soil, earth; (opposto al mare) land no pl; (regione, paese) land; (argilla) clay; **terre** sfpl (possedimento) lands, land sg; **a** o **per ~** (stato) on the ground (o floor); (moto) to the ground, down; **mettere a ~** (Elettr) to earth

terra'cotta sf terracotta; **vasellame sm di ~** earthenware

terra'ferma sf dry land, terra firma; (continente) mainland

ter'razza [ter'rattsa] sf terrace

ter'razzo [ter'rattso] sm = **terrazza**

terre'moto sm earthquake

ter'reno, -a ag (vita, beni) earthly ▸ sm (suolo, fig) ground; (Comm) land no pl, plot (of land); site; (Sport, Mil) field

ter'restre ag (superficie) of the earth, earth's; (di terra: battaglia, animale) land cpd; (Rel) earthly, worldly

ter'ribile ag terrible, dreadful

terrifi'cante ag terrifying

ter'rina sf tureen

territori'ale ag territorial

terri'torio sm territory

ter'rore sm terror; **terro'rismo** sm terrorism; **terro'rista, -i, -e** sm/f terrorist

terroriz'zare [terrorid'dzare] vt to terrorize

'terza ['tɛrtsa] sf (Scol: elementare) ≈ third year at primary school; (: media) ≈ second year at secondary school; (: superiore) ≈ fifth year at secondary school; (Aut) third gear

ter'zino [ter'tsino] sm (Calcio) fullback, back

'terzo, -a ['tɛrtso] ag third ▸ sm (frazione) third; (Dir) third party; **terza pagina** (Stampa) Arts page; **terzi** smpl (altri) others, other people

'teschio ['teskjo] sm skull

'tesi sf thesis; **tesi di laurea** degree thesis

'tesi ecc [2]vb vedi **tendere**

'teso, -a pp di **tendere** ▸ ag (tirato) taut, tight; (fig) tense

te'soro sm treasure; **il Ministero del T~** the Treasury

'tessera sf (documento) card

tes'suto sm fabric, material; (Biol) tissue

test ['tɛst] sm inv test

'testa sf head; (di cose: estremità, parte anteriore) head, front; **di ~** (vettura ecc) front; **tenere ~ a qn** (nemico ecc) to stand up to sb; **fare di ~ propria** to go one's own way; **in ~** (Sport) in the lead; **~ o croce?** heads or tails?; **avere la ~ dura** to be stubborn; **testa d'aglio** bulb of garlic; **testa di serie** (Tennis) seed, seeded player

testa'mento sm (atto) will; **l'Antico/ il Nuovo T~** (Rel) the Old/New Testament

tes'tardo, -a ag stubborn, pig-headed

tes'tata *sf (parte anteriore)* head; *(intestazione)* heading

tes'ticolo *sm* testicle

testi'mone *sm (Dir)* witness; **testimone oculare** eye witness

testimoni'are *vt* to testify; *(fig)* to bear witness to, testify to ▶ *vi* to give evidence, testify

'testo *sm* text; **fare ~ (opera, autore)** to be authoritative; **questo libro non fa ~** this book is not essential reading

tes'tuggine [tes'tuddʒine] *sf* tortoise; *(di mare)* turtle

'tetano *sm (Med)* tetanus

'tetto *sm* roof; **tet'toia** *sf* roofing; canopy

tettuccio [tet'tuttʃo] *sm* **~ apribile** *(Aut)* sunroof

'Tevere *sm* **il ~** the Tiber

TG, Tg *abbr* = **telegiornale**

'thermos® ['tɛrmos] *sm inv* vacuum o Thermos® flask

ti *pron (dav lo, la, li, le, ne diventa* **te)** ▶ *pron (oggetto)* you; *(complemento di termine)* (to) you; *(riflessivo)* yourself

'Tibet *sm* **il ~** Tibet

'tibia *sf* tibia, shinbone

tic *sm inv* tic, *(nervous)* twitch; *(fig)* mannerism

ticchet'tio [tikket'tio] *sm (di macchina da scrivere)* clatter; *(di orologio)* ticking; *(della pioggia)* patter

'ticket *sm inv (su farmaci)* prescription charge

ti'ene *ecc vb vedi* **tenere**

ti'epido, -a *ag* lukewarm, tepid

'tifo *sm (Med)* typhus; *(fig)*: **fare il ~ per** to be a fan of

ti'fone *sm* typhoon

ti'foso, -a *sm/f (Sport ecc)* fan

tigì [ti'dʒi] *sm inv* TV news

'tiglio ['tiλλo] *sm* lime (tree), linden (tree)

'tigre *sf* tiger

tim'brare *vt* to stamp; *(annullare:*

francobolli) to postmark; **~ il cartellino** to clock in

'timbro *sm* stamp; *(Mus)* timbre, tone

'timido, -a *ag* shy; timid

'timo *sm* thyme

ti'mone *sm (Naut)* rudder

ti'more *sm (paura)* fear; *(rispetto)* awe

'timpano *sm (Anat)* eardrum; *(Mus)*

'tingere ['tindʒere] *vt* to dye

'tinsi *ecc vb vedi* **tingere**

'tinta *sf (materia colorante)* dye; *(colore)* colour, shade

tintin'nare *vi* to tinkle

tinto'ria *sf (lavasecco)* dry cleaner's (shop)

tin'tura *sf (operazione)* dyeing; *(colorante)* dye; **tintura di iodio** tincture of iodine

'tipico, -a, -ci, -che *ag* typical

'tipo *sm* type; *(genere)* kind, type; *(fam)* chap, fellow; **che ~ di...?** what kind of ...?

tipogra'fia *sf* typography; *(procedimento)* letterpress (printing); *(officina)* printing house

TIR *sigla m* (= Transports Internationaux Routiers) International Heavy Goods Vehicle

ti'rare *vt (gen)* to pull; *(estrarre)*: **~ qc da** to take o pull sth out of; to get sth out of; to extract sth from; *(chiudere: tenda ecc)* to draw, pull; *(tracciare, disegnare)* to draw, trace; *(lanciare: sasso, palla)* to throw; *(stampare)* to print; *(pistola, freccia)* to fire ▶ *vi (pipa, camino)* to draw; *(vento)* to blow; *(abito)* to be tight; *(fare fuoco)* to fire; *(fare del tiro, Calcio)* to shoot; **~ avanti** *vi* to struggle on ▶ *vt* to keep going; **~ fuori** *(estrarre)* to take out, pull out; **~ giù** *(abbassare)* to bring down, to lower; *(da scaffale ecc.)* to take down; **~ su** to pull up; *(capelli)* to put up; *(fig: bambino)* to bring up; **tirarsi** *vpr*

tirarsi indietro to draw back; *(fig)*

to back out; **~ a indovinare** to take a guess; **~ sul prezzo** to bargain; **tirar dritto** to keep right on going; **tirati su!** (fig) cheer up!; **~ via** (togliere) to take off

tira'tura sf (azione) printing; (di libro) (print) run; (di giornale) circulation

'tirchio, -a ['tirkjo] ag mean, stingy

'tiro sm shooting no pl, firing no pl; (colpo, sparo) shot; (di palla: lancio) throwing no pl; throw; (fig) trick; **cavallo da ~** draught (BRIT) o draft (US) horse; **tiro a segno** target shooting; (luogo) shooting range; **tiro con l'arco** archery

tiro'cinio [tiro'tʃinjo] sm apprenticeship; (professionale) training

ti'roide sf thyroid (gland)

Tir'reno sm **il (mar) ~** the Tyrrhenian Sea

ti'sana sf herb tea

tito'lare sm/f incumbent; (proprietario) owner; (Calcio) regular player

'titolo sm title; (di giornale) headline; (diploma) qualification; (Comm) security; (: azione) share; **a che ~?** for what reason?; **a ~ di amicizia** out of friendship; **a ~ di premio** as a prize; **titolo di credito** share; **titoli di stato** government securities; **titoli di testa** (Cinema) credits

titu'bante ag hesitant, irresolute

toast [toust] sm inv toasted sandwich (generally with ham and cheese)

toc'cante ag touching

toc'care vt to touch; (tastare) to feel; (fig: riguardare) to concern; (: commuovere) to touch, move; (: pungere) to hurt, wound; (: far cenno a: argomento) to touch on, mention ▶ vi **~ a** (accadere) to happen to; (spettare) to be up to; **~ (il fondo)** (in acqua) to touch the bottom; **tocca a**

te difenderci it's up to you to defend us; **a chi tocca?** whose turn is it?; **mi toccò pagare** I had to pay

toccherò ecc [tokke'rɔ] vb vedi **toccare**

'togliere ['tɔʎʎere] vt (rimuovere) to take away (o off), remove; (riprendere, non concedere più) to take away, remove; (Mat) to take away, subtract; **~ qc a qn** to take sth (away) from sb; **ciò non toglie che** nevertheless, be that as it may; **togliersi il cappello** to take off one's hat

toi'lette [twa'lɛt] sf inv toilet; (mobile) dressing table; **dov'è la ~?** where's the toilet?

'Tokyo sf Tokyo

'tolgo ecc vb vedi **togliere**

tolle'rare vt to tolerate

'tolsi ecc vb vedi **togliere**

'tomba sf tomb

tom'bino sm manhole cover

'tombola sf (gioco) tombola; (ruzzolone) tumble

'tondo, -a ag round

'tonfo sm splash; (rumore sordo) thud; (caduta) **fare un ~** to take a tumble

tonifi'care vt (muscoli, pelle) to tone up; (irrobustire) to invigorate, brace

tonnel'lata sf ton

'tonno sm tuna (fish)

'tono sm (gen) tone; (Mus: di pezzo) key; (di colore) shade, tone

ton'silla sf tonsil

'tonto, -a ag dull, stupid

to'pazio [to'pattsjo] sm topaz

'topo sm mouse

'toppa sf (serratura) keyhole; (pezza) patch

to'race [to'ratʃe] sm chest

'torba sf peat

'torcere ['tɔrtʃere] vt to twist; **torcersi** vpr to twist, writhe

'torcia, -ce ['tɔrtʃa] sf torch; **torcia elettrica** torch (BRIT), flashlight (US)

torci'collo [tortʃi'kɔllo] sm stiff neck

'tordo sm thrush

To'rino sf Turin

tor'menta sf snowstorm

tormen'tare vt to torment;
tormentarsi vpr to fret, worry o.s.

tor'nado sm tornado

tor'nante sm hairpin bend

tor'nare vi to return, go (o come)
back; (ridiventare: anche fig) to become
(again); (riuscire giusto, esatto: conto)
to work out; (risultare) to turn out (to
be), prove (to be); **~ utile** to prove o
turn out (to be) useful; **~ a casa** to go
(o come) home; **torno a casa martedì**
I'm going home on Tuesday

tor'neo sm tournament

'tornio sm lathe

'toro sm bull; (dello zodiaco): **T~** Taurus

'torre sf tower; (Scacchi) rook, castle;
torre di controllo (Aer) control tower

tor'rente sm torrent

torri'one sm keep

tor'rone sm nougat

'torsi ecc vb vedi **torcere**

torsi'one sf twisting; torsion

'torso sm torso, trunk; (Arte) torso

'torsolo sm (di cavolo ecc) stump; (di
frutta) core

'torta sf cake

tortel'lini smpl (Cuc) tortellini

'torto, -a pp di **torcere** ▸ ag (ritorto)
twisted; (storto) twisted, crooked
▸ sm (ingiustizia) wrong; (colpa) fault; **a
~ wrongly; aver ~** to be wrong

'tortora sf turtle dove

tor'tura sf torture; **tortu'rare** vt to
torture

to'sare vt (pecora) to shear; (siepe)
to clip

Tos'cana sf la ~ Tuscany

'tosse sf cough; **ho la ~** I've got a
cough

'tossico, -a, -ci, -che ag toxic

tossicodipen'dente sm/f drug
addict

tos'sire vi to cough

tosta'pane sm inv toaster

to'tale ag, sm total

toto'calcio [toto'kaltʃo] sm gambling
pool betting on football results,
≈ (football) pools pl (BRIT)

to'vaglia [to'vaʎʎa] sf tablecloth;
tovagli'olo sm napkin

tra prep (di due persone, cose) between;
(di più persone, cose) among(st); (tempo:
entro) within, in; **~ 5 giorni** in 5 days'
time; **sia detto ~ noi ...** between you
and me ...; **litigano ~ (di) loro** they're
fighting amongst themselves; **~
breve** soon; **~ sé e sé** (parlare ecc) to
oneself

traboc'care vi to overflow

traboc'chetto [trabok'ketto] sm
(fig) trap

'traccia, -ce ['trattʃa] sf (segno, striscia)
trail, track; (orma) tracks pl; (residuo,
testimonianza) trace, sign; (abbozzo)
outline

tracci'are [trat'tʃare] vt to trace,
mark (out); (disegnare) to draw; (fig:
abbozzare) to outline

tra'chea [tra'kɛa] sf windpipe,
trachea

tra'colla sf shoulder strap; **borsa a ~**
shoulder bag

tradi'mento sm betrayal; (Dir, Mil)
treason

tra'dire vt to betray; (coniuge) to be
unfaithful to; (doveri: mancare) to
fail in; (rivelare) to give away, reveal;
tradirsi vpr to give o.s. away

tradizio'nale [tradittsjo'nale] ag
traditional

tradizi'one [tradit'tsjone] sf tradition

tra'durre vt to translate; (spiegare) to
render, convey; **me lo può ~?** can you
translate this for me?; **traduzi'one** sf
translation

'trae vb vedi **trarre**

traffi'cante sm/f dealer; (peg)

trafficker

traffi'care vi (commerciare): ~ **(in)** to trade (in), deal (in); (affaccendarsi) to busy o.s. ▶ vt (peg) to traffic in

'traffico, -ci sm traffic; (commercio) trade, traffic; **traffico di armi/droga** arms/drug trafficking

tra'gedia [tra'dʒedja] sf tragedy

'traggo ecc vb vedi **trarre**

tra'ghetto [tra'getto] sm ferry(boat)

'tragico, -a, -ci, -che ['tradʒiko] ag tragic

tra'gitto [tra'dʒitto] sm (passaggio) crossing; (viaggio) journey

tragu'ardo sm (Sport) finishing line; (fig) goal, aim

'trai ecc vb vedi **trarre**

traiet'toria sf trajectory

trai'nare vt to drag, haul; (rimorchiare) to tow

tralasci'are [tralaʃ'ʃare] vt (studi) to neglect; (dettagli) to leave out, omit

tra'liccio [tra'littʃo] sm (Elettr) pylon

tram sm inv tram

'trama sf (filo) weft, woof; (fig: argomento, maneggio) plot

traman'dare vt to pass on, hand down

tram'busto sm turmoil

tramez'zino [tramed'dzino] sm sandwich

'tramite prep through

tramon'tare vi to set, go down; **tra'monto** sm setting; (del sole) sunset

trampo'lino sm (per tuffi) springboard, diving board; (per lo sci) ski-jump

tra'nello sm trap

tranne prep except (for), but (for); ~ **che** unless

tranquil'lante sm (Med) tranquillizer

tranquillità sf calm, stillness; quietness; peace of mind

tranquilliz'zare [trankwillid'dzare]

vt to reassure

▌ Attenzione! In inglese esiste il verbo to tranquillize, che però significa "calmare con un tranquillante".

tran'quillo, -a ag calm, quiet; (bambino, scolaro) quiet; (sereno) with one's mind at rest; **sta'** ~ don't worry

transazi'one [transat'tsjone] sf compromise; (Dir) settlement; (Comm) transaction, deal

tran'senna sf barrier

transgenico, -a, -ci, -che [trans'dʒeniko] ag genetically modified

tran'sigere [tran'sidʒere] vi (venire a patti) to compromise, come to an agreement

transi'tabile ag passable

transi'tare vi to pass

transi'tivo, -a ag transitive

'transito sm transit; **di** ~ (merci) in transit; (stazione) transit cpd; **"divieto di** ~" "no entry"

'trapano sm (utensile) drill; (Med) trepan

trape'lare vi to leak, drip; (fig) to leak out

tra'pezio [tra'pettsjo] sm (Mat) trapezium; (attrezzo ginnico) trapeze

trapian'tare vt to transplant; **trapi'anto** sm transplanting; (Med) transplant; **trapianto cardiaco** heart transplant

'trappola sf trap

tra'punta sf quilt

'trarre vt to draw, pull; (portare) to take; (prendere, tirare fuori) to take (out), draw; (derivare) to obtain; ~ **origine da qc** to have its origins o originate in sth

trasa'lire vi to start, jump

trasan'dato, -a ag shabby

trasci'nare [traʃʃi'nare] vt to drag; **trascinarsi** vpr to drag o.s. along; (fig) to drag on

tras'correre vt (tempo) to spend, pass ▶ vi to pass

tras'crivere vt to transcribe

trascu'rare vt to neglect; (non considerare) to disregard

trasferi'mento sm transfer; (trasloco) removal, move; **trasferimento di chiamata** (Tel) call forwarding

trasfe'rire vt to transfer; **trasferirsi** vpr to move; **tras'ferta** sf transfer; (indennità) travelling expenses pl; (Sport) away game

trasfor'mare vt to transform, change; **trasformarsi** vpr to be transformed; **trasformarsi in qc** to turn into sth; **trasforma'tore** sm (Elec) transformer

trasfusi'one sf (Med) transfusion

trasgre'dire vt to disobey, contravene

traslo'care vt to move; transfer; **tras'loco, -chi** sm removal

tras'mettere vt (passare): **~ qc a qn** to pass sth on to sb; (mandare) to send; (Tecn, Tel, Med) to transmit; (TV, Radio) to broadcast; **trasmissi'one** sf (gen, Fisica, Tecn) transmission; (passaggio) transmission, passing on; (TV, Radio) broadcast

traspa'rente ag transparent

traspor'tare vt to carry, move; (merce) to transport, convey; **lasciarsi ~ (da qc)** (fig) to let o.s. be carried away (by sth); **tras'porto** sm transport

'trassi ecc vb vedi **trarre**

trasver'sale ag transverse, cross(-); running at right angles

'tratta sf (Econ) draft; (di persone): **la ~ delle bianche** the white slave trade

tratta'mento sm treatment; (servizio) service

trat'tare vt (gen) to treat; (commerciare) to deal in; (svolgere:

argomento) to discuss, deal with; (negoziare) to negotiate ▶ vi ~ **di** to deal with; ~ **con** (persona) to deal with; **si tratta di ...** it's about ...

tratte'nere vt (far rimanere: persona) to detain; (intrattenere: ospiti) to entertain; (tenere, frenare, reprimere) to hold back, keep back; (astenersi dal consegnare) to hold, keep; (detrarre: somma) to deduct; **trattenersi** vpr (astenersi) to refrain o.s., stop o.s.; (soffermarsi) to stay, remain

trat'tino sm dash; (in parole composte) hyphen

'tratto, -a pp di **trarre** ▶ sm (di penna, matita) stroke; (parte) part, piece; (di strada) stretch; (di mare, cielo) expanse; (di tempo) period (of time)

trat'tore sm tractor

tratto'ria sf restaurant

'trauma, -i sm trauma

tra'vaglio [traˈvaʎʎo] sm (angoscia) pain, suffering; (Med) pains pl

trava'sare vt to decant

tra'versa sf (trave) crosspiece; (via) side street; (Ferr) sleeper (BRIT), (railroad) tie (US); (Calcio) crossbar

traver'sata sf crossing; (Aer) flight, trip; **quanto dura la ~?** how long does the crossing take?

traver'sie sfpl mishaps, misfortunes

tra'verso, -a ag oblique; **di ~** ag askew ▶ av sideways; **andare di ~** (cibo) to go down the wrong way; **guardare di ~** to look askance at

travesti'mento sm disguise

travestirsi vpr to disguise o.s.

tra'volgere [traˈvɔldʒere] vt to sweep away, carry away; (fig) to overwhelm

tre num three

'treccia, -ce [ˈtrettʃa] sf plait, braid

tre'cento [treˈtʃento] num three hundred ▶ sm **il T~** the fourteenth century

'tredici [ˈtreditʃi] num thirteen

'tregua sf truce; (fig) respite

tre'mare vi ~ **di** (freddo ecc) to shiver o tremble with; (paura, rabbia) to shake o tremble with

tre'mendo, -a ag terrible, awful

> Attenzione! In inglese esiste la parola tremendous, che però significa enorme oppure fantastico, strepitoso.

'tremito sm trembling no pl; shaking no pl; shivering no pl

'treno sm train; **è questo il ~ per...?** is this the train for...?; **treno di gomme** set of tyres (BRIT) o tires (US); **treno merci** goods (BRIT) o freight train; **treno viaggiatori** passenger train

treni

There are various types of train in Italy. For short journeys there are the "Regionali" (R), which generally operate within a particular region, and the "Interregionali" (IR), which operate beyond regional boundaries. Medium- and long-distance passenger journeys are carried out by "Intercity" (I) and "Eurocity" (EC) trains. The "Eurostar" service (ES) offers fast connections between the major Italian cities. Night services are operated by "Intercity Notte" (ICN), "Euronight" (EN) and by "Espressi" (EXP).

'trenta num thirty; **tren'tesimo, -a** num thirtieth; **tren'tina** sf **una trentina (di)** thirty or so, about thirty

'trepidante ag anxious

tri'angolo sm triangle

tribù sf inv tribe

tri'buna sf (podio) platform; (in aule ecc) gallery; (di stadio) stand

tribu'nale sm court

tri'ciclo [tri'tʃiklo] sm tricycle

tri'foglio [tri'fɔʎʎo] sm clover

'triglia ['triʎʎa] sf red mullet

tri'mestre sm period of three months; (Ins) term, quarter (US); (Comm) quarter

trin'cea [trin'tʃea] sf trench

trion'fare vi to triumph, win; **~ su** to triumph over, overcome; **tri'onfo** sm triumph

tripli'care vt to triple

'triplo, -a ag triple; treble ▶ sm **il ~ (di)** three times as much (as); **la spesa è tripla** it costs three times as much

'trippa sf (Cuc) tripe

'triste ag sad; (luogo) dreary, gloomy

tri'tare vt to mince, grind (US)

tri'viale ag vulgar, low

tro'feo sm trophy

'tromba sf (Mus) trumpet; (Aut) horn; **tromba d'aria** whirlwind; **tromba delle scale** stairwell

trom'bone sm trombone

trom'bosi sf thrombosis

tron'care vt to cut off; (spezzare) to break off

'tronco, -a, -chi, -che ag cut off; broken off; (Ling) truncated; (fig) cut short ▶ sm (Bot,Anat) trunk; (fig: tratto) section; **licenziare qn in ~** to fire sb on the spot

'trono sm throne

tropi'cale ag tropical

O **'troppo, -a** det (in eccesso: quantità) too much; (: numero) too many; **c'era troppa gente** there were too many people; **fa troppo caldo** it's too hot ▶ pron (in eccesso: quantità) too much; (: numero) too many; **ne hai messo troppo** you've put in too much; **meglio troppi che pochi** better too many than too few ▶ av (eccessivamente: con ag, av) too; (: con vb) too much; **troppo amaro/tardi** too bitter/late; **lavora troppo** he works too much; **costa troppo** it costs too much; **di troppo** too much; too many; **qualche tazza di troppo** a

few cups too many; **2 euro di troppo**
2 euros too much; **essere di troppo** to
be in the way

'trota sf trout

'trottola sf spinning top

tro'vare vt to find; (giudicare): **trovo
che** I find o think that; **trovarsi** vpr
(reciproco: incontrarsi) to meet; (essere,
stare) to be; (arrivare, capitare) to find
o.s.; **non trovo più il portafoglio** I
can't find my wallet; **andare a ~ qn** to
go and see sb; **~ qn colpevole** to find
sb guilty; **trovarsi bene** (in un luogo,
con qn) to get on well

truc'care vt (falsare) to fake; (attore
ecc) to make up; (travestire) to
disguise; (Sport) to fix; (Aut) to soup
up; **truccarsi** vpr to make up (one's
face)

'trucco, -chi sm trick; (cosmesi)
make-up

'truffa sf fraud, swindle; **truf'fare** vt
to swindle, cheat

truffa'tore, -'trice sm/f swindler,
cheat

'truppa sf troop

tu pron you; **tu stesso(a)** you yourself;
dare del tu a qn to address sb as "tu"

'tubo sm tube; pipe; **tubo digerente**
(Anat) alimentary canal, digestive
tract; **tubo di scappamento** (Aut)
exhaust pipe

tuffarsi vpr to plunge, dive

'tuffo sm dive; (breve bagno) dip

tuli'pano sm tulip

tu'more sm (Med) tumour

Tuni'sia sf la ~ Tunisia

'tuo (f **'tua**, pl **'tuoi, 'tue**) det il ~, la **tua**
ecc your ► pron il ~, la **tua** ecc yours

tuo'nare vi to thunder; **tuona** it is
thundering, there's some thunder

tu'ono sm thunder

tu'orlo sm yolk

tur'bante sm turban

tur'bare vt to disturb, trouble

tur'bato, -a ag upset; (preoccupato,
ansioso) anxious

turbo'lenza [turbo'lɛntsa] sf
turbulence

tur'chese [tur'kese] sf turquoise

Tur'chia [tur'kia] sf la ~ Turkey

'turco, -a, -chi, -che ag Turkish
► sm/f Turk/Turkish woman ► sm
(Ling) Turkish; **parlare ~** (fig) to talk
double-dutch

tu'rismo sm tourism; tourist
industry; **tu'rista, -i, -e** sm/f tourist;
turismo sessuale sex tourism;
tu'ristico, -a, -ci, -che ag tourist cpd

'turno sm turn; (di lavoro) shift; **di ~**
(soldato, medico, custode) on duty; **a ~**
(rispondere) in turn; (lavorare) in shifts;
fare a ~ a fare qc to take turns to do
sth; **è il suo ~** it's your (o his ecc) turn

'turpe ag filthy, vile

'tuta sf overalls pl; (Sport) tracksuit

tu'tela sf (Dir: di minore) guardianship;
(: protezione) protection; (difesa)
defence

tutta'via cong nevertheless, yet

O **'tutto, -a** det

1 (intero) all; **tutto il latte** all the milk;
tutta la notte all night, the whole
night; **tutto il libro** the whole book;
tutta una bottiglia a whole bottle
2 (pl, collettivo) all; every; **tutti i libri** all
the books; **tutte le notti** every night;
tutti i venerdì every Friday; **tutti gli
uomini** all the men; (collettivo) all men;
tutto l'anno all year long; **tutti e due**
both o each of us (o them o you); **tutti e
cinque** all five of us (o them o you)
3 (completamente): **era tutta sporca**
she was all dirty; **tremava tutto** he
was trembling all over; **è tutta sua
madre** she's just o exactly like her
mother
4: **a tutt'oggi** so far, up till now; **a
tutta velocità** at full o top speed

▶ *pron*

1 *(ogni cosa)* everything, all; *(qualsiasi cosa)* anything; **ha mangiato tutto** he's eaten everything; **tutto considerato** all things considered; **in tutto: 5 euro in tutto** 5 euros in all; **in tutto eravamo 50** there were 50 of us in all

2 **tutti, e** *(ognuno)* all, everybody; **vengono tutti** they are all coming, everybody's coming; **tutti quanti** all and sundry

▶ *av (completamente)* entirely, quite; **è tutto il contrario** it's quite *o* exactly the opposite; **tutt'al più: saranno stati tutt'al più una cinquantina** there were about fifty of them at (the very) most; **tutt'al più possiamo prendere un treno** if the worst comes to the worst we can take a train; **tutt'altro** on the contrary; **è tutt'altro che felice** he's anything but happy; **tutt'a un tratto** suddenly

▶ *sm* **il tutto** the whole lot, all of it
tut'tora *av* still

TV [ti'vu] *sf inv* (= televisione) TV ▶ *sigla* = Treviso

u

ubbidi'ente *ag* obedient
ubbi'dire *vi* to obey; **~ a** to obey; *(veicolo, macchina)* to respond to
ubria'care *vt* **~ qn** to get sb drunk;

(alcool) to make sb drunk; *(fig)* to make sb's head spin *o* reel; **ubriacarsi** *vpr* to get drunk; **ubriacarsi di** *(fig)* to become intoxicated with
ubri'aco, -a, -chi, -che *ag, sm/f* drunk
uc'cello [ut'tʃɛllo] *sm* bird
uc'cidere [ut'tʃidere] *vt* to kill; **uccidersi** *vpr* (suicidarsi) to kill o.s.; *(perdere la vita)* to be killed
u'dito *sm* (sense of) hearing
UE *sigla f* (= Unione Europea) EU
UEM *sigla f* (= Unione economica e monetaria) EMU
'uffa *escl* tut!
uffici'ale [uffi'tʃale] *ag* official ▶ *sm* *(Amm)* official, officer; *(Mil)* officer; **~ di stato civile** registrar
uf'ficio [uf'fitʃo] *sm* *(gen)* office; *(dovere)* duty; *(mansione)* task, function, job; *(agenzia)* agency, bureau; *(Rel)* service; **d'~** *ag* office *cpd*; *(official)* ▶ *av* officially; **ufficio di collocamento** employment office; **ufficio informazioni** information bureau; **ufficio oggetti smarriti** lost property office *(BRIT)*, lost and found *(US)*; **ufficio (del) personale** personnel department; **ufficio postale** post office
uffici'oso, -a [uffi'tʃoso] *ag* unofficial
uguagli'anza [ugwaʎ'ʎantsa] *sf* equality
uguagli'are [ugwaʎ'ʎare] *vt* to make equal; *(essere uguale)* to equal, be equal to; *(livellare)* to level; **uguagliarsi a** *o* **con qn** (paragonarsi) to compare o.s. to sb
ugu'ale *ag* equal; *(identico)* identical, the same; *(uniforme)* level, even ▶ *av* **costano ~** they cost the same; **sono bravi ~** they're equally good
UIL *sigla f* (= Unione Italiana del Lavoro) trade union federation
'ulcera [ult'ʃera] *sf* ulcer

U'livo *sm* l'~ centre-left Italian political grouping

u'livo = olivo

ulteri'ore *ag* further

ultima'mente *av* lately, of late

ulti'mare *vt* to finish, complete

'ultimo, -a *ag* (distanza) farthest, utmost; (recente: notizia, moda) latest; (fig: sommo, fondamentale) ultimate ▶ *sm/f* last (one); **fino all'~** to the last, until the end; **da ~, in ~** in the end; **abitare all'~ piano** to live on the top floor; **per ~** (entrare, arrivare) last

ulu'lare *vi* to howl

umanità *sf* humanity

u'mano, -a *ag* human; (comprensivo) humane

umidità *sf* dampness; humidity

'umido, -a *ag* damp; (mano, occhi) moist; (clima) humid ▶ *sm* dampness, damp; **carne in ~** stew

'umile *ag* humble

umili'are *vt* to humiliate; **umiliarsi** *vpr* to humble o.s.

u'more *sm* (disposizione d'animo) mood; (carattere) temper; **di buon/cattivo ~** in a good/bad mood

umo'rismo *sm* humour; **avere il senso dell'~** to have a sense of humour; **umo'ristico, -a, -ci, -che** *ag* humorous, funny

u'nanime *ag* unanimous

unci'netto [untʃi'netto] *sm* crochet hook

un'cino [un'tʃino] *sm* hook

undi'cenne [undi'tʃɛnne] *ag, sm/f* eleven-year-old

undi'cesimo, -a [undi'tʃezimo] *num* eleventh

'undici ['unditʃi] *num* eleven

'ungere ['undʒere] *vt* to grease, oil; (Rel) to anoint; (fig) to flatter, butter up

unghe'rese [unge'rese] *ag, sm/f, sm* Hungarian

Unghe'ria [unge'ria] *sf* l'~ Hungary

'unghia ['ungja] *sf* (Anat) nail; (di animale) claw; (di rapace) talon; (di cavallo) hoof

ungu'ento *sm* ointment

'unico, -a, -ci, -che *ag* (solo) only; (ineguagliabile) unique; (singolo: binario) single; **figlio(a) ~(a)** only son/daughter, only child

unifi'care *vt* to unite, unify; (sistemi) to standardize; **unificazi'one** *sf* uniting; unification; standardization

uni'forme *ag* uniform; (superficie) even ▶ *sf* (divisa) uniform

uni'one *sf* union; (fig: concordia) unity, harmony; **Unione europea** European Union; **ex Unione Sovietica** former Soviet Union

u'nire *vt* to unite; (congiungere) to join, connect; (: ingredienti, colori) to combine; (in matrimonio) to unite, join together; **unirsi** *vpr* to unite; (in matrimonio) to be joined together; **~ qc a** to unite sth with; to join o connect sth with; to combine sth with; **unirsi a** (gruppo, società) to join

unità *sf inv* (unione, concordia) unity; (Mat, Mil, Comm, di misura) unit; **unità di misura** unit of measurement

u'nito, -a *ag* (paese) united; (amici, famiglia) close; **in tinta unita** plain, self-coloured

univer'sale *ag* universal; general

università *sf inv* university

uni'verso *sm* universe

'uno, -a

○ (dav sm **un** + C, V, uno + s impura, gn, pn, ps, x, z; dav sf **un'** + V, **una** + C) *art indef*

1 a; (dav vocale) an; **un bambino** a child; **una strada** a street; **uno zingaro** a gypsy

2 (intensivo): **ho avuto una paura!** I got such a fright!

▶ *pron*

1 one; **prendine uno** take one (of them); **l'uno o l'altro** either (of them); **l'uno e l'altro** both (of them); **aiutarsi l'un l'altro** to help one another o each other; **sono entrati l'uno dopo l'altro** they came in one after the other **2** (*un tale*) someone, somebody **3** (*con valore impersonale*) one, you; **se uno vuole** if one wants, if you want ▶ *num* one; **una mela e due pere** one apple and two pears; **uno più uno fa due** one plus one equals two, one and one are two
▶ *sf* **è l'una** it's one (o'clock)

'unsi ecc *vb vedi* **ungere**

'unto, -a *pp di* **ungere** ▶ *ag* greasy, oily ▶ *sm* grease

u'omo (*pl* **u'omini**) *sm* man; **da ~** (*abito, scarpe*) men's, for men; **uomo d'affari** businessman; **uomo di paglia** stooge; **uomo politico** politician; **uomo rana** frogman

u'ovo (*pl* (*f*) **u'ova**) *sm* egg; **uovo affogato/alla coque** poached/ boiled egg; **uovo bazzotto/sodo** soft-/hard-boiled egg; **uovo di Pasqua** Easter egg; **uovo in camicia** poached egg; **uova strapazzate/al tegame** scrambled/fried eggs

ura'gano *sm* hurricane

'urba *sf* town planning

urba'nistica *sf* town planning

ur'bano, -a *ag* urban, city *cpd*, town *cpd*; (*Tel: chiamata*) local; (*fig*) urbane

ur'gente [ur'dʒɛnte] *ag* urgent; **ur'genza** *sf* urgency; **in caso d'urgenza** (in case of) an emergency; **d'urgenza** *ag* emergency ▶ *av* urgently, as a matter of urgency

ur'lare *vi* (*persona*) to scream, yell; (*animale, vento*) to howl ▶ *vt* to scream, yell

'urlo (*pl*(*m*) **'urli**, *pl*(*f*) **'urla**) *sm* scream, yell; howl

urrà *escl* hurrah!

U.R.S.S. *abbr f* **l'U.R.S.S.** the USSR

ur'tare *vt* to bump into, knock against; (*fig: irritare*) to annoy ▶ *vi* **~ contro** o **in** to bump into, knock against, crash into; (*fig: imbattersi*) to come up against; **urtarsi** *vpr* (*reciproco: scontrarsi*) to collide; (: *fig*) to clash; (*irritarsi*) to get annoyed

'U.S.A. ['uza] *smpl* **gli U.S.A.** the USA

u'sanza [u'zantsa] *sf* custom; (*moda*) fashion

u'sare *vt* to use, employ ▶ *vi* (*servirsi*): **~ di** to use; (: *diritto*) to exercise; (*essere di moda*) to be fashionable; (*essere solito*): **~ fare** to be in the habit of doing, be accustomed to doing ▶ *vb impers* **qui usa così** it's the custom round here; **u'sato, -a** *ag* used; (*consumato*) worn; (*di seconda mano*) used, second-hand ▶ *sm* second-hand goods *pl*

u'scire [uʃʃire] *vi* (*gen*) to come out; (*partire, andare a passeggio, a uno spettacolo ecc*) to go out; (*essere sorteggiato: numero*) to come up; **~ da** (*gen*) to leave; (*posto*) to go (o come) out of, leave; (*solco, vasca ecc*) to come out of; (*muro*) to stick out of; (*competenza ecc*) to be outside; (*infanzia, adolescenza*) to leave behind; (*famiglia nobile ecc*) to come from; **~ da** o **di casa** to go out; (*fig*) to leave home; **~ in automobile** to go out in the car, go for a drive; **~ di strada** (*Aut*) to go off o leave the road

u'scita [uʃʃita] *sf* (*passaggio, varco*) exit, way out; (*per divertimento*) outing; (*Econ: somma*) expenditure; (*Teatro*) entrance; (*fig: battuta*) witty remark; **dov'è l'~?** where's the exit?; **uscita di sicurezza** emergency exit

usi'gnolo [uzin'nolo] *sm* nightingale

'uso *sm* (*utilizzazione*) use; (*esercizio*) practice; (*abitudine*) custom; **a ~ di** for (the use of); **d'~** (*corrente*) in use; **fuori ~** out of use; **uso esterno**; **per ~**

esterno for external use only
usti'one sf burn
usu'ale ag common, everyday
u'sura sf usury; (logoramento) wear (and tear)
uten'sile sm tool, implement; **utensili da cucina** kitchen utensils
u'tente sm/f user
'utero sm uterus
'utile ag useful ▶ sm (vantaggio) advantage, benefit; (Econ: profitto) profit
utiliz'zare [utilid'dzare] vt to use, make use of, utilize
'uva sf grapes pl; **uva passa** raisins pl; **uva spina** gooseberry
UVA abbr (= ultravioletto prossimo) UVA
UVB abbr (= ultravioletto remoto) UVB

V

v. abbr (= vedi) v
va, va' vb vedi **andare**
va'cante ag vacant
va'canza [va'kantsa] sf (riposo, ferie) holiday(s) pl (BRIT), vacation (US); (giorno di permesso) day off, holiday; **vacanze** sfpl (periodo di ferie) holidays (BRIT), vacation sg (US); **essere/andare in ~** to be/go on holiday o vacation; **sono qui in ~** I'm on holiday here; **vacanze estive** summer holiday(s) o vacation; **vacanze**

natalizie Christmas holidays o vacation

> Attenzione! In inglese esiste la parola vacancy che però indica un posto vacante o una camera disponibile.

'vacca, -che sf cow
vacci'nare [vattʃi'nare] vt to vaccinate
vac'cino [vat'tʃino] sm (Med) vaccine
vacil'lare [vatʃil'lare] vi to sway, wobble; (luce) to flicker; (fig: memoria, coraggio) to be failing, falter
'vacuo, -a ag (fig) empty, vacuous
'vado ecc vb vedi **andare**
vaga'bondo, -a sm/f tramp, vagrant
va'gare vi to wander
vagherò ecc [vage'rɔ] vb vedi **vagare**
va'gina [va'dʒina] sf vagina
'vaglia ['vaʎʎa] sm inv money order; **vaglia postale** postal order
vagli'are [vaʎ'ʎare] vt to sift; (fig) to weigh up
'vago, -a, -ghi, -ghe ag vague
va'gone sm (Ferr: per passeggeri) coach; (: per merci) truck, wagon; **vagone letto** sleeper, sleeping car; **vagone ristorante** dining o restaurant car
'vai vb vedi **andare**
vai'olo sm smallpox
va'langa, -ghe sf avalanche
va'lere vi (avere forza, potenza) to have influence; (essere valido) to be valid; (avere vigore, autorità) to hold, apply; (essere capace: poeta, studente) to be good, be able ▶ vt (prezzo, sforzo) to be worth; (corrispondere) to correspond to; (procurare): **~ qc a qn** to earn sb sth; **valersi di** to make use of, take advantage of; **far ~** (autorità ecc) to assert; **vale a dire** that is to say; **~ la pena** to be worth the effort o worth it
'valgo ecc vb vedi **valere**
vali'care vt to cross

'valico, -chi sm (passo) pass

'valido, -a ag valid; (rimedio) effective; (aiuto) real; (persona) worthwhile

vali'getta [vali'dʒetta] sf briefcase; **valigetta ventiquattrore** overnight bag o case

va'ligia, -gie o **ge** [va'lidʒa] sf (suitcase); **fare le valigie** to pack (up)

'valle sf valley; **a ~** (di fiume) downstream; **scendere a ~** to go downhill

va'lore sm (gen) value; (merito) merit, worth; (coraggio) valour, courage; (Comm: titolo) security; **valori** smpl (oggetti preziosi) valuables

valoriz'zare [valorid'dzare] vt (terreno) to develop; (fig) to make the most of

va'luta sf currency, money; (Banca): **~ 15 gennaio** interest to run from January 15th

valu'tare vt (casa, gioiello, fig) to value; (stabilire: peso, entrate, fig) to estimate

'valvola sf (Tecn, Anat) valve; (Elettr) fuse

'valzer ['valtser] sm inv waltz

vam'pata sf (di fiamma) blaze; (di calore) blast; (: al viso) flush

vam'piro sm vampire

vanda'lismo sm vandalism

'vandalo sm vandal

vaneggi'are [vaned'dʒare] vi to rave

'vanga, -ghe sf spade

van'gelo [van'dʒɛlo] sm gospel

va'niglia [va'niʎʎa] sf vanilla

vanità sf vanity; (di promessa) emptiness; (di sforzo) futility; **vani'toso, -a** ag vain, conceited

'vanno vb vedi **andare**

'vano, -a ag vain ▶ sm (spazio) space; (apertura) opening; (stanza) room

van'taggio [van'taddʒo] sm advantage; **essere/portarsi in ~** (Sport) to be in/take the lead; **vantaggi'oso, -a** ag advantageous;

favourable

vantarsi vpr **~ (di/di aver fatto)** to boast o brag (about/about having done)

'vanvera sf **a ~** haphazardly; **parlare a ~** to talk nonsense

va'pore sm vapour; (anche: **~ acqueo**) steam; (nave) steamer; **a ~** (turbina ecc) steam cpd; **al ~** (Cuc) steamed

va'rare vt (Naut, fig) to launch; (Dir) to pass

var'care vt to cross

'varco, -chi sm passage; **aprirsi un ~ tra la folla** to push one's way through the crowd

vare'china [vare'kina] sf bleach

vari'abile ag variable; (tempo, umore) changeable, variable ▶ sf (Mat) variable

vari'cella [vari'tʃɛlla] sf chickenpox

vari'coso, -a ag varicose

varietà sf inv variety ▶ sm inv variety show

'vario, -a ag varied; (parecchi: col sostantivo al pl) various; (mutevole: umore) changeable

'varo sm (Naut: fig) launch; (di leggi) passing

varrò ecc vb vedi **valere**

Var'savia sf Warsaw

va'saio sm potter

'vasca, -sche sf basin; **vasca da bagno** bathtub, bath

vas'chetta [vas'ketta] sf (per gelato) tub; (per sviluppare fotografie) dish

vase'lina sf Vaseline®

'vaso sm (recipiente) pot; (: barattolo) jar; (: decorativo) vase; (Anat) vessel; **vaso da fiori** vase; (per piante) flowerpot

vas'soio sm tray

'vasto, -a ag vast, immense

Vati'cano sm **il ~** the Vatican

ve pron, av vedi **vi**

vecchi'aia [vek'kjaja] sf old age

'vecchio, -a ['vɛkkjo] *ag* old ▸ *sm/f* old man/woman; **i vecchii** the old

ve'dere *vt, vi* to see; **vedersi** *vpr* to meet, see one another; **avere a che ~ con** to have something to do with; **far ~ qc a qn** to show sb sth; **farsi ~** to show o.s.; (*farsi vivo*) to show one's face; **vedi di non farlo** make sure o see you don't do it; **non (ci) si vede** (*è buio ecc*) you can't see a thing; **non lo posso ~** (*fig*) I can't stand him

ve'detta *sf* (*sentinella, posto*) look-out; (*Naut*) patrol boat

'vedovo, -a *sm/f* widower/widow

vedrò *ecc vb vedi* **vedere**

ve'duta *sf* view; **vedute** *sfpl* (*fig: opinioni*) views; **di larghe o ampie vedute** broad-minded; **di vedute limitate** narrow-minded

vege'tale [vedʒe'tale] *ag, sm* vegetable

vegetari'ano, -a [vedʒeta'rjano] *ag, sm/f* vegetarian; **avete piatti vegetariani?** do you have any vegetarian dishes?

vegetazi'one [vedʒetat'tsjone] *sf* vegetation

ve'geto, -a ['vɛdʒeto] *ag* (*pianta*) thriving; (*persona*) strong, vigorous

'veglia ['veʎʎa] *sf* wakefulness; (*sorveglianza*) watch; (*trattenimento*) evening gathering; **fare la ~ a un malato** to watch over a sick person

vegli'one [veʎ'ʎone] *sm* ball, dance; **veglione di Capodanno** New Year's Eve party

ve'icolo *sm* vehicle

'vela *sf* (*Naut: tela*) sail; (*Sport*) sailing

ve'leno *sm* poison; **vele'noso, -a** *ag* poisonous

veli'ero *sm* sailing ship

vel'luto *sm* velvet; **velluto a coste** cord

'velo *sm* veil; (*tessuto*) voile

ve'loce [ve'lotʃe] *ag* fast, quick ▸ *av*

fast, quickly; **velocità** *sf* speed; **a forte velocità** at high speed; **velocità di crociera** cruising speed

'vena *sf* (*gen*) vein; (*filone*) vein, seam; (*fig: ispirazione*) inspiration; (: *umore*) mood; **essere in ~ di qc** to be in the mood for sth

ve'nale *ag* (*prezzo, valore*) market *cpd*; (*fig*) venal; mercenary

ven'demmia *sf* (*raccolta*) grape harvest; (*quantità d'uva*) grape crop, grapes *pl*; (*vino ottenuto*) vintage

'vendere *vt* to sell; **"vendesi"** "for sale"

ven'detta *sf* revenge

vendi'carsi *vpr* **~ (di)** to avenge o.s. (for); (*per rancore*) to take one's revenge (for); **~ su qn** to revenge o.s. on sb

'vendita *sf* sale; **la ~** (*attività*) selling; (*smercio*) sales *pl*; **in ~** on sale; **vendita all'asta** sale by auction; **vendita per telefono** telesales *sg*

vene'rare *vt* to venerate

venerdì *sm inv* Friday; **di o il ~** on Fridays; **V~ Santo** Good Friday

ve'nereo, -a *ag* venereal

Ve'nezia [ve'nɛttsja] *sf* Venice

'vengo *ecc vb vedi* **venire**

veni'ale *ag* venial

ve'nire *vi* to come; (*riuscire: dolce, fotografia*) to turn out; (*come ausiliare: essere*): **viene ammirato da tutti** he is admired by everyone; **~ da** to come from; **quanto viene?** how much does it cost?; **far ~** (*mandare a chiamare*) to send for; **~ giù** to come down; **~ meno** (*svenire*) to faint; **~ meno a qc** not to fulfil sth; **~ su** to come up; **~ a trovare qn** to come and see sb; **~ via** to come away

'venni *ecc vb vedi* **venire**

ven'taglio [ven'taʎʎo] *sm* fan

ven'tata *sf* gust (of wind)

ven'tenne *ag* **una ragazza ~** a twenty-year-old girl, a girl of twenty

ven'tesimo, -a num twentieth

'venti num twenty

venti'lare vt (stanza) to air, ventilate; (fig: idea, proposta) to air; **ventila'tore** sm ventilator, fan

ven'tina sf una ~ (di) around twenty, twenty or so

'vento sm wind

'ventola sf (Aut, Tecn) fan

ven'tosa sf (Zool) sucker; (di gomma) suction pad

ven'toso, -a ag windy

'ventre sm stomach

'vera sf wedding ring

vera'mente av really

ve'randa sf veranda(h)

ver'bale ag verbal ▶ sm (di riunione) minutes pl

'verbo sm (Ling) verb; (parola) word; (Rel): il V~ the Word

'verde ag, sm green; **essere al ~** to be broke; **verde bottiglia/oliva** bottle/olive green

ver'detto sm verdict

ver'dura sf vegetables pl

'vergine ['vɛrdʒine] sf virgin; (dello zodiaco): **V~** Virgo ▶ ag virgin; (ragazza): **essere ~** to be a virgin

ver'gogna [ver'goɲɲa] sf shame; (timidezza) shyness, embarrassment; **vergo'gnarsi** vpr vergognarsi (di) to be o feel ashamed (of); to be shy (about), be embarrassed (about); **vergo'gnoso, -a** ag ashamed; (timido) shy, embarrassed; (causa di vergogna: azione) shameful

ve'rifica, -che sf checking no pl, check

verifi'care vt (controllare) to check; (confermare) to confirm, bear out

verità sf inv truth

'verme sm worm

ver'miglio [ver'miʎʎo] sm vermilion, scarlet

ver'nice [ver'nitʃe] sf (colorazione) paint; (trasparente) varnish; (pelle) patent leather; "~ **fresca**" "wet paint"; **vernici'are** vt to paint; to varnish

'vero, -a ag (veridico: fatti, testimonianza) true; (autentico) real ▶ sm (verità) truth; (realtà) (real) life; **un ~ e proprio delinquente** a real criminal, an out-and-out criminal

vero'simile ag likely, probable

verrò ecc vb vedi **venire**

ver'ruca, -che sf wart

versa'mento sm (pagamento) payment; (deposito di denaro) deposit

ver'sante sm slopes pl, side

ver'sare vt (fare uscire: vino, farina) to pour (out); (spargere: lacrime, sangue ▶ to shed; (rovesciare) to spill; (Econ) to pay; (: depositare) to deposit, pay in

versa'tile ag versatile

versi'one sf version; (traduzione) translation

'verso sm (di poesia) verse, line; (di animale, uccello) cry; (direzione) direction; (modo) way; (di foglio di carta) verso; (di moneta) reverse; **versi** smpl (poesia) verse sg; **non c'è ~ di persuaderlo** there's no way of persuading him, he can't be persuaded prep (in direzione di) toward(s); (nei pressi di) near, around (about); (in senso temporale) about, around; (nei confronti di) for; **~ di me** towards me; **~ sera** towards evening

'vertebra sf vertebra

verte'brale ag vertebral; **colonna ~** spinal column, spine

verti'cale ag, sf vertical

'vertice ['vɛrtitʃe] sm summit, top; (Mat) vertex; **conferenza al ~** (Pol) summit conference

ver'tigine [ver'tidʒine] sf dizziness no pl; dizzy spell; (Med) vertigo; **avere le vertigini** to feel dizzy

ve'scica, -che [veʃ'ʃika] sf (Anat) bladder; (Med) blister

'vescovo sm bishop

'vespa sf wasp

ves'taglia [ves'taʎʎa] sf dressing gown

ves'tire vt (bambino, malato) to dress; (avere indosso) to have on, wear; **vestirsi** vpr to dress, get dressed; **ves'tito, -a** ag dressed ▸ sm garment; (da donna) dress; (da uomo) suit; **vestiti** smpl (indumenti) clothes; **vestito di bianco** dressed in white

veteri'nario, -a ag veterinary ▸ sm veterinary surgeon (BRIT), veterinarian (US), vet

'veto sm inv veto

ve'traio sm glassmaker; glazier

ve'trata sf glass door (o window); (di chiesa) stained glass window

ve'trato, -a ag (porta, finestra) glazed; (che contiene vetro) glass cpd ▸ sf glass door (o window); (di chiesa) stained glass window; **carta vetrata** sandpaper

ve'trina sf (di negozio) (shop) window; (armadio) display cabinet; **vetri'nista, -i, -e** sm/f window dresser

'vetro sm glass; (per finestra, porta) pane (of glass)

'vetta sf peak, summit, top

vet'tura sf (carrozza) carriage; (Ferr) carriage (BRIT), car (US); (auto) car (BRIT), automobile (US)

vezzeggia'tivo [vettseddʒa'tivo] sm (Ling) term of endearment

vi (dav lo, la, li, le, ne diventa **ve**) pron (oggetto) you; (complemento di termine) (to) you; (riflessivo) yourselves; (reciproco) each other ▸ av (là) there; (qui) here; (per questo/quel luogo) through here/there; **vi è/sono** there is/are

'via sf (gen) way; (strada) street; (sentiero, pista) path, track; (Amm: procedimento) channels pl ▸ prep (passando per) via, by way of ▸ av away ▸ escl go away!; (suvvia) come on!;

(Sport) go! ▸ sm (Sport) starting signal; **in ~ di guarigione** on the road to recovery; **per ~ di** (a causa di) because of, on account of; **in o per ~** on the way; **per ~ aerea** by air; (lettere) by airmail; **andare/essere ~** to go/be away; **~ che** (a mano a mano) as; **dare il ~** (Sport) to give the starting signal; **dare il ~ a** (fig) to start; **in ~ provvisoria** provisionally; **Via lattea** (Astr) Milky Way; **via di mezzo** middle course; **via d'uscita** (fig) way out

via'dotto sm viaduct

viaggi'are [viad'dʒare] vi to travel; **viaggia'tore, -'trice** ag travelling ▸ sm traveller; (passeggero) passenger

vi'aggio [vi'addʒo] sm travel(ling); (tragitto) journey, trip; **buon ~!** have a good trip!; **com'è andato il ~?** how was your journey?; **il ~ dura due ore** the journey takes two hours; **viaggio di nozze** honeymoon; **siamo in ~ di nozze** we're on honeymoon

vi'ale sm avenue

via'vai sm coming and going, bustle

vi'brare vi to vibrate

'vice [vitʃe] sm/f deputy ▸ prefisso

vi'cenda [vi'tʃenda] sf event; **a ~** in turn

vice'versa [vitʃe'versa] av vice versa; **da Roma a Pisa e ~** from Rome to Pisa and back

vici'nanza [vitʃi'nantsa] sf nearness, closeness

vi'cino, -a [vi'tʃino] ag (gen) near; (nello spazio) near, nearby; (accanto) next; (nel tempo) near, close at hand ▸ sm/f neighbour ▸ av near, close; **da ~** (guardare) close up; (esaminare, seguire) closely; (conoscere) well, intimately; **~** near (to), close to; (accanto a) beside; **c'è una banca qui ~?** is there a bank nearby?; **~ di casa** neighbour

'vicolo sm alley; **vicolo cieco** blind alley

'video sm inv (TV: schermo) screen;
video'camera sf camcorder;
videocas'setta sf videocassette;
videoclip [video'klip] sm inv
videoclip; **videogi'oco, -chi**
[video'dʒɔko] sm video game;
videoregistra'tore sm video
(recorder); **videote'lefono** sm
videophone

'vidi ecc vb vedi **vedere**
vie'tare vt to forbid; (Amm) to
prohibit; ~ a qn di fare to forbid sb
to do; to prohibit sb from doing;
"vietato fumare/l'ingresso" "no
smoking/admittance"

vie'tato, -a ag (vedi vb) forbidden;
prohibited; banned; **"~ fumare/
l'ingresso"** "no smoking/
admittance"; **~ ai minori di 14/18 anni**
prohibited to children under 14/18;
"senso ~" (Aut) "no entry"; **"sosta
vietata"** (Aut) "no parking"

Viet'nam sm il ~ Vietnam;
vietna'mita, -i, -e ag, sm/f, sm
Vietnamese inv

vi'gente [vi'dʒɛnte] ag in force
'vigile ['vidʒile] ag watchful ▶ sm
(anche: ~ urbano) policeman (in
towns); **vigile del fuoco** fireman

vi'gilia [vi'dʒilja] sf (giorno antecedente)
eve; **la ~ di Natale** Christmas Eve

vigli'acco, -a, -chi, -che [viʎ'ʎakko]
ag cowardly ▶ sm/f coward

vi'gneto [viɲ'ɲeto] sm vineyard
vi'gnetta [viɲ'ɲetta] sf cartoon
vi'gore sm vigour; (Dir): **essere/
entrare in ~** to be in/come into force

'vile ag (spregevole) low, mean, base;
(codardo) cowardly

'villa sf villa
vil'laggio [vil'laddʒo] sm village;
villaggio turistico holiday village

vil'lano, -a ag rude, ill-mannered
villeggia'tura [villeddʒa'tura] sf
holiday(s) pl (BRIT), vacation (US)

vil'letta sf, **vil'lino** ▶ sm small house
(with a garden), cottage
'vimini smpl **di ~** wicker
'vincere ['vintʃere] vt (in guerra, al
gioco, a una gara) to defeat, beat;
(premio, guerra, partita) to win; (fig) to
overcome, conquer ▶ vi to win; ~ **qn in
bellezza** to be better-looking than sb;
vinci'tore sm winner; (Mil) victor

vi'nicolo, -a ag wine cpd
'vino sm wine; **vino bianco/rosato/
rosso** white/rosé/red wine; **vino da
pasto** table wine

'vinsi ecc vb vedi **vincere**
vi'ola sf (Bot) violet; (Mus) viola ▶ ag,
sm inv (colore) purple

vio'lare vt (chiesa) to desecrate,
violate; (giuramento, legge) to violate
violen'tare vt to use violence on;
(donna) to rape

vio'lento, -a ag violent; **vio'lenza** sf
violence; **violenza carnale** rape
vio'letta sf (Bot) violet

vio'letto, -a ag, sm (colore) violet
violi'nista, -i, -e sm/f violinist
vio'lino sm violin
violon'cello [violon'tʃɛllo] sm cello
vi'ottolo sm path, track
vip [vip] sigla m (= very important
person) VIP

'vipera sf viper, adder
vi'rare vi (Naut, Aer) to turn; (Fot) to
tone; **~ di bordo** (Naut) to tack

'virgola sf (Ling) comma; (Mat) point;
virgo'lette sfpl inverted commas,
quotation marks

vi'rile ag (proprio dell'uomo) masculine;
(non puerile, da uomo) manly, virile
virtù sf inv virtue; **in o per ~ di** by
virtue of, by

virtu'ale ag virtual
'virus sm inv (anche Inform) virus
'viscere ['viʃʃere] sfpl (di animale)
entrails pl; (fig) bowels pl
'vischio ['viskjo] sm (Bot) mistletoe;

(*pania*) birdlime

'**viscido, -a** *ag* slimy

vi'**sibile** *ag* visible

visibilità *sf* visibility

visi'era *sf* (*di elmo*) visor; (*di berretto*) peak

visi'one *sf* vision; **prendere ~ di** qc to examine sth, look sth over; **prima/seconda ~** (*Cinema*) first/second showing

'visita *sf* visit; (*Med*) visit, call; (: *esame*) examination; **visita guidata** guided tour; **a che ora comincia la ~ guidata?** what time does the guided tour start?; **visita medica** medical examination; **visi'tare** *vt* to visit; (*Med*) to visit, call on; (: *esaminare*) to examine; **visita'tore, -'trice** *sm/f* visitor

vi'sivo, -a *ag* visual

'viso *sm* face

vi'sone *sm* mink

'vispo, -a *ag* quick, lively

'vissi *ecc* *vb* *vedi* **vivere**

'vista *sf* (*facoltà*) (eye)sight; (*fatto di vedere*): **la ~ di** the sight of; (*veduta*) view; **sparare a ~** to shoot on sight; **in ~** in sight; **perdere** qn **di ~** to lose sight of sb; (*fig*) to lose touch with sb; **a ~ d'occhio** as far as the eye can see; (*fig*) before one's very eyes; **far ~ di fare** to pretend to do

'visto, -a *pp di* **vedere** ▶ *sm* visa; **~ che** seeing (that)

vis'toso, -a *ag* gaudy, garish; (*ingente*) considerable

visu'ale *ag* visual

'vita *sf* life; (*Anat*) waist; **a ~** for life

vi'tale *ag* vital

vita'mina *sf* vitamin

'vite *sf* (*Bot*) vine; (*Tecn*) screw

vi'tello *sm* (*Zool*) calf; (*carne*) veal; (*pelle*) calfskin

'vittima *sf* victim

'vitto *sm* food; (*in un albergo ecc*) board;

vitto **e alloggio** board and lodging

vit'toria *sf* victory

'viva *escl* ~ **il re!** long live the king!

vi'vace *ag* (*vivo, animato*) lively; (: *mente*) lively, sharp; (*colore*) bright

vi'vaio *sm* (*di pesci*) hatchery; (*Agr*) nursery

vivavoce [viva'votʃe] *sm inv* (*dispositivo*) loudspeaker; **mettere il ~** to switch on the loudspeaker

vi'vente *ag* living, alive; **i viventi** the living

'vivere *vi* to live ▶ *vt* to live; (*passare: brutto momento*) to live through, go through; (*sentire: gioie, pene di* qn) to share ▶ *sm* life; (*anche: modo di ~*) way of life; **viveri** *smpl* (*cibo*) food *sg*, provisions; **~ di** to live on

'vivido, -a *ag* (*colore*) vivid, bright

vivisezi'one [viviset'tsjone] *sf* vivisection

'vivo, -a *ag* (*vivente*) alive, living; (: *animale*) live; (*fig*) lively; (: *colore*) bright, brilliant; **i vivi** the living; **~ e vegeto** hale and hearty; **farsi ~** to show one's face; to be heard from; **ritrarre dal ~** to paint from life; **pungere** qn **nel ~** (*fig*) to cut sb to the quick

vivrò *ecc* *vb* *vedi* **vivere**

vizi'are [vit'tsjare] *vt* (*bambino*) to spoil; (*corrompere moralmente*) to corrupt; **vizi'ato, -a** *ag* spoilt; (*aria, acqua*) polluted

'vizio ['vittsjo] *sm* (*morale*) vice; (*cattiva abitudine*) bad habit; (*imperfezione*) flaw, defect; (*errore*) fault, mistake

V.le *abbr* = **viale**

voca'bolario *sm* (*dizionario*) dictionary; (*lessico*) vocabulary

vo'cabolo *sm* word

vo'cale *ag* vocal ▶ *sf* vowel

vocazi'one [vokat'tsjone] *sf* vocation; (*fig*) natural bent

'voce ['votʃe] sf voice; (diceria) rumour; (di un elenco, in bilancio) item; **aver ~ in capitolo** (fig) to have a say in the matter

'voga sf (Naut) rowing; (usanza): **essere in ~** to be in fashion o in vogue

vo'gare vi to row

vogherò ecc [voge'rɔ] vb vedi **vogare**

'voglia ['vɔʎʎa] sf desire, wish; (macchia) birthmark; **aver ~ di qc/di fare** to feel like sth/like doing; (più forte) to want sth/to do

'voglio ecc ['vɔʎʎo] vb vedi **volere**

'voi pron you; **voi'altri** pron you

vo'lante ag flying ▶ sm (steering) wheel

volan'tino sm leaflet

vo'lare vi (uccello, aereo, fig) to fly; (cappello) to blow away o off, fly away o off; **~ via** to fly away o off

vo'latile ag (Chim) volatile ▶ sm (Zool) bird

volente'roso, -a ag willing

volenti'eri av willingly; **"~"** "with pleasure", "I'd be glad to"

O **vo'lere**

sm will, wish(es); **contro il volere di** against the wishes of; **per volere di qn** in obedience to sb's will o wishes ▶ vt

1 (esigere, desiderare) to want; **voler fare/che qn faccia** to want to do/sb to do; **volete del caffè?** would you like o do you want some coffee?; **vorrei questo/fare** I would o I'd like this/to do; **come vuoi** as you like; **senza volere** (inavvertitamente) without meaning to, unintentionally

2 (consentire): **vogliate attendere, per piacere** please wait; **vogliamo andare?** shall we go?; **vuole essere così gentile da …?** would you be so kind as to …?; **non ha voluto ricevermi** he wouldn't see me

3: **volerci** (essere necessario: materiale,

attenzione) to need; (: tempo) to take; **quanta farina ci vuole per questa torta?** how much flour do you need for this cake?; **ci vuole un'ora per arrivare a Venezia** it takes an hour to get to Venice

4: **voler bene a qn** (amore) to love sb; (affetto) to be fond of sb, like sb very much; **voler male a qn** to dislike sb; **volerne a qn** to bear sb a grudge; **voler dire** to mean

vol'gare ag vulgar

voli'era sf aviary

voli'tivo, -a ag strong-willed

'volli ecc vb vedi **volere**

'volo sm flight; **al ~: colpire qc al ~** to hit sth as it flies past; **capire al ~** to understand straight away; **volo charter** charter flight; **volo di linea** scheduled flight

volontà sf will; **a ~** (mangiare, bere) as much as one likes; **buona/cattiva ~** goodwill/lack of goodwill

volon'tario, -a ag voluntary ▶ sm (Mil) volunteer

'volpe sf fox

'volta sf (momento, circostanza) time; (turno, giro) turn; (curva) bend, turn; (Archit) vault; (direzione): **partire alla ~ di** to set off for; **a mia** (o tua ecc) **~** in turn; **una ~** once; **una ~ sola** only once; **due volte** twice; **una cosa per ~** one thing at a time; **una ~ per tutte** once and for all; **a volte** at times, sometimes; **una ~ che** (temporale) once; (causale) since; **3 volte 4** 3 times 4

volta'faccia [volta'fattʃa] sm inv (fig) volte-face

vol'taggio [vol'taddʒo] sm (Elettr) voltage

vol'tare vt to turn; (girare: moneta) to turn over; (rigirare) to turn round ▶ vi to turn; **voltarsi** vpr to turn; to turn over; to turn round

voltas'tomaco *sm* nausea; *(fig)* disgust

'volto, -a *pp di* **volgere** ▶ *sm* face

vo'lubile *ag* changeable, fickle

vo'lume *sm* volume

vomi'tare *vt, vi* to vomit; **'vomito** *sm* vomiting *no pl*; vomit

'vongola *sf* clam

vo'race [vo'ratʃe] *ag* voracious, greedy

vo'ragine [vo'radʒine] *sf* abyss, chasm

vorrò *ecc vb vedi* **volere**

'vortice ['vɔrtitʃe] *sm* whirlwind; whirlpool; *(fig)* whirl

'vostro, -a *det* **il(la) ~(a)** *ecc* your ▶ *pron* **il(la) ~(a)** *ecc* yours

vo'tante *sm/f* voter

vo'tare *vi* to vote ▶ *vt* (*sottoporre a votazione*) to take a vote on; (*approvare*) to vote for; (*Rel*): **~ qc a** to dedicate sth to

'voto *sm* (*Pol*) vote; (*Ins*) mark; (*Rel*) vow; (: *offerta*) votive offering; **aver voti belli/brutti** (*Ins*) to get good/bad marks

vs. *abbr* (*Comm*) = **vostro**

vul'cano *sm* volcano

vulne'rabile *ag* vulnerable

vu'oi, vu'ole *vb vedi* **volere**

vuo'tare *vt* to empty; **vuotarsi** *vpr* to empty

vu'oto, -a *ag* empty; (*fig: privo*): **~ di** (*senso ecc*) devoid of ▶ *sm* empty space, gap; (*spazio in bianco*) blank; (*Fisica*) vacuum; (*fig: mancanza*) gap, void; **a mani vuote** empty-handed; **vuoto d'aria** air pocket; **vuoto a rendere** returnable bottle

W

'wafer ['vafer] *sm inv* (*Cuc, Elettr*) wafer

'water ['wɔːtaʳ] *sm inv* toilet

watt [vat] *sm inv* watt

W.C. *sm inv* WC

web [ueb] *sm il* ~ the Web; **cercare nel ~** to search the Web ▶ *ag inv* **pagina ~** web page

'weekend ['wiːkɛnd] *sm inv* weekend

'western ['wɛstɛrn] *ag* (*Cinema*) cowboy *cpd* ▶ *sm inv* western, cowboy film; **western all'italiana** spaghetti western

'whisky ['wiski] *sm inv* whisky

'windsurf ['windsəːf] *sm inv* (*tavola*) windsurfer; (*sport*) windsurfing

'würstel ['vyrstəl] *sm inv* frankfurter

X

xe'nofobo, -a [kse'nɔfobo] *ag* xenophobic ▶ *sm/f* xenophobe

xi'lofono [ksi'lɔfono] *sm* xylophone

Y

yacht [jɔt] *sm inv* yacht
'yoga ['jɔga] *ag inv, sm* yoga (cpd)
yogurt ['jɔgurt] *sm inv* yog(h)urt

Z

zabai'one [dzaba'jone] *sm* dessert *made of egg yolks, sugar and marsala*
zaf'fata [tsaf'fata] *sf* (*tanfo*) stench
zaffe'rano [dzaffe'rano] *sm* saffron
zaf'firo [dzaf'firo] *sm* sapphire
'zaino ['dzaino] *sm* rucksack
'zampa ['tsampa] *sf* (*di animale: gamba*) leg; (: *piede*) paw; **a quattro zampe** on all fours
zampil'lare [tsampil'lare] *vi* to gush, spurt
zan'zara [dzan'dzara] *sf* mosquito; **zanzari'era** *sf* mosquito net
'zappa ['tsappa] *sf* hoe
'zapping ['tsapiŋ] *sm* (TV) channel-hopping

zar, za'rina [tsar, tsa'rina] *sm/f* tsar/tsarina
'zattera ['dzattera] *sf* raft
'zebra ['dzɛbra] *sf* zebra; **zebre** *sfpl* (Aut) zebra crossing *sg* (BRIT), crosswalk *sg* (US)
'zecca, -che ['tsekka] *sf* (*Zool*) tick; (*officina di monete*) mint
'zelo ['dzɛlo] *sm* zeal
'zenzero ['dzendzero] *sm* ginger
'zeppa ['tseppa] *sf* wedge
'zeppo, -a ['tseppo] *ag* ~ **di** crammed *o* packed with
zer'bino [dzer'bino] *sm* doormat
'zero ['dzɛro] *sm* zero, nought; **vincere per tre a ~** (*Sport*) to win three-nil
'zia ['tsia] *sf* aunt
zibel'lino [dzibel'lino] *sm* sable
'zigomo ['dzigomo] *sm* cheekbone
zig'zag [dzig'dzag] *sm inv* zigzag; **andare a ~** to zigzag
Zimbabwe [tsim'babwe] *sm* **lo ~** Zimbabwe
'zinco ['dzinko] *sm* zinc
'zingaro, -a ['dzingaro] *sm/f* gipsy
'zio ['tsio] (*pl* **'zii**) *sm* uncle
zip'pare *vt* (*Inform: file*) to zip
zi'tella [dzi'tɛlla] *sf* spinster; (*peg*) old maid
'zitto, -a ['tsitto] *ag* quiet, silent; **sta'** ~ **!** be quiet!
'zoccolo ['tsɔkkolo] *sm* (*calzatura*) clog; (*di cavallo ecc*) hoof; (*basamento*) base; plinth
zodia'cale [dzodia'kale] *ag* zodiac cpd; **segno ~** sign of the zodiac
zo'diaco [dzo'diako] *sm* zodiac
'zolfo ['tsolfo] *sm* sulphur
'zolla ['dzɔlla] *sf* clod (of earth)
zol'letta [dzol'letta] *sf* sugar lump
'zona ['dzɔna] *sf* zone, area; **zona di depressione** (*Meteor*) trough of low pressure; **zona disco** (Aut) = meter zone; **zona industriale** industrial estate; **zona pedonale** pedestrian

precinct; **zona verde** (*di abitato*) green area

'zonzo ['dzondzo]: **a ~** *av*, **andare a ~** to wander about, stroll about

zoo ['dzɔo] *sm inv* zoo

zoolo'gia [dzoolo'dʒia] *sf* zoology

zoppi'care [tsoppi'kare] *vi* to limp; to be shaky, rickety

'zoppo, -a ['tsɔppo] *ag* lame; (*fig: mobile*) shaky, rickety

Z.T.L. *sigla f* (= *Zona a Traffico Limitato*) controlled traffic zone

'zucca, -che ['tsukka] *sf* (*Bot*) marrow; pumpkin

zucche'rare [tsukke'rare] *vt* to put sugar in; **zucche'rato, -a** *ag* sweet, sweetened

zuccheri'era [tsukke'rjɛra] *sf* sugar bowl

'zucchero ['tsukkero] *sm* sugar; **zucchero di canna** cane sugar; **zucchero filato** candy floss, cotton candy (*US*)

zuc'china [tsuk'kina] *sf* courgette (*BRIT*), zucchini (*US*)

'zuffa ['tsuffa] *sf* brawl

'zuppa ['tsuppa] *sf* soup; (*fig*) mixture, muddle; **zuppa inglese** (*Cuc*) dessert made with sponge cake, custard and chocolate, ≈ trifle (*BRIT*)

'zuppo, -a ['tsuppo] *ag* **~ (di)** drenched (with), soaked (with)

ENGLISH - ITALIAN

INGLESE - ITALIANO

a

A [eɪ] n (Mus) la m; (letter) A, a for m inv

a
[ə] (before vowel or silent h **an**)
indef art
1 un (uno +s impure, gn, pn, ps, x, z), una
f (un' +vowel); **a book** un libro; **a mirror**
uno specchio; **an apple** una mela;
she's a doctor è medico
2 (instead of the number "one") un(o),
f una; **a year ago** un anno fa; **a
hundred/thousand** etc pounds cento/
mille etc sterline
3 (in expressing ratios, prices etc) a, per; **3
a day/week** 3 al giorno/alla settimana;
10 km an hour 10 km all'ora; **£5 a
person** 5 sterline a persona or per
persona

A.A. n abbr (= Alcoholics Anonymous)
AA; (BRIT: = Automobile Association)
≈ A.C.I. m
A.A.A. (US) n abbr (= American
Automobile Association) ≈ A.C.I. m
aback [ə'bæk] adv **to be taken** ~ essere
sbalordito(-a)
abandon [ə'bændən] vt abbandonare
▶ n **with** ~ sfrenatamente,
spensieratamente
abattoir ['æbətwɑː'] (BRIT) n
mattatoio
abbey ['æbɪ] n abbazia, badia
abbreviation [əbriːvɪ'eɪʃən] n
abbreviazione f
abdomen ['æbdəmən] n addome m
abduct [æb'dʌkt] vt rapire

abide [ə'baɪd] vt **I can't ~ it/him** non lo
posso soffrire or sopportare ▶ **abide
by** vt fus conformarsi a
ability [ə'bɪlɪtɪ] n abilità f inv
able ['eɪbl] adj capace; **to be ~ to do sth**
essere capace di fare qc, poter fare qc
abnormal [æb'nɔːməl] adj anormale
aboard [ə'bɔːd] adv a bordo ▶ prep a
bordo di
abolish [ə'bɔlɪʃ] vt abolire
abolition [æbəu'lɪʃən] n abolizione f
abort [ə'bɔːt] vt abortire; **abortion**
[ə'bɔːʃən] n aborto; **to have an
abortion** abortire

about
[ə'baut] adv
1 (approximately) circa, quasi; **about a
hundred/thousand** etc un centinaio/
migliaio etc, circa cento/mille etc; **it
takes about 10 hours** ci vogliono circa
10 ore; **at about 2 o'clock** verso le 2; **I've
just about finished** ho quasi finito
2 (referring to place) qua e là, in giro; **to
leave things lying about** lasciare delle
cose in giro; **to run about** correre qua e
là; **to walk about** camminare
3 **to be about to do sth** stare per
fare qc
▶ prep
1 (relating to) su, di; **a book about
London** un libro su Londra; **what is it
about?** di che si tratta?; (book, film etc)
di cosa tratta?; **we talked about it** ne
abbiamo parlato; **what or how about
doing this?** che ne dici di fare questo?
2 (referring to place): **to walk about
the town** camminare per la città; **her
clothes were scattered about the
room** i suoi vestiti erano sparsi or in
giro per tutta la stanza
above [ə'bʌv] adv, prep sopra;
mentioned ~ suddetto; ~ **all**
soprattutto
abroad [ə'brɔːd] adv all'estero
abrupt [ə'brʌpt] adj (sudden)

improvviso(-a): *(gruff, blunt)* brusco(-a)

abscess ['æbsɪs] *n* ascesso

absence ['æbsəns] *n* assenza

absent ['æbsənt] *adj* assente; **absent-minded** *adj* distratto(-a)

absolute ['æbsəluːt] *adj* assoluto(-a); **absolutely** [-'luːtlɪ] *adv* assolutamente

absorb [əb'zɔːb] *vt* assorbire; **to be ~ed in a book** essere immerso in un libro; **absorbent cotton** [əb'zɔːbənt-] *(US)* *n* cotone *m* idrofilo; **absorbing** *adj* avvincente, molto interessante

abstain [əb'steɪn] *vi* to ~ **(from)** astenersi (da)

abstract ['æbstrækt] *adj* astratto(-a)

absurd [əb'sɜːd] *adj* assurdo(-a)

abundance [ə'bʌndəns] *n* abbondanza

abundant [ə'bʌndənt] *adj* abbondante

abuse [*n* ə'bjuːs, *vb* ə'bjuːz] *n* abuso; *(insults)* ingiurie *fpl* ▶ *vt* abusare di; **abusive** *adj* ingiurioso(-a)

abysmal [ə'bɪzməl] *adj* spaventoso(-a)

academic [ækə'demɪk] *adj* accademico(-a); *(pej: issue)* puramente formale ▶ *n* universitario(-a); **academic year** *n* anno accademico

academy [ə'kædəmɪ] *n* *(learned body)* accademia; *(school)* scuola privata; **academy of music** *n* conservatorio

accelerate [æk'seləreɪt] *vt, vi* accelerare; **acceleration** *n* accelerazione *f*; **accelerator** *n* acceleratore *m*

accent ['æksent] *n* accento

accept [ək'sept] *vt* accettare; **acceptable** *adj* accettabile; **acceptance** *n* accettazione *f*

access ['æksɛs] *n* accesso; **accessible** [æk'sesəbl] *adj* accessibile

accessory [æk'sesərɪ] *n* accessorio;

(Law): ~ **to** complice *m/f* di

accident ['æksɪdənt] *n* incidente *m*; *(chance)* caso; **I've had an ~** ho avuto un incidente; **by ~** per caso; **accidental** [-'dentl] *adj* accidentale; **accidentally** [-'dentəlɪ] *adv* per caso; **Accident and Emergency Department** *n* (*BRIT*) pronto soccorso; **accident insurance** *n* assicurazione *f* contro gli infortuni

acclaim [ə'kleɪm] *n* acclamazione *f*

accommodate [ə'kɔmədeɪt] *vt* alloggiare; *(oblige, help)* favorire

accommodation [əkɔmə'deɪʃən] (*US* **accommodations**) *n* alloggio

accompaniment [ə'kʌmpənɪmənt] *n* accompagnamento

accompany [ə'kʌmpənɪ] *vt* accompagnare

accomplice [ə'kʌmplɪs] *n* complice *m/f*

accomplish [ə'kʌmplɪʃ] *vt* compiere; *(goal)* raggiungere; **accomplishment** *n* compimento; realizzazione *f*

accord [ə'kɔːd] *n* accordo ▶ *vt* accordare; **of his own ~** di propria iniziativa; **accordance** *n* in **accordance with** in conformità con; **according**: ~ **to** *prep* secondo; **accordingly** *adv* in conformità

account [ə'kaunt] *n* (*Comm*) conto; *(report)* descrizione *f*; **~s** *npl* (*Comm*) conti *mpl*; **of no ~** di nessuna importanza; **on ~** un acconto; **on no ~** per nessun motivo; **on ~ of** a causa di; **to take into ~, take ~ of** tener conto di ▶ **account for** *vt fus* spiegare; giustificare; **accountable** *adj* **accountable (to)** responsabile (verso); **accountant** [ə'kauntənt] *n* ragioniere(-a); **account number** *n* numero di conto

accumulate [ə'kjuːmjuleɪt] *vt*

accumulare ▶ vi accumularsi

accuracy ['ækjʊrəsɪ] n precisione f

accurate ['ækjʊrɪt] adj preciso(-a);
accurately adv precisamente

accusation [ækjuˈzeɪʃən] n accusa

accuse [əˈkjuːz] vt accusare; **accused**
n accusato(-a)

accustomed [əˈkʌstəmd] adj ~ **to**
abituato(-a) a

ace [eɪs] n asso

ache [eɪk] n male m, dolore m ▶ vi (be
sore) far male, dolere; **my head ~s** mi
fa male la testa

achieve [əˈtʃiːv] vt (aim) raggiungere;
(victory, success) ottenere;
achievement n compimento;
successo

acid ['æsɪd] adj acido(-a) ▶ n acido

acknowledge [əkˈnɒlɪdʒ] vt (letter:
also: ~ receipt of) confermare la
ricevuta di; (fact) riconoscere;
acknowledgement n conferma;
riconoscimento

acne ['æknɪ] n acne f

acorn ['eɪkɔːn] n ghianda

acoustic [əˈkuːstɪk] adj acustico(-a)

acquaintance [əˈkweɪntəns] n
conoscenza; (person) conoscente m/f

acquire [əˈkwaɪə*] vt acquistare;
acquisition [ækwɪˈzɪʃən] n acquisto

acquit [əˈkwɪt] vt assolvere; **to ~ o.s.
well** comportarsi bene

acre ['eɪkə*] n acro, ≈ 4047 m²

acronym ['ækrənɪm] n acronimo

across [əˈkrɒs] prep (on the other
side) dall'altra parte di; (crosswise)
attraverso ▶ adv dall'altra parte;
in larghezza; **to run/swim ~**
attraversare di corsa/a nuoto; **~ from**
di fronte a

acrylic [əˈkrɪlɪk] adj acrilico(-a)

act [ækt] n atto; (in music-hall etc)
numero; (Law) decreto ▶ vi agire;
(Theatre) recitare; (pretend) fingere ▶ vt
(part) recitare; **to ~ as** agire da ▶ **act**

up (inf) vi (person) comportarsi male;
(knee, back, injury) fare male; (machine)
non funzionare; **acting** adj che fa le
funzioni di ▶ n (of actor) recitazione f;
(activity): **to do some acting** fare del
teatro (or del cinema)

action ['ækʃən] n azione f; (Mil)
combattimento; (Law) processo;
out of ~ fuori combattimento; fuori
servizio; **to take ~** agire; **action
replay** n (TV) replay m inv

activate ['æktɪveɪt] vt (mechanism)
attivare

active ['æktɪv] adj attivo(-a); **actively**
adv (participate) attivamente;
(discourage, dislike) vivamente

activist ['æktɪvɪst] n attivista m/f

activity [ækˈtɪvɪtɪ] n attività f inv;
activity holiday n vacanza organizzata
con attività ricreative per ragazzi

actor ['æktə*] n attore m

actress ['æktrɪs] n attrice f

actual ['æktjʊəl] adj reale,
effettivo(-a)

▌ Be careful not to translate **actual**
by the Italian word **attuale**.

actually ['æktjʊəlɪ] adv veramente;
(even) addirittura

▌ Be careful not to translate **actually**
by the Italian word **attualmente**.

acupuncture ['ækjupʌŋktʃə*] n
agopuntura

acute [əˈkjuːt] adj acuto(-a); (mind,
person) perspicace

ad [æd] n abbr = **advertisement**

A.D. adv abbr (= Anno Domini) d.C.

adamant ['ædəmənt] adj irremovibile

adapt [əˈdæpt] vt adattare ▶ vi **to ~ (to)**
adattarsi (a); **adapter, adaptor** n
(Elec) adattatore m

add [æd] vt aggiungere ▶ vi **to ~ to**
(increase) aumentare ▷ **add up** vt
(figures) addizionare ▶ vi (fig): **it
doesn't ~ up** non ha senso ▶ **add up
to** vt fus (Math) ammontare a; (fig:

mean) significare; **it doesn't ~ up to much** non è un granché

addict ['ædɪkt] *n* tossicomane *m/f*; (*fig*) fanatico(-a); **addicted** [ə'dɪktɪd] *adj* **to be addicted to** (*drink etc*) essere dedito(-a) a; (*fig: football etc*) essere tifoso(-a) di; **addiction** [ə'dɪkʃən] *n* (*Med*) tossicodipendenza; **addictive** [ə'dɪktɪv] *adj* che dà assuefazione

addition [ə'dɪʃən] *n* addizione *f*; (*thing added*) aggiunta; **in ~** inoltre; **in ~ to** oltre; **additional** *adj* supplementare

additive ['ædɪtɪv] *n* additivo

address [ə'drɛs] *n* indirizzo; (*talk*) discorso ▶ *vt* indirizzare; (*speak to*) fare un discorso a; (*issue*) affrontare; **my ~ is ...** il mio indirizzo è...; **address book** *n* rubrica

adequate ['ædɪkwɪt] *adj* adeguato(-a), sufficiente

adhere [əd'hɪəʳ] *vi* **to ~ to** aderire a; (*fig: rule, decision*) seguire

adhesive [əd'hiːzɪv] *n* adesivo; **adhesive tape** *n* (*BRIT: for parcels etc*) nastro adesivo; (*US Med*) cerotto adesivo

adjacent [ə'dʒeɪsənt] *adj* adiacente; **~ to** accanto a

adjective ['ædʒɛktɪv] *n* aggettivo

adjoining [ə'dʒɔɪnɪŋ] *adj* accanto *inv*, adiacente

adjourn [ə'dʒəːn] *vt* rimandare ▶ *vi* essere aggiornato(-a)

adjust [ə'dʒʌst] *vt* aggiustare; (*change*) rettificare ▶ *vi* **to ~ (to)** adattarsi (a); **adjustable** *adj* regolabile; **adjustment** *n* (*Psych*) adattamento; (*of machine*) regolazione *f*; (*of prices, wages*) modifica

administer [əd'mɪnɪstəʳ] *vt* amministrare; (*justice, drug*) somministrare; **administration** [ədmɪnɪs'treɪʃən] *n* amministrazione *f*; **administrative** [əd'mɪnɪstrətɪv] *adj* amministrativo(-a)

administrator [əd'mɪnɪstreɪtəʳ] *n* amministratore(-trice)

admiral ['ædmərəl] *n* ammiraglio

admiration [ædmə'reɪʃən] *n* ammirazione *f*

admire [əd'maɪəʳ] *vt* ammirare; **admirer** *n* ammiratore(-trice)

admission [əd'mɪʃən] *n* ammissione *f*; (*to exhibition, nightclub etc*) ingresso; (*confession*) confessione *f*

admit [əd'mɪt] *vt* ammettere; far entrare; (*agree*) riconoscere ▶ **admit to** *vt fus* riconoscere (che); **admittance** *n* ingresso; **admittedly** *adv* bisogna pur riconoscere (che)

adolescent [ædəu'lɛsnt] *adj, n* adolescente *m/f*

adopt [ə'dɔpt] *vt* adottare; **adopted** *adj* adottivo(-a); **adoption** [ə'dɔpʃən] *n* adozione *f*

adore [ə'dɔːʳ] *vt* adorare

adorn [ə'dɔːn] *vt* ornare

Adriatic [eɪdrɪ'ætɪk] *n* **the ~ (Sea)** il mare Adriatico, l'Adriatico

adrift [ə'drɪft] *adv* alla deriva

adult ['ædʌlt] *adj* adulto(-a); (*work, education*) per adulti ▶ *n* adulto(-a); **adult education** *n* scuola per adulti

adultery [ə'dʌltərɪ] *n* adulterio

advance [əd'vɑːns] *n* avanzamento; (*money*) anticipo ▶ *adj* (*booking etc*) in anticipo ▶ *vt* (*money*) anticipare ▶ *vi* avanzare; **in ~** in anticipo; **do I need to book in ~?** occorre che prenoti in anticipo?; **advanced** *adj* avanzato(-a); (*Scol: studies*) superiore

advantage [əd'vɑːntɪdʒ] *n* (*also Tennis*) vantaggio; **to take ~ of** approfittarsi di

advent ['ædvɛnt] *n* avvento; (*Rel*): **A~** Avvento

adventure [əd'vɛntʃəʳ] *n* avventura; **adventurous** [əd'vɛntʃərəs] *adj* avventuroso(-a)

adverb ['ædvəːb] *n* avverbio

adversary ['ædvəsərɪ] *n* avversario(-a)

adverse ['ædvə:s] *adj* avverso(-a)

advert ['ædvə:t] (*BRIT*) *n abbr* = **advertisement**

advertise ['ædvətaɪz] *vi, vt* fare pubblicità o réclame (a); fare un'inserzione (per vendere); **to ~ for** (*staff*) mettere un annuncio sul giornale per trovare; **advertisement** [əd'və:tɪsmənt] *n* (*Comm*) réclame *f inv*, pubblicità *f inv*; (*in classified ads*) inserzione *f*; **advertiser** *n* azienda che reclamizza un prodotto; (*in newspaper*) inserzionista *m/f*; **advertising** ['ædvətaɪzɪŋ] *n* pubblicità

advice [əd'vaɪs] *n* consigli *mpl*; **piece of ~** consiglio; **to take legal ~** consultare un avvocato

advisable [əd'vaɪzəbl] *adj* consigliabile

advise [əd'vaɪz] *vt* consigliare; **to ~ sb of sth** informare qn di qc; **to ~ sb against sth/doing sth** sconsigliare qc a qn/a qn di fare qc; **adviser** *n* consigliere(-a); (*in business*) consulente *m/f*, consigliere(-a); **advisory** [-ərɪ] *adj* consultivo(-a)

advocate [*n* 'ædvəkɪt, *vb* 'ædvəkeɪt] *n* (*upholder*) sostenitore(-trice); (*Law*) avvocato (difensore) ▶ *vt* propugnare

Aegean [ɪ'dʒi:ən] *n* the ~ (Sea) il mar Egeo, l'Egeo

aerial ['ɛərɪəl] *n* antenna ▶ *adj* aereo(-a)

aerobics [ɛə'rəubɪks] *n* aerobica

aeroplane ['ɛərəpleɪn] (*BRIT*) *n* aeroplano

aerosol ['ɛərəsɒl] (*BRIT*) *n* aerosol *m inv*

affair [ə'fɛə*r*] *n* affare *m*; (*also*: **love ~**) relazione *f* amorosa; **~s** (*business*) affari

affect [ə'fɛkt] *vt* toccare; (*influence*) influire su, incidere su; (*feign*) fingere;

affected *adj* affettato(-a); **affection** [ə'fɛkʃən] *n* affezione *f*; **affectionate** *adj* affettuoso(-a)

afflict [ə'flɪkt] *vt* affliggere

affluent ['æfluənt] *adj* ricco(-a); **the ~ society** la società del benessere

afford [ə'fɔ:d] *vt* permettersi; (*provide*) fornire; **affordable** *adj* (che ha un prezzo) abbordabile

Afghanistan [æf'gænɪsta:n] *n* Afganistan *m*

afraid [ə'freɪd] *adj* impaurito(-a); **to be ~ of** o/to/that aver paura di/che; **I am ~ so/not** ho paura di sì/no

Africa ['æfrɪkə] *n* Africa; **African** *adj, n* africano(-a); **African-American** *adj, n* afroamericano(-a)

after ['a:ftə*r*] *prep, adv* dopo ▶ *conj* dopo che; **what/who are you ~?** che/chi cerca?; **~ he left/having done** dopo che se ne fu andato/dopo aver fatto; **to name sb ~ sb** dare a qn il nome di qn; **it's twenty-eight** (*US*) sono le otto e venti; **to ask ~ sb** chiedere di qn; **~ all** dopo tutto; **~ you!** dopo di lei!; **after-effects** *npl* conseguenze *fpl*; (*of illness*) postumi *mpl*; **aftermath** *n* conseguenze *fpl*; **in the aftermath of** nel periodo dopo; **afternoon** *n* pomeriggio; **after-shave (lotion)** ['a:ftəʃeɪv-] *n* dopobarba *m inv*; **aftersun (lotion/cream)** *n* doposole *m inv*; **afterwards** (*US* **afterward**) *adv* dopo

again [ə'gɛn] *adv* di nuovo; **to begin/see ~** ricominciare/rivedere; **not ... ~** non ... più; **~ and ~** ripetutamente

against [ə'gɛnst] *prep* contro

age [eɪdʒ] *n* età *f inv* ▶ *vt, vi* invecchiare; **it's been ~s since** sono secoli che; **he is 20 years of ~** ha 20 anni; **to come of ~** diventare maggiorenne; **~d 10** di 10 anni; **the ~d** ['eɪdʒd] gli anziani; **age group** *n* generazione *f*; **age limit** *n* limite *m* d'età

agency ['eɪdʒənsɪ] n agenzia

agenda [ə'dʒendə] n ordine m del giorno

agent ['eɪdʒənt] n agente m

aggravate ['ægrəveɪt] vt aggravare; (person) irritare

aggression [ə'greʃən] n aggressione f

aggressive [ə'gresɪv] adj aggressivo(-a)

agile ['ædʒaɪl] adj agile

agitated ['ædʒɪteɪtɪd] adj agitato(-a), turbato(-a)

AGM n abbr = **annual general meeting**

ago [ə'gəʊ] adv 2 **days ~** 2 giorni fa; **not long ~** poco tempo fa; **how long ~?** quanto tempo fa?

agony ['ægənɪ] n dolore m atroce; **to be in ~** avere dolori atroci

agree [ə'griː] vt (price) pattuire ▸ vi **to ~ (with)** essere d'accordo (con); (Ling) concordare (con); **to ~ to sth/to do sth** accettare qc/di fare qc; **to ~ that** (admit) ammettere che; **to ~ on sth** accordarsi su qc; **garlic doesn't ~ with me** l'aglio non mi va; **agreeable** adj gradevole; (willing) disposto(-a); **agreed** adj (time, place) stabilito(-a); **agreement** n accordo; **in agreement** d'accordo

agricultural [ægrɪ'kʌltʃərəl] adj agricolo(-a)

agriculture ['ægrɪkʌltʃə⁽ʳ⁾] n agricoltura

ahead [ə'hed] adv avanti; davanti; **~ of** davanti a; (fig: schedule etc) in anticipo su; **~ of time** in anticipo; **go right or straight ~** tira diritto

aid [eɪd] n aiuto ▸ vt aiutare; **in ~ of** a favore di

aide [eɪd] n (person) aiutante m/f

AIDS [eɪdz] n abbr (= acquired immune deficiency syndrome) AIDS f

ailing ['eɪlɪŋ] adj sofferente; (fig: economy, industry etc) in difficoltà

ailment ['eɪlmənt] n indisposizione f

aim [eɪm] vt **to ~ sth at** (such as gun) mirare qc a, puntare qc a; (camera) rivolgere qc a; (missile) lanciare qc contro ▸ vi (also: **to take ~**) prendere la mira ▸ n mira; **to ~ at** mirare a; **to ~ to do** aver l'intenzione di fare

ain't [eɪnt] (inf) = **am not**; **aren't**; **isn't**

air [eə⁽ʳ⁾] n aria ▸ vt (room) arieggiare; (clothes) far prendere aria a; (grievances, ideas) esprimere pubblicamente ▸ cpd (currents) d'aria; (attack) aereo(-a); **to throw sth into the ~** lanciare qc in aria; **by ~** (travel) in aereo; **on the ~** (Radio, TV) in onda; **airbag** n airbag m inv; **airbed** (BRIT) n materassino; **airborne** ['eəbɔːn] adj (plane) in volo; (troops) aerotrasportato(-a): **as soon as the plane was airborne** appena l'aereo ebbe decollato; **air-conditioned** adj con or ad aria condizionata; **air conditioning** n condizionamento d'aria; **aircraft** n inv apparecchio; **airfield** n campo d'aviazione; **Air Force** n aviazione f militare; **air hostess** (BRIT) n hostess f inv; **airing cupboard** ['eərɪŋ-] n armadio riscaldato per asciugare panni.; **airlift** n ponte m aereo; **airline** n linea aerea; **airliner** n aereo di linea; **airmail** n **by airmail** per via aerea; **airplane** (US) n aeroplano; **airport** n aeroporto; **air raid** n incursione f aerea; **airsick** adj **to be airsick** soffrire di mal d'aria; **airspace** n spazio aereo; **airstrip** n pista d'atterraggio; **air terminal** n air-terminal m inv; **airtight** adj ermetico(-a); **air-traffic controller** n controllore m del traffico aereo; **airy** adj arioso(-a); (manners) leggero

aisle [aɪl] n (of church) navata laterale; navata centrale; (of plane) corridoio; **aisle seat** n (on plane) posto sul corridoio

ajar [əˈdʒɑːˊ] *adj* socchiuso(-a)

à la carte [ɑːlɑːˈkɑːt] *adv* alla carta

alarm [əˈlɑːm] *n* allarme *m* ▶ *vt* allarmare; **alarm call** *n* (*in hotel etc*) sveglia; **could I have an alarm call at 7 am, please?** vorrei essere svegliato alle 7, per favore; **alarm clock** *n* sveglia; **alarmed** *adj* (*person*) allarmato(-a); (*house, car etc*) dotato(-a) di allarme; **alarming** *adj* allarmante, preoccupante

Albania [ælˈbeɪnɪə] *n* Albania

albeit [ɔːlˈbiːɪt] *conj* sebbene + *sub*, benché + *sub*

album [ˈælbəm] *n* album *m inv*

alcohol [ˈælkəhɒl] *n* alcool *m*; **alcohol-free** *adj* analcolico(-a); **alcoholic** [-ˈhɒlɪk] *adj* alcolico(-a) ▶ *n* alcolizzato(-a)

alcove [ˈælkəʊv] *n* alcova

ale [eɪl] *n* birra

alert [əˈlɜːt] *adj* vigile *n* allarme *m* ▶ *vt* avvertire; mettere in guardia; **on the** ~ all'erta

algebra [ˈældʒɪbrə] *n* algebra

Algeria [ælˈdʒɪərɪə] *n* Algeria

alias [ˈeɪlɪəs] *adv* alias ▶ *n* pseudonimo, falso nome *m*

alibi [ˈælɪbaɪ] *n* alibi *m inv*

alien [ˈeɪlɪən] *n* straniero(-a); (*extraterrestrial*) alieno(-a) ▶ *adj* ~ **(to)** estraneo(-a) (a); **alienate** *vt* alienare

alight [əˈlaɪt] *adj* acceso(-a) ▶ *vi* scendere; (*bird*) posarsi

align [əˈlaɪn] *vt* allineare

alike [əˈlaɪk] *adj* simile ▶ *adv* sia … sia; **to look** ~ assomigliarsi

alive [əˈlaɪv] *adj* vivo(-a), (*lively*) vivace

all [ɔːl] *adj* tutto(-a); **all day** tutto il giorno; **all night** tutta la notte; **all men** tutti gli uomini; **all five came** sono venuti tutti e cinque; **all the books** tutti i libri; **all the food** tutto il cibo; **all the time** sempre; tutto il tempo; **all his**

life tutta la vita
▶ *pron*

1 tutto(-a); **I ate it all, I ate all of it** l'ho mangiato tutto; **all of us went** tutti noi siamo andati; **all of the boys went** tutti i ragazzi sono andati

2 (*in phrases*): **above all** soprattutto; **after all** dopotutto; **at all: not at all** (*in answer to question*) niente affatto; (*in answer to thanks*) prego!, di niente!, s'immagini!; **I'm not at all tired** non sono affatto stanco(-a); **anything at all** will do andrà bene qualsiasi cosa; **all in all** tutto sommato
▶ *adv* **alle alone** tutto(-a) solo(-a); **it's not as hard as all that** non è poi così difficile; **all the more/the better** tanto più/meglio; **all but** quasi; **the score is two** all il punteggio è di due a due

Allah [ˈælə] *n* Allah *m*

allegation [ælɪˈɡeɪʃən] *n* asserzione *f*

alleged [əˈledʒd] *adj* presunto(-a); **allegedly** [əˈledʒɪdlɪ] *adv* secondo quanto si asserisce

allegiance [əˈliːdʒəns] *n* fedeltà

allergic [əˈlɜːdʒɪk] *adj* ~ **to** allergico(-a) a; **I'm** ~ **to penicillin** sono allergico alla penicillina

allergy [ˈælədʒɪ] *n* allergia

alleviate [əˈliːvɪeɪt] *vt* sollevare

alley [ˈælɪ] *n* vicolo

alliance [əˈlaɪəns] *n* alleanza

allied [ˈælaɪd] *adj* alleato(-a)

alligator [ˈælɪɡeɪtəˊ] *n* alligatore *m*

all-in [ˈɔːlɪn] *adj* (BRIT: *also adv: charge*) tutto compreso

allocate [ˈæləkeɪt] *vt* assegnare

allot [əˈlɒt] *vt* assegnare

all-out [ˈɔːlaʊt] *adj* (*effort etc*) totale
▶ *adv* **to go all out for** mettercela tutta per

allow [əˈlaʊ] *vt* (*practice, behaviour*) permettere; (*sum to spend etc*) accordare; (*sum, time estimated*) dare; (*concede*): **to** ~ **that** ammettere che; **to**

~ **sb to do** permettere a qn di fare; **he is ~ed to** lo può fare ▶ **allow for** vt fus tener conto di; **allowance** n (money received) assegno; indennità f inv; (Tax) detrazione f di imposta; **to make allowances for** tener conto di

all right adv (feel, work) bene; (as answer) va bene

ally ['ælaɪ] n alleato

almighty [ɔːl'maɪtɪ] adj onnipotente; (row etc) colossale

almond ['ɑːmənd] n mandorla

almost ['ɔːlməʊst] adv quasi

alone [ə'ləʊn] adj, adv solo(-a); **to leave sb ~** lasciare qn in pace; **to leave sth ~** lasciare stare qc; **let ~ ...** figuriamoci poi ..., tanto meno ...

along [ə'lɒŋ] prep lungo ▶ adv **is he coming ~?** viene con noi?; **he was limping ~** veniva zoppicando; **with** insieme con; **all ~** (all the time) sempre, fin dall'inizio; **alongside** prep accanto a; lungo ▶ adv accanto

aloof [ə'luːf] adj distaccato(-a) ▶ adv **to stand ~** tenersi a distanza or in disparte

aloud [ə'laʊd] adv ad alta voce

alphabet ['ælfəbɛt] n alfabeto

Alps [ælps] npl **the ~** le Alpi

already [ɔːl'rɛdɪ] adv già

alright [ɔːl'raɪt] (BRIT) adv = **all right**

also ['ɔːlsəʊ] adv anche

altar ['ɔːltə*] n altare m

alter ['ɔːltə*] vt, vi alterare; **alteration** [ɔːltə'reɪʃən] n modificazione f, alterazione f; **alterations** (Sewing, Archit) modifiche fpl; **timetable subject to alteration** orario soggetto a variazioni

alternate [adj ɔl'təːnɪt, vb 'ɔltəːneɪt] adj alterno(-a); (US: plan etc) alternativo(-a) ▶ vi **to ~ (with)** alternarsi (a); **on ~ days** ogni due giorni

alternative [ɔl'təːnətɪv] adj

alternativo(-a) ▶ n (choice) alternativa; **alternatively** adv **alternatively one could ...** come alternativa si potrebbe ...

although [ɔːl'ðəʊ] conj benché + sub, sebbene + sub

altitude ['æltɪtjuːd] n altitudine f

altogether [ɔːltə'gɛðə*] adv del tutto, completamente; (on the whole) tutto considerato; (in all) in tutto

aluminium [ælju'mɪnɪəm] (BRIT), **aluminum** [ə'luːmɪnəm] (US) n alluminio

always ['ɔːlweɪz] adv sempre

Alzheimer's (disease) ['æltshaɪmə-] n (malattia di) Alzheimer

am [æm] vb see **be**

amalgamate [ə'mælɡəmeɪt] vt amalgamare ▶ vi amalgamarsi

amass [ə'mæs] vt ammassare

amateur ['æmətə*] n dilettante m/f ▶ adj (Sport) dilettante

amaze [ə'meɪz] vt stupire; **amazed** adj sbalordito(-a); **to be amazed (at)** essere sbalordito (da); **amazement** n stupore m; **amazing** adj sorprendente, sbalorditivo(-a)

Amazon ['æməzən] n (Geo) Amazzone f; (river): **the ~** il Rio delle Amazzoni ▶ cpd (basin, jungle) amazzonico(-a)

ambassador [æm'bæsədə*] n ambasciatore(-trice)

amber ['æmbə*] n ambra; **at ~** (BRIT Aut) giallo

ambiguous [æm'bɪɡjuəs] adj ambiguo(-a)

ambition [æm'bɪʃən] n ambizione f; **ambitious** [æm'bɪʃəs] adj ambizioso(-a)

ambulance ['æmbjulans] n ambulanza; **call an ~!** chiamate un'ambulanza!

ambush ['æmbʊʃ] n imboscata

amen ['ɑː'mɛn] *excl* così sia, amen
amend [ə'mɛnd] *vt* (*law*) emendare; (*text*) correggere; **to make ~s** fare ammenda; **amendment** *n* emendamento; correzione *f*
amenities [ə'miːnɪtɪz] *npl* attrezzature *fpl* ricreative e culturali
America [ə'mɛrɪkə] *n* America; **American** *adj, n* americano(-a); **American football** *n* (BRIT) football *m* americano
amicable ['æmɪkəbl] *adj* amichevole
amid(st) [ə'mɪd(st)] *prep* in mezzo a
ammunition [æmju'nɪʃən] *n* munizioni *fpl*
amnesty ['æmnɪstɪ] *n* amnistia; **to grant an ~ to** concedere l'amnistia a, amnistiare
among(st) [ə'mʌŋ(st)] *prep* tra, fra, in mezzo a
amount [ə'maunt] *n* somma; ammontare *m*; quantità *f inv* ▶ *vi* **to ~ to** (*total*) ammontare a; (*be same as*) essere come
amp(ère) ['æmp(ɛə')] *n* ampère *m inv*
ample ['æmpl] *adj* ampio(-a); spazioso(-a); (*enough*): **this is ~** questo è più che sufficiente
amplifier ['æmplɪfaɪə'] *n* amplificatore *m*
amputate ['æmpjuteɪt] *vt* amputare
Amtrak ['æmtræk] (US) *n* società ferroviaria americana
amuse [ə'mjuːz] *vt* divertire; **amusement** *n* divertimento; **amusement arcade** *n* sala giochi; **amusement park** *n* luna park *m inv*
amusing [ə'mjuːzɪŋ] *adj* divertente
an [æn] *indef art see* **a**
anaemia [ə'niːmɪə] (US **anemia**) *n* anemia
anaemic [ə'niːmɪk] (US **anemic**) *adj* anemico(-a)
anaesthetic [ænɪs'θɛtɪk] (US **anesthetic**) *adj* anestetico(-a) ▶ *n*

anestetico
analog(ue) ['ænəlɔg] *adj* (*watch, computer*) analogico(-a)
analogy [ə'nælədʒɪ] *n* analogia; **to draw an ~ between** fare un'analogia tra
analyse ['ænəlaɪz] (US **analyze**) *vt* analizzare; **analysis** [ə'næləsɪs] (*pl* **analyses**) *n* analisi *f inv*; **analyst** ['ænəlɪst] *n* (Pol etc) analista *m/f*; (US) (psic)analista *m/f*
analyze ['ænəlaɪz] (US) *vt* = **analyse**
anarchy ['ænəkɪ] *n* anarchia
anatomy [ə'nætəmɪ] *n* anatomia
ancestor ['ænsɪstə'] *n* antenato(-a)
anchor ['æŋkə'] *n* ancora ▶ *vi* (*also*: **to drop ~**) gettare l'ancora ▶ *vt* ancorare; **to weigh ~** salpare or levare l'ancora
anchovy ['æntʃəvɪ] *n* acciuga
ancient ['eɪnʃənt] *adj* antico(-a); (*person, car*) vecchissimo(-a)
and [ænd] *conj* e; (*often ed before vowel*): **~ so on** e così via; **try ~ come** cerca di venire; **he talked ~ talked** non la finiva di parlare; **better ~ better** sempre meglio
Andes ['ændiːz] *npl* **the ~** le Ande
anemia *etc* [ə'niːmɪə] (US) = **anaemia** *etc*
anesthetic [ænɪs'θɛtɪk] (US) *adj, n* = **anaesthetic**
angel ['eɪndʒəl] *n* angelo
anger ['æŋgə'] *n* rabbia
angina [æn'dʒaɪnə] *n* angina pectoris
angle ['æŋgl] *n* angolo; **from their ~** dal loro punto di vista
angler ['æŋglə'] *n* pescatore *m* con la lenza
Anglican ['æŋglɪkən] *adj, n* anglicano(-a)
angling ['æŋglɪŋ] *n* pesca con la lenza
angrily ['æŋgrɪlɪ] *adv* con rabbia
angry ['æŋgrɪ] *adj* arrabbiato(-a), furioso(-a); (*wound*) infiammato(-a); **to be ~ with sb/at sth** essere in

collera con qn/per qc; **to get ~** arrabbiarsi; **to make sb ~** fare arrabbiare qn

anguish ['æŋgwɪʃ] *n* angoscia

animal ['ænɪməl] *adj* animale ▶ *n* animale *m*

animated ['ænɪmeɪtɪd] *adj* animato(-a)

animation [ænɪ'meɪʃən] *n* animazione *f*

aniseed ['ænɪsiːd] *n* semi *mpl* di anice

ankle ['æŋkl] *n* caviglia

annex [*n* 'æneks, *vb* ə'neks] *n* (BRIT: *also*: **~e**) (edificio) annesso ▶ *vt* annettere

anniversary [ænɪ'vəːsərɪ] *n* anniversario

announce [ə'nauns] *vt* annunciare; **announcement** *n* annuncio; (*letter, card*) partecipazione *f*; **announcer** *n* (*Radio, TV: between programmes*) annunciatore(-trice); (: *in a programme*) presentatore(-trice)

annoy [ə'nɔɪ] *vt* dare fastidio a; **don't get ~ed!** non irritarti!; **annoying** *adj* noioso(-a)

annual ['ænjuəl] *adj* annuale ▶ *n* (Bot) pianta annua; (*book*) annuario; **annually** *adv* annualmente

annum ['ænəm] *n see* **per**

anonymous [ə'nɒnɪməs] *adj* anonimo(-a)

anorak ['ænəræk] *n* giacca a vento

anorexia [ænə'reksɪə] *n* (Med: *also*: **~ nervosa**) anoressia

anorexic [ænə'reksɪk] *adj*, *n* anoressico(-a)

another [ə'nʌðə*] *adj* **~ book** (one more) un altro libro, ancora un libro; (*a different one*) un altro libro ▶ *pron* un altro(un'altra), ancora uno(-a); *see also* **one**

answer ['ɑːnsə*] *n* risposta; soluzione *f* ▶ *vi* rispondere ▶ *vt* (*reply to*) rispondere a; (*problem*) risolvere;

(*prayer*) esaudire; **in ~ to your letter** in risposta alla sua lettera; **to ~ the phone** rispondere (al telefono); **to ~ the bell** rispondere al campanello; **to ~ the door** aprire la porta ▶ **answer back** *vi* ribattere; **answerphone** *n* (*esp BRIT*) segreteria telefonica

ant [ænt] *n* formica

Antarctic [ænt'ɑːktɪk] *n* **the ~** l'Antartide *f*

antelope ['æntɪləup] *n* antilope *f*

antenatal ['æntɪ'neɪtl] *adj* prenatale

antenna [æn'tenə, -niː] (*pl* **antennae**) *n* antenna

anthem ['ænθəm] *n* **national ~** inno nazionale

anthology [æn'θɒlədʒɪ] *n* antologia

anthrax ['ænθræks] *n* antrace *m*

anthropology [ænθrə'pɒlədʒɪ] *n* antropologia

anti [ænt] *prefix* anti; **antibiotic** ['æntɪbaɪ'ɒtɪk] *n* antibiotico; **antibody** ['æntɪbɒdɪ] *n* anticorpo

anticipate [æn'tɪsɪpeɪt] *vt* prevedere; pregustare; (*wishes, request*) prevenire; **anticipation** [æntɪsɪ'peɪʃən] *n* anticipazione *f*; (*expectation*) aspettativa *fpl*

anticlimax ['æntɪ'klaɪmæks] *n* **it was an ~** fu una completa delusione

anticlockwise ['æntɪ'klɒkwaɪz] *adj*, *adv* in senso antiorario

antics ['æntɪks] *npl* buffonerie *fpl*

anti-: **antidote** ['æntɪdəut] *n* antidoto; **antifreeze** ['æntɪ'friːz] *n* anticongelante *m*; **anti-globalization** [æntɪglɔubəlaɪ'zeɪʃən] *n* antiglobalizzazione *f*; **antihistamine** [æntɪ'hɪstəmɪn] *n* antistaminico; **antiperspirant** ['æntɪ'pəːspərənt] *adj* antitraspirante

antique [æn'tiːk] *n* antichità *f inv* ▶ *adj* antico(-a); **antique shop** *n* negozio d'antichità

antiseptic [æntɪ'septɪk] *n* antisettico

antisocial ['æntɪ'səʊʃəl] adj asociale

antlers ['æntləz] npl palchi mpl

anxiety [æŋ'zaɪətɪ] n ansia; (keenness): ~ to do smania di fare

anxious ['æŋkʃəs] adj ansioso(-a), inquieto(-a); (worrying) angossiante; (keen): ~ to do/that impaziente di fare/che + sub

O **any** ['ɛnɪ] adj

1 (in questions etc): **have you any butter?** hai del burro?, hai un po' di burro?; **have you any children?** hai bambini?; **if there are any tickets left** se ci sono ancora (dei) biglietti, se c'è ancora qualche biglietto

2 (with negative): **I haven't any money/ books** non ho soldi/libri

3 (no matter which) qualsiasi, qualunque; **choose any book you like** scegli un libro qualsiasi

4 (in phrases): **in any case** in ogni caso; **any day now** da un giorno all'altro; **at any moment** in qualsiasi momento, da un momento all'altro; **at any rate** ad ogni modo

▶ pron

1 (in questions, with negative): **have you got any?** ne hai?; **can any of you sing?** qualcuno di voi sa cantare?; **I haven't any (of them)** non ne ho

2 (no matter which one(s)): **take any of those books (you like)** prendi uno qualsiasi di quei libri

▶ adv

1 (in questions etc): **do you want any more soup/sandwiches?** vuoi ancora un po' di minestra/degli altri panini?; **are you feeling any better?** ti senti meglio?

2 (with negative): **I can't hear him any more** non lo sento più; **don't wait any longer** non aspettare più

any: **anybody** ['ɛnɪbɒdɪ] pron (in questions etc) qualcuno, nessuno; (with negative) nessuno; (no matter who) chiunque; **can you see anybody?** vedi qualcuno or nessuno?; **if anybody should phone ...** se telefona qualcuno ...; **I can't see anybody** non vedo nessuno; **anybody could do it** chiunque potrebbe farlo; **anyhow** ['ɛnɪhaʊ] adv (at any rate) ad ogni modo, comunque; (haphazard): **do it anyhow you like** fallo come ti pare; **I shall go anyhow** ci andrò lo stesso or comunque; **she leaves things just anyhow** lascia tutto come capita; **anyone** ['ɛnɪwʌn] pron = anybody; **anything** ['ɛnɪθɪŋ] pron (in question etc) qualcosa, niente; (with negative) niente; (no matter what): **you can say anything you like** puoi dire quello che ti pare; **can you see anything?** vedi niente or qualcosa?; **if anything happens to me ...** se mi dovesse succedere qualcosa ...; **I can't see anything** non vedo niente; **anything will do** va bene qualsiasi cosa or tutto; **anytime** adv in qualunque momento, quando vuoi; **anyway** ['ɛnɪweɪ] adv (at any rate) ad ogni modo, comunque; (besides) ad ogni modo; **anywhere** ['ɛnɪwɛə'] adv (in questions etc) da qualche parte; (with negative) da nessuna parte; (no matter where) da qualsiasi or qualunque parte, dovunque; **can you see him anywhere?** lo vedi da qualche parte?; **I can't see him anywhere** non lo vedo da nessuna parte; **anywhere in the world** dovunque nel mondo

apart [ə'pɑːt] adv (to one side) a parte; (separately) separatamente; **with one's legs ~** con le gambe divaricate; **10 miles ~** a 10 miglia di distanza (l'uno dall'altro); **to take ~** smontare; **to ~ from** a parte, eccetto

apartment [ə'pɑːtmənt] (US) n appartamento; (room) locale m;

apartment building (US) n stabile m, caseggiato

apathy ['æpəθɪ] n apatia

ape [eɪp] n scimmia ▶ vt scimmiottare

aperitif [ə'perɪtɪf] n aperitivo

aperture ['æpətʃjuə'] n apertura

APEX n abbr (= advance purchase excursion) APEX m inv

apologize [ə'pɔlədʒaɪz] vi to ~ (for sth to sb) scusarsi (di qc a qn), chiedere scusa (a qn per qc)

apology [ə'pɔlədʒɪ] n scuse fpl

apostrophe [ə'pɔstrəfɪ] n (sign) apostrofo

appal [ə'pɔ:l] (US **appall**) vt scioccare; **appalling** adj spaventoso(-a)

apparatus [æpə'reɪtəs] n apparato; (in gymnasium) attrezzatura

apparent [ə'pærənt] adj evidente; **apparently** adv evidentemente

appeal [ə'pi:l] vi (Law) appellarsi alla legge ▶ n (Law) appello; (request) richiesta; (charm) attrattiva; **to ~ for** chiedere (con insistenza); **to ~ to** (person) appellarsi a; (thing) piacere a; **it doesn't ~ to me** mi dice poco; **appealing** adj (nice) attraente

appear [ə'pɪə'] vi apparire; (Law) comparire; (publication) essere pubblicato(-a); (seem) sembrare; **it would ~ that** sembra che; **appearance** n apparizione f, apparenza; (look, aspect) aspetto

appendicitis [əpendɪ'saɪtɪs] n appendicite f

appendix [ə'pendɪks] (pl **appendices**) n appendice f

appetite ['æpɪtaɪt] n appetito

appetizer ['æpɪtaɪzə'] n stuzzichino

applaud [ə'plɔ:d] vt, vi applaudire

applause [ə'plɔ:z] n applauso

apple ['æpl] n mela; **apple pie** n torta di mele

appliance [ə'plaɪəns] n apparecchio

applicable [ə'plɪkəbl] adj applicabile;

to be ~ to essere valido per; **the law is ~ from January** la legge entrerà in vigore in gennaio

applicant ['æplɪkənt] n candidato(-a)

application [æplɪ'keɪʃən] n applicazione f; (for a job, a grant etc) domanda; **application form** n modulo per la domanda

apply [ə'plaɪ] vt **to ~ (to)** (paint, ointment) dare (a); (theory, technique) applicare (a) ▶ vi **to ~ (to)** (ask) rivolgersi a; (be suitable for, relevant to) riguardare, riferirsi a; **to ~ (for)** (permit, grant, job) fare domanda (per); **to ~ o.s.** to dedicarsi a

appoint [ə'pɔɪnt] vt nominare; **appointment** n nomina; (arrangement to meet) appuntamento; **I have an appointment (with)** ... ho un appuntamento (con) ...; **I'd like to make an appointment (with)** vorrei prendere un appuntamento (con)

appraisal [ə'preɪzl] n valutazione f

appreciate [ə'pri:ʃɪeɪt] vt (like) apprezzare; (be grateful for) essere riconoscente di; (be aware of) rendersi conto di ▶ vi (Finance) aumentare; **I'd ~ your help** ti sono grato per l'aiuto; **appreciation** [əpri:ʃɪ'eɪʃən] n apprezzamento; (Finance) aumento del valore

apprehension [æprɪ'henʃən] n (fear) inquietudine f

apprehensive [æprɪ'hensɪv] adj apprensivo(-a)

apprentice [ə'prentɪs] n apprendista m/f

approach [ə'prəutʃ] vi avvicinarsi ▶ vt (come near) avvicinarsi a; (ask, apply to) rivolgersi a; (subject, passer-by) avvicinare ▶ n approccio; accesso; (to problem) modo di affrontare

appropriate [adj ə'prəuprɪɪt, vb ə'prəuprɪeɪt] adj appropriato(-a), adatto(-a) ▶ vt (take) appropriarsi

approval [ə'pru:vəl] *n* approvazione *f*;
on ~ (Comm) in prova, in esame
approve [ə'pru:v] *vt, vi* approvare
▷ **approve of** *vt fus* approvare
approximate [ə'prɔksɪmɪt] *adj*
approssimativo(-a); **approximately**
adv circa
Apr. *abbr* (= April) apr.
apricot ['eɪprɪkɔt] *n* albicocca
April ['eɪprəl] *n* aprile *m*; **~ fool!** pesce
d'aprile!; **April Fools' Day** *n* vedi nota
nel riquadro

 April Fools' Day
 April Fools' Day è il primo aprile, il
 giorno degli scherzi e delle burle. Il
 nome deriva dal fatto che, se una
 persona cade nella trappola che gli è
 stata tesa, fa la figura del "fool", cioè
 dello sciocco. Tradizionalmente,
 gli scherzi vengono fatti entro
 mezzogiorno.

apron ['eɪprən] *n* grembiule *m*
apt [æpt] *adj* (suitable) adatto(-a);
(able) capace; (likely): **to be ~ to do**
avere tendenza a fare
aquarium [ə'kwɛərɪəm] *n* acquario
Aquarius [ə'kwɛərɪəs] *n* Acquario
Arab ['ærəb] *adj, n* arabo(-a)
Arabia [ə'reɪbɪə] *n* Arabia; **Arabian**
[ə'reɪbɪən] *adj* arabo(-a); **Arabic**
['ærəbɪk] *adj* arabo(-a), arabo(-a) ▶ *n*
arabo; **Arabic numerals** *n* numeri
mpl arabi, numerazione *f* araba
arbitrary ['ɑ:bɪtrərɪ] *adj* arbitrario(-a)
arbitration [ɑ:bɪ'treɪʃən] *n* (Law)
arbitrato; (Industry) arbitraggio
arc [ɑ:k] *n* arco
arcade [ɑ:'keɪd] *n* portico; (passage
with shops) galleria
arch [ɑ:tʃ] *n* arco; (of foot) arco plantare
▶ *vt* inarcare
archaeology [ɑ:kɪ'ɔlədʒɪ] (US
archeology) *n* archeologia
archbishop [ɑ:tʃ'bɪʃəp] *n* arcivescovo
archeology *etc* [ɑ:kɪ'ɔlədʒɪ] (US)

= **archaeology** *etc*
architect ['ɑ:kɪtɛkt] *n* architetto;
architectural [ɑ:kɪ'tɛktʃərəl] *adj*
architettonico(-a); **architecture** ['ɑ:
kɪtɛktʃə] *n* architettura
archive ['ɑ:kaɪv] *n* (often pl: also
Comput) archivio
Arctic ['ɑ:ktɪk] *adj* artico(-a) ▶ **n the**
~ l'Artico
are [ɑ:] *vb see* **be**
area ['ɛərɪə] *n* (Geom) area; (zone) zona;
(: smaller) settore *m*; **area code** (US) *n*
(Tel) prefisso
arena [ə'ri:nə] *n* arena
aren't [ɑ:nt] = **are not**
Argentina [ɑ:dʒən'ti:nə] *n* Argentina;
Argentinian [-'tɪnɪən] *adj, n*
argentino(-a)
arguably [ɑ:gjuəblɪ] *adv* **it is ~ ...** si
può sostenere che sia ...
argue ['ɑ:gju:] *vi* (quarrel) litigare;
(reason) ragionare; **to ~ that** sostenere
che
argument ['ɑ:gjumənt] *n* (reasons)
argomento; (quarrel) lite *f*
Aries ['ɛərɪz] *n* Ariete *m*
arise [ə'raɪz] (pt **arose**, pp **arisen**) *vi*
(opportunity, problem) presentarsi
arithmetic [ə'rɪθmətɪk] *n* aritmetica
arm [ɑ:m] *n* braccio ▶ *vt* armare; **~s** *npl*
(weapons) armi *fpl*; **~ in ~** a braccetto;
armchair *n* poltrona
armed [ɑ:md] *adj* armato(-a); **armed**
robbery *n* rapina a mano armata
armour ['ɑ:mə'] (US **armor**) *n*
armatura; (Mil: tanks) mezzi *mpl*
blindati
armpit ['ɑ:mpɪt] *n* ascella
armrest ['ɑ:mrɛst] *n* bracciolo
army ['ɑ:mɪ] *n* esercito
A road *n* strada statale
aroma [ə'rəumə] *n* aroma;
aromatherapy *n* aromaterapia
arose [ə'rəuz] *pt of* **arise**
around [ə'raund] *adv* attorno, intorno

▶ prep intorno a; (fig: about): ~ £5/3 o'clock circa 5 sterline/le 3; **is he ~?** è in giro?

arouse [ə'rauz] vt (sleeper) svegliare; (curiosity, passions) suscitare

arrange [ə'reɪndʒ] vt sistemare; (programme) preparare; **to ~ to do sth** mettersi d'accordo per fare qc; **arrangement** n sistemazione f; (agreement) accordo; **arrangements** npl (plans) progetti mpl, piani mpl

array [ə'reɪ] n ~ of fila di

arrears [ə'rɪəz] npl arretrati mpl; **to be in ~ with one's rent** essere in arretrato con l'affitto

arrest [ə'rɛst] vt arrestare; (sb's attention) attirare ▶ n arresto; **under ~** in arresto

arrival [ə'raɪvl] n arrivo; (person) arrivato(-a); **a new ~** un nuovo venuto; (baby) un neonato

arrive [ə'raɪv] vi arrivare; **what time does the train from Rome ~?** a che ora arriva il treno da Roma? ▶ **arrive at** vt fus arrivare a

arrogance ['ærəgəns] n arroganza

arrogant ['ærəgənt] adj arrogante

arrow ['ærəʊ] n freccia

arse [ɑːs] (inf!) n culo (!)

arson ['ɑːsn] n incendio doloso

art [ɑːt] n arte f; (craft) mestiere m; **art college** n scuola di belle arti

artery ['ɑːtəri] n arteria

art gallery n galleria d'arte

arthritis [ɑː'θraɪtɪs] n artrite f

artichoke ['ɑːtɪtʃəʊk] n carciofo; **Jerusalem ~** topinambur m inv

article ['ɑːtɪkl] n articolo

articulate [adj ɑː'tɪkjʊlɪt, vb ɑː'tɪkjʊleɪt] adj (person) che si esprime forbitamente; (speech) articolato(-a) ▶ vi articolare

artificial [ɑːtɪ'fɪʃəl] adj artificiale

artist ['ɑːtɪst] n artista m/f; **artistic** [ɑː'tɪstɪk] adj artistico(-a)

art school n scuola d'arte

as
[æz] conj

1 (referring to time) mentre; **as the years went by** col passare degli anni; **he came in as I was leaving** arrivò mentre stavo uscendo; **as from tomorrow** da domani

2 (in comparisons): **as big as** grande come; **twice as big as** due volte più grande di; **as much/many as** tanto quanto/tanti quanti; **as soon as possible** prima possibile

3 (since, because) dal momento che, siccome

4 (referring to manner, way) come; **do as you wish** fa' come vuoi; **as she said** come ha detto lei

5 (concerning): **as for** or **to that** per quanto riguarda or quanto a quello

6: **as if** or **though** come se; **he looked as if he was ill** sembrava stare male; see also **long**; **such**; **well**

▶ prep (in the capacity of): **he works as a driver** fa l'autista; **as chairman of the company he ...** come presidente della compagnia lui ...; **he gave me it as a present** me lo ha regalato

a.s.a.p. abbr = **as soon as possible**

asbestos [æz'bɛstəs] n asbesto, amianto

ascent [ə'sɛnt] n salita

ash [æʃ] n (dust) cenere f; (wood, tree) frassino

ashamed [ə'ʃeɪmd] adj vergognoso(-a); **to be ~ of** vergognarsi di

ashore [ə'ʃɔː] adv a terra

ashtray ['æʃtreɪ] n portacenere m

Ash Wednesday n mercoledì m inv delle Ceneri

Asia ['eɪʃə] n Asia; **Asian** adj, n asiatico(-a)

aside [ə'saɪd] adv da parte ▶ n a parte m

ask [ɑːsk] vt (question) domandare;

(*invite*) invitare; **to ~ sb sth/sb to do sth** chiedere qc a qn di fare qc; **to ~ sb about sth** chiedere a qn di qc; **to ~ (sb) a question** fare una domanda (a qn); **to ~ sb out to dinner** invitare qn a mangiare fuori ▶ **ask for** *vt fus* chiedere; (*trouble etc*) cercare

asleep [əˈsliːp] *adj* addormentato(-a); **to be ~** dormire; **to fall ~** addormentarsi

asparagus [əsˈpærəgəs] *n* asparagi *mpl*

aspect [ˈæspɛkt] *n* aspetto

aspirations [æspəˈreɪʃənz] *npl* aspirazioni *fpl*

aspire [əsˈpaɪəʳ] *vi* **to ~** aspirare a

aspirin [ˈæsprɪn] *n* aspirina

ass [æs] *n* asino; (*inf*) scemo(-a); (*US: inf!*) culo (!)

assassin [əˈsæsɪn] *n* assassino; **assassinate** [əˈsæsɪneɪt] *vt* assassinare

assault [əˈsɔːlt] *n* (*Mil*) assalto; (*gen: attack*) aggressione *f* ▶ *vt* assaltare; aggredire; (*sexually*) violentare

assemble [əˈsɛmbl] *vt* riunire; (*Tech*) montare ▶ *vi* riunirsi

assembly [əˈsɛmblɪ] *n* (*meeting*) assemblea; (*construction*) montaggio

assert [əˈsəːt] *vt* asserire; (*insist on*) far valere; **assertion** [əˈsəːʃən] *n* asserzione *f*

assess [əˈsɛs] *vt* valutare; **assessment** *n* valutazione *f*

asset [ˈæsɛt] *n* vantaggio; **~s** *npl* (*Finance: of individual*) beni *mpl*; (: *of company*) attivo

assign [əˈsaɪn] *vt* **to ~ (to)** (*task*) assegnare (a); (*resources*) riservare (a); (*cause, meaning*) attribuire (a); **to ~ a date to sth** fissare la data di qc; **assignment** *n* compito

assist [əˈsɪst] *vt* assistere, aiutare; **assistance** *n* assistenza, aiuto; **assistant** *n* assistente *m/f*; (*BRIT*:

also: **shop assistant**) commesso(-a)

associate [*adj*, *n* əˈsəʊʃɪɪt, *adj* əˈsəʊʃɪeɪt] *adj* associato(-a); (*member*) aggiunto(-a) ▶ *n* collega *m/f* ▶ *vt* associare ▶ *vi* **to ~ with sb** frequentare qn

association [əsəʊsɪˈeɪʃən] *n* associazione *f*

assorted [əˈsɔːtɪd] *adj* assortito(-a)

assortment [əˈsɔːtmənt] *n* assortimento

assume [əˈsjuːm] *vt* supporre; (*responsibilities etc*) assumere; (*attitude, name*) prendere

assumption [əˈsʌmpʃən] *n* supposizione *f*, ipotesi *f inv*; (*of power*) assunzione *f*

assurance [əˈʃʊərəns] *n* assicurazione *f*; (*self-confidence*) fiducia in se stesso

assure [əˈʃʊəʳ] *vt* assicurare

asterisk [ˈæstərɪsk] *n* asterisco

asthma [ˈæsmə] *n* asma

astonish [əˈstɔnɪʃ] *vt* stupire; **astonished** *adj* stupito(-a), sorpreso(-a); **to be astonished (at)** essere stupito(-a) (da); **astonishing** *adj* sorprendente, stupefacente; **I find it astonishing that ...** mi stupisce che ...; **astonishment** *n* stupore *m*

astound [əˈstaund] *vt* sbalordire

astray [əˈstreɪ] *adv* **to go ~** smarrirsi; **to lead ~** portare sulla cattiva strada

astrology [əsˈtrɔlədʒɪ] *n* astrologia

astronaut [ˈæstrənɔːt] *n* astronauta *m/f*

astronomer [əsˈtrɔnəməʳ] *n* astronomo(-a)

astronomical [æstrəˈnɔmɪkl] *adj* astronomico(-a)

astronomy [əsˈtrɔnəmɪ] *n* astronomia

astute [əsˈtjuːt] *adj* astuto(-a)

asylum [əˈsaɪləm] *n* (*politico*) asilo; (*per malati*) manicomio

at
[æt] prep

1 (referring to position, direction) a: **at the top** in cima; **at the desk** al banco, alla scrivania; **at home/school** a casa/scuola; **at the baker's** dal panettiere; **to look at sth** guardare qc; **to throw sth at sb** lanciare qc a qn

2 (referring to time): **at 4 o'clock** alle 4; **at night** di notte; **at Christmas** a Natale; **at times** a volte

3 (referring to rates, speed etc) a: **at £1 a kilo** a 1 sterlina al chilo; **two at a time** due alla volta, due per volta; **at 50 km/h** a 50 km/h

4 (referring to manner): **at a stroke** d'un solo colpo; **at peace** in pace

5 (referring to activity): **to be at work** essere al lavoro; **to play at cowboys** giocare ai cowboy; **to be good at sth/doing sth** essere bravo in qc/fare qc

6 (referring to cause): **shocked/surprised/annoyed at sth** colpito da/sorpreso da/arrabbiato per qc; **I went at his suggestion** ci sono andato dietro suo consiglio

ate [eɪt] pt of **eat**

atheist ['eɪθɪɪst] n ateo(-a)

Athens ['æθɪnz] n Atene f

athlete ['æθliːt] n atleta m/f

athletic [æθ'lɛtɪk] adj atletico(-a); **athletics** n atletica

Atlantic [ət'læntɪk] adj atlantico(-a) ▶ n the ~ (Ocean) l'Atlantico, l'Oceano Atlantico

atlas ['ætləs] n atlante m

A.T.M. n abbr (= automated telling machine) cassa automatica prelievi, sportello automatico

atmosphere ['ætməsfɪə] n atmosfera

atom ['ætəm] n atomo; **atomic** [ə'tɒmɪk] adj atomico(-a); **atom(ic) bomb** n bomba atomica

A to Z® n (map) stradario

atrocity [ə'trɒsɪtɪ] n atrocità f inv

attach [ə'tætʃ] vt attaccare; (document, letter) allegare; (importance etc) attribuire; **to be ~ed to sb/sth** (to like) essere affezionato(-a) a qn/qc; **attachment** [ə'tætʃmənt] n (tool) accessorio; (love): **attachment (to)** affetto (per)

attack [ə'tæk] vt attaccare; (person) aggredire; (task etc) iniziare; (problem) affrontare ▶ n attacco; **heart ~** infarto; **attacker** n aggressore m

attain [ə'teɪn] vt (also: **~ to**) arrivare a, raggiungere

attempt [ə'tɛmpt] n tentativo ▶ vt tentare; **to make an ~ on sb's life** attentare alla vita di qn

attend [ə'tɛnd] vt frequentare; (meeting, talk) andare a; (patient) assistere ▶ **attend to** vt fus (needs, affairs etc) prendersi cura di; (customer) occuparsi di; **attendance** n (being present) presenza; (people present) gente f presente; **attendant** n custode m/f; persona di servizio ▶ adj concomitante

▌ Be careful not to translate **attend** by the Italian word **attendere**.

attention [ə'tɛnʃən] n attenzione f ▶ excl (Mil) attenti!; **for the ~ of** (Admin) per l'attenzione di

attic ['ætɪk] n soffitta

attitude ['ætɪtjuːd] n atteggiamento; posa

attorney [ə'təːnɪ] n (lawyer) avvocato; (having proxy) mandatario; **Attorney General** n (BRIT) Procuratore m Generale; (US) Ministro della Giustizia

attract [ə'trækt] vt attirare; **attraction** [ə'trækʃən] n (gen pl: pleasant things) attrattiva; (Physics, fig: towards sth) attrazione f; **attractive** adj attraente

attribute [n 'ætrɪbjuːt, vb ə'trɪbjuːt]

n attributo ▸ *vt* to ~ **sth** to attribuire qc a

aubergine ['əubəʒiːn] *n* melanzana

auburn ['ɔːbən] *adj* tizianesco(-a)

auction ['ɔːkʃən] *n* (*also*: **sale by ~**) asta ▸ *vt* (*also*: **to sell by ~**) vendere all'asta; (*also*: **to put up for ~**) mettere all'asta

audible ['ɔːdɪbl] *adj* udibile

audience ['ɔːdɪəns] *n* (*people*) pubblico; spettatori *mpl*; ascoltatori *mpl*; (*interview*) udienza

audit ['ɔːdɪt] *vt* rivedere, verificare

audition [ɔːˈdɪʃən] *n* audizione *f*

auditor ['ɔːdɪtə*] *n* revisore *m*

auditorium [ɔːdɪˈtɔːrɪəm] *n* sala, auditorio

Aug. *abbr* (= August) ago., ag.

August ['ɔːgəst] *n* agosto

aunt [ɑːnt] *n* zia; **auntie** *n* zietta; **aunty** *n* zietta

au pair ['əuˈpeə*] *n* (*also*: ~ **girl**) (ragazza *f*) alla pari *inv*

aura ['ɔːrə] *n* aura

austerity [ɔsˈtɛrɪtɪ] *n* austerità *f inv*

Australia [ɔsˈtreɪlɪə] *n* Australia; **Australian** *adj, n* australiano(-a)

Austria ['ɔstrɪə] *n* Austria; **Austrian** *adj, n* austriaco(-a)

authentic [ɔːˈθɛntɪk] *adj* autentico(-a)

author ['ɔːθə*] *n* autore(-trice)

authority [ɔːˈθɔrɪtɪ] *n* autorità *f inv*; (*permission*) autorizzazione *f*; **the authorities** *npl* (*government etc*) le autorità

authorize ['ɔːθəraɪz] *vt* autorizzare

auto ['ɔːtəu] (US) *n* auto *f inv*;

autobiography [ɔːtəbaɪˈɔgrəfɪ] *n* autobiografia; **autograph** ['ɔːtəgrɑːf] *n* autografo ▸ *vt* firmare; **automatic** [ɔːtəˈmætɪk] *adj* automatico(-a) ▸ *n* (*gun*) arma automatica; (*washing machine*) lavatrice *f* automatica; (*car*) automobile *f* con cambio automatico; **automatically** *adv*

automaticamente; **automobile** ['ɔːtəməbiːl] (US) *n* automobile *f*; **autonomous** [ɔːˈtɔnəməs] *adj* autonomo(-a); **autonomy** [ɔːˈtɔnəmɪ] *n* autonomia

autumn ['ɔːtəm] *n* autunno

auxiliary [ɔːgˈzɪlɪərɪ] *adj* ausiliario(-a) ▸ *n* ausiliare *m/f*

avail [əˈveɪl] *vt* to ~ **o.s. of** servirsi di; approfittarsi di ▸ *n* **to no ~** inutilmente

availability [əveɪləˈbɪlɪtɪ] *n* disponibilità

available [əˈveɪləbl] *adj* disponibile

avalanche [ˈævəlɑːnʃ] *n* valanga

Ave. *abbr* = **avenue**

avenue [ˈævənjuː] *n* viale *m*; (*fig*) strada, via

average [ˈævərɪdʒ] *n* media ▸ *adj* medio(-a) ▸ *vt* (*a certain figure*) fare di or in media; **on ~** in media

avert [əˈvɜːt] *vt* evitare, prevenire; (*one's eyes*) distogliere

avid [ˈævɪd] *adj* (*supporter etc*) accanito(-a)

avocado [ævəˈkɑːdəu] *n* (BRIT: *also*: ~ **pear**) avocado *m inv*

avoid [əˈvɔɪd] *vt* evitare

await [əˈweɪt] *vt* aspettare

awake [əˈweɪk] (*pt* **awoke**, *pp* **awoken, awaked**) *adj* sveglio(-a) ▸ *vt* svegliare ▸ *vi* svegliarsi

award [əˈwɔːd] *n* premio; (*Law*) risarcimento ▸ *vt* assegnare; (*Law: damages*) accordare

aware [əˈwɛə*] *adj* ~ **of** (*conscious*) conscio(-a) di; (*informed*) informato(-a) di; **to become ~ of** accorgersi di; **awareness** *n* consapevolezza

away [əˈweɪ] *adj, adv* via; lontano(-a); **two kilometres ~** a due chilometri di distanza; **two hours ~ by car** a due ore di distanza in macchina; **the holiday was two weeks ~** mancavano due settimane alle vacanze; **he's ~ for a week** è andato via per una settimana; **to take ~** togliere; **he was working/pedalling etc ~** (la particella indica la continuità e l'energia dell'azione) lavorava/pedalava etc più che poteva; **to fade/wither etc ~** (la particella rinforza l'idea della diminuzione)

awe [ɔ:] n timore m; **awesome** adj imponente

awful ['ɔ:fəl] adj terribile; **an ~ lot of** un mucchio di; **awfully** adv (very) terribilmente

awkward ['ɔ:kwəd] adj (clumsy) goffo(-a); (inconvenient) scomodo(-a); (embarrassing) imbarazzante

awoke [ə'wəuk] pt of **awake**

awoken [ə'wəukn] pp of **awake**

axe [æks] (USax) n scure f ▶ vt (project etc) abolire; (jobs) sopprimere

axle ['æksl] n (also: ~-tree) asse m

ay(e) [aɪ] excl (yes) sì

azalea [ə'zeɪlɪə] n azalea

b

B [bi:] n (Mus) si m; (letter) B, b for m inv

B.A. n abbr = **Bachelor of Arts**

baby ['beɪbɪ] n bambino(-a); **baby carriage** (US) n carrozzina; **baby-sit** vi fare il (or la) baby-sitter; **baby-sitter** n baby-sitter m/f inv; **baby wipe** n salvietta umidificata

bachelor ['bætʃələ^r] n scapolo; **B~ of Arts/Science** ≈ laureato(-a) in lettere/scienze

back [bæk] n (of person, horse) dorso, schiena; (as opposed to front) dietro; (of hand) dorso; (of train) coda; (of chair) schienale m; (of page) rovescio; (of book) retro; (Football) difensore m ▶ vt (candidate) appoggiare; (horse: at races) puntare su; (car) guidare a marcia indietro ▶ vi indietreggiare; (car etc) fare marcia indietro ▶ cpd posteriore, di dietro; (Aut: seat, wheels) posteriore ▶ adv (not forward) indietro; (returned): **he's ~** è tornato; **he ran ~** tornò indietro di corsa; (restitution): **throw the ball ~** ritira la palla; **can I have it ~?** posso riaverlo?; (again): **he called ~** ha richiamato ▶ **back down** vi fare marcia indietro ▶ **back out** vi (of promise) tirarsi indietro ▶ **back up** vt (support) appoggiare, sostenere; (Comput) fare una copia di riserva di; **backache** n mal m di schiena; **backbencher** (BRIT) n membro del Parlamento senza potere amministrativo; **backbone** n spina dorsale; **back door** n porta sul retro; **backfire** n (Aut) dar ritorni di fiamma; (plans) fallire; **backgammon** n tavola reale; **background** n sfondo; (of events) background m inv; (basic knowledge) base f; (experience) esperienza; **family background** ambiente m familiare; **backing** n (fig) appoggio; **backlog** n backlog of work lavoro arretrato; **backpack** n zaino; **backpacker** n chi viaggia con zaino e sacco a pelo; **backslash** n backslash m inv, barra obliqua inversa; **backstage** adv nel retroscena; **backstroke** n nuoto sul dorso; **backup** adj (train, plane) supplementare; (Comput) di riserva ▶ n (support) appoggio, sostegno; (also: **backup file**) file m inv di riserva; **backward** adj (movement) indietro inv; (person) tardivo(-a); (country) arretrato(-a); **backwards** adv indietro; (fall, walk) all'indietro; **backyard** n cortile m dietro la casa

bacon ['beɪkən] n pancetta

bacteria [bæk'tɪərɪə] npl batteri mpl

bad [bæd] adj cattivo(-a); (accident, injury) brutto(-a); (meat, food) andato(-a) a male; **his ~ leg** la sua gamba malata; **to go ~** andare a male

badge [bædʒ] n insegna; (of policeman) stemma m

badger ['bædʒə*] n tasso

badly ['bædlɪ] adv (work, dress etc) male; **~ wounded** gravemente ferito; **he needs it ~** ne ha un gran bisogno

bad-mannered [bæd'mænəd] adj maleducato(-a), sgarbato(-a)

badminton ['bædmɪntən] n badminton m

bad-tempered [bæd'tempəd] adj irritabile; di malumore

bag [bæg] n sacco; (handbag etc) borsa; **~s of** (inf: lots of) un sacco di; **baggage** n bagagli mpl; **baggage allowance** n franchigia f bagaglio inv; **baggage reclaim** n ritiro m bagaglio inv; **baggy** adj largo(-a), sformato(-a); **bagpipes** npl cornamusa

bail [beɪl] n cauzione f ▶ vt (prisoner: also: **grant ~ to**) concedere la libertà provvisoria su cauzione a; (boat: also: **~ out**) aggottare; **on ~** in libertà provvisoria su cauzione

bait [beɪt] n esca ▶ vt (hook) innescare; (trap) munire di esca; (fig) tormentare

bake [beɪk] vt cuocere al forno ▶ vi cuocersi al forno; **baked beans** [-biːnz] npl fagioli mpl in salsa di pomodoro; **baked potato** n patata cotta al forno con la buccia; **baker** n fornaio(-a), panettiere(-a); **bakery** n panetteria; **baking** n cottura (al forno); **baking powder** n lievito in

polvere

balance ['bæləns] n equilibrio; (Comm: sum) bilancio; (remainder) resto; (scales) bilancia ▶ vt tenere in equilibrio; (budget) far quadrare; (account) pareggiare; (compensate) contrappesare; **~ of trade/payments** bilancia commerciale/dei pagamenti; **balanced** adj (personality, diet) equilibrato(-a); **balance sheet** n bilancio

balcony ['bælkənɪ] n balcone m; (in theatre) balconata; **do you have a room with a ~?** avete una camera con balcone?

bald [bɔːld] adj calvo(-a); (tyre) liscio(-a)

Balearics [bælɪ'ærɪks] npl **the ~** le Baleari fpl

ball [bɔːl] n palla; (football) pallone m; (for golf) pallina; (of wool, string) gomitolo; (dance) ballo; **to play ~** (fig) stare al gioco

ballerina [bælə'riːnə] n ballerina

ballet ['bæleɪ] n balletto; **ballet dancer** n ballerino(-a) classico(-a)

balloon [bə'luːn] n pallone m

ballot ['bælət] n scrutinio

ballpoint (pen) ['bɔːlpoɪnt(-)] n penna a sfera

ballroom ['bɔːlrum] n sala da ballo

Baltic ['bɔːltɪk] adj, n **the ~ Sea** il (mar) Baltico

bamboo [bæm'buː] n bambù m

ban [bæn] n interdizione f ▶ vt interdire

banana [bə'nɑːnə] n banana

band [bænd] n banda; (at a dance) orchestra; (Mil) fanfara

bandage ['bændɪdʒ] n benda, fascia

Band-Aid® ['bændeɪd] (US) n cerotto

B. & B. n abbr = **bed and breakfast**

bandit ['bændɪt] n bandito

bang [bæŋ] n (of door) lo sbattere; (of gun, blow) colpo ▶ vt battere (violentemente); (*door*) sbattere ▸ *vi* scoppiare; sbattersi

Bangladesh [bɑːŋgləˈdɛʃ] *n* Bangladesh *m*

bangle [ˈbæŋgl] *n* braccialetto

bangs [bæŋz] (*US*) *npl* (*fringe*) frangia, frangetta

banish [ˈbænɪʃ] *vt* bandire

banister(s) [ˈbænɪstə(z)] *n(pl)* ringhiera

banjo [ˈbændʒəʊ] (*pl* **banjoes** or **banjos**) *n* banjo *m inv*

bank [bæŋk] *n* banca, banco; (*of river, lake*) riva, sponda; (*of earth*) banco ▸ *vi* (*Aviat*) inclinarsi in virata ▸ **bank on** *vt fus* contare su; **bank account** *n* conto in banca; **bank balance** *n* saldo; **a healthy bank balance** un solido conto in banca; **bank card** *n* carta *f* assegni *inv*; **bank charges** *npl* (*BRIT*) spese *fpl* bancarie; **banker** *n* banchiere *m*; **bank holiday** (*BRIT*) *n* giorno di festa; *vedi nota nel riquadro*; **banking** *n* attività bancaria; professione *f* di banchiere; **bank manager** *n* direttore *m* di banca; **banknote** *n* banconota

● **bank holiday**

● Una **bank holiday**, in Gran
● Bretagna, è una giornata in cui
● banche e molti negozi sono chiusi.
● Generalmente le **bank holidays**
● cadono di lunedì e molti ne
● approfittano per fare una breve
● vacanza fuori città.

bankrupt [ˈbæŋkrʌpt] *adj* fallito(-a); **to go ~** fallire; **bankruptcy** *n* fallimento

bank statement *n* estratto conto

banner [ˈbænə*] *n* striscione *m*

bannister(s) [ˈbænɪstə(z)] *n(pl)* see **banister(s)**

banquet [ˈbæŋkwɪt] *n* banchetto

baptism [ˈbæptɪzəm] *n* battesimo

baptize [bæpˈtaɪz] *vt* battezzare

bar [bɑː*] *n* (*place*) bar *m inv*; (*counter*) banco; (*rod*) barra; (*of window etc*) sbarra; (*of chocolate*) tavoletta; (*fig*) ostacolo; restrizione *f*; (*Mus*) battuta ▸ *vt* (*road, window*) sbarrare; (*person*) escludere; (*activity*) interdire; **~ of soap** saponetta; **the B~** (*Law*) l'Ordine *m* degli avvocati; **behind ~s** (*prisoner*) dietro le sbarre; **~ none** senza eccezione

barbaric [bɑːˈbærɪk] *adj* barbarico(-a)

barbecue [ˈbɑːbɪkjuː] *n* barbecue *m inv*

barbed wire [ˈbɑːbd-] *n* filo spinato

barber [ˈbɑːbə*] *n* barbiere *m*; **barber's (shop)** (*US* **barber shop**) *n* barbiere *m*

bar code *n* (*on goods*) codice *m* a barre

bare [bɛə*] *adj* nudo(-a) ▸ *vt* scoprire; denudare; (*teeth*) mostrare; **the ~ necessities** lo stretto necessario; **barefoot** *adj*, *adv* scalzo(-a); **barely** *adv* appena

bargain [ˈbɑːgɪn] *n* (*transaction*) contratto; (*good buy*) affare *m* ▸ *vi* trattare; **into the ~** per giunta ▸ **bargain for** *vt fus* **he got more than he ~ed for** gli è andata peggio di quel che si aspettasse

barge [bɑːdʒ] *n* chiatta ▸ **barge in** *vi* (*walk in*) piombare dentro; (*interrupt talk*) intromettersi a sproposito

bark [bɑːk] *n* (*of tree*) corteccia; (*of dog*) abbaio ▸ *vi* abbaiare

barley [ˈbɑːlɪ] *n* orzo

barmaid [ˈbɑːmeɪd] *n* cameriera al banco

barman [ˈbɑːmən] (*irreg*) *n* barista *m*

barn [bɑːn] *n* granaio

barometer [bəˈrɒmɪtə*] *n* barometro

baron [ˈbærən] *n* barone *m*; **baroness** *n* baronessa

barracks [ˈbærəks] *npl* caserma

barrage [ˈbærɑːʒ] *n* (*Mil, dam*) sbarramento; (*fig*) fiume *m*

barrel [ˈbærəl] *n* barile *m*; (*of gun*)

canna

barren ['bærən] *adj* sterile; (*soil*) arido(-a)

barrette [bə'rɛt] (*US*) *n* fermaglio per capelli

barricade [bærɪ'keɪd] *n* barricata

barrier ['bærɪəʳ] *n* barriera

barring ['bɑːrɪŋ] *prep* salvo

barrister ['bærɪstəʳ] (*BRIT*) *n* avvocato(-essa) (*con diritto di parlare davanti a tutte le corti*)

barrow ['bærəu] *n* (*cart*) carriola

bartender ['bɑːtɛndəʳ] (*US*) *n* barista *m*

base [beɪs] *n* base *f* ▸ *vt* to ~ sth on basare qc su ▸ *adj* vile

baseball ['beɪsbɔːl] *n* baseball *m*; **baseball cap** *n* berretto da baseball

basement ['beɪsmənt] *n* seminterrato; (*of shop*) interrato

bases[1] ['beɪsiːz] *npl of* **basis**

bases[2] ['beɪsɪz] *npl of* **base**

bash [bæʃ] (*inf*) *vt* picchiare

basic ['beɪsɪk] *adj* rudimentale; essenziale; **basically** [-lɪ] *adv* fondamentalmente; sostanzialmente; **basics** *npl* the **basics** l'essenziale *m*

basil ['bæzl] *n* basilico

basin ['beɪsn] *n* (*vessel: also Geo*) bacino; (*also:* **wash~**) lavabo

basis ['beɪsɪs] (*pl* **bases**) *n* base *f*; on a part-time ~ part-time; on a trial ~ in prova

basket ['bɑːskɪt] *n* cesta; (*smaller*) cestino; (*with handle*) paniere *m*; **basketball** *n* pallacanestro *f*

bass [beɪs] *n* (*Mus*) basso

bastard ['bɑːstəd] *n* bastardo(-a); (*inf!*) stronzo (*!*)

bat [bæt] *n* pipistrello; (*for baseball etc*) mazza; (*BRIT: for table tennis*) racchetta ▸ *vt* **he didn't ~ an eyelid** non battè ciglio

batch [bætʃ] *n* (*of bread*) infornata; (*of*

papers) cumulo

bath [bɑːθ] *n* bagno; (*bathtub*) vasca da bagno ▸ *vt* far fare il bagno a; **to have a ~** fare un bagno; *see also* **baths**

bathe [beɪð] *vi* fare il bagno ▸ *vt* (*wound*) lavare

bathing ['beɪðɪŋ] *n* bagni *mpl*; **bathing costume** (*US* **bathing suit**) *n* costume *m* da bagno

bath: **bathrobe** ['bɑːθrəub] *n* accappatoio; **bathroom** ['bɑːθrum] *n* stanza da bagno; **baths** [bɑːðz] *npl* bagni *mpl* pubblici; **bath towel** *n* asciugamano da bagno; **bathtub** *n* (vasca da) bagno

baton ['bætən] *n* (*Mus*) bacchetta; (*Athletics*) testimone *m*; (*club*) manganello

batter ['bætəʳ] *vt* battere ▸ *n* pastetta; **battered** *adj* (*hat*) sformato(-a); (*pan*) ammaccato(-a)

battery ['bætərɪ] *n* batteria; (*of torch*) pila; **battery farming** *n* allevamento in batteria

battle ['bætl] *n* battaglia ▸ *vi* battagliare, lottare; **battlefield** *n* campo di battaglia

bay [beɪ] *n* (*of sea*) baia; **to hold sb at ~** tenere qn a bada

bazaar [bə'zɑːʳ] *n* bazar *m inv*; vendita di beneficenza

BBC *n abbr* (= British Broadcasting Corporation) rete nazionale di radiotelevisione in Gran Bretagna

● **BBC**
● La **BBC** è l'azienda statale che
● fornisce il servizio radiofonico
● e televisivo in Gran Bretagna.
● Ha due reti televisive terrestri
● (BBC1 e BBC2), e cinque stazioni
● radiofoniche nazionali. Oggi la BBC
● ha anche diverse stazioni digitali
● radiofoniche e televisive. Da molti
● anni fornisce inoltre un servizio di
● intrattenimento e informazione

internazionale, il "BBC World Service", trasmesso in tutto il mondo.

B.C. *adv abbr* (= *before Christ*) a.C.

be
[bi:] (*pt* **was**, **were**, *pp* **been**)
aux vb

1 (*with present participle: forming continuous tenses*): **what are you doing?** che fa?, che sta facendo?; **they're coming tomorrow** vengono domani; **I've been waiting for her for hours** sono ore che l'aspetto

2 (*with pp: forming passives*) essere; **to be killed** essere *o* venire ucciso(-a); **the box had been opened** la scatola era stata aperta; **the thief was nowhere to be seen** il ladro non si trovava da nessuna parte

3 (*in tag questions*): **it was fun, wasn't it?** è stato divertente, no?; **he's good-looking, isn't he?** è un bell'uomo, vero?; **she's back, is she?** così è tornata, eh?

4 (+ *to* + *infinitive*): **the house is to be sold** abbiamo *o* hanno in intenzione di vendere casa; **you're to be congratulated for all your work** dovremo farvi i complimenti per tutto il vostro lavoro; **he's not to open it** non deve aprirlo

▶ *vb* + *complement*

1 (*gen*) essere; **I'm English** sono inglese; **I'm tired** sono stanco(-a); **I'm hot/cold** ho caldo/freddo; **he's a doctor** è medico; **2 and 2 are 4** 2 più 2 fa 4; **be careful!** sta attento(-a)!; **be good** sii buono(-a)

2 (*of health*) stare; **how are you?** come sta?; **he's very ill** sta molto male

3 (*of age*): **how old are you?** quanti anni hai?; **I'm sixteen (years old)** ho sedici anni

4 (*cost*) costare; **how much was the meal?** quant'era *or* quanto costava

il pranzo?; **that'll be £5, please** (fa) 5 sterline, per favore

▶ *vi*

1 (*exist, occur etc*) essere, esistere; **the best singer that ever was** il migliore cantante mai esistito *o* di tutti i tempi; **be that as it may** comunque sia, sia come sia; **so be it** sia pure, e sia

2 (*referring to place*) essere, trovarsi; **I won't be here tomorrow** non ci sarò domani; **Edinburgh is in Scotland** Edimburgo si trova in Scozia

3 (*referring to movement*): **where have you been?** dov'è stato?; **I've been to China** sono stato in Cina

▶ *impers vb*

1 (*referring to time, distance*) essere; **it's 5 o'clock** sono le 5; **it's the 28th of April** è il 28 aprile; **it's 10 km to the village** di qui al paese sono 10 km

2 (*referring to the weather*) fare; **it's too hot/cold** fa troppo caldo/freddo; **it's windy** c'è vento

3 (*emphatic*): **it's me** sono io; **it was Maria who paid the bill** è stata Maria che ha pagato il conto

beach [bi:tʃ] *n* spiaggia ▶ *vt* tirare in secco

beacon ['bi:kən] *n* (*lighthouse*) faro; (*marker*) segnale *m*

bead [bi:d] *n* perlina; **~s** *npl* (*necklace*) collana

beak [bi:k] *n* becco

beam [bi:m] *n* trave *f*; (*of light*) raggio ▶ *vi* brillare

bean [bi:n] *n* fagiolo; (*of coffee*) chicco; **runner ~** fagiolino; **beansprouts** *npl* germogli *mpl* di soia

bear [bɛəʳ] (*pt* **bore**, *pp* **borne**) *n* orso ▶ *vt* portare; (*endure*) sopportare; (*produce*) generare ▶ *vi* **to ~ right/left** piegare a destra/sinistra

beard [bɪəd] *n* barba

bearer ['bɛərəʳ] *n* portatore *m*

bearing ['bɛərɪŋ] *n* portamento;

(*connection*) rapporto

beast [biːst] *n* bestia

beat [biːt] (*pt* **beat**, *pp* **beaten**) *n* colpo; (*of heart*) battito; (*Mus*) tempo; (*of policeman*) giro ▶ *vt* battere; (*eggs, cream*) sbattere ▶ *vi* battere; **off the ~en track** fuori mano; **~ it!** (*inf*) filal, fuori dai piedi! ▷ **beat up** *vt* (*person*) picchiare; (*eggs*) sbattere; **beating** *n* bastonata

beautiful ['bjuːtɪful] *adj* bello(-a); **beautifully** *adv* splendidamente

beauty ['bjuːtɪ] *n* bellezza; **beauty parlour** [-'pɑːləʳ] (*US* **beauty parlor**) *n* salone *m* di bellezza; **beauty salon** *n* istituto di bellezza; **beauty spot** (*BRIT*) *n* (*Tourism*) luogo pittoresco

beaver ['biːvəʳ] *n* castoro

became [bɪ'keɪm] *pt of* **become**

because [bɪ'kɔz] *conj* perché; **~ of** a causa di

beckon ['bɛkən] *vt* (*also*: **~ to**) chiamare con un cenno

become [bɪ'kʌm] (*irreg: like* **come**) *vt* diventare; **to ~ fat/thin** ingrassarsi/ dimagrire

bed [bɛd] *n* letto; (*of flowers*) aiuola; (*of coal, clay*) strato; **single/double ~** letto a una piazza/a due piazze or matrimoniale; **bed and breakfast** *n* (*place*) ≈ pensione *f* familiare; (*terms*) camera con colazione; *vedi nota nel riquadro*; **bedclothes** ['bɛdkləuðz] *npl* biancheria e coperte *fpl* da letto; **bedding** *n* coperte e lenzuola *fpl*; **bed linen** *n* biancheria da letto; **bedroom** *n* camera da letto; **bedside** *n* **at sb's bedside** al capezzale di qn; **bedside lamp** *n* lampada da comodino; **bedside table** *n* comodino; **bedsit(ter)** (*BRIT*) *n* monolocale *m*; **bedspread** *n* copriletto; **bedtime** *n* it's **bedtime** è ora di andare a letto

* **bed and breakfast**
* I **bed and breakfasts**, anche **B & Bs**

sono piccole pensioni a conduzione familiare, più economiche rispetto agli alberghi, dove al mattino viene servita la tradizionale colazione all'inglese.

bee [biː] *n* ape *f*

beech [biːtʃ] *n* faggio

beef [biːf] *n* manzo; **roast ~** arrosto di manzo; **beefburger** *n* hamburger *m inv*; **Beefeater** *n* guardia della Torre di Londra

been [biːn] *pp of* **be**

beer [bɪəʳ] *n* birra; **beer garden** *n* (*BRIT*) giardino (*di pub*)

beet [biːt] (*US*) *n* (*also*: **red ~**) barbabietola rossa

beetle ['biːtl] *n* scarafaggio; coleottero

beetroot ['biːtruːt] (*BRIT*) *n* barbabietola

before [bɪ'fɔːʳ] *prep* (*in time*) prima di; (*in space*) davanti a ▶ *conj* prima che + *sub*; prima di ▶ *adv* prima; **~ going** prima di andare; **~ she goes** prima che vada; **the week ~** la settimana prima; **I've seen it ~** l'ho già visto; **I've never seen it ~** è la prima volta che lo vedo; **beforehand** *adv* in anticipo

beg [bɛg] *vi* chiedere l'elemosina ▶ *vt* (*also*: **~ for**) chiedere in elemosina; (*favour*) chiedere; **to ~ sb to do sth** pregare qn di fare

began [bɪ'gæn] *pt of* **begin**

beggar ['bɛgəʳ] *n* mendicante *m/f*

begin [bɪ'gɪn] (*pt* **began**, *pp* **begun**) *vt*, *vi* cominciare; **to ~ doing** *or* **to do sth** incominciare *or* iniziare a fare qc; **beginner** *n* principiante *m/f*; **beginning** *n* inizio, principio

begun [bɪ'gʌn] *pp of* **begin**

behalf [bɪ'hɑːf] *n* **on ~ of** per conto di; a nome di

behave [bɪ'heɪv] *vi* comportarsi; (*well: also*: **~ o.s.**) comportarsi bene; **behaviour** [bɪ'heɪvjəʳ] (*US* **behavior**) *n* comportamento, condotta

behind [bɪ'haɪnd] *prep* dietro; (*followed by pronoun*) dietro di; (*time*) in ritardo con ▶ *adv* dietro; (*leave, stay*) indietro ▶ *n* didietro; **to be ~ (schedule)** essere in ritardo rispetto al programma; **~ the scenes** (*fig*) dietro le quinte

beige [beɪʒ] *adj* beige *inv*

Beijing ['beɪ'dʒɪŋ] *n* Pechino *o*

being ['biːɪŋ] *n* essere *m*

belated [bɪ'leɪtɪd] *adj* tardo(-a)

belch [bɛltʃ] *vi* ruttare ▶ *vt* (*gen: belch out: smoke etc*) eruttare

Belgian ['bɛldʒən] *adj*, *n* belga *m/f*

Belgium ['bɛldʒəm] *n* Belgio

belief [bɪ'liːf] *n* opinione *f*, convinzione *f*; (*trust, faith*) fede *f*

believe [bɪ'liːv] *vt*, *vi* credere; **to ~ in** (*God*) credere in; (*ghosts*) credere a; (*method*) avere fiducia in; **believer** *n* (*Rel*) credente *m/f*; (*in idea, activity*): **to be a believer in** credere in

bell [bɛl] *n* campana; (*small, on door, electric*) campanello

bellboy ['bɛlbɔɪ], (*US* **bellhop**) ['bɛlhɔp] *n* ragazzo d'albergo, fattorino d'albergo

bellow ['bɛləʊ] *vi* muggire

bell pepper (*esp US*) *n* peperone *m*

belly ['bɛlɪ] *n* pancia; **belly button** *n* ombelico

belong [bɪ'lɔŋ] *vi* **to ~ to** appartenere a; (*club etc*) essere socio di; **this book ~s here** questo libro va qui; **belongings** *npl* cose *fpl*, roba

beloved [bɪ'lʌvɪd] *adj* adorato(-a)

below [bɪ'ləʊ] *prep* sotto, al di sotto di ▶ *adv* sotto, di sotto; giù; **see ~** vedi sotto *o* oltre

belt [bɛlt] *n* cintura; (*Tech*) cinghia ▶ *vt* (*thrash*) picchiare ▶ *vi* (*inf*) filarsela; **beltway** (*US*) *n* (*Aut: ring road*) circonvallazione *f*; (*: motorway*) autostrada

bemused [bɪ'mjuːzd] *adj*

perplesso(-a), stupito(-a)

bench [bɛntʃ] *n* panca; (*in workshop, Pol*) banco; **the B~** (*Law*) la Corte

bend [bɛnd] (*pt, pp* **bent**) *vt* curvare; (*leg, arm*) piegare ▶ *vi* curvarsi; piegarsi ▶ *n* (*BRIT: in road*) curva; (*in pipe, river*) gomito ▶ **bend down** *vi* chinarsi ▶ **bend over** *vi* piegarsi

beneath [bɪ'niːθ] *prep* sotto, al di sotto di; (*unworthy of*) indegno(-a) di ▶ *adv* sotto, di sotto

beneficial [bɛnɪ'fɪʃəl] *adj* che fa bene; vantaggioso(-a)

benefit ['bɛnɪfɪt] *n* beneficio, vantaggio; (*allowance of money*) indennità *f inv* ▶ *vt* far bene a ▶ *vi* **he'll ~ from it** ne trarrà beneficio *o* profitto

benign [bɪ'naɪn] *adj* (*person, smile*) benevolo(-a); (*Med*) benigno(-a)

bent [bɛnt] *pt, pp* of **bend** ▶ *n* inclinazione *f* ▶ *adj* (*inf: dishonest*) losco(-a); **to be ~ on** essere deciso(-a) a

bereaved [bɪ'riːvd] *n* **the ~** i familiari in lutto

beret ['bɛreɪ] *n* berretto

Berlin [bəː'lɪn] *n* Berlino *f*

Bermuda [bəː'mjuːdə] *n* le Bermude

berry ['bɛrɪ] *n* bacca

berth [bəːθ] *n* (*bed*) cuccetta; (*for ship*) ormeggio ▶ *vi* (*in harbour*) entrare in porto; (*at anchor*) gettare l'ancora

beside [bɪ'saɪd] *prep* accanto a; **to be ~ o.s.** (**with anger**) essere fuori di sé (dalla rabbia); **that's ~ the point** non c'entra; **besides** [bɪ'saɪdz] *adv* inoltre, per di più ▶ *prep* oltre a, a parte

best [bɛst] *adj* migliore ▶ *adv* meglio; **the ~ part of** (*quantity*) la maggior parte di; **at ~** tutt'al più; **to make the ~ of sth** cavare il meglio possibile da qc; **to do one's ~** fare del proprio meglio; **to the ~ of my knowledge** per quel che ne so; **to the ~ of my ability**

best-before date n scadenza; **best man** (irreg) n testimone m dello sposo; **bestseller** n bestseller m inv

bet [bɛt] (pt, pp **bet** or **betted**) n scommessa ▶ vt, vi scommettere; **to ~ sb sth** scommettere qc con qn

betray [bɪ'treɪ] vt tradire

better ['bɛtə] adj migliore ▶ adv meglio ▶ vt migliorare ▶ n **to get the ~ of** avere la meglio su; **you had ~ do it** è meglio che lo faccia; **he thought ~ of it** cambiò idea; **to get ~** migliorare

betting ['bɛtɪŋ] n scommesse fpl; **betting shop** (BRIT) n ufficio dell'allibratore

between [bɪ'twi:n] prep tra ▶ adv in mezzo, nel mezzo

beverage ['bɛvərɪdʒ] n bevanda

beware [bɪ'wɛə] vt, vi **to ~ (of)** stare attento(-a) (a); **"~ of the dog"** "attenti al cane"

bewildered [bɪ'wɪldəd] adj sconcertato(-a), confuso(-a)

beyond [bɪ'jɔnd] prep (in space) oltre; (exceeding) al di sopra di ▶ adv di là; **~ doubt** senza dubbio; **~ repair** irreparabile

bias ['baɪəs] n (prejudice) pregiudizio; (preference) preferenza; **bias(s)ed** adj parziale

bib [bɪb] n bavaglino

Bible ['baɪbl] n Bibbia

bicarbonate of soda [baɪˈkɑːbənɪt-] n bicarbonato (di sodio)

biceps ['baɪsɛps] n bicipite m

bicycle ['baɪsɪkl] n bicicletta; **bicycle pump** n pompa della bicicletta

bid [bɪd] (pt **bade** or **bid**, pp **bidden** or **bid**) n offerta; (attempt) tentativo ▶ vi fare un'offerta ▶ vt fare un'offerta di; **to ~ sb good day** dire buon giorno a qn; **bidder** n **the highest bidder** il maggior offerente

bidet ['bi:deɪ] n bidè m inv

big [bɪg] adj grande; grosso(-a); **Big Apple** n vedi nota nel riquadro; **bigheaded** ['bɪg'hɛdɪd] adj presuntuoso(-a); **big toe** n alluce m

Big Apple

Tutti sanno che **The Big Apple**, la Grande Mela, è New York ("apple" in gergo significa "grande città), ma sicuramente i soprannomi di altre città americane non sono così conosciuti. Chicago è soprannominata "the Windy City" perché è ventosa, New Orleans si chiama "the Big Easy" per il modo di vivere tranquillo e rilassato dei suoi abitanti, al contrario automobilistica ha fatto sì che Detroit fosse soprannominata "Motown".

bike [baɪk] n bici f inv; **bike lane** n pista ciclabile

bikini [bɪ'ki:nɪ] n bikini m inv

bilateral [baɪ'lætərl] adj bilaterale

bilingual [baɪ'lɪŋgwəl] adj bilingue

bill [bɪl] n conto; (Pol) atto; (US: banknote; of bird) becco; (of show) locandina; **can I have the ~, please** il conto, per favore; **put it on my ~** lo metta sul mio conto; **"post no ~s"** "divieto di affissione"; **to fit or fill the ~** (fig) fare al caso; **billboard** n tabellone m; **billfold** ['bɪlfəuld] (US) n portafoglio

billiards ['bɪljədz] n biliardo

billion ['bɪljən] num (BRIT) bilione m; (US) miliardo

bin [bɪn] n (for coal, rubbish) bidone m; (for bread) cassetta; (dustbin) pattumiera; (litter bin) cestino

bind [baɪnd] (pt, pp **bound**) vt legare; (oblige) obbligare ▶ n (inf) scocciatura

binge [bɪndʒ] (inf) n **to go on a ~** fare baldoria

bingo ['bɪŋgəu] n gioco simile alla tombola

binoculars [bɪ'nɔkjuləz] *npl* binocolo
bio... [baɪə'...] *prefix*: **biochemistry**
n biochimica; **biodegradable**
adj biodegradabile; **biography**
[baɪ'ɔgrəfɪ] *n* biografia; **biological**
adj biologico(-a); **biology** [baɪ'ɔlədʒɪ]
n biologia
birch [bə:tʃ] *n* betulla
bird [bə:d] *n* uccello; (BRIT: inf: girl)
bambola; **bird of prey** *n* (uccello)
rapace *m*; **birdwatching** *n*
birdwatching *m*
Biro® ['baɪrəʊ] *n* biro® *f inv*
birth [bə:θ] *n* nascita; **to give ~**
to partorire; **birth certificate**
n certificato di nascita; **birth**
control *n* controllo delle nascite;
contraccezione *f*; **birthday** *n*
compleanno *m*; (*as adj*) di
compleanno; **birthmark** *n* voglia; **birthplace** *n*
luogo di nascita
biscuit ['bɪskɪt] (BRIT) *n* biscotto
bishop ['bɪʃəp] *n* vescovo
bistro ['bi:strəʊ] *n* bistrò *m inv*
bit [bɪt] *pt of* **bite** ▶ *n* pezzo; (Comput)
bit *m inv*; (of horse) morso; **a ~ of** un
po' di; **a ~ mad** un po' matto; **~ by ~** a
poco a poco
bitch [bɪtʃ] *n* (dog) cagna; (inf!) vacca
bite [baɪt] (pt, pp **bit, bitten**) *vt, vi*
mordere; (insect) pungere ▶ *n* morso;
(insect bite) puntura; (mouthful)
boccone *m*; **let's have a ~ to eat**
mangiamo un boccone; **to ~ one's**
nails mangiarsi le unghie
bitten ['bɪtn] *pp of* **bite**
bitter ['bɪtər] *adj* amaro(-a); (wind,
criticism) pungente ▶ *n* (BRIT: beer)
birra amara
bizarre [bɪ'zɑːr] *adj* bizzarro(-a)
black [blæk] *adj* nero(-a) ▶ *n* nero;
(person): **B~** negro(-a) ▶ *vt* (BRIT
Industry) boicottare; **to give sb a ~**
eye fare un occhio nero a qn; **in the**
~ (bank account) in attivo ▶ **black out**

vi (faint) svenire; **blackberry** *n* mora;
blackbird *n* merlo; **blackboard** *n*
lavagna; **black coffee** *n* caffè *m inv*
nero; **blackcurrant** *n* ribes *m inv*;
black ice *n* strato trasparente di
ghiaccio; **blackmail** *n* ricatto ▶ *vt*
ricattare; **black market** *n* mercato
nero; **blackout** *n* oscuramento;
(TV, Radio) interruzione *f* delle
trasmissioni; (fainting) svenimento;
black pepper *n* pepe *m* nero; **black**
pudding *n* sanguinaccio; **Black Sea** *n*
the Black Sea il Mar Nero
bladder ['blædər] *n* vescica
blade [bleɪd] *n* lama; (of oar) pala; **~ of**
grass filo d'erba
blame [bleɪm] *n* colpa ▶ *vt* **to ~ sb/sth**
for sth dare la colpa di qc a qn/qc;
who's to ~? chi è colpevole?
bland [blænd] *adj* mite; (taste)
blando(-a)
blank [blæŋk] *adj* bianco(-a); (look)
distratto(-a) ▶ *n* spazio vuoto;
(cartridge) cartuccia a salve
blanket ['blæŋkɪt] *n* coperta
blast [blɑːst] *n* (of wind) raffica; (of
bomb etc) esplosione *f* ▶ *vt* far saltare
blatant ['bleɪtənt] *adj* flagrante
blaze [bleɪz] *n* (fire) incendio; (fig)
vampata; splendore *m* ▶ *vi* (fire)
ardere, fiammeggiare; (guns) sparare
senza sosta; (fig: eyes) ardere ▶ *vt* **to ~**
a trail (fig) tracciare una via nuova; **in**
a ~ of publicity circondato da grande
pubblicità
blazer ['bleɪzər] *n* blazer *m inv*
bleach [bli:tʃ] *n* (also: **household ~**)
varechina ▶ *vt* (material) candeggiare;
bleachers (US) *npl* (Sport) posti *mpl*
di gradinata
bleak [bli:k] *adj* tetro(-a)
bled [bled] *pt, pp of* **bleed**
bleed [bli:d] (pt, pp **bled**) *vi*
sanguinare; **my nose is ~ing** mi viene
fuori sangue dal naso

blemish ['blɛmɪʃ] n macchia

blend [blɛnd] n miscela ▶ vt mescolare
▶ vi (colours etc: also: ~ in) armonizzare;
blendern (Culin) frullatore m

bless [blɛs] (pt, pp blessed or blest) vt
benedire; ~ you! (after sneeze) salute!;
blessingn benedizione f; fortuna

blew [bluː] pt of blow

blight [blaɪt] vt (hopes etc) deludere;
(life) rovinare

blind [blaɪnd] adj cieco(-a) ▶ n (for
window) avvolgibile m; (Venetian
blind) veneziana ▶ vt accecare; the
~ npl i ciechi; blind alleyn vicolo
cieco; blindfoldn benda ▶ adj, adv
bendato(-a) ▶ vt bendare gli occhi a

blink [blɪŋk] vi battere gli occhi; (light)
lampeggiare

bliss [blɪs] n estasi f

blister ['blɪstə*] n (on skin) vescica; (on
paintwork) bolla ▶ vi (paint) coprirsi
di bolle

blizzard ['blɪzəd] n bufera di neve

bloated ['bləʊtɪd] adj gonfio(-a)

blob [blɔb] n (drop) goccia; (stain, spot)
macchia

block [blɔk] n blocco; (in pipes)
ingombro; (toy) cubo; (of buildings)
isolato ▶ vt bloccare; the sink is ~ed
il lavandino è intasato ▶ block upvt
bloccare; (pipe) ingorgare, intasare;
blockade [-'keɪd] n blocco; blockage
n ostacolo; blockbustern (film, book)
grande successo; block capitals
npl stampatello; block lettersnpl
stampatello

bloke [bləʊk] n (BRIT: inf) n tizio

blond(e) [blɔnd] adj, n biondo(-a)

blood [blʌd] n sangue m; blood donor
n donatore(-trice) di sangue; blood
groupn gruppo sanguigno; blood
poisoningn setticemia; blood
pressuren pressione f sanguigna;
bloodshedn spargimento di sangue;
bloodshotadj bloodshot eyes occhi

iniettati di sangue; bloodstreamn
flusso del sangue; blood testn analisi
f inv del sangue; blood transfusion n
trasfusione f di sangue; blood type
n gruppo sanguigno; blood vessel
n vaso sanguigno; bloodyadj (fight)
sanguinoso(-a); (nose) sanguinante;
(BRIT: inf!): this bloody ... questo
maledetto ...; bloody awful/good
(inf!) veramente terribile/forte

bloom [bluːm] n fiore m ▶ vi (tree)
essere in fiore; (flower) aprirsi

blossom ['blɔsəm] n fiore m; (with pl
sense) fiori mpl ▶ vi essere in fiore

blot [blɔt] n macchia ▶ vt macchiare

blouse [blauz] n (feminine garment)
camicetta

blow [bləʊ] (pt blew, pp blown)
n colpo ▶ vi soffiare ▶ vt (fuse) far
saltare; (wind) spingere; (instrument)
suonare; to ~ one's nose soffiarsi il
naso; to ~ a whistle fischiare ▶ blow
awayvt portare via ▶ blow outvi
scoppiare ▶ blow upvi saltare in aria
▶ vt far saltare in aria; (tyre) gonfiare;
(Phot) ingrandire; blow-dryn messa
in piega a föhn

blown [bləʊn] pp of blow

blue [bluː] adj azzurro(-a); (depressed)
giù inv; ~ film/joke film/barzelletta
pornografico(-a); out of the ~ (fig)
all'improvviso; bluebelln giacinto
dei boschi; blueberryn mirtillo; blue
cheesen formaggio tipo gorgonzola;
bluesnpl the blues (Mus) il blues; to
have the blues (inf: feeling) essere a
terra; bluetitn cinciarella

bluff [blʌf] vi bluffare ▶ n bluff m inv
▶ adj (person) brusco(-a); to call sb's ~
mettere alla prova il bluff di qn

blunder ['blʌndə*] n abbaglio ▶ vi
prendere un abbaglio

blunt [blʌnt] adj smussato(-a);
spuntato(-a); (person) brusco(-a)

blur [blə:*] n forma indistinta ▶ vt

offuscare; **blurred** adj (photo)
mosso(-a); (TV) sfuocato(-a)

blush [blʌʃ] vi arrossire ▶ n rossore m;
blusher n fard m inv

board [bɔːd] n tavola; (on wall)
tabellone m; (committee) consiglio,
comitato; (in firm) consiglio
d'amministrazione; (Naut, Aviat):
on ~ a bordo ▶ vt (ship) salire a bordo
di; (train) salire su; **full ~** (BRIT)
pensione completa; **half ~** (BRIT)
mezza pensione; **~ and lodging**
vitto e alloggio; **which goes by the ~**
(fig) che viene abbandonato; **board
game** n gioco da tavolo; **boarding
card** n = **boarding pass**; **boarding
pass** n (Aviat, Naut) carta d'imbarco;
boarding school n collegio; **board
room** n sala del consiglio

boast [bəust] vi to **~ (about** or **of)**
vantarsi (di)

boat [bəut] n nave f; (small) barca

bob [bɔb] vi (boat, cork on water: also: **~
up and down**) andare su e giù

bobby pin ['bɔbɪ-] (US) n fermaglio
per capelli

body ['bɔdɪ] n corpo; (of car)
carrozzeria; (of plane) fusoliera;
(fig: group) gruppo; (: organization)
organizzazione f; (: quantity) quantità
f inv; **body-building** n culturismo;
bodyguard n guardia del corpo;
bodywork n carrozzeria

bog [bɔg] n palude f ▶ vt to **get ~ged
down** (fig) impantanarsi

bogus ['bəugəs] adj falso(-a); finto(-a)

boil [bɔɪl] vt, vi bollire ▶ n (Med)
foruncolo; **to come to the** (BRIT) or
a (US) **~** raggiungere l'ebollizione
▶ **boil over** vi traboccare (bollendo);
boiled egg n uovo alla coque; **boiled
potatoes** npl patate fpl bollite or
lesse; **boiler** n caldaia; **boiling** adj
bollente; **I'm boiling (hot)** (inf) sto
morendo di caldo; **boiling point** n

punto di ebollizione

bold [bəuld] adj audace; (child)
impudente; (colour) deciso(-a)

Bolivia [bə'lɪvɪə] n Bolivia

Bolivian [bə'lɪvɪən] adj, n boliviano(-a)

bollard ['bɔləd] (BRIT) n (Aut)
colonnina luminosa

bolt [bəult] n chiavistello; (with nut)
bullone m ▶ adv **~ upright** diritto(-a)
come un fuso ▶ vt serrare; (also:
~ together) imbullonare; (food)
mangiare in fretta ▶ vi scappare via

bomb [bɔm] n bomba ▶ vt
bombardare; **bombard** [bɔm'bɑːd]
vt bombardare; **bomber** n (Aviat)
bombardiere m; **bomb scare** n stato
di allarme (per sospetta presenza di
una bomba)

bond [bɔnd] n legame m; (binding
promise, Finance) obbligazione
f; (Comm): **in ~** in attesa di
sdoganamento

bone [bəun] n osso; (of fish) spina, lisca
▶ vt disossare; togliere le spine a

bonfire ['bɔnfaɪə'] n falò m inv

bonnet ['bɔnɪt] n cuffia; (BRIT: of car)
cofano

bonus ['bəunəs] n premio; (fig)
sovrappiù m inv

boo [buː] excl ba! ▶ vt fischiare

book [buk] n libro; (of stamps etc)
blocchetto ▶ vt (ticket, seat, room)
prenotare; (driver) multare; (football
player) ammonire; **~s** npl (Comm) conti
mpl; **I'd like to ~ a double room** vorrei
prenotare una camera doppia; **I ~ed a
table in the name of ...** ho prenotato
un tavolo al nome di ... ▶ **book in** vi
(BRIT: at hotel) prendere una camera
▶ **book up** vt riservare, prenotare;
the hotel is ~ed up l'albergo è al
completo; **all seats are ~ed up** è
tutto esaurito; **bookcase** n scaffale
m; **booking** n (BRIT) prenotazione
f; **I confirmed my booking by**

fax/e-mail ho confermato la mia prenotazione tramite fax/e-mail; **booking office** (BRIT) n (Rail) biglietteria; (Theatre) botteghino; **book-keeping** n contabilità; **booklet** n libricino; **bookmaker** n allibratore m; **bookmark** (also Comput) n segnalibro ▸ vt (Comput) mettere un segnalibro a; (Internet Explorer) aggiungere a "Preferiti"; **bookseller** n libraio; **bookshelf** n mensola (per libri); **bookshop, bookstore** n libreria

boom [buːm] n (noise) rimbombo; (in prices etc) boom m inv ▸ vi rimbombare; andare a gonfie vele **boost** [buːst] n spinta ▸ vt spingere **boot** [buːt] n stivale m; (for hiking) scarpone m da montagna; (for football etc) scarpa; (BRIT: of car) portabagagli m inv ▸ vt (Comput) inizializzare; **to ~** (in addition) per giunta, in più **booth** [buːð] n cabina; (at fair) baraccone m **booze** [buːz] (inf) n alcool m **border** ['bɔːdə'] n orlo; margine m; (of a country) frontiera; (for flowers) aiuola (laterale) ▸ vt (road) costeggiare; (another country: also: **~ on**) confinare con; **the B~s** la zona di confine tra l'Inghilterra e la Scozia; **borderline** (fig): **on the borderline** incerto(-a) **bore** [bɔː'] pt of **bear** ▸ vt (hole etc) scavare; (person) annoiare ▸ n (person) seccatore(-trice); (of gun) calibro; **bored** adj annoiato(-a); **to be bored** annoiarsi; **he's bored to tears** or to **death** or **stiff** è annoiato a morte; **boredom** n noia **boring** ['bɔːrɪŋ] adj noioso(-a) **born** [bɔːn] adj: **to be ~** nascere; **I was ~ in 1960** sono nato nel 1960 **borne** [bɔːn] pp of **bear** **borough** ['bʌrə] n comune m **borrow** ['bɔrəu] vt **to ~ sth (from sb)** prendere in prestito qc (da qn) **Bosnia-(Herzegovina)** ['bɔznɪə(hɜːtzə'gəuviːnə)] n Bosnia-Erzegovina; **Bosnian** ['bɔznɪən] n, adj bosniaco(-a) m/f **bosom** ['buzəm] n petto; (fig) seno **boss** [bɔs] n capo ▸ vt comandare; **bossy** adj prepotente **both** [bəuθ] adj entrambi(-e), tutt'e due ▸ pron **~ of them** entrambi(-e); **~ of us went, we ~ went** ci siamo andati tutt'e due ▸ adv they sell **~ meat and poultry** vendono insieme la carne ed il pollame **bother** ['bɔðə'] vt (worry) preoccupare; (annoy) infastidire ▸ vi (also: **~ o.s.**) preoccuparsi ▸ n **it is a ~ to have to do** è una seccatura dover fare; **it was no ~** non c'era problema; **to ~ doing sth** darsi la pena di fare qc **bottle** ['bɔtl] n bottiglia; (baby's) biberon m inv ▸ vt imbottigliare; **bottle bank** n contenitore m per la raccolta del vetro; **bottle-opener** n apribottiglie m inv **bottom** ['bɔtəm] n fondo; (buttocks) sedere m ▸ adj più basso(-a); (last) ultimo(-a); **at the ~ of** in fondo a **bought** [bɔːt] pt, pp of **buy** **boulder** ['bəuldə'] n masso (tondeggiante) **bounce** [bauns] vi (ball) rimbalzare; (cheque) essere restituito(-a) ▸ vt far rimbalzare ▸ n (rebound) rimbalzo; **bouncer** (inf) n buttafuori m inv **bound** [baund] pt, pp of **bind** ▸ n (gen pl) limite m; (leap) salto ▸ vi saltare ▸ vt (limit) delimitare ▸ adj **~ by law** obbligato(-a) per legge; **to be ~ to do** sth (obliged) essere costretto(-a) a fare qc; **he's ~ to fail** (likely) fallirà di certo; **~ for** diretto(-a) a; **out of ~s** il cui accesso è vietato **boundary** ['baundrɪ] n confine m **bouquet** ['bukeɪ] n bouquet m inv

bourbon ['buəbən] (US) n (also: ~ **whiskey**) bourbon m inv

bout [baut] n periodo; (of malaria etc) attacco; (Boxing etc) incontro

boutique [bu:'ti:k] n boutique f inv

bow¹ [bəu] n nodo; (weapon) arco; (Mus) archetto

bow² [bau] n (with body) inchino; (Naut: also: ~s) prua ▶ vi inchinarsi; (yield): **to ~ to** or **before** sottomettersi a

bowels ['bauəlz] npl intestini mpl; (fig) viscere fpl

bowl [bəul] n (for eating) scodella; (for washing) bacino; (ball) boccia ▶ vi (Cricket) servire (la palla); **bowler** ['bəulə'] n (Cricket, Baseball) lanciatore m; (BRIT: also: **bowler hat**) bombetta

bowling ['bəulɪŋ] n (game) gioco delle bocce; **bowling alley** n pista da bowling; **bowling green** n campo di bocce; **bowls** [bəulz] n gioco delle bocce

bow tie n cravatta a farfalla

box [bɔks] n scatola; (also: **cardboard ~**) cartone m; (Theatre) palco ▶ vt incatolare ▶ vi fare del pugilato; **boxer** n (person) pugile m; **boxer shorts** ['bɔksəʃɔ:ts] pl n boxer; **a pair of boxer shorts** un paio di boxer; **boxing** n (Sport) pugilato; **Boxing Day** (BRIT) n ≈ Santo Stefano; vedi nota nel riquadro; **boxing gloves** npl guantoni mpl da pugile; **boxing ring** n ring m inv; **box office** n biglietteria

● **Boxing Day**
● Il **Boxing Day** è un giorno di festa
● e cade in genere il 26 dicembre.
● Prende il nome dalla tradizionale
● usanza di donare pacchi regalo
● natalizi, chiamati "Christmas
● boxes", a fornitori e dipendenti.

boy [bɔɪ] n ragazzo

boycott ['bɔɪkɔt] n boicottaggio ▶ vt boicottare

boyfriend ['bɔɪfrɛnd] n ragazzo

bra [brɑ:] n reggipetto, reggiseno

brace [breɪs] n (on teeth) apparecchio correttore; (tool) trapano ▶ vt rinforzare, sostenere; **~s** (BRIT) npl (Dress) bretelle fpl; **to ~ o.s.** (also fig) tenersi forte

bracelet ['breɪslɪt] n braccialetto

bracket ['brækɪt] n (Tech) mensola; (group) gruppo; (Typ) parentesi f inv ▶ vt mettere fra parentesi

brag [bræg] vi vantarsi

braid [breɪd] n (trimming) passamano; (of hair) treccia

brain [breɪn] n cervello; **~s** npl (intelligence) cervella fpl; **he's got ~s** è intelligente

braise [breɪz] vt brasare

brake [breɪk] n (on vehicle) freno ▶ vi frenare; **brake light** n (fanalino dello) stop m inv

bran [bræn] n crusca

branch [brɑ:ntʃ] n ramo; (Comm) succursale f ▶ **branch off** vi diramarsi ▶ **branch out** vi (fig) intraprendere una nuova attività

brand [brænd] n marca; (fig) tipo ▶ vt (cattle) marcare (a ferro rovente); **brand name** n marca; **brand-new** adj nuovo(-a) di zecca

brandy ['brændɪ] n brandy m inv

brash [bræʃ] adj sfacciato(-a)

brass [brɑ:s] n ottone m; **the ~** (Mus) gli ottoni; **brass band** n fanfara

brat [bræt] (pej) n marmocchio, monello(-a)

brave [breɪv] adj coraggioso(-a) ▶ vt affrontare; **bravery** n coraggio

brawl [brɔ:l] n rissa

Brazil [brə'zɪl] n Brasile m; **Brazilian** adj, n brasiliano(-a)

breach [bri:tʃ] vt aprire una breccia in ▶ n (gap) breccia, varco; (breaking): **~ of contract** rottura di contratto; **~ of the peace** violazione f dell'ordine pubblico

bread [brɛd] n pane m; **breadbin** n
cassetta f portapane inv; **breadbox**
(US) n cassetta f portapane inv;
breadcrumbs npl briciole fpl; (Culin)
pangrattato

breadth [brɛtθ] n larghezza; (fig: of
knowledge etc) ampiezza

break [breɪk] (pt **broke**, pp **broken**) vt
rompere; (law) violare; (record) battere
▶ vi rompersi; (storm) scoppiare;
(weather) cambiare; (dawn) spuntare;
(news) saltare fuori ▶ n (gap) breccia;
(fracture) rottura; (rest, also Scol)
intervallo; (: short) pausa; (chance)
possibilità f inv; **to ~ one's leg** etc
rompersi la gamba ecc; **to ~ the news
to sb** comunicare per primo la notizia
a qn; **to ~ even** coprire le spese; **to
~ free** or **loose** spezzare i legami; **to
~ open** (door etc) sfondare ▷ **break
down** vt (figures, data) analizzare
▶ vi (person) avere un esaurimento
(nervoso); (Aut) guastarsi; **my car
has broken down** mi si è rotta la
macchina ▷ **break in** vt (horse etc)
domare ▶ vi (burglar) fare irruzione;
(interrupt) interrompere ▷ **break into**
vt fus (house) fare irruzione in ▷ **break
off** vi (speaker) interrompersi; (branch)
troncarsi ▷ **break out** vi evadere;
(war, fight) scoppiare; **to ~ out in
spots** coprirsi di macchie ▷ **break
up** vi (ship) sfondarsi; (meeting)
sciogliersi; (crowd) disperdersi;
(marriage) andare a pezzi; (Scol)
chiudere ▶ vt fare a pezzi, spaccare;
(fight etc) interrompere, far cessare;
breakdown n (Aut) guasto; (in
communications) interruzione f; (of
marriage) rottura; (Med: also: **nervous
breakdown**) esaurimento nervoso;
(of statistics) resoconto; **breakdown
truck**, **breakdown van** n carro m
attrezzi inv

breakfast ['brɛkfəst] n colazione f;

what time is ~? a che ora è servita la
colazione?

break: **break-in** n irruzione f;
breakthrough n (fig) passo avanti

breast [brɛst] n (of woman) seno;
(chest, Culin) petto; **breast-feed** (irreg:
like **feed**) vt, vi allattare (al seno);
breast-stroke n nuoto a rana

breath [brɛθ] n respiro; **out of ~**
senza fiato

Breathalyser® ['brɛθəlaɪzər] (BRIT) n
alcoltest m inv

breathe [briːð] vt, vi respirare
▷ **breathe in** vt respirare ▶ vi inspirare
▷ **breathe out** vt, vi espirare;
breathing n respiro, respirazione f

breath: **breathless** ['brɛθlɪs] adj senza
fiato; **breathtaking** ['brɛθteɪkɪŋ] adj
mozzafiato inv; **breath test** n = prova
del palloncino

bred [brɛd] pt, pp of **breed**

breed [briːd] (pt, pp **bred**) vt allevare
▶ vi riprodursi ▶ n razza; (type, class)
varietà f inv

breeze [briːz] n brezza

breezy ['briːzɪ] adj allegro(-a),
ventilato(-a)

brew [bruː] vt (tea) fare un infuso
di; (beer) fare ▶ vi (storm, fig: trouble
etc) prepararsi; **brewery** n fabbrica
di birra

bribe [braɪb] n bustarella ▶ vt
comprare; **bribery** n corruzione f

bric-a-brac ['brɪkəbræk] n bric-a-
brac m

brick [brɪk] n mattone m; **bricklayer**
n muratore m

bride [braɪd] n sposa; **bridegroom**
n sposo; **bridesmaid** n damigella
d'onore

bridge [brɪdʒ] n ponte m; (Naut) ponte
di comando; (of nose) dorso; (Cards)
bridge m inv ▶ vt (fig: gap) colmare

bridle ['braɪdl] n briglia

brief [briːf] adj breve ▶ n (Law)

comparsa; (gen) istruzioni fpl ▸ vt
mettere al corrente; **~s** npl (underwear)
mutande fpl; **briefcase** n cartella;
briefing n briefing m inv; **briefly**
adv (glance) di sfuggita; (explain, say)
brevemente

brigadier [brɪgə'dɪə'] n generale m
di brigata

bright [braɪt] adj luminoso(-a); (clever)
sveglio(-a); (lively) vivace

brilliant ['brɪljənt] adj brillante; (light,
smile) radioso(-a); (inf) splendido(-a)

brim [brɪm] n orlo

brine [braɪn] n (Culin) salamoia

bring [brɪŋ] (pt, pp brought) vt portare
▸ **bring about** vt causare ▸ **bring
back** vt riportare ▸ **bring down** vt
portare giù; abbattere ▸ **bring in** vt
(person) fare entrare; (object) portare;
(Pol: bill) presentare; (: legislation)
introdurre; (Law: verdict) emettere;
(produce: income) rendere ▸ **bring on**
vt (illness, attack) causare, provocare;
(player, substitute) far scendere in
campo ▸ **bring out** vt tirar fuori;
(meaning) mettere in evidenza;
(book, album) far uscire ▸ **bring up** vt
(carry up) portare su; (child) allevare;
(question) introdurre; (food: vomit)
rimettere, rigurgitare

brink [brɪŋk] n orlo

brisk [brɪsk] adj (manner) spiccio(-a);
(trade) vivace; (pace) svelto(-a)

bristle ['brɪsl] n setola ▸ vi rizzarsi;
bristling with irto(-a) di

Brit [brɪt] n abbr (inf: = British person)
britannico(-a)

Britain ['brɪtən] n (also: **Great ~**) Gran
Bretagna

British ['brɪtɪʃ] adj britannico(-a);
British Isles npl Isole Britanniche

Briton ['brɪtən] n britannico(-a)

brittle ['brɪtl] adj fragile

broad [brɔːd] adj largo(-a); (distinction)
generale; (accent) spiccato(-a);

in ~ daylight in pieno giorno;
broadband adj (Comput) a banda
larga ▸ n banda larga; **broad bean** n
fava; **broadcast** ['brɔːdkɑːst]
n trasmissione f ▸ vt trasmettere
per radio (or per televisione) ▸ vi
fare una trasmissione; **broaden** vt
allargare ▸ vi allargarsi; **broadly** adv
(fig) in generale; **broad-minded** adj di
mente aperta

broccoli ['brɒkəlɪ] n broccoli mpl

brochure ['brəʊʃjʊə'] n dépliant m inv

broil [brɔɪl] vt cuocere a fuoco vivo

broiler ['brɔɪlə'] (US) n (grill) griglia

broke [brəʊk] pt of **break** ▸ adj (inf)
squattrinato(-a)

broken ['brəʊkn] pp of **break** ▸ adj
rotto(-a); **a ~ leg** una gamba rotta; **in
~ English** in un inglese stentato

broker ['brəʊkə'] n agente m

bronchitis [brɒŋ'kaɪtɪs] n bronchite f

bronze [brɒnz] n bronzo

brooch [brəʊtʃ] n spilla

brood [bruːd] n covata ▸ vi (person)
rimuginare

broom [brum] n scopa; (Bot) ginestra

Bros. abbr (= Brothers) F.lli

broth [brɒθ] n brodo

brothel ['brɒθl] n bordello

brother ['brʌðə'] n fratello; **brother-
in-law** n cognato

brought [brɔːt] pt, pp of **bring**

brow [braʊ] n fronte f; (rare, gen:
eyebrow) sopracciglio; (of hill) cima

brown [braʊn] adj bruno(-a),
marrone; (tanned) abbronzato(-a) ▸ n
(colour) color m bruno or marrone ▸ vt
(Culin) rosolare; **brown bread** n pane
m integrale, pane nero

Brownie ['braʊnɪ] n giovane
esploratrice f

brown rice n riso greggio

brown sugar n zucchero greggio

browse [braʊz] vi (among books)
curiosare fra i libri; **to ~ through a**

book sfogliare un libro; **browser** n (Comput) browser m inv

bruise [bruːz] n (on person) livido ▸ vt farsi un livido a

brunette [bruːˈnɛt] n bruna

brush [brʌʃ] n spazzola; (for painting, shaving) pennello; (quarrel) schermaglia ▸ vt spazzolare; (also: ~ **against**) sfiorare

Brussels [ˈbrʌslz] n Bruxelles f

Brussels sprout [spraut] n cavolo di Bruxelles

brutal [ˈbruːtl] adj brutale

B.Sc. n abbr (Univ) = **Bachelor of Science**

BSE n abbr (= bovine spongiform encephalopathy) encefalite f bovina spongiforme

bubble [ˈbʌbl] n bolla ▸ vi ribollire; (sparkle: fig) essere effervescente; **bubble bath** n bagnoschiuma m inv; **bubble gum** n gomma americana

buck [bʌk] n maschio (di camoscio, caprone, coniglio ecc); (US: inf) dollaro ▸ vi sgroppare; **to pass the ~ to sb** scaricare (su di qn) la propria responsabilità

bucket [ˈbʌkɪt] n secchio

buckle [ˈbʌkl] n fibbia ▸ vt allacciare ▸ vi (wheel etc) piegarsi

bud [bʌd] n gemma; (of flower) bocciolo ▸ vi germogliare; (flower) sbocciare

Buddhism [ˈbudɪzəm] n buddismo

Buddhist [ˈbudɪst] adj, n buddista (m/f)

buddy [ˈbʌdɪ] (US) n compagno

budge [bʌdʒ] vt scostare; (fig) smuovere ▸ vi spostarsi; muoversi

budgerigar [ˈbʌdʒərɪɡɑːʳ] n pappagallino

budget [ˈbʌdʒɪt] n bilancio preventivo ▸ vi **to ~ for sth** fare il bilancio per qc

budgie [ˈbʌdʒɪ] n = **budgerigar**

buff [bʌf] adj color camoscio ▸ n (inf: enthusiast) appassionato(-a)

buffalo [ˈbʌfələu] (pl **buffalo** or **buffaloes**) n bufalo; (US) bisonte m

buffer [ˈbʌfəʳ] n respingente m; (Comput) memoria tampone, buffer m inv

buffet¹ [ˈbʌfɪt] vt sferzare

buffet² [ˈbufeɪ] n (food, BRIT: bar) buffet m inv; **buffet car** (BRIT) n (Rail) = servizio ristoro

bug [bʌɡ] n (esp US: insect) insetto; (Comput, fig: germ) virus m inv; (spy device) microfono spia ▸ vt mettere sotto controllo; (inf: annoy) scocciare

buggy [ˈbʌɡɪ] n (baby buggy) passeggino

build [bɪld] (pt, pp **built**) n (of person) corporatura ▸ vt costruire ▸ **build up** vt accumulare; aumentare; **builder** n costruttore m; **building** n costruzione f; edificio; (industry) edilizia; **building site** n cantiere m di costruzione; **building society** (BRIT) n società f inv immobiliare

built [bɪlt] pt, pp of **build**; **built-in** adj (cupboard) a muro; (device) incorporato(-a); **built-up** adj **built-up area** abitato

bulb [bʌlb] n (Bot) bulbo; (Elec) lampadina

Bulgaria [bʌlˈɡɛərɪə] n Bulgaria; **Bulgarian** adj bulgaro(-a) ▸ n bulgaro(-a); (Ling) bulgaro

bulge [bʌldʒ] n rigonfiamento ▸ vi essere protuberante o rigonfio(-a); **to be bulging with** essere pieno(-a) o zeppo(-a) di

bulimia [bəˈlɪmɪə] n bulimia

bulimic [bjuːˈlɪmɪk] adj, n bulimico(-a)

bulk [bʌlk] n massa, volume m; **in ~** a pacchi or cassette etc; (Comm) all'ingrosso; **the ~ of** il grosso di; **bulky** adj grosso(-a), voluminoso(-a)

bull [bul] n toro; (male elephant, whale) maschio

bulldozer [ˈbuldəuzəʳ] n bulldozer

m inv

bullet ['bulɪt] *n* pallottola

bulletin ['bulɪtɪn] *n* bollettino;
bulletin board *n* (*Comput*) bulletin
board *m inv*

bullfight ['bulfaɪt] *n* corrida;
bullfighter *n* torero; **bullfighting** *n*
tauromachia

bully ['bulɪ] *n* prepotente *m* ▸ *vt*
angariare; (*frighten*) intimidire

bum [bʌm] (*inf*) *n* (*backside*) culo;
(*tramp*) vagabondo(-a)

bumblebee ['bʌmblbiː] *n* bombo

bump [bʌmp] *n* (*in car*) piccolo
tamponamento; (*jolt*) scossa; (*on
road etc*) protuberanza; (*on head*)
bernoccolo ▸ *vt* battere ▸ **bump
into** *vt fus* scontrarsi con; (*person*)
imbattersi in; **bumper** *n* paraurti *m
inv* ▸ *adj* **bumper harvest** raccolto
eccezionale; **bumpy** ['bʌmpɪ] *adj*
(*road*) dissestato(-a)

bun [bʌn] *n* focaccia; (*of hair*) crocchia

bunch [bʌntʃ] *n* (*of flowers, keys*)
mazzo; (*of grapes*) casco; (*of people*)
gruppo; ~ **of grapes** grappolo d'uva;
~**es** *npl* (*in hair*) codine *fpl*

bundle ['bʌndl] *n* fascio ▸ *vt* (*also: ~ up*)
legare in un fascio; (*put*): **to ~ sth/sb
into** spingere qc/qn in

bungalow ['bʌŋgələu] *n* bungalow
m inv

bungee jumping ['bʌndʒiː'dʒʌmpɪŋ]
n salto nel vuoto da ponti, grattacieli etc
con un cavo fissato alla caviglia

bunion ['bʌnjən] *n* callo (al piede)

bunk [bʌŋk] *n* cuccetta; **bunk beds** *npl*
letti *mpl* a castello

bunker ['bʌŋkə*] *n* (*coal store*)
ripostiglio per il carbone; (*Mil, Golf*)
bunker *m inv*

bunny ['bʌnɪ] *n* (*also: ~ rabbit*)
coniglietto

buoy [bɔɪ] *n* boa; **buoyant** *adj*
galleggiante; (*fig*) vivace

burden ['bəːdn] *n* carico, fardello ▸ *vt*
to ~ sb with caricare qn di

bureau [bjuə'rəu] (*pl* **bureaux**) *n* (*BRIT*:
writing desk) scrivania; (*US: chest of
drawers*) cassettone *m*; (*office*) ufficio,
agenzia

bureaucracy [bjuə'rɔkrəsɪ] *n*
burocrazia

bureaucrat ['bjuərəkræt] *n* burocrate
m/f

bureau de change [-də'ʃɑ̃ʒ] (*pl*
bureaux de change) *n* cambiavalute
m inv

bureaux [bjuə'rəuz] *npl of* **bureau**

burger ['bəːgə*] *n* hamburger *m inv*

burglar ['bəːglə*] *n* scassinatore
m; **burglar alarm** *n* campanello
antifurto; **burglary** *n* furto con
scasso

burial ['berɪəl] *n* sepoltura

burn [bəːn] (*pt, pp* **burned** *or* **burnt**), *vt,
vi* bruciare ▸ *n* bruciatura, scottatura
▸ **burn down** *vt* distruggere col fuoco
▸ **burn out** *vt* (*writer etc*): **to ~ o.s. out**
esaurirsi; **burning** *adj* in fiamme;
(*sand*) che scotta; (*ambition*) bruciante

Burns Night *n* vedi nota nel riquadro

> **Burns Night**
>
> **Burns Night** è la festa celebrata il 25
> gennaio per commemorare il poeta
> scozzese Robert Burns (1759-1796).
> Gli scozzesi festeggiano questa data
> con una cena, la "Burns supper", a
> base di "haggis", piatto tradizionale
> scozzese, e whisky.

burnt [bəːnt] *pt, pp of* **burn**

burp [bəːp] (*inf*) *n* rutto ▸ *vi* ruttare

burrow ['bʌrəu] *n* tana ▸ *vt* scavare

burst [bəːst] (*pt, pp* **burst**) *vt* far
scoppiare ▸ *vi* esplodere, scoppiare ▸
scoppiare ▸ *n* scoppio; (*also: ~ pipe*)
rottura nel tubo, perdita; **a ~ of
speed** uno scatto di velocità; **to
~ into flames/tears** scoppiare in
fiamme/lacrime; **to ~ out laughing**

scoppiare a ridere; **to be ~ing with** scoppiare di ► **burst into**vt fus (room etc) irrompere in

bury ['bɛrɪ] vt seppellire

bus [bʌs] (pl **buses**) n autobus m inv; **bus conductor**n autista m/f (dell'autobus)

bush [buʃ] n cespuglio; (scrub land) macchia; **to beat about the ~** menare il cane per l'aia

business ['bɪznɪs] n (matter) affare m; (trading) affari mpl; (firm) azienda; (job, duty) lavoro; **to be away on ~** essere andato via per affari; **it's none of my ~** questo non mi riguarda; **he means ~** non scherza; **business class** n (Aer) business class f; **businesslike**adj serio(-a), efficiente; **businessman** (irreg) n uomo d'affari; **business trip** n viaggio d'affari; **businesswoman** (irreg) n donna d'affari

busker ['bʌskə'] (BRIT) n suonatore(-trice) ambulante

bus: bus passn tessera dell'autobus; **bus shelter**n pensilina (alla fermata dell'autobus); **bus station** n stazione f delle corriere, autostazione f; **bus-stop**n fermata d'autobus

bust [bʌst] n busto; (Anat) seno ► adj (inf: broken) rotto(-a); **to go ~** fallire

bustling ['bʌslɪŋ] adj movimentato(-a)

busy ['bɪzɪ] adj occupato(-a); (shop, street) molto frequentato(-a) ► vt **to ~ o.s.** darsi da fare; **busy signal** (US) n (Tel) segnale m di occupato

but

[bʌt] conj ma; **I'd love to come, but I'm busy** vorrei tanto venire, ma ho da fare

► prep (apart from, except) eccetto, tranne, meno; **he was nothing but trouble** non dava altro che guai; **no-one but him can do it** nessuno può farlo tranne lui; **but for you/your**

help se non fosse per te/per il tuo aiuto; **anything but that** tutto ma non questo

► adv (just, only) solo, soltanto; **she's but a child** è solo una bambina; **had I but known** se solo avessi saputo; **I can but try** tentar non nuoce; **all but finished** quasi finito

butcher ['butʃə'] ► vt macellare; **butcher's (shop)**n macelleria

butler ['bʌtlə'] n maggiordomo

butt [bʌt] n (cask) grossa botte f; (of gun) calcio; (of cigarette) mozzicone m; (BRIT: fig: target) oggetto ► vt cozzare

butter ['bʌtə'] n burro ► vt imburrare; **buttercup**n ranuncolo

butterfly ['bʌtəflaɪ] n farfalla; (Swimming: also: **~ stroke**) (nuoto a) farfalla

buttocks ['bʌtəks] npl natiche fpl

button ['bʌtn] n bottone m; (US: badge) distintivo ► vt (also: **~ up**) abbottonare ► vi abbottonarsi

buy [baɪ] (pt, pp **bought**) vt comprare ► n acquisto; **where can I ~ some postcards?** dove posso comprare delle cartoline?; **to ~ sb sth/sth from sb** comprare qc per qn/qc da qn; **to ~ sb a drink** offrire da bere a qn ► **buy out**vt (business) rilevare ► **buy up**vt accaparrare; **buyer** n compratore(-trice)

buzz [bʌz] n ronzio; (inf: phone call) colpo di telefono ► vi ronzare; **buzzer** ['bʌzə'] n cicalino

by

[baɪ] prep

1 (referring to cause, agent) da; **killed by lightning** ucciso da un fulmine; **surrounded by a fence** circondato da uno steccato; **a painting by Picasso** un quadro di Picasso

2 (referring to method, manner, means): **by bus/car/train** in autobus/

macchina/treno, con l'autobus/la macchina/il treno; **to pay by cheque** pagare con (un) assegno; **by moonlight** al chiaro di luna; **by saving hard, he ...** risparmiando molto, lui ...

3 (*via, through*) per; **we came by Dover** siamo venuti via Dover

4 (*close to, past*) accanto a; **the house by the river** la casa sul fiume; **a holiday by the sea** una vacanza al mare; **she sat by his bed** si sedette accanto al suo letto; **she rushed by me** mi è passata accanto correndo; **I go by the post office every day** passo davanti all'ufficio postale ogni giorno

5 (*not later than*) per, entro; **by 4 o'clock** per o entro le 4; **by this time tomorrow** domani a quest'ora; **by the time I got here it was too late** quando sono arrivato era ormai troppo tardi

6 (*during*): **by day/night** di giorno/notte

7 (*amount*) a; **by the kilo/metre** a chili/metri; **paid by the hour** pagato all'ora; **one by one** uno per uno; **little by little** a poco a poco

8 (*Math, measure*): **to divide/multiply by 3** dividere/moltiplicare per 3; **it's broader by a metre** è un metro più largo, è più largo di un metro

9 (*according to*) per; **to play by the rules** attenersi alle regole; **it's all right by me** per me va bene

10 : **(all) by oneself** *etc* (tutto(-a)) solo(-a); **he did it (all) by himself** lo ha fatto (tutto) da solo

11 : **by the way** a proposito; **this wasn't my idea by the way** tra l'altro l'idea non è stata mia

▸ *adv*

1 *see* **go**; **pass** *etc*

2 : **by and by** (*past*) poco dopo; (*in future*) fra breve; **by and large** nel complesso

bye(-bye) ['baɪ('baɪ)] *excl* ciao!,

arrivederci!

by-election ['baɪɪlɛkʃən] (*BRIT*) *n* elezione *f* straordinaria

bypass ['baɪpɑːs] *n* circonvallazione *f*; (*Med*) by-pass *m inv* ▸ *vt* fare una deviazione intorno a

byte [baɪt] *n* (*Comput*) byte *m inv*, bicarattere *m*

C

C [siː] *n* (*Mus*) do

cab [kæb] *n* taxi *m inv*; (*of train, truck*) cabina

cabaret ['kæbəreɪ] *n* cabaret *m inv*

cabbage ['kæbɪdʒ] *n* cavolo

cabin ['kæbɪn] *n* capanna; (*on ship*) cabina; **cabin crew** *n* equipaggio

cabinet ['kæbɪnɪt] *n* (*Pol*) consiglio dei ministri; (*furniture*) armadietto; (*also:* **display**~) vetrinetta; **cabinet minister** *n* ministro (*membro del Consiglio*)

cable ['keɪbl] *n* cavo; fune *f*; (*Tel*) cablogramma *m* ▸ *vt* telegrafare; **cable car** *n* funivia; **cable television** *n* televisione *f* via cavo

cactus ['kæktəs] (*pl* **cacti**) *n* cactus *m inv*

café ['kæfeɪ] *n* caffè *m inv*

cafeteria [kæfɪ'tɪərɪə] *n* self-service *m inv*

caffein(e) ['kæfiːn] *n* caffeina

cage [keɪdʒ] *n* gabbia

cagoule [kə'gu:l] *n* K-way® *m inv*

cake [keɪk] *n* (*large*) torta; (*small*) pasticcino; **cake of soap** *n* saponetta

calcium ['kælsɪəm] *n* calcio

calculate ['kælkjuleɪt] *vt* calcolare; **calculation** [-'leɪʃən] *n* calcolo; **calculator** *n* calcolatrice *f*

calendar ['kæləndəʳ] *n* calendario

calf [kɑ:f] (*pl* **calves**) *n* (*of cow*) vitello; (*of other animals*) piccolo; (*also*: **~skin**) (pelle *f* di) vitello; (*Anat*) polpaccio

calibre ['kælɪbəʳ] (*US* **caliber**) *n* calibro

call [kɔ:l] *vt* (*gen: also Tel*) chiamare; (*meeting*) indire ▶ *vi* chiamare; (*visit: also*: **~ in, ~ round**) passare ▶ *n* (*shout*) grido, urlo; (*Tel*) telefonata; **to be ~ed** (*person, object*) chiamarsi; **can you ~ back later?** può richiamare più tardi?; **can I make a ~ from here?** posso telefonare da qui?; **to be on ~** essere a disposizione ▷ **call back** *vi* (*return*) ritornare; (*Tel*) ritelefonare, richiamare ▷ **call for** *vt fus* richiedere; (*fetch*) passare a prendere ▷ **call in** *vt* (*doctor, expert, police*) chiamare, far venire ▷ **call off** *vt* disdire ▷ **call on** *vt fus* (*visit*) passare da; (*appeal to*) chiedere a ▷ **call out** *vi* (*in pain*) urlare; (*to person*) chiamare ▶ *vt* (*Mil*) richiamare; (*Tel*) telefonare a; **callbox** (*BRIT*) *n* cabina telefonica; **call centre** (*US* **call center**) *n* centro informazioni telefoniche; **caller** *n* persona che chiama, visitatore(-trice)

callous ['kæləs] *adj* indurito(-a), insensibile

calm [kɑ:m] *adj* calmo(-a) ▶ *n* calma ▶ *vt* calmare ▷ **calm down** *vi* calmarsi ▶ *vt* calmare; **calmly** *adv* con calma

Calor gas® ['kælə²-] *n* butano

calorie ['kælərɪ] *n* caloria

calves [kɑ:vz] *npl of* **calf**

camcorder ['kæmkɔ:dəʳ] *n* camcorder

f inv

came [keɪm] *pt of* **come**

camel ['kæməl] *n* cammello

camera ['kæmərə] *n* macchina fotografica; (*Cinema, TV*) cinepresa; **in ~ a porte chiuse; cameraman** (*irreg*) *n* cameraman *m inv*

camouflage ['kæməflɑ:ʒ] *n* (*Mil, Zool*) mimetizzazione *f* ▶ *vt* mimetizzare

camp [kæmp] *n* campeggio; (*Mil*) campo ▶ *vi* accamparsi ▶ *adj* effeminato(-a)

campaign [kæm'peɪn] *n* (*Mil, Pol etc*) campagna ▶ *vi* (*also fig*) fare una campagna; **campaigner** *n* **campaigner for** fautore(-trice) di; **campaigner against** oppositore(-trice) di

camp: campbed *n* (*BRIT*) brandina; **camper** ['kæmpəʳ] *n* campeggiatore(-trice); (*vehicle*) camper *m inv*; **campground** (*US*) *n* campeggio; **camping** ['kæmpɪŋ] *n* campeggio; **to go camping** andare in campeggio; **campsite** ['kæmpsaɪt] *n* campeggio

campus ['kæmpəs] *n* campus *m inv*

can¹ [kæn] *n* (*of milk*) scatola; (*of oil*) bidone *m*; (*of water*) tanica; (*tin*) scatola ▶ *vt* mettere in scatola

can²

🅞 [kæn] (*negative* **cannot, can't**, *conditional and pt* **could**) *aux vb*

1 (*be able to*) potere; **I can't go any further** non posso andare oltre; **you can do it if you try** sei in grado di farlo —basta provarci; **I'll help you all I can** ti aiuterò come potrò; **I can't see you** non ti vedo

2 (*know how to*) sapere, essere capace di; **I can swim** so nuotare; **can you speak French?** parla francese?

3 (*may*) potere; **could I have a word with you?** posso parlarle un momento?

4 (*expressing disbelief, puzzlement etc*):

it can't be true! non può essere vero!
what can he want? cosa può mai
volere?

5 (expressing possibility, suggestion
etc): **he could be in the library** può
darsi che sia in biblioteca; **she could
have been delayed** può aver avuto un
contrattempo

Canada ['kænədə] n Canada m;
  Canadian [kə'neɪdɪən] adj, n
  canadese m/f

canal [kə'næl] n canale m

canary [kə'neərɪ] n canarino

Canary Islands, Canaries
  [kə'neərɪz] npl **the ~ le** (isole) Canarie

cancel ['kænsəl] vt annullare; (train)
  sopprimere; (cross out) cancellare; **I
  want to ~ my booking** vorrei disdire
  la mia prenotazione; **cancellation**
  [-'leɪʃən] n annullamento;
  soppressione f; cancellazione f;
  (Tourism) prenotazione f annullata

cancer ['kænsə'] n cancro

Cancer ['kænsə'] n (sign) Cancro

candidate ['kændɪdeɪt] n
  candidato(-a)

candle ['kændl] n candela; (in church)
  cero; **candlestick** n bugia; (bigger,
  ornate) candeliere m

candy ['kændɪ] n zucchero candito;
  (US) caramella; caramelle fpl; **candy
  bar** (US) n lungo biscotto, in genere
  ricoperto de cioccolato; **candyfloss**
  ['kændɪflɒs] n (BRIT) zucchero filato

cane [keɪn] n canna; (for furniture)
  bambù m; (stick) verga ▶ vt (BRIT Scol)
  punire a colpi di verga

canister ['kænɪstə'] n scatola
  metallica

cannabis ['kænəbɪs] n canapa indiana

canned ['kænd] adj (food) in scatola

cannon ['kænən] n (pl **cannon** or
  cannons) n (gun) cannone m

cannot ['kænɒt] = **can not**

canoe [kə'nuː] n canoa; **canoeing** n

canottaggio

canon ['kænən] n (clergyman)
  canonico; (standard) canone m

can-opener ['kænəupnə'] n
  apriscatole m inv

can't [kænt] = **can not**

canteen [kæn'tiːn] n mensa; (BRIT: of
  cutlery) portaposate m inv

▌ Be careful not to translate **canteen**
by the Italian word **cantina**.

canter ['kæntə'] vi andare al piccolo
  galoppo

canvas ['kænvəs] n tela

canvass ['kænvəs] vi (Pol): **to ~ for**
  raccogliere voti per ▶ vt fare un
  sondaggio di

canyon ['kænjən] n canyon m inv

cap [kæp] n (hat) berretto; (of pen)
  coperchio; (of bottle, toy gun) tappo;
  (contraceptive) diaframma m ▶ vt
  (outdo) superare; (limit) fissare un
  tetto (a)

capability [keɪpə'bɪlɪtɪ] n capacità f
  inv, abilità f inv

capable ['keɪpəbl] adj capace

capacity [kə'pæsɪtɪ] n capacità f inv;
  (of lift etc) capienza

cape [keɪp] n (garment) cappa; (Geo)
  capo

caper ['keɪpə'] n (Culin) cappero;
  (prank) scherzetto

capital ['kæpɪtl] n (also: **~ city**)
  capitale f; (money) capitale m;
  (also: **~ letter**) (lettera) maiuscola;
  capitalism n capitalismo; **capitalist**
  adj, n capitalista m/f; **capital
  punishment** n pena capitale

Capitol ['kæpɪtl] n **the ~** il
  Campidoglio

Capricorn ['kæprɪkɔːn] n Capricorno

capsize [kæp'saɪz] vt capovolgere ▶ vi
  capovolgersi

capsule ['kæpsjuːl] n capsula

captain ['kæptɪn] n capitano

caption ['kæpʃən] n leggenda

captivity [kæp'tɪvɪtɪ] n cattività
capture ['kæptʃə'] vt catturare; (Com put) registrare ▶ n cattura; (data) registrazione f per rilevazione f di dati
car [kɑː'] n (Aut) macchina, automobile f; (Rail) vagone m
carafe [kə'ræf] n caraffa
caramel ['kærəməl] n caramello
carat ['kærət] n carato; **18 ~ gold** oro a 18 carati
caravan ['kærəvæn] n (BRIT) roulotte f inv; (of camels) carovana; **caravan site** (BRIT) n campeggio per roulotte
carbohydrate [kɑːbəʊ'haɪdreɪt] n carboidrato
carbon ['kɑːbən] n carbonio; **carbon dioxide** [-daɪ'ɒksaɪd] n diossido di carbonio; **carbon monoxide** [-mɔ'nɒksaɪd] n monossido di carbonio
car boot sale n vedi nota nel riquadro

* **car boot sale**
* Il **car boot sale** è un mercatino
* dell'usato molto popolare in Gran
* Bretagna. Normalmente ha luogo
* in un parcheggio o in un grande
* spiazzo, e la merce viene in genere
* esposta nei bagagliai, in inglese
* appunto "boots", aperti delle
* macchine.

carburettor [kɑːbju'retə'] (US **carburetor**) n carburatore m
card [kɑːd] n carta; (visiting card etc) biglietto; (Christmas card etc) cartolina; (cardboard) cartone m; **card game** n gioco di carte
cardigan ['kɑːdɪgən] n cardigan m inv
cardinal ['kɑːdɪnl] adj cardinale ▶ n cardinale m
cardphone ['kɑːdfəʊn] n telefono a scheda
care [kɛə'] n cura, attenzione f; (worry) preoccupazione f ▶ vi **to ~ about** curarsi di; (thing, idea) interessarsi di; **~ of** presso; **in sb's ~** alle cure di

qn; **to take ~ (to do)** fare attenzione (a fare); **to take ~ of** curarsi di; (bill, problem) occuparsi di; **I don't ~** non me ne importa; **I couldn't ~ less** non m'interessa affatto ▷ **care for** vt fus aver cura di; (like) volere bene a
career [kə'rɪə'] n carriera ▶ vi (also: **~ along**) andare di (gran) carriera
care: **carefree** ['kɛəfriː] adj sgombro(-a) di preoccupazioni; **careful** ['kɛəful] adj attento(-a); (cautious) cauto(-a); **(be) careful!** attenzione!; **carefully** adv con cura; cautamente; **caregiver** (US) n (professional) badante m/f; (unpaid) persona che si prende cura di un parente malato o anziano; **careless** ['kɛəlɪs] adj negligente; (heedless) spensierato(-a); **carelessness** n negligenza, mancanza di tatto; **carer** ['kɛərə'] n assistente m/f (di persone malata o handicappata); **caretaker** ['kɛəteɪkə'] n custode m
car-ferry ['kɑːferɪ] n traghetto
cargo ['kɑːgəʊ] (pl **cargoes**) n carico
car hire n autonoleggio
Caribbean [kærɪ'biːən] adj **the ~ Sea** il Mar dei Caraibi
caring ['kɛərɪŋ] adj (person) premuroso(-a); (society, organization) umanitario(-a)
carnation [kɑː'neɪʃən] n garofano
carnival ['kɑːnɪvəl] n (public celebration) carnevale m; (US: funfair) luna park m inv
carol ['kærəl] n **Christmas ~** canto di Natale
carousel [kærə'sɛl] (US) n giostra
car park (BRIT) n parcheggio
carpenter ['kɑːpɪntə'] n carpentiere m
carpet ['kɑːpɪt] n tappeto ▶ vt coprire con tappeto
car rental (US) n autonoleggio
carriage ['kærɪdʒ] n vettura; (of goods) trasporto; **carriageway** (BRIT) n (part

of road) carreggiata

carrier ['kærɪə'] n (of disease) portatore(-trice); (Comm) impresa di trasporti; **carrier bag** (BRIT) n sacchetto

carrot ['kærət] n carota

carry ['kærɪ] vt (person) portare; (: vehicle) trasportare; (involve: responsibilities etc) comportare; (Med) essere portatore(-trice) di ▶ vi (sound) farsi sentire; **to be or get carried away** (fig) entusiasmarsi ▶ **carry on** vi **to - on with sth/doing** continuare qc/a fare ▶ vt mandare avanti ▶ **carry out** vt (orders) eseguire; (investigation) svolgere

cart [kɑːt] n carro ▶ vt (inf) trascinare

carton ['kɑːtən] n (box) scatola di cartone; (of yogurt) cartone m; (of cigarettes) stecca

cartoon [kɑːˈtuːn] n (Press) disegno umoristico; (comic strip) fumetto; (Cinema) disegno animato

cartridge ['kɑːtrɪdʒ] n (for gun, pen) cartuccia; (music tape) cassetta

carve [kɑːv] vt (meat) trinciare; (wood, stone) intagliare; **carving** n (in wood etc) scultura

car wash n lavaggio auto

case [keɪs] n caso; (Law) causa, processo; (box) scatola; (BRIT: also: **suit** ~) valigia; **in ~ of** in caso di; **in ~ he** caso mai lui; **in any ~** in ogni caso; **just in ~** in caso di bisogno

cash [kæʃ] n denaro; (coins, notes) denaro liquido ▶ vt incassare; **I haven't got any** ~ non ho contanti; **to pay (in)** ~ pagare in contanti; **~ on delivery** pagamento alla consegna; **cashback** n (discount) sconto; (at supermarket etc) anticipo di contanti ottenuto presso la cassa di un negozio tramite una carta di debito; **cash card** (BRIT) n tesserino di prelievo; **cash desk** (BRIT) n cassa; **cash dispenser**

(BRIT) n sportello automatico

cashew [kæˈʃuː] n (also: ~ **nut**) anacardio

cashier [kæˈʃɪə'] n cassiere(-a)

cashmere ['kæʃmɪə'] n cachemire m

cash point n sportello bancario automatico, Bancomat® m inv

cash register n registratore m di cassa

casino [kəˈsiːnəu] n casinò m inv

casket ['kɑːskɪt] n cofanetto; (US: coffin) bara

casserole ['kæsərəul] n casseruola; (food): **chicken** ~ pollo in casseruola

cassette [kæˈset] n cassetta; **cassette player** n riproduttore m a cassette

cast [kɑːst] (pt, pp **cast**) vt (throw) gettare; (metal) gettare, fondere; (Theatre): **to - sb** as Hamlet scegliere qn per la parte di Amleto ▶ n (Theatre) cast m inv; (also: **plaster** ~) ingessatura; **to - one's vote** votare, dare il voto ▶ **cast off** vi (Naut) salpare; (Knitting) calare

castanets [kæstəˈnets] npl castagnette fpl

caster sugar ['kɑːstə'-] (BRIT) n zucchero semolato

cast-iron ['kɑːstaɪən] adj (lit) di ghisa; (fig: case) di ferro

castle [kɑːsl] n castello

casual ['kæʒjul] adj (chance) casuale, fortuito(-a); (: work etc) avventizio(-a); (unconcerned) noncurante, indifferente; **~ wear** casual m

casualty ['kæʒjultɪ] n ferito(-a); (dead) morto(-a), vittima; (Med: department) pronto soccorso

cat [kæt] n gatto

catalogue ['kætəlɔg] (US **catalog**) n catalogo ▶ vt catalogare

catalytic converter [kætəlɪtɪk-] n marmitta catalitica, catalizzatore m

cataract ['kætərækt] n (also Med) cateratta

catarrh [kə'tɑː'] n catarro

catastrophe [kə'tæstrəfi] n catastrofe f

catch [kætʃ] (pt, pp **caught**) vt prendere; (ball) afferrare; (surprise: person) sorprendere; (attention) attirare; (comment, whisper) cogliere; (person) raggiungere ▷ vi (fire) prendere ▷ n (fish etc caught) retata; (of ball) presa; (trick) inganno; (Tech) gancio; (game) catch m inv; **to ~ fire** prendere fuoco; **to ~ sight of** scorgere ▷ **catch up** vi mettersi in pari ▷ vt (also: **~ up with**) raggiungere; **catching** ['kætʃɪŋ] adj (Med) contagioso(-a)

category ['kætɪgərɪ] n categoria

cater ['keɪtə'] vi **~ for** (BRIT: needs) provvedere a; (: readers, consumers) incontrare i gusti di; (Comm: provide food) provvedere alla ristorazione di

caterpillar ['kætəpɪlə'] n bruco

cathedral [kə'θiːdrəl] n cattedrale f, duomo

Catholic ['kæθəlɪk] adj, n (Rel) cattolico(-a)

Catseye® [kæts'aɪ] (BRIT) n (Aut) catarifrangente m

cattle ['kætl] npl bestiame m, bestie fpl

catwalk ['kætwɔːk] n passerella

caught [kɔːt] pt, pp of **catch**

cauliflower ['kɔlɪflauə'] n cavolfiore m

cause [kɔːz] n causa ▷ vt causare

caution ['kɔːʃən] n prudenza; (warning) avvertimento ▷ vt avvertire; ammonire; **cautious** ['kɔːʃəs] adj cauto(-a), prudente

cave [keɪv] n caverna, grotta ▷ **cave in** vi (roof etc) crollare

caviar(e) ['kævɪɑː'] n caviale m

cavity ['kævɪtɪ] n cavità f inv

cc abbr = **cubic centimetres**; **carbon copy**

CCTV n abbr (= closed-circuit television) televisione f a circuito chiuso

CD abbr (disc) CD m inv; (player) lettore m CD inv; **CD player** n lettore m CD; **CD-ROM** [-rɔm] n abbr CD-ROM m inv

cease [siːs] vt, vi cessare; **ceasefire** n cessate il fuoco m inv

cedar ['siːdə'] n cedro

ceilidh ['keɪlɪ] n festa con musiche e danze popolari scozzesi o irlandesi

ceiling ['siːlɪŋ] n soffitto; (on wages etc) tetto

celebrate ['sɛlɪbreɪt] vt, vi celebrare; **celebration** [-'breɪʃən] n celebrazione f

celebrity [sɪ'lɛbrɪtɪ] n celebrità f inv

celery ['sɛlərɪ] n sedano

cell [sɛl] n cella; (of revolutionaries, Biol) cellula; (Elec) elemento (di batteria)

cellar ['sɛlə'] n sottosuolo; cantina

cello ['tʃɛləu] n violoncello

Cellophane® ['sɛləfeɪn] n cellophane® m

cellphone ['sɛləfəun] n cellulare m

Celsius ['sɛlsɪəs] adj Celsius inv

Celtic ['kɛltɪk, 'sɛltɪk] adj celtico(-a)

cement [sə'mɛnt] n cemento

cemetery ['sɛmɪtrɪ] n cimitero

censor ['sɛnsə'] n censore m ▷ vt censurare; **censorship** n censura

census ['sɛnsəs] n censimento

cent [sɛnt] n (US: coin) centesimo (=1:100 di un dollaro); (unit of euro) centesimo; see also **per**

centenary [sɛn'tiːnərɪ] n centenario

centennial [sɛn'tɛnɪəl] (US) n centenario

center ['sɛntə'] (US) n, vt = **centre**

centi... [sɛntɪ] prefix: **centigrade** ['sɛntɪgreɪd] adj centigrado(-a); **centimetre** ['sɛntɪmiːtə'] (US **centimeter**) n centimetro; **centipede** ['sɛntɪpiːd] n centopiedi m inv

central ['sɛntrəl] adj centrale; **Central**

America n America centrale; **central heating** n riscaldamento centrale; **central reservation** n (BRITAut) banchina f spartitraffico inv

centre ['sɛntə'] (US **center**) n centro ▶ vt centrare; **centre-forward** n (Sport) centroavanti m inv; **centre-half** n (Sport) centromediano

century ['sɛntjʊrɪ] n secolo; **twentieth ~** ventesimo secolo

CEO n abbr = **chief executive officer**

ceramic [sɪ'ræmɪk] adj ceramico(-a)

cereal ['sɪ:rɪəl] n cereale m

ceremony ['sɛrɪmənɪ] n cerimonia; **to stand on ~** fare complimenti

certain ['sə:tən] adj certo(-a); **to make ~ of** assicurarsi di; **for ~** per certo, di sicuro; **certainly** adv certamente, certo; **certainty** n certezza

certificate [sə'tɪfɪkɪt] n certificato; diploma m

certify ['sə:tɪfaɪ] vt certificare; (award diploma to) conferire un diploma a; (declare insane) dichiarare pazzo(-a)

cf. abbr (= compare) cfr

CFC n (= chlorofluorocarbon) CFC m inv

chain [tʃeɪn] n catena ▶ vt (also: **~ up**) incatenare; **chain-smoke** vi fumare una sigaretta dopo l'altra

chair [tʃɛə'] n sedia; (armchair) poltrona; (of university) cattedra; (of meeting) presidenza ▶ vt (meeting) presiedere; **chairlift** n seggiovia; **chairman** (irreg) n presidente m; **chairperson** n presidente(-essa); **chairwoman** (irreg) n presidentessa

chalet ['ʃæleɪ] n chalet m inv

chalk [tʃɔ:k] n gesso; **chalkboard** (US) n lavagna

challenge ['tʃælɪndʒ] n sfida ▶ vt sfidare; (statement, right) mettere in dubbio; **to ~ sb to do** sfidare qn a fare; **challenging** adj (task) impegnativo(-a); (look) di sfida

chamber ['tʃeɪmbə'] n camera;

chambermaid n cameriera

champagne [ʃæm'peɪn] n champagne m inv

champion ['tʃæmpɪən] n campione(-essa); **championship** n campionato

chance [tʃɑ:ns] n caso; (opportunity) occasione f; (likelihood) possibilità f inv ▶ vt: **to ~ it** rischiare, provarci ▶ adj fortuito(-a); **to take a ~** rischiare; **by ~** per caso

chancellor ['tʃɑ:nsələ'] n cancelliere m; **Chancellor of the Exchequer** [-ɪks'tʃekə'] (BRIT) n Cancelliere dello Scacchiere

chandelier [ʃændə'lɪə'] n lampadario

change [tʃeɪndʒ] vt cambiare; (transform): **to ~ sb into** trasformare qn in ▶ vi cambiare; (change one's clothes) cambiarsi; (be transformed): **to ~ into** trasformarsi in ▶ n cambiamento; (of clothes) cambio; (money returned) resto; (coins) spiccioli; **where can I ~ some money?** dove posso cambiare dei soldi?; **to ~ one's mind** cambiare idea; **keep the ~!** tenga pure il resto!; **sorry, I don't have any ~** mi dispiace, non ho spiccioli; **for a ~** tanto per cambiare ▶ **change over** vi (from sth to sth) passare; (players etc) scambiarsi (di posto o di campo) ▶ vt cambiare; **changeable** adj (weather) variabile; **change machine** n distributore automatico di monete; **changing room** n (BRIT: in shop) camerino; (: Sport) spogliatoio

channel ['tʃænl] n canale m; (of river, sea) alveo ▶ vt canalizzare; **Channel Tunnel** n **the Channel Tunnel** il tunnel sotto la Manica

chant [tʃɑ:nt] n canto; salmodia ▶ vt cantare; salmodiare

chaos ['keɪɔs] n caos m

chaotic [keɪ'ɔtɪk] adj caotico(-a)

chap [tʃæp] (BRIT: inf) n (man) tipo
chapel ['tʃæpəl] n cappella
chapped [tʃæpt] adj (skin, lips) screpolato(-a)
chapter ['tʃæptər] n capitolo
character ['kærɪktər] n carattere m; (in novel, film) personaggio; **characteristic** [-'rɪstɪk] adj caratteristico(-a) ▶ n caratteristica; **characterize** ['kærɪktəraɪz] vt caratterizzare; (describe): **to characterize (as)** descrivere (come)
charcoal ['tʃɑːkəʊl] n carbone m di legna
charge [tʃɑːdʒ] n accusa; (cost) prezzo; (responsibility) responsabilità ▶ vt (gun, battery, Mil: enemy) caricare; (customer) fare pagare a; (sum) fare pagare; (Law): **to ~ sb (with)** accusare qn (di) ▶ vi (gen with: up, along etc) lanciarsi; **charge card** n carta f clienti inv; (also: **battery charger**) caricabatterie m inv; (old: warhorse) destriero
charismatic [kærɪz'mætɪk] adj carismatico(-a)
charity ['tʃærɪtɪ] n carità; (organization) opera pia; **charity shop** n (BRIT) negozi che vendono articoli di seconda mano e devolvono il ricavato in beneficenza
charm [tʃɑːm] n fascino; (on bracelet) ciondolo ▶ vt affascinare, incantare; **charming** adj affascinante
chart [tʃɑːt] n tabella; grafico; (map) carta nautica ▶ vt fare una carta nautica di; **~s** npl (Mus) hit parade f
charter ['tʃɑːtər] vt (plane) noleggiare ▶ n (document) carta; **chartered accountant** ['tʃɑːtəd-] (BRIT) n ragioniere(-a) professionista; **charter flight** n volo m charter inv
chase [tʃeɪs] vt inseguire; (also: ~ away) cacciare ▶ n caccia
chat [tʃæt] vi (also: **have a ~**) chiacchierare ▶ n chiacchierata

▷ **chat up** vt (BRIT inf: girl) abbordare; **chat room** n (Internet) chat room f inv; **chat show** (BRIT) n talk show m inv
chatter ['tʃætər] vi (person) ciarlare; (bird) cinguettare; (teeth) battere ▶ n ciarle fpl; cinguettio
chauffeur ['ʃəʊfər] n autista m
chauvinist ['ʃəʊvɪnɪst] n (male chauvinist) maschilista m; (nationalist) sciovinista m/f
cheap [tʃiːp] adj economico(-a); (joke) grossolano(-a); (poor quality) di cattiva qualità ▶ adv a buon mercato; **can you recommend a ~ hotel/restaurant, please?** potrebbe indicarmi un albergo/ristorante non troppo caro?; **cheap day return** n biglietto ridotto di andata e ritorno valido in giornata; **cheaply** adv a buon prezzo, a buon mercato
cheat [tʃiːt] vi imbrogliare; (at school) copiare ▶ vt ingannare ▶ n imbroglione m; **to ~ sb out of sth** defraudare qn di qc ▷ **cheat on** vt fus (husband, wife) tradire
Chechnya [tʃɪtʃ'njɑː] n Cecenia
check [tʃek] vt verificare; (passport, ticket) controllare; (halt) fermare; (restrain) contenere ▶ n verifica; controllo; (curb) freno; (US: bill) conto; (pattern: gen pl) quadretti mpl; (US) = **cheque** ▶ adj (pattern, cloth) a quadretti ▷ **check in** vi (in hotel) registrare; (at airport) presentarsi all'accettazione ▶ vt (luggage) depositare ▷ **check off** vt segnare ▷ **check out** vi (in hotel) saldare il conto ▷ **check up** vi: **to ~ up (on sth)** investigare (qc); **to ~ up on sb** informarsi sul conto di qn; **checkbook** (US) n = **chequebook**; **checked** adj a quadretti; **checkers** (US) n dama; **check-in** (also: **check-in desk**: at airport) check-in m inv, accettazione f (bagagli inv); **checking**

account (US) n conto corrente;
checklist n lista di controllo;
checkmate n scaccomatto;
checkout n (in supermarket) cassa;
checkpoint n posto di blocco;
checkroom (US) n deposito m bagagli inv;**checkup** n (Med) controllo medico
cheddar ['tʃedə'] n formaggio duro di latte di mucca di colore bianco o arancione
cheek [tʃiːk] n guancia; (impudence) faccia tosta;**cheekbone** n zigomo; **cheeky** adj sfacciato(-a)
cheer [tʃɪə'] vt applaudire; (gladden) rallegrare ▸ vi applaudire ▸ n grido (di incoraggiamento) ▸**cheer up** vi rallegrarsi, farsi animo ▸ vt rallegrare; **cheerful** adj allegro(-a)
cheerio ['tʃɪərɪ'əu] excl ciao!
cheerleader ['tʃɪəliːdə'] n cheerleader f inv
cheese [tʃiːz] n formaggio; **cheeseburger** n cheeseburger m inv; **cheesecake** n specie di torta di ricotta, a volte con frutta
chef [ʃef] n capocuoco
chemical ['kemɪkəl] adj chimico(-a) ▸ n prodotto chimico
chemist ['kemɪst] n (BRIT: pharmacist) farmacista m/f; (scientist) chimico(-a); **chemistry** n chimica;**chemist's (shop)** (BRIT) n farmacia
cheque [tʃek] (US**check**) n assegno; **chequebook** n libretto degli assegni; **cheque card** n carta f assegni inv
cherry ['tʃerɪ] n ciliegia; (also: ~ tree) ciliegio
chess [tʃes] n scacchi mpl
chest [tʃest] n petto; (box) cassa
chestnut ['tʃesnʌt] n castagna; (also: ~ tree) castagno
chest of drawers n cassettone m
chew [tʃuː] vt masticare;**chewing gum** n chewing gum m
chic [ʃiːk] adj elegante
chick [tʃɪk] n pulcino; (inf) pollastrella

chicken ['tʃɪkɪn] n pollo; (inf: coward) coniglio ▸**chicken out** (inf) vi avere fifa;**chickenpox** n varicella
chickpea ['tʃɪkpiː] n cece m
chief [tʃiːf] n capo ▸ adj principale; **chief executive (officer)** n direttore m generale; (US) **chiefly** adv per lo più, soprattutto
child [tʃaɪld] (pl **children**) n bambino/-a;**child abuse** n molestie fpl a minori;**child benefit** n (BRIT) = assegni mpl familiari;**childbirth** n parto;**child-care** n il badare ai bambini;**childhood** n infanzia; **childish** adj puerile; **child minder** ['-'maɪndə'] n (BRIT) bambinaia; **children** ['tʃɪldrən] npl of **child**
Chile ['tʃɪlɪ] n Cile m
Chilean ['tʃɪlɪən] adj, n cileno(-a)
chill [tʃɪl] n freddo; (Med) infreddatura ▸ vt raffreddare ▸**chill out** vi (esp US) (inf) darsi una calmata
chil(l)i ['tʃɪlɪ] n peperoncino
chilly ['tʃɪlɪ] adj freddo(-a), fresco(-a); **to feel ~** sentirsi infreddolito(-a)
chimney ['tʃɪmnɪ] n camino
chimpanzee [tʃɪmpænˈziː] n scimpanzé m inv
chin [tʃɪn] n mento
China ['tʃaɪnə] n Cina
china ['tʃaɪnə] n porcellana
Chinese [tʃaɪˈniːz] adj cinese ▸ n inv cinese m/f; (Ling) cinese m
chip [tʃɪp] n (gen pl: Culin) patatina fritta; (: US: also: **potato** ~) patatina; (of wood, glass, stone) scheggia; (also: **micro~**) chip m inv ▸ vt (cup, plate) scheggiare;**chip shop** n (BRIT) vedi nota nel riquadro

● **chip shops**
● I **chip shops**, anche chiamati "fish
● and chip shops", sono friggitorie che
● vendono principalmente filetti di
● pesce impanati e patatine fritte.

chiropodist [kɪˈrɒpədɪst] (BRIT) n

pedicure m/f inv

chisel ['tʃɪzl] n cesello

chives [tʃaɪvz] npl erba cipollina

chlorine ['klɔːriːn] n cloro

choc-ice ['tʃɒkaɪs] n (BRIT) gelato ricoperto al cioccolato

chocolate ['tʃɒklɪt] ▸ n (substance) cioccolato, cioccolata; (drink) cioccolata; (a sweet) cioccolatino

choice [tʃɔɪs] n scelta ▸ adj scelto(-a)

choir ['kwaɪə*] n coro

choke [tʃəuk] vi soffocare ▸ vt soffocare; (block): **to be ~d with** essere intasato(-a) di ▸ n (Aut) valvola dell'aria

cholesterol [kə'lɛstərɒl] n colesterolo

choose [tʃuːz] (pt chose, pp chosen) vt scegliere; **to ~ to do** decidere di fare; preferire fare

chop [tʃɒp] vt (wood) spaccare; (Culin: also: ~ up) tritare ▸ n (Culin) costoletta ▸ chop down vt (tree) abbattere ▸ chop off vt tagliare; chopsticks ['tʃɒpstɪks] npl bastoncini mpl cinesi

chord [kɔːd] n (Mus) accordo

chore [tʃɔː*] n faccenda; household ~s faccende fpl domestiche

chorus ['kɔːrəs] n coro; (repeated part of song: also fig) ritornello

chose [tʃəuz] pt of **choose**

chosen ['tʃəuzn] pp of **choose**

Christ [kraɪst] n Cristo

christen ['krɪsn] vt battezzare; christening n battesimo

Christian ['krɪstɪən] adj, n cristiano(-a); Christianity [-'ænɪtɪ] n cristianesimo; Christian name n nome m (di battesimo)

Christmas ['krɪsməs] n Natale m; Merry ~! Buon Natale!; Christmas card n cartolina di Natale; Christmas carol n canto natalizio; Christmas Day n il giorno di Natale; Christmas Eve n la vigilia di Natale; Christmas pudding n (esp BRIT) specie di budino

con frutta secca, spezie e brandy; Christmas tree n albero di Natale

chrome [krəum] n cromo

chronic ['krɒnɪk] adj cronico(-a)

chrysanthemum [krɪ'sænθəməm] n crisantemo

chubby ['tʃʌbɪ] adj paffuto(-a)

chuck [tʃʌk] (inf) vt buttare, gettare; (BRIT: also: ~ up) piantare ▸ chuck out vt buttar fuori

chuckle ['tʃʌkl] vi ridere sommessamente

chum [tʃʌm] n compagno(-a)

chunk [tʃʌŋk] n pezzo

church [tʃəːtʃ] n chiesa; churchyard n sagrato

churn [tʃəːn] n (for butter) zangola; (for milk) bidone m

chute [ʃuːt] n (also: **rubbish ~**) canale m di scarico; (BRIT: children's slide) scivolo

chutney ['tʃʌtnɪ] n salsa piccante (di frutta, zucchero e spezie)

CIA (US) n abbr (= Central Intelligence Agency) CIA f

CID (BRIT) n abbr (= Criminal Investigation Department) ≈ polizia giudiziaria

cider ['saɪdə*] n sidro

cigar [sɪ'gɑː*] n sigaro

cigarette [sɪgə'rɛt] n sigaretta; cigarette lighter n accendino

cinema ['sɪnəmə] n cinema m inv

cinnamon ['sɪnəmən] n cannella

circle ['səːkl] n cerchio; (of friends etc) circolo; (in cinema) galleria ▸ vi girare in circolo ▸ vt (surround) circondare; (move round) girare intorno a

circuit ['səːkɪt] n circuito

circular ['səːkjulə*] adj circolare ▸ n circolare f

circulate ['səːkjuleɪt] vi circolare ▸ vt far circolare; circulation [-'leɪʃən] n circolazione f; (of newspaper) tiratura

circumstances ['səːkəmstənsɪz] npl

circostanze *fpl*; *(financial condition)* condizioni *fpl* finanziarie

circus ['sɜːkəs] *n* circo

cite [saɪt] *vt* citare

citizen ['sɪtɪzn] *n (of country)* cittadino(-a); *(of town)* abitante *m/f*; **citizenship** *n* cittadinanza

citrus fruits ['sɪtrəs-] *npl* agrumi *mpl*

city ['sɪtɪ] *n* città *f inv*; **the C~** la Città di Londra *(centro commerciale)*; **city centre** *n* centro della città; **city technology college** *n (BRIT)* istituto tecnico superiore *(finanziato dall'industria)*

civic ['sɪvɪk] *adj* civico(-a)

civil ['sɪvɪl] *adj* civile; **civilian** [sɪ'vɪliən] *adj*, *n* borghese *m/f*

civilization [sɪvɪlaɪ'zeɪʃən] *n* civiltà *f inv*

civilized ['sɪvɪlaɪzd] *adj* civilizzato(-a); *(fig)* cortese

civil: civil law *n* codice *m*, civile; *(study)* diritto civile; **civil rights** *npl* diritti *mpl* civili; **civil servant** *n* impiegato(-a) statale; **Civil Service** *n* amministrazione *f* statale; **civil war** *n* guerra civile

CJD *abbr (= Creutzfeld Jacob disease)* malattia di Creutzfeldt-Jacob

claim [kleɪm] *vt (assert)*: **to ~ (that)/to be** sostenere (che)/di essere; *(credit, rights etc)* rivendicare; *(damages)* richiedere ▶ *vi (for insurance)* fare una domanda d'indennizzo ▶ *n* pretesa; rivendicazione *f*; richiesta; **claim form** *n (gen)* modulo di richiesta; *(for expenses)* modulo di rimborso spese

clam [klæm] *n* vongola

clamp [klæmp] *n* pinza; morsa ▶ *vt* stringere con una morsa; *(Aut: wheel)* applicare i ceppi bloccaruote a

clan [klæn] *n* clan *m inv*

clap [klæp] *vi* applaudire

claret ['klærət] *n* vino di Bordeaux

clarify ['klærɪfaɪ] *vt* chiarificare,

chiarire

clarinet [klærɪ'nɛt] *n* clarinetto

clarity ['klærɪtɪ] *n* chiarità

clash [klæʃ] *n* frastuono; *(fig)* scontro ▶ *vi* scontrarsi; cozzare

clasp [klɑːsp] *n (hold)* stretta; *(of necklace, bag)* fermaglio, fibbia ▶ *vt* stringere

class [klɑːs] *n* classe *f* ▶ *vt* classificare

classic ['klæsɪk] *adj* classico(-a) ▶ *n* classico; **classical** *adj* classico(-a)

classification [klæsɪfɪ'keɪʃən] *n* classificazione *f*

classify ['klæsɪfaɪ] *vt* classificare

classmate ['klɑːsmeɪt] *n* compagno(-a) di classe

classroom ['klɑːsrʊm] *n* aula

classy ['klɑːsɪ] *adj (inf)* chic *inv*, elegante

clatter ['klætə*] *n* tintinnio; scalpitio ▶ *vi* tintinnare; scalpitare

clause [klɔːz] *n* clausola; *(Ling)* proposizione *f*

claustrophobic [klɔːstrə'fəʊbɪk] *adj* claustrofobico(-a)

claw [klɔː] *n (of bird of prey)* artiglio; *(of lobster)* pinza

clay [kleɪ] *n* argilla

clean [kliːn] *adj* pulito(-a); *(clear, smooth)* liscio(-a) ▶ *vt* pulire ▶ **clean up** *vt (also fig)* ripulire; **cleaner** *n (person)* donna delle pulizie; **cleaner's** *n (also:* **dry cleaner's**) tintoria; **cleaning** *n* pulizia

cleanser ['klɛnzə*] *n* detergente *m*

clear [klɪə*] *adj* chiaro(-a); *(glass etc)* trasparente; *(road, way)* libero(-a); *(conscience)* pulito(-a) ▶ *vt* sgombrare; liberare; *(table)* sparecchiare; *(cheque)* fare la compensazione di; *(Law: suspect)* discolpare; *(obstacle)* superare ▶ *vi (weather)* rasserenarsi; *(fog)* andarsene ▶ *adv* **~ of** distante da ▶ **clear away** *vt (things, clothes etc)* mettere a posto; **to ~ away the**

dishes sparecchiare la tavola ▷ **clear up** vt mettere in ordine; (mystery) risolvere; **clearance** n (removal) sgombro; (permission) autorizzazione f, permesso; **clear-cut** adj ben delineato(-a), distinto(-a); **clearing** n radura; **clearly** adv chiaramente; **clearway** (BRIT) n strada con divieto di sosta

clench [klɛntʃ] vt stringere

clergy ['klɜːdʒɪ] n clero

clerk [klɑːk, (US) klɜːrk] n (BRIT) impiegato(-a); (US) commesso(-a)

clever ['klɛvə'] adj (mentally) intelligente; (deft, skilful) abile; (device, arrangement) ingegnoso(-a)

cliché ['kliːʃeɪ] n cliché m inv

click [klɪk] vi scattare ▶ vt (heels etc) battere; (tongue) far schioccare

client ['klaɪənt] n cliente m/f

cliff [klɪf] n scogliera scoscesa, rupe f

climate ['klaɪmɪt] n clima m

climax ['klaɪmæks] n culmine m; (sexual) orgasmo

climb [klaɪm] vi (clamber) arrampicarsi ▶ vt salire; (Climbing) scalare ▶ n salita; arrampicata; scalata ▷ **climb down** vi scendere; (BRIT fig) far marcia indietro; **climber** n rocciatore(-trice); alpinista m/f; **climbing** n alpinismo

clinch [klɪntʃ] vt (deal) concludere

cling [klɪŋ] (pt, pp **clung**) vi **to ~ (to)** aggrapparsi (a); (of clothes) aderire strettamente (a)

Clingfilm® ['klɪŋfɪlm] n pellicola trasparente (per alimenti)

clinic ['klɪnɪk] n clinica

clip [klɪp] n (for hair) forcina; (also: **paper ~**) graffetta; (TV, Cinema) sequenza ▶ vt attaccare insieme; (hair, nails) tagliare; (hedge) tosare; **clipping** n (from newspaper) ritaglio

cloak [kləuk] n mantello ▶ vt avvolgere; **cloakroom** n (for coats

etc) guardaroba m inv; (BRIT: W.C.) gabinetti mpl

clock [klɔk] n orologio ▷ **clock in** or **on** vi timbrare il cartellino (all'entrata) ▷ **clock off** or **out** vi timbrare il cartellino (all'uscita); **clockwise** adv in senso orario; **clockwork** n movimento or meccanismo a orologeria ▶ adj a molla

clog [klɔg] n zoccolo ▶ vt intasare ▶ vi (also: **~ up**) intasarsi, bloccarsi

clone [kləun] n clone m

close[1] [kləus] adj **~ (to)** vicino(-a) (a); (watch, link, relative) stretto(-a); (examination) attento(-a); (contest) combattuto(-a); (weather) afoso(-a) ▶ adv vicino, dappresso; **~ to** vicino a; **~ by, ~ at hand** a portata di mano; **a ~ friend** un amico intimo; **to have a ~ shave** (fig) scamparla bella

close[2] [kləuz] vt chiudere ▶ vi (shop etc) chiudere; (lid, door etc) chiudersi; (end) finire ▶ n (end) fine f; **what time do you ~?** a che ora chiudete? ▷ **close down** vi cessare (definitivamente); **closed** adj chiuso(-a)

closely ['kləuslɪ] adv (examine, watch) da vicino; (related) strettamente

closet ['klɔzɪt] n (cupboard) armadio

close-up ['kləusʌp] n primo piano

closing time n orario di chiusura

closure ['kləuʒə'] n chiusura

clot [klɔt] n (also: **blood ~**) coagulo; (inf: idiot) scemo(-a) ▶ vi coagularsi

cloth [klɔθ] n (material) tessuto, stoffa; (rag) strofinaccio

clothes [kləuðz] npl abiti mpl, vestiti mpl; **clothes line** n corda (per stendere il bucato); **clothes peg** (US **clothes pin**) n molletta

clothing ['kləuðɪŋ] n = **clothes**

cloud [klaud] n nuvola ▷ **cloud over** vi rannuvolarsi; (fig) offuscarsi; **cloudy** adj nuvoloso(-a); (liquid) torbido(-a)

clove [kləuv] n chiodo di garofano;

clove of garlic n spicchio d'aglio

clown [klaun] n pagliaccio ▶ vi (also: ~ **about**, ~ **around**) fare il pagliaccio

club [klʌb] n (society) club m inv, circolo; (weapon, Golf) mazza ▶ vt bastonare ▶ vi **to ~ together** associarsi; ~**s** npl (Cards) fiori mpl; **club class** n (Aviat) classe f club inv

clue [kluː] n indizio; (in crosswords) definizione f; **I haven't a ~** non ho la minima idea

clump [klʌmp] n (of flowers, trees) gruppo; (of grass) ciuffo

clumsy ['klʌmzɪ] adj goffo(-a)

clung [klʌŋ] pt, pp of **cling**

cluster ['klʌstəⁱ] n gruppo ▶ vi raggrupparsi

clutch [klʌtʃ] n (grip, grasp) presa, stretta; (Aut) frizione f ▶ vt afferrare, stringere forte

cm abbr (= centimetre) cm

Co. abbr = **county**; **company**

c/o abbr (= care of) presso

coach [kəutʃ] n (bus) pullman m inv; (horse-drawn, of train) carrozza; (Sport) allenatore(-trice); (tutor) chi dà ripetizioni ▶ vt allenare; dare ripetizioni a; **coach station** n (BRIT) n stazione f delle corriere; **coach trip** n viaggio in pullman

coal [kəul] n carbone m

coalition [kəuə'lɪʃən] n coalizione f

coarse [kɔːs] adj (salt, sand etc) grosso(-a); (cloth, person) rozzo(-a)

coast [kəust] n costa ▶ vi (with cycle etc) scendere a ruota libera; **coastal** adj costiero(-a); **coastguard** n guardia costiera; **coastline** n linea costiera

coat [kəut] n cappotto; (of animal) pelo; (of paint) mano f ▶ vt coprire; **coat hanger** n attaccapanni m inv; **coating** n rivestimento

coax [kəuks] vt indurre (con moine)

cob [kɔb] n see **corn**

cobbled ['kɔbld] adj ~ **street** strada

pavimentata a ciottoli

cobweb ['kɔbwɛb] n ragnatela

cocaine [kə'keɪn] n cocaina

cock [kɔk] n (rooster) gallo; (male bird) maschio ▶ vt (gun) armare; **cockerel** n galletto

cockney ['kɔknɪ] n cockney m/f inv (abitante dei quartieri popolari dell'East End di Londra)

cockpit ['kɔkpɪt] n abitacolo

cockroach ['kɔkrəutʃ] n blatta

cocktail ['kɔkteɪl] n cocktail m inv

cocoa ['kəukəu] n cacao

coconut ['kəukənʌt] n noce f di cocco

cod [kɔd] n merluzzo

C.O.D. abbr = **cash on delivery**

code [kəud] n codice m

coeducational ['kəuɛdjuˈkeɪʃənl] adj misto(-a)

coffee ['kɔfɪ] n caffè m inv; **coffee bar** (BRIT) n caffè m inv; **coffee bean** n grano o chicco di caffè; **coffee break** n pausa per il caffè; **coffee maker** n bollitore m per il caffè; **coffeepot** n caffettiera; **coffee shop** n ≈ caffè m inv; **coffee table** n tavolino

coffin ['kɔfɪn] n bara

cog [kɔg] n dente m

cognac ['kɔnjæk] n cognac m inv

coherent [kəu'hɪərənt] adj coerente

coil [kɔɪl] n rotolo; (Elec) bobina; (contraceptive) spirale f ▶ vt avvolgere

coin [kɔɪn] n moneta ▶ vt (word) coniare

coincide [kəuɪn'saɪd] vi coincidere; **coincidence** [kəu'ɪnsɪdəns] n combinazione f

Coke® [kəuk] n coca

coke [kəuk] n coke m

colander ['kɔləndəⁱ] n colino

cold [kəuld] adj freddo(-a) ▶ n freddo; (Med) raffreddore m; **to be ~** (person) aver freddo; (object) essere freddo(-a); **to catch ~** prendere freddo; **to catch a ~** prendere un raffreddore; **in ~ blood** a sangue freddo; **cold sore** n erpete m

coleslaw [ˈkəulslɔː] n insalata di cavolo bianco

colic [ˈkɔlɪk] n colica

collaborate [kəˈlæbəreɪt] vi collaborare

collapse [kəˈlæps] vi crollare ▶ n crollo; (Med) collasso

collar [ˈkɔləʳ] n (of coat, shirt) colletto; (of dog, cat) collare m; **collarbone** n clavicola

colleague [ˈkɔliːg] n collega m/f

collect [kəˈlekt] vt (gen) raccogliere; (as a hobby) fare collezione di; (BRIT: call and pick up) prendere; (money owed, pension) riscuotere; (donations, subscriptions) fare una colletta di ▶ vi adunarsi, riunirsi; ammucchiarsi; **to call ~** (USTel) fare una chiamata a carico del destinatario; **collection** [kəˈlekʃən] n raccolta; collezione f; (for money) colletta; **collective** adj collettivo(-a) ▶ n collettivo; **collector** [kəˈlektəʳ] n collezionista m/f

college [ˈkɔlɪdʒ] n college m inv; (of technology etc) istituto superiore

collide [kəˈlaɪd] vi **to ~ with** scontrarsi (con)

collision [kəˈlɪʒən] n collisione f, scontro

cologne [kəˈləun] n (also: **eau de ~**) acqua di colonia

Colombia [kəˈlɔmbɪə] n Colombia; **Colombian** adj, n colombiano(-a)

colon [ˈkəulən] n (sign) due punti mpl; (Med) colon m inv

colonel [ˈkəːnl] n colonnello

colonial [kəˈləunɪəl] adj coloniale

colony [ˈkɔlənɪ] n colonia

colour etc [ˈkʌləʳ] (US **color**) n colore m ▶ vt colorare; (tint, dye) tingere; (fig: affect) influenzare ▶ vi (blush) arrossire ▷ **colour in** vt colorare; **colour-blind** adj daltonico(-a); **coloured** adj (photo)

a colori; (person) di colore; **colour film** n (for camera) pellicola a colori; **colourful** adj pieno(-a) di colore, a vivaci colori; (personality) colorato(-a); **colouring** n (substance) colorante m; (complexion) colorito; **colour television** n televisione f a colori

column [ˈkɔləm] n colonna

coma [ˈkəumə] n coma m inv

comb [kəum] n pettine m ▶ vt (hair) pettinare; (area) battere a tappeto

combat [ˈkɔmbæt] n combattimento ▶ vt combattere, lottare contro

combination [kɔmbɪˈneɪʃən] n combinazione f

combine [vb kəmˈbaɪn, n ˈkɔmbaɪn] vt **to ~ (with)** combinare (con); (one quality with another) unire (a) ▶ vi unirsi; (Chem) combinarsi ▶ n (Econ) associazione f

come [kʌm] (pt **came**, pp **come**) vi venire; arrivare; **to ~ to** (decision etc) raggiungere; **I've ~ to like him** ho cominciato a piacermi; **to ~ undone** slacciarsi; **to ~ loose** allentarsi
▷ **come across** vt fus trovare per caso
▷ **come along** vi (pupil, work) fare progressi; **~ along!** avanti!, andiamo!, forza! ▷ **come back** vi ritornare
▷ **come down** vi scendere; (prices) calare; (buildings) essere demolito(-a)
▷ **come from** vt fus venire da; provenire da ▷ **come in** vi entrare
▷ **come off** vi (button) staccarsi; (stain) andar via; (attempt) riuscire
▷ **come on** vi (pupil, work, project) fare progressi; (lights) entrare in funzione; **~ on!** avanti!, andiamo!, forza! ▷ **come out** vi uscire; (stain) andare via
▷ **come round** vi (after faint, operation) riprendere conoscenza, rinvenire
▷ **come to** vi rinvenire ▷ **come up** vi (sun) salire; (problem) sorgere; (event) essere in arrivo; (in conversation)

saltar fuori ▷ **come up with** vt fus **he came up with an idea** venne fuori con un'idea

comeback ['kʌmbæk] n (Theatre etc) ritorno

comedian [kə'miːdɪən] n comico

comedy ['kɒmɪdɪ] n commedia

comet ['kɒmɪt] n cometa

comfort ['kʌmfət] n comodità f inv, benessere m; (relief) consolazione f, conforto ▶ vt consolare, confortare; **comfortable** adj comodo(-a); (financially) agiato(-a); **comfort station** (US) n gabinetti mpl

comic ['kɒmɪk] adj (also: **~al**) comico(-a) ▶ n comico; (BRIT: magazine) giornaletto; **comic book** (US) n giornalino (a fumetti); **comic strip** n fumetto

comma ['kɒmə] n virgola

command [kə'mɑːnd] n ordine m, comando; (Mil: authority) comando; (mastery) padronanza ▶ vt comandare; **to ~ sb to do** ordinare a qn di fare; **commander** n capo; (Mil) comandante m

commemorate [kə'mɛməreɪt] vt commemorare

commence [kə'mɛns] vt, vi cominciare; **commencement** (US) n (Univ) cerimonia di consegna dei diplomi

commend [kə'mɛnd] vt lodare; raccomandare

comment ['kɒmɛnt] n commento ▶ vi **to ~ (on)** fare commenti (su); **commentary** ['kɒməntərɪ] n commentario; (Sport) radiocronaca; telecronaca; **commentator** ['kɒmənteɪtə] n commentatore(-trice); radiocronista m/f; telecronista m/f

commerce ['kɒmɜːs] n commercio

commercial [kə'mɜːʃəl] adj commerciale ▶ n (TV, Radio: advertisement) pubblicità f inv; **commercial break** n intervallo pubblicitario

commission [kə'mɪʃən] n commissione f ▶ vt (work of art) commissionare; **out of ~** (Naut) in disarmo; **commissioner** n (Police) questore m

commit [kə'mɪt] vt (act) commettere; (to sb's care) affidare; **to ~ o.s. to do** impegnarsi (a fare); **to ~ suicide** suicidarsi; **commitment** n impegno; promessa

committee [kə'mɪtɪ] n comitato

commodity [kə'mɒdɪtɪ] n prodotto, articolo

common ['kɒmən] adj comune; (pej) volgare; (usual) normale ▶ n terreno comune; **the C~s** (BRIT) npl la Camera dei Comuni; **in ~** in comune; **commonly** adv comunemente, usualmente; **commonplace** adj banale, ordinario(-a); **Commons** npl (BRIT Pol): **the (House of) Commons** la Camera dei Comuni; **common sense** n buon senso; **Commonwealth** n **the Commonwealth** il Commonwealth

- **Commonwealth**
- Il Commonwealth è
- un'associazione di stati sovrani
- indipendenti ed alcuni territori
- annessi che facevano parte
- dell'antico Impero Britannico.
- Nel 1931 questi assunsero il nome
- di "Commonwealth of Nations",
- denominazione successivamente
- semplificata in "Commonwealth".
- Attualmente gli stati del
- "Commonwealth" riconoscono
- ancora il proprio capo di stato.

communal ['kɒmjuːnl] adj (for common use) pubblico(-a)

commune [n 'kɒmjuːn, vb kə'mjuːn] n (group) comune f ▶ vi **to ~ with**

mettersi in comunione con

communicate [kəˈmjuːnɪkeɪt] vt comunicare, trasmettere ▶ vi to ~ with comunicare (con)

communication [kəmjuːnɪˈkeɪʃən] n comunicazione f

communion [kəˈmjuːnɪən] n (also: Holy C~) comunione f

communism [ˈkɔmjunɪzəm] n comunismo m; **communist** adj, n comunista m/f

community [kəˈmjuːnɪtɪ] n comunità f inv; **community centre** (US **community center**) n circolo ricreativo; **community service** n (BRIT) ≈ lavoro sostitutivo

commute [kəˈmjuːt] vi fare il pendolare ▶ vt (Law) commutare; **commuter** n pendolare m/f

compact [adj kəmˈpækt, n ˈkɔmpækt] adj compatto(-a) ▶ n (also: powder ~) portacipria m inv; **compact disc** n compact disc m inv; **compact disc player** n lettore m CD inv

companion [kəmˈpænɪən] n compagno(-a)

company [ˈkʌmpənɪ] n (also Comm, Mil, Theatre) compagnia; **to keep sb** ~ tenere compagnia a qn; **company car** n macchina f (di proprietà) della ditta; **company director** n amministratore m, consigliere m di amministrazione

comparable [ˈkɔmpərəbl] adj simile

comparative [kəmˈpærətɪv] adj relativo(-a); (adjective etc) comparativo(-a); **comparatively** adv relativamente

compare [kəmˈpɛəʳ] vt to ~ sth/sb with/to confrontare qc/qn con/a ▶ vi to ~ (with) reggere il confronto (con); **comparison** [-ˈpærɪsn] n confronto; **in comparison (with)** in confronto (a)

compartment [kəmˈpɑːtmənt] n compartimento; (Rail)

scompartimento; **a non-smoking** ~ uno scompartimento per non-fumatori

compass [ˈkʌmpəs] n bussola; ~**es** npl (Math) compasso

compassion [kəmˈpæʃən] n compassione f

compatible [kəmˈpætɪbl] adj compatibile

compel [kəmˈpɛl] vt costringere, obbligare; **compelling** adj (fig: argument) irresistibile

compensate [ˈkɔmpənseɪt] vt risarcire ▶ vi to ~ for compensare; **compensation** [-ˈseɪʃən] n compensazione f; (money) risarcimento

compete [kəmˈpiːt] vi (take part) concorrere; (vie): **to ~ with** fare concorrenza (a)

competent [ˈkɔmpɪtənt] adj competente

competition [kɔmpɪˈtɪʃən] n gara; concorso; (Econ) concorrenza

competitive [kəmˈpɛtɪtɪv] adj (Econ) concorrenziale; (sport) agonistico(-a); (person) che ha spirito di competizione; che ha spirito agonistico

competitor [kəmˈpɛtɪtəʳ] n concorrente m/f

complacent [kəmˈpleɪsnt] adj compiaciuto(-a) di sé

complain [kəmˈpleɪn] vi lagnarsi, lamentarsi; **complaint** n lamento; (in shop etc) reclamo; (Med) malattia

complement [n ˈkɔmplɪmənt, vb ˈkɔmplɪment] n complemento; (especially of ship's crew etc) effettivo ▶ vt (enhance) accompagnarsi bene a; **complementary** [kɔmplɪˈmentərɪ] adj complementare

complete [kəmˈpliːt] adj completo(-a) ▶ vt completare; (a form) riempire; **completely** adv completamente;

completion n completamento

complex ['kɒmplɛks] adj complesso(-a) ▶ n (Psych, of buildings etc) complesso

complexion [kəm'plɛkʃən] n (of face) carnagione f

compliance [kəm'plaɪəns] n acquiescenza; **in ~ with** (orders, wishes etc) in conformità con

complicate ['kɒmplɪkeɪt] vt complicare; **complicated** adj complicato(-a); **complication** [-'keɪʃən] n complicazione f

compliment [n 'kɒmplɪmənt, vb 'kɒmplɪment] n complimento ▶ vt fare un complimento a; **complimentary** [-'mɛntərɪ] adj complimentoso(-a), elogiativo(-a); (free) in omaggio

comply [kəm'plaɪ] vi to ~ with assentire a; conformarsi a

component [kəm'pəʊnənt] adj componente ▶ n componente m

compose [kəm'pəʊz] vt (form): **to be ~d of** essere composto di; (music, poem etc) comporre; **to ~ o.s.** ricomporsi; **composer** n (Mus) compositore(-trice); **composition** [kɒmpə'zɪʃən] n composizione f

composure [kəm'pəʊʒə*] n calma

compound ['kɒmpaʊnd] n (Chem, Ling) composto; (enclosure) recinto ▶ adj composto(-a)

comprehension [kɒmprɪ'hɛnʃən] n comprensione f

comprehensive [kɒmprɪ'hɛnsɪv] adj completo(-a); **comprehensive (school)** (BRIT) n scuola secondaria aperta a tutti

> Be careful not to translate **comprehensive** by the Italian word **comprensivo**.

compress [vb kəm'prɛs, n 'kɒmprɛs] vt comprimere ▶ n (Med) compressa

comprise [kəm'praɪz] vt (also: **be ~d**) comprendere

compromise ['kɒmprəmaɪz] n compromesso ▶ vt compromettere ▶ vi venire a un compromesso

compulsive [kəm'pʌlsɪv] adj (liar, gambler) che non riesce a controllarsi; (viewing, reading) cui non si può fare a meno

compulsory [kəm'pʌlsərɪ] adj obbligatorio(-a)

computer [kəm'pjuːtə*] n computer m inv, elaboratore m elettronico; **computer game** n gioco per computer; **computer-generated** adj realizzato(-a) al computer; **computerize** vt computerizzare; **computer programmer** n programmatore(-trice); **computer programming** n programmazione f di computer; **computer science** n informatica; **computer studies** npl informatica; **computing** n informatica

con [kɒn] (inf) vt truffare ▶ n truffa

conceal [kən'siːl] vt nascondere

concede [kən'siːd] vt ammettere

conceited [kən'siːtɪd] adj presuntuoso(-a), vanitoso(-a)

conceive [kən'siːv] vt concepire ▶ vi concepire un bambino

concentrate ['kɒnsəntreɪt] vi concentrarsi ▶ vt concentrare

concentration [kɒnsən'treɪʃən] n concentrazione f

concept ['kɒnsɛpt] n concetto

concern [kən'səːn] n affare m; (Comm) azienda, ditta; (anxiety) preoccupazione f ▶ vt riguardare; **to be ~ed (about)** preoccuparsi (di); **concerning** prep riguardo a, circa

concert ['kɒnsət] n concerto; **concert hall** n sala da concerti

concerto [kən'tʃəːtəʊ] n concerto

concession [kən'sɛʃən] n concessione f

concise [kən'saɪs] adj conciso(-a)

conclude [kənˈkluːd] vt concludere;
conclusion [-ˈkluːʒən] n conclusione f
concrete [ˈkɒŋkriːt] n calcestruzzo
▶ adj concreto(-a), di calcestruzzo
concussion [kənˈkʌʃən] n
commozione f cerebrale
condemn [kənˈdɛm] vt condannare;
(building) dichiarare pericoloso(-a)
condensation [kɒndənˈseɪʃən] n
condensazione f
condense [kənˈdɛns] vi condensarsi
▶ vt condensare
condition [kənˈdɪʃən] n condizione
f; (Med) malattia f ▶ vt condizionare;
on ~ that a condizione che + sub,
a condizione di; **conditional** adj
condizionale; **to be conditional upon**
dipendere da; **conditioner** n (for hair)
balsamo; (for fabrics) ammorbidente m
condo [ˈkɒndəu] (US) n abbr (inf)
= **condominium**
condom [ˈkɒndəm] n preservativo
condominium [kɒndəˈmɪnɪəm] (US)
n condominio
condone [kənˈdəun] vt condonare
conduct [n ˈkɒndʌkt, vb kənˈdʌkt]
n condotta f ▶ vt condurre; (manage)
dirigere; amministrare; (Mus)
dirigere; **to ~ o.s.** comportarsi;
conducted tour [kənˈdʌktɪd-] n
gita accompagnata; **conductor** n
(of orchestra) direttore m d'orchestra;
(on bus) bigliettaio; (US: on train)
controllore m; (Elec) conduttore m
cone [kəun] n cono; (Bot) pigna; (traffic
cone) birillo
confectionery [kənˈfɛkʃənrɪ] n
dolciumi mpl
confer [kənˈfəːʳ] vt **to ~ sth on**
conferire qc a ▶ vi conferire
conference [ˈkɒnfərns] n congresso
confess [kənˈfɛs] vt confessare,
ammettere ▶ vi confessare;
confession [kənˈfɛʃən] n

confessione f
confide [kənˈfaɪd] vi **to ~ in** confidarsi
con
confidence [ˈkɒnfɪdns] n confidenza;
(trust) fiducia; (self-assurance)
sicurezza di sé; **in ~** (speak, write) in
confidenza, confidenzialmente;
confident adj sicuro(-a), sicuro(-a)
di sé; **confidential** [kɒnfɪˈdɛnʃəl] adj
riservato(-a), confidenziale
confine [kənˈfaɪn] vt limitare; (shut
up) rinchiudere; **confined** adj (space)
ristretto(-a)
confirm [kənˈfəːm] vt confermare;
confirmation [kɒnfəˈmeɪʃən] n
conferma; (Rel) cresima
confiscate [ˈkɒnfɪskeɪt] vt confiscare
conflict [n ˈkɒnflɪkt, vb kənˈflɪkt] n
conflitto ▶ vi essere in conflitto
conform [kənˈfɔːm] vi **to ~ to**
conformarsi (a)
confront [kənˈfrʌnt] vt (enemy,
danger) affrontare; **confrontation**
[kɒnfrənˈteɪʃən] n scontro
confuse [kənˈfjuːz] vt (one thing with
another) confondere; **confused** adj
confuso(-a); **confusing** adj che fa
confondere; **confusion** [-ˈfjuːʒən] n
confusione f
congestion [kənˈdʒɛstʃən] n
congestione f
congratulate [kənˈɡrætjuleɪt] vt to
~ sb (on) congratularsi con qn (per or
di); **congratulations** [-ˈleɪʃənz] npl
auguri mpl; (on success) complimenti
mpl, congratulazioni fpl
congregation [kɒŋɡrɪˈɡeɪʃən] n
congregazione f
congress [ˈkɒŋɡrɛs] n congresso;
congressman (irreg: US) n membro
del Congresso; **congresswoman**
(irreg: US) n (donna) membro del
Congresso
conifer [ˈkɒnɪfəʳ] n conifero
conjugate [ˈkɒndʒugeɪt] vt coniugare

conjugation [kɔndʒəˈgeɪʃən] *n*
coniugazione *f*

conjunction [kənˈdʒʌŋkʃən] *n*
congiunzione *f*

conjure [ˈkʌndʒəʳ] *vi* fare giochi di
prestigio

connect [kəˈnɛkt] *vt* connettere;
collegare; (*Elec, Tel*) collegare;
(*fig*) associare ▶ *vi* (*train*): **to ~
with** essere in coincidenza con;
to be ~ed with (*associated*) aver
rapporti con; **connecting flight** *n*
volo in coincidenza; **connection**
[-ʃən] ▶ *n* relazione *f*, rapporto;
(*Elec*) connessione *f*; (*train, plane*)
coincidenza; (*Tel*) collegamento

conquer [ˈkɔŋkəʳ] *vt* conquistare;
(*feelings*) vincere

conquest [ˈkɔŋkwɛst] *n* conquista

cons [kɔnz] *npl see* **convenience**; **pro**

conscience [ˈkɔnʃəns] *n* coscienza

conscientious [kɔnʃɪˈɛnʃəs] *adj*
coscienzioso(-a)

conscious [ˈkɔnʃəs] *adj* consapevole;
(*Med*) cosciente; **consciousness** *n*
consapevolezza; coscienza

consecutive [kənˈsɛkjʊtɪv] *adj*
consecutivo(-a); **on 3 ~ occasions** 3
volte di fila

consensus [kənˈsɛnsəs] *n* consenso;
the ~ of opinion l'opinione *f* unanime
or comune

consent [kənˈsɛnt] *n* consenso ▶ *vi* **to
~ (to)** acconsentire (a)

consequence [ˈkɔnsɪkwəns] *n*
conseguenza, risultato; importanza

consequently [ˈkɔnsɪkwəntlɪ] *adv* di
conseguenza, dunque

conservation [kɔnsəˈveɪʃən] *n*
conservazione *f*

conservative [kənˈsəːvətɪv] *adj*
conservatore(-trice); (*cautious*)
cauto(-a); **Conservative** (*BRIT*) *adj*, *n*
(*Pol*) conservatore(-trice)

conservatory [kənˈsəːvətrɪ]

n (*greenhouse*) serra; (*Mus*)
conservatorio

consider [kənˈsɪdəʳ] *vt* considerare;
(*take into account*) tener conto di; **to ~
doing sth** considerare la possibilità di
fare qc; **considerable** [kənˈsɪdərəbl]
adj considerevole, notevole;
considerably *adv* notevolmente,
decisamente; **considerate**
[kənˈsɪdərɪt] *adj* premuroso(-a);
consideration [kənsɪdəˈreɪʃən]
n considerazione *f*; **considering**
[kənˈsɪdərɪŋ] *prep* in considerazione di

consignment [kənˈsaɪnmənt] *n* (*of
goods*) consegna; spedizione *f*

consist [kənˈsɪst] *vi* **to ~ of** constare di,
essere composto(-a) di

consistency [kənˈsɪstənsɪ] *n*
consistenza; (*fig*) coerenza

consistent [kənˈsɪstənt] *adj* coerente

consolation [kɔnsəˈleɪʃən] *n*
consolazione *f*

console¹ [kənˈsəul] *vt* consolare

console² [ˈkɔnsəul] *n* quadro di
comando

consonant [ˈkɔnsənənt] *n*
consonante *f*

conspicuous [kənˈspɪkjuəs] *adj*
cospicuo(-a)

conspiracy [kənˈspɪrəsɪ] *n* congiura,
cospirazione *f*

constable [ˈkʌnstəbl] (*BRIT*) *n*
= poliziotto, agente *m* di polizia; **chief
~** ≈ questore *m*

constant [ˈkɔnstənt] *adj* costante,
continuo(-a); **constantly** *adv*
costantemente; continuamente

constipated [ˈkɔnstɪpeɪtɪd]
adj stitico(-a); **constipation**
[kɔnstɪˈpeɪʃən] *n* stitichezza

constituency [kənˈstɪtjuənsɪ] *n*
collegio elettorale

constitute [ˈkɔnstɪtjuːt] *vt* costituire

constitution [kɔnstɪˈtjuːʃən] *n*
costituzione *f*

constraint [kən'streɪnt] n costrizione f

construct [kən'strʌkt] vt costruire; **construction** [-ʃən] n costruzione f; **constructive** adj costruttivo(-a)

consul ['kɒnsl] n console m; **consulate** ['kɒnsjʊlɪt] n consolato

consult [kən'sʌlt] vt consultare; **consultant** n (Med) consulente m medico; (other specialist) consulente; **consultation** [-'teɪʃən] n (Med) consulto; (discussion) consultazione f; **consulting room** [kən'sʌltɪŋ-] (BRIT) n ambulatorio

consume [kən'sjuːm] vt consumare; **consumer** n consumatore(-trice)

consumption [kən'sʌmpʃən] n consumo

cont. abbr = **continued**

contact ['kɒntækt] n contatto; (person) conoscenza ▶ vt mettersi in contatto con; **contact lenses** npl lenti fpl a contatto

contagious [kən'teɪdʒəs] adj (also fig) contagioso(-a)

contain [kən'teɪn] vt contenere; **to~o.s.** contenersi; **container** n recipiente m; (for shipping etc) container m inv

contaminate [kən'tæmɪneɪt] vt contaminare

cont'd abbr = **continued**

contemplate ['kɒntəmpleɪt] vt contemplare; (consider) pensare a (or di)

contemporary [kən'tempərərɪ] adj, n contemporaneo(-a)

contempt [kən'tempt] n disprezzo; ~ **of court** (Law) oltraggio alla Corte

contend [kən'tend] vt **to ~ that** sostenere che ▶ vi **to ~ with** lottare contro

content¹ ['kɒntent] n contenuto; ~**s** npl (of box, case etc) contenuto; (**table of**) ~**s** indice m

content² [kən'tent] adj contento(-a), soddisfatto(-a) ▶ vt contentare, soddisfare; **contented** adj contento(-a), soddisfatto(-a)

contest [n 'kɒntest, vb kən'test] n lotta; (competition) gara, concorso ▶ vt contestare; impugnare; (compete for) essere in lizza per; **contestant** [kən'testənt] n concorrente m/f; (in fight) avversario(-a)

context ['kɒntekst] n contesto

continent ['kɒntɪnənt] n continente m; **the C~** (BRIT) l'Europa continentale; **continental** [-'nentl] adj continentale; **continental breakfast** n colazione f all'europea (senza piatti caldi); **continental quilt** (BRIT) n piumino

continual [kən'tɪnjuəl] adj continuo(-a); **continually** adv di continuo

continue [kən'tɪnjuː] vi continuare ▶ vt continuare; (start again) riprendere

continuity [kɒntɪ'njuːɪtɪ] n continuità; (TV, Cinema) (ordine m della) sceneggiatura

continuous [kən'tɪnjuəs] adj continuo(-a), ininterrotto(-a); **continuous assessment** n (BRIT) valutazione f continua; **continuously** adv (repeatedly) continuamente; (uninterruptedly) ininterrottamente

contour ['kɒntuə] n contorno, profilo; (also: **~ line**) curva di livello

contraception [kɒntrə'sepʃən] n contraccezione f

contraceptive [kɒntrə'septɪv] adj contraccettivo(-a) ▶ n contraccettivo

contract [n 'kɒntrækt, vb kən'trækt] n contratto ▶ vi (become smaller) contrarsi; (Comm): **to ~ to do sth** fare un contratto per fare qc ▶ vt (illness) contrarre; **contractor** n imprenditore m

contradict [kɒntrə'dɪkt] vt
contraddire; **contradiction**
[kɒntrə'dɪkʃən] n contraddizione f; **to
be in contradiction with** discordare
con

contrary¹ ['kɒntrərɪ] adj contrario(-a),
(unfavourable) avverso(-a),
contrario(-a) ▶ n contrario; **on the ~**
al contrario; **unless you hear to the ~**
salvo contrordine

contrary² [kən'trɛərɪ] adj (perverse)
bisbetico(-a)

contrast [n 'kɒntrɑːst, vb kən'trɑːst] n
contrasto ▶ vt mettere in contrasto;
in ~ to contrariamente a

contribute [kən'trɪbjuːt] vi
contribuire ▶ vt **to ~ to** (-£10/an article
to) dare 10 sterline/un articolo a; **to ~
to** contribuire a; (newspaper) scrivere
per; **contribution** [kɒntrɪ'bjuːʃən]
n contributo; **contributor** n (to
newspaper) collaboratore(-trice)

control [kən'trəʊl] vt controllare;
(firm, operation etc) dirigere ▶ n
controllo; **~s** npl (of vehicle etc)
comandi mpl; (governmental) controlli
mpl; **under ~** sotto controllo; **to be
in ~ of** avere il controllo di; **to go out
of ~** (car) non rispondere ai comandi;
(situation) sfuggire di mano; **control
tower** n (Aviat) torre f di controllo

controversial [kɒntrə'vɜːʃl] adj
controverso(-a), polemico(-a)

controversy ['kɒntrəvɜːsɪ] n
controversia, polemica

convenience [kən'viːnɪəns] n
comodità f inv; **at your ~** a suo
comodo; **all modern ~s** (BRIT), **all
mod cons** tutte le comodità moderne

convenient [kən'viːnɪənt] adj
comodo(-a).

> Be careful not to translate
> **convenient** by the Italian word
> conveniente.

convent ['kɒnvənt] n convento

convention [kən'vɛnʃən] n
convenzione f; (meeting) convegno;
conventional adj convenzionale

conversation [kɒnvə'seɪʃən] n
conversazione f

conversely [kən'vɜːslɪ] adv al
contrario, per contro

conversion [kən'vɜːʃən] n
conversione f; (BRIT: of house)
trasformazione f, rimodernamento

convert [vb kən'vɜːt, n 'kɒnvɜːt]
vt (Comm, Rel) convertire; (alter)
trasformare ▶ n convertito(-a);
convertible n macchina
decappottabile

convey [kən'veɪ] vt trasportare;
(thanks) comunicare; (idea) dare;
conveyor belt n (kən'veɪə-) n nastro
trasportatore

convict [vb kən'vɪkt, n 'kɒnvɪkt] vt
dichiarare colpevole ▶ n carcerato(-a);
conviction [-ʃən] n condanna; (belief)
convinzione f

convince [kən'vɪns] vt convincere,
persuadere; **convinced** adj
convinced of/that convinto(-a) di/
che; **convincing** adj convincente

convoy ['kɒnvɔɪ] n convoglio

cook [kʊk] vt cucinare, cuocere
▶ vi cuocere; (person) cucinare ▶ n
cuoco(-a); **cook book** n libro di
cucina; **cooker** n fornello, cucina;
cookery n cucina; **cookery book**
(BRIT) = **cook book**; **cookie** (US) n
biscotto; **cooking** n cucina

cool [kuːl] adj fresco(-a); (not afraid,
calm) calmo(-a); (unfriendly) freddo(-a)
▶ vt raffreddare; (room) rinfrescare ▶ vi
(water) raffreddarsi; (air) rinfrescarsi
▷ **cool down** vi raffreddarsi; (fig:
person, situation) calmarsi ▷ **cool
off** vi (become calmer) calmarsi; (lose
enthusiasm) perdere interesse

cop [kɒp] (inf) n sbirro

cope [kəup] vi **to ~ with** (problems) far fronte a

copper ['kɒpə'] n rame m; (inf: policeman) sbirro

copy ['kɒpɪ] n copia ▶ vt copiare; **copyright** n diritto d'autore

coral ['kɒrəl] n corallo

cord [kɔːd] n corda; (Elec) filo; **~s** npl (trousers) calzoni mpl (di velluto) a coste; **cordless** adj senza cavo

corduroy ['kɔːdərɔɪ] n fustagno

core [kɔː'] n (of fruit) torsolo; (of organization etc) cuore m ▶ vt estrarre il torsolo da

coriander [kɒrɪ'ændə'] n coriandolo

cork [kɔːk] n sughero; (of bottle) tappo; **corkscrew** n cavatappi m inv

corn [kɔːn] n (BRIT: wheat) grano; (US: maize) granturco; (on foot) callo; **~ on the cob** (Culin) pannocchia cotta

corned beef ['kɔːnd-] n carne f di manzo in scatola

corner ['kɔːnə'] n angolo; (Aut) curva ▶ vt intrappolare; mettere con le spalle al muro; (Comm: market) accaparrare ▶ vi prendere una curva

corner shop (BRIT) piccolo negozio di generi alimentari

cornflakes ['kɔːnfleɪks] npl fiocchi mpl di granturco

cornflour ['kɔːnflauə'] (BRIT) n farina finissima di granturco

cornstarch ['kɔːnstɑːtʃ] (US) n = **cornflour**

Cornwall ['kɔːnwəl] n Cornovaglia

coronary ['kɒrənərɪ] n **~ (thrombosis)** trombosi f coronaria

coronation [kɒrə'neɪʃən] n incoronazione f

coroner ['kɒrənə'] n magistrato incaricato di indagare la causa di morte in circostanze sospette

corporal ['kɔːpərl] n caporalmaggiore m ▶ adj **~ punishment** pena corporale

corporate ['kɔːpərɪt] adj costituito(-a) (in corporazione), comune

corporation [kɔːpə'reɪʃən] n (of town) consiglio comunale; (Comm) ente m

corps [kɔː, pl kɔːz] n inv corpo

corpse [kɔːps] n cadavere m

correct [kə'rɛkt] adj (accurate) corretto(-a), esatto(-a); (proper) corretto(-a) ▶ vt correggere; **correction** [-ʃən] n correzione f

correspond [kɒrɪs'pɒnd] vi corrispondere; **correspondence** n corrispondenza; **correspondent** n corrispondente m/f; **corresponding** adj corrispondente

corridor ['kɒrɪdɔː'] n corridoio

corrode [kə'rəud] vt corrodere ▶ vi corrodersi

corrupt [kə'rʌpt] adj corrotto(-a); (Comput) alterato(-a) ▶ vt corrompere; **corruption** n corruzione f

Corsica ['kɔːsɪkə] n Corsica

cosmetic [kɒz'mɛtɪk] n cosmetico ▶ adj (fig: measure etc) superficiale; **cosmetic surgery** n chirurgia plastica

cosmopolitan [kɒzmə'pɒlɪtn] adj cosmopolita

cost [kɒst] (pt, pp **cost**) n costo ▶ vt costare; (find out the cost of) stabilire il prezzo di; **~s** npl (Comm, Law) spese fpl; **how much does it ~?** quanto costa?; **at all ~s** a ogni costo

co-star ['kəustɑː'] n attore/trice della stessa importanza del protagonista

Costa Rica ['kɒstə'riːkə] n Costa Rica

costly ['kɒstlɪ] adj costoso(-a), caro(-a)

cost of living adj **~ allowance** indennità f inv di contingenza

costume ['kɒstjuːm] n costume m; (lady's suit) tailleur m inv; (BRIT: also: **swimming ~**) costume m da bagno

cosy ['kəuzɪ] (US **cozy**) adj intimo(-a); **I'm very ~ here** sto proprio bene qui

cot [kɒt] n (BRIT: child's) lettino; (US: campbed) brandina

cottage ['kɒtɪdʒ] n cottage m inv;
cottage cheese n fiocchi mpl di
latte magro

cotton ['kɒtn] n cotone m ▶ **cotton on**
vi (inf): **to ~ on (to sth)** afferrare (qc);
cotton bud n (BRIT) cotton fioc® m
inv; **cotton candy** (US) n zucchero
filato; **cotton wool** (BRIT) n cotone
idrofilo

couch [kautʃ] n sofà m inv

cough [kɒf] vi tossire ▶ n tosse f; **I've
got a** ~ ho la tosse; **cough mixture,
cough syrup** n sciroppo per la tosse

could [kud] pt of **can**²

couldn't = **could not**

council ['kaunsl] n consiglio; **city or
town** ~ consiglio comunale; **council
estate** (BRIT) n quartiere m di case
popolari; **council house** (BRIT) n casa
popolare; **councillor** (US **councilor**)
n consigliere(-a); **council tax** n (BRIT)
tassa comunale sulla proprietà

counsel ['kaunsl] n avvocato;
consultazione f ▶ vt consigliare;
counselling (US **counseling**) n
(Psych) assistenza psicologica;
counsellor (US **counselor**) n
consigliere(-a); (US) avvocato

count [kaunt] vt, vi contare ▶ n (of
votes etc) conteggio; (of pollen etc)
livello; (nobleman) conte m ▷ **count
in** (inf) vt includere; ~ **me in** ci sto
anch'io ▷ **count on** vt fus contare su;
countdown n conto alla rovescia

counter ['kauntə⁎] n banco ▶ vt
opporsi a ▶ adv ~ **to** contro; in
opposizione a; **counter clockwise**
[-'klɒkwaɪz] (US) adv in senso
antiorario

counterfeit ['kauntəfɪt] n
contraffazione f, falso ▶ vt
contraffare, falsificare ▶ adj falso(-a)

counterpart ['kauntəpɑːt] n (of
document etc) copia; (of person)
corrispondente m/f

countess ['kauntɪs] n contessa

countless ['kauntlɪs] adj
innumerevole

country ['kʌntrɪ] n paese m; (native
land) patria; (as opposed to town)
campagna; (region) regione f;
country and western (music) n
musica country e western, country m;
country house n villa in campagna;
countryside n campagna

county ['kauntɪ] n contea

coup [kuː] (pl **coups**) n colpo; (also: ~
d'état) colpo di Stato

couple ['kʌpl] n coppia; **a ~ of** un
paio di

coupon ['kuːpɒn] n buono; (detachable
form) coupon m inv

courage ['kʌrɪdʒ] n coraggio;
courageous adj coraggioso(-a)

courgette [kuə'ʒet] (BRIT) n zucchina

courier ['kʌrɪə⁎] n corriere m; (for
tourists) guida

course [kɔːs] n corso; (of ship) rotta;
(for golf) campo; (part of meal) piatto;
of ~ senz'altro, naturalmente;
~ **of action** modo d'agire; **a ~ of
treatment** (Med) una cura

court [kɔːt] n corte f; (Tennis) campo
▶ vt (woman) fare la corte a; **to take to
~** citare in tribunale

courtesy ['kəːtəsɪ] n cortesia; **(by) ~ of**
per gentile concessione di; **courtesy
bus, courtesy coach** n autobus m inv
gratuito (di hotel, aeroporto)

court: court-house (US) n palazzo di
giustizia; **courtroom** n tribunale m;
courtyard n cortile m

cousin ['kʌzn] n cugino(-a); **first ~**
cugino di primo grado

cover ['kʌvə⁎] vt coprire; (book, table)
rivestire; (include) comprendere;
(Press) fare un servizio su ▶ n (of pan)
coperchio; (over furniture) fodera; (of
bed) copriletto; (of book) copertina;
(shelter) riparo; (Comm, Insurance, of

spy) copertura; **~s** npl (*on bed*) lenzuola fpl e coperte fpl; **to take ~** (*shelter*) ripararsi; **under ~** al riparo; **under ~ of darkness** protetto dall'oscurità; **under separate ~** (Comm) a parte, in plico separato ▷ **cover up** vi **to ~ up for sb** coprire qn; **coverage** n (Press, Radio, TV): **to give full coverage to sth** fare un ampio servizio su qc; **cover charge** n coperto; **cover-up** n occultamento (di informazioni)

cow [kau] n vacca ▷ vt (*person*) intimidire

coward ['kauəd] n vigliacco(-a); **cowardly** adj vigliacco(-a)

cowboy ['kaubɔɪ] n cow-boy m inv

cozy ['kəuzɪ] (US) adj = **cosy**

crab [kræb] n granchio

crack [kræk] n fessura, crepa; incrinatura; (*noise*) schiocco; (: *of gun*) scoppio; (*drug*) crack m inv ▷ vt spaccare; incrinare; (*whip*) schioccare; (*nut*) schiacciare; (*problem*) risolvere; (*code*) decifrare ▷ adj (*troops*) fuori classe; **to ~ a joke** fare una battuta ▷ **crack down on** vt fus porre freno a; **cracked** adj (inf) matto(-a); **cracker** n cracker m inv; petardo

crackle ['krækl] vi crepitare

cradle ['kreɪdl] n culla

craft [krɑːft] n mestiere m; (*cunning*) astuzia; (*boat*) naviglio; **craftsman** (*irreg*) n artigiano; **craftsmanship** n abilità

cram [kræm] vt (*fill*): **to ~ sth with** riempire qc di; (*put*): **to ~ sth into** stipare qc in ▷ vi (*for exams*) prepararsi (in gran fretta)

cramp [kræmp] n crampo; **I've got ~ in my leg** ho un crampo alla gamba; **cramped** adj ristretto(-a)

cranberry ['krænbərɪ] n mirtillo

crane [kreɪn] n gru f inv

crap [kræp] n (infl) fesserie fpl; **to have**

a ~ cacare (!)

crash [kræʃ] n fragore m; (*of car*) incidente m; (*of plane*) caduta; (*of business etc*) crollo ▷ vt fracassare ▷ vi (*plane*) fracassarsi; (*car*) avere un incidente; (*two cars*) scontrarsi; (*business etc*) fallire, andare in rovina; **crash course** n corso intensivo; **crash helmet** n casco

crate [kreɪt] n cassa

crave [kreɪv] vt, vi **to ~ (for)** desiderare ardentemente

crawl [krɔːl] vi strisciare carponi; (*vehicle*) avanzare lentamente ▷ n (*Swimming*) crawl m

crayfish ['kreɪfɪʃ] n inv (*freshwater*) gambero d'acqua dolce); (*saltwater*) gambero

crayon ['kreɪən] n matita colorata

craze [kreɪz] n mania

crazy ['kreɪzɪ] adj matto(-a); (inf: *keen*): **~ about sb** pazzo(-a) di qn; **~ about sth** matto(-a) per qc

creak [kriːk] vi cigolare, scricchiolare

cream [kriːm] n crema; (*fresh*) panna ▷ adj (*colour*) color crema inv; **cream cheese** n formaggio fresco; **creamy** adj cremoso(-a)

crease [kriːs] n grinza; (*deliberate*) piega ▷ vt sgualcire ▷ vi sgualcirsi

create [kriːˈeɪt] vt creare; **creation** [-ʃən] n creazione f; **creative** adj creativo(-a); **creator** n creatore(-trice)

creature ['kriːtʃə*] n creatura

crèche [krɛʃ] n asilo infantile

credentials [krɪˈdɛnʃlz] npl credenziali fpl

credibility [krɛdɪˈbɪlɪtɪ] n credibilità

credible ['krɛdɪbl] adj credibile; (*witness, source*) attendibile

credit ['krɛdɪt] n credito; crema m ▷ vt (Comm) accreditare; (*believe: also*: **give ~ to**) credere, prestar fede a; **~s** npl (Cinema) titoli mpl; **to ~ sb with**

(fig) attribuire a qn; **to be in ~** *(person)* essere creditore(-trice); *(bank account)* essere coperto(-a); **credit card** n carta di credito; **do you take credit cards?** accettate carte di credito?

creek [kriːk] n insenatura; *(US)* piccolo fiume m

creep [kriːp] *(pt, pp crept)* vi avanzare furtivamente (or pian piano)

cremate [krɪˈmeɪt] vt cremare

crematorium [kremǝˈtɔːrɪǝm] *(pl crematoria)* n forno crematorio

crept [krept] pt, pp of **creep**

crescent [ˈkresnt] n *(shape)* mezzaluna; *(street)* strada semicircolare

cress [kres] n crescione m

crest [krest] n cresta; *(of coat of arms)* cimiero

crew [kruː] n equipaggio; **crew-neck** n girocollo

crib [krɪb] n culla ▸ vt *(inf)* copiare

cricket [ˈkrɪkɪt] n *(insect)* grillo; *(game)* cricket m; **cricketer** n giocatore m di cricket

crime [kraɪm] n crimine m; **criminal** [ˈkrɪmɪnl] adj, n criminale m/f

crimson [ˈkrɪmzn] adj color cremisi inv

cringe [krɪndʒ] vi accquattarsi; *(in embarrassment)* sentirsi sprofondare

cripple [ˈkrɪpl] n zoppo(-a) ▸ vt azzoppare

crisis [ˈkraɪsɪs] *(pl crises)* n crisi f inv

crisp [krɪsp] adj croccante; *(fig)* frizzante; vivace; deciso(-a); **crispy** adj croccante

criterion [kraɪˈtɪǝrɪǝn] *(pl criteria)* n criterio

critic [ˈkrɪtɪk] n critico; **critical** adj critico(-a); **criticism** [ˈkrɪtɪsɪzm] n critica; **criticize** [ˈkrɪtɪsaɪz] vt criticare

Croat [ˈkrǝuæt] adj, n = **Croatian**

Croatia [krǝuˈeɪʃǝ] n Croazia; **Croatian** adj croato(-a) ▸ n croato(-a);

(Ling) croato

crockery [ˈkrɒkǝrɪ] n vasellame m

crocodile [ˈkrɒkǝdaɪl] n coccodrillo

crocus [ˈkrǝukǝs] n croco

croissant [ˈkrwɑs] n brioche f inv, croissant m inv

crook [kruk] n truffatore m; *(of shepherd)* bastone m; **crooked** [ˈkrukɪd] adj curvo(-a), storto(-a); *(action)* disonesto(-a)

crop [krɒp] n *(produce)* coltivazione f; *(amount produced)* raccolto; *(riding crop)* frustino ▸ vt *(hair)* rapare ▸ **crop up** vi presentarsi

cross [krɒs] n croce f; *(Biol)* incrocio ▸ vt *(street etc)* attraversare; *(arms, legs, Biol)* incrociare; *(cheque)* sbarrare ▸ adj di cattivo umore ▸ **cross off** vt cancellare *(tirando una riga con la penna)* ▸ **cross out** vt cancellare ▸ **cross over** vi attraversare;

cross-Channel ferry [ˈkrɒsˈtʃænl-] n traghetto che attraversa la Manica; **crosscountry (race)** n cross-country m inv; **crossing** n incrocio; *(sea passage)* traversata; *(also:* **pedestrian crossing)** passaggio pedonale; **how long does the crossing take?** quanto dura la traversata?; **crossing guard** *(US)* n dipendente comunale che aiuta i bambini ad attraversare la strada; **crossroads** n incrocio; **crosswalk** *(US)* n strisce fpl pedonali, passaggio pedonale; **crossword** n cruciverba m inv

crotch [krɒtʃ] n *(Anat)* inforcatura; *(of garment)* pattina

crouch [krautʃ] vi accquattarsi; rannicchiarsi

crouton [ˈkruːtɒn] n crostino

crow [krǝu] n *(bird)* cornacchia; *(of cock)* canto del gallo ▸ vi *(cock)* cantare

crowd [kraud] n folla ▸ vt affollare, stipare ▸ vi to ~ **round/in** affollarsi intorno a/in; **crowded**

adj affollato(-a); **crowded with** stipato(-a) di

crown [kraʊn] *n* corona; *(of head)* calotta cranica; *(of hat)* cocuzzolo; *(of hill)* cima ▶ *vt* incoronare; *(fig: career)* coronare; **crown jewels** *npl* gioielli *mpl* della Corona

crucial ['kru:ʃl] *adj* cruciale, decisivo(-a)

crucifix ['kru:sɪfɪks] *n* crocifisso

crude [kru:d] *adj (materials)* greggio(-a), non raffinato(-a); *(fig: basic)* crudo(-a), primitivo(-a); *(: vulgar)* rozzo(-a), grossolano(-a); **crude (oil)** *n* (petrolio) greggio

cruel ['kruəl] *adj* crudele; **cruelty** *n* crudeltà *f inv*

cruise [kru:z] *n* crociera ▶ *vi* andare a velocità di crociera; *(taxi)* circolare

crumb [krʌm] *n* briciola

crumble ['krʌmbl] *vt* sbriciolare ▶ *vi* sbriciolarsi; *(plaster etc)* sgretolarsi; *(land, earth)* franare; *(building, fig)* crollare

crumpet ['krʌmpɪt] *n* specie di frittella

crumple ['krʌmpl] *vt* raggrinzare, spiegazzare

crunch [krʌntʃ] *vt* sgranocchiare; *(underfoot)* scricchiolare ▶ *n (fig)* punto *o* momento cruciale; **crunchy** *adj* croccante

crush [krʌʃ] *n* folla; *(love):* **to have a ~ on sb** avere una cotta per qn; *(drink):* **lemon ~** spremuta di limone ▶ *vt* schiacciare; *(crumple)* sgualcire

crust [krʌst] *n* crosta; **crusty** *adj (bread)* croccante; *(person)* brontolone(-a); *(remark)* brusco(-a)

crutch [krʌtʃ] *n* gruccia

cry [kraɪ] *vi* piangere; *(shout)* urlare ▶ *n* urlo, grido ▶ **cry out** *vi, vt* gridare

crystal ['krɪstl] *n* cristallo

cub [kʌb] *n* cucciolo; *(also: ~ scout)* lupetto

Cuba ['kju:bə] *n* Cuba

Cuban ['kju:bən] *adj, n* cubano(-a)

cube [kju:b] *n* cubo ▶ *vt (Math)* elevare al cubo; **cubic** *adj* cubico(-a); *(metre, foot)* cubo(-a)

cubicle ['kju:bɪkl] *n* scompartimento separato; cabina

cuckoo ['kuku:] *n* cucù *m inv*

cucumber ['kju:kʌmbə*] *n* cetriolo

cuddle ['kʌdl] *vt* abbracciare, coccolare ▶ *vi* abbracciarsi

cue [kju:] *n (snooker cue)* stecca; *(Theatre etc)* segnale *m*

cuff [kʌf] *n* (BRIT: of shirt, coat etc) polsino; *(US: of trousers)* risvolto; **off the ~** improvvisando; **cufflinks** *npl* gemelli *mpl*

cuisine [kwɪˈziːn] *n* cucina

cul-de-sac ['kʌldəsæk] *n* vicolo cieco

cull [kʌl] *vt (ideas etc)* scegliere ▶ *n (of animals)* abbattimento selettivo

culminate ['kʌlmɪneɪt] *vi* **to ~ in** culminare con

culprit ['kʌlprɪt] *n* colpevole *m/f*

cult [kʌlt] *n* culto

cultivate ['kʌltɪveɪt] *vt (also fig)* coltivare

cultural ['kʌltʃərəl] *adj* culturale

culture ['kʌltʃə*] *n (also fig)* cultura

cumin ['kʌmɪn] *n (spice)* cumino

cunning ['kʌnɪŋ] *n* astuzia, furberia ▶ *adj* astuto(-a), furbo(-a)

cup [kʌp] *n* tazza; *(prize, of bra)* coppa

cupboard ['kʌbəd] *n* armadio

cup final *n (BRIT Football)* finale *f* di coppa

curator [kjuəˈreɪtə*] *n* direttore *m (di museo ecc)*

curb [kə:b] *vt* tenere a freno ▶ *n* freno; *(US)* bordo del marciapiede

curdle ['kə:dl] *vi* cagliare

cure [kjuə*] *vt* guarire; *(Culin)* trattare; affumicare; essiccare ▶ *n* rimedio

curfew ['kə:fju:] *n* coprifuoco

curiosity [kjuərɪˈɒsɪtɪ] *n* curiosità

curious ['kjuərɪəs] *adj* curioso(-a)

curl [kə:l] n riccio ▶ vt ondulare;
(*tightly*) arricciare ▶ vi arricciarsi
▷ **curl up** vi rannicchiarsi; **curler** n
bigodino; **curly** ['kə:lɪ] adj ricciuto(-a)
currant ['kʌrnt] n (*dried*) sultanina;
(*bush, fruit*) ribes m inv
currency ['kʌrnsɪ] n moneta; **to gain**
~ (*fig*) acquistare larga diffusione
current ['kʌrnt] adj corrente ▶ n
corrente f; **current account** (*BRIT*)
n conto corrente; **current affairs**
npl attualità fpl; **currently** adv
attualmente
curriculum [kə'rɪkjuləm] (*pl*
curriculums or **curricula**) n
curriculum m inv; **curriculum vitae**
[-'vi:taɪ] n curriculum vitae m inv
curry ['kʌrɪ] n curry m inv ▶ vt **to ~
favour with** cercare di attirarsi i
favori di; **curry powder** n curry m
curse [kə:s] vt maledire ▶ vi
bestemmiare ▶ vi maledizione f;
bestemmia
cursor ['kə:sə'] n (*Comput*) cursore m
curt [kə:t] adj secco(-a)
curtain ['kə:tn] n tenda; (*Theatre*)
sipario
curve [kə:v] n curva ▶ vi curvarsi;
curved adj curvo(-a)
cushion ['kuʃən] n cuscino ▶ vt (*shock*)
fare da cuscinetto a
custard ['kʌstəd] n (*for pouring*) crema
custody ['kʌstədɪ] n (*of child*) tutela;
to take into ~ (*suspect*) mettere in
detenzione preventiva
custom ['kʌstəm] n costume m,
consuetudine f; (*Comm*) clientela
customer ['kʌstəmə'] n cliente m/f
customized ['kʌstəmaɪzd] adj (*car etc*)
fuoriserie inv
customs ['kʌstəmz] npl dogana;
customs officer n doganiere m
cut [kʌt] (*pt, pp* **cut**) vt tagliare; (*shape,
make*) intagliare; (*reduce*) ridurre
▶ vi tagliare ▶ n taglio; (*in salary etc*)

riduzione f; **I've ~ myself** mi sono
tagliato; **to ~ a tooth** mettere un
dente ▷ **cut back** vt (*plants*) tagliare;
(*production, expenditure*) ridurre ▷ **cut
down** vt (*tree etc*) abbattere ▶ vt fus
(*also: ~ down on*) ridurre ▷ **cut off**
vt tagliare; (*fig*) isolare ▷ **cut out** vt
tagliare fuori; eliminare; ritagliare
▷ **cut up** vt tagliare a pezzi; **cutback**
n riduzione f
cute [kju:t] adj (*sweet*) carino(-a)
cutlery ['kʌtlərɪ] n posate fpl
cutlet ['kʌtlɪt] n costoletta; (*nut etc
cutlet*) cotoletta vegetariana
cut: **cut-price** (*BRIT*) adj a prezzo
ridotto; **cut-rate** (*US*) adj = **cut-price**;
cutting ['kʌtɪŋ] adj tagliente ▶ n (*from
newspaper*) ritaglio (di giornale); (*from
plant*) talea
CV n abbr = **curriculum vitae**
cwt abbr = **hundredweight(s)**
cybercafé ['saɪbəkaefeɪ] n cybercaffè
m inv
cyberspace ['saɪbəspeɪs] n
ciberspazio
cycle ['saɪkl] n ciclo; (*bicycle*) bicicletta
▶ vi andare in bicicletta; **cycle hire** n
noleggio m biciclette inv; **cycle lane**
n pista ciclabile; **cycle path** n pista
ciclabile; **cycling** ['saɪklɪŋ] n ciclismo;
cyclist ['saɪklɪst] n ciclista m/f
cyclone ['saɪkləun] n ciclone m
cylinder ['sɪlɪndə'] n cilindro
cymbal ['sɪmbl] n piatto
cynical ['sɪnɪkl] adj cinico(-a)
Cypriot ['sɪprɪət] adj, n cipriota (m/f)
Cyprus ['saɪprəs] n Cipro
cyst [sɪst] n cisti f inv; **cystitis**
[sɪs'taɪtɪs] n cistite f
czar [zɑ:'] n zar m inv
Czech [tʃek] adj ceco(-a) ▶ n ceco(-a);
(*Ling*) ceco; **Czech Republic** n **the
Czech Republic** la Repubblica Ceca

d

D [di:] n (Mus) re m

dab [dæb] vt (eyes, wound) tamponare; (paint, cream) applicare (con leggeri colpetti)

dad, daddy [dæd, 'dædɪ] n babbo, papà m inv

daffodil ['dæfədɪl] n trombone m, giunchiglia

daft [dɑ:ft] adj sciocco(-a)

dagger ['dægəʳ] n pugnale m

daily ['deɪlɪ] adj quotidiano(-a), giornaliero(-a) ▶ n quotidiano ▶ adv tutti i giorni

dairy ['dɛərɪ] n (BRIT: shop) latteria; (on farm) caseificio ▶ adj caseario(-a); **dairy produce** npl latticini mpl

daisy ['deɪzɪ] n margherita

dam [dæm] n diga ▶ vt sbarrare; costruire dighe su

damage ['dæmɪdʒ] n danno, danni mpl; (fig) danno ▶ vt danneggiare; **~s** npl (Law) danni

damn [dæm] vt condannare; (curse) maledire ▶ n (inf): **I don't give a ~** non me ne frega niente ▶ adj (inf: also: **~ed**): **this ~** ... questo maledetto ...; **~ it!** accidenti!

damp [dæmp] adj umido(-a) ▶ n umidità, umido ▶ vt (also: **~en**: cloth, rag) inumidire, bagnare; (: enthusiasm etc) spegnere

dance [dɑ:ns] n danza, ballo; (ball) ballo ▶ vi ballare; **dance floor** n pista da ballo; **dancer** n danzatore(-trice);

(professional) ballerino(-a); **dancing** ['dɑ:nsɪŋ] n danza, ballo

dandelion ['dændɪlaɪən] n dente m di leone

dandruff ['dændrəf] n forfora

Dane [deɪn] n danese m/f

danger ['deɪndʒəʳ] n pericolo; **there is a ~ of fire** c'è pericolo di incendio; **in ~** in pericolo; **he was in ~ of falling** rischiava di cadere; **dangerous** adj pericoloso(-a)

dangle ['dæŋgl] vt dondolare; (fig) far balenare ▶ vi pendolare

Danish ['deɪnɪʃ] adj danese ▶ n (Ling) danese m

dare [dɛəʳ] vt **to ~ sb to do** sfidare qn a fare ▶ vi **to ~ to do sth** osare fare qc; **I ~ say** (I suppose) immagino (che); **daring** adj audace, ardito(-a) ▶ n audacia

dark [dɑ:k] adj (night, room) buio(-a), scuro(-a); (colour, complexion) scuro(-a); (fig) cupo(-a), tetro(-a), nero(-a) ▶ n **in the ~** al buio; **in the ~ about** (fig) all'oscuro di; **after ~** a notte fatta; **darken** vt (colour) scurire ▶ vi (sky, room) oscurarsi; **darkness** n oscurità, buio; **darkroom** n camera oscura

darling ['dɑ:lɪŋ] adj caro(-a) ▶ n tesoro

dart [dɑ:t] n freccia; (Sewing) pince f inv ▶ vi **to ~ towards** precipitarsi verso; **to ~ away/along** sfrecciare via/lungo; **dartboard** n bersaglio (per frecciette); **darts** n tiro al bersaglio (con frecciette)

dash [dæʃ] n (sign) lineetta; (small quantity) punta ▶ vt (missile) gettare; (hopes) infrangere ▶ vi **to ~ towards** precipitarsi verso

dashboard ['dæʃbɔ:d] n (Aut) cruscotto

data [deɪtə] npl dati mpl; **database** n base f di dati, data base m inv; **data processing** n elaborazione f (elettronica) dei dati

date [deɪt] n data; appuntamento; (fruit) dattero ▶ vt datare; (person) uscire con; **what's the ~ today?** quanti ne abbiamo oggi?; **~ of birth** data di nascita; **to ~** (until now) fino a oggi; **dated** adj passato(-a) di moda

daughter ['dɔːtəʳ] n figlia; **daughter-in-law** n nuora

daunting ['dɔːntɪŋ] adj non invidiabile

dawn [dɔːn] n alba ▶ vi (day) spuntare; (fig): **it ~ed on him that ...** gli è venuto in mente che ...

day [deɪ] n giorno; (as duration) giornata; (period of time, age) tempo, epoca; **the ~ before** il giorno avanti or prima; **the ~ after, the following ~** il giorno dopo or seguente; **the ~ before yester~** l'altroieri; **by ~** di giorno; **day-care centre** n scuola materna; **daydream** vi sognare a occhi aperti; **daylight** n luce f del giorno; **day return** (BRIT) n biglietto giornaliero di andata e ritorno; **daytime** n giorno; **day-to-day** adj (life, organization) quotidiano(-a); **day trip** n gita (di un giorno)

dazed [deɪzd] adj stordito(-a)

dazzle ['dæzl] vt abbagliare; **dazzling** adj (light) abbagliante; (colour) violento(-a); (smile) smagliante

DC abbr (= direct current) c.c.

dead [dɛd] adj morto(-a); (numb) intirizzito(-a); (telephone) muto(-a); (battery) scarico(-a) ▶ adv assolutamente, perfettamente ▶ npl **the ~** i morti; **he was shot ~** fu colpito a morte; **~ tired** stanco(-a) morto(-a); **to stop ~** fermarsi di colpo; **dead end** n vicolo cieco; **deadline** n scadenza; **deadly** adj mortale; (weapon, poison) micidiale; **Dead Sea** n **the Dead Sea** il mar Morto

deaf [dɛf] adj sordo(-a); **deafen** vt assordare; **deafening** adj fragoroso(-a), assordante

deal [diːl] (pt, pp **dealt**) n accordo; (business deal) affare m ▶ vt (blow, cards) dare; **a great ~ (of)** molto(-a) ▶ **deal with** vt fus (Comm) fare affari con, trattare con; (handle) occuparsi di; (be about: book etc) trattare di; **dealer** n commerciante m/f; **dealings** npl (Comm) relazioni fpl; (relations) rapporti mpl

dealt [dɛlt] pt, pp of **deal**

dean [diːn] n (Rel) decano; (Scol) preside m di facoltà (or di collegio)

dear [dɪəʳ] adj caro(-a) ▶ n **my ~** caro mio/cara mia ▶ excl **~ me!** Dio mio!; **D~ Sir/Madam** (in letter) Egregio Signore/Egregia Signora; **D~ Mr/Mrs X** Gentile Signor/Signora X; **dearly** adv (love) moltissimo; (pay) a caro prezzo

death [dɛθ] n morte f; (Admin) decesso; **death penalty** n pena di morte; **death sentence** n condanna a morte

debate [dɪˈbeɪt] n dibattito ▶ vt dibattere; discutere

debit ['dɛbɪt] n debito ▶ vt **to ~ a sum to sb** or **to sb's account** addebitare una somma a qn; **debit card** n carta di debito

debris ['dɛbriː] n detriti mpl

debt [dɛt] n debito; **to be in ~** essere indebitato(-a)

debut ['deɪbjuː] n debutto

Dec. abbr (= December) dic

decade ['dɛkeɪd] n decennio

decaffeinated [dɪˈkæfɪneɪtɪd] adj decaffeinato(-a)

decay [dɪˈkeɪ] n decadimento; (also: **tooth ~**) carie f ▶ vi (rot) imputridire

deceased [dɪˈsiːst] n defunto(-a)

deceit [dɪˈsiːt] n inganno; **deceive** [dɪˈsiːv] vt ingannare

December [dɪ'sɛmbər] n dicembre m

decency ['di:sənsɪ] n decenza

decent ['di:sənt] adj decente; (respectable) per bene; (kind) gentile

deception [dɪ'sɛpʃən] n inganno

deceptive [dɪ'sɛptɪv] adj ingannevole

decide [dɪ'saɪd] vt (person) far prendere una decisione a; (question, argument) risolvere, decidere ▶ vi decidere, decidersi; **to ~ to do/that** decidere di fare/che; **to ~ on** decidersi per

decimal ['dɛsɪməl] adj decimale ▶ n decimale m

decision [dɪ'sɪʒən] n decisione f

decisive [dɪ'saɪsɪv] adj decisivo(-a); (person) deciso(-a)

deck [dɛk] n (Naut) ponte m; (of bus): **top ~** imperiale m; (record deck) piatto; (of cards) mazzo; **deckchair** n sedia a sdraio

declaration [dɛklə'reɪʃən] n dichiarazione f

declare [dɪ'klɛər] vt dichiarare

decline [dɪ'klaɪn] n (decay) declino; (lessening) ribasso ▶ vt declinare; rifiutare ▶ vi declinare; diminuire

decorate ['dɛkəreɪt] vt (adorn, give a medal to) decorare; (paint and paper) tinteggiare e tappezzare; **decoration** [-'reɪʃən] n (medal etc, adornment) decorazione f; **decorator** n decoratore m

decrease [n 'di:kri:s, vb di:'kri:s] n diminuzione f ▶ vt, vi diminuire

decree [dɪ'kri:] n decreto

dedicate ['dɛdɪkeɪt] vt consacrare; (book etc) dedicare; **dedicated** adj coscienzioso(-a); (Comput) specializzato(-a), dedicato(-a); **dedication** [dɛdɪ'keɪʃən] n (devotion) dedizione f; (in book etc) dedica

deduce [dɪ'dju:s] vt dedurre

deduct [dɪ'dʌkt] vt **to ~ sth from** dedurre qc (da); **deduction** [dɪ'dʌkʃən] n deduzione f

deed [di:d] n azione f, atto; (Law) atto

deem [di:m] vt (formal) giudicare, ritenere; **to ~ it wise to do** ritenere prudente fare

deep [di:p] adj profondo(-a); **4 metres ~** profondo(-a) 4 metri ▶ adv **spectators stood 20 ~** c'erano 20 file di spettatori; **how ~ is the water?** quanto è profonda l'acqua?; **deep-fry** vt friggere in olio abbondante; **deeply** adv profondamente

deer [dɪər] n inv the ~ i cervidi; **(red) ~** cervo; **(fallow) ~** daino; **roe ~** capriolo

default [dɪ'fɔ:lt] n (Comput: also: ~ **value**) default m inv; **by ~** (Sport) per abbandono

defeat [dɪ'fi:t] n sconfitta f ▶ vt (team, opponents) sconfiggere

defect [n 'di:fɛkt, vb dɪ'fɛkt] n difetto ▶ vi **to ~ to the enemy** passare al nemico; **defective** [dɪ'fɛktɪv] adj difettoso(-a)

defence [dɪ'fɛns] (US**defense**) n difesa

defend [dɪ'fɛnd] vt difendere; **defendant** n imputato(-a); **defender** n difensore(-a)

defense [dɪ'fɛns] (US) n = **defence**

defensive [dɪ'fɛnsɪv] adj difensivo(-a) ▶ n **on the ~** sulla difensiva

defer [dɪ'fɜ:r] vt (postpone) differire, rinviare

defiance [dɪ'faɪəns] n sfida f; **in ~ of** a dispetto di; **defiant** [dɪ'faɪənt] adj (attitude) di sfida; (person) ribelle

deficiency [dɪ'fɪʃənsɪ] n deficienza, carenza; **deficient** adj deficiente; insufficiente; **to be deficient in** mancare di

deficit ['dɛfɪsɪt] n deficit m inv

define [dɪ'faɪn] vt definire

definite ['dɛfɪnɪt] adj (fixed) definito(-a), preciso(-a); (clear, obvious) ben definito(-a), esatto(-a); (Ling) determinativo(-a); **he was ~**

about it ne era sicuro; **definitely** adv indubbiamente

definition [defɪˈnɪʃən] n definizione f

deflate [diːˈfleɪt] vt sgonfiare

deflect [dɪˈflɛkt] vt deflettere, deviare

defraud [dɪˈfrɔːd] vt defraudare

defrost [diːˈfrɒst] vt (fridge) disgelare

defuse [diːˈfjuːz] vt disinnescare; (fig) distendere

defy [dɪˈfaɪ] vt sfidare; (efforts etc) resistere a; **it defies description** supera ogni descrizione

degree [dɪˈgriː] n grado; (Scol) laurea (universitaria); **a first ~ in maths** una laurea in matematica; **by ~s** (gradually) gradualmente, a poco a poco; **to some ~** fino a un certo punto, in certa misura

dehydrated [diːhaɪˈdreɪtɪd] adj disidratato(-a); (milk, eggs) in polvere

de-icer [ˈdiːaɪsəʳ] n sbrinatore m

delay [dɪˈleɪ] vt ritardare ▶ vi to ~ (in doing sth) ritardare (a fare qc) ▶ n ritardo; **to be ~ed** subire un ritardo; (person) essere trattenuto(-a)

delegate [n ˈdɛlɪgɪt, vb ˈdɛlɪgeɪt] n delegato(-a) ▶ vt delegare

delete [dɪˈliːt] vt cancellare

deli [ˈdɛlɪ] n = **delicatessen**

deliberate [adj dɪˈlɪbərɪt, vb dɪˈlɪbəreɪt] adj (intentional) intenzionale; (slow) misurato(-a) ▶ vi deliberare, riflettere; **deliberately** adv (on purpose) deliberatamente

delicacy [ˈdɛlɪkəsɪ] n delicatezza

delicate [ˈdɛlɪkɪt] adj delicato(-a)

delicatessen [dɛlɪkəˈtɛsn] n = salumeria

delicious [dɪˈlɪʃəs] adj delizioso(-a), squisito(-a)

delight [dɪˈlaɪt] n delizia, gran piacere m ▶ vt dilettare; **to take (a) ~ in** dilettarsi in; **delighted** adj **delighted (at** or **with)** contentissimo(-a) (di), felice (di); **delighted to do** felice di

fare; **delightful** adj delizioso(-a), incantevole

delinquent [dɪˈlɪŋkwənt] adj, n delinquente m/f

deliver [dɪˈlɪvəʳ] vt (mail) distribuire; (goods) consegnare; (speech) pronunciare; (Med) far partorire; **delivery** n distribuzione f, consegna; (of speaker) dizione f; (Med) parto

delusion [dɪˈluːʒən] n illusione f

de luxe [dəˈlʌks] adj di lusso

delve [dɛlv] vi **to ~ into** frugare in; (subject) far ricerche in

demand [dɪˈmɑːnd] vt richiedere; (rights) rivendicare ▶ n domanda; (claim) rivendicazione f; **in ~** ricercato(-a), richiesto(-a); **on ~** a richiesta; **demanding** adj (boss) esigente; (work) impegnativo(-a)

demise [dɪˈmaɪz] n decesso

demo [ˈdɛməu] (inf) n abbr (= demonstration) manifestazione f

democracy [dɪˈmɒkrəsɪ] n democrazia; **democrat** [ˈdɛməkræt] n democratico(-a); **democratic** [dɛməˈkrætɪk] adj democratico(-a)

demolish [dɪˈmɒlɪʃ] vt demolire

demolition [dɛməˈlɪʃən] n demolizione f

demon [ˈdiːmən] n (also fig) demonio ▶ cpd **a ~ squash player** un mago dello squash; **a ~ driver** un guidatore folle

demonstrate [ˈdɛmənstreɪt] vt dimostrare, provare ▶ vi dimostrare, manifestare; **demonstration** [-ˈstreɪʃən] n dimostrazione f; (Pol) dimostrazione, manifestazione f; **demonstrator** n (Pol) dimostrante m/f; (Comm) dimostratore(-trice)

demote [dɪˈməut] vt far retrocedere

den [dɛn] n tana, covo; (room) buco

denial [dɪˈnaɪəl] n diniego; rifiuto

denim [ˈdɛnɪm] n tessuto di cotone ritorto; **~s** npl (jeans) blue jeans mpl

Denmark [ˈdɛnmɑːk] n Danimarca

denomination [dɪnɒmɪ'neɪʃən] n
(money) valore m; (Rel) confessione f

denounce [dɪ'naʊns] vt denunciare

dense [dɛns] adj fitto(-a); (smoke)
denso(-a); (inf: person) ottuso(-a),
duro(-a)

density ['dɛnsɪtɪ] n densità f inv

dent [dɛnt] n ammaccatura ▸ vt (also:
make a ~ in) ammaccare

dental ['dɛntl] adj dentale; **dental
floss** [-flɔs] n filo interdentale; **dental
surgery** n ambulatorio del dentista

dentist ['dɛntɪst] n dentista m/f

dentures ['dɛntʃəz] npl dentiera

deny [dɪ'naɪ] vt negare; (refuse)
rifiutare

deodorant [di:'əʊdərənt] n
deodorante m

depart [dɪ'pɑ:t] vi partire; **to ~ from**
(fig) deviare da

department [dɪ'pɑ:tmənt] n
(Comm) reparto; (Scol) sezione f,
dipartimento; (Pol) ministero;
department store n grande
magazzino

departure [dɪ'pɑ:tʃə'] n partenza;
(fig): **~ from** deviazione f da; **a new
~** una svolta (decisiva); **departure
lounge** n (at airport) sala d'attesa

depend [dɪ'pɛnd] vi **to ~ on** dipendere
da; (rely on) contare su; **it ~s** dipende;
~ing on the result ... a seconda
del risultato ...; **dependant** n
persona a carico; **dependent** adj
to be dependent on dipendere da;
(child, relative) essere a carico di ▸ n
= **dependant**

depict [dɪ'pɪkt] vt (in picture)
dipingere; (in words) descrivere

deport [dɪ'pɔ:t] vt deportare; espellere

deposit [dɪ'pɒzɪt] n (Comm, Geo)
deposito; (of ore, oil) giacimento;
(Chem) sedimento; (part payment)
acconto; (for hired goods etc) cauzione
f ▸ vt depositare; dare in acconto;

mettere or lasciare in deposito;
deposit account n conto vincolato

depot ['dɛpəʊ] n deposito; (US)
stazione f ferroviaria

depreciate [dɪ'pri:ʃɪeɪt] vi svalutarsi

depress [dɪ'prɛs] vt deprimere;
(price, wages) abbassare; (press down)
premere; **depressed** adj (person)
depresso(-a), abbattuto(-a); (price) in
ribasso; (industry) in crisi; **depressing**
adj deprimente; **depression**
[dɪ'prɛʃən] n depressione f

deprive [dɪ'praɪv] vt **to ~ sb of** privare
qn di; **deprived** adj disgraziato(-a)

dept. abbr = **department**

depth [dɛpθ] n profondità f inv; **in the
~s of** nel profondo di; nel cuore di; **out
of one's ~** (in water) dove non si tocca;
(fig) a disagio

deputy ['dɛpjʊtɪ] adj **~ head** (BRIT Scol)
vicepreside m/f ▸ n (assistant) vice m/f
inv; (US: also: **~ sheriff**) vice-sceriffo

derail [dɪ'reɪl] vt **to be ~ed** deragliare

derelict ['dɛrɪlɪkt] adj
abbandonato(-a)

derive [dɪ'raɪv] vt **to ~ sth from**
derivare qc da; trarre qc da ▸ vi **to ~
from** derivare da

descend [dɪ'sɛnd] vt, vi discendere,
scendere; **to ~ from** discendere da;
to ~ to (lying, begging) abbassarsi
a; **descendant** n discendente m/f;
descent [dɪ'sɛnt] n discesa; (origin)
discendenza, famiglia

describe [dɪs'kraɪb] vt descrivere;
description [-'krɪpʃən] n descrizione
f; (sort) genere m, specie f

desert [n 'dɛzət, vb dɪ'zə:t] n deserto
▸ vt lasciare, abbandonare ▸ vi (Mil)
disertare; **deserted** [dɪ'zə:tɪd] adj
deserto(-a)

deserve [dɪ'zə:v] vt meritare

design [dɪ'zaɪn] n (art, sketch) disegno;
(layout, shape) linea; (pattern) fantasia;
(intention) intenzione f ▸ vt disegnare;

progettare

designate *vt* [*vb* 'dezɪgneɪt, *adj* 'dezɪgnɪt] designare ▶ *adj* designato(-a)

designer [dɪ'zaɪnəʳ] *n* (Art, Tech) disegnatore(-trice); (of fashion) modellista *m/f*

desirable [dɪ'zaɪərəbl] *adj* desiderabile; **it is ~ that** è opportuno che + *sub*

desire [dɪ'zaɪəʳ] *n* desiderio, voglia ▶ *vt* desiderare, volere

desk [desk] *n* (in office) scrivania; (for pupil) banco; (BRIT: in shop, restaurant) cassa; (in hotel) ricevimento; (at airport) accettazione *f*; **desk-top publishing** *n* desktop publishing *m*

despair [dɪs'peəʳ] *n* disperazione *f* ▶ *vi* **to ~ of** disperare di

despatch [dɪs'pætʃ] *n*, *vt* = **dispatch**

desperate ['despərɪt] *adj* disperato(-a); (fugitive) capace di tutto; **to be ~ for sth/to do** volere disperatamente qc/fare;

desperately *adv* disperatamente; (very) terribilmente, estremamente; **desperation** [despə'reɪʃən] *n* disperazione *f*

despise [dɪs'paɪz] *vt* disprezzare, sdegnare

despite [dɪs'paɪt] *prep* malgrado, a dispetto di, nonostante

dessert [dɪ'zɜːt] *n* dolce *m*; frutta; **dessertspoon** *n* cucchiaio da dolci

destination [destɪ'neɪʃən] *n* destinazione *f*

destined ['destɪnd] *adj* **to be ~ to do/ for** essere destinato(-a) a fare/per

destiny ['destɪnɪ] *n* destino

destroy [dɪs'trɔɪ] *vt* distruggere

destruction [dɪs'trʌkʃən] *n* distruzione *f*

destructive [dɪs'trʌktɪv] *adj* distruttivo(-a)

detach [dɪ'tætʃ] *vt* staccare,

distaccare; **detached** *adj* (attitude) distante; **detached house** *n* villa

detail ['diːteɪl] *n* particolare *m*, dettaglio ▶ *vt* dettagliare, particolareggiare; **in ~** nei particolari; **detailed** *adj* particolareggiato(-a)

detain [dɪ'teɪn] *vt* trattenere; (in captivity) detenere

detect [dɪ'tekt] *vt* scoprire, scorgere; (Med, Police, Radar etc) individuare; **detection** [dɪ'tekʃən] *n* scoperta; individuazione *f*; **detective** *n* investigatore(-trice); **detective story** *n* giallo

detention [dɪ'tenʃən] *n* detenzione *f*; (Scol) permanenza forzata per punizione

deter [dɪ'tɜːʳ] *vt* dissuadere

detergent [dɪ'tɜːdʒənt] *n* detersivo

deteriorate [dɪ'tɪərɪəreɪt] *vi* deteriorarsi

determination [dɪtəːmɪ'neɪʃən] *n* determinazione *f*

determine [dɪ'təːmɪn] *vt* determinare; **determined** *adj* (person) risoluto(-a), deciso(-a); **determined to do** deciso(-a) a fare

deterrent [dɪ'terənt] *n* deterrente *m*; **to act as a ~** fungere da deterrente

detest [dɪ'test] *vt* detestare

detour ['diːtuəʳ] *n* deviazione *f*; **to ~ from** detrarre da

detract [dɪ'trækt] *vi* **to ~ from** detrarre da

detrimental [detrɪ'mentl] *adj* **~ to** dannoso(-a) a, nocivo(-a) a

devastating ['devəsteɪtɪŋ] *adj* devastatore(-trice), sconvolgente

develop [dɪ'veləp] *vt* sviluppare; (habit) prendere (gradualmente) ▶ *vi* svilupparsi; (facts, symptoms: appear) manifestarsi, rivelarsi; **can you ~ this film?** può sviluppare questo rullino?; **developing country** *n* paese *m* in via di sviluppo; **development** *n* sviluppo

device [dɪ'vaɪs] *n* (apparatus) congegno

devil ['devl] *n* diavolo; demonio

devious ['di:viəs] adj (person) subdolo(-a)

devise [di'vaiz] vt escogitare, concepire

devote [di'vəut] vt to ~ sth to dedicare qc a; **devoted** adj devoto(-a); **to be devoted to sb** essere molto affezionato(-a) a qn; **devotion** [di'vəuʃən] n devozione f, attaccamento m; (Rel) atto di devozione, preghiera

devour [di'vauə*] vt divorare

devout [di'vaut] adj pio(-a), devoto(-a)

dew [dju:] n rugiada

diabetes [daiə'bi:ti:z] n diabete m

diabetic [daiə'bɛtik] adj, n diabetico(-a)

diagnose [daiəg'nəuz] vt diagnosticare

diagnosis [daiəg'nəusis] (pl **diagnoses**) n diagnosi f inv

diagonal [dai'ægənl] adj diagonale ▶ n diagonale f

diagram ['daiəgræm] n diagramma m

dial ['daiəl] n quadrante m; (on radio) lancetta; (on telephone) disco combinatore ▶ vt (number) fare

dialect ['daiəlɛkt] n dialetto m

dialling code, (US **area code**) n prefisso; **what's the ~ for Paris?** qual è il prefisso telefonico di Parigi?

dialling tone, (US **dial tone**) n segnale m di linea libera

dialogue ['daiəlɔg] (US **dialog**) n dialogo

diameter [dai'æmitə*] n diametro m

diamond ['daiəmənd] n diamante m; (shape) rombo; **~s** npl (Cards) quadri mpl

diaper ['daiəpə*] n (US) pannolino

diarrhoea [daiə'ri:ə] (US **diarrhea**) n diarrea

diary ['daiəri] n (daily account) diario; (book) agenda

dice [dais] n inv dado ▶ vt (Culin) tagliare a dadini

dictate [dik'teit] vt dettare; **dictation** [dik'teiʃən] n (Scol) dettato

dictator [dik'teitə*] n dittatore m

dictionary ['dikʃənri] n dizionario

did [did] pt of **do**

didn't [didnt] = **did not**

die [dai] vi morire; **to be dying for sth/to do sth** morire dalla voglia di qc/di fare qc; **die down** vi abbassarsi ▶ **die out** vi estinguersi

diesel ['di:zəl] n (vehicle) diesel m inv

diet ['daiət] n alimentazione f; (restricted food) dieta ▶ vi (also: **be on a ~**) stare a dieta

differ ['difə*] vi to ~ **from sth** differire da qc, essere diverso(-a) da qc; **to ~ from sb over sth** essere in disaccordo con qn su qc; **difference** n differenza; (disagreement) screzio; **different** adj diverso(-a); **differentiate** [-'rɛnʃieit] vi **to differentiate between** discriminare or fare differenza fra; **differently** adv diversamente

difficult ['difikəlt] adj difficile; **difficulty** n difficoltà f inv

dig [dig] (pt, pp **dug**) vt (hole) scavare; (garden) vangare ▶ n (prod) gomitata; (archaeological) scavo; (fig) frecciata ▶ **dig up** (tree etc) sradicare; (information) scavare fuori

digest [vb dai'dʒɛst, n 'daidʒɛst] vt digerire ▶ n compendio; **digestion** [di'dʒɛstʃən] n digestione f

digit ['didʒit] n cifra; (finger) dito;
digital adj digitale; **digital camera** n macchina fotografica digitale; **digital TV** n televisione f digitale

dignified ['dignifaid] adj dignitoso(-a)

dignity ['digniti] n dignità

digs [digz] (BRIT: inf) npl camera ammobiliata

dilemma [daɪ'lɛmə] n dilemma m
dill [dɪl] n aneto
dilute [daɪ'luːt] vt diluire; (with water) annacquare
dim [dɪm] adj (light) debole; (shape etc) vago(-a); (room) in penombra; (inf: person) tonto(-a) ▶ vt (light) abbassare
dime [daɪm] (US) n =10 cents
dimension [daɪ'mɛnʃən] n dimensione f
diminish [dɪ'mɪnɪʃ] vt, vi diminuire
din [dɪn] n chiasso, fracasso
dine [daɪn] vi pranzare; **diner** n (person) cliente m/f; (US: place) tavola calda
dinghy ['dɪŋgɪ] n battello pneumatico; (also: **rubber~**) gommone m
dingy ['dɪndʒɪ] adj grigio(-a)
dining car ['daɪnɪŋ-] (BRIT) n vagone m ristorante
dining room n sala da pranzo
dining table n tavolo da pranzo
dinner ['dɪnər] n (lunch) pranzo; (evening meal) cena; (public) banchetto; **dinner jacket** n smoking m inv; **dinner party** n cena; **dinner time** n ora di pranzo (or cena)
dinosaur ['daɪnəsɔːr] n dinosauro
dip [dɪp] n discesa; (in sea) bagno; (Culin) salsetta ▶ vt immergere; bagnare; (BRIT Aut: lights) abbassare ▶ vi abbassarsi
diploma [dɪ'pləumə] n diploma m
diplomacy [dɪ'pləuməsɪ] n diplomazia
diplomat ['dɪpləmæt] n diplomatico; **diplomatic** [dɪplə'mætɪk] adj diplomatico(-a)
dipstick ['dɪpstɪk] n (Aut) indicatore m di livello dell'olio
dire [daɪər] adj terribile; estremo(-a)
direct [daɪ'rɛkt] adj diretto(-a) ▶ vt dirigere; (order): **to~sb to do sth** dare direttive a qn di fare qc ▶ adv direttamente; **can you~me to ...?** mi

può indicare la strada per ...?; **direct debit** n (Banking) addebito effettuato per ordine di un cliente di banca
direction [dɪ'rɛkʃən] n direzione f; **~s** npl (advice) chiarimenti mpl; **sense of ~** senso dell'orientamento; **~s for use** istruzioni fpl
directly [dɪ'rɛktlɪ] adv (in straight line) direttamente; (at once) subito
director [dɪ'rɛktər] n direttore(-trice), amministratore(-trice); (Theatre, Cinema) regista m/f
directory [dɪ'rɛktərɪ] n elenco; **directory enquiries** (US **directory assistance**) n informazioni fpl elenco abbonati inv
dirt [dəːt] n sporcizia; immondizia; (earth) terra; **dirty** adj sporco(-a) ▶ vt sporcare
disability [dɪsə'bɪlɪtɪ] n invalidità f inv; (Law) incapacità f inv
disabled [dɪs'eɪbld] adj invalido(-a); (mentally) ritardato(-a) ▶ npl **the ~** gli invalidi
disadvantage [dɪsəd'vɑːntɪdʒ] n svantaggio
disagree [dɪsə'griː] vi (differ) discordare; (be against, think otherwise): **to ~ (with)** essere in disaccordo (con), dissentire (da); **disagreeable** adj sgradevole; (person) antipatico(-a); **disagreement** n disaccordo; (argument) dissapore m
disappear [dɪsə'pɪər] vi scomparire; **disappearance** n scomparsa
disappoint [dɪsə'pɔɪnt] vt deludere; **disappointed** adj deluso(-a); **disappointing** adj deludente; **disappointment** n delusione f
disapproval [dɪsə'pruːvəl] n disapprovazione f
disapprove [dɪsə'pruːv] vi **to ~ of** disapprovare
disarm [dɪs'ɑːm] vt disarmare; **disarmament** n disarmo

disaster [dɪˈzɑːstə'] n disastro; **disastrous** [dɪˈzɑːstrəs] adj disastroso(-a)

disbelief [ˈdɪsbəˈliːf] n incredulità

disc [dɪsk] n disco; (Comput) = **disk**

discard [dɪsˈkɑːd] vt (old things) scartare; (fig) abbandonare

discharge [vb dɪsˈtʃɑːdʒ, n dɪstʃɑːdʒ] vt (duties) compiere; (Elec, waste etc) scaricare; (Med) emettere; (patient) dimettere; (employee) licenziare; (soldier) congedare; (defendant) liberare ▶ n (Elec) scarica; (Med) emissione f; (dismissal) licenziamento; congedo; liberazione f

discipline [ˈdɪsɪplɪn] n disciplina ▶ vt disciplinare; (punish) punire

disc jockey n disc jockey m inv

disclose [dɪsˈkləʊz] vt rivelare, svelare

disco [ˈdɪskəʊ] n abbr discoteca

discoloured [dɪsˈkʌləd] (US **discolored**) adj scolorito(-a), ingiallito(-a)

discomfort [dɪsˈkʌmfət] n disagio; (lack of comfort) scomodità f inv

disconnect [dɪskəˈnɛkt] vt sconnettere, staccare; (Elec, Radio) staccare; (gas, water) chiudere

discontent [dɪskənˈtɛnt] n scontentezza

discontinue [dɪskənˈtɪnjuː] vt smettere, cessare; "**~d**" (Comm) "fuori produzione"

discount [n ˈdɪskaʊnt, vb dɪsˈkaʊnt] n sconto ▶ vt scontare; (idea) non badare a; **are there ~s for students?** ci sono sconti per studenti?

discourage [dɪsˈkʌrɪdʒ] vt scoraggiare

discover [dɪsˈkʌvə'] vt scoprire; **discovery** n scoperta

discredit [dɪsˈkrɛdɪt] vt screditare; mettere in dubbio

discreet [dɪsˈkriːt] adj discreto(-a)

discrepancy [dɪsˈkrɛpənsɪ] n discrepanza

discretion [dɪsˈkrɛʃən] n discrezione f; **use your own ~** giudichi lei

discriminate [dɪsˈkrɪmɪneɪt] vi **to ~ between** distinguere tra; **to ~ against** discriminare contro; **discrimination** [-ˈneɪʃən] n discriminazione f; (judgment) discernimento

discuss [dɪsˈkʌs] vt discutere; (debate) dibattere; **discussion** [dɪsˈkʌʃən] n discussione f

disease [dɪˈziːz] n malattia

disembark [dɪsɪmˈbɑːk] vt, vi sbarcare

disgrace [dɪsˈɡreɪs] n vergogna; (disfavour) disgrazia ▶ vt disonorare, far cadere in disgrazia; **disgraceful** adj scandaloso(-a), vergognoso(-a)

disgruntled [dɪsˈɡrʌntld] adj scontento(-a), di cattivo umore

disguise [dɪsˈɡaɪz] n travestimento ▶ vt **to ~ (as)** travestire (da); **in ~** travestito(-a)

disgust [dɪsˈɡʌst] n disgusto, nausea ▶ vt disgustare, far schifo a; **disgusted** adj indignato(-a); **disgusting** [dɪsˈɡʌstɪŋ] adj disgustoso(-a), ripugnante

dish [dɪʃ] n piatto; **to do or wash the ~es** fare i piatti; **dishcloth** n strofinaccio

dishonest [dɪsˈɒnɪst] adj disonesto(-a)

dishtowel [ˈdɪʃtaʊəl] (US) n strofinaccio dei piatti

dishwasher [ˈdɪʃwɒʃə'] n lavastoviglie f inv

disillusion [dɪsɪˈluːʒən] vt disilludere, disingannare

disinfectant [dɪsɪnˈfɛktənt] n disinfettante m

disintegrate [dɪsˈɪntɪɡreɪt] vi disintegrarsi

disk [dɪsk] n (Comput) disco; **single-/double-sided ~** disco a facciata singola/doppia; **disk drive** n lettore m; **diskette** (US) n = **disk**

dislike [dɪs'laɪk] n antipatia, avversione f; (gen pl) cosa che non piace ▸ vt **he ~s it** non gli piace

dislocate ['dɪsləkeɪt] vt slogare

disloyal [dɪs'lɔɪəl] adj sleale

dismal ['dɪzml] adj triste, cupo(-a)

dismantle [dɪs'mæntl] vt (machine) smontare

dismay [dɪs'meɪ] n costernazione f ▸ vt sgomentare

dismiss [dɪs'mɪs] vt congedare; (employee) licenziare; (idea) scacciare; (Law) respingere; **dismissal** n congedo; licenziamento

disobedient [dɪsə'biːdɪənt] adj disubbidiente

disobey [dɪsə'beɪ] vt disubbidire a

disorder [dɪs'ɔːdə*] n disordine m; (rioting) tumulto; (Med) disturbo

disorganized [dɪs'ɔːgənaɪzd] adj (person, life) disorganizzato(-a); (system, meeting) male organizzato(-a)

disown [dɪs'əun] vt rinnegare

dispatch [dɪs'pætʃ] vt spedire, inviare ▸ n spedizione f, invio; (Mil, Press) dispaccio

dispel [dɪs'pel] vt dissipare, scacciare

dispense [dɪs'pens] vt distribuire, amministrare ▸ **dispense with** vt fus fare a meno di; **dispenser** n (container) distributore m

disperse [dɪs'pəːs] vt disperdere; (knowledge) disseminare ▸ vi disperdersi

display [dɪs'pleɪ] n esposizione f; (of feeling etc) manifestazione f; (screen) schermo ▸ vt mostrare; (goods) esporre; (pej) ostentare

displease [dɪs'pliːz] vt dispiacere a, scontentare; **~d with** scontento di

disposable [dɪs'pəuzəbl] adj (pack etc) a perdere; (income) disponibile

disposal [dɪs'pəuzl] n eliminazione f;

(of property) cessione f; **at one's ~** alla sua disposizione

dispose [dɪs'pəuz] vi **~ of** sbarazzarsi di; **disposition** [-'zɪʃən] n disposizione f; (temperament) carattere m

disproportionate [dɪsprə'pɔːʃənət] adj sproporzionato(-a)

dispute [dɪs'pjuːt] n disputa; (also: **industrial ~**) controversia (sindacale) ▸ vt contestare; (matter) discutere; (victory) disputare

disqualify [dɪs'kwɒlɪfaɪ] vt (Sport) squalificare; **to ~ sb from sth/from doing** rendere qn incapace a qc/a fare; squalificare qn da qc/da fare; **to ~ sb from driving** ritirare la patente a qn

disregard [dɪsrɪ'gɑːd] vt non far caso a, non badare a

disrupt [dɪs'rʌpt] vt disturbare; creare scompiglio in; **disruption** [dɪs'rʌpʃən] n disordine m; interruzione f

dissatisfaction [dɪssætɪs'fækʃən] n scontentezza, insoddisfazione f

dissatisfied [dɪs'sætɪsfaɪd] adj **~ (with)** scontento(-a) or insoddisfatto(-a) (di)

dissect [dɪ'sekt] vt sezionare

dissent [dɪ'sent] n dissenso

dissertation [dɪsə'teɪʃən] n tesi f inv, dissertazione f

dissolve [dɪ'zɒlv] vt dissolvere, sciogliere; (Pol, marriage etc) sciogliere ▸ vi dissolversi, sciogliersi

distance ['dɪstns] n distanza; **in the ~** in lontananza

distant ['dɪstnt] adj lontano(-a), distante; (manner) riservato(-a), freddo(-a)

distil [dɪs'tɪl] (US **distill**) vt distillare; **distillery** n distilleria

distinct [dɪs'tɪŋkt] adj distinto(-a); **as ~ from** a differenza di; **distinction**

[dɪsˈtɪŋkʃən] n distinzione f; (in exam) lode f; **distinctive** adj distintivo(-a)

distinguish [dɪsˈtɪŋɡwɪʃ] vt distinguere; discernere; **distinguished** adj (eminent) eminente

distort [dɪsˈtɔːt] vt distorcere; (Tech) deformare

distract [dɪsˈtrækt] vt distrarre; **distracted** adj distratto(-a); **distraction** [dɪsˈtrækʃən] n distrazione f

distraught [dɪsˈtrɔːt] adj stravolto(-a)

distress [dɪsˈtrɛs] n angoscia ▶ vt affliggere; **distressing** adj doloroso(-a)

distribute [dɪsˈtrɪbjuːt] vt distribuire; **distribution** [-ˈbjuːʃən] n distribuzione f; **distributor** n distributore m

district [ˈdɪstrɪkt] n (of country) regione f; (of town) quartiere m; (Admin) distretto m; **district attorney** (US) n ≈ sostituto procuratore m della Repubblica

distrust [dɪsˈtrʌst] n diffidenza, sfiducia ▶ vt non aver fiducia in

disturb [dɪsˈtəːb] vt disturbare; **disturbance** n disturbo; (political etc) disordini mpl; **disturbed** adj (worried, upset) turbato(-a); **emotionally disturbed** con turbe emotive; **disturbing** adj sconvolgente

ditch [dɪtʃ] n fossa ▶ vt (inf) piantare in asso

ditto [ˈdɪtəu] adv idem

dive [daɪv] n tuffo; (of submarine) immersione f ▶ vi tuffarsi; immergersi; **diver** n tuffatore(-trice), palombaro

diverse [daɪˈvəːs] adj vario(-a)

diversion [daɪˈvəːʃən] n (BRIT Aut) deviazione f; (distraction) divertimento

diversity [daɪˈvəːsɪti] n diversità f inv, varietà f inv

divert [daɪˈvəːt] vt deviare

divide [dɪˈvaɪd] vt dividere; (separate) separare ▶ vi dividersi; **divided highway** (US) n strada a doppia carreggiata

divine [dɪˈvaɪn] adj divino(-a)

diving [ˈdaɪvɪŋ] n tuffo; **diving board** n trampolino

division [dɪˈvɪʒən] n divisione f; separazione f; (esp Football) serie f

divorce [dɪˈvɔːs] n divorzio ▶ vt divorziare da; (dissociate) separare; **divorced** adj divorziato(-a); **divorcee** [-ˈsiː] n divorziato(-a)

D.I.Y. (BRIT) n abbr = **do-it-yourself**

dizzy [ˈdɪzɪ] adj **to feel ~** avere il capogiro

DJ n abbr = **disc jockey**

DNA n abbr (= deoxyribonucleic acid) DNA m; **DNA test** n test m inv del DNA

do
[duː] (pt did, pp done) n (inf: party etc) festa; **it was rather a grand do** è stato un ricevimento piuttosto importante
▶ vb

1 (in negative constructions: non tradotto): **I don't understand** non capisco

2 (to form questions: non tradotto): **didn't you know?** non lo sapevi?; **why didn't you come?** perché non sei venuto?

3 (for emphasis, in polite expressions): **she does seem rather late** sembra essere piuttosto in ritardo; **do sit down** si accomodi la prego, prego si sieda; **do take care!** mi raccomando, sta attento!

4 (used to avoid repeating vb): **she swims better than I do** lei nuota meglio di me; **do you agree? — yes, I do/no, I don't** sei d'accordo? — sì/no; **she lives in Glasgow — so do I** lei vive a Glasgow — anch'io; **he asked me to help him**

and I did mi ha chiesto di aiutarlo ed io l'ho fatto

5 (*in question tags*): **you like him, don't you?** ti piace, vero?; **I don't know him, do I?** non lo conosco, vero?

▶ *vt* (*gen, carry out, perform etc*) fare; **what are you doing tonight?** che fa stasera?; **to do the cooking** cucinare; **to do the washing-up** fare i piatti; **to do one's teeth** lavarsi i denti; **to do one's hair/nails** farsi i capelli/le unghie; **the car was doing 100** la macchina faceva i 100 all'ora

▶ *vi*

1 (*act, behave*) fare; **do as I do** faccia come me, faccia come faccio io

2 (*get on, fare*) andare; **he's doing well/badly at school** va bene/male a scuola; **how do you do?** piacere!

3 (*suit*) andare bene; **this room will do** questa stanza va bene

4 (*be sufficient*) bastare; **will £10 do?** basteranno 10 sterline?; **that'll do** basta così; **that'll do!** (*in annoyance*) ora basta!; **to make do (with)** arrangiarsi (con)

▷ **do away with** *vt fus* (*kill*) far fuori; (*abolish*) abolire

▷ **do up** *vt* (*laces*) allacciare; (*dress, buttons*) abbottonare; (*renovate: room, house*) rimettere a nuovo, rifare

▷ **do with** *vt fus* (*need*) aver bisogno di; (*be connected*) **what has it got to do with you?** e tu che c'entri?; **I won't have anything to do with it** non voglio avere niente a che farci; **it has to do with money** si tratta di soldi

▷ **do without** *vi* fare senza ▶ *vt fus* fare a meno di

dock [dɒk] *n* (*Naut*) bacino; (*Law*) banco degli imputati ▶ *vi* entrare in bacino; (*Space*) agganciarsi; **~s** *npl* (*Naut*) dock *m inv*

doctor ['dɒktə*] *n* medico(-a); (*Ph. D. etc*) dottore(-essa) ▶ *vt* (*drink etc*)

adulterare; **call a ~!** chiamate un dottore!; **Doctor of Philosophy** *n* dottorato di ricerca; (*person*) titolare *m/f* di un dottorato di ricerca

document ['dɒkjumənt] *n* documento; documentary ['dɒkjumɛntərɪ] *adj* (*evidence*) documentato(-a) ▶ *n* documentario; **documentation** [dɒkjumɛnˈteɪʃən] *n* documentazione *f*

dodge ['dɒdʒ] *n* trucco; schivata ▶ *vt* schivare, eludere

dodgy ['dɒdʒɪ] *adj* (*inf: uncertain*) rischioso(-a); (*untrustworthy*) sospetto(-a)

does [dʌz] *vb see* **do**

doesn't ['dʌznt] = **does not**

dog [dɒg] *n* cane *m* ▶ *vt* (*follow closely*) pedinare; (*fig: memory etc*) perseguitare; **doggy bag** *n* sacchetto per gli avanzi (*da portare a casa*)

do-it-yourself ['du:ɪtjɔː'sɛlf] *n* il fai da sé

dole [dəul] (*BRIT*) *n* sussidio di disoccupazione; **to be on the ~** vivere del sussidio

doll [dɒl] *n* bambola

dollar ['dɒlə*] *n* dollaro

dolphin ['dɒlfɪn] *n* delfino

dome [dəum] *n* cupola

domestic [də'mɛstɪk] *adj* (*duty, happiness, animal*) domestico(-a); (*policy, affairs, flights*) nazionale; **domestic appliance** *n* elettrodomestico

dominant ['dɒmɪnənt] *adj* dominante

dominate ['dɒmɪneɪt] *vt* dominare

domino ['dɒmɪnəu] (*pl* **dominoes**) *n* domino; **dominoes** *n* (*game*) gioco del domino

donate [də'neɪt] *vt* donare; **donation** [də'neɪʃən] *n* donazione *f*

done [dʌn] *pp of* **do**

donkey ['dɒŋkɪ] *n* asino

donor ['dəunə*] *n* donatore(-trice);

donor card n tessera di donatore di organi

don't [dəʊnt] = **do not**

donut ['dəʊnʌt] (US) n = **doughnut**

doodle ['duːdl] vi scarabocchiare

doom [duːm] n destino; rovina ▶ vt **to be ~ed (to failure)** essere predestinato(-a) (a fallire)

door [dɔː¹] n porta; **doorbell** n campanello; **door handle** n maniglia; **doorknob** ['dɔːnɒb] n pomello, maniglia; **doorstep** n gradino della porta; **doorway** n porta

dope [dəʊp] n (inf: drugs) roba ▶ vt (horse etc) drogare

dormitory ['dɔːmɪtrɪ] n dormitorio; (US) casa dello studente

DOS [dɒs] n abbr (= disk operating system) DOS m

dosage ['dəʊsɪdʒ] n posologia

dose [dəʊs] n dose f; (bout) attacco

dot [dɒt] n punto; macchiolina ▶ vt **~ted with** punteggiato(-a) di; **on the ~** in punto; **dotted line** ['dɒtɪd-] n linea punteggiata

double ['dʌbl] adj doppio(-a) ▶ adv (twice): **to cost ~ sth** costare il doppio (di qc) ▶ n sosia m inv ▶ vt raddoppiare; (fold) piegare doppio or in due ▶ vi raddoppiarsi; **at the ~** (BRIT), **on the ~** a passo di corsa; **double back** vi (person) tornare sui propri passi; **double bass** n contrabbasso; **double bed** n letto matrimoniale; **double-check** vt, vi ricontrollare; **double-click** vi (Comput) fare doppio click; **double-cross** vt fare il doppio gioco con; **doubledecker** n autobus m inv a due piani; **double glazing** (BRIT) n doppi vetri mpl; **double room** n camera matrimoniale; **doubles** n (Tennis) doppio; **double yellow lines** npl (BRIT: Aut) linea gialla doppia continua che segnala il divieto di sosta

doubt [daʊt] n dubbio ▶ vt dubitare di;

to ~ that dubitare che + sub; **doubtful** adj dubbioso(-a), incerto(-a); (person) equivoco(-a); **doubtless** adv indubbiamente

dough [dəʊ] n pasta, impasto; **doughnut** (US **donut**) n bombolone m

dove [dʌv] n colombo(-a)

down [daʊn] n (fluff) piume fpl ▶ adv giù, di sotto ▶ prep giù per ▶ vt (inf: drink) scolarsi; **~ with X!** abbasso X!; **down-and-out** n barbone m; **downfall** n caduta; rovina; **downhill** adv **to go downhill** andare in discesa; (fig) lasciarsi andare; andare a rotoli

Downing Street ['daʊnɪŋ-] n lo ~ residenza del primo ministro inglese

● **Downing Street**
● Al numero 10 di **Downing Street**, nel quartiere di Westminster a Londra, si trova la residenza del primo ministro inglese, al numero 11 quella del Chancellor of the Exchequer.

down: download vt (Comput) scaricare; **downright** adj franco(-a); (refusal) assoluto(-a)

Down's syndrome n sindrome f di Down

down: downstairs adv di sotto; al piano inferiore; **down-to-earth** adj pratico(-a); **downtown** adv in città; **down under** adv (Australia etc) agli antipodi; **downward** ['daʊnwəd] adj, adv in giù, in discesa; **downwards** ['daʊnwədz] adv = **downward**

doz. abbr = **dozen**

doze [dəʊz] vi sonnecchiare

dozen ['dʌzn] n dozzina; **a ~ books** una dozzina di libri; **~s of** decine fpl di

Dr. abbr (= doctor) dott.; (in street names) = **drive**

drab [dræb] adj tetro(-a), grigio(-a)

draft [drɑːft] n abbozzo; (Pol) bozza; (Comm) tratta; (US: call-up) leva ▶ vt abbozzare; see also **draught**

drag [dræg] vt trascinare; (river) dragare ▸ vi trascinarsi ▸ n (inf) noioso(-a); noia, fatica; (women's clothing): **in ~** travestito (da donna)

dragon ['drægən] n drago

dragonfly ['drægənflaɪ] n libellula

drain [dreɪn] n (for sewage) fogna; (on resources) salasso ▸ vt (land, marshes) prosciugare; (vegetables) scolare ▸ vi (water) defluire (via); **drainage** n prosciugamento; fognatura; **drainpipe** n tubo di scarico

drama ['drɑːmə] n (art) dramma m, teatro; (play) commedia; (event) dramma; **dramatic** [drə'mætɪk] adj drammatico(-a)

drank [dræŋk] pt of **drink**

drape [dreɪp] vt drappeggiare; **~s** (US) npl (curtains) tende fpl

drastic ['dræstɪk] adj drastico(-a)

draught [drɑːft] (US **draft**) n corrente f d'aria; (Naut) pescaggio; **on ~** (beer) alla spina; **draught beer** n birra alla spina; **draughts** (BRIT) n (gioco della) dama

draw [drɔː] (pt **drew**, pp **drawn**) vt tirare; (take out) estrarre; (attract) attirare; (picture) disegnare; (line, circle) tracciare; (money) ritirare ▸ vi (Sport) pareggiare ▸ n pareggio; (in lottery) estrazione f; **to ~ near** avvicinarsi ▸ **draw out** vi (lengthen) allungarsi ▸ vt (money) ritirare ▸ **draw up** vi (stop) arrestarsi, fermarsi ▸ vt (chair) avvicinare; (document) compilare; **drawback** n svantaggio, inconveniente m

drawer [drɔːʳ] n cassetto

drawing ['drɔːɪŋ] n disegno; **drawing pin** (BRIT) n puntina da disegno; **drawing room** n salotto

drawn [drɔːn] pp of **draw**

dread [drɛd] n terrore m ▸ vt tremare all'idea di; **dreadful** adj terribile

dream [driːm] (pt, pp **dreamed** or

dreamt) n sogno ▸ vt, vi sognare; **dreamer** n sognatore(-trice)

dreamt [drɛmt] pt, pp of **dream**

dreary ['drɪərɪ] adj tetro(-a); monotono(-a)

drench [drɛntʃ] vt inzuppare

dress [drɛs] n vestito; (no pl: clothing) abbigliamento ▸ vt vestire; (wound) fasciare ▸ vi vestirsi; **to get ~ed** vestirsi ▸ **dress up** vi vestirsi a festa; (in fancy dress) vestirsi in costume; **dress circle** (BRIT) n prima galleria; **dresser** n (BRIT: cupboard) credenza; (US) cassettone m; **dressing** n (Med) benda; (Culin) condimento; **dressing gown** (BRIT) n vestaglia; **dressing room** n (Theatre) camerino; (Sport) spogliatoio; **dressing table** n toilette f inv; **dressmaker** n sarta

drew [druː] pt of **draw**

dribble ['drɪbl] vi (baby) sbavare ▸ vt (ball) dribblare

dried [draɪd] adj (fruit, beans) secco(-a); (eggs, milk) in polvere

drier [draɪəʳ] n = **dryer**

drift [drɪft] n (of current etc) direzione f; forza; (of snow) cumulo; turbine m; (general meaning) senso ▸ vi (boat) essere trasportato(-a) dalla corrente; (sand, snow) ammucchiarsi

drill [drɪl] n trapano; (Mil) esercitazione f ▸ vt trapanare; (troops) addestrare ▸ vi (for oil) fare trivellazioni

drink [drɪŋk] (pt **drank**, pp **drunk**) n bevanda, bibita; (alcoholic drink) bicchierino; (sip) sorso ▸ vt, vi bere; **to have a ~** bere qualcosa; **would you like a ~?** vuoi qualcosa da bere?; **a ~ of water** un po' d'acqua; **drink-driving** n guida in stato di ebbrezza; **drinker** n bevitore(-trice); **drinking water** n acqua potabile

drip [drɪp] n goccia; gocciolamento; (Med) fleboclisi f inv ▸ vi gocciolare;

(*tap*) sgocciolare

drive [draɪv] (*pt* **drove**, *pp* **driven**) *n* passeggiata *o* giro *m* in macchina; (*also*: ~**way**) viale *m* d'accesso; (*energy*) energia; (*campaign*) campagna; (*also*: **disk** ~) lettore *m* ▶ *vt* guidare; (*nail*) piantare; (*push*) spingere; (*Tech*: *motor*) azionare; far funzionare ▶ *vi* (*Aut*: *at controls*) guidare; (: *travel*) andare in macchina; **left-/right-hand** ~ guida a sinistra/destra; **to ~ sb mad** far impazzire qn ▶ **drive out** *vt* (*force out*) cacciare, mandare via; **drive-in** (*esp US*) *adj, n* drive-in (*m inv*)

driven ['drɪvn] *pp of* **drive**

driver ['draɪvə*r*] *n* conducente *m/f*; (*of taxi*) tassista *m*; (*chauffeur*: *of bus*) autista *m/f*; **driver's license** (*US*) *n* patente *f* di guida

driveway ['draɪvweɪ] *n* viale *m* d'accesso

driving ['draɪvɪŋ] *n* guida; **driving instructor** *n* istruttore(-trice) *m/f* di scuola guida; **driving lesson** *n* lezione *f* di guida; **driving licence** (*BRIT*) *n* patente *f* di guida; **driving test** *n* esame *m* di guida

drizzle ['drɪzl] *n* pioggerella

droop [dru:p] *vi* (*flower*) appassire; (*head, shoulders*) chinarsi

drop [drɔp] *n* (*of water*) goccia; (*lessening*) diminuzione *f*; (*fall*) caduta ▶ *vt* lasciare cadere; (*voice, eyes, price*) abbassare; (*set down from car*) far scendere; (*name from list*) lasciare fuori ▶ *vi* cascare; (*wind*) abbassarsi ▶ **drop in** *vi* (*inf*: *visit*): **to ~ in (on)** fare un salto (da), passare (da) ▶ **drop off** *vi* (*sleep*) addormentarsi ▶ *vt* (*passenger*) far scendere ▶ **drop out** *vi* (*withdraw*) ritirarsi; (*student etc*) smettere di studiare

drought [draut] *n* siccità *f inv*

drove [drəuv] *pt of* **drive**

drown [draun] *vt* affogare; (*fig*: *noise*)

soffocare ▶ *vi* affogare

drowsy ['drauzɪ] *adj* sonnolento(-a), assonnato(-a)

drug [drʌɡ] *n* farmaco; (*narcotic*) droga ▶ *vt* drogare; **to be on ~s** drogarsi; (*Med*) prendere medicinali; **hard/soft ~s** droghe pesanti/leggere; **drug addict** *n* tossicomane *m/f*; **drug dealer** *n* trafficante *m/f* di droga; **druggist** (*US*) *n* persona che gestisce un drugstore; **drugstore** (*US*) *n* drugstore *m inv*

drum [drʌm] *n* tamburo; (*for oil, petrol*) fusto ▶ *vi* tamburellare; ~**s** *npl* (*set of drums*) batteria; **drummer** *n* batterista *m/f*

drunk [drʌŋk] *pp of* **drink** ▶ *adj* ubriaco(-a); ebbro(-a) ▶ *n* (*also*: ~**ard**) ubriacone(-a); **drunken** *adj* ubriaco(-a); da ubriaco

dry [draɪ] *adj* secco(-a); (*day, clothes*) asciutto(-a) ▶ *vt* seccare; (*clothes, hair, hands*) asciugare ▶ *vi* asciugarsi ▶ **dry off** *vi* asciugarsi ▶ *vt* asciugare ▶ **dry up** *vi* seccarsi; **dry-cleaner's** *n* lavasecco *m inv*; **dry-cleaning** *n* pulitura a secco; **dryer** *n* (*for hair*) föhn *m inv*, asciugacapelli *m inv*; (*for clothes*) asciugabiancheria; (*US*: *spin-dryer*) centrifuga

DSS *n abbr* (= *Department of Social Security*) ministero della Previdenza sociale

DTP *n abbr* (= *desk-top publishing*) desktop publishing *m inv*

dual ['djuəl] *adj* doppio(-a); **dual carriageway** (*BRIT*) *n* strada a doppia carreggiata

dubious ['dju:bɪəs] *adj* dubbio(-a)

Dublin ['dʌblɪn] *n* Dublino *f*

duck [dʌk] *n* anatra ▶ *vi* abbassare la testa

due [dju:] *adj* dovuto(-a); (*expected*) atteso(-a); (*fitting*) giusto(-a) ▶ *n* dovuto ▶ *adv* ~ **north** diritto verso nord

duel [ˈdjuəl] n duello

duet [djuˈɛt] n duetto

dug [dʌg] pt, pp of **dig**

duke [djuːk] n duca m

dull [dʌl] adj (light) debole; (boring) noioso(-a); (slow-witted) ottuso(-a); (sound, pain) sordo(-a); (weather, day) fosco(-a), scuro(-a) ▶ vt (pain, grief) attutire; (mind, senses) intorpidire

dumb [dʌm] adj muto(-a); (pej) stupido(-a)

dummy [ˈdʌmɪ] n (tailor's model) manichino; (Tech, Comm) riproduzione f; (BRIT: for baby) tettarella ▶ adj falso(-a), finto(-a)

dump [dʌmp] n (also: **rubbish ~**) discarica di rifiuti; (inf: place) buco m (put down) scaricare; mettere giù; (get rid of) buttar via

dumpling [ˈdʌmplɪŋ] n specie di gnocco

dune [djuːn] n duna

dungarees [dʌŋgəˈriːz] npl tuta

dungeon [ˈdʌndʒən] n prigione f sotterranea

duplex [ˈdjuːplɛks] (US) n (house) casa con muro divisorio in comune con un'altra; (apartment) appartamento su due piani

duplicate [n ˈdjuːplɪkət, vb ˈdjuːplɪkeɪt] n doppio ▶ vt duplicare; **in ~** in doppia copia

durable [ˈdjuərəbl] adj durevole; (clothes, metal) resistente

duration [djuəˈreɪʃən] n durata

during [ˈdjuərɪŋ] prep durante, nel corso di

dusk [dʌsk] n crepuscolo

dust [dʌst] n polvere f ▶ vt (furniture) spolverare; (cake etc): **to ~ with** cospargere con; **dustbin** (BRIT) n pattumiera; **duster** n straccio per la polvere; **dustman** (irreg: BRIT) n netturbino; **dustpan** n pattumiera; **dusty** adj polveroso(-a)

Dutch [dʌtʃ] adj olandese ▶ n (Ling) olandese m; **the ~** npl gli Olandesi; **to go ~** (inf) fare alla romana; **Dutchman, Dutchwoman** (irreg) n olandese m/f

duty [ˈdjuːtɪ] n dovere m; (tax) dazio, tassa; **on ~** di servizio; **off ~** libero(-a), fuori servizio; **duty-free** adj esente da dazio

duvet [ˈduːveɪ] (BRIT) n piumino, piumone m

DVD n abbr (= digital versatile or video disk) DVD m inv; **DVD player** n lettore m DVD

dwarf [dwɔːf] n nano(-a) ▶ vt far apparire piccolo

dwell [dwɛl] (pt, pp **dwelt**) vi dimorare ▶ **dwell on** vt fus indugiare su

dwelt [dwɛlt] pt, pp of **dwell**

dwindle [ˈdwɪndl] vi diminuire

dye [daɪ] n tinta ▶ vt tingere

dying [ˈdaɪɪŋ] adj morente, moribondo(-a)

dynamic [daɪˈnæmɪk] adj dinamico(-a)

dynamite [ˈdaɪnəmaɪt] n dinamite f

dyslexia [dɪsˈlɛksɪə] n dislessia

dyslexic [dɪsˈlɛksɪk] adj, n dislessico(-a)

e

E [iː] n (Mus) mi m

E111 n abbr (also: **form ~**) E111 (modulo CEE per rimborso spese mediche)

each [iːtʃ] adj ogni, ciascuno(-a) ▶ pron ciascuno(-a), ognuno(-a); **~ one** ognuno(-a); **~ other** si or ci etc; **they hate ~ other** si odiano (l'un l'altro); **you are jealous of ~ other** siete gelosi l'uno dell'altro; **they have 2 books ~** hanno 2 libri ciascuno

eager ['iːgəʳ] adj impaziente, desideroso(-a); ardente; **to be ~ for** essere desideroso di, aver gran voglia di

eagle ['iːgl] n aquila

ear [ɪəʳ] n orecchio; (of corn) pannocchia; **earache** n mal m d'orecchi; **eardrum** n timpano

earl [əːl] (BRIT) n conte m

earlier ['əːlɪəʳ] adj precedente ▶ adv prima

early ['əːlɪ] adv presto, di buon'ora; (ahead of time) in anticipo ▶ adj (near the beginning) primo(-a); (sooner than expected) prematuro(-a); (quick: reply) veloce; **at an ~ hour** di buon'ora; **to have an ~ night** andare a letto presto; **in the ~ or ~ in the spring/19th century** all'inizio della primavera/dell'Ottocento; **early retirement** n ritiro anticipato

earmark ['ɪəmɑːk] vt **to ~ sth for** destinare qc a

earn [əːn] vt guadagnare; (rest, reward)

meritare

earnest ['əːnɪst] adj serio(-a); **in ~** sul serio

earnings ['əːnɪŋz] npl guadagni mpl; (salary) stipendio

ear: earphones ['ɪəfəunz] npl cuffia; **earplugs** npl tappi mpl per le orecchie; **earring** ['ɪərɪŋ] n orecchino

earth [əːθ] n terra ▶ vt (BRIT Elec) mettere a terra; **earthquake** n terremoto

ease [iːz] n agio, comodo ▶ vt (soothe) calmare; (loosen) allentare; **to ~ sth out/in** tirare fuori/infilare qc con delicatezza; facilitare l'uscita/l'entrata di qc; **at ~** a proprio agio; (Mil) a riposo

easily ['iːzɪlɪ] adv facilmente

east [iːst] n est m ▶ adj dell'est ▶ adv a oriente; **the E~** l'Oriente m; (Pol) l'Est; **eastbound** ['iːstbaund] adj (traffic) diretto(-a) a est; (carriageway) che porta a est

Easter ['iːstəʳ] n Pasqua; **Easter egg** n uovo di Pasqua

eastern ['iːstən] adj orientale, d'oriente; dell'est

Easter Sunday n domenica di Pasqua

easy ['iːzɪ] adj facile; (manner) disinvolto(-a) ▶ adv **to take it or things ~** prendersela con calma; **easy-going** adj accomodante

eat [iːt] (pt ate, pp eaten) vt, vi mangiare; **can we have something to ~?** possiamo mangiare qualcosa?; ▶ **eat out** vi mangiare fuori

eavesdrop ['iːvzdrɔp] vi **to ~ (on a conversation)** origliare (una conversazione)

e-book [iːbuk] n libro elettronico

e-business ['iːbɪznɪs] n (company) azienda che opera in Internet; (commerce) commercio elettronico

EC n abbr (= European Community) CE f

eccentric [ɪk'sɛntrɪk] adj, n

eccentrico(-a)

echo ['ekəʊ] (pl **echoes**) n eco m or f ▸ vt ripetere; fare eco a ▸ vi echeggiare; dare un eco

eclipse [ɪ'klɪps] n eclissi f inv

eco-friendly [i:kəʊ'frendlɪ] adj ecologico(-a)

ecological [i:kə'lɒdʒɪkəl] adj ecologico(-a)

ecology [ɪ'kɒlədʒɪ] n ecologia

e-commerce [i:kɒmə:s] n commercio elettronico

economic [i:kə'nɒmɪk] adj economico(-a); **economical** adj economico(-a); (person) economo(-a); **economics** n economia ▸ npl lato finanziario

economist [ɪ'kɒnəmɪst] n economista m/f

economize [ɪ'kɒnəmaɪz] vi risparmiare, fare economia

economy [ɪ'kɒnəmɪ] n economia; **economy class** n (Aviat) classe f turistica; **economy class syndrome** n sindrome f della classe economica

ecstasy ['ekstəsɪ] n estasi f inv; **ecstatic** [eks'tætɪk] adj estatico(-a), in estasi

eczema ['eksɪmə] n eczema m

edge [edʒ] n margine m; (of table, plate, cup) orlo; (of knife etc) taglio ▸ vt bordare; **on ~** (fig) = **edgy**; **to edge away from** sgattaiolare da

edgy ['edʒɪ] adj nervoso(-a)

edible ['edɪbl] adj commestibile; (meal) mangiabile

Edinburgh ['edɪnbərə] n Edimburgo f

edit ['edɪt] vt curare; **edition** [ɪ'dɪʃən] n edizione f; **editor** n (in newspaper) redattore(-trice), redattore(-trice) capo; (of sb's work) curatore(-trice); **editorial** [–'tɔ:rɪəl] adj redazionale, editoriale ▸ n editoriale m

▌ Be careful not to translate **editor** by the Italian word **editore**.

educate ['edjʊkeɪt] vt istruire; educare; **educated** adj istruito(-a)

education [edjʊ'keɪʃən] n educazione f; (schooling) istruzione f; **educational** adj pedagogico(-a); scolastico(-a); istruttivo(-a)

eel [i:l] n anguilla

eerie ['ɪərɪ] adj che fa accapponare la pelle

effect [ɪ'fekt] n effetto ▸ vt effettuare; **to take ~** (law) entrare in vigore; (drug) fare effetto; **in ~** effettivamente; **~s** npl (Theat) effetti mpl scenici; (property) effetti mpl; **effective** adj efficace; (actual) effettivo(-a); **effectively** adv efficacemente; effettivamente

efficiency [ɪ'fɪʃənsɪ] n efficienza; rendimento effettivo

efficient [ɪ'fɪʃənt] adj efficiente; **efficiently** adv efficientemente; efficacemente

effort ['efət] n sforzo; **effortless** adj senza sforzo, facile

e.g. adv abbr (= exempli gratia) per esempio, p.es.

egg [eg] n uovo; **hard-boiled/soft-boiled ~** uovo sodo/alla coque; **eggcup** n portauovo m inv; **eggplant** (esp US) n melanzana; **eggshell** n guscio d'uovo; **egg white** n albume m, bianco d'uovo; **egg yolk** n tuorlo, rosso (d'uovo)

ego ['i:gəʊ] n ego m inv

Egypt ['i:dʒɪpt] n Egitto; **Egyptian** [ɪ'dʒɪpʃən] adj, n egiziano(-a)

eight [eɪt] num otto; **eighteen** num diciotto; **eighteenth** num diciottesimo(-a); **eighth** [eɪtθ] num ottavo(-a); **eightieth** ['eɪtɪɪθ] num ottantesimo(-a); **eighty** num ottanta

Eire ['eərə] n Repubblica d'Irlanda

either ['aɪðər] adj l'uno(-a) o l'altro(-a); (both, each) ciascuno(-a) ▸ pron **~ (of them)** (o) l'uno(-a) o l'altro(-a) ▸ adv

neanche ▶ *conj* ~ **good or bad** o buono
o cattivo; **on ~ side** su ciascun lato; **I
don't like** ~ non mi piace né l'uno né
l'altro; **no, I don't** ~ no, neanch'io

eject [ɪ'dʒɛkt] *vt* espellere; lanciare
elaborate [*adj* ɪ'læbərɪt, *vb* ɪ'læbəreɪt]
adj elaborato(-a), minuzioso(-a) ▶ *vt*
elaborare ▶ *vi* fornire i particolari
elastic [ɪ'læstɪk] *adj* elastico(-a)
▶ *n* elastico; **elastic band** (*BRIT*) *n*
elastico
elbow ['ɛlbəʊ] *n* gomito
elder ['ɛldə'] *adj* maggiore, più
vecchio(-a) ▶ *n* (*tree*) sambuco;
one's ~s i più anziani; **elderly** *adj*
anziano(-a) ▶ *npl* **the elderly** gli
anziani
eldest ['ɛldɪst] *adj, n* **the ~ (child)** il(la)
maggiore (dei bambini)
elect [ɪ'lɛkt] *vt* eleggere ▶ *adj* **the
president ~** il presidente designato;
to ~ to do decidere di fare; **election**
[ɪ'lɛkʃən] *n* elezione *f*; **electoral**
[ɪ'lɛktərəl] *adj* elettorale; **electorate**
n elettorato
electric [ɪ'lɛktrɪk] *adj* elettrico(-a);
electrical *adj* elettrico(-a); **electric
blanket** *n* coperta elettrica; **electric
fire** *n* stufa elettrica; **electrician**
[ɪlɛk'trɪʃən] *n* elettricista *m*;
electricity [ɪlɛk'trɪsɪtɪ] *n* elettricità;
electric shock *n* scossa (elettrica);
electrify [ɪ'lɛktrɪfaɪ] *vt* (*Rail*)
elettrificare; (*audience*) elettrizzare
electronic [ɪlɛk'trɔnɪk] *adj*
elettronico(-a); **electronic mail**
n posta elettronica; **electronics** *n*
elettronica
elegance ['ɛlɪgəns] *n* eleganza
elegant ['ɛlɪgənt] *adj* elegante
element ['ɛlɪmənt] *n* elemento; (*of
heater, kettle etc*) resistenza
elementary [ɛlɪ'mɛntərɪ] *adj*
elementare; **elementary school** (*US*)
n scuola elementare

elephant ['ɛlɪfənt] *n* elefante(-essa)
elevate ['ɛlɪveɪt] *vt* elevare
elevator ['ɛlɪveɪtə'] *n* elevatore *m*; (*US:
lift*) ascensore *m*
eleven [ɪ'lɛvn] *num* undici; **eleventh**
adj undicesimo(-a)
eligible ['ɛlɪdʒəbl] *adj* eleggibile; (*for
membership*) che ha i requisiti
eliminate [ɪ'lɪmɪneɪt] *vt* eliminare
elm [ɛlm] *n* olmo
eloquent ['ɛləkwənt] *adj* eloquente
else [ɛls] *adv* altro; **something ~**
qualcos'altro; **somewhere ~** altrove;
everywhere ~ in qualsiasi altro
luogo; **nobody ~** nessun altro; **where
~?** in quale altro luogo?; **little ~** poco
altro; **elsewhere** *adv* altrove
elusive [ɪ'luːsɪv] *adj* elusivo(-a)
e-mail *n abbr* (= *electronic mail*)
posta elettronica ▶ *vt* mandare un
messaggio di posta elettronica a;
e-mail address *n* indirizzo di posta
elettronica
embankment [ɪm'bæŋkmənt] *n* (*of
road, railway*) terrapieno
embargo [ɪm'bɑːgəʊ] *n* (*pl
embargoes*) (*Comm, Naut*) embargo
▶ *vt* mettere l'embargo su; **to put an ~
on sth** mettere l'embargo su qc
embark [ɪm'bɑːk] *vi* ~ **to ~ (on)**
imbarcarsi (su) ▶ *vt* imbarcare; **to ~ on**
(*fig*) imbarcarsi in
embarrass [ɪm'bærəs] *vt*
imbarazzare; **embarrassed** *adj*
imbarazzato(-a); **embarrassing** *adj*
imbarazzante; **embarrassment** *n*
imbarazzo
embassy ['ɛmbəsɪ] *n* ambasciata
embrace [ɪm'breɪs] *vt* abbracciare ▶ *vi*
abbracciarsi ▶ *n* abbraccio
embroider [ɪm'brɔɪdə'] *vt* ricamare;
embroidery *n* ricamo
embryo ['ɛmbrɪəʊ] *n* embrione *m*
emerald ['ɛmərəld] *n* smeraldo
emerge [ɪ'məːdʒ] *vi* emergere

emergency [ɪˈmɜːdʒənsɪ] n emergenza; **in an ~** in caso di emergenza; **emergency brake** (US) n freno a mano; **emergency exit** n uscita di sicurezza; **emergency landing** n atterraggio forzato; **emergency room** (US: Med) n pronto soccorso; **emergency services** npl (fire, police, ambulance) servizi mpl di pronto intervento

emigrate [ˈɛmɪɡreɪt] vi emigrare; **emigration** [ɛmɪˈɡreɪʃən] n emigrazione f

eminent [ˈɛmɪnənt] adj eminente

emissions [ɪˈmɪʃnz] npl emissioni fpl

emit [ɪˈmɪt] vt emettere

emotion [ɪˈməʊʃən] n emozione f; **emotional** adj (person) emotivo(-a); (scene) commovente; (tone, speech) carico(-a) d'emozione

emperor [ˈɛmpərə^r] n imperatore m

emphasis [ˈɛmfəsɪs] (pl -ases) n enfasi f inv; importanza

emphasize [ˈɛmfəsaɪz] vt (word, point) sottolineare; (feature) mettere in evidenza

empire [ˈɛmpaɪə^r] n impero

employ [ɪmˈplɔɪ] vt impiegare; **employee** [-ˈiː] n impiegato(-a); **employer** n principale m/f, datore m di lavoro; **employment** n impiego; **employment agency** n agenzia di collocamento

empower [ɪmˈpaʊə^r] vt **to ~ sb to do** concedere autorità a qn di fare

empress [ˈɛmprɪs] n imperatrice f

emptiness [ˈɛmptɪnɪs] n vuoto

empty [ˈɛmptɪ] adj vuoto(-a); (threat, promise) vano(-a) ▶ vt vuotare ▶ vi vuotarsi; (liquid) scaricarsi; **empty-handed** adj a mani vuote

EMU n abbr (= economic and monetary union) unione f economica e monetaria

emulsion [ɪˈmʌlʃən] n emulsione f

enable [ɪˈneɪbl] vt **to ~ sb to do** permettere a qn di fare

enamel [ɪˈnæml] n smalto; (also: ~ paint) vernice f a smalto

enchanting [ɪnˈtʃɑːntɪŋ] adj incantevole, affascinante

encl. abbr (= enclosed) all

enclose [ɪnˈkləʊz] vt (land) circondare, recingere; (letter etc): **to ~ (with)** allegare (con); **please find ~d** trovi qui accluso

enclosure [ɪnˈkləʊʒə^r] n recinto

encore [ɔŋˈkɔː] excl bis ▶ n bis m inv

encounter [ɪnˈkaʊntə^r] n incontro ▶ vt incontrare

encourage [ɪnˈkʌrɪdʒ] vt incoraggiare; **encouragement** n incoraggiamento

encouraging [ɪnˈkʌrɪdʒɪŋ] adj incoraggiante

encyclop(a)edia [ɛnsaɪkləʊˈpiːdɪə] n enciclopedia

end [ɛnd] n fine f; (aim) fine m; (of table) bordo estremo; (of pointed object) punta ▶ vt finire; (also: **bring to an ~**, **put an ~ to**) mettere fine a ▶ vi finire; **in the ~** alla fine; **on ~** (object) ritto(-a); **to stand on ~** (hair) rizzarsi; **for hours on ~** per ore ed ore ▶ **end up** vi **to ~ up** finire in

endanger [ɪnˈdeɪndʒə^r] vt mettere in pericolo

endearing [ɪnˈdɪərɪŋ] adj accattivante

endeavour [ɪnˈdɛvə^r] (US **endeavor**) n sforzo, tentativo ▶ vi **to ~ to do** cercare o sforzarsi di fare

ending [ˈɛndɪŋ] n fine f, conclusione f; (Ling) desinenza

endless [ˈɛndlɪs] adj senza fine

endorse [ɪnˈdɔːs] vt (cheque) girare; (approve) approvare, appoggiare; **endorsement** n approvazione f; (on driving licence) contravvenzione registrata sulla patente

endurance [ɪnˈdjʊərəns] n

resistenza; pazienza
endure [ɪn'djuə*] vt sopportare,
resistere a ▶ vi durare
enemy ['enəmɪ] adj, n nemico(-a)
energetic [enə'dʒetɪk] adj
energico(-a), attivo(-a)
energy ['enədʒɪ] n energia
enforce [ɪn'fɔ:s] vt (Law) applicare,
far osservare
engaged [ɪn'geɪdʒd] adj (BRIT: busy,
in use) occupato(-a); (betrothed)
fidanzato(-a); **the line's** ~ la linea
è occupata; **to get** ~ fidanzarsi;
engaged tone (BRIT) n (Tel) segnale
m di occupato
engagement [ɪn'geɪdʒmənt] n
impegno, obbligo; appuntamento;
(to marry) fidanzamento;
engagement ring n anello di
fidanzamento
engaging [ɪn'geɪdʒɪŋ] adj attraente
engine ['endʒɪn] n (Aut) motore m;
(Rail) locomotiva
engineer [endʒɪ'nɪə*] n ingegnere m;
(BRIT: for repairs) tecnico; (on ship: US:
Rail) macchinista m; **engineering** n
ingegneria
England ['ɪŋglənd] n Inghilterra
English ['ɪŋglɪʃ] adj inglese ▶ n (Ling)
inglese m; **the** ~ npl gli inglesi;
English Channel n **the English
Channel** la Manica; **Englishman**
(irreg) n inglese m; **Englishwoman**
(irreg) n inglese f
engrave [ɪn'greɪv] vt incidere
engraving [ɪn'greɪvɪŋ] n incisione f
enhance [ɪn'hɑ:ns] vt accrescere
enjoy [ɪn'dʒɔɪ] vt godere; (have: success,
fortune) avere; **to** ~ **o.s.** godersela,
divertirsi; **enjoyable** adj piacevole;
enjoyment n piacere m, godimento
enlarge [ɪn'lɑ:dʒ] vt ingrandire
▶ vi to ~ **on** (subject) dilungarsi su;
enlargement n (Phot) ingrandimento
enlist [ɪn'lɪst] vt arruolare; (support)

procurare ▶ vi arruolarsi
enormous [ɪ'nɔ:məs] adj enorme
enough [ɪ'nʌf] adj, n ~ **time/books**
assai tempo/libri; **have you got** ~?
ne ha abbastanza or a sufficienza?
▶ adv big ~ abbastanza grande; **he
has not worked** ~ non ha lavorato
abbastanza; ~**l bastal; that's** ~,
thanks basta così, grazie; **I've had
~ of him** ne ho abbastanza di lui;
...which, funnily or **oddly** ~ ... che,
strano a dirsi
enquire [ɪn'kwaɪə*] vt, vi
= **inquire**
enquiry [ɪn'kwaɪərɪ] n (esp BRIT)
= **inquiry**
enrage [ɪn'reɪdʒ] vt fare arrabbiare
enrich [ɪn'rɪtʃ] vt arricchire
enrol [ɪn'rəul] (US **enroll**) vt iscrivere
▶ vi iscriversi; **enrolment** (US
enrollment) n iscrizione f
en route [ɔn'ru:t] adv ~ **for/from/to** in
viaggio per/da/a
en suite [ɔn'swi:t] adj **room with** ~
bathroom camera con bagno
ensure [ɪn'ʃuə*] vt assicurare;
garantire
entail [ɪn'teɪl] vt comportare
enter ['entə*] vt entrare in; (army)
arruolarsi in; (competition)
partecipare a; (sb for a competition)
iscrivere; (write down) registrare;
(Comput) inserire ▶ vi entrare
enterprise ['entəpraɪz] n (undertaking,
company) impresa; (spirit) iniziativa;
free ~ liberalismo economico; **private**
~ iniziativa privata; **enterprising**
['entəpraɪzɪŋ] adj intraprendente
entertain [entə'teɪn] vt divertire;
(invite) ricevere; (idea, plan) nutrire;
entertainer n comico(-a);
entertaining adj divertente;
entertainment n (amusement)
divertimento; (show) spettacolo
enthusiasm [ɪn'θu:zɪæzəm] n

entusiasmo

enthusiast [ɪn'θuːzɪæst] *n* entusiasta *m/f*; **enthusiastic** [-'æstɪk] *adj* entusiasta, entusiastico(-a); **to be enthusiastic about sth/sb** essere appassionato(-a) di qc/entusiasta di qn

entire [ɪn'taɪəʳ] *adj* intero(-a); **entirely** *adv* completamente, interamente

entitle [ɪn'taɪtl] *vt* (give right): **to ~ sb to sth/to do** dare diritto a qn a qc/a fare; **entitled** *adj* (book) che si intitola; **to be entitled to do** avere il diritto di fare

entrance [*n* 'entrns, *vb* ɪn'traːns] *n* entrata, ingresso; (of person) entrata ▶ *vt* incantare, rapire; **where's the ~?** dov'è l'entrata?; **to gain ~ to** (university etc) essere ammesso a; **entrance examination** *n* esame *m* di ammissione; **entrance fee** *n* tassa d'iscrizione; (to museum etc) prezzo d'ingresso; **entrance ramp** (US) *n* (Aut) rampa di accesso; **entrant** ['entrnt] *n* partecipante *m/f*; concorrente *m/f*

entrepreneur [ɔntrəprə'nəːʳ] *n* imprenditore *m*

entrust [ɪn'trʌst] *vt* **to ~ sth to** affidare qc a

entry ['entrɪ] *n* entrata; (way in) entrata, ingresso; (item: on list) iscrizione *f*; (in dictionary) voce *f*; **no ~** vietato l'ingresso; (Aut) divieto di accesso; **entry phone** *n* citofono

envelope ['envələup] *n* busta

envious ['envɪəs] *adj* invidioso(-a)

environment [ɪn'vaɪərnmənt] *n* ambiente *m*; **environmental** [-'mentl] *adj* ecologico(-a); ambientale; **environmentally** [ɪnvaɪərən'mentəlɪ] *adv* **environmentally sound/friendly** che rispetta l'ambiente

envisage [ɪn'vɪzɪdʒ] *vt* immaginare;

prevedere

envoy ['envɔɪ] *n* inviato(-a)

envy ['envɪ] *n* invidia ▶ *vt* invidiare; **to ~ sb sth** invidiare qn per qc

epic ['epɪk] *n* poema *m* epico ▶ *adj* epico(-a)

epidemic [epɪ'demɪk] *n* epidemia

epilepsy ['epɪlepsɪ] *n* epilessia

epileptic [epɪ'leptɪk] *adj*, *n* epilettico(-a); **epileptic fit** *n* attacco epilettico

episode ['epɪsəud] *n* episodio

equal ['iːkwl] *adj* uguale ▶ *n* pari *m/f inv* ▶ *vt* uguagliare; **~ to** (task) all'altezza di; **equality** [iː'kwɔlɪtɪ] *n* uguaglianza; **equalize** *vi* pareggiare; **equally** *adv* ugualmente

equation [ɪ'kweɪʃən] *n* (Math) equazione *f*

equator [ɪ'kweɪtəʳ] *n* equatore *m*

equip [ɪ'kwɪp] *vt* equipaggiare, attrezzare; **to ~ sb/sth with** fornire qn/qc di; **to be well ~ped** (office etc) essere ben attrezzato(-a); **he is well ~ped for the job** ha i requisiti necessari per quel lavoro; **equipment** *n* attrezzatura; (electrical etc) apparecchiatura

equivalent [ɪ'kwɪvəlnt] *adj* equivalente ▶ *n* equivalente *m*; **to be ~ to** equivalere a

ER *abbr* (BRIT) **= Elizabeth Regina** (US: Med)= **emergency room**

era ['ɪərə] *n* era, età *f inv*

erase [ɪ'reɪz] *vt* cancellare; **eraser** *n* gomma

erect [ɪ'rekt] *adj* eretto(-a) ▶ *vt* costruire; (assemble) montare; **erection** [ɪ'rekʃən] *n* costruzione *f*; montaggio; (Physiol) erezione *f*

ERM *n* (= Exchange Rate Mechanism) ERM *m*

erode [ɪ'rəud] *vt* erodere; (metal) corrodere

erosion [ɪ'rəuʒən] *n* erosione *f*

erotic [ɪˈrɒtɪk] adj erotico(-a)

errand [ˈɛrnd] n commissione f

erratic [ɪˈrætɪk] adj imprevedibile; (person, mood) incostante

error [ˈɛrəᵊ] n errore m

erupt [ɪˈrʌpt] vi (volcano) mettersi (or essere) in eruzione; (war, crisis) scoppiare; **eruption** [ɪˈrʌpʃən] n eruzione f; scoppio

escalate [ˈɛskəleɪt] vi intensificarsi

escalator [ˈɛskəleɪtəʳ] n scala mobile

escape [ɪˈskeɪp] n evasione f; fuga; (of gas etc) fuga, fuoriuscita ▶ vi fuggire; (from jail) evadere, scappare; (leak) uscire ▶ vt sfuggire a; **to ~ from** (place) fuggire da; (person) sfuggire a

escort [n ˈɛskɔːt, vb ɪˈskɔːt] n scorta; (male companion) cavaliere m ▶ vt scortare; accompagnare

especially [ɪˈspɛʃlɪ] adv specialmente; soprattutto; espressamente

espionage [ˈɛspɪənɑːʒ] n spionaggio

essay [ˈɛseɪ] n (Scol) composizione f; (Literature) saggio

essence [ˈɛsns] n essenza

essential [ɪˈsɛnʃl] adj essenziale ▶ n elemento essenziale; **essentially** adv essenzialmente; **essentials** npl the essentials l'essenziale msg

establish [ɪˈstæblɪʃ] vt stabilire; (business) mettere su; (one's power etc) affermare; **establishment** n stabilimento; **the Establishment** la classe dirigente, l'establishment m

estate [ɪˈsteɪt] n proprietà f inv; beni mpl, patrimonio; (BRIT: also: **housing ~**) complesso edilizio; **estate agent** (BRIT) n agente m immobiliare; **estate car** (BRIT) n giardiniera

estimate [n ˈɛstɪmət, vb ˈɛstɪmeɪt] n stima; (Comm) preventivo ▶ vt stimare, valutare

etc abbr (= et cetera) etc, ecc

eternal [ɪˈtəːnl] adj eterno(-a)

eternity [ɪˈtəːnɪtɪ] n eternità

ethical [ˈɛθɪkl] adj etico(-a), morale; **ethics** [ˈɛθɪks] n etica ▶ npl morale f

Ethiopia [iːˈθɪəupɪə] n Etiopia

ethnic [ˈɛθnɪk] adj etnico(-a); **ethnic minority** n minoranza etnica

etiquette [ˈɛtɪkɛt] n etichetta

EU n abbr (= European Union) UE f

euro [ˈjuːrəu] n (currency) euro m inv

Europe [ˈjuːrəp] n Europa; **European** [-ˈpiːən] adj, n europeo(-a); **European Community** n Comunità Europea; **European Union** n Unione Europea

Eurostar® [ˈjuːrəustɑːʳ] n Eurostar® m inv

evacuate [ɪˈvækjueɪt] vt evacuare

evade [ɪˈveɪd] vt (tax) evadere; (duties etc) sottrarsi a; (person) schivare

evaluate [ɪˈvæljueɪt] vt valutare

evaporate [ɪˈvæpəreɪt] vi evaporare

eve [iːv] n **on the ~ of** alla vigilia di

even [ˈiːvn] adj (number) pari inv ▶ adv anche, perfino; **~ if, ~ though** anche se; **~ more** ancora di più; **~ so** ciò nonostante; **not ~** nemmeno; **to get ~ with sb** dare la pari a qn

evening [ˈiːvnɪŋ] n sera; (as duration, event) serata; **in the ~** la sera; **evening class** n corso serale; **evening dress** n (woman's) abito da sera; **in evening dress** (man) in abito scuro; (woman) in abito lungo

event [ɪˈvɛnt] n avvenimento; (Sport) gara; **in the ~ of** in caso di; **eventful** adj denso(-a) di eventi

eventual [ɪˈvɛntʃuəl] adj finale

> Be careful not to translate **eventual** by the Italian word **eventuale**.

eventually [ɪˈvɛntʃuəlɪ] adv alla fine

> Be careful not to translate **eventually** by the Italian word **eventualmente**.

ever [ˈɛvəʳ] adv mai; (at all times) sempre; **the best ~** il migliore che ci sia mai stato; **have you ~ seen it?**

l'ha mai visto?; **~ since** adv da allora
▶ conj sin da quando; **~ so pretty** così
bello(-a); **evergreen** n sempreverde m

every ['ɛvrɪ] adj ogni; **~ day** tutti i
giorni, ogni giorno; **~ other/third day**
ogni due/tre giorni; **~ other car** una
macchina su due; **~ now and then**
ogni tanto, di quando in quando;
everybody pron = **everyone**;
everyday adj quotidiano(-a); di ogni
giorno; **everyone** pron ognuno, tutti
pl; **everything** pron tutto, ogni cosa;
everywhere adv (gen) dappertutto;
(wherever) ovunque

evict [ɪ'vɪkt] vt sfrattare

evidence ['ɛvɪdns] n (proof) prova;
(of witness) testimonianza; (sign):
to show ~ dare segni di; **to give
~** deporre

evident ['ɛvɪdnt] adj evidente;
evidently adv evidentemente

evil ['iːvl] adj cattivo(-a), maligno(-a)
▶ n male m

evoke [ɪ'vəʊk] vt evocare

evolution [iːvə'luːʃən] n evoluzione f

evolve [ɪ'vɒlv] vt elaborare ▶ vi
svilupparsi, evolversi

ewe [juː] n pecora

ex- [ɛks] prefix ex

ex (inf) [ɛks] n **my ex** il (la) mio(-a) ex

exact [ɪɡ'zækt] adj esatto(-a) ▶ vt **to ~
sth (from)** estorcere qc (da); esigere
qc (da); **exactly** adv esattamente

exaggerate [ɪɡ'zædʒəreɪt] vt, vi
esagerare; **exaggeration** [-'reɪʃən] n
esagerazione f

exam [ɪɡ'zæm] n abbr (Scol)
= **examination**

examination [ɪɡzæmɪ'neɪʃən] n (Scol)
esame m; (Med) controllo

examine [ɪɡ'zæmɪn] vt esaminare;
examiner n esaminatore(-trice)

example [ɪɡ'zɑːmpl] n esempio; **for ~**
ad or per esempio

exasperated [ɪɡ'zɑːspəreɪtɪd] adj

esasperato(-a)

excavate ['ɛkskəveɪt] vt scavare

exceed [ɪk'siːd] vt superare; (one's
powers, time limit) oltrepassare;
exceedingly adv eccessivamente

excel [ɪk'sɛl] vi eccellere ▶ vt
sorpassare; **to ~ o.s** (BRIT) superare
se stesso

excellence ['ɛksələns] n eccellenza

excellent ['ɛksələnt] adj eccellente

except [ɪk'sɛpt] prep (also: **~ for,
~ing**) salvo, all'infuori di, eccetto
▶ vt escludere; **~ if/when** salvo
se/quando; **~ that** salvo che;
exception [ɪk'sɛpʃən] n eccezione
f; **to take exception to** trovare a
ridire su; **exceptional** [ɪk'sɛpʃənl]
adj eccezionale; **exceptionally**
[ɪk'sɛpʃənəlɪ] adv eccezionalmente

excerpt ['ɛksəːpt] n estratto

excess [ɪk'sɛs] n eccesso; **excess
baggage** n bagaglio in eccedenza;
excessive adj eccessivo(-a)

exchange [ɪks'tʃeɪndʒ] n scambio;
(also: **telephone ~**) centralino ▶ vt to
~ (for) scambiare (con); **could I ~ this,
please?** posso cambiarlo, per favore?;
exchange rate n tasso di cambio

excite [ɪk'saɪt] vt eccitare; **to get ~d**
eccitarsi; **excited** adj to get excited
essere elettrizzato(-a); **excitement**
n eccitazione f; agitazione f; **exciting**
adj avventuroso(-a); (film, book)
appassionante

exclaim [ɪk'skleɪm] vi esclamare;
exclamation [ɛksklə'meɪʃən] n
esclamazione f; **exclamation mark**
(US **exclamation point**) n punto
esclamativo

exclude [ɪk'skluːd] vt escludere;
excluding [ɪk'skluːdɪŋ] prep **~ VAT**
IVA esclusa

exclusion [ɪk'skluːʒən] n esclusione f;
to the ~ of escludendo

exclusive [ɪk'skluːsɪv] adj

esclusivo(-a); **~ of VAT** I.V.A. esclusa;
exclusively *adv* esclusivamente

excruciating [ɪkˈskruːʃɪeɪtɪŋ] *adj*
straziante, atroce

excursion [ɪkˈskəːʃən] *n* escursione
f, gita

excuse [*n* ɪkˈskjuːs, *vb* ɪkˈskjuːz]
n scusa ▶ *vt* scusare; **to ~ sb from**
(*activity*) dispensare qn da; **~ me!** mi
scusi!; **now, if you will ~ me ...** ora, mi
scusi ma ...

ex-directory [ˈeksdɪˈrɛktərɪ] (BRIT)
(*Tel*): **to be ~** non essere sull'elenco

execute [ˈeksɪkjuːt] *vt* (*prisoner*)
giustiziare; (*plan etc*) eseguire;
execution [eksɪˈkjuːʃən] *n*
esecuzione f

executive [ɪgˈzɛkjutɪv] *n* (*Comm*)
dirigente *m*; (*Pol*) esecutivo ▶ *adj*
esecutivo(-a)

exempt [ɪgˈzɛmpt] *adj* esentato(-.)
▶ *vt* **to ~ sb from** esentare qn da

exercise [ˈeksəsaɪz] *n* (*keep fit*) moto;
(*Scol, Mil etc*) esercizio ▶ *vt* esercitare;
(*patience*) usare; (*dog*) portar fuori ▶ *vi*
(*also*: **take ~**) fare del moto; **exercise
book** *n* quaderno

exert [ɪgˈzəːt] *vt* esercitare; **to ~ o.s.**
sforzarsi; **exertion** [-ʃən] *n* sforzo

exhale [eksˈheɪl] *vt*, *vi* espirare

exhaust [ɪgˈzɔːst] *n* (*also*: **~ fumes**)
scappamento; (*also*: **~ pipe**) tubo
di scappamento ▶ *vt* esaurire;
exhausted *adj* esaurito(-a);
exhaustion [ɪgˈzɔːstʃən] *n*
esaurimento; **nervous exhaustion**
sovraffaticamento mentale

exhibit [ɪgˈzɪbɪt] *n* (*Art*) oggetto
esposto; (*Law*) documento or oggetto
esibito ▶ *vt* esporre; (*courage, skill*)
dimostrare; **exhibition** [eksɪˈbɪʃən] *n*
mostra, esposizione f

exhilarating [ɪgˈzɪləreɪtɪŋ] *adj*
esilarante; stimolante

exile [ˈeksaɪl] *n* esilio; (*person*)

esiliato(-a) ▶ *vt* esiliare

exist [ɪgˈzɪst] *vi* esistere; **existence** *n*
esistenza; **existing** *adj* esistente

exit [ˈeksɪt] *n* uscita ▶ *vi* (*Theatre,
Comput*) uscire; **where's the ~?** dov'è
l'uscita?; **exit ramp** (US) *n* (*Aut*) rampa
di uscita

exotic [ɪgˈzɔtɪk] *adj* esotico(-a)

expand [ɪkˈspænd] *vt* espandere;
estendere; allargare ▶ *vi* (*business, gas*)
espandersi; (*metal*) dilatarsi

expansion [ɪkˈspænʃən] *n* (*gen*)
espansione f; (*of town, economy*)
sviluppo; (*of metal*) dilatazione f

expect [ɪkˈspɛkt] *vt* (*anticipate*)
prevedere, aspettarsi, prevedere
or aspettarsi che + *sub*; (*require*)
richiedere, esigere; (*suppose*)
supporre; (*await, also baby*) aspettare
▶ *vi* **to be ~ing** essere in stato
interessante; **to ~ sb to do** aspettarsi
che qn faccia; **expectation**
[ekspekˈteɪʃən] *n* aspettativa;
speranza

expedition [ekspəˈdɪʃən] *n* spedizione
f

expel [ɪkˈspɛl] *vt* espellere

expenditure [ɪkˈspendɪtʃə*r*] *n* spesa

expense [ɪkˈspɛns] *n* spesa; (*high
cost*) costo; **~s** *npl* (*Comm*) spese *fpl*,
indennità *fpl*; **at the ~ of** a spese di;
expense account *n* conto *m* spese *inv*

expensive [ɪkˈspɛnsɪv] *adj* caro(-a),
costoso(-a); **it's too ~** è troppo caro

experience [ɪkˈspɪərɪəns] *n*
esperienza ▶ *vt* (*pleasure*) provare;
(*hardship*) soffrire; **experienced** *adj*
esperto(-a)

experiment [*n* ɪkˈsperɪmənt, *vb*
ɪkˈsperɪment] *n* esperimento,
esperienza ▶ *vi* **to ~ (with/on)** fare
esperimenti (con/su); **experimental**
[ɪksperɪˈmentl] *adj* sperimentale;
at the experimental stage in via di
sperimentazione

expert ['ɛkspəːt] adj, n esperto(-a);
expertise [-'tiːz] n competenza

expire [ɪk'spaɪə'] vi (period of time,
licence) scadere; **expiry** n scadenza;
expiry date n (of medicine, food item)
data di scadenza

explain [ɪk'spleɪn] vt spiegare;
explanation [ɛksplə'neɪʃən] n
spiegazione f

explicit [ɪk'splɪsɪt] adj esplicito(-a)

explode [ɪk'spləʊd] vi esplodere

exploit [n 'ɛksplɔɪt, vb ɪk'splɔɪt] n
impresa ▶ vt sfruttare; **exploitation**
[-'teɪʃən] n sfruttamento

explore [ɪk'splɔː'] vt esplorare;
(possibilities) esaminare; **explorer** n
esploratore(-trice)

explosion [ɪk'spləʊʒən] n esplosione
f; **explosive** [ɪk'spləʊsɪv] adj
esplosivo(-a) ▶ n esplosivo

export [vb ɛk'spɔːt, n 'ɛkspɔːt] vt
esportare ▶ n esportazione f; articolo
di esportazione ▶ cpd d'esportazione;
exporter n esportatore m

expose [ɪk'spəʊz] vt esporre; (unmask)
smascherare; **exposed** adj (position)
esposto(-a); **exposure** [ɪk'spəʊʒə']
n esposizione f; (Phot) posa; (Med)
assideramento

express [ɪk'sprɛs] adj (definite)
chiaro(-a), espresso(-a); (BRIT:
letter etc) espresso inv ▶ n (train)
espresso ▶ vt esprimere; **expression**
[ɪk'sprɛʃən] n espressione f;
expressway (US) n (urban motorway)
autostrada che attraversa la città

exquisite [ɛk'skwɪzɪt] adj squisito(-a)

extend [ɪk'stɛnd] vt (visit) protrarre;
(road, deadline) prolungare; (building)
ampliare; (offer) offrire, porgere ▶ vi
(land, period) estendersi; **extension**
[ɪk'stɛnʃən] n (of road, term)
prolungamento; (of contract, deadline)
proroga; (building) annesso; (to wire,
table) prolunga; (telephone) interno;

(: in private house) apparecchio
supplementare; **extension lead** n
prolunga

extensive [ɪk'stɛnsɪv] adj esteso(-a),
ampio(-a); (damage) su larga scala;
(coverage, discussion) esauriente; (use)
grande

extent [ɪk'stɛnt] n estensione f; **to
some** ~ fino a un certo punto; **to such
an** ~ **that** ... a un tal punto che ...; **to
what** ~? fino a che punto?; **to the** ~ **of**
... fino al punto di ...

exterior [ɛk'stɪərɪə'] adj esteriore,
esterno(-a) ▶ n esteriore m, esterno;
aspetto (esteriore)

external [ɛk'stəːnl] adj esterno(-a),
esteriore

extinct [ɪk'stɪŋkt] adj estinto(-a);
extinction [ɪk'stɪŋkʃən] n estinzione f

extinguish [ɪk'stɪŋgwɪʃ] vt estinguere

extra ['ɛkstrə] adj extra inv,
supplementare ▶ adv (in addition)
di più ▶ n extra m inv; (surcharge)
supplemento; (Cinema, Theatre)
comparsa

extract [vb ɪk'strækt, n 'ɛkstrækt] vt
estrarre; (money, promise) strappare
▶ n estratto; (passage) brano

extradite ['ɛkstrədaɪt] vt estradare

extraordinary [ɪk'strɔːdɪnrɪ] adj
straordinario(-a)

extravagance [ɪk'strævəgəns] n
sperpero; stravaganza

extravagant [ɪk'strævəgənt]
adj (lavish) prodigo(-a); (wasteful)
dispendioso(-a)

▌ Be careful not to translate
extravagant by the Italian word
stravagante.

extreme [ɪk'striːm] adj estremo(-a)
▶ n estremo; **extremely** adv
estremamente

extremist [ɪk'striːmɪst] adj, n
estremista (m/f)

extrovert ['ɛkstrəvəːt] n

estroverso(-a)
eye [aɪ] *n* occhio; *(of needle)* cruna ▶ *vt* osservare; **to keep an ~ on** tenere d'occhio; **eyeball** *n* globo dell'occhio; **eyebrow** *n* sopracciglio; **eyedrops** *npl* gocce *fpl* oculari, collirio; **eyelash** *n* ciglio; **eyelid** *n* palpebra; **eyeliner** *n* eye-liner *m inv*; **eyeshadow** *n* ombretto; **eyesight** *n* vista; **eye witness** *n* testimone *m/f* oculare

F [ɛf] *n (Mus)* fa *m*
fabric ['fæbrɪk] *n* stoffa, tessuto
fabulous ['fæbjuləs] *adj* favoloso(-a); *(super)* favoloso(-a), fantastico(-a)
face [feɪs] *n* faccia, viso, volto; *(expression)* faccia; *(of clock)* quadrante *m*; *(of building)* facciata ▶ *vt* essere di fronte a; *(facts, situation)* affrontare; **~ down** a faccia in giù; **to make** *or* **pull a ~** fare una smorfia; **in the ~ of** *(difficulties etc)* di fronte a; **on the ~ of it** a prima vista; **~ to ~** faccia a faccia ▶**face up to** *vt fus* affrontare, far fronte a; **face cloth** *(BRIT) n* guanto di spugna; **face pack** *n (BRIT)* maschera di bellezza
facial ['feɪʃəl] *adj* del viso
facilitate [fə'sɪlɪteɪt] *vt* facilitare
facilities [fə'sɪlɪtɪz] *npl* attrezzature *fpl*; **credit ~** facilitazioni *fpl* di credito

fact [fækt] *n* fatto; **in ~** in effetti
faction ['fækʃən] *n* fazione *f*
factor ['fæktə'] *n* fattore *m*; **I'd like a ~ 15 suntan lotion** vorrei una crema solare con fattore di protezione 15
factory ['fæktərɪ] *n* fabbrica, stabilimento

> Be careful not to translate **factory** by the Italian word **fattoria**.

factual ['fæktjuəl] *adj* che si attiene ai fatti
faculty ['fækəltɪ] *n* facoltà *f inv*; *(US)* corpo insegnante
fad [fæd] *n* mania; capriccio
fade [feɪd] *vi* sbiadire, sbiadirsi; *(light, sound, hope)* attenuarsi, affievolirsi; *(flower)* appassire ▶ **fade away** *vi (sound)* affievolirsi
fag [fæg] *(BRIT: inf) n (cigarette)* cicca
Fahrenheit ['fɑːrənhaɪt] *n* Fahrenheit *m inv*
fail [feɪl] *vt (exam)* non superare; *(candidate)* bocciare; *(courage, memory)* mancare a ▶ *vi* fallire; *(student)* essere respinto(-a); *(eyesight, health, light)* venire a mancare; **to ~ to do sth** *(neglect)* mancare di fare qc; *(be unable)* non riuscire a fare qc; **without ~** senza fallo; certamente; **failing** *n* difetto ▶ *prep* in mancanza di; **failure** ['feɪljə'] *n* fallimento; *(person)* fallito(-a); *(mechanical etc)* guasto
faint [feɪnt] *adj* debole; *(recollection)* vago(-a); *(mark)* indistinto(-a) ▶ *n (Med)* svenimento ▶ *vi* svenire; **to feel ~** sentirsi svenire; **faintest** *adj* **I haven't the faintest idea** non ho la più pallida idea; **faintly** *adv* debolmente; vagamente
fair [fɛə'] *adj (person, decision)* giusto(-a), equo(-a); *(quite large, quite good)* discreto(-a); *(hair etc)* biondo(-a); *(skin, complexion)* chiaro(-a); *(weather)* bello(-a), clemente ▶ *adv (play)* lealmente

▶ n fiera; (BRIT: *funfair*) luna park *m inv*; **fairground** n luna park *m inv*; **fair-haired** [fɛəˈhɛəd] *adj* (*person*) biondo(-a); **fairly** *adv* equamente; (*quite*) abbastanza; **fairway** n (Golf) fairway *m inv*

fairy [ˈfɛərɪ] n fata; **fairy tale** n fiaba

faith [feɪθ] n fede *f*; (*trust*) fiducia; (*sect*) religione *f*, fede *f*; **faithful** *adj* fedele; **faithfully** *adv* fedelmente; **yours faithfully** (BRIT: *in letters*) distinti saluti

fake [feɪk] n imitazione *f*; (*picture*) falso; (*person*) impostore(-a) ▶ *adj* falso(-a) ▶ *vt* (*accounts*) falsificare; (*illness*) fingere; (*painting*) contraffare

falcon [ˈfɔːlkən] n falco, falcone *m*

fall [fɔːl] (*pt* fell, *pp* fallen) n caduta; (*in temperature*) abbassamento; (*in price*) ribasso; (*US: autumn*) autunno ▶ *vi* cadere; (*temperature, price, night*) scendere; **~s** *npl* (*waterfall*) cascate *fpl*; **to~flat** (*on one's face*) cadere bocconi; (*joke*) fare cilecca; (*plan*) fallire ▶ **fall apart** *vi* cadere a pezzi ▶ **fall down** *vi* (*person*) cadere; (*building*) crollare ▶ **fall for** *vt fus* (*person*) prendere una cotta per; **to~for a trick** (*or a story etc*) cascarci ▶ **fall off** *vi* cadere; (*diminish*) diminuire, abbassarsi ▶ **fall out** *vi* (*hair, teeth*) cadere; (*friends etc*) litigare ▶ **fall over** *vi* cadere ▶ **fall through** *vi* (*plan, project*) fallire

fallen [ˈfɔːlən] *pp* of **fall**

fallout [ˈfɔːlaut] n fall-out *m*

false [fɔːls] *adj* falso(-a); **under~ pretences** con l'inganno; **false alarm** n falso allarme *m*; **false teeth** (BRIT) *npl* denti *mpl* finti

fame [feɪm] n fama, celebrità

familiar [fəˈmɪlɪəʳ] *adj* familiare; (*close*) intimo(-a); **to be~with** (*subject*) conoscere; **familiarize** [fəˈmɪlɪəraɪz] *vt* **to familiarize o.s. with** familiarizzare con

family [ˈfæmɪlɪ] n famiglia; **family doctor** n medico di famiglia; **family planning** n pianificazione *f* familiare

famine [ˈfæmɪn] n carestia

famous [ˈfeɪməs] *adj* famoso(-a)

fan [fæn] n (*folding*) ventaglio; (*Elec*) ventilatore *m*; (*person*) ammiratore(-trice), tifoso(-a) ▶ *vt* far vento a; (*fire, quarrel*) alimentare

fanatic [fəˈnætɪk] n fanatico(-a)

fan belt n cinghia del ventilatore

fan club n fan club *m inv*

fancy [ˈfænsɪ] n immaginazione *f*, fantasia; (*whim*) capriccio ▶ *adj* (*hat*) stravagante; (*hotel, food*) speciale ▶ *vt* (*feel like, want*) aver voglia di; (*imagine, think*) immaginare; **to take a~to** incapricciarsi di; **he fancies her** (*inf*) gli piace; **fancy dress** n costume *m* (per maschera)

fan heater n (BRIT) stufa ad aria calda

fantasize [ˈfæntəsaɪz] *vi* fantasticare, sognare

fantastic [fænˈtæstɪk] *adj* fantastico(-a)

fantasy [ˈfæntəsɪ] n fantasia, immaginazione *f*; fantasticheria; chimera

fanzine [ˈfænziːn] n rivista specialistica (per appassionati)

FAQs *abbr* (= frequently asked questions) FAQ *fpl*

far [fɑːʳ] *adj* lontano(-a) ▶ *adv* lontano; (*much, greatly*) molto; **is it~from here?** è molto lontano da qui?; **how~?** quanto lontano?; (*referring to activity etc*) fino a dove?; **how~is the town centre?** quanto dista il centro da qui?; **~away, ~off** lontano, distante; **~ better** assai migliore; **~from** lontano da; **by~** di gran lunga; **go as~as the farm** vada fino alla fattoria; **as~as I know** per quel che so

farce [fɑːs] n farsa

fare [fɛəʳ] n (*on trains, buses*) tariffa;

(*in taxi*) prezzo della corsa; (*food*) vitto, cibo; **half~** metà tariffa; **full~** tariffa intera

Far East n **the~** l'Estremo Oriente m

farewell [fɛəˈwɛl] excl, n addio

farm [fɑːm] n fattoria, podere m ▸ vt coltivare; **farmer** n coltivatore(-trice), agricoltore(-trice); **farmhouse** n fattoria; **farming** n (*gen*) agricoltura; (*of crops*) coltivazione f; (*of animals*) allevamento; **farmyard** n aia

far-reaching [fɑːˈriːtʃɪŋ] adj di vasta portata

fart [fɑːt] (*infl*) vi scoreggiare (*l*)

farther [ˈfɑːðəʳ] adv più lontano ▸ adj più lontano(-a)

farthest [ˈfɑːðɪst] superl di **far**

fascinate [ˈfæsɪneɪt] vt affascinare; **fascinated** adj affascinato(-a); **fascinating** adj affascinante; **fascination** [-ˈneɪʃən] n fascino

fascist [ˈfæʃɪst] adj, n fascista (m/f)

fashion [ˈfæʃən] n moda; (*manner*) maniera, modo ▸ vt foggiare, formare; **in~** alla moda; **out of~** passato(-a) di moda; **fashionable** adj alla moda, di moda; **fashion show** n sfilata di moda

fast [fɑːst] adj rapido(-a), svelto(-a), veloce; (*clock*): **to be~** andare avanti; (*dye, colour*) solido(-a) ▸ adv rapidamente; (*stuck, held*) saldamente ▸ n digiuno ▸ vi digiunare; **~ asleep** profondamente addormentato

fasten [ˈfɑːsn] vt chiudere, fissare; (*coat*) abbottonare, allacciare ▸ vi chiudersi, fissarsi; abbottonarsi, allacciarsi

fast food n fast food m

fat [fæt] adj grasso(-a); (*book, profit etc*) grosso(-a) ▸ n grasso

fatal [ˈfeɪtl] adj fatale; mortale; disastroso(-a); **fatality** [fəˈtælɪtɪ] n (*road death etc*) morto(-a), vittima;

fatally adv a morte

fate [feɪt] n destino; (*of person*) sorte f

father [ˈfɑːðəʳ] n padre m; **Father Christmas** n Babbo Natale; **father-in-law** n suocero

fatigue [fəˈtiːg] n stanchezza

fattening [ˈfætnɪŋ] adj (*food*) che fa ingrassare

fatty [ˈfætɪ] adj (*food*) grasso(-a) ▸ n (*inf*) ciccione(-a)

faucet [ˈfɔːsɪt] (US) n rubinetto

fault [fɔːlt] n colpa; (*Tennis*) fallo; (*defect*) difetto; (*Geo*) faglia ▸ vt criticare; **it's my~** è colpa mia; **to find~ with** trovare da ridire su; **at~** in fallo; **faulty** adj difettoso(-a)

fauna [ˈfɔːnə] n fauna

favour etc [ˈfeɪvəʳ] (US **favor**) n favore m ▸ vt (*proposition*) favorire, essere favorevole a; (*pupil etc*) favorire; (*team, horse*) dare per vincente; **to do sb a~** fare un favore o una cortesia a qn; **to find~ with** (*person*) entrare nelle buone grazie di; (: *suggestion*) avere l'approvazione di; **in~ of** in favore di; **favourable** adj favorevole; **favourite** [-rɪt] adj, n favorito(-a)

fawn [fɔːn] n daino ▸ adj (*also:* **~-coloured**) marrone chiaro inv ▸ vi **to~ (up)on** adulare servilmente

fax [fæks] n (*document*) facsimile m inv, telecopia; (*machine*) telecopiatrice f ▸ vt telecopiare, trasmettere in facsimile

FBI (US) n abbr (= *Federal Bureau of Investigation*) F.B.I. f

fear [fɪəʳ] n paura, timore m ▸ vt aver paura di, temere; **for~ of** per paura di; **fearful** adj pauroso(-a); (*sight, noise*) terribile, spaventoso(-a); **fearless** adj intrepido(-a), senza paura

feasible [ˈfiːzəbl] adj possibile, realizzabile

feast [fiːst] n festa, banchetto; (*Rel: also:* **~ day**) festa ▸ vi banchettare

feat [fiːt] n impresa, fatto insigne

feather ['feðə] n penna

feature ['fiːtʃə] n caratteristica; (Press, TV) articolo ▶ vt (film) avere come protagonista ▶ vi figurare; **~s** npl (of face) fisionomia; **feature film** n film m inv principale

Feb. [feb] abbr (= February) feb

February ['februəri] n febbraio

fed [fed] pt, pp of **feed**

federal ['fedərəl] adj federale

federation [fedə'reɪʃən] n federazione f

fed up adj to be ~ essere stufo(-a)

fee [fiː] n pagamento; (of doctor, lawyer) onorario; (for examination) tassa d'esame; **school ~s** tasse fpl scolastiche

feeble ['fiːbl] adj debole

feed [fiːd] (pt, pp **fed**) n (of baby) pappa; (of animal) mangime m; (on printer) meccanismo di alimentazione ▶ vt nutrire; (baby) allattare; (horse etc) dare da mangiare a; (fire, machine) alimentare; (data, information): **to ~ into** inserire in; **feedback** n feed-back m

feel [fiːl] (pt, pp **felt**) n consistenza; (sense of touch) tatto ▶ vt toccare; palpare; tastare; (cold, pain, anger) sentire; (think, believe): **to ~ (that)** pensare che; **to ~ hungry/cold** aver fame/freddo; **to ~ lonely/better** sentirsi solo/meglio; **I don't ~ well** non mi sento bene; **it ~s soft** è morbido al tatto; **to ~ like** (want) aver voglia di; **to ~ about** or **around for** cercare a tastoni; **feeling** n sensazione f; (emotion) sentimento

feet [fiːt] npl of **foot**

fell [fel] pt of **fall** ▶ vt (tree) abbattere

fellow ['feləu] n individuo, tipo; compagno; (of learned society) membro cpd; **fellow citizen** n concittadino(-a); **fellow countryman** (irreg) n

compatriota m; **fellow men** npl simili mpl; **fellowship** n associazione f, compagnia; specie di borsa di studio universitaria

felony ['feləni] n reato, crimine m

felt [felt] pt, pp of **feel** ▶ n feltro

female ['fiːmeɪl] n (Zool) femmina; (pej: woman) donna, femmina ▶ adj (Biol, Elec) femmina inv; (sex, character) femminile; (vote etc) di donne

feminine ['feminin] adj femminile

feminist ['feminist] n femminista m/f

fence [fens] n recinto ▶ vt (also: ~ in) recingere ▶ vi (Sport) tirare di scherma; **fencing** (Sport) scherma f

fend [fend] vi **to ~ for o.s.** arrangiarsi ▷ **fend off** vt (attack, questions) respingere, difendersi da

fender ['fendə] n parafuoco; (on boat) parabordo; (US) parafango; paraurti m inv

fennel ['fenl] n finocchio

ferment [vb fə'ment, n 'fəːment] vi fermentare ▶ n (fig) agitazione f, eccitazione f

fern [fəːn] n felce f

ferocious [fə'rəuʃəs] adj feroce

ferret ['ferit] n furetto

ferry ['feri] n (small) traghetto; (large: also: ~**boat**) nave f traghetto inv ▶ vt traghettare

fertile ['fəːtaɪl] adj fertile; (Biol) fecondo(-a); **fertilize** ['fəːtɪlaɪz] vt fertilizzare; fecondare; **fertilizer** ['fəːtɪlaɪzə] n fertilizzante m

festival ['festivəl] n (Rel) festa; (Art, Mus) festival m inv

festive ['festiv] adj di festa; **the ~ season** (BRIT: Christmas) il periodo delle feste

fetch [fetʃ] vt andare a prendere; (sell for) essere venduto(-a) per

fête [feit] n festa

fetus ['fiːtəs] (US) n = **foetus**

feud [fjuːd] n contesa, lotta

fever['fiːvə'] n febbre f; **feverish**adj febbrile

few[fjuː] adj pochi(-e); **a ~** adj qualche inv ▸ pron alcuni(-e); **fewer**adj meno inv, meno numerosi(-e); **fewest**adj il minor numero di

fiancé[fiˈɑ̃ːnseı] n fidanzato; **fiancée** n fidanzata

fiasco[fiˈæskəu] n fiasco

fib[fıb] n piccola bugia

fibre['faɪbə'] (US **fiber**) n fibra; **Fibreglass®**['faɪbəglɑːs] (US **fiberglass**) n fibra di vetro

fickle['fıkl] adj incostante, capriccioso(-a)

fiction['fıkʃən] n narrativa, romanzi mpl; (sth made up) finzione f; **fictional** adj immaginario(-a)

fiddle['fıdl] n (Mus) violino; (cheating) imbroglio; truffa ▸ vt (BRIT: accounts) falsificare, falsare ▸ **fiddle with**fus gingillarsi con

fidelity[fıˈdelıtı] n fedeltà; (accuracy) esattezza

field[fiːld] n campo; **field marshal**n feldmaresciallo

fierce[fıəs] adj (animal, person, fighting) feroce; (loyalty) assoluto(-a); (wind) furioso(-a); (heat) intenso(-a)

fifteen[fıfˈtiːn] num quindici; **fifteenth**num quindicesimo(-a)

fifth[fıfθ] num quinto(-a)

fiftieth['fıftııθ] num cinquantesimo(-a)

fifty['fıftı] num cinquanta; **fifty-fifty** adj **a fifty-fifty chance** una possibilità su due ▸ adv fifty-fifty, metà per ciascuno

fig[fıg] n fico

fight[faıt] (pt, pp**fought**) n zuffa, rissa; (Mil) battaglia, combattimento; (against cancer etc) lotta ▸ vt (person) azzuffarsi con; (enemy: also Mil) combattere; (cancer, alcoholism, emotion) lottare contro,

combattere; (election) partecipare a ▸ vi combattere ▸ **fight back** vi difendersi; (Sport, after illness) riprendersi ▸ vt (tears) ricacciare ▸ **fight off**vt (attack, attacker) respingere; (disease, sleep, urge) lottare contro; **fighting**n combattimento

figure['fıgə'] n figura; (number, cipher) cifra ▸ vt (think: esp US) pensare ▸ vi (appear) figurare ▸ **figure out**vt riuscire a capire; calcolare

file[faıl] n (tool) lima; (dossier) incartamento; (folder) cartellina; (Comput) archivio; (row) fila ▸ vt (nails, wood) limare; (papers) archiviare; (Law: claim) presentare; passare agli atti; **filing cabinet**['faılıŋ-] n casellario

Filipino[fılıˈpiːnəu] n filippino(-a); (Ling) tagal m

fill[fıl] vt riempire; (job) coprire ▸ n **to eat one's ~** mangiare a sazietà ▸ **fill in**vt (hole) riempire; (form) compilare ▸ **fill out**vt (form, receipt) riempire ▸ **fill up**vt riempire; **~ it up, please** (Aut) il pieno, per favore

fillet['fılıt] n filetto; **fillet steak**n filetto di filetto

filling['fılıŋ] n (Culin) impasto, ripieno; (for tooth) otturazione f; **filling station**n stazione fdi rifornimento

film[fılm] n (Cinema) film m inv; (Phot) pellicola, rullino; (of powder, liquid) sottile strato ▸ vt, vi girare; **I'd like a 36-exposure** ~ vorrei un rullino da 36 pose; **film star**n divo(-a) dello schermo

filter['fıltə'] n filtro ▸ vt filtrare; **filter lane**(BRIT) n (Aut) corsia di svincolo

filth[fılθ] n sporcizia; **filthy**adj lordo(-a), sozzo(-a); (language) osceno(-a)

fin[fın] n (of fish) pinna

final['faınl] adj finale, ultimo(-a);

definitivo(-a) ▶ n (Sport) finale f; ~s npl (Scol) esami mpl finali; **finale** [fɪ'nɑ:lɪ] n finale m; **finalist** ['faɪnəlɪst] n (Sport) finalista m/f; **finalize** ['faɪnəlaɪz] vt mettere a punto; **finally** ['faɪnəlɪ] adv (lastly) alla fine; (eventually) finalmente

finance [faɪ'næns] n finanza; (capital) capitale m ▶ vt finanziare; ~s npl (funds) finanze fpl; **financial** [faɪ'nænʃəl] adj finanziario(-a); **financial year** n anno finanziario, esercizio finanziario

find [faɪnd] (pt, pp **found**) vt trovare; (lost object) ritrovare ▶ n trovata, scoperta; **to ~ sb guilty** (Law) giudicare qn colpevole ▶ **find out** vt (truth, secret) scoprire; (person) cogliere in fallo; **to ~ out about** informarsi su; (by chance) scoprire; **findings** npl (Law) sentenza, conclusioni fpl; (of report) conclusioni fpl

fine [faɪn] adj bello(-a); ottimo(-a); (thin, subtle) fine ▶ adv (well) molto bene ▶ n (Law) multa ▶ vt (Law) multare; **to be ~** (person) stare bene; (weather) far bello; **fine arts** npl belle arti fpl

finger ['fɪŋɡə'] n dito ▶ vt toccare, tastare; **little/index** ~ mignolo/(dito) indice m; **fingernail** n unghia; **fingerprint** n impronta digitale; **fingertip** n punta del dito

finish ['fɪnɪʃ] n fine f; (polish etc) finitura ▶ vt, vi finire; **when does the show ~?** quando finisce lo spettacolo?; **to ~ doing sth** finire di fare qc; **to ~ third** arrivare terzo(-a) ▶ **finish off** vt compiere; (kill) uccidere ▶ **finish up** vi, vt finire

Finland ['fɪnlənd] n Finlandia; **Finn** [fɪn] n finlandese m/f; **Finnish** [fɪnɪʃ] adj finlandese ▶ n (Ling) finlandese m

fir [fəː'] n abete m

fire [faɪə'] n fuoco; (destructive)

incendio; (gas fire, electric fire) stufa ▶ vt (gun) far fuoco con; (arrow) sparare; (fig) infiammare; (inf: dismiss) licenziare ▶ vi sparare, far fuoco; **~!** al fuoco!; **on ~** in fiamme; **fire alarm** n allarme m d'incendio; **firearm** n arma da fuoco; **fire brigade** [-brɪ'ɡeɪd] (US **fire department**) n (corpo dei) pompieri mpl; **fire engine** n autopompa; **fire escape** n scala di sicurezza; **fire exit** n uscita di sicurezza; **fire extinguisher** [-ɪk'stɪŋɡwɪʃə'] n estintore m; **fireman** (irreg) n pompiere m; **fireplace** n focolare m; **fire station** n caserma dei pompieri; **firetruck** (US) n = **fire engine**; **firewall** n (Internet) firewall m inv; **firewood** n legna; **fireworks** npl fuochi mpl d'artificio

firm [fəːm] adj fermo(-a) ▶ n ditta, azienda; **firmly** adv fermamente

first [fəːst] adj primo(-a) ▶ adv (before others) il primo, la prima; (before other things) per primo; (when listing reasons etc) per prima cosa ▶ n (person: in race) primo(-a); (BRIT Scol) laurea con lode; (Aut) prima; **at ~** dapprima, all'inizio; **~ of all** prima di tutto; **first aid** n pronto soccorso; **first-aid kit** n cassetta pronto soccorso; **first-class** adj di prima classe; **first-hand** adj di prima mano; **first lady** (US) n moglie f del presidente; **firstly** adv in primo luogo; **first name** n prenome m; **first-rate** adj di prima qualità, ottimo(-a)

fiscal ['fɪskəl] adj fiscale; **fiscal year** n anno fiscale

fish [fɪʃ] n inv pesce m ▶ vt (river, area) pescare in ▶ vi pescare; **to go ~ing** andare a pesca; **fish and chip shop** n see **chip shop**; **fisherman** (irreg) n pescatore m; **fish fingers** (BRIT) npl bastoncini mpl di pesce (surgelati); **fishing** n pesca; **fishing boat** n barca da pesca; **fishing line** n

lenza; **fishmonger** n pescivendolo;
fishmonger's (shop) n pescheria;
fish sticks (US) npl = **fish fingers**;
fishy (inf) adj (tale, story) sospetto(-a)

fist [fɪst] n pugno

fit [fɪt] adj (Med, Sport) in forma;
(proper) adatto(-a), appropriato(-a);
conveniente ▶ vt (clothes) stare bene
a; (put in, attach) mettere; installare;
(equip) fornire, equipaggiare ▶ vi
(clothes) stare bene; (parts) andare
bene, adattarsi; (in space, gap) entrare
▶ n (Med) accesso, attacco; **~ to** in
grado di; **~ for** adatto(-a) a, degno(-a)
di; **a ~ of anger** un accesso d'ira; **this
dress is a good** ~ questo vestito sta
bene; **by ~s and starts** a sbalzi ▶ **fit
in** vi accordarsi; adattarsi; **fitness** n
(Med) forma fisica; **fitted** adj **fitted
cupboards** armadi mpl a muro; **fitted
carpet** moquette f inv; **fitted kitchen**
(BRIT) cucina componibile; **fitting**
adj appropriato(-a) ▶ n (of dress) prova;
(of piece of equipment) montaggio,
aggiustaggio; **fitting room** n
camerino; **fittings** npl (in building)
impianti mpl

five [faɪv] num cinque; **fiver** (inf) n
(BRIT) biglietto da cinque sterline;
(US) biglietto da cinque dollari

fix [fɪks] vt fissare; (mend) riparare;
(meal, drink) preparare ▶ **n to be in a
~** essere nei guai ▶ **fix up** vt (meeting)
fissare; **to ~ sb up with sth** procurare
qc a qn; **fixed** [fɪkst] adj (prices
etc) fisso(-a); **fixture** [ˈfɪkstʃəʳ] n
impianto (fisso); (Sport) incontro (del
calendario sportivo)

fizzy [ˈfɪzɪ] adj frizzante; gassato(-a)

flag [flæg] n bandiera; (also: **~stone**)
pietra da lastricare ▶ vi stancarsi;
affievolirsi; **flagpole** [ˈflæɡpəʊl]
n albero

flair [flɛəʳ] n (for business etc) fiuto; (for
languages etc) facilità; (style) stile m

flak [flæk] n (Mil) fuoco d'artiglieria;
(inf: criticism) critiche fpl

flake [fleɪk] n (of rust, paint) scaglia; (of
snow, soap powder) fiocco ▶ vi (also: ~
off) sfaldarsi

flamboyant [flæmˈbɔɪənt] adj
sgargiante

flame [fleɪm] n fiamma

flamingo [fləˈmɪŋɡəʊ] n fenicottero,
fiammingo

flammable [ˈflæməbl] adj
infiammabile

flan [flæn] (BRIT) n flan m inv

flank [flæŋk] n fianco ▶ vt
fiancheggiare

flannel [ˈflænl] n (BRIT: also: **face ~**)
guanto di spugna; (fabric) flanella

flap [flæp] n (of pocket) patta; (of
envelope) lembo; (of wings) battere
▶ vi (sail, flag) sbattere; (inf: also: **be in
a ~**) essere in agitazione

flare [flɛəʳ] n razzo; (in skirt etc)
svasatura; **~s** (trousers) pantaloni
mpl a zampa d'elefante ▶ **flare up**
vi andare in fiamme; (fig: person)
infiammarsi di rabbia; (: revolt)
scoppiare

flash [flæʃ] n vampata; (also: **news
~**) notizia flampo inv; (Phot) flash
m inv ▶ vt accendere e spegnere;
(send: message) trasmettere; (: look,
smile) lanciare ▶ vi brillare; (light on
ambulance, eyes etc) lampeggiare;
in a ~ in un lampo; **to ~ one's
headlights** lampeggiare; **he ~ed
by** or **past** ci passò davanti come
un lampo; **flashback** n flashback
m inv; **flashbulb** n cubo m flash inv;
flashlight n lampadina tascabile

flask [flɑːsk] n fiasco; (also: **vacuum ~**)
Thermos® m inv

flat [flæt] adj (fig) piatto(-a); (tyre)
sgonfio(-a), a terra; (battery)
scarico(-a); (beer) svampito(-a);
(denial) netto(-a); (Mus) bemolle inv;

(: *voice*) stonato(-a); (*rate, fee*)
unico(-a) ▶ n (BRIT: *rooms*)
appartamento; (*Aut*) pneumatico
sgonfio; (*Mus*) bemolle m; **to work ~
out** lavorare a più non posso; **flatten**
vt (*also:* **flatten out**) appiattire;
(*building, city*) spianare

flatter['flætə']vt lusingare;
flatteringadj lusinghiero(-a); (*dress*)
che dona

flaunt[flɔːnt]vt fare mostra di

flavouretc ['fleɪvə'] (US **flavor**) n
gusto ▶ vt insaporire, aggiungere
sapore a; **what ~s do you have?** che
gusti avete?; **strawberry-~ed** al gusto
di fragola; **flavouring**n essenza
(artificiale)

flaw[flɔː] n difetto; **flawless**adj senza
difetti

flea[fliː] n pulce f; **flea market**n
mercato delle pulci

flee[fliː] (*pt, pp* **fled**) vt fuggire da ▶ vi
fuggire, scappare

fleece[fliːs] n vello ▶ vt (*inf*) pelare

fleet[fliːt] n flotta; (*of lorries etc*)
convoglio; parco

fleeting['fliːtɪŋ] adj fugace,
fuggitivo(-a); (*visit*) volante

Flemish['flɛmɪʃ] adj fiammingo(-a)

flesh[flɛʃ] n carne f; (*of fruit*) polpa

flew[fluː] pt of **fly**

flex[flɛks] n filo (flessibile) ▶ vt
flettere; (*muscles*) contrarre;
flexibilityn flessibilità; **flexible**adj
flessibile; **flexitime**['flɛksɪtaɪm] n
orario flessibile

flick[flɪk] n colpetto; scarto ▶ vt dare
un colpetto a ▶ **flick through** vt fus
sfogliare

flicker['flɪkə'] vi tremolare

flies[flaɪz] npl of **fly**

flight[flaɪt] n volo; (*escape*) fuga;
(*also:* **~ of steps**) scalinata; **flight
attendant**(US) n steward m inv,
hostess f inv

flimsy['flɪmzɪ] adj (*shoes, clothes*)
leggero(-a); (*building*) poco solido(-a);
(*excuse*) che non regge

flinch[flɪntʃ] vi ritirarsi; **to ~ from**
tirarsi indietro di fronte a

fling[flɪŋ] (*pt, pp* **flung**) vt lanciare,
gettare

flint[flɪnt] n selce f; (*in lighter*) pietrina

flip[flɪp] vt (*switch*) far scattare; (*coin*)
lanciare in aria

flip-flops['flɪpflɔps] npl (*esp* BRIT:
sandals) infradito mpl

flipper['flɪpə'] n pinna

flirt[fləːt] vi flirtare ▶ n civetta

float[fləut] n galleggiante m; (*in
procession*) carro; (*money*) somma ▶ vi
galleggiare

flock[flɔk] n (*of sheep, Rel*) gregge m;
(*of birds*) stormo ▶ **vi to ~ to** accorrere
in massa

flood[flʌd] n alluvione m; (*of letters etc*)
marea ▶ vt allagare; (*people*) invadere
▶ vi (*place*) allagarsi; (*people*): **to ~ into**
riversarsi in; **flooding**n inondazione
f; **floodlight**n riflettore m ▶ vt
illuminare a giorno

floor[flɔː'] n pavimento; (*storey*)
piano; (*of sea, valley*) fondo ▶ vt (*blow*)
atterrare; (*question*) ridurre al
silenzio; **which ~ is it on?** a che piano
si trova?; **ground ~** (BRIT), **first ~** (US)
pianterreno; **first ~** (BRIT), **second
~** (US) primo piano; **floorboard**n
tavellone m di legno; **flooring**n (*floor*)
pavimento; (*material*) materiale m
per pavimentazioni; **floor show**n
spettacolo di varietà

flop[flɔp] n fiasco ▶ vi far fiasco; (*fall*)
lasciarsi cadere; **floppy**['flɔpɪ] adj
floscio(-a), molle

floral['flɔːrl] adj floreale

Florence['flɔrəns] n Firenze f

Florentine['flɔrəntaɪn] adj
fiorentino(-a)

florist['flɔrɪst] n fioraio(-a); **florist's**

(shop) n fioraio(-a)

flotation[fləʊˈteɪʃən] n (Comm) lancio

flour[ˈflaʊə*] n farina

flourish[ˈflʌrɪʃ] vi fiorire ▸ n (bold gesture): **with a ~** con ostentazione

flow[fləʊ] n flusso; circolazione f ▸ vi fluire; (traffic, blood in veins) scorrere; (hair) scendere

flower[ˈflaʊə*] n fiore m ▸ vi fiorire; **flower bed** n aiuola; **flowerpot** n vaso da fiori

flown[fləʊn] pp of **fly**

fl. oz. abbr = **fluid ounce**

flu[fluː] n influenza

fluctuate[ˈflʌktjʊeɪt] vi fluttuare, oscillare

fluent[ˈfluːənt] adj (speech) facile, sciolto(-a); corrente; **he speaks ~ Italian, he's ~ in Italian** parla l'italiano correntemente

fluff[flʌf] n lanugine f; **fluffy** adj lanuginoso(-a); (toy) di peluche

fluid[ˈfluːɪd] adj fluido(-a) ▸ n fluido; **fluid ounce** (BRIT) = 0.028 l; 0.05 pints

fluke[fluːk] (inf) n colpo di fortuna

flung[flʌŋ] pt, pp of **fling**

fluorescent[flʊəˈrɛsnt] adj fluorescente

fluoride[ˈflʊəraɪd] n fluoruro

flurry[ˈflʌrɪ] n (of snow) tempesta; **a ~ of activity** uno scoppio di attività

flush[flʌʃ] n rossore m; (fig: of youth, beauty etc) rigoglio, pieno vigore ▸ vt ripulire con un getto d'acqua ▸ vi arrossire ▸ adj: **~ with** a livello di, pari a; **to ~ the toilet** tirare l'acqua

flute[fluːt] n flauto

flutter[ˈflʌtə*] n agitazione f; (of wings) battito ▸ vi (bird) battere le ali

fly[flaɪ] (pt **flew**, pp **flown**) n (insect) mosca; (on trousers: also: **flies**) chiusura ▸ vt pilotare; (passengers, cargo) trasportare (in aereo); (distances) percorrere ▸ vi volare;

(passengers) andare in aereo; (escape) fuggire; (flag) sventolare ▸ **fly away**, vi volar via; **fly-driven fly-drive** holiday fly and drive m inv; **flying**, (activity) aviazione f; (action) volo ▸ adj: **flying visit** visita volante; **with flying colours** con risultati brillanti; **flying saucer** n disco volante; **flyover** (BRIT) n (bridge) cavalcavia m inv

FM abbr = **frequency modulation**

foal[fəʊl] n puledro

foam[fəʊm] n schiuma; (also: **~ rubber**) gommapiuma® ▸ vi schiumare; (soapy water) fare la schiuma

focus[ˈfəʊkəs] (pl **focuses**) n fuoco; (of interest) centro ▸ vt (field glasses etc) mettere a fuoco ▸ vi **to ~ on** (with camera) mettere a fuoco; (person) fissare lo sguardo su; **in ~** a fuoco; **out of ~** sfocato(-a)

foetus[ˈfiːtəs] (US **fetus**) n feto

fog[fɒg] n nebbia; **foggy** adj **it's foggy** c'è nebbia; **fog lamp** (US **fog light**) n (Aut) faro m antinebbia inv

foil[fɔɪl] vt confondere, frustrare ▸ n lamina di metallo; (kitchen foil) foglio di alluminio; (Fencing) fioretto; **to act as a ~ to** (fig) far risaltare

fold[fəʊld] n (bend, crease) piega; (Agr) ovile m; (fig) gregge m ▸ vt piegare; (arms) incrociare ▸ **fold up**, vi (map, bed, table) piegarsi; (business) crollare ▸ vt (map etc) piegare, ripiegare; **folder** n (for papers) cartella; cartellina; **folding** adj (chair, bed) pieghevole

foliage[ˈfəʊlɪdʒ] n fogliame m

folk[fəʊk] npl gente f ▸ adj popolare; **~s** npl (family) famiglia; **folklore** [ˈfəʊklɔː*] n folclore m; **folk music** musica folk inv; **folk song** n canto popolare

follow[ˈfɒləʊ] vt seguire ▸ vi seguire; (result) conseguire, risultare; **to ~**

suit fare lo stesso ▷**follow up** vt (letter, offer) fare seguito a; (case) seguire; **follower** n seguace m/f, discepolo(-a); **following** adj seguente ▶ n seguito, discepoli mpl; **follow-up** n seguito

fond [fɒnd] adj (memory, look) tenero(-a), affettuoso(-a); **to be ~ of sb** volere bene a qn; **he's ~ of walking** gli piace fare camminate

food [fuːd] n cibo; **food mixer** n frullatore m; **food poisoning** n intossicazione f; **food processor** [-'prəʊsɛsə] n tritatutto m inv elettrico; **food stamp** (US) n buono alimentare dato agli indigenti

fool [fuːl] n sciocco(-a); (Culin) frullato ▶ vt ingannare ▶ vi (gen: fool around) fare lo sciocco ▷**fool about, fool around** vi (waste time) perdere tempo; **foolish** adj scemo(-a), stupido(-a), imprudente; **foolproof** adj (plan etc) sicurissimo(-a)

foot [fʊt] n (pl feet) n piede m; (measure) piede (= 304 mm; 12 inches); (of animal) zampa ▶ vt (bill) pagare; **on ~ feet** a piedi; **footage** n (Cinema: length) ≈ metraggio; (: material) sequenza;
foot-and-mouth (disease) [fʊtənd'maʊθ-] n afta epizootica;
football n pallone m; (sport: BRIT) calcio; (: US) football americano; **footballer** n (BRIT) = **football player**; **football match** n (BRIT) partita di calcio; **football player** n (BRIT: also: **footballer**) calciatore m; (US) giocatore m di football americano; **footbridge** n passerella; **foothills** npl contrafforti fpl; **foothold** n appiglio; **footing** n (fig) posizione f; **to lose one's footing** mettere un piede in fallo; **footnote** n nota (a piè di pagina); **footpath** n sentiero; (in street) marciapiede m; **footprint** n orma, impronta; **footstep** n passo;

(footprint) orma, impronta; **footwear** n calzatura

for
[fɔːʳ] prep

1 (indicating destination, intention, purpose) per; **the train for London** il treno per Londra; **he went for the paper** è andato a prendere il giornale; **it's time for lunch** è ora di pranzo; **what's it for?** a che serve?; **what for?** (why) perché?

2 (on behalf of, representing) per; **to work for sb/sth** lavorare per qn/qc; **I'll ask him for you** glielo chiederò a nome tuo; **G for George** G come George

3 (because of) per, a causa di; **for this reason** per questo motivo

4 (with regard to) per; **it's cold for July** è freddo per luglio; **for everyone who voted yes, 50 voted no** per ogni voto a favore ce n'erano 50 contro

5 (in exchange for) per; **I sold it for £5** l'ho venduto per 5 sterline

6 (in favour of) per, a favore di; **are you for or against us?** è con noi o contro di noi?; **I'm all for it** sono completamente a favore

7 (referring to distance, time) per; **there are roadworks for 5 km** ci sono lavori in corso per 5 km; **he was away for 2 years** è stato via per 2 anni; **she will be away for a month** starà via un mese; **it hasn't rained for 3 weeks** non piove da 3 settimane; **can you do it for tomorrow?** può farlo per domani?

8 (with infinitive clauses): **it is not for me to decide** non sta a me decidere; **it would be best for you to leave** sarebbe meglio che lei se ne andasse; **there is still time for you to do it** ha ancora tempo per farlo; **for this to be possible ...** perché ciò sia possibile ...

9 (in spite of) nonostante; **for all his complaints, he's very fond of her** nonostante tutte le sue lamentele, le

vuole molto bene
▶ *conj* (*since, as: rather formal*) dal momento che, poiché

forbid [fəˈbɪd] (*pt* **forbad(e)**, *pp* **forbidden**) *vt* vietare, interdire; **to ~ sb to do sth** proibire a qn di fare qc; **forbidden** *pt of* **forbid** ▶ *adj* (*food*) proibito-(a); (*area, territory*) vietato-(a); (*word, subject*) tabù *inv*

force [fɔ:s] *n* forza ▶ *vt* forzare; **forced** *adj* forzato-(a); **forceful** *adj* forte, vigoroso-(a)

ford [fɔ:d] *n* guado

fore [fɔ:ʳ] *n* **to come to the ~** mettersi in evidenza; **forearm** [ˈfɔ:rɑ:m] *n* avambraccio; **forecast** [ˈfɔ:kɑ:st] (*irreg: like* **cast**) *n* previsione *f* ▶ *vt* prevedere; **forecourt** [ˈfɔ:kɔ:t] *n* (*of garage*) corte *f* esterna; **forefinger** [ˈfɔ:fɪŋgəʳ] *n* (*dito*) indice *m*; **forefront** [ˈfɔ:frʌnt] *n* **in the forefront of** all'avanguardia in; **foreground** [ˈfɔ:graund] *n* primo piano; **forehead** [ˈfɔrɪd] *n* fronte *f*

foreign [ˈfɔrɪn] *adj* straniero-(a); (*trade*) estero-(a); (*object, matter*) estraneo-(a); **foreign currency** *n* valuta estera; **foreigner** *n* straniero-(a); **foreign exchange** *n* cambio con l'estero; (*currency*) valuta estera; **Foreign Office** (BRIT) *n* Ministero degli Esteri; **Foreign Secretary** (BRIT) *n* ministro degli Affari esteri

fore: **foreman** [ˈfɔ:mən] (*irreg*) *n* caposquadra *m*; **foremost** [ˈfɔ:məust] *adj* principale; più in vista ▶ *adv* **first and foremost** innanzitutto; **forename** *n* nome *m* di battesimo

forensic [fəˈrensɪk] *adj* **~ medicine** medicina legale

foresee [fɔ:ˈsi:] (*irreg: like* **see**) *vt* prevedere; **foreseeable** *adj* prevedibile

forest [ˈfɔrɪst] *n* foresta; **forestry**

[ˈfɔrɪstrɪ] *n* silvicoltura

forever [fəˈrevəʳ] *adv* per sempre; (*endlessly*) sempre, di continuo

foreword [ˈfɔ:wə:d] *n* prefazione *f*

forfeit [ˈfɔ:fɪt] *vt* perdere; (*one's happiness, health*) giocarsi

forgave [fəˈgeɪv] *pt of* **forgive**

forge [fɔ:dʒ] *n* fucina ▶ *vt* (*signature, money*) contraffare, falsificare; (*wrought iron*) fucinare, foggiare; **forger** *n* contraffattore *m*; **forgery** *n* falso; (*activity*) contraffazione *f*

forget [fəˈget] (*pt* **forgot**, *pp* **forgotten**) *vt*, *vi* dimenticare; **I've forgotten my key/passport** ho dimenticato la chiave/il passaporto; **forgetful** *adj* di corta memoria; **forgetful of** dimentico-(a) di

forgive [fəˈgɪv] (*pt* **forgave**, *pp* **forgiven**) *vt* perdonare; **to ~ sb for sth** perdonare qc a qn

forgot [fəˈgɔt] *pt of* **forget**

forgotten [fəˈgɔtn] *pp of* **forget**

fork [fɔ:k] *n* (*for eating*) forchetta; (*for gardening*) forca; (*of roads, rivers, railways*) biforcazione *f* ▶ *vi* (*road etc*) biforcarsi

forlorn [fəˈlɔ:n] *adj* (*person*) sconsolato-(a); (*place*) abbandonato-(a); (*attempt*) disperato-(a); (*hope*) vano-(a)

form [fɔ:m] *n* forma; (*Scol*) classe *f*; (*questionnaire*) scheda ▶ *vt* formare; **in top ~** in gran forma

formal [ˈfɔ:məl] *adj* formale; (*gardens*) simmetrico-(a), regolare; **formality** [fɔ:ˈmælɪtɪ] *n* formalità *f inv*

format [ˈfɔ:mæt] *n* formato ▶ *vt* (*Comput*) formattare

formation [fɔ:ˈmeɪʃən] *n* formazione *f*

former [ˈfɔ:məʳ] *adj* vecchio-(a); (*before n*) ex *inv* (*before n*); **the ~ ... the latter** quello ... questo; **formerly** *adv* in passato

formidable [fəˈmɪdəbl] *adj*

formidabile

formula[ˈfɔːmjulə] n formula

fort[fɔːt] n forte m

forthcoming[fɔːˈθkʌmɪŋ]
adj (event) prossimo(-a); (help)
disponibile; (character) aperto(-a),
comunicativo(-a)

fortieth[ˈfɔːtɪɪθ] num
quarantesimo(-a)

fortify[ˈfɔːtɪfaɪ] vt (city) fortificare;
(person) armare

fortnight[ˈfɔːtnaɪt] (BRIT) n quindici
giorni mpl, due settimane fpl;
fortnightly adj bimensile ▶ adv ogni
quindici giorni

fortress[ˈfɔːtrɪs] n fortezza, rocca

fortunate[ˈfɔːtʃənɪt] adj
fortunato(-a); **it is ~ that** è una
fortuna che; **fortunately** adv
fortunatamente

fortune[ˈfɔːtʃən] n fortuna; **fortune-
teller** n indovino(-a)

forty[ˈfɔːtɪ] num quaranta

forum[ˈfɔːrəm] n foro

forward[ˈfɔːwəd] adj (ahead of
schedule) in anticipo; (movement,
position) in avanti; (not shy) aperto(-a),
diretto(-a) ▶ n (Sport) avanti m inv
▶ vt (letter) inoltrare; (parcel, goods)
spedire; (career, plans) promuovere,
appoggiare; **to move ~** avanzare;
forwarding address n nuovo recapito
cui spedire la posta; **forward(s)** adv
avanti; **forward slash** n barra obliqua

fossil[ˈfɒsl] adj fossile ▶ n fossile m

foster[ˈfɒstə*] vt incoraggiare,
nutrire; (child) avere in affidamento;
foster child n bambino(-a) preso(-a)
in affidamento; **foster mother** n
madre f affidataria

fought[fɔːt] pt, pp of **fight**

foul[faul] adj (smell, food, temper etc)
cattivo(-a); (weather) brutto(-a);
(language) osceno(-a) ▶ n (Sport) fallo
▶ vt sporcare; **foul play** n (Law): **the**

police suspect foul play la polizia
sospetta un atto criminale

found[faund] pt, pp of **find** ▶ vt
(establish) fondare; **foundation**
[-ˈdeɪʃən] n (act) fondazione f; (base)
base f; (also: **foundation cream**)
fondo tinta; **foundations** npl (of
building) fondamenta fpl

founder[ˈfaundə*] n fondatore(-trice)
▶ vi affondare

fountain[ˈfauntɪn] n fontana;
fountain pen n penna stilografica

four[fɔː*] num quattro; **on all ~s** a
carponi; **four-letter word**
[ˈfɔːlɛtə-] n parolaccia; **four-poster**
n (also: **four-poster bed**) letto a
quattro colonne; **fourteen** num
quattordici; **fourteenth** num
quattordicesimo(-a); **fourth** num
quarto(-a); **four-wheel drive**
[ˈfɔːwiːl-] n (Aut): **with four-wheel
drive** con quattro ruote motrici

fowl[faul] n pollame m; volatile m

fox[fɒks] n volpe f ▶ vt confondere

foyer[ˈfɔɪeɪ] n atrio; (Theatre) ridotto

fraction[ˈfrækʃən] n frazione f

fracture[ˈfræktʃə*] n frattura

fragile[ˈfrædʒaɪl] adj fragile

fragment[ˈfrægmənt] n frammento

fragrance[ˈfreɪgrəns] n fragranza,
profumo

frail[freɪl] adj debole, delicato(-a)

frame[freɪm] n (of building) armatura;
(of human, animal) ossatura, corpo;
(of picture) cornice f; (of door, window)
telaio; (of spectacles: also: **~s**)
montatura ▶ vt (picture) incorniciare;
framework n struttura

France[frɑːns] n Francia

franchise[ˈfræntʃaɪz] n (Pol) diritto di
voto; (Comm) concessione f

frank[fræŋk] adj franco(-a),
aperto(-a) ▶ vt (letter) affrancare;
frankly adv francamente,
sinceramente

frantic ['fræntɪk] adj frenetico(-a)

fraud [frɔːd] n truffa; (Law) frode f; (person) impostore(-a)

fraught [frɔːt] adj **~ with** pieno(-a) di, intriso(-a) da

fray [freɪ] vt logorare ▶ vi logorarsi

freak [friːk] n fenomeno, mostro

freckle ['frɛkl] n lentiggine f

free [friː] adj libero(-a); (gratis) gratuito(-a) ▶ vt (prisoner, jammed person) liberare; (jammed object) districare; **is this seat ~?** è libero questo posto?; **~ of charge, for ~** gratuitamente; **freedom** ['friːdəm] n libertà; **Freefone®** n numero verde; **free gift** n regalo, omaggio; **free kick** n calcio libero; **freelance** adj indipendente; **freely** adv liberamente; (liberally) liberamente; **Freepost®** n affrancatura a carico del destinatario; **free-range** adj (hen) ruspante; (eggs) di gallina ruspante; **freeway** (US) n superstrada; **free will** n libero arbitrio; **of one's own free will** di spontanea volontà

freeze [friːz] (pt froze, pp frozen) vi gelare ▶ vt gelare; (food) congelare; (prices, salaries) bloccare ▶ n gelo; blocco; **freezer** n congelatore m; **freezing** ['friːzɪŋ] adj (wind, weather) gelido(-a); **freezing point** n punto di congelamento; **3 degrees below freezing point** 3 gradi sotto zero

freight [freɪt] n (goods) merce f, merci fpl; (money charged) spese fpl di trasporto; **freight train** (US) n treno m merci inv

French [frɛntʃ] adj francese ▶ n (Ling) francese m; **the ~npl** i Francesi; **French bean** n fagiolino; **French bread** n baguette f inv; **French dressing** n (Culin) condimento per insalata; **French fried potatoes** (US **French fries**) npl patate fpl fritte; **Frenchman** (irreg) n francese

m; **French stick** n b
French window** n p
Frenchwoman (irreg)

frenzy ['frɛnzɪ] n frene
frequency ['friːkwən
frequent [adj 'friːkwən
adj frequente ▶ vt frequ
frequently adv frequen
spesso

fresh [frɛʃ] adj fresco(-a);
nuovo(-a); (cheeky) sfacc
freshen vi (wind, air) rinfre
▶ **freshen up** vi rinfrescars
(BRIT: inf) n (Scol) matricola
adv di recente, da poco; **fre
(irreg: US) n = **fresher**; **fresh
(fish) d'acqua dolce

fret [frɛt] vi agitarsi, affligger
Friar (br = Friar) ven

friction ['frɪkʃən] n frizione f, at
Friday ['fraɪdɪ] n venerdì m inv
fridge [frɪdʒ] (BRIT) n frigo, frigo
fried [fraɪd] pt, pp of **fry** ▶ adj fritto
friend [frɛnd] n amico(-a); **friend
amichevole; **friendship** n amicizi
fries [fraɪz] (esp US) npl patate fpl fr
frigate ['frɪgɪt] n (Naut: modern)
fregata

fright [fraɪt] n paura, spavento;
to take ~ spaventarsi; **frighten** vt
spaventare, far paura a; **frightened**
adj spaventato(-a); **frightening**
adj spaventoso(-a), pauroso(-a);
frightful adj orribile

frill [frɪl] n balza

fringe [frɪndʒ] n (decoration: BRIT:
of hair) frangia; (edge: of forest etc)
margine m

Frisbee® ['frɪzbɪ] n frisbee ® m inv
fritter ['frɪtə*] n frittella
frivolous ['frɪvələs] adj frivolo(-a)
fro [frəʊ] see **to**
frock [frɒk] n vestito
frog [frɒg] n rana; **frogman** (irreg) n
uomo m rana inv

rom

rom [from] *prep* *(indicating starting place, origin etc)* da; **where do you come from?** da dove viene?, di dov'è; **from London to Glasgow** da Londra a Glasgow; **a letter from my sister** una lettera da mia sorella; **tell him from me that ...** gli dica da parte mia che ...; *(indicating time)* da; **from one o'clock until** *or* **till two** dall'una alle due; **in January (on)** da gennaio, a partire da gennaio; *(indicating distance)* da; **the hotel is 1 km from the beach** l'albergo è a 1 km dalla spiaggia; *(indicating price, number etc)* da; **prices range from £10 to £50** i prezzi vanno dalle 10 alle 50 sterline; *(indicating difference)* da; **he can't tell red from green** non sa distinguere il rosso dal verde; *(because of, on the basis of)*: **from what he says** da quanto dice lui; **weak from hunger** debole per la fame

front [frʌnt] *n (of house, dress)* davanti *m inv; (of train)* testa; *(of book)* copertina; *(promenade: also:* **sea ~)** lungomare *m; (Mil, Pol, Meteor)* fronte *m; (fig: appearances)* fronte *f* ▶ *adj* primo(-a); anteriore, davanti *inv;* **in ~ of** davanti a; **front door** *n* porta d'entrata; *(of car)* sportello anteriore; **frontier** [frʌntɪəᵣ] *n* frontiera; **front page** *n* prima pagina; **front-wheel drive** [frʌntwi:l-] *n* trasmissione *f* anteriore

frost [frɒst] *n* gelo; *(also:* **hoar~)** brina; **frostbite** *n* congelamento; **frosting** (US) *n (on cake)* glassa; **frosty** *adj (weather, look)* gelido(-a)

froth [frɒθ] *n* spuma; schiuma

frown [fraun] *vi* accigliarsi

froze [frəuz] *pt of* **freeze**

frozen [frəuzn] *pp of* **freeze**

fruit [fruːt] *n inv (also fig)* frutto; *(collectively)* frutta; **fruit juice** *n* succo di frutta; **fruit machine** (BRIT) *n* macchina *f* mangiasoldi *inv;* **fruit salad** *n* macedonia

frustrate [frʌsˈtreɪt] *vt* frustrare; **frustrated** *adj* frustrato(-a)

fry [fraɪ] *(pt, pp* **fried)** *vt* friggere; *see also* **small; frying pan** *n* padella

ft. *abbr* = **foot; feet**

fudge [fʌdʒ] *n (Culin)* specie di caramella a base di latte, burro e zucchero

fuel [fjuəl] *n (for heating)* combustibile *m; (for propelling)* carburante *m;* **fuel tank** *n* deposito *m* nafta *inv; (on vehicle)* serbatoio (della benzina)

fulfil [fulˈfil] *vt (function)* compiere; *(order)* eseguire; *(wish, desire)* soddisfare, appagare

full [ful] *adj* pieno(-a); *(details, skirt)* ampio(-a) ▶ *adv* **to know ~ well that** sapere benissimo che; **I'm ~ (up)** sono sazio; **a ~ two hours** due ore intere; **at ~ speed** a tutta velocità; **in ~** per intero; **full-length** *adj (film)* a lungometraggio; *(coat, novel)* lungo(-a); *(portrait)* in piedi; **full moon** *n* luna piena; **full-scale** *adj (attack, war)* su larga scala; *(model)* in grandezza naturale; **full stop** *n* punto; **full-time** *adj, adv (work)* a tempo pieno; **fully** *adv* interamente, pienamente, completamente; *(at least)* almeno

fumble [fʌmbl] *vi* **to ~ with sth** armeggiare con qc

fume [fjuːm] *vi* essere furioso(-a); **fumes** *npl* esalazioni *fpl,* vapori *mpl*

fun [fʌn] *n* divertimento, spasso; **to have ~** divertirsi; **for ~** per scherzo; **to make ~ of** prendersi gioco di

function [fʌŋkʃən] *n* funzione *f;* cerimonia, ricevimento ▶ *vi* funzionare

fund [fʌnd] *n* fondo, cassa; *(source)*

fondo; (store) riserva; **~s** npl (money) fondi mpl

fundamental [fʌndəˈmɛntl] adj fondamentale

funeral [ˈfjuːnərəl] n funerale m; **funeral director** n impresario di pompe funebri; **funeral parlour** [-ˈpɑːlə˙] n impresa di pompe funebri

funfair [ˈfʌnfɛə˙] n luna park m inv

fungus [ˈfʌŋgəs] (pl **fungi**) n fungo; (mould) muffa

funnel [ˈfʌnl] n imbuto; (of ship) ciminiera

funny [ˈfʌnɪ] adj divertente, buffo(-a); (strange) strano(-a), bizzarro(-a)

fur [fəː˙] n pelo; pelliccia; (BRIT: in kettle etc) deposito calcare; **fur coat** n pelliccia

furious [ˈfjuərɪəs] adj furioso(-a); (effort) accanito(-a)

furnish [ˈfəːnɪʃ] vt ammobiliare; (supply) fornire; **furnishings** npl mobili mpl, mobilia

furniture [ˈfəːnɪtʃə˙] n mobili mpl; **piece of ~** mobile m

furry [ˈfəːrɪ] adj (animal) peloso(-a)

further [ˈfəːðə˙] adj supplementare, altro(-a); nuovo(-a); più lontano(-a) ▶ adv più lontano; (more) di più; (moreover) inoltre ▶ vt favorire, promuovere; **further education** n ≈ corsi mpl di formazione; **college of further education** istituto statale con corsi di formazione specializzati (di formazione professionale, aggiornamento professionale ecc); **furthermore** [fəːðəˈmɔː˙] adv inoltre, per di più

furthest [ˈfəːðɪst] superl of **far**

fury [ˈfjuərɪ] n furore m

fuse [fjuːz] (US **fuze**) n fusibile m; (for bomb etc) miccia, spoletta ▶ vt fondere ▶ vi fondersi; **to ~ the lights** (BRIT Elec) far saltare i fusibili; **fuse box** n cassetta dei fusibili

fusion [ˈfjuːʒən] n fusione f

fuss [fʌs] n agitazione; (complaining) storie fpl; **to make a ~** fare delle storie

fussy adj (person) puntiglioso(-a), esigente; che fa le storie; (dress) carico(-a) di fronzoli; (style) elaborato(-a)

future [ˈfjuːtʃə˙] adj futuro(-a) ▶ n futuro, avvenire m; (Ling) futuro; **in future** in futuro; **~s** npl (Comm) operazioni fpl a termine

fuze [fjuːz] (US) = **fuse**

fuzzy [ˈfʌzɪ] adj (Phot) indistinto(-a), sfocato(-a); (hair) crespo(-a)

g

G [dʒiː] n (Mus) sol m

g. abbr (= gram, gravity) g

gadget [ˈgædʒɪt] n aggeggio

Gaelic [ˈgeɪlɪk] adj gaelico(-a) ▶ n (Ling) gaelico

gag [gæg] n bavaglio; (joke) facezia, scherzo ▶ vt imbavagliare

gain [geɪn] n guadagno, profitto ▶ vt guadagnare ▶ vi (clock, watch) andare avanti; (benefit): **to ~ (from)** trarre beneficio (da); **to ~ 3lbs (in weight)** aumentare di 3 libbre; **to ~ on sb** (in race etc) guadagnare su qn

gal. abbr = **gallon**

gala [ˈgɑːlə] n gala; **swimming ~** manifestazione f di nuoto

galaxy [ˈgæləksɪ] n galassia

gale[geɪl] n vento forte; burrasca

gall bladder['gɔːl-] n cistifellea

gallery['gælərɪ] n galleria

gallon['gælən] n gallone m (= 8 pints; BRIT = 4.54 l; US = 3.785 l)

gallop['gæləp] n galoppo ▶ vi galoppare

gallstone['gɔːlstəun] n calcolo biliare

gamble['gæmbl] n azzardo, rischio calcolato ▶ vt, vi giocare; **to ~ on** (fig) giocare su; **gambler** n giocatore(-trice) d'azzardo; **gambling** n gioco d'azzardo

game[geɪm] n gioco; (event) partita; (Tennis) game m inv; (Culin, Hunting) selvaggina ▶ adj (ready): **to be ~ (for sth/to do)** essere pronto(-a) (a qc/a fare); **big ~** selvaggina grossa; **~s** npl (Scol) attività fpl sportive; **big ~** selvaggina grossa; **games console**[geɪmz-] n console f inv dei videogame; **game show**['geɪmʃəu] n gioco a premi

gammon['gæmən] n (bacon) quarto di maiale; (ham) prosciutto affumicato

gang[gæŋ] n banda, squadra ▶ vi to **~ up on sb** far combutta contro qn

gangster['gæŋstə*] n gangster m inv

gap[gæp] n (space) buco; (in time) intervallo; (difference): **~ (between)** divario (tra)

gape[geɪp] vi (person) restare a bocca aperta; (shirt, hole) essere spalancato(-a)

gap year n (Scol) anno di pausa durante il quale gli studenti viaggiano o lavorano

garage['gærɑːʒ] n garage m inv; **garage sale** n vendita di oggetti usati nel garage di un privato

garbage['gɑːbɪdʒ] (US) n immondizie fpl, rifiuti mpl; (inf) sciocchezze fpl; **garbage can** n bidone m della spazzatura; **garbage collector** (US) n spazzino(-a)

garden['gɑːdn] n giardino; **~s** npl (public park) giardini pubblici; **garden centre** n vivaio; **gardener** n giardiniere(-a); **gardening** n giardinaggio

garlic['gɑːlɪk] n aglio

garment['gɑːmənt] n indumento

garnish['gɑːnɪʃ] vt (food) guarnire

garrison['gærɪsn] n guarnigione f

gas[gæs] n gas m inv; (US: gasoline) benzina ▶ vt asfissiare con il gas; **I can smell ~** sento odore di gas; **gas cooker** (BRIT) n cucina a gas; **gas cylinder** n bombola del gas; **gas fire** (BRIT) n radiatore m a gas

gasket['gæskɪt] n (Aut) guarnizione f

gasoline['gæsəliːn] (US) n benzina

gasp[gɑːsp] n respiro affannoso, ansito ▶ vi ansare, ansimare; (in surprise) ▶ restare senza fiato

gas pedal (esp US) n pedale m dell'acceleratore; **gas station** (US) n distributore m di benzina; **gas tank** (US) n (Aut) serbatoio (di benzina)

gate[geɪt] n cancello; (at airport) uscita

gateau['gætəu, -z] (pl **gateaux**) n torta

gatecrash['geɪtkræʃ] (BRIT) vt partecipare senza invito a

gateway['geɪtweɪ] n porta

gather['gæðə*] vt (flowers, fruit) cogliere; (pick up) raccogliere; (assemble) radunare; raccogliere; (understand) capire; (Sewing) increspare ▶ vi (assemble) radunarsi; **to ~ speed** acquistare velocità; **gathering** n adunanza

gauge[geɪdʒ] n (instrument) indicatore m ▶ vt misurare; (fig) valutare

gave[geɪv] pt of **give**

gay[geɪ] adj (homosexual) omosessuale; (cheerful) gaio(-a), allegro(-a); (colour) vivace, vivo(-a)

gaze[geɪz] n sguardo fisso ▶ vi **to ~ at**

guardare fisso

GB *abbr* = **Great Britain**

GCSE (*BRIT*) *n abbr* General Certificate of Secondary Education

gear [gɪəʳ] *n* attrezzi *mpl*, equipaggiamento; (*Tech*) ingranaggio; (*Aut*) marcia ▸ vt (*fig: adapt*): **to ~ sth to** adattare qc a; **in top** *or* (*US*) **high/low ~ in** quarta (*or* quinta)/seconda; **in ~** in marcia ▸ **gear up** *vi* **to ~ up (to do)** prepararsi (a fare); **gearbox** *n* scatola del cambio; **gear lever** *n* leva del cambio; **gear shift** (*US*), **gear stick** (*BRIT*) *n* = **gear lever**

geese [giːs] *npl of* **goose**

gel [dʒɛl] *n* gel *m inv*

gem [dʒɛm] *n* gemma

Gemini [ˈdʒɛmɪnaɪ] *n* Gemelli *mpl*

gender [ˈdʒɛndəʳ] *n* genere *m*

gene [dʒiːn] *n* (*Biol*) gene *m*

general [ˈdʒɛnərəl] *n* generale *m* ▸ *adj* generale; **in ~** in genere; **general anaesthetic** (*US* **general anesthetic**) *n* anestesia totale; **general election** *n* elezioni *fpl* generali; **generalize** *vi* generalizzare; **generally** *adv* generalmente; **general practitioner** *n* medico generico; **general store** *n* emporio

generate [ˈdʒɛnəreɪt] *vt* generare

generation [dʒɛnəˈreɪʃən] *n* generazione *f*

generator [ˈdʒɛnəreɪtəʳ] *n* generatore *m*

generosity [dʒɛnəˈrɒsɪtɪ] *n* generosità

generous [ˈdʒɛnərəs] *adj* generoso(-a); (*copious*) abbondante

genetic [dʒɪˈnɛtɪk] *adj* genetico(-a); **~ engineering** ingegneria genetica; **genetically modified** *adj* geneticamente modificato(-a), transgenico(-a); **genetics** *n* genetica

Geneva [dʒɪˈniːvə] *n* Ginevra

genitals [ˈdʒɛnɪtlz] *npl* genitali *mpl*

genius [ˈdʒiːnɪəs] *n* genio *m*

Genoa [ˈdʒɛnəuə] *n* Genova

gent [dʒɛnt] *n abbr* = **gentleman**

gentle [ˈdʒɛntl] *adj* delicato(-a); (*person*) dolce

⬛ Be careful not to translate **gentle** by the Italian word *gentile*.

gentleman [ˈdʒɛntlmən] (*irreg*) *n* signore *m*; (*well-bred man*) gentiluomo

gently [ˈdʒɛntlɪ] *adv* delicatamente

gents [dʒɛnts] *n* W.C. *m* (per signori)

genuine [ˈdʒɛnjuɪn] *adj* autentico(-a); sincero(-a); **genuinely** *adv* genuinamente

geographic(al) [dʒɪəˈgræfɪk(l)] *adj* geografico(-a)

geography [dʒɪˈɒgrəfɪ] *n* geografia

geology [dʒɪˈɒlədʒɪ] *n* geologia

geometry [dʒɪˈɒmətrɪ] *n* geometria

geranium [dʒɪˈreɪnjəm] *n* geranio

geriatric [dʒɛrɪˈætrɪk] *adj* geriatrico(-a)

germ [dʒəːm] *n* (*Med*) microbo; (*Biol, fig*) germe *m*

German [ˈdʒəːmən] *adj* tedesco(-a) ▸ *n* tedesco(-a); (*Ling*) tedesco; **German measles** (*BRIT*) *n* rosolia

Germany [ˈdʒəːmənɪ] *n* Germania

gesture [ˈdʒɛstjəʳ] *n* gesto

○ **get**

[gɛt] (*pt, pp* **got**, (*US*) *pp* **gotten**) *vi* **1** (*become, be*) diventare, farsi; **to get old** invecchiare; **to get tired** stancarsi; **to get drunk** ubriacarsi; **to get killed** venire *or* rimanere ucciso(-a); **when do I get paid?** quando mi pagate?; **it's getting late** si sta facendo tardi

2 (*go*): **to get to/from** andare a/da; **to get home** arrivare *or* tornare a casa; **how did you get here?** come sei venuto?

3 (*begin*) mettersi a, cominciare a; **to get to know sb** incominciare a conoscere qn; **let's get going** *or*

started muoviamoci

4 *(modal aux vb)*: **you've got to do it** devi farlo
▷ *vt*

1: **to get sth done** *(do)* fare qc; *(have done)* far fare qc; **to get one's hair cut** farsi tagliare i capelli; **to get sb to do sth** far fare qc a qn

2 *(obtain: money, permission, results)* ottenere; *(find: job, flat)* trovare; *(fetch: person, doctor)* chiamare; (: *object)* prendere; **to get sth for sb** prendere or procurare qc a qn; **get me Mr Jones, please** *(Tel)* mi passi il signor Jones, per favore; **can I get you a drink?** le posso offrire da bere?

3 *(receive: present, letter, prize)* ricevere; *(acquire: reputation)* farsi; **how much did you get for the painting?** quanto le hanno dato per il quadro?

4 *(catch)* prendere; *(hit: target etc)* colpire; **to get sb by the arm/throat** afferrare qn per un braccio/alla gola; **get him!** prendetelo!

5 *(take, move)* portare; **to get sth to sb** far avere qc a qn; **do you think we'll get it through the door?** pensi che riusciremo a farlo passare per la porta?

6 *(catch, take: plane, bus etc)* prendere; **where do we get the ferry to ...?** dove si prende il traghetto per ...?

7 *(understand)* afferrare; *(hear)* sentire; **I've got it!** ci sono arrivato!, ci sono!; **I'm sorry, I didn't get your name** scusi, non ho capito *(or* sentito*)* il suo nome

8 *(have, possess)*: **to have got** avere; **how many have you got?** quanti ne ha?

▷ **get along** *vi (agree)* andare d'accordo; *(depart)* andarsene; *(manage)* = **get by**
▷ **get at** *vt fus (attack)* prendersela con; *(reach)* raggiungere, arrivare a
▷ **get away** *vi* partire, andarsene; *(escape)* scappare
▷ **get away with** *vt fus* cavarsela;

farla franca
▷ **get back** *vi (return)* ritornare, tornare
▷ *vt* riottenere, riavere; **when do we get back?** quando ritorniamo?
▷ **get by** *vi (pass)* passare; *(manage)* farcela
▷ **get down** *vi, vt fus* scendere ▷ *vt* far scendere; *(depress)* buttare giù
▷ **get down to** *vt fus (work)* mettersi a (fare)
▷ **get in** *vi* entrare; *(train)* arrivare; *(arrive home)* ritornare, tornare
▷ **get into** *vt fus* entrare in; **to get into a rage** incavolarsi
▷ **get off** *vi (from train etc)* scendere; *(depart: person, car)* andare via; *(escape)* cavarsela ▷ *vt (remove: clothes, stain)* levare ▷ *vt fus (train, bus)* scendere da; **where do I get off?** dove devo scendere?
▷ **get on** *vi (at exam etc)* andare; *(agree)*: **to get on (with)** andare d'accordo (con) ▷ *vt fus* montare in; *(horse)* montare su
▷ **get out** *vi* uscire; *(of vehicle)* scendere ▷ *vt* tirar fuori, far uscire
▷ **get out of** *vt fus* uscire da; *(duty etc)* evitare
▷ **get over** *vt fus (illness)* riaversi da
▷ **get round** *vt fus* aggirare; *(fig: person)* rigirare
▷ **get through** *vi (Tel)* avere la linea
▷ **get through to** *vt fus (Tel)* parlare a
▷ **get together** *vi* riunirsi ▷ *vt* raccogliere; *(people)* adunare
▷ **get up** *vi (rise)* alzarsi ▷ *vt fus* salire su per
▷ **get up to** *vt fus (reach)* raggiungere; *(prank etc)* fare

getaway ['gɛtəweɪ] *n* fuga
Ghana ['gɑːnə] *n* Ghana *m*
ghastly ['gɑːstlɪ] *adj* orribile, orrendo(-a); *(pale)* spettrale
ghetto ['gɛtəu] *n* ghetto
ghost [gəust] *n* fantasma *m*, spettro
giant ['dʒaɪənt] *n* gigante *m* ▷ *adj*

gigantesco(-a), enorme

gift [gɪft] n regalo; (donation, ability) dono; **gifted** adj dotato(-a); **gift shop** (US **gift store**) n negozio di souvenir

gift token, **gift voucher** n buono m omaggio inv

gig [gɪg] n (inf: of musician) serata

gigabyte [ˈgiːgəbaɪt] n gigabyte m inv

gigantic [dʒaɪˈgæntɪk] adj gigantesco(-a)

giggle [ˈgɪgl] vi ridere scioccamente

gills [gɪlz] npl (of fish) branchie fpl

gilt [gɪlt] n doratura ▶ adj dorato(-a)

gimmick [ˈgɪmɪk] n trucco

gin [dʒɪn] n (liquor) gin m inv

ginger [ˈdʒɪndʒəʳ] n zenzero

gipsy [ˈdʒɪpsɪ] n zingaro(-a)

giraffe [dʒɪˈrɑːf] n giraffa

girl [gəːl] n ragazza; (young unmarried woman) signorina; (daughter) figlia, figliola; **girlfriend** n (of girl) amica; (of boy) ragazza; **Girl Scout** (US) n Giovane Esploratrice f

gist [dʒɪst] n succo

give [gɪv] (pt **gave**, pp **given**) vt dare ▶ vi cedere; **to ~ sb sth**, **~ sth to sb** dare qc a qn; **I'll ~ you £5 for it** te lo pago 5 sterline; **to ~ a cry/sigh** emettere un grido/sospiro; **to ~ a speech** fare un discorso ▶ (disclose) rivelare; (bride) condurre all'altare ▶ **give back** vt rendere; **give in** vi cedere ▶ vt consegnare; **give out** vt distribuire; annunciare; **give up** vi rinunciare ▶ vt rinunciare a; **to ~ up smoking** smettere di fumare; **to ~ o.s. up** arrendersi

given [ˈgɪvn] pp of **give** ▶ adj (fixed: time, amount) dato(-a), determinato(-a) ▶ conj **~ (that)** ... dato che ...; **~ the circumstances** ... date le circostanze ...

glacier [ˈglæsɪəʳ] n ghiacciaio

glad [glæd] adj lieto(-a), contento(-a); **gladly** [ˈglædlɪ] adv volentieri

glamorous [ˈglæmərəs] adj affascinante, seducente

glamour [ˈglæməʳ] (US **glamor**) n fascino

glance [glɑːns] n occhiata, sguardo ▶ vi **to ~ at** dare un'occhiata a; **to ~ off** (bullet) rimbalzare su

gland [glænd] n ghiandola

glare [glɛəʳ] n (of anger) sguardo furioso; (of light) riverbero, luce f abbagliante; (of publicity) chiasso ▶ vi abbagliare; **to ~ at** guardare male; **glaring** adj (mistake) madornale

glass [glɑːs] n (substance) vetro; (tumbler) bicchiere m; **~es** npl (spectacles) occhiali mpl

glaze [gleɪz] vt (door) fornire di vetri; (pottery) smaltare ▶ n smalto

gleam [gliːm] vi luccicare

glen [glɛn] n valletta

glide [glaɪd] vi scivolare; (Aviat, birds) planare; **glider** n (Aviat) aliante m

glimmer [ˈglɪməʳ] n barlume m

glimpse [glɪmps] n impressione f fugace ▶ vt vedere al volo

glint [glɪnt] vi luccicare

glisten [ˈglɪsn] vi luccicare

glitter [ˈglɪtəʳ] vi scintillare

global [ˈgləʊbl] adj globale; **global warming** n effetto m serra inv

globe [gləʊb] n globo, sfera

gloom [gluːm] n oscurità, buio; (sadness) tristezza, malinconia; **gloomy** adj scuro(-a), fosco(-a), triste

glorious [ˈglɔːrɪəs] adj glorioso(-a), magnifico(-a)

glory [ˈglɔːrɪ] n gloria; splendore m

gloss [glɔs] n (shine) lucentezza; (also: **~ paint**) vernice f a olio

glossary [ˈglɔsərɪ] n glossario

glossy [ˈglɔsɪ] adj lucente

glove [glʌv] n guanto; **glove compartment** n (Aut) vano portaoggetti

glow [gləʊ] vi ardere; (face) essere

luminoso(-a)

glucose[ˈgluːkəus] n glucosio

glue[gluː] n colla ▸ vt incollare

GMadj abbr (= genetically modified) geneticamente modificato(-a)

gmabbr = **gram**

GMOn abbr (= genetically modified organism) OGM m inv

GMTabbr (= Greenwich Mean Time) T.M.G

gnaw[nɔː] vt rodere

go[gəu] (pt went, pp gone) (pl goes) vi andare; (depart) partire, andarsene; (work) funzionare; (time) passare; (break etc) rompersi; (be sold): **to go for £10** essere venduto per 10 sterline; (fit, suit): **to go with** andare bene con; (become): **to go pale** diventare pallido(-a): **to go mouldy** ammuffire ▸ n to have a go (at) provare; **to be on the go** essere in moto; **whose go is it?** a chi tocca?; **he's going to do** sta per fare; **to go for a walk** andare a fare una passeggiata; **to go dancing/shopping** andare a ballare/fare la spesa; **just then the bell went** proprio allora suonò il campanello; **how did it go?** com'è andato?; **to go round the back/by the shop** passare da dietro/davanti al negozio ▸ **go ahead**vi andare avanti ▸ **go away**vi partire, andarsene ▸ **go back**vi tornare, ritornare ▸ **go by** (years, time) scorrere ▸ vt fus attenersi a, seguire (alla lettera); prestar fede a ▸ **go down**vi scendere; (ship) affondare; (sun) tramontare ▸ vt fus scendere ▸ **go for**vt fus (fetch) andare a prendere; (like) andar matto(-a) per; (attack) attaccare; saltare addosso a ▸ **go in**vi entrare ▸ **go into**vt fus entrare in; (investigate) indagare, esaminare; (embark on) lanciarsi in ▸ **go off**vi partire, andar via; (food) guastarsi; (explode) esplodere, scoppiare; (event) passare ▸ vt fus

I've **~ne off chocolate** la cioccolata non mi piace più; **the gun went off** il fucile si scaricò ▸ **go on**vi continuare; (happen) succedere; **to ~ on doing** continuare a fare ▸ **go out**vi uscire; (couple): **they went out for 3 years** sono stati insieme per 3 anni; (fire, light) spegnersi ▸ **go over**vi (ship) ribaltarsi ▸ vt fus (check) esaminare ▸ **go past**vi passare ▸ vt fus passare davanti a ▸ **go round**vi (circulate: news, rumour) circolare; (revolve) girare; (visit): **to ~ round to sb's** passare (da qn); (make a detour): **to ~ round (by)** passare (per); (suffice) bastare (per tutti) ▸ **go through**vt fus (town etc) attraversare; (files, papers) passare in rassegna; (examine: list etc) leggere da cima a fondo ▸ **go up** vi salire ▸ **go with**vt fus (accompany) accompagnare ▸ **go without**vt fus fare a meno di

go-ahead[ˈgəuəhɛd] adj intraprendente ▸ n via m

goal[gəul] n (Sport) gol m, rete f; (: place) porta; (fig: aim) fine m, scopo; **goalkeeper**n portiere m; **goal-post**n palo (della porta)

goat[gəut] n capra

gobble[ˈgɔbl] vt (also: **~ down**, **~ up**) ingoiare

god[gɔd] n dio; **G~** Dio; **godchild** n figlioccio(-a); **goddaughter**n figlioccia; **goddess**n dea; **godfather** n padrino; **godmother** n madrina; **godson**n figlioccio

goggles[ˈgɔglz] npl occhiali mpl (di protezione)

going[ˈgəuɪŋ] n (conditions) andare m, stato del terreno ▸ adj **the ~ rate** la tariffa in vigore

gold[gəuld] n oro ▸ adj d'oro; **golden** adj (made of gold) d'oro; (gold in colour) dorato(-a); **goldfish**n pesce m dorato or rosso; **goldmine**n (also fig) miniera d'oro; **gold-plated**adj placcato(-a) oro inv

golf[gɔlf] n golf m; **golf ball**n (for game) pallina da golf; (on typewriter) pallina; **golf club**n circolo di golf; (stick) bastone m or mazza da golf; **golf course**n campo di golf; **golfer**n giocatore(-trice) di golf

gone[gɔn] pp of **go ▶ go** partito(-a)

gong[gɔŋ] n gong m inv

good[gud] adj buono(-a); (kind) buono(-a), gentile; (child) bravo(-a) ▶ n bene m; **~s**npl (Comm etc) beni mpl; merci fpl; **~!** bene!, ottimo! to be **~** at essere bravo(-a) in; to be **~** for andare bene per; **it's ~ for** you fa bene; **would you be ~ enough to ...?** avrebbe la gentilezza di ...?; **a ~ deal (of)** molto(-a), una buona quantità (di); **a ~ many** molti(-e); to **make ~** (loss, damage) compensare; **it's no ~ complaining** brontolare non serve a niente; **for ~** per sempre, definitivamente; **~ morning!** buon giorno!; **~ afternoon/evening!** buona sera!; **~ night!** buona notte!; **goodbye**excl arrivederci!; **Good Friday**n Venerdì Santo; **good-looking**adj bello(-a); **good-natured** adj affabile; **goodness**n (of person) bontà; **for goodness sake!** per amor di Dio!; **goodness gracious!** santo cielo!, mamma mia!; **goods train** (BRIT) n treno m merci inv; **goodwill**n amicizia, benevolenza

goose[guːs] n (pl **geese**) n oca

gooseberry['guzbəri] n uva spina; to **play ~** (BRIT) tenere la candela

goose bumps, goose pimplesnpl pelle f d'oca

gorge[gɔːdʒ] n gola ▶ vt to **~ o.s. (on)** ingozzarsi (di)

gorgeous['gɔːdʒəs] adj magnifico(-a)

gorilla[gə'rɪlə] n gorilla m inv

gosh(inf) [gɔʃ] excl perdinci!

gospel['gɔspl] n vangelo

gossip['gɔsɪp] n chiacchiere fpl; pettegolezzi mpl; (person) pettegolo(-a) ▶ vi chiacchierare; **gossip column**n cronaca mondana

got[gɔt] pt, pp of **get**

gotten['gɔtn] (US) pp of **get**

gourmet['guəmeɪ] n buongustaio(-a)

govern['gʌvən] vt governare; **government**['gʌvnmənt] n governo; **governor**['gʌvənə] n (of state, bank) governatore m; (of school, hospital) amministratore m; (BRIT: of prison) direttore/direttrice

gown[gaun] n vestito lungo; (of teacher, BRIT: of judge) toga

G.P.n abbr = **general practitioner**

grab[græb] vt afferrare, arraffare; (property, power) impadronirsi di ▶ vi to **~ at** cercare di afferrare

grace[greɪs] n grazia ▶ vt onorare; **5 days' ~** dilazione f di 5 giorni; **graceful**adj elegante, aggraziato(-a); **gracious**['greɪʃəs] adj grazioso(-a), misericordioso(-a)

grade[greɪd] n (Comm) qualità f inv; classe f; categoria; (in hierarchy) grado; (Scol: mark) voto; (US: school class) classe ▶ vt classificare; ordinare; graduare; **grade crossing**(US) n passaggio a livello; **grade school**(US) n scuola elementare

gradient['greɪdɪənt] n pendenza, inclinazione f

gradual['grædjuəl] adj graduale; **gradually**adv man mano, a poco a poco

graduate[n 'grædjuːɪt, vb 'grædjueɪt] n (of university) laureato(-a); (US: of high school) diplomato(-a) ▶ vi laurearsi; diplomarsi; **graduation** [-'eɪʃən] n (ceremony) consegna delle lauree (or dei diplomi)

graffiti[grə'fiːtɪ] npl graffiti mpl

graft[grɑːft] n (Agr, Med) innesto;

(bribery) corruzione f; (BRIT: hard work): **it's hard ~** è un lavoraccio ▶ vt innestare

grain [greɪn] n grano; (of sand) granello; (of wood) venatura

gram [græm] n grammo

grammar ['græmə'] n grammatica; **grammar school** (BRIT) n = liceo

gramme [græm] n = **gram**

gran (inf) [græn] n (BRIT) nonna

grand [grænd] adj grande, magnifico(-a); grandioso(-a); **grandad** (inf) n = **granddad**; **grandchild** (pl -children) n nipote m; **granddad** (inf) n nonno; **granddaughter** n nipote f; **grandfather** n nonno; **grandma** (inf) n nonna; **grandmother** n nonna; **grandpa** (inf) n = **granddad**; **grandparents** npl nonni mpl; **grand piano** n pianoforte m a coda; **Grand Prix** ['grɑ̃:'pri:] n (Aut) Gran Premio, Grand Prix m inv; **grandson** n nipote m

granite ['grænɪt] n granito

granny ['grænɪ] (inf) n nonna

grant [grɑ:nt] vt accordare; (a request) accogliere; (admit) ammettere, concedere ▶ n (Scol) borsa; (Admin) sussidio, sovvenzione f; **to take sth for ~ed** dare qc per scontato; **to take sb for ~ed** dare per scontata la presenza di qn

grape [greɪp] n chicco d'uva, acino

grapefruit ['greɪpfru:t] n pompelmo

graph [grɑ:f] n grafico; **graphic** adj grafico(-a); (vivid) vivido(-a); **graphics** n grafica ▶ npl illustrazioni fpl

grasp [grɑ:sp] vt afferrare ▶ n (grip) presa; (fig) potere m; comprensione f

grass [grɑ:s] n erba; **grasshopper** n cavalletta

grate [greɪt] n graticola (del focolare) ▶ vi cigolare, stridere ▶ vt (Culin)

grattugiare

grateful ['greɪtful] adj grato(-a), riconoscente

grater ['greɪtə'] n grattugia

gratitude ['grætɪtju:d] n gratitudine f

grave [greɪv] n tomba ▶ adj grave, serio(-a)

gravel ['grævl] n ghiaia

gravestone ['greɪvstəun] n pietra tombale

graveyard ['greɪvjɑ:d] n cimitero

gravity ['grævɪtɪ] n (Physics) gravità; pesantezza; (seriousness) gravità, serietà

gravy ['greɪvɪ] n intingolo della carne; salsa

gray [greɪ] adj = **grey**

graze [greɪz] vi pascolare, pascere ▶ vt (touch lightly) sfiorare; (scrape) escoriare ▶ n (Med) escoriazione f

grease [gri:s] n (fat) grasso; (lubricant) lubrificante m ▶ vt ingrassare; lubrificare; **greasy** adj grasso(-a), untuoso(-a)

great [greɪt] adj grande; (inf) magnifico(-a), meraviglioso(-a); **Great Britain** n Gran Bretagna; **great-grandfather** n bisnonno; **great-grandmother** n bisnonna; **greatly** adv molto

Greece [gri:s] n Grecia

greed [gri:d] n (also: **~iness**) avarizia; (for food) golosità, ghiottoneria; **greedy** adj avido(-a); goloso(-a), ghiotto(-a)

Greek [gri:k] adj greco(-a) ▶ n greco(-a); (Ling) greco

green [gri:n] adj verde; (inexperienced) inesperto(-a), ingenuo(-a) ▶ n verde m; (stretch of grass) prato; (on golf course) green m inv; **~s** npl (vegetables) verdura; **green card** n (BRIT Aut) carta verde; (USA dmin) permesso di soggiorno e di lavoro; **greengage** ['gri:ngeɪdʒ] n susina Regina Claudia; **greengrocer**

(BRIT) n fruttivendolo(-a), erbivendolo(-a); **greenhouse** n serra; **greenhouse effect** n effetto serra

Greenland ['gri:nlənd] n Groenlandia

green salad n insalata verde

greet [gri:t] vt salutare; **greeting** n saluto; **greeting(s) card** n cartolina d'auguri

grew [gru:] pt of **grow**

grey [greɪ] (US **gray**) adj grigio(-a); **grey-haired** adj dai capelli grigi; **greyhound** n levriere m

grid [grɪd] n grata; (Elec) rete f; **gridlock** ['grɪdlɔk] n (traffic jam) paralisi f inv del traffico; **gridlocked** adj paralizzato(-a) dal traffico; (talks etc) in fase di stallo

grief [gri:f] n dolore m

grievance ['gri:vəns] n lagnanza

grieve [gri:v] vi addolorarsi; rattristarsi ▸ vt addolorare; **to ~ for sb** (dead person) piangere qn

grill [grɪl] n (on cooker) griglia; (also: **mixed ~**) grigliata mista ▸ vt (BRIT) cuocere ai ferri; (inf: question) interrogare senza sosta

grille [grɪl] n grata; (Aut) griglia

grim [grɪm] adj sinistro(-a), brutto(-a)

grime [graɪm] n sudiciume m

grin [grɪn] n sorriso smagliante ▸ vi fare un gran sorriso

grind [graɪnd] (pt, pp **ground**) vt macinare; (make sharp) arrotare ▸ n (work) sgobbata

grip [grɪp] n impugnatura; presa; (holdall) borsa di viaggio ▸ vt (object) afferrare; (attention) catturare; **to come to ~s with** affrontare; cercare di risolvere; **gripping** ['grɪpɪŋ] adj avvincente

grit [grɪt] n ghiaia; (courage) fegato ▸ vt (road) coprire di sabbia; **to ~ one's teeth** stringere i denti

grits [grɪts] (US) npl macinato grosso (di avena etc)

groan [grəʊn] n gemito ▸ vi gemere

grocer ['grəʊsə'] n negoziante m di generi alimentari; **groceries** npl provviste fpl; **grocer's (shop)** n negozio di (generi) alimentari

grocery ['grəʊsərɪ] n (shop) (negozio di) alimentari

groin [grɔɪn] n inguine m

groom [gru:m] n palafreniere m; (also: **bride~**) sposo ▸ vt (horse) strigliare; (fig): **to ~ sb for** avviare qn a; **well~ed** (person) curato(-a)

groove [gru:v] n scanalatura, solco

grope [grəʊp] vi **to ~ for** cercare a tastoni

gross [grəʊs] adj grossolano(-a); (Comm) lordo(-a); **grossly** adv (greatly) molto

grotesque [grəʊˈtɛsk] adj grottesco(-a)

ground [graʊnd] pt, pp of **grind** ▸ n suolo, terra; (land) terreno; (Sport) campo; (reason: gen pl) ragione f; (US: also: **~ wire**) terra ▸ vt (plane) tenere a terra; (US Elec) mettere la presa a terra di; **~s** npl (of coffee etc) fondi mpl; (gardens etc) terreno, giardini mpl; **on/to the ~** per/a terra; **to gain/lose ~** guadagnare/perdere terreno; **ground floor** n pianterreno; **groundsheet** (BRIT) n telone m impermeabile; **groundwork** n preparazione f

group [gru:p] n gruppo ▸ vt (also: **~ together**) raggruppare ▸ vi (also: **~ together**) raggrupparsi

grouse [graʊs] n inv (bird) tetraone m ▸ vi (complain) brontolare

grovel ['grɔvl] vi (fig): **to ~ (before)** strisciare (di fronte a)

grow [grəʊ] (pt **grew**, pp **grown**) vi crescere; (increase) aumentare; (develop) svilupparsi; (become): **to ~ rich/weak** arricchirsi/indebolirsi ▸ vt coltivare, far crescere ▸ **grow on** vt

fus that painting is ~ing on me quel quadro più lo guardo più mi piace
▷ **grow up** vi farsi grande, crescere

growl [graul] vi ringhiare

grown [grəun] pp of **grow**; **grown-up** n adulto(-a), grande m/f

growth [grəuθ] n crescita, sviluppo; *(what has grown)* crescita; *(Med)* escrescenza, tumore m

grub [grʌb] n larva; *(inf: food)* roba (da mangiare)

grubby ['grʌbɪ] adj sporco(-a)

grudge [grʌdʒ] n rancore m ▶ vt to ~ **sth** dare qc a qn di malavoglia; invidiare qc a qn; **to bear sb a ~ (for)** serbar rancore a qn (per)

gruelling ['gruəlɪŋ] *(US* **grueling**) adj estenuante

gruesome ['gruːsəm] adj orribile

grumble ['grʌmbl] vi brontolare, lagnarsi

grumpy ['grʌmpɪ] adj scorbutico(-a)

grunt [grʌnt] vi grugnire

guarantee [gærən'tiː] n garanzia ▶ vt garantire

guard [gɑːd] n guardia; *(one man)* guardia, sentinella; *(BRIT Rail)* capotreno; *(on machine)* schermo protettivo; *(also:* **fire~)** parafuoco ▶ vt fare la guardia a; *(protect):* **to ~ (against)** proteggere (da); **to be on one's ~** stare in guardia; **guardian** n custode m; *(of minor)* tutore(-trice)

guerrilla [gə'rɪlə] n guerrigliero

guess [gɛs] vi indovinare ▶ vt indovinare; *(US)* credere, pensare ▶ n to take *or* have a ~ provare a indovinare

guest [gɛst] n ospite m/f; *(in hotel)* cliente m/f; **guest house** n pensione f; **guest room** n camera degli ospiti

guidance ['gaɪdəns] n guida, direzione f

guide [gaɪd] n *(person, book etc)* guida; *(BRIT: also:* **girl ~)** giovane esploratrice

f ▶ vt guidare; **is there an English-speaking ~?** c'è una guida che parla inglese?; **guidebook** n guida; **do you have a guidebook in English?** avete una guida in inglese?; **guide dog** n cane m guida per ciechi; **guided tour** n visita guidata; **what time does the guided tour start?** a che ora comincia la visita guidata?; **guidelines** npl *(fig)* indicazioni fpl, linee fpl direttive

guild [gɪld] n arte f, corporazione f, associazione f

guilt [gɪlt] n colpevolezza; **guilty** adj colpevole

guinea pig ['gɪnɪ-] n cavia

guitar [gɪ'tɑː] n chitarra; **guitarist** n chitarrista m/f

gulf [gʌlf] n golfo; *(abyss)* abisso

gull [gʌl] n gabbiano

gulp [gʌlp] vi deglutire; *(from emotion)* avere il nodo in gola ▶ vt *(also:* ~ **down)** tracannare, inghiottire

gum [gʌm] n *(Anat)* gengiva; *(glue)* colla; *(also:* ~ **drop)** caramella gommosa; *(also:* **chewing ~)** chewing-gum m inv ▶ vt to ~ **(together)** incollare

gun [gʌn] n fucile m; *(small)* pistola, rivoltella; *(rifle)* carabina; *(shotgun)* fucile da caccia; *(cannon)* cannone m; **gunfire** n spari mpl; **gunman** *(irreg)* n bandito armato; **gunpoint** n at **gunpoint** sotto minaccia di fucile; **gunpowder** n polvere f da sparo; **gunshot** n sparo

gush [gʌʃ] vi sgorgare; *(fig)* abbandonarsi ad effusioni

gust [gʌst] n *(of wind)* raffica; *(of smoke)* buffata

gut [gʌt] n intestino, budello; ~**s** npl *(Anat)* interiora fpl; *(courage)* fegato

gutter ['gʌtə] n *(of roof)* grondaia; *(in street)* cunetta

guy [gaɪ] n *(inf: man)* tipo, elemento; *(also:* ~**rope)** cavo or corda di fissaggio; (figure) effigie di Guy Fawkes

Guy Fawkes Night['-'fɔːks-] n (BRIT)
vedi nota nel riquadro

● **Guy Fawkes Night**

● La sera del 5 novembre, in occasione
della **Guy Fawkes Night**, altrimenti
chiamata **Bonfire Night**, viene
commemorato con falò e fuochi
d'artificio il fallimento della
Congiura delle Polveri contro
Giacomo I nel 1605. La festa prende
il nome dal principale congiurato
della cospirazione, Guy Fawkes, la
cui effigie viene bruciata durante i
festeggiamenti.

gym[dʒɪm] n (also: **~nasium**)
palestra; (also: **~nastics**) ginnastica;
gymnasium[dʒɪm'neɪzɪəm] n
palestra; **gymnast**['dʒɪmnæst] n
ginnasta m/f; **gymnastics**[-'næstɪks]
n, npl ginnastica; **gym shoes**npl
scarpe fpl da ginnastica
gynaecologist(US
gynecologist) n ginecologo(-a)
gypsy['dʒɪpsɪ] n = **gipsy**

h

haberdashery['hæbə'dæʃərɪ] (BRIT)
n merceria
habit['hæbɪt] n abitudine f; (costume)
abito; (Rel) tonaca
habitat['hæbɪtæt] n habitat m inv

hack[hæk] vt tagliare, fare a pezzi
▶ n (pej: writer) scribacchino(-a);
hacker['hækə*] n (Comput) pirata m
informatico
had[hæd] pt, pp of **have**
haddock['hædək] (pl **haddock** or
haddocks) n eglefino
hadn't['hædnt] = **had not**
haemorrhage['hemərɪdʒ] (US
hemorrhage) n emorragia
haemorrhoids['hemərɔɪdz] (US
hemorrhoids) npl emorroidi fpl
haggle['hægl] vi mercanteggiare
Hague[heɪg] n **The ~** L'Aia
hail[heɪl] n grandine f; (of criticism
etc) pioggia ▶ vt (call) chiamare; (flag
down: taxi) fermare; (greet) salutare
▶ vi grandinare; **hailstone**n chicco
di grandine
hair[hɛə*] n capelli mpl; (single hair:
on head) capello; (: on body) pelo; **to
do one's ~** pettinarsi; **hairband**
['hɛəbænd] n (elastic) fascia per i
capelli; (rigid) cerchietto; **hairbrush**
n spazzola per capelli; **haircut**n
taglio di capelli; **hairdo**['hɛəduː]
n acconciatura, pettinatura;
hairdressern parrucchiere(-a);
hairdresser'sn parrucchiere(-a);
hair dryern asciugacapelli m inv;
hair geln gel m inv per capelli; **hair
spray**n lacca per capelli; **hairstyle**n
pettinatura, acconciatura; **hairy**adj
irsuto(-a), peloso(-a); (inf: frightening)
spaventoso(-a)
hake[heɪk] (pl **hake** or **hakes**) n
nasello
half[hɑːf] (pl **halves**) n mezzo, metà
f inv ▶ adj mezzo(-a) ▶ adv a mezzo, a
metà; **~ an hour** mezz'ora; **~ a dozen**
mezza dozzina; **~ a pound** mezza
libbra; **two and a ~** due e mezzo; **a
week and a ~** una settimana e mezza;
~ (of it) la metà; **~ (of)** la metà di;
to cut sth in ~ tagliare qc in due; **~**

asleep mezzo(-a) addormentato(-a); **half board** (BRIT) n mezza pensione; **half-brother** n fratellastro; **half day** n mezza giornata; **half fare** n tariffa a metà prezzo; **half-hearted** adj tiepido(-a); **half-hour** n mezz'ora; **half-price** adj, adv a metà prezzo; **half term** (BRIT) n (Scol) vacanza a o di metà trimestre; **half-time** n (Sport) intervallo; **halfway** adv a metà strada

hall [hɔ:l] n sala, salone m; (entrance way) entrata

hallmark ['hɔ:lmɑ:k] n marchio di garanzia; (fig) caratteristica

hallo [həˈləʊ] excl = **hello**

hall of residence (BRIT) n casa dello studente

Halloween [ˌhæləʊˈi:n] n vigilia d'Ognissanti

● **Halloween**
● Negli Stati Uniti e in Gran Bretagna
● il 31 ottobre si festeggia **Halloween**,
● la notte delle streghe e dei fantasmi.
● I bambini, travestiti da fantasmi,
● streghe o mostri, bussano alle porte
● e ricevono dolci e piccoli doni.

hallucination [həluːsɪˈneɪʃən] n allucinazione f

hallway ['hɔ:lweɪ] n corridoio; (entrance) ingresso

halo ['heɪləʊ] n (of saint etc) aureola

halt [hɔ:lt] n fermata ▶ vt fermare ▶ vi fermarsi

halve [hɑ:v] vt (apple etc) dividere a metà; (expense) ridurre di metà

halves [hɑ:vz] npl of **half**

ham [hæm] n prosciutto

hamburger ['hæmbə:gə'] n hamburger m inv

hamlet ['hæmlɪt] n paesetto

hammer ['hæmə'] n martello ▶ vt martellare ▶ vi to ~ on o at the door picchiare alla porta

hammock ['hæmək] n amaca

hamper ['hæmpə'] vt impedire ▶ n cesta

hamster ['hæmstə'] n criceto

hamstring ['hæmstrɪŋ] n (Anat) tendine m del ginocchio

hand [hænd] n mano f; (of clock) lancetta; (handwriting) scrittura; (at cards) mano; (: game) partita; (worker) operaio(-a) ▶ vt dare, passare; **to give sb a** ~ dare una mano a qn; **at** ~ a portata di mano; **in** ~ a disposizione; (work) in corso; **on** ~ (person) disponibile; (services) pronto(-a) a intervenire; **to** ~ (information etc) a portata di mano; **on the one** ~ ..., **on the other** ~ da un lato ..., dall'altro ▶ **hand down** vt passare giù; (tradition, heirloom) tramandare; (US: sentence, verdict) emettere ▶ **hand in** vt consegnare ▶ **hand out** vt distribuire ▶ **hand over** vt passare; cedere

handbag n borsetta; **hand baggage** n bagaglio a mano; **handbook** n manuale m; **handbrake** n freno a mano; **handcuffs** npl manette fpl; **handful** n manciata, pugno

handicap ['hændɪkæp] n handicap m inv ▶ vt handicappare; **to be physically ~ped** essere handicappato(-a); **to be mentally ~ped** essere un(a) handicappato(-a) mentale

handkerchief ['hæŋkətʃɪf] n fazzoletto

handle ['hændl] n (of door etc) maniglia; (of cup etc) ansa; (of knife etc) impugnatura; (of saucepan) manico; (for winding) manovella ▶ vt toccare, maneggiare; (deal with) occuparsi di; (treat: people) trattare; "~ **with care**" "fragile"; **to fly off the** ~ (fig) perdere le staffe, uscire dai gangheri; **handlebar(s)** n(pl) manubrio

hand: hand luggage n bagagli mpl a mano; **handmade** adj fatto(-a) a mano; **handout** n (money, food) elemosina; *(leaflet)* volantino; *(at lecture)* prospetto

handsome ['hænsəm] *adj* bello(-a); *(profit, fortune)* considerevole

handwriting ['hændraɪtɪŋ] *n* scrittura

handy ['hændɪ] *adj (person)* bravo(-a); *(close at hand)* a portata di mano; *(convenient)* comodo(-a)

hang [hæŋ] *(pt, pp* **hung)** *vt* appendere; *(criminal: pt, pp* **hanged)** impiccare ▶ *vi (painting)* essere appeso(-a); *(hair)* scendere; *(drapery)* cadere; **to get the ~ of sth** *(inf)* capire come qc funziona ▶ **hang about or around** *vi* bighellonare, ciondolare ▷ **hang down** *vi* ricadere ▶ **hang on** *vi (wait)* aspettare ▶ **hang out** *vt (washing)* stendere (fuori); *(inf: live)* stare ▶ *vi* penzolare, pendere ▶ **hang round** *vi* = **hang around** ▶ **hang up** *vi (Tel)* riattaccare ▶ *vt* appendere

hanger ['hæŋə'] *n* gruccia

hang-gliding ['-glaɪdɪŋ] *n* volo col deltaplano

hangover ['hæŋəʊvə'] *n (after drinking)* postumi *mpl* di sbornia

hankie ['hæŋkɪ] *n abbr* = **handkerchief**

happen ['hæpən] *vi* accadere, succedere; *(chance)*: **to ~ to do sth** fare qc per caso; **what ~ed?** cos'è successo?; **as it ~s** guarda caso

happily ['hæpɪlɪ] *adv (scarcely)* felicemente; fortunatamente

happiness ['hæpɪnɪs] *n* felicità, contentezza

happy ['hæpɪ] *adj* felice, contento(-a); **~ with** *(arrangements etc)* soddisfatto(-a) di; **to be ~ to do** *(willing)* fare volentieri; **~ birthday!** buon compleanno!

harass ['hærəs] *vt* molestare; **harassment** *n* molestia

harbour ['hɑːbə'] *(US* **harbor)** *n* porto

▶ *vt (hope, fear)* nutrire; *(criminal)* dare rifugio a

hard [hɑːd] *adj* duro(-a) ▶ *adv (work)* sodo; *(think, try)* bene; **to look ~ at** guardare fissamente; esaminare attentamente; **no ~ feelings!** senza rancore!; **to be ~ of hearing** essere duro(-a) d'orecchio; **to be ~ done by** essere trattato(-a) ingiustamente; **hardback** *n* libro rilegato; **hardboard** *n* legno precompresso; **hard disk** *n (Comput)* disco rigido; **harden** *vt, vi* indurire

hardly ['hɑːdlɪ] *adv (scarcely)* appena; **it's ~ the case** non è proprio il caso; **~ anyone/anywhere** quasi nessuno/da nessuna parte; **~ ever** quasi mai

hard: hardship ['hɑːdʃɪp] *n* avversità *f inv;* privazioni *fpl;* **hard shoulder** *(BRIT) n (Aut)* corsia d'emergenza; **hard-up** *(inf) adj* al verde; **hardware** ['hɑːdwɛə'] *n* ferramenta *fpl; (Comput)* hardware *m; (Mil)* armamenti *mpl;* **hardware shop** *(US* **hardware store)** *n (negozio di)* ferramenta *fpl;* **hard-working** [-'wəːkɪŋ] *adj* lavoratore(-trice)

hardy ['hɑːdɪ] *adj* robusto(-a); *(plant)* resistente al gelo

hare [hɛə'] *n* lepre *f*

harm [hɑːm] *n* male *m; (wrong)* danno ▶ *vt (person)* fare male a; *(thing)* danneggiare; **out of ~'s way** al sicuro; **harmful** *adj* dannoso(-a); **harmless** *adj* innocuo(-a), inoffensivo(-a)

harmony ['hɑːmənɪ] *n* armonia

harness ['hɑːnɪs] *n (for horse)* bardatura, finimenti *mpl; (for child)* briglie *fpl; (safety harness)* imbracatura ▶ *vt (horse)* bardare; *(resources)* sfruttare

harp [hɑːp] *n* arpa ▶ *vi* **to ~ on about** insistere tediosamente su

harsh [hɑːʃ] *adj (life, winter)* duro(-a); *(judge, criticism)* severo(-a); *(sound)* rauco(-a); (light) violento(-a)

harvest['hɑːvɪst] n raccolto; (of grapes) vendemmia ▶ vt fare il raccolto di, raccogliere; vendemmiare

has[hæz] vb see **have**

hasn't['hæznt] = **has not**

hassle['hæsl] (inf) n sacco di problemi

haste[heɪst] n fretta; precipitazione f; **hasten**['heɪsn] vt affrettare ▶ vi to **hasten (to)** affrettarsi (a); **hastily**adv in fretta; precipitosamente; **hasty**adj affrettato(-a), precipitoso(-a)

hat[hæt] n cappello

hatch[hætʃ] n (Naut: also: **~way**) boccaporto; (also: **service ~**) portello di servizio ▶ vi (bird) uscire dal guscio; (egg) schiudersi

hatchback['hætʃbæk] n (Aut) tre (or cinque) porte f inv

hate[heɪt] vt odiare, detestare ▶ n odio; **hatred**['heɪtrɪd] n odio

haul[hɔːl] vt trascinare, tirare ▶ n (of fish) pescata; (of stolen goods etc) bottino

haunt[hɔːnt] vt (fear) pervadere; (person) frequentare ▶ n rifugio; **this house is ~ed** questa casa è abitata da un fantasma; **haunted**adj (castle etc) abitato(-a) dai fantasmi or dagli spiriti; (look) ossessionato(-a), tormentato(-a)

have

[hæv] (pt, pp **had**) aux vb

1(gen) avere; essere; **to have arrived/gone** essere arrivato(-a)/andato(-a); **to have eaten/slept** avere mangiato/dormito; **he has been kind/promoted** è stato gentile/promosso; **having finished** or when he had finished, **he left** dopo aver finito, se n'è andato

2(in tag questions): **you've done it, haven't you?** l'hai fatto, (non è) vero?; **he hasn't done it, has he?** non l'ha fatto, vero?

3(in short answers and questions):

you've made a mistake—no I haven't/so I have ha fatto un errore — ma no, niente affatto/sì, è vero; **we haven't paid—yes we have!** non abbiamo pagato — ma sì che abbiamo pagato!; **I've been there before, have you?** ci sono già stato, e lei?

▶ modal aux vb (be obliged): **to have (got) to do sth** dover fare qc; **I haven't got** or **I don't have to wear glasses** non ho bisogno di portare gli occhiali

▶ vt

1(possess, obtain) avere; **he has (got) blue eyes/dark hair** ha gli occhi azzurri/i capelli scuri; **do you have** or **have you got a car/phone?** ha la macchina/il telefono?; **may I have your address?** potrebbe darmi il suo indirizzo?; **you can have it for £5** te lo lascio per 5 sterline

2(+ noun: take, hold etc): **to have breakfast/a swim/a bath** fare colazione/una nuotata/un bagno; **to have lunch** pranzare; **to have dinner** cenare; **to have a drink** bere qualcosa; **to have a cigarette** fumare una sigaretta

3 to have sth done far fare qc; **to have one's hair cut** farsi tagliare i capelli; **to have sb do sth** far fare qc a qn

4(experience, suffer) avere; **to have a cold/flu** avere il raffreddore/l'influenza; **she had her bag stolen** le hanno rubato la borsa

5(inf: dupe): **you've been had!** ci sei cascato!

▶ **have out** vt **to have it out with sb** (settle a problem etc) mettere le cose in chiaro con qn

haven['heɪvn] n porto; (fig) rifugio

haven't['hævnt] = **have not**

havoc['hævək] n caos m

Hawaii[hə'waːi] n le Hawaii

hawk[hɔːk] n falco

hawthorn['hɔːθɔːn] n biancospino

hay[heɪ] n fieno; **hay fever** febbre f da fieno; **haystack** n pagliaio

hazard['hæzəd] n azzardo, ventura; pericolo, rischio ▶ vt (guess etc) azzardare; **hazardous** adj pericoloso(-a); **hazard warning lights** npl (Aut) luci fpl di emergenza

haze[heɪz] n foschia

hazel['heɪzl] n (tree) nocciolo ▶ adj (eyes) (color) nocciola inv; **hazelnut** ['heɪzlnʌt] n nocciola

hazy['heɪzɪ] adj fosco(-a); (idea) vago(-a)

he[hi:] pron lui, egli; **it is he who ...** è lui che ...

head[hɛd] n testa; (leader) capo; (of school) preside m/f ▶ vt (list) essere in testa a; (group) essere a capo di; **~s or tails** testa o croce), pari (o dispari); **~ first** a capofitto, di testa; **~ over heels in love** pazzamente innamorato(-a); **to ~ the ball** colpire una palla di testa ▶ **head for** vt fus dirigersi verso ▶ **head off** vt (threat, danger) sventare; **headache** n mal m di testa; **heading** n titolo; intestazione f; **headlamp**(BRIT) n = **headlight**; **headlight** n fanale m; **headline** n titolo; **head office** n sede f (centrale); **headphones** npl cuffia; **headquarters** npl ufficio centrale; (Mil) quartiere m generale; **headroom** n (in car) altezza dell'abitacolo; (under bridge) altezza limite; **headscarf** n foulard m inv; **headset** n = **headphones**; **headteacher** n (of primary school) direttore(-trice); (of secondary school) preside; **head waiter** n capocameriere m

heal[hi:l] vt, vi guarire

health[hɛlθ] n salute f; **health care** n assistenza sanitaria; **health centre**(BRIT) n poliambulatorio; **health food** n cibo macrobiotico;

Health Service(BRIT) n **the Health Service** ≈ il Servizio Sanitario Statale; **healthy** adj (person) sano(-a), in buona salute; (climate) salubre; (appetite, economy etc) sano(-a)

heap[hi:p] n mucchio ▶ vt (stones, sand): **to ~ (up)** ammucchiare; (plate, sink): **to ~ sth with** riempire qc di; **~s of** (inf) un mucchio di

hear[hɪə'] (pt, pp **heard**) vt sentire; (news) ascoltare ▶ vi sentire; **to ~ about** avere notizie di; sentire parlare di; **to ~ from sb** ricevere notizie da qn

hearing['hɪərɪŋ] n (sense) udito; (of witnesses) audizione f; (of a case) udienza; **hearing aid** n apparecchio acustico

hearse[hə:s] n carro funebre

heart[hɑ:t] n cuore m; **~s** npl (Cards) cuori mpl; **to lose ~** scoraggiarsi; **to take ~** farsi coraggio; **at ~** in fondo; **by ~** (learn, know) a memoria; **heart attack** n attacco di cuore; **heartbeat** n battito del cuore; **heartbroken** adj **to be heartbroken** avere il cuore spezzato; **heartburn** n bruciore m di stomaco; **heart disease** n malattia di cuore

hearth[hɑ:θ] n focolare m

heartless['hɑ:tlɪs] adj senza cuore

hearty['hɑ:tɪ] adj caloroso(-a); robusto(-a), sano(-a); vigoroso(-a)

heat[hi:t] n calore m; (fig) ardore m; fuoco; (Sport: also: **qualifying ~**) prova eliminatoria ▶ vt scaldare ▶ **heat up** vi (liquids) scaldarsi; (room) riscaldarsi ▶ vt riscaldare; **heated** adj riscaldato(-a); (argument) acceso(-a); **heater** n radiatore m; (stove) stufa

heather['hɛðə'] n erica

heating['hi:tɪŋ] n riscaldamento

heatwave['hi:tweɪv] n ondata di caldo

heaven['hɛvn] n paradiso, cielo; **heavenly** adj divino(-a), celeste

heavily ['hɛvɪlɪ] *adv* pesantemente; (*drink, smoke*) molto

heavy ['hɛvɪ] *adj* pesante; (*sea*) grosso(-a); (*rain, blow*) forte; (*weather*) afoso(-a); (*drinker, smoker*) gran (*before noun*); **it's too ~** è troppo pesante

Hebrew ['hi:bru:] *adj* ebreo(-a) ▸ *n* (*Ling*) ebraico

hectare ['hɛktɑ:ʳ] *n* (*BRIT*) ettaro

hectic ['hɛktɪk] *adj* movimentato(-a)

he'd [hi:d] = **he would**; **he had**

hedge [hɛdʒ] *n* siepe *f* ▸ *vi* essere elusivo(-a); **to ~ one's bets** (*fig*) coprirsi dai rischi

hedgehog ['hɛdʒhɔg] *n* riccio

heed [hi:d] *vt* (*also:* **take ~ of**) badare a, far conto di

heel [hi:l] *n* (*Anat*) calcagno; (*of shoe*) tacco ▸ *vt* (*shoe*) rifare i tacchi a

hefty ['hɛftɪ] *adj* (*person*) robusto(-a); (*parcel*) pesante; (*profit*) grosso(-a)

height [haɪt] *n* altezza; (*high ground*) altura; (*fig: of glory*) apice *m*; (: *of stupidity*) colmo; **heighten** *vt* (*fig*) accrescere

heir [ɛəʳ] *n* erede *m*; **heiress** *n* erede *f*

held [hɛld] *pt*, *pp* *of* **hold**

helicopter ['hɛlɪkɔptəʳ] *n* elicottero

hell [hɛl] *n* inferno; **~!** (*inf*) porca miseria!, accidenti!

he'll [hi:l] = **he will**; **he shall**

hello [hə'ləu] *excl* buon giorno!; ciao! (*to sb one addresses as "tu"*); (*surprise*) ma guarda!

helmet ['hɛlmɪt] *n* casco

help [hɛlp] *n* aiuto; (*charwoman*) donna di servizio ▸ *vt* aiutare; **~!** aiuto!, **can you ~ me?** può aiutarmi?; **~ yourself** (**to bread**) si serva (del pane); **he can't ~ it** non ci può far niente ▸ **help out** *vi* aiutare ▸ *vt* **to ~ sb out** aiutare qn; **helper** *n* aiutante *m/f*, assistente *m/f*; **helpful** *adj* di grande aiuto; (*useful*) utile; **helping** *n* porzione *f*; **helpless** *adj* impotente; (*baby*) debole; **helpline** *n*

≈ telefono amico; (*Comm*) servizio *m* informazioni *inv* (*a pagamento*)

hem [hɛm] *n* orlo ▸ *vt* fare l'orlo a

hemisphere ['hɛmɪsfɪəʳ] *n* emisfero

hemorrhage ['hɛmərɪdʒ] (*US*) *n* = **haemorrhage**

hemorrhoids ['hɛmərɔɪdz] (*US*) *npl* = **haemorrhoids**

hen [hɛn] *n* gallina; (*female bird*) femmina

hence [hɛns] *adv* (*therefore*) dunque; **2 years ~** di qui a 2 anni

hen night *n* (*inf*) addio al nubilato

hepatitis [hɛpə'taɪtɪs] *n* epatite *f*

her [hə:ʳ] *pron* (*direct*) la, l' + *vowel*; (*indirect*) le; (*stressed, after prep*) lei ▸ *adj* il (la) suo(-a), i (le) suoi (sue); *see also* **me**; **my**

herald ['hɛrəld] *n* (*fig*) messaggero, segno foriero ▸ *vt* annunciare

herb [hə:b] *n* erba; **herbal** *adj* di erbe; **herbal tea** *n* tisana

herd [hə:d] *n* mandria

here [hɪəʳ] *adv* qui, qua ▸ *excl* ehi!; **~!** (*at roll call*) presente!; **~ is/are** ecco; **~ he/she is** eccolo/eccola

hereditary [hɪ'rɛdɪtrɪ] *adj* ereditario(-a)

heritage ['hɛrɪtɪdʒ] *n* eredità; (*fig*) retaggio

hernia ['hə:nɪə] *n* ernia

hero ['hɪərəu] (*pl* **heroes**) *n* eroe *m*; **heroic** [hɪ'rəuɪk] *adj* eroico(-a)

heroin ['hɛrəuɪn] *n* eroina

heroine ['hɛrəuɪn] *n* eroina

heron ['hɛrən] *n* airone *m*

herring ['hɛrɪŋ] *n* aringa

hers [hə:z] *pron* il (la) suo(-a), i (le) suoi (sue); *see also* **mine**¹

herself [hə:'sɛlf] *pron* (*reflexive*) si; (*emphatic*) lei stessa; (*after prep*) se stessa, sé; *see also* **oneself**

he's [hi:z] = **he is**; **he has**

hesitant ['hɛzɪtənt] *adj* esitante, indeciso(-a)

hesitate ['hɛzɪteɪt] *vi* **to ~** (**about/to do**) esitare (su/a fare); **hesitation**

[-'teɪʃən] n esitazione f
heterosexual ['hɛtərəʊ'sɛksjuəl] *adj*, n eterosessuale m/f
hexagon ['hɛksəgən] n esagono
hey [heɪ] *excl* ehi!
heyday ['heɪdeɪ] n **the ~ of** i bei giorni di, l'età d'oro di
HGV n abbr = **heavy goods vehicle**
hi [haɪ] *excl* ciao!
hibernate ['haɪbəneɪt] vi ibernare
hiccough ['hɪkʌp] vi singhiozzare
hiccup ['hɪkʌp] = **hiccough**
hid [hɪd] *pt of* **hide**
hidden ['hɪdn] *pp of* **hide**
hide [haɪd] (*pt* hid, *pp* hidden) n (*skin*) pelle f ▶ *vt* to ~ **sth (from sb)** nascondere qc (a qn) ▶ vi to ~ **(from sb)** nascondersi (da qn)
hideous ['hɪdɪəs] *adj* laido(-a); orribile
hiding ['haɪdɪŋ] n (*beating*) bastonata; **to be in ~** (*concealed*) tenersi nascosto(-a)
hi-fi ['haɪfaɪ] n stereo ▶ *adj* ad alta fedeltà, hi-fi *inv*
high [haɪ] *adj* alto(-a); (*speed, respect, number*) grande; (*wind*) forte; (*voice*) acuto(-a) ▶ *adv* alto, in alto; **2om ~** alto(-a) 2om; **highchair** n seggiolone m; **high-class** *adj* (*neighbourhood*) elegante; (*hotel*) di prim'ordine; (*person*) di gran classe; (*food*) raffinato(-a); **higher education** n studi mpl superiori; **high heels** npl (*heels*) tacchi mpl alti; (*shoes*) scarpe fpl con i tacchi alti; **high jump** n (*Sport*) salto in alto; **highlands** npl zona montuosa; **the Highlands** le Highlands scozzesi; **highlight** n (*fig: of event*) momento culminante; (*in hair*) colpo di sole ▶ *vt* mettere in evidenza; **highlights** npl (*in hair*) colpi mpl di sole; **highlighter** n (*pen*) evidenziatore m; **highly** *adv* molto; **to speak highly of** parlare molto bene di; **highness** n **Her Highness** Sua

Altezza; **high-rise** n (*also*: **high-rise block, high-rise building**) palazzone m; **high school** n scuola secondaria; (US) istituto superiore d'istruzione; **high season** (BRIT) n alta stagione; **high street** (BRIT) n strada principale; **high-tech** (*inf*) *adj* high-tech *inv*; **highway** ['haɪweɪ] n strada maestra; **Highway Code** (BRIT) n codice m della strada
hijack ['haɪdʒæk] vt dirottare; **hijacker** n dirottatore(-trice)
hike [haɪk] vi fare un'escursione a piedi ▶ n escursione fa piedi; **hiker** n escursionista m/f; **hiking** n escursioni fpl a piedi
hilarious [hɪ'lɛərɪəs] *adj* (*behaviour, event*) spassosissimo(-a)
hill [hɪl] n collina, colle m; (*fairly high*) montagna; (*on road*) salita; **hillside** n fianco della collina; **hill walking** n escursioni fpl in collina; **hilly** *adj* collinoso(-a); montagnoso(-a)
him [hɪm] *pron* (*direct*) lo, l' + *vowel*; (*indirect*) gli; (*stressed, after prep*) lui; *see also* **me**; **himself** *pron* (*reflexive*) si; (*emphatic*) lui stesso; (*after prep*) se stesso, sé; *see also* **oneself**
hind [haɪnd] *adj* posteriore ▶ n cerva
hinder ['hɪndəʳ] vt ostacolare
hindsight ['haɪndsaɪt] n **with ~** con il senno di poi
Hindu ['hɪnduː] n indù m/f *inv*; **Hinduism** n (*Rel*) induismo
hinge [hɪndʒ] n cardine m ▶ vi (*fig*): **to ~ on** dipendere da
hint [hɪnt] n (*suggestion*) allusione f; (*advice*) consiglio; (*sign*) accenno ▶ *vt* **to ~ that** lasciar capire che ▶ vi **to ~ at** alludere a
hip [hɪp] n anca, fianco
hippie ['hɪpɪ] n hippy m/f *inv*
hippo ['hɪpəʊ] (*pl* hippos) n ippopotamo
hippopotamus [hɪpə'pɒtəməs] (*pl*

hippopotamuses *or* hippopotami) *n* ippopotamo

hippy['hɪpɪ] *n* = **hippie**

hire['haɪə'] *vt* (BRIT: *car, equipment*) noleggiare; (*worker*) assumere, dare lavoro a ▸ *n* nolo, noleggio; **for ~** da nolo; (*taxi*) libero(-a); **I'd like to ~ a car** vorrei noleggiare una macchina; **hire(d) car**(BRIT) *n* macchina a nolo; **hire purchase**(BRIT) *n* acquisto (*or* vendita) rateale

his[hɪz] *adj, pron* il (la) suo (sua), i (le) suoi (sue); *see also* **my**; **mine¹**

Hispanic[hɪs'pænɪk] *adj* ispanico(-a)

hiss[hɪs] *vi* fischiare; (*cat, snake*) sibilare

historian[hɪ'stɔːrɪən] *n* storico(-a)

historic(al)[hɪ'stɔrɪk(l)] *adj* storico(-a)

history['hɪstərɪ] *n* storia

hit[hɪt] (*pt, pp* hit) *vt* colpire, picchiare; (*knock against*) battere; (*reach: target*) raggiungere; (*collide with: car*) urtare contro; (*fig: affect*) colpire; (*find: problem etc*) incontrare ▸ *n* colpo; (*success, song*) successo; **to ~ it off with sb** andare molto d'accordo con qn ▷ **hit back**/vi ~ **back at sb** restituire il colpo a qn

hitch[hɪtʃ] *vt* (*fasten*) attaccare; (*also:* ~ **up**) tirare su ▸ *n* (*difficulty*) intoppo, difficoltà *f inv*; **to ~ a lift** fare l'autostop; **hitch-hike** *vi* fare l'autostop; **hitch-hiker** *m* autostoppista *m/f;* **hitch-hiking** *n* autostop *m*

hi-tech['haɪ'tɛk] *adj* high-tech *inv*

hitman['hɪtmæn] (*irreg*) *n* (*inf*) sicario

HIV*abbr* ~**-negative/-positive** *adj* sieronegativo(-a)/sieropositivo(-a)

hive[haɪv] *n* alveare *m*

hoard[hɔːd] *n* (*of food*) provviste *fpl*; (*of money*) gruzzolo ▸ *vt* ammassare

hoarse[hɔːs] *adj* rauco(-a)

hoax[həʊks] *n* scherzo; falso allarme

hob[hɔb] *n* piastra (con fornelli)

hobble['hɔbl] *vi* zoppicare

hobby['hɔbɪ] *n* hobby *m inv*, passatempo

hobo['həʊbəʊ] (US) *n* vagabondo

hockey['hɔkɪ] *n* hockey *m*; **hockey stick**n bastone *m* da hockey

hog[hɔg] *n* maiale *m* ▸ *vt* (*fig*) arraffare; **to go the whole ~** farlo fino in fondo

Hogmanay[hɔgmə'neɪ] *n* (*Scottish*) ≈ San Silvestro

hoist[hɔɪst] *n* paranco ▸ *vt* issare

hold[həʊld] (*pt, pp* held) *vt* tenere; (*contain*) contenere; (*keep back*) trattenere; (*believe*) mantenere; considerare; (*possess*) avere, possedere; detenere ▸ *vi* (*withstand pressure*) tenere; (*be valid*) essere valido(-a) ▸ *n* presa; (*control*): **to have a ~ over** avere controllo su; (*Naut*) stiva; ~ **the line!** (*Tel*) resti in linea!; **to ~ one's own** (*fig*) difendersi bene; **to catch** *or* **get (a) ~ of** afferrare ▷ **hold back**/vt trattenere; (*secret*) tenere celato(-a) ▷ **hold on**/vi tener fermo; (*wait*) aspettare; ~ **on!** (*Tel*) resti in linea! ▷ **hold out**/vt offrire ▸ *vi* (*resist*) resistere ▷ **hold up**/vt (*raise*) alzare; (*support*) sostenere; (*delay*) ritardare; (*rob*) assaltare; **holdall**(BRIT) *n* borsone *m*; **holder** *n* (*container*) contenitore *m*; (*of ticket, title*) possessore/posseditrice; (*of office etc*) incaricato(-a); (*of record*) detentore(-trice)

hole[həʊl] *n* buco, buca

holiday['hɔlədɪ] *n* vacanza; (*day off*) giorno di vacanza; (*public*) giorno festivo; **on ~** in vacanza; **I'm on ~ here** sono qui in vacanza; **holiday camp**(BRIT) *n* (*also:* **holiday centre**) ≈ villaggio (di vacanze); **holiday job**n (BRIT) ≈ lavoro estivo; **holiday-maker** (BRIT) *n* villeggiante *m/f;* **holiday**

resort n luogo di villeggiatura
Holland ['hɔlənd] n Olanda
hollow ['hɔləu] adj cavo(-a); (container,
claim) vuoto(-a); (laugh, sound)
cupo(-a) ▶ n cavità f inv; (in land)
valletta, depressione f ▶ vt **to ~ out**
scavare
holly ['hɔlɪ] n agrifoglio
Hollywood ['hɔlɪwud] n Hollywood f
holocaust ['hɔləkɔːst] n olocausto
holy ['hǝulɪ] adj santo(-a); (bread,
ground) benedetto(-a), consacrato(-a)
home [həum] n casa; (country) patria;
(institution) casa, ricovero ▶ cpd
familiare; (cooking etc) casalingo(-a);
(Econ, Pol) nazionale, interno(-a);
(Sport) di casa ▶ adv a casa; in patria;
(right in: nail) fino in fondo; **at ~** :
a casa; (in situation) a proprio agio;
to go o come ~ tornare a casa (or
in patria); **make yourself at ~** si
metta a suo agio; **home address**
n indirizzo di casa; **homeland** n
patria; **homeless** adj senza tetto;
spatriato(-a); **homely** adj semplice,
alla buona; accogliente; **home-made**
adj casalingo(-a), fatto(-a) in casa;
Home Office (BRIT) n
ministero degli Interni; **home owner**
n proprietario(-a) di casa; **home page**
n (Comput) home page f inv; **Home
Secretary** (BRIT) n ministro degli
Interni; **homesick** adj **to be homesick**
avere la nostalgia; **home town** n città
f inv natale; **homework** n compiti mpl
(per casa)
homicide ['hɔmɪsaɪd] (US) n omicidio
homoeopathic [hǝumɪǝ'pæθɪk] (US
homeopathic) adj omeopatico(-a)
homoeopathy [həumɪ'ɔpǝθɪ] (US
homeopathy) n omeopatia
homosexual [hɔmǝu'seksjuǝl] adj, n
omosessuale m/f
honest ['ɔnɪst] adj onesto(-a);
sincero(-a); **honestly** adv

onestamente; sinceramente;
honesty n onestà
honey ['hʌnɪ] n miele m; **honeymoon**
n luna di miele, viaggio di nozze;
we're on honeymoon siamo in
luna di miele; **honeysuckle** n (Bot)
caprifoglio
Hong Kong ['hɔŋ'kɔŋ] n Hong Kong f
honorary ['ɔnǝrǝrɪ] adj onorario(-a);
(duty, title) onorifico(-a)
honour ['ɔnǝᵊ] (US **honor**) vt onorare
▶ n onore m; **honourable** (US
honorable) adj onorevole; **honours
degree** n (Scol) laurea specializzata
hood [hud] n cappuccio; (on cooker)
cappa; (BRITAut) capote f; (USAut)
cofano
hoof [huːf] (pl **hooves**) n zoccolo
hook [huk] n gancio; (for fishing) amo
▶ vt uncinare; (dress) agganciare
hooligan ['huːlɪgǝn] n giovinastro,
teppista m
hoop [huːp] n cerchio
hooray [huː'reɪ] excl = **hurray**
hoot [huːt] vi (Aut) suonare il clacson;
(siren) ululare; (owl) gufare
Hoover® ['huːvǝᵊ] (BRIT) n
aspirapolvere m inv ▶ vt **hoover** pulire
con l'aspirapolvere
hooves [huːvz] npl of **hoof**
hop [hɔp] vi saltellare, saltare; (on one
foot) saltare su una gamba
hope [hǝup] vt **to ~ that/to do** sperare
che/di fare ▶ vi sperare ▶ n speranza;
I ~ so/not spero di sì/no; **hopeful**
adj (person) pieno(-a) di speranza;
(situation) promettente; **hopefully**
adv con speranza; **hopefully he will
recover** speriamo che si riprenda;
hopeless adj senza speranza,
disperato(-a); (useless) inutile
hops [hɔps] npl luppoli mpl
horizon [hǝ'raɪzn] n orizzonte
m; **horizontal** [hɔrɪ'zɔntl] adj
orizzontale

hormone ['hɔ:məʊn] n ormone m

horn [hɔ:n] n (Zool, Mus) corno; (Aut) clacson m inv

horoscope ['hɔrəskəup] n oroscopo

horrendous [hə'rendəs] adj orrendo(-a)

horrible ['hɔrɪbl] adj orribile, tremendo(-a)

horrid ['hɔrɪd] adj orrido(-a); (person) odioso(-a)

horrific [hɔ'rɪfɪk] adj (accident) spaventoso(-a); (film) orripilante

horrifying ['hɔrɪfaɪɪŋ] adj terrificante

horror ['hɔrə⁰] n orrore m; **horror film** n film m inv dell'orrore

hors d'œuvre [ɔ:'də:vrə] n antipasto

horse [hɔ:s] n cavallo; **horseback**: **on horseback** adj, adv a cavallo; **horse chestnut** n ippocastano; **horsepower** n cavallo (vapore); **horse-racing** n ippica; **horseradish** n rafano; **horse riding** n (BRIT) equitazione f

hose [həʊz] n (also: ~pipe) tubo; (also: garden ~) tubo per annaffiare

hospital ['hɔspɪtl] n ospedale m; **where's the nearest ~?** dov'è l'ospedale più vicino?

hospitality [hɔspɪ'tælɪtɪ] n ospitalità

host [həʊst] n ospite m; (Rel) ostia; (large number): **a ~ of** una schiera di

hostage ['hɔstɪdʒ] n ostaggio(-a)

hostel ['hɔstl] n ostello; (also: youth ~) ostello della gioventù

hostess ['həʊstɪs] n ospite f; (BRIT: air hostess) hostess f inv

hostile ['hɔstaɪl] adj ostile

hostility [hɔ'stɪlɪtɪ] n ostilità f inv

hot [hɔt] adj caldo(-a); (as opposed to only warm) molto caldo(-a); (spicy) piccante; (fig) accanito(-a); ardente; violento(-a), focoso(-a); **to be ~** (person) aver caldo; (object) essere caldo(-a); (weather) far caldo; **hot dog** n hot dog m inv

hotel [həʊ'tɛl] n albergo

hot-water bottle [hɔt'wɔ:tə-] n borsa dell'acqua calda

hound [haʊnd] vt perseguitare ▶ n segugio

hour ['aʊə⁰] n ora; **hourly** adj all'ora

house [n haʊs, pl 'haʊzɪz] [vb haʊz] n (also: firm) casa; (Pol) camera; (Theatre) sala; pubblico; spettacolo; (dynasty) casata ▶ vt (person) ospitare, alloggiare; **on the ~** (fig) offerto(-a) dalla casa; **household** n famiglia; casa; **householder** n padrone(-a) di casa; (head of house) capofamiglia m/f; **housekeeper** n governante f; **housekeeping** n (work) governo della casa; (money) soldi mpl per le spese di casa; **housewife** (irreg) n massaia, casalinga; **house wine** n vino della casa; **housework** n faccende fpl domestiche

housing ['haʊzɪŋ] n alloggio; **housing development** (BRIT), **housing estate** n zona residenziale con case popolari e/o private

hover ['hɔvə⁰] vi (bird) librarsi; **hovercraft** n hovercraft m inv

how [haʊ] adv come; **~ are you?** come sta?; **~ do you do?** piacere!; **~ far is it to the river?** quanto è lontano il fiume?; **~ long have you been here?** da quando è qui?; **~ lovely/awful!** che bello!/orrore!; **~ many?** quanti(-e)?; **~ much?** quanto(-a)?; **~ much milk?** quanto latte?; **~ many people?** quante persone?; **~ old are you?** quanti anni ha?

however [haʊ'ɛvə⁰] adv in qualsiasi modo or maniera che; (+ adjective) per quanto + sub; (in questions) come ▶ conj comunque, però

howl [haʊl] vi ululare; (baby, person) urlare

H.P. abbr = **hire purchase**; **horsepower**

h.p. *n abbr* = **H.P**

HQ *n, abbr* = **headquarters**

hr(s) *abbr* (= *hour(s)*) h

HTML *abbr* (= *hypertext markup language*) HTML *m inv*

hubcap ['hʌbkæp] *n* coprimozzo

huddle ['hʌdl] *vi* to ~ **together** rannicchiarsi l'uno contro l'altro

huff [hʌf] *n* **in a** ~ stizzito(-a)

hug [hʌg] *vt* abbracciare; (*shore, kerb*) stringere

huge [hju:dʒ] *adj* enorme, immenso(-a)

hull [hʌl] *n* (*of ship*) scafo

hum [hʌm] *vt* (*tune*) canticchiare ▶ *vi* canticchiare; (*insect, plane, tool*) ronzare

human ['hju:mən] (*irreg*) *adj* umano(-a) ▶ *n* essere *m* umano

humane [hju:'meɪn] *adj* umanitario(-a)

humanitarian [hju:mænɪ'teərɪən] *adj* umanitario(-a)

humanity [hju:'mænɪtɪ] *n* umanità

human rights *npl* diritti *mpl* dell'uomo

humble ['hʌmbl] *adj* umile, modesto(-a) ▶ *vt* umiliare

humid ['hju:mɪd] *adj* umido(-a); **humidity** [hju:'mɪdɪtɪ] *n* umidità

humiliate [hju:'mɪleɪt] *vt* umiliare; **humiliating** *adj* umiliante; **humiliation** [-'eɪʃən] *n* umiliazione *f*

hummus ['huməs] *n* purè di ceci

humorous ['hju:mərəs] *adj* umoristico(-a); (*person*) buffo(-a)

humour ['hju:mə'] (*US* **humor**) *n* umore *m* ▶ *vt* accontentare

hump [hʌmp] *n* gobba

hunch [hʌntʃ] *n* (*premonition*) intuizione *f*

hundred ['hʌndrəd] *num* cento; **~s of** centinaia *fpl* di; **hundredth** [-ɪdθ] *num* centesimo(-a)

hung [hʌŋ] *pt, pp of* **hang**

Hungarian [hʌŋ'geərɪən] *adj* ungherese ▶ *n* ungherese *m/f*; (*Ling*) ungherese *m*

Hungary ['hʌŋgərɪ] *n* Ungheria

hunger ['hʌŋgə'] *n* fame *f* ▶ *vi* to ~ **for** desiderare ardentemente

hungry ['hʌŋgrɪ] *adj* affamato(-a); **to be** ~ aver fame

hunt [hʌnt] *vt* (*seek*) cercare; (*Sport*) cacciare ▶ *vi* to ~ **(for)** andare a caccia (di) ▶ *n* caccia; **hunter** *n* cacciatore *m*; **hunting** *n* caccia

hurdle ['hə:dl] *n* (*Sport, fig*) ostacolo

hurl [hə:l] *vt* lanciare con violenza

hurrah [hu'rɑ:] *excl* = **hurray**

hurray [hu'reɪ] *excl* urra!, evviva!

hurricane ['hʌrɪkən] *n* uragano

hurry ['hʌrɪ] *n* fretta ▶ *vi* (*also*: ~ **up**) affrettarsi ▶ *vt* (*also*: ~ **up**: *person*) affrettare; (*work*) far in fretta; **to be in a** ~ aver fretta ▶ **hurry up** *vi* sbrigarsi

hurt [hə:t] (*pt, pp* **hurt**) *vt* (*cause pain to*) far male a; (*injure, fig*) ferire ▶ *vi* far male

husband ['hʌzbənd] *n* marito

hush [hʌʃ] *n* silenzio, calma ▶ *vt* zittire

husky ['hʌskɪ] *adj* roco(-a) ▶ *n* cane *m* eschimese

hut [hʌt] *n* rifugio; (*shed*) ripostiglio

hyacinth ['haɪəsɪnθ] *n* giacinto

hydrangea [haɪ'dreɪndʒə] *n* ortensia

hydrofoil ['haɪdrəufɔɪl] *n* aliscafo

hydrogen ['haɪdrədʒən] *n* idrogeno

hygiene ['haɪdʒi:n] *n* igiene *f*; **hygienic** [haɪ'dʒi:nɪk] *adj* igienico(-a)

hymn [hɪm] *n* inno; cantica

hype [haɪp] (*inf*) *n* campagna pubblicitaria

hyphen ['haɪfn] *n* trattino

hypnotize ['hɪpnətaɪz] *vt* ipnotizzare

hypocrite ['hɪpəkrɪt] *n* ipocrita *m/f*

hypocritical [hɪpə'krɪtɪkl] *adj* ipocrita

hypothesis [haɪ'pɔθɪsɪs] (*pl* **hypotheses**) *n* ipotesi *f inv*

hysterical[hɪ'stɛrɪkl] *adj* isterico(-a)
hysterics[hɪ'stɛrɪks] *npl* accesso di isteria; (*laughter*) attacco di riso

I[aɪ] *pron* io
ice[aɪs] *n* ghiaccio; (*on road*) gelo; (*ice cream*) gelato ▸ *vt* (*cake*) glassare ▸ *vi* (*also:* ~ **over**) ghiacciare; (*also:* ~ **up**) gelare; **iceberg***n* iceberg *m inv*; **ice cream***n* gelato; **ice cube***n* cubetto di ghiaccio; **ice hockey***n* hockey *m* su ghiaccio
Iceland*n* Islanda; **Icelander***n* islandese *m/f*; **Icelandic** [aɪs'lændɪk] *adj* islandese ▸ *n* (*Ling*) islandese *m*
ice ice lolly(BRIT) *n* ghiacciolo; **ice rink***n* pista di pattinaggio; **ice skating***n* pattinaggio sul ghiaccio
icing['aɪsɪŋ] *n* (*Culin*) glassa; **icing sugar**(BRIT) *n* zucchero a velo
icon['aɪkɒn] *n* icona
icy['aɪsɪ] *adj* ghiacciato(-a); (*weather, temperature*) gelido(-a)
I'd[aɪd] = **I would**; **I had**
ID card*n* = **identity card**
idea[aɪ'dɪə] *n* idea
ideal[aɪ'dɪəl] *adj* ideale ▸ *n* ideale *m*; **ideally**[aɪ'dɪəlɪ] *adv* perfettamente, assolutamente; **ideally the book should have** ... l'ideale sarebbe che il

libro avesse ...
identical[aɪ'dɛntɪkl] *adj* identico(-a)
identification[aɪdɛntɪfɪ'keɪʃən] *n* identificazione *f*; (**means of**) ~ carta d'identità
identify[aɪ'dɛntɪfaɪ] *vt* identificare
identity[aɪ'dɛntɪtɪ] *n* identità *f inv*; **identity card***n* carta d'identità
ideology[aɪdɪ'ɔlədʒɪ] *n* ideologia
idiom['ɪdɪəm] *n* idioma *m*; (*phrase*) espressione *f* idiomatica
idiot['ɪdɪət] *n* idiota *m/f*
idle['aɪdl] *adj* inattivo(-a); (*lazy*) pigro(-a), ozioso(-a); (*unemployed*) disoccupato(-a); (*question, pleasures*) ozioso(-a) ▸ *vi* (*engine*) girare al minimo
idol['aɪdl] *n* idolo
idyllic[ɪ'dɪlɪk] *adj* idillico(-a)
if[ɪf] *conj* se; **if I were you** ... se fossi in te ..., io al tuo posto ...; **if so** se è così; **if not** se no; **if only** se solo or soltanto
ignite[ɪg'naɪt] *vt* accendere ▸ *vi* accendersi
ignition[ɪg'nɪʃən] *n* (*Aut*) accensione *f*; **to switch on/off the** ~ accendere/spegnere il motore
ignorance['ɪgnərəns] *n* ignoranza; **to keep sb in** ~ **of sth** tenere qn all'oscuro di qc
ignorant['ɪgnərənt] *adj* ignorante; **to be** ~ **of** (*subject*) essere ignorante di; (*events*) essere ignaro(-a) di
ignore[ɪg'nɔ:] *vt* non tener conto di; (*person, fact*) ignorare
I'll[aɪl] = **I will**; **I shall**
ill[ɪl] *adj* (*sick*) malato(-a); (*bad*) cattivo(-a) ▸ *n* male *m* ▸ *adv* **to speak** *etc* ~ **of sb** parlare *etc* male di qn; **to take** *or* **be taken** ~ ammalarsi
illegal[ɪ'li:gl] *adj* illegale
illegible[ɪ'lɛdʒɪbl] *adj* illeggibile
illegitimate[ɪlɪ'dʒɪtɪmət] *adj* illegittimo(-a)

ill healthn problemi mpl di salute
illiterate[ɪ'lɪtərət] adj analfabeta,
  illetterato(-a); (letter) scorretto(-a)
illness['ɪlnɪs] n malattia
illuminate[ɪ'lu:mɪneɪt] vt illuminare
illusion[ɪ'lu:ʒən] n illusione f
illustrate['ɪləstreɪt] vt illustrare
illustration[ɪlə'streɪʃən] n
  illustrazione f
I'm[aɪm] = **I am**
image['ɪmɪdʒ] n immagine f; (public
  face) immagine (pubblica)
imaginary[ɪ'mædʒɪnərɪ] adj
  immaginario(-a)
imagination[ɪmædʒɪ'neɪʃən] n
  immaginazione f, fantasia
imaginative[ɪ'mædʒɪnətɪv] adj
  immaginoso(-a)
imagine[ɪ'mædʒɪn] vt immaginare
imbalance[ɪm'bæləns] n squilibrio
imitate['ɪmɪteɪt] vt imitare;
  imitation[-'teɪʃən] n imitazione f
immaculate[ɪ'mækjulət] adj
  immacolato(-a); (dress, appearance)
  impeccabile
immature[ɪmə'tjuə'] adj
  immaturo(-a)
immediate[ɪ'mi:dɪət] adj
  immediato(-a); **immediately**adv
  (at once) subito, immediatamente;
  immediately next to proprio
  accanto a
immense[ɪ'mɛns] adj immenso(-a);
  enorme; **immensely**adv
  immensamente
immerse[ɪ'mə:s] vt immergere
immigrant['ɪmɪgrənt] n immigrante
  m/f; immigrato(-a); **immigration**
  [ɪmɪ'greɪʃən] n immigrazione f
imminent['ɪmɪnənt] adj imminente
immoral[ɪ'mɔrl] adj immorale
immortal[ɪ'mɔ:tl] adj, n immortale
  m/f
immune[ɪ'mju:n] adj ~ **(to)** immune
  (da); **immune system**n sistema m

  immunitario
immunize['ɪmjunaɪz] vt
  immunizzare
impact['ɪmpækt] n impatto
impair[ɪm'pɛə'] vt danneggiare
impartial[ɪm'pɑ:ʃl] adj imparziale
impatience[ɪm'peɪʃəns] n
  impazienza
impatient[ɪm'peɪʃənt] adj
  impaziente; **to get** or **grow** ~ perdere
  la pazienza
impeccable[ɪm'pekəbl] adj
  impeccabile
impending[ɪm'pendɪŋ] adj
  imminente
imperative[ɪm'perətɪv] adj
  imperativo(-a); necessario(-a),
  urgente; (voice) imperioso(-a)
imperfect[ɪm'pə:fɪkt] adj
  imperfetto(-a); (goods etc)
  difettoso(-a) ▶ n (Ling: also: ~ **tense**)
  imperfetto
imperial[ɪm'pɪərɪəl] adj imperiale;
  (measure) legale
impersonal[ɪm'pə:sənl] adj
  impersonale
impersonate[ɪm'pə:səneɪt] vt
  impersonare; (Theatre) fare la
  mimica di
impetus['ɪmpɪtəs] n impeto
implant[ɪm'plɑ:nt] vt (Med)
  innestare; (fig: idea, principle) inculcare
implementn 'ɪmplɪmənt, vb
  'ɪmplɪment] n attrezzo; (for cooking)
  utensile m ▶ vt effettuare
implicate['ɪmplɪkeɪt] vt implicare
implication[ɪmplɪ'keɪʃən] n
  implicazione f; **by** ~ implicitamente
implicit[ɪm'plɪsɪt] adj implicito(-a);
  (complete) completo(-a)
imply[ɪm'plaɪ] vt insinuare; suggerire
impolite[ɪmpə'laɪt] adj scortese
import[vb ɪm'pɔ:t, n 'ɪmpɔ:t] vt
  importare ▶ n (Comm) importazione f
importance[ɪm'pɔ:tns] n

importanza
important [ɪm'pɔ:tnt] *adj*
importante; **it's not ~** non ha
importanza
importer [ɪm'pɔ:tə*r*] *n*
importatore(-trice)
impose [ɪm'pəuz] *vt* imporre ▶ *vi*
to ~ on sb sfruttare la bontà di qn;
imposing [ɪm'pəuzɪŋ] *adj* imponente
impossible [ɪm'pɔsɪbl] *adj*
impossibile
impotent ['ɪmpətnt] *adj* impotente
impoverished [ɪm'pɔvərɪʃt] *adj*
impoverito(-a)
impractical [ɪm'præktɪkl] *adj* non
pratico(-a)
impress [ɪm'prɛs] *vt* impressionare;
(*mark*) imprimere, stampare; **to ~ sth
on sb** far capire qc a qn
impression [ɪm'prɛʃən] *n*
impressione *f*; **to be under the ~ that**
avere l'impressione che
impressive [ɪm'prɛsɪv] *adj* notevole
imprison [ɪm'prɪzn] *vt* imprigionare;
imprisonment *n* imprigionamento
improbable [ɪm'prɔbəbl] *adj*
improbabile; (*excuse*) inverosimile
improper [ɪm'prɔpə*r*] *adj*
scorretto(-a); (*unsuitable*)
inadatto(-a), improprio(-a);
sconveniente, indecente
improve [ɪm'pru:v] *vt* migliorare ▶ *vi*
migliorare; (*pupil etc*) fare progressi;
improvement *n* miglioramento;
progresso
improvise ['ɪmprəvaɪz] *vt, vi*
improvvisare
impulse ['ɪmpʌls] *n* impulso; **on
~ d'impulso, impulsivamente;
impulsive [ɪm'pʌlsɪv] *adj*
impulsivo(-a)

O in
[ɪn] *prep*
1 (*indicating place, position*) in; **in the
house/garden** in casa/giardino; **in**

the box nella scatola; **in the fridge**
nel frigorifero; **I have it in my hand** ce
l'ho in mano; **in town/the country** in
città/campagna; **in school** a scuola; **in
here/there** qui/lì dentro
2 (*with place names: of town, region,
country*): **in London** a Londra; **in
England** in Inghilterra; **in the United
States** negli Stati Uniti; **in Yorkshire**
nello Yorkshire
3 (*indicating time: during, in the
space of*) in; **in spring/summer** in
primavera/estate; **in 1988** nel 1988; **in
May** in or a maggio; **I'll see you in July**
ci vediamo a luglio; **in the afternoon**
nel pomeriggio; **at 4 o'clock in the
afternoon** alle 4 del pomeriggio; **I
did it in 3 hours/days** l'ho fatto in
3 ore/giorni; **I'll see you in 2 weeks
or in 2 weeks' time** ci vediamo tra 2
settimana
4 (*indicating manner etc*) a; **in a
loud/soft voice** a voce alta/bassa; **in
pencil** a matita; **in English/French** in
inglese/francese; **the boy in the blue
shirt** il ragazzo con la camicia blu
5 (*indicating circumstances*): **in the sun**
al sole; **in the shade** all'ombra; **in the
rain** sotto la pioggia; **a rise in prices** un
aumento dei prezzi
6 (*indicating mood, state*): **in tears**
in lacrime; **in anger** per la rabbia; **in
despair** disperato(-a); **in good
condition** in buono stato, in buone
condizioni; **to live in luxury** vivere
nel lusso
7 (*with ratios, numbers*): **1 in 10** 1 su
10; **20 pence in the pound** 20 pence
per sterlina; **they lined up in twos** si
misero in fila a due a due
8 (*referring to people, works*): **the
disease is common in children** la
malattia è comune nei bambini; **in
(the works of) Dickens** in Dickens
9 (*indicating profession etc*) in; **to be in**

teaching fare l'insegnante, insegnare; **to be in publishing** essere nell'editoria ⑩ (after superlative) di; **the best in the class** il migliore della classe ⑪ (with present participle): **in saying this** dicendo questo, nel dire questo ▶ adv **to be in** (person: at home, work) esserci; (train, ship, plane) essere arrivato(-a); (in fashion) essere di moda; **to ask sb in** invitare qn ad entrare; **to run/limp etc in** entrare di corsa/zoppicando etc ▶ n **the ins and outs of the problem** tutti i particolari del problema

inability [ɪnəˈbɪlɪtɪ] n ~ (to do) incapacità (di fare)

inaccurate [ɪnˈækjʊrət] adj inesatto(-a), impreciso(-a)

inadequate [ɪnˈædɪkwət] adj insufficiente

inadvertently [ɪnədˈvəːtntlɪ] adv senza volerlo

inappropriate [ɪnəˈprəʊprɪət] adj non adatto(-a); (word, expression) improprio(-a)

inaugurate [ɪˈnɔːɡjʊreɪt] vt inaugurare; (president, official) insediare

Inc. (US) abbr (= incorporated) S.A

incapable [ɪnˈkeɪpəbl] adj incapace

incense [n ˈɪnsɛns, vb ɪnˈsɛns] n incenso ▶ vt (anger) infuriare

incentive [ɪnˈsɛntɪv] n incentivo

inch [ɪntʃ] n pollice m (25 mm, 12 in a foot); **within an ~ of** a un pelo da; **he didn't give an ~** non ha ceduto di un millimetro

incidence [ˈɪnsɪdns] n (of crime, disease) incidenza

incident [ˈɪnsɪdnt] n incidente m; (in book) episodio

incidentally [ɪnsɪˈdɛntəlɪ] adv (by the way) a proposito

inclination [ɪnklɪˈneɪʃən] n inclinazione f

incline [n ˈɪnklaɪn, vb ɪnˈklaɪn] n pendenza, pendio ▶ vt inclinare ▶ vi (surface) essere inclinato(-a); **to be ~d to do** tendere a fare; essere propenso(-a) a fare

include [ɪnˈkluːd] vt includere, comprendere; **is service ~d?** il servizio è compreso?; **including** prep compreso(-a), incluso(-a);

inclusion [ɪnˈkluːʒən] n inclusione f;

inclusive [ɪnˈkluːsɪv] adj incluso(-a), compreso(-a); **inclusive of tax etc** tasse etc comprese

income [ˈɪnkʌm] n reddito; **income support** n (BRIT) sussidio di indigenza o povertà; **income tax** n imposta sul reddito

incoming [ˈɪnkʌmɪŋ] adj (flight, mail) in arrivo; (government) subentrante; (tide) montante

incompatible [ɪnkəmˈpætɪbl] adj incompatibile

incompetence [ɪnˈkɒmpɪtns] n incompetenza, incapacità

incompetent [ɪnˈkɒmpɪtnt] adj incompetente, incapace

incomplete [ɪnkəmˈpliːt] adj incompleto(-a)

inconsistent [ɪnkənˈsɪstənt] adj incoerente; **~ with** non coerente con

inconvenience [ɪnkənˈviːnjəns] n inconveniente m; (trouble) disturbo ▶ vt disturbare

inconvenient [ɪnkənˈviːnjənt] adj scomodo(-a)

incorporate [ɪnˈkɔːpəreɪt] vt incorporare; (contain) contenere

incorrect [ɪnkəˈrɛkt] adj scorretto(-a); (statement) inesatto(-a)

increase [n ˈɪnkriːs, vb ɪnˈkriːs] n aumento ▶ vi, vt aumentare; **increasingly** adv sempre più

incredible [ɪnˈkrɛdɪbl] adj incredibile; **incredibly** adv incredibilmente

incur [ɪnˈkəː] vt (expenses) incorrere

(*anger, risk*) esporsi a; (*debt*) contrarre; (*loss*) subire

indecent[ɪnˈdiːsnt] *adj* indecente

indeed[ɪnˈdiːd] *adv* infatti; veramente; **yes ~!** certamente!

indefinitely[ɪnˈdɛfɪnɪtlɪ] *adv* (*wait*) indefinitamente

independence[ɪndɪˈpɛndns] *n* indipendenza; **Independence Day** (*US*) *n vedi nota nel riquadro*

• **Independence Day**
• Negli Stati Uniti il 4 luglio si
• festeggia l'**Independence Day**,
• giorno in cui, nel 1776, 13 colonie
• britanniche proclamarono la propria
• indipendenza dalla Gran Bretagna
• ed entrarono ufficialmente a far
• parte degli Stati Uniti d'America.

independent[ɪndɪˈpɛndnt] *adj* indipendente; **independent school** *n* (*BRIT*) istituto scolastico indipendente *che si autofinanzia*

index[ˈɪndɛks] (*pl* indexes) *n* (*in book*) indice *m*; (: *in library etc*) catalogo; (*pl* indices: ratio, sign) indice *m*

India[ˈɪndɪə] *n* India; **Indian**adj, *n* indiano(-a)

indicate[ˈɪndɪkeɪt] *vt* indicare; **indication**[-ˈkeɪʃən] *n* indicazione *f*, segno; **indicative**[ɪnˈdɪkətɪv] *adj* indicative of indicativo(-a) di; ▶ *n* (*Ling*) indicativo *m*; **indicator**[ˈɪndɪkeɪtə*ʳ*] *n* indicatore *m*; (*Aut*) freccia

indices[ˈɪndɪsiːz] *npl of* **index**

indict[ɪnˈdaɪt] *vt* accusare; **indictment**[ɪnˈdaɪtmənt] *n* accusa

indifference[ɪnˈdɪfrəns] *n* indifferenza

indifferent[ɪnˈdɪfrənt] *adj* indifferente; (*poor*) mediocre

indigenous[ɪnˈdɪdʒɪnəs] *adj* indigeno(-a)

indigestion[ɪndɪˈdʒɛstʃən] *n* indigestione *f*

indignant[ɪnˈdɪgnənt] *adj* ~ (at

sth/with sb) indignato(-a) (per qc/contro qn)

indirect[ɪndɪˈrɛkt] *adj* indiretto(-a)

indispensable[ɪndɪˈspɛnsəbl] *adj* indispensabile

individual[ɪndɪˈvɪdjuəl] *n* individuo ▶ *adj* individuale; (*characteristic*) particolare, originale; **individually** *adv* singolarmente, uno(-a) per uno(-a)

Indonesia[ɪndəˈniːzɪə] *n* Indonesia

indoor[ˈɪndɔː*ʳ*] *adj* da interno; (*plant*) d'appartamento; (*swimming pool*) coperto(-a); (*sport, games*) fatto(-a) al coperto; **indoors**[ɪnˈdɔːz] *adv* all'interno

induce[ɪnˈdjuːs] *vt* persuadere; (*bring about, Med*) provocare

indulge[ɪnˈdʌldʒ] *vt* (*whim*) compiacere, soddisfare; (*child*) viziare ▶ *vi* to ~ in sth concedersi qc; abbandonarsi a qc; **indulgent**adj indulgente

industrial[ɪnˈdʌstrɪəl] *adj* industriale; (*injury*) del lavoro; **industrial estate**(*BRIT*) *n* zona industriale; **industrialist**[ɪnˈdʌstrɪəlɪst] *n* industriale *m*; **industrial park**(*US*) *n* = **industrial estate**

industry[ˈɪndəstrɪ] *n* industria; (*diligence*) operosità

inefficient[ɪnɪˈfɪʃənt] *adj* inefficiente

inequality[ɪnɪˈkwɔlɪtɪ] *n* ineguaglianza

inevitable[ɪnˈevɪtəbl] *adj* inevitabile; **inevitably**adv inevitabilmente

inexpensive[ɪnɪkˈspɛnsɪv] *adj* poco costoso(-a)

inexperienced[ɪnɪksˈpɪərɪənst] *adj* inesperto(-a), senza esperienza

inexplicable[ɪnɪkˈsplɪkəbl] *adj* inesplicabile

infamous[ˈɪnfəməs] *adj* infame

infant[ˈɪnfənt] *n* bambino(-a)

infantry[ˈɪnfəntrɪ] *n* fanteria

infant school (BRIT) scuola elementare (*per bambini dall'età di 5 a 7 anni*)

infect [ɪnˈfɛkt] vt infettare; **infection** [ɪnˈfɛkʃən] n infezione f; **infectious** [ɪnˈfɛkʃəs] adj (*disease*) infettivo(-a), contagioso(-a); (*person*: *fig*: *enthusiasm*) contagioso(-a)

infer [ɪnˈfəːʳ] vt inferire, dedurre

inferior [ɪnˈfɪərɪəʳ] adj inferiore; (*goods*) di qualità scadente ▶ n inferiore m/f; (*in rank*) subalterno(-a)

infertile [ɪnˈfəːtaɪl] adj sterile

infertility [ɪnfəˈtɪlɪtɪ] n sterilità

infested [ɪnˈfɛstɪd] adj ~ **(with)** infestato(-a) (di)

infinite [ˈɪnfɪnɪt] adj infinito(-a); **infinitely** adv infinitamente

infirmary [ɪnˈfəːmərɪ] n ospedale m; (*in school, factory*) infermeria

inflamed [ɪnˈfleɪmd] adj infiammato(-a)

inflammation [ɪnfləˈmeɪʃən] n infiammazione f

inflatable [ɪnˈfleɪtəbl] adj gonfiabile

inflate [ɪnˈfleɪt] vt (*tyre, balloon*) gonfiare; (*fig*) esagerare; gonfiare; **inflation** [ɪnˈfleɪʃən] n (*Econ*) inflazione f

inflexible [ɪnˈflɛksɪbl] adj inflessibile, rigido(-a)

inflict [ɪnˈflɪkt] vt **to ~ on** infliggere a

influence [ˈɪnfluəns] n influenza ▶ vt influenzare; **under the ~ of alcohol** sotto l'effetto dell'alcool; **influential** [ɪnfluˈɛnʃl] adj influente

influx [ˈɪnflʌks] n afflusso

info (*inf*) [ˈɪnfəu] n = **information**

inform [ɪnˈfɔːm] vt **to ~ sb (of)** informare qn (di) ▶ vi **to ~ on sb** denunciare qn

informal [ɪnˈfɔːml] adj informale; (*announcement, invitation*) non ufficiale

information [ɪnfəˈmeɪʃən] n informazioni fpl; particolari mpl;

a piece of ~ un'informazione; **information officer** ufficio m informazioni inv; **information technology (IT)** n informatica

informative [ɪnˈfɔːmətɪv] adj istruttivo(-a)

infra-red [ɪnfrəˈrɛd] adj infrarosso(-a)

infrastructure [ˈɪnfrəstrʌktʃəʳ] n infrastruttura

infrequent [ɪnˈfriːkwənt] adj infrequente, raro(-a)

infuriate [ɪnˈfjuərɪeɪt] vt rendere furioso(-a)

infuriating [ɪnˈfjuərɪeɪtɪŋ] adj molto irritante

ingenious [ɪnˈdʒiːnjəs] adj ingegnoso(-a)

ingredient [ɪnˈɡriːdɪənt] n ingrediente m; elemento

inhabit [ɪnˈhæbɪt] vt abitare; **inhabitant** [ɪnˈhæbɪtnt] n abitante m/f

inhale [ɪnˈheɪl] vt inalare ▶ vi (*in smoking*) aspirare; **inhaler** n inalatore m

inherent [ɪnˈhɪərənt] adj ~ **(in or to)** inerente (a)

inherit [ɪnˈhɛrɪt] vt ereditare; **inheritance** n eredità

inhibit [ɪnˈhɪbɪt] vt (*Psych*) inibire; **inhibition** [-ˈbɪʃən] n inibizione f

initial [ɪˈnɪʃl] adj iniziale ▶ n iniziale f ▶ vt siglare; **~s** npl (*of name*) iniziali fpl; (*as signature*) sigla; **initially** adv inizialmente, all'inizio

initiate [ɪˈnɪʃɪeɪt] vt (*start*) avviare; intraprendere; iniziare; (*person*) iniziare; **to ~ sb into a secret** mettere qn a parte di un segreto; **to ~ proceedings against sb** (*Law*) intentare causa contro qn

initiative [ɪˈnɪʃətɪv] n iniziativa

inject [ɪnˈdʒɛkt] vt (*liquid*) iniettare; (*patient*): **to ~ sb with sth** fare a qn un'iniezione di qc; (*funds*) immettere;

injection [ɪn'dʒɛkʃən] n iniezione f, puntura

injure ['ɪndʒəʳ] vt ferire; (damage: reputation etc) nuocere a; **injured** adj ferito(-a); **injury** ['ɪndʒərɪ] n ferita

injustice [ɪn'dʒʌstɪs] n ingiustizia

ink [ɪŋk] n inchiostro; **ink-jet printer** ['ɪŋkdʒɛt-] n stampante f a getto d'inchiostro

inland [adj 'ɪnlænd, adv ɪn'lænd] adj interno(-a) ▶ adv all'interno; **Inland Revenue** (BRIT) n Fisco

in-laws ['ɪnlɔːz] npl suoceri mpl; famiglia del marito (o della moglie)

inmate ['ɪnmeɪt] n (in prison) carcerato(-a); (in asylum) ricoverato(-a)

inn [ɪn] n locanda

inner ['ɪnəʳ] adj interno(-a), interiore; **inner-city** n centro di una zona urbana

inning ['ɪnɪŋ] n (US: Baseball) ripresa; **~s** (Cricket) turno di battuta

innocence ['ɪnəsns] n innocenza

innocent ['ɪnəsnt] adj innocente

innovation [ɪnəu'veɪʃən] n innovazione f

innovative ['ɪnəu'veɪtɪv] adj innovativo(-a)

in-patient ['ɪnpeɪʃənt] n ricoverato(-a)

input ['ɪnput] n input m

inquest ['ɪnkwɛst] n inchiesta

inquire [ɪn'kwaɪəʳ] vi informarsi ▶ vt domandare, informarsi su; **inquiry** n domanda; (Law) indagine f, investigazione f; **"inquiries"** "informazioni"

ins. abbr = **inches**

insane [ɪn'seɪn] adj matto(-a), pazzo(-a); (Med) alienato(-a)

insanity [ɪn'sænɪtɪ] n follia; (Med) alienazione f mentale

insect ['ɪnsɛkt] n insetto; **insect repellent** n insettifugo

insecure [ɪnsɪ'kjuəʳ] adj malsicuro(-a); (person) insicuro(-a)

insecurity [ɪnsɪ'kjuərɪtɪ] n mancanza di sicurezza

insensitive [ɪn'sɛnsɪtɪv] adj insensibile

insert [ɪn'səːt] vt inserire, introdurre

inside [ɪn'saɪd] n interno, parte f interna ▶ adj interno(-a), interiore ▶ adv dentro, all'interno ▶ prep dentro, all'interno di; (of time): **~ 10 minutes** entro 10 minuti; **inside lane** n (Aut) corsia di marcia; **inside out** adv (turn) a rovescio; (know) a fondo

insight ['ɪnsaɪt] n acume m, perspicacia; (glimpse, idea) percezione f

insignificant [ɪnsɪg'nɪfɪkənt] adj insignificante

insincere [ɪnsɪn'sɪəʳ] adj insincero(-a)

insist [ɪn'sɪst] vi insistere; **to ~ on doing** insistere per fare; **to ~ that** insistere perché ▶ sub; (claim) sostenere che; **insistent** adj insistente

insomnia [ɪn'sɔmnɪə] n insonnia

inspect [ɪn'spɛkt] vt ispezionare; (BRIT: ticket) controllare; **inspection** [ɪn'spɛkʃən] n ispezione f; controllo; **inspector** n ispettore(-trice); (BRIT: on buses, trains) controllore m

inspiration [ɪnspə'reɪʃən] n ispirazione f; **inspire** [ɪn'spaɪəʳ] vt ispirare; **inspiring** adj stimolante

instability [ɪnstə'bɪlɪtɪ] n instabilità

install [ɪn'stɔːl] (US **instal**) vt installare; **installation** [ɪnstə'leɪʃən] n installazione f

instalment [ɪn'stɔːlmənt] (US **installment**) n rata; (of TV serial etc) puntata; **in ~s** (pay) a rate; (receive) una parte per volta; (: publication) a fascicoli

instance ['ɪnstəns] n esempio, caso; **for ~** per o ad esempio; **in the first ~**

in primo luogo
instant ['ɪnstənt] *n* istante *m*, attimo
▶ *adj* immediato(-a); urgente; (*coffee,*
food) in polvere; **instantly** *adv*
immediatamente, subito
instead [ɪn'stɛd] *adv* invece; **~ of**
invece di
instinct ['ɪnstɪŋkt] *n* istinto;
instinctive *adj* istintivo(-a)
institute ['ɪnstɪtjuːt] *n* istituto ▶ *vt*
istituire, stabilire; (*inquiry*) avviare;
(*proceedings*) iniziare
institution [ɪnstɪ'tjuːʃən] *n*
istituzione *f*; (*educational institution,*
mental institution) istituto
instruct [ɪn'strʌkt] *vt* **to ~ sb in sth**
insegnare qc a qn; **to ~ sb to do** dare
ordini a qn di fare; **instruction**
[ɪn'strʌkʃən] *n* istruzione *f*;
instructions (for use) istruzioni per
l'uso; **instructor** *n* istruttore(-trice);
(*for skiing*) maestro(-a)
instrument ['ɪnstrəmənt] *n*
strumento; **instrumental** [-'mɛntl]
adj (*Mus*) strumentale; **to be**
instrumental in essere d'aiuto in
insufficient [ɪnsə'fɪʃənt] *adj*
insufficiente
insulate ['ɪnsjuleɪt] *vt* isolare;
insulation [-'leɪʃən] *n* isolamento
insulin ['ɪnsjulɪn] *n* insulina
insult [*n* 'ɪnsʌlt, *vb* ɪn'sʌlt] *n* insulto,
affronto ▶ *vt* insultare; **insulting** *adj*
offensivo(-a), ingiurioso(-a)
insurance [ɪn'ʃuərəns] *n*
assicurazione *f*; **fire/life ~**
assicurazione contro gli incendi/
sulla vita; **insurance company** *n*
società di assicurazioni; **insurance**
policy *n* polizza d'assicurazione
insure [ɪn'ʃuə'] *vt* assicurare
intact [ɪn'tækt] *adj* intatto(-a)
intake ['ɪnteɪk] *n* (*Tech*) immissione
f; (*of food*) consumo; (*BRIT: of pupils*
etc) afflusso

integral ['ɪntɪɡrəl] *adj* integrale; (*part*)
integrante
integrate ['ɪntɪɡreɪt] *vt* integrare ▶ *vi*
integrarsi
integrity [ɪn'tɛgrɪtɪ] *n* integrità
intellect ['ɪntəlɛkt] *n* intelletto;
intellectual [-'lɛktjuəl] *adj*, *n*
intellettuale *m/f*
intelligence [ɪn'tɛlɪdʒəns] *n*
intelligenza; (*Mil etc*) informazioni *fpl*
intelligent [ɪn'tɛlɪdʒənt] *adj*
intelligente
intend [ɪn'tɛnd] *vt*: **to ~ sth**
for destinare qc a; **to ~ to do** aver
l'intenzione di fare
intense [ɪn'tɛns] *adj* intenso(-a);
(*person*) di forti sentimenti
intensify [ɪn'tɛnsɪfaɪ] *vt* intensificare
intensity [ɪn'tɛnsɪtɪ] *n* intensità
intensive [ɪn'tɛnsɪv] *adj* intensivo(-a);
intensive care *n* terapia intensiva;
intensive care unit (ICU) *n* reparto
terapia intensiva
intent [ɪn'tɛnt] *n* intenzione *f* ▶ *adj*
~ (on) intento(-a) (a), immerso(-a)
(in); **to all ~s and purposes** a tutti gli
effetti; **to be ~ on doing sth** essere
deciso a fare qc
intention [ɪn'tɛnʃən] *n* intenzione
f; **intentional** *adj* intenzionale,
deliberato(-a)
interact [ɪntər'ækt] *vi* interagire;
interaction [ɪntər'ækʃən] *n* azione *f*
reciproca, interazione *f*; **interactive**
adj (*Comput*) interattivo(-a)
intercept [ɪntə'sɛpt] *vt* intercettare;
(*person*) fermare
interchange ['ɪntətʃeɪndʒ] *n*
(*exchange*) scambio; (*on motorway*)
incrocio pluridirezionale
intercourse ['ɪntəkɔːs] *n* rapporti *mpl*
interest ['ɪntrɪst] *n* interesse *m*;
(*Comm: stake, share*) interessi *mpl*
▶ *vt* interessare; **interested** *adj*
interessato(-a); **to be interested**

in interessarsi di; **interesting** adj
interessante; **interest rate** n tasso
di interesse

interface ['ɪntəfeɪs] n (Comput)
interfaccia

interfere [ɪntə'fɪə*] vi to ~ in (quarrel,
other people's business) immischiarsi
in; to ~ with (object) toccare; (plans,
duty) interferire con; **interference**
[ɪntə'fɪərəns] n interferenza

interim ['ɪntərɪm] adj provvisorio(-a)
► in the ~ nel frattempo

interior [ɪn'tɪərɪə*] n interno; (of
country) entroterra ► adj interno(-a);
(minister) degli Interni; **interior
design** architettura d'interni

intermediate [ɪntə'miːdɪət] adj
intermedio(-a)

intermission [ɪntə'mɪʃən] n pausa;
(Theatre, Cinema) intermissione f,
intervallo

intern [vb ɪn'təːn, n 'ɪntəːn] vt
internare ► n (US) medico interno

internal [ɪn'təːnl] adj interno(-a);
Internal Revenue Service (US)
n Fisco

international [ɪntə'næʃənl] adj
internazionale ► n (BRIT Sport)
incontro internazionale

Internet ['ɪntənɛt] n the ~ Internet
f; **Internet café** n cybercaffè m inv;
Internet Service Provider n Provider
m inv; **Internet user** n utente m/f
Internet

interpret [ɪn'təːprɪt] vt
interpretare ► vi fare da interprete;
interpretation [ɪntəːprɪ'teɪʃən] n
interpretazione f; **interpreter** n
interprete m/f; **could you act as an
interpreter for us?** ci potrebbe fare da
interprete?

interrogate [ɪn'tɛrəʊgeɪt] vt
interrogare; **interrogation** [-'geɪʃən]
n interrogazione f; (of suspect etc)
interrogatorio

interrogative [ɪntə'rɔgətɪv]
adj interrogativo(-a) ► n (Ling)
interrogativo

interrupt [ɪntə'rʌpt] vt, vi
interrompere; **interruption**
[-'rʌpʃən] n interruzione f

intersection [ɪntə'sɛkʃən] n
intersezione f; (of roads) incrocio

interstate ['ɪntəsteɪt] (US) n fra stati

interval ['ɪntəvl] n intervallo; **at ~s**
a intervalli

intervene [ɪntə'viːn] vi (time)
intercorrere; (event, person)
intervenire

interview ['ɪntəvjuː] n (Radio, TV etc)
intervista; (for job) colloquio ► vt
intervistare; avere un colloquio con;
interviewer n intervistatore(-trice)

intimate [adj 'ɪntɪmət, vb 'ɪntɪmeɪt]
adj intimo(-a); (knowledge)
profondo(-a) ► vt lasciar capire

intimidate [ɪn'tɪmɪdeɪt] vt intimidire,
intimorire

intimidating [ɪn'tɪmɪdeɪtɪŋ] adj
(sight) spaventoso(-a); (appearance,
figure) minaccioso(-a)

into ['ɪntuː] prep dentro, in; **come ~ the
house** entra in casa; **he worked late ~
the night** lavorò fino a tarda notte; **~
Italian** in italiano

intolerant [ɪn'tɔlərnt] adj ~ **of**
intollerante di

intranet ['ɪntrənɛt] n intranet f

intransitive [ɪn'trænsɪtɪv] adj
intransitivo(-a)

intricate ['ɪntrɪkət] adj intricato(-a),
complicato(-a)

intrigue [ɪn'triːg] n intrigo ► vt
affascinare; **intriguing** adj
affascinante

introduce [ɪntrə'djuːs] vt introdurre;
to ~ sb (to sb) presentare qn (a
qn); **to ~ sb to** (pastime, technique)
iniziare qn a; **introduction**
[-'dʌkʃən] n introduzione f; (of person)

presentazione f; (to new experience) iniziazione f; **introductory** adj introduttivo(-a)

intrude[ɪn'truːd] vi (person): **to ~ (on)** intromettersi (in); **intruder** n intruso(-a)

intuition[ɪntjʊ'ɪʃən] n intuizione f

inundate['ɪnʌndeɪt] vt to ~ **with** inondare di

invade[ɪn'veɪd] vt invadere

invalid n ['ɪnvælɪd, adj ɪn'vælɪd] n malato(-a); (with disability) invalido(-a) ▶ adj (not valid) invalido(-a), non valido(-a)

invaluable[ɪn'væljuəbl] adj prezioso(-a), inestimabile

invariably[ɪn'vɛərɪəblɪ] adv invariabilmente; sempre

invasion[ɪn'veɪʒən] n invasione f

invent[ɪn'vɛnt] vt inventare; **invention**[ɪn'vɛnʃən] n invenzione f; **inventor** n inventore m

inventory['ɪnvəntrɪ] n inventario

inverted commas[ɪn'vəːtɪd-] (BRIT) npl virgolette fpl

invest[ɪn'vɛst] vt investire ▶ vi to ~ (in) investire (in)

investigate[ɪn'vɛstɪgeɪt] vt investigare, indagare; (crime) fare indagini su; **investigation**[-'geɪʃən] n investigazione f; (of crime) indagine f

investigator[ɪn'vɛstɪgeɪtə] n investigatore(-trice); **a private ~** un investigatore privato, un detective

investment[ɪn'vɛstmənt] n investimento

investor[ɪn'vɛstə] n investitore(-trice), azionista m/f

invisible[ɪn'vɪzɪbl] adj invisibile

invitation[ɪnvɪ'teɪʃən] n invito

invite[ɪn'vaɪt] vt invitare; (opinions etc) sollecitare; **inviting** adj invitante, attraente

invoice['ɪnvɔɪs] n fattura ▶ vt fatturare

involve[ɪn'vɔlv] vt (entail) richiedere, comportare; (associate): **to ~ sb (in)** implicare qn (in); coinvolgere qn (in); **involved** adj involuto(-a), complesso(-a); **to be involved in** essere coinvolto(-a) in; **involvement** n implicazione f; coinvolgimento

inward['ɪnwəd] adj (movement) verso l'interno; (thought, feeling) interiore, intimo(-a); **inward(s)** adv verso l'interno

IQ n abbr (= intelligence quotient) quoziente m d'intelligenza

IRA n abbr (= Irish Republican Army) IRA f

Iran[ɪ'rɑːn] n Iran m; **Iranian** adj, n iraniano(-a)

Iraq[ɪ'rɑːk] n Iraq m; **Iraqi** adj, n iracheno(-a)

Ireland['aɪələnd] n Irlanda

iris['aɪrɪs] (pl **irises**) n iride f; (Bot) giaggiolo, iride

Irish['aɪrɪʃ] adj irlandese ▶ npl **the ~** gli Irlandesi; (Ling) irlandese m; **Irishman**(irreg) n irlandese m; **Irishwoman**(irreg) n irlandese f

iron['aɪən] n ferro; (for clothes) ferro da stiro ▶ adj di or in ferro ▶ vt (clothes) stirare

ironic(al)[aɪ'rɔnɪk(l)] adj ironico(-a); **ironically** adv ironicamente

ironing['aɪənɪŋ] n (act) stirare m; (clothes) roba da stirare; **ironing board** n asse f da stiro

irony['aɪrənɪ] n ironia

irrational[ɪ'ræʃənl] adj irrazionale

irregular[ɪ'rɛgjulə] adj irregolare

irrelevant[ɪ'rɛləvənt] adj non pertinente

irresistible[ɪrɪ'zɪstɪbl] adj irresistibile

irresponsible[ɪrɪ'spɔnsɪbl] adj irresponsabile

irrigation[ɪrɪ'geɪʃən] n irrigazione f

irritable['ɪrɪtəbl] adj irritabile

irritate['ɪrɪteɪt] vt irritare; **irritating**

adj (person, sound etc) irritante;
irritation [-'teɪʃən] *n* irritazione *f*
IRS (US) *n abbr* = **Internal Revenue Service**
is [ɪz] *vb see* **be**
ISDN *n abbr* (= Integrated Services Digital Network) I.S.D.N. *f*
Islam ['ɪzlɑːm] *n* Islam *m*; **Islamic** [ɪz'læmɪk] *adj* islamico(-a)
island ['aɪlənd] *n* isola; **islander** *n* isolano(-a)
isle [aɪl] *n* isola
isn't ['ɪznt] = **is not**
isolated ['aɪsəleɪtɪd] *adj* isolato(-a)
isolation [aɪsə'leɪʃən] *n* isolamento
ISP *n abbr* (= Internet Service Provider) provider *m inv*
Israel ['ɪzreɪl] *n* Israele *m*; **Israeli** [ɪz'reɪlɪ] *adj*, *n* israeliano(-a)
issue ['ɪʃuː] *n* questione *f*, problema *m*; (of banknotes etc) emissione *f*; (of newspaper etc) numero ▶ *vt* (statement) rilasciare; (rations, equipment) distribuire; (book) pubblicare; (banknotes, cheques, stamps) emettere; **at ~** in gioco, in discussione; **to take ~ with sb (over sth)** prendere posizione contro qn (riguardo a qc); **to make an ~ of sth** fare un problema di qc

O it
[ɪt] *pron*

1 (specific: subject) esso(-a); (: direct object) lo (la), l'; (: indirect object) gli (le); **where's my book? — it's on the table** dov'è il mio libro? — è sulla tavola; **I can't find it** non lo (or la) trovo; **give it to me** dammelo (or dammela); **about/ from/of it** ne; **I spoke to him about it** gliene ho parlato; **what did you learn from it?** quale insegnamento ne hai tratto?; **I'm proud of it** ne sono fiero; **did you go to it?** ci sei andato?; **put the book in it** mettici il libro

2 (impers): **it's raining** piove; **it's Friday tomorrow** domani è venerdì;

it's 6 o'clock sono le 6; **who is it? — it's me** chi è? — sono io
IT *n abbr see* **information technology**
Italian [ɪ'tæljən] *adj* italiano(-a) ▶ *n* italiano(-a); (Ling) italiano; **the ~s** gli Italiani; **what's the ~ (word) for ...?** come si dice in italiano ...?
italics [ɪ'tælɪks] *npl* corsivo
Italy ['ɪtəlɪ] *n* Italia
itch [ɪtʃ] *n* prurito ▶ *vi* (person) avere il prurito; (part of body) prudere; **to do sth** aver una gran voglia di fare qc; **itchy** *adj* che prude; **to be itchy** = **to itch**
it'd ['ɪtd] = **it would**; **it had**
item ['aɪtəm] *n* articolo; (on agenda) punto; (also: **news ~**) notizia
itinerary [aɪ'tɪnərərɪ] *n* itinerario
it'll ['ɪtl] = **it will**; **it shall**
its [ɪts] *adj il* (la) suo(-a), i (le) suoi (sue)
it's [ɪts] = **it is**; **it has**
itself [ɪt'sɛlf] *pron* (emphatic) esso(-a) stesso(-a); (reflexive) sé
ITV (BRIT) *n abbr* (= Independent Television) rete televisiva in concorrenza con la BBC
I've [aɪv] = **I have**
ivory ['aɪvərɪ] *n* avorio
ivy ['aɪvɪ] *n* edera

j

jab [dʒæb] vt dare colpetti a ▶ n (Med: inf) puntura; **to ~ sth into** affondare or piantare qc dentro

jack [dʒæk] n (Aut) cricco; (Cards) fante m

jacket ['dʒækɪt] n giacca; (of book) copertura; **jacket potato** n patata cotta al forno con la buccia

jackpot ['dʒækpɒt] n primo premio (in denaro)

Jacuzzi® [dʒə'ku:zɪ] n vasca per idromassaggio Jacuzzi®

jagged ['dʒægɪd] adj seghettato(-a); (cliffs etc) frastagliato(-a)

jail [dʒeɪl] n prigione f ▶ vt mandare in prigione; **jail sentence** n condanna al carcere

jam [dʒæm] n marmellata; (also: **traffic ~**) ingorgo; (inf) pasticcio ▶ vt (passage etc) ingombrare, ostacolare; (mechanism, drawer etc) bloccare; (Radio) disturbare con interferenze ▶ vi incepparsi; **to ~ sth into** forzare qc dentro; infilare qc a forza dentro

Jamaica [dʒə'meɪkə] n Giamaica

jammed [dʒæmd] adj (door) bloccato(-a); (rifle, printer) inceppato(-a)

Jan abbr (= January) gen., genn.

janitor ['dʒænɪtər] n (caretaker) portiere m; (: Scol) bidello

January ['dʒænjuarɪ] n gennaio

Japan [dʒə'pæn] n Giappone m; **Japanese** [dʒæpə'ni:z] adj giapponese ▶ n inv giapponese m/f; (Ling) giapponese m

jar [dʒɑ:ʳ] n (glass) barattolo, vasetto ▶ vi (sound) stridere; (colours etc) stonare

jargon ['dʒɑ:gən] n gergo

javelin ['dʒævlɪn] n giavellotto

jaw [dʒɔ:] n mascella

jazz [dʒæz] n jazz m

jealous ['dʒeləs] adj geloso(-a); **jealousy** n gelosia

jeans [dʒi:nz] npl (blue-)jeans mpl

Jello® ['dʒeləu] (US) n gelatina di frutta

jelly ['dʒelɪ] n gelatina; **jellyfish** n medusa

jeopardize ['dʒepədaɪz] vt mettere in pericolo

jerk [dʒə:k] n sobbalzo, scossa; sussulto; (inf: idiot) tonto(-a) ▶ vt dare una scossa a ▶ vi (vehicles) sobbalzare

jersey ['dʒə:zɪ] n jersey m

jersey ['dʒə:zɪ] n maglia; (fabric) jersey m

Jesus ['dʒi:zəs] n Gesù m

jet [dʒet] n (of gas, liquid) getto; (Aviat) aviogetto; **jet lag** n (problemi mpl dovuti allo) sbalzo dei fusi orari; **jet-ski** vi acquascooter m inv

jetty ['dʒetɪ] n molo

Jew [dʒu:] n ebreo

jewel ['dʒu:əl] n gioiello; **jeweller** (US **jeweler**) n orefice m, gioielliere(-a); **jeweller's (shop)** (US **jewelry store**) n oreficeria, gioielleria; **jewellery** (US **jewelry**) n gioielli mpl

Jewish ['dʒu:ɪʃ] adj ebreo(-a), ebraico(-a)

jigsaw ['dʒɪgsɔ:] n (also: **~ puzzle**) puzzle m inv

job [dʒɒb] n lavoro; (employment) impiego, posto; **it's not my ~** (duty) non è compito mio; **it's a good ~ that ...** meno male che ...; **just the ~!** proprio quello che ci vuole; **job centre**(BRIT) n ufficio di collocamento; **jobless**[ʤ] adj senza lavoro, disoccupato(-a)

jockey[ʤɔki] n fantino, jockey m inv ▶ vi **to ~ for position** manovrare per una posizione di vantaggio

jog[ʤg] vt urtare ▶ vi (Sport) fare footing, fare jogging; **to ~ sb's memory** rinfrescare la memoria a qn; **to ~ along** trottare; (fig) andare avanti piano piano; **jogging** n footing m, jogging m

join[ʤɔin] vt unire, congiungere; (become member of) iscriversi a; (meet) raggiungere; riunirsi a ▶ vi (roads, rivers) confluire ▶ n giuntura ▶ **join in** vi partecipare ▶ vt fus unirsi a ▶ **join up** vi incontrarsi; (Mil) arruolarsi

joiner[ʤɔinər] (BRIT) n falegname m

joint[ʤɔint] n (Tech) giuntura; giunto; (Anat) articolazione f, giuntura; (BRIT Culin) arrosto; (inf: place) locale m; (: of cannabis) spinello ▶ adj comune; **joint account** n (at bank etc) conto in partecipazione, conto comune; **jointly** adv in comune, insieme

joke[ʤəuk] n scherzo; (funny story) barzelletta; (also: **practical ~**) beffa ▶ vi scherzare; **to play a ~ on sb** fare uno scherzo a qn; **joke** n (Cards) matta, jolly m inv

jolly[ʤɔli] adj allegro(-a), gioioso(-a) ▶ adv (BRIT: inf) veramente, proprio

jolt[ʤəult] n scossa, sobbalzo ▶ vt urtare

Jordan[ʤɔːdən] n (country) Giordania; (river) Giordano

journal[ʤɜːnl] n giornale m; rivista; diario; **journalism** n giornalismo; **journalist** n giornalista m/f

journey[ʤɜːni] n viaggio; (distance covered) tragitto; **how was your ~?** com'è andato il viaggio?; **the ~ takes two hours** il viaggio dura due ore

joy[ʤɔi] n gioia; **joyride** n chi ruba un'auto per farvi un giro; **joy stick** n (Aviat) barra di comando; (Comput) joystick m inv

Jr abbr = **junior**

judge[ʤʌʤ] n giudice m/f ▶ vt giudicare

judo[ʤuːdəu] n judo

jug[ʤʌg] n brocca, bricco

juggle[ʤʌgl] vi fare giochi di destrezza; **juggler** n giocoliere(-a)

juice[ʤuːs] n succo; **juicy**[ʤuːsi] adj succoso(-a)

Jul abbr (= July) lug., lu.

July[ʤuːˈlai] n luglio

jumble[ʤʌmbl] n miscuglio ▶ vt (also: **~ up**) mischiare; **jumble sale** (BRIT) n vendita di beneficenza

● **jumble sale**
● Una **jumble sale** è un mercatino
● di oggetti di seconda mano
● organizzati in chiese, scuole o
● in circoli ricreativi, i cui proventi
● vengono devoluti in beneficenza.

jumbo[ʤʌmbəu] adj = **jet** jumbo-jet m inv; **~ size** formato gigante

jump[ʤʌmp] vi saltare, balzare; (start) sobbalzare; (increase) rincarare ▶ vt saltare ▶ n salto, balzo; sobbalzo

jumper[ʤʌmpər] n (BRIT: pullover) maglione m, pullover m inv; (US: dress) scamiciato

jumper cables(US) npl = **jump leads**

jump leads(BRIT) npl cavi mpl per batteria

Jun. abbr = **junior**

junction[ʤʌŋkʃən] n (BRIT: of roads) incrocio; (of rails) nodo ferroviario

June[ʤuːn] n giugno

jungle[ʤʌŋgl] n giungla

junior[ʤuːniər] adj, n **he's ~ to me by 2 years, he's my ~ by 2 years** è più giovane di me (di 2 anni); **he's ~ to me** (seniority) è al di sotto di me, ho più anzianità di lui; **junior high**

school(US) n scuola media (*da 12 a 15 anni*); **junior school**(BRIT) n scuola elementare (*da 8 a 11 anni*)

junk[dʒʌŋk] n cianfrusaglie *fpl*; (*cheap goods*) robaccia; **junk food** n porcherie *fpl*

junkie[dʒʌŋki] (*inf*) n drogato(-a)

junk mail n stampe *fpl* pubblicitarie

Jupiter['dʒuːpɪtə'] n (*planet*) Giove m

jurisdiction[dʒuərɪs'dɪkʃən] n giurisdizione *f*; **it falls or comes within/outside our** ~ è/non è di nostra competenza

jury['dʒuərɪ] n giuria

just[dʒʌst] *adj* giusto(-a) ▶ *adv* he's ~ **done it/left** lo ha appena fatto/è appena partito; ~ **right** proprio giusto; ~ **2 o'clock** le 2 precise; **she's ~ as clever as you** è in gamba proprio quanto te; **it's ~ as well that ...** meno male che ...; ~ **as I arrived** proprio mentre arrivavo; **it was ~ before/enough/here** era poco prima/appena assai/proprio qui; **it's ~ me** sono solo io; ~ **missed/caught** appena perso/preso; ~ **listen to this!** senta un po' questo!

justice['dʒʌstɪs] n giustizia

justification[dʒʌstɪfɪ'keɪʃən] n giustificazione *f*

justify['dʒʌstɪfaɪ] *vt* giustificare

jut[dʒʌt] *vi* (*also*: ~ **out**) sporgersi

juvenile['dʒuːvənaɪl] *adj* giovane, giovanile; (*court*) dei minorenni; (*books*) per ragazzi ▶ n giovane m/f, minorenne m/f

K abbr (= *one thousand*) mille; (= *kilobyte*) K

kangaroo[kæŋgə'ruː] n canguro

karaoke[kɑːrə'əuki] n karaoke m inv

karate[kə'rɑːtɪ] n karatè m

kebab[kə'bæb] n spiedino

keel[kiːl] n chiglia; **on an even** ~ (*fig*) in uno stato normale

keen[kiːn] *adj* (*interest, desire*) vivo(-a); (*eye, intelligence*) acuto(-a); (*competition*) serrato(-a); (*edge*) affilato(-a); (*eager*) entusiasta; **to be ~ to do** or **on doing sth** avere una gran voglia di fare qc; **to be ~ on sth** essere appassionato(-a) di qc; **to be ~ on sb** avere un debole per qc

keep[kiːp] (*pt, pp* **kept**) *vt* tenere; (*hold back*) trattenere; (*feed: one's family etc*) mantenere, sostentare; (*a promise*) mantenere; (*chickens, bees, pigs etc*) allevare ▶ *vi* (*food*) mantenersi; (*remain: in a certain state or place*) restare ▶ n (*of castle*) maschio; (*food etc*) **enough for his** ~ abbastanza per vitto e alloggio; (*inf*): **for ~s** per sempre; **to ~ doing sth** continuare a fare qc; fare qc di continuo; **to ~ sb from doing** impedire a qn di fare; **to ~ sb busy/a place tidy** tenere qn occupato(-a)/un luogo in ordine; **to ~ sth to o.s.** tenere qc per sé; **to ~ sth (back) from sb** celare qc a qn; **to ~ time** (*clock*) andar bene ▶ **keep away** *vt* **to ~ sth/sb away from sb**

tenere qc/qn lontano da qn ▶ vi **to
~ away (from)** stare lontano (da)
▷ **keep back** vt (crowds, tears, money)
trattenere ▶ vi tenersi indietro ▷ **keep
off** vt (dog, person) tenere lontano da
▶ vi stare alla larga; **~ your hands off!**
non toccare!, giù le mani!; **"~ off the
grass"** "non calpestare l'erba" ▷ **keep
on** vi **to ~ on doing** continuare a fare;
to ~ on (about sth) continuare a
insistere (su qc) ▷ **keep out** vt tener
fuori; **"~ out"** "vietato l'accesso"
▷ **keep up** vt continuare, mantenere
▶ vi **to ~ up with** tener dietro a,
andare di pari passo con; (work etc)
farcela a seguire; **keeper** n custode
m/f, guardiano(-a); **keeping** n (care)
custodia; **in keeping with** in armonia
con; in accordo con

kennel ['kɛnl] n canile m; **~s** npl canile
m; **to put a dog in ~s** mettere un cane
al canile

Kenya ['kɛnjə] n Kenia m

kept [kɛpt] pt, pp of **keep**

kerb [kəːb] n (BRIT) n orlo del
marciapiede

kerosene ['kɛrəsiːn] n cherosene m

ketchup ['kɛtʃəp] n ketchup m inv

kettle ['kɛtl] n bollitore m

key [kiː] n (gen, Mus) chiave f; (of piano,
typewriter) tasto ▶ adj chiave inv ▶ vt
(also: **~ in**) digitare; **can I have my ~?**
posso avere la mia chiave?; **keyboard**
n tastiera; **keyhole** n buco della
serratura; **keyring** n portachiavi m inv

kg abbr (= kilogram) Kg

khaki ['kɑːkɪ] adj cachi ▶ n cachi m

kick [kɪk] vt calciare, dare calci a;
(inf: habit etc) liberarsi di ▶ vi (horse)
tirar calci ▶ n calcio m; (thrill): **he does
it for ~s** lo fa giusto per il piacere di
farlo ▷ **kick off** vi (Sport) dare il primo
calcio; **kick-off** n (Sport) calcio d'inizio

kid [kɪd] n (inf: child) ragazzino(-a);
(animal, leather) capretto ▶ vi (inf)

scherzare

kidnap ['kɪdnæp] vt rapire,
sequestrare; **kidnapping** n sequestro
(di persona)

kidney ['kɪdnɪ] n (Anat) rene m; (Culin)
rognone m; **kidney bean** n fagiolo
borlotto

kill [kɪl] vt uccidere, ammazzare
▶ n uccisione f; **killer** n uccisore m,
killer m inv; assassino(-a); **killing** n
assassinio; **to make a killing** (inf) fare
un bel colpo

kiln [kɪln] n forno

kilo ['kiːləu] n chilo; **kilobyte**
n (Comput) kilobyte m inv;
kilogram(me) ['kɪləugræm] n
chilogrammo; **kilometre** ['kɪləmiːtəʳ]
(US **kilometer**) n chilometro;
kilowatt ['kɪləuwɔt] n chilowatt m inv

kilt [kɪlt] n gonnellino scozzese

kin [kɪn] n see **next**; **kith**

kind [kaɪnd] adj gentile, buono(-a)
▶ n sorta, specie f; (species) genere m;
what ~ of ...? che tipo di ...?; **to be two
of a ~** essere molto simili; **in ~** (Comm)
in natura

kindergarten ['kɪndəgɑːtn] n
giardino d'infanzia

kindly ['kaɪndlɪ] adj pieno(-a) di
bontà, benevolo(-a) ▶ adv con bontà,
gentilmente; **will you ~ ...** vuole ...
per favore

kindness ['kaɪndnɪs] n bontà,
gentilezza

king [kɪŋ] n re m inv; **kingdom** n regno,
reame m; **kingfisher** n martin m inv
pescatore; **king-size(d) bed** n letto
king-size

kiosk ['kiːɔsk] n edicola, chiosco; (BRIT
Tel) cabina (telefonica)

kipper ['kɪpəʳ] n aringa affumicata

kiss [kɪs] n bacio ▶ vt baciare; **to ~
(each other)** baciarsi; **kiss of life** n
respirazione f bocca a bocca

kit [kɪt] n equipaggiamento, corredo;

(set of tools etc) attrezzi mpl; (for assembly) scatola di montaggio
kitchen ['kɪtʃɪn] n cucina
kite [kaɪt] n (toy) aquilone m
kitten ['kɪtn] n gattino(-a), micino(-a)
kiwi ['kiːwiː] n (also: ~ **fruit**) kiwi m inv
km abbr (= kilometre) km
km/h abbr (= kilometres per hour) km/h
knack [næk] n **to have the ~ of** avere l'abilità di
knee [niː] n ginocchio; **kneecap** n rotula
kneel [niːl] (pt, pp **knelt**) vi (also: ~ **down**) inginocchiarsi
knelt [nɛlt] pt, pp of **kneel**
knew [njuː] pt of **know**
knickers ['nɪkəz] (BRIT) npl mutandine fpl
knife [naɪf] (pl **knives**) n coltello ▶ vt accoltellare, dare una coltellata a
knight [naɪt] n cavaliere m; (Chess) cavallo
knit [nɪt] vt fare a maglia ▶ vi lavorare a maglia; (broken bones) saldarsi; **to ~ one's brows** aggrottare le sopracciglia; **knitting** n lavoro a maglia; **knitting needle** n ferro (da calza); **knitwear** n maglieria
knives [naɪvz] npl of **knife**
knob [nɔb] n bottone m; manopola
knock [nɔk] vt colpire; urtare; (fig: inf) criticare ▶ vi (at door etc): **to ~ at/on** bussare a ▶ n bussata; colpo, botta
▷ **knock down** vt abbattere ▷ **knock off** vi (inf: finish) smettere (di lavorare) ▶ vt (from price) far abbassare; (inf: steal) sgraffignare ▷ **knock out** vt stendere; (Boxing) mettere K.O.; (defeat) battere ▷ **knock over** vt (person) investire; (object) far cadere; **knockout** n (Boxing) knock out m inv ▶ cpd a eliminazione
knot [nɔt] n nodo ▶ vt annodare
know [nəu] (pt **knew**, pp **known**) vt sapere; (person, author, place)

conoscere; **I don't ~** non lo so; **do you ~ where I can ...?** sa dove posso ...?; **to ~ how to do** sapere fare; **to ~ about** or **of sth/sb** conoscere qc/qn; **know-all** n sapientone(-a); **know-how** n tecnica; pratica; **knowing** adj (look etc) d'intesa; **knowingly** adv (purposely) consapevolmente; (smile, look) con aria d'intesa; **know-it-all** (US) n = **know-all**
knowledge ['nɔlɪdʒ] n consapevolezza; (learning) conoscenza, sapere m; **knowledgeable** adj ben informato(-a)
known [nəun] pp of **know**
knuckle ['nʌkl] n nocca
koala [kəu'ɑːlə] n (also: ~ **bear**) koala m inv
Koran [kɔ'rɑːn] n Corano
Korea [kə'rɪə] n Corea; **Korean** adj, n coreano(-a)
kosher ['kəuʃə'] adj kasher inv
Kosovar, Kosovan ['kɔsəvɑ', 'kɔsəvən] adj kosovaro(-a)
Kosovo ['kusəvəu] n Kosovo
Kremlin ['krɛmlɪn] n **the ~** il Cremlino
Kuwait [ku'weɪt] n Kuwait m

L(BRIT) abbr = **learner driver**

l. abbr (= litre) l

lab [læb] n abbr (= laboratory) laboratorio

label ['leɪbl] n etichetta, cartellino; (brand: of record) casa ▶ vt etichettare

labor etc ['leɪbə'] (US) = **labour** etc

laboratory [lə'bɒrətəri] n laboratorio

Labor Day (US) n festa del lavoro

• **Labor Day**
• Negli Stati Uniti e nel Canada
• il **Labor Day**, la festa del lavoro,
• cade il primo lunedì di settembre,
• contrariamente a quanto accade
• nella maggior parte dei paesi
• europei dove tale celebrazione ha
• luogo il primo maggio.

labor union (US) n sindacato

labour ['leɪbə'] (US **labor**) n (task) lavoro; (workmen) manodopera; (Med): **to be in ~** avere le doglie ▶ vi **to ~ (at)** lavorare duro (a); **L~, the L~ party** (BRIT) il partito laburista, i laburisti; **hard ~** lavori mpl forzati; **labourer** n manovale m; **farm labourer** lavoratore m agricolo

lace [leɪs] n merletto, pizzo; (of shoe etc) laccio ▶ vt (shoe: also: ~ up) allacciare

lack [læk] n mancanza ▶ vt mancare di; **through** or **for ~ of** per mancanza di; **to be ~ing** mancare; **to be ~ing in** mancare di

lacquer ['lækə'] n lacca

lacy ['leɪsɪ] adj (like lace) che sembra un pizzo

lad [læd] n ragazzo, giovanotto

ladder ['lædə'] n scala; (BRIT: in tights) smagliatura

ladle ['leɪdl] n mestolo

lady ['leɪdɪ] n signora; dama; **L~ Smith** lady Smith; **the ladies' (room)** i gabinetti per signore; **ladybird** (US **ladybug**) n coccinella

lag [læg] n (of time) lasso, intervallo ▶ vi (also: ~ **behind**) trascinarsi ▶ vt (pipes) rivestire di materiale isolante

lager ['lɑ:gə'] n lager m inv

lagoon [lə'gu:n] n laguna

laid [leɪd] pt, pp of **lay**; **laid back** (inf) adj rilassato(-a), tranquillo(-a)

lain [leɪn] pp of **lie**

lake [leɪk] n lago

lamb [læm] n agnello

lame [leɪm] adj zoppo(-a); (excuse etc) zoppicante

lament [lə'mɛnt] n lamento ▶ vt lamentare, piangere

lamp [læmp] n lampada; **lamppost** ['læmppəʊst] (BRIT) n lampione m; **lampshade** ['læmpʃeɪd] n paralume m

land [lænd] n (as opposed to sea) terra (ferma); (country) paese m; (soil) terreno; suolo; (estate) terreni mpl, terre fpl ▶ vi (from ship) sbarcare; (Aviat) atterrare; (fig: fall) cadere ▶ vt (passengers) sbarcare; (goods) scaricare; **to ~ sb with sth** affibbiare qc a qn; **landing** n atterraggio; (of staircase) pianerottolo; **landing card** n carta di sbarco; **landlady** n padrona o proprietaria di casa; **landlord** n padrone m o proprietario di casa; (of pub etc) padrone m; **landmark** n punto di riferimento; (fig) pietra miliare; **landowner** n proprietario(-a) terriero(-a); **landscape** n paesaggio; **landslide** (Geo) frana; (fig: Pol) valanga

lane[leɪn] n stradina; (Aut, in race) corsia; **"get in ~"** "immettersi in corsia"

language[ˈlæŋgwɪdʒ] n lingua; (way one speaks) linguaggio; **what ~s do you speak?** che lingue parla?; **bad ~** linguaggio volgare; **language laboratory**n laboratorio linguistico

lantern[ˈlæntn] n lanterna

lap[læp] n (of track) giro; (of body): **in** or **on one's ~** in grembo ▷ vt (also: **~ up**) papparsi, leccare ▷ vi (waves) sciabordare

lapel[ləˈpɛl] n risvolto

lapse[læps] n lapsus m inv; (longer) caduta ▷ vi (law) cadere; (membership, contract) scadere; **to ~ into bad habits** pigliare cattive abitudini; **~ of time** spazio di tempo

laptop (computer)[ˈlæptɔp-] n laptop m inv

lard[lɑːd] n lardo

larder[ˈlɑːdəʳ] n dispensa

large[lɑːdʒ] adj grande; (person, animal) grosso(-a); **at ~** (free) in libertà; (generally) in generale; nell'insieme; **largely**adv in gran parte; **large-scale** adj (map, drawing etc) in grande scala; (reforms, business activities) su vasta scala

lark[lɑːk] n (bird) allodola; (joke) scherzo, gioco

laryngitis[lærɪnˈdʒaɪtɪs] n laringite f

lasagne[ləˈzænjə] n lasagne fpl

laser[ˈleɪzəʳ] n laser m; **laser printer**n stampante f laser inv

lash[læʃ] n frustata; (also: **eye~**) ciglio ▷ vt frustare; (tie): **to ~ to/together** legare a insieme ▷ **lash out**vi to ~ **out (at** or **against sb)** attaccare violentemente (qn)

lass[læs] n ragazza

last[lɑːst] adj ultimo(-a); (week, month, year) scorso(-a), passato(-a) ▷ adv per ultimo ▷ vi durare; **~week** la

settimana scorsa; **~ night** ieri sera, la notte scorsa; **at ~** finalmente, alla fine; **~ but one** penultimo(-a); **lastly** adv infine, per finire; **last-minute**adj fatto(-a) (or preso(-a) etc) all'ultimo momento

latch[lætʃ] n chiavistello ▷ **latch onto** vt fus (cling to: person) attaccarsi a, appiccicarsi a; (: idea) afferrare, capire

late[leɪt] adj (not on time) in ritardo; (far on in day etc) tardi inv; tardo(-a); (former) ex; (dead) defunto(-a) ▷ adv tardi; (behind time, schedule) in ritardo; **sorry I'm ~** scusi il ritardo; **the flight is two hours ~** il volo ha due ore di ritardo; **it's too ~** è troppo tardi; **of ~** di recente; **in the ~ afternoon** nel tardo pomeriggio; **in ~ May** verso la fine di maggio; **latecomer**n ritardatario(-a); **lately** adv recentemente; **later** [ˈleɪtəʳ] adj (date etc) posteriore; (version etc) successivo(-a) ▷ adv più tardi; **later on** più avanti; **latest** [ˈleɪtɪst] adj ultimo(-a), più recente; **at the latest** al più tardi

lather[ˈlɑːðəʳ] n schiuma di sapone ▷ vt insaponare

Latin[ˈlætɪn] n latino ▷ adj latino(-a); **Latin American** America Latina; **Latin American**adj sudamericano(-a)

latitude[ˈlætɪtjuːd] n latitudine f; (fig) libertà d'azione

latter[ˈlætəʳ] adj secondo(-a), più recente ▷ n the ~ quest'ultimo, il secondo

laugh[lɑːf] n risata ▷ vi ridere ▷ **laugh at**vt fus (misfortune etc) ridere di; **laughter**n riso; risate fpl

launch[lɔːntʃ] n (of rocket, Comm) lancio; (of new ship) varo; (also: **motor ~**) lancia ▷ vt (rocket, Comm) lanciare; (ship, plan) varare ▷ **launch into**vt fus lanciarsi in

launder ['lɔ:ndə'] vt lavare e stirare

Launderette® [lɔ:n'drɛt] (BRIT) n lavanderia (automatica)

Laundromat® ['lɔ:ndrəmæt] (US) n lavanderia automatica

laundry ['lɔ:ndrɪ] n lavanderia; (clothes) biancheria; (: dirty) panni mpl da lavare

lava ['lɑ:va] n lava

lavatory ['lævətərɪ] n gabinetto

lavender ['lævəndə'] n lavanda

lavish ['lævɪʃ] adj copioso(-a), abbondante; (giving freely): **with prodigo(-a) di, largo(-a) in ▶ vt to ~ sth on sb** colmare qn di qc

law [lɔ:] n legge f; **civil/criminal ~** diritto civile/penale; **lawful** adj legale, lecito(-a); **lawless** adj che non conosce nessuna legge

lawn [lɔ:n] n tappeto erboso; **lawnmower** n tosaerba m or f inv

lawsuit ['lɔ:su:t] n processo, causa

lawyer ['lɔ:jə'] n (for sales, wills etc) ≈ notaio; (partner, in court) ≈ avvocato(-essa)

lax [læks] adj rilassato(-a), negligente

laxative ['læksətɪv] n lassativo

lay [leɪ] (pt, pp **laid**) pt of **lie ▶** adj laico(-a); (not expert) profano(-a) ▶ vt posare, mettere; (eggs) fare; (trap) tendere; (plans) fare, elaborare; **to ~ the table** apparecchiare la tavola ▶ **lay down** vt mettere giù; (rules etc) formulare, fissare; **to ~ down the law** dettar legge; **to ~ down one's life** dare la propria vita; **to ~ off** vt (workers) licenziare ▶ **lay on** vt (provide) fornire ▶ **lay out** vt (display) presentare, disporre; **lay-by** (BRIT) n piazzola (di sosta)

layer ['leɪə'] n strato

layman ['leɪmən] (irreg) n laico, profano

layout ['leɪaʊt] n lay-out m inv, disposizione f; (Press)

impaginazione f

lazy ['leɪzɪ] adj pigro(-a)

lb. abbr = **pound** (weight)

lead¹ [li:d] (pt, pp **led**) n (front position) posizione f di testa; (distance, time ahead) vantaggio; (clue) indizio; (Elec) filo (elettrico); (for dog) guinzaglio; (Theatre) parte f principale ▶ vt guidare, condurre; (induce) indurre; (be leader of) essere a capo di ▶ vi condurre; (Sport) essere in testa; **in the ~** in testa; **to ~ the way** fare strada ▶ **lead up to** vt fus portare a

lead² [lɛd] n (metal) piombo; (in pencil) mina

leader ['li:də'] n capo; leader m inv; (in newspaper) articolo di fondo; (Sport) chi è in testa; **leadership** n direzione f; capacità di comando

lead-free ['lɛdfri:] adj senza piombo

leading ['li:dɪŋ] adj primo(-a), principale

lead singer n cantante alla testa di un gruppo

leaf [li:f] (pl **leaves**) n foglia ▶ vi to ~ **through sth** sfogliare qc; **to turn over a new ~** cambiar vita

leaflet ['li:flɪt] n dépliant m inv; (Pol, Rel) volantino

league [li:g] n lega; (Football) campionato; **to be in ~ with** essere in lega con

leak [li:k] n (out) fuga; (in) infiltrazione f; (security leak) fuga d'informazioni ▶ vi (roof, bucket) perdere; (liquid) uscire; (shoes) lasciar passare l'acqua ▶ vt (information) divulgare

lean [li:n] (pt, pp **leaned** or **leant**) adj magro(-a) ▶ vt to ~ **sth on sth** appoggiare qc su qc ▶ vi (slope) pendere; (rest): **to ~ against** essere appoggiato(-a) contro; essere appoggiato(-a) a; **to ~ on** appoggiarsi a ▶ **lean forward** vi sporgersi in avanti ▶ **lean over** vi inclinarsi;

leaning n leaning (towards)
propensione f (per)
leant [lɛnt] pt, pp of **lean**
leap [liːp] pt, pp **leaped** or **leapt**) n
salto, balzo ▸ vi saltare, balzare
leapt [lɛpt] pt, pp of **leap**
leap year n anno bisestile
learn [ləːn] (pt, pp **learned** or **learnt**)
vt, vi imparare; **to ~ about sth**
(hear, read) apprendere qc; **to ~ to
do sth** imparare a fare qc; **learner**
n principiante m/f; apprendista
m/f; (BRIT: also: **learner driver**)
guidatore(-a) principiante; **learning**
n erudizione f, sapienza
learnt [ləːnt] pt, pp of **learn**
lease [liːs] n contratto d'affitto ▸ vt
affittare
leash [liːʃ] n guinzaglio
least [liːst] adj the ~ (+ noun) il (la)
più piccolo(-a), il (la) minimo(-a);
(smallest amount of) il (la) meno ▸ adv
(+ verb) meno; **the ~** (+ adjective): **the ~
beautiful girl** la ragazza meno bella;
the ~ possible effort il minimo sforzo
possibile; **I have the ~ money** ho
meno denaro di tutti; **at ~** almeno;
not in the ~ affatto, per nulla
leather ['lɛðəʳ] n cuoio
leave [liːv] (pt, pp **left**) vt lasciare; (go
away from) partire da ▸ vi partire,
andarsene; (bus, train) partire ▸ n (time
off) congedo; (Mil, consent) licenza;
what time does the train/bus ~? a
che ora parte il treno/l'autobus?; **to
be left** rimanere; **there's some milk
left over** c'è rimasto del latte; **on ~** in
congedo ▸ **leave behind** vt (person,
object) lasciare; (: forget) dimenticare
▸ **leave out** vt omettere, tralasciare
leaves [liːvz] npl of **leaf**
Lebanon ['lɛbənən] n Libano
lecture ['lɛktʃəʳ] n conferenza; (Scol)
lezione f ▸ vi fare conferenze; fare
lezioni ▸ vt (scold): **to ~ sb on** or

about sth rimproverare qn or fare
una ramanzina a qn per qc; **to give
a ~ on** tenere una conferenza su;
lecture hall n aula magna; **lecturer**
['lɛktʃərəʳ] (BRIT) n (at university)
professore(-essa), docente m/f;
lecture theatre n = **lecture hall**
led [lɛd] pt, pp of **lead**
ledge [lɛdʒ] n (of window) davanzale m;
(on wall etc) sporgenza; (of mountain)
cornice f, cengia
leek [liːk] n porro
left [lɛft] pt, pp of **leave** ▸ adj
sinistro(-a) ▸ adv a sinistra ▸ n
sinistra; **on the ~, to the ~** a sinistra;
the L~ (Pol) la sinistra; **left-hand** adj
the left-hand side il lato sinistro;
left-hand drive adj guida a sinistra;
left-handed adj mancino(-a);
left-luggage locker n armadietto
per deposito bagagli; **left-luggage
(office)** (BRIT) n deposito m bagagli
inv; **left-overs** npl avanzi mpl, resti
mpl; **left-wing** adj (Pol) di sinistra
leg [lɛg] n gamba; (of animal) zampa;
(of furniture) piede m; (Culin: of chicken)
coscia; (of journey) tappa; **1st/2nd ~**
(Sport) partita di andata/ritorno
legacy ['lɛgəsɪ] n eredità f inv
legal ['liːgl] adj legale; **legal holiday**
(US) n giorno festivo, festa nazionale;
legalize vt legalizzare; **legally**
adv legalmente; **legally binding**
legalmente vincolante
legend ['lɛdʒənd] n leggenda;
legendary ['lɛdʒəndərɪ] adj
leggendario(-a)
leggings ['lɛgɪŋz] npl ghette fpl
legible ['lɛdʒəbl] adj leggibile
legislation [lɛdʒɪs'leɪʃən] n
legislazione f
legislative ['lɛdʒɪslətɪv] adj
legislativo(-a)
legitimate [lɪ'dʒɪtɪmət] adj
legittimo(-a)

leisure['lɛʒəʳ] n agio, tempo libero; ricreazioni fpl; **at ~** con comodo; **leisure centre** n centro di ricreazione; **leisurely** adj tranquillo(-a), fatto(-a) con comodo or senza fretta

lemon['lɛmən] n limone m; **lemonade**[-'neɪd] n limonata; **lemon tea** n tè m inv al limone

lend[lɛnd] (pt, pp **lent**) vt **to ~ sth (to sb)** prestare qc (a qn); **could you ~ me some money?** mi può prestare dei soldi?

length[lɛŋθ] n lunghezza; (distance) distanza; (section: of road, pipe etc) pezzo, tratto; (of time) periodo; **at ~** (at last) finalmente, alla fine; (lengthily) a lungo; **lengthen** ▶ vt allungare, prolungare ▶ vi allungarsi; **lengthways** adv per il lungo; **lengthy** adj molto lungo(-a)

lens[lɛnz] n lente f; (of camera) obiettivo

Lent[lɛnt] n Quaresima

lent[lɛnt] pt, pp of **lend**

lentil['lɛntl] n lenticchia

Leo['li:əu] n Leone m

leopard['lɛpəd] n leopardo

leotard['li:əta:d] n calzamaglia

leprosy['lɛprəsɪ] n lebbra

lesbian['lɛzbɪən] n lesbica

less[lɛs] adj, pron, adv meno ▶ prep ~ **tax/10% discount** meno tasse/il 10% di sconto; **~ than ever** meno che mai; **~ than half** meno della metà; **~ and ~** sempre meno; **the ~ he works ...** meno lavora ...; **lessen**['lɛsn] vi diminuire, attenuarsi ▶ vt diminuire, ridurre; **lesser**['lɛsəʳ] adj minore, più piccolo(-a); **to a lesser extent** in grado or misura minore

lesson['lɛsn] n lezione f; **to teach sb a ~** dare una lezione a qn

let[lɛt] (pt, pp **let**) vt lasciare; **to ~ sb do sth** lasciar fare qc a qn, lasciare che qn faccia qc; **to ~ sb know sth** far sapere qc a qn; **~'s go** andiamo; **~ him come** lo lasci venire; **"to ~"** "affittasi" ▶ **let down** vt (lower) abbassare; (dress) allungare; (hair) sciogliere; (tyre) sgonfiare; (disappoint) deludere ▶ **let in** vt lasciare entrare; (visitor etc) far entrare ▶ **let off** vt (allow to go) lasciare andare; (firework etc) far partire ▶ **let out** vt lasciare uscire; (scream) emettere

lethal['li:θl] adj letale, mortale

letter['lɛtəʳ] n lettera; **letterbox** (BRIT) n buca delle lettere

lettuce['lɛtɪs] n lattuga, insalata

leukaemia[lu:'ki:mɪə] (US **leukemia**) n leucemia

level['lɛvl] adj piatto(-a), piano(-a); orizzontale ▶ **to draw ~ with** mettersi alla pari di ▶ n livello ▶ vt livellare, spianare; **to be ~ with** essere alla pari di; **level crossing** (BRIT) n passaggio a livello

lever['li:vəʳ] n leva; **leverage** (on or with) forza (su); (fig) ascendente m (su)

levy['lɛvɪ] n tassa, imposta ▶ vt imporre

liability[laɪə'bɪlɪtɪ] n responsabilità f inv; (handicap) peso

liable['laɪəbl] adj (subject): **~ to** soggetto(-a) a; passibile di; (responsible): **~ for** responsabile (di); (likely): **~ to do** propenso(-a) a fare

liaise[li:'eɪz] vi **to ~ (with)** mantenere i contatti (con)

liar['laɪəʳ] n bugiardo(-a)

liberal['lɪbərl] adj liberale; (generous): **to be ~ with** distribuire liberamente; **Liberal Democrat** n liberaldemocratico(-a)

liberate['lɪbəreɪt] vt liberare

liberation[lɪbə'reɪʃən] n liberazione f

liberty['lɪbətɪ] n libertà f inv; **at**

~ (criminal) in libertà; **at~to do**
libero(-a) di fare

Libra['li:brə] n Bilancia

librarian[laɪˈbrɛərɪən] n
bibliotecario(-a)

library['laɪbrərɪ] n biblioteca

Libya['lɪbɪə] n Libia

lice[laɪs] npl di **louse**

licence['laɪsns] (US **license**) n
autorizzazione f, permesso; (Comm)
licenza; (Radio, TV) canone m,
abbonamento; (also: **driving ~**: US:
also: **driver's license**) patente f di
guida; (excessive freedom) licenza

license['laɪsns] n (US) = **licence** ▶ vt
dare una licenza a; **licensed** adj (for
alcohol) che ha la licenza di vendere
bibite alcoliche; **license plate**(esp
US) n (Aut) targa (automobilistica);
licensing hours(BRIT) npl orario
d'apertura (di un pub)

lick[lɪk] vt leccare; (inf: defeat)
stracciare; **to ~ one's lips** (fig) leccarsi
i baffi

lid[lɪd] n coperchio; (eyelid) palpebra

lie[laɪ] (pt **lay**, pp **lain**) vi (rest) giacere,
star disteso(-a); (of object: be situated)
trovarsi, essere; (tell lies: pt, pp **lied**)
mentire, dire bugie ▶ n bugia,
menzogna; **to ~ low** (fig) latitare ▶ **lie
about** or **around** vi (things) essere in
giro; (person) bighellonare ▶ **lie down**
vi stendersi, sdraiarsi

Liechtenstein['lɪktənstaɪn] n
Liechtenstein m

lie-in['laɪɪn] (BRIT) n **to have a ~**
rimanere a letto

lieutenant[lɛfˈtɛnənt, (US)
luːˈtɛnənt] n tenente m

life[laɪf] (pl **lives**) n vita ▶ cpd di
vita; della vita; a vita; **to come to ~**
rianimarsi; **life assurance** (BRIT) n
= **life insurance**; **lifeboat** n scialuppa
di salvataggio; **lifeguard** n bagnino;
life insurance n assicurazione f

sulla vita; **life jacket** n giubbotto di
salvataggio; **lifelike** adj verosimile;
rassomigliante; **life preserver**
[-prɪˈzəːvəʳ] (US) n salvagente m;
giubbotto di salvataggio; **life
sentence** n ergastolo; **lifestyle** n stile
m di vita; **lifetime** n **in his lifetime**
durante la sua vita; **once in a lifetime**
una volta nella vita

lift[lɪft] vt sollevare; (ban, rule) levare
▶ vi (fog) alzarsi ▶ n (BRIT: elevator)
ascensore m; **to give sb a ~** (BRIT)
dare un passaggio a qn; **can you give
me a ~ to the station?** può darmi un
passaggio fino alla stazione? ▶ **lift up**
vt sollevare, alzare; **lift-off** n decollo

light[laɪt] (pt, pp **lighted** or **lit**) n luce
f, lume m; (daylight) luce f, giorno;
(lamp) lampada; (Aut: rear light) luce
f di posizione; (: headlamp) fanale
m; (for cigarette etc): **have you got
a ~?** ha da accendere?; ~ snpl (Aut:
traffic lights) semaforo ▶ vt (candle,
cigarette, fire) accendere; (room): **to
be lit by** essere illuminato(-a) da ▶ adj
(room, colour) chiaro(-a); (not heavy,
also fig) leggero(-a); **to come to ~**
venire alla luce, emergere ▶ **light
up** vi illuminarsi ▶ vt illuminare;
light bulb n lampadina; **lighten** vt
(make less heavy) alleggerire; **lighter**
n (also: **cigarette lighter**) accendino;
light-hearted adj gioioso(-a),
gaio(-a); **lighthouse** n faro;
lighting n illuminazione f; **lightly**
adv leggermente; **to get off lightly**
cavarsela a buon mercato

lightning['laɪtnɪŋ] n lampo,
fulmine m

lightweight['laɪtweɪt] adj (suit)
leggero(-a) ▶ n (Boxing) peso leggero

like[laɪk] vt (person) volere bene a;
(activity, object, food): **I ~ swimming/
that book/chocolate** mi piace
nuotare/quel libro/il cioccolato

▶ prep come ▶ adj simile, uguale ▶ n
the ~ uno(-a) uguale; his ~s and
dis ~ i suoi gusti; I would ~, would you
~ a coffee? gradirebbe un caffè?;
to be/look ~ sb/sth somigliare a
qn/qc; what does it look/taste ~?
che aspetto/gusto ha?; what does it
sound ~? come fa?; that's just ~ him è
proprio da lui; do it ~ this fallo così; it
is nothing ~ ... non è affatto come ...;
likeable adj simpatico(-a)
likelihood ['laiklihud] n probabilità
likely ['laikli] adj probabile; plausibile;
he's ~ to leave probabilmente partirà,
è probabile che parta; not ~! neanche
per sogno!
likewise ['laikwaiz] adv similmente,
nello stesso modo
liking ['laikiŋ] n ~ (for) debole m (per);
to be to sb's ~ piacere a qn
lilac ['lailək] n lilla m inv
Lilo® ['lailəu] n materassino
gonfiabile
lily ['lili] n giglio
limb [lim] n arto
limbo ['limbəu] n to be in ~ (fig) essere
lasciato(-a) nel dimenticatoio
lime [laim] n (tree) tiglio; (fruit)
limetta; (Geo) calce f
limelight ['laimlait] n in the ~ (fig) alla
ribalta, in vista
limestone ['laimstəun] n pietra
calcarea; (Geo) calcare m
limit ['limit] n limite m ▶ vt limitare;
limited adj limitato(-a), ristretto(-a);
to be limited to limitarsi a
limousine ['liməzi:n] n limousine f inv
limp [limp] n to have a ~ zoppicare
▶ vi zoppicare ▶ adj floscio(-a),
flaccido(-a)
line [lain] n linea; (rope) corda; (for
fishing) lenza; (wire) filo; (of poem)
verso; (row, series) fila, riga; coda; (on
face) ruga ▶ vt (clothes): to ~ (with)

foderare (di); (box): to ~ (with)
rivestire or foderare (di); (trees, crowd)
fiancheggiare; ~ of business settore
m or ramo d'attività; in ~ with in linea
con ▶ line up vi allinearsi, mettersi
in fila ▶ vt mettere in fila; (event,
celebration) preparare
linear ['liniər] adj lineare
linen ['linin] n biancheria, panni mpl;
(cloth) tela di lino
liner ['lainər] n nave f di linea; (for bin)
sacchetto
line-up ['lainʌp] n allineamento, fila;
(Sport) formazione f di gioco
linger ['liŋgər] vi attardarsi; indugiare;
(smell, tradition) persistere
lingerie ['lænʒəri:] n biancheria
intima femminile
linguist ['liŋgwist] n linguista
m/f; poliglotta m/f; linguistic adj
linguistico(-a)
lining ['lainiŋ] n fodera
link [liŋk] n (of a chain) anello;
(relationship) legame m; (connection)
collegamento ▶ vt collegare, unire,
congiungere; (associate): to ~ with
or to collegare a; ~ s npl (Golf) pista or
terreno da golf ▶ link up vt collegare,
unire ▶ vi riunirsi; associarsi
lion ['laiən] n leone m; lioness n
leonessa
lip [lip] n labbro; (of cup etc) orlo; lip-
read vi leggere sulle labbra; lip salve
[-sælv] n burro di cacao; lipstick n
rossetto
liqueur [li'kjuər] n liquore m
liquid ['likwid] n liquido ▶ adj
liquido(-a); liquidizer n frullatore m
(a brocca)
liquor ['likər] n alcool m; liquor store
(US) n negozio di liquori
Lisbon ['lizbən] n Lisbona
lisp [lisp] n pronuncia blesa della "s"
list [list] n lista, elenco m ▶ vt (write down)
mettere in lista; fare una lista di;

(*enumerate*) elencare
listen ['lɪsn] *vi* ascoltare; **to ~ to** ascoltare; **listener** *n* ascoltatore(-trice)
lit [lɪt] *pt, pp of* **light**
liter ['liːtə'] (US) = **litre**
literacy ['lɪtərəsɪ] *n* il sapere leggere e scrivere
literal ['lɪtərl] *adj* letterale; **literally** *adv* alla lettera, letteralmente
literary ['lɪtərərɪ] *adj* letterario(-a)
literate ['lɪtərət] *adj* che sa leggere e scrivere
literature ['lɪtərɪtʃə'] *n* letteratura; (*brochures etc*) materiale *m*
litre ['liːtə'] (US **liter**) *n* litro
litter ['lɪtə'] *n* (*rubbish*) rifiuti *mpl*; (*young animals*) figliata; **litter bin** (BRIT) *n* cestino per rifiuti; **littered** *adj* **littered with** (*scattered*) coperto(-a) di
little ['lɪtl] *adj* (*small*) piccolo(-a); (*not much*) poco(-a) ▷ *adv* poco; **a ~** un po' (di); **a ~ bit** un pochino; **~ by ~** a poco a poco; **little finger** *n* mignolo
live[^1] [lɪv] *vi* vivere; (*reside*) vivere, abitare; **where do you ~?** dove abita? ▷ **live together** *vi* vivere insieme, convivere ▷ **live up to** *vt fus* tener fede a, non venir meno a
live[^2] [laɪv] *adj* (*animal*) vivo(-a); (*wire*) sotto tensione; (*bullet, missile*) inesploso(-a); (*broadcast*) diretto(-a); (*performance*) dal vivo
livelihood ['laɪvlɪhud] *n* mezzi *mpl* di sostentamento
lively ['laɪvlɪ] *adj* vivace, vivo(-a)
liven up ['laɪvn ʌp] *vt* (*discussion, evening*) animare ▷ *vi* ravvivarsi
liver ['lɪvə'] *n* fegato
lives [laɪvz] *npl of* **life**
livestock ['laɪvstɔk] *n* bestiame *m*
living ['lɪvɪŋ] *adj* vivo(-a) ▷ *n* **to earn** *or* **make a ~** guadagnarsi la vita; **living room** *n* soggiorno
lizard ['lɪzəd] *n* lucertola

load [ləud] *n* (*weight*) peso; (*thing carried*) carico ▷ *vt* (*also:* **~ up**): **to ~ (with)** (*lorry, ship*) caricare (di); (*gun, camera, Comput*) caricare (con); **a ~ of, ~s of** (*fig*) un sacco di; **loaded** *adj* (*vehicle*) **loaded (with)** carico(-a) (di); (*question*) capzioso(-a); (*inf: rich*) carico(-a) di soldi
loaf [ləuf] (*pl* **loaves**) *n* pane *m*, pagnotta
loan [ləun] *n* prestito ▷ *vt* dare in prestito; **on ~** in prestito
loathe [ləuð] *vt* detestare, aborrire
loaves [ləuvz] *npl of* **loaf**
lobby ['lɔbɪ] *n* atrio, vestibolo; (*Pol: pressure group*) gruppo di pressione ▷ *vt* fare pressione su
lobster ['lɔbstə'] *n* aragosta
local ['ləukl] *adj* locale ▷ *n* (BRIT: *pub*) ≈ bar *m inv* all'angolo; **the ~s** *npl* (*local inhabitants*) la gente della zona; **local anaesthetic** *n* anestesia locale; **local authority** *n* ente *m* locale; **local government** *n* amministrazione *f* locale; **locally** ['ləukəlɪ] *adv* da queste parti; nel vicinato
locate [ləu'keɪt] *vt* (*find*) trovare; (*situate*) collocare; situare
location [ləu'keɪʃən] *n* posizione *f*; **on ~** (*Cinema*) all'esterno
loch [lɔx] *n* lago
lock [lɔk] *n* (*of door, box*) serratura; (*of canal*) chiusa; (*of hair*) ciocca, riccio ▷ *vt* (*with key*) chiudere a chiave ▷ *vi* (*door etc*) chiudersi; (*wheels*) bloccarsi, incepparsi ▷ **lock in** *vt* chiudere dentro (a chiave) ▷ **lock out** *vt* chiudere fuori ▷ **lock up** *vt* (*criminal, mental patient*) rinchiudere; (*house*) chiudere (a chiave) ▷ *vi* chiudere tutto (a chiave)
locker ['lɔkə'] *n* armadietto; **locker-room** (US) *n* (*Sport*) spogliatoio
locksmith ['lɔksmɪθ] *n* magnano
locomotive [ləukə'məutɪv] *n*

[^1]: live¹
[^2]: live²

locomotiva

lodge[lɒdʒ] n casetta, portineria; (hunting lodge) casino di caccia ▶ vi (person): **to ~ (with)** essere a pensione (presso o da); (bullet etc) conficcarsi ▶ vt (appeal etc) presentare, fare; **to ~ a complaint** presentare un reclamo; **lodger** n affittuario(-a); (with room and meals) pensionante m/f

lodging[ˈlɒdʒɪŋ] n alloggio; see also **board**

loft[lɒft] n solaio, soffitta

log[lɒg] n (of wood) ceppo; (also: ~**book**: Naut,Aviat) diario di bordo; (Aut) libretto di circolazione ▶ vt registrare

▷ **log in**vi (Comput) aprire una sessione (con codice di riconoscimento)

▷ **log off**vi (Comput) terminare una sessione

logic[ˈlɒdʒɪk] n logica; **logical**adj logico(-a)

logo[ˈlaugəu] n logo m inv

lollipop[ˈlɒlɪpɒp] n lecca lecca m inv

lolly[ˈlɒlɪ] (inf) n lecca lecca m inv; (also: **ice~**) ghiacciolo; (money) grana

London[ˈlʌndən] n Londra; **Londoner** n londinese m/f

lone[laun] adj solitario(-a)

loneliness[ˈlaunlɪnɪs] n solitudine f, isolamento

lonely[ˈlaunlɪ] adj solo(-a); solitario(-a), isolato(-a)

long[lɒŋ] adj lungo(-a) ▶ adv a lungo, per molto tempo ▶ vi **to ~ for sth/to do** desiderare qc/di fare, non veder l'ora di aver qc/di fare; **so or as ~ as** (while) finché; (provided that) sempre che + sub; **don't be ~!** fai presto!; **how ~ is this river/course?** quanto è lungo questo fiume/corso?; **6 metres ~** lungo 6 metri; **6 months ~** che dura 6 mesi, di 6 mesi; **all night ~** tutta la notte; **he no ~er comes** non viene più; **~ before** molto tempo prima; **before ~** (+ future) presto, fra poco;

(+ past) poco tempo dopo; **at ~ last** finalmente; **long-distance**adj (race) di fondo; (call) interurbano(-a); **long-haul**[ˈlɒŋˈhɔːl] adj (flight) a lunga percorrenza inv; **longing** n desiderio, voglia, brama

longitude[ˈlɒŋgɪtjuːd] n longitudine f

long: **long jump**n salto in lungo; **long-life**adj (milk) a lunga conservazione; (batteries) di lunga durata; **long-sighted**adj presbite; **long-standing**adj di vecchia data; **long-term**adj a lungo termine

loo[luː] (BRIT: inf) n W.C. m inv, cesso

look[luk] vi guardare; (seem) sembrare, parere; (building etc): **to ~ south/on to the sea** dare a sud/sul mare ▶ n sguardo; (appearance) aspetto, aria; **~s**npl (good looks) bellezza ▷ **look after**vt fus occuparsi di, prendere cura di; (keep an eye on) guardare, badare a ▷ **look around** vi guardarsi intorno ▷ **look at** vt fus guardare ▷ **look back**vi **to ~ back on** (event etc) ripensare a ▷ **look down** onvt fus (fig) guardare dall'alto, disprezzare ▷ **look for**vt fus cercare; **we're ~ing for a hotel/restaurant** stiamo cercando un albergo/ristorante ▷ **look forward to**vt fus non veder l'ora di; (in letters): **we ~ forward to hearing from you** in attesa di una vostra gentile risposta ▷ **look into**vt fus esaminare ▷ **look out**vi (beware): **to ~ out (for)** stare in guardia (per) ▷ **look out for**vt fus cercare ▷ **look round**vi (turn) girarsi, voltarsi; (in shop) dare un'occhiata ▷ **look through**vt fus (papers, book) scorrere; (telescope) guardare attraverso ▷ **look up**vi alzare gli occhi; (improve) migliorare ▶ vt (word) cercare; (friend) andare a trovare ▷ **look up to**vt fus avere rispetto per; **lookout**n posto d'osservazione;

guardia; **to be on the lookout (for)** stare in guardia (per)

loom[luːm] n telaio ▶ vi (also: **~ up**) apparire minaccioso(-a); (event) essere imminente

loony['luːnɪ] (inf) n pazzo(-a)

loop[luːp] n cappio ▶ vt to **~ sth round sth** passare qc intorno a qc; **loophole** n via d'uscita; scappatoia

loose[luːs] adj (knot) sciolto(-a); (screw) allentato(-a); (stone) cadente; (clothes) ampio(-a), largo(-a); (animal) in libertà, scappato(-a); (life, morals) dissoluto(-a) ▶ n **to be on the ~** essere in libertà; **loosely** adv senza stringere; approssimativamente; **loosen** vt sciogliere; (belt etc) allentare

loot[luːt] n bottino ▶ vt saccheggiare

lop-sided['lɔp'saɪdɪd] adj non equilibrato(-a), asimmetrico(-a)

lord[lɔːd] n signore m; **L~ Smith** lord Smith; **the L~** il Signore; **good L~!** buon Dio!; **the (House of) L~s** (BRIT) la Camera dei Lord

lorry['lɔrɪ] (BRIT) n camion m inv; **lorry driver** (BRIT) n camionista m

lose[luːz] (pt, pp **lost**) vt perdere ▶ vi perdere; **I've lost my wallet/passport** ho perso il portafoglio/passaporto; **to ~ (time)** (clock) ritardare ▶ **lose out** vi rimetterci; **loser** n perdente m/f

loss[lɔs] n perdita; **to be at a ~** essere perplesso(-a)

lost[lɔst] pt, pp of **lose** ▶ adj perduto(-a); **I'm ~** mi sono perso; **lost property** (US **lost and found**) n oggetti mpl smarriti

lot[lɔt] n (at auctions) lotto; (destiny) destino, sorte f; **the ~** tutto(-a) quanto(-a); tutti(-e) quanti(-e); **a ~** molto; **a ~ of** una gran quantità di, un sacco di; **~s of** molto(-a); **to draw ~s (for sth)** tirare a sorte (per qc)

lotion['ləuʃən] n lozione f

lottery['lɔtərɪ] n lotteria

loud[laud] adj forte, alto(-a); (gaudy) vistoso(-a), sgargiante ▶ adv (speak etc) forte; **out ~** (read etc) ad alta voce; **loudly** adv fortemente, ad alta voce; **loudspeaker** n altoparlante m

lounge[laundʒ] n salotto, soggiorno; (at airport, station) sala d'attesa; (BRIT: also: **~ bar**) bar m inv con servizio a tavolino ▶ vi oziare

louse[laus] (pl **lice**) n pidocchio

lousy['lauzɪ] (inf) adj orrendo(-a), schifoso(-a); **to feel ~** stare da cani

love[lʌv] n amore m ▶ vt amare; voler bene a; **to ~ to do:** **I ~ to do** mi piace fare; **to be/fall in ~ with** essere innamorato(-a)/innamorarsi di; **to make ~** fare l'amore; **"15 ~"** (Tennis) "15 a zero"; **love affair** n relazione f; **love life** n vita sentimentale

lovely['lʌvlɪ] adj bello(-a); (delicious: smell, meal) buono(-a)

lover['lʌvər] n amante m/f; (person in love) innamorato(-a); (amateur): **a ~ of** un(-un') amante di; un(-un') appassionato(-a) di

loving['lʌvɪŋ] adj affettuoso(-a)

low[ləu] adj basso(-a) ▶ adv in basso ▶ n (Meteor) depressione f; **to be ~ on** (supplies etc) avere scarsità di; **to feel ~** sentirsi giù; **low-alcohol** adj a basso contenuto alcolico; **low-calorie** adj a basso contenuto calorico

lower['ləuər] adj (bottom: of 2 things) più basso; (less important) meno importante ▶ vt calare; (prices, eyes, voice) abbassare

low-fat['ləu'fæt] adj magro(-a)

loyal['lɔɪəl] adj fedele, leale; **loyalty** n fedeltà, lealtà; **loyalty card** n carta che offre sconti a clienti abituali

L.P. n abbr = **long-playing record**

L-plates['elpleɪts] (BRIT) npl contrassegno P principiante

Lt abbr (= lieutenant) Ten.

Ltd *abbr* (= *limited*) ≈ S.r.l.

luck [lʌk] *n* fortuna, sorte *f*; **bad ~** sfortuna, mala sorte; **good ~!** buona fortuna!; **luckily** *adv* fortunatamente, per fortuna; **lucky** *adj* fortunato(-a); (*number etc*) che porta fortuna

lucrative ['lu:krətɪv] *adj* lucrativo(-a), lucroso(-a), profittevole

ludicrous ['lu:dɪkrəs] *adj* ridicolo(-a)

luggage ['lʌgɪdʒ] *n* bagagli *mpl*; **our ~ hasn't arrived** i nostri bagagli non sono arrivati; **luggage rack** *n* portabagagli *m inv*

lukewarm ['lu:kwɔ:m] *adj* tiepido(-a)

lull [lʌl] *n* intervallo di calma ▶ *vt* **to ~ sb to sleep** cullare qn finché si addormenta

lullaby ['lʌləbaɪ] *n* ninnananna

lumber ['lʌmbə*] *n* (*wood*) legname *m*; (*junk*) roba vecchia

luminous ['lu:mɪnəs] *adj* luminoso(-a)

lump [lʌmp] *n* pezzo; (*in sauce*) grumo; (*swelling*) gonfiore *m*; (*also*: **sugar ~**) zolletta ▶ *vt* (*also*: **~ together**) riunire, mettere insieme; **lump sum** *n* somma globale; **lumpy** *adj* (*sauce*) pieno(-a) di grumi; (*bed*) bitorzoluto(-a)

lunatic ['lu:nətɪk] *adj* pazzo(-a), matto(-a)

lunch [lʌntʃ] *n* pranzo, colazione *f*; **lunch break** *n* intervallo del pranzo; **lunch time** *n* ora di pranzo

lung [lʌŋ] *n* polmone *m*

lure [luə*] *n* richiamo; lusinga ▶ *vt* attirare (con l'inganno)

lurk [lə:k] *vi* stare in agguato

lush [lʌʃ] *adj* lussureggiante

lust [lʌst] *n* lussuria; cupidigia; desiderio; (*fig*): **~ for** sete *f* di

Luxembourg ['lʌksəmbə:g] *n* (*state*) Lussemburgo *m*; (*city*) Lussemburgo *f*

luxurious [lʌg'zjuərɪəs] *adj* sontuoso(-a), di lusso

luxury ['lʌkʃərɪ] *n* lusso ▶ *cpd* di lusso

Be careful not to translate luxury by the Italian word lussuria.

Lycra® ['laɪkrə] *n* lycra® *f inv*

lying ['laɪɪŋ] *n* bugie *fpl*, menzogne *fpl* ▶ *adj* bugiardo(-a)

lyrics ['lɪrɪks] *npl* (*of song*) parole *fpl*

m. *abbr* = **metre**; **mile**; **million**

M.A. *abbr* = **Master of Arts**

ma (*inf*) [ma:] *n* mamma

mac [mæk] (*BRIT*) *n* impermeabile *m*

macaroni [mækə'rəunɪ] *n* maccheroni *mpl*

Macedonia [mæsɪ'dəunɪə] *n* Macedonia; **Macedonian** [mæsɪ'dəunɪən] *adj* macedone ▶ *n* macedone *m/f*; (*Ling*) macedone *m*

machine [mə'ʃi:n] *n* macchina ▶ *vt* (*Tech*) lavorare a macchina; (*dress etc*) cucire a macchina; **machine gun** *n* mitragliatrice *f*; **machinery** *n* macchinario, macchine *fpl*; (*fig*) macchina; **machine washable** *adj* lavabile in lavatrice

macho ['mætʃəu] *adj* macho *inv*

mackerel ['mækrl] *n inv* sgombro

mackintosh ['mækɪntɔʃ] (*BRIT*) *n* impermeabile *m*

mad [mæd] *adj* matto(-a), pazzo(-a); (*foolish*) sciocco(-a); (*angry*)

furioso(-a); **to be ~ about** (keen)
andare pazzo(-a) per
Madagascar [mædə'gæskə'] n
Madagascar m
madam ['mædəm] n signora
mad cow disease n encefalite f
bovina spongiforme
made [meɪd] pt, pp of **make; made-
to-measure** (BRIT) adj fatto(-a) su
misura; **made-up** ['meɪdʌp] adj (story)
inventato(-a)
madly ['mædlɪ] adv follemente
madman ['mædmən] (irreg) n pazzo,
alienato
madness ['mædnɪs] n pazzia
Madrid [mə'drɪd] n Madrid f
Mafia ['mæfɪə] n mafia f
mag [mæg] n abbr (BRIT inf)
= **magazine** (Press)
magazine [mægə'ziːn] n (Press)
rivista; (Radio, TV) rubrica

▌ Be careful not to translate
magazine by the Italian word
magazzino.

maggot ['mægət] n baco, verme m
magic ['mædʒɪk] n magia ▶ adj
magico(-a); **magical** adj magico(-a);
magician [mə'dʒɪʃən] n mago(-a)
magistrate ['mædʒɪstreɪt] n
magistrato; giudice m/f
magnet ['mægnɪt] n magnete m,
calamita; **magnetic** [-'netɪk] adj
magnetico(-a)
magnificent [mæg'nɪfɪsnt] adj
magnifico(-a)
magnify ['mægnɪfaɪ] vt ingrandire;
magnifying glass n lente f
d'ingrandimento
magpie ['mægpaɪ] n gazza
mahogany [mə'hɔgənɪ] n mogano
maid [meɪd] n domestica; (in hotel)
cameriera
maiden name ['meɪdn-] n nome m da
nubile or da ragazza
mail [meɪl] n posta ▶ vt spedire (per

posta); **mailbox** (US) n cassetta
delle lettere; **mailing list** n elenco
d'indirizzi; **mailman** (irreg: US) n
portalettere m inv, postino; **mail-
order** n vendita (or acquisto) per
corrispondenza
main [meɪn] adj principale ▶ n (pipe)
conduttura principale; **main course**
n (Culin) piatto principale, piatto
forte; **mainland** n continente
m; **mainly** adv principalmente,
soprattutto; **main road** n strada
principale; **mainstream** n (fig)
corrente f principale; **main street** n
strada principale
maintain [meɪn'teɪn] vt mantenere;
(affirm) sostenere; **maintenance**
['meɪntənəns] n manutenzione f;
(alimony) alimenti mpl
maisonette [meɪzə'net] n (BRIT)
appartamento a due piani
maize [meɪz] n granturco, mais m
majesty ['mædʒɪstɪ] n maestà f inv
major ['meɪdʒə'] n (Mil) maggiore
m ▶ adj (greater, Mus) maggiore; (in
importance) principale, importante
Majorca [mə'jɔːkə] n Maiorca
majority [mə'dʒɔrɪtɪ] n maggioranza
make [meɪk] (pt, pp **made**) vt fare;
(manufacture) fare, fabbricare; (cause
to be): **to ~ sb sad** etc rendere qn triste
etc; (force): **to ~ sb do sth** costringere
qn a fare qc, far fare qc a qn; (equal): **2
and 2 ~ 4** 2 più 2 fa 4 ▶ n fabbricazione
f; (brand) marca; **to ~ a fool of sb** far
fare a qn la figura dello scemo; **to ~
a profit** realizzare un profitto; **to ~ a
loss** subire una perdita; **to ~ it** (arrive)
arrivare; (achieve sth) farcela; **what
time do you ~ it?** che ora fai?; **to ~
do with** arrangiarsi con ▷ **make off**
vi svignarsela ▷ **make out** vt (write
out) scrivere; (: cheque) emettere;
(understand) capire; (see) distinguere;
(: numbers) decifrare ▷ **make up**

vt (*constitute*) formare; (*invent*) inventare; (*parcel*) fare ▶ vi conciliarsi; (*with cosmetics*) truccarsi ▷ **make up for***vt fus* compensare; recuperare; **makeover**['meɪkəʊvə'] *n* (*change of image*) cambiamento di immagine; (*of room, house*) trasformazione f; **maker** *n* (*of programme etc*) creatore(-trice); (*manufacturer*) fabbricante *m*; **makeshift***adj* improvvisato(-a); **make-up***n* trucco

making['meɪkɪŋ] *n* (*fig*): **in the ~ in** formazione; **to have the ~s of** (*actor, athlete etc*) avere la stoffa di

malaria[mə'lɛərɪə] *n* malaria

Malaysia[mə'leɪzɪə] *n* Malaysia

male[meɪl] *n* (*Biol*) maschio ▶ *adj* maschile; maschio(-a)

malicious[mə'lɪʃəs] *adj* malevolo(-a); (*Law*) doloso(-a)

malignant[mə'lɪgnənt] *adj* (*Med*) maligno(-a)

mall[mɔːl] *n* (*also*: **shopping ~**) centro commerciale

mallet['mælɪt] *n* maglio

malnutrition[mælnjuː'trɪʃən] *n* denutrizione f

malpractice[mæl'præktɪs] *n* prevaricazione f; negligenza

malt[mɔːlt] *n* malto

Malta['mɔːltə] *n* Malta; **Maltese** [mɔːl'tiːz] *adj*, *n* (*pl inv*) maltese (*m/f*); (*Ling*) maltese *m*

mammal['mæml] *n* mammifero

mammoth['mæməθ] *adj* enorme, gigantesco(-a)

man[mæn] (*pl* **men**) *n* uomo ▶ *vt* fornire d'uomini; stare a; **an old ~** un vecchio; **~ and wife** marito e moglie

manage['mænɪdʒ] *vi* farcela ▶ *vt* (*be in charge of*) occuparsi di; gestire; **to ~ to do sth** riuscire a far qc; **manageable** *adj* maneggevole; fattibile; **management***n* amministrazione f, direzione f; **manager***n* direttore

m; (*of shop, restaurant*) gerente *m*; (*of artist, Sport*) manager *m inv*; **manageress**[-ə'rɛs] *n* direttrice f; gerente f; **managerial**[-ə'dʒɪərɪəl] *adj* dirigenziale; **managing director***n* amministratore *m* delegato

mandarin['mændərɪn] *n* (*person, fruit*) mandarino

mandate['mændeɪt] *n* mandato

mandatory['mændətərɪ] *adj* obbligatorio(-a), ingiuntivo(-a)

mane[meɪn] *n* criniera

mangetout['mɔnʒ'tuː] *n* pisello dolce, taccola

mango['mæŋgəʊ] (*pl* **mangoes**) *n* mango

man manhole['mænhəʊl] *n* botola stradale; **manhood**['mænhʊd] *n* età virile; virilità

mania['meɪnɪə] *n* mania; **maniac** ['meɪnɪæk] *n* maniaco(-a)

manic['mænɪk] *adj* (*behaviour, activity*) maniacale

manicure['mænɪkjʊə'] *n* manicure f *inv*

manifest['mænɪfɛst] *vt* manifestare ▶ *adj* manifesto(-a), palese

manifesto[mænɪ'fɛstəu] *n* manifesto

manipulate[mə'nɪpjuleɪt] *vt* manipolare

man mankind[mæn'kaɪnd] *n* umanità, genere *m* umano; **manly** ['mænlɪ] *adj* virile; coraggioso(-a); **man-made***adj* sintetico(-a); artificiale

manner['mænə'] *n* maniera, modo; (*behaviour*) modo di fare; (*type, sort*): **all ~ of things** ogni genere di cosa; **~snpl** (*conduct*) maniere fpl; **bad ~s** maleducazione f

manoeuvre[mə'nuːvə'] (*US* **maneuver**) *vt* manovrare ▶ *vi* far manovre ▶ *n* manovra

manpower['mænpauə'] *n* manodopera

mansion['mænʃən] n casa signorile

manslaughter['mænslɔːtə'] n omicidio preterintenzionale

mantelpiece['mæntlpiːs] n mensola del caminetto

manual['mænjuəl] adj manuale ▶ n manuale m

manufacture[mænju'fæktʃə'] vt fabbricare ▶ n fabbricazione f, manifattura; **manufacturer**n fabbricante m

manure[mə'njuə'] n concime m

manuscript['mænjuskrɪpt] n manoscritto

many['menɪ] adj molti(-e) ▶ pron molti(-e); **a great ~** moltissimi(-e), un gran numero (di); **~ a time** molte volte

map[mæp] n carta (geografica); (of city) cartina; **can you show it to me on the ~?** può indicarmelo sulla cartina?

maple['meɪpl] n acero

mar[mɑː'] vt sciupare

Marabbr (= March) mar.

marathon['mærəθən] n maratona

marble['mɑːbl] n marmo; (toy) pallina, bilia

March[mɑːtʃ] n marzo

march[mɑːtʃ] vi marciare; sfilare ▶ n marcia

mare[mɛə'] n giumenta

margarine[mɑːdʒə'riːn] n margarina

margin['mɑːdʒɪn] n margine m; **marginal**adj marginale; **marginal seat** (Pol) seggio elettorale ottenuto con una stretta maggioranza; **marginally** adv (bigger, better) lievemente, di poco; (different) un po'

marigold['mærɪgəuld] n calendula

marijuana[mærɪ'wɑːnə] n marijuana

marina[mə'riːnə] n marina

marinaden['mærɪ'neɪd] marinata ▶ vt ['mærɪneɪd] = **marinate**

marinate['mærɪneɪt] vt marinare

marine[mə'riːn] adj (animal, plant)

marino(-a); (forces, engineering) marittimo(-a) ▶ n (BRIT) fante m di marina; (US) marine m inv

marital['mærɪtl] adj maritale, coniugale; **marital status**n stato civile

maritime['mærɪtaɪm] adj marittimo(-a)

marjoram['mɑːdʒərəm] n maggiorana

mark[mɑːk] n segno; (stain) macchia; (of skid etc) traccia; (BRIT Scol) voto; (Sport) bersaglio; (currency) marco ▶ vt segnare; (stain) macchiare; (indicate) indicare; (BRIT Scol) dare un voto a; correggere; **to ~ time** segnare il passo; **marked**adj spiccato(-a), chiaro(-a); **marker**n (sign) segno; (bookmark) segnalibro

market['mɑːkɪt] n mercato ▶ vt (Comm) mettere in vendita; **marketing**n marketing m; **marketplace**n (piazza del) mercato; (world of trade) piazza, mercato; **market research**n indagine f or ricerca di mercato

marmalade['mɑːməleɪd] n marmellata d'arance

maroon[mə'ruːn] vt (also fig): **to be ~ed** (in or at) essere abbandonato(-a) (in) ▶ adj bordeaux inv

marquee[mɑː'kiː] n padiglione m

marriage['mærɪdʒ] n matrimonio; **marriage certificate**n certificato di matrimonio

married['mærɪd] adj sposato(-a); (life, love) coniugale, matrimoniale

marrow['mærəu] n midollo; (vegetable) zucca

marry['mærɪ] vt sposare, sposarsi con; (vicar, priest etc) dare in matrimonio ▶ vi (also: **get married**) sposarsi

Mars[mɑːz] n (planet) Marte m

marsh[mɑːʃ] n palude f

marshal ['mɑːʃl] n maresciallo; (US: fire) capo; (: police) capitano ▶ vt (thoughts, support) ordinare; (soldiers) adunare

martyr ['mɑːtə'] n martire m/f

marvel ['mɑːvl] n meraviglia ▶ vi to ~ (at) meravigliarsi (di); **marvellous** (US **marvelous**) adj meraviglioso(-a)

Marxism ['mɑːksɪzəm] n marxismo

Marxist ['mɑːksɪst] adj, n marxista m/f

marzipan ['mɑːzɪpæn] n marzapane m

mascara [mæs'kɑːrə] n mascara m

mascot ['mæskət] n mascotte f inv

masculine ['mæskjulɪn] adj maschile; (woman) mascolino(-a)

mash [mæʃ] vt passare, schiacciare; **mashed potatoes** npl purè m di patate

mask [mɑːsk] n maschera ▶ vt mascherare

mason ['meɪsn] n (also: **stone~**) scalpellino; (also: **free~**) massone m; **masonry** n muratura

mass [mæs] n moltitudine f, massa; (Physics) massa; (Rel) messa ▶ cpd di massa ▶ vi ammassarsi; **the ~es** npl (ordinary people) le masse; **~es of** (inf) una montagna di

massacre ['mæsəkə'] n massacro

massage ['mæsɑːʒ] n massaggio

massive ['mæsɪv] adj enorme, massiccio(-a)

mass media npl mass media mpl

mass-produce ['mæsprə'djuːs] vt produrre in serie

mast [mɑːst] n albero

master ['mɑːstə'] n padrone m; (Art etc, teacher: in primary school) maestro; (: in secondary school) professore m; (title for boys): **M~ X** Signorino X ▶ vt domare; (learn) imparare a fondo; (understand) conoscere a fondo; **mastermind** n mente f superiore ▶ vt essere il cervello di; **Master**

of Arts/Science n Master m inv in lettere/scienze; **masterpiece** n capolavoro

masturbate ['mæstəbeɪt] vi masturbare

mat [mæt] n stuoia; (also: **door~**) stoino, zerbino; (also: **table~**) sottopiatto ▶ adj = **matt**

match [mætʃ] n fiammifero; (game) partita, incontro; (fig) uguale m/f; matrimonio; partito ▶ vt intonare; (go well with) andare benissimo con; (equal) uguagliare; (correspond to) corrispondere a; (pair: also: **~ up**) accoppiare ▶ vi combaciare; **to be a good ~** andare bene; **matchbox** n scatola per fiammiferi; **matching** adj ben assortito(-a)

mate [meɪt] n compagno(-a) di lavoro; (inf: friend) amico(-a); (animal) compagno(-a); (in merchant navy) secondo ▶ vi accoppiarsi

material [mə'tɪərɪəl] n (substance) materiale m, materia; (cloth) stoffa ▶ adj materiale; **~s** npl (equipment) materiali mpl

materialize [mə'tɪərɪəlaɪz] vi materializzarsi, realizzarsi

maternal [mə'tɜːnl] adj materno(-a)

maternity [mə'tɜːnɪtɪ] n maternità; **maternity hospital** n ≈ clinica ostetrica; **maternity leave** n congedo di maternità

math [mæθ] (US) n = **maths**

mathematical [mæθə'mætɪkl] adj matematico(-a)

mathematician [mæθəmə'tɪʃən] n matematico(-a)

mathematics [mæθə'mætɪks] n matematica

maths [mæθs] (US **math**) n matematica

matinée ['mætɪneɪ] n matinée f inv

matron ['meɪtrən] n (in hospital) capoinfermiera; (in school) infermiera

matt [mæt] *adj* opaco(-a)

matter ['mætə'] *n* questione *f*; (*Physics*) materia, sostanza; (*content*) contenuto; (*Med: pus*) pus *m* ▸ *vi* importare; **it doesn't ~** non importa; (*I don't mind*) non fa niente; **what's the ~?** che cosa c'è?; **no ~ what** qualsiasi cosa accada; **as a ~ of course** come cosa naturale; **as a ~ of fact** in verità; **~s** *npl* (*affairs*) questioni

mattress ['mætrɪs] *n* materasso

mature [mə'tjuə'] *adj* maturo(-a); (*cheese*) stagionato(-a) ▸ *vi* maturare; stagionare; **mature student** *n* studente universitario che ha più di 25 anni; **maturity** *n* maturità

maul [mɔːl] *vt* lacerare

mauve [məʊv] *adj* malva *inv*

max *abbr* = **maximum**

maximize ['mæksɪmaɪz] *vt* (*profits etc*) massimizzare; (*chances*) aumentare al massimo

maximum ['mæksɪməm] (*pl* **maxima**) *adj* massimo(-a) ▸ *n* massimo

May [meɪ] *n* maggio

may [meɪ] (*conditional* **might**) *vi* (*indicating possibility*): **he ~ come** può darsi che venga; (*be allowed to*): **~ I smoke?** posso fumare?; (*wishes*): **~ God bless you!** Dio la benedica!; **you ~ as well go** tanto vale che tu te ne vada

maybe ['meɪbiː] *adv* forse, può darsi; **~ he'll ...** può darsi che lui ... + *sub*, forse lui ...

May Day *n* il primo maggio

mayhem ['meɪhem] *n* cagnara

mayonnaise [meɪə'neɪz] *n* maionese *f*

mayor [mɛə'] *n* sindaco; **mayoress** *n* sindaco (*donna*); moglie *f* del sindaco

maze [meɪz] *n* labirinto, dedalo

MD *n abbr* (= *Doctor of Medicine*) titolo di studio; (*Comm*) *see* **managing director**

me [miː] *pron* mi, m', m' + *vowel or silent* "h"; (*stressed, after prep*) me; **he heard me** mi ha o m'ha sentito; **give me a book** dammi (*or* mi dia) un libro; **it's me** sono io; **with me** con me; **without me** senza di me

meadow ['mɛdəʊ] *n* prato

meagre ['miːgə'] (*US* **meager**) *adj* magro(-a)

meal [miːl] *n* pasto; (*flour*) farina; **mealtime** *n* l'ora di mangiare

mean [miːn] (*pt, pp* **meant**) *adj* (*with money*) avaro(-a), gretto(-a); (*unkind*) meschino(-a), maligno(-a); (*shabby*) misero(-a); (*average*) medio(-a) ▸ *vt* (*signify*) significare, voler dire; (*intend*): **to ~ to do** aver l'intenzione di fare ▸ *n* mezzo; (*Math*) media; **~s** *npl* (*way, money*) mezzi *mpl*; **by ~s of** per mezzo di; **by all ~s** ma certo, prego; **to be ~ for** essere destinato(-a) a; **do you ~ it?** dice sul serio?; **what do you ~?** che cosa vuol dire?

meaning ['miːnɪŋ] *n* significato, senso; **meaningful** *adj* significativo(-a); **meaningless** *adj* senza senso

meant [ment] *pt, pp of* **mean**

meantime ['miːntaɪm] *adv* (*also*: **in the ~**) nel frattempo

meanwhile ['miːnwaɪl] *adv* nel frattempo

measles ['miːzlz] *n* morbillo

measure ['mɛʒə'] *vt, vi* misurare ▸ *n* misura; (*also*: **tape~**) metro

measurement ['mɛʒəmənt] *n* (*act*) misurazione *f*; (*measure*) misura; **chest/hip ~** giro petto/fianchi; **to take sb's ~s** prendere le misure di qn

meat [miːt] *n* carne *f*; **I don't eat ~** non mangio carne; **cold ~** affettato; **meatball** *n* polpetta di carne

Mecca ['mɛkə] *n* (*also fig*) la Mecca

mechanic [mɪ'kænɪk] *n* meccanico; **can you send a ~?** può mandare

un meccanico?; **mechanical***adj*
meccanico(-a)

mechanism['mɛkənɪzəm] *n*
meccanismo

medal['mɛdl] *n* medaglia; **medallist**
(*US* **medalist**) *n* (*Sport*): **to be a gold
medallist** essere medaglia d'oro

meddle['mɛdl] *vi* **to ~ in** immischiarsi
in, mettere le mani in; **to ~ with**
toccare

media['miːdɪə] *npl* media *mpl*

mediaeval[mɛdɪ'iːvl] *adj* = **medieval**

mediate['miːdɪeɪt] *vi* fare da
mediatore(-trice)

medical['mɛdɪkl] *adj* medico(-a) ▶ *n*
visita medica; **medical certificate***n*
certificato medico

medicated['mɛdɪkeɪtɪd] *adj*
medicato(-a)

medication[mɛdɪ'keɪʃən] *n*
medicinali *mpl*, farmaci *mpl*

medicine['mɛdsɪn] *n* medicina

medieval[mɛdɪ'iːvl] *adj* medievale

mediocre[miːdɪ'əʊkə'] *adj* mediocre

meditate['mɛdɪteɪt] *vi* **to ~ (on)**
meditare (su)

meditation[mɛdɪ'teɪʃən] *n*
meditazione *f*

Mediterranean[mɛdɪtə'reɪnɪən]
adj mediterraneo(-a); **the ~ (Sea)** il
(mare) Mediterraneo

medium['miːdɪəm] (*pl* **media**)
adj medio(-a) ▶ *n* (*means*) mezzo;
(*pl* **mediums**: *person*) medium *m*
inv; **medium-sized***adj* (*tin etc*) di
grandezza media; (*clothes*) di taglia
media; **medium wave***n* onde *fpl*
medie

meek[miːk] *adj* dolce, umile

meet[miːt] (*pt*, *pp* **met**) *vt* incontrare;
(*for the first time*) fare la conoscenza di;
(*go and fetch*) andare a prendere; (*fig*)
affrontare; soddisfare; raggiungere
▶ *vi* incontrarsi; (*in session*) riunirsi;
(*join*: *objects*) unirsi; **nice to ~ you**

piacere (di conoscerla) ▶ **meet up***vi*
to ~ up with sb incontrare qn ▶ **meet
with***vt fus* incontrare; **meeting***n*
incontro; (*session*: *of club etc*) riunione
f; (*interview*) intervista; **she's at
a meeting** (*Comm*) è in riunione;
meeting place *n* luogo d'incontro

megabyte['mɛgəbaɪt] *n* (*Comput*)
megabyte *m inv*

megaphone['mɛgəfəʊn] *n*
megafono

melancholy['mɛlənkəlɪ] *n*
malinconia ▶ *adj* malinconico(-a)

melody['mɛlədɪ] *n* melodia

melon['mɛlən] *n* melone *m*

melt[mɛlt] *vi* (*gen*) sciogliersi,
struggersi; (*metals*) fondersi ▶ *vt*
sciogliere, struggere; fondere

member['mɛmbə'] *n* membro;
Member of Congress(*US*)
n membro del Congresso;
Member of Parliament(*BRIT*)
n deputato(-a); **Member of the
European Parliament**(*BRIT*) *n*
eurodeputato(-a); **Member of
the Scottish Parliament**(*BRIT*)
n deputato(-a) del Parlamento
scozzese; **membership** *n* iscrizione
f, (*numero d')iscritti *mpl*, membri
mpl; **membership card***n* tessera (di
iscrizione)

memento[mə'mɛntəʊ] *n* ricordo,
souvenir *m inv*

memo['mɛməʊ] *n* appunto; (*Comm
etc*) comunicazione *f* di servizio

memorable['mɛmərəbl] *adj*
memorabile

memorandum[mɛmə'rændəm] (*pl*
memoranda) *n* appunto; (*Comm etc*)
comunicazione *f* di servizio

memorial[mɪ'mɔːrɪəl] *n*
monumento commemorativo ▶ *adj*
commemorativo(-a)

memorize['mɛməraɪz] *vt*
memorizzare

memory['mɛmərɪ] n (also Comput) memoria; (recollection) ricordo

men[mɛn] npl of **man**

menace['mɛnəs] n minaccia ▸ vt minacciare

mend[mɛnd] vt aggiustare, riparare; (darn) rammendare ▸ n **on the** ~ in via di guarigione

meningitis[menɪn'dʒaɪtɪs] n meningite f

menopause['mɛnəupɔːz] n menopausa

men's room the **men's room** (esp US) la toilette degli uomini

menstruation[mɛnstru'eɪʃən] n mestruazione f

menswear['mɛnzwɛəʳ] n abbigliamento maschile

mental['mɛntl] adj mentale; **mental hospital** n ospedale m psichiatrico; **mentality**[mɛn'tælɪtɪ] n mentalità f inv; **mentally** adv **to be mentally handicapped** essere minorato psichico

menthol['mɛnθɔl] n mentolo

mention['mɛnʃən] n menzione f ▸ vt menzionare, far menzione di; **don't ~ it!** non c'è di che!, prego!

menu['mɛnjuː] n (set menu, Comput) menù m inv; (printed) carta; **could we see the ~?** ci può portare il menù?

MEP n abbr = **Member of the European Parliament**

mercenary['məːsɪnərɪ] adj venale ▸ n mercenario

merchandise['məːtʃəndaɪz] n merci fpl

merchant['məːtʃənt] n mercante m, commerciante m; **merchant navy** (US **merchant marine**) n marina mercantile

merciless['məːsɪlɪs] adj spietato(-a)

mercury['məːkjurɪ] n mercurio

mercy['məːsɪ] n pietà; (Rel) misericordia; **at the ~ of** alla mercé di

mere[mɪəʳ] adj semplice; **by a ~ chance** per mero caso; **merely** adv semplicemente, non ... che

merge[məːdʒ] vt unire ▸ vi fondersi, unirsi; (Comm) fondersi; **merger** (Comm) fusione f

meringue[mə'ræŋ] n meringa

merit['mɛrɪt] n merito, valore m ▸ vt meritare

mermaid['məːmeɪd] n sirena

merry['mɛrɪ] adj gaio(-a), allegro(-a); **M~ Christmas!** Buon Natale!; **merry-go-round** n carosello

mesh[mɛʃ] n maglia; rete f

mess[mɛs] n confusione f, disordine m; (fig) pasticcio; (dirt) sporcizia; (Mil) mensa ▸ **mess about** or **around** (inf) vi trastullarsi ▸ **mess with** (inf) vt fus (challenge, confront) litigare con; (drugs, drinks) abusare di ▸ **mess up** vt sporcare; fare un pasticcio di; rovinare

message['mɛsɪdʒ] n messaggio; **can I leave a ~?** posso lasciare un messaggio?; **are there any ~s for me?** ci sono messaggi per me?

messenger['mɛsɪndʒəʳ] n messaggero(-a)

Messrs['mɛsəz] abbr (on letters) Spett

messy['mɛsɪ] adj sporco(-a), disordinato(-a)

met[mɛt] pt, pp of **meet**

metabolism[mɛ'tæbəlɪzəm] n metabolismo

metal['mɛtl] n metallo; **metallic** [-'tælɪk] adj metallico(-a)

metaphor['mɛtəfəʳ] n metafora

meteor['miːtɪəʳ] n meteora; **meteorite**['miːtɪəraɪt] n meteorite m

meteorology[miːtɪə'rɔlədʒɪ] n meteorologia

meter['miːtəʳ] n (instrument) contatore m; (parking meter) parchimetro; (US: unit) = **metre**

method['mɛθəd] n metodo;

methodical [mɪ'θɒdɪkl] *adj*
metodico(-a)

meths [meθs] (BRIT) *n* alcool *m*
denaturato

meticulous [me'tɪkjuləs] *adj*
meticoloso(-a)

metre ['miːtəʳ] (US **meter**) *n* metro

metric ['metrɪk] *adj* metrico(-a)

metro ['metrəu] *n* metro *m inv*

metropolitan [metrə'pɒlɪtən] *adj*
metropolitano(-a)

Mexican ['meksɪkən] *adj, n*
messicano(-a)

Mexico ['meksɪkəu] *n* Messico

mg *abbr* (= milligram) mg

mice [maɪs] *npl of* **mouse**

micro... ['maɪkrəu] *prefix* micro...;
microchip *n* microcircuito
integrato; **microphone** *n* microfono;
microscope *n* microscopio;
microwave *n* (also: **microwave oven**)
forno a microonde

mid [mɪd] *adj* ~ **May** metà maggio; ~
afternoon metà pomeriggio; **in ~ air**
a mezz'aria; **midday** *n* mezzogiorno

middle ['mɪdl] *n* mezzo; centro;
(waist) vita ▶ *adj* di mezzo; **in the**
~ of the night nel bel mezzo della
notte; **middle-aged** *adj* di mezza
età; **Middle Ages** *npl* **the Middle**
Ages il Medioevo; **middle-class** *adj*
= borghese; **Middle East** *n* Medio
Oriente *m*; **middle name** *n* secondo
nome *m*; **middle school** *n* (US) scuola
media per ragazzi dagli 11 ai 14 anni; (BRIT)
scuola media per ragazzi dagli 8 o 9 ai
12 o 13 anni

midge [mɪdʒ] *n* moscerino

midget ['mɪdʒɪt] *n* nano(-a)

midnight ['mɪdnaɪt] *n* mezzanotte *f*

midst [mɪdst] *n* **in the ~ of** in mezzo a

midsummer [mɪd'sʌməʳ] *n* mezza or
piena estate *f*

midway [mɪd'weɪ] *adj, adv* ~
(between) a mezza strada (fra); ~

(through) a metà (di)

midweek [mɪd'wiːk] *adv* a metà
settimana

midwife ['mɪdwaɪf] (pl **midwives**) *n*
levatrice *f*

midwinter [mɪd'wɪntəʳ] *n* pieno
inverno

might [maɪt] *vb see* **may** ▶ *n* potere *m*,
forza; **mighty** *adj* forte, potente

migraine ['miːgreɪn] *n* emicrania

migrant ['maɪgrənt] *adj* (bird)
migratore(-trice); (worker)
emigrato(-a)

migrate [maɪ'greɪt] *vi* (bird) migrare;
(person) emigrare

migration [maɪ'greɪʃən] *n*
migrazione *f*

mike [maɪk] *n abbr* (= microphone)
microfono

Milan [mɪ'læn] *n* Milano *f*

mild [maɪld] *adj* mite; (person, voice)
dolce; (flavour) delicato(-a); (illness)
leggero(-a); (interest) blando(-a) ▶ *n*
(beer) birra leggera; **mildly** ['maɪldlɪ]
adv mitemente; dolcemente;
delicatamente; leggermente;
blandamente; **to put it mildly** a
dire poco

mile [maɪl] *n* miglio; **mileage** *n*
distanza in miglia, ≈ chilometraggio;
mileometer [maɪ'lɒmɪtəʳ] *n*
= contachilometri *m inv*; **milestone**
['maɪlstəun] *n* pietra miliare

military ['mɪlɪtərɪ] *adj* militare

militia [mɪ'lɪʃə] *n* milizia

milk [mɪlk] *n* latte *m* ▶ *vt* (cow)
mungere; (fig) sfruttare; **milk**
chocolate *n* cioccolato al latte;
milkman (irreg) *n* lattaio; **milky** *adj*
lattiginoso(-a); (colour) latteo(-a)

mill [mɪl] *n* mulino; (small: for coffee,
pepper etc) macinino; (factory)
fabbrica; (spinning mill) filatura ▶ *vt*
macinare ▶ *vi* (also: ~ **about**) brulicare

millennium [mɪ'lenɪəm] *n* (pl

millenniums or **millennia**) n
millennio

milli... ['mɪlɪ] prefix: **milligram(me)**
n milligrammo; **millilitre** ['mɪlɪliːtə]
(US **milliliter**) n millilitro; **millimetre**
(US **millimeter**) n millimetro

million ['mɪljən] num milione
m; **millionaire** n milionario,
≈ miliardario; **millionth** num
milionesimo(-a)

milometer [maɪˈlɔmɪtə] n
= **mileometer**

mime [maɪm] n mimo ▸ vt, vi mimare

mimic ['mɪmɪk] n imitatore(-trice)
▸ vt fare la mimica di

min. abbr = **minute(s); minimum**

mince [mɪns] vt tritare, macinare
▸ n (BRIT Culin) carne f tritata or
macinata; **mincemeat** n frutta secca
tritata per uso in pasticceria; (US) carne f
tritata or macinata; **mince pie** n specie
di torta con frutta secca

mind [maɪnd] n mente f ▸ vt (attend
to, look after) badare a, occuparsi di;
(be careful) fare attenzione a, stare
attento(-a) a; (object to): **I don't ~
the noise** il rumore non mi dà alcun
fastidio; **I don't ~** non m'importa; **do
you ~ if ...?** le dispiace se...?; **it is on
my ~** mi preoccupa; **to my ~** secondo
me, a mio parere; **to be out of one's
~** essere uscito(-a) di mente; **to keep
or bear sth in ~** non dimenticare qc;
to make up one's ~ decidersi; **~ you,
...** sì, però va detto che ...; **never ~**
non importa, non fa niente; (don't
worry) non preoccuparti; **"~ the step"**
"attenzione allo scalino"; **mindless**
adj idiota

mine¹ [maɪn] pron il (la) mio(-a); (pl)
i (le) miei (mie); **that book is ~** quel
libro è mio; **yours is red, ~ is green** il
tuo è rosso, il mio è verde; **a friend of
~** un mio amico

mine² [maɪn] n miniera; (explosive)

mina ▸ vt (coal) estrarre; (ship,
beach) minare; **minefield** (also fig) n
campo minato; **miner** ['maɪnə] n
minatore m

mineral ['mɪnərəl] adj minerale ▸ n
minerale m; **mineral water** n acqua
minerale

mingle ['mɪŋgl] vi **to ~ with**
mescolarsi a, mischiarsi con

miniature ['mɪnətʃə] adj in miniatura
▸ n miniatura

minibar ['mɪnɪbɑː] n minibar m inv

minibus ['mɪnɪbʌs] n minibus m inv

minicab ['mɪnɪkæb] n (BRIT) ≈ taxi
m inv

minimal ['mɪnɪml] adj minimo(-a)

minimize ['mɪnɪmaɪz] vt minimizzare

minimum ['mɪnɪməm] (pl **minima**) n
minimo ▸ adj minimo(-a)

mining ['maɪnɪŋ] n industria
mineraria

miniskirt ['mɪnɪskəːt] n minigonna

minister ['mɪnɪstə] n (BRIT Pol)
ministro; (Rel) pastore m

ministry ['mɪnɪstrɪ] n ministero

minor ['maɪnə] adj minore, di poca
importanza; (Mus) minore ▸ n (Law)
minorenne m/f

Minorca [mɪˈnɔːkə] n Minorca

minority [maɪˈnɔrɪtɪ] n minoranza

mint [mɪnt] n (plant) menta; (sweet)
pasticca di menta ▸ vt (coins) battere;
the (Royal) M~ (BRIT), **the (US) M~**
(US) la Zecca; **in ~ condition** come
nuovo(-a) di zecca

minus ['maɪnəs] n (also: **~ sign**) segno
meno ▸ prep meno

minute¹ [adj maɪˈnjuːt, n 'mɪnɪt] adj
minuscolo(-a); (detail) minuzioso(-a)
▸ n minuto; **~s** npl (of meeting)
verbale m

miracle ['mɪrəkl] n miracolo

miraculous [mɪˈrækjuləs] adj
miracoloso(-a)

mirage ['mɪrɑːʒ] n miraggio

mirror[ˈmɪrəˀ] n specchio; (in car) specchietto

misbehave[mɪsbɪˈheɪv] vi comportarsi male

misc.abbr = **miscellaneous**; **miscarriage**[ˈmɪskærɪdʒ] n (Med) aborto spontaneo; **miscarriage of justice**errore m giudiziario

miscellaneous[mɪsɪˈleɪnɪəs] adj (items) vario(-a); (selection) misto(-a)

mischief[ˈmɪstʃɪf] n (naughtiness) birichineria; (maliciousness) malizia; **mischievous**adj birichino(-a)

misconception[ˈmɪskənˈsepʃən] n idea sbagliata

misconduct[mɪsˈkɒndʌkt] n cattiva condotta; **professional ~** reato professionale

miser[ˈmaɪzəˀ] n avaro

miserable[ˈmɪzərəbl] adj infelice; (wretched) miserabile; (weather) deprimente; (offer, failure) misero(-a)

misery[ˈmɪzərɪ] n (unhappiness) tristezza; (wretchedness) miseria

misfortune[mɪsˈfɔːtʃən] n sfortuna

misgiving[mɪsˈɡɪvɪŋ] n apprensione f; **to have ~s about** avere dei dubbi per quanto riguarda

misguided[mɪsˈɡaɪdɪd] adj sbagliato(-a), poco giudizioso(-a)

mishap[ˈmɪshæp] n disgrazia

misinterpret[mɪsɪnˈtəːprɪt] vt interpretare male

misjudge[mɪsˈdʒʌdʒ] vt giudicare male

mislay[mɪsˈleɪ] n (irreg) vt smarrire

mislead[mɪsˈliːd] (irreg) vt sviare; **misleading**adj ingannevole

misplace[mɪsˈpleɪs] vt smarrire

misprint[ˈmɪsprɪnt] n errore m di stampa

misrepresent[mɪsreprɪˈzent] vt travisare

Miss[mɪs] n Signorina

miss[mɪs] vt (fail to get) perdere; (fail

to hit) mancare; (fail to see): **you can't ~ it** non puoi non vederlo; (regret the absence of): **I ~ him** sento la sua mancanza ▶ vi mancare ▶ n (shot) colpo mancato; **we ~ed our train** abbiamo perso il treno ▷ **miss out** (BRIT) vt omettere ▷ **miss out on**vt fus (fun, party) perdersi; (chance, bargain) lasciarsi sfuggire

missile[ˈmɪsaɪl] n (Mil) missile m; (object thrown) proiettile m

missing[ˈmɪsɪŋ] adj perso(-a), smarrito(-a); (person) scomparso(-a); (: after disaster, Mil) disperso(-a); (removed) mancante; **to be ~** mancare

mission[ˈmɪʃən] n missione f; **missionary**n missionario(-a)

misspell[mɪsˈspel] vt (irreg: like **spell**) sbagliare l'ortografia di

mist[mɪst] n nebbia, foschia ▶ vi (also: **~ over, ~ up**) annebbiarsi; (: BRIT: windows) appannarsi

mistake[mɪsˈteɪk] (irreg: like **take**) n sbaglio, errore m ▶ vt sbagliarsi di; fraintendere; **to make a ~** fare uno sbaglio, sbagliare; **there must be some ~** ci dev'essere un errore; **by ~** per sbaglio; **to ~ for** prendere per; **mistaken**pp of **mistake** ▶ adj (idea etc) sbagliato(-a); **to be mistaken** sbagliarsi

mister[ˈmɪstəˀ] (inf) n signore m; see **Mr**

mistletoe[ˈmɪsltəu] n vischio

mistook[mɪsˈtuk] pt of **mistake**

mistress[ˈmɪstrɪs] n padrona; (lover) amante f; (BRIT Scol) insegnante f

mistrust[mɪsˈtrʌst] vt diffidare di

misty[ˈmɪstɪ] adj nebbioso(-a), brumoso(-a)

misunderstand[mɪsʌndəˈstænd] (irreg) vt, vi capire male, fraintendere; **misunderstanding** n malinteso, equivoco; **there's been a misunderstanding** c'è stato un malinteso

misunderstood[mɪsʌndəˈstud] *pt,*
pp of **misunderstand**

misuse[*n* mɪsˈjuːs, *vb* mɪsˈjuːz] *n*
cattivo uso; (*of power*) abuso ▶ *vt* far
cattivo uso di; abusare di

mitt(en)[ˈmɪt(n)] *n* mezzo guanto;
manopola

mix[mɪks] *vt* mescolare ▶ *vi* (*people*):
to ~ with avere a che fare con ▶ *n*
mescolanza; preparato ▷ **mix up**
vt mescolare; (*confuse*) confondere;
mixed*adj* misto(-a); **mixed grill**
n (BRIT) misto alla griglia; **mixed
salad***n* insalata mista; **mixed-up***adj*
(*confused*) confuso(-a); **mixer** *n* (*for
food: electric*) frullatore *m*;
(*: hand*) frullino; (*person*): **he is a good
mixer** è molto socievole; **mixture**
n mescolanza; (*blend: of tobacco etc*)
miscela; (Med) sciroppo; **mix-up***n*
confusione *f*

ml*abbr* (= *millilitre(s)*) ml

mm*abbr* (= *millimetre*) mm

moan[məun] *n* gemito ▶ *vi* (*inf:
complain*): **to ~ (about)** lamentarsi (di)

moat[məut] *n* fossato

mob[mɔb] *n* calca ▶ *vt* accalcarsi
intorno a

mobile[ˈməubaɪl] *adj* mobile ▶ *n*
(*decoration*) mobile *m*; **mobile home***n*
grande roulotte *f inv* (utilizzata come
domicilio); **mobile phone***n* telefono
portatile, telefonino

mobility[məuˈbɪlɪtɪ] *n* mobilità; (*of
applicant*) disponibilità a viaggiare

mobilize[ˈməubɪlaɪz] *vt* mobilitare
▶ *vi* mobilitarsi

mock[mɔk] *vt* deridere, burlarsi di
▶ *adj* falso(-a); **~s***npl* (BRIT: Scol: inf)
simulazione *f* degli esami; **mockery**
n derisione *f*; **to make a mockery
of** burlarsi di; (*exam*) rendere una farsa

mod cons[ˈmɔdˈkɔnz] *npl abbr*
(BRIT) = **modern conveniences**; *see*

convenience

mode[məud] *n* modo

model[ˈmɔdl] *n* modello; (*person:
for fashion*) indossatore(-trice); (*: for
artist*) modello(-a) ▶ *adj* (*small-scale:
railway etc*) in miniatura; (*child,
factory*) modello *inv* ▶ *vt* modellare ▶ *vi*
fare l'indossatore (*or* l'indossatrice);
to ~ clothes presentare degli abiti

modem[ˈməudem] *n* modem *m inv*

moderate[*adj* ˈmɔdərət, *vb* ˈmɔdəreɪt]
adj moderato(-a) ▶ *vi* moderarsi,
placarsi ▶ *vt* moderare

moderation[mɔdəˈreɪʃən] *n*
moderazione *f*, misura; **in ~** in
quantità moderata, con moderazione

modern[ˈmɔdən] *adj* moderno(-a);
mod cons comodità *fpl* moderne;
modernize*vt* modernizzare;
modern languages*npl* lingue *fpl*
moderne

modest[ˈmɔdɪst] *adj* modesto(-a);
modesty*n* modestia

modification[mɔdɪfɪˈkeɪʃən] *n*
modificazione *f*; **to make ~s** fare *or*
apportare delle modifiche

modify[ˈmɔdɪfaɪ] *vt* modificare

module[ˈmɔdjuːl] *n* modulo

mohair[ˈməuhɛəʳ] *n* mohair *m*

Mohammed[məuˈhæmɪd] *n*
Maometto

moist[mɔɪst] *adj* umido(-a);
moisture[ˈmɔɪstʃəʳ] *n* umidità;
(*on glass*) goccioline *fpl* di vapore;
moisturizer[ˈmɔɪstʃəraɪzəʳ] *n*
idratante *f*

mold *etc* [məuld] (US) *n, vt* = **mould**

mole[məul] *n* (*animal, fig*) talpa;
(*spot*) neo

molecule[ˈmɔlɪkjuːl] *n* molecola

molest[məuˈlest] *vt* molestare

molten[ˈməultən] *adj* fuso(-a)

mom[mɔm] (US) *n* = **mum**

moment[ˈməumənt] *n* momento,
istante *m*; **at that ~** in quel

momento; **at the ~** al momento, in questo momento; **momentarily** ['məʊməntərɪlɪ] adv per un momento; (US: very soon) da un momento all'altro; **momentary** adj momentaneo(-a), passeggero(-a); **momentous** [-'mɛntəs] adj di grande importanza

momentum [məʊ'mɛntəm] n (Physics) momento; (fig) impeto; **to gather ~** aumentare di velocità

mommy ['mɒmɪ] (US) n = **mummy**

Mon abbr (= Monday) lun.

Monaco ['mɒnəkəʊ] n Principato di Monaco

monarch ['mɒnək] n monarca m; **monarchy** n monarchia

monastery ['mɒnəstərɪ] n monastero

Monday ['mʌndɪ] n lunedì m inv

monetary ['mʌnɪtərɪ] adj monetario(-a)

money ['mʌnɪ] n denaro, soldi mpl; **I haven't got any ~** non ho soldi; **money belt** n marsupio (per soldi); **money order** n vaglia m inv

mongrel ['mʌŋɡrəl] n (dog) cane m bastardo

monitor ['mɒnɪtə'] n (TV, Comput) monitor m inv ▶ vt controllare

monk [mʌŋk] n monaco

monkey ['mʌŋkɪ] n scimmia

monologue ['mɒnəlɒɡ] n monologo

monopoly [mə'nɒpəlɪ] n monopolio

monosodium glutamate [mɒnə'səʊdɪəm'ɡluːtəmeɪt] n glutammato di sodio

monotonous [mə'nɒtənəs] adj monotono(-a)

monsoon [mɒn'suːn] n monsone m

monster ['mɒnstə'] n mostro

month [mʌnθ] n mese m; **monthly** adj mensile ▶ adv al mese; ogni mese

monument ['mɒnjʊmənt] n monumento

mood [muːd] n umore m; **to be in a**

good/bad ~ essere di buon/cattivo umore; **moody** adj (variable) capriccioso(-a), lunatico(-a); (sullen) imbronciato(-a)

moon [muːn] n luna; **moonlight** n chiaro di luna

moor [mʊə'] n brughiera ▶ vt (ship) ormeggiare ▶ vi ormeggiarsi

moose [muːs] n inv alce m

mop [mɒp] n lavapavimenti m inv; (also: ~ of hair) zazzera ▶ vt lavare con lo straccio; (face) asciugare ▶ **mop up** vt asciugare con uno straccio

mope [məʊp] vi fare il broncio

moped ['məʊpɛd] n (BRIT) ciclomotore m

moral ['mɒrl] adj morale ▶ n morale f; **~s** npl (principles) moralità

morale [mɒ'rɑːl] n morale m

morality [mə'rælɪtɪ] n moralità

morbid ['mɔːbɪd] adj morboso(-a)

○ **more**
['mɔː'] adj

1 (greater in number etc) più; **more people/letters than we expected** più persone/lettere di quante ne aspettavamo; **I have more wine/money than you** ho più vino/soldi di te; **I have more wine than beer** ho più vino che birra

2 (additional) altro(-a), ancora; **do you want (some) more tea?** vuole dell'altro tè?, vuole ancora del tè?; **I have no** or **I don't have any more money** non ho più soldi

▶ pron

1 (greater amount) più; **more than 10** più di 10; **it cost more than we expected** ha costato più di quanto ci aspettavamo

2 (further or additional amount) ancora; **is there any more?** ce n'è ancora?; **there's no more** non ce n'è più; **a little more** ancora un po'; **many/much more** molti(-e)/molto(-a) di più

▶ *adv* more dangerous/easily (than)
più pericoloso/facilmente (di); **more
and more** sempre di più; **more and
more difficult** sempre più difficile;
more or less più o meno; **more than
ever** più che mai

moreover [mɔːˈrəʊvəʳ] *adv* inoltre,
di più

morgue [mɔːɡ] *n* obitorio

morning [ˈmɔːnɪŋ] *n* mattina,
mattino; (*duration*) mattinata ▶ *cpd*
del mattino; **in the ~** la mattina; **7
o'clock in the ~** le 7 di or della mattina;
morning sickness *n* nausee *fpl*
mattutine

Moroccan [məˈrɒkən] *adj*, *n*
marocchino(-a)

Morocco [məˈrɒkəʊ] *n* Marocco

moron [ˈmɔːrɒn] (*inf*) *n* deficiente *m/f*

morphine [ˈmɔːfiːn] *n* morfina

morris dancing *n* vedi nota nel
riquadro

● **morris dancing**
● Il morris dancing è una
● danza folcloristica inglese
● tradizionalmente riservata agli
● uomini. Vestiti di bianco e con dei
● campanelli attaccati alle caviglie,
● i ballerini eseguono una danza
● tenendo in mano dei fazzoletti
● bianchi e lunghi bastoni. Questa
● danza è molto popolare nelle feste
● paesane.

Morse [mɔːs] *n* (*also*: **~ code**) alfabeto
Morse

mortal [ˈmɔːtl] *adj* mortale ▶ *n*
mortale *m*

mortar [ˈmɔːtəʳ] *n* (*Constr*) malta;
(*dish*) mortaio

mortgage [ˈmɔːɡɪdʒ] *n* ipoteca; (*loan*)
prestito ipotecario ▶ *vt* ipotecare

mortician [mɔːˈtɪʃən] (*US*) *n*
impresario di pompe funebri

mortified [ˈmɔːtɪfaɪd] *adj* umiliato(-a)

mortuary [ˈmɔːtjuəri] *n* camera

morturaria; obitorio

mosaic [məʊˈzeɪk] *n* mosaico

Moscow [ˈmɒskəʊ] *n* Mosca

Moslem [ˈmɒzləm] *adj*, *n* = **Muslim**

mosque [mɒsk] *n* moschea

mosquito [mɒsˈkiːtəʊ] (*pl*
mosquitoes) *n* zanzara

moss [mɒs] *n* muschio

most [məʊst] *adj* (*almost all*) la
maggior parte di; (*largest, greatest*):
who has (the) ~ money? chi ha più
soldi di tutti? ▶ *pron* la maggior parte
▶ *adv* più; (*work, sleep etc*) di più;
(*very*) molto, estremamente; **the ~**
(*also*: **+ adjective**) il(-la) più; **~ of la**
maggior parte di; **~ of them** quasi
tutti; **I saw (the) ~** ho visto più io;
at the (very) ~ al massimo; **to make
the ~ of** trarre il massimo vantaggio
da; **a ~ interesting book** un libro
estremamente interessante; **mostly**
adv per lo più

MOT (*BRIT*) *n abbr* = **Ministry of
Transport**; **the ~ (test)** revisione
annuale obbligatoria degli autoveicoli

motel [məʊˈtel] *n* motel *m inv*

moth [mɒθ] *n* farfalla notturna; tarma

mother [ˈmʌðəʳ] *n* madre *f* ▶ *vt* (*care
for*) fare da madre a; **motherhood** *n*
maternità; **mother-in-law** *n* suocera;
mother-of-pearl [mʌðərəvˈpəːl]
n madreperla; **Mother's Day** *n* la
festa della mamma; **mother-to-
be** [mʌðətəˈbiː] *n* futura mamma;
mother tongue *n* madrelingua

motif [məʊˈtiːf] *n* motivo

motion [ˈməʊʃən] *n* movimento,
moto; (*gesture*) gesto; (*at meeting*)
mozione *f* ▶ *vt*, *vi* **to ~ (to) sb to do**
fare cenno a qn di fare; **motionless**
adj immobile; **motion picture** *n*
film *m inv*

motivate [ˈməʊtɪveɪt] *vt* (*act, decision*)
dare origine a, motivare; (*person*)
spingere

motivation[məʊtɪ'veɪʃən] n
motivazione f

motive['məʊtɪv] n motivo

motor['məʊtəʳ] n motore m;
(BRIT: inf: vehicle) macchina ▸ cpd
automobilistico(-a); **motorbike**n
moto f inv; **motorboat**n motoscafo;
motorcar(BRIT) n automobile
f; **motorcycle**n motocicletta;
motorcyclistn motociclista
m/f; **motoring**(BRIT) n turismo
automobilistico; **motorist**n
automobilista m/f; **motor racing**
(BRIT) n corse fpl automobilistiche;
motorway(BRIT) n autostrada

motto['mɔtəʊ] (pl **mottoes**) n motto

mould[məʊld] (US **mold** n forma,
stampo; (mildew) muffa ▸ vt
formare; (fig) foggiare; **mouldy**adj
ammuffito(-a); (smell) di muffa

mound[maʊnd] n rialzo, collinetta;
(heap) mucchio

mount[maʊnt] n (Geo) monte m
▸ vt montare; (horse) montare a ▸ vi
(increase) aumentare ▸ **mount up**vi
(build up) accumularsi

mountain['maʊntɪn] n montagna
▸ cpd di montagna; **mountain
bike**n mountain bike f inv;
mountaineer[-'nɪəʳ] n alpinista
m/f; **mountaineering**[-'nɪərɪŋ]
n alpinismo; **mountainous**adj
montagnoso(-a); **mountain range**n
catena montuosa

mourn[mɔːn] vt piangere, lamentare
▸ vi to ~ (for sb) piangere (la morte
di qn); **mourner**n parente m/f per
amico(-a) del defunto; **mourning**n
lutto; **in mourning** in lutto

mouse[maʊs] (pl **mice**) n topo;
(Comput) mouse m inv; **mouse mat**,
mouse padn (Comput) tappetino
del mouse

moussaka[muːˈsɑːkə] n moussaka

mousse[muːs] n mousse f inv

moustache[məsˈtɑːʃ] (US **mustache**)
n baffi mpl

mouth[maʊθ, pl maʊðz] n bocca; (of
river) bocca, foce f; (opening) orifizio;
mouthfuln boccata; **mouth organ**
n armonica; **mouthpiece**n (Mus)
imboccatura, bocchino; (spokesman)
portavoce m/f inv; **mouthwash**n
collutorio

move[muːv] n (movement)
movimento; (in game) mossa; (:
turn to play) turno; (change: of house)
trasloco; (: of job) cambiamento
▸ vt muovere; (change position of)
spostare; (emotionally) commuovere;
(Pol: resolution etc) proporre ▸ vi (gen)
muoversi, spostarsi; (also: ~ house)
cambiar casa, traslocare; **to get a
~ on** affrettarsi, sbrigarsi; **can you
~ your car, please?** può spostare la
macchina, per favore?; **to ~ sb to do
sth** indurre o spingere qn a fare qc;
to ~ towards andare verso ▸ **move
back**vi (return) ritornare ▸ **move in**
vi (to a house) entrare (in una nuova
casa); (police etc) intervenire ▸ **move
off**vi partire ▸ **move on**vi riprendere
la strada ▸ **move out**vi (of house)
sgombrare ▸ **move over**vi spostarsi
▸ **move up**vi avanzare; **movement**
['muːvmənt] n (gen) movimento;
(gesture) gesto; (of stars, water,
physical) moto

movie['muːvɪ] n film m inv; **the ~s**
il cinema; **movie theater**(US) n
cinema m inv

moving['muːvɪŋ] adj mobile; (causing
emotion) commovente

mow[məʊ] (pt **mowed**, pp **mowed**
or **mown**) vt (grass) tagliare; (corn)
mietere; **mower**n (also: **lawnmower**)
tagliaerba m inv

Mozambique[məʊzəmˈbiːk] n
Mozambico

MPn abbr = **Member of Parliament**

MP3 n abbr M3; **MP3 player** n lettore m MP3

mpg n abbr = **miles per gallon** (30 mpg = 9.4 l. per 100 km)

m.p.h. n abbr = **miles per hour** (60 m.p.h = 96 km/h)

Mr ['mɪstə'] (US **Mr.**) n Mr X Signor X, Sig. X

Mrs ['mɪsɪz] (US **Mrs.**) n Mrs X Signora X, Sig.ra X

Ms [mɪz] (US **Ms.**) n = Miss or Mrs; Ms X = Signora X, = Sig.ra X

● **Ms**
● In inglese si usa **Ms** al posto di "Mrs"
● (Signora) o "Miss" (Signorina) per
● evitare la distinzione tradizionale
● tra le donne sposate e quelle nubili.

MSP n abbr = **Member of the Scottish Parliament**

Mt abbr (Geo: = **mount**) M

○ much
[mʌtʃ] adj, pron molto(-a); **he's done so much work** ha lavorato così tanto; **I have as much money as you** ho tanti soldi quanti ne hai tu; **how much is it?** quant'è?; **it costs too much** costa troppo; **as much as you want** quanto vuoi
▶ adv

1 (greatly) molto, tanto; **thank you very much** molte grazie; **he's very much the gentleman** è il vero gentiluomo; **I read as much as I can** leggo quanto posso; **as much as you** tanto quanto te

2 (by far) molto; **it's much the biggest company in Europe** è di gran lunga la più grossa società in Europa

3 (almost) grossomodo, praticamente; **they're much the same** sono praticamente uguali

muck [mʌk] n (dirt) sporcizia ▶ **muck up** (inf) vt (ruin) rovinare; **mucky** adj (dirty) sporco(-a), lordo(-a)

mucus ['mjuːkəs] n muco

mud [mʌd] n fango

muddle ['mʌdl] n confusione f, disordine m; pasticcio ▶ vt (also: ~ up) confondere

muddy ['mʌdɪ] adj fangoso(-a)

mudguard ['mʌdɡɑːd] n parafango

muesli ['mjuːzlɪ] n muesli m

muffin ['mʌfɪn] n specie di pasticcino soffice da tè

muffled ['mʌfld] adj smorzato(-a), attutito(-a)

muffler ['mʌflə'] (US) n (Aut) marmitta; (: on motorbike) silenziatore m

mug [mʌɡ] n (cup) tazzone m; (for beer) boccale m; (inf: face) muso; (: fool) scemo(-a) ▶ vt (assault) assalire; **mugger** ['mʌɡə'] n aggressore m; **mugging** n assalto

muggy ['mʌɡɪ] adj afoso(-a)

mule [mjuːl] n mulo

multicoloured ['mʌltɪkʌləd] (US **multicolored**) adj multicolore, variopinto(-a)

multimedia ['mʌltɪ'miːdɪə] adj multimedia inv

multinational ['mʌltɪ'næʃənl] adj, n multinazionale (f)

multiple ['mʌltɪpl] adj multiplo(-a), molteplice ▶ n multiplo; **multiple choice (test)** n esercizi mpl a scelta multipla; **multiple sclerosis** [-sklɪ'rəʊsɪs] n sclerosi f a placche

multiplex cinema ['mʌltɪpleks-] n cinema m inv multisala inv

multiplication ['mʌltɪplɪ'keɪʃən] n moltiplicazione f

multiply ['mʌltɪplaɪ] vt moltiplicare ▶ vi moltiplicarsi

multistorey ['mʌltɪ'stɔːrɪ] (BRIT) adj (building, car park) a più piani

mum [mʌm] (BRIT: inf) n mamma ▶ adj **to keep ~** non aprire bocca

mumble ['mʌmbl] vt, vi borbottare

mummy ['mʌmɪ] n (BRIT: mother)

mamma; (embalmed) mummia

mumps [mʌmps] n orecchioni mpl

munch [mʌntʃ] vt, vi sgranocchiare

municipal [mjuːˈnɪsɪpl] adj municipale

mural [ˈmjuərəl] n dipinto murale

murder [ˈmɜːdə'] n assassinio, omicidio ▶ vt assassinare; **murderer** n omicida m, assassino

murky [ˈmɜːkɪ] adj tenebroso(-a)

murmur [ˈmɜːmə'] n mormorio ▶ vt, vi mormorare

muscle [ˈmʌsl] n muscolo; (fig) forza; **muscular** [ˈmʌskjulə'] adj muscolare; (person, arm) muscoloso(-a)

museum [mjuːˈzɪəm] n museo

mushroom [ˈmʌʃrum] n fungo ▶ vi crescere in fretta

music [ˈmjuːzɪk] n musica; **musical** adj musicale; (person) portato(-a) per la musica ▶ n (show) commedia musicale; **musical instrument** n strumento musicale; **musician** [-ˈzɪʃən] n musicista m/f

Muslim [ˈmʌzlɪm] adj, n musulmano(-a)

muslin [ˈmʌzlɪn] n mussola

mussel [ˈmʌsl] n cozza

must [mʌst] aux vb (obligation): I ~ do it devo farlo; (probability): he ~ be there by now dovrebbe essere arrivato ormai; I ~ have made a mistake devo essermi sbagliato ▶ n it's a ~ è d'obbligo

mustache [ˈmʌstæʃ] (US) n = **moustache**

mustard [ˈmʌstəd] n senape f, mostarda

mustn't [ˈmʌsnt] = **must not**

mute [mjuːt] adj, n muto(-a)

mutilate [ˈmjuːtɪleɪt] vt mutilare

mutiny [ˈmjuːtɪnɪ] n ammutinamento

mutter [ˈmʌtə'] vt, vi borbottare, brontolare

mutton [ˈmʌtn] n carne f di montone

mutual [ˈmjuːtʃuəl] adj mutuo(-a), reciproco(-a)

muzzle [ˈmʌzl] n muso; (protective device) museruola; (of gun) bocca ▶ vt mettere la museruola a

my [maɪ] adj il (la) mio(-a); (pl) i (le) miei (mie); **my house** la mia casa; **my books** i miei libri; **my brother** mio fratello; **I've washed my hair/cut my finger** mi sono lavato i capelli/ tagliato il dito

myself [maɪˈsɛlf] pron (reflexive) mi; (emphatic) io stesso(-a); (after prep) me; see also **oneself**

mysterious [mɪsˈtɪərɪəs] adj misterioso(-a)

mystery [ˈmɪstərɪ] n mistero

mystical [ˈmɪstɪkəl] adj mistico(-a)

mystify [ˈmɪstɪfaɪ] vt mistificare; (puzzle) confondere

myth [mɪθ] n mito; **mythology** [mɪˈθɒlədʒɪ] n mitologia

n

nag [næg] vt tormentare ▶ vi brontolare in continuazione

nail [neɪl] n (human) unghia; (metal) chiodo ▶ vt inchiodare; **to ~ sb down to (doing) sth** costringere qn a (fare) qc; **nailbrush** n spazzolino da or per unghie; **nailfile** n lima da or per unghie; **nail polish** n smalto da or per unghie; **nail polish remover** n acetone m, solvente m; **nail scissors** npl forbici fpl da or per unghie; **nail varnish** (BRIT) n = **nail polish**

naïve [naɪˈiːv] adj ingenuo(-a)

naked [ˈneɪkɪd] adj nudo(-a)

name [neɪm] n nome m; (reputation) nome, reputazione f ▶ vt (baby etc) chiamare; (plant, illness) nominare; (person, object) identificare; (price, date) fissare; **what's your ~?** come si chiama?; **by ~** di nome; **she knows them all by ~** li conosce tutti per nome; **namely** adv cioè

nanny [ˈnænɪ] n bambinaia

nap [næp] n (sleep) pisolino; (of cloth) peluria; **to be caught ~ping** essere preso alla sprovvista

napkin [ˈnæpkɪn] n (also: **table ~**) tovagliolo

nappy [ˈnæpɪ] (BRIT) n pannolino

narcotics [nɑːˈkɒtɪks] npl (drugs) narcotici, stupefacenti mpl

narrative [ˈnærətɪv] n narrativa

narrator [nəˈreɪtəʳ] n narratore(-trice)

narrow [ˈnærəʊ] adj stretto(-a); (fig) limitato(-a), ristretto(-a) ▶ vi restringersi; **to have a ~ escape** farcela per un pelo ▶ **narrow down** vt (search, investigation, possibilities) restringere; (list) ridurre; **narrowly** adv per un pelo; (time) per poco; **narrow-minded** adj meschino(-a)

nasal [ˈneɪzl] adj nasale

nasty [ˈnɑːstɪ] adj (person, remark: unpleasant) cattivo(-a); (: rude) villano(-a); (smell, wound, situation) brutto(-a)

nation [ˈneɪʃən] n nazione f

national [ˈnæʃənl] adj nazionale ▶ n cittadino(-a); **national anthem** n inno nazionale; **national dress** n costume m nazionale; **National Health Service** (BRIT) n servizio

nazionale di assistenza sanitaria, ≈ S.S.N. m; **National Insurance** (BRIT) n ≈ Previdenza Sociale; **nationalist** adj, n nazionalista (m/f); **nationality** [-ˈnælɪtɪ] n nazionalità f inv; **nationalize** vt nazionalizzare; **national park** n parco nazionale; **National Trust** n sovrintendenza ai beni culturali e ambientali

● **National Trust**

● Fondato nel 1895, il **National Trust**
● è un'organizzazione che si occupa
● della tutela e della salvaguardia
● di luoghi di interesse storico o
● ambientale nel Regno Unito.

nationwide [ˈneɪʃənwaɪd] adj diffuso(-a) in tutto il paese ▶ adv in tutto il paese

native [ˈneɪtɪv] n abitante m/f del paese ▶ adj indigeno(-a); (country) natio(-a); (ability) innato(-a); **a ~ of Russia** un nativo della Russia; **a ~ speaker of French** una persona di madrelingua francese; **Native American** n discendente di tribù dell'America settentrionale

NATO [ˈneɪtəʊ] n abbr (= North Atlantic Treaty Organization) N.A.T.O. f

natural [ˈnætʃrəl] adj naturale; (ability) innato(-a); (manner) semplice; **natural gas** n gas m metano; **natural history** n storia naturale; **naturally** adv naturalmente; (by nature: gifted) di natura; **natural resources** npl risorse fpl naturali

nature [ˈneɪtʃəʳ] n natura; (character) natura, indole f; **by ~** di natura; **nature reserve** n (BRIT) parco naturale

naughty [ˈnɔːtɪ] adj (child) birichino(-a), cattivello(-a); (story, film) spinto(-a)

nausea [ˈnɔːsɪə] n (Med) nausea; (fig: disgust) schifo

naval [ˈneɪvl] adj navale

navel['neɪvl] n ombelico

navigate['nævɪgeɪt] vt percorrere navigando ▶ vi navigare; (Aut) fare da navigatore; **navigation**[-'geɪʃən] n navigazione f

navy['neɪvɪ] n marina

Nazi['nɑːtsɪ] n nazista m/f

NB abbr (= nota bene) N.B.

near[nɪə*] adj vicino(-a); (relation) prossimo(-a) ▶ adv vicino ▶ prep (also: ~ **to**) vicino a, presso; (: time) verso ▶ vt avvicinarsi a; **nearby**[nɪə'baɪ] adj vicino(-a) ▶ adv vicino; **is there a bank nearby?** c'è una banca qui vicino?; **nearly** adv quasi; **I nearly fell** per poco non sono caduto; **near-sighted** [nɪə'saɪtɪd] adj miope

neat[niːt] adj (person, room) ordinato(-a); (work) pulito(-a); (solution, plan) ben indovinato(-a), azzeccato(-a); (spirits) liscio(-a); **neatly** adv con ordine; (skilfully) abilmente

necessarily['nesɪsrɪlɪ] adv necessariamente

necessary['nesɪsrɪ] adj necessario(-a)

necessity[nɪ'sesɪtɪ] n necessità f inv

neck[nek] n collo; (of garment) colletto ▶ vi (inf) pomiciare, sbaciucchiarsi; ~ **and** ~ testa a testa; **necklace**['neklɪs] n collana; **necktie**['nektaɪ] n cravatta

nectarine['nektərɪn] n nocepesca

need[niːd] n bisogno ▶ vt aver bisogno di; **do you** ~ **anything?** ha bisogno di qualcosa?; **to** ~ **to do** dover fare; aver bisogno di fare; **you don't** ~ **to go** non devi andare, non c'è bisogno che tu vada

needle['niːdl] n ago; (on record player) puntina ▶ vt punzecchiare

needless['niːdlɪs] adj inutile

needlework['niːdlwəːk] n cucito

needn't['niːdnt] = **need not**

needy['niːdɪ] adj bisognoso(-a)

negative['negətɪv] n (Ling) negazione

f; (Phot) negativo ▶ adj negativo(-a)

neglect[nɪ'glekt] vt trascurare ▶ n (of person, duty) negligenza; (of child, house etc) scarsa cura; **state of** ~ stato di abbandono

negotiate[nɪ'gəʊʃɪeɪt] vi to ~ **(with)** negoziare (con) ▶ vt (Comm) negoziare; (obstacle) superare; **negotiations**[nɪgəʊʃɪ'eɪʃənz] pl n trattative fpl, negoziati mpl

negotiator[nɪ'gəʊʃɪeɪtə*] n negoziatore(-trice)

neighbour['neɪbə*] (US **neighbor**) n vicino(-a); **neighbourhood** n vicinato; **neighbouring** adj vicino(-a)

neither['naɪðə*] adj, pron né l'uno(-a) né l'altro(-a), nessuno(-a) dei (delle) due ▶ conj nessuno, nemmeno, neppure ▶ adv ~ **good nor bad** né buono né cattivo; **I didn't move and** ~ **did Claude** io non mi mossi e nemmeno Claude; ..., ~ **did I refuse** ..., ma non ho nemmeno rifiutato

neon['niːɔn] n neon m

Nepal[nɪ'pɔːl] n Nepal m

nephew['nevjuː] n nipote m

nerve[nəːv] n nervo; (fig) coraggio; (impudence) faccia tosta; ~**s** (nervousness) nervoso; **a fit of** ~**s** una crisi di nervi

nervous['nəːvəs] adj nervoso(-a); (anxious) agitato(-a), in apprensione; **nervous breakdown** n esaurimento nervoso

nest[nest] n nido ▶ vi fare il nido, nidificare

net[net] n rete f ▶ adj netto(-a) ▶ vt (fish etc) prendere con la rete; (profit) ricavare un utile netto di; **the N~** (Internet) Internet f; **netball** n specie di pallacanestro

Netherlands['neðələndz] npl **the** ~ i Paesi Bassi

nett[net] adj = **net**

nettle['netl] n ortica

network['nɛtwə:k] *n* rete *f*

neurotic[njʊə'rɒtɪk] *adj*, *n* nevrotico(-a)

neuter['nju:tə[r]] *adj* neutro(-a) ▶ *vt* (*cat etc*) castrare

neutral['nju:trəl] *adj* neutro(-a); (*person*, *nation*) neutrale ▶ *n* (*Aut*): **in ~** in folle

never['nɛvə[r]] *adv* (non...) mai; **I've ~ been to Spain** non sono mai stato in Spagna; **~ again** mai più; **I'll ~ go there again** non ci vado più; **~ in my life** mai in vita mia; *see also* **mind**; **never-ending**[adj] interminabile; **nevertheless**[nɛvəðə'lɛs] *adv* tuttavia, ciò nonostante, ciò nondimeno

new[nju:] *adj* nuovo(-a); (*brand new*) nuovo(-a) di zecca; **New Age**[n] New Age *f inv*; **newborn**[adj] neonato(-a); **newcomer**['nju:kʌmə[r]] *n* nuovo(-a) venuto(-a); **newly**[adv] di recente

news[nju:z] *n* notizie *fpl*; (*Radio*) giornale *m* radio; (*TV*) telegiornale *m*; **a piece of ~** una notizia; **news agency** *n* agenzia di stampa; **newsagent**(BRIT) *n* giornalaio; **newscaster** *n* (*Radio, TV*) annunciatore(-trice); **news dealer** (*US*) *n* = **newsagent**; **newsletter** *n* bollettino; **newspaper** *n* giornale *m*; **newsreader** *n* = **newscaster**

newt[nju:t] *n* tritone *m*

New Year *n* Anno Nuovo; **New Year's Day** *n* il Capodanno; **New Year's Eve** *n* la vigilia di Capodanno

New York[-'jɔ:k] *n* New York *f*

New Zealand [-'zi:lənd] *n* Nuova Zelanda; **New Zealander** *n* neozelandese *m/f*

next[nɛkst] *adj* prossimo(-a) ▶ *adv* accanto; (*in time*) dopo; **the ~ day** il giorno dopo, l'indomani; **~ time** la prossima volta; **~ year** l'anno prossimo; **when do we meet ~?**

quando ci rincontriamo?; **~ to** accanto a; **~ to nothing** quasi niente; **~ please!** (*avanti*) il prossimo; **next door**[adv, adj] accanto *inv*; **next-of-kin** *n* parente *m/f* prossimo(-a)

NHS *n abbr* = **National Health Service**

nibble['nɪbl] *vt* mordicchiare

nice[naɪs] *adj* (*holiday, trip*) piacevole; (*flat, picture*) bello(-a); (*person*) simpatico(-a), gentile; **nicely**[adv] bene

niche[ni:ʃ] *n* (*Archit*) nicchia

nick[nɪk] *n* taglietto; tacca ▶ *vt* (*inf*) rubare; **in the ~ of time** appena in tempo

nickel['nɪkl] *n* nichel *m*; (*US*) *moneta da cinque centesimi di dollaro*

nickname['nɪkneɪm] *n* soprannome *m*

nicotine['nɪkəti:n] *n* nicotina

niece[ni:s] *n* nipote *f*

Nigeria[naɪ'dʒɪərɪə] *n* Nigeria

night[naɪt] *n* (*evening*) sera; **at ~** la sera; **by ~** di notte; **the ~ before last** l'altro ieri notte (*or* sera); **night club** *n* locale *m* notturno; **nightdress** *n* camicia da notte; **nightie** ['naɪtɪ] *n* = **nightdress**; **nightlife**['naɪtlaɪf] *n* vita notturna; **nightly**['naɪtlɪ] *adj* di ogni notte *or* sera; (*by night*) notturno(-a) ▶ *adv* ogni notte *or* sera; **nightmare**['naɪtmɛə[r]] *n* incubo; **night school** *n* scuola serale; **night shift** *n* turno di notte; **night-time** *n* notte *f*

nil[nɪl] *n* nulla *m*; (*BRIT Sport*) zero

nine[naɪn] *num* nove; **nineteen** *num* diciannove; **nineteenth**[naɪn'ti:nθ] *num* diciannovesimo(-a); **ninetieth** ['naɪntɪθ] *num* novantesimo(-a); **ninety** *num* novanta; **ninth**[naɪnθ] *num* nono(-a)

nip[nɪp] *vt* pizzicare; (*bite*) mordere

nipple['nɪpl] *n* (*Anat*) capezzolo

nitrogen['naɪtrədʒən] *n* azoto

no
[nəu] (pl **noes**) adv (opposite of "yes") no; **are you coming? — no (I'm not)** viene? — no (non vengo); **would you like some more? — no thank you** ne vuole ancora un po'? — no, grazie ▸ adj (not any) nessuno/-a; **I have no money/time/books** non ho soldi/tempo/libri; **no student would have done it** nessuno studente lo avrebbe fatto; **"no parking"** "divieto di sosta"; **"no smoking"** "vietato fumare" ▸ n no m inv

nobility [nəuˈbɪlɪtɪ] n nobiltà
noble [ˈnəubl] adj nobile
nobody [ˈnəubədɪ] pron nessuno
nod [nɔd] vi accennare col capo, fare un cenno; (in agreement) annuire con un cenno del capo; (sleep) sonnecchiare ▸ vt **to ~ one's head** fare di sì col capo ▸ n cenno ▸ **nod off** vi assopirsi
noise [nɔɪz] n rumore m; (din, racket) chiasso; **I can't sleep for the ~** non riesco a dormire a causa del rumore; **noisy** adj (street, car) rumoroso(-a); (person) chiassoso(-a)
nominal [ˈnɔmɪnl] adj nominale; (rent) simbolico(-a)
nominate [ˈnɔmɪneɪt] vt (propose) proporre come candidato; (elect) nominare; **nomination** [nɔmɪˈneɪʃən] n nomina; candidatura; **nominee** [nɔmɪˈniː] n persona nominata, candidato(-a)
none [nʌn] pron (not one thing) niente; (not one person) nessuno(-a); **~ of you** nessuno(-a) di voi; **I've ~ left** non ne ho più; **he's ~ the worse for it** non ne ha risentito
nonetheless [nʌnðəˈlɛs] adv nondimeno
non-fiction [nɔnˈfɪkʃən] n saggistica
nonsense [ˈnɔnsəns] n sciocchezze fpl
non: non-smoker n non

fumatore(-trice); **non-smoking** adj (person) che non fuma; (area, section) per non fumatori; **non-stick** adj antiaderente, antiadesivo/-a
noodles [ˈnuːdlz] npl taglierini mpl
noon [nuːn] n mezzogiorno
no-one [ˈnəuwʌn] pron = **nobody**
nor [nɔː] conj = **neither** ▸ adv see **neither**
norm [nɔːm] n norma
normal [ˈnɔːml] adj normale; **normally** adv normalmente
north [nɔːθ] n nord m, settentrione m ▸ adj nord inv, del nord, settentrionale ▸ adv verso nord; **North America** n America del Nord; **North American** adj, n nordamericano(-a); **northbound** [ˈnɔːθbaund] adj (traffic) diretto/-a a nord; (carriageway) nord inv; **north-east** n nord-est m; **northeastern** adj nordorientale; **northern** [ˈnɔːðən] adj del nord, settentrionale; **Northern Ireland** n Irlanda del Nord; **North Korea** n Corea del Nord; **North Pole** n Polo Nord; **North Sea** n Mare m del Nord; **north-west** n nord-ovest m; **northwestern** adj nordoccidentale
Norway [ˈnɔːweɪ] n Norvegia; **Norwegian** [nɔːˈwiːdʒən] adj norvegese ▸ n norvegese m/f; (Ling) norvegese m
nose [nəuz] n naso; (of animal) muso ▸ vi **to ~ about** aggirarsi; **nosebleed** n emorragia nasale; **nosey** (inf) adj = **nosy**
nostalgia [nɔsˈtældʒɪə] n nostalgia
nostalgic [nɔsˈtældʒɪk] adj nostalgico(-a)
nostril [ˈnɔstrɪl] n narice f; (of horse) frogia
nosy [ˈnəuzɪ] (inf) adj curioso(-a)
not [nɔt] adv non; **he is ~ or isn't there** non è qui, non c'è; **you must ~ or you mustn't do that** non devi fare

quello; **it's too late, isn't it** or **is it ~?**
è troppo tardi, vero?; **~ that I don't
like him** non che (lui) non mi piaccia;
~ yet/now non ancora/ora; *see also*
all; **only**

notable ['nəutəbl] *adj* notevole;
notably ['nəutəblɪ] *adv* (*markedly*)
notevolmente; (*particularly*) in
particolare

notch [nɔtʃ] *n* tacca; (*in saw*) dente *m*

note [nəut] *n* nota; (*letter, banknote*)
biglietto ▸ *vt* (*also: ~ **down***) prendere
nota di; **to take ~s** prendere appunti;
notebook *n* taccuino; **noted**
['nəutɪd] *adj* celebre; **notepad** *n*
bloc-notes *m inv*; **notepaper** *n* carta
da lettere

nothing ['nʌθɪŋ] *n* nulla *m*, niente *m*;
(*zero*) zero; **he does ~** non fa niente;
~ new/much *etc* niente di nuovo/
speciale *etc*; **for ~** per niente

notice ['nəutɪs] *n* avviso; (*of leaving*)
preavviso ▸ *vt* notare, accorgersi
di; **to take ~ of** fare attenzione a; **to
bring sth to sb's ~** far notare qc a qn;
at short ~ con un breve preavviso;
until further ~ fino a nuovo avviso;
to hand in one's ~ licenziarsi;
noticeable *adj* evidente

notify ['nəutɪfaɪ] *vt* **to ~ sth to sb** far
sapere qc a qn; **to ~ sb of sth** avvisare
qn di qc

notion ['nəuʃən] *n* idea; (*concept*)
nozione *f*; **~s** *npl* (*US*: *haberdashery*)
merceria

notorious [nəu'tɔ:rɪəs] *adj*
famigerato(-a)

notwithstanding [nɔtwɪθ'stændɪŋ]
adv nondimeno ▸ *prep* nonostante,
malgrado

nought [nɔ:t] *n* zero

noun [naun] *n* nome *m*, sostantivo

nourish ['nʌrɪʃ] *vt* nutrire;
nourishment *n* nutrimento

Nov. *abbr* (= *November*) nov.

novel ['nɔvl] *n* romanzo ▸ *adj*
nuovo(-a); **novelist** *n* romanziere(-a);
novelty *n* novità *f inv*

November [nəu'vembə*r*] *n*
novembre *m*

novice ['nɔvɪs] *n* principiante *m/f*;
(*Rel*) novizio(-a)

now [nau] *adv* ora, adesso ▸ *conj* **~
(that)** adesso che, ora che; **by ~**
ormai; **just ~** proprio ora; **right ~**
subito, immediatamente; **~ and
then, ~ and again** ogni tanto;
from ~ on da ora in poi; **nowadays**
['nauədeɪz] *adv* oggidì

nowhere ['nəuwɛə*r*] *adv* in nessun
luogo, da nessuna parte

nozzle ['nɔzl] *n* (*of hose etc*) boccaglio;
(*of fire extinguisher*) lancia

nr *abbr* (*BRIT*) = **near**

nuclear ['nju:klɪə*r*] *adj* nucleare

nucleus ['nju:klɪəs] (*pl* **nuclei**) *n*
nucleo

nude [nju:d] *adj* nudo(-a) ▸ *n* (*Art*)
nudo; **in the ~** tutto(-a) nudo(-a)

nudge [nʌdʒ] *vt* dare una gomitata a

nudist ['nju:dɪst] *n* nudista *m/f*

nudity ['nju:dɪtɪ] *n* nudità

nuisance ['nju:sns] *n* **it's a ~** è una
seccatura; **he's a ~** è uno scocciatore

numb [nʌm] *adj* **~ (with)**
intorpidito(-a) (da); (*with fear*)
impietrito(-a) (da); **~ with cold**
intirizzito(-a) (dal freddo)

number ['nʌmbə*r*] *n* numero ▸ *vt*
numerare; (*include*) contare; **a ~ of**
un certo numero di; **to be ~ed
among** venire annoverato(-a) tra;
they were *10* **in ~** erano in tutto 10;
number plate (*BRIT*) *n* (*Aut*) targa;
Number Ten *n* (*BRIT*: = *10 Downing
Street*) residenza del Primo Ministro del
Regno Unito

numerical [nju:'mɛrɪkl] *adj*
numerico(-a)

numerous ['nju:mərəs] *adj*

numeroso(-a)
nun [nʌn] n suora, monaca
nurse [nəːs] n infermiere(-a); (also:
~**maid**) bambinaia ▶ vt (patient, cold)
curare; (baby: BRIT) cullare; (: US)
allattare, dare il latte a
nursery ['nəːsərɪ] n (room) camera dei
bambini; (institution) asilo; (for plants)
vivaio; **nursery rhyme** n filastrocca;
nursery school n scuola materna;
nursery slope (BRIT) n (Ski) pista per
principianti
nursing ['nəːsɪŋ] n (profession)
professione f di infermiere (or di
infermiera); (care) cura; **nursing
home** n casa di cura
nurture ['nəːtʃər] vt allevare; nutrire
nut [nʌt] n (of metal) dado; (fruit) noce f
nutmeg ['nʌtmɛg] n noce f moscata
nutrient ['njuːtrɪənt] adj nutriente ▶ n
sostanza nutritiva
nutrition [njuːˈtrɪʃən] n nutrizione f
nutritious [njuːˈtrɪʃəs] adj nutriente
nuts [nʌts] (inf) adj matto(-a)
NVQ n abbr (BRIT) = **National
Vocational Qualification**
nylon ['naɪlən] n nailon m ▶ adj di
nailon

O

oak [əuk] n quercia ▶ adj di quercia
O.A.P. (BRIT) n, abbr = **old age
pensioner**
oar [ɔːr] n remo
oasis [əuˈeɪsɪs] (pl **oases**) n oasi f inv
oath [əuθ] n giuramento; (swear word)
bestemmia
oatmeal ['əutmiːl] n farina d'avena
oats [əuts] npl avena
obedience [əˈbiːdɪəns] n ubbidienza
obedient [əˈbiːdɪənt] adj ubbidiente
obese [əuˈbiːs] adj obeso(-a)
obesity [əuˈbiːsɪtɪ] n obesità
obey [əˈbeɪ] vt ubbidire a; (instructions,
regulations) osservare
obituary [əˈbɪtjuərɪ] n necrologia
object [n ˈɔbdʒɪkt, vb əbˈdʒɛkt] n
oggetto; (purpose) scopo, intento;
(Ling) complemento oggetto ▶ vi to ~
to (attitude) disapprovare; (proposal)
protestare contro, sollevare delle
obiezioni contro; **expense is no** ~ non
si bada a spese; **to ~ that** obiettare
che; **objection** [əbˈdʒɛkʃən] n
obiezione f; **objective** n obiettivo
obligation [ɔblɪˈgeɪʃən] n obbligo,
dovere m; **without** ~ senza impegno
obligatory [əˈblɪgətərɪ] adj
obbligatorio(-a)
oblige [əˈblaɪdʒ] vt (force): **to ~ sb to do**
costringere qn a fare; (do a favour) fare
una cortesia a; **to be ~d to sb for sth**
essere grato a qn per qc
oblique [əˈbliːk] adj obliquo(-a);

(allusion) indiretto(-a)

obliterate [ə'blɪtəreɪt] vt cancellare

oblivious [ə'blɪvɪəs] adj **~ of** incurante di; inconscio(-a) di

oblong ['ɔblɔŋ] adj oblungo(-a) ▶ n rettangolo

obnoxious [əb'nɔkʃəs] adj odioso(-a); (smell) disgustoso(-a), ripugnante

oboe ['əubəu] n oboe m

obscene [əb'siːn] adj osceno(-a)

obscure [əb'skjuə'] adj oscuro(-a) ▶ vt oscurare; (hide: sun) nascondere

observant [əb'zəːvnt] adj attento(-a)
  Be careful not to translate
  observant by the Italian word
  observante.

observation [ɔbzə'veɪʃən] n osservazione f; (by police etc) sorveglianza

observatory [əb'zəːvətrɪ] n osservatorio

observe [əb'zəːv] vt osservare; (remark) fare osservare; **observer** n osservatore(-trice)

obsess [əb'sɛs] vt ossessionare; **obsession** [əb'sɛʃən] n ossessione f; **obsessive** adj ossessivo(-a)

obsolete ['ɔbsəliːt] adj obsoleto(-a)

obstacle ['ɔbstəkl] n ostacolo

obstinate ['ɔbstɪnɪt] adj ostinato(-a)

obstruct [əb'strʌkt] vt (block) ostruire, ostacolare; (halt) fermare; (hinder) impedire; **obstruction** [əb'strʌkʃən] n ostruzione f; ostacolo

obtain [əb'teɪn] vt ottenere

obvious ['ɔbvɪəs] adj ovvio(-a), evidente; **obviously** adv ovviamente; certo

occasion [ə'keɪʒən] n occasione f; (event) avvenimento; **occasional** adj occasionale; **occasionally** adv ogni tanto

occult ['ɔkʌlt] adj occulto(-a) ▶ n **the ~** l'occulto

occupant ['ɔkjupənt] n occupante

m/f: (of boat, car etc) persona a bordo

occupation [ɔkju'peɪʃən] n occupazione f; (job) mestiere m, professione f

occupy ['ɔkjupaɪ] vt occupare; **to ~ o.s. in doing** occuparsi a fare

occur [ə'kəː'] vi succedere, capitare; **to ~ to sb** venire in mente a qn

occurrence n caso, fatto; presenza
  Be careful not to translate **occur** by
  the Italian word **occorrere**.

ocean ['əuʃən] n oceano

o'clock [ə'klɔk] adv **it is 5 o'clock** sono le 5

Oct. abbr (= October) ott.

October [ɔk'təubə'] n ottobre m

octopus ['ɔktəpəs] n polpo, piovra

odd [ɔd] adj (strange) strano(-a), bizzarro(-a); (number) dispari inv; (not of a set) spaiato(-a); **60–** 60 e oltre; **at ~ times** di tanto in tanto; **the ~ one out** l'eccezione f; **oddly** adv stranamente; **odds** npl (in betting) quota

odometer [ɔ'dɔmɪtə'] n odometro

odour ['əudə'] (US **odor**) n odore m; (unpleasant) cattivo odore

O

of
[ɔv, əv] prep

1 (gen) di; **a boy of 10** un ragazzo di 10 anni; **a friend of ours** un nostro amico; **that was kind of you** è stato molto gentile da parte sua

2 (expressing quantity, amount, dates etc) di; **a kilo of flour** un chilo di farina; **how much of this do you need?** quanto gliene serve?; **there were 3 of them** (people) erano in 3; (objects) ce n'erano 3; **3 of us went** 3 di noi sono andati; **the 5th of July** il 5 luglio

3 (from, out of) di, in; of **made of wood** (fatto) di or in legno

O

off
[ɔf] adv

1 (distance, time): **it's a long way off**

è lontano; **the game is 3 days off** la partita è tra 3 giorni

2 (*departure, removal*) via; **to go off to Paris** andarsene a Parigi; **I must be off** devo andare via; **to take off one's coat** togliersi il cappotto; **the button came off** il bottone è venuto via or si è staccato; **10% off** con lo sconto del 10%

3 (*not at work*): **to have a day off** avere un giorno libero; **to be off sick** essere assente per malattia

▶ *adj* (*engine*) spento(-a); (*tap*) chiuso(-a); (*cancelled*) sospeso(-a); (BRIT: *food*) andato(-a) a male; **on the off chance** nel caso; **to have an off day** non essere in forma

▶ *prep*

1 (*motion, removal etc*) da; (*distant from*) a poca distanza da; **a street off the square** una strada che parte dalla piazza

2: **to be off meat** non mangiare più la carne

offence [ə'fɛns] (US **offense**) *n* (Law) contravvenzione *f*; (*: more serious*) reato; **to take ~ at** offendersi per

offend [ə'fɛnd] *vt* (*person*) offendere;

offender *n* delinquente *m/f*; (*against regulations*) contravventore(-trice)

offense [ə'fɛns] (US) *n* = **offence**

offensive [ə'fɛnsɪv] *adj* offensivo(-a); (*smell etc*) sgradevole, ripugnante ▶ *n* (Mil) offensiva

offer ['ɔfə*] *n* offerta, proposta ▶ *vt* offrire; **"on ~"** (Comm) "in offerta speciale"

offhand [ɔf'hænd] *adj* disinvolto(-a), noncurante ▶ *adv* su due piedi

office ['ɔfɪs] *n* (*place*) ufficio; (*position*) carica; **doctor's ~** (US) studio; **to take ~** entrare in carica; **office block**, **office building** *n* complesso di uffici; **office hours** *npl* orario d'ufficio; (US Med) orario di visite

officer ['ɔfɪsə*] *n* (Mil etc) ufficiale *m*;

(*also*: **police~**) agente *m* di polizia; (*of organization*) funzionario

office worker *n* impiegato(-a) d'ufficio

official [ə'fɪʃl] *adj* (*authorized*) ufficiale ▶ *n* ufficiale *m*; (*civil servant*) impiegato(-a) statale; funzionario

off: **off-licence** (BRIT) *n* (*shop*) spaccio di bevande alcoliche; **off-line** *adj*, *adv* (Comput) off-line *inv*, fuori linea; (*: switched off*) spento(-a); **off-peak** *adj* (*ticket, heating etc*) a tariffa ridotta; (*time*) non di punta; **off-putting** (BRIT) *adj* sgradevole, antipatico(-a); **off-season** *adj*, *adv* fuori stagione; **offset** ['ɔfsɛt] (*irreg*) *vt* (*counteract*) controbilanciare, compensare; **offshore** [ɔf'ʃɔː*] *adj* (*breeze*) di terra; (*island*) vicino alla costa; (*fishing*) costiero(-a); **offside** [ɔf'saɪd] *adj* (Sport) fuori gioco; (Aut: *in Britain*) destro(-a); (*: in Italy etc*) sinistro(-a); **offspring** ['ɔfsprɪŋ] *n inv* prole *f*, discendenza

often ['ɔfn] *adv* spesso; **how ~ do you go?** quanto spesso ci vai?

oh [əu] *excl* oh!

oil [ɔɪl] *n* olio; (*petroleum*) petrolio; (*for central heating*) nafta ▶ *vt* (*machine*) lubrificare; **oil filter** *n* (Aut) filtro dell'olio; **oil painting** *n* quadro a olio; **oil refinery** *n* raffineria di petrolio; **oil rig** *n* derrick *m inv*; (*at sea*) piattaforma per trivellazioni subacquee; **oil slick** *n* chiazza d'olio; **oil tanker** *n* (*ship*) petroliera; (*truck*) autocisterna per petrolio; **oil well** *n* pozzo petrolifero; **oily** *adj* unto(-a), oleoso(-a); (*food*) grasso(-a)

ointment ['ɔɪntmənt] *n* unguento

O.K. ['əu'keɪ] *excl* d'accordo! ▶ *adj* non male *inv* ▶ *vt* approvare; **is it O.K.?**, **are you O.K.?** tutto bene?

old [əuld] *adj* vecchio(-a); (*ancient*) antico(-a), vecchio(-a); (*person*) vecchio(-a), anziano(-a); **how ~ are you?** quanti anni ha?; **he's 10 years ~** ha 10 anni; **~er brother** fratello maggiore; **old age** n vecchiaia; **old-age pension** ['əʊldeɪdʒ-] n (BRIT) pensione di vecchiaia; **old-age pensioner** (BRIT) n pensionato(-a); **old-fashioned** adj antiquato(-a), fuori moda; (person) all'antica; **old people's home** n ricovero per anziani

olive ['ɔlɪv] n (fruit) oliva; (tree) olivo
▶ adj (also: **~-green**) verde oliva inv; **olive oil** n olio d'oliva

Olympic [əʊ'lɪmpɪk] adj olimpico(-a); **the ~ Games, the ~s** i giochi olimpici, le Olimpiadi

omelet(te) ['ɔmlɪt] n omelette f inv

omen ['əʊmən] n presagio, augurio

ominous ['ɔmɪnəs] adj minaccioso(-a); (event) di malaugurio

omit [əʊ'mɪt] vt omettere

on [ɔn] prep

1 (indicating position) su; **on the wall** sulla parete; **on the left** o sulla sinistra

2 (indicating means, method, condition etc): **on foot** a piedi; **on the train/plane** in treno/aereo; **on the telephone** al telefono; **on the radio/ television** alla radio/televisione; **to be on drugs** drogarsi; **on holiday** in vacanza

3 (of time) **on Friday** venerdì; **on Fridays** il o di venerdì; **on June 20th** il 20 giugno; **on Friday, June 20th** venerdì, 20 giugno; **a week on Friday** venerdì a otto; **on his arrival** al suo arrivo; **on seeing this** vedendo ciò

4 (about, concerning) su, di; **information on train services** informazioni sui collegamenti ferroviari; **a book on Goldoni/physics** un libro su Goldoni/di o sulla fisica

▶ adv

1 (referring to dress, covering): **to have one's coat on** avere indosso il cappotto; **to put one's coat on** mettersi il cappotto; **what's she got on?** cosa indossa?; **she put her boots/gloves/hat on** si mise gli stivali/i guanti/il cappello; **screw the lid on tightly** avvita bene il coperchio

2 (further, continuously): **to walk on, go on** etc continuare, proseguire etc; **to read on** continuare a leggere; **on and off** ogni tanto

▶ adj

1 (in operation: machine, TV, light) acceso(-a); (: tap) aperto(-a); (: brake) inserito(-a); **is the meeting still on?** (in progress) la riunione è ancora in corso?; (not cancelled) è confermato l'incontro?; **there's a good film on at the cinema** danno un buon film al cinema

2 (inf): **that's not on!** (not acceptable) non si fa così!; (not possible) non se ne parla neanche!

once [wʌns] adv una volta ▶ conj non appena, quando; **~ he had left/it was done** dopo che se n'era andato/fu fatto; **at ~** subito; (simultaneously) a un tempo; **~ a week** una volta per settimana; **~ more** ancora una volta; **~ and for all** una volta per sempre; **~ upon a time** c'era una volta

oncoming ['ɔnkʌmɪŋ] adj (traffic) che viene in senso opposto

one [wʌn] num uno(-a); **one hundred and fifty** centocinquanta; **one day** un giorno

▶ adj

1 (sole) unico(-a); **the one book which** l'unico libro che; **the one man who** l'unico che

2 (same) stesso(-a); **they came in the one car** sono venuti nella stessa macchina

▶ pron

1 : this one questo(-a); that one
quello(-a); I've already got one/a red
one ne ho già uno/uno rosso; one by
one uno per uno

2 : one another l'un l'altro; to look at
one another guardarsi; to help one
another aiutarsi l'un l'altro a vicenda

3 (impersonal) si; one never knows non
si sa mai; to cut one's finger tagliarsi
un dito; one needs to eat bisogna
mangiare

one: **one-off** (BRIT: inf) n fatto
eccezionale

oneself [wʌn'sɛlf] pron (reflexive) si;
(after prep) se stesso(-a), sé; to do sth
(by) ~ fare qc da sé; to hurt ~ farsi
male; to keep sth for ~ tenere qc per
sé; to talk to ~ parlare da solo

one: **one-shot** [wʌn'ʃɒt] (US) n
= **one-off**; **one-sided** adj (argument)
unilaterale; **one-to-one** adj
(relationship) univoco(-a); **one-way**
adj (street, traffic) a senso unico

ongoing ['ɒngəʊɪŋ] adj in corso; in
attuazione

onion ['ʌnjən] n cipolla

on-line ['ɒnlaɪn] adj, adv (Comput)
on-line inv

onlooker ['ɒnlʊkər] n spettatore(-trice)

only ['əʊnlɪ] adv solo, soltanto ▶ adj
solo, unico(-a) ▶ conj solo che, ma;
an ~ child un figlio unico; not ~ ... but
also non solo ... ma anche

on-screen [ɒn'skriːn] adj sullo
schermo inv

onset ['ɒnsɛt] n inizio

onto ['ɒntu] prep = **on to**

onward(s) ['ɒnwəd(z)] adv (move) in
avanti; from that time onward(s) da
quella volta in poi

oops [ups] excl ops! (esprime
rincrescimento per un piccolo
contrattempo); **~-a-daisy!** oplà!

ooze [uːz] vi stillare

opaque [əʊ'peɪk] adj opaco(-a)

open ['əʊpn] adj aperto(-a); (road)
libero(-a); (meeting) pubblico(-a)
▶ vt aprire ▶ vi (eyes, door, debate)
aprirsi; (flower) sbocciare; (shop,
bank, museum) aprire; (book etc:
commence) cominciare; is it ~ to the
public? è aperto al pubblico?; in the
~ (air) all'aperto; what time do you
~? a che ora aprite? ▶ **open up** vt
aprire; (blocked road) sgombrare ▶ vi
(shop, business) aprire; **open-air** adj
all'aperto; **opening** adj (speech) di
apertura ▶ n apertura; (opportunity)
occasione f, opportunità f inv;
sbocco; **opening hours** npl orario
d'apertura; **open learning** n sistema
educativo secondo il quale lo studente
ha maggior controllo e gestione delle
modalità di apprendimento; **openly** adv
apertamente; **open-minded** adj che
ha la mente aperta; **open-necked**
adj col collo slacciato; **open-plan**
adj senza pareti divisorie; **Open
University** n (BRIT) vedi nota nel
riquadro

Open University

La Open University, fondata in Gran
Bretagna nel 1969, organizza corsi
di laurea per corrispondenza o via
Internet. Alcune lezioni possono
venir seguite per radio o alla
televisione e vengono organizzati
regolari corsi estivi.

opera ['ɒpərə] n opera; **opera house**
n opera; **opera singer** n cantante m/f
d'opera or lirico(-a)

operate ['ɒpəreɪt] vt (machine)
azionare, far funzionare; (system)
usare ▶ vi funzionare; (drug) essere
efficace; **to ~ on sb (for)** (Med) operare
qn (di)

operating room (US) n = **operating
theatre**

operating theatre n (Med) sala

operatoria

operation [ɔpə'reɪʃən] n operazione f; **to be in ~** (machine) essere in azione or funzione; (system) essere in vigore; **to have an ~** (Med) subire un'operazione; **operational** adj in funzione; d'esercizio

operative ['ɔpərətɪv] adj (measure) operativo(-a)

operator ['ɔpəreɪtə'] n (of machine) operatore(-trice); (Tel) centralinista m/f

opinion [ə'pɪnɪən] n opinione f, parere m; **in my ~** secondo me, a mio avviso; **opinion poll** n sondaggio di opinioni

opponent [ə'pəʊnənt] n avversario(-a)

opportunity [ɔpə'tjuːnɪtɪ] f opportunità f inv, occasione f; **to take the ~ of doing** cogliere l'occasione per fare

oppose [ə'pəʊz] vt opporsi a; **~d to** contrario(-a) a; **as ~d to** in contrasto con

opposite ['ɔpəzɪt] adj opposto(-a); (house etc) di fronte ▶ adv di fronte, dirimpetto ▶ prep di fronte a ▶ n the ~ il contrario, l'opposto; **the ~ sex** l'altro sesso

opposition [ɔpə'zɪʃən] n opposizione f

oppress [ə'prɛs] vt opprimere

opt [ɔpt] vi to ~ **for** optare per; **to ~ to do** scegliere di fare ▶ **opt out** vi to ~ out of ritirarsi da

optician [ɔp'tɪʃən] n ottico

optimism ['ɔptɪmɪzəm] n ottimismo

optimist ['ɔptɪmɪst] n ottimista m/f; **optimistic** [-'mɪstɪk] adj ottimistico(-a)

optimum ['ɔptɪməm] adj ottimale

option ['ɔpʃən] n scelta; (Scol) materia facoltativa; (Comm) opzione f; **optional** adj facoltativo(-a); (Comm) a scelta

or [ɔː'] conj o, oppure; (with negative):

he hasn't seen or heard anything non ha visto né sentito niente; **or else** se no, altrimenti; oppure

oral ['ɔːrəl] adj orale ▶ n esame m orale

orange ['ɔrɪndʒ] n (fruit) arancia ▶ adj arancione; **orange juice** n succo d'arancia; **orange squash** n succo d'arancia (da diluire con l'acqua)

orbit ['ɔːbɪt] n orbita ▶ vt orbitare intorno a

orchard ['ɔːtʃəd] n frutteto

orchestra ['ɔːkɪstrə] n orchestra; (US: seating) platea

orchid ['ɔːkɪd] n orchidea

ordeal [ɔː'diːl] n prova, travaglio

order ['ɔːdə'] n ordine m; (Comm) ordinazione f ▶ vt ordinare; **can I ~ now, please?** posso ordinare, per favore?; **in ~** in ordine; (of document) in regola; **to ~** (working) ~ funzionante; **in ~ to do** per fare; **in ~ that** affinché + sub; **on ~** (Comm) in ordinazione; **out of ~** non in ordine; (not working) guasto; **to ~ sb to do** ordinare a qn di fare; **order form** n modulo d'ordinazione; **orderly** n (Mil) attendente m; (Med) inserviente m ▶ adj (room) in ordine; (mind) metodico(-a); (person) ordinato(-a), metodico(-a)

ordinary ['ɔːdnrɪ] adj normale, comune; (pej) mediocre; **out of the ~** diverso dal solito, fuori dell'ordinario

ore [ɔː'] n minerale m grezzo

oregano [ɔrɪ'gɑːnəʊ] n origano

organ ['ɔːgən] n organo; **organic** [ɔː'gænɪk] adj organico(-a); (of food) biologico(-a); **organism** n organismo

organization [ɔːgənaɪ'zeɪʃən] n organizzazione f

organize ['ɔːgənaɪz] vt organizzare; **to get ~d** organizzarsi; **organized** ['ɔːgənaɪzd] adj organizzato(-a); **organizer** n organizzatore(-trice)

orgasm ['ɔːgæzəm] n orgasmo

orgy ['ɔːdʒɪ] *n* orgia

oriental [ɔːrɪ'entl] *adj, n* orientale *m/f*

orientation [ɔːrɪen'teɪʃən] *n* orientamento

origin ['ɒrɪdʒɪn] *n* origine *f*

original [ə'rɪdʒɪnl] *adj* originale; (*earliest*) originario(-a); ▶ *n* originale *m*; **originally** *adv* (*at first*) all'inizio

originate [ə'rɪdʒɪneɪt] *vi* **to ~ from** essere originario(-a) di; (*suggestion*) provenire da; **to ~ in** avere origine in

Orkneys ['ɔːknɪz] *npl* **the ~** (*also*: **the Orkney Islands**) le Orcadi

ornament ['ɔːnəmənt] *n* ornamento; (*trinket*) ninnolo; **ornamental** [-'mentl] *adj* ornamentale

ornate [ɔː'neɪt] *adj* molto ornato(-a)

orphan ['ɔːfn] *n* orfano(-a)

orthodox ['ɔːθədɒks] *adj* ortodosso(-a)

orthopaedic [ɔːθə'piːdɪk] (*US* **orthopedic**) *adj* ortopedico(-a)

osteopath ['ɒstɪəpæθ] *n* specialista *m/f* di osteopatia

ostrich ['ɒstrɪtʃ] *n* struzzo

other ['ʌðə*] *adj* altro(-a); ▶ *pron* **the ~ (one)** l'altro(-a); **~s** (*other people*) altri *mpl*; **~ than** altro che; a parte; **otherwise** *adv, conj* altrimenti

otter ['ɒtə*] *n* lontra

ouch [autʃ] *excl* ohi!, ahi!

ought [ɔːt] (*pt* **ought**) *aux vb* **I ~ to do it** dovrei farlo; **this ~ to have been corrected** questo avrebbe dovuto essere corretto; **he ~ to win** dovrebbe vincere

ounce [auns] *n* oncia (= 28.35 g, 16 in a pound)

our ['auə*] *adj* il (la) nostro(-a); (*pl*) i (le) nostri(-e); *see also* **my**; **ours** *pron* il (la) nostro(-a); (*pl*) i (le) nostri(-e); *see also* **mine**; **ourselves** *pron pl* (*reflexive*) ci; (*after preposition*) noi; (*emphatic*) noi stessi(-e); *see also* **oneself**

oust [aust] *vt* cacciare, espellere

out [aut] *adv* (*gen*) fuori; **~ here/there** qui/là fuori; **to speak ~ loud** parlare forte; **to have a night ~** uscire una sera; **the boat was 10 km ~** la barca era a 10 km dalla costa; **3 days ~ from Plym~h** a 3 giorni da Plymouth; **~ of** (*outside*) fuori di; (*because of*) per; **~ of 10** su 10; **~ of petrol** senza benzina;

outback ['autbæk] *n* (*in Australia*) interno, entroterra; **outbound** *adj* **outbound (for** *or* **from)** in partenza (per *or* da); **outbreak** ['autbreɪk] *n* scoppio; epidemia; **outburst** ['autbəːst] *n* scoppio; **outcast** ['autkaːst] *n* esule *m/f*; (*socially*) paria *m inv*; **outcome** ['autkʌm] *n* esito, risultato; **outcry** ['autkraɪ] *n* protesta, clamore *m*; **outdated** [aut'deɪtd] *adj* (*custom, clothes*) fuori moda; (*idea*) sorpassato(-a); **outdoor** [aut'dɔː*] *adj* all'aperto; **outdoors** *adv* fuori; all'aria aperta

outer ['autə*] *adj* esteriore; **outer space** *n* spazio cosmico

outfit ['autfɪt] *n* (*clothes*) completo; (: *for sport*) tenuta

out: outgoing ['autgəuɪŋ] *adj* (*character*) socievole; **outgoings** (*BRIT*) *npl* (*expenses*) spese *fpl*, uscite *fpl*; **outhouse** ['authaus] *n* costruzione f annessa

outing ['autɪŋ] *n* gita; escursione *f*

out: outlaw ['autlɔː] *n* fuorilegge *m/f* ▶ *vt* bandire; **outlay** ['autleɪ] *n* spese *fpl*; (*investment*) sborsa, spesa; **outlet** ['autlɛt] *n* (*for liquid etc*) sbocco, scarico; (*US Elec*) presa di corrente; (*also*: **retail outlet**) punto di vendita; **outline** ['autlaɪn] *n* contorno, profilo; (*summary*) abbozzo, grandi linee *fpl* ▶ *vt* (*fig*) descrivere a grandi linee; **outlook** ['autluk] *n* prospettiva, vista; **outnumber** [aut'nʌmbə*] *vt* superare in numero; **out-of-date** (*passport*) scaduto(-a); (*clothes*) fuori moda inv; **out-of-doors**[autəv'dɔːz] adv all'aperto; **out-of-the-way**adj (place) fuori mano inv; **out-of-town** [autəv'taun] adj (shopping centre etc) fuori città; **outpatient**['autpeɪʃənt] n paziente m/f esterno(-a); **outpost** ['autpəust] n avamposto; **output** ['autput] n produzione f; (Comput) output m inv

outrage['autreɪdʒ] n oltraggio; scandalo ▸ vt oltraggiare; **outrageous**[-'reɪdʒəs] adj oltraggioso(-a), scandaloso(-a)

outright[adv aut'raɪt, adj 'autraɪt] adv completamente; schiettamente; apertamente; sul colpo ▸ adj completo(-a), schietto(-a) e netto(-a)

outset['autsɛt] n inizio

outside[aut'saɪd] n esterno, esteriore m ▸ adj esterno(-a), esteriore ▸ adv fuori, all'esterno ▸ prep fuori di, all'esterno di; **at the ~** (fig) al massimo; **outside lane**[n (Aut) corsia di sorpasso; **outside line**n (Tel) linea esterna; **outsider**n (in race etc) outsider m inv; (stranger) estraneo(-a)

out: outsize['autsaɪz] adj (clothes) per taglie forti; **outskirts**['autskɜːts] npl sobborghi mpl; **outspoken** [aut'spəukən] adj molto franco(-a); **outstanding**[aut'stændɪŋ] adj eccezionale, di rilievo; (unfinished) non completo(-a); non evaso(-a); non regolato(-a)

outward['autwəd] adj (sign, appearances) esteriore; (journey) d'andata; **outwards**['autwədz] adv (esp BRIT) = **outward**

outweigh[aut'weɪ] vt avere maggior peso di

oval['əuvl] adj ovale ▸ n ovale m

ovary['əuvərɪ] n ovaia

oven['ʌvn] n forno; **oven glove**n guanto da forno; **ovenproof**adj da forno; **oven-ready**adj pronto(-a) da

infornare

over['əuvə'] adv al di sopra ▸ adj (or adv) (finished) finito(-a), terminato(-a); (too) troppo; (remaining) che avanza ▸ prep su; sopra; (above) al di sopra di; (on the other side of) di là di; (more than) più di; (during) durante; ~ **here** qui; ~ **there** là; **all ~** (everywhere) dappertutto; (finished) tutto(-a) finito(-a); ~ **and -(again)** più e più volte; ~ **and above** oltre (a); **to ask sb ~** invitare qn (a passare)

overall[adj, n 'əuvərɔːl, adv əuvər'ɔːl] adj totale ▸ n (BRIT) grembiule m ▸ adv nell'insieme, complessivamente; ~**s** npl (worker's overalls) tuta (da lavoro)

overboard['əuvəbɔːd] adv (Naut) fuori bordo, in mare

overcame[əuvə'keɪm] pt of **overcome**

overcast['əuvəkɑːst] adj (sky) coperto(-a)

overcharge[əuvə'tʃɑːdʒ] vt **to ~ sb for sth** far pagare troppo caro a qn per qc

overcoat['əuvəkəut] n soprabito, cappotto

overcome[əuvə'kʌm] (irreg) vt superare; sopraffare

over: overcrowded[əuvə'kraudɪd] adj sovraffollato(-a); **overdo** [əuvə'duː] (irreg) vt esagerare; (overcook) cuocere troppo; **overdone** [əuvə'dʌn] adj troppo cotto(-a); **overdose**['əuvədəus] n dose f eccessiva; **overdraft** ['əuvədrɑːft] n scoperto (di conto); **overdrawn** [əuvə'drɔːn] adj (account) scoperto(-a); **overdue**[əuvə'djuː] adj in ritardo; **overestimate**[əuvər'ɛstɪmeɪt] vt sopravvalutare

overflow[vb əuvə'fləu, n 'əuvəfləu] vi traboccare ▸ n (also: ~ **pipe**) troppopieno

overgrown[əuvə'grəun] adj (garden)

ricoperto(-a) di vegetazione
overhaul [vb əʊvəˈhɔːl, n ˈəʊvəhɔːl] vt
revisionare ▶ n revisione f

overhead [adv əʊvəˈhɛd, adj,
n ˈəʊvəhɛd] adv di sopra ▶ adj
aereo(-a); (lighting) verticale ▶ n (US)
= **overheads**; **overhead projector**
n lavagna luminosa; **overheads** npl
spese fpl generali

over:overhear [əʊvəˈhɪəʳ] (irreg) vt
sentire (per caso); **overheat**
[əʊvəˈhiːt] vi (engine) surriscaldare;
overland adj, adv per via di
terra; **overlap** [əʊvəˈlæp] vi
sovrapporsi; **overleaf** [əʊvəˈliːf]
adv a tergo; **overload** [əʊvəˈləʊd] vt
sovraccaricare; **overlook** [əʊvəˈlʊk]
vt (have view of) dare su; (miss)
trascurare; (forgive) passare sopra a

overnight [əʊvəˈnaɪt] adv (happen)
durante la notte; (fig) tutto ad un
tratto ▶ adj di notte; **he stayed there
~** ci ha passato la notte; **overnight
bag** n borsa da viaggio

overpass [ˈəʊvəpɑːs] n cavalcavia
m inv

overpower [əʊvəˈpaʊəʳ] vt sopraffare;
overpowering adj irresistibile; (heat,
stench) soffocante

over:overreact [əʊvəriːˈækt] vi
reagire in modo esagerato; **overrule**
[əʊvəˈruːl] vt (decision) annullare;
(claim) respingere; **overrun**
[əʊvəˈrʌn] (irreg: like **run**) vt (country)
invadere; (time limit) superare

overseas [əʊvəˈsiːz] adv oltremare;
(abroad) all'estero ▶ adj (trade)
estero(-a); (visitor) straniero(-a)

oversee [əʊvəˈsiː] vt irreg sorvegliare

overshadow [əʊvəˈʃædəʊ] vt far
ombra su; (fig) eclissare

oversight [ˈəʊvəsaɪt] n omissione
f, svista

oversleep [əʊvəˈsliːp] (irreg) vt
dormire troppo a lungo

overspend [əʊvəˈspɛnd] vi irreg
spendere troppo; **we have overspent
by 5000 dollars** abbiamo speso 5000
dollari di troppo

overt [əuˈvəːt] adj palese

overtake [əʊvəˈteɪk] (irreg) vt
sorpassare

over:overthrow [əʊvəˈθrəʊ] (irreg)
vt (government) rovesciare; **overtime**
[ˈəʊvətaɪm] n (lavoro) straordinario

overtook [əʊvəˈtʊk] pt of **overtake**

over:overturn [əʊvəˈtəːn]
vt rovesciare ▶ vi rovesciarsi;
overweight [əʊvəˈweɪt] adj (person)
troppo grasso(-a); **overwhelm**
[əʊvəˈwɛlm] vt sopraffare;
sommergere; schiacciare;
overwhelming adj (victory, defeat)
schiacciante; (heat, desire) intenso(-a)

ow [aʊ] excl ahi!

owe [əu] vt to ~ sb sth, to ~ sth to
sb dovere qc a qn; **how much do I ~
you?** quanto le devo?; **owing to** prep
a causa di

owl [aʊl] n gufo

own [əun] vt possedere ▶ adj
proprio(-a); **a room of my** ~ la mia
propria camera; **to get one's** ~ **back**
vendicarsi; **on one's** ~ tutto(-a)
solo(-a) ▶ **own up** vi confessare;
owner n proprietario(-a); **ownership**
n possesso

ox [ɔks] (pl **oxen**) n bue m

Oxbridge [ˈɔksbrɪdʒ] n le università di
Oxford e/o Cambridge

oxen [ˈɔksn] npl of **ox**

oxygen [ˈɔksɪdʒən] n ossigeno

oyster [ˈɔɪstəʳ] n ostrica

oz. abbr = **ounce(s)**

ozone [ˈəuzəun] n ozono; **ozone
friendly** adj che non danneggia
l'ozono; **ozone layer** n fascia d'ozono

p

p [piː] *abbr* = **penny; pence**
P.A. *n abbr* = **personal assistant; public address system**
p.a. *abbr* = **per annum**
pace [peɪs] *n* passo; (*speed*) passo; velocità ▸ *vi* to ~ **up and down** camminare su e giù; **to keep ~ with** camminare di pari passo a; (*events*) tenersi al corrente di; **pacemaker** *n* (*Med*) segnapasso; (*Sport: also:* **pace setter**) battistrada *m inv*
Pacific [pəˈsɪfɪk] *n* **the ~ (Ocean)** il Pacifico, l'Oceano Pacifico
pacifier [ˈpæsɪfaɪəʳ] *n* (*US*) (*dummy*) succhiotto, ciuccio (*col*)
pack [pæk] *n* pacco; (*US: of cigarettes*) pacchetto; (*backpack*) zaino; (*of hounds*) muta; (*of thieves etc*) banda; (*of cards*) mazzo ▸ *vt* (*in suitcase etc*) mettere; (*box*) riempire; (*cram*) stipare, pigiare; **to ~ (one's bags)** fare la valigia; **to ~ sb off** spedire via qn; **~ it in!** (*inf*) dacci un taglio!; **pack in** (*BRIT inf*) *vi* (*watch, car*) guastarsi ▸ *vt* mollare, piantare; **~ it in!** piantala! ▸ *pack up vi* (*BRIT inf: machine*) guastarsi; (*: person*) far fagotto ▸ *vt* (*belongings, clothes*) mettere in una valigia; (*goods, presents*) imballare
package [ˈpækɪdʒ] *n* pacco; balla; (*also: ~ deal*) pacchetto; forfait *m inv*; **package holiday** *n* vacanza organizzata; **package tour** *n* viaggio organizzato

packaging [ˈpækɪdʒɪŋ] *n* confezione *f*, imballo
packed [pækt] *adj* (*crowded*) affollato(-a); **packed lunch** *n* pranzo al sacco
packet [ˈpækɪt] *n* pacchetto
packing [ˈpækɪŋ] *n* imballaggio
pact [pækt] *n* patto, accordo; trattato
pad [pæd] *n* blocco; (*to prevent friction*) cuscinetto; (*inf: flat*) appartamentino ▸ *vt* imbottire; **padded** *adj* imbottito(-a)
paddle [ˈpædl] *n* (*oar*) pagaia; (*US: for table tennis*) racchetta da ping-pong ▸ *vi* sguazzare ▸ *vt* **to ~ a canoe** *etc* vogare con la pagaia; **paddling pool** (*BRIT*) *n* piscina per bambini
paddock [ˈpædək] *n* prato recintato; (*at racecourse*) paddock *m inv*
padlock [ˈpædlɔk] *n* lucchetto
paedophile [ˈpiːdəufaɪl] (*US* **pedophile**) *adj*, *n* pedofilo(-a)
page [peɪdʒ] *n* pagina; (*also: ~ boy*) paggio ▸ *vt* (*in hotel etc*) (*far*) chiamare
pager [ˈpeɪdʒəʳ] *n* (*Tel*) cercapersone *m inv*
paid [peɪd] *pt*, *pp of* **pay** ▸ *adj* (*work, official*) rimunerato(-a); **to put ~ to** (*BRIT*) mettere fine a
pain [peɪn] *n* dolore *m*; **to be in ~** soffrire, aver male; **to take ~s to do** mettercela tutta per fare; **painful** *adj* doloroso(-a), che fa male; difficile, penoso(-a); **painkiller** *n* antalgico, antidolorifico; **painstaking** [ˈpeɪnzteɪkɪŋ] *adj* (*person*) sollecito(-a); (*work*) accurato(-a)
paint [peɪnt] *n* vernice *f*, colore *m* ▸ *vt* dipingere; (*walls, door etc*) verniciare; **to ~ the door blue** verniciare la porta di azzurro; **paintbrush** *n* pennello; **painter** *n* (*artist*) pittore *m*; (*decorator*) imbianchino; **painting** *n* pittura; verniciatura; (*picture*) dipinto, quadro
pair [pɛəʳ] *n* (*of shoes, gloves etc*) paio;

(of people) coppia; duo m inv; **a ~ of scissors/trousers** un paio di forbici/pantaloni

pajamas [pɪˈdʒɑːməz] (US) npl pigiama m

Pakistan [pɑːkɪˈstɑːn] n Pakistan m; **Pakistani** adj, n pakistano(-a)

pal [pæl] (inf) n amico(-a), compagno(-a)

palace [ˈpæləs] n palazzo

pale [peɪl] adj pallido(-a) ▶ n **to be beyond the ~** aver oltrepassato ogni limite

Palestine [ˈpælɪstaɪn] n Palestina; **Palestinian** [-ˈtɪnɪən] adj, n palestinese m/f

palm [pɑːm] n (Anat) palma, palmo; (also: **~ tree**) palma ▶ vt **to ~ sth off on sb** (inf) rifilare qc a qn

pamper [ˈpæmpə*] vt viziare, coccolare

pamphlet [ˈpæmflət] n dépliant m inv

pan [pæn] n (also: **sauce~**) casseruola; (also: **frying ~**) padella

pancake [ˈpænkeɪk] n frittella

panda [ˈpændə] n panda m inv

pane [peɪn] n vetro

panel [ˈpænl] n (of wood, cloth etc) pannello; (Radio, TV) giuria

panhandler [ˈpænhændlə*] (US) n (inf) accattone(-a)

panic [ˈpænɪk] n panico ▶ vi perdere il sangue freddo

panorama [pænəˈrɑːmə] n panorama m

pansy [ˈpænzɪ] n (Bot) viola del pensiero, pensée f inv; (inf: pej) femminuccia

pant [pænt] vi ansare

panther [ˈpænθə*] n pantera

panties [ˈpæntɪz] npl slip m, mutandine fpl

pantomime [ˈpæntəmaɪm] (BRIT) n pantomima

○ **pantomime**
○ In Gran Bretagna la **pantomime** è

una sorta di libera interpretazione delle favole più conosciute, che vengono messe in scena a teatro durante il periodo natalizio. È uno spettacolo per tutta la famiglia che prevede la partecipazione del pubblico.

pants [pænts] npl mutande fpl, slip m; (US: trousers) pantaloni mpl

paper [ˈpeɪpə*] n carta; (also: **wall~**) carta da parati, tappezzeria; (also: **news~**) giornale m; (study, article) saggio; (exam) prova scritta ▶ adj di carta ▶ vt tappezzare; **~s** npl (also: **identity ~s**) carte fpl, documenti mpl; **paperback** n tascabile m; edizione f economica; **paper bag** n sacchetto di carta; **paper clip** n graffetta, clip f inv; **paper shop** n (BRIT) giornalaio (negozio); **paperwork** n lavoro amministrativo

paprika [ˈpæprɪkə] n paprica

par [pɑː*] n parità, pari f; (Golf) norma; **on a ~ with** alla pari con

paracetamol [pærəˈsiːtəmɒl] (BRIT) n paracetamolo

parachute [ˈpærəʃuːt] n paracadute m inv

parade [pəˈreɪd] n parata ▶ vt (fig) fare sfoggio di ▶ vi sfilare in parata

paradise [ˈpærədaɪs] n paradiso

paradox [ˈpærədɒks] n paradosso

paraffin [ˈpærəfɪn] (BRIT) n **~ (oil)** paraffina

paragraph [ˈpærəɡrɑːf] n paragrafo

parallel [ˈpærəlɛl] adj parallelo(-a); (fig) analogo(-a) ▶ n (line) parallela; (fig, Geo) parallelo

paralysed [ˈpærəlaɪzd] adj paralizzato(-a)

paralysis [pəˈrælɪsɪs] n paralisi f inv

paramedic [pærəˈmɛdɪk] n paramedico

paranoid [ˈpærənɔɪd] adj paranoico(-a)

parasite ['pærəsaɪt] n parassita m

parcel ['pɑːsl] n pacco, pacchetto ▸ vt (also: ~ **up**) impaccare

pardon ['pɑːdn] n perdono; grazia ▸ vt perdonare; (Law) graziare; ~ **me!** mi scusi!; **I beg your ~!** scusi!; **I beg your ~?** (BRIT), ~**me?** (US) prego?

parent ['pɛərənt] n genitore m; ~**s** npl (mother and father) genitori mpl; **parental** [pə'rɛntl] adj dei genitori

▌Be careful not to translate **parent** by the Italian word parente.

Paris ['pærɪs] n Parigi f

parish ['pærɪʃ] n parrocchia f; (BRIT: civil) ≈ municipio

Parisian [pə'rɪzɪən] adj, n parigino(-a)

park [pɑːk] n parco ▸ vt, vi parcheggiare; **can I ~ here?** posso parcheggiare qui?

parking ['pɑːkɪŋ] n parcheggio m; "**no ~**" "sosta vietata"; **parking lot** (US) n posteggio, parcheggio; **parking meter** n parchimetro; **parking ticket** n multa per sosta vietata

parkway ['pɑːkweɪ] (US) n viale m

parliament ['pɑːləmənt] n parlamento; **parliamentary** [pɑːlə'mɛntərɪ] adj parlamentare

Parmesan [pɑːmɪ'zæn] n (also: ~ **cheese**) parmigiano

parole [pə'rəʊl] n **on ~** in libertà per buona condotta

parrot ['pærət] n pappagallo

parsley ['pɑːslɪ] n prezzemolo

parsnip ['pɑːsnɪp] n pastinaca

parson ['pɑːsn] n prete m; (Church of England) parroco

part [pɑːt] n parte f; (of machine) pezzo; (US: in hair) scriminatura ▸ adj in parte ▸ adv **partly** ▸ vt separare ▸ vi (people) separarsi; **to take ~ in** prendere parte a; **to my ~** per parte mia; **to take sth in good ~** prendere bene qc; **to take sb's ~** parteggiare per or prendere le parti di qn; **for the**

most ~ in generale; nella maggior parte dei casi ▸ **part with** vt fus separarsi da; rinunciare a

partial ['pɑːʃl] adj parziale; **to be ~ to** avere un debole per

participant [pɑː'tɪsɪpənt] n ~ **(in)** partecipante m/f (a)

participate [pɑː'tɪsɪpeɪt] vi **to ~ (in)** prendere parte a, partecipare (a)

particle ['pɑːtɪkl] n particella

particular [pə'tɪkjʊlə*] adj particolare; speciale; (fussy) difficile; meticoloso(-a); **in ~** in particolare, particolarmente; **particularly** adv particolarmente; in particolare; **particulars** npl particolari mpl, dettagli mpl; (information) informazioni fpl

parting ['pɑːtɪŋ] n separazione f; (BRIT: in hair) scriminatura ▸ adj d'addio

partition [pɑː'tɪʃən] n (Pol) partizione f; (wall) tramezzo

partly ['pɑːtlɪ] adv parzialmente; in parte

partner ['pɑːtnə*] n (Comm) socio(-a); (wife, husband etc, Sport) compagno(-a); (at dance) cavaliere/dama; **partnership** n associazione f; (Comm) società f inv

part of speech n parte f del discorso

partridge ['pɑːtrɪdʒ] n pernice f

part-time ['pɑːt'taɪm] adj, adv a orario ridotto

party ['pɑːtɪ] n (Pol) partito; (group) gruppo; (Law) parte f; (celebration) ricevimento; serata; festa ▸ cpd (Pol) del partito, di partito

pass [pɑːs] vt (gen) passare; (place) passare davanti a; (exam) passare, superare; (candidate) promuovere; (overtake, surpass) sorpassare, superare; (approve) approvare ▸ vi passare ▸ n (permit) lasciapassare m inv; permesso; (in mountains) passo, gola; (*Sport*) passaggio; (*Scol*): **to get a ~** prendere la sufficienza; **could you the salt/oil, please?** mi passa il sale/l'olio, per favore?; **to ~ sth through a hole** *etc* far passare qc attraverso un buco *etc*; **to make a ~ at sb** (*inf*) fare delle proposte or delle avances a qn ▷ **pass away** *vi* morire ▷ **pass by** *vi* passare ▶ *vt* trascurare ▷ **pass on** *vt* passare ▷ **pass out** *vi* svenire ▷ **pass over** *vi* (*die*) spirare ▶ *vt* lasciare da parte ▷ **pass up** *vt* (*opportunity*) lasciarsi sfuggire, perdere; **passable** *adj* (*road*) praticabile; (*work*) accettabile

passage ['pæsɪdʒ] *n* (*gen*) passaggio; (*also*: **~way**) corridoio; (*in boat*) brano, passo; (*by boat*) traversata

passenger ['pæsɪndʒə*r*] *n* passeggero(-a)

passer-by [pɑːsə'baɪ] *n* passante *m/f*

passing place *n* (*Aut*) piazzola di sosta

passion ['pæʃən] *n* passione *f*; amore *m*; **passionate** *adj* appassionato(-a); **passion fruit** *n* frutto della passione

passive ['pæsɪv] *adj* (*also Ling*) passivo(-a)

passport ['pɑːspɔːt] *n* passaporto; **passport control** *n* controllo *m* passaporti *inv*; **passport office** *n* ufficio *m*, passaporti *inv*

password ['pɑːswɜːd] *n* parola d'ordine

past [pɑːst] *prep* (*further than*) oltre, di là di; *dopo*; (*later than*) dopo ▶ *adj* passato(-a); (*president etc*) ex *inv* ▶ *n* passato; **he's ~ forty** ha più di quarant'anni; **ten ~ eight** le otto e dieci; **for the ~ few days** da qualche giorno; in questi ultimi giorni; **to run ~** passare di corsa

pasta ['pæstə] *n* pasta

paste [peɪst] *n* (*glue*) colla; (*Culin*) pâté *m inv*; pasta ▶ *vt* collare

pastel ['pæstl] *adj* pastello *inv*

pasteurized ['pæstəraɪzd] *adj* pastorizzato(-a)

pastime ['pɑːstaɪm] *n* passatempo

pastor ['pɑːstə*r*] *n* pastore *m*

past participle [-'pɑːtɪsɪpl] *n* (*Ling*) participio passato

pastry ['peɪstrɪ] *n* pasta

pasture ['pɑːstʃə*r*] *n* pascolo

pasty¹ ['pæstɪ] *n* pasticcio di carne

pasty² ['peɪstɪ] *adj* (*face etc*) smorto(-a)

pat [pæt] *vt* accarezzare, dare un colpetto (affettuoso) a

patch [pætʃ] *n* (*of material, on tyre*) toppa; (*eye patch*) benda; (*spot*) macchia ▶ *vt* (*clothes*) rattoppare; **(to go through) a bad ~** (attraversare) un brutto periodo; **patchy** *adj* irregolare

pâté ['pæteɪ] *n* pâté *m inv*

patent ['peɪtnt] *n* brevetto ▶ *vt* brevettare ▶ *adj* patente, manifesto(-a)

paternal [pə'tɜːnl] *adj* paterno(-a)

paternity leave [pə'tɜːnɪtɪ-] *n* congedo di paternità

path [pɑːθ] *n* sentiero, viottolo; viale *m*; (*fig*) via, strada; (*of planet, missile*) traiettoria

pathetic [pə'θetɪk] *adj* (*pitiful*) patetico(-a); (*very bad*) penoso(-a)

pathway ['pɑːθweɪ] *n* sentiero

patience ['peɪʃns] *n* pazienza; (*BRIT Cards*) solitario

patient ['peɪʃnt] *n* paziente *m/f*, malato(-a) ▶ *adj*

patio ['pætɪəu] *n* terrazza

patriotic [pætrɪ'ɔtɪk] *adj* patriottico(-a)

patrol [pə'trəul] *n* pattuglia ▶ *vt* pattugliare; **patrol car** *n* autoradio *f inv* (della polizia)

patron ['peɪtrən] *n* (*in shop*) cliente *m/f*; (*of charity*) benefattore(-trice); **~ of the arts** mecenate *m/f*

patronizing ['pætrənaɪzɪŋ] *adj*

condiscendente
pattern ['pætən] n modello; (design) disegno, motivo; **patterned** adj a disegni, a motivi; (material) fantasia inv

pause [pɔ:z] n pausa ▶ vi fare una pausa, arrestarsi

pave [peɪv] vt pavimentare; **to ~ the way for** aprire la via a

pavement ['peɪvmənt] (BRIT) n marciapiede m

> Be careful not to translate **pavement** by the Italian word *pavimento*.

pavilion [pə'vɪlɪən] n (Sport) edificio annesso a campo sportivo

paving ['peɪvɪŋ] n pavimentazione f

paw [pɔ:] n zampa

pawn [pɔ:n] n (Chess) pedone m; (fig) pedina ▶ vt dare in pegno; **pawn broker** n prestatore m su pegno

pay [peɪ] (pt, pp **paid**) n stipendio; paga ▶ vt pagare ▶ vi (be profitable) rendere; **can I ~ by credit card?** posso pagare con la carta di credito?; **to ~ attention (to)** fare attenzione (a); **to ~ sb a visit** far visita a qn; **to ~ one's respects to sb** porgere i propri rispetti a qn ▷ **pay back** vt rimborsare ▷ **pay for** vt fus pagare ▷ **pay in** vt versare ▷ **pay off** vt (debt) saldare; (person) pagare; (employee) pagare e licenziare ▶ vi (scheme, decision) dare dei frutti ▷ **pay out** vt (money) sborsare, tirar fuori; (rope) far allentare ▷ **pay up** vt saldare; **payable** adj pagabile; **pay day** n giorno di paga; **pay envelope** (US) n = **pay packet**; **payment** n pagamento; versamento; saldo; **payout** n pagamento; (in competition) premio; **pay packet** (BRIT) n busta f paga inv; **pay phone** n cabina telefonica; **payroll** n ruolo (organico); **pay slip** n foglio m paga inv; **pay television** n televisione f a

pagamento, pay-tv f inv

PC n abbr = **personal computer** ▶ adv abbr = **politically correct**

p.c. abbr = **per cent**

PDA n abbr (= personal digital assistant) PDA m inv

PE n abbr (= physical education) ed. fisica

pea [pi:] n pisello

peace [pi:s] n pace f; **peaceful** adj pacifico(-a), calmo(-a)

peach [pi:tʃ] n pesca

peacock ['pi:kɔk] n pavone m

peak [pi:k] n (of mountain) cima, vetta; (mountain itself) picco; (of cap) visiera; (fig) apice m, culmine m; **peak hours** npl ore fpl di punta

peanut ['pi:nʌt] n arachide f, nocciolina americana; **peanut butter** n burro di arachidi

pear [pɛə] n pera

pearl [pə:l] n perla

peasant ['pɛznt] n contadino(-a)

peat [pi:t] n torba

pebble ['pɛbl] n ciottolo

peck [pɛk] vt (also: ~ **at**) beccare ▶ n colpo di becco; (kiss) bacetto; **peckish** (BRIT: inf) adj **I feel peckish** ho un languorino

peculiar [pɪ'kju:lɪə] adj strano(-a), bizzarro(-a); peculiare; ~ **to** peculiare di

pedal ['pɛdl] n pedale m ▶ vi pedalare

pedalo ['pɛdələu] n pedalò m inv

pedestal ['pɛdəstl] n piedestallo

pedestrian [pɪ'dɛstrɪən] n pedone(-a) ▶ adj pedonale; (fig) prosaico(-a), pedestre; **pedestrian crossing** (BRIT) n passaggio pedonale; **pedestrianized** adj **a pedestrianized street** una zona pedonalizzata; **pedestrian precinct** (BRIT: US **pedestrian zone**) n zona pedonale

pedigree ['pɛdɪgri:] n (of animal) pedigree m inv; (fig) background m inv ▶ cpd (animal) di razza

pedophile ['pi:dəʊfaɪl] (US) n
= **paedophile**

pee [pi:] (inf) vi pisciare

peek [pi:k] vi guardare furtivamente

peel [pi:l] n buccia; (of orange, lemon)
scorza ▶ vt sbucciare ▶ vi (paint etc)
staccarsi

peep [pi:p] n (BRIT: look) sguardo
furtivo, sbirciata; (sound) pigolio ▶ vi
(BRIT) guardare furtivamente

peer [pɪə°] vi to ~ at scrutare ▶ n
(noble) pari m inv; (equal) pari
m/f inv, uguale m/f; (contemporary)
contemporaneo(-a)

peg [peg] n caviglia; (for coat etc)
attaccapanni m inv; (BRIT: also:
clothes ~) molletta

pelican ['pelɪkən] n pellicano; **pelican
crossing** (BRIT) n (Aut) attraversamento
pedonale con semaforo a controllo
manuale

pelt [pelt] vt to ~ sb (with)
bombardare qn (con) ▶ vi (rain)
piovere a dirotto; (inf: run) filare
▶ n pelle f

pelvis ['pelvɪs] n pelvi f inv, bacino

pen [pen] n penna; (for sheep) recinto

penalty ['penltɪ] n penalità f inv;
sanzione f penale; (fine) ammenda;
(Sport) penalizzazione f

pence [pens] (BRIT) npl of **penny**

pencil ['pensl] n matita ▶ **pencil** in
vt scrivere a matita; **pencil case**
n astuccio per matite; **pencil
sharpener** n temperamatite m inv

pendant ['pendnt] n pendaglio

pending ['pendɪŋ] prep in attesa di
▶ adj in sospeso

penetrate ['penɪtreɪt] vt penetrare

penfriend ['penfrend] (BRIT) n
corrispondente m/f

penguin ['peŋgwɪn] n pinguino

penicillin [penɪ'sɪlɪn] n penicillina

peninsula [pə'nɪnsjʊlə] n penisola

penis ['pi:nɪs] n pene m

penitentiary [penɪ'tenʃərɪ] (US) n
carcere m

penknife ['pennaɪf] n temperino

penniless ['penɪlɪs] adj senza un soldo

penny ['penɪ] (pl **pennies** or **pence**)
(BRIT) n penny m; (US) centesimo

penpal ['penpæl] n
corrispondente m/f

pension ['penʃən] n pensione f;
pensioner (BRIT) n pensionato(-a)

pentagon ['pentəgən] n pentagono;
the P~ (US Pol) il Pentagono

penthouse ['penthaʊs] n
appartamento (di lusso) nell'attico

penultimate [pɪ'nʌltɪmət] adj
penultimo(-a)

people ['pi:pl] npl gente f; persone
fpl; (citizens) popolo ▶ n (nation,
race) popolo; a/several ~ came
4/parecchie persone sono venute; ~
say that ... si dice che ...

pepper ['pepə°] n pepe m; (vegetable)
peperone m ▶ vt (fig): to ~ with
spruzzare di; **peppermint** n (sweet)
pasticca di menta

per [pə:°] prep per, a; ~ **hour** all'ora; ~
kilo etc il chilo etc; ~ **day** al giorno

perceive [pə'si:v] vt percepire; (notice)
accorgersi di

per cent adv per cento

percentage [pə'sentɪdʒ] n
percentuale f

perception [pə'sepʃən] n percezione f;
sensibilità; perspicacia

perch [pə:tʃ] n (fish) pesce m persico;
(for bird) sostegno, ramo ▶ vi
appollaiarsi

percussion [pə'kʌʃən] n percussione
f; (Mus) strumenti mpl a percussione

perfect [adj, n 'pə:fɪkt, vb pə'fekt]
adj perfetto(-a) ▶ n (also: ~ **tense**)
perfetto, passato prossimo ▶ vt
perfezionare; mettere a punto;
perfection [pə'fekʃən] n perfezione
f; **perfectly** adv perfettamente, alla

perfezione

perform[pə'fɔːm] *vt* (carry out)
eseguire, fare; (symphony etc) suonare;
(play, ballet) dare; (opera) fare ▶ *vi*
suonare; recitare; **performance**
n esecuzione *f*; (at theatre etc)
rappresentazione *f*, spettacolo;
(of an artist) interpretazione *f*; (of
player etc) performance *f*; (of car,
engine) prestazione *f*; **performer** *n*
artista *m/f*

perfume['pəːfjuːm] *n* profumo

perhaps[pə'hæps] *adv* forse

perimeter[pə'rɪmɪtə'] *n* perimetro

period['pɪərɪəd] *n* periodo; (History)
epoca; (Scol) lezione *f*; (full stop)
punto; (Med) mestruazioni *fpl*
▶ *adj* (costume, furniture) d'epoca;
periodical[-'ɔdɪkl] *n* periodico;
periodically *adv* periodicamente

perish['perɪʃ] *vi* perire, morire; (decay)
deteriorarsi

perjury['pəːdʒərɪ] *n* spergiuro

perk[pəːk] (inf) *n* vantaggio

perm[pəːm] *n* (for hair) permanente *f*

permanent['pəːmənənt] *adj*
permanente; **permanently** *adv*
definitivamente

permission[pə'mɪʃən] *n* permesso

permit[*n* 'pəːmɪt, *vb* pə'mɪt] *n*
permesso ▶ *vt* permettere; **to ~ sb to
do** permettere a qn di fare

perplex[pə'pleks] *vt* lasciare
perplesso(-a)

persecute['pəːsɪkjuːt] *vt*
perseguitare

persecution[pəːsɪ'kjuːʃən] *n*
persecuzione *f*

persevere[pəːsɪ'vɪə'] *vi* perseverare

Persian['pəːʃən] *adj* persiano(-a) ▶ *n*
(Ling) persiano; **the (~) Gulf** *n* il Golfo
Persico

persist[pə'sɪst] *vi* **to ~ (in doing)**
persistere (nel fare); ostinarsi (a
fare); **persistent** *adj* persistente;

ostinato(-a)

person['pəːsn] *n* persona; **in ~** di or in
persona, personalmente; **personal**
adj personale; individuale; **personal
assistant** *n* segretaria personale;
personal computer *n* personal
computer *m inv*; **personality**[-
'nælɪtɪ] *n* personalità *f inv*; **personally**
adv personalmente; **to take sth
personally** prendere qc come
una critica personale; **personal
organizer** *n* (Filofax®) Fulltime®;
(electronic) agenda elettronica;
personal stereo *n* Walkman® *m inv*

personnel[pəːsə'nel] *n* personale *m*

perspective[pə'spektɪv] *n*
prospettiva

perspiration[pəːspɪ'reɪʃən] *n*
traspirazione *f*, sudore *m*

persuade[pə'sweɪd] *vt* **to ~ sb to do
sth** persuadere qn a fare qc

persuasion[pə'sweɪʒən] *n*
persuasione *f*; (creed) convinzione
f, credo

persuasive[pə'sweɪsɪv] *adj*
persuasivo(-a)

perverse[pə'vəːs] *adj* perverso(-a)

pervert[*n* 'pəːvəːt, *vb* pə'vəːt] *n*
pervertito(-a) ▶ *vt* pervertire

pessimism['pesɪmɪzəm] *n*
pessimismo

pessimist['pesɪmɪst] *n* pessimista
m/f; **pessimistic**[-'mɪstɪk] *adj*
pessimistico(-a)

pest[pest] *n* animale *m* (or insetto)
pestifero; (fig) peste *f*

pester['pestə'] *vt* tormentare,
molestare

pesticide['pestɪsaɪd] *n* pesticida *m*

pet[pet] *n* animale *m* domestico
▶ *cpd* favorito(-a) ▶ *vt* accarezzare;
teacher's ~ favorito(-a) del maestro

petal['petl] *n* petalo

petite[pə'tiːt] *adj* piccolo(-a) e
aggraziato(-a)

petition [pə'tɪʃən] n petizione f

petrified ['petrɪfaɪd] adj (fig) morto(-a) di paura

petrol ['petrəl] (BRIT) n benzina; **two/ four-star ~** = benzina normale/super; **I've run out of ~** sono rimasto senza benzina

Be careful not to translate **petrol** by the Italian word **petrolio**.

petroleum [pə'trəʊlɪəm] n petrolio

petrol: petrol pump (BRIT) n (in car, at garage) pompa di benzina; **petrol station** (BRIT) n stazione f di rifornimento; **petrol tank** (BRIT) n serbatoio della benzina

petticoat ['petɪkəʊt] n sottana

petty ['petɪ] adj (mean) meschino(-a); (unimportant) insignificante

pew [pju:] n panca (di chiesa)

pewter ['pju:tə*] n peltro

phantom ['fæntəm] n fantasma m

pharmacist ['fɑ:məsɪst] n farmacista m/f

pharmacy ['fɑ:məsɪ] n farmacia

phase [feɪz] n fase f, periodo ▷ **phase in** vt introdurre gradualmente; ▷ **phase out** vt (machinery) eliminare gradualmente; (product) ritirare gradualmente; (job, subsidy) abolire gradualmente

Ph.D. n abbr = **Doctor of Philosophy**

pheasant ['feznt] n fagiano

phenomena [fə'nɒmɪnə] npl of **phenomenon**

phenomenal [fɪ'nɒmɪnl] adj fenomenale

phenomenon [fə'nɒmɪnən] (pl **phenomena**) n fenomeno

Philippines ['fɪlɪpi:nz] npl **the ~** le Filippine

philosopher [fɪ'lɒsəfə*] n filosofo(-a)

philosophical [fɪlə'sɒfɪkl] adj filosofico(-a)

philosophy [fɪ'lɒsəfɪ] n filosofia

phlegm [flem] n flemma

phobia ['fəʊbjə] n fobia

phone [fəʊn] n telefono ▷ vt telefonare; **to be on the ~** avere il telefono; (be calling) essere al telefono ▷ **phone back** vt, vi richiamare ▷ **phone up** vt telefonare a ▷ vi telefonare; **phone book** n guida del telefono, elenco telefonico; **phone booth** n = **phone box**; **phone box** n cabina telefonica; **phone call** n telefonata; **phonecard** n scheda telefonica; **phone number** n numero di telefono

phonetics [fə'netɪks] n fonetica

phoney ['fəʊnɪ] adj falso(-a), fasullo(-a)

photo ['fəʊtəʊ] n foto f inv

photo... ['fəʊtəʊ] prefix: **photo album** n (new) album m inv per fotografie; (containing photos) album m inv delle fotografie; **photocopier** n fotocopiatrice f; **photocopy** n fotocopia ▷ vt fotocopiare

photograph ['fəʊtəgræf] n fotografia ▷ vt fotografare; **photographer** [fə'tɒgrəfə*] n fotografo; **photography** [fə'tɒgrəfɪ] n fotografia

phrase [freɪz] n espressione f; (Ling) locuzione f; (Mus) frase f ▷ vt esprimere; **phrase book** n vocabolarietto

physical ['fɪzɪkl] adj fisico(-a); **physical education** n educazione f fisica; **physically** adv fisicamente

physician [fɪ'zɪʃən] n medico

physicist ['fɪzɪsɪst] n fisico

physics ['fɪzɪks] n fisica

physiotherapist [fɪzɪəʊ'θerəpɪst] n fisioterapista m/f

physiotherapy [fɪzɪəʊ'θerəpɪ] n fisioterapia

physique [fɪ'zi:k] n fisico; costituzione f

pianist ['pi:ənɪst] n pianista m/f

piano [pɪ'ænəʊ] n pianoforte m

pick [pɪk] n (tool: also: **~-axe**) piccone m ▸ vt scegliere; (gather) cogliere; (remove) togliere; (lock) far scattare; **take your ~** scelga; **the ~ of** il fior fiore di; **to ~ one's nose** mettersi le dita nel naso; **to ~ one's teeth** pulirsi i denti con lo stuzzicadenti; **to ~ a quarrel** attaccar briga ▸ **pick on** vt fus (person) avercela con ▸ **pick out** vt scegliere; (distinguish) distinguere ▸ **pick up** vi (improve) migliorarsi ▸ vt raccogliere; (Police, Radio) prendere; (collect) passare a prendere; (Aut: give lift to) far salire; (person: for sexual encounter) rimorchiare; (learn) imparare; **to ~ speed** acquistare velocità; **to ~ o.s. up** rialzarsi

pickle ['pɪkl] n (also: **~s**: as condiment) sottaceti mpl; (fig: mess) pasticcio ▸ vt mettere sottaceto; mettere in salamoia

pickpocket ['pɪkpɒkɪt] n borsaiolo

pick-up ['pɪkʌp] n (BRIT: on record player) pick-up m inv; (small truck: also: **~ truck**, **~ van**) camioncino

picnic ['pɪknɪk] n picnic m inv; **picnic area** n area per il picnic

picture ['pɪktʃə*] n quadro; (painting) pittura; (photograph) foto(grafia); (drawing) disegno; (film) film m inv ▸ vt raffigurarsi; **~s** (BRIT) npl (cinema): **the ~s** il cinema; **would you take a ~ of us, please?** può farci una foto, per favore?; **picture frame** n cornice m inv; **picture messaging** n picture messaging m, invio di messaggini con disegni

picturesque [pɪktʃə'resk] adj pittoresco(-a)

pie [paɪ] n torta; (of meat) pasticcio

piece [piːs] n pezzo; (of land) appezzamento; (item): **a ~ of furniture/advice** un mobile/consiglio ▸ vt: **to ~ together** mettere insieme; **to take to ~s** smontare

pie chart n grafico a torta

pier [pɪə*] n molo; (of bridge etc) pila

pierce [pɪəs] vt forare; (with arrow etc) trafiggere; **pierced** adj **I've got pierced ears** ho i buchi per gli orecchini

pig [pɪg] n maiale m, porco

pigeon ['pɪdʒən] n piccione m

piggy bank ['pɪgɪ-] n salvadanaro

pigsty ['pɪgstaɪ] n porcile m

pigtail ['pɪgteɪl] n treccina

pike [paɪk] n (fish) luccio

pilchard ['pɪltʃəd] n specie di sardina

pile [paɪl] n (pillar, of books) pila; (heap) mucchio; (of carpet) pelo; **to ~ into** (car) stiparsi or ammucchiarsi in ▸ **pile up** vt ammucchiare ▸ vi ammucchiarsi; **piles** [paɪlz] npl emorroidi fpl; **pile-up** ['paɪlʌp] n (Aut) tamponamento a catena

pilgrim ['pɪlgrɪm] n pellegrino(-a)

pilgrimage ['pɪlgrɪmɪdʒ] n pellegrinaggio

pill [pɪl] n pillola; **the ~** la pillola

pillar ['pɪlə*] n colonna

pillow ['pɪləʊ] n guanciale m; **pillowcase** n federa

pilot ['paɪlət] n pilota m/f ▸ cpd (scheme etc) pilota inv ▸ vt pilotare; **pilot light** n fiamma pilota

pimple ['pɪmpl] n foruncolo

pin [pɪn] n spillo; (Tech) perno ▸ vt attaccare con uno spillo; **~ and needles** formicolio; **to ~ sb down** (fig) obbligare qn a pronunciarsi; **to ~ sth on sb** (fig) addossare la colpa di qc a qn

PIN n abbr (= personal identification number) codice m segreto

pinafore ['pɪnəfɔː*] n (also: **~ dress**) grembiule m (senza maniche)

pinch [pɪntʃ] n pizzicotto, pizzico ▸ vt pizzicare; (inf: steal) grattare; **at a ~** in caso di bisogno

pine [paɪn] n (also: **~ tree**) pino ▸ vi **to ~ for** struggersi dal desiderio di

pineapple ['paɪnæpl] n ananas m inv

ping [pɪŋ] n (noise) tintinnio; **ping-pong®** n ping-pong m

pink [pɪŋk] adj rosa inv ▶ n (colour) rosa m inv; (Bot) garofano

pinpoint ['pɪnpɔɪnt] vt indicare con precisione

pint [paɪnt] n pinta (BRIT = 0.57l; US = 0.47l); (BRIT: inf) ≈ birra da mezzo

pioneer [paɪə'nɪə*] n pioniere(-a)

pious ['paɪəs] adj pio(-a)

pip [pɪp] n (seed) seme m; (BRIT: time signal on radio) segnale m orario

pipe [paɪp] n tubo; (for smoking) pipa ▶ vt portare per mezzo di tubazione; **pipeline** n conduttura; (for oil) oleodotto; **piper** n piffero; suonatore(-trice) di cornamusa

pirate ['paɪərət] n pirata m ▶ vt riprodurre abusivamente

Pisces ['paɪsiːz] n Pesci mpl

piss [pɪs] (inf!) vi pisciare; **pissed** (inf!) adj (drunk) ubriaco(-a) fradicio(-a)

pistol ['pɪstl] n pistola

piston ['pɪstən] n pistone m

pit [pɪt] n buca, fossa; (also: coal ~) miniera; (quarry) cava ▶ vt **to ~ sb against sb** opporre qn a qn

pitch [pɪtʃ] n (BRIT Sport) campo; (Mus) tono; (tar) pece f; (fig) grado, punto ▶ vt (throw) lanciare ▶ vi (fall) cascare; **to ~ a tent** piantare una tenda; **pitch-black** adj nero(-a) come la pece

pitfall ['pɪtfɔːl] n trappola

pith [pɪθ] n (of plant) midollo; (of orange) parte f interna della scorza; (fig) essenza, succo; vigore m

pitiful ['pɪtɪful] adj (touching) pietoso(-a)

pity ['pɪtɪ] n pietà ▶ vt aver pietà di; **what a ~!** che peccato!

pizza ['piːtsə] n pizza

placard ['plækɑːd] n affisso

place [pleɪs] n posto, luogo; (proper position, rank, seat) posto; (house) casa,

alloggio; (home): **at/to his ~** a casa sua ▶ vt (object) posare, mettere; (identify) riconoscere; individuare; **to take ~** aver luogo; succedere; **to change ~s with sb** scambiare il posto con qn; **out of ~** (not suitable) inopportuno(-a); **in the first ~** in primo luogo; **to ~ an order** dare un'ordinazione; **to be ~d** (in race, exam) classificarsi; **place mat** n sottopiatto; (in linen etc) tovaglietta; **placement** n collocamento; (job) lavoro

placid ['plæsɪd] adj placido(-a), calmo(-a)

plague [pleɪg] n peste f ▶ vt tormentare

plaice [pleɪs] n inv pianuzza

plain [pleɪn] adj (clear) chiaro(-a), palese; (simple) semplice; (frank) franco(-a), aperto(-a); (not handsome) bruttino(-a); (without seasoning etc) scondito(-a); naturale; (in one colour) tinta unita inv ▶ adv francamente, chiaramente ▶ n pianura; **plain chocolate** n cioccolato fondente; **plainly** adv chiaramente, francamente

plaintiff ['pleɪntɪf] n attore(-trice)

plait [plæt] n treccia

plan [plæn] n pianta; (scheme) progetto, piano ▶ vt (think in advance) progettare; (prepare) organizzare ▶ vi far piani or progetti; **to ~ to do** progettare di fare

plane [pleɪn] n (Aviat) aereo; (tree) platano; (tool) pialla; (Art, Math etc) piano ▶ adj piano(-a), piatto(-a) ▶ vt (with tool) piallare

planet ['plænɪt] n pianeta m

plank [plæŋk] n tavola, asse f

planning ['plænɪŋ] n progettazione f; **family ~** pianificazione f delle nascite

plant [plɑːnt] n pianta; (machinery) impianto; (factory) fabbrica ▶ vt piantare; (bomb) mettere plantation [plæn'teɪʃən] n piantagione f

plaque [plæk] n placca

plaster ['plɑːstə'] n intonaco; (also: ~ of Paris) gesso; (BRIT: also: sticking ~) cerotto ▸ vt intonacare; ingessare; (cover): to ~ with coprire di; plaster cast n (Med) ingessatura, gesso; (model, statue) modello in gesso

plastic ['plæstɪk] n plastica ▸ adj (made of plastic) di or in plastica; plastic bag n sacchetto di plastica; plastic surgery n chirurgia plastica

plate [pleɪt] n (dish) piatto; (in book) tavola; (dental plate) dentiera; gold/silver ~ vasellame m d'oro/d'argento

plateau ['plætəʊ] (pl plateaus or plateaux) n altipiano

platform ['plætfɔːm] n (stage, at meeting) palco; (Rail) marciapiede m; (BRIT: of bus) piattaforma; which ~ does the train for Rome go from? da che binario parte il treno per Roma?

platinum ['plætɪnəm] n platino

platoon [plə'tuːn] n plotone m

platter ['plætə'] n piatto

plausible ['plɔːzɪbl] adj plausibile, credibile; (person) convincente

play [pleɪ] n gioco; (Theatre) commedia ▸ vt (game) giocare a; (team, opponent) giocare contro; (instrument, piece of music) suonare; (record, tape) ascoltare; (role, part) interpretare ▸ vi giocare; suonare; recitare; to ~ safe giocare sul sicuro ▸ play back vt riascoltare, risentire ▸ play up vi (cause trouble) fare i capricci; player n giocatore(-trice); (Theatre) attore(-trice); (Mus) musicista m/f; playful adj giocoso(-a); playground n (in school) cortile m per la ricreazione; (in park) parco m giochi inv; playgroup n giardino d'infanzia; playing card n carta da gioco; playing field n campo sportivo;

playschool n = playgroup; playtime n (Scol) ricreazione f; playwright n drammaturgo(-a)

plc abbr (= public limited company) società per azioni a responsabilità limitata quotata in borsa

plea [pliː] n (request) preghiera, domanda; (Law) (argomento di) difesa

plead [pliːd] vt patrocinare; (give as excuse) addurre a pretesto ▸ vi (Law) perorare la causa; (beg): to ~ with sb implorare qn

pleasant ['plɛznt] adj piacevole, gradevole

please [pliːz] excl per piacere!, per favore!; (acceptance): yes, ~ sì, grazie ▸ vt piacere a ▸ vi piacere; (think fit): do as you ~ faccia come le pare; ~ yourself! come ti (or le) pare!; pleased adj pleased (with) contento(-a) (di); pleased to meet you! piacere!

pleasure ['plɛʒə'] n piacere m; "it's a ~" "prego"

pleat [pliːt] n piega

pledge [plɛdʒ] n pegno; (promise) promessa ▸ vt impegnare; promettere

plentiful ['plɛntɪful] adj abbondante, copioso(-a)

plenty ['plɛntɪ] n ~ of tanto(-a), molto(-a); un'abbondanza di

pliers ['plaɪəz] npl pinza

plight [plaɪt] n situazione f critica

plod [plɒd] vi camminare a stento; (fig) sgobbare

plonk [plɒŋk] (inf) n (BRIT: wine) vino da poco ▸ vt to ~ sth down buttare giù qc bruscamente

plot [plɒt] n congiura, cospirazione f; (of story, play) trama; (of land) lotto ▸ vt (mark out) fare la pianta di; rilevare; (: diagram etc) tracciare ▸ (conspire) congiurare, cospirare ▸ vi congiurare

plough [plaʊ] (US plow) n aratro

▶ vt (earth) arare; **to ~ money into**
(company etc) investire denaro in;
ploughman's lunch ['plaumənz-]
(BRIT) n pasto a base di pane, formaggio
e birra

plow [plau] (US) = **plough**

ploy [plɔɪ] n stratagemma m

pluck [plʌk] vt (fruit) cogliere; (musical
instrument) pizzicare; (bird) spennare;
(hairs) togliere ▶ n coraggio, fegato;
to ~ up courage farsi coraggio

plug [plʌg] n tappo; (Elec) spina; (Aut:
also: **spark(ing)~**) candela ▶ vt (hole)
tappare; (inf: advertise) spingere
▷ **plug in** vt (Elec) attaccare a una
presa; **plughole** n (BRIT) scarico

plum [plʌm] n (fruit) susina

plumber ['plʌmə'] n idraulico

plumbing ['plʌmɪŋ] n (trade) lavoro di
idraulico; (piping) tubature fpl

plummet ['plʌmɪt] vi **to ~ (down)**
cadere a piombo

plump [plʌmp] adj grassoccio(-a) ▶ vi
to ~ for (inf: choose) decidersi per
▷ **plump up** vt gonfiare

plunge [plʌndʒ] n tuffo; (fig) caduta
▶ vt immergere ▶ vi (fall) cadere,
precipitare; (dive) tuffarsi; **to take the
~** saltare il fosso

plural ['pluarl] adj plurale ▶ n plurale m

plus [plʌs] n (also: **~ sign**) segno più
▶ prep più; **ten/twenty ~** più di
dieci/venti

ply [plaɪ] vt (a trade) esercitare ▶ vi
(ship) fare il servizio ▷ n (of wool, rope)
capo; **to ~ sb with drink** dare da bere
continuamente a qn; **plywood** n
legno compensato

P.M. n abbr = **prime minister**

p.m. adv abbr (= post meridiem) del
pomeriggio

PMS n abbr (= premenstrual syndrome)
sindrome f premestruale

PMT n abbr (= premenstrual tension)
sindrome f premestruale

pneumatic drill [njuː'mætɪk-] n
martello pneumatico

pneumonia [njuː'məunɪə] n
polmonite f

poach [pəutʃ] vt (cook: egg) affogare;
(: fish) cuocere in bianco; (steal)
cacciare (or pescare) di frodo ▶ vi fare
il bracconiere; **poached** adj (egg)
affogato(-a)

P.O. Box n abbr = **Post Office Box**

pocket ['pɔkɪt] n tasca ▶ vt intascare;
to be out of ~ (BRIT) rimetterci;
pocketbook n (US) (wallet)
portafoglio; **pocket money** n
paghetta, settimana

pod [pɔd] n guscio

podiatrist [pɔ'diːətrɪst] (US) n callista
m/f, pedicure m/f

podium ['pəudɪəm] n podio

poem ['pəuɪm] n poesia

poet ['pəuɪt] n poeta/essa; **poetic**
[-'etɪk] adj poetico(-a); **poetry** n poesia

poignant ['pɔɪnjənt] adj struggente

point [pɔɪnt] n (gen) punto; (tip: of
needle etc) punta; (in time) punto,
momento; (Scol) voto; (main idea,
important part) nocciolo; (Elec) presa
di corrente; (also: **decimal ~**): **2
~ 3 (2.3)** virgola 3 (2,3) ▶ vt (show)
indicare; (gun etc) **to ~ sth at** puntare
qc contro ▶ vi **to ~ at** mostrare a dito;
~s npl (Aut) puntine fpl; (Rail) scambio;
to be on the ~ of doing sth essere sul
punto di or stare per fare qc; **to make
a ~** fare un'osservazione; **to get/miss
the ~** capire/non capire; **to come to
the ~** venire al fatto; **there's no ~ in
doing** è inutile (fare) ▷ **point out** vt
far notare; **point-blank** adv (also: **at
point-blank range**) a bruciapelo; (fig)
categoricamente; **pointed** adj (shape)
aguzzo(-a), appuntito(-a); (remark)
specifico(-a); **pointer** n (needle)
lancetta; (fig) indicazione f, consiglio;
pointless adj inutile, vano(-a); **point
of view** n punto di vista

poison ['pɔɪzn] n veleno ▶ vt avvelenare; **poisonous** adj velenoso(-a)

poke [pəuk] vt (fire) attizzare; (jab with finger, stick etc) punzecchiare; (put): **to ~ sth in(to)** spingere qc dentro ▶ **poke about** or **around** vi frugare ▶ **poke out** vi (stick out) sporgere fuori

poker ['pəukə'] n attizzatoio; (Cards) poker m

Poland ['pəulənd] n Polonia

polar ['pəulə'] adj polare; **polar bear** n orso bianco

Pole [pəul] n polacco(-a)

pole [pəul] n (of wood) palo; (Elec, Geo) polo; **pole bean** (US) n (runner bean) fagiolino; **pole vault** n salto con l'asta

police [pə'liːs] n polizia ▶ vt mantenere l'ordine in; **police car** n macchina della polizia; **police constable** (BRIT) n agente m di polizia; **police force** n corpo di polizia, polizia; **policeman** (irreg) n poliziotto, agente m di polizia; **police officer** n = **police constable**; **police station** n posto di polizia; **policewoman** (irreg) n donna f poliziotto inv

policy ['pɔlɪsɪ] n politica; (also: **insurance ~**) polizza (d'assicurazione)

polio ['pəulɪəu] n polio f

Polish ['pəulɪʃ] adj polacco(-a) ▶ n (Ling) polacco

polish ['pɔlɪʃ] n (for shoes) lucido; (for floor) cera; (for nails) smalto; (shine) lucentezza, lustro; (fig: refinement) raffinatezza ▶ vt lucidare; (fig: improve) raffinare ▶ **polish off** vt (food) mangiarsi; **polished** adj (fig) raffinato(-a)

polite [pə'laɪt] adj cortese; **politeness** n cortesia

political [pə'lɪtɪkl] adj politico(-a); **politically** adv politicamente; **politically correct** politicamente corretto(-a)

politician [pɔlɪ'tɪʃən] n politico

politics ['pɔlɪtɪks] n politica ▶ npl (views, policies) idee fpl politiche

poll [pəul] n scrutinio; (votes cast) voti mpl; (also: **opinion ~**) sondaggio (d'opinioni) ▶ vt ottenere

pollen ['pɔlən] n polline m

polling station ['pəulɪŋ-] (BRIT) n sezione f elettorale

pollute [pə'luːt] vt inquinare

pollution [pə'luːʃən] n inquinamento

polo ['pəuləu] n polo; **polo-neck** n collo alto; (also: **polo-neck sweater**) dolcevita ▶ adj a collo alto; **polo shirt** n polo f inv

polyester [pɔlɪ'estə'] n poliestere m

polystyrene [pɔlɪ'staɪriːn] n polistirolo

polythene ['pɔlɪθiːn] n politene m; **polythene bag** n sacco di plastica

pomegranate ['pɔmɪgrænɪt] n melagrana

pompous ['pɔmpəs] adj pomposo(-a)

pond [pɔnd] n pozza; stagno

ponder ['pɔndə'] vt ponderare, riflettere su

pony ['pəunɪ] n pony m inv; **ponytail** n coda di cavallo; **pony trekking** [-trekɪŋ] (BRIT) n escursione f a cavallo

poodle ['puːdl] n barboncino, barbone m

pool [puːl] n (puddle) pozza; (pond) stagno; (also: **swimming ~**) piscina; (fig: of light) cerchio; (billiards) specie di biliardo a buco ▶ vt mettere in comune; **~s** npl (football pools) ≈ totocalcio; **typing ~** servizio comune di dattilografia

poor [puə'] adj povero(-a); (mediocre) mediocre, cattivo(-a) ▶ npl **the ~** i poveri; **~ in** povero(-a) di; **poorly** adv poveramente; male ▶ adj indisposto(-a), malato(-a)

pop [pɔp] n (noise) schiocco; (Mus) musica pop; (drink) bibita gasata; (US:

inf: father) babbo ▶ vt (*put*) mettere (in fretta) ▶ vi scoppiare; (*cork*) schioccare ▷ **pop in** vi passare ▷ **pop out** vi fare un salto fuori; **popcorn** n pop-corn m

poplar ['pɒplə'] n pioppo

popper ['pɒpə'] n bottone m a pressione

poppy ['pɒpɪ] n papavero

Popsicle® ['pɒpsɪkl] (US) n (ice lolly) ghiacciolo

pop star n pop star f inv

popular ['pɒpjulə'] adj popolare; (fashionable) in voga; **popularity** [-'lærɪtɪ] n popolarità

population [pɒpju'leɪʃən] n popolazione f

porcelain ['pɔːslɪn] n porcellana

porch [pɔːtʃ] n veranda

pore [pɔː'] n poro ▶ vi **to ~ over** essere immerso(-a) in

pork [pɔːk] n carne f di maiale; **pork chop** n braciola or costoletta di maiale; **pork pie** n (BRIT: Culin) pasticcio di maiale in crosta

porn [pɔːn] (inf) n pornografia ▶ adj porno inv; **pornographic** [pɔːnə'græfɪk] adj pornografico(-a); **pornography** [pɔː'nɔgrəfɪ] n pornografia

porridge ['pɒrɪdʒ] n porridge m

port [pɔːt] n (gen, wine) porto; (Naut: left side) babordo

portable ['pɔːtəbl] adj portatile

porter ['pɔːtə'] n (for luggage) facchino, portabagagli m inv; (doorkeeper) portiere m, portinaio

portfolio [pɔːt'fəulɪəu] n (case) cartella; (Pol, Finance) portafoglio; (of artist) raccolta dei propri lavori

portion ['pɔːʃən] n porzione f

port of call n (porto di) scalo

portrait ['pɔːtreɪt] n ritratto

portray [pɔː'treɪ] vt fare il ritratto di; (character on stage) rappresentare; (in

writing) ritrarre

Portugal ['pɔːtjugl] n Portogallo

Portuguese [pɔːtju'giːz] adj portoghese ▶ n inv portoghese m/f; (Ling) portoghese m

pose [pəuz] n posa ▶ vi posare; (pretend) to ~ as atteggiarsi a, posare a ▶ vt porre

posh [pɒʃ] (inf) adj elegante; (family) per bene

position [pə'zɪʃən] n posizione f; (job) posto ▶ vt sistemare

positive ['pɒzɪtɪv] adj positivo(-a); (certain) sicuro(-a), certo(-a); (definite) preciso(-a), definitivo(-a); **positively** adv (affirmatively, enthusiastically) positivamente; (decisively) decisamente; (really) assolutamente

possess [pə'zɛs] vt possedere; **possession** [pə'zɛʃən] n possesso; **possessions** npl (belongings) beni mpl; **possessive** adj possessivo(-a)

possibility [pɒsɪ'bɪlɪtɪ] n possibilità f inv

possible ['pɒsɪbl] adj possibile; **as big as** – il più grande possibile; **possibly** ['pɒsɪblɪ] adv (perhaps) forse; **if you possibly can** se le è possibile; **I cannot possibly come** proprio non posso venire

post [pəust] n (BRIT) posta; (: collection) levata; (job, situation) posto; (Mil) postazione f; (pole) palo ▶ vt (BRIT: send by post) imbucare; (: appoint): **to ~ to** assegnare a; **where can I ~ these cards?** dove posso imbucare queste cartoline?; **postage** n affrancatura; **postal** adj postale; **postal order** n vaglia m inv postale; **postbox** (BRIT) n cassetta postale; **postcard** n cartolina; **postcode** n (BRIT) codice m (di avviamento) postale

poster ['pəustə'] n manifesto, affisso

postgraduate ['pəust'grædjuət] n laureato/a che continua gli studi

postman['pəustmən] (*irreg*) *n* postino
postmark['pəustmɑːk] *n* bollo or
timbro postale
post-mortem[-'mɔːtəm] *n* autopsia
post office (*building*) ufficio postale;
(*organization*): **the Post Office** ≈ le
Poste e Telecomunicazioni
postpone[pəs'pəun] *vt* rinviare
posture['pɒstʃəʳ] *n* portamento, (*pose*)
posa, atteggiamento
postwoman['pəustwumən] (*BRIT*:
irreg) *n* postina
pot[pɒt] *n* (*for cooking*) pentola,
casseruola; (*teapot*) teiera; (*coffeepot*)
caffettiera; (*for plants, jam*) vaso; (*inf*:
marijuana) erba ▶ *vt* (*plant*) piantare in
vaso; **a ~ of tea for two** tè da due; **to
go to ~** (*inf*: *work, performance*) andare
in malora
potato[pə'teɪtəu] (*pl* **potatoes**)
n patata; **potato peeler** *n*
sbucciapatate *m inv*
potent['pəutnt] *adj* potente, forte
potential[pə'tɛnʃl] *adj* potenziale ▶ *n*
possibilità *fpl*
pothole['pɔthəul] *n* (*in road*) buca;
(*BRIT*: *underground*) caverna
pot plant *n* pianta in vaso
potter['pɒtəʳ] *n* vasaio ▶ *vi* **to ~
around, ~ about** (*BRIT*) lavoracchiare;
pottery *n* ceramiche *fpl*; (*factory*)
fabbrica di ceramiche
potty['pɒtɪ] *adj* (*inf*: *mad*) tocco(-a) ▶ *n*
(*child's*) vasino
pouch[pautʃ] *n* borsa; (*Zool*) marsupio
poultry['pəultrɪ] *n* pollame *m*
pounce[pauns] *vi* **to ~ (on)** piombare
(su)
pound[paund] *n* (*weight*) libbra;
(*money*) (lira) sterlina ▶ *vt* (*beat*)
battere; (*crush*) pestare, polverizzare
▶ *vi* (*beat*) battere, martellare; **pound
sterling** *n* sterlina (inglese)
pour[pɔːʳ] *vt* versare ▶ *vi* riversarsi;
(*rain*) piovere a dirotto ▷ **pour in** *vi*

affluire in gran quantità ▷ **pour out**
vi (*people*) uscire a fiumi ▶ *vt* vuotare;
versare; (*fig*) sfogare; **pouring** *adj*
pouring rain pioggia torrenziale
pout[paut] *vi* sporgere le labbra; fare
il broncio
poverty['pɒvətɪ] *n* povertà, miseria
powder['paudəʳ] *n* polvere *f* ▶ *vt*
to ~ one's face incipriarsi il viso;
powdered milk *n* latte *m* in polvere
power['pauəʳ] *n* (*strength*) potenza,
forza; (*ability, Pol*: *of party, leader*)
potere *m*; (*Elec*) corrente *f*; **to
be in ~** (*Pol* etc) essere al potere;
power cut(*BRIT*) *n* interruzione *f*
or mancanza di corrente; **power
failure** *n* interruzione *f* della corrente
elettrica; **powerful** *adj* potente,
forte; **powerless** *adj* impotente;
powerless to do impossibilitato(-a)
a fare; **power point**(*BRIT*) *n* presa di
corrente; **power station** *n* centrale
f elettrica

p.p. *abbr* = **per procurationem**; **p.p.J.
Smith** per J. Smith; (= *pages*) p.p.
PR *abbr* = **public relations**
practical['præktɪkl] *adj* pratico(-a);
practical joke *n* beffa; **practically**
adv praticamente
practice['præktɪs] *n* pratica; (*of
profession*) esercizio; (*at football etc*)
allenamento; (*business*) gabinetto;
clientela ▶ *vt, vi* (US) = **practise**; **in
~** (*in reality*) in pratica; **out of ~** fuori
esercizio
practise['præktɪs] (US **practice**)
vt (*work at*: *piano, one's backhand
etc*) esercitarsi a; (*train for*: *skiing,
running etc*) allenarsi a; (*a sport,
religion*) praticare; (*method*) usare;
(*profession*) esercitare ▶ *vi* esercitarsi;
(*train*) allenarsi ▶ *vt* esercitare;
practising *adj* (*Christian
etc*) praticante; (*lawyer*) che esercita
la professione

practitioner [præk'tɪʃənəʳ] n
professionista m/f
pragmatic [præg'mætɪk] adj
pragmatico(-a)
prairie ['prɛərɪ] n prateria
praise [preɪz] n elogio, lode f ▸ vt
elogiare, lodare
pram [præm] n (BRIT) n carrozzina
prank [præŋk] n burla
prawn [prɔːn] n gamberetto;
  prawn cocktail n cocktail m inv di
  gamberetti
pray [preɪ] vi pregare; **prayer** [prɛəʳ]
  n preghiera
preach [priːtʃ] vt, vi predicare;
  preacher n predicatore(-trice); (US:
  minister) pastore m
precarious [prɪ'kɛərɪəs] adj
precario(-a)
precaution [prɪ'kɔːʃən] n
precauzione f
precede [prɪ'siːd] vt precedere;
  precedent ['prɛsɪdənt] n precedente
  m; **preceding** [prɪ'siːdɪŋ] adj
  precedente
precinct ['priːsɪŋkt] (US) n
circoscrizione f
precious ['prɛʃəs] adj prezioso(-a)
precise [prɪ'saɪs] adj preciso(-a);
  precisely adv precisamente
precision [prɪ'sɪʒən] n precisione f
predator ['prɛdətəʳ] n predatore m
predecessor ['priːdɪsɛsəʳ] n
predecessore(-a)
predicament [prɪ'dɪkəmənt] n
situazione f difficile
predict [prɪ'dɪkt] vt predire;
  predictable adj prevedibile;
  prediction [prɪ'dɪkʃən] n predizione f
predominantly [prɪ'dɔmɪnəntlɪ] adv
in maggior parte; soprattutto
preface ['prɛfəs] n prefazione f
prefect ['priːfɛkt] n (BRIT: in school)
studente(-essa) con funzioni
disciplinari; (French etc, Admin)

prefetto
prefer [prɪ'fəː] vt preferire; **to ~ doing**
or **to do** preferire fare; **preferable**
['prɛfrəbl] adj preferibile; **preferably**
['prɛfrəblɪ] adv preferibilmente;
preference ['prɛfrəns] n preferenza
prefix ['priːfɪks] n prefisso
pregnancy ['prɛgnənsɪ] n gravidanza
pregnant ['prɛgnənt] adj incinta ag
prehistoric ['priːhɪs'tɔrɪk] adj
preistorico(-a)
prejudice ['prɛdʒudɪs] n pregiudizio;
  (harm) torto, danno; **prejudiced** adj
  prejudiced (against) prevenuto(-a)
  (contro); **prejudiced (in favour of)**
  ben disposto(-a) (verso)
preliminary [prɪ'lɪmɪnərɪ] adj
preliminare
prelude ['prɛljuːd] n preludio
premature ['prɛmətʃuəʳ] adj
prematuro(-a)
premier ['prɛmɪəʳ] adj primo(-a) ▸ n
(Pol) primo ministro
première ['prɛmɪɛəʳ] n prima
Premier League n = serie A
premises ['prɛmɪsɪz] npl locale m;
  on the ~ sul posto; **business ~** locali
  commerciali
premium ['priːmɪəm] n premio; **to be**
  at a ~ essere ricercatissimo
premonition [prɛmə'nɪʃən] n
premonizione f
preoccupied [priː'ɔkjupaɪd] adj
preoccupato(-a)
prepaid [priː'peɪd] adj pagato(-a) in
anticipo
preparation [prɛpə'reɪʃən] n
preparazione f; **~s** npl (for trip, war)
preparativi mpl
preparatory school [prɪ'pærətərɪ-] n
scuola elementare privata
prepare [prɪ'pɛəʳ] vt preparare ▸ vi to ~
for prepararsi a; **~d to** pronto(-a) a
preposition [prɛpə'zɪʃən] n
preposizione f

prep school n = **preparatory school**

prerequisite [priː'rekwɪzɪt] n requisito indispensabile

preschool ['priː'skuːl] adj (age) prescolastico(-a); (child) in età prescolastica

prescribe [prɪ'skraɪb] vt (Med) prescrivere

prescription [prɪ'skrɪpʃən] n prescrizione f; (Med) ricetta; **could you write me a ~?** mi può fare una ricetta medica?

presence ['prezns] n presenza; **~ of mind** presenza di spirito

present [adj, n 'preznt, vb prɪ'zent] adj presente; (wife, residence, job) attuale ▶ n (actuality): **the ~** il presente; (gift) regalo ▶ vt presentare; (give): **to ~ sb with sth** offrire qc a qn; **to give sb a ~** fare un regalo a qn; **at ~** al momento; **presentable** [prɪ'zentəbl] adj presentabile; **presentation** [-'teɪʃən] n presentazione f; (ceremony) consegna ufficiale; **present-day** adj attuale, d'oggigiorno; **presenter** n (Radio, TV) presentatore(-trice); **presently** adv (soon) fra poco, presto; (at present) al momento; **present participle** n participio presente

preservation [prezə'veɪʃən] n preservazione f, conservazione f

preservative [prɪ'zɜːvətɪv] n conservante m

preserve [prɪ'zɜːv] vt (keep safe) preservare, proteggere; (maintain) conservare; (food) mettere in conserva ▶ n (often pl: jam) marmellata; (: fruit) frutta sciroppata

preside [prɪ'zaɪd] vi **to ~ (over)** presiedere (a)

president ['prezɪdənt] n presidente m; **presidential** [-'denʃl] adj presidenziale

press [pres] n (newspapers etc): **the P~** la stampa; (tool, machine) pressa;

(for wine) torchio ▶ vt (push) premere, pigiare; (squeeze) spremere; (: hand) stringere; (clothes: iron) stirare; (pursue) incalzare; (insist): **to ~ sth on sb** far accettare qc da qn ▶ vi premere; accalcare; **we are ~ed for time** ci manca il tempo; **to ~ for sth** insistere per avere qc; **press conference** n conferenza f stampa inv; **pressing** adj urgente; **press stud** (BRIT) n bottone m a pressione; **press-up** (BRIT) n flessione f sulle braccia

pressure ['preʃə'] n pressione f; **to put ~ on sb (to do)** mettere qn sotto pressione (affinché faccia); **pressure cooker** n pentola a pressione; **pressure group** n gruppo di pressione

prestige [pres'tiːʒ] n prestigio

prestigious [pres'tɪdʒəs] adj prestigioso(-a)

presumably [prɪ'zjuːməblɪ] adv presumibilmente

presume [prɪ'zjuːm] vt supporre

pretence [prɪ'tens] (US **pretense**) n (claim) pretesa; **to make a ~ of doing** far finta di fare; **under false ~s** con l'inganno

pretend [prɪ'tend] vt (feign) fingere ▶ vi far finta; **to ~ to do** far finta di fare

pretense [prɪ'tens] (US) n = **pretence**

pretentious [prɪ'tenʃəs] adj pretenzioso(-a)

pretext ['priːtekst] n pretesto

pretty ['prɪtɪ] adj grazioso(-a), carino(-a) ▶ adv abbastanza, assai

prevail [prɪ'veɪl] vi (win, be usual) prevalere; (persuade): **to ~ (up)on sb to do** persuadere qn a fare; **prevailing** adj dominante

prevalent ['prevələnt] adj (belief) predominante; (customs) diffuso(-a); (fashion) corrente; (disease) comune

prevent [prɪ'vent] vt **to ~ sb from doing** impedire a qn di fare; **to ~**

sth from happening impedire che qc succeda; **prevention** [-'venʃən] n prevenzione f; **preventive** adj preventivo(-a)

preview ['pri:vju:] n (of film) anteprima

previous ['pri:vɪəs] adj precedente; anteriore; **previously** adv prima

prey [preɪ] n preda ▶ vi **to ~ on** far preda di; **it was ~ing on his mind** lo stava ossessionando

price [praɪs] n prezzo ▶ vt (goods) fissare il prezzo di; valutare; **priceless** adj inapprezzabile; **price list** n listino (dei) prezzi

prick [prɪk] n puntura ▶ vt pungere; **to ~ up one's ears** drizzare gli orecchi

prickly ['prɪklɪ] adj spinoso(-a)

pride [praɪd] n orgoglio; superbia ▶ vt **to ~ o.s. on** essere orgoglioso(-a) di, vantarsi di

priest [pri:st] n prete m, sacerdote m

primarily ['praɪmərɪlɪ] adv principalmente, essenzialmente

primary ['praɪmərɪ] adj primario(-a); (first in importance) primo(-a) ▶ n (US: election) primarie fpl; **primary school** (BRIT) n scuola elementare

prime [praɪm] adj primario(-a), fondamentale; (excellent) di prima qualità ▶ vt (wood) preparare; (fig) mettere al corrente ▶ n **in the ~ of life** nel fiore della vita; **Prime Minister** n primo ministro

primitive ['prɪmɪtɪv] adj primitivo(-a)

primrose ['prɪmrəuz] n primavera

prince [prɪns] n principe m

princess [prɪn'ses] n principessa

principal ['prɪnsɪpl] adj principale ▶ n (headmaster) preside m; **principally** adv principalmente

principle ['prɪnsɪpl] n principio; **in ~** in linea di principio; **on ~** per principio

print [prɪnt] n (mark) impronta; (letters) caratteri mpl; (fabric) tessuto

stampato; (Art, Phot) stampa ▶ vt imprimere; (publish) stampare, pubblicare; (write in capitals) scrivere in stampatello; **out of ~** = esaurito(-a) ▶ **print out** vt (Comput) stampare; **printer** n tipografo; (machine) stampante f; **printout** n tabulato

prior ['praɪəʳ] adj precedente; (claim etc) più importante; **~ to doing** prima di fare

priority [praɪ'ɔrɪtɪ] n priorità f inv; precedenza

prison ['prɪzn] n prigione f ▶ cpd (system) carcerario(-a); (conditions, food) nelle o delle prigioni; **prisoner** n prigioniero(-a); **prisoner-of-war** n prigioniero(-a) di guerra

pristine ['prɪsti:n] adj immacolato(-a)

privacy ['prɪvəsɪ] n solitudine f, intimità

private ['praɪvɪt] adj privato(-a); personale ▶ n soldato semplice; **"~"** (on envelope) "riservata"; (on door) "privato"; **in ~** in privato; **privately** adv in privato; (within oneself) dentro di sé; **private property** n proprietà privata; **private school** n scuola privata

privatize ['praɪvɪtaɪz] vt privatizzare

privilege ['prɪvɪlɪdʒ] n privilegio

prize [praɪz] n premio ▶ adj (example, idiot) perfetto(-a); (bull, novel) premiato(-a) ▶ vt apprezzare, pregiare; **prize-giving** n premiazione f; **prizewinner** n premiato(-a)

pro [prəu] n (Sport) professionista m/f ▶ prep pro; **the ~s and cons** il pro e il contro

probability [prɔbə'bɪlɪtɪ] n probabilità f inv; **in all ~** con tutta probabilità

probable ['prɔbəbl] adj probabile

probably ['prɔbəblɪ] adv probabilmente

probation [prə'beɪʃən] n **on ~**

(employee) in prova; (Law) in libertà vigilata

probe [prəʊb] n (Med, Space) sonda; (enquiry) indagine f, investigazione f ▶ vt sondare, esplorare; indagare

problem ['prɒbləm] n problema m

procedure [prə'si:dʒəʳ] n (Admin, Law) procedura; (method) metodo, procedimento

proceed [prə'si:d] vi (go forward) avanzare, andare avanti; (go about it) procedere; (continue): **to ~ (with)** continuare; **to ~ to** andare a; passare a; **to ~ to do** mettersi a fare; **proceedings** npl misure fpl; (Law) procedimento; (meeting) riunione f; (records) rendiconti mpl; atti mpl; **proceeds** ['prəʊsi:dz] npl profitto, incasso

process ['prəʊses] n processo; (method) metodo, sistema m ▶ vt trattare; (information) elaborare

procession [prə'seʃən] n processione f, corteo; **funeral ~** corteo funebre

proclaim [prə'kleɪm] vt proclamare, dichiarare

prod [prɒd] vt dare un colpetto a; pungolare ▶ n colpetto

produce [n 'prɒdju:s, vb prə'dju:s] n (Agr) prodotto, prodotti mpl ▶ vt produrre; (show) esibire, mostrare; (cause) cagionare, causare; **producer** n (Theatre) regista m/f; (Agr, Cinema) produttore m

product ['prɒdʌkt] n prodotto; **production** [prə'dʌkʃən] n produzione f; **productive** [prə'dʌktɪv] adj produttivo(-a); **productivity** [prɒdʌk'tɪvɪtɪ] n produttività

Prof. abbr (= professor) Prof.

profession [prə'feʃən] n professione f; **professional** n professionista m/f ▶ adj professionale; (work) da professionista

professor [prə'fesəʳ] n professore

m (titolare di una cattedra); (US) professore(-essa)

profile ['prəʊfaɪl] n profilo

profit ['prɒfɪt] n profitto; beneficio ▶ vi **to ~ (by** or **from)** approfittare (di); **profitable** adj redditizio(-a)

profound [prə'faʊnd] adj profondo(-a)

programme ['prəʊɡræm] (US **program**) n programma m ▶ vt programmare; **programmer** (US **programer**) n programmatore(-trice); **programming** (US **programing**) n programmazione f

progress [n 'prəʊɡres, vb prə'ɡres] n progresso ▶ vi avanzare, procedere; **in ~** in corso; **to make ~** far progressi; **progressive** [-'ɡresɪv] adj progressivo(-a); (person) progressista

prohibit [prə'hɪbɪt] vt proibire, vietare

project [n 'prɒdʒekt, vb prə'dʒekt] n (plan) piano; (venture) progetto; (Scol) studio ▶ vt proiettare ▶ vi (stick out) sporgere; **projection** [prə'dʒekʃən] n proiezione f; sporgenza; **projector** [prə'dʒektəʳ] n proiettore m

prolific [prə'lɪfɪk] adj (artist etc) fecondo(-a)

prolong [prə'lɒŋ] vt prolungare

prom [prɒm] n abbr = **promenade**; (US: ball) ballo studentesco

● **Prom**
● In Gran Bretagna i **Proms**, o
● "promenade concerts", sono
● concerti di musica classica, i più
● noti dei quali sono eseguiti nella
● prestigiosa **Royal Albert Hall** a
● Londra. Si chiamano così perché
● un tempo il pubblico seguiva i
● concerti in piedi, passeggiando
● (in inglese "promenade" voleva
● dire, appunto, passeggiare). Negli
● Stati Uniti, invece, con **prom**, si
● intende l'annuale ballo studentesco

● di un'università o di una scuola
secondaria.

promenade [prɒmə'nɑ:d] n (by sea)
lungomare m

prominent ['prɒmɪnənt] adj (standing
out) prominente; (important)
importante

promiscuous [prə'mɪskjuəs] adj
(sexually) di facili costumi

promise ['prɒmɪs] n promessa ▶ vt,
vi promettere; **to ~ sb sth, ~ sth to sb**
promettere qc a qn; **to ~ (sb) that/to
do sth** promettere (a qn) che/di fare
qc; **promising** adj promettente

promote [prə'məut] vt promuovere;
(venture, event) organizzare;
promotion [-'məuʃən] n
promozione f

prompt [prɒmpt] adj rapido(-a),
svelto(-a); puntuale; (reply)
sollecito(-a) ▶ adv (punctually)
in punto ▶ n (Comput) prompt m
▶ vt incitare; provocare; (Theatre)
suggerire a; **to ~ sb to do** incitare qn
a fare; **promptly** adv prontamente;
puntualmente

prone [prəun] adj (lying) prono(-a); **~
to** propenso(-a) a, incline a

prong [prɒŋ] n rebbio, punta

pronoun ['prəunaun] n pronome m

pronounce [prə'nauns] vt
pronunciare; **how do you ~ it?** come
si pronuncia?

pronunciation [prənʌnsɪ'eɪʃən] n
pronuncia

proof [pru:f] n prova; (of book) bozza;
(Phot) provino ▶ adj **~ against** a
prova di

prop [prɒp] n sostegno, appoggio ▶ vt
(also: **~ up**) sostenere, appoggiare;
(lean) **to ~ sth against** appoggiare qc
contro qc a; **~s** oggetti m invi di scena
▶ **prop up** vt sostenere, appoggiare

propaganda [prɒpə'gændə] n
propaganda

propeller [prə'pelə'] n elica

proper ['prɒpə'] adj (suited, right)
adatto(-a), appropriato(-a); (seemly)
decente; (authentic) vero(-a); (inf:
real: noun) vero(-a) e proprio(-a);
properly ['prɒpəlɪ] adv (eat, study)
bene; (behave) come si deve; **proper
noun** n nome m proprio

property ['prɒpətɪ] n (things owned)
beni mpl; (land, buildings) proprietà f
inv; (Chem etc: quality) proprietà

prophecy ['prɒfɪsɪ] n profezia

prophet ['prɒfɪt] n profeta m

proportion [prə'pɔ:ʃən] n
proporzione f; (share) parte f; **~s** npl
(size) proporzioni fpl; **proportional**
adj proporzionale

proposal [prə'pəuzl] n proposta;
(plan) progetto; (of marriage) proposta
di matrimonio

propose [prə'pəuz] vt proporre,
suggerire ▶ vi fare una proposta di
matrimonio; **to ~ to do** proporsi di
fare, aver l'intenzione di fare

proposition [prɒpə'zɪʃən] n
proposizione f; (offer) proposta

proprietor [prə'praɪətə'] n
proprietario(-a)

prose [prəuz] n prosa

prosecute ['prɒsɪkju:t] vt processare;
prosecution [-'kju:ʃən] n processo;
(accusing side) accusa; **prosecutor**
n (also: **public prosecutor**)
≈ procuratore m della Repubblica

prospect [n 'prɒspekt, vb prə'spekt]
n prospettiva; (hope) speranza ▶ vi
to ~ for cercare; **~s** npl (for work
etc) prospettive fpl; **prospective**
[-'spektɪv] adj possibile; futuro(-a)

prospectus [prə'spektəs] n prospetto,
programma m

prosper ['prɒspə'] vi prosperare;
prosperity [prɒ'spɛrɪtɪ] n prosperità;
prosperous adj prospero(-a)

prostitute ['prɒstɪtju:t] n prostituta;

male ~ uomo che si prostituisce
protect [prə'tɛkt] vt proteggere,
salvaguardare; **protection** n
protezione f; **protective** adj
protettivo(-a)
protein ['prəuti:n] n proteina
protest [n 'prəutɛst, vb prə'tɛst] n
protesta ▶ vt, vi protestare
Protestant ['prɒtɪstənt] adj, n
protestante m/f
protester [prə'tɛstə^r] n
dimostrante m/f
protractor [prə'træktə^r] n (Geom)
goniometro
proud [praud] adj fiero(-a),
orgoglioso(-a); (pej) superbo(-a)
prove [pru:v] vt provare, dimostrare
▶ vi to ~ (to be) correct etc risultare
vero(-a) etc; to ~ o.s. mostrare le
proprie capacità
proverb ['prɒvə:b] n proverbio
provide [prə'vaɪd] vt fornire,
provvedere; to ~ sb with sth fornire
or provvedere qn di qc ▶ **provide
for** vt fus provvedere a; (future event)
prevedere; **provided** conj provided
(that) purché + sub, a condizione
che + sub; **providing** [prə'vaɪdɪŋ] conj
purché +sub, a condizione che +sub
province ['prɒvɪns] n provincia;
provincial [prə'vɪnʃəl] adj provinciale
provision [prə'vɪʒən] n (supply)
riserva; (supplying) provvista;
rifornimento; (stipulation) condizione
f; ~s npl (food) provviste fpl;
provisional adj provvisorio(-a)
provocative [prə'vɒkətɪv] adj
(aggressive) provocatorio(-a); (thought-
provoking) stimolante; (seductive)
provocante
provoke [prə'vəuk] vt provocare;
incitare
prowl [praul] vi (also: ~ about, ~
around) aggirarsi ▶ n to be on the
~ aggirarsi

proximity [prɒk'sɪmɪtɪ] n prossimità
proxy ['prɒksɪ] n by ~ per procura
prudent ['pru:dnt] adj prudente
prune [pru:n] n prugna secca ▶ vt
potare
pry [praɪ] vi to ~ into ficcare il naso in
PS abbr (= postscript) P.S.
pseudonym ['sju:dənɪm] n
pseudonimo
psychiatric [saɪkɪ'ætrɪk] adj
psichiatrico(-a)
psychiatrist [saɪ'kaɪətrɪst] n
psichiatra m/f
psychic ['saɪkɪk] adj (also: ~al)
psichico(-a); (person) dotato(-a) di
qualità telepatiche
psychoanalysis [saɪkəuə'næləsɪs,
-siːz] (pl -ses) n psicanalisi f inv
psychological [saɪkə'lɒdʒɪkl] adj
psicologico(-a)
psychologist [saɪ'kɒlədʒɪst] n
psicologo(-a)
psychology [saɪ'kɒlədʒɪ] n psicologia
psychotherapy [saɪkəu'θɛrəpɪ] n
psicoterapia
pt abbr (= pint; point) pt
PTO abbr (= please turn over) v.r.
pub [pʌb] n abbr (= public house) pub
m inv
puberty ['pju:bətɪ] n pubertà
public ['pʌblɪk] adj pubblico(-a) ▶ n
pubblico; **in ~** in pubblico
publication [pʌblɪ'keɪʃən] n
pubblicazione f
public: **public company** n società f inv
per azioni (costituita tramite pubblica
sottoscrizione); **public convenience**
(BRIT) n gabinetti mpl; **public holiday**
n giorno festivo, festa nazionale;
public house (BRIT) n pub m inv
publicity [pʌb'lɪsɪtɪ] n pubblicità
publicize ['pʌblɪsaɪz] vt rendere
pubblico(-a)
public: **public limited company** n
≈ società per azioni a responabilità

limitata (*quotata in Borsa*); **publicly**
['pʌblɪklɪ] *adv* pubblicamente; **public
opinion** *n* opinione f pubblica; **public
relations** *n* pubbliche relazioni fpl;
public school *n* (BRIT) scuola privata;
(US) scuola statale; **public transport**
n mezzi mpl pubblici

publish ['pʌblɪʃ] *vt* pubblicare;
publisher *n* editore *m*; **publishing**
n (*industry*) editoria; (*of a book*)
pubblicazione f

pub lunch *n* pranzo semplice ed
economico servito nei pub

pudding ['pudɪŋ] *n* budino; (BRIT:
dessert) dolce *m*; **black ~**, (US) **blood ~**
sanguinaccio

puddle ['pʌdl] *n* pozza, pozzanghera

Puerto Rico ['pwɜːtəu'riːkəu] *n*
Portorico

puff [pʌf] *n* sbuffo ▶ *vt* **to ~ one's pipe**
tirare sboccate di fumo ▶ *vi* (*pant*)
ansare; **puff pastry** *n* pasta sfoglia

pull [pul] *n* (*tug*): **to give sth a ~** tirare
su qc ▶ *vt* tirare; (*muscle*) strappare;
(*trigger*) premere ▶ *vi* tirare; **to ~
to pieces** fare a pezzi; **to ~ one's
punches** (*Boxing*) risparmiare
l'avversario; **to ~ one's weight** dare il
proprio contributo; **to ~ o.s. together**
ricomporsi, riprendersi; **to ~ sb's
leg** prendere in giro qn ▶ **pull apart**
vt (*break*) fare a pezzi ▶ **pull away** *vi*
(*move off: vehicle*) muoversi, partire;
(*boat*) staccarsi dal molo, salpare;
(*draw back: person*) indietreggiare
▶ **pull back** *vt* (*lever etc*) tirare
indietro; (*curtains*) aprire ▶ *vi* (*from
confrontation etc*) tirarsi indietro;
(*Mil: withdraw*) ritirarsi ▶ **pull down**
vt (*house*) demolire; (*tree*) abbattere
▶ **pull in** *vi* (*Aut: at the kerb*) accostarsi;
(*Rail*) entrare in stazione ▶ **pull off**
vt (*clothes*) togliere; (*deal etc*) portare
a compimento ▶ **pull out** *vi* partire;
(*Aut: come out of line*) spostarsi sulla

mezzeria ▶ *vt* staccare; far uscire;
(*withdraw*) ritirare ▶ **pull over** *vi* (Aut)
accostare ▶ **pull up** *vi* (*stop*) fermarsi
▶ *vt* (*raise*) sollevare; (*uproot*) sradicare

pulley ['pulɪ] *n* puleggia, carrucola

pullover ['puləuvə*] *n* pullover *m inv*

pulp [pʌlp] *n* (*of fruit*) polpa

pulpit ['pulpɪt] *n* pulpito

pulse [pʌls] *n* polso; (Bot) legume *m*;
~s *npl* (Culin) legumi mpl

puma ['pjuːmə] *n* puma *m inv*

pump [pʌmp] *n* pompa; (*shoe*)
scarpetta ▶ *vt* pompare ▶ **pump up**
vt gonfiare

pumpkin ['pʌmpkɪn] *n* zucca

pun [pʌn] *n* gioco di parole

punch [pʌntʃ] *n* (*blow*) pugno; (*tool*)
punzone *m*; (*drink*) ponce *m* ▶ *vt* (*hit*):
to ~ sb/sth dare un pugno a qn/qc;
punch-up (BRIT: *inf*) *n* rissa

punctual ['pʌŋktjuəl] *adj* puntuale

punctuation [pʌŋktju'eɪʃən] *n*
interpunzione f, punteggiatura

puncture ['pʌŋktʃə*] *n* foratura ▶ *vt*
forare

Be careful not to translate
puncture by the Italian word
puntura.

punish ['pʌnɪʃ] *vt* punire;
punishment *n* punizione f

punk [pʌŋk] *n* (*also: ~ rocker*) punk *m/f
inv*; (*also: ~ rock*) musica punk, punk
rock *m*; (US: *inf: hoodlum*) teppista *m*

pup [pʌp] *n* cucciolo(-a)

pupil ['pjuːpl] *n* allievo(-a); (Anat)
pupilla

puppet ['pʌpɪt] *n* burattino

puppy ['pʌpɪ] *n* cucciolo(-a),
cagnolino(-a)

purchase ['pəːtʃɪs] *n* acquisto,
compera ▶ *vt* comprare

pure [pjuə*] *adj* puro(-a); **purely**
['pjuəlɪ] *adv* puramente

purify ['pjuərɪfaɪ] *vt* purificare

purity ['pjuərɪtɪ] *n* purezza

purple ['pə:pl] *adj* di porpora; viola *inv*

purpose ['pə:pəs] *n* intenzione *f*,
scopo; **on ~** apposta

purr [pə:ˈ] *vi* fare le fusa

purse [pə:s] *n* (BRIT) borsellino; (US)
borsetta ▶ *vt* contrarre

pursue [pə'sju:] *vt* inseguire; (fig:
activity etc) continuare con; (: aim etc)
perseguire

pursuit [pə'sju:t] *n* inseguimento;
(fig) ricerca; (pastime) passatempo

pus [pʌs] *n* pus *m*

push [puʃ] *n* spinta; (effort) grande
sforzo; (drive) energia ▶ *vt* spingere;
(button) premere; (thrust): **to ~
sth (into)** ficcare qc (in); (fig)
fare pubblicità a ▶ *vi* spingere;
premere; **to ~ for** (fig) insistere
per ▶ **push in** vi introdursi a forza
▶ **push off** (inf) vi filare ▶ **push on** vi
(continue) continuare ▶ **push over**
vt far cadere ▶ **push through** vi
farsi largo spingendo ▶ vt (measure)
far approvare; **pushchair** (BRIT) *n*
passeggino; **pusher** (drug pusher)
spacciatore(-trice); **push-up** (US) *n*
(press-up) flessione *f* sulle braccia
pussy(-cat) ['pusɪ(-)] (inf) *n* micio
put [put] (pt, pp put) *vt* mettere, porre;
(say) dire, esprimere; (a question)
fare; (estimate) stimare ▶ **put away**
vt (return) mettere a posto ▶ **put
back** vt (replace) rimettere (a posto);
(postpone) rinviare (delay) ritardare
▶ **put by** vt (money) mettere da parte
▶ **put down** vt (parcel etc) posare,
mettere giù; (pay) versare; (in writing)
mettere per iscritto; (revolt, animal)
sopprimere; (attribute) attribuire
▶ **put forward** vt (ideas) avanzare,
proporre ▶ **put in** vt (application,
complaint) mettere ▶ **put off** vt (postpone)
rimandare, rinviare; (discourage)
dissuadere ▶ **put on** vt (clothes, lipstick

etc) mettere; (light etc) accendere;
(play etc) mettere in scena; (food,
meal) mettere su; (brake) mettere; **to
~ on weight** ingrassare; **to ~ on airs**
darsi delle arie ▶ **put out** vt mettere
fuori; (one's hand) porgere; (light etc)
spegnere; (person: inconvenience)
scomodare ▶ **put through** vt (Tel:
call) passare; (: person) mettere in
comunicazione; (plan) far approvare
▶ **put up** vt (raise) sollevare, alzare;
(: umbrella) aprire; (: tent) montare;
(pin up) affiggere; (hang) appendere;
(build) costruire, erigere; (increase)
aumentare; (accommodate) alloggiare
▶ **put aside** vt (lay down: book etc)
mettere da una parte, posare; (save)
mettere da parte; (in shop) tenere
da parte ▶ **put together** vt mettere
insieme, riunire; (assemble: furniture)
montare; (: meal) improvvisare ▶ **put
up with** vt fus sopportare

putt [pʌt] *n* colpo leggero; **putting
green** *n* green *m inv*; campo da
putting

puzzle ['pʌzl] *n* enigma *m*, mistero;
(jigsaw) puzzle *m*; (also: **crossword ~**)
parole *fpl* incrociate, cruciverba *m inv*
▶ *vt* confondere, rendere perplesso(-a)
▶ *vi* scervellarsi; **puzzled** adj
perplesso(-a); **puzzling** adj (question)
poco chiaro(-a); (attitude, set of
instructions) incomprensibile

pyjamas [pɪ'dʒɑːməz] (BRIT) *npl*
pigiama *m*

pylon ['paɪlən] *n* pilone *m*

pyramid ['pɪrəmɪd] *n* piramide *f*

Pyrenees [pɪrɪ'niːz] *npl* **the ~** i Pirenei
m

q

quack [kwæk] n (of duck) qua qua m inv; (pej: doctor) dottoruccio(-a)

quadruple [kwɒˈdrupl] vt quadruplicare ▶ vi quadruplicarsi

quail [kweɪl] n (Zool) quaglia ▶ vi (person): **to ~ at** or **before** perdersi d'animo davanti a

quaint [kweɪnt] adj bizzarro(-a); (old-fashioned) antiquato(-a); grazioso(-a), pittoresco(-a)

quake [kweɪk] vi tremare ▶ n abbr = **earthquake**

qualification [kwɒlɪfɪˈkeɪʃən] n (degree etc) qualifica, titolo; (ability) competenza, qualificazione f; (limitation) riserva, restrizione f

qualified [ˈkwɒlɪfaɪd] adj qualificato(-a); (able): **~ to** competente in, qualificato(-a) a; (limited) condizionato(-a)

qualify [ˈkwɒlɪfaɪ] vt abilitare; (limit: statement) modificare, precisare ▶ vi **to ~ (as)** qualificarsi (come); **to ~ (for)** acquistare i requisiti necessari (per); (Sport) qualificarsi (per or a)

quality [ˈkwɒlɪtɪ] n qualità f inv

qualm [kwɑːm] n dubbio; scrupolo

quantify [ˈkwɒntɪfaɪ] vt quantificare

quantity [ˈkwɒntɪtɪ] n quantità f inv

quarantine [ˈkwɒrəntiːn] n quarantena

quarrel [ˈkwɒrəl] n lite f, disputa ▶ vi litigare

quarry [ˈkwɒrɪ] n (for stone) cava;

(animal) preda

quart [kwɔːt] n ≈ litro

quarter [ˈkwɔːtəʳ] n quarto; (US: coin) quarto di dollaro; (of year) trimestre m; (district) quartiere m ▶ vt dividere in quattro; (Mil) alloggiare; **~s** npl (living quarters) alloggio; (Mil) alloggi mpl, quadrato; **a ~ of an hour** un quarto d'ora; **quarter final** n quarto di finale; **quarterly** adj trimestrale ▶ adv trimestralmente

quartet(te) [kwɔːˈtɛt] n quartetto

quartz [kwɔːts] n quarzo

quay [kiː] n (also: **-side**) banchina

queasy [ˈkwiːzɪ] adj (stomach) delicato(-a); **to feel ~** aver la nausea

queen [kwiːn] n (gen) regina; (Cards etc) regina, donna

queer [kwɪəʳ] adj strano(-a), curioso(-a) ▶ n (inf) finocchio

quench [kwɛntʃ] vt **to ~ one's thirst** dissetarsi

query [ˈkwɪərɪ] n domanda, questione f ▶ vt mettere in questione

quest [kwɛst] n cerca, ricerca

question [ˈkwɛstʃən] n domanda, questione f ▶ vt (person) interrogare; (plan, idea) mettere in questione or in dubbio; **it's a ~ of doing** si tratta di fare; **beyond ~** fuori di dubbio; **out of the ~** fuori discussione, impossibile; **questionable** adj discutibile; **question mark** n punto interrogativo; **questionnaire** [kwɛstʃəˈnɛəʳ] n questionario

queue [kjuː] (BRIT) n coda, fila ▶ vi fare la coda

quiche [kiːʃ] n torta salata a base di uova, formaggio, prosciutto o altro

quick [kwɪk] adj rapido(-a), veloce; (reply) pronto(-a); (mind) pronto(-a), acuto(-a) ▶ n **cut to the ~** (fig) toccato(-a) sul vivo; **be ~!** fa presto!; **quickly** adv rapidamente, velocemente

r

quid [kwɪd] (BRIT: inf) n inv sterlina
quiet ['kwaɪət] adj tranquillo(-a),
quieto(-a); (ceremony) semplice
▶ n tranquillità, calma ▶ vt, vi (US)
= **quieten**; **keep ~!** sta zitto!; **quieten**
(also: **quieten down**) vi calmarsi,
chetarsi ▶ vt calmare, chetare;
quietly adv tranquillamente,
calmamente; sommessamente
quilt [kwɪlt] n trapunta; (continental
quilt) piumino
quirky ['kwə:kɪ] adj stravagante
quit [kwɪt] (pt, pp quit or quitted) vt
mollare; (premises) lasciare, partire
da ▶ vi (give up) mollare; (resign)
dimettersi
quite [kwaɪt] adv (rather) assai;
(entirely) completamente, del tutto; **I**
~ understand capisco perfettamente;
that's not ~ big enough non è proprio
sufficiente; **~ a few of them** non pochi
di loro; **~ (so)!** esatto!
quits [kwɪts] adj **~ (with)** pari (con);
let's call it ~ adesso siamo pari
quiver ['kwɪvəʳ] vi tremare, fremere
quiz [kwɪz] n (game) quiz m inv;
indovinello ▶ vt interrogare
quota ['kwəʊtə] n quota
quotation [kwəʊ'teɪʃən] n citazione
f; (of shares etc) quotazione f; (estimate)
preventivo; **quotation marks** npl
virgolette fpl
quote [kwəʊt] n citazione f ▶ vt
(sentence) citare; (price) dare, fissare;
(shares) quotare ▶ vi to **~ from** citare;
~s npl = **quotation marks**

rabbi ['ræbaɪ] n rabbino
rabbit ['ræbɪt] n coniglio
rabies ['reɪbiːz] n rabbia
RAC (BRIT) n abbr = **Royal Automobile**
Club
rac(c)oon [rə'kuːn] n procione m
race [reɪs] n razza; (competition, rush)
corsa ▶ vt (horse) far correre ▶ vi
correre; (engine) imballarsi; **race**
car (US) n = **racing car**; **racecourse**
n campo di corse, ippodromo;
racehorse n cavallo da corsa;
racetrack n pista
racial ['reɪʃl] adj razziale
racing ['reɪsɪŋ] n corsa; **racing**
car (BRIT) n macchina da corsa;
racing driver (BRIT) n corridore m
automobilista
racism ['reɪsɪzəm] n razzismo; **racist**
adj, n razzista m/f
rack [ræk] n rastrelliera; (also: **luggage**
~) rete f, portabagagli m inv; (also: **roof**
~) portabagagli; (dish rack) scolapiatti
m inv ▶ vt **~ed by** torturato(-a) da; to **~**
one's brains scervellarsi
racket ['rækɪt] n (for tennis) racchetta;
(noise) fracasso; baccano; (swindle)
imbroglio, truffa; (organized crime)
racket m inv
racquet ['rækɪt] n racchetta
radar ['reɪdɑːʳ] n radar m inv
radiation [reɪdɪ'eɪʃən] n
irradiamento; (radioactive)
radiazione f

radiator ['reɪdɪeɪtə'] n radiatore m

radical ['rædɪkl] adj radicale

radio ['reɪdɪəʊ] n radio f inv; **on the ~** alla radio; **radioactive** [reɪdɪəʊˈæktɪv] adj radioattivo(-a); **radio station** n stazione f radio inv

radish ['rædɪʃ] n ravanello m

RAF n abbr = **Royal Air Force**

raffle ['ræfl] n lotteria

raft [rɑːft] n zattera; (also: **life ~**) zattera di salvataggio

rag [ræg] n straccio, cencio; (pej: newspaper) giornalaccio, bandiera; (for charity) iniziativa studentesca a scopo benefico; **~s** npl (torn clothes) stracci mpl, brandelli mpl

rage [reɪdʒ] n (fury) collera, furia ▶ vi (person) andare su tutte le furie; (storm) infuriare; **it's all the ~** fa furore

ragged ['rægɪd] adj (edge) irregolare; (clothes) logoro(-a); (appearance) pezzente

raid [reɪd] n (Mil) incursione f; (criminal) rapina; (by police) irruzione f ▶ vt fare un'incursione in; rapinare; fare irruzione in

rail [reɪl] n (on stair) ringhiera; (on bridge, balcony) parapetto; (of ship) battagliola; **railcard** n (BRIT) tessera di riduzione ferroviaria; **railing(s)** n(pl) ringhiere fpl; **railroad** (US) n = **railway**; **railway** (BRIT: irreg) n ferrovia; **railway line** (BRIT) n linea ferroviaria; **railway station** (BRIT) n stazione f ferroviaria

rain [reɪn] n pioggia ▶ vi piovere; **in the ~** sotto la pioggia; **it's ~ing** piove; **rainbow** n arcobaleno; **raincoat** n impermeabile m; **raindrop** n goccia di pioggia; **rainfall** n pioggia; (measurement) piovosità; **rainforest** n foresta pluviale; **rainy** adj piovoso(-a)

raise [reɪz] n aumento ▶ vt (lift) alzare; sollevare; (increase) aumentare; (a protest, doubt, question) sollevare;

(cattle, family) allevare; (crop) coltivare; (army, funds) raccogliere; (loan) ottenere; **to ~ one's voice** alzare la voce

raisin ['reɪzn] n uva secca

rake [reɪk] n (tool) rastrello ▶ vt (garden) rastrellare

rally ['rælɪ] n (Pol etc) riunione f; (Aut) rally m inv; (Tennis) scambio ▶ vt riunire, radunare ▶ vi (sick person, Stock Exchange) riprendersi

RAM [ræm] n abbr (= random access memory) memoria ad accesso casuale

ram [ræm] n montone m, ariete m ▶ vt conficcare; (crash into) cozzare, sbattere contro; percuotere; speronare

Ramadan [ræməˈdæn] n Ramadan m inv

ramble ['ræmbl] n escursione f ▶ vi (pej: also: **~ on**) divagare; **rambler** n escursionista m/f; (Bot) rosa rampicante; **rambling** adj (speech) sconnesso(-a); (house) tutto(-a) a nicchie e corridoi; (Bot) rampicante

ramp [ræmp] n rampa; **on/off~** (US Aut) raccordo di entrata/uscita

rampage [ræmˈpeɪdʒ] n **to go on the ~** scatenarsi in modo violento

ran [ræn] pt of **run**

ranch [rɑːntʃ] n ranch m inv

random ['rændəm] adj fatto(-a) or detto(-a) per caso; (Comput, Math) casuale ▶ n **at ~** a casaccio

rang [ræŋ] pt of **ring**

range [reɪndʒ] n (of mountains) catena; (of missile, voice) portata; (of proposals, products) gamma; (Mil: also: **shooting ~**) campo di tiro; (also: **kitchen ~**) fornello, cucina economica ▶ vt disporre ▶ vi **to ~ over** coprire; **to ~ from ... to** andare da ...

ranger ['reɪndʒə'] n guardia forestale

rank [ræŋk] n fila; (status, Mil) grado; (BRIT: also: **taxi ~**) posteggio di taxi ▶ vi to ~ among essere tra ▶ adj puzzolente; vero(-a) e proprio(-a); the ~ and file (fig) la gran massa

ransom ['rænsəm] n riscatto; to hold sb to ~ (fig) esercitare pressione su qn

rant [rænt] vi vociare

rap [ræp] vt bussare a; picchiare su ▶ n (music) rap m inv

rape [reɪp] n violenza carnale, stupro; (Bot) ravizzone m ▶ vt violentare

rapid ['ræpɪd] adj rapido(-a); rapidly adv rapidamente; rapids npl (Geo) rapida

rapist ['reɪpɪst] n violentatore m

rapport [ræ'pɔ:] n rapporto

rare [reə'] adj raro(-a); (Culin: steak) al sangue; rarely ['reəlɪ] adv raramente

rash [ræʃ] adj imprudente, sconsiderato(-a) ▶ n (Med) eruzione f; (of events etc) scoppio

rasher ['ræʃə'] n fetta sottile (di lardo or prosciutto)

raspberry ['rɑːzbərɪ] n lampone m

rat [ræt] n ratto

rate [reɪt] n (proportion) tasso, percentuale f; (speed) velocità f inv; (price) tariffa ▶ vt giudicare; stimare; ~s npl (BRIT: property tax) imposte fpl comunali; (fees) tariffe fpl; to ~ sb/sth as valutare qn/qc come

rather ['rɑːðə'] adv piuttosto; it's ~ expensive è piuttosto caro; (too) è un po' caro; there's ~ a lot ce n'è parecchio; I would or I'd ~ go preferirei andare

rating ['reɪtɪŋ] n (assessment) valutazione f; (score) punteggio di merito; ~s npl (Radio, TV) indice m di ascolto

ratio ['reɪʃɪəu] n proporzione f, rapporto

ration ['ræʃən] n (gen pl) razione f ▶ vt razionare; ~s npl razioni fpl

rational ['ræʃənl] adj razionale, ragionevole; (solution, reasoning)

logico(-a)

rattle ['rætl] n tintinnio; (louder) strepito; (for baby) sonaglio ▶ vi risuonare, tintinnare; fare un rumore di ferraglia ▶ vt scuotere (con strepito)

rave [reɪv] vi (in anger) infuriarsi; (with enthusiasm) andare in estasi; (Med) delirare ▶ n (BRIT: inf: party) rave m inv

raven ['reɪvn] n corvo

ravine [rə'viːn] n burrone m

raw [rɔː] adj (uncooked) crudo(-a); (not processed) greggio(-a); (sore) vivo(-a); (inexperienced) inesperto(-a); (weather, day) gelido(-a)

ray [reɪ] n raggio; ~ of hope un barlume di speranza

razor ['reɪzə'] n rasoio; razor blade n lama di rasoio

Rd abbr = road

re [riː] prep con riferimento a

RE n abbr (BRIT Mil: = Royal Engineers) ≈ G.M. (Genio Militare); (BRIT) = religious education

reach [riːtʃ] n portata; (of river etc) tratto ▶ vt raggiungere; arrivare a ▶ vi stendersi; out of/within ~ fuori/a portata di mano; within ~ of the shops/station vicino ai negozi/alla stazione ▶ reach out vt (hand) allungare ▶ vi to ~ out for stendere la mano per prendere

react [riː'ækt] vi reagire; reaction [-'ækʃən] n reazione f; reactor [riː'æktə'] n reattore m

read [riːd, pt, pp red] (pt, pp read) vi leggere ▶ vt leggere; (understand) intendere, interpretare; (study) studiare ▶ read out vt leggere ad alta voce; reader n lettore(-trice); (BRIT: at university) professore con funzioni preminenti di ricerca

readily ['redɪlɪ] adv volentieri; (easily) facilmente; (quickly) prontamente

reading ['riːdɪŋ] n lettura;

(*understanding*) interpretazione f; (*on instrument*) indicazione f

ready ['rɛdɪ] *adj* pronto(-a); (*willing*) pronto(-a), disposto(-a); (*available*) disponibile ▶ *n* at the ~ (*Mil*) pronto a sparare; **when will my photos be ~?** quando saranno pronte le mie foto?; **to get ~** *vi* prepararsi ▶ *vt* preparare; **ready-made** *adj* prefabbricato(-a); (*clothes*) confezionato(-a)

real [rɪəl] *adj* reale; vero(-a); **in ~ terms** in realtà; **real ale** n birra ad effervescenza naturale; **real estate** n beni *mpl* immobili; **realistic** [-'lɪstɪk] *adj* realistico(-a); **reality** [riː'ælɪtɪ] n realtà f inv

realization [rɪəlaɪ'zeɪʃən] n presa di coscienza; realizzazione f

realize ['rɪəlaɪz] *vt* (*understand*) rendersi conto di

really ['rɪəlɪ] *adv* veramente, davvero; ~! (*indicating annoyance*) oh, insomma!

realm [rɛlm] n reame m, regno

Realtor® ['rɪəltɔːʳ] (*US*) n agente m immobiliare

reappear [riːə'pɪəʳ] *vi* ricomparire, riapparire

rear [rɪəʳ] *adj* di dietro; (*Aut: wheel etc*) posteriore ▶ n didietro, parte f posteriore ▶ *vt* (*cattle, family*) allevare ▶ *vi* (*also*: ~ **up**: *animal*) impennarsi

rearrange [riːə'reɪndʒ] *vt* riordinare

rear: rear-view mirror ['rɪəvjuː-] n (*Aut*) specchio retrovisore; **rear-wheel drive** n trazione *fpl* posteriore

reason ['riːzn] n ragione f; (*cause, motive*) ragione, motivo ▶ *vi* **to ~ with sb** far ragionare qn; **it stands to ~ that** è ovvio che; **reasonable** *adj* ragionevole; (*not bad*) accettabile; **reasonably** *adv* ragionevolmente; **reasoning** n ragionamento

reassurance [riːə'ʃuərəns] n rassicurazione f

reassure [riːə'ʃuəʳ] *vt* rassicurare; **to ~**

sb of rassicurare qn di *or* su

rebate ['riːbeɪt] n (*on tax etc*) sgravio

rebel [n 'rɛbl, vb rɪ'bɛl] n ribelle m/f ▶ *vi* ribellarsi; **rebellion** n ribellione f; **rebellious** *adj* ribelle

rebuild [riː'bɪld] *vt irreg* ricostruire

recall [rɪ'kɔːl] *vt* richiamare; (*remember*) ricordare, richiamare alla mente ▶ n richiamo

rec'd *abbr* = **received**

receipt [rɪ'siːt] n (*document*) ricevuta; (*act of receiving*) ricevimento; **~s** *npl* (*Comm*) introiti *mpl*; **can I have a ~, please?** posso avere una ricevuta, per favore?

receive [rɪ'siːv] *vt* ricevere; (*guest*) ricevere, accogliere; **receiver** [rɪ'siːvəʳ] n (*Tel*) ricevitore m; (*Radio, TV*) apparecchio ricevente; (*of stolen goods*) ricettatore(-trice); (*Comm*) curatore m fallimentare

recent ['riːsnt] *adj* recente; **recently** *adv* recentemente

reception [rɪ'sɛpʃən] n ricevimento; (*welcome*) accoglienza; (*TV etc*) ricezione f; **reception desk** n (*in hotel*) reception f inv; (*in hospital, at doctor's*) accettazione f; (*in offices etc*) portineria; **receptionist** n receptionist m/f inv

recession [rɪ'sɛʃən] n recessione f

recharge [riː'tʃɑːdʒ] *vt* (*battery*) ricaricare

recipe ['rɛsɪpɪ] n ricetta

recipient [rɪ'sɪpɪənt] n beneficiario; (*of letter*) destinatario(-a)

recital [rɪ'saɪtl] n recital m inv

recite [rɪ'saɪt] *vt* (*poem*) recitare

reckless ['rɛkləs] *adj* (*driver etc*) spericolato(-a); (*spending*) folle

reckon ['rɛkən] *vt* (*count*) calcolare; (*think*): **I ~ that ...** penso che ...

reclaim [rɪ'kleɪm] *vt* (*demand back*) richiedere, reclamare; (*land*) bonificare; (*materials*) recuperare

recline [rɪ'klaɪn] vi stare sdraiato(-a)

recognition [rekəg'nɪʃən] n
riconoscimento; **transformed
beyond ~** irriconoscibile

recognize ['rekəgnaɪz] vt **to ~ (by/as)**
riconoscere (a or da/come)

recollection [rekə'lekʃən] n ricordo

recommend [rekə'mend] vt
raccomandare; (*advise*) consigliare;
can you ~ a good restaurant? mi
può consigliare un buon ristorante?;
recommendation [rekəmen'deɪʃən]
n raccomandazione f; consiglio

reconcile ['rekənsaɪl] vt (*two people*)
riconciliare; (*two facts*) conciliare,
quadrare; **to ~ o.s. to** rassegnarsi a

reconsider [ri:kən'sɪdəʳ] vt
riconsiderare

reconstruct [ri:kən'strʌkt] vt
ricostruire

record [n 'rekɔːd, vb rɪ'kɔːd] n ricordo,
documento; (*of meeting etc*) nota,
verbale m; (*register*) registro; (*file*)
pratica, dossier m inv; (*Comput*) record
m inv; (*also*: **criminal ~**) fedina penale
sporca; (*Mus*: *disc*) disco; (*Sport*) record
m inv, primato ▸ vt (*set down*) prendere
nota di, registrare; (*Mus*: *song etc*)
registrare; **off the ~** adj ufficioso(-a) ▸ adv
ufficiosamente; **recorded delivery**
(*BRIT*) n (*Post*) **recorded delivery
letter** etc lettera etc raccomandata;
recorder n (*Mus*) flauto diritto;
recording n (*Mus*) registrazione f;
record player n giradischi m inv

recount [rɪ'kaʊnt] vt raccontare,
narrare

recover [rɪ'kʌvəʳ] vt ricuperare ▸ vi to
~ **(from)** riprendersi (da); **recovery**
[rɪ'kʌvərɪ] n ricupero; ristabilimento;
ripresa

▌ Be careful not to translate **recover**
by the Italian word *ricoverare*.

recreate [ri:krɪ'eɪt] vt ricreare

recreation [rekrɪ'eɪʃən] n ricreazione
f; svago; **recreational drug**
[rekrɪ'eɪʃənl-] n sostanza stupefacente
usata a scopo ricreativo; **recreational
vehicle** (*US*) n camper m inv

recruit [rɪ'kruːt] n recluta; (*in company*)
nuovo(-a) assunto(-a) ▸ vt reclutare;
recruitment n reclutamento

rectangle ['rektæŋgl] n rettangolo;
rectangular [-'tæŋgjuləʳ] adj
rettangolare

rectify ['rektɪfaɪ] vt (*error*) rettificare;
(*omission*) riparare

rector ['rektəʳ] n (*Rel*) parroco
(anglicano)

recur [rɪ'kəːʳ] vi riaccadere; (*symptoms*)
ripresentarsi; **recurring** adj (*Math*)
periodico(-a)

recyclable [riː'saɪkləbl] adj riciclabile

recycle [riː'saɪkl] vt riciclare

recycling [riː'saɪklɪŋ] n riciclaggio

red [red] n rosso; (*Pol*: *pej*) rosso(-a)
▸ adj rosso(-a); **in the ~** (*account*)
scoperto; (*business*) in deficit; **Red
Cross** n Croce f Rossa; **redcurrant** n
ribes m inv

redeem [rɪ'diːm] vt (*debt*) riscattare;
(*sth in pawn*) ritirare; (*fig, also Rel*)
redimere

red: red-haired [-'heəd] adj dai capelli
rossi; **redhead** ['redhed] n rosso(-a);
red-hot adj arroventato(-a); **red
light** n **to go through a red light** (*Aut*)
passare col rosso; **red-light district**
['redlaɪt-] n quartiere m a luci rosse;
red meat n carne f rossa

reduce [rɪ'djuːs] vt ridurre, abbassare; (*lower*)
ridurre, abbassare; **"~ speed now"**
(*Aut*) "rallentare"; **at a ~d price**
scontato(-a); **reduced** adj (*decreased*)
ridotto(-a); **at a reduced price** a
prezzo ribassato o ridotto; **"greatly
reduced prices"** "grandi ribassi";
reduction [rɪ'dʌkʃən] n riduzione f;

(of price) ribasso; (discount) sconto; **is there a reduction for children/ students?** ci sono riduzioni per i bambini/gli studenti?

redundancy [rɪ'dʌndənsɪ] n licenziamento

redundant [rɪ'dʌndnt] adj (worker) licenziato(-a); (detail, object) superfluo(-a); **to be made ~** essere licenziato (per eccesso di personale)

reed [riːd] n (Bot) canna; (Mus: of clarinet etc) ancia

reef [riːf] n (at sea) scogliera

reel [riːl] n bobina, rocchetto; (Fishing) mulinello; (Cinema) rotolo; (dance) danza veloce scozzese ▶ vi (sway) barcollare

ref [rɛf] (inf) n abbr (= referee) arbitro

refectory [rɪ'fɛktərɪ] n refettorio

refer [rɪ'fəː] vt to ~ sth to (dispute, decision) deferire qc a; to ~ sb to (inquirer, Med: patient) indirizzare qn a; (reader: to text) rimandare qn a ▶ vi ~ to (allude to) accennare a; (consult) rivolgersi a

referee [rɛfə'riː] n arbitro; (BRIT: for job application) referenza ▶ vt arbitrare

reference ['rɛfrəns] n riferimento; (mention) menzione f, allusione f; (for job application) referenza; **with ~ to** (Comm: in letter) in or con riferimento a; **reference number** n numero di riferimento

refill [vb riː'fɪl, n 'riːfɪl] vt riempire di nuovo; (pen, lighter etc) ricaricare ▶ n (for pen etc) ricambio

refine [rɪ'faɪn] vt raffinare; **refined** adj (person, taste) raffinato(-a); **refinery** n raffineria

reflect [rɪ'flɛkt] vt (light, image) riflettere; (fig) rispecchiare ▶ vi (think) riflettere, considerare; **it ~s badly/ well on him** si ripercuote su di lui in senso negativo/positivo; **reflection** [-'flɛkʃən] n riflessione f; (image)

riflesso; (criticism): **reflection on** giudizio su; attacco a; **on reflection** pensandoci sopra

reflex ['riːflɛks] adj riflesso(-a) ▶ n riflesso

reform [rɪ'fɔːm] n (of sinner etc) correzione f; (of law etc) riforma ▶ vt correggere; riformare

refrain [rɪ'freɪn] vi to ~ from doing trattenersi dal fare ▶ n ritornello

refresh [rɪ'frɛʃ] vt rinfrescare; (food, sleep) ristorare; **refreshing** adj (drink) rinfrescante; (sleep) riposante, ristoratore(-trice); **refreshments** npl rinfreschi mpl

refrigerator [rɪ'frɪdʒəreɪtə'] n frigorifero

refuel [riː'fjuəl] vi far rifornimento (di carburante)

refuge ['rɛfjuːdʒ] n rifugio; **to take ~ in** rifugiarsi in; **refugee** [rɛfju'dʒiː] n rifugiato(-a), profugo(-a)

refund [n 'riːfʌnd, vb rɪ'fʌnd] n rimborso ▶ vt rimborsare

refurbish [riː'fəːbɪʃ] vt rimettere a nuovo

refusal [rɪ'fjuːzəl] n rifiuto; **to have first ~ on** avere il diritto d'opzione su

refuse¹ ['rɛfjuːs, vb rɪ'fjuːz] n rifiuti mpl ▶ vt, vi rifiutare; **to ~ to do** rifiutare di fare

regain [rɪ'geɪn] vt riguadagnare; riacquistare, ricuperare

regard [rɪ'gɑːd] n riguardo, stima ▶ vt considerare, stimare; **to give one's ~s to** porgere i suoi saluti a; **"with kindest ~s"** "cordiali saluti"; **regarding** prep riguardo a, per quanto riguarda; **regardless** adv lo stesso; **regardless of** a dispetto di, nonostante

regenerate [rɪ'dʒɛnəreɪt] vt rigenerare

reggae ['rɛgeɪ] n reggae m

regiment ['rɛdʒɪmənt] n reggimento

region ['riːdʒən] n regione f; **in the ~ of** (fig) all'incirca di; **regional** adj regionale

register ['redʒɪstə⁰] n registro; (also: **electoral ~**) lista elettorale ▶ vt registrare; (vehicle) immatricolare; (letter) assicurare; (instrument) segnare ▶ vi iscriversi; (at hotel) firmare il registro; (make impression) entrare in testa; **registered** (BRIT) adj (letter) assicurato(-a)

registrar ['redʒɪstrɑː'] n ufficiale m di stato civile; segretario

registration [redʒɪs'treɪʃən] n (act) registrazione f; iscrizione f; (Aut: also: **~ number**) numero di targa

registry office (BRIT) n anagrafe f; **to get married in a ~** = sposarsi in municipio

regret [rɪ'grɛt] n rimpianto, rincrescimento ▶ vt rimpiangere; **regrettable** adj deplorevole

regular ['regjulə'] adj regolare; (usual) abituale, normale; (soldier) dell'esercito regolare ▶ n (client etc) cliente m/f abituale; **regularly** adv regolarmente

regulate ['regjuleɪt] vt regolare; **regulation** [-'leɪʃən] n regolazione f; (rule) regola, regolamento

rehabilitation ['riːhəbɪlɪ'teɪʃən] n (of offender) riabilitazione f; (of disabled) riadattamento

rehearsal [rɪ'həːsəl] n prova

rehearse [rɪ'həːs] vt provare

reign [reɪn] n regno ▶ vi regnare

reimburse [riːɪm'bəːs] vt rimborsare

rein [reɪn] n (for horse) briglia

reincarnation [riːɪnkɑː'neɪʃən] n reincarnazione f

reindeer ['reɪndɪə'] n inv renna

reinforce [riːɪn'fɔːs] vt rinforzare; **reinforcements** npl (Mil) rinforzi mpl

reinstate [riːɪn'steɪt] vt reintegrare

reject [n 'riːdʒɛkt, vb rɪ'dʒɛkt] n (Comm) scarto ▶ vt rifiutare, respingere; (Comm: goods) scartare; **rejection** [rɪ'dʒɛkʃən] n rifiuto

rejoice [rɪ'dʒɔɪs] vi **to ~ (at or over)** provare diletto in

relate [rɪ'leɪt] vt (tell) raccontare; (connect) collegare ▶ vi **to ~ to** (connect) riferirsi a; (get on with) stabilire un rapporto con; **relating to** che riguarda, rispetto a; **related** adj imparentato(-a) (con); collegato(-a) or connesso(-a) (a)

related (to) imparentato(-a) (con); collegato(-a) or connesso(-a) (a)

relation [rɪ'leɪʃən] n (person) parente m/f; (link) rapporto, relazione f; **~s** npl (relatives) parenti mpl; **relationship** n rapporto; (personal ties) rapporti mpl, relazioni fpl; (also: **family relationship**) legami mpl di parentela

relative ['relətɪv] n parente m/f ▶ adj relativo(-a); (respective) rispettivo(-a); **relatively** adv relativamente; (fairly, rather) abbastanza

relax [rɪ'læks] vi rilasciarsi; (person: unwind) rilassarsi ▶ vt rilasciare; (mind, person) rilassare; **relaxation** [riːlæk'seɪʃən] n rilassamento; rilassamento; (entertainment) ricreazione f, svago; **relaxed** adj rilassato(-a); **relaxing** adj rilassante

relay ['riːleɪ] n (Sport) corsa a staffetta ▶ vt (message) trasmettere

release [rɪ'liːs] n (from prison) rilascio; (from obligation) liberazione f; (of gas etc) emissione f; (of film etc) distribuzione f; (record) disco; (device) disinnesto ▶ vt (prisoner) rilasciare; (from obligation, wreckage etc) liberare; (book, film) fare uscire; (news) rendere pubblico(-a); (gas etc) emettere; (Tech: catch, spring etc) disinnestare

relegate ['relɪgeɪt] vt relegare; (BRIT Sport): **to be ~d** essere retrocesso(-a)

relent [rɪ'lɛnt] vi cedere; **relentless** adj implacabile

relevant ['relɪvənt] adj pertinente;

(*chapter*) in questione; **~ to** pertinente a

▌ Be careful not to translate **relevant** by the Italian word *rilevante*.

reliable [rɪˈlaɪəbl] *adj* (*person, firm*) fidato(-a), che dà affidamento; (*method*) sicuro(-a); (*machine*) affidabile

relic [ˈrelɪk] *n* (*Rel*) reliquia; (*of the past*) resto

relief [rɪˈliːf] *n* (*from pain, anxiety*) sollievo; (*help, supplies*) soccorsi *mpl*; (*Art, Geo*) rilievo

relieve [rɪˈliːv] *vt* (*pain, patient*) sollevare; (*bring help*) soccorrere; (*take over from: gen*) sostituire; (*: guard*) rilevare; **to ~ sb of sth** (*load*) alleggerire qn di qc; **to ~ o.s.** fare i propri bisogni; **relieved** *adj* sollevato(-a); **to be relieved that ...** essere sollevato(-a) (dal fatto) che ...; **I'm relieved to hear it** mi hai tolto un peso con questa notizia

religion [rɪˈlɪdʒən] *n* religione *f*

religious [rɪˈlɪdʒəs] *adj* religioso(-a); **religious education** *n* religione *f*

relish [ˈrelɪʃ] *vt* (*Culin*) condimento; (*enjoyment*) gran piacere *m* ▶ *vt* (*food etc*) godere; **to ~ doing** adorare fare

relocate [ˈriːləʊˈkeɪt] *vt* trasferire ▶ *vi* trasferirsi

reluctance [rɪˈlʌktəns] *n* riluttanza

reluctant [rɪˈlʌktənt] *adj* riluttante, mal disposto(-a); **reluctantly** *adv* di mala voglia, a malincuore

rely [rɪˈlaɪ]: **to ~ on** *vt fus* contare su; (*be dependent*) dipendere da

remain [rɪˈmeɪn] *vi* restare, rimanere; **remainder** *n* resto; (*Comm*) rimanenza; **remaining** *adj* che rimane; **remains** *npl* resti *mpl*

remand [rɪˈmɑːnd] *n* **on ~** in detenzione preventiva ▶ *vt* **to ~ in custody** rinviare in carcere; trattenere a disposizione della legge

remark [rɪˈmɑːk] *n* osservazione *f* ▶ *vt* osservare, dire; **remarkable** *adj* notevole; eccezionale

remarry [ˈriːˈmærɪ] *vi* risposarsi

remedy [ˈremədɪ] *n* **~ (for)** rimedio (per) ▶ *vt* rimediare a

remember [rɪˈmembə] *vt* ricordare, ricordarsi di; **~ me to him** salutalo da parte mia; **Remembrance Day** [rɪˈmembrəns-] *n* 11 novembre, giorno della commemorazione dei caduti in guerra

● **Remembrance Day**
● In Gran Bretagna, il
● **Remembrance Day** è un giorno
● di commemorazione dei caduti
● in guerra. Si celebra ogni anno
● la domenica più vicina all'11
● novembre, anniversario della firma
● dell'armistizio con la Germania
● nel 1918.

remind [rɪˈmaɪnd] *vt* **to ~ sb of sth** ricordare qc a qn; **to ~ sb to do** ricordare a qn di fare; **reminder** *n* richiamo; (*note etc*) promemoria *m inv*

reminiscent [remɪˈnɪsnt] *adj* **~ of** che fa pensare a, che richiama

remnant [ˈremnənt] *n* resto, avanzo

remorse [rɪˈmɔːs] *n* rimorso

remote [rɪˈməʊt] *adj* remoto(-a), lontano(-a); (*person*) distaccato(-a); **remote control** *n* telecomando; **remotely** *adv* remotamente; (*slightly*) vagamente

removal [rɪˈmuːvəl] *n* (*taking away*) rimozione *f*; soppressione *f*; (*BRIT: from house*) trasloco; (*from office: dismissal*) destituzione *f*; (*Med*) ablazione *f*; **removal man** (*irreg*) *n* (*BRIT*) addetto ai traslochi; **removal van** (*BRIT*) *n* furgone *m* per traslochi

remove [rɪˈmuːv] *vt* togliere, rimuovere; (*employee*) destituire; (*stain*) far sparire; (*doubt, abuse*) sopprimere, eliminare

Renaissance [rɪ'neɪsã:ns] *n* **the ~** il Rinascimento

rename [ri:'neɪm] *vt* ribattezzare

render ['rɛndə'] *vt* rendere

rendezvous ['rɒndɪvu:] *n* appuntamento; *(place)* luogo d'incontro; *(meeting)* incontro

renew [rɪ'nju:] *vt* rinnovare; *(negotiations)* riprendere

renovate ['rɛnəveɪt] *vt* rinnovare; *(art work)* restaurare

renowned [rɪ'naund] *adj* rinomato(-a)

rent [rɛnt] *n* affitto ▶ *vt (take for rent)* prendere in affitto; *(also:* **~ out**) dare in affitto; **rental** *n (for television, car)* fitto

reorganize [ri:'ɔ:gənaɪz] *vt* riorganizzare

rep [rɛp] *n abbr (Comm:* = *representative)* rappresentante *m/f; (Theatre:* = *repertory)* teatro di repertorio

repair [rɪ'pɛə'] *n* riparazione *f* ▶ *vt* riparare; **in good/bad ~** in buone/ cattive condizioni; **where can I get this ~ed?** dove lo posso far riparare?; **repair kit** *n* corredo per riparazioni

repay [ri:'peɪ] *(irreg) vt (money, creditor)* rimborsare, ripagare; *(sb's efforts)* ricompensare; *(favour)* ricambiare; **repayment** *n* pagamento; rimborso

repeat [rɪ'pi:t] *n (Radio, TV)* replica ▶ *vt* ripetere; *(pattern)* riprodurre; *(promise, attack, also Comm: order)* rinnovare ▶ *vi* ripetersi; **can you ~ that, please?** può ripetere, per favore?; **repeatedly** *adv* ripetutamente, spesso; **repeat prescription** *n (BRIT)* ricetta ripetibile

repellent [rɪ'pɛlənt] *adj* repellente ▶ *n* **insect ~** prodotto *m* anti-insetti *inv*

repercussions [ri:pə'kʌʃənz] *npl* ripercussioni *fpl*

repetition [rɛpɪ'tɪʃən] *n* ripetizione *f*

repetitive [rɪ'pɛtɪtɪv] *adj (movement)*

che si ripete; *(work)* monotono(-a); *(speech)* pieno(-a) di ripetizioni

replace [rɪ'pleɪs] *vt (put back)* rimettere a posto; *(take the place of)* sostituire; **replacement** *n* rimessa; sostituzione *f; (person)* sostituto(-a)

replay ['ri:pleɪ] *n (of match)* partita ripetuta; *(of tape, film)* replay *m inv*

replica ['rɛplɪkə] *n* replica, copia

reply [rɪ'plaɪ] *n* risposta ▶ *vi* rispondere

report [rɪ'pɔ:t] *n* rapporto; *(Press etc)* cronaca; *(BRIT: also:* **school ~**) pagella; *(of gun)* sparo ▶ *vt* riportare; *(Press etc)* fare una cronaca su; *(bring to notice: occurrence)* segnalare; *(: person)* denunciare ▶ *vi (make a report)* fare un rapporto (or una cronaca); *(present o.s.)* **to ~ (to sb)** presentarsi (a qn); **I'd like to ~ a theft** vorrei denunciare un furto; **report card** *n (US, SCOTTISH)* pagella; **reportedly** *adv* stando a quanto si dice; **he reportedly told them to ...** avrebbe detto loro di ...; **reporter** *n* reporter *m inv*

represent [rɛprɪ'zɛnt] *vt* rappresentare; **representation** [-'teɪʃən] *n* rappresentazione *f; (petition)* rappresentanza; **representative** *n* rappresentante *m/f; (US Pol)* deputato(-a) ▶ *adj* rappresentativo(-a)

repress [rɪ'prɛs] *vt* reprimere; **repression** [-'prɛʃən] *n* repressione *f*

reprimand ['rɛprɪmɑ:nd] *n* rimprovero ▶ *vt* rimproverare

reproduce [ri:prə'dju:s] *vt* riprodurre ▶ *vi* riprodursi; **reproduction** [-'dʌkʃən] *n* riproduzione *f*

reptile ['rɛptaɪl] *n* rettile *m*

republic [rɪ'pʌblɪk] *n* repubblica; **republican** *n*, repubblicano(-a)

reputable ['rɛpjʊtəbl] *adj* di buona reputazione; *(occupation)* rispettabile

reputation [rɛpjʊ'teɪʃən] *n* reputazione *f*

request [rɪˈkwest] n domanda;
(formal) richiesta ▸ vt **to ~ (of or from
sb)** chiedere (a qn); **request stop**
(BRIT) n (for bus) fermata facoltativa
or a richiesta

require [rɪˈkwaɪəʳ] vt (need: person)
aver bisogno di; (: thing, situation)
richiedere; (want) volere; esigere;
(order) **to ~ sb to do sth** ordinare a qn
di fare qc; **requirement** n esigenza;
bisogno; requisito

resat [riːˈsæt] pt, pp of **resit**

rescue [ˈreskjuː] n salvataggio; (help)
soccorso ▸ vt salvare

research [rɪˈsəːtʃ] n ricerca, ricerche
fpl ▸ vt fare ricerche su

resemblance [rɪˈzembləns] n
somiglianza

resemble [rɪˈzembl] vt assomigliare a

resent [rɪˈzent] vt risentirsi
di; **resentful** adj pieno(-a) di
risentimento; **resentment** n
risentimento

reservation [rezəˈveɪʃən] n (booking)
prenotazione f; (doubt) dubbio;
(protected area) riserva; (BRIT: on road:
also: **central ~**) spartitraffico m inv;
reservation desk (US) n (in hotel)
reception f inv

reserve [rɪˈzəːv] n riserva ▸ vt (seats
etc) prenotare; **reserved** adj (shy)
riservato(-a)

reservoir [ˈrezəvwɑː] n serbatoio

residence [ˈrezɪdəns] n residenza;
residence permit (BRIT) n permesso
di soggiorno

resident [ˈrezɪdənt] n residente
m/f; (in hotel) cliente m/f fisso(-a)
▸ adj residente; (doctor) fisso(-a);
(course, college) a tempo pieno con
pernottamento; **residential** [-ˈdenʃəl]
adj di residenza; (area) residenziale

residue [ˈrezɪdjuː] n resto; (Chem,
Physics) residuo

resign [rɪˈzaɪn] vt (one's post)

dimettersi da ▸ vi dimettersi; **to ~
o.s. to** rassegnarsi a; **resignation**
[rezɪɡˈneɪʃən] n dimissioni fpl;
rassegnazione f

resin [ˈrezɪn] n resina

resist [rɪˈzɪst] vt resistere a;
resistance n resistenza

resit [riːˈsɪt] (BRIT) (pt, pp **resat**) vt
(exam) ripresentarsi a; (subject) ridare
l'esame di ▸ n **he's got his French ~ on
Friday** deve ridare l'esame di francese
venerdì

resolution [rezəˈluːʃən] n risoluzione f

resolve [rɪˈzɔlv] n risoluzione f ▸ vi
(decide) **to ~ to do** decidere di fare ▸ vt
(problem) risolvere

resort [rɪˈzɔːt] n (town) stazione f;
(recourse) ricorso ▸ vi **to ~ to** aver
ricorso a; **in the last ~** come ultima
risorsa

resource [rɪˈsɔːs] n risorsa;
resourceful adj pieno(-a) di risorse,
intraprendente

respect [rɪsˈpekt] n rispetto
▸ vt rispettare; **respectable**
adj rispettabile; **respectful** adj
rispettoso(-a); **respective** [rɪsˈpektɪv]
adj rispettivo(-a); **respectively** adv
rispettivamente

respite [ˈrespaɪt] n respiro, tregua

respond [rɪsˈpɔnd] vi rispondere;
response [rɪsˈpɔns] n risposta

responsibility [rɪspɔnsəˈbɪlɪtɪ] n
responsabilità f inv

responsible [rɪsˈpɔnsɪbl] adj
(trustworthy) fidato(-a); (job) di
(grande) responsabilità; **~ (for)**
responsabile (di); **responsibly** adv
responsabilmente

responsive [rɪsˈpɔnsɪv] adj che
reagisce

rest [rest] n riposo; (stop) sosta, pausa;
(Mus) pausa; (object: to support sth)
appoggio, sostegno; (remainder)
resto, avanzi mpl ▸ vi riposarsi;

(remain) rimanere, restare; *(be supported)* to ~ on appoggiarsi su ► vt *(far)* riposare; *(lean)*: to ~ sth on/against appoggiare qc su/contro; the ~ of them gli altri; it ~s with him to decide sta a lui decidere

restaurant ['rɛstərɒŋ] *n* ristorante *m*; **restaurant car** (BRIT) *n* vagone *m* ristorante

restless ['rɛstlɪs] *adj* agitato(-a), irrequieto(-a)

restoration [rɛstə'reɪʃən] *n* restauro; restituzione *f*

restore [rɪ'stɔːʳ] *vt* *(building, to power)* restaurare; *(sth stolen)* restituire; *(peace, health)* ristorare

restrain [rɪs'treɪn] *vt* *(feeling, growth)* contenere, frenare; *(person)*: to ~ (from doing) trattenere (dal fare); **restraint** *n* *(restriction)* limitazione *f*; *(moderation)* ritegno *m*; *(of style)* contenutezza

restrict [rɪs'trɪkt] *vt* restringere, limitare; **restriction (on)** [-kʃən] *n* restrizione *f* (di), limitazione *f*

rest room (US) *n* toletta

restructure [riː'strʌktʃəʳ] *vt* ristrutturare

result [rɪ'zʌlt] *n* risultato ► *vi* to ~ in avere per risultato; as a ~ of in or di conseguenza a, in seguito a

resume [rɪ'zjuːm] *vt, vi* *(work, journey)* riprendere

résumé ['reɪzjumeɪ] *n* riassunto *m*; (US) curriculum *m* invitae

resuscitate [rɪ'sʌsɪteɪt] *vt* (Med) risuscitare

retail ['riːteɪl] *adj, adv* al minuto ► *vt* vendere al minuto; **retailer** *n* commerciante *m*/*f* al minuto, dettagliante *m*/*f*

retain [rɪ'teɪn] *vt* *(keep)* tenere, serbare

retaliation [rɪtælɪ'eɪʃən] *n* rappresaglie *fpl*

retarded [rɪ'tɑːdɪd] *adj* ritardato(-a)

retire [rɪ'taɪəʳ] *vi* *(give up work)* andare in pensione; *(withdraw)* ritirarsi, andarsene; *(go to bed)* andare a letto, ritirarsi; **retired** *adj* *(person)* pensionato(-a); **retirement** *n* pensione *f*; *(act)* pensionamento

retort [rɪ'tɔːt] *vi* rimbeccare

retreat [rɪ'triːt] *n* ritirata; *(place)* rifugio ► *vi* battere in ritirata

retrieve [rɪ'triːv] *vt* *(sth lost)* ricuperare, ritrovare; *(situation, honour)* salvare; *(error, loss)* rimediare a

retrospect ['rɛtrəspɛkt] *n* in ~ guardando indietro; **retrospective** [-'spɛktɪv] *adj* retrospettivo(-a); *(law)* retroattivo(-a)

return [rɪ'təːn] *n* *(going or coming back)* ritorno; *(of sth stolen etc)* restituzione *f*; *(Finance: from land, shares)* profitto, reddito ► *cpd* *(journey, match)* di ritorno; (BRIT): *(ticket)* di andata e ritorno ► *vi* tornare, ritornare ► *vt* rendere, restituire; *(bring back)* riportare; *(send back)* mandare indietro; *(put back)* rimettere; *(Pol: candidate)* eleggere; ~s *npl* (Comm) incassi *mpl*; profitti *mpl*; **in ~ (for)** in cambio (di); **by ~ of post** a stretto giro di posta; **many happy ~s (of the day)!** cento di questi giorni!; **return ticket** *(esp BRIT)* biglietto di andata e ritorno

reunion [riː'juːnɪən] *n* riunione *f*

reunite [riːjuː'naɪt] *vt* riunire

revamp ['riː'væmp] *vt* *(firm)* riorganizzare

reveal [rɪ'viːl] *vt* *(make known)* rivelare, svelare; *(display)* rivelare, mostrare; **revealing** *adj* rivelatore(-trice); *(dress)* scollato(-a)

revel ['rɛvl] *vi* to ~ in sth/in doing dilettarsi di qc/a fare

revelation [rɛvə'leɪʃən] *n* rivelazione *f*

revenge [rɪ'vɛndʒ] *n* vendetta ► *vt*

vendicare; **to take ~ on** vendicarsi di

revenue ['revənjuː] n reddito

Reverend ['revərənd] adj (in titles) reverendo(-a)

reversal [rɪ'vɜːsl] n capovolgimento

reverse [rɪ'vɜːs] n contrario, opposto; (back, defeat) rovescio; (Aut: also: ~ **gear**) marcia indietro ▸ adj (order, direction) contrario(-a), opposto(-a), ▸ vt (turn) invertire, rivoltare; (change) capovolgere, rovesciare; (Law: judgment) cassare; (car) fare marcia indietro con ▸ vi (BRIT Aut, person etc) fare marcia indietro; **reverse-charge call** [rɪ'vɜːstʃɑːdʒ-] (BRIT) n (Tel) telefonata con addebito al ricevente; **reversing lights** (BRIT) (Aut) luci fpl per la retromarcia

revert [rɪ'vɜːt] vi to ~ to tornare a

review [rɪ'vjuː] n rivista; (of book, film) recensione f; (of situation) esame m ▸ vt passare in rivista; fare la recensione di; fare il punto di

revise [rɪ'vaɪz] (manuscript) rivedere, correggere; (opinion) emendare, modificare; (study: subject, notes) ripassare; **revision** [rɪ'vɪʒən] n revisione f; ripasso

revival [rɪ'vaɪvəl] n ripresa; ristabilimento; (Rel) (fig) risveglio

revive [rɪ'vaɪv] vt (person) rianimare; (custom) far rivivere; (hope, courage, economy) ravvivare; (play, fashion) riesumare ▸ vi (person) rianimarsi; (hope) ravvivarsi; (activity) riprendersi

revolt [rɪ'vəult] n rivolta, ribellione f ▸ vi rivoltarsi, ribellarsi ▸ vt (far) rivoltare; **revolting** adj ripugnante

revolution [revə'luːʃən] n rivoluzione f; (of wheel etc) rivoluzione, giro; **revolutionary** adj, n rivoluzionario(-a)

revolve [rɪ'vɒlv] vi girare

revolver [rɪ'vɒlvəʳ] n rivoltella

reward [rɪ'wɔːd] n ricompensa,

premio ▸ vt to ~ (for) ricompensare (per); **rewarding** adj (fig) gratificante

rewind [riː'waɪnd] (irreg) vt (watch) ricaricare; (ribbon etc) riavvolgere

rewrite [riː'raɪt] vt irreg riscrivere

rheumatism ['ruːmətɪzəm] n reumatismo

rhinoceros [raɪ'nɔsərəs] n rinoceronte m

rhubarb ['ruːbɑːb] n rabarbaro

rhyme [raɪm] n rima; (verse) poesia

rhythm ['rɪðm] n ritmo

rib [rɪb] n (Anat) costola ▸ vt (tease) punzecchiare

ribbon ['rɪbən] n nastro; **in ~s** (torn) a brandelli

rice [raɪs] n riso; **rice pudding** n budino di riso

rich [rɪtʃ] adj ricco(-a); (clothes) sontuoso(-a); (abundant): ~ **in** ricco(-a) di

rid [rɪd] (pt, pp rid) vt to ~ sb of sbarazzare o liberare qn di; **to get ~ of** sbarazzarsi di

riddle ['rɪdl] n (puzzle) indovinello ▸ vt to be ~d with (holes) essere crivellato(-a) di; (doubts) essere pieno(-a) di

ride [raɪd] (pt rode, pp ridden) n (on horse) cavalcata; (outing) passeggiata; (distance covered) cavalcata; corsa ▸ vi (as sport) cavalcare; (go somewhere: on horse, bicycle) andare (a cavallo o in bicicletta etc); (journey: on bicycle, motorcycle, bus) andare, viaggiare ▸ vt (a horse) montare, cavalcare; **to take sb for a ~** (fig) prendere in giro qn; fregare qn; **to ~ a horse/bicycle/camel** montare a cavallo/in bicicletta/in groppa a un cammello; **rider** n cavalcatore(-trice); (in race) fantino; (on bicycle) ciclista m/f; (on motorcycle) motociclista m/f

ridge [rɪdʒ] n (of hill) cresta; (of roof) colmo; (on object) riga (in rilievo)

ridicule ['rɪdɪkjuːl] *n* ridicolo; scherno ▶ *vt* mettere in ridicolo; **ridiculous** [rɪ'dɪkjuləs] *adj* ridicolo(-a)

riding ['raɪdɪŋ] *n* equitazione *f*; **riding school** *n* scuola d'equitazione

rife [raɪf] *adj* diffuso(-a); **to be ~ with** abbondare di

rifle ['raɪfl] *n* carabina ▶ *vt* vuotare

rift [rɪft] *n* fessura, creatura; (*fig: disagreement*) incrinatura, disaccordo

rig [rɪg] *n* (*also*: **oil ~**: *on land*) derrick *m inv*; (*: at sea*) piattaforma di trivellazione ▶ *vt* (*election etc*) truccare

right [raɪt] *adj* giusto(-a); (*suitable*) appropriato(-a); (*not left*) destro(-a) ▶ *n* giusto; (*title, claim*) diritto; (*not left*) destra ▶ *adv* (*answer*) correttamente; (*not on the left*) a destra ▶ *vt* raddrizzare; (*fig*) riparare ▶ *excl* bene!; **to be ~** (*person*) aver ragione; (*answer*) essere giusto(-a) or corretto(-a); **by ~s** di diritto; **on the ~** a destra; **to be in the ~** aver ragione, essere nel giusto; **~ now** proprio adesso; subito; **~ away** subito; **right angle** *n* angolo retto; **rightful** *adj* (*heir*) legittimo(-a); **right-hand** *adj* **right-hand drive** guida a destra; **the right-hand side** il lato destro; **right-handed** *adj* (*person*) che adopera la mano destra; **rightly** *adv* bene, correttamente; (*with reason*) a ragione; **right of way** *n* diritto di passaggio; (*Aut*) precedenza; **right-wing** *adj* (*Pol*) di destra

rigid ['rɪdʒɪd] *adj* rigido(-a); (*principle*) rigoroso(-a)

rigorous ['rɪɡərəs] *adj* rigoroso(-a)

rim [rɪm] *n* orlo; (*of spectacles*) montatura; (*of wheel*) cerchione *m*

rind [raɪnd] *n* (*of bacon*) cotenna; (*of lemon etc*) scorza

ring [rɪŋ] (*pt* **rang**, *pp* **rung**) *n* anello; (*of people, objects*) cerchio; (*of spies*) giro; (*of smoke etc*) spirale *m*; (*arena*) pista, arena; (*for boxing*) ring *m inv*;

(*sound of bell*) scampanio ▶ *vi* (*person, bell, telephone*) suonare; (*also*: ~ **out**: *voice, words*) risuonare; (*Tel*) telefonare; (*bell*) fischiare ▶ *vt* (*BRIT Tel*) telefonare a; (*: bell, doorbell*) suonare; **to give sb a ~** (*BRIT Tel*) dare un colpo di telefono a qn ▶ **ring back** *vt, vi* (*Tel*) richiamare ▶ **ring off** (*BRIT*) *vi* (*Tel*) mettere giù, riattaccare ▶ **ring up** (*BRIT*) *vt* (*Tel*) telefonare a; **ringing tone** (*BRIT*) *n* (*Tel*) segnale *m* di libero; **ringleader** *n* (*of gang*) capobanda *m*; **ring road** (*BRIT*) *n* raccordo anulare

ring tone *n* suoneria

rink [rɪŋk] *n* (*also*: **ice ~**) pista di pattinaggio

rinse [rɪns] *n* risciacquatura; (*hair tint*) cachet *m inv* ▶ *vt* sciacquare

riot ['raɪət] *n* sommossa, tumulto; (*of colours*) orgia ▶ *vi* tumultuare; **to run ~** creare disordine

rip [rɪp] *n* strappo ▶ *vt* strappare ▶ *vi* strapparsi ▶ **rip off** *vt* (*inf: cheat*) fregare ▶ **rip up** *vt* stracciare

ripe [raɪp] *adj* (*fruit, grain*) maturo(-a); (*cheese*) stagionato(-a)

rip-off ['rɪpɔf] *n* (*inf*): **it's a ~!** è un furto!

ripple ['rɪpl] *n* increspamento, ondulazione *f*; mormorio ▶ *vi* incresparsi

rise [raɪz] (*pt* **rose**, *pp* **risen**) *n* (*slope*) salita, pendio; (*hill*) altura; (*increase: in wages*: BRIT) aumento; (*: in prices, temperature*) rialzo, aumento; (*fig: to power etc*) ascesa ▶ *vi* alzarsi, levarsi; (*prices*) aumentare; (*waters, river*) crescere; (*sun, wind, person: from chair, bed*) levarsi; (*also*: ~ **up**: *building*) ergersi; (*: rebel*) insorgere; ribellarsi; (*in rank*) salire; **to give ~ to** provocare, dare origine a; **to ~ to the occasion** essere all'altezza; **risen** ['rɪzn] *pp* of **rise**; **rising** *adj* (*increasing: number*) sempre crescente; (*: prices*) in aumento; (tide) montante; (sun, moon) nascente, che sorge

risk [rɪsk] n rischio; pericolo ▶ vt rischiare; **to take** or **run the ~ of doing** correre il rischio di fare; **at ~** in pericolo; **at one's own ~** a proprio rischio e pericolo; **risky** adj rischioso(-a)

rite [raɪt] n rito; **last ~s** l'estrema unzione

ritual ['rɪtjuəl] adj rituale ▶ n rituale m

rival ['raɪvl] n rivale m/f; (in business) concorrente m/f ▶ adj rivale; che fa concorrenza ▶ vt essere in concorrenza con; **to ~ sb/sth in** competere con qn/qc in; **rivalry** n rivalità; concorrenza

river ['rɪvə*] n fiume m ▶ cpd (port, traffic) fluviale; **up/down~** a monte/valle; **riverbank** n argine m

rivet ['rɪvɪt] n ribattino, rivetto ▶ vt (fig) concentrare, fissare

Riviera [rɪvɪ'ɛərə] n **the (French) ~** la Costa Azzurra; **the Italian ~** la Riviera

road [rəud] n strada; (small) cammino; (in town) via ▶ cpd stradale; **major/minor ~** strada con/senza diritto di precedenza; **which ~ do I take for …?** che strada devo prendere per andare a…?; **roadblock** n blocco stradale; **road map** n carta stradale; **road rage** n comportamento aggressivo al volante; **road safety** n sicurezza sulle strade; **roadside** n margine m della strada; **roadsign** n cartello stradale; **road tax** n (BRIT) tassa di circolazione; **roadworks** npl lavori mpl stradali

roam [rəum] vi errare, vagabondare

roar [rɔː*] n ruggito; (of crowd) tumulto; (of thunder, storm) muggito; (of laughter) scoppio ▶ vi ruggire; muggire; **to ~ with laughter** scoppiare dalle risa; **to do a ~ing trade** fare affari d'oro

roast [rəust] n arrosto ▶ vt arrostire;

(coffee) tostare, torrefare; **roast beef** n arrosto di manzo

rob [rɔb] vt (person) rubare; (bank) svaligiare; **to ~ sb of sth** derubare qn di qc; (fig: deprive) privare qn di qc; **robber** n ladro; (armed) rapinatore m; **robbery** n furto; rapina

robe [rəub] n (for ceremony etc) abito; (also: **bath~**) accappatoio; (US: also: **lap~**) coperta

robin ['rɔbɪn] n pettirosso

robot ['rəubɔt] n robot m inv

robust [rəu'bʌst] adj robusto(-a); (economy) solido(-a)

rock [rɔk] n (substance) roccia; (boulder) masso; roccia; (in sea) scoglio; (US: pebble) ciottolo; (BRIT: sweet) zucchero candito ▶ vt (swing gently: cradle) dondolare; (: child) cullare; (shake) scrollare, far tremare ▶ vi dondolarsi; scrollarsi, tremare; **on the ~s** (drink) col ghiaccio; (marriage etc) in crisi; **rock and roll** n rock and roll m; **rock climbing** n roccia

rocket ['rɔkɪt] n razzo

rocking chair n sedia a dondolo

rocky ['rɔkɪ] adj (hill) roccioso(-a); (path) sassoso(-a); (marriage etc) instabile

rod [rɔd] n (metallic, Tech) asta; (wooden) bacchetta; (also: **fishing~**) canna da pesca

rode [rəud] pt of **ride**

rodent ['rəudnt] n roditore m

rogue [rəug] n mascalzone m

role [rəul] n ruolo; **role-model** n modello (di comportamento)

roll [rəul] n rotolo; (of banknotes) mazzo; (also: **bread~**) panino; (register) lista; (sound: of drums etc) rullo ▶ vt rotolare; (also: **~ up**: string) aggomitolare; (: sleeves) rimboccare; (cigarettes) arrotolare; (eyes) roteare; (also: **~ out**: pastry) stendere; (lawn, road etc) spianare ▶ vi rotolare; (wheel) girare; (drum) rullare; (vehicle: also: ~ along) avanzare; (ship) rollare ▶ **roll over** vi rivoltarsi ▶ **roll up** (inf) vi (arrive) arrivare ▶ vt (carpet) arrotolare; **roller** n rullo; (wheel) rotella; (for hair) bigodino; **Rollerblades®** npl pattini mpl in linea; **roller coaster** [-ˈkəʊstə²] n montagne fpl russe; **roller skates** npl pattini mpl a rotelle; **roller-skating** n pattinaggio a rotelle; **to go roller-skating** andare a pattinare (con i pattini a rotelle); **rolling pin** n matterello

ROM [rɔm] n abbr (= read only memory) memoria di sola lettura

Roman [ˈrəʊmən] adj, n romano(-a)

Roman Catholic adj, n cattolico(-a)

romance [rəˈmæns] n storia (or avventura or film m inv) romantico(-a); (charm) poesia; (love affair) idillio

Romania [rəʊˈmeɪnɪə] n Romania

Romanian [rəʊˈmeɪnɪən] adj romeno(-a) ▶ n romeno; (Ling) romeno

Roman numeral n numero romano

romantic [rəˈmæntɪk] adj romantico(-a); sentimentale

Rome [rəʊm] n Roma

roof [ruːf] n tetto; (of tunnel, cave) volta ▶ vt coprire (con un tetto); **~ of the mouth** palato; **roof rack** n (Aut) portabagagli m inv

rook [ruk] n (bird) corvo nero; (Chess) torre f

room [ruːm] n (in house) stanza; (bedroom, in hotel) camera; (in school etc) sala; (space) posto, spazio; **roommate** n compagno(-a) di stanza; **room service** n servizio da camera; **roomy** adj spazioso(-a); (garment) ampio(-a)

rooster [ˈruːstə²] n gallo

root [ruːt] n radice f ▶ vi (plant, belief) attecchire

rope [rəʊp] n corda, fune f; (Naut) cavo ▶ vt (box) legare; (climbers) legare in cordata; (area: also: ~ off) isolare cingendo con cordoni; **to know the ~s** (fig) conoscere i trucchi del mestiere

rose [rəʊz] pt of **rise** ▶ n rosa; (also: ~ bush) rosaio; (on watering can) rosetta

rosé [ˈrəʊzeɪ] n vino rosato

rosemary [ˈrəʊzmərɪ] n rosmarino

rosy [ˈrəʊzɪ] adj roseo(-a)

rot [rɔt] n (decay) putrefazione f; (inf: nonsense) stupidaggini fpl ▶ vt, vi imputridire, marcire

rota [ˈrəʊtə] n tabella dei turni

rotate [rəʊˈteɪt] vt (revolve) far girare; (change round: jobs) fare a turno ▶ vi (revolve) girare

rotten [ˈrɔtn] adj (decayed) putrido(-a), marcio(-a); (dishonest) corrotto(-a); (inf: bad) brutto(-a); (: action) vigliacco(-a); **to feel ~** (ill) sentirsi da cani

rough [rʌf] adj (skin, surface) ruvido(-a); (terrain, road) accidentato(-a); (voice) rauco(-a); (person, manner: coarse) rozzo(-a); (: violent) brutale; (district) malfamato(-a); (weather) cattivo(-a); (sea) mosso(-a); (plan) abbozzato(-a); (guess) approssimativo(-a) ▶ n (Golf) macchia; **to ~ it** far vita dura; **to sleep ~** (BRIT) dormire all'addiaccio; **roughly** adv (handle) rudemente, brutalmente; (make) grossolanamente; (speak) bruscamente; (approximately) approssimativamente

roulette [ruːˈlet] n roulette f

round [raund] adj rotondo(-a); (figures) tondo(-a) ▶ n (BRIT: of toast) fetta; (duty: of policeman, milkman etc) giro; (: of doctor) visite fpl; (game: of cards, golf, in competition) partita; (of ammunition) cartuccia; (Boxing) round m inv; (of talks) serie f inv ▶ vt (corner) girare; (bend) prendere ▶ prep intorno a ▶ adv all ~ tutt'attorno; **to go the long way** ~ fare il giro più lungo; **all the year** ~ tutto l'anno; **it's just** ~ **the corner** (also fig) è dietro l'angolo; ~ **the clock** ininterrottamente; **to go** ~ **to sb's house** andare da qn; **go** ~ **the back** passi dietro; **enough to go** ~ abbastanza per tutti; ~ **of applause** applausi mpl; ~ **of drinks** giro di bibite; ~ **of sandwiches** sandwich m inv ▶ **round off** vt (speech etc) finire; **round up** vt radunare; (criminals) fare una retata di; (prices) arrotondare; **roundabout** n (BRIT Aut) rotatoria; (: at fair) giostra ▶ adj (route, means) indiretto(-a); **round trip** n (viaggio di) andata e ritorno; **roundup** n raduno; (of criminals) retata

rouse [rauz] vt (wake up) svegliare; (stir up) destare; provocare; risvegliare

route [ruːt] n itinerario; (of bus) percorso

routine [ruːˈtiːn] adj (work) corrente, abituale; (procedure) solito(-a) ▶ n (pej) routine f, tran tran m; (Theatre) numero

row¹ [rau] n (line) riga, fila; (Knitting) ferro; (behind one another: of cars, people) fila; (in boat) remata ▶ vi (in boat) remare; (as sport) vogare ▶ vt (boat) manovrare a remi; **in a** ~ (fig) di fila

row² [rau] n (racket) baccano, chiasso; (dispute) lite f; (scolding) sgridata ▶ vi (argue) litigare

rowboat ['rəubaut] (US) n barca a remi

rowing ['rəuɪŋ] n canottaggio; **rowing boat** (BRIT) n barca a remi

royal ['rɔɪəl] adj reale; **royalty** ['rɔɪəltɪ] n (royal persons) (membri mpl della) famiglia reale; (payment: to author) diritti mpl d'autore

rpm abbr (= revolutions per minute) giri/min

R.S.V.P. abbr (= répondez s'il vous plaît) R.S.V.P.

Rt. Hon. (BRIT) abbr (= Right Honourable) ≈ Onorevole

rub [rʌb] n to give sth a ~ strofinare qc; (sore place) massaggiare qc ▶ vt strofinare; massaggiare; (hands: also: ~ together) sfregarsi; **to ~ sb up** (BRIT) or ~ **sb the wrong way** (US) lisciare qn contro pelo ▶ **rub in** vt (ointment) far penetrare (massaggiando or frizionando) ▶ **rub off** vi andare via ▶ **rub out** vt cancellare

rubber ['rʌbə*] n gomma; **rubber band** n elastico; **rubber gloves** npl guanti mpl di gomma

rubbish ['rʌbɪʃ] n (from household) immondizie fpl, rifiuti mpl; (fig, pej) cose fpl senza valore; robaccia; sciocchezze fpl; **rubbish bin** (BRIT) n pattumiera; **rubbish dump** n (in town) immondezzaio

rubble ['rʌbl] n macerie fpl; (smaller) pietrisco

ruby ['ruːbɪ] n rubino

rucksack ['rʌksæk] n zaino

rudder ['rʌdə*] n timone m

rude [ruːd] adj (impolite: person) scortese, rozzo(-a); (: word, manners) grossolano(-a), rozzo(-a); (shocking) indecente

ruffle ['rʌfl] vt (hair) scompigliare; (clothes, water) increspare; (fig: person) turbare

rug [rʌg] n tappeto; (BRIT: for knees) coperta

rugby ['rʌgbɪ] n (also: ~ football) rugby m

rugged ['rʌgɪd] adj (landscape) aspro(-a); (features, determination) duro(-a); (character) brusco(-a)

ruin ['ruːɪn] n rovina ▶ vt rovinare; **~s** npl (of building, castle etc) rovine fpl, ruderi *mpl*

rule [ruːl] *n* regola; *(regulation)* regolamento, regola; *(government)* governo; *(ruler)* riga ▶ *vt (country)* governare; *(person)* dominare ▶ *vi* regnare; decidere; *(Law)* dichiarare; **as a ~** normalmente ▶ **rule out** *vt* escludere; **ruler** *n (sovereign)* sovrano(-a); *(for measuring)* regolo, riga; **ruling** *adj (party)* al potere; *(class)* dirigente ▶ *n (Law)* decisione *f*

rum [rʌm] *n* rum *m*

Rumania *etc* [ruːˈmeɪnɪə] *n* = **Romania** *etc*

rumble [ˈrʌmbl] *n* rimbombo; brontolio ▶ *vi* rimbombare; *(stomach, pipe)* brontolare

rumour [ˈruːmə*] *(US* **rumor***)* *n* voce *f* ▶ *vt* **it is ~ed that** corre voce che

■ Be careful not to translate **rumour** by the Italian word **rumore**.

rump steak [rʌmp-] *n* bistecca di girello

run [rʌn] *(pt* **ran***, pp* **run***)* *n* corsa; *(outing)* gita (in macchina); *(distance travelled)* percorso, tragitto; *(Ski)* pista; *(Cricket, Baseball)* meta; *(series)* serie *f*; *(Theatre)* periodo di rappresentazione; *(in tights, stockings)* smagliatura ▶ *vt (distance)* correre; *(operate: business)* gestire, dirigere; *(: competition, course)* organizzare; *(: hotel)* gestire; *(: house)* governare; *(Comput)* eseguire; *(water, bath)* far scorrere; *(through: rope, pipe)* far passare qc su; **to ~ sth through** far passare qc attraverso; *(pass: hand, finger)*: **to ~ sth over** passare qc su; *(Press: feature)* presentare ▶ *vi* correre; *(flee)* scappare; *(pass: road etc)* passare; *(work: machine, factory)* funzionare, andare; *(bus, train: operate)* far servizio; *(: travel)* circolare; *(continue: play, contract)* durare; *(slide: drawer; flow: river, bath)* scorrere; *(colours, washing)* stemperarsi; *(in*

election) presentarsi candidato; *(nose)* colare; **there was a ~ on ...** c'era una corsa a ...; **in the long ~** a lungo andare; **on the ~** in fuga; **to ~ a race** partecipare a una gara; **I'll ~ you to the station** la porto alla stazione; **to ~ a risk** correre un rischio ▶ **run after** *vt fus (to catch up)* rincorrere; *(chase)* correre dietro a ▶ **run away** *vi* fuggire ▶ **run down** *vt (production)* ridurre gradualmente; *(factory)* rallentare l'attività di; *(Aut)* investire; *(criticize)* criticare; **to be ~ down** *(person: tired)* essere esausto(-a) ▶ **run in** *vt fus (meet: person)* incontrare per caso; *(: trouble)* incontrare, trovare; *(collide with)* andare a sbattere contro ▶ **run off** *vi* fuggire ▶ *vt (water)* far scolare; *(copies)* fare ▶ **run out** *vi (person)* uscire di corsa; *(liquid)* colare; *(lease)* scadere; *(money)* esaurirsi ▶ **run out of** *vt fus* rimanere a corto di ▶ **run over** *vt (Aut)* investire, mettere sotto ▶ *vt fus (revise)* rivedere ▶ **run through** *vt fus (instructions)* dare una scorsa a; *(rehearse: play)* riprovare, ripetere ▶ **run up** *vt (debt)* lasciar accumulare; **to ~ up against** *(difficulties)* incontrare; **runaway** *adj (person)* fuggiasco(-a); *(horse)* in libertà; *(truck)* fuori controllo

rung [rʌŋ] *pp of* **ring** ▶ *n (of ladder)* piolo

runner [ˈrʌnə*] *n (in race)* corridore *m*; *(: horse)* partente *m/f*; *(on sledge)* pattino; *(for drawer etc)* guida; **runner bean** *(BRIT)* *n* fagiolo rampicante; **runner-up** *n* secondo(-a) arrivato(-a)

running [ˈrʌnɪŋ] *n* corsa; direzione *f*; organizzazione *f*; funzionamento ▶ *adj (water)* corrente; *(commentary)* simultaneo(-a); **to be in/out of the ~ for sth** essere/non essere più in lizza per qc; **6 days** ~ 6 giorni di seguito

runny [ˈrʌnɪ] *adj* che cola

run-up [ˈrʌnʌp] *n* ~ **to** *(election etc)*

periodo che precede

runway ['rʌnweɪ] n (Aviat) pista (di decollo)

rupture ['rʌptʃə'] n (Med) ernia

rural ['rʊrəl] adj rurale

rush [rʌʃ] n corsa precipitosa; (hurry) furia, fretta; (sudden demand): ~ **for** corsa a; (current) flusso; (of emotion) impeto; (Bot) giunco ▶ vt mandare or spedire velocemente; (attack: town etc) prendere d'assalto ▶ vi precipitarsi; **rush hour** n ora di punta

Russia ['rʌʃə] n Russia; **Russian** adj russo(-a) ▶ n russo(-a); (Ling) russo

rust [rʌst] n ruggine f ▶ vi arrugginirsi

rusty ['rʌstɪ] adj arrugginito(-a)

ruthless ['ruːθlɪs] adj spietato(-a)

RV abbr (= revised version) versione riveduta della Bibbia ▶ n abbr (US) see **recreational vehicle**

rye [raɪ] n segale f

S

Sabbath ['sæbəθ] n (Jewish) sabato; (Christian) domenica

sabotage ['sæbətɑːʒ] n sabotaggio ▶ vt sabotare

saccharin(e) ['sækərɪn] n saccarina

sachet ['sæʃeɪ] n bustina

sack [sæk] n (bag) sacco ▶ vt (dismiss) licenziare, mandare a spasso; (plunder) saccheggiare; **to get the ~**

essere mandato a spasso

sacred ['seɪkrɪd] adj sacro(-a)

sacrifice ['sækrɪfaɪs] n sacrificio ▶ vt sacrificare

sad [sæd] adj triste

saddle ['sædl] n sella ▶ vt (horse) sellare; **to be ~d with sth** (inf) avere qc sulle spalle

sadistic [sə'dɪstɪk] adj sadico(-a)

sadly ['sædlɪ] adv tristemente; (regrettably) sfortunatamente; ~ **lacking in** penosamente privo di

sadness ['sædnɪs] n tristezza

s.a.e. n abbr (= stamped addressed envelope) busta affrancata e con indirizzo

safari [sə'fɑːrɪ] n safari m inv

safe [seɪf] adj sicuro(-a); (out of danger) salvo(-a), al sicuro; (cautious) prudente ▶ n cassaforte f; ~ **from** al sicuro da; ~ **and sound** sano(-a) e salvo(-a); (just) **to be on the ~ side** per non correre rischi; **could you put this in the ~, please?** lo potrebbe mettere nella cassaforte, per favore?; **safely** adv sicuramente; sano(-a) e salvo(-a); prudentemente; **safe sex** n sesso sicuro

safety ['seɪftɪ] n sicurezza; **safety belt** n cintura di sicurezza; **safety pin** n spilla di sicurezza

saffron ['sæfrən] n zafferano

sag [sæg] vi incurvarsi; afflosciarsi

sage [seɪdʒ] n (herb) salvia; (man) saggio

Sagittarius [sædʒɪ'tɛərɪəs] n Sagittario

Sahara [sə'hɑːrə] n the ~ (Desert) il (deserto del) Sahara

said [sɛd] pt, pp of **say**

sail [seɪl] n (on boat) vela; (trip): **to go for a ~** fare un giro in barca a vela ▶ vt (boat) condurre, governare ▶ vi (travel: ship) navigare; (: passenger) viaggiare per mare; (set off) salpare; (sport) fare della vela; **they ~ed into Genoa**

entrarono nel porto di Genova; **sailboat** (US) n barca a vela; **sailing** n (sport) vela; **to go sailing** fare della vela; **sailing boat** n barca a vela; **sailor** n marinaio

saint [seɪnt] n santo(-a)

sake [seɪk] n **for the ~ of** per, per amore di

salad ['sæləd] n insalata; **salad cream** (BRIT) n (tipo di) maionese f; **salad dressing** n condimento per insalata

salami [sə'lɑːmi] n salame m

salary ['sælərɪ] n stipendio

sale [seɪl] n vendita; (at reduced prices) svendita, liquidazione f; (auction) vendita all'asta; **"for ~"** "in vendita"; **on ~** in vendita; **on ~ or return** da vendere o rimandare; **~s** npl (total amount sold) vendite fpl; **sales assistant** (US **sales clerk**) n commesso(-a); **salesman/woman** (irreg) n commesso(-a); (representative) rappresentante m f; **salesperson** (irreg) n (in shop) commesso; (representative) rappresentante m/f di commercio; **sales rep** n rappresentante m/f di commercio

saline ['seɪlaɪn] adj salino(-a)

saliva [sə'laɪvə] n saliva

salmon ['sæmən] n inv salmone m

salon ['sælɔn] n (hairdressing salon) parrucchiere(-a); (beauty salon) salone m di bellezza

saloon [sə'luːn] n (US) saloon m inv, bar m inv; (BRIT: Aut) berlina; (ship's lounge) salone m

salt [sɔlt] n sale m ▶ vt salare; **saltwater** adj di mare; **salty** adj salato(-a)

salute [sə'luːt] n saluto ▶ vt salutare

salvage ['sælvɪdʒ] n (saving) salvataggio; (things saved) beni mpl salvati or recuperati ▶ vt salvare, mettere in salvo

Salvation Army [sæl'veɪʃən-] n Esercito della Salvezza

same [seɪm] adj stesso(-a), medesimo(-a) ▶ pron the ~ lo (la) stesso(-a), gli (le) stessi(-e); **the ~ book as** lo stesso libro di (o che); **at the ~ time** allo stesso tempo; **all** or **just the ~** tuttavia; **to do the ~ as sb** fare come qn; **the ~ to you!** altrettanto a te!

sample ['sɑːmpl] n campione m ▶ vt (food) assaggiare; (wine) degustare

sanction ['sæŋkʃən] n sanzione f ▶ vt sancire, sanzionare; **~s** npl (Pol) sanzioni fpl

sanctuary ['sæŋktjuərɪ] n (holy place) santuario; (refuge) rifugio; (for wildlife) riserva

sand [sænd] n sabbia ▶ vt (also: ~ down) cartavetrare

sandal ['sændl] n sandalo

sand: sandbox ['sændbɔks] (US) n = **sandpit**; **sandcastle** ['sændkɑːsl] n castello di sabbia; **sand dune** n duna di sabbia; **sandpaper** ['sændpeɪpə] n carta vetrata; **sandpit** ['sændpɪt] n (for children) buca di sabbia; **sands** npl spiaggia; **sandstone** ['sændstəun] n arenaria

sandwich ['sænwɪtʃ] n tramezzino, panino, sandwich m inv ▶ vt **~ed between** incastrato(-a) fra; **cheese/ham ~** sandwich al formaggio/prosciutto

sandy ['sændɪ] adj sabbioso(-a); (colour) color sabbia inv, biondo(-a) rossiccio(-a)

sane [seɪn] adj (person) sano(-a) di mente; (outlook) sensato(-a)

sang [sæŋ] pt of **sing**

sanitary towel ['sænɪtərɪ-] (US **sanitary napkin**) n assorbente m (igienico)

sanity ['sænɪtɪ] n sanità mentale; (common sense) buon senso

sank [sæŋk] pt of **sink**

Santa Claus [sæntə'klɔːz] n Babbo Natale

sap [sæp] n (of plants) linfa ▶ vt (strength) fiaccare

sapphire ['sæfaɪə'] n zaffiro

sarcasm ['sɑːkæzm] n sarcasmo

sarcastic [sɑː'kæstɪk] adj sarcastico(-a); **to be ~** fare del sarcasmo

sardine [sɑː'diːn] n sardina

Sardinia [sɑː'dɪnɪə] n Sardegna

SASE (US) n abbr (= self-addressed stamped envelope) busta affrancata e con indirizzo

sat [sæt] pt, pp of **sit**

Sat. abbr (= Saturday) sab

satchel ['sætʃl] n cartella

satellite ['sætəlaɪt] adj satellite ▶ n satellite m; **satellite dish** n antenna parabolica; **satellite television** n televisione f via satellite

satin ['sætɪn] n raso ▶ adj di raso

satire ['sætaɪə'] n satira

satisfaction [sætɪs'fækʃən] n soddisfazione f

satisfactory [sætɪs'fæktərɪ] adj soddisfacente

satisfied ['sætɪsfaɪd] adj (customer) soddisfatto(-a); **to be ~ (with sth)** essere soddisfatto(-a) (di qc)

satisfy ['sætɪsfaɪ] vt soddisfare; (convince) convincere

Saturday ['sætədɪ] n sabato

sauce [sɔːs] n salsa; (containing meat, fish) sugo; **saucepan** n casseruola

saucer ['sɔːsə'] n sottocoppa m, piattino

Saudi Arabia ['saʊdɪ-] n Arabia Saudita

sauna ['sɔːnə] n sauna

sausage ['sɔsɪdʒ] n salsiccia; **sausage roll** n rotolo di pasta sfoglia ripieno di salsiccia

sautéed ['səʊteɪd] adj saltato(-a)

savage ['sævɪdʒ] adj (cruel, fierce)

selvaggio(-a), feroce; (primitive) primitivo(-a) ▶ n selvaggio(-a) ▶ vt attaccare selvaggiamente

save [seɪv] vt (person, belongings, Comput) salvare; (money) risparmiare, mettere da parte; (time) risparmiare; (food) conservare; (avoid: trouble) evitare; (Sport) parare ▶ vi (also: ~ **up**) economizzare ▶ n (Sport) parata ▶ prep salvo, a eccezione di

savings ['seɪvɪŋz] npl (money) risparmi mpl; **savings account** n libretto di risparmio; **savings and loan association** (US) n = società di credito immobiliare

savoury ['seɪvərɪ] (US **savory**) adj (dish: not sweet) salato(-a)

saw [sɔː] (pt **sawed**, pp **sawed** or **sawn**) pt of **see** ▶ n (tool) sega ▶ vt segare; **sawdust** n segatura

sawn [sɔːn] pp of **saw**

saxophone ['sæksəfəʊn] n sassofono

say [seɪ] (pt, pp **said**) n **to have one's ~** fare sentire il proprio parere; **to have a** or **some ~** avere voce in capitolo ▶ vt dire; **could you ~ that again?** potrebbe ripeterlo?; **that goes without ~ing** va da sé; **saying** n proverbio, detto

scab [skæb] n crosta; (pej) crumiro(-a)

scaffolding ['skæfəldɪŋ] n impalcatura

scald [skɔːld] n scottatura ▶ vt scottare

scale [skeɪl] n scala; (of fish) squama ▶ vt (mountain) scalare; **~s** npl (for weighing) bilancia; **on a large ~** su vasta scala; **~ of charges** tariffa

scallion ['skæljən] n cipolla; (US: shallot) scalogna; (: leek) porro

scallop ['skɔləp] n (Zool) pettine m; (Sewing) smerlo

scalp [skælp] n cuoio capelluto ▶ vt scotennare

scalpel ['skælpl] n bisturi m inv

scam [skæm] n (inf) truffa

scampi ['skæmpi] npl scampi mpl

scan [skæn] vt scrutare; (glance at quickly) scorrere, dare un'occhiata a; (TV) analizzare; (Radar) esplorare ▶ n (Med) ecografia

scandal ['skændl] n scandalo; (gossip) pettegolezzi mpl

Scandinavia [skændɪ'neɪvɪə] n Scandinavia; **Scandinavian** adj, n scandinavo(-a)

scanner ['skænə'] n (Radar, Med) scanner m inv

scapegoat ['skeɪpgəut] n capro espiatorio

scar [skɑː] n cicatrice f ▶ vt sfregiare

scarce [skɛəs] adj scarso(-a); (copy, edition) raro(-a); **to make o.s. ~** (inf) squagliarsela; **scarcely** adv appena

scare [skɛə'] n spavento; panico ▶ vt spaventare, atterrire; **there was a bomb ~ at the bank** hanno evacuato la banca per paura di un attentato dinamitardo; **to ~ sb stiff** spaventare a morte qn; **scarecrow** n spaventapasseri m inv; **scared** adj **to be scared** aver paura

scarf [skɑːf] (pl **scarves** o **scarfs**) n (long) sciarpa; (square) fazzoletto da testa, foulard m inv

scarlet ['skɑːlɪt] adj scarlatto(-a)

scarves [skɑːvz] npl of **scarf**

scary ['skɛərɪ] adj che spaventa

scatter ['skætə'] vt spargere; (crowd) disperdere ▶ vi disperdersi

scenario [sɪ'nɑːrɪəu] n (Theatre, Cinema) copione m; (fig) situazione f

scene [siːn] n (Theatre, fig etc) scena; (of crime, accident) scena, luogo; (sight, view) vista, veduta; **scenery** n (Theatre) scenario; (landscape) panorama m; **scenic** adj scenico(-a); panoramico(-a)

scent [sɛnt] n profumo; (sense of smell) olfatto, odorato; (fig: track) pista

sceptical ['skɛptɪkəl] (US**skeptical**) adj scettico(-a)

schedule ['ʃɛdjuːl, (US) 'skɛdjuːl] n programma m, piano; (of trains) orario; (of prices etc) lista, tabella ▶ vt fissare; **on ~** in orario; **to be ahead of/behind ~** essere in anticipo/ritardo sul previsto; **scheduled flight** n volo di linea

scheme [skiːm] n piano, progetto; (method) sistema m; (dishonest plan, plot) intrigo, trama; (arrangement) disposizione f, sistemazione f; (pension scheme etc) programma m ▶ vi fare progetti; (intrigue) complottare

schizophrenic [skɪtsə'frɛnɪk] adj, n schizofrenico(-a)

scholar ['skɔlə'] n (expert) studioso(-a); **scholarship** n erudizione f; (grant) borsa di studio

school [skuːl] n (primary, secondary) scuola; (university: US) università f inv ▶ cpd scolare, scolastico(-a) ▶ vt (animal) addestrare; **schoolbook** n libro scolastico; **schoolboy** n scolaro; **school children** npl scolari mpl; **schoolgirl** n scolara; **schooling** n istruzione f; **schoolteacher** n insegnante m/f, docente m/f; (primary) maestro(-a)

science ['saɪəns] n scienza; **science fiction** n fantascienza; **scientific** [-'tɪfɪk] adj scientifico(-a); **scientist** n scienziato(-a)

sci-fi ['saɪfaɪ] n abbr (inf) = **science fiction**

scissors ['sɪzəz] npl forbici fpl

scold [skəuld] vt rimproverare

scone [skɔn] n focaccina da tè

scoop [skuːp] n mestolo; (for ice cream) cucchiaio dosatore; (Press) colpo giornalistico, notizia (in) esclusiva

scooter ['skuːtə'] n (motor cycle) motoretta, scooter m inv; (toy) monopattino

scope [skəup] *n* (*capacity: of plan, undertaking*) portata; (: *of person*) capacità *fpl*; (*opportunity*) possibilità *fpl*

scorching ['skɔːtʃɪŋ] *adj* cocente, scottante

score [skɔːʳ] *n* punti *mpl*, punteggio; (*Mus*) partitura, spartito; (*twenty*) venti ▶ *vt* (*goal, point*) segnare, fare; (*success*) ottenere ▶ *vi* segnare; (*Football*) fare un goal; (*keep score*) segnare i punti; **~s of** (*very many*) un sacco di; **on that ~** a questo riguardo; **to ~ 6 out of 10** prendere 6 su 10 ▶ **score out** *vt* cancellare con un segno; **scoreboard** *n* tabellone *m* segnapunti; **scorer** *n* marcatore(-trice); (*keeping score*) segnapunti *m inv*

scorn [skɔːn] *n* disprezzo ▶ *vt* disprezzare

Scorpio ['skɔːpɪəu] *n* Scorpione *m*

scorpion ['skɔːpɪən] *n* scorpione *m*

Scot [skɒt] *n* scozzese *m/f*

Scotch tape® *n* scotch® *m*

Scotland ['skɒtlənd] *n* Scozia

Scots [skɒts] *adj* scozzese; **Scotsman** (*irreg*) *n* scozzese *m*; **Scotswoman** (*irreg*) *n* scozzese *f*; **Scottish** ['skɒtɪʃ] *adj* scozzese; **Scottish Parliament** *n* Parlamento scozzese

scout [skaut] *n* (*Mil*) esploratore *m*; (*also*: **boy ~**) giovane esploratore, scout *m inv*

scowl [skaul] *vi* accigliarsi, aggrottare le sopracciglia; **to ~ at** guardare torvo

scramble ['skræmbl] *n* arrampicata ▶ *vi* inerpicarsi; **to ~ out** *etc* uscire *etc* in fretta; **to ~ for** azzuffarsi per; **scrambled eggs** *npl* uova *fpl* strapazzate

scrap [skræp] *n* pezzo, pezzetto; (*fight*) zuffa; (*also*: **~ iron**) rottami *mpl* di ferro, ferraglia ▶ *vt* demolire; (*fig*) scartare ▶ *vi* **to ~ (with sb)** fare a botte

(con qn); **~s** *npl* (*waste*) scarti *mpl*; **scrapbook** *n* album *m inv* di ritagli

scrape [skreɪp] *vt, vi* raschiare, grattare ▶ *n* **to get into a ~** cacciarsi in un guaio

scrap paper *n* cartaccia

scratch [skrætʃ] *n* graffio ▶ *cpd* **~ team** squadra raccogliticcia ▶ *vt* graffiare, rigare ▶ *vi* grattare; (*paint, car*) graffiare; **to start from ~** cominciare o partire da zero; **to be up to ~** essere all'altezza; **scratch card** *n* (*BRIT*) cartolina *f* gratta e vinci

scream [skriːm] *n* grido, urlo ▶ *vi* urlare, gridare

screen [skriːn] *n* schermo; (*fig*) muro, cortina, velo ▶ *vt* schermare, fare schermo a; (*from the wind etc*) riparare; (*film*) proiettare; (*book*) adattare per lo schermo; (*candidates etc*) selezionare; **screening** *n* (*Med*) dépistage *m inv*; **screenplay** *n* sceneggiatura; **screen saver** *n* (*Comput*) screen saver *m inv*

screw [skruː] *n* vite *f* ▶ *vt* avvitare ▶ **screw up** *vt* (*paper etc*) spiegazzare; (*inf: ruin*) rovinare; **to ~ up one's eyes** strizzare gli occhi; **screwdriver** *n* cacciavite *m*

scribble ['skrɪbl] *n* scarabocchio ▶ *vt* scribacchiare in fretta ▶ *vi* scarabocchiare

script [skrɪpt] *n* (*Cinema etc*) copione *m*; (*in exam*) elaborato or compito d'esame

scroll [skrəul] *n* rotolo di carta

scrub [skrʌb] *n* (*land*) boscaglia ▶ *vt* pulire strofinando; (*reject*) annullare

scruffy ['skrʌfɪ] *adj* sciatto(-a)

scrum(mage) ['skrʌm(ɪdʒ)] *n* mischia

scrutiny ['skruːtɪnɪ] *n* esame *m* accurato

scuba diving ['skuːbə-] *n* immersioni *fpl* subacquee

sculptor ['skʌlptəʳ] *n* scultore *m*

sculpture ['skʌlptʃə'] n scultura

scum [skʌm] n schiuma; (pej: people) feccia

scurry ['skʌrɪ] vi sgambare, affrettarsi

sea [siː] n mare m ▸ cpd marino(-a), del mare; (bird, fish) di mare; (route, transport) marittimo(-a); **by ~** (travel) per mare; **on the ~** (boat) in mare; (town) di mare; **to be at a ~** (fig) non sapere che pesci pigliare; **out to ~** al largo; (out) **at ~** = in mare; **seafood** n frutti mpl di mare; **sea front** n lungomare m; **seagull** n gabbiano

seal [siːl] n (animal) foca; (stamp) sigillo; (impression) impronta del sigillo ▸ vt sigillare ► **seal off** vt (close) sigillare; (forbid entry to) bloccare l'accesso a

sea level n livello del mare

seam [siːm] n cucitura; (of coal) filone m

search [sɜːtʃ] n ricerca; (Law: at sb's home) perquisizione f ▸ vt frugare ▸ vi **to ~ for** ricercare; **in ~ of** alla ricerca di; **search engine** n (Comput) motore m di ricerca; **search party** n squadra di soccorso

sea: **seashore** n spiaggia; **seasick** ['siːsɪk] adj che soffre il mal di mare; **seaside** ['siːsaɪd] n spiaggia; **seaside resort** n stazione f balneare

season ['siːzn] n stagione f ▸ vt condire, insaporire; **seasonal** adj stagionale; **seasoning** n condimento; **season ticket** n abbonamento

seat [siːt] n sedile m; (in bus, train: place) posto; (Parliament) seggio; (buttocks) didietro; (of trousers) fondo ▸ vt far sedere; (have room for) avere or essere fornito(-a) di posti a sedere per; **I'd like to book two ~s** vorrei prenotare due posti; **to be ~ed** essere seduto(-a); **seat belt** n cintura di sicurezza; **seating** n posti

mpl a sedere

sea: **sea water** n acqua di mare; **seaweed** ['siːwiːd] n alghe fpl

sec. abbr = **second(s)**

secluded [sɪ'kluːdɪd] adj isolato(-a), appartato(-a)

second ['sɛkənd] num secondo(-a) ▸ adv (in race etc) al secondo posto ▸ n (unit of time) secondo; (Aut: also: **~gear**) seconda; (Comm: imperfect) scarto; (BRIT: Scol: degree) laurea con punteggio discreto ▸ vt (motion) appoggiare; **secondary** adj secondario(-a); **secondary school** n scuola secondaria; **second-class** adj di seconda classe ▸ adv in seconda classe; **secondhand** adj di seconda mano, usato(-a); **secondly** adv in secondo luogo; **second-rate** adj scadente; **second thoughts** npl ripensamenti mpl; **on second thoughts** (BRIT) or **thought** (US) ripensandoci bene

secrecy ['siːkrəsɪ] n segretezza

secret ['siːkrɪt] adj segreto(-a) ▸ n segreto; **in ~** in segreto

secretary ['sɛkrətrɪ] n segretario(-a); **S~ of State (for)** (BRIT: Pol) ministro (di)

secretive ['siːkrətɪv] adj riservato(-a)

secret service n servizi mpl segreti

sect [sɛkt] n setta

section ['sɛkʃən] n sezione f

sector ['sɛktə'] n settore m

secular ['sɛkjulə'] adj secolare

secure [sɪ'kjuə'] adj sicuro(-a); (firmly fixed) assicurato(-a), ben fermato(-a); (in safe place) al sicuro ▸ vt (fix) fissare, assicurare; (get) ottenere, assicurarsi; **securities** npl (Stock Exchange) titoli mpl

security [sɪ'kjuərɪtɪ] n sicurezza; (for loan) garanzia; **security guard** n guardia giurata

sedan [sə'dæn] (US) n (Aut) berlina

sedate [sɪ'deɪt] *adj* posato(-a), calmo(-a) ▶ *vt* calmare

sedative ['sɛdɪtɪv] *n* sedativo, calmante *m*

seduce [sɪ'dju:s] *vt* sedurre; **seductive** [-'dʌktɪv] *adj* seducente

see [si:] (*pt* **saw**, *pp* **seen**) *vt* vedere; (*accompany*): **to ~ sb to the door** accompagnare qn alla porta ▶ *vi* vedere; (*understand*) capire ▶ *n* sede *f* vescovile; **to ~ that** (*ensure*) badare che + *sub*, fare in modo che + *sub*; **~ you soon!** a presto! ▷ **see off** *vt* salutare alla partenza ▷ **see out** *vt* (*take to the door*) accompagnare alla porta ▷ **see through** *vt* portare a termine ▶ *vt fus* non lasciarsi ingannare da ▷ **see to** *vt fus* occuparsi di

seed [si:d] *n* seme *m*; (*fig*) germe *m*; (*Tennis etc*) testa di serie; **to go to ~** fare seme; (*fig*) scadere

seeing ['si:ɪŋ] *conj* ~ (**that**) visto che

seek [si:k] (*pt*, *pp* **sought**) *vt* cercare

seem [si:m] *vi* sembrare, parere; **there ~s to be ...** sembra che ci sia ...; **seemingly** *adv* apparentemente

seen [si:n] *pp of* **see**

seesaw ['si:sɔ:] *n* altalena a bilico

segment ['sɛgmənt] *n* segmento

segregate ['sɛgrɪgeɪt] *vt* segregare, isolare

seize [si:z] *vt* (*grasp*) afferrare; (*take possession of*) impadronirsi di; (*Law*) sequestrare

seizure ['si:ʒə'] *n* (*Med*) attacco; (*Law*) confisca, sequestro

seldom ['sɛldəm] *adv* raramente

select [sɪ'lɛkt] *adj* scelto(-a) ▶ *vt* scegliere, selezionare; **selection** [-'lɛkʃən] *n* selezione *f*, scelta; **selective** *adj* selettivo(-a)

self [sɛlf] *n* the ~ l'io *m* ▶ *prefix* auto...; **self-assured** *adj* sicuro(-a) di sé; **self-catering** (*BRIT*) *adj* in cui ci si cucina da sé; **self-centred** (US

self-centered) *adj* egocentrico(-a); **self-confidence** *n* sicurezza di sé; **self-confident** *adj* sicuro(-a) di sé; **self-conscious** *adj* timido(-a); **self-contained** (*BRIT*) *adj* (*flat*) indipendente; **self-control** *n* autocontrollo; **self-defence** (US **self-defense**) *n* autodifesa; (*Law*) legittima difesa; **self-drive** *adj* (*BRIT*: *rented car*) senza autista; **self-employed** *adj* che lavora in proprio; **self-esteem** *n* amor proprio *m*; **self-indulgent** *adj* indulgente verso se stesso(-a); **self-interest** *n* interesse *m* personale; **selfish** *adj* egoista; **self-pity** *n* autocommiserazione *f*; **self-raising** (US **self-rising**) *adj* **self-raising flour** miscela di farina e lievito; **self-respect** *n* rispetto di sé, amor proprio; **self-service** *n* autoservizio, self-service *m*

sell [sɛl] (*pt*, *pp* **sold**) *vt* vendere ▶ *vi* vendersi; **to ~ at** *or* **for 1000 euros** essere in vendita a 1000 euro ▷ **sell off** *vt* svendere, liquidare ▷ **sell out** *vi* **to ~ out** (*of sth*) esaurire (qc); **the tickets are all sold out** i biglietti sono esauriti; **sell-by date** ['sɛlbaɪ-] *n* data di scadenza; **seller** *n* venditore(-trice)

Sellotape® ['sɛləʊteɪp] (*BRIT*) *n* nastro adesivo, scotch® *m*

selves [sɛlvz] *npl of* **self**

semester [sɪ'mɛstə'] (US) *n* semestre *m*

semi... ['sɛmɪ] *prefix* semi...; **semicircle** *n* semicerchio; **semidetached** (**house**) [sɛmɪdɪ'tætʃt-] (*BRIT*) *n* casa gemella; **semi-final** *n* semifinale *f*

seminar ['sɛmɪnɑ:'] *n* seminario

semi-skimmed ['sɛmɪ'skɪmd] *adj* (*milk*) parzialmente scremato(-a)

senate ['sɛnɪt] *n* senato; **senator** *n* senatore(-trice)

send [sɛnd] (*pt*, *pp* **sent**) *vt* mandare

▷ **send back** vt rimandare ▷ **send for** vt fus mandare a chiamare, far venire ▷ **send in** vt (report, application, resignation) presentare ▷ **send off** vt (goods) spedire; (BRIT: Sport: player) espellere ▷ **send on** vt (BRIT: letter) inoltrare; (luggage etc: in advance) spedire in anticipo ▷ **send out** vt (invitation) diramare ▷ **send up** vt (person, price) far salire; (BRIT: parody) mettere in ridicolo; **sender** n mittente m/f; **send-off** n **to give sb a good send-off** festeggiare la partenza di qn

senile ['siːnaɪl] adj senile

senior ['siːnɪər] adj (older) più vecchio(-a); (of higher rank) di grado più elevato; **senior citizen** n persona anziana; **senior high school** (US) n ≈ liceo

sensation [sɛnˈseɪʃən] n sensazione f; **sensational** adj sensazionale; (marvellous) eccezionale

sense [sɛns] n senso; (feeling) sensazione f, senso; (meaning) senso, significato; (wisdom) buonsenso ▶ vt sentire, percepire; **it makes ~** ha senso; **senseless** adj sciocco(-a); (unconscious) privo(-a) di sensi; **sense of humour** (BRIT) n senso dell'umorismo

sensible ['sɛnsɪbl] adj sensato(-a), ragionevole

Be careful not to translate **sensible** by the Italian word **sensibile**.

sensitive ['sɛnsɪtɪv] adj sensibile; (skin, question) delicato(-a)

sensual ['sɛnsjuəl] adj sensuale

sensuous ['sɛnsjuəs] adj sensuale

sent [sɛnt] pt, pp of **send**

sentence ['sɛntns] n (Ling) frase f; (Law: judgment) sentenza; (: punishment) condanna ▶ vt **to ~ sb to death/to 5 years** condannare qn a morte/a 5 anni

sentiment ['sɛntɪmənt] n sentimento; (opinion) opinione f; **sentimental** [-ˈmɛntl] adj sentimentale

Sep. abbr (= September) Sett.

separate [adj 'sɛprɪt, vb 'sɛpəreɪt] adj separato(-a) ▶ vt separare ▶ vi separarsi; **separately** adv separatamente; **separates** npl (clothes) coordinati mpl; **separation** [-ˈreɪʃən] n separazione f

September [sɛpˈtɛmbər] n settembre m

septic ['sɛptɪk] adj settico(-a); (wound) infettato(-a); **septic tank** n fossa settica

sequel ['siːkwl] n conseguenza; (of story) seguito; (of film) sequenza

sequence ['siːkwəns] n (series) serie f; (order) ordine m

sequin ['siːkwɪn] n lustrino, paillette f inv

Serb [sɜːb] adj, n = **Serbian**

Serbia ['sɜːbɪə] n Serbia

Serbian ['sɜːbɪən] adj serbo(-a) ▶ n serbo(-a); (Ling) serbo

sergeant ['sɑːdʒənt] n sergente m; (Police) brigadiere m

serial ['sɪərɪəl] n (Press) romanzo a puntate; (Radio, TV) trasmissione f a puntate, serial m inv; **serial killer** n serial-killer m/f inv; **serial number** n numero di serie

series ['sɪəriːz] n inv serie f inv; (Publishing) collana

serious ['sɪərɪəs] adj serio(-a), grave; **seriously** adv seriamente

sermon ['sɜːmən] n sermone m

servant ['sɜːvənt] n domestico(-a)

serve [sɜːv] vt (employer etc) servire, essere a servizio di; (purpose) servire a; (customer, food, meal) servire; (apprenticeship) fare; (prison term) scontare ▶ vi (also Tennis) servire; (be useful): **to ~ as/for/to do** servire da/

per/per fare ▶ n (Tennis) servizio; **it ~s
him right** ben gli sta, se l'è meritata;
server n (Comput) server m inv

service ['sə:vɪs] n servizio; (Aut:
maintenance) assistenza, revisione f
▶ vt (car, washing machine) revisionare;
to be of ~ to sb essere d'aiuto a qn;
~ included/not included servizio
compreso/escluso; **~s** (Brit: on
motorway) stazione f di servizio; (Mil):
the S~s le Forze Armate; **service
area** n (on motorway) area di servizio;
service charge (BRIT) n servizio;
serviceman (irreg) n militare m;
service station n stazione f di
servizio

serviette [sə:vɪ'ɛt] (BRIT) n tovagliolo

session ['sɛʃən] n (sitting) seduta,
sessione f; (Scol) anno scolastico (or
accademico)

set [sɛt] (pt, pp **set**) n serie f inv;
(of cutlery etc) servizio; (Radio, TV)
apparecchio; (Tennis) set m inv;
(group of people) mondo, ambiente
m; (Cinema) scenario; (Theatre: stage)
scene fpl; (: scenery) scenario; (Math)
insieme m; (Hairdressing) messa
in piega ▶ adj (fixed) stabilito(-a),
determinato(-a); (ready) pronto(-a)
▶ vt (place) posare, mettere; (arrange)
sistemare; (fix) fissare; (adjust)
regolare; (decide: rules etc) stabilire,
fissare ▶ vi (sun) tramontare; (jam,
jelly) rapprendersi; (concrete) fare
presa; **to be ~ to do** essere deciso
a fare; **to ~ to music** mettere in
musica; **to ~ on fire** dare fuoco a; **to ~
free** liberare; **to ~ sth going** mettere
in moto qc; **to ~ sail** prendere il mare
▶ **set aside** vt mettere da parte ▶ **set
down** vt (bus, train) lasciare ▶ **set in** vi
(infection) svilupparsi; (complications)
intervenire; **the rain has ~ in for the
day** ormai pioverà tutto il giorno
▶ **set off** vi partire ▶ vt (bomb) far

scoppiare; (cause to start) mettere
in moto; (show up well) dare risalto
a ▶ **set out** vi partire ▶ vt (arrange)
disporre; (state) esporre, presentare;
to ~ out to do proporsi di fare ▶ **set up**
vt (organization) fondare, costituire;
setback n (hitch) contrattempo,
inconveniente m; **set menu** n menù
m inv fisso

settee [sɛ'ti:] n divano, sofà m inv

setting ['sɛtɪŋ] n (background)
ambiente m; (of controls) posizione
f; (of sun) tramonto; (of jewel)
montatura

settle ['sɛtl] vt (argument, matter)
appianare; (accounts) regolare; (Med:
calm) calmare ▶ vi (bird, dust etc)
posarsi; (sediment) depositarsi; **to ~
for sth** accontentarsi di qc; **to ~ on
sth** decidersi per qc ▶ **settle down**
vi (get comfortable) sistemarsi; (calm
down) calmarsi; (get back to normal:
situation) tornare alla normalità
▶ **settle in** vi sistemarsi ▶ **settle up**
vi **to ~ up with sb** regolare i conti
con qn; **settlement** n (payment)
pagamento, saldo; (agreement)
accordo; (colony) colonia; (village etc)
villaggio, comunità f inv

setup ['sɛtʌp] n (arrangement)
sistemazione f; (situation) situazione f

seven ['sɛvn] num sette; **seventeen**
num diciassette; **seventeenth**
[sɛvn'ti:nθ] num diciassettesimo(-a);
seventh num settimo(-a);
seventieth ['sɛvntɪɪθ] num
settantesimo(-a); **seventy** num
settanta

sever ['sɛvə'] vt recidere, tagliare;
(relations) troncare

several ['sɛvərl] adj, pron alcuni(-e),
diversi(-e); **~ of us** alcuni di noi

severe [sɪ'vɪə'] adj severo(-a); (serious)
serio(-a), grave; (hard) duro(-a); (plain)
semplice, sobrio(-a)

sew [səʊ] (*pt* **sewed**, *pp* **sewn**) *vt, vi* cucire

sewage ['su:ɪdʒ] *n* acque *fpl* di scolo

sewer ['su:ə'] *n* fogna

sewing ['səʊɪŋ] *n* cucitura; cucito; **sewing machine** *n* macchina da cucire

sewn [səʊn] *pp of* **sew**

sex [sɛks] *n* sesso; **to have ~ with** avere rapporti sessuali con; **sexism** ['sɛksɪzəm] *n* sessismo; **sexist** *adj*, *n* sessista *m/f*; **sexual** ['sɛksjuəl] *adj* sessuale; **sexual intercourse** *n* rapporti *mpl* sessuali; **sexuality** [sɛksju'ælɪtɪ] *n* sessualità; **sexy** ['sɛksɪ] *adj* provocante, sexy *inv*

shabby ['ʃæbɪ] *adj* malandato(-a); (*behaviour*) vergognoso(-a)

shack [ʃæk] *n* baracca, capanna

shade [ʃeɪd] *n* ombra; (*for lamp*) paralume *m*; (*of colour*) tonalità *f inv*; (*small quantity*): **a ~ (more/too large)** un po' (di più/troppo grande) ▶ *vt* ombreggiare, fare ombra a; **in the ~** all'ombra; **~s** (US) *npl* (*sunglasses*) occhiali *mpl* da sole

shadow ['ʃædəʊ] *n* ombra ▶ *vt* (*follow*) pedinare; **shadow cabinet** (BRIT) *n* (Pol) governo *m* ombra *inv*

shady ['ʃeɪdɪ] *adj* ombroso(-a); (*fig: dishonest*) losco(-a), equivoco(-a)

shaft [ʃɑ:ft] *n* (*of arrow, spear*) asta; (Aut, Tech) albero; (*of mine*) pozzo; (*of lift*) tromba; (*of light*) raggio

shake [ʃeɪk] (*pt* **shook**, *pp* **shaken**) *vt* scuotere; (*bottle, cocktail*) agitare ▶ *vi* tremare; **to ~ one's head** (*in refusal, dismay*) scuotere la testa; **to ~ hands with sb** stringere *or* dare la mano a qn ▶ **shake off** *vt* scrollare (via); (*fig*) sbarazzarsi di ▶ **shake up** *vt* scuotere; **shaky** *adj* (*hand, voice*) tremante; (*building*) traballante

shall [ʃæl] *aux vb* **I ~ go** andrò; **~ I open the door?** apro io la porta?; **I'll get**

some, **~ I?** ne prendo un po', va bene?

shallow ['ʃæləʊ] *adj* poco profondo(-a); (*fig*) superficiale

sham [ʃæm] *n* finzione *f*, messinscena; (*jewellery, furniture*) imitazione *f*

shambles ['ʃæmblz] *n* confusione *f*, baraonda, scompiglio

shame [ʃeɪm] *n* vergogna ▶ *vt* far vergognare; **it is a ~ (that/to do)** è un peccato (che + *sub*/fare); **what a ~!** che peccato!; **shameful** *adj* vergognoso(-a); **shameless** *adj* sfrontato(-a); (*immodest*) spudorato(-a)

shampoo [ʃæm'pu:] *n* shampoo *m inv* ▶ *vt* fare lo shampoo a

shandy ['ʃændɪ] *n* birra con gassosa

shan't [ʃɑ:nt] = **shall not**

shape [ʃeɪp] *n* forma ▶ *vt* formare; (*statement*) formulare; (*sb's ideas*) condizionare; **to take ~** prendere forma

share [ʃeə'] *n* (*thing received, contribution*) parte *f*; (Comm) azione *f* ▶ *vt* dividere; (*have in common*) condividere, avere in comune; **shareholder** *n* azionista *m/f*

shark [ʃɑ:k] *n* squalo, pescecane *m*

sharp [ʃɑ:p] *adj* (*razor, knife*) affilato(-a); (*point*) acuto(-a), acuminato(-a); (*nose, chin*) aguzzo(-a); (*outline, contrast*) netto(-a); (*cold, pain*) pungente; (*voice*) stridulo(-a); (*person: quick-witted*) sveglio(-a); (*: unscrupulous*) disonesto(-a); (*Mus*): **C~ ♯ do diesis** ▶ *n* (Mus) diesis *m inv* ▶ *adv* **at 2 o'clock ~** alle due in punto; **sharpen** *vt* affilare; (*pencil*) fare la punta a; (*fig*) acuire; **sharpener** *n* (*also*: **pencil sharpener**) temperamatite *m inv*; **sharply** *adv* (*turn, stop*) bruscamente; (*stand out, contrast*) nettamente; (*criticize, retort*) duramente, aspramente

shatter ['ʃætə'] *vt* mandare in

frantumi, frantumare; (fig: upset)
distruggere; (: ruin) rovinare ▶ vi
frantumarsi, andare in pezzi;
shattered adj (grief-stricken)
sconvolto(-a); (exhausted) a pezzi,
distrutto(-a)

shave [ʃeɪv] vt radere, rasare ▶ vi
radersi, farsi la barba ▶ n **to have a ~**
farsi la barba; **shaver** n (also: **electric
shaver**) rasoio elettrico

shaving cream n crema da barba

shaving foam n = **shaving cream**

shavings ['ʃeɪvɪŋz] npl (of wood etc)
trucioli mpl

shawl [ʃɔ:l] n scialle m

she [ʃi:] pron ella, lei; **~-cat** gatta;
~-elephant elefantessa

sheath [ʃi:θ] n fodero, guaina;
(contraceptive) preservativo

shed [ʃed] (pt, pp **shed**) n capannone
m ▶ vt (leaves, fur etc) perdere; (tears,
blood) versare; (workers) liberarsi di

she'd [ʃi:d] = **she had**; **she would**

sheep [ʃi:p] n inv pecora; **sheepdog** n
cane m da pastore; **sheepskin** n pelle
f di pecora

sheer [ʃɪə*] adj (utter) vero(-a)
(e proprio(-a), lei; (steep) a picco,
perpendicolare; (almost transparent)
sottile ▶ adv a picco

sheet [ʃi:t] n (on bed) lenzuolo; (of
paper) foglio; (of glass, ice) lastra; (of
metal) foglio, lamina

sheik(h) [ʃeɪk] n sceicco

shelf [ʃelf] (pl **shelves**) n scaffale m,
mensola

shell [ʃel] n (on beach) conchiglia; (of
egg, nut etc) guscio; (explosive)
granata; (of building) scheletro ▶ vt
(peas) sgranare; (Mil) bombardare

she'll [ʃi:l] = **she will**; **she shall**

shellfish ['ʃelfɪʃ] n inv (crab etc)
crostaceo; (scallop etc) mollusco; (as
food) crostacei; molluschi

shelter ['ʃeltə*] n riparo, rifugio ▶ vt

riparare, proteggere; (give lodging to)
dare rifugio or asilo a ▶ vi ripararsi,
mettersi al riparo; **sheltered** adj
riparato(-a)

shelves ['ʃelvz] npl of **shelf**

shelving ['ʃelvɪŋ] n scaffalature fpl

shepherd ['ʃepəd] n pastore m ▶ vt
(guide) guidare; **shepherd's pie**
(BRIT) n timballo di carne macinata e
purè di patate

sheriff ['ʃerɪf] (US) n sceriffo

sherry ['ʃerɪ] n sherry m inv

she's [ʃi:z] = **she is**; **she has**

Shetland ['ʃetlənd] n (also: **the ~s, the
~ Isles**) le isole Shetland, le Shetland

shield [ʃi:ld] n scudo; (trophy)
scudetto; (protection) schermo ▶ vt
to ~ (from) riparare (da), proteggere
(da or contro)

shift [ʃɪft] n (change) cambiamento; (of
workers) turno ▶ vt spostare, muovere;
(remove) rimuovere ▶ vi spostarsi,
muoversi

shin [ʃɪn] n tibia

shine [ʃaɪn] (pt, pp **shone**) n splendore
m, lucentezza ▶ vi (ri)splendere,
brillare ▶ vt far brillare, far
risplendere; (torch): **to ~ sth on**
puntare qc verso

shingles ['ʃɪŋlz] n (Med) herpes
zoster m

shiny ['ʃaɪnɪ] adj lucente, lucido(-a)

ship [ʃɪp] n nave f ▶ vt trasportare
(via mare); (send) spedire (via mare);
shipment n carico; **shipping** n (ships)
naviglio; (traffic) navigazione f;
shipwreck n relitto; (event) naufragio
▶ vt **to be shipwrecked** naufragare,
fare naufragio; **shipyard** n cantiere
m navale

shirt [ʃə:t] n camicia; **in ~ sleeves** in
maniche di camicia

shit [ʃɪt] (infl) excl merda (!)

shiver ['ʃɪvə*] n brivido ▶ vi
rabbrividire, tremare

shock [ʃɔk] n (*impact*) urto, colpo; (*Elec*) scossa; (*emotional*) colpo, shock m inv; (*Med*) shock ▸ vt colpire, sciocccare; scandalizzare; **shocking** *adj* scioccante, traumatizzante; scandaloso(-a)

shoe [ʃu:] (*pt, pp* **shod**) n scarpa; (*also:* **horse~**) ferro di cavallo ▸ vt (*horse*) ferrare; **shoelace** n stringa; **shoe polish** n lucido per scarpe; **shoeshop** n calzoleria

shone [ʃɔn] *pt, pp of* **shine**

shook [ʃuk] *pt of* **shake**

shoot [ʃu:t] (*pt, pp* **shot**) n (*on branch, seedling*) germoglio ▸ vt (*game*) cacciare, andare a caccia di; (*person*) sparare a; (*execute*) fucilare; (*film*) girare ▸ vi (*with gun*): **to ~ (at)** sparare (a), fare fuoco (su); (*with bow*): **to ~ (at)** tirare (su); (*Football*) sparare, tirare (forte) ▸ **shoot down** vt (*plane*) abbattere ▸ **shoot up** vi (*fig*) salire alle stelle; **shooting** n (*shots*) sparatoria; (*Hunting*) caccia

shop [ʃɔp] n negozio; (*workshop*) officina ▸ vi (*also:* **go ~ping**) fare spese; **shop assistant** (*BRIT*) n commesso(-a); **shopkeeper** n negoziante m/f, bottegaio(-a); **shoplifting** n taccheggio; **shopping** n (*goods*) spesa, acquisti mpl; **shopping bag** n borsa per la spesa; **shopping centre** (*US* **shopping center**) n centro commerciale; **shopping mall** n centro commerciale; **shopping trolley** n (*BRIT*) carrello del supermercato; **shop window** n vetrina

shore [ʃɔ:] n (*of sea*) riva, spiaggia; (*of lake*) riva ▸ vt: **to ~ (up)** puntellare; **on ~** a riva

short [ʃɔ:t] *adj* (*not long*) corto(-a); (*soon finished*) breve; (*person*) basso(-a); (*curt*) brusco(-a), secco(-a); (*insufficient*) insufficiente ▸ n (*also:*

film) cortometraggio; **to be ~ of sth** essere a corto di or mancare di qc; **in ~** in breve; **~ of doing** a meno che non si faccia; **everything ~ of** tutto fuorché; **it is ~ for** è l'abbreviazione or il diminutivo di; **to cut ~** (*speech, visit*) accorciare, abbreviare; **to fall ~ of** venir meno a; non soddisfare; **to run ~ of** rimanere senza; **to stop ~** fermarsi di colpo; **to stop ~ of** non arrivare fino a; **shortage** n scarsezza, carenza; **shortbread** n biscotto di pasta frolla; **shortcoming** n difetto; **short(crust) pastry** (*BRIT*) n pasta frolla; **shortcut** n scorciatoia; **shorten** vt accorciare, ridurre; **shortfall** n deficit m; **shorthand** (*BRIT*) n stenografia; **short-lived** *adj* di breve durata; **shortly** *adv* fra poco; **shorts** npl (*also:* **a pair of shorts**) i calzoncini; **short-sighted** (*BRIT*) *adj* miope; **short-sleeved** [ʃɔ:tsli:vd] *adj* a maniche corte; **short story** n racconto, novella; **short-tempered** *adj* irascibile; **short-term** *adj* (*effect*) di or a breve durata; (*borrowing*) a breve scadenza

shot [ʃɔt] *pt, pp of* **shoot** ▸ n sparo, colpo; (*try*) prova; (*Football*) tiro; (*injection*) iniezione f; (*Phot*) foto f inv; **like a ~** come un razzo; (*very readily*) immediatamente; **shotgun** n fucile m da caccia

should [ʃud] *aux vb* **I ~ go now** dovrei andare ora; **he ~ be there now** dovrebbe essere arrivato ora; **I ~ go if I were you** se fossi in te andrei; **I ~ like to** mi piacerebbe

shoulder [ˈʃəuldə] n spalla; (*BRIT: of road*): **hard ~** banchina ▸ vt (*fig*) addossarsi, prendere sulle proprie spalle; **shoulder blade** n scapola

shouldn't [ˈʃudnt] = **should not**

shout [ʃaut] n urlo, grido ▸ vt gridare ▸ vi (*also:* **~ out**) urlare, gridare

shove [ʃʌv] vt spingere; (inf: put): **to ~ sth in** ficcare qc in

shovel [ʃʌvl] n pala ▶ vt spalare

show [ʃəʊ] (pt **showed**, pp **shown**) n (of emotion) dimostrazione f, manifestazione f; (semblance) apparenza; (exhibition) mostra, esposizione f; (Theatre, Cinema) spettacolo ▶ vt far vedere, mostrare; (courage etc) dimostrare, dar prova di; (exhibit) esporre ▶ vi vedersi, essere visibile; **for ~** per far scena; **on ~** (exhibits etc) esposto(-a); **can you ~ me where it is, please?** può mostrarmi dov'è, per favore? ▶ **show in** vt (person) far entrare ▶ **show off** vi (pej) esibirsi, mettersi in mostra ▶ vt (display) mettere in risalto; (pej) mettere in mostra ▶ **show out** vt (person) accompagnare alla porta ▶ **show up** vi (stand out) essere ben visibile; (inf: turn up) farsi vedere ▶ vt mettere in risalto; **show business** n industria dello spettacolo

shower [ʃaʊə] n (rain) acquazzone m; (of stones etc) pioggia; (also: ~ bath) doccia ▶ vi fare la doccia ▶ vt **to ~ sb with** (gifts, abuse etc) coprire qn di; (missiles) lanciare contro qn una pioggia di; **to have a ~** fare la doccia; **shower cap** n cuffia da doccia; **shower gel** n gel m doccia inv

showing [ʃəʊɪŋ] n (of film) proiezione f

show jumping n concorso ippico (di salto ad ostacoli)

shown [ʃəʊn] pp of **show**

show: **show-off** (inf) n (person) esibizionista m/f; **showroom** n sala d'esposizione

shrank [ʃræŋk] pt of **shrink**

shred [ʃred] n (gen pl) brandello ▶ vt fare a brandelli; (Culin) sminuzzare, tagliuzzare

shrewd [ʃruːd] adj astuto(-a), scaltro(-a)

shriek [ʃriːk] n strillo ▶ vi strillare

shrimp [ʃrɪmp] n gamberetto

shrine [ʃraɪn] n reliquario; (place) santuario

shrink [ʃrɪŋk] (pt **shrank**, pp **shrunk**) vi restringersi; (fig) ridursi; (also: ~ **away**) ritrarsi ▶ vt (wool) far restringere ▶ n (inf: pej) psicanalista m/f; **to ~ from doing sth** rifuggire dal fare qc

shrivel [ʃrɪvl] (also: ~ **up**) vt raggrinzare, avvizzire ▶ vi raggrinzirsi, avvizzire

shroud [ʃraʊd] n lenzuolo funebre ▶ vt **~ed in mystery** avvolto(-a) nel mistero

Shrove Tuesday [ʃrəʊv-] n martedì m grasso

shrub [ʃrʌb] n arbusto

shrug [ʃrʌg] n scrollata di spalle ▶ vt, vi **to ~ (one's shoulders)** alzare le spalle, fare spallucce ▶ **shrug off** vt passare sopra a

shrunk [ʃrʌŋk] pp of **shrink**

shudder [ʃʌdə] n brivido ▶ vi rabbrividire

shuffle [ʃʌfl] vt (cards) mescolare; **to ~ (one's feet)** strascicare i piedi

shun [ʃʌn] vt sfuggire, evitare

shut [ʃʌt] (pt, pp **shut**) vt chiudere ▶ vi chiudersi, chiudere ▶ **shut down** vt, vi chiudere definitivamente ▶ **shut up** vi (inf: keep quiet) stare zitto(-a), fare silenzio ▶ vt (close) chiudere; (silence) far tacere; **shutter** n imposta; (Phot) otturatore m

shuttle [ʃʌtl] n spola, navetta; (space shuttle) navetta (spaziale); (also: ~ **service**) servizio m navetta inv; **shuttlecock** [ʃʌtlkɔk] n volano

shy [ʃaɪ] adj timido(-a)

sibling [sɪblɪŋ] n (formal) fratello/ sorella

Sicily [sɪsɪlɪ] n Sicilia

sick [sɪk] adj (ill) malato(-a);

(vomiting): **to be ~** vomitare; (humour) macabro(-a); **to feel ~** avere la nausea; **to be ~ of** (fig) averne abbastanza di; **sickening** adj (fig) disgustoso(-a), rivoltante; **sick leave** n congedo per malattia; **sickly** adj malaticcio(-a); (causing nausea) nauseante; **sickness** n malattia; (vomiting) vomito

side [saɪd] n lato; (of lake) riva; (team) squadra ▶ cpd (door, entrance) laterale ▶ vi **to ~ with sb** parteggiare per qn, prendere le parti di qn; **by the ~ of** a fianco di; (road) sul ciglio di; **~ by ~** fianco a fianco; **from ~ to ~** da una parte all'altra; **to take ~s (with)** schierarsi (con); **sideboard** n credenza; **sideboards** (BRIT), **sideburns** ['saɪdbə:nz] npl (whiskers) basette fpl; **sidelight** n (Aut) luce f di posizione; **sideline** n (Sport) linea laterale; (fig) attività secondaria; **side order** n contorno (pietanza); **side road** n strada secondaria; **side street** n traversa; **sidetrack** vt (fig) distrarre; **sidewalk** (US) n marciapiede m; **sideways** adv (move) di lato, di fianco

siege [si:dʒ] n assedio

sieve [sɪv] n setaccio ▶ vt setacciare

sift [sɪft] vt passare al crivello; (fig) vagliare

sigh [saɪ] n sospiro ▶ vi sospirare

sight [saɪt] n (faculty) vista; (spectacle) spettacolo; (on gun) mira ▶ vt avvistare; **in ~** in vista; **on ~** a vista; **out of ~** non visibile; **sightseeing** n giro turistico; **to go sightseeing** visitare una località

sign [saɪn] n segno; (with hand etc) segno, gesto; (notice) insegna, cartello ▶ vt firmare; **where do I ~?** dove devo firmare? ▶ **sign for** vt fus (item) firmare per l'accettazione di ▶ **sign in** vi firmare il registro (all'arrivo) ▶ **sign on** vi (Mil) arruolarsi; (as unemployed)

iscriversi sulla lista (dell'ufficio di collocamento) ▶ vt (employee) assumere ▶ **sign up** vi (Mil) arruolarsi; (for course) iscriversi ▶ vt (player) ingaggiare; (recruits) reclutare

signal ['sɪɡnl] n segnale m ▶ vi (Aut) segnalare, mettere la freccia ▶ vt (person) fare segno a; (message) comunicare per mezzo di segnali

signature ['sɪɡnətʃə*] n firma

significance [sɪɡ'nɪfɪkəns] n significato; importanza

significant [sɪɡ'nɪfɪkənt] adj significativo(-a)

signify ['sɪɡnɪfaɪ] vt significare

sign language n linguaggio dei muti

signpost ['saɪnpəust] n cartello indicatore

Sikh [si:k] adj, n sikh (m/f) inv

silence ['saɪləns] n silenzio ▶ vt far tacere, ridurre al silenzio

silent ['saɪlnt] adj silenzioso(-a); (film) muto(-a); **to remain ~** tacere, stare zitto

silhouette [sɪluː'et] n silhouette f inv

silicon chip ['sɪlɪkən-] n piastrina di silicio

silk [sɪlk] n seta ▶ adj di seta

silly ['sɪlɪ] adj stupido(-a), sciocco(-a)

silver ['sɪlvə*] n argento; (money: monete da 5, 10, 20 or 50 pence; also: **~ware**) argenteria ▶ adj d'argento; **silver-plated** adj argentato(-a)

similar ['sɪmɪlə*] adj **~ (to)** simile (a); **similarity** [sɪmɪ'lærɪtɪ] n somiglianza, rassomiglianza; **similarly** adv allo stesso modo; così pure

simmer ['sɪmə*] vi cuocere a fuoco lento

simple ['sɪmpl] adj semplice; **simplicity** [-'plɪsɪtɪ] n semplicità; **simplify** vt semplificare; **simply** adv semplicemente

simulate ['sɪmjuleɪt] vt fingere,

simulare

simultaneous [sɪməl'teɪnɪəs] *adj* simultaneo(-a); **simultaneously** *adv* simultaneamente, contemporaneamente

sin [sɪn] *n* peccato ▶ *vi* peccare

since [sɪns] *adv* da allora ▶ *prep* da ▶ *conj* (*time*) da quando; (*because*) poiché, dato che; **~ then, ever~** da allora

sincere [sɪn'sɪə*r*] *adj* sincero(-a); **sincerely** *adv* you sincerely (*in letters*) distinti saluti

sing [sɪŋ] (*pt* **sang**, *pp* **sung**) *vt*, *vi* cantare

Singapore [sɪŋɡə'pɔː*r*] *n* Singapore *f*

singer ['sɪŋə*r*] *n* cantante *m/f*

singing ['sɪŋɪŋ] *n* canto

single ['sɪŋɡl] *adj* solo(-a), unico(-a); (*unmarried: man*) celibe; (: *woman*) nubile; (*not double*) semplice ▶ *n* (*BRIT: also:* **~ ticket**) biglietto di (sola) andata; (*record*) 45 giri *m*; **~s** *n* (*Tennis*) singolo ▶ **single out** *vt* scegliere; (*distinguish*) distinguere; **single bed** *n* letto singolo; **single file** *n* **in single file** in fila indiana; **single-handed** *adv* senza aiuto, da solo(-a); **single-minded** *adj* tenace, risoluto(-a); **single parent** *n* (*mother*) ragazza *f* madre *inv*; (*father*) ragazzo *m* padre *inv*; **single-parent family** famiglia monoparentale; **single room** *n* camera singola

singular ['sɪŋɡjulə*r*] *adj* (*exceptional*, *Ling*) singolare ▶ *n* (*Ling*) singolare *m*

sinister ['sɪnɪstə*r*] *adj* sinistro(-a)

sink [sɪŋk] (*pt* **sank**, *pp* **sunk**) *n* lavandino, acquaio ▶ *vt* (*ship*) (fare) affondare, colare a picco; (*foundations*) scavare; (*piles etc*) **~ sth into** conficcare qc in ▶ *vi* affondare, andare a fondo; (*ground etc*) cedere, avvallarsi; **my heart sank** mi sentii venir meno ▶ **sink in** *vi* penetrare

sinus ['saɪnəs] *n* (*Anat*) seno

sip [sɪp] *n* sorso ▶ *vt* sorseggiare

sir [sə*r*] *n* signore *m*; **S~ John Smith** Sir John Smith; **yes ~** sì, signore

siren ['saɪərn] *n* sirena

sirloin ['səːlɔɪn] *n* controfiletto

sister ['sɪstə*r*] *n* sorella; (*nun*) suora; (*BRIT: nurse*) infermiera *f* caposala *inv*; **sister-in-law** *n* cognata

sit [sɪt] (*pt*, *pp* **sat**) *vi* sedere, sedersi; (*assembly*) essere in seduta; (*for painter*) posare ▶ *vt* (*exam*) sostenere, dare ▶ **sit back** *vi* (*in seat*) appoggiarsi allo schienale ▶ **sit down** *vi* sedersi ▶ **sit on** *vt fus* (*jury, committee*) far parte di ▶ **sit up** *vi* tirarsi su a sedere; (*not go to bed*) stare alzato(-a) fino a tardi

sitcom ['sɪtkɔm] *n abbr* (= *situation comedy*) commedia di situazione; (*TV*) telefilm *m inv* comico d'interni

site [saɪt] *n* posto; (*also:* **building ~**) cantiere *m* ▶ *vt* situare

sitting ['sɪtɪŋ] *n* (*of assembly etc*) seduta; (*in canteen*) turno; **sitting room** *n* soggiorno

situated ['sɪtjueɪtɪd] *adj* situato(-a)

situation [sɪtju'eɪʃən] *n* situazione *f*; (*job*) lavoro; (*location*) posizione *f*; **"~s vacant"** "offerte *fpl* di impiego"

six [sɪks] *num* sei; **sixteen** *num* sedici; **sixteenth** [sɪks'tiːnθ] *num* sedicesimo(-a); **sixth** *num* sesto(-a); **sixth form** *n* (*BRIT*) ultimo biennio delle scuole superiori; **sixth form college** *n* istituto che offre corsi di preparazione all'esame di maturità per ragazzi dai 16 ai 18 anni; **sixtieth** ['sɪkstɪɪθ] *num* sessantesimo(-a) ▶ *pron* (*in series*) sessantesimo(-a); (*fraction*) sessantesimo; **sixty** *num* sessanta

size [saɪz] *n* dimensioni *fpl*; (*of clothing*) taglia, misura; (*of shoes*) numero; (*glue*) colla; **sizeable** *adj* considerevole

sizzle ['sɪzl] vi sfrigolare

skate [skeɪt] n pattino; (fish: pl inv) razza ▸ vi pattinare; **skateboard** n skateboard m inv; **skateboarding** n skateboard m inv; **skater** n pattinatore(-trice); **skating** n pattinaggio; **skating rink** n pista di pattinaggio

skeleton ['skelɪtn] n scheletro

skeptical ['skeptɪkl] (US) adj = **sceptical**

sketch [sketʃ] n (drawing) schizzo, abbozzo; (Theatre) scenetta comica, sketch m inv ▸ vt abbozzare, schizzare

skewer ['skjuːə'] n spiedo

ski [skiː] n sci m inv ▸ vi sciare; **ski boot** n scarpone m da sci

skid [skɪd] n slittamento ▸ vi slittare

ski: skier ['skiːə'] n sciatore(-trice); **skiing** ['skiːɪŋ] n sci m

skilful ['skɪlful] (US **skillful**) adj abile

ski lift n sciovia

skill [skɪl] n abilità f inv, capacità f inv; **skilled** adj esperto(-a); (worker) qualificato(-a), specializzato(-a)

skim [skɪm] vt (milk) scremare; (glide over) sfiorare ▸ vi to ~ **through** (fig) scorrere, dare una scorsa a; **skimmed milk** (US **skim milk**) n latte m scremato

skin [skɪn] n pelle f ▸ vt (fruit etc) sbucciare; (animal) scuoiare, spellare; **skinhead** n skinhead m/f inv; **skinny** adj molto magro(-a), pelle e ossa inv

skip [skɪp] n saltello, balzo; (BRIT: container) benna ▸ vi saltare; (with rope) saltare la corda ▸ vt saltare

ski: ski pass n ski pass m; **ski pole** n racchetta (da sci)

skipper ['skɪpə'] n (Naut, Sport) capitano

skipping rope ['skɪpɪŋ-] (US **skip rope**) n corda per saltare

skirt [skəːt] n gonna, sottana ▸ vt fiancheggiare, costeggiare

skirting board (BRIT) n zoccolo

ski slope n pista da sci

ski suit n tuta da sci

skull [skʌl] n cranio, teschio

skunk [skʌŋk] n moffetta

sky [skaɪ] n cielo; **skyscraper** n grattacielo

slab [slæb] n lastra; (of cake, cheese) fetta

slack [slæk] adj (loose) allentato(-a); (slow) lento(-a); (careless) negligente; **slacks** npl (trousers) pantaloni mpl

slain [sleɪn] pp of **slay**

slam [slæm] vt (door) sbattere; (throw) scaraventare; (criticize) stroncare ▸ vi sbattere

slander ['slɑːndə'] n calunnia; diffamazione f

slang [slæŋ] n gergo, slang m

slant [slɑːnt] n pendenza, inclinazione f; (fig) angolazione f, punto di vista

slap [slæp] n manata, pacca; (on face) schiaffo ▸ vt dare una manata a; schiaffeggiare ▸ adv (directly) in pieno; **~ a coat of paint on it** dagli una mano di vernice

slash [slæʃ] vt tagliare; (face) sfregiare; (fig: prices) ridurre drasticamente, tagliare

slate [sleɪt] n ardesia; (piece) lastra di ardesia ▸ vt (fig: criticize) stroncare, distruggere

slaughter ['slɔːtə'] n strage f, massacro ▸ vt (animal) macellare; (people) trucidare, massacrare; **slaughterhouse** n macello, mattatoio

Slav [slɑːv] adj, n slavo(-a)

slave [sleɪv] n schiavo(-a) ▸ vi (also: ~ **away**) lavorare come uno schiavo; **slavery** n schiavitù f

slay [sleɪ] (pt **slew**, pp **slain**) vt (formal) uccidere

sleazy ['sliːzɪ] adj trasandato(-a)

sled [slɛd] (US) = **sledge**

sledge [slɛdʒ] n slitta

sleek [sli:k] adj (hair, fur) lucido(-a), lucente; (car, boat) slanciato(-a), affusolato(-a)

sleep [sli:p] (pt, pp **slept**) n sonno ▶ vi dormire; **to go to ~** addormentarsi ▷ **sleep in** vi (oversleep) dormire fino a tardi ▷ **sleep together** vi (have sex) andare a letto insieme; **sleeper** (BRIT) n (Rail: on track) traversina; (: train) treno di vagoni letto; **sleeping bag** n sacco a pelo; **sleeping car** n vagone m letto inv, carrozza f letto inv; **sleeping pill** n sonnifero; **sleepover** n notte f che un ragazzino passa da amici; **sleepwalk** vi camminare nel sonno; (as a habit) essere sonnambulo(-a); **sleepy** adj assonnato(-a), sonnolento(-a); (fig) addormentato(-a)

sleet [sli:t] n nevischio

sleeve [sli:v] n manica; (of record) copertina; **sleeveless** adj (garment) senza maniche

sleigh [sleɪ] n slitta

slender ['slɛndə^r] adj snello(-a), sottile; (not enough) scarso(-a), esiguo(-a)

slept [slɛpt] pt, pp of **sleep**

slew [slu:] pt of **slay** ▶ vi (BRIT) girare

slice [slaɪs] n fetta ▶ vt affettare, tagliare a fette

slick [slɪk] adj (skilful) brillante; (clever) furbo(-a) ▶ n (also: **oil ~**) chiazza di petrolio

slide [slaɪd] (pt, pp **slid**) n scivolone m; (in playground) scivolo; (Phot) diapositiva; (BRIT: also: **hair ~**) fermaglio (per capelli) ▶ vt far scivolare ▶ vi scivolare; **sliding** adj (door) scorrevole

slight [slaɪt] adj (slim) snello(-a), sottile; (frail) delicato(-a), fragile; (trivial) insignificante; (small)

piccolo(-a) ▶ n offesa, affronto; **not in the ~est** affatto, neppure per sogno; **slightly** adv lievemente, un po'

slim [slɪm] adj magro(-a), snello(-a) ▶ vi dimagrire; fare (or seguire) una dieta dimagrante; **slimming** ['slɪmɪŋ] adj (diet) dimagrante; (food) ipocalorico(-a)

slimy ['slaɪmɪ] adj (also fig: person) viscido(-a); (covered with mud) melmoso(-a)

sling [slɪŋ] (pt, pp **slung**) n (Med) fascia al collo; (for baby) marsupio ▶ vt lanciare, tirare

slip [slɪp] n scivolata, scivolone m; (mistake) errore m, sbaglio; (underskirt) sottoveste f; (of paper) striscia di carta; tagliando, scontrino ▶ vt (slide) far scivolare ▶ vi (slide) scivolare; (move smoothly): **to ~ into/out of** scivolare in/fuori da; (decline) declinare; **to ~ sth on/off** infilarsi/togliersi qc; **to give sb the ~** sfuggire qn; **a ~ of the tongue** un lapsus linguae ▷ **slip up** vi sbagliarsi

slipper ['slɪpə^r] n pantofola

slippery ['slɪpərɪ] adj scivoloso(-a)

slip road (BRIT) n (to motorway) rampa di accesso

slit [slɪt] (pt, pp **slit**) n fessura, fenditura; (cut) taglio ▶ vt fendere, tagliare

slog [slɔg] (BRIT) n faticata ▶ vi lavorare con accanimento, sgobbare

slogan ['sləugən] n motto, slogan m inv

slope [sləup] n pendio; (side of mountain) versante m; (ski slope) pista; (of roof) pendenza; (of floor) inclinazione f ▶ vi **to ~ down** declinare; **to ~ up** essere in salita; **sloping** adj inclinato(-a)

sloppy ['slɔpɪ] adj (work) tirato(-a) via; (appearance) sciatto(-a)

slot [slɔt] n fessura ▶ vt **to ~ sth**

into infilare qc in; **slot machine** n (BRIT: *vending machine*) distributore m automatico; (*for gambling*) slot-machine f inv

Slovakia [sləʊˈvækɪə] n Slovacchia

Slovene [ˈsləʊviːn] *adj* sloveno(-a) ▶ n sloveno(-a); (*Ling*) sloveno

Slovenia [sləʊˈviːnɪə] n Slovenia; **Slovenian** *adj*, n = **Slovene**

slow [sləʊ] *adj* lento(-a); (*watch*): **to be ~** essere indietro ▶ *adv* lentamente ▶ *vt, vi* (*also:* **~ down, ~ up**) rallentare; **"~"** (*road sign*) "rallentare" ▷ **slow down** vi rallentare; **slowly** *adv* lentamente; **slow motion** n **in slow motion** al rallentatore

slug [slʌg] n lumaca; (*bullet*) pallottola; **sluggish** *adj* lento(-a); (*trading*) stagnante

slum [slʌm] n catapecchia

slump [slʌmp] n crollo, caduta; (*economic*) depressione f, crisi f inv ▶ vi crollare

slung [slʌŋ] *pt, pp of* **sling**

slur [slɜːʳ] n (*fig*): **~ (on)** calunnia (su) ▶ *vt* pronunciare in modo indistinto

sly [slaɪ] *adj* (*smile, remark*) sornione(-a); (*person*) furbo(-a)

smack [smæk] n (*slap*) pacca; (*on face*) schiaffo ▶ *vt* schiaffeggiare; (*child*) picchiare ▶ *vi* **to ~ of** puzzare di

small [smɔːl] *adj* piccolo(-a); **small ads** npl (BRIT) piccola pubblicità; **small change** n moneta, spiccioli mpl

smart [smɑːt] *adj* elegante; (*fashionable*) alla moda; (*clever*) intelligente; (*quick*) sveglio(-a) ▶ *vi* bruciare; **smartcard** [ˈsmɑːtkɑːd] n smartcard f inv, carta intelligente

smash [smæʃ] n (*also:* **~-up**) scontro, collisione f; (*smash hit*) successo m ▶ *vt* frantumare, fracassare; (*Sport: record*) battere ▶ *vi* frantumarsi, andare in pezzi; **smashing** (*inf*) *adj* favoloso(-a), formidabile

smear [smɪəʳ] n macchia; (*Med*) striscio ▶ *vt* spalmare; (*make dirty*) sporcare; **smear test** n (BRIT Med) Pap-test m inv

smell [smɛl] (*pt* **smelt** *or* **smelled**) n odore m; (*sense*) olfatto, odorato ▶ *vt* sentire (l'odore di ▶ *vi* (*food etc*): **to ~ (of)** avere odore (di); (*pej*) puzzare, avere un cattivo odore; **smelly** *adj* puzzolente

smelt [smɛlt] *pt, pp of* **smell** ▶ *vt* (*ore*) fondere

smile [smaɪl] n sorriso ▶ *vi* sorridere

smirk [smɜːk] n sorriso furbo; sorriso compiaciuto

smog [smɒg] n smog m

smoke [sməʊk] n fumo ▶ *vt, vi* fumare; **do you mind if I ~?** le dà fastidio se fumo?; **smoke alarm** n rivelatore f di fumo; **smoked** *adj* (*bacon, glass*) affumicato(-a); **smoker** n (*person*) fumatore(-trice); (*Rail*) carrozza per fumatori; **smoking** n fumo; **"no smoking"** (*sign*) "vietato fumare"; **smoky** *adj* fumoso(-a); (*taste*) affumicato(-a)

smooth [smuːð] *adj* liscio(-a); (*sauce*) omogeneo(-a); (*flavour, whisky*) amabile; (*movement*) regolare; (*person*) mellifluo(-a) ▶ *vt* (*also:* **~ out**) lisciare, spianare; (*: difficulties*) appianare

smother [ˈsmʌðəʳ] *vt* soffocare

SMS *abbr* (= *short message service*) SMS; **SMS message** n SMS m inv, messaggino

smudge [smʌdʒ] n macchia, sbavatura ▶ *vt* imbrattare, sporcare

smug [smʌg] *adj* soddisfatto(-a), compiaciuto(-a)

smuggle [ˈsmʌgl] *vt* contrabbandare; **smuggling** n contrabbando

snack [snæk] n spuntino; **snack bar** n tavola calda, snack bar m inv

snag [snæg] n intoppo, ostacolo imprevisto

snail [sneɪl] n chiocciola

snake [sneɪk] n serpente m

snap [snæp] n (sound) schianto, colpo secco; (photograph) istantanea f ▶ vt (far) schioccare; (break) spezzare di netto ▶ vi spezzarsi con un rumore secco; (fig: person) parlare con tono secco; **to ~ shut** chiudersi di scatto ▶ **snap at** vt fus (dog) cercare di mordere ▶ **snap up** vt afferrare; **snapshot** n istantanea

snarl [snɑːl] vi ringhiare

snatch [snætʃ] n (small amount) frammento ▶ vt strappare (con violenza); (fig) rubare

sneak [sniːk] (pt (US snuck)) vi to ~ **in/out** entrare/uscire di nascosto ▶ n spione(-a); **to ~ up on sb** avvicinarsi quatto quatto a qn; **sneakers** npl scarpe fpl da ginnastica

sneer [snɪəʳ] vi sogghignare; **to ~ at** farsi beffe di

sneeze [sniːz] n starnuto ▶ vi starnutire

sniff [snɪf] n fiutata, annusata ▶ vi tirare su col naso ▶ vt fiutare, annusare

snigger [ˈsnɪgəʳ] vi ridacchiare, ridere sotto i baffi

snip [snɪp] n pezzetto; (bargain) (buon) affare m, occasione f ▶ vt tagliare

sniper [ˈsnaɪpəʳ] n (marksman) franco tiratore m, cecchino

snob [snɔb] n snob m/f inv

snooker [ˈsnuːkəʳ] n tipo di gioco del biliardo

snoop [snuːp] vi **to ~ about** curiosare

snooze [snuːz] n sonnellino, pisolino ▶ vi fare un sonnellino

snore [snɔːʳ] vi russare

snorkel [ˈsnɔːkl] n (of swimmer) respiratore m a tubo

snort [snɔːt] n sbuffo ▶ vi sbuffare

snow [snəʊ] n neve f ▶ vi nevicare; **snowball** n palla di neve ▶ vi (fig)

crescere a vista d'occhio; **snowstorm** n tormenta

snub [snʌb] vt snobbare ▶ n offesa, affronto

snug [snʌg] adj comodo(-a); (room, house) accogliente, comodo(-a)

so

[səʊ] adv

1 (thus, likewise) così; **if so** se è così, quand'è così; **I didn't do it — you did so!** non l'ho fatto io — sì che l'hai fatto!; **so do I, so am I** etc anch'io; **it's 5 o'clock — so it is!** sono le 5 — davvero!; **I hope so** lo spero; **I think so** penso di sì; **so far** finora, fin qui; (in past) fino a allora

2 (in comparisons etc: to such a degree) così; **so big (that)** così grande (che); **she's not so clever as her brother** lei non è (così) intelligente come suo fratello

3: **so much** adj tanto(-a)
▶ adv tanto; **I've got so much work/money** ho tanto lavoro/tanti soldi; **I love you so much** ti amo tanto; **so many** tanti(-e)

4 (phrases): **10 or so** circa 10; **so long!** (inf: goodbye) ciao!, ci vediamo!
▶ conj

1 (expressing purpose): **so as to do** in modo or così da fare; **we hurried so as not to be late** ci affrettammo per non fare tardi; **so (that)** affinché + sub, perché + sub

2 (expressing result): **he didn't arrive so I left** non è venuto così me ne sono andata; **so you see, I could have gone** vedi, sarei potuto andare

soak [səʊk] vt inzuppare; (clothes) mettere a mollo ▶ vi (clothes etc) essere a mollo ▶ **soak up** vt assorbire; **soaking** adj (also: **soaking wet**) fradicio(-a)

so-and-so [ˈsəʊənsəʊ] n (somebody) un tale; **Mr/Mrs ~** signor/signora tal dei tali

soap [səup] n sapone m; **soap opera** n soap opera f inv; **soap powder** n detersivo

soar [sɔːʳ] vi volare in alto; (price etc) salire alle stelle; (building) ergersi

sob [sɔb] n singhiozzo ▶ vi singhiozzare

sober ['səubəʳ] adj sobrio(-a); (not drunk) non ubriaco(-a); (moderate) moderato(-a) ▶ **sober up** vt far passare la sbornia a ▶ vi farsi passare la sbornia

so-called ['səu'kɔːld] adj cosiddetto(-a)

soccer ['sɔkəʳ] n calcio

sociable ['səuʃəbl] adj socievole

social ['səuʃl] adj sociale ▶ n festa, serata; **socialism** n socialismo; **socialist** adj, n socialista m/f; **socialize** vi **to socialize (with)** socializzare (con); **social life** n vita sociale; **socially** adv socialmente, in società; **social security** (BRIT) n previdenza sociale; **social services** npl servizi mpl sociali; **social work** n servizio sociale; **social worker** n assistente m/f sociale

society [sə'saɪətɪ] n società f inv; (club) società, associazione f; (also: **high ~**) alta società

sociology [səusɪ'ɔlədʒɪ] n sociologia

sock [sɔk] n calzino

socket ['sɔkɪt] n cavità f inv; (of eye) orbita; (BRIT: Elec: also: **wall ~**) presa di corrente

soda ['səudə] n (Chem) soda; (also: ~ **water**) acqua di seltz; (US: also: ~ **pop**) gassosa

sodium ['səudɪəm] n sodio

sofa ['səufə] n sofà m inv; **sofa bed** n divano m letto inv

soft [sɔft] adj (not rough) morbido(-a); (not hard) soffice; (not loud) sommesso(-a); (not bright) tenue; (kind) gentile; **soft drink** n analcolico; **soft drugs** npl droghe fpl leggere; **soften** ['sɔfn] vt ammorbidire; addolcire; attenuare ▶ vi ammorbidirsi; addolcirsi; attenuarsi; **softly** adv dolcemente, morbidamente; **software** ['sɔftwɛəʳ] n (Comput) software m

soggy ['sɔgɪ] adj inzuppato(-a)

soil [sɔɪl] n terreno ▶ vt sporcare

solar ['səuləʳ] adj solare; **solar power** n energie solare; **solar system** n sistema m solare

sold [səuld] pt, pp of **sell**

soldier ['səuldʒəʳ] n soldato, militare m

sold out adj (Comm) esaurito(-a)

sole [səul] n (of foot) pianta (del piede); (of shoe) suola; (fish: pl inv) sogliola ▶ adj solo(-a), unico(-a); **solely** adv solamente, unicamente; **I will hold you solely responsible** la considererò il solo responsabile

solemn ['sɔləm] adj solenne

solicitor [sə'lɪsɪtəʳ] (BRIT) n (for wills etc) ≈ notaio; (in court) ≈ avvocato

solid ['sɔlɪd] adj solido(-a); (not hollow) pieno(-a); (meal) sostanzioso(-a) ▶ n solido

solitary ['sɔlɪtərɪ] adj solitario(-a)

solitude ['sɔlɪtjuːd] n solitudine f

solo ['səuləu] n assolo; **soloist** n solista m/f

soluble ['sɔljubl] adj solubile

solution [sə'luːʃən] n soluzione f

solve [sɔlv] vt risolvere

solvent ['sɔlvənt] adj (Comm) solvibile ▶ n (Chem) solvente m

sombre ['sɔmbəʳ] (US **somber**) adj scuro(-a); (mood, person) triste

○ some
[sʌm] adj

1 (a certain amount or number of): **some tea/water/cream** del tè/dell'acqua/ della panna; **some children/apples** dei bambini/delle mele

2 (*certain: in contrasts*) certo(-a); **some people say that ...** alcuni dicono che ..., certa gente dice che ...
3 (*unspecified*) un(a) certo(-a), qualche; **some woman was asking for you** una tale chiedeva di lei; **some day** un giorno; **some day next week** un giorno della prossima settimana
▶ *pron*
1 (*a certain number*) alcuni(-e), certi(-e); **I've got some** (*books etc*) ne ho alcuni; **some** (*of them*) **have been sold** alcuni sono stati venduti
2 (*a certain amount*) un po'; **I've got some** (*money, milk*) ne ho un po'; **I've read some of the book** ho letto parte del libro
▶ *adv* **some 10 people** circa 10 persone
some: somebody ['sʌmbədɪ] *pron* = **someone**; **somehow** ['sʌmhau] *adv* in un modo o nell'altro, in qualche modo; (*for some reason*) per qualche ragione; **someone** ['sʌmwʌn] *pron* qualcuno; **someplace** ['sʌmpleɪs] (*US*) *adv* = **somewhere**; **something** ['sʌmθɪŋ] *pron* qualcosa, qualche cosa; **something nice** qualcosa di bello; **something to do** qualcosa da fare; **sometime** ['sʌmtaɪm] *adv* (*in future*) una volta o l'altra; (*in past*) **sometime last month** durante il mese scorso; **sometimes** ['sʌmtaɪmz] *adv* qualche volta; **somewhat** ['sʌmwɔt] *adv* piuttosto; **somewhere** ['sʌmweəʳ] *adv* in or da qualche parte
son [sʌn] *n* figlio
song [sɔŋ] *n* canzone *f*
son-in-law ['sʌnɪnlɔː] *n* genero
soon [suːn] *adv* presto, fra poco; (*early, a short time after*) presto; **~ afterwards** poco dopo; *see also* **as**; *label* **soon** (*time*) prima; (*preference*): **I would sooner do** preferirei fare; **sooner or later** prima o poi

soothe [suːð] *vt* calmare
sophisticated [sə'fɪstɪkeɪtɪd] *adj* sofisticato(-a); raffinato(-a); complesso(-a)
sophomore ['sɔfəmɔːʳ] (*US*) *n* studente(-essa) del secondo anno
soprano [sə'prɑːnəu] *n* (*voice*) soprano *m*; (*singer*) soprano *m/f*
sorbet ['sɔːbeɪ] *n* sorbetto
sordid ['sɔːdɪd] *adj* sordido(-a)
sore [sɔːʳ] *adj* (*painful*) dolorante ▶ *n* piaga
sorrow ['sɔrəu] *n* dolore *m*
sorry ['sɔrɪ] *adj* spiacente; (*condition, excuse*) misero(-a); **~! scusa!** (*or* scusi! *or* scusate!); **to feel ~ for sb** rincrescere per qn
sort [sɔːt] *n* specie *f*, genere *m* ▶ *vt* **sort out** (*papers*) classificare; ordinare; (*: letters etc*) smistare; (*: problems*) risolvere; (*Comput*) ordinare
SOS *n abbr* (= *save our souls*) S.O.S. *m inv*
so-so ['səusəu] *adv* così così
sought [sɔːt] *pt, pp of* **seek**
soul [səul] *n* anima
sound [saund] *adj* (*healthy*) sano(-a); (*safe, not damaged*) solido(-a), in buono stato; (*reliable, not superficial*) solido(-a); (*sensible*) giudizioso(-a), di buon senso ▶ *adv* ~ **asleep** profondamente addormentato ▶ *n* suono; (*noise*) rumore *m*; (*Geo*) stretto ▶ *vt* (*alarm*) suonare ▶ *vi* suonare; (*fig: seem*) sembrare; **to ~ like** rassomigliare a; **soundtrack** *n* (*of film*) colonna sonora
soup [suːp] *n* minestra; brodo; zuppa
sour ['sauəʳ] *adj* aspro(-a); (*fruit*) acerbo(-a); (*milk*) acido(-a); (*fig*) arcigno(-a); acido(-a); **it's ~ grapes** è soltanto invidia
source [sɔːs] *n* fonte *f*, sorgente *f*; (*fig*) fonte
south [sauθ] *n* sud *m*, meridione *m*, mezzogiorno ▶ *adj* del sud, sud

inv, meridionale ▸ *adv* verso sud;
South Africa *n* Sudafrica *m*; **South
African** *adj*, *n* sudafricano(-a); **South
America** *n* Sudamerica *m*, America
del sud; **South American** *adj*, *n*
sudamericano(-a); **southbound**
['sauθbaund] *adj* (gen) diretto(-a)
a sud; (*carriageway*) a senso unico
inv;
southeastern [sauθ'i:stən] *adj*
sudorientale; **southern** ['sʌðən] *adj*
del sud, meridionale; esposto(-a)
a sud; **South Korea** *n* Corea *f*
del Sud; **South Pole** *n* Polo Sud;
southward(s) *adv* verso sud; **south-
west** *n* sud-ovest *m*; **southwestern**
[sauθ'westən] *adj* sudoccidentale
souvenir ['su:vəˈnıəʳ] *n* ricordo,
souvenir *m inv*
sovereign ['sɔvrın] *adj*, *n* sovrano(-a)
sow¹ [səu] (*pt* **sowed**, *pp* **sown**) *vt*
seminare
sow² [sau] *n* scrofa
soya ['sɔıə] (*US* **soy**) *n* ~ **bean** *n* seme *m*
di soia; **soya sauce** *n* salsa di soia
spa [spa:] *n* (*resort*) stazione *f* termale;
(*US: also:* **health ~**) centro di cure
estetiche
space [speıs] *n* spazio; (*room*) posto,
spazio; (*length of time*) intervallo ▸ *cpd*
spaziale ▸ *vt* (*also:* **~ out**) distanziare;
spacecraft *n inv* veicolo spaziale;
spaceship *n* = **spacecraft**
spacious ['speıʃəs] *adj* spazioso(-a),
ampio(-a)
spade [speıd] *n* (*tool*) vanga; pala;
(*child's*) paletta; ~ **s** *npl* (*Cards*)
picche *fpl*
spaghetti [spə'getı] *n* spaghetti *mpl*
Spain [speın] *n* Spagna
spam [spæm] *n* (*Comput*) spamming
m ▸ *vt* to ~ **sb** inviare a qn messaggi
pubblicitari non richiesti via email
span [spæn] *n* (*of bird*, *plane*) apertura
alare; (*of arch*) campata; (*in time*)
periodo; durata ▸ *vt* attraversare; (*fig*)

abbracciare
Spaniard ['spænjəd] *n* spagnolo(-a)
Spanish ['spænıʃ] *adj* spagnolo(-a) ▸ *n*
(*Ling*) spagnolo; **the ~** *npl* gli Spagnoli
spank [spæŋk] *vt* sculacciare
spanner ['spænəʳ] (*BRIT*) *n* chiave
f inglese
spare [speəʳ] *adj* di riserva, di scorta;
(*surplus*) in più, d'avanzo ▸ *n* (*part*)
pezzo di ricambio ▸ *vt* (*do without*)
fare a meno di; (*afford to give*)
concedere; (*refrain from hurting, using*)
risparmiare; **to ~** (*surplus*) d'avanzo;
spare part *n* pezzo di ricambio;
spare room *n* stanza degli ospiti;
spare time *n* tempo libero; **spare
tyre** (*US* **spare tire**) *n* (*Aut*) gomma
di scorta; **spare wheel** *n* (*Aut*) ruota
di scorta
spark [spa:k] *n* scintilla; **spark(ing)
plug** *n* candela
sparkle ['spa:kl] *n* scintillio, sfavillio
▸ *vi* scintillare, sfavillare
sparrow ['spærəu] *n* passero
sparse [spa:s] *adj* sparso(-a), rado(-a)
spasm ['spæzəm] *n* (*Med*) spasmo; (*fig*)
accesso, attacco
spat [spæt] *pt*, *pp* of **spit**
spate [speıt] *n* (*fig*): ~ **of** diluvio o
fiume *m* di
spatula ['spætjulə] *n* spatola
speak [spi:k] (*pt* **spoke**, *pp* **spoken**)
vt (*language*) parlare; (*truth*) dire ▸ *vi*
parlare; **I don't ~ Italian** non parlo
italiano; **do you ~ English?** parla
inglese?; **to ~ to sb/of** or **about sth**
parlare a qn/di qc; **can I ~ to ...?** posso
parlare con...?; ~ **up!** parla più forte!;
speaker *n* (*in public*) oratore(-trice);
(*also:* **loudspeaker**) altoparlante
m; (*Pol*): **the Speaker** il presidente
della Camera dei Comuni (*BRIT*) or dei
Rappresentanti (*US*)
spear [spıəʳ] *n* lancia ▸ *vt* infilzare
special ['speʃl] *adj* speciale; **special**

delivery n (Post): **by special delivery** per espresso; **special effects** npl (Cine) effetti mpl speciali; **specialist** n specialista m/f; **speciality** [spɛʃɪˈælɪtɪ] n specialità f inv; **I'd like to try a local speciality** vorrei assaggiare una specialità del posto; **specialize** vi **to specialize (in)** specializzarsi (in); **specially** adv specialmente, particolarmente; **special needs** npl **special needs children** bambini mpl con difficoltà di apprendimento; **special offer** n (Comm) offerta speciale; **special school** n (BRIT) scuola speciale (per portatori di handicap); **specialty** (US) n = **speciality**

species [ˈspiːʃiːz] n inv specie f inv
specific [spəˈsɪfɪk] adj specifico(-a), preciso(-a); **specifically** adv esplicitamente, (especially) appositamente
specify [ˈspɛsɪfaɪ] vt specificare, precisare; **unless otherwise specified** salvo indicazioni contrarie
specimen [ˈspɛsɪmən] n esemplare m, modello; (Med) campione m
speck [spɛk] n puntino, macchiolina; (particle) granello
spectacle [ˈspɛktəkl] n spettacolo; ~s npl (glasses) occhiali mpl; **spectacular** [-ˈtækjulə²] adj spettacolare
spectator [spɛkˈteɪtə²] n spettatore m
spectrum [ˈspɛktrəm] (pl spectra) n spettro
speculate [ˈspɛkjuleɪt] vi speculare; (try to guess): **to ~ about** fare ipotesi su
sped [spɛd] pt, pp of **speed**
speech [spiːtʃ] n (faculty) parola; (talk, Theatre) discorso; (manner of speaking) parlata; **speechless** adj ammutolito(-a), muto(-a)
speed [spiːd] n velocità f inv; (promptness) prontezza; **at full** or **top ~** a tutta velocità ▷ **speed up** vi, vt

accelerare; **speedboat** n motoscafo; **speeding** n (Aut) eccesso di velocità; **speed limit** n limite m di velocità; **speedometer** [spiˈdɔmɪtə²] n tachimetro; **speedy** adj veloce, rapido(-a); pronto(-a)
spell [spɛl] (pt, pp spelt (BRIT) or spelled) n (also: **magic ~**) incantesimo; (period of time) (breve) periodo ▷ vt (in writing) scrivere lettera per lettera; (aloud) dire lettera per lettera; (fig) significare; **to cast a ~ on sb** fare un incantesimo a qn; **he can't ~** fa errori di ortografia ▷ **spell out** vt (letter by letter) dettare lettera per lettera; (explain): **to ~ sth out for sb** spiegare qc a qn per filo e per segno; **spellchecker** [ˈspɛltʃɛkə²] n correttore m ortografico; **spelling** n ortografia
spelt [spɛlt] (BRIT) pt, pp of **spell**
spend [spɛnd] (pt, pp spent) vt (money) spendere; (time, life) passare; **spending** n **government spending** spesa pubblica
spent [spɛnt] pt, pp of **spend**
sperm [spəːm] n sperma m
sphere [sfɪə²] n sfera
spice [spaɪs] n spezia ▷ vt aromatizzare
spicy [ˈspaɪsɪ] adj piccante
spider [ˈspaɪdə²] n ragno
spike [spaɪk] n punta
spill [spɪl] (pt, pp spilt or spilled) vt versare, rovesciare ▷ vi versarsi, rovesciarsi
spin [spɪn] (pt, pp spun) n (revolution of wheel) rotazione f; (Aviat) avvitamento; (trip in car) giretto ▷ vt (wool etc) filare; (wheel) far girare ▷ vi girare
spinach [ˈspɪnɪtʃ] n spinacio; (as food) spinaci mpl
spinal [ˈspaɪnl] adj spinale
spin doctor (inf) n esperto di

comunicazioni responsabile dell'immagine di un partito politico

spin-dryer ['spɪn'draɪə'] (BRIT) n centrifuga

spine [spaɪn] n spina dorsale; (thorn) spina

spiral ['spaɪərl] n spirale ▸ vi (fig) salire a spirale

spire ['spaɪə'] n guglia

spirit ['spɪrɪt] n spirito; (ghost) spirito, fantasma m; (mood) stato d'animo, umore m; (courage) coraggio; **~s** npl (drink) alcolici mpl; **in good ~s** di buon umore

spiritual ['spɪrɪtjuəl] adj spirituale

spit [spɪt] (pt, pp **spat**) n (for roasting) spiedo; (saliva) sputo; saliva ▸ vi sputare; (fire, fat) scoppiettare

spite [spaɪt] n dispetto ▸ vt contrariare, far dispetto a; **in ~ of** nonostante, malgrado; **spiteful** adj dispettoso(-a)

splash [splæʃ] n spruzzo; (sound) splash m inv; (of colour) schizzo ▸ vt spruzzare ▸ vi (also: ~ **about**) sguazzare ▷ **splash out** (inf) vi (BRIT) fare spese folli

splendid ['splendɪd] adj splendido(-a), magnifico(-a)

splinter ['splɪntə'] n scheggia ▸ vi scheggiarsi

split [splɪt] (pt, pp **split**) n spaccatura; (fig: division, quarrel) scissione f ▸ vt spaccare; (party) dividere; (work, profits) spartire, ripartire ▸ vi (divide) dividersi ▷ **split up** vi (couple) separarsi, rompere; (meeting) sciogliersi

spoil [spɔɪl] (pt, pp **spoilt** or **spoiled**) vt (damage) rovinare, guastare; (mar) sciupare; (child) viziare

spoilt [spɔɪlt] pt, pp of **spoil**

spoke [spəuk] pt of **speak** ▸ n raggio

spoken ['spəukn] pp of **speak**

spokesman ['spəuksmən] (irreg) n

portavoce m inv

spokesperson ['spəukspə:sn] n portavoce m/f

spokeswoman ['spəukswumən] (irreg) n portavoce f inv

sponge [spʌndʒ] n spugna; (also: ~ **cake**) pan m di spagna ▸ vt spugnare, pulire con una spugna ▸ vi **to ~ off** or **on** scroccare a; **sponge bag** (BRIT) n nécessaire m inv

sponsor ['spɒnsə'] n (Radio, TV, Sport etc) sponsor m inv; (Pol: of bill) promotore(-trice) ▸ vt sponsorizzare; (bill) presentare; **sponsorship** n sponsorizzazione f

spontaneous [spɒn'teɪnɪəs] adj spontaneo(-a)

spooky ['spu:kɪ] (inf) adj che fa accapponare la pelle

spoon [spu:n] n cucchiaio; **spoonful** n cucchiaiata

sport [spɔ:t] n sport m inv; (person) persona di spirito ▸ vt sfoggiare; **sport jacket** (US) n = **sports jacket**; **sports car** n automobile f sportiva; **sports centre** (BRIT) n centro sportivo; **sports jacket** (BRIT) n giacca sportiva; **sportsman** (irreg) n sportivo; **sportswear** n abiti mpl sportivi; **sportswoman** (irreg) n sportiva; **sporty** adj sportivo(-a)

spot [spɒt] n punto; (mark) macchia; (dot: on pattern) pallino; (pimple) foruncolo; (place) posto; (Radio, TV) spot m inv; (small amount): **a ~ of** un po' di ▸ vt (notice) individuare, distinguere; **on the ~** sul posto; (immediately) su due piedi; (in difficulty) nei guai; **spotless** adj immacolato(-a); **spotlight** n proiettore m; (Aut) faro ausiliario

spouse [spauz] n sposo(-a)

sprain [spreɪn] n storta, distorsione f ▸ vt **to ~ one's ankle** storcersi una caviglia

sprang [spræŋ] *pt of* **spring**

sprawl [sprɔ:l] *vi* sdraiarsi (in modo scomposto); (*place*) estendersi (disordinatamente)

spray [spreɪ] *n* spruzzo; (*container*) nebulizzatore *m*, spray *m inv*; (*of flowers*) mazzetto ▶ *vt* spruzzare; (*crops*) irrorare

spread [spred] (*pt, pp* **spread**) *n* diffusione *f*; (*distribution*) distribuzione *f*; (*Culin*) pasta (da spalmare); (*inf: food*) banchetto ▶ *vt* (*cloth*) stendere, distendere; (*butter etc*) spalmare; (*disease, knowledge*) propagare, diffondere ▶ *vi* stendersi, distendersi; spalmarsi; propagarsi, diffondersi ▶ **spread out** *vi* (*move apart*) separarsi; **spreadsheet** *n* foglio elettronico ad espansione

spree [spri:] *n* **to go on a** ~ fare baldoria

spring [sprɪŋ] (*pt* **sprang**, *pp* **sprung**) *n* (*leap*) salto, balzo; (*coiled metal*) molla; (*season*) primavera; (*of water*) sorgente *f* ▶ *vi* saltare, balzare ▶ **spring up** *vi* (*problem*) presentarsi; **spring onion** *n* (*BRIT*) cipollina

sprinkle ['sprɪŋkl] *vt* spruzzare; spargere; **to ~ water etc on, ~ with water** *etc* spruzzare dell'acqua *etc* su

sprint [sprɪnt] *n* scatto ▶ *vi* scattare

sprung [sprʌŋ] *pp of* **spring**

spun [spʌn] *pt, pp of* **spin**

spur [spə:ʳ] *n* sperone *m*; (*fig*) sprone *m*, incentivo ▶ *vt* (*also:* ~ **on**) spronare; **on the ~ of the moment** lì per lì

spurt [spə:t] *n* (*of water*) getto; (*of energy*) scatto ▶ *vi* sgorgare

spy [spaɪ] *n* spia ▶ *vi* **to ~ on** spiare ▶ *vt* (*see*) scorgere

sq. *abbr* = **square**

squabble ['skwɔbl] *vi* bisticciarsi

squad [skwɔd] *n* (*Mil*) plotone *m*; (*Police*) squadra

squadron ['skwɔdrn] *n* (*Mil*)

squadrone *m*; (*Aviat, Naut*) squadriglia

squander ['skwɔndəʳ] *vt* dissipare

square [skwɛəʳ] *n* quadrato; (*in town*) piazza ▶ *adj* quadrato(-a); (*inf: ideas, person*) di vecchio stampo ▶ *vt* (*arrange*) regolare; (*Math*) elevare al quadrato; (*reconcile*) conciliare; **all ~** pari; **a ~ meal** un pasto abbondante; **2 metres ~** di 2 metri per 2; **1 ~ metre** 1 metro quadrato; **square root** *n* radice *f* quadrata

squash [skwɔʃ] *n* (*Sport*) squash *m*; (*BRIT: drink*): **lemon/orange ~** sciroppo di limone/arancia; (*US*) zucca; (*Sport*) squash *m* ▶ *vt* schiacciare

squat [skwɔt] *adj* tarchiato(-a), tozzo(-a) ▶ *vi* (*also:* ~ **down**) accovacciarsi; **squatter** *n* occupante *m/f* abusivo(-a)

squeak [skwi:k] *vi* squittire

squeal [skwi:l] *vi* strillare

squeeze [skwi:z] *n* pressione *f*; (*also Econ*) stretta ▶ *vt* premere; (*hand, arm*) stringere

squid [skwɪd] *n* calamaro

squint [skwɪnt] *vi* essere strabico(-a) ▶ *n* **he has a ~** è strabico

squirm [skwə:m] *vi* contorcersi

squirrel ['skwɪrəl] *n* scoiattolo

squirt [skwə:t] *vi* schizzare; zampillare ▶ *vt* spruzzare

Sr *abbr* = **senior**

Sri Lanka [srɪ'læŋkə] *n* Sri Lanka *m*

St *abbr* = **saint**; **street**

stab [stæb] *n* (*with knife etc*) pugnalata; (*of pain*) fitta; (*inf: try*): **to have a ~ at (doing) sth** provare a (fare) qc ▶ *vt* pugnalare

stability [stə'bɪlɪtɪ] *n* stabilità

stable ['steɪbl] *n* (*for horses*) scuderia; (*for cattle*) stalla ▶ *adj* stabile

stack [stæk] *n* catasta, pila ▶ *vt* accatastare, ammucchiare

stadium ['steɪdɪəm] *n* stadio

staff [stɑːf] n (work force: gen) personale m; (: BRIT: Scol) personale insegnante ▶ vt fornire di personale

stag [stæg] n cervo

stage [steɪdʒ] n palcoscenico; (profession): **the ~** il teatro, la scena; (point) punto; (platform) palco ▶ vt (play) allestire, mettere in scena; (demonstration) organizzare; **in ~s** per gradi; a tappe

stagger ['stægə*] vi barcollare ▶ vt (person) sbalordire; (hours, holidays) scaglionare; **staggering** adj (amazing) sbalorditivo(-a)

stagnant ['stægnənt] adj stagnante

stag night, stag party n festa di addio al celibato

stain [steɪn] n macchia; (colouring) colorante m ▶ vt macchiare; (wood) tingere; **stained glass** [steɪnd'glɑː s] n vetro colorato; **stainless steel** n acciaio inossidabile

staircase ['stɛəkeɪs] n scale fpl, scala

stairs [stɛəz] npl (flight of stairs) scale fpl, scala

stairway ['stɛəweɪ] n = **staircase**

stake [steɪk] n palo, piolo; (Comm) interesse m; (Betting) puntata, scommessa ▶ vt (bet) scommettere; (risk) rischiare; **to be at ~** essere in gioco

stale [steɪl] adj (bread) raffermo(-a); (food) stantio(-a); (air) viziato(-a); (beer) svaporato(-a); (smell) di chiuso

stalk [stɔːk] n gambo, stelo ▶ vt inseguire

stall [stɔːl] n bancarella; (in stable) box m inv di stalla ▶ vt (Aut) far spegnere; (fig) bloccare ▶ vi (Aut) spegnersi, fermarsi; (fig) temporeggiare

stamina ['stæmɪnə] n vigore m, resistenza

stammer ['stæmə*] n balbuzie f ▶ vi balbettare

stamp [stæmp] n (postage stamp) francobollo; (implement) timbro; (mark, also fig) marchio, impronta; (on document) bollo; timbro ▶ vi (also: ~ **one's foot**) battere il piede ▶ vt battere; (letter) affrancare; (mark with a stamp) timbrare ▷ **stamp out** vt (fire) estinguere; (crime) eliminare; (opposition) soffocare; **stamped addressed envelope** n (BRIT) busta affrancata e indirizzata

▮ Be careful not to translate **stamp** the Italian word for **stampa**.

stampede [stæm'piːd] n fuggi fuggi m inv

stance [stæns] n posizione f

stand [stænd] (pt, pp **stood**) n (position) posizione f; (for taxis) posteggio; (structure) supporto, sostegno; (at exhibition) stand m inv; (in shop) banco; (at market) bancarella; (booth) chiosco; (Sport) tribuna ▶ vi stare in piedi; (rise) alzarsi in piedi; (be placed) trovarsi ▶ vt (place) mettere, porre; (tolerate, withstand) resistere, sopportare; (treat) offrire; **to make a ~** prendere posizione; **to ~ for parliament** (BRIT) presentarsi come candidato (per il parlamento) ▷ **stand back** vi prendere le distanze ▷ **stand by** vi (be ready) tenersi pronto(-a) ▶ vt fus (opinion) sostenere ▷ **stand down** vi (withdraw) ritirarsi ▷ **stand for** vt fus (signify) rappresentare, significare; (tolerate) sopportare, tollerare ▷ **stand in for** vt fus sostituire ▷ **stand out** vi (be prominent) spiccare ▷ **stand up** vi (rise) alzarsi in piedi ▷ **stand up for** vt fus difendere ▷ **stand up to** vt fus tener testa a, resistere a

standard ['stændəd] n modello, standard m inv; (level) livello; (flag) stendardo ▶ adj (size etc) normale, standard inv; **~s** npl (morals) principi mpl, valori mpl; **standard of living** n livello di vita

stand-by ['stændbaɪ] *n* riserva, sostituto; **to be on ~** *(gen)* tenersi pronto(-a); *(doctor)* essere di guardia; **stand-by ticket** *n (Aviat)* biglietto senza garanzia

standing ['stændɪŋ] *adj* diritto(-a), in piedi; *(permanent)* permanente ▶ *n* rango, condizione f, posizione f; **of many years' ~** che esiste da molti anni; **standing order** *(BRIT)* *n (at bank)* ordine *m* di pagamento (permanente)

stand: standpoint ['stændpɔɪnt] *n* punto di vista; **standstill** ['stændstɪl] *n* **at a standstill** fermo(-a); *(fig)* a un punto morto; **to come to a standstill** fermarsi; giungere a un punto morto

stank [stæŋk] *pt of* **stink**

staple ['steɪpl] *n (for papers)* graffetta ▶ *adj (food etc)* di base ▶ *vt* cucire

star [stɑːʳ] *n* stella; *(celebrity)* divo(-a) ▶ *vi* **to ~ (in)** essere il *(or* la) protagonista (di) ▶ *vt (Cinema)* essere interpretato(-a) da; **the ~s** *npl (Astrology)* le stelle

starboard ['stɑːbəd] *n* dritta

starch [stɑːtʃ] *n* amido

stardom ['stɑːdəm] *n* celebrità

stare [stɛəʳ] *n* sguardo fisso ▶ *vi* **to ~ at** fissare

stark [stɑːk] *adj (bleak)* desolato(-a) ▶ *adv* **~ naked** completamente nudo(-a)

start [stɑːt] *n* inizio; *(of race)* partenza; *(sudden movement)* sobbalzo; *(advantage)* vantaggio ▶ *vt* cominciare, iniziare; *(car)* mettere in moto ▶ *vi* cominciare; *(on journey)* partire, mettersi in viaggio; *(jump)* sobbalzare; **when does the film ~?** a che ora comincia il film?; **to ~ doing** *or* **to do sth** (in)cominciare a fare qc ▶ **start off** *vi* cominciare; *(leave)* partire ▶ **start out** *vi (begin)*

cominciare; *(set out)* partire ▶ **start up** *vi* cominciare; *(car)* avviarsi ▶ *vt* iniziare; *(car)* avviare; **starter** *n (Aut)* motorino d'avviamento; *(Sport: official)* starter *m inv*; *(BRIT: Culin)* primo piatto; **starting point** *n* punto di partenza

startle ['stɑːtl] *vt* far trasalire; **startling** *adj* sorprendente

starvation [stɑːˈveɪʃən] *n* fame f, inedia

starve [stɑːv] *vi* morire di fame; soffrire la fame ▶ *vt* far morire di fame, affamare

state [steɪt] *n* stato ▶ *vt* dichiarare, affermare; annunciare; **the S~s** *(USA)* gli Stati Uniti; **to be in a ~** essere agitato(-a); **statement** *n* dichiarazione f; **state school** *n* scuola statale; **statesman** *(irreg)* *n* statista *m*

static ['stætɪk] *n (Radio)* scariche fpl ▶ *adj* statico(-a)

station ['steɪʃən] *n* stazione f ▶ *vt* collocare, disporre

stationary ['steɪʃənərɪ] *adj* fermo(-a), immobile

stationer's (shop) *n* cartoleria

stationery ['steɪʃnərɪ] *n* articoli *mpl* di cancelleria

station wagon *(US)* *n* giardinetta

statistic [stəˈtɪstɪk] *n* statistica; **statistics** *n (science)* statistica

statue ['stætjuː] *n* statua

stature ['stætʃəʳ] *n* statura

status ['steɪtəs] *n* posizione f, condizione f sociale; prestigio; stato; **status quo** [-ˈkwəu] *n* **the status quo** lo statu quo

statutory ['stætjutrɪ] *adj* stabilito(-a) dalla legge, statutario(-a)

staunch [stɔːntʃ] *adj* fidato(-a), leale

stay [steɪ] *n (period of time)* soggiorno, permanenza ▶ *vi* rimanere; *(reside)* alloggiare, stare; *(spend some time)* trattenersi, soggiornare; **to ~ put** non muoversi; **to ~ the night** fermarsi per la notte ▷ **stay away** vi (from person, building) stare lontano (from event) non andare ▷ **stay behind** vi restare indietro ▷ **stay in** vi (at home) stare in casa ▷ **stay on** vi restare, rimanere ▷ **stay out** vi (of house) rimanere fuori (di casa) ▷ **stay up** vi (at night) rimanere alzato(-a)

steadily ['stedɪlɪ] adv (firmly) saldamente; (constantly) continuamente; (fixedly) fisso; (walk) con passo sicuro

steady ['stedɪ] adj (not wobbling) fermo(-a); (regular) costante; (person, character) serio(-a); (: calm) calmo(-a), tranquillo(-a) ▷ vt stabilizzare; calmare

steak [steɪk] n (meat) bistecca; (fish) trancia

steal [stiːl] (pt **stole**, pp **stolen**) vt rubare ▷ vi rubare; (move) muoversi furtivamente; **my wallet has been stolen** mi hanno rubato il portafoglio

steam [stiːm] n vapore m ▷ vt (Culin) cuocere a vapore ▷ vi fumare ▷ **steam up** vi (window) appannarsi; **to get ~ed up about sth** (fig) andare in bestia per qc; **steamy** adj (room) pieno(-a) di vapore; (window) appannato(-a)

steel [stiːl] n acciaio ▷ adj di acciaio

steep [stiːp] adj ripido(-a), scosceso(-a); (price) eccessivo(-a) ▷ vt inzuppare; (washing) mettere a mollo

steeple ['stiːpl] n campanile m

steer [stɪə*] vt guidare ▷ vi (Naut: person) governare; (car) guidarsi; **steering** n (Aut) sterzo m; **steering wheel** n volante m

stem [stem] n (of flower, plant) stelo m; (of tree) fusto m; (of glass) gambo m; (of fruit, leaf) picciolo m ▷ vt contenere, arginare

step [step] n passo m; (stair) gradino, scalino; (action) mossa, azione f ▷ vi to ~ **forward/back** fare un passo avanti/

indietro; **~s** npl (BRIT) = **stepladder**; **to be in/out of ~ (with)** (also fig) stare/non stare al passo (con) ▷ **step down** vi (fig) ritirarsi ▷ **step in** vi fare il proprio ingresso ▷ **step up** vt aumentare; intensificare; **stepbrother** n fratellastro; **stepchild** n figliastro(-a); **stepdaughter** n figliastra; **stepfather** n patrigno; **stepladder** n scala a libretto; **stepmother** n matrigna; **stepsister** n sorellastra; **stepson** n figliastro

stereo ['sterɪəu] n (system) sistema m stereofonico; (record player) stereo m inv ▷ adj (also: **~phonic**) stereofonico(-a)

stereotype ['stɪərɪətaɪp] n stereotipo

sterile ['sterail] adj sterile; **sterilize** ['sterɪlaɪz] vt sterilizzare

sterling ['stəːlɪŋ] adj (gold, silver) di buona lega ▷ n (Econ) (lira) sterlina; **a pound ~** una lira sterlina

stern [stəːn] adj severo(-a) ▷ n (Naut) poppa

steroid ['stɪərɔɪd] n steroide m

stew [stjuː] n stufato ▷ vt, vi cuocere in umido

steward ['stjuːəd] n (Aviat, Naut, Rail) steward m inv; (in club etc) dispensiere m; **stewardess** n assistente f di volo, hostess f inv

stick [stɪk] (pt, pp **stuck**) n bastone m; (of rhubarb, celery) gambo m; (of dynamite) candelotto ▷ vt (glue) attaccare; (thrust): **to ~ sth into** conficcare or piantare or infiggere qc in; (inf: put) ficcare; (inf: tolerate) sopportare ▷ vi attaccarsi; (remain) restare, rimanere ▷ **stick out** vi sporgere, spuntare ▷ **stick up** vi sporgere, spuntare ▷ **stick up for** vt fus difendere; **sticker** n cartellino adesivo; **sticking plaster** n cerotto adesivo; **stick shift** (US) n (Aut) cambio manuale

sticky ['stɪkɪ] adj attaccaticcio(-a),

vischioso(-a); (*label*) adesivo(-a); (*fig: situation*) difficile

stiff [stɪf] *adj* rigido(-a), duro(-a); (*muscle*) legato(-a), indolenzito(-a); (*difficult*) difficile, arduo(-a); (*cold*) freddo(-a), formale; (*strong*) forte; (*high: price*) molto alto(-a) ▶ *adv* **bored ~** annoiato(-a) a morte

stifling [ˈstaɪflɪŋ] *adj* (*heat*) soffocante

stigma [ˈstɪgmə] *n* (*fig*) stigma *m*

stiletto [strɪˈlɛtəʊ] (*BRIT*) *n* (*also:* ~ **heel**) tacco a spillo

still [stɪl] *adj* fermo(-a); silenzioso(-a) ▶ *adv* (*up to this time, even*) ancora; (*nonetheless*) tuttavia, ciò nonostante

stimulate [ˈstɪmjuleɪt] *vt* stimolare

stimulus [ˈstɪmjuləs] (*pl* **stimuli**) *n* stimolo

sting [stɪŋ] (*pt, pp* **stung**) *n* puntura; (*organ*) pungiglione *m* ▶ *vt* pungere

stink [stɪŋk] (*pt* **stank**, *pp* **stunk**) *n* fetore *m*, puzzo ▶ *vi* puzzare

stir [stəːr] *n* agitazione *f*, clamore *m* ▶ *vt* mescolare; (*fig*) risvegliare ▶ *vi* muoversi ▷ **stir up** *vt* provocare, suscitare; **stir-fry** *vt* saltare in padella ▶ *n* pietanza al salto

stitch [stɪtʃ] *n* (*Sewing*) punto; (*Knitting*) maglia; (*Med*) punto di sutura); (*pain*) fitta ▶ *vt* cucire, attaccare; suturare

stock [stɔk] *n* riserva, provvista; (*Comm*) giacenza, stock *m inv*; (*Agr*) bestiame *m*; (*Culin*) brodo; (*descent*) stirpe *f*; (*Finance*) titoli *mpl*; azioni *fpl* ▶ *adj* classico(-a) (*fig: reply etc*) consueto(-a); classico(-a) ▶ *vt* (*have in stock*) avere, vendere; ~ **s and shares** valori *mpl* di borsa; **in ~** in magazzino; **out of ~** esaurito(-a); **stockbroker** [ˈstɔkbrəʊkər] *n* agente *m* di cambio; **stock cube** (*BRIT*) *n* dado; **stock exchange** *n* Borsa (valori); **stockholder** [ˈstɔkhəʊldər] *n* (*Finance*) azionista *m/f*

stocking [ˈstɔkɪŋ] *n* calza

stock market *n* Borsa, mercato finanziario

stole [stəʊl] *pt of* **steal** ▶ *n* stola

stolen [ˈstəʊln] *pp of* **steal**

stomach [ˈstʌmək] *n* stomaco; (*belly*) pancia ▶ *vt* sopportare, digerire; **stomachache** *n* mal *m* di stomaco

stone [stəʊn] *n* pietra; (*pebble*) sasso, ciottolo; (*in fruit*) nocciolo; (*Med*) calcolo; (*BRIT: weight*) = 6.348 *kg*; 14 *libbre* ▶ *adj* di pietra ▶ *vt* lapidare; (*fruit*) togliere il nocciolo a

stood [stud] *pt, pp of* **stand**

stool [stuːl] *n* sgabello

stoop [stuːp] *vi* (*also:* **have a ~**) avere una curvatura; (*also:* ~ **down**) chinarsi, curvarsi

stop [stɔp] *n* arresto; (*stopping place*) fermata; (*in punctuation*) punto ▶ *vt* arrestare, fermare; (*break off*) interrompere; (*also:* **put a ~ to**) porre fine a ▶ *vi* fermarsi; (*rain, noise etc*) cessare, finire; **to ~ doing sth** cessare or finire di fare qc; **could you ~ here/at the corner?** può fermarsi qui/all'angolo?; **to ~ dead** fermarsi di colpo ▷ **stop by** *vi* passare, fare un salto ▷ **stop off** *vi* sostare brevemente; **stopover** *n* breve sosta; (*Aviat*) scalo; **stoppage** [ˈstɔpɪdʒ] *n* arresto, fermata; (*of pay*) trattenuta; (*strike*) interruzione *f* del lavoro

storage [ˈstɔːrɪdʒ] *n* immagazzinamento

store [stɔːr] *n* provvista, riserva; (*depot*) deposito; (*BRIT: department store*) grande magazzino; (*US: shop*) negozio ▶ *vt* immagazzinare; ~ **s** *npl* (*provisions*) rifornimenti *mpl*, scorte *fpl*; **in ~** di riserva; in serbo; **storekeeper** (*US*) *n* negoziante *m/f*

storey [ˈstɔːrɪ] (*US* **story**) *n* piano

storm [stɔːm] *n* tempesta, temporale *m*, burrasca; uragano ▶ *vi* (*fig*)

infuriarsi ▶ vt prendere d'assalto;
stormy adj tempestoso(-a),
burrascoso(-a)

story ['stɔ:rɪ] n storia; favola;
racconto; (US) = **storey**

stout [staut] adj solido(-a),
robusto(-a); (friend, supporter) tenace;
(fat) corpulento(-a), grasso(-a) ▶ n
birra scura

stove [stəuv] n (for cooking) fornello;
(: small) fornelletto; (for heating) stufa

straight [streɪt] adj dritto(-a); (frank)
onesto(-a), franco(-a); (simple)
semplice ▶ adv dritto; (drink) liscio;
to put or **get ~** mettere in ordine,
mettere ordine in; **~ away**, **~ off** (at
once) immediatamente; **straighten**
vt (also: **straighten out**) raddrizzare;
straightforward adj semplice;
onesto(-a), franco(-a)

strain [streɪn] n (Tech) sollecitazione
f; (physical) sforzo; (mental) tensione
f; (Med) strappo; distorsione f;
(streak, trace) tendenza; elemento
▶ vt tendere; (muscle) sforzare; (ankle)
storcere; (resources) pesare su; (food)
colare; passare; **strained** adj (muscle)
stirato(-a); (laugh etc) forzato(-a);
(relations) teso(-a); **strainer** n
passino, colino

strait [streɪt] n (Geo) stretto; **~s** npl to
be in dire **~s** (fig) essere nei guai

strand [strænd] n (of thread) filo;
stranded adj nei guai; senza mezzi
di trasporto

strange [streɪndʒ] adj (not
known) sconosciuto(-a); (odd)
strano(-a), bizzarro(-a); **strangely**
adv stranamente; **stranger** n
sconosciuto(-a); estraneo(-a)

strangle ['stræŋgl] vt strangolare

strap [stræp] n cinghia; (of slip, dress)
spallina, bretella

strategic [strə'ti:dʒɪk] adj
strategico(-a)

strategy ['strætɪdʒɪ] n strategia

straw [strɔ:] n paglia; (drinking straw)
cannuccia; **that's the last ~!** è la
goccia che fa traboccare il vaso!

strawberry ['strɔ:bərɪ] n fragola

stray [streɪ] adj (animal) randagio(-a);
(bullet) vagante; (scattered) sparso(-a)
▶ vi perdersi

streak [stri:k] n striscia; (of hair)
mèche f inv ▶ vt striare, screziare ▶ vi
to ~ past passare come un fulmine

stream [stri:m] n ruscello; corrente f;
(of people, smoke etc) fiume m ▶ vt (Scol)
dividere in livelli di rendimento ▶ vi
scorrere; **to ~ in/out** entrare/uscire
a fiotti

street [stri:t] n strada, via; **streetcar**
(US) n tram m inv; **street light** n
lampione m; **street map** n pianta di
una città)

street plan n pianta (di una città)

strength [strɛŋθ] n forza;
strengthen vt rinforzare; fortificare;
consolidare

strenuous ['strɛnjuəs] adj
vigoroso(-a), energico(-a); (tiring)
duro(-a), pesante

stress [strɛs] n (force, pressure)
pressione f; (mental strain) tensione
f; (accent) accento ▶ vt insistere su,
sottolineare; accentare; **stressed**
adj (tense: person) stressato(-a);
(Ling, Poetry: syllable) accentato(-a);
stressful adj (job) difficile, stressante

stretch [strɛtʃ] n (of sand etc) distesa
▶ vi stirarsi; (extend): **to ~** to or **as far
as** estendersi fino a ▶ vt tendere,
allungare; (spread) distendere; (fig)
spingere (al massimo) ▶ **stretch out**
vi allungarsi, estendersi ▶ vt (arm
etc) allungare, tendere; (to spread)
distendere

stretcher ['strɛtʃə*] n barella, lettiga

strict [strɪkt] adj (severe) rigido(-a),
severo(-a); (precise) preciso(-a),

stretto(-a); **strictly** adv severamente; rigorosamente; strettamente

stride [straɪd] (pt **strode**, pp **stridden**) n passo lungo ▶ vi camminare a grandi passi

strike [straɪk] (pt, pp **struck**) n sciopero; (of oil etc) scoperta; (attack) attacco ▶ vt colpire; (oil etc) scoprire, trovare; (bargain) fare; (fig): **the thought** or **it ~s me that** ... mi viene in mente che ... ▶ vi scioperare; (attack) attaccare; (clock) suonare; **on ~** (workers) in sciopero; **to ~ a match** accendere un fiammifero; **striker** n scioperante m/f; (Sport) attaccante m; **striking** adj che colpisce

string [strɪŋ] (pt, pp **strung**) n spago; (row) fila; sequenza; catena; (Mus) corda ▶ vt **to ~ out** disporre di fianco; **to ~ together** (words, ideas) mettere insieme; **the ~s** npl (Mus) gli archi; **to pull ~s for sb** (fig) raccomandare qn

strip [strɪp] n striscia ▶ vt spogliare; (paint) togliere; (also: **~ down**: machine) smontare ▶ vi spogliarsi ▷ **strip off** vt (paint etc) staccare ▶ vi (person) spogliarsi

stripe [straɪp] n striscia, riga; (Mil, Police) gallone m; **striped** adj a strisce or righe

stripper ['strɪpə*] n spogliarellista m/f

strip-search ['strɪpsɜːtʃ] vt **to ~ sb** perquisire qn facendo(-la) spogliare ▶ n perquisizione (facendo spogliare il perquisito)

strive [straɪv] (pt **strove**, pp **striven**) vi **to ~ to do** sforzarsi di fare

strode [strəud] pt of **stride**

stroke [strəuk] n colpo; (Swimming) bracciata; (: style) stile m; (Med) colpo apoplettico ▶ vt accarezzare; **at a ~** in un attimo

stroll [strəul] n giretto, passeggiata ▶ vi andare a spasso; **stroller** (US) n passeggino

strong [strɒŋ] adj (gen) forte; (sturdy: table, fabric etc) robusto(-a); **they are 50 ~** sono in 50; **stronghold** n (also fig) roccaforte f; **strongly** adv fortemente, con forza; energicamente; vivamente

strove [strəuv] pt of **strive**

struck [strʌk] pt, pp of **strike**

structure ['strʌktʃə*] n struttura; (building) costruzione f, fabbricato

struggle ['strʌgl] n lotta ▶ vi lottare

strung [strʌŋ] pt, pp of **string**

stub [stʌb] n mozzicone m; (of ticket etc) matrice f, tagliando ▶ vt **to ~ one's toe** urtare or sbattere il dito del piede ▷ **stub out** vt schiacciare

stubble ['stʌbl] n stoppia; (on chin) barba ispida

stubborn ['stʌbən] adj testardo(-a), ostinato(-a)

stuck [stʌk] pt, pp of **stick** ▶ adj (jammed) bloccato(-a)

stud [stʌd] n bottoncino; borchia; (also: **~ earring**) orecchino a pressione; (also: **~ farm**) scuderia, allevamento di cavalli; (also: **~ horse**) stallone m ▶ vt (fig): **~ded with** tempestato(-a) di

student ['stjuːdənt] n studente(-essa) ▶ cpd studentesco(-a); universitario(-a); degli studenti; **student driver** (US) n conducente m/f principiante; **students' union** n (BRIT: association) circolo universitario; (: building) sede f del circolo universitario

studio ['stjuːdɪəu] n studio; **studio flat** (US **studio apartment**) n monolocale m

study ['stʌdɪ] n studio ▶ vt studiare; esaminare ▶ vi studiare

stuff [stʌf] n roba; (substance) sostanza, materiale m ▶ vt imbottire; (Culin) farcire; (dead animal) impagliare; (inf: push)

ficcare; **stuffing** n imbottitura;
(Culin) ripieno; **stuffy** adj (room)
mal ventilato(-a), senz'aria; (ideas)
antiquato(-a)

stumble ['stʌmbl] vi inciampare; **to ~
across** (fig) imbattersi in

stump [stʌmp] n ceppo; (of limb)
moncone m ▶ vt **to be ~ed** essere
sconcertato(-a)

stun [stʌn] vt stordire; (amaze)
sbalordire

stung [stʌŋ] pt, pp of **sting**

stunk [stʌŋk] pp of **stink**

stunned [stʌnd] adj (from blow)
stordito(-a); (amazed, shocked)
sbalordito(-a)

stunning ['stʌnɪŋ] adj
sbalorditivo(-a); (girl etc)
fantastico(-a)

stunt [stʌnt] n bravata; trucco
pubblicitario

stupid ['stjuːpɪd] adj stupido(-a);
stupidity [-'pɪdɪtɪ] n stupidità f inv,
stupidaggine f

sturdy ['stəːdɪ] adj robusto(-a),
vigoroso(-a); solido(-a)

stutter ['stʌtə'] n balbuzie f ▶ vi
balbettare

style [staɪl] n stile m; (distinction)
eleganza, classe f; **stylish** adj
elegante; **stylist** n hair stylist
parrucchiere a

sub... [sʌb] prefix sub..., sotto...;
subconscious adj subcosciente ▶ n
subcosciente m

subdued [səb'djuːd] adj pacato(-a);
(light) attenuato(-a)

subject [n 'sʌbdʒɪkt, vb səb'dʒɛkt] n
soggetto; (citizen etc) cittadino(-a);
(Scol) materia ▶ vt **to ~ to**
sottomettere a; esporre a; **to be ~
to** (law) essere sottomesso(-a)
a; (disease) essere soggetto(-a)
a; **subjective** [-'dʒɛktɪv] adj
soggettivo(-a); **subject matter** n

argomento; contenuto

subjunctive [səb'dʒʌŋktɪv] adj
congiuntivo(-a) ▶ n congiuntivo

submarine [sʌbmə'riːn] n
sommergibile m

submission [səb'mɪʃən] n
sottomissione f; (claim) richiesta

submit [səb'mɪt] vt sottomettere ▶ vi
sottomettersi

subordinate [sə'bɔːdɪnət] adj, n
subordinato(-a)

subscribe [səb'skraɪb] vi contribuire;
to ~ to (opinion) approvare,
condividere; (fund) sottoscrivere
a; (newspaper) abbonarsi a; essere
abbonato(-a) a

subscription [səb'skrɪpʃən] n
sottoscrizione f; abbonamento

subsequent ['sʌbsɪkwənt]
adj successivo(-a), seguente;
conseguente; **subsequently** adv in
seguito, successivamente

subside [səb'saɪd] vi cedere,
abbassarsi; (flood) decrescere; (wind)
calmarsi

subsidiary [səb'sɪdɪərɪ] adj
sussidiario(-a); accessorio(-a) ▶ n
filiale f

subsidize ['sʌbsɪdaɪz] vt
sovvenzionare

subsidy ['sʌbsɪdɪ] n sovvenzione f

substance ['sʌbstəns] n sostanza

substantial [səb'stænʃl] adj
solido(-a); (amount, progress etc)
notevole; (meal) sostanzioso(-a)

substitute ['sʌbstɪtjuːt] n (person)
sostituto(-a); (thing) succedaneo,
surrogato ▶ vt **to ~ sth/sb for**
sostituire qc/qn a; **substitution**
[sʌbstɪ'tjuːʃən] n sostituzione f

subtle ['sʌtl] adj sottile

subtract [səb'trækt] vt sottrarre

suburb ['sʌbəːb] n sobborgo; **the ~s** la
periferia; **suburban** [sə'bəːbən] adj
suburbano(-a)

subway ['sʌbweɪ] n (US: *underground*) metropolitana; (BRIT: *underpass*) sottopassaggio

succeed [sək'siːd] vi riuscire; avere successo ▸ vt succedere a; **to ~ in doing** riuscire a fare

success [sək'ses] n successo; **successful** adj (*venture*) coronato(-a) da successo, riuscito(-a); **to be successful (in doing)** riuscire (a fare); **successfully** adv con successo

succession [sək'seʃən] n successione f

successive [sək'sesɪv] adj successivo(-a); consecutivo(-a)

successor [sək'sesər] n successore m

succumb [sə'kʌm] vi soccombere

such [sʌtʃ] adj tale: (*of that kind*): **~ a book** un tale libro, un libro del genere; **~ books** tali libri, libri del genere; (*so much*): **~ courage** tanto coraggio ▸ adv talmente, così; **~ a long trip** un viaggio così lungo; **~ a lot of** talmente or così tanto(-a); **~ as** (*like*) come; **as ~** come or in quanto tale; **such-and-such** adj tale (*after noun*)

suck [sʌk] vt succhiare; (*breast, bottle*) poppare

Sudan [suː'dɑːn] n Sudan m

sudden ['sʌdn] adj improvviso(-a); **all of a ~** improvvisamente, all'improvviso; **suddenly** adv bruscamente, improvvisamente, di colpo

sue [suː] vt citare in giudizio

suede [sweɪd] n pelle f scamosciata

suffer ['sʌfər] vt soffrire, patire; (*bear*) sopportare, tollerare ▸ vi soffrire; **to ~ from** soffrire di; **suffering** n sofferenza

suffice [sə'faɪs] vi essere sufficiente, bastare

sufficient [sə'fɪʃənt] adj sufficiente; **~ money** abbastanza soldi

suffocate ['sʌfəkeɪt] vi (*have difficulty breathing*) soffocare; (*die through lack of air*) asfissiare

sugar ['ʃugər] n zucchero ▸ vt zuccherare

suggest [sə'dʒest] vt proporre, suggerire; indicare; **suggestion** [-'dʒestʃən] n suggerimento, proposta; indicazione f

suicide ['suɪsaɪd] n (*person*) suicida m/f; (*act*) suicidio; *see also* **commit**; **suicide bombing** n attentato suicida

suit [suːt] n (*man's*) completo, tailleur m inv; (*woman's*) completo; (*Law*) causa; (*Cards*) seme m, colore m ▸ vt andar bene a or per; essere adatto(-a) a or per; (*adapt*): **to ~ sth to** adattare qc a; **well ~ed** ben assortito(-a); **suitable** adj adatto(-a); appropriato(-a); **suitcase** ['suːtkeɪs] n valigia

suite [swiːt] n (*of rooms*) appartamento; (*Mus*) suite f inv; (*furniture*): **bedroom/dining room ~** arredo or mobilia per la camera da letto/sala da pranzo

sulfur ['sʌlfər] (US) n = **sulphur**

sulk [sʌlk] vi fare il broncio

sulphur ['sʌlfər] (US **sulfur**) n zolfo

sultana [sʌl'tɑːnə] n (*fruit*) uva (secca) sultanina

sum [sʌm] n somma; (*Scol etc*) addizione f ▸ **sum up** vt, vi riassumere

summarize ['sʌmeraɪz] vt riassumere, riepilogare

summary ['sʌmerɪ] n riassunto

summer ['sʌmər] n estate f ▸ cpd d'estate, estivo(-a); **summer holidays** npl vacanze fpl estive; **summertime** n (*season*) estate f

summit ['sʌmɪt] n cima, sommità; (*Pol*) vertice m

summon ['sʌmən] vt chiamare, convocare

Sun. abbr (= *Sunday*) dom.

sun [sʌn] n sole m; **sunbathe** vi prendere un bagno di sole; **sunbed** n lettino solare; **sunblock** n protezione f solare totale; **sunburn** n (painful) scottatura; **sunburned, sunburnt** adj abbronzato(-a); (painfully) scottato(-a)

Sunday ['sʌndɪ] n domenica
Sunday paper n giornale m della domenica

- **Sunday paper**
- I **Sunday papers** sono i giornali che escono di domenica. Sono generalmente corredati da supplementi e riviste di argomento culturale, sportivo e di attualità.

sunflower ['sʌnflauə'] n girasole m
sung [sʌŋ] pp of **sing**
sunglasses ['sʌŋɡlɑːsɪz] npl occhiali mpl da sole
sunk [sʌŋk] pp of **sink**
sun: **sunlight** n (luce f del) sole m; **sun lounger** n sedia a sdraio; **sunny** adj assolato(-a), soleggiato(-a); (fig) allegro(-a), felice; **sunrise** n levata del sole, alba; **sun roof** n (Aut) tetto apribile; **sunscreen** n (cream) crema solare protettiva; **sunset** n tramonto; **sunshade** n parasole m; **sunshine** n luce f (del) sole m; **sunstroke** n insolazione f, colpo di sole; **suntan** n abbronzatura; **suntan lotion** n lozione f solare; **suntan oil** n olio solare

super ['suːpə'] (inf) adj fantastico(-a)
superb [suː'pəːb] adj magnifico(-a)
superficial [suːpə'fɪʃəl] adj superficiale
superintendent [suːpərɪn'tɛndənt] n direttore(-trice); (Police) ≈ commissario (capo)
superior [su'pɪərɪə'] adj, n superiore m/f
superlative [su'pəːlətɪv] adj superlativo(-a), supremo(-a) ▶ n (Ling) superlativo
supermarket ['suːpəmɑːkɪt] n supermercato

supernatural [suːpə'nætʃərəl] adj soprannaturale ▶ n soprannaturale m
superpower ['suːpəpauə'] n (Pol) superpotenza
superstition [suːpə'stɪʃən] n superstizione f
superstitious [suːpə'stɪʃəs] adj superstizioso(-a)
superstore ['suːpəstɔː'] n (BRIT) grande supermercato
supervise ['suːpəvaɪz] vt (person etc) sorvegliare; (organization) soprintendere a; **supervision** [-'vɪʒən] n sorveglianza; supervisione f; **supervisor** n sorvegliante m/f; soprintendente m/f; (in shop) capocommesso(-a)
supper ['sʌpə'] n cena
supple ['sʌpl] adj flessibile; agile
supplement [n 'sʌplɪmənt, vb sʌplɪ'mɛnt] n supplemento ▶ vt completare, integrare
supplier [sə'plaɪə'] n fornitore m
supply [sə'plaɪ] vt (provide) fornire; (equip): **to ~ (with)** approvvigionare (di), attrezzare (con) ▶ n riserva, provvista; (supplying) approvvigionamento; (Tech) alimentazione f; **supplies** npl (food) viveri mpl; (Mil) sussistenza
support [sə'pɔːt] n (moral, financial etc) sostegno, appoggio; (Tech) supporto ▶ vt sostenere; (financially) mantenere; (uphold) sostenere, difendere; **supporter** n (Pol etc) sostenitore(-trice), fautore(-trice); (Sport) tifoso(-a)

    Be careful not to translate **support** by the Italian word **sopportare**.

suppose [sə'pəuz] vt supporre; immaginare; **to be ~d to do** essere tenuto(-a) a fare; **supposedly** [sə'pəuzɪdlɪ] adv presumibilmente; **supposing** conj se, ammesso che + sub
suppress [sə'prɛs] vt reprimere;

sopprimere; occultare

supreme [su'pri:m] adj supremo(-a)
surcharge ['sə:tʃɑ:dʒ] n supplemento
sure [ʃuə'] adj sicuro(-a); (definite, convinced) sicuro(-a), certo(-a); ~! (of course) senz'altro!, certo!; ~ **enough** infatti; **to make ~ of sth/that** assicurarsi di qc/che; **surely** adv sicuramente; certamente
surf [sə:f] n (waves) cavalloni mpl; (foam) spuma
surface ['sə:fis] n superficie f ▶ vt (road) asfaltare ▶ vi risalire alla superficie; (fig: news, feeling) venire a galla
surfboard ['sə:fbɔ:d] n tavola per surfing
surfing ['sə:fiŋ] n surfing m
surge [sə:dʒ] n (strong movement) ondata; (of feeling) impeto ▶ vi gonfiarsi; (people) riversarsi
surgeon ['sə:dʒən] n chirurgo
surgery ['sə:dʒəri] n chirurgia; (BRIT: room) studio o gabinetto medico, ambulatorio; (: also: ~ **hours**) orario delle visite or di consultazione; **to undergo ~** subire un intervento chirurgico
surname ['sə:neim] n cognome m
surpass [sə:'pɑ:s] vt superare
surplus ['sə:pləs] n eccedenza; (Econ) surplus m inv ▶ adj eccedente, d'avanzo
surprise [sə'praiz] n sorpresa; (astonishment) stupore m ▶ vt sorprendere; stupire; **surprised** [sə'praizd] adj (look, smile) sorpreso(-a); **to be surprised** essere sorpreso, sorprendersi; **surprising** adj sorprendente, stupefacente; **surprisingly** adv (easy, helpful) sorprendentemente
surrender [sə'rendə'] n resa, capitolazione f ▶ vi arrendersi
surround [sə'raund] vt circondare;

(Mil etc) accerchiare; **surrounding** adj circostante; **surroundings** npl dintorni mpl; (fig) ambiente m
surveillance [sə:'veiləns] n sorveglianza, controllo
survey [n 'sə:vei, vb sə:'vei] n quadro generale; (study) esame m; (in housebuying etc) perizia; (of land) rilevamento, rilievo topografico ▶ vt osservare; esaminare; valutare; rilevare; **surveyor** n perito; geometra m; (of land) agrimensore m
survival [sə'vaivl] n sopravvivenza; (relic) reliquia, vestigio
survive [sə'vaiv] vi sopravvivere ▶ vt sopravvivere a; **survivor** n superstite m/f, sopravvissuto(-a)
suspect [adj, n 'sʌspekt, vb səs'pekt] adj sospetto(-a) ▶ n persona sospetta ▶ vt sospettare; (think likely) supporre; (doubt) dubitare
suspend [səs'pend] vt sospendere; **suspended sentence** n condanna con la condizionale; **suspenders** npl (BRIT) giarrettiere fpl; (US) bretelle fpl
suspense [səs'pens] n apprensione f; (in film etc) suspense m; **to keep sb in ~** tenere qn in sospeso
suspension [səs'penʃən] n (gen Aut) sospensione f; (of driving licence) ritiro temporaneo; **suspension bridge** n ponte m sospeso
suspicion [səs'piʃən] n sospetto; **suspicious** [səs'piʃəs] adj (suspecting) sospettoso(-a); (causing suspicion) sospetto(-a)
sustain [səs'tein] vt sostenere; sopportare; (Law: charge) confermare; (suffer) subire
swallow ['swɔləu] n (bird) rondine f ▶ vt inghiottire; (fig: story) bere
swam [swæm] pt of **swim**
swamp [swɔmp] n palude f ▶ vt sommergere
swan [swɔn] n cigno

swap [swɔp] vt **to ~ (for)** scambiare (con)

swarm [swɔːm] n sciame m ▶ vi (bees) sciamare; (people) brulicare; (place): **to be ~ing with** brulicare di

sway [sweɪ] vi (tree) ondeggiare; (person) barcollare, dondolare ▶ vt (influence) influenzare, dominare

swear [sweə'] (pt **swore**, pp **sworn**) vi (curse) bestemmiare, imprecare ▶ vt (promise) giurare ▶ **swear in** vt prestare giuramento a; **swearword** n parolaccia

sweat [swet] n sudore m, traspirazione f ▶ vi sudare

sweater ['swetə'] n maglione m

sweatshirt ['swetʃəːt] n felpa

sweaty ['swetɪ] adj sudato(-a), bagnato(-a) di sudore

Swede [swiːd] n svedese m/f

swede [swiːd] n (BRIT) rapa svedese

Sweden ['swiːdn] n Svezia; **Swedish** ['swiːdɪʃ] adj svedese ▶ n (Ling) svedese m

sweep [swiːp] n spazzata; (also: **chimney ~**) spazzacamino ▶ vt spazzare, scopare; (current) spazzare ▶ vi (hand) muoversi con gesto ampio; (wind) infuriare

sweet [swiːt] n (BRIT: pudding) dolce m; (candy) caramella ▶ adj dolce; (fresh) fresco(-a); (fig) piacevole; delicato(-a), grazioso(-a); gentile; **sweetcorn** n granturco dolce; **sweetener** ['swiːtnə'] n (Culin) dolcificante m; **sweetheart** n innamorato(-a); **sweetshop** (BRIT) n pasticceria

swell [swel] (pt **swelled**, pp **swollen**, **swelled**) n (of sea) mare m lungo ▶ adj (US: inf: excellent) favoloso(-a) ▶ vt gonfiare, ingrossare; aumentare ▶ vi gonfiarsi, ingrossarsi; (sound) crescere; (also: **~ up**) gonfiarsi; **swelling** n (Med) tumefazione f, gonfiore m

swept [swept] pt, pp of **sweep**

swerve [swəːv] vi deviare; (driver) sterzare; (boxer) scartare

swift [swɪft] n (bird) rondone m ▶ adj rapido(-a), veloce

swim [swɪm] (pt **swam**, pp **swum**) n **to go for a ~** andare a fare una nuotata ▶ vi nuotare; (Sport) fare del nuoto; (head, room) girare ▶ vt (river, channel) attraversare o percorrere a nuoto; (length) nuotare; **swimmer** n nuotatore(-trice); **swimming** n nuoto; **swimming costume** (BRIT) n costume m da bagno; **swimming pool** n piscina; **swimming trunks** npl costume m da bagno (da uomo); **swimsuit** n costume m da bagno

swing [swɪŋ] (pt, pp **swung**) n altalena; (movement) oscillazione f; (Mus) ritmo; swing m ▶ vt dondolare, far oscillare; (also: **~ round**) far girare ▶ vi oscillare, dondolare; (also: **~ round**: object) roteare; (: person) girarsi, voltarsi; **to be in full ~** (activity) essere in piena attività; (party etc) essere nel pieno

swipe card n tessera magnetica

swirl [swəːl] vi turbinare, far mulinello

Swiss [swɪs] adj, n inv svizzero(-a)

switch [swɪtʃ] n (for light, radio etc) interruttore m; (change) cambiamento ▶ vt (change) cambiare; scambiare ▶ **switch off** vt spegnere; **could you ~ off the light?** puoi spegnere la luce? ▶ **switch on** vt accendere; (engine, machine) mettere in moto, avviare; **switchboard** n (Tel) centralino

Switzerland ['swɪtsələnd] n Svizzera

swivel ['swɪvl] vi (also: **~ round**) girare

swollen ['swəulən] pp of **swell**

swoop [swuːp] n incursione f ▶ vi (also: **~ down**) scendere in picchiata, piombare

swop [swɔp] n, vt = **swap**

sword [sɔːd] n spada; **swordfish** n pesce m spada inv

swore [swɔː] pt of **swear**

sworn [swɔːn] pp of **swear** ▶ adj giurato(-a)

swum [swʌm] pp of **swim**

swung [swʌŋ] pt, pp of **swing**

syllable ['sɪləbl] n sillaba

syllabus ['sɪləbəs] n programma m

symbol ['sɪmbl] n simbolo; **symbolic(al)** [sɪm'bɔlɪk(l)] adj simbolico(-a); **to be symbolic(al) of sth** simboleggiare qc

symmetrical [sɪ'mɛtrɪkl] adj simmetrico(-a)

symmetry ['sɪmɪtrɪ] n simmetria

sympathetic [sɪmpə'θɛtɪk] adj (showing pity) compassionevole; (kind) comprensivo(-a); **~ towards** ben disposto(-a) verso

█ Be careful not to translate **sympathetic** by the Italian word *simpatico.*

sympathize ['sɪmpəθaɪz] vi **to ~ with** (person) compatire; partecipare al dolore di; (cause) simpatizzare per

sympathy ['sɪmpəθɪ] n compassione f

symphony ['sɪmfənɪ] n sinfonia

symptom ['sɪmptəm] n sintomo; indizio

synagogue ['sɪnəgɔg] n sinagoga

syndicate ['sɪndɪkɪt] n sindacato

syndrome ['sɪndrəum] n sindrome f

synonym ['sɪnənɪm] n sinonimo

synthetic [sɪn'θɛtɪk] adj sintetico(-a)

Syria ['sɪrɪə] n Siria

syringe [sɪ'rɪndʒ] n siringa

syrup ['sɪrəp] n sciroppo; (also: **golden ~**) melassa raffinata

system ['sɪstəm] n sistema m; (order) metodo; (Anat) organismo; **systematic** [-'mætɪk] adj sistematico(-a); metodico(-a); **systems analyst** n analista m di sistemi

t

ta [tɑː] (BRIT: inf) excl grazie!

tab [tæb] n (loop on coat etc) laccetto; (label) etichetta; **to keep ~s on** (fig) tenere d'occhio

table ['teɪbl] n tavolo, tavola; (Math, Chem etc) tavola ▶ vt (BRIT: motion etc) presentare; **a ~ for 4, please** un tavolo per 4, per favore; **to lay or set the ~** apparecchiare or preparare la tavola; **tablecloth** n tovaglia; **table d'hôte** [tɑːbl'dəut] adj (meal) a prezzo fisso; **table lamp** n lampada da tavolo; **tablemat** n sottopiatto; **tablespoon** n cucchiaio da tavola; (also: **tablespoonful**: as measurement) cucchiaiata

tablet ['tæblɪt] n (Med) compressa; (of stone) targa

table tennis n tennis m da tavolo, ping-pong® m

tabloid ['tæblɔɪd] n (newspaper) tabloid m inv (giornale illustrato di formato ridotto); **the ~s, the ~ press** i giornali popolari

taboo [tə'buː] adj, n tabù m inv

tack [tæk] n (nail) bulletta; (fig) approccio ▶ vt imbullettare; imbastire ▶ vi bordeggiare

tackle ['tækl] n attrezzatura, equipaggiamento; (for lifting) paranco; (Football) contrasto; (Rugby) placcaggio ▶ vt (difficulty) affrontare; (Football) contrastare; (Rugby) placcare

tacky ['tækɪ] *adj* appicciccaticcio(-a); *(pej)* scadente

tact [tækt] *n* tatto; **tactful** *adj* delicato(-a), discreto(-a)

tactics ['tæktɪks] *n, npl* tattica

tactless ['tæktlɪs] *adj* che manca di tatto

tadpole ['tædpəul] *n* girino

taffy ['tæfɪ] *(US) n* caramella f mou *inv*

tag [tæg] *n* etichetta

tail [teɪl] *n* coda; *(follow)* seguire, pedinare; ~*s npl (formal suit)* frac m *inv*

tailor ['teɪlə'] *n* sarto

Taiwan [taɪ'wɑːn] *n* Taiwan m; **Taiwanese** [taɪwɑ'niːz] *adj, n* taiwanese

take [teɪk] *(pt took, pp taken) vt* prendere; *(gain: prize)* ottenere, vincere; *(require: effort, courage)* occorrere, volerci; *(tolerate)* accettare, sopportare; *(hold: passengers etc)* contenere; *(accompany)* accompagnare; *(bring, carry)* portare; *(exam)* sostenere, presentarsi a; **I ~ it that** suppongo che ▷ **take after** *vt fus* assomigliare a ▷ **take apart** *vt* smontare ▷ **take away** *vt* portare via; togliere ▷ **take back** *vt (return)* restituire; riportare; *(one's words)* ritirare ▷ **take down** *vt (building)* demolire; *(letter etc)* scrivere ▷ **take in** *vt (deceive)* imbrogliare, abbindolare; *(understand)* capire; *(include)* comprendere, includere; *(lodger)* prendere, ospitare ▷ **take off** *vi (Aviat)* decollare; *(go away)* andarsene ▷ *vt (remove)* togliere ▷ **take on** *vt (work)* accettare, intraprendere; *(employee)* assumere; *(opponent)* sfidare, affrontare ▷ **take out** *vt* portare fuori; *(remove)* togliere; *(licence)* prendere, ottenere; **to ~**

sth out of sth *(drawer, pocket etc)*
tirare qc fuori da qc; estrarre qc da qc ▷ **take over** *vt (business)* rilevare ▷ *vi* **to ~ over from sb** prendere le consegne or il controllo da qn ▷ **take up** *vt (dress)* accorciare; *(occupy: time, space)* occupare; *(engage in: hobby etc)* mettersi a; **to ~ sb up on sth** accettare qc da qn; **takeaway** *(BRIT) n (shop etc)* ≈ rosticceria f; *(food)* pasto per asporto; **taken** *pp of* **take**; **takeoff** *n (Aviat)* decollo; **takeout** *(US) n* = **takeaway**; **takeover** *n (Comm)* assorbimento; **takings** ['teɪkɪŋz] *npl (Comm)* incasso

talc [tælk] *n (also:* **~um powder**) talco

tale [teɪl] *n* racconto, storia; **to tell ~s** *(fig: to teacher, parent etc)* fare la spia

talent ['tælnt] *n* talento; **talented** *adj* di talento

talk [tɔːk] *n* discorso; *(gossip)* chiacchiere fpl; *(conversation)* conversazione f; *(interview)* discussione f ▷ *vi* parlare; ~*s npl (Pol etc)* colloqui mpl; **to ~ about** parlare di; **to ~ sb out of/into doing** dissuadere qn da/convincere qn a fare; **to ~ shop** parlare di lavoro or di affari ▷ **talk over** *vt* discutere; **talk show** *n* conversazione f televisiva, talk show m *inv*

tall [tɔːl] *adj* alto(-a); **to be 6 feet ~** = essere alto 1 metro e 80

tambourine [tæmbə'riːn] *n* tamburello

tame [teɪm] *adj* addomesticato(-a); *(fig: story, style)* insipido(-a), scialbo(-a)

tamper ['tæmpə'] *vi* **to ~ with** manomettere

tampon ['tæmpɔn] *n* tampone m

tan [tæn] *n (also:* **sun~**) abbronzatura ▷ *vi* abbronzarsi ▷ *adj (colour)* marrone rossiccio *inv*

tandem ['tændəm] *n* tandem m *inv*

tangerine [tændʒə'riːn] *n* mandarino

tangle ['tæŋgl] n groviglio; **to get into a ~** aggrovigliarsi; (fig) combinare un pasticcio

tank [tæŋk] n serbatoio; (for fish) acquario; (Mil) carro armato

tanker ['tæŋkə*] n (ship) nave f cisterna incl; (truck) autobotte f, autocisterna

tanned [tænd] adj abbronzato(-a)

tantrum ['tæntrəm] n accesso di collera

Tanzania [tænzə'nɪə] n Tanzania f

tap [tæp] n (on sink etc) rubinetto; (gentle blow) colpetto ► vt dare un colpetto a; (resources) sfruttare, utilizzare; (telephone) mettere sotto controllo; **on ~** (fig: resources) a disposizione; **tap dancing** n tip tap m

tape [teɪp] n nastro; (also: **magnetic ~**) nastro (magnetico); (sticky tape) nastro adesivo ► vt (record) registrare (su nastro); (stick) attaccare con nastro adesivo; **tape measure** n metro a nastro; **tape recorder** n registratore m a nastro

tapestry ['tæpɪstrɪ] n arazzo; tappezzeria

tar [tɑː*] n catrame m

target ['tɑːgɪt] n bersaglio; (fig: objective) obiettivo

tariff ['tærɪf] n tariffa

tarmac ['tɑːmæk] n (BRIT: on road) macadam m al catrame; (Aviat) pista di decollo

tarpaulin [tɑː'pɔːlɪn] n tela incatramata

tarragon ['tærəgən] n dragoncello

tart [tɑːt] n (Culin) crostata; (BRIT: inf: pej: woman) sgualdrina ► adj (flavour) aspro(-a), agro(-a)

tartan ['tɑːtən] n tartan m inv

tartar ['tɑːtə*] n tartaro; **tartar(e) sauce** n salsa tartara

task [tɑːsk] n compito; **to take to ~** rimproverare

taste [teɪst] n gusto; (flavour) sapore m, gusto; (sample) assaggio; (fig: glimpse, idea) idea ► vt gustare; (sample) assaggiare ► vi **to ~ of or like** (fish etc) sapere o avere sapore di; **in good/bad ~** di buon/cattivo gusto; **can I have a ~?** posso assaggiarlo?; **you can ~ the garlic (in it)** (ci) si sente il sapore dell'aglio; **tasteful** adj di buon gusto; **tasteless** adj (food) insipido(-a); (remark) di cattivo gusto; **tasty** adj saporito(-a), gustoso(-a)

tatters ['tætəz] npl **in ~** a brandelli

tattoo [tə'tuː] n tatuaggio; (spectacle) parata militare ► vt tatuare

taught [tɔːt] pt, pp of **teach**

taunt [tɔːnt] n scherno ► vt schernire

Taurus ['tɔːrəs] n Toro

taut [tɔːt] adj teso(-a)

tax [tæks] n (on goods) imposta; (on services) tassa; (on income) imposte fpl, tasse fpl ► vt tassare; (fig: strain: patience etc) mettere alla prova; **tax-free** adj esente da imposte

taxi ['tæksɪ] n taxi m inv ► vi (Aviat) rullare; **can you call me a ~, please?** può chiamarmi un taxi, per favore?; **taxi driver** n tassista m/f; **taxi rank** (BRIT) n = **taxi stand; taxi stand** n posteggio dei taxi

tax payer n contribuente m/f

TB n abbr = **tuberculosis**

tea [tiː] n tè m inv; (BRIT: snack: for children) merenda; **high ~** (BRIT) cena leggera (presa nel tardo pomeriggio); **tea bag** n bustina di tè; **tea break** (BRIT) n intervallo per il tè

teach [tiːtʃ] (pt, pp taught) vt **to ~ sb sth, ~ sth to sb** insegnare qc a qn ► vi insegnare; **teacher** n insegnante m/f; (in secondary school) professore(-essa); (in primary school) maestro(-a); **teaching** n insegnamento

tea: tea cloth n (for dishes) strofinaccio; (BRIT: for trolley) tovaglietta da tè; **teacup** ['tiːkʌp] n tazza da tè

tea leaves npl foglie fpl di tè

team [ti:m] n squadra; (of animals) tiro
▷ **team up** vi **to ~ up (with)** mettersi insieme (a)

teapot ['ti:pɔt] n teiera

tear¹ [tɛəʳ] (pt **tore**, pp **torn**) n strappo
▷ vt strappare ▷ vi strapparsi ▷ **tear apart** vt (also fig) distruggere
▷ **tear down** vt +adv (building, statue) demolire; (poster, flag) tirare
giù ▷ **tear off** vt (sheet of paper etc)
strappare; (one's clothes) togliersi di
dosso ▷ **tear up** vt (sheet of paper etc)
strappare

tear² [tɪəʳ] n lacrima; **in ~s** in lacrime;
tearful ['tɪəful] adj piangente,
lacrimoso(-a); **tear gas** n gas m
lacrimogeno

tearoom ['ti:ru:m] n sala da tè

tease [ti:z] vt canzonare; (unkindly)
tormentare

tea: teaspoon n cucchiaino da tè;
(also: **teaspoonful**: as measurement)
cucchiaino; **teatime** n ora del tè;
tea towel (BRIT) n strofinaccio (per
i piatti)

technical ['tɛknɪkl] adj tecnico(-a)

technician [tɛk'nɪʃən] n tecnico(-a)

technique [tɛk'niːk] n tecnica

technology [tɛk'nɔlədʒɪ] n
tecnologia

teddy (bear) ['tɛdɪ-] n orsacchiotto

tedious ['tiːdɪəs] adj noioso(-a),
tedioso(-a)

tee [tiː] n (Golf) tee m inv

teen [tiːn] adj = **teenage** ▶ n (US)
= **teenager**

teenage ['tiːneɪdʒ] adj (fashions
etc) per giovani, per adolescenti;
teenager n adolescente m/f

teens [tiːnz] npl **to be in one's ~** essere
adolescente

teeth [tiːθ] npl of **tooth**

teetotal ['tiː'təutl] adj astemio(-a)

telecommunications ['tɛlɪkəmjuː
nɪ'keɪʃənz] n telecomunicazioni fpl

telegram ['tɛlɪgræm] n telegramma
m

telegraph pole n palo del telegrafo

telephone ['tɛlɪfəun] n telefono
▶ vt (person) comunicare per telefono; (message)
comunicare per telefono; **telephone
book** n elenco telefonico; **telephone
booth** (BRIT), **telephone box** n
cabina telefonica; **telephone call**
n telefonata; **telephone directory**
n elenco telefonico; **telephone
number** n numero di telefono

telesales ['tɛlɪseɪlz] n vendita per
telefono

telescope ['tɛlɪskəup] n telescopio

televise ['tɛlɪvaɪz] vt teletrasmettere

television ['tɛlɪvɪʒən] n televisione
f; **on ~** alla televisione; **television
programme** n programma m
televisivo

tell [tɛl] (pt, pp **told**) vt dire; (relate:
story) raccontare; (distinguish): **to ~
sth from** distinguere qc da ▷ vi (talk):
to ~ (of) parlare (di); (have effect)
farsi sentire, avere effetto; **to ~ sb
to do** dire a qn di fare ▷ **tell off** vt
rimproverare, sgridare; **teller** n (in
bank) cassiere(-a)

telly ['tɛlɪ] (BRIT: inf) n abbr (= television)
tivù f inv

temp [tɛmp] n abbr (= temporary)
segretaria temporanea

temper ['tɛmpəʳ] n (nature) carattere
m; (mood) umore m; (fit of anger) collera
▷ vt (moderate) temperare; **to be in
a ~** essere in collera; **to lose one's ~**
andare in collera

temperament ['tɛmprəmənt]
n (nature) temperamento;
temperamental [-'mɛntl] adj
capriccioso(-a)

temperature ['tɛmprətʃəʳ] n
temperatura; **to have or run a ~** avere

la febbre

temple ['templ] n (building) tempio;
(Anat) tempia

temporary ['tempərərɪ] adj
temporaneo(-a); (job, worker)
avventizio(-a), temporaneo(-a)

tempt [tempt] vt tentare; **to ~ sb into
doing** indurre qn a fare; **temptation**
[-'teɪʃən] n tentazione f; **tempting**
adj allettante

ten [ten] num dieci

tenant ['tenənt] n inquilino(-a)

tend [tend] vt badare a, occuparsi
di ▶ vi **to ~ to do** tendere a fare;
tendency ['tendənsɪ] n tendenza

tender ['tendər] adj tenero(-a); (sore)
dolorante ▶ n (Comm: offer) offerta;
(money): **legal ~** moneta in corso
legale ▶ vt offrire

tendon ['tendən] n tendine m

tenner ['tenər] n (BRITinf) (banconota
da) dieci sterline fpl

tennis ['tenɪs] n tennis m; **tennis
ball** n palla da tennis; **tennis court**
n campo da tennis; **tennis match**
n partita di tennis; **tennis player**
n tennista m/f; **tennis racket** n
racchetta da tennis

tenor ['tenər] n (Mus) tenore m

tenpin bowling ['tenpɪn-] n
bowling m

tense [tens] adj teso(-a) ▶ n (Ling)
tempo

tension ['tenʃən] n tensione f

tent [tent] n tenda

tentative ['tentətɪv] adj
esitante, incerto(-a); (conclusion)
provvisorio(-a)

tenth [tenθ] num decimo(-a)

tent: tent peg n picchetto da
tenda; **tent pole** n palo da tenda,
montante m

tepid ['tepɪd] adj tiepido(-a)

term [tə:m] n termine m; (Scol)
trimestre m; (Law) sessione f ▶ vt

chiamare, definire; **~s** npl (conditions)
condizioni fpl; (Comm) prezzi mpl,
tariffe fpl; **in the short/long ~** a
breve/lunga scadenza; **to be on good
~s with sb** essere in buoni rapporti
con qn; **to come to ~s with** (problem)
affrontare

terminal ['tə:mɪnl] adj finale,
terminale; (disease) terminale ▶ n
(Elec) morsetto; (Comput) terminale
m; (Aviat, for oil, ore etc) terminal m inv;
(BRIT: also: **~ coach**) capolinea m

terminate ['tə:mɪneɪt] vt mettere
fine a

termini ['tə:mɪnaɪ] npl of **terminus**

terminology [tə:mɪ'nɔlədʒɪ] n
terminologia

terminus ['tə:mɪnəs] (pl **termini**)
n (for buses) capolinea m; (for trains)
stazione f terminale

terrace ['terəs] n terrazza; (BRIT: row of
houses) fila di case a schiera; **terraced**
adj (garden) a terrazze

terrain [te'reɪn] n terreno

terrestrial [tɪ'restrɪəl] adj (life)
terrestre; (BRIT: channel) terrestre

terrible ['terɪbl] adj terribile; **terribly**
adv terribilmente; (very badly)
malissimo

terrier ['terɪər] n terrier m inv

terrific [tə'rɪfɪk] adj incredibile,
fantastico(-a); (wonderful)
formidabile, eccezionale

terrified ['terɪfaɪd] adj atterrito(-a)

terrify ['terɪfaɪ] vt terrorizzare;
terrifying adj terrificante

territorial [terɪ'tɔ:rɪəl] adj territoriale

territory ['terɪtərɪ] n territorio

terror ['terər] n terrore m; **terrorism**
n terrorismo; **terrorist** n terrorista m/f

test [test] n (trial, check: of courage etc)
prova; (Med) esame m; (Chem) analisi
f inv; (exam: of intelligence etc) test m
inv; (: in school) compito in classe;
(also: **driving ~**) esame m di guida

▶ vt provare; esaminare; analizzare; sottoporre ad esame; **to ~ sb in history** esaminare qn in storia

testicle ['tɛstɪkl] n testicolo

testify ['tɛstɪfaɪ] vi (Law) testimoniare, deporre; **to ~ to sth** (Law) testimoniare qc; (gen) comprovare o dimostrare qc

testimony ['tɛstɪmənɪ] n (Law) testimonianza, deposizione f

test: test match n (Cricket, Rugby) partita internazionale; **test tube** n provetta

tetanus ['tɛtənəs] n tetano

text [tɛkst] n testo; (on mobile phone) SMS m inv, messaggino ▶ vt **to ~ sb** (inf) mandare un SMS a qn; **textbook** n libro di testo

textile ['tɛkstaɪl] n tessile m

text message n (Tel) SMS m inv, messaggino

text messaging [-'mɛsɪdʒɪŋ] n il mandarsi SMS

texture ['tɛkstʃə'] n tessitura; (of skin, paper etc) struttura

Thai [taɪ] adj tailandese ▶ n tailandese m/f; (Ling) tailandese m

Thailand ['taɪlænd] n Tailandia

Thames [tɛmz] n **the ~** il Tamigi

than [ðæn, ðən] conj (in comparisons) che; (with numerals, pronouns, proper names) di; **more ~ 10/once** più di 10/una volta; **I have more ~ you** ne ho più/meno di te; **I have more pens ~ pencils** ho più penne che matite; **she is older ~ you think** è più vecchia di quanto tu (non) pensi

thank [θæŋk] vt ringraziare; **~ you (very much)** grazie (tante); **~s** npl ringraziamenti mpl, grazie fpl excl grazie!; **~s to** grazie a; **thankfully** adv con riconoscenza; con sollievo; **thankfully there were few victims** grazie al cielo ci sono state poche vittime; **Thanksgiving (Day)** n

giorno del ringraziamento

● **Thanksgiving (Day)**

● Negli Stati Uniti il quarto giovedì di

● novembre ricorre il **Thanksgiving**

● **(Day)**, festa che rievoca la

● celebrazione con cui i Padri

● Pellegrini, fondatori della colonia

● di Plymouth in Massachusetts,

● ringraziarono Dio del buon raccolto

● del 1621.

that [ðæt] (pl **those**) adj (demonstrative) quel (quell', quello) m; quella (quell') f; **that man/woman/book** quell'uomo/quella donna/quel libro; (not "this") quell'uomo/quella donna/quel libro là; **that one** quello(-a) là

▶ pron

1 (demonstrative) ciò; (not "this one") quello(-a); **who's that?** chi è?; **what's that?** cos'è quello?; **is that you?** sei tu?; I prefer this to that preferisco questo a quello; **that's what he said** questo è ciò che ha detto; **what happened after that?** che è successo dopo?; **that is (to say)** cioè

2 (relative: direct) che; (: indirect) cui; **the book (that) I read** il libro che ho letto; **the box (that) I put it in** la scatola in cui l'ho messo; **the people (that) I spoke to** le persone con cui or con le quali ho parlato

3 (relative: of time) in cui; **the day (that) he came** il giorno in cui è venuto

▶ conj che; **he thought that I was ill** pensava che io fossi malato

▶ adv (demonstrative) così; I can't work that much non posso lavorare (così) tanto; that high così alto; the wall's about that high and that thick il muro è alto circa così e spesso circa così

thatched [θætʃt] adj (roof) di paglia

thaw [θɔ:] n disgelo ▶ vi (ice)

sciogliersi; (food) scongelarsi ▶ vt
(food: also ~ **out**) (fare) scongelare

the
[ðiː, ðə] def art

1 (gen) il (lo, l') m; la (l') f; i (gli) mpl;
le fpl; **the boy/girl/ink** il ragazzo/la
ragazza/l'inchiostro; **the books/
pencils** i libri/le matite; **the history
of the world** la storia del mondo; **give
it to the postman** dallo al postino; **I
haven't the time/money** non ho
tempo/soldi; **the rich and the poor** i
ricchi e i poveri

2 (in titles) **Elizabeth the First**
Elisabetta prima; **Peter the Great**
Pietro il grande

3 (in comparisons) **the more he works,
the more he earns** più lavora più
guadagna

theatre ['θɪətə] (US **theater**) n teatro;
(also: **lecture ~**) aula magna; (also:
operating ~) sala operatoria

theft [θɛft] n furto

their [ðɛə] adj il (la) loro; (pl) i (le) loro;
theirs pron il (la) loro; (pl) i (le) loro; see
also **my**; **mine**

them [ðɛm, ðəm] pron (direct) li (le);
(indirect) gli (loro) (after vb); (stressed,
after prep: people) loro; (: people, things)
essi(-e); see also **me**

theme [θiːm] n tema m; **theme park**
n parco di divertimenti (intorno a un
tema centrale)

themselves [ðəm'sɛlvz] pl pron
(reflexive) si; (emphatic) loro stessi(-e);
(after prep) se stessi(-e)

then [ðɛn] adv (at that time) allora;
(next) poi, dopo; (and that also) e poi ▶ conj
(therefore) perciò, dunque, quindi ▶ adj
the ~ president il presidente di allora;
by ~ allora; **from ~ on** da allora in poi

theology [θɪ'ɔlədʒɪ] n teologia

theory ['θɪərɪ] n teoria

therapist ['θɛrəpɪst] n terapista m/f

therapy ['θɛrəpɪ] n terapia

there
[ðɛə] adv

1 : **there is, there are** c'è, ci sono; **there
are 3 of them** (people) sono in 3; (things)
ce ne sono 3; **there is no-one here** non
c'è nessuno qui; **there has been an
accident** c'è stato un incidente

2 (referring to place) là, lì; **up/in/down
there** lassù/là dentro/laggiù; **he went
there on Friday** ci è andato venerdì; **I
want that book there** voglio quel libro
là o lì; **there he is!** eccolo!

3 : **there, there** (esp to child) su, su

there: **thereabouts** [ðɛərə'baʊts]
adv (place) nei pressi, da quelle
parti; (amount) giù di lì, all'incirca;
thereafter [ðɛər'ɑːftə] adv da allora
in poi; **thereby** [ðɛə'baɪ] adv con ciò;
therefore ['ðɛəfɔː] adv perciò, quindi;
there's [ðɛəz] = **there is**; **there has**

thermal [θəːml] adj termico(-a)

thermometer [θə'mɔmɪtə] n
termometro

thermostat ['θəːməstæt] n
termostato

these [ðiːz] pl pron, adj questi(-e)

thesis ['θiːsɪs] (pl **theses**) n tesi f inv

they [ðeɪ] pl pron essi (esse); (people
only) loro; ~ **say that ...** (it is said
that) si dice che ...; **they'd** = **they
had**; **they would**; **they'll** = **they
shall**; **they will**; **they're** = **they are**;
they've = **they have**

thick [θɪk] adj spesso(-a); (crowd)
compatto(-a); (stupid) ottuso(-a),
lento(-a) ▶ n **in the ~ of** nel folto di;
it's 20 cm ~ ha uno spessore di 20
cm; **thicken** vi ispessire ▶ vt (sauce
etc) ispessire, rendere più denso(-a);
thickness n spessore m

thief [θiːf] (pl **thieves**) n ladro(-a)

thigh [θaɪ] n coscia

thin [θɪn] adj sottile; (person)
magro(-a); (soup) poco denso(-a) ▶ vt
to ~ (down) (sauce, paint) diluire

thing [θɪŋ] n cosa; (*object*) oggetto; (*mania*): **to have a ~ about** essere fissato(-a) con; **~s** npl (*belongings*) cose fpl; **poor ~** poverino(-a); **the best ~ would be to** la cosa migliore sarebbe di; **how are ~s?** come va?

think [θɪŋk] (*pt, pp* **thought**) vi pensare, riflettere ▶ vt pensare, credere; (*imagine*) immaginare; **to ~ of** pensare a; **what did you ~ of them?** cosa ne ha pensato?; **to ~ about sth/sb** pensare a qc/qn; **I'll ~ about it** ci penserò; **to ~ of doing** pensare di fare; **I ~ so/not** penso di sì/no; **to ~ well of** avere una buona opinione di ▶ **think over** vt riflettere su ▶ **think up** vt ideare

third [θəːd] num terzo(-a) ▶ n terzo(-a); (*fraction*) terzo, terza parte f; (*Aut*) terza; (*BRIT: Scol: degree*) laurea col minimo dei voti; **thirdly** adv in terzo luogo; **third party insurance** (*BRIT*) n assicurazione f contro terzi; **Third World** n **the Third World** il Terzo Mondo

thirst [θəːst] n sete f; **thirsty** adj (*person*) assetato(-a), che ha sete

thirteen [θəːˈtiːn] num tredici; **thirteenth** [-ˈtiːnθ] num tredicesimo(-a)

thirtieth [ˈθəːtiɪθ] num trentesimo(-a)

thirty [ˈθəːtɪ] num trenta

this [ðɪs] (*pl* **these**) adj (*demonstrative*) questo(-a); **this man/woman/book** quest'uomo/questa donna/questo libro; (*not "that"*) quest'uomo/questa donna/questo libro qui; **this one** questo(-a) qui
▶ pron (*demonstrative*) questo(-a); (*not "that one"*) questo(-a) qui; **who/what is this?** chi è/che cos'è questo?; **I prefer this to that** preferisco questo a quello; **this is where I live** io abito qui; **this is what he said** questo è ciò che ha detto;

this is Mr Brown (*in introductions, photo*) questo è il signor Brown; (*on telephone*) sono il signor Brown
▶ adv (*demonstrative*): **this high/long** etc alto/lungo etc così; **I didn't know things were this bad** non sapevo andasse così male

thistle [ˈθɪsl] n cardo

thorn [θɔːn] n spina

thorough [ˈθʌrə] adj (*search*) minuzioso(-a); (*knowledge, research*) approfondito(-a), profondo(-a); (*person*) coscienzioso(-a); (*cleaning*) a fondo; **thoroughly** adv (*search*) minuziosamente; (*wash, study*) a fondo; (*very*) assolutamente

those [ðəuz] pl pron quelli(-e) ▶ pl adj quei (quegli) mpl; quelle fpl

though [ðəu] conj benché, sebbene
▶ adv comunque

thought [θɔːt] pt, pp of **think** ▶ n pensiero; (*opinion*) opinione f; **thoughtful** adj pensieroso(-a), pensoso(-a); (*considerate*) premuroso(-a); **thoughtless** adj sconsiderato(-a); (*behaviour*) scortese

thousand [ˈθauzənd] num mille; **one ~** mille; **~s of** migliaia di; **thousandth** num millesimo(-a)

thrash [θræʃ] vt picchiare; bastonare; (*defeat*) battere

thread [θred] n filo; (*of screw*) filetto
▶ vt (*needle*) infilare

threat [θret] n minaccia; **threaten** vi (*storm*) minacciare ▶ vt **to threaten sb with/to do** minacciare qn con/di fare; **threatening** adj minaccioso(-a)

three [θriː] num tre; **three-dimensional** adj tridimensionale; (*film*) stereoscopico(-a); **three-piece suite** [ˈθriːpiːs-] n salotto comprendente un divano e due poltrone; **three-quarters** npl tre quarti mpl; **three-quarters full** pieno per tre quarti

threshold ['θrɛʃhəuld] n soglia

threw [θruː] pt of **throw**

thrill [θrɪl] n brivido ▶ vt (audience) elettrizzare; **to be ~ed** (with gift etc) essere elettrizzato(-a); **thrilled** adj **I was thrilled to get your letter** la tua lettera mi ha fatto veramente piacere; **thriller** n thriller m inv; **thrilling** adj (book) pieno(-a) di suspense; (news, discovery) elettrizzante

thriving ['θraɪvɪŋ] adj fiorente

throat [θrəut] n gola; **to have a sore ~** avere (un or il) mal di gola

throb [θrɔb] vi palpitare; pulsare; vibrare

throne [θrəun] n trono

through [θruː] prep attraverso; (time) per, durante; (by means of) per mezzo di; (owing to) a causa di ▶ adj (ticket, train, passage) diretto(-a) ▶ adv attraverso; **to put sb ~ to sb** (Tel) passare qn a qn; **to be ~** (Tel) ottenere la comunicazione; (have finished) essere finito(-a); **"no - road"** (BRIT) "strada senza sbocco"; **throughout** prep (place) dappertutto in; (time) per or durante tutto(-a) ▶ adv dappertutto; sempre

throw [θrəu] (pt **threw**, pp **thrown**) n (Sport) lancio, tiro ▶ vt tirare, gettare; (Sport) lanciare, tirare; (rider) disarcionare; (fig) confondere; **to ~ a party** dare una festa ▷ **throw away** vt gettare or buttare via ▷ **throw in** vt (Sport: ball) rimettere in gioco; (include) aggiungere ▷ **throw off** vt sbarazzarsi di ▷ **throw out** vt buttare fuori; (reject) respingere ▷ **throw up** vi vomitare

thru [θruː] (US) prep, adj, adv = **through**

thrush [θrʌʃ] n tordo

thrust [θrʌst] (pt, pp **thrust**) vt spingere con forza; (push in) conficcare

thud [θʌd] n tonfo

thug [θʌg] n delinquente m

thumb [θʌm] n (Anat) pollice m; **to ~ a lift** fare l'autostop; **thumbtack** (US) n puntina da disegno

thump [θʌmp] n colpo forte; (sound) tonfo ▶ vt (person) picchiare; (object) battere su ▶ vi picchiare; battere

thunder ['θʌndə'] n tuono ▶ vi tuonare; (train etc) **to ~ past** passare con un rombo; **thunderstorm** n temporale m

Thur(s). abbr (= Thursday) gio

Thursday ['θɜːzdɪ] n giovedì m inv

thus [ðʌs] adv così

thwart [θwɔːt] vt contrastare

thyme [taɪm] n timo

Tiber ['taɪbə'] n **the ~** il Tevere

Tibet [tɪ'bɛt] n Tibet m

tick [tɪk] n (sound: of clock) tic tac m inv; (mark) segno; spunta; (Zool) zecca; (BRIT: inf): **in a ~** in un attimo ▶ vi fare tic tac ▶ vt spuntare ▷ **tick off** vt spuntare; (person) sgridare

ticket ['tɪkɪt] n biglietto; (in shop: on goods) etichetta; (parking ticket) multa; (for library) scheda; **a single/return ~ to ...** un biglietto di sola andata/di andata e ritorno per...; **ticket barrier** n (BRIT: Rail) cancelletto d'ingresso; **ticket collector** n bigliettaio; **ticket inspector** n controllore m; **ticket machine** n distributore m di biglietti; **ticket office** n biglietteria

tickle ['tɪkl] vt fare il solletico a; (fig) solleticare ▶ vi **t~s** mi (or gli etc) fa il solletico; **ticklish** ['-lɪʃ] adj che soffre di solletico; (problem) delicato(-a)

tide [taɪd] n marea; (fig: of events) corso; **high/low ~** alta/bassa marea

tidy ['taɪdɪ] adj (room) ordinato(-a), lindo(-a); (dress, work) curato(-a), in ordine; (person) ordinato(-a) ▶ vt (also: **~ up**) riordinare, mettere in ordine

tie [taɪ] n (string etc) legaccio; (BRIT:

also: **neck~**) cravatta; *(fig: link)* legame m; *(Sport: draw)* pareggio ▸ vt *(parcel)* legare; *(ribbon)* annodare ▸ vi *(Sport)* pareggiare; **to ~ sth in a bow** annodare qc; **to ~ a knot in sth** fare un nodo a qc ▸ **tie down** vt legare; *(to price etc)* costringere ad accettare ▷ **tie up** vt *(parcel, dog)* legare; *(boat)* ormeggiare; *(arrangements)* concludere; **to be ~d up** *(busy)* essere occupato(-a) or preso(-a)

tier [tɪəᵊ] n fila; *(of cake)* piano, strato

tiger ['taɪgəᵊ] n tigre f

tight [taɪt] adj *(rope)* teso(-a), tirato(-a); *(money)* poco(-a); *(clothes, budget, bend etc)* stretto(-a); *(control)* severo(-a), fermo(-a); *(inf: drunk)* sbronzo(-a) ▸ adv *(squeeze)* fortemente; *(shut)* ermeticamente; **tighten** vt *(rope)* tendere; *(screw)* stringere; *(control)* rinforzare ▸ vi tendersi; stringersi; **tightly** adv *(grasp)* bene, saldamente; **tights** *(BRIT)* npl collant m inv

tile [taɪl] n *(on roof)* tegola; *(on wall or floor)* piastrella, mattonella

till [tɪl] n registratore m di cassa ▸ vt *(land)* coltivare ▸ prep, conj = **until**

tilt [tɪlt] vt inclinare, far pendere ▸ vi inclinarsi, pendere

timber ['tɪmbəᵊ] n *(material)* legname m

time [taɪm] n tempo; *(epoch: often pl)* epoca, tempo; *(by clock)* ora; *(moment)* momento; *(occasion)* volta; *(Mus)* tempo ▸ vt *(race)* cronometrare; *(fix moment for)* programmare; *(remark etc)* dire *(or* fare) al momento giusto; **a long ~** molto tempo; **what ~ does the museum/shop open?** a che ora apre il museo/negozio?; **for the ~ being** per il momento; **4 at a ~** 4 per or alla volta; **from ~ to ~** ogni tanto; **at ~s** a volte; **in ~** *(soon enough)* in tempo; *(after some time)* col tempo;

(Mus) a tempo; **in a week's ~** fra una settimana; **in no ~** in un attimo; **any ~** in qualsiasi momento; **on ~** puntualmente; **5 ~s 5** 5 volte 5, 5 per 5; **what ~ is it?** che ora è?, che ore sono?; **to have a good ~** divertirsi; **time limit** n limite m di tempo; **timely** adj opportuno(-a); **timer** n *(time switch)* temporizzatore m; *(in kitchen)* contaminuti m inv; **time-share** adj **time-share apartment/villa** appartamento/villa in multiproprietà; **timetable** n orario; **time zone** n fuso orario

timid ['tɪmɪd] adj timido(-a); *(easily scared)* pauroso(-a)

timing ['taɪmɪŋ] n *(Sport)* cronometraggio; *(fig)* scelta del momento opportuno

tin [tɪn] n stagno; *(also: ~ plate)* latta; *(container)* scatola; *(BRIT: can)* barattolo (di latta), lattina; **tinfoil** n stagnola

tingle ['tɪŋgl] vi pizzicare

tinker ['tɪŋkəᵊ]: **~ with** vt fus armeggiare intorno a; cercare di riparare

tinned [tɪnd] *(BRIT)* adj *(food)* in scatola

tin opener ['-əʊpnəᵊ] *(BRIT)* n apriscatole m inv

tint [tɪnt] n tinta; **tinted** adj *(hair)* tinto(-a); *(spectacles, glass)* colorato(-a)

tiny ['taɪnɪ] adj minuscolo(-a)

tip [tɪp] n *(end)* punta; *(gratuity)* mancia; *(BRIT: for rubbish)* immondezzaio; *(advice)* suggerimento ▸ vt *(waiter)* dare la mancia a; *(tilt)* inclinare; *(overturn: also: ~ over)* capovolgere; *(empty: also: ~ out)* scaricare; **how much should I ~?** quanto devo lasciare di mancia? ▷ **tip off** vt fare una soffiata a

tiptoe ['tɪptəʊ] n **on ~** in punta di piedi

tire ['taɪə'] n (US) = **tyre** ▶ vt stancare
▶ vi stancarsi; **tired** adj stanco(-a); **to
be tired of** essere stanco o stufo di;
tire pressure (US) n = **tyre pressure**;
tiring adj faticoso(-a)

tissue ['tɪʃuː] n tessuto; (paper
handkerchief) fazzoletto di carta;
tissue paper n carta velina

tit [tɪt] n (bird) cinciallegra; **to give ~
for tat** rendere pan per focaccia

title ['taɪtl] n titolo

T-junction ['tiː'dʒʌŋkʃən] n incrocio
a T

TM abbr = **trademark**

O to
[tuː, tə] prep

1 (direction) a; **to go to France/
London/school** andare in Francia/a
Londra/a scuola; **to go to Paul's/the
doctor's** andare da Paul/dal dottore;
the road to Edinburgh la strada
per Edimburgo; **to the left/right** a
sinistra/destra

2 (as far as) (fino) a; **from here to
London** da qui a Londra; **to count to 10**
contare fino a 10; **from 40 to 50 people**
da 40 a 50 persone

3 (with expressions of time): **a quarter to
5** le 5 meno un quarto; **it's twenty to 3**
sono le 3 meno venti

4 (for, of): **the key to the front door** la
chiave della porta d'ingresso; **a letter
to his wife** una lettera per la moglie

5 (expressing indirect object) a; **to give
sth to sb** dare qc a qn; **to talk to sb**
parlare a qn; **to be a danger to sb/sth**
rappresentare un pericolo per qn/qc

6 (in relation to) a; **3 goals to 2** 3 goal a
2; **30 miles to the gallon** ≈ 11 chilometri
con un litro

7 (purpose, result): **to come to sb's aid**
venire in aiuto a qn; **to sentence sb to
death** condannare a morte qn; **to my
surprise** con mia sorpresa
▶ with vb

1 (simple infinitive): **to go/eat** etc
andare/mangiare etc

2 (following another vb): **to want/
try/start to do** volere/cercare
di/cominciare a fare

3 (with vb omitted): **I don't want to** non
voglio (farlo); **you ought to** devi (farlo)

4 (purpose, result) per; **I did it to help
you** l'ho fatto per aiutarti

5 (equivalent to relative clause): **I have
things to do** ho da fare; **the main
thing is to try** la cosa più importante
è provare

6 (after adjective etc): **ready to go**
pronto a partire; **too old/young to ...**
troppo vecchio/giovane per ...
▶ adv **to push the door to** accostare
la porta

toad [təud] n rospo; **toadstool** n
fungo (velenoso)

toast [təust] n (Culin) pane m tostato;
(drink, speech) brindisi m inv ▶ vt (Culin)
tostare; (drink) brindare a; **a piece
or slice of ~** una fetta di pane tostato;
toaster n tostapane m inv

tobacco [tə'bækəu] n tabacco

toboggan [tə'bɔgən] n toboga m inv

today [tə'deɪ] adv oggi ▶ n (also fig)
oggi m

toddler ['tɔdlə'] n bambino(-a) che
impara a camminare

toe [təu] n dito del piede; (of shoe)
punta; **to ~ the line** (fig) stare in
riga, conformarsi; **toenail** n unghia
del piede

toffee ['tɔfi] n caramella

together [tə'geðə'] adv insieme; (at
same time) allo stesso tempo; **~ with**
insieme a

toilet ['tɔɪlət] n (BRIT: lavatory)
gabinetto ▶ cpd (bag, soap etc) da
toletta; **where's the ~?** dov'è il
bagno?; **toilet bag** n (BRIT) nécessaire
m inv da toilette; **toilet paper** n carta
igienica; **toiletries** npl articoli mpl

da toletta; **toilet roll** n rotolo di carta igienica

token ['təʊkən] n (sign) segno; (substitute coin) gettone m; (book/ record/gift) (BRIT) buono-libro/ disco/regalo

Tokyo ['təʊkjəʊ] n Tokyo f

told [təʊld] pt, pp of **tell**

tolerant ['tɒlərnt] adj: ~ (of) tollerante (nei confronti di)

tolerate ['tɒləreɪt] vt sopportare; (Med, Tech) tollerare

toll [təʊl] n (tax, charge) pedaggio ▶ vi (bell) suonare; **the accident ~ on the roads** il numero delle vittime della strada; **toll call** (US) n (Tel) (telefonata) interurbana; **toll-free** (US) adj senza addebito, gratuito(-a) ▶ adv gratuitamente; **toll-free number** n numero verde

tomato [tə'mɑːtəʊ] (pl **tomatoes**) n pomodoro; **tomato sauce** n salsa di pomodoro

tomb [tuːm] n tomba; **tombstone** ['tuːmstəʊn] n pietra tombale

tomorrow [tə'mɒrəʊ] adv domani ▶ n (also fig) domani m inv; **the day after ~** dopodomani; **~ morning** domani mattina

ton [tʌn] n tonnellata; (BRIT: 1016 kg; US: 907 kg; metric 1000 kg): **~s of** (inf) un mucchio o sacco di

tone [təʊn] n tono ▶ vi (also: ~ **in**) intonarsi ▶ **tone down** vt (colour, criticism, sound) attenuare

tongs [tɒŋz] npl tenaglie fpl; (for coal) molle fpl; (for hair) arricciacapelli m inv

tongue [tʌŋ] n lingua; **~ in cheek** (say, speak) ironicamente

tonic ['tɒnɪk] n (Med) tonico; (also: ~ **water**) acqua tonica

tonight [tə'naɪt] adv stanotte; (this evening) stasera ▶ n questa notte; questa sera

tonne [tʌn] n (BRIT: metric ton)

tonnellata

tonsil ['tɒnsl] n tonsilla; **tonsillitis** [-'laɪtɪs] n tonsillite f

too [tuː] adv (excessively) troppo; (also) anche; (also: ~ **much**) ▶ adv troppo ▶ adj troppo(-a); ~ **many** troppi(-e)

took [tʊk] pt of **take**

tool [tuːl] n utensile m, attrezzo; **tool box** n cassetta f portautensili; **tool kit** n cassetta di attrezzi

tooth [tuːθ] (pl **teeth**) n (Anat, Tech) dente m; **toothache** n mal m di denti; **toothbrush** n spazzolino da denti; **toothpaste** n dentifricio; **toothpick** n stuzzicadenti m inv

top [tɒp] n (of mountain, page, ladder) cima; (of box, cupboard, table) sopra m inv, parte f superiore; (lid: of box, jar) coperchio; (: of bottle) tappo; (blouse etc) sopra m inv; (toy) trottola ▶ adj più alto(-a); (in rank) primo(-a); (best) migliore ▶ vt (exceed) superare; (be first in) essere in testa a; **on ~ of** sopra, in cima a; (in addition to) oltre a; **from ~ to bottom** da cima a fondo ▶ **top up** (US **top off**) vt riempire; (salary) integrare; **top floor** n ultimo piano; **top hat** n cilindro

topic ['tɒpɪk] n argomento; **topical** adj d'attualità

topless ['tɒplɪs] adj (bather etc) col seno scoperto

topping ['tɒpɪŋ] n (Culin) guarnizione f

topple ['tɒpl] vt rovesciare, far cadere ▶ vi cadere; traballare

torch [tɔːtʃ] n torcia; (BRIT: electric) lampada tascabile

tore [tɔː] pt of **tear¹**

torment [n 'tɔːment, vb tɔː'ment] n tormento ▶ vt tormentare

torn [tɔːn] pp of **tear¹**

tornado [tɔː'neɪdəʊ] (pl **tornadoes**) n tornado

torpedo [tɔː'piːdəʊ] (pl **torpedoes**) n siluro

torrent ['tɔrnt] n torrente m;
torrential [tə'rɛnʃl] adj torrenziale
tortoise ['tɔːtəs] n tartaruga
torture ['tɔːtʃə] n tortura ▶ vt
torturare
Tory ['tɔːrɪ] (BRIT: Pol) adj dei tories,
conservatore(-trice) ▶ n tory m/f inv,
conservatore(-trice)
toss [tɒs] vt gettare, lanciare; (one's
head) scuotere; **to ~ a coin** fare a testa
o croce; **to ~ up for sth** fare a testa
o croce per qc; **to ~ and turn** (in bed)
girarsi e rigirarsi
total ['təutl] adj totale ▶ n totale m
▶ vt (add up) sommare; (amount to)
ammontare a
totalitarian [təutælɪ'tɛərɪən] adj
totalitario(-a)
totally ['təutəlɪ] adv completamente
touch [tʌtʃ] n tocco; (sense) tatto;
(contact) contatto ▶ vt toccare; **a ~
of** (fig) un tocco di; un pizzico di; **to
get in ~ with** mettersi in contatto
con; **to lose ~** (friends) perdersi di
vista ▶ **touch down** vi (on land)
atterrare; **touchdown** n atterraggio;
(on sea) ammaraggio; (US: Football)
meta; **touched** adj commosso(-a);
touching adj commovente;
touchline n (Sport) linea laterale;
touch-sensitive adj sensibile al tatto
tough [tʌf] adj duro(-a); (resistant)
resistente
tour ['tuə] n viaggio; (also: **package
~**) viaggio organizzato or tutto
compreso; (of town, museum) visita;
(by artist) tournée f inv ▶ vt visitare;
tour guide n guida turistica
tourism ['tuərɪzəm] n turismo
tourist ['tuərɪst] n turista m/f ▶ adv
(travel) in classe turistica ▶ cpd
turistico(-a); **tourist office** n pro
loco f inv
tournament ['tuənəmənt] n torneo
tour operator n (BRIT) operatore m

turistico
tow [təu] vt rimorchiare; **"on ~"** (BRIT),
"in ~" (US) "veicolo rimorchiato"
▷ **tow away** vt rimorchiare
toward(s) [tə'wɔːd(z)] prep verso;
(of attitude) nei confronti di; (of
purpose) per
towel ['tauəl] n asciugamano; (also:
tea ~) strofinaccio; **towelling** n
(fabric) spugna
tower ['tauə] n torre f; **tower block** n
(BRIT) n palazzone m
town [taun] n città f inv; **to go to ~**
andare in città; (fig) mettercela tutta;
town centre n centro (città); **town
hall** n = municipio
tow truck (US) n carro m, attrezzi inv
toxic ['tɒksɪk] adj tossico(-a)
toy [tɔɪ] n giocattolo ▶ **toy with** vt
fus giocare con; (idea) accarezzare,
trastullarsi con; **toyshop** n negozio
di giocattoli
trace [treɪs] n traccia ▶ vt (draw)
tracciare; (follow) seguire; (locate)
rintracciare
track [træk] n (of person, animal)
traccia; (on tape, Sport, path: gen) pista;
(: of bullet etc) traiettoria;
(: of suspect, animal) pista, tracce fpl;
(Rail) binario, rotaie fpl ▶ vt seguire le
tracce di; **to keep ~ of** seguire ▶ **track
down** vt (prey) scovare; snidare; (sth
lost) rintracciare; **tracksuit** n tuta
sportiva
tractor ['træktə] n trattore m
trade [treɪd] n commercio; (skill, job)
mestiere m ▶ vi commerciare ▶ vt
to ~ sth (for sth) barattare qc (con qc);
to ~ with/in commerciare con/in
▷ **trade in** vt (old car etc) dare come
pagamento parziale; **trademark**
n marchio di fabbrica; **trader** n
commerciante m/f; **tradesman** (irreg)
n fornitore m; (shopkeeper) negoziante
m; **trade union** n sindacato

trading ['treɪdɪŋ] n commercio
tradition [trə'dɪʃən] n tradizione f;
traditional adj tradizionale
traffic ['træfɪk] n traffico ▶ vi to ~
in (pej: liquor, drugs) trafficare in;
traffic circle (US) n isola rotatoria;
traffic island n salvagente m, isola
f, spartitraffico inv; **traffic jam** n
ingorgo (del traffico); **traffic lights**
npl semaforo; **traffic warden** n
addetto(-a) al controllo del traffico e
del parcheggio
tragedy ['trædʒədɪ] n tragedia
tragic ['trædʒɪk] adj tragico(-a)
trail [treɪl] n (tracks) tracce fpl,
pista; (path) sentiero; (of smoke etc)
scia ▶ vt trascinare, strascicare;
(follow) seguire ▶ vi essere al
traino; (dress etc) strusciare; (plant)
arrampicarsi; strisciare; (in game)
essere in svantaggio; **trailer** n (Aut)
rimorchio; (US) roulotte f inv; (Cinema)
prossimamente m inv
train [treɪn] n treno; (of dress) coda,
strascico ▶ vt (apprentice, doctor etc)
formare; (sportsman) allenare; (dog)
addestrare; (memory) esercitare;
(point: gun etc): **to ~ sth on** puntare
qc contro ▶ vi formarsi; allenarsi;
**what time does the ~ from Rome
get in?** a che ora arriva il treno da
Roma?; **is this the ~ for ...?** è questo
il treno per ...?; **one's ~ of thought**
il filo dei propri pensieri; **trainee**
[treɪ'niː] n (in trade) apprendista m/f;
trainer n (Sport) allenatore(-trice);
(: shoe) scarpa da ginnastica; (of
dogs etc) addestratore(-trice);
trainers npl (shoes) scarpe fpl da
ginnastica; **training** n formazione
f; allenamento; addestramento;
in training (Sport) in allenamento;
training course n corso di
formazione professionale; **training
shoes** npl scarpe fpl da ginnastica

trait [treɪt] n tratto
traitor ['treɪtə'] n traditore m
tram [træm] (BRIT) n (also: ~car)
tram m inv
tramp [træmp] n (person)
vagabondo(-a); (inf: pej: woman)
sgualdrina
trample ['træmpl] vt to ~ (underfoot)
calpestare
trampoline ['træmpəliːn] n
trampolino
tranquil ['træŋkwɪl] adj
tranquillo(-a); **tranquillizer** (US
tranquilizer) n (Med) tranquillante m
transaction [træn'zækʃən] n
transazione f
transatlantic ['trænzət'læntɪk] adj
transatlantico(-a)
transcript ['trænskrɪpt] n
trascrizione f
transfer [n 'trænsfə', vb træns'fə']
n (gen: also Sport) trasferimento;
(Pol: of power) passaggio; (picture,
design) decalcomania; (: stick-on)
autoadesivo ▶ vt trasferire; passare;
to ~ the charges (BRIT: Tel) fare una
chiamata a carico del destinatario
transform [træns'fɔːm] vt
trasformare; **transformation** n
trasformazione f
transfusion [træns'fjuːʒən] n
trasfusione f
transit ['trænzɪt] n **in ~** in transito
transition [træn'zɪʃən] n passaggio,
transizione f
transitive ['trænzɪtɪv] adj (Ling)
transitivo(-a)
translate [trænz'leɪt] vt tradurre;
can you ~ this for me? me lo può
tradurre?; **translation** [-'leɪʃən]
n traduzione f; **translator** n
traduttore(-trice)
transmission [trænz'mɪʃən] n
trasmissione f
transmit [trænz'mɪt] vt trasmettere;

transmitter n trasmettitore m

transparent [træns'pærnt] adj trasparente

transplant [vb træns'plɑ:nt, n 'trænsplɑ:nt] vt trapiantare ▶ n (Med) trapianto

transport [n 'trænspɔ:t, vb træns'pɔ:t] n trasporto ▶ vt trasportare;
transportation [-'teɪʃən] n (mezzo di) trasporto

transvestite [trænz'vestaɪt] n travestito(-a)

trap [træp] n (snare, trick) trappola; (carriage) calesse m ▶ vt prendere in trappola, intrappolare

trash [træʃ] (pej) n (goods) ciarpame m; (nonsense) sciocchezze fpl; **trash can** (US) n secchio della spazzatura

trauma ['trɔ:mə] n trauma m; **traumatic** [-'mætɪk] adj traumatico(-a)

travel ['trævl] n viaggio; viaggi mpl ▶ vi viaggiare ▶ vt (distance) percorrere; **travel agency** n agenzia (di) viaggi; **travel agent** n agente m di viaggio; **travel insurance** n assicurazione f di viaggio; **traveller** (US traveler) n viaggiatore(-trice); **traveller's cheque** (US traveler's check) n assegno turistico; **travelling** (US traveling) n viaggi mpl; **travel-sick** adj **to get travel-sick** (in vehicle) soffrire di mal d'auto; (in aeroplane) soffrire di mal d'aria; (in boat) soffrire di mal di mare; **travel sickness** n mal m d'auto (or di mare or d'aria)

tray [treɪ] n (for carrying) vassoio; (on desk) vaschetta

treacherous ['tretʃərəs] adj infido(-a)

treacle ['tri:kl] n melassa

tread [tred] (pt trod, pp trodden) n passo; (sound) rumore m dei passi; (of stairs) pedata; (of tyre) battistrada m inv ▶ vi camminare ▷ **tread on** vt fus calpestare

treasure ['treʒəʳ] n tesoro ▶ vt (value) tenere in gran conto, apprezzare molto; (store) custodire gelosamente; **treasurer** ['treʒərəʳ] n tesoriere(-a)

treasury ['treʒərɪ] n **the T-** (BRIT), **the T- Department** (US) il ministero del Tesoro

treat [tri:t] n regalo ▶ vt trattare; (Med) curare; **to ~ sb to sth** offrire qc a qn; **treatment** ['tri:tmənt] n trattamento

treaty ['tri:tɪ] n patto, trattato

treble ['trebl] adj triplo(-a), triplice ▶ vt triplicare ▶ vi triplicarsi

tree [tri:] n albero

trek [trek] n escursione f a piedi; escursione f in macchina; (tiring walk) camminata sfiancante ▶ vi (as holiday) fare dell'escursionismo

tremble ['trembl] vi tremare

tremendous [trɪ'mendəs] adj (enormous) enorme; (excellent) fantastico(-a), strepitoso(-a)

> Be careful not to translate **tremendous** by the Italian word **tremendo**.

trench [trentʃ] n trincea

trend [trend] n (tendency) tendenza; (of events) corso; (fashion) moda; **trendy** adj (idea) di moda; (clothes) all'ultima moda

trespass ['trespəs] vi **to ~ on** entrare abusivamente in; **"no ~ing"** "proprietà privata", "vietato l'accesso"

trial ['traɪəl] n (Law) processo; (test: of machine etc) collaudo; **on ~** (Law) sotto processo; **trial period** n periodo di prova

triangle ['traɪæŋgl] n (Math, Mus) triangolo

triangular [traɪ'æŋgjuləʳ] adj triangolare

tribe [traɪb] n tribù f inv

tribunal [traɪ'bju:nl] n tribunale m

tribute ['trɪbju:t] n tributo, omaggio;

to pay - to rendere omaggio a

trick [trɪk] n trucco; (joke) tiro; (Cards) presa ▸ vt imbrogliare, ingannare; **to play a - on sb** giocare un tiro a qn; **that should do the ~** vedrai che funziona

trickle ['trɪkl] n (of water etc) rivolo, gocciolio ▸ vi gocciolare

tricky ['trɪkɪ] adj difficile, delicato(-a)

tricycle ['traɪsɪkl] n triciclo

trifle ['traɪfl] n sciocchezza; (Culin) ≈ zuppa inglese ▸ adv **a - long** un po' lungo

trigger ['trɪɡə*] n (of gun) grilletto

trim [trɪm] adj (house, garden) ben tenuto(-a); (figure) snello(-a) ▸ n (haircut etc) spuntata, regolata; (embellishment) finiture fpl; (on car) guarnizioni fpl ▸ vt spuntare; (decorate): **to ~ (with)** decorare (con); (Naut: a sail) orientare

trio ['triːəu] n trio

trip [trɪp] n viaggio; (excursion) gita, escursione f; (stumble) passo falso ▸ vi inciampare; (go lightly) camminare con passo leggero; **on a ~** in viaggio ▸ **trip up** vi inciampare ▸ vt fare lo sgambetto a

triple ['trɪpl] adj triplo(-a)

triplets ['trɪplɪts] npl bambini(-e) trigemini(-e)

tripod ['traɪpɔd] n treppiede m

triumph ['traɪʌmf] n trionfo ▸ vi **to ~ (over)** trionfare (su); **triumphant** [traɪʌmfənt] adj trionfante

trivial ['trɪvɪəl] adj insignificante; (commonplace) banale

> Be careful not to translate **trivial** by the Italian word **triviale**.

trod [trɔd] pt of **tread**

trodden ['trɔdn] pp of **tread**

trolley ['trɔlɪ] n carrello

trombone [trɔm'bəun] n trombone m

troop [truːp] n gruppo; (Mil) squadrone m; **~s** npl (Mil) truppe fpl

trophy ['trəufɪ] n trofeo

tropical ['trɔpɪkl] adj tropicale

trot [trɔt] n trotto ▸ vi trottare; **on the ~** (BRIT: fig) di fila, uno(-a) dopo l'altro(-a)

trouble ['trʌbl] n difficoltà f inv, problema m; difficoltà fpl, problemi; (worry) preoccupazione f; (bother, effort) sforzo; (Pol) conflitti mpl, disordine m; (Med): **stomach** etc **~** disturbi mpl gastrici etc ▸ vt disturbare; (worry) preoccupare ▸ vi **to ~ to do** disturbarsi a fare; **~s** npl (Pol etc) disordini mpl; **to be in ~** avere dei problemi; **it's no ~!** di niente!; **what's the ~?** cosa c'è che non va?; **I'm sorry to ~ you** scusi il disturbo; **troubled** adj (person) preoccupato(-a), inquieto(-a); (epoch, life) agitato(-a), difficile; **troublemaker** n elemento disturbatore, agitatore(-trice); (child) disloco(-a); **troublesome** adj fastidioso(-a), seccante

trough [trɔf] n (drinking trough) abbeveratoio; (also: **feeding ~**) trogolo, mangiatoia; (channel) canale m

trousers ['trauzəz] npl pantaloni mpl, calzoni mpl; **short ~** calzoncini mpl

trout [traut] n inv trota

trowel ['trauəl] n cazzuola

truant ['truənt] (BRIT) n **to play ~** marinare la scuola

truce [truːs] n tregua

truck [trʌk] n autocarro, camion m inv; (Rail) carro merci aperto; (for luggage) carrello m portabagagli inv; **truck driver** n camionista m/f

true [truː] adj vero(-a); (accurate) accurato(-a), esatto(-a); (genuine) reale; (faithful) fedele; **to come ~** avverarsi

truly ['truːlɪ] adv veramente; (truthfully) sinceramente; (faithfully): **yours ~** (in letter) distinti saluti

trumpet ['trʌmpɪt] n tromba

trunk [trʌŋk] n (of tree, person) tronco; (of elephant) proboscide f; (case) baule m; (US: Aut) bagagliaio; **~s** npl (also: **swimming ~s**) calzoncini mpl da bagno

trust [trʌst] n fiducia; (Law) amministrazione f fiduciaria; (Comm) trust m inv ▶ vt (rely on) contare su; (hope) sperare; (entrust): **to ~ sth to sb** affidare qc a qn; **trusted** adj fidato(-a); **trustworthy** adj fidato(-a), degno(-a) di fiducia

truth [truːθ, pl truːðz] n verità f inv; **truthful** adj (person) sincero(-a); (description) veritiero(-a), esatto(-a)

try [traɪ] n prova, tentativo; (Rugby) meta ▶ vt (Law) giudicare; (test: also: **~ out**) provare; (strain) mettere alla prova ▶ vi provare; **to have a ~** fare un tentativo; **to ~ to do** (seek) cercare di fare ▶ **try on** vt (clothes) provare; **trying** adj (day, experience) logorante, pesante; (child) difficile, insopportabile

T-shirt ['tiːʃəːt] n maglietta

tub [tʌb] n tinozza; mastello; (bath) bagno

tube [tjuːb] n tubo; (BRIT: underground) metropolitana, metrò m inv; (for tyre) camera d'aria

tuberculosis [tjubəːkjuˈləusɪs] n tubercolosi f inv

tube station (BRIT) n stazione f della metropolitana

tuck [tʌk] vt (put) mettere ▶ **tuck away** vt riporre; (building): **to be ~ed away** essere in un luogo isolato ▶ **tuck in** vt mettere dentro; (child) rimboccare ▶ vi (eat) mangiare di buon appetito; abbuffarsi; **tuck shop** n negozio di pasticceria (in una scuola)

Tue(s). abbr (= Tuesday) mar

Tuesday ['tjuːzdɪ] n martedì m inv

tug [tʌg] n (ship) rimorchiatore m ▶ vt

tirare con forza

tuition [tjuːˈɪʃən] n (BRIT) lezioni fpl; (: private tuition) lezioni fpl private; (US: school fees) tasse fpl scolastiche

tulip ['tjuːlɪp] n tulipano

tumble ['tʌmbl] n (fall) capitombolo ▶ vi capitombolare, ruzzolare; **to ~ to sth** (inf) realizzare qc; **tumble dryer** (BRIT) n asciugatrice f

tumbler ['tʌmblə] n bicchiere m (senza stelo)

tummy ['tʌmɪ] (inf) n pancia

tumour ['tjuːmə] (US **tumor**) n tumore m

tuna ['tjuːnə] n inv (also: **~ fish**) tonno

tune [tjuːn] n (melody) melodia, aria ▶ vt (Mus) accordare; (Radio, TV, Aut) regolare, mettere a punto; **to be in/out of ~** (instrument) essere accordato(-a)/scordato(-a); (singer) essere intonato(-a)/stonato(-a) ▶ **tune in** vi **to ~ in (to)** (Radio, TV) sintonizzarsi (su) ▶ **tune up** vi (musician) accordare lo strumento

tunic ['tjuːnɪk] n tunica

Tunisia [tjuːˈnɪzɪə] n Tunisia

tunnel ['tʌnl] n galleria ▶ vi scavare una galleria

turbulence ['təːbjuləns] n (Aviat) turbolenza

turf [təːf] n terreno erboso; (clod) zolla ▶ vt coprire di zolle erbose

Turin [tjuəˈrɪn] n Torino f

Turk [təːk] n turco/a

Turkey ['təːkɪ] n Turchia

turkey ['təːkɪ] n tacchino

Turkish ['təːkɪʃ] adj turco(-a) ▶ n (Ling) turco

turmoil ['təːmɔɪl] n confusione f, tumulto

turn [təːn] n giro; (change) cambiamento, (in road) curva; (tendency: of mind, events) tendenza; (performance) numero; (chance) turno; (Med) crisi f inv, attacco ▶ vt girare, voltare; (change): **to ~ sth into** trasformare qc in ▶ vi girare; (person: look back) girarsi, voltarsi; (reverse direction) girare; (change) cambiare; (milk) andare a male; (become) diventare; **it gave me quite a ~** mi ha fatto prendere un bello spavento; **"no left ~"** (Aut) "divieto di svolta a sinistra"; **it's your ~** tocca a lei; **in ~** a sua volta; a turno; **to take ~s (at sth)** fare (qc) a turno; **~ left/right at the next junction** al prossimo incrocio, giri a sinistra/destra ▶ **turn around** vi (person) girarsi; (rotate) girare ▶ vt (object) girare ▶ **turn away** vi girarsi (dall'altra parte) ▶ vt mandare via ▶ **turn back** vi ritornare, tornare indietro ▶ vt far tornare indietro; (clock) spostare indietro ▶ **turn down** vt (refuse) rifiutare; (reduce) abbassare; (fold) ripiegare ▶ **turn in** vi (inf: go to bed) andare a letto ▶ vt (fold) voltare in dentro ▶ **turn off** vi (from road) girare, voltare ▶ vt (light, radio, engine etc) spegnere; **I can't ~ the heating off** non riesco a spegnere il riscaldamento ▶ **turn on** vt (light, radio etc) accendere; **I can't ~ the heating on** non riesco ad accendere il riscaldamento ▶ **turn out** vt (light, gas) chiudere; spegnere ▶ vi (voters) presentarsi; **to ~ out to be** rivelarsi ..., risultare ... ▶ **turn over** vi (person) girarsi ▶ vt girare ▶ **turn round** vi girarsi; (person) girarsi ▶ **turn to** vt fus **to ~ to sb** girarsi verso qn; **to ~ to sb for help** rivolgersi a qn per aiuto ▶ **turn up** vi (person) arrivare, presentarsi; (lost object) saltar fuori ▶ vt (collar, sound) alzare; **turning** n (in road) curva; **turning point** n (fig) svolta decisiva

turnip ['tə:nɪp] n rapa

turn: turnout ['tə:naut] n presenza,

affluenza; **turnover** ['tə:nəuvə'] n (Comm) turnover m inv; (Culin): **apple** etc **turnover** sfogliatella alle mele ecc; **turnstile** ['tə:nstaɪl] n tornella; **turn-up** (BRIT) n (on trousers) risvolto

turquoise ['tə:kwɔɪz] n turchese m ▶ adj turchese

turtle ['tə:tl] n testuggine f; **turtleneck (sweater)** ['tə:tlnɛk-] n maglione m con il collo alto

Tuscany ['tʌskənɪ] n Toscana

tusk [tʌsk] n zanna

tutor ['tju:tə'] n (in college) docente m/f (responsabile di un gruppo di studenti); (private teacher) precettore m; **tutorial** [-'tɔ:rɪəl] n (Scol) lezione f con discussione (a un gruppo limitato)

tuxedo [tʌk'si:dəu] (US) n smoking m inv

TV [ti:'vi:] n abbr (= television) tivù f inv

tweed [twi:d] n tweed m inv

tweezers ['twi:zəz] npl pinzette fpl

twelfth [twelfθ] num dodicesimo(-a)

twelve [twelv] num dodici; **at ~ o'clock** alle dodici, a mezzogiorno; (midnight) a mezzanotte

twentieth ['twentɪθ] num ventesimo(-a)

twenty ['twentɪ] num venti

twice [twaɪs] adv due volte; **~ as much** due volte tanto; **~ a week** due volte alla settimana

twig [twɪg] n ramoscello ▶ vt, vi (inf) capire

twilight ['twaɪlaɪt] n crepuscolo

twin [twɪn] adj, n gemello(-a) ▶ vt **to ~ one town with another** fare il gemellaggio di una città con un'altra; **twin-bedded room** n stanza con letti gemelli; **twin beds** npl letti mpl gemelli

twinkle ['twɪŋkl] vi scintillare; (eyes) brillare

twist [twɪst] n torsione f; (in wire, flex) piega; (in road) curva; (in story) colpo di scena ▶ vt attorcigliare; (ankle) slogare; (weave) intrecciare; (roll around) arrotolare; (fig) distorcere ▶ vi (road) serpeggiare

twit [twɪt] (inf) n cretino(-a)

twitch [twɪtʃ] n tiratina; (nervous) tic m inv ▶ vi contrarsi

two [tuː] num due; **to put ~ and ~ together** (fig) fare uno più uno

type [taɪp] n (category) genere m; (model) modello; (example) tipo; (Typ) tipo, carattere m ▶ vt (letter etc) battere (a macchina), dattilografare; **typewriter** n macchina da scrivere

typhoid ['taɪfɔɪd] n tifoidea

typhoon [taɪ'fuːn] n tifone m

typical ['tɪpɪkl] adj tipico(-a); **typically** adv tipicamente; **typically, he arrived late** come al solito è arrivato tardi

typing ['taɪpɪŋ] n dattilografia

typist ['taɪpɪst] n dattilografo(-a)

tyre ['taɪəʳ] (UStire) n pneumatico, gomma; **I've got a flat ~** ho una gomma a terra; **tyre pressure** n pressione f (delle gomme)

U

UFO ['juːfəu] n abbr (= unidentified flying object) UFO m inv

Uganda [juː'gændə] n Uganda

ugly ['ʌglɪ] adj brutto(-a)

UHT abbr (= ultra heat treated) UHT inv, a lunga conservazione

UK n abbr = United Kingdom

ulcer ['ʌlsəʳ] n ulcera; (also: **mouth ~**) afta

ultimate ['ʌltɪmət] adj ultimo(-a), finale; (authority) massimo(-a), supremo(-a); **ultimately** adv alla fine; in definitiva, in fin dei conti

ultimatum [ʌltɪ'meɪtəm, -tə] (pl ultimatums or ultimata) n ultimatum m inv

ultrasound [ʌltrə'saund] n (Med) ultrasuono

ultraviolet ['ʌltrə'vaɪəlɪt] adj ultravioletto(-a)

umbrella [ʌm'brɛlə] n ombrello

umpire ['ʌmpaɪəʳ] n arbitro

UN n abbr (= United Nations) ONU f

unable [ʌn'eɪbl] adj **to be ~ to** non potere, essere nell'impossibilità di; essere incapace di

unacceptable [ʌnək'sɛptəbl] adj (proposal, behaviour) inaccettabile; (price) impossibile

unanimous [juː'nænɪməs] adj unanime

unarmed [ʌn'ɑːmd] adj (without a weapon) disarmato(-a); (combat) senz'armi

unattended [ʌnə'tɛndɪd] adj (car, child, luggage) incustodito(-a)

unattractive [ʌnə'træktɪv] adj poco attraente

unavailable [ʌnə'veɪləbl] adj (article, room, book) non disponibile; (person) impegnato(-a)

unavoidable [ʌnə'vɔɪdəbl] adj inevitabile

unaware [ʌnə'wɛəʳ] adj **to be ~ of** non sapere, ignorare; **unawares** adv di sorpresa, alla sprovvista

unbearable [ʌn'bɛərəbl] adj insopportabile

unbeatable [ʌn'biːtəbl] adj

imbattibile
unbelievable [ʌnbɪ'liːvəbl] *adj*
incredibile
unborn [ʌn'bɔːn] *adj* non ancora
nato(-a)
unbutton [ʌn'bʌtn] *vt* sbottonare
uncalled-for [ʌn'kɔːldfɔːʳ] *adj*
(*remark*) fuori luogo *inv*; (*action*)
ingiustificato(-a)
uncanny [ʌn'kænɪ] *adj*
misterioso(-a), strano(-a)
uncertain [ʌn'səːtn] *adj* incerto(-a),
dubbio(-a); **uncertainty** *n* incertezza
unchanged [ʌn'tʃeɪndʒd] *adj*
invariato(-a)
uncle ['ʌŋkl] *n* zio
unclear [ʌn'klɪəʳ] *adj* non chiaro(-a);
**I'm still ~ about what I'm supposed
to do** non ho ancora ben capito cosa
dovrei fare
uncomfortable [ʌn'kʌmfətəbl]
adj scomodo(-a); (*uneasy*) a disagio,
agitato(-a); (*unpleasant*) fastidioso(-a)
uncommon [ʌn'kɔmən] *adj* raro(-a),
insolito(-a), non comune
unconditional [ʌnkən'dɪʃənl] *adj*
incondizionato(-a), senza condizioni
unconscious [ʌn'kɔnʃəs] *adj* privo(-a)
di sensi, svenuto(-a); (*unaware*)
inconsapevole, inconscio(-a) ▶ *n* the
~ l'inconscio
uncontrollable [ʌnkən'trəuləbl] *adj*
incontrollabile; indisciplinato(-a)
unconventional [ʌnkən'venʃənl] *adj*
poco convenzionale
uncover [ʌn'kʌvəʳ] *vt* scoprire
undecided [ʌndɪ'saɪdɪd] *adj*
indeciso(-a)
undeniable [ʌndɪ'naɪəbl] *adj*
innegabile, indiscutibile
under ['ʌndəʳ] *prep* sotto di; (*less than*)
meno di; al disotto di; (*according
to*) secondo, in conformità a ▶ *adv*
(al) disotto; **~ there** là sotto; **~
repair** in riparazione; **undercover**

adj segreto(-a), clandestino(-a);
underdone *adj* (*Culin*) al sangue;
(*pej*) poco cotto(-a); **underestimate**
vt sottovalutare; **undergo** *vt* (*irreg*)
subire; (*treatment*) sottoporsi a;
undergraduate *n* studente(-essa)
universitario(-a); **underground**
n (*BRIT: railway*) metropolitana; (*Pol*)
movimento clandestino ▶ *adj*
sotterraneo(-a); (*fig*) clandestino(-a)
▶ *adv* sottoterra; **to go underground**
(*fig*) darsi alla macchia;
undergrowth *n* sottobosco;
underline *vt* sottolineare;
undermine *vt* minare; **underneath**
[ʌndə'niːθ] *adv* sotto, disotto ▶ *prep*
sotto, al di sotto di; **underpants**
npl mutande *fpl*, slip *m inv*;
underpass (*BRIT*) *n* sottopassaggio;
underprivileged *adj* non abbiente,
meno favorito(-a); **underscore**
vt sottolineare; **undershirt** (*US*)
n maglietta; **underskirt** (*BRIT*) *n*
sottoveste *f*
understand [ʌndə'stænd] (*irreg: like
stand*) *vt*, *vi* capire, comprendere;
I don't ~ non capisco; **I ~ that ...**
sento che ...; credo di capire che ...;
understandable *adj* comprensibile;
understanding *adj* comprensivo(-a)
▶ *n* comprensione *f*; (*agreement*)
accordo
understatement [ʌndə'steɪtmənt] *n*
that's an ~! a dire poco!
understood [ʌndə'stud] *pt*, *pp* of
understand ▶ *adj* inteso(-a); (*implied*)
sottinteso(-a)
undertake [ʌndə'teɪk] (*irreg: like
take*) *vt* intraprendere; **to ~ to do sth**
impegnarsi a fare qc
undertaker ['ʌndəteɪkəʳ] *n*
impresario di pompe funebri
undertaking [ʌndə'teɪkɪŋ] *n*
impresa; (*promise*) promessa
under: underwater [ʌndə'wɔːtəʳ]

adv sott'acqua ▸ *adj* subacqueo(-a);
underway [ʌndə'weɪ] *adj* **to
be underway** essere in corso;
underwear [ˈʌndəwɛəˈ] *n* biancheria
(intima); **underwent** [ʌndə'wɛnt] *vb*
see **undergo**; **underworld**
[ˈʌndəwəːld] *n* (*of crime*) malavita
undesirable [ʌndɪ'zaɪərəbl] *adj*
sgradevole
undisputed [ʌndɪs'pjuːtɪd] *adj*
indiscusso(-a)
undo [ʌn'duː] *vt* (*irreg*) disfare
undone [ʌn'dʌn] *pp of* **undo**; **to come
~** slacciarsi
undoubtedly [ʌn'dautɪdlɪ] *adv* senza
alcun dubbio
undress [ʌn'drɛs] *vi* spogliarsi
unearth [ʌn'əːθ] *vt* dissotterrare;
(*fig*) scoprire
uneasy [ʌn'iːzɪ] *adj* a disagio; (*worried*)
preoccupato(-a); (*peace*) precario(-a)
unemployed [ʌnɪm'plɔɪd] *adj*
disoccupato(-a) ▸ *npl* **the ~** i
disoccupati
unemployment [ʌnɪm'plɔɪmənt] *n*
disoccupazione *f*; **unemployment
benefit** (*US* **unemployment
compensation**) *n* sussidio di
disoccupazione
unequal [ʌn'iːkwəl] *adj* (*length, objects*)
disuguale; (*amounts*) diverso(-a);
(*division of labour*) ineguale
uneven [ʌn'iːvn] *adj* ineguale;
irregolare
unexpected [ʌnɪk'spɛktɪd] *adj*
inatteso(-a), imprevisto(-a);
unexpectedly *adv* inaspettatamente
unfair [ʌn'fɛəˈ] *adj* **~ (to)** ingiusto(-a)
(nei confronti di)
unfaithful [ʌn'feɪθful] *adj* infedele
unfamiliar [ʌnfə'mɪlɪəˈ] *adj*
sconosciuto(-a), strano(-a); **to be ~
with** non avere familiarità con
unfashionable [ʌn'fæʃnəbl] *adj*
(*clothes*) fuori moda; (*district*) non

alla moda
unfasten [ʌn'fɑːsn] *vt* slacciare;
sciogliere
unfavourable [ʌn'feɪvərəbl] (*US*
unfavorable) *adj* sfavorevole
unfinished [ʌn'fɪnɪʃt] *adj*
incompleto(-a)
unfit [ʌn'fɪt] *adj* (*ill*) malato(-a), in
cattiva salute; (*incompetent*): **~ (for)**
incompetente (in); (: *work, Mil*)
inabile (a)
unfold [ʌn'fəuld] *vt* spiegare ▸ *vi*
(*story, plot*) svelarsi
unforgettable [ʌnfə'gɛtəbl] *adj*
indimenticabile
unfortunate [ʌn'fɔːtʃnət] *adj*
sfortunato(-a); (*event, remark*) infelice;
unfortunately *adv* sfortunatamente,
purtroppo
unfriendly [ʌn'frɛndlɪ] *adj* poco
amichevole, freddo(-a)
unfurnished [ʌn'fɜːnɪʃt] *adj* non
ammobiliato(-a)
unhappiness [ʌn'hæpɪnɪs] *n*
infelicità
unhappy [ʌn'hæpɪ] *adj* infelice;
~ about/with (*arrangements etc*)
insoddisfatto(-a) di
unhealthy [ʌn'hɛlθɪ] *adj* (*gen*)
malsano(-a); (*person*) malaticcio(-a)
unheard-of [ʌn'hɜːdɔv] *adj*
inaudito(-a), senza precedenti
unhelpful [ʌn'hɛlpful] *adj* poco
disponibile
unhurt [ʌn'hɜːt] *adj* illeso(-a)
unidentified [ʌnaɪ'dɛntɪfaɪd] *adj* non
identificato(-a)
uniform [ˈjuːnɪfɔːm] *n* uniforme *f*,
divisa ▸ *adj* uniforme
unify [ˈjuːnɪfaɪ] *vt* unificare
unimportant [ʌnɪm'pɔːtənt]
adj senza importanza, di scarsa
importanza
uninhabited [ʌnɪn'hæbɪtɪd] *adj*
disabitato(-a)

unintentional [ʌnɪn'tɛnʃənəl] adj involontario(-a)

union ['juːnjən] n unione f; (also: **trade ~**) sindacato m ▷ cpd sindacale, dei sindacati; **Union Jack** n bandiera nazionale britannica

unique [juː'niːk] adj unico(-a)

unisex ['juːnɪsɛks] adj unisex inv

unit ['juːnɪt] n unità f inv; (section: of furniture etc) elemento; (team, squad) reparto, squadra

unite [juː'naɪt] vt unire ▷ vi unirsi; **united** adj unito(-a); unificato(-a); (efforts) congiunto(-a); **United Kingdom** n Regno Unito; **United Nations (Organization)** n (Organizzazione f delle) Nazioni Unite; **United States (of America)** n Stati mpl Uniti (d'America)

unity ['juːnɪtɪ] n unità f

universal [juːnɪ'vəːsl] adj universale

universe ['juːnɪvəːs] n universo

university [juːnɪ'vəːsɪtɪ] n università f inv

unjust [ʌn'dʒʌst] adj ingiusto(-a)

unkind [ʌn'kaɪnd] adj scortese; crudele

unknown [ʌn'nəun] adj sconosciuto(-a)

unlawful [ʌn'lɔːful] adj illecito(-a), illegale

unleaded [ʌn'lɛdɪd] adj (petrol, fuel) verde, senza piombo

unleash [ʌn'liːʃ] vt (fig) scatenare

unless [ʌn'lɛs] conj a meno che (non) +sub

unlike [ʌn'laɪk] adj diverso(-a) ▷ prep a differenza di, contrariamente a

unlikely [ʌn'laɪklɪ] adj improbabile

unlimited [ʌn'lɪmɪtɪd] adj illimitato(-a)

unlisted [ʌn'lɪstɪd] (US) adj (Tel): **to be ~** non essere sull'elenco

unload [ʌn'ləud] vt scaricare

unlock [ʌn'lɔk] vt aprire

unlucky [ʌn'lʌkɪ] adj sfortunato(-a); (object, number) che porta sfortuna

unmarried [ʌn'mærɪd] adj non sposato(-a); (man only) scapolo, celibe; (woman only) nubile

unmistak(e)able [ʌnmɪs'teɪkəbl] adj inconfondibile

unnatural [ʌn'nætʃrəl] adj innaturale; contro natura

unnecessary [ʌn'nɛsəsrɪ] adj inutile, superfluo(-a)

UNO ['juːnəu] n abbr (= United Nations Organization) ONU f

unofficial [ʌnə'fɪʃl] adj non ufficiale; (strike) non dichiarato(-a) dal sindacato

unpack [ʌn'pæk] vi disfare la valigia (or le valigie) ▷ vt disfare

unpaid [ʌn'peɪd] adj (holiday) non pagato(-a); (work) non retribuito(-a); (bill, debt) da pagare

unpleasant [ʌn'plɛznt] adj spiacevole

unplug [ʌn'plʌg] vt staccare

unpopular [ʌn'pɔpjulə*] adj impopolare

unprecedented [ʌn'prɛsɪdəntɪd] adj senza precedenti

unpredictable [ʌnprɪ'dɪktəbl] adj imprevedibile

unprotected ['ʌnprə'tɛktɪd] adj (sex) non protetto(-a)

unqualified [ʌn'kwɔlɪfaɪd] adj (teacher) non abilitato(-a); (success) assoluto(-a), senza riserve

unravel [ʌn'rævl] vt dipanare, districare

unreal [ʌn'rɪəl] adj irreale

unrealistic [ʌnrɪə'lɪstɪk] adj non realistico(-a)

unreasonable [ʌn'riːznəbl] adj irragionevole

unrelated [ʌnrɪ'leɪtɪd] adj ~ **(to)** senza rapporto (con); non imparentato(-a) (con)

unreliable [ʌnrɪ'laɪəbl] adj (person,

machine) che non dà affidamento; (*news, source of information*) inattendibile

unrest [ʌnˈrest] n agitazione f

unroll [ʌnˈrəul] vt srotolare

unruly [ʌnˈruːlɪ] adj indisciplinato(-a)

unsafe [ʌnˈseɪf] adj pericoloso(-a), rischioso(-a)

unsatisfactory [ˈʌnsætɪsˈfæktərɪ] adj che lascia a desiderare, insufficiente

unscrew [ʌnˈskruː] vt svitare

unsettled [ʌnˈsetld] adj (*person*) turbato(-a); indeciso(-a); (*weather*) instabile

unsettling [ʌnˈsetlɪŋ] adj inquietante

unsightly [ʌnˈsaɪtlɪ] adj brutto(-a), sgradevole a vedersi

unskilled [ʌnˈskɪld] adj non specializzato(-a)

unspoiled [ˈʌnˈspɔɪld], **unspoilt** [ˈʌnˈspɔɪlt] adj (*place*) non deturpato(-a)

unstable [ʌnˈsteɪbl] adj (*gen*) instabile; (*mentally*) squilibrato(-a)

unsteady [ʌnˈstedɪ] adj instabile, malsicuro(-a)

unsuccessful [ʌnsəkˈsesful] adj (*writer, proposal*) che non ha successo; (*marriage, attempt*) mal riuscito(-a), fallito(-a); **to be ~** (*in attempting sth*) non avere successo

unsuitable [ʌnˈsuːtəbl] adj inadatto(-a); inopportuno(-a); sconveniente

unsure [ʌnˈfuə] adj incerto(-a); **to be ~ of o.s** essere insicuro(-a)

untidy [ʌnˈtaɪdɪ] adj (*room*) in disordine; (*appearance*) trascurato(-a); (*person*) disordinato(-a)

untie [ʌnˈtaɪ] vt (*knot, parcel*) disfare; (*prisoner, dog*) slegare

until [ʌnˈtɪl] prep fino a; (*after negative*) prima di ▸ conj finché, fino a quando; (*in past, after negative*) prima che + sub, prima di + infinitive; **~ he comes** finché

or fino a quando non arriva; **~ now** finora; **~ then** fino ad allora

untrue [ʌnˈtruː] adj (*statement*) falso(-a), non vero(-a)

unused [ʌnˈjuːzd] adj nuovo(-a)

unusual [ʌnˈjuːʒuəl] adj insolito(-a), eccezionale, raro(-a); **unusually** adv insolitamente

unveil [ʌnˈveɪl] vt scoprire; svelare

unwanted [ʌnˈwɔntɪd] adj (*clothing*) smesso(-a), (*child*) non desiderato(-a)

unwell [ʌnˈwel] adj indisposto(-a); **to feel ~** non sentirsi bene

unwilling [ʌnˈwɪlɪŋ] adj **to be ~ to do** non voler fare

unwind [ʌnˈwaɪnd] (*irreg: like* **wind**¹) vt svolgere, srotolare ▸ vi (*relax*) rilassarsi

unwise [ʌnˈwaɪz] adj poco saggio(-a)

unwittingly [ʌnˈwɪtɪŋlɪ] adv senza volerlo

unwrap [ʌnˈræp] vt disfare; aprire

unzip [ʌnˈzɪp] vt aprire (la chiusura lampo di); (*Comput*) dezippare

⊙ up
[ʌp] prep **he went up the stairs/the hill** è salito su per le scale/sulla collina; **the cat was up a tree** il gatto era su un albero; **they live further up the street** vivono un po' più su nella stessa strada
▸ adv

1 (*upwards, higher*) su, in alto; **up in the sky/the mountains** su nel cielo/in montagna; **up there** lassù; **up above** su in alto

2 : **to be up** (*out of bed*) essere alzato(-a); (*prices, level*) essere salito(-a)

3 : **up to** (*as far as*) fino a; **up to now** finora

4 : **to be up to** (*depending on*): **it's up to you** sta a lei, dipende da lei; (*equal to*): **he's not up to it** (*job, task etc*) non ne è all'altezza; (*inf: be doing*): **what is he up to?** cosa sta combinando?

▶ n ups and downs alti e bassi mpl
up-and-coming [ˈʌpəndˈkʌmɪŋ] adj
pieno(-a) di promesse, promettente
upbringing [ˈʌpbrɪŋɪŋ] n educazione f
update [ʌpˈdeɪt] vt aggiornare
upfront [ʌpˈfrʌnt] adj (inf) franco(-a),
aperto(-a) ▶ adv (pay) subito
upgrade [ʌpˈɡreɪd] vt (house, job)
migliorare; (employee) avanzare di
grado
upheaval [ʌpˈhiːvl] n
sconvolgimento; tumulto
uphill [ʌpˈhɪl] adj in salita; (fig: task)
difficile ▶ adv to go ~ andare in salita,
salire
upholstery [ʌpˈhəʊlstərɪ] n
tappezzeria
upmarket [ʌpˈmɑːkɪt] adj (product)
che si rivolge ad una fascia di mercato
superiore
upon [əˈpɒn] prep su
upper [ˈʌpə*] adj superiore ▶ n (of shoe)
tomaia; upper-class adj dell'alta
borghesia
upright [ˈʌpraɪt] adj diritto(-a);
verticale; (fig) diritto(-a), onesto(-a)
uprising [ˈʌpraɪzɪŋ] n insurrezione
f, rivolta
uproar [ˈʌprɔː*] n tumulto, clamore m
upset [n ˈʌpset, vb, adj ʌpˈset] (irreg:
like set) n (to plan etc) contrattempo;
(stomach upset) disturbo ▶ vt (glass
etc) rovesciare; (plan, stomach)
scombussolare; (person: offend)
contrariare; (: grieve) addolorare ▶ adj
sconvolgere vt contrariato(-a),
addolorato(-a); (stomach)
scombussolato(-a)
upside-down [ʌpsaɪdˈdaʊn] adv
sottosopra
upstairs [ʌpˈsteəz] adv, adj di sopra, al
piano superiore ▶ n piano di sopra
up-to-date [ˈʌptəˈdeɪt] adj
moderno(-a); aggiornato(-a)
uptown [ˈʌptaʊn] (US) adv verso

i quartieri residenziali ▶ adj dei
quartieri residenziali
upward [ˈʌpwəd] adj ascendente;
verso l'alto; upward(s) adv in su,
verso l'alto
uranium [juəˈreɪnɪəm] n uranio
Uranus [juəˈreɪnəs] n (planet) Urano
urban [ˈəːbən] adj urbano(-a)
urge [əːdʒ] n impulso; stimolo;
forte desiderio ▶ vt to ~ sb to do
esortare qn a fare, spingere qn a fare;
raccomandare a qn di fare
urgency [ˈəːdʒənsɪ] n urgenza; (of
tone) insistenza
urgent [ˈəːdʒənt] adj urgente; (voice)
insistente
urinal [ˈjuərɪnl] n (BRIT: building)
vespasiano; (: vessel) orinale m,
pappagallo
urinate [ˈjuərɪneɪt] vi orinare
urine [ˈjuərɪn] n orina
us [ʌs] pron ci; (stressed, after prep) noi;
see also me
US(A) n abbr (= United States (of
America)) USA mpl
use [n juːs, vb juːz] n uso; impiego,
utilizzazione f ▶ vt usare, utilizzare,
servirsi di; in ~ in uso; out of ~ fuori
uso; to be of ~ essere utile, servire;
it's no ~ non serve, è inutile; she ~ d to
do it lo faceva (una volta), era solita
farlo; to be ~ d to avere l'abitudine
di ▶ use up vt consumare, esaurire;
used adj (object, car) usato(-a); useful
adj utile; useless adj inutile; (person)
inetto(-a); user n utente m/f; user-
friendly adj (computer) di facile uso
usual [ˈjuːʒuəl] adj solito(-a); as ~
come al solito, come d'abitudine;
usually adv di solito
utensil [juːˈtensl] n utensile m;
kitchen ~s utensili da cucina
utility [juːˈtɪlɪtɪ] n utilità; (also: public
~) servizio pubblico
utilize [ˈjuːtɪlaɪz] vt utilizzare;

sfruttare

utmost ['ʌtməust] adj estremo(-a)
▶ n **to do one's ~** fare il possibile per
di tutto

utter ['ʌtəʳ] adj assoluto(-a), totale
▶ vt pronunciare, proferire; emettere;
utterly adv completamente, del tutto

U-turn ['juːtəːn] n inversione f a U

V

v. abbr = **verse**; **versus**; **volt**; (= vide)
vedi, vedere

vacancy ['veɪkənsɪ] n (BRIT: job)
posto libero; (room) stanza libera; **"no
vacancies"** "completo"

Be careful not to translate **vacancy**
by the Italian word **vacanza**.

vacant ['veɪkənt] adj (job, seat etc)
libero(-a); (expression) assente

vacate [və'keɪt] vt lasciare libero(-a)

vacation [və'keɪʃən] (esp US)
n vacanze fpl; **vacationer** (US
vacationist) n vacanziere(-a)

vaccination [væksɪ'neɪʃən] n
vaccinazione f

vaccine ['væksiːn] n vaccino

vacuum ['vækjum] n vuoto; **vacuum
cleaner** n aspirapolvere m inv

vagina [və'dʒaɪnə] n vagina

vague [veɪg] adj vago(-a); (blurred:
photo, memory) sfocato(-a)

vain [veɪn] adj (useless) inutile,

vano(-a); (conceited) vanitoso(-a); **in ~**
inutilmente, invano

Valentine's Day ['væləntaɪnzdeɪ] n
San Valentino m

valid ['vælɪd] adj valido(-a), valevole;
(excuse) valido(-a)

valley ['vælɪ] n valle f

valuable ['væljuəbl] adj (jewel)
di (grande) valore; (time, help)
prezioso(-a); **valuables** npl oggetti
mpl di valore

value ['væljuː] n valore m ▶ vt (fix price)
valutare, dare un prezzo a; (cherish)
apprezzare, tenere a; **~s** npl (principles)
valori mpl

valve [vælv] n valvola

vampire ['væmpaɪəʳ] n vampiro

van [væn] n (Aut) furgone m; (BRIT:
Rail) vagone m

vandal ['vændl] n vandalo(-a);
vandalism n vandalismo; **vandalize**
vt vandalizzare

vanilla [və'nɪlə] n vaniglia ▶ cpd (ice
cream) alla vaniglia

vanish ['vænɪʃ] vi svanire, scomparire

vanity ['vænɪtɪ] n vanità

vapour ['veɪpəʳ] (US **vapor**) n vapore m

variable ['vɛərɪəbl] adj variabile;
(mood) mutevole

variant ['vɛərɪənt] n variante f

variation [vɛərɪ'eɪʃən] n variazione f;
(in opinion) cambiamento

varied ['vɛərɪd] adj vario(-a),
diverso(-a)

variety [və'raɪətɪ] n varietà f inv;
(quantity) quantità, numero

various ['vɛərɪəs] adj vario(-a),
diverso(-a); (several) parecchi(-e),
molti(-e)

varnish ['vɑːnɪʃ] n vernice f; (nail
varnish) smalto ▶ vt verniciare;
mettere lo smalto su

vary ['vɛərɪ] vt, vi variare, mutare

vase [vɑːz] n vaso

Vaseline® ['væsiliːn] n vaselina

vast [vɑːst] *adj* vasto(-a); *(amount, success)* enorme

VAT [væt] *n abbr* (= value added tax) I.V.A. *f*

Vatican ['vætɪkən] *n* **the** – il Vaticano

vault [vɔːlt] *n* (of roof) volta; (tomb) tomba; (in bank) camera blindata ▶ vt (also: ~ **over**) saltare (d'un balzo)

VCR *n abbr* = **video cassette recorder**

VDU *n abbr* = **visual display unit**

veal [viːl] *n* vitello

veer [vɪə] *vi* girare; virare

vegan ['viːɡən] *n* vegetaliano(-a)

vegetable ['vedʒtəbl] *n* verdura, ortaggio ▶ *adj* vegetale

vegetarian [vedʒɪ'tɛərɪən] *adj*, *n* vegetariano(-a); **do you have any ~ dishes?** avete piatti vegetariani?

vegetation [vedʒɪ'teɪʃən] *n* vegetazione *f*

vehicle ['viːɪkl] *n* veicolo

veil [veɪl] *n* velo

vein [veɪn] *n* vena; (on leaf) nervatura

Velcro® ['velkrəʊ] *n* velcro® *m inv*

velvet ['vɛlvɪt] *n* velluto ▶ *adj* di velluto

vending machine ['vendɪŋ-] *n* distributore *m* automatico

vendor ['vendə] *n* venditore(-trice)

vengeance ['vendʒəns] *n* vendetta; **with a ~** (fig) davvero; furiosamente

Venice ['vɛnɪs] *n* Venezia

venison ['vɛnɪsn] *n* carne *f* di cervo

venom ['vɛnəm] *n* veleno

vent [vɛnt] *n* foro, apertura; (in dress, jacket) spacco ▶ vt (fig: one's feelings) sfogare, dare sfogo a

ventilation [vɛntɪ'leɪʃən] *n* ventilazione *f*

venture ['vɛntʃə] *n* impresa (rischiosa) ▶ *vt* rischiare, azzardare ▶ *vi* avventurarsi; **business ~** iniziativa commerciale

venue ['vɛnjuː] *n* luogo (designato) per l'incontro

Venus ['viːnəs] *n* (planet) Venere *m*

verb [vəːb] *n* verbo; **verbal** *adj* verbale; (translation) orale

verdict ['vəːdɪkt] *n* verdetto

verge [vəːdʒ] *n* bordo, orlo; **"soft ~s"** (BRIT: Aut) banchine *fpl* cedevoli; **on the ~ of doing** sul punto di fare

verify ['vɛrɪfaɪ] *vt* verificare; (prove the truth of) confermare

versatile ['vəːsətaɪl] *adj* (person) versatile; (machine, tool etc) (che si presta) a molti usi

verse [vəːs] *n* versi *mpl*; (stanza) stanza, strofa; (in bible) versetto

version ['vəːʃən] *n* versione *f*

versus ['vəːsəs] *prep* contro

vertical ['vəːtɪkl] *adj* verticale ▶ *n* verticale *m*

very ['vɛrɪ] *adv* molto ▶ *adj* **the ~ book which** proprio il libro che; **the ~ last** proprio l'ultimo; **at the ~ least** almeno; **~ much** moltissimo

vessel ['vɛsl] *n* (Anat) vaso; (Naut) nave *f*; (container) recipiente *m*

vest [vɛst] *n* (BRIT) maglia; (: sleeveless) canottiera; (US: waistcoat) gilè *m inv*

vet [vɛt] *n abbr* (BRIT: = veterinary surgeon) veterinario ▶ *vt* esaminare minuziosamente

veteran ['vɛtərn] *n* (also: **war ~**) veterano

veterinary surgeon ['vɛtrɪnərɪ-] (US **veterinarian**) *n* veterinario

veto ['viːtəu] *n* (pl **vetoes**) veto ▶ *vt* opporre il veto a

via ['vaɪə] *prep* (by way of) via; (by means of) tramite

viable ['vaɪəbl] *adj* attuabile; vitale

vibrate [vaɪ'breɪt] *vi* **to ~ (with)** vibrare (di); (resound) risonare (di)

vibration [vaɪ'breɪʃən] *n* vibrazione *f*

vicar ['vɪkə] *n* pastore *m*

vice [vaɪs] *n* (evil) vizio; (Tech) morsa; **vice-chairman** (irreg) *n* vicepresidente *m*

vice versa ['vaɪsɪ'vəːsə] *adv* viceversa

vicinity [vɪˈsɪnɪtɪ] n vicinanze fpl

vicious [ˈvɪʃəs] adj (remark, dog) cattivo(-a); (blow) violento(-a)

victim [ˈvɪktɪm] n vittima

victor [ˈvɪktə*] n vincitore m

Victorian [vɪkˈtɔːrɪən] adj vittoriano(-a)

victorious [vɪkˈtɔːrɪəs] adj vittorioso(-a)

victory [ˈvɪktərɪ] n vittoria

video [ˈvɪdɪəʊ] cpd video... ▶ n (video film) video m inv; (also: ~ cassette) videocassetta; (also: ~ cassette recorder) videoregistratore m; **video camera** n videocamera; **video (cassette) recorder** n videoregistratore m; **video game** n videogioco; **video shop** n videonoleggio; **video tape** n videotape m inv; **video wall** n schermo m multivideo inv

vie [vaɪ] vi to ~ with competere con, rivaleggiare con

Vienna [vɪˈɛnə] n Vienna

Vietnam [ˈvjɛtˈnæm] n Vietnam m; **Vietnamese** adj, n inv vietnamita m/f

view [vjuː] n vista, veduta; (opinion) opinione f ▶ vt (look at: also fig) considerare; (house) visitare; **on ~** (in museum etc) esposto(-a); **in full ~ of** sotto gli occhi di; **in ~ of the weather/the fact that** considerato il tempo/che; **in my ~** a mio parere; **viewer** n spettatore(-trice); **viewpoint** n punto di vista; (place) posizione f

vigilant [ˈvɪdʒɪlənt] adj vigile

vigorous [ˈvɪgərəs] adj vigoroso(-a)

vile [vaɪl] adj (action) vile; (smell) disgustoso(-a), nauseante; (temper) pessimo(-a)

villa [ˈvɪlə] n villa

village [ˈvɪlɪdʒ] n villaggio; **villager** n abitante m/f di villaggio

villain [ˈvɪlən] n (scoundrel) canaglia; (BRIT: criminal) criminale m; (in novel etc) cattivo

vinaigrette [vɪneɪˈgrɛt] n vinaigrette f inv

vine [vaɪn] n vite f; (climbing plant) rampicante m

vinegar [ˈvɪnɪgə*] n aceto

vineyard [ˈvɪnjɑːd] n vigna, vigneto

vintage [ˈvɪntɪdʒ] n (year) annata, produzione f ▶ cpd d'annata

vinyl [ˈvaɪnl] n vinile m

viola [vɪˈəʊlə] n viola

violate [ˈvaɪəleɪt] vt violare

violation [vaɪəˈleɪʃən] n violazione f; **in ~ of sth** violando qc

violence [ˈvaɪələns] n violenza

violent [ˈvaɪələnt] adj violento(-a)

violet [ˈvaɪələt] adj (colour) viola inv, violetto(-a) ▶ n (plant) violetta; (colour) violetto

violin [vaɪəˈlɪn] n violino

VIP n abbr (= very important person) V.I.P. m/f inv

virgin [ˈvəːdʒɪn] n vergine f ▶ adj vergine inv

Virgo [ˈvəːgəʊ] n (sign) Vergine f

virtual [ˈvəːtjuəl] adj effettivo(-a), vero(-a); (Comput, Physics) virtuale; (in effect): **it's a ~ impossibility** è praticamente impossibile; **the ~ leader** il capo all'atto pratico; **virtually** [ˈvəːtjuəlɪ] adv (almost) praticamente; **virtual reality** n (Comput) realtà virtuale

virtue [ˈvəːtjuː] n virtù f inv; (advantage) pregio, vantaggio; **by ~ of** grazie a

virus [ˈvaɪərəs] n (also Comput) virus m inv

visa [ˈviːzə] n visto

vise [vaɪs] (US) n (Tech) = **vice**

visibility [vɪzɪˈbɪlɪtɪ] n visibilità

visible [ˈvɪzəbl] adj visibile

vision [ˈvɪʒən] n (sight) vista; (foresight, in dream) visione f

visit [ˈvɪzɪt] n visita; (stay) soggiorno

▶ *vt (person: US: also: ~ with)* andare a trovare; *(place)* visitare; **visiting hours** *npl (in hospital etc)* orario delle visite; **visitor** *n* visitatore(-trice); *(guest)* ospite *m/f*; **visitor centre** *(US visitor center) n centro informazioni per visitatori di museo, zoo, parco ecc*

visual ['vɪzjuəl] *adj* visivo(-a); visuale; ottico(-a); **visualize** ['vɪzjuəlaɪz] *vt* immaginare, figurarsi; *(foresee)* prevedere

vital ['vaɪtl] *adj* vitale

vitality [vaɪ'tælɪtɪ] *n* vitalità

vitamin ['vɪtəmɪn] *n* vitamina

vivid ['vɪvɪd] *adj* vivido(-a)

V-neck ['viːnɛk] *n* maglione *m* con lo scollo a V

vocabulary [vəu'kæbjulərɪ] *n* vocabolario

vocal ['vəukl] *adj (Mus)* vocale; *(communication)* verbale

vocational [vəu'keɪʃənl] *adj* professionale

vodka ['vɔdkə] *n* vodka *f inv*

vogue [vəug] *n* moda; *(popularity)* popolarità, voga

voice [vɔɪs] *n* voce *f* ▶ *vt (opinion)* esprimere; **voice mail** *n* servizio di segreteria telefonica

void [vɔɪd] *n* vuoto ▶ *adj (invalid)* nullo(-a); *(empty)*: ~ **of** privo(-a) di

volatile ['vɔlətaɪl] *adj* volatile; *(fig)* volubile

volcano [vɔl'keɪnəu] *(pl* **volcanoes)** *n* vulcano

volleyball ['vɔlɪbɔːl] *n* pallavolo *f*

volt [vəult] *n* volt *m inv*; **voltage** *n* tensione *f*, voltaggio

volume ['vɔljuːm] *n* volume *m*

voluntarily ['vɔləntrɪlɪ] *adv* volontariamente; gratuitamente

voluntary ['vɔləntərɪ] *adj* volontario(-a); *(unpaid)* gratuito(-a), non retribuito(-a)

volunteer [vɔlən'tɪər] *n* volontario(-a)

▶ *vt* offrire volontariamente ▶ *vi (Mil)* arruolarsi volontariamente; **to ~ to do** offrire (volontariamente) di fare

vomit ['vɔmɪt] *n* vomito ▶ *vt, vi* vomitare

vote [vəut] *n* voto, suffragio; *(cast)* voto; *(franchise)* diritto di voto

▶ *vt* **to be ~d** chairman *etc* venir eletto presidente *etc*; *(propose)*: **to ~ that** approvare la proposta che ▶ *vi* votare; **~ of thanks** discorso di ringraziamento; **voter** *n* elettore(-trice); **voting** *n* scrutinio

voucher ['vautʃər] *n (for meal, petrol etc)* buono

vow [vau] *n* voto, promessa solenne ▶ *vt* **to ~ to do/that** giurare di fare/che

vowel ['vauəl] *n* vocale *f*

voyage ['vɔɪdʒ] *n* viaggio per mare, traversata

vulgar ['vʌlgər] *adj* volgare

vulnerable ['vʌlnərəbl] *adj* vulnerabile

vulture ['vʌltʃər] *n* avvoltoio

W

waddle ['wɔdl] *vi* camminare come una papera

wade [weɪd] *vi* **to ~ through** camminare a stento in; *(fig: book)* leggere con fatica

wafer ['weɪfəʳ] n (Culin) cialda

waffle ['wɒfl] n (Culin) cialda; (inf) ciance fpl ▶ vi cianciare

wag [wæg] vt agitare, muovere ▶ vi agitarsi

wage [weɪdʒ] n (also: ~s) salario, paga ▶ vt to ~ war fare la guerra

wag(g)on ['wægən] n (horse-drawn) carro; (BRIT: Rail) vagone m (merci)

wail [weɪl] n gemito; (of siren) urlo ▶ vi gemere; urlare

waist [weɪst] n vita, cintola; **waistcoat** (BRIT) n panciotto, gilè m inv

wait [weɪt] n attesa ▶ vi aspettare, attendere; **to lie in ~ for** stare in agguato a; **to ~ for** aspettare; **~ for me, please** aspettami, per favore; **I can't ~ to** (fig) non vedo l'ora di ▶ **wait on** vt fus servire; **waiter** n cameriere m; **waiting list** n lista di attesa; **waiting room** n sala di aspetto or d'attesa; **waitress** n cameriera

waive [weɪv] vt rinunciare a, abbandonare

wake [weɪk] (pt **woke**, **waked**, pp **woken**, **waked**) vt (also: ~ **up**) svegliare ▶ vi (also: ~ **up**) svegliarsi ▶ n (for dead person) veglia funebre; (Naut) scia

Wales [weɪlz] n Galles m

walk [wɔːk] n passeggiata; (short) giretto; (gait) passo, andatura; (path) sentiero, (in park etc) sentiero, vialetto ▶ vi camminare; (for pleasure, exercise) passeggiare ▶ vt (distance) fare or percorrere a piedi; (dog) accompagnare, portare a passeggiare; **10 minutes' ~ from** 10 minuti di cammino or a piedi da; **from all ~s of life** di tutte le condizioni sociali ▶ **walk out** vi (audience) andarsene; (workers) scendere in sciopero; **walker** n (person) camminatore(-trice); **walkie-talkie**

['wɔːkɪ'tɔːkɪ] n walkie-talkie m inv

walking n camminare m; **walking shoes** npl pedule fpl; **walking stick** n bastone m da passeggio; **Walkman®** ['wɔːkmən] n Walkman® m inv; **walkway** n passaggio pedonale

wall [wɔːl] n muro; (internal, of tunnel, cave) parete f

wallet ['wɒlɪt] n portafoglio; **I can't find my ~** non trovo il portafoglio

wallpaper ['wɔːlpeɪpəʳ] n carta da parati ▶ vt (room) mettere la carta da parati in

walnut ['wɔːlnʌt] n noce f; (tree, wood) noce m

walrus ['wɔːlrəs] (pl **walrus** or **walruses**) n tricheco

waltz [wɔːlts] n valzer m inv ▶ vi ballare il valzer

wand [wɒnd] n (also: **magic ~**) bacchetta (magica)

wander ['wɒndəʳ] vi (person) girare senza meta, girovagare; (thoughts) vagare ▶ vt girovagare per

want [wɒnt] vt volere; (need) aver bisogno di ▶ n **for ~ of** per mancanza di; **wanted** adj (criminal) ricercato(-a); **"wanted"** (in adverts) "cercasi"

war [wɔːʳ] n; **to make ~ (on)** far guerra (a)

ward [wɔːd] n (in hospital: room) corsia; (: section) reparto; (Pol) circoscrizione f; (Law: child: also: **~ of court**) pupillo(-a)

warden ['wɔːdn] n (BRIT: of institution) direttore(-trice); (BRIT: of institution) guardiano(-a); (BRIT: also: **traffic ~**) addetto(-a) al controllo del traffico e del parcheggio

wardrobe ['wɔːdrəub] n (cupboard) guardaroba m inv; armadio; (clothes) guardaroba; (Cinema, Theatre) costumi mpl

warehouse ['wɛəhaus] n magazzino

warfare ['wɔːfɛəʳ] n guerra

warhead ['wɔːhɛd] n (Mil) testata

warm [wɔːm] adj caldo(-a); (thanks, welcome, applause) caloroso(-a); (person) cordiale; **it's ~** fa caldo; **I'm ~** ho caldo ▷ **warm up** vi scaldarsi, riscaldarsi ▷ vt scaldare, riscaldare; (engine) far scaldare; **warmly** adv (applaud, welcome) calorosamente; (dress) con abiti pesanti; **warmth** n calore m

warn [wɔːn] vt to ~ sb that/(not) to do/of avvertire o avvisare qn che/di (non) fare/di; **warning** n avvertimento; (notice) avviso; (signal) segnalazione f; **warning light** n spia luminosa

warrant ['wɔrnt] n (voucher) buono; (Law: to arrest) mandato di cattura; (: to search) mandato di perquisizione

warranty ['wɔrənti] n garanzia

warrior ['wɔrɪəʳ] n guerriero(-a)

Warsaw ['wɔːsɔː] n Varsavia

warship ['wɔːʃɪp] n nave f da guerra

wart [wɔːt] n verruca

wartime ['wɔːtaɪm] n **in ~** in tempo di guerra

wary ['wɛərɪ] adj prudente

was [wɔz] pt of **be**

wash [wɔʃ] vt lavare ▷ vi lavarsi; (sea): **to ~ over/against sth** infrangersi su/contro qc ▷ n lavaggio; (of ship) scia; **to give sth a ~** lavare qc, dare una lavata a qc; **to have a ~** lavarsi ▷ **wash up** vi (BRIT) lavare i piatti; (US) darsi una lavata; **washbasin** (US **washbowl** (US) n lavabo; **wash cloth** (US) n pezzuola (per lavarsi); **washer** n (Tech) rondella; **washing** n (linen etc) bucato; **washing line** n (BRIT) corda del bucato; **washing machine** n lavatrice f; **washing powder** (BRIT) n detersivo (in polvere)

Washington ['wɔʃɪŋtən] n Washington f

wash: washing-up n rigovernatura,

lavatura dei piatti; **washing-up liquid** n detersivo liquido (per stoviglie); **washroom** n gabinetto

wasn't ['wɔznt] = **was not**

wasp [wɔsp] n vespa

waste [weɪst] n spreco; (of time) perdita; (rubbish) rifiuti mpl; (also: **household ~**) immondizie fpl ▷ adj (material) di scarto; (land) incolto(-a) ▷ vt sprecare; **waste ground** (BRIT) n terreno incolto o abbandonato; **wastepaper basket** ['weɪstpeɪpə-] n cestino per la carta straccia

watch [wɔtʃ] n (also: **wrist ~**) orologio (da polso); (act of watching, vigilance) sorveglianza; (guard: Mil, Naut) guardia; (Naut: spell of duty) quarto ▷ vt (look at) osservare; (: match, programme) guardare; (spy on, guard) sorvegliare, tenere d'occhio; (be careful of) fare attenzione a ▷ vi osservare, guardare; (keep guard) fare or montare la guardia ▷ **watch out** vi fare attenzione; **watchdog** n (also fig) cane m da guardia; **watch strap** n cinturino da orologio

water ['wɔːtəʳ] n acqua ▷ vt (plant) annaffiare ▷ vi (eyes) lacrimare; (mouth): **to make sb's mouth ~** far venire l'acquolina in bocca a qn; **in British ~s** nelle acque territoriali britanniche ▷ **water down** vt (milk) diluire; (fig: story) edulcorare; **watercolour** (US **watercolor**) n acquerello; **watercress** n crescione m; **waterfall** n cascata; **watering can** n annaffiatoio; **watermelon** n anguria, cocomero; **waterproof** adj impermeabile; **water-skiing** n sci m acquatico

watt [wɔt] n watt m inv

wave [weɪv] n onda; (of hand) gesto, segno; (in hair) ondulazione f; (fig: surge) ondata ▷ vi fare un cenno con la mano; (*branches, grass*) ondeggiare; (*flag*) sventolare ▸ vt (*hand*) fare un gesto con; (*handkerchief*) sventolare; (*stick*) brandire; **wavelength** n lunghezza d'onda

waver ['weɪvə'] vi esitare; (*voice*) tremolare

wavy ['weɪvɪ] adj ondulato(-a); ondeggiante

wax [wæks] n cera ▸ vt dare la cera a; (*car*) lucidare ▸ vi (*moon*) crescere

way [weɪ] n via, strada; (*path, access*) passaggio; (*distance*) distanza; (*direction*) parte f, direzione f; (*manner*) modo, stile m; (*habit*) abitudine f; **which ~?—this ~** da che parte or in quale direzione? — da questa parte or per di qua; **on the ~** (*en route*) per strada; **to be on one's ~** essere in cammino or sulla strada; **to be in the ~** bloccare il passaggio; (*fig*) essere tra i piedi or d'impiccio; **to go out of one's ~ to do** (*fig*) mettercela tutta or fare di tutto per fare; **under ~** (*project*) in corso; **to lose one's ~** perdere la strada; **in a ~** in un certo senso; **in some ~s** sotto certi aspetti; **no ~!** (*inf*) neanche per idea!; **by the ~ ...** a proposito ...; **"~ in"** (BRIT) "entrata", "ingresso"; **"~ out"** (BRIT) "uscita"; **the ~ back** la strada del ritorno; **"give ~"** (BRIT: Aut) "dare la precedenza"

W.C. ['dʌblju:'siː] (BRIT) n W.C. m inv, gabinetto

we [wiː] pl pron noi

weak [wiːk] adj debole; (*health*) precario(-a); (*beam etc*) fragile; (*tea*) leggero(-a); **weaken** vi indebolirsi ▸ vt indebolire; **weakness** n debolezza f; (*fault*) punto debole, difetto; **to have a weakness for** avere un debole per

wealth [welθ] n (*money, resources*) ricchezza, ricchezze fpl; (*of details*) abbondanza, profusione f; **wealthy** adj ricco(-a)

weapon ['wepən] n arma; **~s of mass destruction** armi mpl di distruzione di massa

wear [wεə'] (pt wore, pp worn) n (*use*) uso; (*damage through use*) logorio, usura; (*clothing*): **sports/baby ~** abbigliamento sportivo/per neonati ▸ vt (*clothes*) portare; (*put on*) mettersi; (*damage: through use*) consumare ▸ vi (*last*) durare; (*rub etc through*) consumarsi; **evening ~** abiti mpl or tenuta da sera ▸ **wear off** vi sparire lentamente ▸ **wear out** vt consumare; (*person, strength*) esaurire

weary ['wɪərɪ] adj stanco(-a) ▸ vi **to ~ of** stancarsi di

weasel ['wiːzl] n (*Zool*) donnola

weather ['wεðə'] n tempo ▸ vt (*storm, crisis*) superare; **What's the ~ like?** che tempo fa?; **under the ~** (*fig: ill*) poco bene; **weather forecast** n previsioni fpl del tempo, bollettino meteorologico

weave [wiːv] (pt wove, pp woven) vt (*cloth*) tessere; (*basket*) intrecciare

web [wεb] n (*of spider*) ragnatela; (*on foot*) palma; (*fabric, also fig*) tessuto; **the (World Wide) W~** la Rete; **web page** n (*Comput*) pagina f web inv; **website** n (*Comput*) sito (Internet)

wed [wεd] (pt, pp wedded) vt sposare ▸ vi sposarsi

we'd [wiːd] = **we had; we would**

Wed. abbr (= Wednesday) mer.

wedding ['wεdɪŋ] n matrimonio; **wedding anniversary** n anniversario di matrimonio; **wedding day** n giorno delle nozze or del matrimonio; **wedding dress** n abito nuziale; **wedding ring** n fede f

wedge [wεdʒ] n (*of wood etc*) zeppa; (*of cake*) fetta ▸ vt (*fix*) fissare con zeppe; (*pack tightly*) incastrare

Wednesday ['wεdnzdɪ] n mercoledì m inv

wee [wiː] (SCOTTISH) adj piccolo(-a)

weed [wiːd] n erbaccia ▶ vt diserbare; **weedkiller** n diserbante m

week [wiːk] n settimana; **a ~ today/on Friday** oggi/venerdì a otto; **weekday** n giorno feriale; (Comm) giornata lavorativa; **weekend** n fine settimana m or f inv, weekend m inv; **weekly** adv ogni settimana, settimanalmente ▶ adj settimanale ▶ n settimanale m

weep [wiːp] (pt, pp wept) vi (person) piangere

weigh [weɪ] vt, vi pesare; **to ~ anchor** salpare or levare l'ancora ▷ **weigh up** vt valutare

weight [weɪt] n peso; **to lose/put on ~** dimagrire/ingrassare; **weightlifting** n sollevamento pesi

weir [wɪəʳ] n diga

weird [wɪəd] adj strano(-a), bizzarro(-a); (eerie) soprannaturale

welcome ['wɛlkəm] adj benvenuto(-a) ▶ n accoglienza, benvenuto ▶ vt dare il benvenuto a; (be glad of) rallegrarsi di; **thank you—you're ~!** grazie — prego!

weld [wɛld] n saldatura ▶ vt saldare

welfare ['wɛlfɛəʳ] n benessere m; **welfare state** n stato assistenziale

well [wɛl] n pozzo ▶ adv bene ▶ adj to be ~ (person) stare bene ▶ excl allora!; mal; ebbene!; as ~ anche; as ~ as così come; oltre a; ~ done! bravo(-a)!; **get ~ soon!** guarisci presto!; **to do ~** andare bene

we'll [wiːl] = **we will; we shall**

well: well-behaved adj ubbidiente; **well-built** adj (person) ben fatto(-a); **well-dressed** adj ben vestito(-a), vestito(-a) bene

wellies (inf) ['wɛlɪz] npl (BRIT) stivali mpl di gomma

well: well-known adj noto(-a), famoso(-a); **well-off** adj benestante, danaroso(-a); **well-paid** [wɛl'peɪd] adj ben pagato(-a)

Welsh [wɛlʃ] adj gallese ▶ n (Ling) gallese m; **Welshman** (irreg) n gallese m; **Welshwoman** (irreg) n gallese f

went [wɛnt] pt of **go**

wept [wɛpt] pt, pp of **weep**

were [wəːʳ] pt of **be**

we're [wɪəʳ] = **we are**

weren't [wəːnt] = **were not**

west [wɛst] n ovest m, occidente m, ponente m ▶ adj (a) ovest inv, occidentale ▶ adv verso ovest; **the W~** l'Occidente m; **westbound** ['wɛstbaʊnd] adj (traffic) diretto(-a) a ovest; (carriageway) ovest inv; **western** adj occidentale, dell'ovest ▶ n (Cinema) western m inv; **West Indian** adj delle Indie Occidentali ▶ n abitante m/f delle Indie Occidentali; **West Indies** [-'ɪndɪz] npl Indie fpl Occidentali

wet [wɛt] adj umido(-a), bagnato(-a); (soaked) fradicio(-a); (rainy) piovoso(-a) ▶ n (BRIT: Pol) politico moderato; **to get ~** bagnarsi; **"~ paint"** "vernice fresca"; **wetsuit** n tuta da sub

we've [wiːv] = **we have**

whack [wæk] vt picchiare, battere

whale [weɪl] n (Zool) balena

wharf [wɔːf] (pl wharves) n banchina

what

[wɔt] adj

■ (in direct/indirect questions) che; quale; **what size is it?** che taglia è?; **what colour is it?** di che colore è?; **what books do you want?** quali or che libri vuole?

■ (in exclamations) che; **what a mess!** che disordine!

▶ pron

■ (interrogative) che cosa, cosa, che; **what are you doing?** che or (che) cosa fai?; **what are you talking about?** di che cosa parli?; **what is it called?**

come si chiama?; **what about me?** e io?; **what about doing ...?** e se facessimo ...?

2 (*relative*) ciò che, quello che; **I saw what you did/was on the table** ho visto quello che hai fatto/quello che era sul tavolo

3 (*indirect use*) (che) cosa; **he asked me what she had said** mi ha chiesto che cosa avesse detto; **tell me what you're thinking about** dimmi a cosa stai pensando

▶ *excl* (*disbelieving*) cosa!, come!

whatever [wɒtˈɛvə] *adj* ~ **book** qualunque o qualsiasi libro + *sub*

▶ *pron* **do ~ is necessary/you want** faccia qualunque o qualsiasi cosa sia necessaria/lei voglia; **~ happens** qualunque cosa accada; **no reason ~ or whatsoever** nessuna ragione affatto o al mondo; **nothing ~** proprio niente

whatsoever [wɒtsəʊˈɛvə] *adj* = **whatever**

wheat [wiːt] *n* grano, frumento

wheel [wiːl] *n* ruota; (*Aut: also:* **steering ~**) volante *m*; (*Naut*) (ruota del) timone *m* ▶ *vt* spingere ▶ *vi* (*birds*) roteare; (*also:* ~ **round**) girare;

wheelbarrow *n* carriola; **wheelchair** *n* sedia a rotelle; **wheel clamp** *n* (*Aut*) morsa che blocca la ruota di una vettura in sosta vietata

wheeze [wiːz] *vi* ansimare

O when

[wɛn] *adv* quando; **when did it happen?** quando è successo?

▶ *conj*

1 (*at, during, after the time that*) quando; **she was reading when I came in** quando sono entrato lei leggeva; **that was when I needed you** era allora che avevo bisogno di te

2 (*on, at which*): **on the day when I met him** il giorno in cui l'ho incontrato;

one day when it was raining un giorno che pioveva

3 (*whereas*) quando, mentre; **you said I was wrong when in fact I was right** mi hai detto che avevo torto, quando in realtà avevo ragione

whenever [wɛnˈɛvə] *adv* quando mai ▶ *conj* quando; (*every time that*) ogni volta che

where [wɛə⁸] *adv, conj* dove; **this is ~ it is** ci è; **whereabouts** *adv* dove ▶ *n* sb's whereabouts luogo dove qn si trova; **whereas** *conj* mentre; **whereby** *pron* per cui; **wherever** [-ˈɛvə⁸] *conj* dovunque + *sub*; (*interrogative*) dove mai

whether [ˈwɛðə⁸] *conj* se; **I don't know ~ to accept or not** non so se accettare o no; **it's doubtful ~** è poco probabile che; **~ you go or not** che lei vada o no

O which

[wɪtʃ] *adj*

1 (*interrogative: direct, indirect*) quale; **which picture do you want?** quale quadro vuole?; **which one?** quale?; **which one of you did it?** chi di voi lo ha fatto?

in which case nel qual caso

▶ *pron*

1 (*interrogative*) quale; **which (of these) are yours?** quali di questi sono suoi?; **which of you are coming?** chi di voi viene?

2 (*relative*) che; (: *indirect*) cui, il (la) quale; **the apple which you ate/which is on the table** la mela che hai mangiato/che è sul tavolo; **the chair on which you are sitting** la sedia sulla quale o su cui sei seduto; **he said he knew, which is true** ha detto lo sapeva, il che è vero; **after which** dopo di che

whichever [wɪtʃˈɛvə] *adj* take ~ **book you prefer** prenda qualsiasi libro che preferisce; **~ book you take** qualsiasi libro prenda

while [waɪl] n momento ▶ conj
mentre; (as long as) finché; (although)
sebbene + sub; per quanto + sub; **for a
~** per un po'

whilst [waɪlst] conj = **while**

whim [wɪm] n capriccio

whine [waɪn] n gemito ▶ vi gemere;
uggiolare; piagnucolare

whip [wɪp] n frusta; (for riding)
frustino; (Pol: person) capogruppo (che
sovrintende alla disciplina dei colleghi
di partito) ▶ vt frustare; (cream, eggs)
sbattere; **whipped cream** n panna
montata

whirl [wəːl] vt (far) girare
rapidamente, (far) turbinare ▶ vi
(dancers) volteggiare; (leaves, water)
sollevarsi in vortice

whisk [wɪsk] n (Culin) frusta; frullino
▶ vt sbattere, frullare; **to ~ sb away or
off** portar via qn a tutta velocità

whiskers ['wɪskəz] npl (of animal) baffi
mpl; (of man) favoriti mpl

whisky ['wɪskɪ] (US, Ireland **whiskey**)
n whisky m inv

whisper ['wɪspə'] n sussurro ▶ vt, vi
sussurrare

whistle ['wɪsl] n (sound) fischio;
(object) fischietto ▶ vi fischiare

white [waɪt] adj bianco(-a); (with
fear) pallido(-a) ▶ n bianco; (person)
bianco(-a); **White House** n Casa
Bianca; **whitewash** n (paint) bianco
di calce ▶ vt imbiancare; (fig) coprire

whiting ['waɪtɪŋ] n inv (fish) merlango

Whitsun ['wɪtsn] n Pentecoste f

whittle ['wɪtl] vt **to ~ away, ~ down**
ridurre, tagliare

whizz [wɪz] vi **to ~ past** or **by** passare
sfrecciando

who
[huː] pron

1 (interrogative) chi; **who is it?, who's
there?** chi è?

2 (relative) che; **the man who spoke
to me** l'uomo che ha parlato con me;
those who can swim quelli che sanno
nuotare

whoever [huː'ɛvə'] pron **~ finds it**
chiunque lo trovi; **ask ~ you like**
lo chieda a chiunque vuole; **~ she
marries** chiunque sposerà, non
importa chi sposerà; **~ told you that?**
chi mai gliel'ha detto?

whole [həul] adj (complete) tutto(-a),
completo(-a); (not broken) intero(-a),
intatto(-a) ▶ n (all): **the ~ of** tutto(-a)
il (la); (entire unit) tutto; (not broken)
tutto; **the ~ of the town** tutta la
città, la città intera; **on the ~, as
a ~** nel complesso, nell'insieme;
wholefood(s) n(pl) cibo integrale;
wholeheartedly [həul'hɑːtɪdlɪ]
adv sentitamente, di tutto cuore;
wholemeal adj (bread, flour) integrale;
wholesale n commercio or vendita
all'ingrosso ▶ adj all'ingrosso;
(destruction) totale; **wholewheat**
adj = **wholemeal**; **wholly** adv
completamente, del tutto

whom
[huːm] pron

1 (interrogative) chi; **whom did you
see?** chi hai visto?; **to whom did you
give it?** a chi lo hai dato?

2 (relative) che, prep + il (la) quale (check
syntax of Italian verb used); **the man
whom I saw/to whom I spoke** l'uomo
che ho visto/al quale ho parlato

whore [hɔː'] (inf: pej) n puttana

whose
[huːz] adj

1 (possessive: interrogative) di chi;
**whose book is this?, whose is this
book?** di chi è questo libro?; **whose
daughter are you?** di chi sei figlia?

2 (possessive: relative): **the man whose
son you rescued** l'uomo il cui figlio
hai salvato; **the girl whose sister you**

were speaking to la ragazza alla cui sorella stavi parlando
▶ pron di chi; **whose is this?** di chi è questo?; **I know whose it is** so di chi è

why

[waɪ] adv perché; **why not?** perché no?; **why not do it?** perché non farlo adesso?
▶ conj **I wonder why he said that** mi chiedo perché l'abbia detto; **that's not why I'm here** non è questo il motivo per cui sono qui; **the reason why** il motivo per cui
▶ excl (surprise) ma guarda un po'!; (remonstrating) ma (via)!; (explaining) ebbene!

wicked ['wɪkɪd] adj cattivo(-a), malvagio(-a); maligno(-a); perfido(-a)
wicket ['wɪkɪt] n (Cricket) porta; area tra le due porte
wide [waɪd] adj largo(-a); (area, knowledge) vasto(-a); (choice) ampio(-a) ▶ adv **to open ~** spalancare; **to shoot ~** tirare a vuoto o fuori bersaglio; **widely** adv (differing) molto, completamente; (travelled, spaced) molto; (believed) generalmente; **widen** vt allargare, ampliare; **wide open** adj spalancato(-a); **widespread** adj (belief etc) molto o assai diffuso(-a)
widow ['wɪdəʊ] n vedova; **widower** n vedovo
width [wɪdθ] n larghezza
wield [wiːld] vt (sword) maneggiare; (power) esercitare
wife [waɪf] (pl **wives**) n moglie f
wig [wɪg] n parrucca
wild [waɪld] adj selvatico(-a); selvaggio(-a); (sea, weather) tempestoso(-a); (idea, life) folle; stravagante; (applause) frenetico(-a); **wilderness** ['wɪldənɪs] n deserto; **wildlife** n natura; **wildly** adv selvaggiamente; (applaud) freneticamente; (hit, guess) a

casaccio; (happy) follemente

will

[wɪl] (pt, pp **willed**) aux vb
1 (forming future tense): **I will finish it tomorrow** lo finirò domani; **I will have finished it by tomorrow** lo finirò entro domani; **will you do it?** — yes **I will/no I won't** lo farai? — sì (lo farò)/no (non lo farò)
2 (in conjectures, predictions): **he will** or **he'll be there by now** dovrebbe essere arrivato ora; **that will be the postman** sarà il postino
3 (in commands, requests, offers): **will you be quiet!** vuoi stare zitto?; **will you come?** vieni anche tu?; **will you help me?** mi puoi aiutare?; **will you have a cup of tea?** vorrebbe una tazza di tè?; **I won't put up with it!** non lo accetterò!
▶ vt **to will sb to do** volere che qn faccia; **he willed himself to go on** continuò grazie a un grande sforzo di volontà
▶ n volontà; testamento
willing ['wɪlɪŋ] adj volenteroso(-a); **~ to do** disposto(-a) a fare; **willingly** adv volentieri
willow ['wɪləʊ] n salice m
willpower ['wɪlpaʊə*] n forza di volontà
wilt [wɪlt] vi appassire
win [wɪn] (pt, pp **won**) n (in sports etc) vittoria ▶ vt (battle, prize, money) vincere; (popularity) conquistare ▶ vi vincere ▷ **win over** vt convincere
wince [wɪns] vi trasalire
wind¹ [waɪnd] (pt, pp **wound**) vt attorcigliare; (wrap) avvolgere; (clock, toy) caricare ▶ vi (road, river) serpeggiare ▷ **wind down** vt (car window) abbassare; (fig: production, business) diminuire ▷ **wind up** vt (clock) caricare; (debate) concludere
wind² [wɪnd] n vento; (Med) flatulenza; (breath) respiro, fiato ▶ vt

(take breath away) far restare senza fiato; **~ power** energia eolica

windfall ['wɪndfɔːl] n *(money)* guadagno inesperato

winding ['waɪndɪŋ] adj *(road)* serpeggiante; *(staircase)* a chiocciola

windmill ['wɪndmɪl] n mulino a vento

window ['wɪndəu] n finestra; *(in car, train, plane)* finestrino; *(in shop etc)* vetrina; *(also: ~ pane)* vetro; **I'd like a ~ seat** vorrei un posto vicino al finestrino; **window box** n cassetta da fiori; **window cleaner** n *(person)* pulitore m di finestre; **window pane** n vetro; **window seat** n posto finestrino; **windowsill** n davanzale m

windscreen ['wɪndskriːn] *(US* **windshield**) n parabrezza m inv; **windscreen wiper** *(US* **windshield wiper**) n tergicristallo

windsurfing ['wɪndsəːfɪŋ] n windsurf m inv

windy ['wɪndɪ] adj ventoso(-a); **it's ~** c'è vento

wine [waɪn] n vino; **wine bar** n enoteca *(per degustazione)*; **wine glass** n bicchiere m da vino; **wine list** n lista dei vini; **wine tasting** n degustazione f dei vini

wing [wɪŋ] n ala; *(Aut)* fiancata; **wing mirror** n *(BRIT)* specchietto retrovisore esterno

wink [wɪŋk] n ammiccamento ▶ vi ammiccare, fare l'occhiolino; *(light)* balugianare

winner ['wɪnə*] n vincitore(-trice)

winning ['wɪnɪŋ] adj *(team, goal)* vincente; *(smile)* affascinante

winter ['wɪntə*] n inverno; **winter sports** npl sport mpl invernali; **wintertime** n inverno, stagione f invernale

wipe [waɪp] n pulita, passata ▶ vt pulire *(strofinando)*; *(erase: tape)* cancellare ▷ **wipe out** vt

(debt) pagare, liquidare; *(memory)* cancellare; *(destroy)* annientare ▷ **wipe up** vt asciugare

wire ['waɪə*] n filo; *(Elec)* filo elettrico; *(Tel)* telegramma m ▶ vt *(house)* fare l'impianto elettrico di; *(also: ~ up)* collegare, allacciare; *(person)* telegrafare a

wiring ['waɪərɪŋ] n impianto elettrico

wisdom ['wɪzdəm] n saggezza; *(of action)* prudenza; **wisdom tooth** n dente m del giudizio

wise [waɪz] adj saggio(-a); prudente; giudizioso(-a)

wish [wɪʃ] n *(desire)* desiderio; *(specific desire)* richiesta ▶ vt desiderare, volere; **best ~es** *(on birthday etc)* i migliori auguri; **with best ~es** *(in letter)* cordiali saluti, con i migliori saluti; **to ~ sb goodbye** dire arrivederci a qn; **he ~ed me well** mi augurò di riuscire; **to ~ to do/sb to do** desiderare *or* volere fare/che qn faccia; **to ~ for** desiderare

wistful ['wɪstful] adj malinconico(-a)

wit [wɪt] n *(also: ~s)* intelligenza; presenza di spirito; *(wittiness)* spirito, arguzia; *(person)* bello spirito

witch [wɪtʃ] n strega

○ **with**
[wɪð, wɪθ] prep

1 *(in the company of)* con; **I was with him** ero con lui; **we stayed with friends** siamo stati da amici; **I'll be with you in a minute** vengo subito

2 *(descriptive)* con; **a room with a view** una stanza con vista sul mare *(or sulle montagne etc)*; **the man with the grey hat/blue eyes** l'uomo con il cappello grigio/gli occhi blu

3 *(indicating manner, means, cause)*: **with tears in her eyes** con le lacrime agli occhi; **red with anger** rosso dalla rabbia; **to shake with fear** tremare di paura

4 : I'm with you (*I understand*) la seguo;
to be with it (*inf: up-to-date*) essere alla
moda; (: *alert*) essere sveglio(-a)

withdraw [wɪθˈdrɔː] (*irreg: like* **draw**)
vt ritirare; (*money from bank*) ritirare;
prelevare ▶ vi ritirarsi; **withdrawal**
n ritiro; prelievo; (*of army*) ritirata;
withdrawal symptoms n (*Med*) crisi
f di astinenza; **withdrawn** *adj* (*person*)
distaccato(-a)

withdrew [wɪθˈdruː] *pt of* **withdraw**

wither [ˈwɪðər] *vi* appassire

withhold [wɪðˈhəuld] (*irreg: like* **hold**)
vt (*money*) trattenere; (*permission*): **to ~**
(from) rifiutare (a); (*information*): **to ~**
(from) nascondere (a)

within [wɪðˈɪn] *prep* all'interno; (*in
time, distances*) entro ▶ *adv* all'interno,
dentro; **~ reach (of)** alla portata (di);
~ sight (of) in vista (di); **~ a mile of**
entro un miglio da; **~ the week** prima
della fine della settimana

without [wɪðˈaut] *prep* senza; **to go ~**
sth fare a meno di qc

withstand [wɪθˈstænd] (*irreg: like*
stand) vt resistere a

witness [ˈwɪtnɪs] n (*person, also Law*)
testimone m/f ▶ vt (*event*) essere
testimone di; (*document*) attestare
l'autenticità di

witty [ˈwɪtɪ] *adj* spiritoso(-a)

wives [waɪvz] *npl of* **wife**

wizard [ˈwɪzəd] n mago

wk *abbr* = **week**

wobble [ˈwɔbl] *vi* tremare; (*chair*)
traballare

woe [wəu] n dolore m; disgrazia

woke [wəuk] *pt of* **wake**

woken [ˈwəukn] *pp of* **wake**

wolf [wulf] (*pl* **wolves**) n lupo

woman [ˈwumən] (*pl* **women**) n
donna

womb [wuːm] n (*Anat*) utero

women [ˈwɪmɪn] *npl of* **woman**

won [wʌn] *pt, pp of* **win**

wonder [ˈwʌndər] n meraviglia ▶ vi
to ~ whether/why domandarsi
se/perché; **to ~ at** essere sorpreso(-a)
di; meravigliarsi di; **to ~ about**
domandarsi di; pensare a; **it's**
no ~ that c'è poco or non c'è da
meravigliarsi che +*sub*; **wonderful**
adj meraviglioso(-a)

won't [wəunt] = **will not**

wood [wud] n legno; (*timber*) legname
m; (*forest*) bosco; **wooden** *adj* di legno;
(*fig*) rigido(-a); inespressivo(-a);
woodwind n (*Mus*): **the woodwind**
i legni; **woodwork** n (*craft, subject*)
falegnameria

wool [wul] n lana; **to pull the ~**
over sb's eyes (*fig*) imbrogliare
qn; **woollen** (*US* **woolen**) *adj* di
lana; (*industry*) laniero(-a);
woolly (*US* **wooly**) *adj* di lana; (*fig: ideas*)
confuso(-a)

word [wəːd] n parola; (*news*) notizie
fpl ▶ vt esprimere, formulare; **in other**
~s in altre parole; **to break/keep**
one's ~ non mantenere/mantenere
la propria parola; **to have ~s with sb**
avere un diverbio con qn; **wording**
n formulazione f, espressione;
word processing n elaborazione f di testi, word
processing m; **word processor** n
word processor m *inv*

wore [wɔː*] *pt of* **wear**

work [wəːk] n lavoro; (*Art, Literature*)
opera ▶ vi lavorare; (*mechanism, plan
etc*) funzionare; (*medicine*) essere
efficace ▶ vt (*clay, wood etc*) lavorare;
(*mine etc*) sfruttare; (*machine*) far
funzionare; (*cause: effect, miracle*) fare;
to be out of ~ essere disoccupato(-a);
~s n (*BRIT: factory*) fabbrica *npl* (*of
clock, machine*) meccanismo; **how**
does this ~? come funziona?; **the**
TV isn't ~ing la TV non funziona;
to ~ loose allentarsi ▶ **work out** vi
(*plans etc*) riuscire, andare bene ▶ vt

(*problem*) risolvere; (*plan*) elaborare; **it ~s out at £100** fa 100 sterline; **worker** n lavoratore(-trice), operaio(-a); **work experience** n (*previous jobs*) esperienza fpl lavorativa; (*student training placement*) tirocinio; **workforce** n forza lavoro; **working class** n classe f operaia; **working week** n settimana lavorativa; **workman** (*irreg*) n operaio; **work of art** n opera d'arte; **workout** n (*Sport*) allenamento; **work permit** n permesso di lavoro; **workplace** n posto di lavoro; **workshop** n officina; (*practical session*) gruppo di lavoro; **work station** n stazione f di lavoro; **work surface** n piano di lavoro; **worktop** n piano di lavoro

world [wə:ld] n mondo ▸ cpd (*champion*) del mondo; (*power, war*) mondiale; **to think the ~ of sb** (*fig*) pensare un gran bene di qn; **World Cup** n (*Football*) Coppa del Mondo; **world-wide** adj universale; **World-Wide Web** n World Wide Web m

worm [wə:m] n (*also:* **earth~**) verme m

worn [wɔ:n] pp of **wear** ▸ adj usato(-a); **worn-out** adj (*object*) consumato(-a), logoro(-a); (*person*) sfinito(-a)

worried [ˈwʌrɪd] adj preoccupato(-a)

worry [ˈwʌrɪ] n preoccupazione f ▸ vt preoccupare ▸ vi preoccuparsi; **worrying** adj preoccupante

worse [wə:s] adj peggiore ▸ adv, n peggio; **a change for the ~** un peggioramento; **worsen** vt, vi peggiorare; **worse off** adj in condizioni (economiche) peggiori

worship [ˈwə:ʃɪp] n culto m ▸ vt (*God*) adorare, venerare; (*person*) adorare; **Your W~** (BRIT: *to mayor*) signor sindaco; (: *to judge*) signor giudice

worst [wə:st] adj il (la) peggiore ▸ adv, n peggio; **at ~** al peggio, per male che vada

worth [wə:θ] n valore m ▸ adj **to be ~** valere; **it's ~ it** ne vale la pena; **it is ~ one's while (to do)** vale la pena (fare); **worthless** adj di nessun valore; **worthwhile** adj (*activity*) utile; (*cause*) lodevole

worthy [ˈwə:ðɪ] adj (*person*) degno(-a); (*motive*) lodevole; **~ of** degno di

⭕ **would**
[wʊd] aux vb

◆ (*conditional tense*): **if you asked him he would do it** se glielo chiedesse lo farebbe; **if you had asked him he would have done it** se glielo avesse chiesto lo avrebbe fatto

◆ (*in offers, invitations, requests*): **would you like a biscuit?** vorrebbe or vuole un biscotto?; **would you ask him to come in?** lo faccia entrare, per cortesia; **would you open the window please?** apra la finestra, per favore

◆ (*in indirect speech*): **I said I would do it** ho detto che l'avrei fatto

◆ (*emphatic*): **it WOULD have to snow today!** doveva proprio nevicare oggi!

◆ (*insistence*): **she wouldn't do it** non ha voluto farlo

◆ (*conjecture*): **it would have been midnight** sarà stato mezzanotte; **it would seem so** sembrerebbe proprio di sì

◆ (*indicating habit*): **he would go there on Mondays** andava lì ogni lunedì

wouldn't [ˈwʊdnt] = **would not**

wound¹ [waʊnd] pt, pp of **wind²**

wound² [wu:nd] n ferita f ▸ vt ferire

wove [wəʊv] pt of **weave**

woven [ˈwəʊvn] pp of **weave**

wrap [ræp] vt avvolgere; (*pack: also:* **~ up**) incartare; **wrapper** n (*on chocolate*) carta; (BRIT: *of book*) copertina; **wrapping** [ˈræpɪŋ] n carta; **wrapping paper** n carta da pacchi; (*for gift*) carta da regali

wreath [ri:θ, pl ri:ðz] n corona

wreck [rɛk] *n* (*sea disaster*) naufragio; (*ship*) relitto; (*pej: person*) rottame *m* ▶ *vt* demolire; far naufragare; (*fig*) rovinare; **wreckage** *n* rottami *mpl*; (*of building*) macerie *fpl*; (*of ship*) relitti *mpl*

wren [rɛn] *n* (*Zool*) scricciolo

wrench [rɛntʃ] *n* (*Tech*) chiave *f*; (*tug*) torsione *f* brusca; (*fig*) strazio ▶ *vt* strappare; storcere; **to ~ sth from** strappare qc a or da

wrestle ['rɛsl] *vi* **to ~ (with sb)** lottare (con qn); **wrestler** *n* lottatore(-trice); **wrestling** *n* lotta

wretched ['rɛtʃɪd] *adj* disgraziato(-a); (*inf: weather, holiday*) orrendo(-a), orribile; (: *child, dog*) pestifero(-a)

wriggle ['rɪgl] *vi* (*also: ~ about*) dimenarsi; (: *snake, worm*) serpeggiare, muoversi serpeggiando

wring [rɪŋ] (*pt, pp* **wrung**) *vt* torcere; (*wet clothes*) strizzare; (*fig*) **to ~ sth out of** strappare qc a

wrinkle ['rɪŋkl] *n* (*on skin*) ruga; (*on paper etc*) grinza ▶ *vt* (*nose*) torcere; (*forehead*) corrugare ▶ *vi* (*skin, paint*) raggrinzarsi

wrist [rɪst] *n* polso

write [raɪt] (*pt* **wrote**, *pp* **written**) *vt, vi* scrivere ▶ **write down** *vt* annotare; (*put in writing*) mettere per iscritto ▷ **write off** *vt* (*debt, plan*) cancellare ▶ **write out** *vt* mettere per iscritto; (*cheque, receipt*) scrivere; **write-off** *n* perdita completa; **writer** *n* autore(-trice), scrittore(-trice)

writing ['raɪtɪŋ] *n* scrittura; (*of author*) scritto, opera; **in ~** per iscritto; **writing paper** *n* carta da lettere

written ['rɪtn] *pp of* **write**

wrong [rɔŋ] *adj* sbagliato(-a); (*not suitable*) inadatto(-a); (*wicked*) cattivo(-a); (*unfair*) ingiusto(-a) ▶ *adv* in modo sbagliato, erroneamente ▶ *n* (*injustice*) torto ▶ *vt* fare torto a; **I**

took a ~ turning ho sbagliato strada; **you are ~ to do it** hai torto a farlo; **you are ~ about that, you've got it ~** si sbaglia; **to be in the ~** avere torto; **what's ~?** cosa c'è che non va?; **to go ~** (*person*) sbagliarsi; (*plan*) fallire, non riuscire; (*machine*) guastarsi; **wrongly** *adv* (*incorrectly, by mistake*) in modo sbagliato; **wrong number** *n* (*Tel*) **you've got the wrong number** ha sbagliato numero

wrote [rəʊt] *pt of* **write**

wrung [rʌŋ] *pt, pp of* **wring**

WWW *n abbr* = **World Wide Web; the ~** la Rete

XL *abbr* = **extra large**

Xmas ['ɛksməs] *n abbr* = **Christmas**

X-ray ['ɛksreɪ] *n* raggio X; (*photograph*) radiografia ▶ *vt* radiografare

xylophone ['zaɪləfəʊn] *n* xilofono

Y

yacht [jɔt] n panfilo, yacht m inv;
yachting n yachting m, sport m
della vela
yard [jɑːd] n (of house etc) cortile m;
(measure) iarda (= 914 mm, 3 feet); **yard
sale** (US) n vendita di oggetti usati nel
cortile di una casa privata
yarn [jɑːn] n filato; (tale) lunga storia
yawn [jɔːn] n sbadiglio ▸ vi sbadigliare
yd. abbr = **yard**(s)
yeah [jɛə] (inf) adv sì
year [jɪə'] n anno; (referring to harvest,
wine etc) annata; **he is 8 ~s old** ha
8 anni; **an eight-~-old child** un(a)
bambino(-a) di otto anni; **yearly** adj
annuale ▸ adv annualmente
yearn [jəːn] vi to ~ **for sth/to do**
desiderare ardentemente qc/di fare
yeast [jiːst] n lievito
yell [jɛl] n urlo ▸ vi urlare
yellow ['jɛləu] adj giallo(-a); **Yellow
Pages**® npl pagine fpl gialle
yes [jɛs] adv sì ▸ n sì m inv; **to say/
answer ~** dire/rispondere sì
yesterday ['jɛstədɪ] adv ieri ▸ n
ieri m inv; ~ **morning/evening** ieri
mattina/sera; **all day ~** ieri per tutta
la giornata
yet [jɛt] adv ancora; già ▸ conj ma,
tuttavia; **it is not finished ~** non è
ancora finito; **the best ~** finora il
migliore; **as ~** finora
yew [juː] n tasso (albero)
Yiddish ['jɪdɪʃ] n yiddish m

yield [jiːld] n produzione f, resa;
reddito ▸ vt produrre, rendere;
(surrender) cedere ▸ vi cedere; (US: Aut)
dare la precedenza
yob(bo) ['jɔb(əu)] n (BRIT inf) bullo
yoga ['jəugə] n yoga m
yog(h)urt ['jəugət] n iogurt m inv
yolk [jəuk] n tuorlo, rosso d'uovo

🅞 **you**
[juː] pron
1 (subject) tu; (: polite form) lei; (: pl) voi;
(: very formal) loro; **you Italians enjoy
your food** a voi Italiani piace mangiare
bene; **you and I will go** tu ed io ed lei ed
io andiamo
2 (object: direct) ti; la; vi; loro (after vb);
(: indirect) ti; le; vi; loro (after vb); **I know
you** ti or la or vi conosco; **I gave it to
you** te l'ho dato; gliel'ho dato; ve l'ho
dato; l'ho dato loro
3 (stressed, after prep, in comparisons) te;
lei; voi; loro; **I told you to do it** ho detto
a TE (or a LEI etc) di farlo; **she's younger
than you** è più giovane di te (or lei etc)
4 (impers: one) si; **fresh air does you
good** l'aria fresca fa bene; **you never
know** non si sa mai

you'd [juːd] = **you had**; **you would**
you'll [juːl] = **you will**; **you shall**
young [jʌŋ] adj giovane ▸ npl (of
animal) piccoli mpl; (people): **the ~**
i giovani, la gioventù; **youngster**
n giovanotto, ragazzo; (child)
bambino(-a)
your [jɔː'] adj il (la) tuo(-a) pl, i (le)
tuoi (tue); il (la) suo(-a); (pl) i (le)
suoi (sue); il (la) vostro(-a); (pl) i (le)
vostri(-e); il (la) loro; (pl) i (le) loro;
see also **my**
you're [juə'] = **you are**
yours [jɔːz] pron il (la) tuo(-a); (pl)
i (le) tuoi (tue); (polite form) il (la)
suo(-a); (pl) i (le) suoi (sue); (pl) il (la)
vostro(-a); (pl) i (le) vostri(-e); (: very
formal) il (la) loro; (pl) i (le) loro; see also

mine; **faithfully**; **sincerely**
yourself [jɔːˈsɛlf] *pron* (*reflexive*) ti;
si; (*after prep*) te; sé; (*emphatic*) tu
stesso(-a); lei stesso(-a); **yourselves**
pl pron (*reflexive*) vi; si; (*after prep*) voi;
loro; (*emphatic*) voi stessi(-e); loro
stessi(-e); *see also* **oneself**
you've [juːv] = **you have**
Yugoslavia [ˈjuːɡəuˈslɑːvɪə] *n* (*Hist*)
Jugoslavia

zero [ˈzɪərəu] *n* zero
zest [zɛst] *n* gusto; (*Culin*) buccia
zigzag [ˈzɪɡzæɡ] *n* zigzag *m inv* ▶ *vi*
zigzagare
Zimbabwe [zɪmˈbɑːbwɪ] *n*
Zimbabwe *m*
zinc [zɪŋk] *n* zinco
zip [zɪp] *n* (*also:* ~ **fastener**, (*US*)
zipper) chiusura *f* or cerniera *f* lampo
inv ▶ *vt* (*also:* ~ **up**) chiudere con
una cerniera lampo; **zip code** (*US*)
n codice *m* di avviamento postale;
zipper (*US*) *n* cerniera *f* lampo *inv*
zit [zɪt] *n* brufolo
zodiac [ˈzəudɪæk] *n* zodiaco
zone [zəun] *n* (*also Mil*) zona
zoo [zuː] *n* zoo *m inv*
zoology [zuːˈɔlədʒɪ] *n* zoologia
zoom [zuːm] *vi* to ~ **past** sfrecciare;
zoom lens *n* zoom *m inv*, obiettivo a
focale variabile
zucchini [zuːˈkiːnɪ] (*US*) *npl* (*courgettes*)
zucchine *fpl*

Z

zeal [ziːl] *n* zelo; entusiasmo
zebra [ˈziːbrə] *n* zebra; **zebra crossing**
(*BRIT*) *n* (passaggio pedonale a)
strisce *fpl*, zebre *fpl*

Phrasefinder

Frasi utili
per chi viaggia

TOPICS | ARGOMENTI

TOPICS | ARGOMENTI

Hello!	Ciao!
Good evening!	Buona sera!
Good night!	Buona notte!
Goodbye!	Arrivederci!
What's your name?	Come si chiama/Come ti chiami?
My name is ...	Mi chiamo...
This is ...	Le presento/Ti presento...
my wife.	*mia moglie.*
my husband.	*mio marito.*
my partner.	*la mia compagna/il mio compagno.*
Where are you from?	Di dov'è?/Di dove sei?
I come from ...	Sono di...
How are you?	Come sta?/Come stai?
Fine, thanks.	Bene, grazie.
And you?	E lei?/E tu?
Do you speak English?	Parla/Parli l'inglese?
I don't understand Italian.	Non capisco l'italiano.
Thanks very much!	Grazie mille!

Asking the Way	Chiedere indicazioni
Where is the nearest …?	C'è un/una… qui vicino?
How do I get to …?	Come si va a… ?
Is it far?	È lontano?
How far is it from here?	Quanto dista da qui?
Is this the right way to …?	È questa la strada per…?
I'm lost.	Mi sono perso/persa.
Can you show me on the map?	Me lo può/puoi far vedere sulla cartina?
You have to turn round.	Deve/Devi tornare indietro.
Go straight on.	Vada/Vai sempre dritto.
Turn left/right.	Giri/Gira a sinistra/a destra.
Take the second street on the left/right.	Prenda/Prendi la seconda a sinistra/destra.

Car Hire	Noleggiare una macchina
I want to hire …	Vorrei noleggiare…
a car.	*una macchina.*
a moped.	*un motorino.*
a motorbike.	*una motocicletta.*
How much is it for …?	Quanto costa…?
one day	*al giorno*
a week	*alla settimana*
Is there a kilometre charge?	C'è un supplemento chilometrico?
What is included in the price?	Cos'è incluso nel prezzo?
I'd like a child seat for a 2-year-old child.	Vorrei un seggiolino per un bambino di due anni.
What do I do if I have an accident/if I break down?	Cosa devo fare in caso di incidente/guasto?

Breakdowns	In caso di guasto
My car has broken down.	Mi si è fermata l'auto.
Where is the next garage?	Dov'è l'officina più vicina?
... is broken.	Si è rotto/rotta...
The exhaust	lo scappamento.
The gearbox	la scatola del cambio.
The windscreen	il parabrezza.
... are not working.	...non funziona/non funzionano.
The brakes	I freni
The headlights	Gli abbaglianti
The windscreen wipers	I tergicristalli
The battery is flat.	Ho la batteria scarica.
The car won't start.	L'auto non parte.
The engine is overheating.	Il motore si surriscalda.
The oil warning light won't go off.	La spia dell'olio resta accesa.
I have a flat tyre.	Ho una gomma a terra.
Can you repair it?	Può ripararlo?
When will the car be ready?	Quando sarà pronta la macchina?

Parking	Parcheggiare
Can I park here?	Si può parcheggiare qui?
How long can I park here?	Per quanto tempo si può parcheggiare?
Do I need to buy a (car-parking) ticket?	Bisogna prendere un biglietto per il parcheggio?
Where is the ticket machine?	Dov'è il parchimetro?
The ticket machine isn't working.	Il parchimetro non funziona.
Where do I pay the fine?	Dove si pagano le multe?

Petrol Station	Al distributore di benzina
Where is the nearest petrol station?	Dov'è il distributore (di benzina) più vicino?
Fill it up, please.	Il pieno, per favore.
30 euros' worth of ..., please.	30 euro di..., per favore.
diesel	*gasolio*
unleaded economy petrol	*benzina (super) senza piombo (95 ottani)*
premium unleaded	*benzina super senza piombo a 98 ottani*
Pump number ... please.	La pompa numero..., per favore.
Please check ...	Mi può controllare... ?
the tyre pressure.	*le gomme*
the oil.	*l'olio*
the water.	*l'acqua*
A token for the car wash, please.	Mi dà un gettone per l'autolavaggio per favore?

Accident	In caso d'incidente
Please call ...	Per favore, chiami...
the police.	*la polizia.*
an ambulance.	*un'ambulanza.*
Here are my insurance details.	Ecco gli estremi della mia assicurazione.
Give me your insurance details, please.	Mi dà gli estremi della sua assicurazione per favore?
Can you be a witness for me?	Mi può fare da testimone?
You were driving too fast.	Stava andando troppo veloce.
It wasn't your right of way.	Non aveva la precedenza.

Travelling by Car	Viaggiare in auto
What's the best route to …?	Qual è la strada migliore per…?
Where can I pay the toll?	Dove si paga il pedaggio?
Do you have a road map of this area?	Ha una cartina stradale della zona?

Cycling	Viaggiare in bicicletta
Where is the cycle path to …?	Dov'è la pista ciclabile per…?
Can I keep my bike here?	Posso tenere qui la bicicletta?
My bike has been stolen.	Mi hanno rubato la bicicletta.
Where is the nearest bike repair shop?	Dov'è il negozio di biciclette più vicino che faccia riparazioni?
The brakes	*I freni*
The gears	*Il cambio*
… aren't working.	…non funzionano/non funziona.
The chain is broken.	Si è rotta la catena.
I've got a flat tyre.	Ho una gomma a terra.
I need a puncture repair kit.	Vorrei di un kit di riparazione per le gomme.

Train	Viaggiare in treno
How much is …?	Quanto costa…?
a single	*un biglietto di sola andata*
a return	*un biglietto di andata e ritorno*
A single to …, please.	Un biglietto di sola andata per…, per favore.

I would like to travel first/second class.	Vorrei viaggiare in prima/seconda classe.
Two returns to ..., please.	Due biglietti di andata e ritorno per..., per favore.
Is there a reduction ...?	Ci sono riduzioni...?
for students	*per gli studenti*
for pensioners	*per i pensionati*
for children	*per i bambini*
with this pass	*con questa tessera*
I'd like to reserve a seat on the train to ... please.	Vorrei prenotare un posto sul treno per...
Non smoking/Smoking, please.	Non fumatori/Fumatori per favore.
Facing the front, please.	Nella direzione di marcia, per favore.
I want to book a sleeper to ...	Vorrei prenotare una cuccetta per...
When is the next train to ...?	A che ora è il prossimo treno per...?
Is there a supplement to pay?	Bisogna pagare un supplemento?
Do I need to change?	Devo cambiare?
Where do I change?	Dove devo cambiare?
Which platform does the train for ... leave from?	Da che binario parte il treno per...?
Is this the train for ...?	È questo il treno per...?
Excuse me, that's my seat.	Mi scusi ma quello è il mio posto.
I have a reservation.	Ho la prenotazione.
Is this seat free?	È libero questo posto?
Please let me know when we get to ...	Mi può avvertire quando arriviamo a...?

Where is the buffet car?	Dov'è il vagone ristorante?
Where is coach number ...?	Dov'è la carrozza numero...?

Ferry | Viaggiare in traghetto

Is there a ferry to ...?	C'è un traghetto per...?
When is the next/first/last ferry to ...?	A che ora è il prossimo/il primo/l'ultimo traghetto per...?
How much is it for a car/camper with ... people?	Qual è la tariffa per una macchina/un camper con... persone?
Where does the boat leave from?	Da dove parte la nave?
How long does the crossing take?	Quanto dura la traversata?
Where is ...?	Dov'è...?
the restaurant	il ristorante
the bar	il bar
How do I get to the car deck?	Come si arriva al ponte per le auto?
Where is cabin number ...?	Dov'è la cabina numero...?
Do you have anything for seasickness?	Ha qualcosa contro il mal di mare?

Plane | Viaggiare in aereo

Where is ...?	Dov'è...?
the taxi rank	il parcheggio dei taxi
the bus stop	la fermata dell'autobus
the information office	il banco informazioni
Where do I check in for the flight to ...?	Dov'è il banco accettazione del volo per...?
Which gate for the flight to ...?	Qual è l'uscita del volo per...?

When is the latest I can check in?	A che ora chiude il check-in?
When does boarding begin?	Quando comincia l'imbarco?
Window/Aisle, please.	Finestrino/Corridoio per favore.
I've lost my boarding pass/ my ticket.	Ho perso la carta d'imbarco/il biglietto.
I'd like to change/cancel my flight.	Vorrei cambiare/annullare il biglietto.
Where is the luggage for the flight from …?	Dove arrivano i bagagli del volo da…?
My luggage hasn't arrived.	I miei bagagli non sono arrivati.

Local Public Transport	Trasporti urbani
How do I get to …?	Come si va a…?
Where is the nearest …?	Dov'è la… più vicina?
bus stop	*fermata dell'autobus*
tram stop	*fermata del tram*
underground station	*stazione della metropolitana*
Where is the bus station?	Dov'è la stazione degli autobus?
A ticket, please.	Un biglietto per favore.
To …	Per…
Is there a reduction …?	Ci sono riduzioni…?
for students	*per gli studenti*
for pensioners	*per i pensionati*
for children	*per i bambini*
for the unemployed	*per i disoccupati*
with this pass	*con questa tessera*
Do you have day tickets/ multi-journey tickets?	Avete biglietti giornalieri/ validi per più percorsi?

How does the ticket machine work?	Come funziona il distributore di biglietti?
Do you have a map of the underground?	Ha una cartina della metropolitana?
Please tell me when to get off.	Mi può dire quando devo scendere?
What is the next stop?	Qual è la prossima fermata?

Taxi | In taxi

Where can I get a taxi?	Dove posso trovare un taxi?
Call me a taxi, please.	Mi chiama un taxi, per favore?
Please order me a taxi for ... o'clock.	Mi può prenotare un taxi per le...?
To the airport/station, please.	All'aeroporto/Alla stazione, per favore.
To the ... hotel, please.	All'hotel..., per favore.
To this address, please.	A quest'indirizzo, per favore.
I'm in a hurry.	Ho fretta.
How much is it?	Quant'è?
I need a receipt.	Mi fa una ricevuta?
Keep the change.	Tenga pure il resto.
Stop here, please.	Si fermi qui, per favore.

ACCOMMODATION | TROVARE UNA SISTEMAZIONE

Camping | Campeggio

Is there a campsite here?	C'è un campeggio nelle vicinanze?
We'd like a site for ...	Vorremmo un posto...
a tent.	*tenda.*
a camper van.	*per il camper.*
a caravan.	*per la roulotte.*
We'd like to stay one night/ ... nights.	Ci fermiamo una notte/ ...notti.
How much is it per night?	Quanto costa a notte?
Where are ...?	Dove sono...?
the toilets	*i bagni*
the showers	*le docce*
Where is ...?	Dov'è...?
the shop	*lo spaccio*
the site office	*la direzione*
the restaurant	*il ristorante*
Can we camp here overnight?	Possiamo campeggiare qui per la notte?
Can we park here overnight?	Possiamo parcheggiare qui l'auto per la notte?

Self-Catering | Appartamento

Where do we get the key for the apartment/house?	Dove troviamo la chiave dell'appartamento/della casa?
Do we have to pay extra for electricity/gas?	L'elettricità/Il gas si paga a parte?
How does ... work?	Come funziona...?
the washing maching	*la lavatrice*
the cooker	*la cucina*
the heating	*il riscaldamento*
the water heater	*il boiler*

| TROVARE UNA SISTEMAZIONE
---|---

Who do I contact if there are any problems?	A chi mi devo rivolgere in caso di problemi?
We need ...	Ci può dare...?
a second key.	*un'altra chiave*
more sheets.	*altre lenzuola*
more crockery.	*altre stoviglie*
The gas has run out.	È finita la bombola del gas.
There is no electricity.	Non c'è la corrente.
Do we have to clean the apartment/the house before we leave?	Dobbiamo pulire l'appartamento/la casa prima di partire?

Hotel | Albergo

Do you have a ... for tonight?	Ha una... per questa notte?
single room	*camera singola*
double room	*camera doppia*
room for ... people	*camera per...persone*
Do you have a room ...?	Ha una camera...?
with bath	*con bagno*
with shower	*con la doccia*
I want to stay for one night/ ... nights.	Mi fermo una notte/...notti.
I booked a room in the name of ...	Ho prenotato una camera a nome...
I'd like another room.	Mi può dare un'altra camera?
What time is breakfast?	A che ora è servita la colazione?
Can I have breakfast in my room?	Servite la colazione in camera?
Where is ...?	Dov'è...?
the restaurant	*il ristorante*
the bar	*il bar*

ACCOMMODATION | TROVARE UNA SISTEMAZIONE

the gym	la palestra
the swimming pool	la piscina
I'd like an alarm call for tomorrow morning at ...	Mi può svegliare domani mattina alle...?
I'd like to get these things washed/cleaned.	Mi può far lavare/lavare a secco queste cose?
Please bring me ...	Mi può portare...?
... doesn't work.	...non funziona.
Room number ...	Camera numero...
Are there any messages for me?	Ci sono messaggi per me?

SHOPPING | FARE ACQUISTI

I'm looking for ...	Sto cercando...
I'd like ...	Vorrei...
Do you have ...?	Avete...?
Do you have this ...?	Ce l'avete...?
in *another size*	*in un'altra taglia*
in *another colour*	*in un altro colore*
I take size ...	Porto il...
My feet are a size 6.	Porto il 39 (di scarpe).
I'll take it.	Lo/La prendo.
Do you have anything else?	Ha qualcos 'altro?
That's too expensive.	È troppo caro/cara.
I'm just looking.	Do solo un'occhiata.
Do you take ...?	Accettate...?
credit cards	*le carte di credito*
debit cards	*le carte di addebito*

Food Shopping | Fare la spesa

Where is the nearest ...?	Dov'è il/la... più vicino/a?
supermarket	*supermercato*
baker's	*panetteria*
butcher's	*macelleria*
grocer's	*negozio di alimentari*
Where is the market?	Dov'è il mercato?
When is the market on?	Che giorno è il mercato?
a kilo of ...	un chilo di...
a pound of ...	mezzo chilo di...
200 grams of ...	200 grammi di...
... slices of ...	...fette di...
a litre of ...	un litro di...
a bottle of ...	una bottiglia di...
a packet of ...	un pacchetto di...

Post Office | All'ufficio postale

Where is the nearest post office?	Dov'è l'ufficio postale più vicino?
When does the post office open?	A che ora apre la posta?
Where can I buy stamps?	Dove posso comprare dei francobolli?
I'd like ... stamps for postcards/letters to Britain/the United States.	Vorrei... francobolli per cartolina/lettera per la Gran Bretagna/gli Stati Uniti.
I'd like to post/send ... *this letter.* *this parcel.*	Vorrei imbucare/spedire... *questa lettera.* *questo pacchetto.*
by airmail/express mail/ registered mail	per via aerea/per posta celere/per raccomandata
Is there any mail for me?	C'è posta per me?
Where is the nearest postbox?	Dov'è la buca delle lettere più vicina?

Photos and Videos | Foto e video

A colour/black and white film, please.	Una pellicola a colori/in bianco e nero, per favore.
With twenty-four/thirty-six exposures.	Ventiquattro/trentasei pose.
Can I have a tape for this video camera, please?	Vorrei una cassetta per questa videocamera, per favore.
Can I have batteries for this camera, please?	Vorrei delle pile per questa macchina fotografica, per favore.
The camera is sticking.	Mi si è inceppata la macchina fotografica.

SHOPPING | FARE ACQUISTI

Can you develop this film, please?	Mi può sviluppare questa pellicola?
I'd like the photos ...	Vorrei le foto
matt.	*opache.*
glossy.	*lucide.*
ten by fifteen centimetres.	*dieci per quindici.*
When will the photos be ready?	Quando saranno pronte le foto?
How much do the photos cost?	Quanto costano le foto?
Could you take a photo of us, please?	Ci può fare una foto per favore?

Sightseeing	Giri turistici
Where is the tourist office?	Dov'è l'ufficio turistico?
Do you have any leaflets about ...?	Avete degli opuscoli su...?
Are there any sightseeing tours of the town?	Ci sono visite guidate della città?
When is ... open?	A che ora apre...?
the museum	*il museo*
the church	*la chiesa*
the castle	*il castello*
How much does it cost to get in?	Quanto costa il biglietto?
Are there any reductions ...?	Ci sono riduzioni...?
for students	*per gli studenti*
for children	*per i bambini*
for pensioners	*per i pensionati*
for the unemployed	*per i disoccupati*
Is there a guided tour in English?	Ci sono visite guidate in inglese?
Can I take photos here?	Si possono fare foto qui?
Can I film here?	Si può filmare qui?

Entertainment	Spettacoli
What is there to do here?	Cosa c'è di interessante da fare qui?
Where can we ...?	Dove si può...?
go dancing	*andare a ballare*
hear live music	*ascoltare musica dal vivo*
Where is there ...?	Dov'è...?
a nice bar	*un locale simpatico*
a good club	*una buona discoteca*
What's on tonight ...?	Cosa danno stasera...?
at the cinema	*al cinema*

at the theatre	a teatro
at the opera	all'opera
at the concert hall	all'auditorium
Where can I buy tickets for ...?	Dove si possono comprare i biglietti per...?
the theatre	il teatro
the concert	il concerto
the opera	l'opera
the ballet	il balletto
How much is it to get in?	Quanto costa il biglietto?
I'd like a ticket/... tickets for ...	Vorrei un biglietto/... biglietti per...
Are there any reductions ...?	Ci sono riduzioni...?
for children	per i bambini
for pensioners	per i pensionati
for students	per gli studenti
for the unemployed	per i disoccupati

At the Beach | In spiaggia

Where is the nearest beach?	Dov'è la spiaggia più vicina?
Is it safe to swim here?	È pericoloso nuotare qui?
How deep is the water?	Quanto è profonda l'acqua?
Is there a lifeguard?	C'è un bagnino?
Where can you ...?	Dove si può...?
go surfing	fare surf
go waterskiing	fare sci d'acqua
go diving	fare immersioni
I'd like to hire ...	Vorrei noleggiare...
a deckchair.	una sdraio.
a sunshade.	un ombrellone.
a surfboard.	una tavola da surf.
a jetski®.	un aquascooter.
a rowing boat.	una barca a remi.
a pedal boat.	un pedalò.

Sport | Sport

Where can we ...?	Dove possiamo...?
play tennis/golf	*giocare a tennis/golf*
go swimming	*nuotare*
go riding	*andare a cavallo*
go fishing	*andare a pescare*
go paragliding	*fare parapendio*
How much is it per hour?	Quanto costa all'ora?
Where can I book a court?	Dove si può prenotare un campo da tennis?
Where can I hire rackets?	Dove si possono noleggiare delle racchette?
Where can I hire a rowing boat/a pedal boat?	Dove si può noleggiare una barca a remi/un pedalò?
Do you need a fishing permit?	Bisogna avere una licenza di pesca?

Skiing | Sciare

Where can I hire skiing equipment?	Dove si può noleggiare l'attrezzatura da sci?
I'd like to hire ...	Vorrei noleggiare...
downhill skis.	*degli sci (da discesa).*
cross-country skis.	*degli sci da fondo.*
ski boots.	*degli scarponi da sci.*
ski poles.	*delle racchette.*
Can you tighten my bindings, please?	Mi può stringere gli attacchi, per favore.
Where can I buy a ski pass?	Dove si compra lo skipass?
I'd like a ski pass ...	Vorrei...
for a day.	*un giornaliero.*
for five days.	*uno skipass per cinque giorni.*
for a week.	*un settimanale.*
How much is a ski pass?	Quanto costa uno skipass?

When does the first/last chair-lift leave?	A che ora è la prima/l'ultima seggiovia?
Do you have a map of the ski runs?	Ha una piantina delle piste?
Where are the beginners' slopes?	Dove sono le piste per principianti?
How difficult is this slope?	È difficile questa pista?
Is there a ski school?	C'è una scuola di sci?
What's the weather forecast for today?	Come sono le previsioni del tempo per oggi?
What is the snow like?	Com'è la neve?
Is there a danger of avalanches?	C'è pericolo di valanghe?

A table for ... people, please.	Un tavolo per... persone, per favore.
The ... please.	Mi/Ci può portare...
menu	*il menù.*
wine list	*la carta dei vini.*
What do you recommend?	Cosa mi/ci consiglia?
Do you have ...?	Avete...?
any vegetarian dishes	*dei piatti vegetariani*
children's portions	*delle porzioni per bambini*
Does that contain ...?	Contiene...?
peanuts	*noccioline*
alcohol	*alcol*
Can you bring (more) ... please?	Mi può portare ancora..., per favore?
I'll have ...	Prendo...
The bill, please.	Il conto, per favore.
All together, please.	Un conto unico, per favore.
Separate bills, please.	Conti separati, per favore.
Keep the change.	Tenga pure il resto.
This isn't what I ordered.	Non è quello che avevo ordinato.
The bill is wrong.	C'è un errore nel conto.
The food is cold/too salty.	Il cibo è freddo/troppo salato.

TELEPHONE | AL TELEFONO

Where can I make a phone call?	Dove posso fare una telefonata?
Where is the nearest card phone?	Dov'è il telefono a scheda più vicino?
Where is the nearest coin box?	Dov'è il telefono a monete più vicino?
I'd like a twenty-five euro phone card.	Vorrei una scheda telefonica da venticinque euro.
I'd like some coins for the phone, please.	Mi potrebbe dare della monete per il telefono?
I'd like to make a reverse charge call.	Vorrei fare una telefonata a carico del destinatario.
Hello.	Pronto.
This is …	Sono …
Who's speaking, please?	Scusi, chi parla?
Can I speak to Mr/Ms …, please?	Posso parlare con il signor/la signora…?
Extension …, please.	Mi passa l'interno…, per favore?
I'll phone back later.	Richiamo più tardi.
Can you text me your answer?	Mi può mandare la risposta via SMS?
Where can I charge my mobile phone?	Dove posso ricaricare il telefonino?
I need a new battery.	Vorrei una batteria nuova.
Where can I buy a top-up card?	Dove posso comprare una scheda ricaricabile?
I can't get a network.	Non c'è campo.

Passport/Customs | Passaporti e dogana

Here is ...	Ecco...
my passport.	il mio passaporto.
my identity card.	la mia carta d'identità.
my driving licence.	la mia patente.
Here are my vehicle documents.	Ecco i documenti della mia macchina.
This is a present.	È un regalo.
This is for my own personal use.	È per uso personale.

At the Bank | In banca

Where can I change money?	Dove posso cambiare dei soldi?
Is there a bank/bureau de change here?	C'è una banca/un ufficio cambi da queste parti?
When is the bank open?	Che orari fa la banca?
I'd like ... euros.	Vorrei... euro.
I'd like to cash these traveller's cheques.	Vorrei cambiare questi traveller's cheque.
What's the commission?	Di quanto è la commissione?
Can I use my card to get cash?	Posso prelevare dei contanti con la carta di credito?
Is there a cash machine here?	C'è un Bancomat® qui vicino?
The cash machine swallowed my card.	Il Bancomat® mi ha mangiato la carta.

Repairs | Riparazioni

Where can I get this repaired?	Dove posso farlo/farla riparare?

PRACTICALITIES | CONSIGLI PRATICI

Can you repair ...?	Mi può riparare...?
these shoes	*queste scarpe*
this watch	*questo orologio*
How much will the repairs cost?	Quanto costa la riparazione?

Emergency Services	Servizi di emergenza
Help!	Aiuto!
Fire!	Al fuoco!
Please call ...	Per favore, chiami...
an ambulance.	*un'ambulanza.*
the fire brigade.	*i pompieri.*
the police.	*la polizia.*
I need to make an urgent phone call.	Devo fare una chiamata urgente.
I need an interpreter.	Ho bisogno di un interprete.
Where is the police station?	Dov'è il commissariato di polizia?
Where is the hospital?	Dov'è l'ospedale?
I want to report a theft.	Devo denunciare un furto.
.... has been stolen.	Mi hanno rubato...
There's been an accident.	C'è stato un incidente.
There are ... people injured.	Ci sono... feriti.
I've been ...	Mi hanno...
robbed.	*derubato.*
attacked.	*assalito.*
raped.	*violentato.*
I'd like to phone my embassy.	Vorrei chiamare la mia ambasciata.

Pharmacy | In farmacia

Where is the nearest pharmacy?	Dov'è la farmacia più vicina?
Which pharmacy provides emergency service?	Qual è la farmacia di turno?
I'd like something …	Vorrei qualcosa…
for diarrhoea.	*contro la diarrea.*
for a temperature.	*per la febbre.*
for car sickness.	*contro il mal d'auto.*
for a headache.	*per il mal di testa.*
for a cold.	*per il raffreddore.*
I'd like …	Vorrei…
plasters.	*dei cerotti.*
a bandage.	*una fascia.*
some paracetamol.	*del paracetamolo.*
I can't take …	Non posso prendere…
aspirin.	*l'aspirina.*
penicillin.	*la penicillina.*
Is it safe to give to children?	Va bene per i bambini?

At the Doctor's | Dal dottore

I need a doctor.	Ho bisogno di un dottore.
Where is casualty?	Dov'è il pronto soccorso?
I have a pain here.	Ho un dolore qui.
I feel …	Ho…
hot.	*caldo.*
cold.	*freddo.*
I feel sick.	Ho la nausea.
I feel dizzy.	Mi gira la testa.
I'm allergic to …	Sono allergico/allergica a…
I am …	Sono…
pregnant.	*incinta.*
diabetic.	*diabetico/diabetica.*

HIV-positive.	*sieropositivo/sieropositiva.*
I'm on this medication.	Sto prendendo questa medicina.
My blood group is ...	Il mio gruppo sanguigno è...

At the Hospital | In ospedale

Which ward is ... in?	In che reparto è...?
When are visiting hours?	Qual è l'orario di visita?
I'd like to speak to ...	Vorrei parlare con...
a doctor.	un dottore.
a nurse.	un infermiere/un'infermiera
When will I be discharged?	Quando mi dimettono?

At the Dentist's | Dal dentista

I need a dentist.	Ho bisogno di un dentista.
This tooth hurts.	Mi fa male questo dente.
One of my fillings has fallen out.	Mi è saltata un'otturazione.
I have an abscess.	Ho un ascesso.
Can you repair my dentures?	Mi può aggiustare la dentiera?
I need a receipt for the insurance.	Ho bisogno di una fattura per l'assicurazione.

Business Travel | Viaggi d'affari

I'd like to arrange a meeting with ...	Vorrei organizzare una riunione con...
I have an appointment with Mr/Ms ...	Ho un appuntamento con il signor/la signora...
Here is my card.	Ecco il mio biglietto da visita.
I work for ...	Lavoro per...
How do I get to ...?	Come si arriva...?
your office	*al suo ufficio*
Mr/Ms ...'s office	*all'ufficio del signor/della signora ...*
I need an interpreter.	Ho bisogno di un interprete.
May I use ...?	Posso usare...?
your phone	*il suo telefono*
your computer	*il suo computer*
your desk	*la sua scrivania*

Disabled Travellers | Disabili

Is it possible to visit ... with a wheelchair?	È possibile accedere alla visita del/della... per un disabile?
Where is the wheelchair-accessible entrance?	Dov'è l'accesso per i disabili?
Is your hotel accessible to wheelchairs?	Il vostro albergo è dotato di un accesso per disabili?
I need a room ...	Ho bisogno di una camera...
on the ground floor.	*al pianterreno.*
with wheelchair access.	*con un accesso per disabili.*
Do you have a lift for wheelchairs?	Avete un ascensore per disabili?
Where is the disabled toilet?	Dov'è la toilette per i disabili?
Can you help me get on/off please?	Mi può aiutare a salire/scendere, per favore?

English	Italiano
The tyre has burst.	Ho una gomma forata.
The battery is flat.	Ho la batteria scarica.
Travelling with children	**In viaggio con i bambini**
Is it OK to bring children here?	Si possono portare i bambini?
Is there a reduction for children?	Ci sono riduzioni per i bambini?
Do you have children's portions?	Avete delle porzioni per bambini?
Do you have ...?	Avete...?
a high chair	*un seggiolone*
a cot	*un lettino*
a child's seat	*un seggiolino*
Where can I change the baby?	Dove posso cambiare il bambino/la bambina?
Where can I breast-feed the baby?	Dove posso allattare?
Can you warm this up, please?	Me lo può scaldare per favore?
What is there for children to do?	Cosa c'è di interessante da fare per i bambini?
Where is the nearest playground?	Dov'è il parco giochi più vicino?
Is there a child-minding service?	C'è un servizio di baby sitter?

I'd like to make a complaint.	Vorrei fare un reclamo.
To whom can I complain?	A chi posso rivolgermi per un reclamo?
I'd like to speak to the manager, please.	Vorrei parlare con il direttore, per favore.
... doesn't work.	...non funziona.
The light	*La luce*
The heating	*Il riscaldamento*
The shower	*La doccia*
The room is ...	La camera è...
dirty.	*sporca.*
too small.	*troppo piccola.*
too cold.	*troppo fredda.*
Can you clean the room, please?	Può rifare la camera, per favore?
Can you turn down the TV/the radio, please?	Può abbassare il volume della televisione/della radio, per favore?
The food is ...	Il cibo è...
cold.	*freddo.*
too salty.	*troppo salato.*
This isn't what I ordered.	Questo non è quello che avevo ordinato.
We've been waiting for a very long time.	È da un bel po' che aspettiamo.
The bill is wrong.	C'è un errore nel conto.
I want my money back.	Rivoglio i miei soldi.
I'd like to exchange this.	Me lo/la potrebbe cambiare?
I'm not satisfied with this.	Non sono soddisfatto.